FREE CHINA

合訂本 第二十集

（第二十一卷）

中華民國四十九年一月一日合訂
社址：臺北市和平東路二段十八巷一號

自由中國合訂本第二十集要目

第廿一卷 第一期

第廿一卷 第二期

第廿一卷 第三期

第廿一卷 第四期

第廿一卷 第五期

第廿一卷 第六期

定價：精裝每冊七十元　平裝每冊五十元

FREE CHINA

第廿一卷　第一期

目錄

中華民國四十八年七月一日出版
社址:臺北市和平東路二段十八巷一號

半月大事記

六月十日（星期三）

外長會議瀕臨破裂。俄提議西方在柏林權利延限一年，西方三國已予斷然拒絕。

國際奧林匹克委員會秘書長梅葉拒我國重入國際奧會；美國務院嚴加指斥。

大西洋會議首屆會議結束，建議設立新經濟合作組織，包括北約全部盟國。

日與北韓商談遣僑問題已獲協議。日韓關係趨於緊張。

六月十一日（星期四）

赫特與葛羅米柯會商，防止四外長會破裂。

美與希臘簽訂協定，訓練希臘軍隊，使用原子武器。

赫魯雪夫在斯堪的納維亞半島發表演說，要求波羅的海國家成爲禁置核子地區，對於外長會議立場悍然拒絕退讓。

六月十二日（星期五）

四外長會議中，俄拒絕撤囘柏林計劃。葛羅米柯否認此係最後通諜。

關於柏林問題，蘇俄如無明顯讓步，外長會議即將休會。

六月十三日（星期六）

英首相麥米倫警告稱，柏林情勢仍然危險，敦促西方堅定立場，決不能放棄西柏林人民。

日內瓦西方外交官表示，外長會議瀕臨嚴重關頭，可能即將結束，未決問題將交副外長們去討論。

六月十五日（星期一）

韓政府正式發表聲明，斷絕對日貿易關係。

日內瓦會議僵持如故，美法準備休會，英力促勿破裂，將予俄第二次機會，俾獲協議。

六月十六日（星期二）

外長會休會一日，葛羅米柯突訪赫特會談，可能提出打破僵局建議。

六月十七日（星期三）

西方向俄提出建議，暫時維持柏林現狀；西柏林西方駐軍限定目前數額，成立四國會議監督通往西柏林交通。

尼克森下月訪俄，將遊西伯利亞，俄政府已表示同意。

艾森豪在記者會指明，四外長會無進展時，反對舉行最高層會議。

六月十八日（星期四）

葛羅米柯臨時要求外長會延一天。

六月十九日（星期五）

美衆院通過援外案，總額爲三十五億四千餘萬元，遠東軍援約五億五千萬。

赫魯雪夫揚言將與德共簽約，並脅迫西方結束柏林佔領，仍幻想舉行高階層會議。

四外長會議面臨嚴重關頭，蘇俄拒絕西方建議，三國將提休會問題。

赫魯雪夫提出新柏林計劃，西方三國立即拒絕，赫氏謂如西方願訂對德和約，俄可放棄柏林一年內轉手的限期。

六月二十日（星期六）

俄與德共發表會談公報，要求結束西柏林「佔領政權」，並揚言將單獨與德共簽訂和約。

柏林問題無法協議，四外長會議休會三週。

六月二十一日（星期日）

赫特闡釋西方立場，不危害西柏林自由，斥蘇俄企圖將西柏林關入鐵幕，使德國置於俄勢力範圍。

六月二十二日（星期一）

艾森豪召見赫特，會商應付德國危機。

西方將忙於磋商對於未來冷戰政策的歧見。

葛羅米柯離日內瓦前留言，仍圖促西方退出柏林。

粵桂地區洪水泛濫。

六月二十三日（星期二）

赫特向美人民發表演說，謂西方仍願與俄談判，但不放棄柏林權利，斥俄拒絕以西方建議爲談判基礎，因而使四國外長的談判告中斷。

六月二十四日（星期三）

艾森豪要求美國會，實施長期軍援計劃，並將其經費列入美國的國防預算內。

『自由中國』的宗旨

第一、我們要向全國國民宣傳自由與民主的真實價值，並且要督促政府（各級的政府），切實改革政治經濟，努力建立自由民主的社會。

第二、我們要支持並督促政府用種種力量抵抗共產黨鐵幕之下剝奪一切自由的極權政治，不讓他擴張他的勢力範圍。

第三、我們要盡我們的努力，援助淪陷區域的同胞，幫助他們早日恢復自由。

第四、我們的最後目標是要使整個中華民國成為自由的中國。

社論

(一) 憑甚麼查扣「自由人」？

「祖國周刊」經一扣再扣之後，最近終於無形中禁止進口了。接着是另一份也在香港出版的「自由人」半週刊，又於短短十天之內，兩度被警備總司令部書刊聯審小組查扣。

「自由人」是一份反共刊物，早在民國四十年三月七日便創刊，到今天，已經有整整八年以上的歷史。至於該刊的宗旨，今年三月七日發表的「紀念本刊的第八週年」一文中，便已經明白的說過：「我們斷然反共！我們斷然爭民主！我們也斷然不肯把反共與爭民主分開。更說得明白一點：我們認定反共而不爭民主太無意義，反共而又反民主太糊塗。」反共而又爭民主，這宗旨，一點也沒有可以批評的地方。其實，這已經不只是「自由人」一個刊物的宗旨，而是千千萬萬飽經戰亂的中國人共有的宗旨。該刊之所以能在海內外擁有廣大讀者，以至於在臺灣的發行數字，能打破任何獲准進口的海外報刊，也正因爲八年多以來始終本着這一宗旨而奮鬪。我們站在言論界一分子的立場，對於「自由人」八年多來爲反共而又爭民主所發揮的力量，的確感到由衷的敬佩。

最近，這份爲人所敬佩的刋物，却遭受了警備總司令部書刊聯審小組的慘重打擊。

在六月十日出版的「自由人」第八六二期，原應在當天送到臺灣地區的讀者手裏，但我們却遲至六月十三日還沒有能看到。到了六月十四日，「公論報」登載的一個簡短消息中說：「據自由人報臺灣總經理處負責人語記者：該報本月十日的報紙，早於九日中午空運抵臺，因機場書報檢查負責人認爲『自由人』刊載左舜生的文字，其內容有疑問，必須請示上峯，以便決定云云。該報現在警備總部審查中，目前尚未作最後的決定。」看了這則消息，在我們天眞的想法中，以爲這一期「自由人」可能很快發還。眞沒有想到，我們接着聽到的消息，却是在六月二十日出版的「自由人」第八六五期，再度被查扣。至於這一期查扣的眞實原因，雖未見報紙有任何消息報導，但據說警備總司令部書刊聯審小組的負責人員對外宣稱：主要是由於第四版小言先生的一篇短文。

對於「自由人」連續遭受查扣一事，「公論報」早在六月十八日和二十五日便發表過兩篇社論，提出抨擊，以至「徵信新聞」、「聯合報」、「自立晚報」都提出嚴正的指責。然而，我們爲了審愼起見，在沒有看到這兩期的「自由人」內容以前，却不願說甚麽。在我們的想像中，縱然查扣的程序不合法，至少必有查扣的理由，可能是因爲該報這兩期的內容，已違反了出版法不合理的規定也說不定。然而，當我們終於接到從香港直接寄來的這兩期被查扣的「自由人」之後，反覆細讀，實在找不出必須查扣的理由來。

現在，我們爲了避免斷章取義之嫌，只有在討論時儘可能引用一點原文。

左舜生先生在六月十日「自由人」上發表的短文，正題是「有話總得要說」，副題是「與其說在事後，毋寧說在事前」。左先生的文章，主要的包括有四個要點：第一、左先生認爲：「做一個現代國家的國民，尤其是號稱民主國家的國民，假如您對國家的某一重大事件，確有您自己一定的意見，您便有把您的意見說出來的必要，而且您也有說出來的責任。」這一點，是左先生全文立論的基礎，我們實在看不出有絲毫不當之處。第二、左先生提到一位具有「人民代表」資格的朋友，從臺北轉托一位日本朋友帶去的一封信。這封信，首先說到美國官方對於修憲連任問題決不會發言的道理；其次說到臺灣方面的人心時指出：「我敢說對於修憲與連任抱持不同意見的人確實多到不可勝數，可是只有主張修與連的才能暢所欲言，反對修與連的則不無『顧忌』。」這位「人民代表」的說法，原未必全合實情。但是，現在由於一切擁護修憲連任的消息和意見，可以連篇累牘的見於報刋，而該報這一期竟因爲左先生的那篇短文，多少間接表示了一點反對修憲與連任的意見，却被非法查扣。因此，警備總司令部書刊聯審小組的此種行爲，無異給那位「人民代表」的說法，做了一次最有力的證明，證明確實「只有主張修與連的才能暢所欲言」，而「反對修與連的」還不止是「顧忌」而已。第三、左先生對於那位「人民代表」信中說到他們「已失去了代表民意的自由」一點，則表示「仍然不能不責備他們太不負責。」因爲在左先生看來：「無論如何，在今天的臺北，總還不至於有一個包圍國會的『公民團』出現，您們究竟怕的甚麽？」這種對「人民代表」的責備，我們覺得完全公正。第四、左先生還進一步指責「人民代表」說：「十年以來，對於反攻復國的績效一無可觀，對團結防禦的措施也杳無消息，究竟是甚麽人在那裏胡鬧，您們該淸淸楚楚；這次修憲與連任的主張，究竟是那一派人在那裏策動，您們也應該明明白白；可是您們負有言責，而始終不敢說話，如因此而陷中華民國於萬刼不復，您們還能推諉責任嗎？」這是全文結論。左先生希望「人民代表」負起言責，可謂天經地義。難道「人民代表」在今日局面下，只有一個個裝聾作啞、甚或說些阿諛取寵的違心之言，就算代表了民意嗎？如果警備總司令部書刊聯審小組眞是反對左先生這一主張而查扣「自由人」，則無異又替該「人民代表」說他們「已失去了代表民意的自由」一事，提出了最堅强的證據。

至於小言先生在被扣的六月二十日「自由人」所發表的短文，題目叫做「天理•國法•人情」，全文主要在强調法制的尊嚴。小言先生說得最慷慨悲憤的話，要算是最後一段：「玩弄法律，毀壞制度，當然不很光明，於是乎出諸以『明修棧道，暗渡陳倉』之法，但是又美其名曰『天命所歸』，或『衆望所歸』，『天命』固不可捉摸，而『衆望』又復可以製造，於是乎天理，國法，人情皆不復存在矣！嗚呼！」這番話，儘管有相當激烈，但究只是一點小小的議論而已！難道在警備總司令部書刊聯審小組的心目中，我們政府當局，確有人在那裏企圖以「明修棧道，暗渡陳倉」的手法，進而「玩弄法律，毀壞制度」，因此才推定小言先生之「議論」是確有所指？假使眞是如此，還希望說出來讓我們這些局外人聽聽。否則，居然因爲這樣一番小小議論而加以查扣，實在是毫無理由的。

在我們看來，警備總司令部書刊聯審小組查扣這一期的主要原因，恐怕還是由於登載在第一版由美國寄來的謝扶雅先生一篇專論。因爲謝先生在「論蔣總統再連任問題」的大作中，坦白說明了美國一部分華僑及中國知識分子對所謂修憲連任的意見。可能是謝先生說得稍微坦白一點，所以才惹來這樣一個結果。其實，平心而論，謝先生的話都相當平實。其中說得較爲露骨且可能引起某一部分人不快的，是下面這一段話：「及今大概還有一部分人具着近於迷信頭腦的推崇，擁戴蔣先生非做終身總統不可。不過說穿了，恐亦無非爲了保住自己的飯碗和地位而已。這些人，與其說效忠於蔣先生，毋寧反在拖累蔣先生。我認爲蔣先生應該召集這一羣無聊的政客，只知個人權利地位的倖徒，重重訓斥一番，甚至再來一次『淸黨』，也是應該的。可以說十多廿年來的國事都敗壞在這些人手裏，眞正的國民黨也腐化在他們的手裏，蔣先生的盛名之累，也出於他們的身上。嚴正地說，蔣先生的擅長既在軍事，而今日臺灣的首要任務端在反攻。那爲甚麼不讓蔣先生專負起這個擔子，使他完成他『北伐』、『抗戰』、『復國』的三部曲呢？中山先生的偉大，不偉大在他做總統。難道只有做總統才可以成偉人嗎？」這番話，幾乎是處處爲蔣總統着想，當然說不上對蔣總統有何不恭之處，更說不上有何違反出版法之處。

綜括上面的分析，足見這兩期的「自由人」，都找不出必須查扣的理由，尤其不能從出版法上找出必須查扣的理由。我們想來想去，只想到一點，可能是由於這兩期的「自由人」上，對蔣總統連任三任的問題，又多少表示了若干不合官方脾胃的意見。不過，假使眞是基於這種原因而查扣，這在法律上是絕對站不住的。警備總司令部書刊聯審小組在連續查扣兩期「自由人」之後，直到我們執筆時爲止，時間久的已經有整整半月，居然連正式公文也沒有給該報在臺總經理處，是否因爲自已也知道，用這種理由查扣，是拿不出來的？否則，警備總司令部書刊聯審小組至少該堂堂正正的列擧必須查扣的理由，通知該報社，同時向社會公佈，好讓大家知道。

其實，對於「自由人」的一再查扣，非但沒有根據法定的理由，而且沒有依照法定的程序。可以說，這是雙重的違法行爲！

我國現行出版法，已經是一部擧世公認的壞法，使得憲法所保障的言論出版自由，受到了重重不合理的束縛。可是，今天政府如欲取締書刊而採取禁止出售、散佈、進口或扣押、沒入，乃至於停止發行，撤銷登記等處分，至少也該依照出版法規定的程序辦理。根據出版法第七條規定：「本法稱主管官署者在中央爲內政部、在地方爲省(市)政府及縣(市)政府。」我們查遍全部出版法，却找不出警備總司令部書刊聯審小組也是主管官署的字樣。但據出版法第三十六條規定，縱然出版品的確違反了出版法的規定，也只有主管官署有權採取扣押之類的行政處分。可是，今天一再查扣「自由人」的，既不是省政府，也不是市政府，而是一個於法無據的警備總司令部書刊聯審小組，眞不知道究竟是憑甚麼法律來過問？更根據甚麼法律來扣押？

近年來，政府却一再聽任這個非法組織，對於海內外民營的自由反共報刊加以違法摧殘。在不久以前，香港「祖國周刊」之連續被扣達十一期之多，終變成無形禁止進口，是該小組所爲。最近，臺灣「世界評論」之「橫遭違法查扣」，也是該小組所爲。現在，對於依法獲准進口達八年之久的「自由人」一再查扣，仍然是該小組所爲。總之，警備總司令部書刊聯審小組的一切非法違法行爲，現已成爲海內外民營自由反共報刊的最大威脅！

其實，對於警備總司令部書刊聯審小組此一非法組織的違法行爲，國民黨政當局並非不知道。在今年一月十六日，前總統府臨時行政改革委員會提出建議案時，對於此一組織的行爲，便已在「調整警察職權」一案中，明明白白的指出其「於法殊有未合」。到了五月十四日，監察委員葉時修等在擧行院會時，對於「世界評論」之被非法查扣，曾提出糾正案，也指明「該部逕行處理，顯屬越權，應予糾正，以保障出版事業，而符出版法之規定」。可是，現在事實證明，對於此類意見，警備總司令部書刊聯審小組非但未予重視，反而變本加厲。這種非法組織的違法行爲，對於政府當局口口聲聲所高喊的法治，實在是最尖銳的諷刺！老實說，政府的信譽和前途，便是斷送在這類單位的手中！

時至今日，政府假使稍有一點維護言論出版自由的誠意，則對於海內外一切民營報刊的處理，至少必須嚴格遵守出版法規定的理由和程序。因此，對於警備總司令部書刊聯審小組此一非法組織，必須立刻撤銷。

社論 (二)

再談軍公教人員待遇問題

軍公教人員待遇問題，最近立法院在審查下年度中央總預算的時候，曾作了一個決議，要行政院擬訂調整方案，速送立法院審議。行政院方面現已組成一個七人小組，正在研討這個問題。看樣子，在下個會計年度開始的時候(本年七月)，軍公教人員的薪餉袋大概又可以多裝幾張鈔票，作爲調整待遇的象徵了。

對於這個問題，歷年來我們講過許多話。我們始終認爲這並不是一個無法合理解決的問題，其所以始終不能合理解決，基本原因在於我們的政治型態。在這個樣子的政治型態下，做大官的人，大都把心思用在揣摩意旨方面，其他的事情，則得過且過。至於有勇氣面對現實問題，從根本上去想合理解決的人，眞是太少了。卽有，也不發生多大作用。關於軍公教人員待遇問題是如此，關於其他許許多多重要的問題也是如此。所以，大家對於這一次籌議中的待遇調整，雖然像是「大旱之望雲霓」，但經驗告訴我們，再加一次薪，也不過使那些在饑餓線上掙扎的軍公教人員暫時舒一口氣而已。大旱中望到的雲霓，不會帶來一陣充沛的霖雨的。

從根本上談這個問題，我們已說過很多了。再多講，恐怕也無濟於事。但是本着一個政論刊物的立場，我們仍不得不一再地說出我們的看法。現在，我們可以簡單地再說一遍：軍公教人員待遇之不能合理調整，官方每每說是由於「財政困難」。但我們一究其所謂「財政困難」，並不是政府的收入不够合法的開支，而是不合法的開支太多了。而這些不合法的開支，大部份是在國防費這個大項目下掩蓋住的。立法院審查預算時，對於這個項目的詳細內容，不能過問。因爲這是軍事機密！有了軍事機密作藉口，花錢是再方便不過的。錢，既可以隨意濫花，財政安得不困難。於是乎「財政困難」，就成了軍公教人員應該刻苦的大道理了。明白了這個事實，就可想到要合理解決軍公教人員待遇問題應該從什麼地方着手了。可是，這個地方偏偏是盤根錯節。誰能够在這個盤根錯節的地方來一下大刀濶斧呢？在今日的政治型態下，誰也不能！

從根本上合理解決軍公教人員待遇問題，既不可能。我們且就幾個枝節問題，談談我們的觀感。

一、在立法院這次檢討這個問題的時候，審計部提出了一個調査報告。報告分三部分：①中央普通公務機關職工待遇之調査，②公營事業機關職員待遇之調査，③海陸空軍官兵待遇之調査。第一、第二兩部份的全文，見於六月九日的「徵信新聞」，第三部份未見發表。從已經發表的調査報告看來，所謂「統一薪俸」現在已是有名無實了。各機關各自爲政，巧立名目，名目之繁多，多到二十幾種(類似的名目，不重複計算)。在同一個政府組織當中，員工的實際待遇，竟龐雜到這種程度，實在不成體統。立法院的決議，要行政院本化暗爲明、化繁爲簡的原則，另擬調整方案。這是對的。但是，我們還得補充一點意見，卽在化暗爲明、化繁爲簡的原則下調整待遇，必須預防不久的將來又有龐雜的暗盤待遇發生。龐雜的暗盤待遇之所以發生，是由於統一薪俸之規定，自始卽不合理，自始卽不足够維持一個適當的生活水準。所以實行不久，各機關不得不各自爲政，而「統一」的意義全失了。這次籌議中的待遇調整，應該充分地注意到這一點。某立法委員建議根據物價指數作爲今後調整的標準，這一建議，是值得考慮的。

二、審計部調査報告的第三部份(海陸空軍官兵待遇之調査)，沒有發表。這似乎又是以軍事機密的理由而不公開的。其實，軍隊的官兵待遇，不涉及所謂軍事機密，而且事實上官兵的餉額是無法保守秘密的。有關方面不敢公開這部份報告，照我們想，是由於這部份報告更是見不得人。例如一個二等兵的餉額每月只四十元，這點點錢，叫他們拿去派甚麼用場？而高級將領的特支費，又復傳說紛紜，其金額似乎不在少數。這也是一個不太好的對照。海陸空軍官兵待遇的調査報告所以不公開者，其理由大概在此。我們認爲軍隊待遇的調整更是刻不容緩的。調整軍隊待遇所應遵守的一個基本原則，也就是要把「人」當「人」。軍隊的衣食固然無虧，但是作爲一個「人」，生活方面的需要，不僅僅是衣食而已。

三、在立法院檢討這個問題的時候，有人「認爲目前實物配給制度，有待全面建立。」而且說「有些機關甚至把實物改發代金，不僅違反了實物配給的原意，且足以刺激百貨膨脹。」這種主張或見解，我們不能贊同。如果這位委員所說的要建立「全面」配給制，就是要把配給物品擴充到一切生活必需品，則尤爲我們所反對。我們認爲，在貨幣經濟時代，如果想把交換和分配回復到「以物易物」的辦法(barter system)，一般地講，這是開倒車。除了社會主義或共產主義國家，配給制的實行只是在戰時不得已的情勢下暫時的措施，只要幣值相當穩定，物資的供應不太困難，決不輕易採取配給制以影響價格效能。臺灣歷年來對於公務人員的實物配給，若從多方面考慮，並不是太必要的。但既已實行多年，有一部份人已經適應這種辦法了，我們也不必積極地主張一律取消。可是我們却反對把供給制擴充到其他的生活必需品。抗戰時期公務員的實物配給中，經常有定量的同質的白布或藍布。這些布的長度和顏色，不一定恰好是領受人所需要的，於是有些人不得不把布拿到拍賣行去賣，把賣得的錢，再去買其他的必需品。在這一進一出之間，當然要受到很大的金錢損失。至於時間與精力的耗費以及其他流弊，更無法枚擧。所以我們認爲在幣值相當穩定而物資供應不太困難的條件下，實物配給制沒有必要。在現行的配給制下，如有人願意改領代金，卽應給他便利，改發代金。至於說改發代金足以刺激通貨膨脹，這是一句外行話。事實不會是如此的。

社論

(三) 古亭國校事件透露的嚴重問題

六月二十日那一天，臺北市古亭國民學校曾發生家長毆辱老師的風波，一時曾引起全體教員的公憤，及輿論界的普遍注意。現在，肇事人員已由有關方面予以扣押，風波已告平息。但此一事件所含藏的嚴重意義，却仍然值得我們再行申論。

事情的經過大致是這樣：古亭國校的一位女教員打了學生幾下手心，該生回家哭訴，家長林維涵夫婦一怒之下，當即闖進該校教室，當着衆多學生的面，由太太動手，打了這位女教員三記耳光；此猶未足，旋又邀約林步梯、黃校雄兩個朋友，來校把那位已被毆辱的女教員拖出教室。他們自稱係警務處所派人員，竟以學校爲公堂，强迫錄問口供，另外三位男教員，也被盤查。此項消息，第二天即由報紙披露，肇事人才感覺惶恐，表示願意道歉。

這件事，如果是僅止於教師被毆，雖屬荒唐，但究竟還可以解釋爲肇事人因愛女心切，一時氣忿，乃有此粗暴行動，事後既已追悔，而受害者本人亦願意和解，我們也還可以偶發的不幸事件視之，不必看得過於嚴重。問題是，那兩個被邀約來的朋友，既非出於氣憤，也沒有任何站得住的理由與動機，竟公然以特殊人員的身分爲威脅，公然尋釁，此種行爲，實在顯得有點怪異，使我們不得不進一步追究其所以然。

我們注意到：

㈠那兩個幫兇朋友自稱警務處人員，經調查雖屬冒充，但他們之有特殊身分，却是事實。他們的職位，都是警備總司令部第二處的保防官；即肇事家長本人，亦曾爲第×兵團保防官，現在則已被調爲並無實職的額外人員。

㈡古亭國校的校長，曾經促使被毆的女教員同意和解，要她在一張記載不實的和解書上簽字，承認雙方是「互毆」，而事實上，許多學生都看到她被毆時始終未嘗還手。該校長又曾表示要調查是誰把消息洩露於新聞記者，以致把事情鬧大。

㈢在事情已經鬧大以後，該校的總務主任還會對被害女教員說：「你最好自動辭職算了，回家去照顧孩子比較好。」彷彿她若繼續任職，還會替學校或是替她自己，招來什麼不利後果似的。

從以上三點我們可以想見：如果這次事件沒有激動起全校教員的公憤，以集體的力量來予以聲援；如果報紙沒有將事情經過儘量披露，以促使社會注意；這位女教員的遭遇，將更是不堪設想；至低限度，她將不能安於職位，甚至可能受到意外的威脅。六月二十五日聯合報的短評說得好：「如果在小鄉鎮·此種魚肉鄉民的勾當司空見慣，祇要把新聞一封鎖，請校長及教育當局連哄帶壓，使挨揍者忍氣吞聲，事情就過去了。」這次的事，幸虧大家注意得早，有關方面也把三個肇事人員先後扣押訊辦，處理得還算差强人意。我們不能忽略的是，類此事件之發生，差不多可說是無時無之，無地無之，不知有多少情節還更嚴重的事件，都在忍氣吞聲之下過去了，連當事人都不敢檢舉，旁人更是不敢代爲出頭。古亭國校事件之能有如此結局，已經可算是非常幸運。但這種幸運，却不是常能碰到的。

特殊人員之倚特特殊身分，胡作胡爲，由來已非一朝，甚至可說早已「蔚成風氣」。我們幾乎每一個人都曾聽到過一二件這類的事，也有不少人曾經親身碰到。一般人民碰到這些特殊人員，祇要對方亮出身分，就已經心驚膽怕，無論吃什麼虧都得忍受下去。大家都心裏明白，誰要是與他們對抗，就祇有吃虧更大。於是，這些特殊人員，就可利用此種身分，處處佔到便宜。小焉者，如趕公共汽車，都可以拿出證件來嚇唬，不守秩序，搶先登車，令行人爲之側目。大焉者，就可以仗勢凌人，威脅勒搾，予取予求。特權心理一旦養成，就喪失了所有的自制力量，無所不爲。如此次古亭國校事件，爲了這一點小事，就要興師動衆，根本上就是特權心理所造成的結果。

這種特權心理之所以養成，明顯的是由於政府對特殊人員之過於倚重而不知約束。我們承認，政府爲了維護治安與秩序，不能完全沒有擔任秘密偵查工作的機構與組織，即連最民主的國家，亦不例外。但在民主國家，擔任此類工作的人員，都經過嚴格的選擇與訓練，所賦予的職權也有極嚴格的限制。最重要的一點是，他們祇能在暗中進行工作，決不容許輕易暴露身分。他們與人民不能發生任何直接接觸，他們也沒有任何直接的執行權力，所以人民不會發現他們的存在，因此也不會造成一種恐懼的氣氛。這樣，民主國家才能做到利用特殊人員以加强安全而沒有甚大的流弊。我國當前的情形就不是如此，特殊人員的數量，已非常龐大，其中有正規的，還有非正規的；所謂非正規的，就是不給什麼待遇而又給予名義，竟似在無形中讓他們可藉此名義以謀生。甚至於，與特殊人員沾親帶故的，彷彿也可以有恃無恐，倚勢凌人；再加上一些毫無關係而冒充的，這些人合起來到處製造恐懼，就形成了今天這樣的風氣。

我們的政府當局，最喜强調紀律之重要。其實，最需要拿紀律來約束的，莫過於負有特殊任務的特殊人員。照今天這樣的情形，顯然是放縱的結果。當局對古亭國校事件已予重視，且準備對肇事人予以制裁。這總算是可喜的。我們希望這是好轉的開始，而不是僅僅做一個面子而已。

論初唐盛唐還沒有雕板書

胡　適

老友李書華先生最近發表了一篇「再論印刷發明的時期問題」(大陸雜誌十八卷十期)。他的結論「西元七世紀上半期很有可能中國已有雕板印刷了」，是他和我向來相信的。但他和我都沒有尋到可信的實物或文件作證據。

他在此文裏提出三件證據，不幸都不是證據，都不可用來證明唐太宗時代和玄宗時代(六二七—七五五)已有「雕板印刷」。

因爲李先生說「上述三種材料的正確性似無疑義」，我是他的老朋友，不敢不糾正他這句話的錯誤。

他的第一文件是明朝邵經邦(死在一五六五)的弘簡錄一段，說長孫皇后著有女則十篇，死後，唐太宗「令梓行之」。這是明朝學人看慣了刻板書，無意之中說出「梓行」的錯話。唐書五十一、新唐書七十六，長孫后傳皆無此語。太平御覽百四一引唐書此傳，也無此語。故這一句十六世紀人的無心之誤，絕不是七世紀的證據。

他的第二和第三文件都是眞的文件，不幸他錯解其中的「刋勒」「刋校」等字的意義了。今引此二件的文字如下：

①唐劉知幾史通卷十二，說隋書：

「五代紀傳(梁、陳、高齊、宇文周、隋五代)並目錄凡二百五十卷，書成。……唯有十志，……未有其文。又詔左僕于志寧，太史令李淳風，著作郎韋安仁，符璽郎李延壽同撰。太宗崩後，刋勒始成。其篇第雖編入隋書，其實別行，故俗呼爲五代史志。」(適按，李先生原引此文，刪去了補撰「十志」的話，甚誤，故我補引全文，使人知道「刋勒始成」的是補作的「十志」，不是「五代紀傳」。)

②唐書一〇二褚旡量傳：

「玄宗卽位，……旡量以內庫舊書自高宗代卽藏在宮中，漸致遺逸，奏請繕寫刋校，以弘經籍之道。」

史通裏的「刋勒」，褚旡量傳裏的「繕寫刋校」，李書華先生都認作雕板印刷的意思，這是很錯誤的。他說：

刋原意刻也，削也。……勒亦刻也，千字文「勒碑刻銘」。「勒」字古有「刻」的意義。禮記月令，「孟冬之有……，命工師效功，……物勒工名，以考其誠。」鄭玄注，「勒，刻也。刻工姓名於其器，以察其信。」千字文「勒碑刻銘」，也是此意。在中唐雕板印書漸漸流行的時期，元稹作白氏長慶集序，曾兩次用「模勒」表示用雕板模刻寫本的意思。元稹說：

二十年間……繕寫模勒，衒賣於市井，或持之以交酒茗者，處處皆是。

元稹自注云：

揚越間，多作書，模勒樂天及予雜詩，賣於市肆之中也。(元氏長慶集五十一)

故我們可以說，在長慶四年(八二四)冬十二月元稹敍述「二十年間」的事，他用「模勒」，確是指當時市肆之中寫白元兩公的雜詩，雕板印刷的事實。

但在前一百年劉知幾(六六〇—七二一)作史通的時候，「刋勒」二字連用或單用，都沒有雕板印刷的意思。我試舉史通卷十二論「古今正史」一篇裏的一些例子如下：

(例一)「孝武之世，太史公司馬談欲錯綜古今，勒成一史。」(說史記)

(例二)「大明六年(四六二)，又命著作郞徐爰踵成前作。爰因何(承天)孫(沖之)山(謙之)蘇(寶山)所述，勒爲一書。」(說宋書)

(例三)「姚察有志撰勒，施功未竟。」(說梁書)

(例四)「魏世……崔鴻(撰)……十六國春秋，……猶闕蜀事，不果成書。推求十有五年，始於江東購獲。乃增其篇目，勒爲十卷。」(說十六國春秋)

(例五)「齊天保(明刻本誤作寶)二年(五五一)勅秘書監魏收博採舊聞，勒爲一史。」(說後魏書)

(例六)「五代紀傳……書成，……唯有十志，……未有其文。又詔……于志寧(等)同撰。……太宗崩後，刋勒始成。……」(說隋書。此卽李先生引的第二件。)

(例七)「長安(七〇一—七〇四)中，余與正諫大夫朱敬則，司封郞中徐堅，左拾遺吳兢，奉詔更撰唐書，勒成八十卷。神龍元年(七〇五)，又與兢等重修則天實錄，編爲二十卷。」(末節說國史)

這七例都是從史通卷十二引來的。我們試比校這七個例子，就可以明白第六例的「刋勒」也只是「刋削編定」的意思，並沒有「雕板印刷」的意思。

試就史通裏再舉幾個例子：

(例八)「書事記年，出自當時之簡。勒成刪定，歸於後來之筆。」(卷十一，史官建置篇)

「勒成」卽編成。(比較上文例七，「勒成八十卷」，與「編爲二十卷」，是同意而異文而已。)「刪定」卽「刋定」。

(例九)「自策名仕伍，待罪朝列，三爲史臣，再入東觀，竟不能勒成國典，貽彼後來。」卷二十，忤時篇)

(例十)「古者刋定一史，纂成一家，體統各殊，指歸咸別。」(同上)

(例十一)「如創立紀年，則年有斷限。草傳敍事，則事有豐約。或可略而不略，或應書而不書，此刋削之務也。」(同上)

(例十二)「史記田敬仲世家曰，田常成子以大斗出貸，以小斗收。齊人歌之曰，『嫗乎采芑，歸乎田成子。』……田成見存，而遽呼以謚。此之不實，明然可知。……乃結以韻語，纂成歌詞，欲加刋正，無可釐革。」(卷二十，暗惑篇)

此皆可見劉知幾用「勒」作「編」字解，用「刋」作「刪削」「刪改」解，絕無雕板印刷的意義。「勒成刪定，歸於後來之筆」，可見「勒」與「刋」都是筆寫的事，不關雕板的事。

玉篇說：

勒，抑勒也。

刋，削也，定也。

廣韻：

二十五德，「勒，鄴中記曰，石虎諱勒，呼馬勒為轡。」

二十五寒，「刋，削也，刻也。」

二十七刪，「刪，除削也，又定也。」

十七薛，「刻，刋也。」

「勒」是「抑勒」，故有約束編制的意思，故「編成一書」，「纂成一家之言」，都可稱為「勒成」。「刋」字在劉知幾時代，多作「削也，定也」講，史通裏只有一處用「刋」字作「刻削」講：

(例十三)「神嘉(當作䴥)二年(四二九)又詔集諸文士崔浩，浩弟覽……等撰國書為十卷。又特命浩總監史任，……續成前史書，敍述國事，無隱惡，而刋石寫之，以示行路。浩坐此夷三族。」(卷十二，說後魏書)

按魏書三十五，崔浩傳記此事：

初，郄標等立石，銘刋國記，浩盡述國事，備而不典，而石銘顯在衢路，往來行者咸以為言。事遂聞發。

史通此篇用「刋石寫之」，即是「刻石寫之」。此與前引諸例，「刋勒」，「刋定」，「刋削」，「刋正」，都不相同。「銘刋」即是「銘刻」，「石銘」即是「石刻」。

故我們可以說，「勒」與「刋」雖然都有「鐫刻」的古義，但劉知幾史通卷十二說隋書的十志「太宗崩後，刋勒始成」一句的「刋勒」顯然用作「刪削編纂」解，絕不關雕板印刷的事。

※　※　※　※

至于李書華先生引的唐書褚无量傳裏的「奏請繕寫刋校」一句話，也完全沒有雕板印刷的意思，也只是指寫本的「刋定校正」。李先生試讀褚无量傳的全文，就不會誤解了。此傳記褚无量校寫兩京的內庫藏書的事，是這樣的一大段，不可割裂分開：

「无量以內庫舊書自高宗代卽藏在宮中，漸致遺逸，奏請繕寫刋校，以弘經籍之道。

「玄宗令於東都乾元殿前施架排次，大加搜寫，廣采天下異本。數年間，四部充備。〔玄宗〕仍引公卿已下入殿前，令縱觀焉。

「開元六年(七一八)駕還，又勑无量於〔長安〕麗正殿以續前功。……

「〔開元八年〕，无量病卒，年七十五，臨終遺言以麗正寫書未畢為恨。……」

讀了這一大段記事，我們就可以知道褚无量在東都乾元殿做的是「繕寫校正」內庫藏書的事；他在西京麗正殿做的也是「寫書」的事。「數年間，四庫充備」，這當然不是雕板印刷的四庫書。

試看唐書同卷的元行沖傳，我們更可以明瞭玄宗開元初期在東西兩京校寫書的大事。元行沖傳說：

先是，馬懷素集學者續王儉今書七志，褚无量於麗正殿校寫四部書，事未就而懷素无量卒。詔行沖總代其職。

「於是行沖表請通撰古今書目，名為「羣書四錄」，……歲餘，書成，奏上。……

「尋以衰老，罷知麗正殿校寫書事。」

這就更可以說明褚无量的「繕寫刋校」只是「校寫四部書」，並非雕板印書。

元行沖傳還有一段文字，可以參證「刋勒」二字的當時用法：

「初，有左衞率府長史魏光乘奏請行用魏徵所注「類禮」。上遽令行沖集學者撰義疏，將立學官。

「行沖於是引國子博士范行恭，四門助教施敬本，檢討刋削，勒成五十卷。十四年(七二六)八月奏上之。」

同卷韋述傳也有一段文字，可以參勘：

「國史自令狐德棻至吳兢，雖累修撰，竟未成一家之言。至述始定類例，補遺續闕，勒成國史一百一十二卷。……」

「刋勒」二字的意思不過如此，「刋校」二字也不過如此，都與雕板印書無關。

※　※　※　※

我雖然曾推測西元七世紀中國很可能已有小件的雕板印刷了，但我至今還尋不着可信的實物或文件作證據。相反的，我還可以舉出幾個文件來證明唐玄宗開元天寶(七一三—七五六)時代還沒有雕板書，至少還沒有大件的雕板印刷。

唐大詔令集卷百十三有開元二年(七一四)七月「斷書經及鑄佛像勑」，中說：

……閭坊巷之內，開鋪書經，公然鑄佛。……自今以後，州縣坊市等等不得輒更鑄佛寫經為業。……須經典讀誦者，勒於寺取讀。如經本少，僧為寫供。……

同書卷百十四有「牓示廣濟方勑」說：

朕頃者所撰「廣濟方」，救人疾患，頒行已久，計傳習亦多。猶慮單貧之家未能繕寫，閭閻之內或有不知。……宜令郡縣長官就「廣濟方」中逐要者於大版上件錄，當村坊要路牓示。仍委采訪使勾當，無令脫錯。

此勑的年月是天寶五年(七四六)八月，已是八世紀的中葉了。

我們看了這兩件勑書，不能不推想開元天寶時代還沒有雕板印書。

開元宰相張說(死在開元十八年，七三〇)的文集裏有一篇「般若心經贊」，其中說：

……秘書少監駙馬都尉榮陽鄭萬鈞，……學有傳癖，書成草堂，乃揮洒手翰，鐫刻心經，樹聖善之寶坊，啓未來之華葉。……國老張說聞而嘉焉，讚揚佛事，題之樂石。(聖善是寺名)

心經不過二百五十多字，寫了鐫刻，不是難事。但我看張說說的「題之樂石」，大概還是寫了鐫刻在石上。

照我現在所知，我們只能舉出上文引的元稹在長慶四年(八二四)冬十二月做的「白氏長慶集序」裏說的「二十年間」，「揚越間，多作書模勒樂天(白居易)及予(元稹)雜詩，賣於市肆之中」，——那是最早而最無可疑的中國民間雕刻小本書出賣的記載。元稹說，那是「二十年間」的事，即是貞元晚年(約當八〇〇)的事。

第二件無可疑的文件是冊府元龜卷一百六十記的太和九年(八三五)十二月丁丑(初六)東川節度使馮宿奏准敕禁斷印曆日版，原文說：

劍南、兩川、及淮南道皆以版印曆日，鬻於市。每歲司天臺未奏頒下新曆，其印曆已滿天下。有乖敬授(民時)之道，故禁之。

雕印元白兩詩人的雜詩出賣，或「持之以交易酒茗」，那是小件的雕板。「版印曆日，鬻於市」，也是小件雕印。大概到了八世紀末年，九世紀初年，中國還沒有大部的雕板書，並且還輕視那些雕板印賣的小書，只認作市井小人的行爲。白居易自己的詩文稿，有五個寫定本，三本寄存他最喜歡的佛寺裏，「請不出院門，不借官客；有好事者，任就觀之」。另兩本留給一個姪兒，一個外孫。樂天的「白氏集後記」寫在會昌五年(八四五)五月一日。可見到了九世紀中期，白樂天還沒有想到他的「七十五卷詩筆大小凡三千八百四十首」是可以雕板印刷的。

四八、六、廿四夜

(接第17頁)卿，段祺瑞之辭陸軍總長，張謇之辭農商總長，湯化龍之辭教育總長，張一麐之辭機要局長，甚至江蘇將軍馮國璋對於帝制也力持異議，實已有曲終人散的預兆。所剩下的祇是一些奴蓄廝養的啦啦隊和吮癰舐痔的無所不爲之輩如段芝貴、朱啓鈐、梁士詒、袁乃寬、張鎭芳、周自齊之流，成事不足，敗事有餘。到最後，袁世凱還想拋棄皇帝寶座，仍舊保持大總統地位，以免權力失墜，想不到他一手提拔的四川將軍陳宧、湖南將軍湯薌銘、陝西鎭守使陳樹藩，都於五月下旬打電報請他退位，否則與他斷絕關係，可說已弄到衆叛親離的地步，袁世凱才於六月六日氣憤而死，由黎元洪依法繼任總統。當時有人送一付輓聯，說是「起病六君子；送命二陳湯。」眞是爲民國史上留下了一個永遠不可磨滅的笑柄。

袁世凱最不可原恕的地方，是他自己要做皇帝，還要强奸民意，製造推戴。在撤銷承認帝位的時候，他曾經焚毀授意各省勸進的有關文件達八百餘件之多。然而在滇黔桂各獨立省份，仍存有此類文件，經將原電紙攝影在報上發表，梁啓超並且把它綜合起來，做了一篇「袁世凱僞造民意密電書後」，其中說到「自國體問題發生以來，所謂討論者，皆袁氏自討自論；所謂請願者，皆袁氏自請自願；所謂表決者，皆袁氏自表自決；所謂推戴者，皆袁氏自推自戴。舉凡國內國外明眼人，其誰不知者。……質而言之，此次皇帝之出產，不外右手挾白刃，左手持金錢，嘯聚國中最下賤無恥之少數人，如演傀儡戲者然。由一人在幕內牽線，而其左右十數嬖人，蠕蠕而動。此十數嬖人者，復牽第二線，而各省長官乃至參政院，蠕蠕而動。彼長官等復牽第三線，而千九百餘不識廉恥之輩，冒稱國民代表者，蠕蠕而動。其醜態穢聲播於社會者，何啻千百萬事。……至如段(芝貴)朱(啓鈐)周(自齊)梁(士詒)楊(度)孫(毓筠)之輩，其人格之卑鄙齷齪，誠不足道，然不過欲做官耳！欲發財耳！若夫冒犯天下之大不韙，作此罪惡滔天之陰謀，彼等尚無此膽量。譬之畜犬，非得主人之嗾使，安敢妄恣搏噬，是故此次陰謀一切表裏之責任，皆應由袁氏一人完全負之，可斷言也！……」所謂袁氏帝制運動的醜劇，其眞相的確是如此。

袁世凱生平最喜玩弄權術，以使貪使詐，爲不二法門，故可以用奴才，而不能用人才。其一生成功，在一「騙」字，而最後失敗，也在一「騙」字。他在清末，騙得清廷的信任，因而進一步騙得民國的政權，但他並不知足，還想利用東西洋顧問古德諾、有賀長雄的言論，來騙全國人民，復又僞造中國民意，去騙世界各國，以冀贏得一姓家天下的皇帝寶座，然而偏偏遇上了梁啓超、蔡鍔這一羣硬漢，終於騙術失靈，及身而敗，落得千秋萬世的罵名。語云：「自作孽，不可活」，旨哉斯言！一九五九、五月草於九龍塘。

本文參考書籍：

陳茹玄著中國憲法史　李劍農著中國近百年政治史
陳恭祿著中國近代史　中華書局編袁世凱竊國記
梁啓超著盾鼻集　羅家倫編革命文獻第六輯
楊塵因著新華春夢記

新加坡人民行動黨反對自由中國！

——因為他們是偽裝的共產黨

沙學浚

本月八日筆者在臺北中央日報，用別號「道夷」發表「對新加坡人民行動黨之透視」一文，主要內容在於說明：由於星馬政府及人民反共，人民行動黨代表共產黨，在新加坡從事合法的政治鬪爭，實質上便是共產黨，以及新加坡共黨(簡稱「新共」)取得政權後的嚴重後果。筆者做上述論斷，除個人的直覺、觀察和直接資料外，還有下列根據：

一、「新加坡殖民地一九五六年年報」(一九五八年新加坡政府出版)的「總覽」對「人民行動黨」和「共產陣線」一九五六年的顚覆活動，有錯綜的敍述。

二、紐約新聞週報六月二日說：「近二十三年前，日本人由後門攻佔了新加坡，上星期(按指五月三十日新加坡大選，以下同)中共差不多不用一發子彈，如法泡製。」

三、紐約時報六月一日說：「人民行動黨能獲得勝利，在於李光耀聯合陣線內，納入共黨組織與共黨外圍組織。」

四、倫敦每日快報六月一日說：「此次選舉結果，意味英人天才所造成的戰略基地，現已落入暴烈勢力手中，新加坡人民現已被交給暴君。」又說：「英政府讓新加坡自治，等於胡亂投降。」筆者感到失望的是，這篇文章並未引起多大的反應，正面的和反面的。

筆者曾將該文寄香港文化界老友請敎，他於六月十二日回信說：「吾兄對於人民行動黨之分析，相當正確，依弟推測，人民行動黨內定有共產份子滲透，惟因有內部安全委員會牽制，及其軍政與外交尙掌握在英人手中，短期內或不致大轉灣。但其政策將趨向於親中共，反臺灣，乃必然趨勢。」

筆者認為新加坡內部安全委員會及軍政外交仍由英人掌握對善於組織並控制人民的「新共」，能發生多大的牽制作用，很成問題。另一方面，共黨「滲透」和共黨「控制」幾乎是同義字，過去中國大陸上有無數的例子；因而說共產黨(卽中共)控制的人民行動黨便是共產黨，並不為錯。不出所料，「新共」反自由中國的行動，竟在「短期內」連續發生了：

一、「新加坡敎育部長楊玉麟今日發表聲明對於三十三名位華籍中學敎師準備八月間赴臺灣考察事，表示不滿。」(六月十五日泛亞社新加坡電)

二、「但星加坡自成立左翼政府後，據說已有三十餘部國語影片(按指香港自由影業攝製的)遭到禁運的命運，使製片人蒙受極大的損失，……」(六月二十一日臺北民族晚報訊)

這兩則重要消息，臺灣只有很少的報紙刋出。(近聞「新共」也不許學生來自由中國升學)

臺灣多數報紙不刋登不利於自由中國的新加坡消息，原因何在，甚難測知。筆者覺得許多人包括高層反共人士不認識或不願承認所謂「左翼」的人民行動黨就是共黨，甚至期待或希望冒充「中立偏左」的人民行動黨與自由中國接近。這也許是原因吧！

人民行動黨依據遠大背景而確定的政策，不會因自由中國報紙是否刋登「新共」不利於自由中國的消息而改變的。求友甚切的自由中國雖然不願意引起「新共」不滿，「新共」仍然要反對自由中國的，包括各地與自由中國有密切關係的人士和團體。

反之，我們倒要嚴厲指摘人民行動黨的共黨作風和行動，也許能使他們知所戒備，不為已甚；下面這句話的要點值得記取：

「據記者獲自星洲方面的權威透露，星洲政府為了不使國際上激起風波，而指其為共產黨的化身，將儘量的避免政治手段，而以種種非政治理由的藉口，來命令禁映。」(臺北聯合報六月廿四日香港通訊「正視國語片的危機」。)

更重要的是我們要加强人民行動黨是共產黨的化身的宣傳，冀能在「國際上激起風波」，以達到自由世界早日從「新共」手中收回新加坡的目的。

最痛心的是，自由中國若干報紙竟然不知不覺的替共黨宣傳，以淆亂聽聞。例如六月廿二日臺北某大報刋登：中共「對新加坡新總理(李光耀)表示冷淡態度」。這是某某社香港通訊。這由於有關記者和編者受了李光耀所說：「非共而不反共」和「將與共產主義挑戰」的欺騙。須知中共和「新共」是一家人，是一體：前者對後者的「冷淡態度」只是一種偽裝。筆者相信人民行動黨反對自由中國的行動還要繼續發生，希望朝野各方密切注意。現在需要做下列各項：

一、所有報紙和刋物要多多刋載最近新加坡及馬來亞的「重要」消息(包括路透社的)，必要時並作社論。但「李光耀視自淸除競選標語」之類的消息不必登載。

二、舉行辯論，辯論的題目是新加坡人民行動黨是不是共產黨？他們是否反對自由中國？人民行動黨控制新加坡，對中國，對東南亞，對世界，有多大影響？以澄淸並統一我們的認識。

三、發動各方對新加坡新政府今後政策及其影響，多做硏究和探討。

此外，辦刋物報紙的人士，更要注意下列事實：

一、某反共刋物主編人陳先生前日告訴筆者，新加坡南洋大學某敎授原來經常接受該刋物的，最近來信要他不再寄贈該刋物。

二、「因為照新加坡當局特別注視文化鬪爭，首先在影劇工作上動刀斧的做法，更使我們認淸了新加坡新政權的本質，共產黨就是這樣的，他們與共產黨的做法步驟如出一轍，其所標榜的「親共而非共」的立場，不過是騙人的幌子罷了。」(臺北民族晚報六月廿二日「為臺港影業設想」社論。)

請注意「特別重視文化鬪爭」和「首先」等字樣。　六月廿四日於臺北市

談杜勒斯(1888—1959)

董鼎山

杜勒斯終于五月廿四日逝世了。他的生前外交政策雖然曾受到美國國內及歐洲盟國輿論的批評，但贊同者與反對者雙方皆不能否認杜氏是一個卓越突出的人物，正如艾森豪總統在聞惡耗時所說，杜勒斯乃是「當代偉人之一」。

六年以來，杜勒斯主持美國外交政策的創造與執行。在外交事務範圍之內，他的權力大過于以前任何國務卿。他是艾森豪的首席顧問，是艾森豪在國會中之代表，是艾森豪在國內外談判國際問題的主要代理人。他同時也是一個引起人熱烈爭辯的國務卿。對政治有興趣的人們，在討論到杜勒斯時，常分爲極端的二派，不是對他具極度景仰，就是對他猛烈批評。可是我們在分析杜勒斯時至少可指出三點爲二派皆同意的：第一、杜氏是一個個性極强的人物，職權範圍之大，無人可比。他是艾森豪內閣中最有聲望勢力的一員，無論在華盛頓的會議中，或與西方盟國的會議中，他常是一個領袖，言論意見受衆尊重。第二、不論他的政策如何，他對政策的執行能力，無人可比。在白宮各項會議中，他的說服力極强。杜勒斯往往在面臨參議院外交委員會質問時，口若懸河，滔滔不絕，有時甚至用批評性與疑問性的言辭答覆參議員之詢問，結果必獲舌戰勝利。第三、他富有生機活力。爲了與世界各國政府保持個人聯絡起見，他常到處旅行，其飛行總程，打破任何人紀錄。單是在其六年國務卿任內，他在美國之外，共飛行達四十七萬九千二百八十六里。

以其性格而論，杜勒斯是一個複雜的人物，富含矛盾性。在職業上他是一個圓滑的律師，但他同時又是一個講究道德的政治哲學家。他在思想上敏捷靈通，但他同時又甚保守，甚少新思想新觀念。在待人接物上，他的性格愛羣，愛熱鬧；但他在工作時，則愛獨斷獨行，常引起國務院內下屬不快。他在私生活中態度自然隨便，但在公共場所中有時則顯出不自然。可是在他任內，他所舉行的記者招待會次數，却多出于其內閣中之任何閣員。

杜勒斯在年輕時相貌英俊，老年後面相嚴謹，好似一個虔誠教徒。我們常可在報上照片看到，他在靜默寡言時，嘴角下斜，滿臉嚴肅，但又可隨時展開悅人的微笑。在體格上，他的肌肉發達，雙肩寬濶，乃青年時期游泳、划船等各項運動的結果。杜勒斯常在華府每日工作十一小時，再參加社交集會，毫無倦態；而長途旅行歸來後，能直接自飛機場赴辦公室。但是這並不是說他不知休息，他在會議桌上常態度閒散，好似毫不注意會議的進展，其實他可隨時休息。一九四一年時，他在加拿大翁太里奧湖上購了一個小島，取名「鴨島」，常隨時自華府飛往該島休息數天。島上居民僅一個燈塔看守人及一個無線電員，杜氏夫婦常在島上渡假，與外界完全隔絕。他們自己挑水、砍木、捕魚、燒菜。杜勒斯對其燒菜能力甚爲自豪，燒魚更是拿手好戲。

杜氏在華盛頓的官邸建在一小山旁，樹林叢密，離國務院僅十分鐘汽車行程。他在國務卿任內官薪雖不大，但是在紐約當律師時代，收益不錯。據若干方面估計，他的爲實業公司辦理法律事務之律師費，爲紐約歷史上最高者。因此杜氏在經濟上獨立，不須另謀進益。

杜勒斯的家庭歷史也很動人。他的祖父生于印第安那州，在內戰中軍階爲准將，後來在哈立遜總統下任駐墨西哥與帝俄公使，及國務卿諸職。祖父也是律師，對杜勒斯在法律與外交上的生涯影響極大。他的父親是一個長老會教堂牧師，對他在宗教與道德觀念上頗具影響。他的叔父也曾在威爾遜總統下任國務卿。他的弟弟亞倫乃中央情報部主任，妹妹愛玲諾早在他任國務卿前入國務院工作，現在國務院專管柏林事務。杜勒斯祖先係來自法國，杜氏後來赴巴黎留學。一九〇九年時，他積極參加巴黎學生活動。當時法國學生爲政教分離問題曾起暴動，杜氏也曾參加打架。

杜氏於一八八八年二月廿五日出生于華府的祖父家中；一九〇八年畢業于普林斯頓大學，獲六百元獎學金，赴巴黎留學；一九〇七年夏季，他隨祖父參加海牙和平會議，當時他年僅十九歲。他祖父當時並爲中國滿清政府代表，僱他爲中國代表團秘書。在那時開始，他對外交發生極大興趣。決心棄神學而攻讀法律。自巴黎回美後，他在華盛頓著名之喬治華盛頓大學讀法律，三年課程于二年內讀完，並獲全班成績第一。但學校當局因他僅在校二年，未發文憑，于廿五年後始補發。杜氏雖無文憑，但通過紐約律師執照考試，乃開始尋職。

但是當時紐約的律師公所所要僱用者爲哈佛或哥侖比亞法律系畢業生，並不重視喬治華盛頓大學出身者。後來終于靠祖父之福，獲得一職，月薪五十元。一九一二年六月廿六日，他與琴尼·亞芙萊結婚。當時他的月薪增爲一百元，在祖父貼助之下，生活尙爲舒適。

第一次大戰後，杜勒斯被派參加美國代表團赴凡爾賽和會談判德國賠償問題，正式開始外交生涯。在和會完畢後威爾遜總統親筆寫信請他留在歐洲處理賠欵事務，他在國際上的聲望乃逐漸增高。

一九三七年他與杜威開始相識交友。一九三九年，他幫助杜威與威爾基競爭共和黨總統候選人，杜威于一九四〇年敗于威爾基，但終于在一九四四年成爲共和黨總統候選人，杜勒斯乃成爲杜威的外交政策顧問。一九四五年，聯合國在舊金山創組，杜勒斯爲美國代表團高級顧問。一九四八年，杜威再度競選總統，杜勒斯又是外交政策顧問。當時一般人士相信，杜威如果當選，杜勒斯必被派任國務卿。可是杜魯門連選連任。

一九四八年十一月，聯合國在巴黎召開大會，杜勒斯爲美國代表之一。當時國務卿馬歇爾因病返美，杜魯門總統乃派杜勒斯爲美國代表團代理團長。一九四九年時，國務卿艾其遜在巴黎參加四强外長會議，杜勒斯亦爲代表團顧問。一九四九年十一月，他在紐約州競選參議員，未曾當選。

一九五一年韓戰，當杜魯門總統將麥克阿瑟自遠東軍職召回時，特派杜勒斯赴東京向日本政府保證解釋，麥克阿瑟的召回並不影響美國在遠東政策。杜勒斯並在杜魯門任內完成對日本的和約，這項和約于一九五一年九月八日在舊金山簽字。當時國務院官員對杜氏工作極表讚揚。

一九五二年總統大選時杜勒斯恢復其對共和黨的忠誠，爲共和黨書擬政策宣言，對民主黨外交政策大加攻擊。艾森豪當選總統後，立即任命杜勒斯爲國務卿。此後美國外交政策在共和黨政府下，乃有極大轉變。

杜勒斯對國務院的繁雜機構工作不勝其煩，同時對其本人的外交經驗又極具自信力。因此他在執政時，常不需要駐外使節的報告，或國務院專家的政策計劃研究。因此，輿論批評他常獨斷獨行。

美國外交政策在杜勒斯主持下的極度轉變可由下一例子看出。在一九五二年競選演辭中，杜勒斯曾謂民主黨政策過份「拘謹」，不够「放縱」。艾森豪乃即將此意見付諸實踐，撤退在臺灣海峽的第七艦隊，「不再限制」(英文字爲「unleashing」)國軍的進擾大陸行動。在此同時，美國在遠東與東歐的地下活動亦相當活躍。

可是在眞正發生大事時，美國則不採行動。例如一九五三年的東德反共暴動，一九五四年的奠邊府失守，一九五四年的中共威脅金門，一九五六年的匈牙利反蘇革命，美國都未曾赴援。凡此種種例子，證明杜勒斯的大膽言辭與美國政府的實際行動之間，尙有大距離，批評杜勒斯政策者乃逐漸增多。可是一九五四年七月時，杜勒斯確欲拯救奠邊府，曾與雷德福將軍二度要求英國同意，由美國飛機自航空母艦與菲律濱出發助戰，轟炸攻打奠邊府的共軍。這個計劃因英國不同意而未曾實行，奠邊府終告失守。

杜勒斯常公開發言，主張西方與亞洲盟國「聯合行動」對付共黨。這個意見終于形成東南亞公約組織，東南亞公約係于一九五四年九月八日在馬尼拉正式成立，參加者有美、英、澳、法、紐西蘭、菲、泰、巴基斯坦八國。

一九五六年一月十六日，杜勒斯在「生活畫報」載文，喊出「瀕臨戰爭邊緣」政策的口號，使國際人士大驚失色。杜氏當時稱，一個精明外交家的技能即是「不引起大戰可是瀕臨戰爭邊緣的能力」。他的意思即是以强對强，不顯軟弱，以大戰的唬嚇阻止戰爭的手段。杜氏舉例證明他這種「瀕臨戰爭邊緣」政策的成功。他指出，韓戰的停止係由于美國威嚇將在滿洲丟原子炸彈。中共之不敢派兵直接援助越共，係由于二艘美國航空母艦之駛近越南。中共之不敢侵攻金門，係由於中美訂有互防條約。

杜氏的「瀕臨戰爭邊緣」政策中最重要最大膽的語句爲「大規模報復」。一九五四年一月十二日他曾演說稱，艾森豪與國家安全會議已決定，共黨如有侵攻行動，美國必隨時隨地採取「大規模報復」。此語更引起歐洲方面，特別是英法輿論的批評。

一九五四年三月廿八日，杜勒斯飛往委內瑞拉，參加泛美會議，與拉丁美洲各國共同通過一項反共決議，主張各國聯合阻止美洲任何國家之受共黨統制。此決議雖在杜勒斯說服力之下通過，但不少國家仍對美國所施壓力不滿。

一九五五年六月九日，杜勒斯在埃荷華大學演說，稱「中立主義已成爲過時，除非在極不平常的情勢下，中立主義已成爲不道德的，短視的觀念。」這話發表後，印度及不少亞非中立國家極表憤怒。杜氏乃不得不收回前言，改稱「不道德」的中立國家「僅佔極少數」。

杜勒斯常自視爲蘇俄問題專家，他在發表有關蘇俄的言論時，常不預先與國務院專家商諮。一九五六年二月廿四日，他告參議院外交委員會稱，「莫斯科此時正在修改其整個建國方針，蘇俄共黨政策已完全失敗。」這新聞發表後，立即受到各方人士及輿論的責難，認爲杜氏對蘇俄實力估計過低。

在中東政策方面，杜勒斯原主張中東各國聯合反共，西方强國可加支持，但不必參加。可是此主張未能實行，美國終于在英國堅持下，同意巴格達公約組織。另一個中東政策，美國國會二院在一九五七年三月九日所宣佈之「艾森豪主義」(Eisenhower Doctrine)，則實際上是「杜勒斯主義」。此主義規定國會可授權總統在中東用兵阻止共黨侵略。一九五八年伊拉克革命傾覆王朝，杜勒斯爲對付阿拉伯聯合共和國的「間接侵略」，派美國軍隊登陸黎巴嫩。對共和黨而言，杜勒斯的功績，是將共和黨的傳統孤立主義逐漸引入國際主義新時代。

對杜氏政策不滿的人士常批評杜氏態度的「無伸縮性」(inflexbility)，可是過去數月來，此等人士已逐漸認識杜氏政策在基本上甚是健全。他在歐洲的成就最大，促成西德恢復主權，加入北大西洋公約組織。在遠東方面，他的協助自由中國及反對承認中共的立場堅定不變。在美國支持之下金門雖受共軍猛轟，屹立不動。但杜氏曾主張駐金馬的國軍撤減，未獲蔣總統同意。

在中東方面，但杜勒斯的外交政策則逐步吃敗仗。第一、他因不允埃及向美國購買軍火，無異替埃及與蘇俄的軍火生意，大開方便之門，結果使蘇俄勢力直入中東之心。第二、他突然收回美國對埃及建造亞斯溫水閘(Aswan Dam)的經濟援助，使納塞一怒而攫取蘇彝士運河公司，結果引起英法軍隊的侵佔運河區，使西方在中東及世界人士心目中的聲望一落千丈。第三、他在伊拉克革命推翻王朝後，立即派美軍登陸黎巴嫩，使伊拉克革命份子相信美國將用軍隊作對，轉而向蘇俄請援，形成今日伊拉克的親共畸形狀態。

杜勒斯深信，爲踐行其西方盟國領袖的任務起見，必須到處旅行，發生個人接觸，不在華府駐留，結果他反而忽視了國務院的行政工作，而不能充分運用院內專家及機構作爲外交工具。

在蘇彝士危機時，英法對他不滿。而印度也因果亞(Goa)事件對他不滿。印度一向認果亞爲印度的一部份，可是杜勒斯在一九五五年十二月二日，與葡萄牙外長發表聯合聲明，稱印度沿岸葡屬果亞爲「葡萄牙在遠東的省份。」這項聲明使印美關係又退後數步。在果亞事件及杜氏有關「中立主義」的言論後，印度曾對杜勒斯完全不表好感。

可是杜勒斯政策雖多受人批評，于今年二月當他入院治療癌症時，歐亞外交界人士立時感到杜氏在冷戰外交中爲「不可缺少」的人物，艾森豪在數年前曾經說，「如果福斯德(杜勒斯小名)發生意外，我到那裏找人去替代他?」新國務卿赫德已在日內瓦會議中嶄露頭角。赫德是不是有能力接替杜勒斯，不久可見分曉。

五月廿五日于紐約。

籌安會的醜劇

顧達德

前奏曲——修改大總統選舉法

民國二年三月二十日，國民黨的代理理事長宋敎仁先生（理事長爲孫中山先生，時在日本），爲袁世凱購買兇手暗殺於上海。因此，國民黨的激烈派，異常憤慨，多主張武力解決，孫中山亦自日趕回，遂於七月間先後策動贛、皖、寧、滬等各地軍事討袁，號稱「二次革命」，但不到一個月的功夫，即被袁世凱的北洋系軍隊，全部擊潰。自孫中山、黃克强而下的國民黨首要，都被通緝，亡命海外。自是以後，袁世凱雄視國中，認爲再也沒有一個政治勢力可與之對抗，自然志得意滿非凡。他感到唯一美中不足的，僅是他由於民元臨時參議院所選出的臨時大總統，並不是依據憲法產生的正式大總統，而當時國會參衆兩院所合組的憲法起草委員會，雖在天壇擧行會議多次，但由於國民、進步兩黨的意見相持，致議憲工作，進行甚爲遲緩。袁世凱等得不耐煩，便授意他的左右傳出「先選後憲」的主張，就是說先選擧總統，後制訂憲法。本來，總統選擧法是憲法的一部分，不能割裂成兩件事，應該「先憲後選」，才是正當的辦法。然而袁世凱以國際外交重要爲理由，認爲非從速選擧正式總統，不足以取得各國對中華民國的承認，而當時一般淺識者的心理，也過分重視外交關係，以爲袁世凱這個理由確是正大。加以在國會內佔有次多數席位的進步黨以及其他小黨派，都是傾向於袁世凱的，當然不反對「先選後憲」，而握有絕大多數席位的國民黨籍議員，自二次革命失敗，常心懷惴惴，誠恐袁世凱遷怒國會，有所擧動，不得不勉强遷就，也祇好贊成「先選後憲」，以冀維持國會的生命。因此，便在是年十月四日，由憲法起草委員會制訂大總統選擧法，交由國會通過，以憲法會議的名義公布，其要點如下：

①總統的產生，採用國會選擧制，不採人民選擧制。

②總統的任期爲五年，其繼續當選以一次爲限。

③設置副總統，以補總統之缺；於正副總統同時缺位的場合，則以國務院攝行總統職務。

④當選爲正副總統者，必須獲有高額票數；第一次及第二次投票，非得票滿出席人數四分之三，不能當選；第三次投票則爲決選，但非得票過出席人數之半，不能當選。

該法公布以後，卽於十月六日由兩院議員組織總統選擧會，依法進行投票選擧。那一天的選擧情形，是十分可憐的。因爲袁世凱自命「捨我其誰」，早已預定在雙十節登上正式總統的寶座，接受慶賀，如果反對他的硬骨頭議員蓄意搗亂，一時選不出來，雙十節受賀不成，豈不掃興？又恐怕贊成他的議員乘機要挾，和他講交換條件，也是難於應付的。於是就事先安排好便衣軍警萬餘人，自稱「公民團」，在議員入場後，卽將議場重重包圍，聲言非將公民所屬望的總統於今日選出，不許選擧人出議場一步！可憐那些議員先生們忍饑挨餓，滿肚皮的憤慨，無處發洩，從午前八時開始投票，到午後十時，才得到結束。原來最初兩次投票，袁世凱得票雖較多，但皆不滿法定四分之三的多數，故須第三次投票，就第二次得票較多的袁世凱、黎元洪二人擧行決選，袁世凱始以得票過投票人數之半當選爲大總統，至是包圍議場之萬餘「公民」，遂高呼大總統萬歲！歡躍而散。次日，選擧副總統，並無「公民」之脅迫，但第一次投票，黎元洪卽以得票滿四分之三而當選。

袁世凱當選爲正式大總統後，卽覺得國會有如贅瘤，沒有什麼用場。雖然憲法會議於十月三十一日已加速完成天壇憲法草案，但袁世凱唯恐再受制於國會，並深恨於國民黨籍議員在國會內遇事掣肘，乃於十一月四日下令解散國民黨，取銷國民黨籍的國會議員，追繳議員證書徽章凡四百三十八人，造成參衆兩院不足法定人數，不能開會。不久，各省都督民政長復聯名電請遣散國會殘留議員。袁世凱則據以交政治會議審議具覆。政治會議原係一種行政會議，目的在討論地方行政事宜，其構成分子，一部分爲袁直接指派，一部分由各部總長各省行政長官派遣，爲當時國務院於十一月五日所召集。召集之後，袁世凱因利乘便，改名爲政治會議，俾其稍分政府蹂躪法律、摧殘國會的責任。至三年一月十日，政治會議竟然議覆，以各省都督民政長原電所請爲正當辦法，袁世凱乃於是日下令停止國會殘留議員的職務，國會至是遂告完全解散。

天壇憲法草案既以國會解散而胎死腹中，袁世凱又以民元臨時約法之採取責任內閣制爲不便於己，故在二年十二月十八日卽向政治會議諮詢修改臨時約法程序，該會議迎合袁之意旨，亦於三年一月十日，復稱約法有修改必要，主張「特設造法機關，以造民國國家之根本法」。旋卽議定約法會議組織條例，由袁世凱於同月二十六日以敎令公布。依該條例之規定，約法會議係以「議決增修約法案及附屬於約法重要之法案爲其職權」。而所有議員，名爲選擧，實無異於指派，故無一不是政府的工具。該會議於三月十八日開幕，不久卽議決中華民國約法十章六十八條，由袁世凱於五月一日公布，是卽所謂「新約法」。該約法廢除責任內閣制，改採用總統制，並取銷國務院及內閣總理，改設政事堂及國務卿、左右丞，贊襄總統。對於立法權，則採用一院制，設立法院；對行政權，則另設參政院以爲大總統的諮詢機關。此項約法成立，元年臨時約法卽告失效。其後，約法會議又先後制定參政院組織法、立法院組織法及議員選舉法，由袁世凱公布。關於參政院參政，純由袁委任，於是年六月二十日首次開會，隱然爲政治會議之續。隔了數日，袁又以總統命令宣布參政院依照新約法規定，代行立法院職權。故立法院始終未成立，而參政院亦始終爲立法院的代替者。到八月十八日，參政院建議修改二年十月四日的大總統選舉法，由約法會議於十二月二十八日議決修正，次日公布。此項修正大總統選舉法爲一空前荒唐奇特的文書，其要點如次：

㈠總統的任期改爲十年，連任亦無限制。凡屆總統選舉之年，參政院參政如「認爲政治上有必要時」，得爲現任總統連任之決議。

㈡總統繼任人應由現任總統推薦三人爲候選員，先期親書姓名，密儲金匱，其鑰匙由總統掌之。至總統選舉會則由參政院及立法院各選五十人組織之。

㈢選舉之日，現任總統將所推薦有候選總統資格者之姓名宣布於總統選舉會。如總統因故缺職，則由選舉會會長指定會員十人監視開啓金匱，宣布總統推荐之候選員人名。總統選舉會除就被推荐三人投票外，得對現任總統投票，而現任總統當然可以繼續當選。

此法公布以後，袁世凱的地位，不但成爲終身的獨裁元首(因爲任期名爲十年，實則可以無限期的連任)，而且可以世襲，傳諸子孫(因爲選舉法上並沒有說不許推荐現任總統的家屬爲候選人，如果袁世凱願意推荐他的兒子袁克定，照樣是可能當選的)。使此法實行，則民國大總統與「一姓家天下」的皇帝，實質上是相等的，所差者祇是名義而已。然而袁世凱並不以此爲滿足，還要進一步爬上名實一致的「皇帝」寶座，才揭開洪憲這一幕醜劇。所以，推溯起來，大總統選舉法的修改，應該是袁世凱稱帝粉墨登場的前奏曲了！

洋顧問的伴奏——古德諾之妙論

袁世凱進行帝制，首先物色到兩個外國「吹鼓手」，一個是總統府政治顧問美國人古德諾(F. J. Goodnow)博士；一個是總統府法律顧問日本人有賀長雄博士。早在民國三年一月，古德諾首先上了一個廢除國務院、各部總長直隸於總統的條陳；有賀長雄也就不甘落後的上了一個採行總統制的條陳。袁世凱把這兩個條陳都命人譯成中文，由印鑄局印成小册子，分發各省軍民長官參考。而臨時約法之被修改，由責任內閣制一變而爲總統制，可說就是以這兩位東西洋顧問的條陳爲根據。

袁世凱利用這兩個外國寶貝的伴奏，來做帝制的前導樂隊，就是看穿中國人崇拜洋大人的心理來嚇唬中國人的。在他的想法，這兩個東西洋寶貝：一個是美國人，美國爲共和先進之國，如果能由這位「精通政治學」的美國博士說出共和不適合中國國情，這就足夠說明中國確有改行帝制的必要了！一個是日本人，日本爲君主立憲的强國，如果能由這位「日本法學家出面來鼓吹中國改行帝制，這又足夠說明中國改行帝制就能向日本看齊而成爲亞洲强國之一了！袁世凱這個如意算盤，事前確是經過一番仔細考慮的。

所以新約法頒布之後，古德諾就著文爲之辯護。他說：「歐洲之政俗，注重立法部，亞洲之政俗，注重行政部。未可以此例彼。故對今日所新修之約法，欲知其結果之良否，必先研究其能否適宜於中國之國情。……使中國歷久相傳之君主政體，變而爲共和政體，得以晏然無事，而絕不生妨礙於其間爲宗旨。」又說：「凡用內閣制之國，其人民於代議制度已早有數十百年之經驗，而中國固無此也。且用內閣制之國，多係君主國，其用此制者，蓋以世襲之君主常不負責，故必得一負責任之內閣，而中國又非其例也。……新約法變內閣制爲元首制，若以美之先例言之，此制實爲共和國之良法。……新約法給予政府之權有遠過於美國者，……惟中國習慣本重行政，不重立法。今在除舊更新之始，人心未定，故不可不暫存舊制，而偏重行政之權。」又說：「此種約法施諸久行專制之亞洲，必有良好之結果。……蓋約法規定多本於日本之憲法。……大總統之權，同於日本之君主，而與立法之關係與日本君主與國會關係同，此種政治在日本行之已有明效大驗，日本如此，中國何獨不然！」古氏原爲美國政治學之權威學者，而其言論竟多爲袁世凱曲袒，甚至將民國之大總統，視同日本之君主，其爲袁世凱所利用，極爲顯然。

及至四年八月初旬，古氏又發表「論君主與共和」一文，於八月十九日譯載北京亞細亞日報——袁世凱的機關報，力倡君主立憲優於民主立憲，以及中國不宜採用民主國體之說，首謂：「一國必有其國體，其所以立此國體之故，類非出於其國民之有所選擇也。雖其國民之最優秀者，亦無所容心焉！蓋無論其爲君主，或爲共和，往往非由於人力。其於本國之歷史習慣，與夫社會經濟之情狀，必有其相宜者，而國體乃定。假其不宜，則雖定於一時，而不久必復以其他相宜之國體代之，此必然之理也。」因歷述英美法及南美北美諸國歷史，大抵注重程度問題，謂：「中國程度不及，驟行共和，一旦總統解除職務，則各國所歷困難，行將再見。」並謂：「夫美國之革命，初非欲推翻君主也，其目的但欲脫英國而獨立耳！乃革命成功而後，其勢有不能不用共和制者，蓋其地本無天家皇族，足以肩政務之重。……當日統率革命軍爲華盛頓，使其人有帝制自爲之心，亦未始不可自立爲君。乃華盛頓之宗旨，尊共和而不喜君主，而又無子足以維其後，故當合衆國告成之日，卽毅然採用共和制。」其意思好像是說，如果華盛頓有帝制自爲之心，而又有兒子可以繼承，則美國開國之始，未嘗不可以創立君主立憲。因此，他認爲「君主優於共和，能確定元首之繼承，不生擾亂。」「繼承確定一節，實爲君主制較之共和制最大優勝之點。」最後更露骨的說到：「美國雖是共和先進之國，但彼邦人士，尚不以中國採行共和制爲然，則共和與中國國情之鑿枘可知。世界國體，君主實較民主爲優，而中國則尤不能不用君主政體。」這對於袁世凱發生很大鼓勵作用，事實上也就等於明白表示「勸進」了！據當時駐華美國公使芮恩施（P. S. Reinsch）所說，早在是年七月間，美國卽已得到帝制運動的報告。蓋袁世凱對外不欲嚴守秘密，意在試探外人之反應，取得外國之諒解，而利用古德諾的論文，尤足以塞美國人之口，作爲對外宣傳的極好資料。恰好美國政府對遠東政策，又一向有其甚爲天眞的想法，對中國人民心理的向背，可說是完全不了解，而且誤認袁世凱確有統治全中國的能力，因此，在遷就東方權力政治之下，默不作聲，對古德諾的謬論，固然不置可否，對袁世凱的進行帝制，也持着不反對的態度。同時，袁世凱不惜承諾日本所提出的二十一條，以換取日本對帝制的承認（其實是上了日本人的圈套，後來日本食言，竭力反對帝制）；而英國與日本又有英日同盟關係，不敢開罪日本，英國駐華公使朱爾典（Sir John Jordan）與袁世凱具有多年友誼，自然也站在贊成帝制的一面。袁世凱得到美英日的默許和諒解，自更大膽放手進行帝制了！

關於有賀長雄鼓吹帝制的文章，手頭尙缺乏資料可引。但當帝制快近成熟階段，袁世凱曾賞賜有賀長雄一幅唐人墨跡，以酬其勞，有賀長雄居然具摺謝恩，自稱「外臣」，有謂：「伏維中日親善，爲二國存亡之所關，亦爲世界和平之基礎，外臣叩蒙恩知，備員顧問，進止標的，恆在於是。……苟利中國，無害日本，又或見共利於中日二國者，必進而明其治理，使其易於實行。因此之故，犯難亡身，亦且不惜，區區人言，更無待論，……擬卽貢其所得，爲新朝創業之助，從事於陛下所命之法律事業，以報恩遇於萬一。」可見這位東洋吹鼓手的拍馬本領，和那位西洋吹鼓手的逢迎功夫，正是不相上下哩！

六君子登場——籌安會成立

自古德諾那篇「論君主與共和」的原文發表不到幾天，在八月十四日便有籌安會的出現，該會並通電全國，主張研究國體，「以籌一國之治安」，其說卽以古氏理論爲根據，可見其是相互呼應的。從此帝制運動便由暗中醞釀進入公開活動時期。這個籌安會的發起人，是楊度、孫毓筠、嚴復、劉師培、胡瑛、李爕和等六人，卽世所稱之「六君子」。其中孫毓筠做過安徽都督，胡瑛做過武昌軍政府的外交部長和煙臺都督，李爕和做過上海光復軍司令，都是以「革命元勳」的資格被借重的；劉師培曾經加入過同盟會，後來叛黨，改投兩江總督端方，出賣同志，爲革命黨人所不齒，但卻以國學淵博，一代經師，與嚴復之學貫中西，譯述名家，同爲世所知名。其實，這五位都是裝點門面的「跑龍套」之流，該會的活動中心人物，要算是楊度。楊度原是清末留日學生會會長，孫中山之認識黃克强而合組同盟會，就是由他居間介紹，但他始終覺得革命黨暴烈有餘，成事不足，遂決心作君憲黨，與梁啓超爲同調，後來他又覺得梁啓超爲慈禧太后所痛恨的人，和他合作，有害無利，乃獨樹一幟，以謀活動。在光緒三十二年淸廷預備立憲時，他以四品京卿的榮擢，參與憲政編查館，便和袁世凱發生密切的關係。到辛亥革命南北議和時，他和汪精衞組織「國事匡濟會」，更替袁世凱出力不少，爲參與重要機密之一人。在籌安會未發起之前，他和袁克定刻意交歡，過從甚密，是有名的「太子派」。他曾發表過一篇「君憲救國論」，大意是說共和決不能立憲，惟君主始能立憲，與其行共和而專制，不若立憲而行君主。這是他窺破袁氏父子的隱衷，極力想替袁家製造一頂世襲的皇冠，而自己的目的，也在以佐命功臣自居，取得未來帝國的首相地位，可以說袁氏父子利用他，他亦何嘗不想利用袁氏父子哩！

籌安會於八月二十三日在北京石駙馬大衖宣告正式成立，然於十九日卽發布啓事，說是「本會與各界接洽之事甚忙，故不待大會，先告成立，推定楊度爲理事長，孫毓筠爲副理事長，嚴復、劉師培、胡瑛、李爕和皆爲理事。」是不待會員大會之推擧，業已自行推定職務，其爲避免他人爭功之匆迫情形可知。而該會通告會員書中，則謂：「本會宗旨在研究君主民主國體二者孰適於中國，專以學理之是非，與事實之利害爲討論範圍，此外各事，概不涉及。」其實，這都是掩飾之詞。該會隨卽通電各省文武長官，請派代表到京，並寄與古德諾論文，入會願書，及投票紙，請各會員書明贊否，並代募會員。當時全國各方面無不知道該會的幕後支持者是袁世凱父子，而在袁黨暗中布置和該會直接發動之下，各省文武官員，爲迎合意旨，自都表示贊成，紛紛派遣代表入京。到九月中旬，該會通告各會員，附以表決票一紙，說是「本會原擬候各代表到齊，定期開會，現因入會者將近萬人，會場難覓，不得已用投票議決之法，請於表決票上，塡寫君憲或共和二字，本會卽據票數多少以爲議決標準。」這是該會由研究學理一變而爲表決國體的一種做法。當然，這些所謂「各省代表」原是抱定攀龍附鳳的志願而來的，自不會有反對的意見，何況在軍警特務控制之下，又有誰敢於反對呢！

因此，不久該會便又發表宣言，通電各省將軍、巡按使、都統、長江巡閱使、上海鎭守使、全國商會聯合會、華僑聯合會；漢口、寧波、蘇州、蕪湖、常德、重慶、江西、梧州、厦門、通州、汕頭、九江、正陽關、桂林、保定、天津、張家口、煙台、熱河、營口、安東、長春、哈爾濱、柳州、大通、百色、龍州、潯州、靑島、周家口各商務總會；及平陽、灤州、大同各商會；武昌教育會；安徽公民團；成都川路公司；南昌江西農會；懷慶河朔回教俱進會；高郵教育會、農會；淸江回教聯合會江北支部；開封商會聯合會、教育會，回教俱進會；河南全省孔社；長沙教育總會，全省商輪公會，工業總會；蘭州四川旅甘商會，甯夏護軍使，歸化總會，西甯宣慰使，伊犁鎭守使；察哈爾錫林果勒盟正副盟長；靑海巴勒珠爾布拉坦及辦事長官等，公布表決之結果，謂「投票議決，全體一致主張君主立憲」。並在宣言中說道：「……立國之道，不外二端，首曰撥亂，次曰求治。今請逆其次序，先論求治，次論撥亂。……如我國現行之總統制，權力集於元首一人，斯責任亦集於元首一人，卽令國會當前，亦不能因責任問題，彈劾元首，使之去位。一國中負責任者，爲不可去位之人，欲其政治進步，烏可得也。……唯窮乃變，唯變乃通，計唯有去僞共和，行眞君憲，開議會，設內閣，準人民之程度，以定憲政。名實相符，表裏如一，庶幾人民有發育之望，國家有富强之基，此求治之說也。……無强大之兵力者，不能一日安於元首之位，數年一選舉，則數年一競爭，斯數年一戰亂耳。彼時憲法之條文，議員之筆舌，槍砲一鳴，概歸無效，所謂民選，變爲兵選，武力不能相下，斯決之於戰爭。……國且不存，何云憲政？救亡之法，惟有廢除共和，改立君主，屛選擧之制，定世及之規，使元首地位，絕對不可競爭，將不定於一者，使定於一，是則無窮隱禍，概可銷除，此撥亂之說也。本會以爲謀國之道，先撥亂而後求治。我國撥亂之法，莫如廢民主而立君主；求治之法，莫如廢民主專制而行君主立憲，此本會討論之結果也。謹以所得，布告於軍政學商各界及全體國民。」其說甚爲矛盾，而且矯强，但在籌安會諸人看來，則認爲是一篇得意文章。

當籌安會開始鼓吹變更國體之時，全國人心震盪，極爲惶惑，有人詢問袁世凱應否加以干涉，袁的答覆是「此項言論，耳聞已熟。予所居地位，祇知民主政體之組織，不應別有所主張。帝王非所願，總統非所戀。研究此義者，作何主張，予固無嫌疑之可慮。惟予與國人均有身家產業子孫戚族，其欲研究所以永保安全之法，亦爲人情所應有，予受國民付託，何敢以非所願非所戀之嫌疑而强加干涉乎？」其措詞模稜，無從捉摸，僅意在粉飾與己無干而已。及至九月九日，肅政廳以全體名義，呈請取締該會，謂「楊度身爲參政，孫毓筠曾爲約法會議議長，倡此異說，無怪人民驚疑，應請迅予取消，以靖人心。」而袁世凱祇輕描淡寫地飭令內政部對該會言論行動酌定範圍，未及其他。於是內政部在九月十六日呈覆，「該會發起人皆學識閎通，聲望卓著之士，於此次討論界說、範圍亦已鄭重聲明，倘認爲有擾亂秩序之虞，自當加以限制，以保公安。」此後有幾個不識時務的如賀振雄、李誨、汪鳳瀛等上書抨擊籌安會，向肅政廳、檢察廳或內務部稟請封禁該會或提起公訴的，均如石沉大海，毫無批答的下文，甚至肅政使費樹蔚（袁克定親家）、檢察廳長羅文榦，憤而辭職，襆被出京，亦無人加以挽留，至是全國人民才恍然大悟，彼此心照不宣，都知道袁世凱眞正意向之所在，是怎麼一回事了！

羣魔亂舞——全國紛紛勸進

在籌安會的初意，欲俟該會各省代表到齊，會議決定後，便呈請實行帝制，但該會究竟不是法定機關，沒有呈請實行的資格，乃改變方針，由該會各省代表，以公民資格請願於代行立法院的參政院，再由該院據以呈請實行，這樣子才比較合乎情理。但參政院於九月一日便要開會，而該會各省代表仍未能立即到京，於是不及等待各省代表到齊，便一面通告會員進行君憲或共和之表決，一面運用各省旅京人士，分頭組織各種名目的請願團，所有請願書，一律由籌安會代爲起草。故參政院開會後，投遞請願書，要求變更國體的，便如雪片飛來。九月六日，該會舉行談話會，袁世凱特派政事堂左丞楊士琦到院代讀宣言：有謂：「本大總統受國民之付託，居中華民國大總統之地位，四年於茲矣！……自維衰朽，時虞隕越，深望接替有人，遂我初服。但既在現在之地位，即有救國救民之責，始終貫徹，無可委卸，而維持共和國體尤爲本大總統當盡之義務。近見各省國民紛紛向代行立法院請願改革國體，於本大總統現居之地位，似難相容。然本大總統現居之地位，本爲國民所公擧，自應仍聽之國民。且代行立法院爲獨立機關，向不受外界之牽掣，本大總統固不當向國民有所主張，亦不當向立法機關有所表示。惟改革國體於行政上有絕大之關係，本大總統爲行政首領，亦何敢長避嫌疑，緘默不言！以本大總統所見，改革國體，極應審愼，如急遽輕擧，多爲窒礙，本大總統有保持大局之責，認爲不合時宜。至國民請願，不外乎鞏固國基，振興國勢，如徵求多數國民之公意，自必有妥善之上法。……請貴代行立法院諸君子深注意焉！」這是袁世凱一貫的善於做作的作風，他暗示由民主共和一變而爲帝制，必須經過「訴諸民意」的手續，才算名正言順，是千萬馬虎不得的。

到九月二十日，參政院對於這類國體請願事件，經過一番討論，始議決「請政府於年內召集國民會議，爲根本上之解決，或另籌徵求民意妥善辦法。」議決後，連同請願書八十三件，咨送政府。但所謂國民會議，是袁氏新約法規定複決憲法機關，曾由約法會議議定國民會議組織法於四年三月十二日公布，如依此組織法進行召集，手續甚爲麻煩，故實際仍側重在「另籌妥善辦法」。因此，袁世凱雖於九月二十五日咨復，贊成提前召集國民會議，而帝制派急於求功，總覺國民會議手續過繁，乃由梁士詒主使將所有請願團體一齊聯合起來，組織「全國請願聯合會」，推沈雲霈爲會長，那彥圖、張鎭芳爲副會長，再向參政院請願，聲稱國民會議是決定憲法機關，不能代決國體問題，應請該院立即議定召集民意機關的辦法。該院接到此項請願，於九月二十八日提出討論，經依照參政梁士詒、孫毓筠等主張，議定國民代表大會組織法，而於十月六日咨請政府公布，在這個咨文中說：

「本院前據各直省各特別行政區域，內外蒙古、青海回部、前後藏、滿洲八旗王公，暨京內外商會、學會、華僑聯合會等，一再請願改革國體，當經本會開會議決，將請願書八十三件，咨送政府，並建議根本解決之法，或提前召集國民會議，或另籌徵求民意妥善辦法。……而自咨送八十三件請願書以後，復有全國請願聯合會代表沈雲霈等，全國商民馮麟霈等，全國公民代表阿穆爾靈圭等，中國回教俱進會、回族聯合請願團、暨回疆八部代表王常等，哈密吐魯番回部代表馬吉符等，錫林果勒盟代表程承鐸等，雲南迤西各土司總代表鄧滙源等，新疆蒙回全體王公代表暨寧夏駐防滿蒙代表楊增炳等，北京二十區市民董文銓等，北京社改進行會惲毓鼎等，南京學界丁偉東等，貴州總商會徐治鑄等，籌安會代表楊度等，暨全國商會聯合會、蔚豐厚各處票商等前後請願前來，咸以爲中國二千餘年，以君主制度立國，人民心理，久定一尊，辛亥以後，改用共和，實於國情不適，以致人無固志，國本不安，誠由共和制度，元首以時更替，國家不能保長久之經劃，人民不能定專一之趨向，兼之人希非分，禍機四伏，撥亂尙且未遑，求治何由可望？……我國疊經變故，元氣未復，人民生計，亟待蘇息，惟有速定君主立憲，以期長治久安。……卽外國之政治學問名家，亦多謂中國不適共和，惟宜君憲。足見人心所趨，卽眞理所在。全國人民，迫切呼籲，實見君主立憲，爲救國良圖，必宜從速解決，而國民會議，開會遲緩，……非迅速特立正大之機關，徵求眞確之民意，不足以定大計，而立國本。再三呈請，衆口一詞。……本院尊重民意，重付院議，……謹按約法第一章第二條：中華民國主權，本之國民全體，則國體之解決，實爲最上之主權，卽應本之國民之全體，玆議定名爲國民代表大會，卽以國民會議初選當選人爲基礎，選出國民代表，決定國體，似此則凡直省及特別區域，滿蒙回藏均有代表之人，以之決大計而定國體，庶可謂正大機關，而眞確之民意，可得而見，較之國民會議爲尤進也！玆據約法第三十一條之規定，於十月六日開會議決國民代表大會組織法，經三讀通過，現在全國人民，亟望國體解決，有迫不及待之勢，相應抄錄全案，並各請願書，咨請大總統迅予宣布施行。」

此項國民代表大會組織法於十月八日，由袁世凱公布，同月二十五日，卽開始選舉，二十八日以後，各省卽陸續舉行國體投票，到十一月二十日之前，全國各區一律告竣，結果一千九百九十三票完全主張君憲，無一票反對，其辦理之神速，和成績之優良，眞是駭人聽聞。同時，在國體投票進行中，一方面連皇帝也推戴定了！各省推戴書的字句，都是用「謹以國民公意恭戴今大總統袁世凱爲中華帝國皇帝，並以國家最上完全主權奉之於皇帝，承天建極，傳之萬世。」共四十五字，沒有一書一字的不同，更是神妙不可思議。一方面又決定委託參政院爲國民代表大會的總代表，向袁世凱恭上推戴書。參政院自然義不容辭，接受此項委託，乃於十二月十一日開會，卽日草定一篇頌揚功德的推戴書，連同各省推戴文件一併呈上，袁世凱在當天立卽咨復該院，表示推讓，他說：

「民國之主權，本於國民之全體。既經國民代表大會全體表決改用君主立憲，本大總統自無討論之餘地。惟推戴一舉，毋任惶駭……本大總統從政垂三十年，迭經事變，初無建樹，改造民國，已歷四稔，憂患紛乘，愆尤叢集，救過不勝，圖治未遑，豈有功業足以稱述！……然辛亥之冬，曾居政要，上無裨於國計，下無濟於民生，追懷故君，已多慚疚，今若驟躋大位，余心何安，此於道德不能無慚者也！政治保邦，首重大信，民國初建，本大總統曾向參議院宣誓，願竭能力發揚共和，今若帝制自爲，則是背棄誓詞，此於信義無可辭者也。……本大總統既以救國救民爲重，固不惜犧牲一切以赴之，但自問功業既未足言，而關於道德信義諸大端，又何可付之不顧？在愛國之國民代表，當亦不忍强我以所難也！尙望國民代表大會等熟籌審慮，另行推戴，以固國基。……」

參政院細細玩味袁世凱半推半就的咨文語氣，知道非再做一篇「順乎天應乎人」的大文章，替他洗刷「欺騙清室」及「背叛民國」兩大汚點，然後恭承「天命」，才算毫無瑕疵。於是該院便仰體「聖意」，迅速地於當天下午五時開會討論，隨卽有人主張再上第二次推戴書，不到一刻鐘，就把長約二千六百餘字的推戴書起草好了(可見事前已有準備)，於當天晚上遞呈，內容歌頌袁世凱有「經武」、「匡國」、「開化」、「靖難」、「定亂」、「交鄰」六大功績，並且還替袁世凱掃除道德信義上的顧慮，恭維他是「盡瘁先朝」、「無負民國」。(這篇眞文太長，引錄從略，請參看民國通俗演義)袁世凱經過這一番「做工」以後，也就不再扭揑，於十二月十二日下令接受帝位，並決定民國五年元旦登極，改元洪憲。總計自籌安會成立，到袁世凱承認帝制，先後不過三個月的功夫，竟然在僞造民意，自拉自唱之下，而告排演成功。這一齣羣魔亂舞的醜劇，可說是已達高潮，自此袁世凱便是開始走下坡路的日子了！

曲終人散——八十三天皇帝夢

正當袁世凱即將「黃袍加身」的前幾天——民國四年十二月二十五日，不意梁啓超、蔡鍔所策動的雲南護國軍，奮起義師，進兵川桂，聲稱討賊，而隔了不久，貴州亦宣告獨立，於是袁世凱的一團高興，頓爲之失色。原來蔡鍔是參政院參政，曾經首先簽名勸進，然而袁對蔡仍不放心，多方予以防範，但蔡終自北京設法脫走，於十二月二日，由天津取道日本，潛赴雲南，十九日，行抵昆明。而蔡的老師梁啓超早在籌安會成立之次日，卽發表有名的「異哉所謂國體問題者」一文，筆掃千軍，爲反對帝制的急先鋒。事前袁世凱會囑人賄以十萬元，勸其不必發表，而梁未予理睬，可見眞正的讀書人是有骨氣的，而梁的文字素具魔力，因而影響到全國人心，都非打倒帝制不可。等到袁世凱接受帝位之日，梁就秘密離開天津，於十二月十八日至上海，五年三月四日，復取道香港、越南入桂，歷經艱險，始行抵南寧，是時廣西、廣東均已先後獨立，而袁世凱派赴四川「平亂」的軍隊，又持久無功，乃迫不得已，於三月二十二日下令撤銷承認帝位。自準備登基至取消帝制，恰好八十三日，袁世凱總算做了一場皇帝夢，聊堪自慰而已。

當袁氏帝制進行得如火如荼的時候，除了黎元洪請辭副總統未獲准許外，其他平素深得袁氏倚信而較爲明達大體的人，都紛紛求去，如徐世昌之辭國務

(轉接第9頁)

法國第五共和的第一屆國會與政府

姜懷平

巴黎通訊・三月十日

法國第五共和自本年一月八日戴高樂將軍就任首任總統後已經正式成立。但是事實上，自去年五月十三日阿爾及耳事件後，至六月一日戴高樂將軍組織政府，六月三日國會於授權政府制訂新憲法後宣佈休會時始，第四共和已經結束了。至於中間的這段期間可說是由第四共和到第五共和的過渡時期，亦可說是第五共和的籌組時期。在此期間有九月二十八日新憲法的公民複決投票，十月五日新憲法的頒布，以及根擧新憲法第十五章臨時措施的規定頒行行政法令，於十一月二十三日及三十日兩次投票擧行大選，十二月二十一日擧行第一任總統選擧等，逐步完成新制度下各機構的組織。根據新憲法的規定，法國第五共和的新制度，尤其是政府與國會間的新關係，與第四共和時代者已迥然不同；去年十一月底大選的結果使各政黨的實力更有空前的變易。新國會中戴高樂派勢力空前膨脹，似足充分加强今日以戴高樂為中心的新政府的地位，第四共和時代閣潮頻繁發生的現象，或將不致再度發現。如能對今日法國局勢所以促成的原因予以正確分析解釋，則足以對今後第五共和的成敗予以較正確的推測。

原則上說，政治現象的實際發展及其成就，主觀理論的制訂或導演者的主觀的看法，固然發生很大的影響；但是，客觀條件却往往亦會發生更大的影響，甚至否定主觀的理論或看法。因此如能以國會的組成，各政黨實力及態度的演變，以及新政府組織為瞻望法國第五共和今後政治的可能成就的後添的因素，實在說來，並不下於對憲法的分析。

第五共和國會衆議院的組織及其選擧法。

法蘭西第五共和的政治制度是介於「總統制」與「議會制」之間的，在行政體制上，總統雖有中心人物的優越性，然而在法理上說並未完全脫離「內閣制」，政府依法仍得對國會負責。另一方面，第五共和國會「兩院制」的新規定，雖使參議院的權力增加，在立法方面的權限幾成兩院平分春色的形勢；但衆議院終是國會首院，且單獨控制政府生存的彈劾權，所以仍佔較重要的地位。

新憲法對國會的組成，每屆議會的任期，以及議員出缺時的遞補辦法均未規定，而另由組織法律(Loi organique)訂定之。根據戴高樂政府上年十一月七日頒布的效力同於組織法律的行政法令(Ordonnance)的規定，關於國會衆議院任期者有：①國會衆議院議員任期為五年，期滿後全部改選；②任期屆滿的日期為第五年四月份常會開幕日；③除解散國會情形外，衆議院的改選應在任期屆滿前六十日內擧行。關於新國的組成，新衆議院議員名額計分：

①法國本部、阿爾及利亞、撒哈拉及海外省區(包括：Quadeloupe, Martinique, Réunion, Guyane 四地)，共選衆議員五四六人，分：

——法國本部衆議員四六五名，

——阿爾及利亞衆議員六七名，

——撒哈拉衆議員四名，

——海外省區衆議員一〇名。

②海外地區保持現行法律地位。如自動改為海外省區，得依照憲法第七十六條另訂組織法律規定其議員名額。如改為「集團」(Communaute)中的自治國時，在憲法規定關於「集團」的辦法確切實施以前，其原有各該議員仍出席國會兩院。

至於衆議員出缺時的遞補辦法，則有直接遞補辦法與局部改選兩種規定：①衆議員因病故，或因接受政府職務，或因受聘為憲法會議(Conseil Constitutionnel)委員，甚或因公差而出差期逾六個月者，其衆議員職務應由與該議員同時當選的候補人遞補之；②在上述規定不能適用的情形下，或因上述情形以外的事故而宣告某一選區選擧結果無效時，則應於三個月內擧行局部選擧補充之。但在國會衆議院任期屆滿前十二個月內，不得擧行局部改選。

國會議員的選擧法，在第五共和中仍延照過去的慣例，亦不包括在憲法條文以內。根據新憲法第三十四條的規定，應以組織法律訂定之，又於第十五章(臨時措施)第九十二條明言：政府得經內閣會議制定國會選擧法規，以行政法令頒行之，其效力同於法律。上年十一月下旬擧行第五共和第一屆國會選擧時所採行的選擧法，是由司法部長和內政部長所草擬，交十月七日內閣會議討論修正後，於同月十二日正式簽署公布的，其內容共包括二十六條，除選擧辦法外並有關於候選人登記，競選宣傳及開票等規定。

新國會選擧法已不復是第四共和時期所採用的「比例選擧法」。在法國本部及海外省區採行「單人選區兩次投票的多數選擧制」(Scrutin uninominal majoriaire à deux tours)；以人口的比例把法國全境劃分成若干選區，其選區數量得與應選出的議員數額相等，也就是說每一選區只選衆議員一名。在第一次投票後如有候選人獲得該選區有效選票的絕對多數(Majorité absolue)，即過半數選票及獲選票達登記選民四分之一時當選，否則應於第一次投票後一週擧行第二次投票。但在第二次投票時，候選人的當選只須獲有效選票的相對多數(Majorité relative)即可；但如過有候選人所獲票數相等時，則以年齡較長者當選。此外這部新選擧法的新規定乃是候補人的存在。凡參加衆議員的競選人必得提出其自已的候補人，並得將候補人的姓名同列於選票上，以備當選議員出缺時遞補其議席。

這部選擧法的採行，就理論而言，由於第二次投票辦法的採用，運用後仍無法有效的減除因採用「比例選擧法制」而發現小黨林立的現象，況且法國在第三共和時已曾試用過這個選擧辦法，並無甚成效。因爲法國政黨政治的小黨林立現象，並非完全爲選擧法的產物，而由其他更重要的因素所促成。但是也正因爲有第二次投票辦法的存在，遂可使參加競選性質接近的各政黨在第一次投票後檢討成敗，藉以集中力量，聯合一致來對付極端黨派份子的競選活動，此外「單人選區多數選擧制」辦法簡單，沒有比例制的計算困難。且選民直接對候選人投票，可避免使乎於衆望人物的落選，同時削減政黨在選擧的作用，可以使當選議員者的政治活動多少受到選民意見的直接影響。然而少數派的意見在「多數制」的採行下只有被忽略了。就民主理論言這當然是「多數制」不及「比例制」的地方了。

各黨在新國會中實力的分配情形及其消長。

第五共和第一屆國家衆議院於上年十一月二十三日及三十日在法國本部及海外省區（阿爾及利亞及撒哈拉除外），按照新選擧法規兩次投票擧行選擧。茲先將法國本部的選擧結果與一九五一年及一九五六年先後兩度採行「比例選擧法」時各黨所獲票額列比較表如下：

黨別	一九五八年 第一次投票 獲選票數	百分比	一九五八年 第二次投票 獲選票數	百分比	一九五六年 獲選票數	百分比	一九五一年 獲選票數	百分比
共產黨	三、八八二、二〇四	一八·九	三、七四一、三八四	二〇·七	五、五三二、六三一	二五·七	五、〇五六、六〇五	二五·四
其他左派	三四七、二九八	一·四			四四九、四七三	二·〇	三八、三九三	〇·二
社會黨	三、一六七、三五四	一五·五	二、四八四、四一七	一三·八	三、一八〇、六五六	一四·八	二、七四四、八四二	一四·三
社會激進黨	九八三、二〇一	四·八	三六二、七八四	二·〇	二、八七六、三九八①	一三·三	一、八八七、五八三①	九·八
中間左派	一、三六四、七八八	六·七	一、〇三五、六二五	五·七				
人民共和運動及基督教民主黨	二、三七八、七八八	一一·六	一、三六五、〇六四	七·五	二、三七四、二二一②	一一·〇	二、三八九、七七六②	一二·三
新共和同盟	三、六〇三、九五八	一七·六	四、七六九、〇五二	二六·四	九四八、八五四③	四·四	四、一二六、四九二③	二一·六
溫和派	四、〇九二、六〇〇	一九·九	四、二五〇、〇三九	二三·六	三、〇八六、四一四	一四·三	二、六五六、九九二	一三·五
極右派	六六九、五一八	三·三			二、八一六、八〇五④	一三·一		
其他					四七、九九〇	〇·二	八七、三四六	〇·四六

（附註）：①包括社會激進黨離異派及中間左派。
②無基督教民主黨。
③「新共和同盟」即「戴高樂派」於一九五一年時爲「法蘭西人民聯盟」，一九五六年時爲「社會共和派」。
④包括布雅德派。

至於各黨在兩次投票中所獲議席及其消長情形則如下表：

黨別	一九五六所獲議席	一九五八年 第一次投票所獲議席	一九五八年 第二次投票所獲議席	一九五八年 合計	與上屆比較之增減
共產黨	一三九	一	九	一〇	（一）一三九
其他左派	六	—	二	二	（一）四
社會黨	八八	二	三八	四〇	（一）四八
社會激進黨	五六	—	一三	一三	（一）四三
中間左派	一八	三	一九	二二	（+）四
人民共和運動	七一	八	三六	四四	（一）一四
基督教民主黨		—	一三	一三	
新共和同盟	一六	七	一八二	一八九	（+）一七三
獨立派	九五	一四	一〇六	一二〇	（+）三七
其他溫和派		三	九	一二	
極右派	五三	一	—	一	（一）五二
其他	三			—	

（附註）：一九五六年大選時法國本部共選衆議員五四四名，一九五八年十一月僅選四六五名。

法國海外省區的選擧結果，各黨所得議席如下：

社會黨　三席
其他左派　一席
社會激進黨　一席
新共和同盟　二席
溫和派　三席

至於阿爾及利亞及撒哈拉方面因環境特殊，且又值戰亂的關係，故採行「選區名單制的一次投票多數制」(Scrutin de liste majoritaire à un seul tour)，以選擧三名至五名議員的較大選區，按一次投票辦法，使參加競選者按照選區應選議員名額組織競選名單，並以獲選票最多的名單當選，而獲得該選區中的全部議席。上述兩地區於上年十一月二十八日擧行投票，至十二月二日公佈選擧結果，其應選的七十一個議席雖爲數逾十五個不同的地方組織所分享，但事實上均爲新共和同盟所支持的擁護五月十三日運動的分子，故在選舉後該兩地區當選議員，即擬在新國會中組織阿爾及利亞議會團以支持法國與阿爾及利亞的完整合一化（Intégration）。

新國會於十二月九日召集首次會議，選舉議長並組織秘書處，並於本年一月十五日召集特別會議，除聽取新首揆報告政綱外，同時擬制新國會議事規則。因根據新規定各政黨在新國會中必須握有三十議席，始能成立獨立團體（按在第四共和時期此最低額爲十四人），故各小黨就彼等政治傾向組織聯合機構，以提出參加新國會各委員會人選。目前國會中各黨新組成有如下表：

黨別	議席 一九五九年二月二十四日分配情形	議席 一九五八年六月三日分配情形
新共和同盟	二〇六	二〇①〇
獨立派	一一八	一〇九②
阿爾利及亞區議員團	六六	—
人民共和運動暨附着份子	五六	七三
非洲重組黨③	八	一六
無所屬議員團④	四一	七六
社會黨	四七	九七
共和中心	一一	一三⑤
共產黨	一〇	一四八⑥
其他	一三	四〇⑦
合計	五七六	五九二

附註：①原稱「社會共和派」，②包括農民派十一席，③附着於人民共和運動，④無所屬議員團的主要組成份子爲社會激進黨（大選前原有四十二席），左翼共和同盟（原有十四席），抗敵民主社會同盟暨非洲民主同盟（原有二十席），但各黨在該議員中仍保持其各個的獨立行動，⑤原爲社會激進黨離異派，⑥化附括着份子進步派六席，⑦包括布雅德派三十席。

去年十一月二十三日舉行大選的第一次投票時，法國本部登記選民共有二七、二三六、四九一人，參加投票的選民則僅有二〇、九九四、七九七人，只佔登記選民的百分之七七·一，也就是說棄權數字爲百分之二二·九。此次大選棄權數字之大，實爲自一九四五年法國戰後復國以來歷屆選舉中棄權百分比的最高紀錄。此現象的促成，主要因爲自去年五月十三日事件至六月一日戴高樂將軍組閣時止，法國人民的政治表現已達最高潮。且一般人民因對過去第四共和的政治失望，而將今後的希望完全寄託於戴高樂，間或也有因失望而對國家政治表示冷淡者。左派的民主人士雖自始對戴高樂的民主作風表示猜疑，但眼見其勢力雄厚無法與之對壘，故在競選時亦遠不及過去歷屆的熱烈。至於阿爾及利亞方面，更因受戰事影響及恐怖份子的威脅等因素，非僅棄權者達百分之四十至五十之間，即政見開明人士亦不願參加競選。此次大選結果最顯著的現象爲議員的新陳代謝達空前的程度，此種現象在法國代議制的過去選舉中僅一八七六年及一九一九年見之。對此現象的解釋可以說是因人民對過去傳統政黨的厭倦，將第四共和政治失敗的責任完全加諸於傳統政黨的頭上的緣故，因此以新政黨態度出現並以推翻舊制度爲號召的「新共和同盟」能獲大勝。綜析之，此次大選結果有二六九名當選者，是初次當選議員者，原議員當選蟬連者僅一四六名，競選失敗者竟有三三八名之多。至於「新共和同盟」崛起的另一個因素，當係借助戴高樂將軍威望，雖彼於事先聲明不支持任何黨派，但該同盟爲戴高樂嫡系，乃人所週知，且戴高樂的重新主政亦會經該同盟人士的事先佈署。當然新選舉法亦賦予該同盟相當優越的便利。假如沒有新選舉法的公布，按照第一次投票的結果以過去所採行的比例辦法計算的話，各黨在新國會的分配情形則如下：

黨別	依照比例選舉法應得議席數
共產黨	八八
其他左派	八
社會黨	七二
社會激進黨	二三
中間左派	三一
人民共和運動及基督教民主黨	四二
新共和同盟	八二
獨立派	九四
極右派	一五

由是觀之，法共在本屆大選中所獲選票雖較一九五六年少得一百七十萬票，無法保持戰後歷屆選舉中獲選票百分之二十五左右的水準，但在法國民間仍有不可忽略的實力，且如果沒有新選舉法的採行，法共是不會有今天的慘敗，使其退回至一九三〇時的地位。本來新選舉法向爲由縉紳之士組成的社會激進黨所贊同，但由於該黨在過去第四共和的政治中發生很大的作用，且凡有地位的黨員均曾擔任過第四共和的政府閣員的職務，以及該黨左派人士在去年九月公民複決投票時對「戴高樂憲法」持反對立場等等的緣故，致使這個由縉紳之士組成的政黨失去民望，在選舉中遭受嚴重的損失，使在該黨根據地的西南部一區中即喪失四分之三的勢力，至於該黨左派孟德斯法朗士（Pierre Mendès-France）的勢力更遭全部瓦解。大選結果最意外的事該是社會黨的失敗。社會黨一如人民共和運動，由於本身組織的關係一向反對「單人選區多數制選舉法」的採行。但此次情形特殊，且可利用第二次投票辦法所賦予的有利條件，社會黨更認爲在右派政黨於第二次投票時聯合對付共產黨情勢下，彼將處於最利的地位以仲裁競選，使達到勝利的效果。這種想法就理論分析並無錯誤，然而終因爲新共和同盟突起的聲勢

過大，且法共因爲社會黨去年曾支持戴高樂憲法，不願在第二次投票時放棄競選，使社會黨處於有利地位，致使社會黨失敗，這眞是該黨書記長莫萊(Guy Mollet)事先作夢也想不利的意外結果。至於人民共和運動在選舉中雖是受惠於第二次投票辦法，但所得議席尙無法維持上屆國會中的水準。

新政府與社會黨態度的轉變。

新國會成立後於同年十二月二十一擧行第五共和首任總統的選擧。參加競選者除戴高樂將軍外，雖尙有共產黨候選人馬阿奈(Georges Marrane)及民主勢力同盟揭名的總統候選人，巴黎大學理學院院長沙特賴 (Albert Chatelet)，但戴高樂將軍今日的聲望非此二人所及，況目前法國大部省縣議會多爲溫和派及社會黨的勢力範圍，而該兩黨又早經宣佈支持戴高樂的競選總統，故戴高樂的當選總統實早經定局。經過十二月二十一日的投票，結果戴高樂將軍獲得百分之七八、五的多數而當選。戴高樂於一月八日依法正式就總統職後，旋卽任命新共和同盟籍的司法部長德柏 (Michel Debré) 出任第一任首揆。本來對於首揆一職雄心勃勃的蘇斯特里 (Jacques Soustelle) 並非無心染指，且一度頗有準備出任首揆的打算；然而終因爲彼曾直接參與五月十三日事件，且政見過於激烈而不爲中間派政黨所贊同，卽在戴高樂派內亦難得到全體的支持，因而由德柏出任首揆。其實這是早在大選後卽經戴高樂所內定的。同時此擧且有利於新共和同盟黨內的團結。由於社會黨聲明拒絕參加新閣，致德柏新閣的組成與戴高樂政府略有不同，其人事分配情形有如下表：

黨別	德柏政府	戴高樂政府
非議員	九人①	九人
新共和同盟	五人	三人
獨立派	三人	三人
人民共和運動	二人	三人
社會激進黨	一人	二人
非洲民主同盟	一人	一人
社會黨	—	三人
合計	二一人	二四人

附註：①包括人民共和運動前議員巴空 (Paul Bacon) 及新共和同盟秘書長費氏 (Roger Frey)。

社會黨拒絕參加新政府的決定是經過該黨特別大會議決通過的。根據去年十一月大選的結果，社會黨中央認爲目前國會中已有足够的多數派來負責政府政治的責任，而須要少數派來監督政府的行動，因而決定拒絕參加或支持今後的政府。同時莫萊於拒絕接受政府職務時，更表示今後社會黨不僅對政府持在野黨的地位，在整個國家政治上亦持反對黨的地位。關於社會黨態度的轉變的第一個解釋，當然是受該黨在大選中失敗的影響。今日社會黨在國會中僅握有無足輕重的四十七席，如果參加政府，他們的力量實不足在今後國家政治上發生作用，相反地，却還要對人民負擔政府一切政治的責任。況且在去年十二月二十七日戴高樂政府中的社會黨籍閣員莫萊及托馬 (Eugène Thomas) 因反對政府制定的財經政策，曾一度提出辭職。社會黨人士認爲此一財經政策終要失敗。何況社會黨尤不願意讓法共獨佔反對黨地位，襲去監督政府行動的美名，藉之得以爭取反對政府的力量，吸收新幹部，而獲黨內新陳代謝的功效。至於社會黨內部問題，我們當然亦不能予以忽略。自去年五月十三日阿爾及耳事件發生後，該黨書記長莫萊由反對戴高樂的立場，轉而支持戴高樂的組閣，曾因之引起黨內左派人士的嚴厲指責。及至新憲法擬訂，在去年九月十一日該黨特別年會中，莫萊雖使支持新憲法的議決案能够獲得通過，當時並通過有關於阿爾及利亞問題的議決案，要求與作戰對方覓致附有保證的停火，在無任何排斥的情形下，與全居民的合格代表進行解決阿爾及利亞問題，並反對所謂法阿的「完整合一化」。但終無法再維持黨的統一，左派份子德波 (Edouard Depreux)、魏爾第(Robert Verdier)等三十七人因而脫離，組織「自主社會黨」(Parti Socialiste autonome)。旋大選失敗後，使莫萊在黨內的地位再遭打擊。因之今日社會黨決定改採反對黨的立場的作法，其實也是爲了莫萊在黨內的地位及黨內的團結打算。況且如萬一政府的對阿政策或財經政策失敗了，在未來的大選中社會黨不僅可以站在有利的地位，同時還可以牽制法共的宣傳，避免其坐大。

至於德柏政府於一月十五日國會特別會議時宣讀施政方針，經辯論後於翌日擧行同意投票，結果在五〇九票中獲得四五三票（包括新共和同盟，阿爾及利亞議員團，獨立派及人民共和運動）多數的支持。然而如肯把這次投票中的反對票及棄權票加以分析的話，可以看到政府黨的所屬議員並未全部投贊成票。不但戴高樂的農業及財經社會政策使選自農業選區的議員裹足不前；人民共和運動的少數派或因對政府的社會政策表示懷疑，或自始却反對該黨參加內閣亦有九票棄權。

新共和同盟與第五共和

在看到今日的法國新政府在國會所握有實力雄厚的多數時，會使一般人感到今後法國將可不致再陷入第四共和時代閣潮不時起伏的舊轍，因而爲之慶幸。但是法國過去所遭遇的在政治財經上的困難問題，却並不因第五共和的產生而不再存在，阿爾及利亞問題及財經尙不穩固的現狀等等，均仍急待解決。誠然戴高樂目前富有過人的威望，彼所任命的新首揆在國會中更有強大的多數派爲後盾。然而卽使首先置反對黨的態度於不顧，這一個以新共和同盟及溫和派爲主體所組成爲政府後盾的多數派的政見，實較戴高樂爲右；阿爾及利亞籍議員如是，大部溫和派議員如是，連自認爲戴高樂嫡系的新共和同盟的大部議員也如是。故法國的政論家亦曾謂：戴高樂主義者遠較戴高樂右傾，新共和同盟雖在今日的

新加坡國的誕生

司馬夫

新加坡通訊・六月六日

新加坡自治邦於六月三日由新加坡總督代理秘書兼部長會議書記黃水生簽發公告，正式成立。該公告全文云：

「依一九五八年新加坡（憲制）敕令第二條規定，得由總督於憲報公告，指定實施日期。

職是之故，余、顧德，以新加坡殖民地總督及總司令之地位，援引一九五八年新加坡（憲制）敕令第二條文所賦予之權力，茲指定一九五九年六月三日爲上述一九五八年新加坡（憲制）敕令實施日期。」

百餘年之殖民地，於今獲得內部自治，但有關內部治安事宜，則仍屬於內部治安委員會。該委員會由英方三人，自治政府三人，馬來亞聯合邦代表一人組織之。國防與外交，仍操在英國。

新加坡第一屆自治政府於六月五日正式成立，其閣員人選如下：

總理：李光耀。副總理：杜進才。

國家發展部長：王永元。衞生部長：依布拉欣

財政部長：吳慶瑞。勞工與律政部長：貝恩。

文化部長：拉惹勒南。內政部長：王邦文。

教育部長：楊玉麟。

內閣人選全部爲人民行動黨人。

此次立法議院議員共五十一名，全部民選，人民行動黨獲壓倒性勝利。大選於五月三十日舉行。大選前夕，各黨競選激烈。參加競選之黨派共十二，外加無黨派人士，計十三單位。全新劃分爲五十一選區，選民總數五十八萬七千七百九十七名，所投票數五十二萬七千九百一十九張，廢票佔六千六百四十八張。各黨所獲票數及百分比如下表：

1. 人民行動黨——二八一、八九一票，佔百分之五三·四。
2. 人民聯盟（前執政黨勞工陣線改組而成）——一〇七、七五五票。百分之二〇·四。
3. 巫統馬華公會——三三、〇四一票。佔百分之六·三。
4. 無黨派——三七、四一一票，佔百分之七·一。
5. 自由社會黨——四二、八〇五票。佔百分之八·二。

其他工人黨、勞工陣線、公民黨、泛馬回教黨、馬來人協會、人民黨、加東公會及馬印國大黨共佔百分之三·五。

各右翼政黨於競選前夕，深感人民行動黨之勢，咄咄逼人，乃極力謀求聯合，但以席位關係，互不相讓，以致力量分散，加以未能深入民間，宣傳無策，以致慘敗。前執政黨更於大選前二三月間，爲人民行動揭發一內幕，即前教育部長周瑞麒在美國銀行存欵四十萬元一事，鬧得滿城風雨，雖經特別調查廷調查結果，宣告認係國外「政治禮物」，並無違法情事，然此事給予選民一大惡劣影響。人民行動黨更借此事爲前執政黨之貪污劣跡，廣事宣傳。對民盟之競選，打擊甚大。故選舉結果如下：

一、人民行動黨：四三席。

二、人民聯盟：四席。

三、巫統：三席。四、獨立人士：一席。

大選前夕，謠言紛起，人心惶惶，且發生購屯現象。五月三十日夜八時，選舉完畢，即進行計票。迄三十一日晨二時半計算完畢，廣播結果如上。

六月一日，人民行動黨黨魁李光耀，晉謁總督，要求釋放於一九五六年被捕行動黨中委八人爲組

國會中握有二〇六席的直屬議員及阿爾及利亞籍的六六席議員，兩者總和幾近衆院全體議員的半數；同時並爲目前的主政黨。但在擁護戴高樂的大前題下，一時不致與戴高樂在政策上發生公開的歧見。當然戴高樂的政策的制定亦不會忽略該同盟的主張。故而上述意見上的左右偏差，在目前尚不會發生影響，新共和同盟這一個强有勢力的大黨實是由許多的複雜散漫的小團體在擁護戴高樂的口號下組成的聯合團體，在去年公民複決投票的前後經蘇斯特里，米色勒（Edmond Michelet），德柏及莎伯戴魯馬斯（Jacques Chaban-Delmas）四位倡導，聯合當時擁護戴高樂的各獨立組織成立的。其中當然有嫡系的戴高樂派，但也有爲了響應五月十三日事件而欲完成法阿完整合一政策的徹底實現而擁護戴高樂的。在表面上看來，他們一致擁護戴高樂出山來拯救法國。但各個意見互有出入，這在各組成團體在大選時所提出的競選宣言中已略見端倪了。只不過對阿爾及利亞問題的態度是一致的，即建立法阿合一化，也可以說這就是該同盟，甚至是與阿爾及利亞籍議員團的共同目標，在達到共同目標以前，彼此當要團結一致以爭求理想的實現。但在達到目標以後或在受到打擊時，是否仍能貫澈他們的團結呢？如因某一歧見的發生不幸分裂時，這並非是不可能的事，則屆時國會中不又成爲七零八落的小黨林立現象了？「鞏固的政府多數」豈不一變又成爲第四共和時的過渡的政府多數了。

至於說戴高樂的政見在某種情性下不能得到國會多數支持時，正如他自己在電視廣播所稱，屆時可依照憲法所賦予總統的權柄解散國會，重新選舉。但今日國會中的政府多數是戴高樂派所組成，解散這個國會即等於宣布戴高樂不能容於戴高樂派。再者今日的國會組成是以右派勢力爲主，如一且因解散國會，而重選時，人民如因此認爲今日多數派政黨無能時，則下屆國民的組成將會左傾，否則如人民的政見不因此而動搖時，則立法與行政兩權相持爭執下去互不讓步動的話，則豈不有導致獨裁的危險。因此，爲法國前步着想，惟盼今日的國會議員們能本民主代議精神，督促並扶助政府，建設民主康樂的法蘭西，誠如此，不但爲法國之幸，實在也是自由世界之幸。

閣先決條件。首次未獲結果。次日李光耀一再晉謁總督，要求答覆。總督於獲得英廷批准及新英方主腦會議同意後，允准四日釋放，李光耀方允組閣。

被釋放之八人爲：林清祥、方水雙、曾起卓、布都查理、兀哈、蒂凡那、陳從今、陳世鑑等。皆行動黨人，職工運動領袖，先後於一九五六年，五七年在公安法令下被捕，指爲顚覆分子，扣押至今。被捕詳情，本刊曾有報導，茲不贅。

人民行動黨勝利，於是開羣衆大會，到會人數約十萬，情緒激烈狂熱，遊行慶祝，口號與鞭炮聲，響徹市區。行動黨人於大會中宣佈其政策，自稱非共之民主社會主義者，當以民主方式達到社會主義，反對殖民地主義，驅逐歐人，改變教育制度等。

林清祥等出獄後，宣佈服從行動黨主義及領導。

現時人心多呈不安。有服務達二十五年之公務員，經已辭職，白領階級尤爲憂惶，因行動黨人公開攻擊受英文教育者，並宣稱一切外國資本所經營之報刊，不容許其存在，且指名英文虎報予以指斥。

現任第一屆元首 Yang D. Pertuan Negara 爲原總督顧德爵士兼任英駐新專員，任期六個月。期滿後，另選元首。英專員則將由英駐東南亞最高專員兼任，另委一助理專員專理新加坡事務。

本屆內閣入選之略歷如下：

李光耀：新加坡出生，現年三十六歲。曾肄業於萊佛士學院。一九三九年劍橋九號考試及格，後轉入劍橋大學，得法學士名譽學位。人民行動黨發起人之一。前業律師。

杜進才：吡叻州出生。現年卅七歲。倫敦大學理科學士，倫敦國家醫科學院生理哲學博士，曾任馬大生理學講師。行動黨主席。

王永元：馬六甲出生。三十四歲，肄業於澳洲墨爾鉢大學，得經濟學行政學及會計學三項學位。

依布拉欣：出生檳城，三十二歲。馬來人。工運出身。

吳慶瑞：馬六甲出生，四十一歲。萊佛大學院畢業。倫敦經濟學院卒業，獲經濟學哲學博士學位。曾任前政府要職二十年。

貝恩：新加坡出生原任職，府達二十二年，並曾任馬來亞大學協會主席合格律師。一九五八年始加入行動黨。年四十六歲。

拉蒙勒南：馬來人。四十四歲。曾任新加坡記者公會主席，本坡兩家英文報之採訪主席。

王邦文：現年三十歲。吉隆坡出生，尊孔中學肄業，一九五四年馬大畢業。獲名譽文學士學位。在學時，任馬大社會主義俱樂部財政及執委。

楊玉麟：芙蓉出生，四十一歲。卒業於萊佛士學院理科，曾任理科教師三年。

來函照登

自由中國半月刊編輯委員會公鑒：

頃讀 貴刊第二十卷十二期讀者源夫先生投書，『請看軍人之「友」社』一文，內容援引立法院四十八年五月卅日對中央政府總預算決議文認定本社在「組織龐大」、「開支浩繁」之下，「老百姓好心好意捐獻來慰勞軍人的錢」，「給浪費完了」，因此便主張「根本用不着成立一個什麼軍人之友社」。若非另有作用，或故存偏見，則係對本社實際情形，太欠了解，難免以訛傳訛，特函說明，以正視聽。

一、本社於四十七年四月第一次縮緊人員編制，總區分社共裁減員額十分之一，本年五月復作第二次緊縮，總社裁減員額五分之一，至目前止，總社僅有專任工作人員廿九人，僅及一普通之鄉鎮公所員額，至各縣市分社多者五人，或六人，少者只二人，更不如一個鄉鎮農會漁會人員，在前線地區，雖然每一外島均有服務站，但每站一至二人，服務項目有招待差勤官兵住宿及書報閱覽等，甚至還有代辦差勤官兵伙食，這些工作，都因前線需要而設，我們相信不要做這些工作則已，如果要，則一至二人實不能再少，所謂「組織龐大」，如果以專任工作人員言，不過如此而已，是否眞屬「組織龐大」，希望源夫先生能進一步了解。如果以本社各級組織理監事名額確較一般社團爲多，但這些理監事既不支任何報酬，只有對軍友社多盡義務，我們相信如此之「組織龐大」，對勞軍敬軍工作，更爲有利，本社對立法院之決議，素甚重視，業將兩次緊縮人員情形，呈報主管官署，轉達立法院矣。

二、至於「開支浩繁」，須從兩方面看，如因積極支援三軍而「開支浩繁」，我們相信並不爲過，因爲愈浩繁愈足顯示三軍之貢獻，如因浪費而「開支浩繁」，則便對不起三軍將士，更對不起社會各界熱心人士，本社一切措施，基於此一原則，處理業務，故凡對三軍直接有益者，其支出數目唯恐其小，凡屬事務性開支，力求撙節，有數字可證，故不僅年度預算，應呈准國防部核定後照預算執行，即每次辦理勞軍，更須擬具詳細計劃及分配預算，呈奉上級核定後辦理，同時監事會派有稽核，國防部亦派有監察及稽核經常駐社，每筆開支均應經稽核簽證，銀行支票亦須經稽核蓋章，方能提款，預算以外，固不能有支出，預算以內更不容許有浪費，上年年終，國防視察組來社檢查，對財務檢查更詳，結果評列甲等，去年六月及本年四月間，監察院先後兩度派監察委員來社視察檢查，足證對本社之重視，結果亦並無不良批評，是則所謂「開支浩繁」，當非浪費於此可見。因此亦可知立法院決議之所謂「開支浩繁」，無非要求精簡業務，不可浪費之意，本社前遵層峯指示，及本社最近一年來之措施，正屬相符。

三、至於各界捐款多而結果三軍將士是「莫大的失望」一節，照源夫先生投書原意是因「給浪費完了」。茲已經國防部及監察院查明並無其事，但這些捐款是否眞未完全到達三軍將士手中，當爲源夫先生以及各界急欲明瞭者，本社員工薪津全來自政府補助，勞軍捐款預算須經國防部核定自不容許移作別用，全數用於三軍自無疑義，本社除每次勞軍活動支出均有詳細公告外，在此可附帶作一概略說明。以四十七年度爲例：①用於支援前線者計六、六一七、七七一元②用於有關軍眷方面者如獎助學金一、三六七、五〇〇元軍眷幼稚園及三軍托兒所一、八五一、一二〇元軍眷等臨時救助二八〇五一一五元③用於支援軍中文化康樂體育設備者三、二七〇、〇〇〇元④用於一般慰勞者六、七〇四、四二九元⑤用於軍中服務事業者如金馬賓館接待有功官兵等一、九二二、〇〇〇元至去年八二三砲戰後各界捐款更全數用於支援前線及與前線有關之事業如慰勞傷患，慰問遺屬等，上列各項支出如有關軍眷方面文化康樂體育器材方面服務方面係採重點支配經費，均經呈准國防部後實施，目前軍中須本社支援者甚多，本社力量有限尚待努力今後作法自應仍以主管官署對本社之要求如何而定，源夫先生既係軍人。誼屬朋友，請逕函本社予以指教，無不樂於接納，或請向國防部建議指示本社改進亦無不可。

以上諸端敬請惠予全文披露，俾全國軍民同胞，得明眞象，毋任企幸　此頌

撰安

中華民國軍人之友社總社啓

六月廿二日

江湖行(三續)

徐訏

五十三

如今我已經否定了我認爲可以裝飾我虛榮的努力，而大夏大冬也否定了我認爲可以引以爲慰藉的友情，我感到說不出的空虛與孤獨，我怕見熱鬧的街市，我怕見這擁擠的社會，我想找一個可以傾訴我心頭蘊積的朋友。

我已經戒烟很久，但是這奇怪的瞬間，我忽然有吸毒的慾望；我回想那些過去的日子，爲李白飛送烟土與野鳳凰從而與她認識的過程，最後我想到了我久已忘却的阿清。

我打了一個寒噤。

我頓覺我是不屬於這個世界，而是屬于周泰成的世界的。在這個世界中沒有人需要我；在周泰成的世界中，人人都在等待我。爲什麽我要逗留在無人需要我的地方，而不回到那個需要我的世界呢？那裏有需要我耕種的田地，需要我幫助的周泰成，需要我愛的阿清。我後悔我回到上海，連一點點積蓄都不能保存；這點積蓄用在上海可以說誰也無從知道，如果帶到周家，對阿清同她的父母可以有多少幫忙呢？

但是這是無可挽回的事實，放在我前面的，則正是我來上海的意義，也許冥冥之中有何老的指使，要我使野鳳凰這個家庭重新團聚。哪麽當我把這件事情辦好以後，我再回到周泰成哪裏，不也是不算晚嗎？

這些都是我從大夏處出來，坐在人力車上的一種感悟。可是到了春明飯店，野鳳凰佟千鈞都等着我，因爲今夜就要開場，有許多事情要同我商量；有許多記者來看野鳳凰同小鳳凰，要爲她們照相；團體中唱滑稽的，唱蓮花大鼓的以及陸夢標都有瑣瑣碎碎事情要問我；我一時感到我昨夜實在不該睡在大冬那裏。我似乎沒有想到，雖是小小的演出，而小鳳凰還不上場，竟有這許多瑣碎的事情。原因是這些人對于上海的情形太不熟，所以什麽事情都要問我。我一一安排以後，叫他們先把場面導具等搬到蓮香閣去。佟千鈞先帶領他們。我則在春明飯店與野鳳凰再同演角們安排種種節目上服裝上的問題。這時候已經五點鐘，而我自從早晨吃了點點心以後還一直餓着肚子。我怕今夜的第一場會弄得太紊亂，可是這時候忽然來了一個救星。

這是韓濤壽，我約他今天來看我，而我因爲忙亂，竟把他忘了。他一來我眞是感到鬆了一口氣，我沒有同他談什麽，就把他拉進了幫忙。

韓濤壽究竟是熟手，人熟，地熟，玩意兒又熟，幾句話以後，他就說他先到蓮香閣去看看，他就在那面等我。我當時叫老耿陪他同去。我與野鳳凰同演員們吃了飯，先打發演員們出發了以後，才到蓮香閣去。韓濤壽已經把一切安排得井井有條，祇等他們出場了。

蓮香閣地方不大，那天有九成滿座，情形不算壞。

我與韓濤壽後來一直坐在前面，看他們一班一班上場，一直到散場後我們才到後臺去照料；我們當時就爲他們安排第二天的秩序，以後我們才回到旅館，與野鳳凰商談了許多事情後，才與韓濤壽出來。

「你想到那裏去？」韓濤問我。

「那個以前你帶我去的燕子窩，怎麽樣？」

「那家已經關門了。我帶你到另一家去。」

「好的，好的，我祇想同你詳細談談。」

韓濤壽叫了一輛汽車，在車上，他說：

「想不到你還帶個班子來，那天你怎麽不告訴我。」

「那天我急于知道上海一些朋友的情形，所以一直要聽你告訴我，今天我可要告訴你許多你想不到的事情。」我說：「今天幸虧你來，不然的話，眞不知道要弄怎麽糟了。」

「你們預備在上海唱好久。」

「誰也不知道。」我說：「你知道那位野鳳凰是誰麽？」

「是小鳳凰的母親。」

「是的。」我說：「哪麽你當然也知道是紫裳的母親了。」

「是紫裳的母親，哪麽爲什麽……」

「你且不要問我，說來話長，我要慢慢的告訴你。」我說：「我們去哪裏啊？」

「大西路。」

「這麽遠。」

「那面講究些。」

「聽說你現在寫劍俠小說，很成功。」

「什麽成功，混飯吃！」他笑了笑說：「我先是寫得玩，後來有人要，我就多寫了些，現在幾乎像是改行了。」

「這倒不錯。」

「我一個人，怎麽樣也不過吃口飯，不過賣稿子倒是自由些。合于我的個性。」

汽車到了大西路，在一所綠色的鐵門前停下來。下了車，我看到門內高大的樹木，裏面則是一所白色的洋房，韓濤壽按鈴。有一個穿白色制服的男佣來開門。韓濤壽像同他很熟，招呼了一下，就帶我進去。裏面靜悄悄的，祇有樓上窗隙間有點燈光，樓下漆黑，男僕爲我們開了燈，我發現陳設很講究。但沒有等我細看，他已經帶我上樓，爲我們開進一間房間。

那間房佈置得像是一間高貴的療養院的病室，

非常雅潔。

「這像是一所療養院。」我說。韓濤笑了笑說：「可不是，我們還不是都是病人。可是這裏什麼都有，烟、酒、女人。」

于是有一個穿着白衣服的很年輕的女佣來了，拿進了一張菜單似的印刷品給韓濤壽，韓濤壽在每一項上劃了幾下，女佣就出去了，彼此間都笑笑，但沒有說一句話。韓濤壽說：

「今天算我爲你洗塵。」

五分鐘後，女佣重新進來，拿進了茶、咖啡、點心、水果、烟膏；她又用鑰匙開了房內的櫃門，拿出了擦得很亮的烟盤。

哪時候已是春天，但房內還設有電爐，韓濤壽插上電爐，于是躺在烟榻上說：

「你先吃點點心，我先吸一筒。」

「你常到這裏來的？」

「啊！有時候。我喜歡這裏，祇是太貴些。」他說：「不過，我寫小說喜歡來這裏，沒有吵擾，也沒有人知道我在這裏；我關在這裏，一天一晚可以寫兩萬字。」

「兩萬字？」

「可不是。」他說：「寫慣了不難。自然我要寫的早已想好，到這裏抽足烟，祇要寫就是。」

韓濤壽在烟燈上吸了一筒烟，于是喝了一口茶說：

「好，野壯子，現在你講你的給我聽吧。」

「啊，我不知道該怎麼講起。」

「這些年來，到底在哪裏？也沒發財，也沒有結婚；你可不要學我。」他說：「當初我同老江湖不是都勸你到外國去麼？你不去，忽然失踪了，究竟怎麼回事？」

我同韓濤壽雖是很投機，但從來沒有談過身世與心事，如果他對我過去有點了解，哪一定是老江湖告訴他的。我們後來很接近，常常在燕子窩裏聊天，但他一直沒有興趣知道人家的私事，聽到了也從來不會記在心裏。我們所談的都是許多人生中的嗜好，技藝與怪人怪事。他會音樂，會種花，會養鳥，會看相，還會中醫，隨便談來，都是有趣的故事。他自己雖是吸烟，但從不勸我嘗試，他雖是常常拉我在一起，但總勸我不要學他。可是現在我竟急于想把一切都告訴他，想請他指點我應當怎樣選擇我的前途。我早晨所感到的空虛與寂寞，在忙亂之中曾經忘去，但始終是蘊積在心頭的；現在我似乎已經平靜，在這個清靜安詳舒適的房內，對着這位老友，像是有了依靠一樣的，我想傾訴我心頭的蘊積。這因爲上海的一切都變了，祇有韓濤壽沒有變，上海不會有人看得起我，甚至大夏與大冬；祇有韓濤壽還當我是個有前途的生命。

我當時就把穆鬍子來向我借錢，而我跟他一起投奔唐凌雲講起，盡可能不遺漏的，講到我如何一個人離開他們流浪，被劫，被救，以至在周泰成的家裏遇見了阿清，在廻峯集遇見了哪個老闆娘，在通成旅館會見了老耿，再以後我是怎麼樣爲李白飛送烟，與野鳳裳成爲好友，以至于我跟她們組班來上海。我還告訴他我現在的想法，我要使野鳳凰與紫裳團聚，使小鳳凰脫離這個生涯。但不知道應該怎麼樣勸野鳳凰。

等我把一切都傾訴了以後，韓濤壽沉吟了許久，忽然說：

「我當初勸你出國讀書，現在我覺得，你有這許多經歷真是比讀書考博士好得多了。」

「我問你實在事情，你講這些幹麼？」

「實在事情，我覺得你是無能爲力的。我相信命運，命運會安排一切的。」

「命運？」

「都是命運，紫裳的走紅，除了命運還有什麼？」

「那麼，你覺得小鳳凰。」

「啊，我祇從相上來說，哪天在新雅茶座，我看了她的相。」

我雖是不十分相信相術，但也不禁好奇地問他：

「怎麼樣？」

「她一定不會在那條路上走下去的。」

「你是說……」

「我想她母親一定會照你所想的改變意思的。」

「但是我還沒有碰見舵伯。」我說：「野鳳凰正想要我告訴舵伯，要舵伯去找她，她以爲她一定可以影響舵伯的。」

「如果舵伯願意幫她，哪麼你也何必一定要阻止她，這于你有什麼關係？」

經韓濤壽一提，我恍然醒來。眞的，如果舵伯要幫他們，我實在沒有阻止他的理由了。我說：

「你的意思是祇要讓他們見面就是了。」

「是呀。」他忽然又撥着烟膏又說：「照我看來，舵伯也不會甚至無法幫她們的。」

「怎麼？」

「你看着好了。」他說：「你問我，我也說不出理由，可是從她們的氣勢看來，我覺得與紫裳當時的氣勢太不能比了。這種地方，就祇能說是命運。」

關于這點，我無法徵求韓濤壽的意見，因爲我並沒有告訴他野鳳凰與舵伯的關係與歷史，但是他忽然說：

「我覺得你在他們見面前最好什麼都不說，等舵伯問你時再說你的意見。」

「對極了，這正是我的意思。」我說：「我想，我還是先不去看舵伯，我想寫一封信，最好有人爲我送去，當面交給他。」

「這辦法很好。」

「但是你覺得誰可以送這封信呢？」

「這很容易，我替你送去好了。」韓濤壽說。

「但是我不要先讓衣情看見，野鳳凰好像不願意別人先知道她要看舵伯。」

「這很容易，」他說：「我去，先告訴衣情，說你回來了，在那裏等她。我陪她到你哪裏，我再去送信，這不很妥當麼？」

「好極了，好極了。」我說。

「那麼你現在就寫好了。」他說：「那面抽屜裏就有信紙。」

「現在就寫？」我說：「也好。我想祇要寫簡單些，不過野鳳凰還有一隻玉鐲。我想同信一同去交他，比較好些。」

「在哪裏？」

「在春明飯店。」

「那麼明天去拿好了。」他說。

當韓濤壽起身吃點心的時候，我就開始寫信。我的信寫得很簡單，內容像是這樣的：

「舵伯：我偕同野鳳凰的班子到了上海，因爲他們急于上演，所以不能馬上來看你。野鳳凰現住國泰飯店七四三號房間，託我把這隻玉釧奉上，希望你可以于最近去看她一次。去前先打個電話聯絡，以免向隅。容面詳。此頌

大安

野壯子」

五十四

我于第二天下午，在立體咖啡館與葛衣情會晤了。

我實在無法想像，這個胖胖的坐在我對面吸着紙烟的女人會就是曾經使我對她顚倒發狂的葛衣情。她胖了許多，儘管不能說是不美，也打扮得非常時髦，但是再也引不起我一點想像。

我沒有告訴她我離開以後的生活，這些生活對她是不會有什麼感覺的。我也沒有告訴她我的思想與情緒，這些思想與情緒的變化是她所無法了解的。我祇是想從她哪裏知道一些舵伯與紫裳的情形。

關于舵伯，她告訴我這幾年中舵伯曾經病過一場，是胰臟發炎，動過一次手術，雖已完全痊愈，但是精神已不如前。他對于上海這樣的生活已生厭倦，很想有點改變。

關于紫裳，他告訴我紫裳已經是最紅的明星，她不但沒有改變，而且比以前更美麗漂亮；最後她開玩笑似的告訴我紫裳還並沒有固定的男友，我還是可以有機會。

我對于這種玩笑不知怎麼竟感到她非常鄙俗，沒有理她，我就用別的話支吾開去。我說：

「哪麼你呢？你還不嫁人？」

「我已經老了，」她忽然笑着說：「我現在不想嫁人，我祇想服侍舵伯，扶育藝中。」

「啊，藝中，對啦，他怎麼樣？已經有四五歲了？」我問。

「他很聰敏，祇是很瘦削。」

「他一定不認識我了。」

「你也不會認識他的。」

「日子過得眞快，」我說：「不知道他母親現在怎麼樣了？」

「你也沒有她消息？」

「沒有。」我沒有提起我曾經見過她，我含糊地說：「大概也早已把藝中忘了。」

關于藝中的話談過以後，我眞是想不出還有什麼可談的。老江湖小江湖她早已沒有來往，大夏大冬，她大概更不知道了；祇有韓濤壽，她說：

「還是韓濤壽，這幾年一點也沒有老。」

「可不是，聽說他寫劍俠小說很成功。」

「他還說，他想把舵伯的一生寫一本小說呢。」衣情忽然說：「我不許他寫。」

當我現在寫這本書的時候，我忽然想到我最初的動機也許正是發生在哪次聽衣情這句話的暗示。我覺得我的渺小的一生，浪費在追尋已失的東西，而得到的則是多一個已失的東西。這大概正是最値得紀錄的生命。

我與衣情的重會，眞是平淡到什麼話都沒有傾談。我發覺我與她的距離實在太遠了。而這曾是我一個傾心相愛的人。

韓濤壽陪衣情來後，說有事離開一回。我知道他是爲我去送信給舵老的。他走了以後，我很希望他可以早點回來，可以緩和我與衣情間無法融和的空氣。

我告訴衣情，我一、二天內就要搬到大夏大冬的家裏。她問我爲什麼不住到舵伯那裏去，我說我一走是三年，不知道舵伯變得怎麼樣，也許不喜歡我去打擾他了。衣情忽然露出很自然的笑容說：

「我們還是同以前一樣，歡迎你回到我們的家裏來。」

衣情把「我們」與「我們的家」雖是說得很自然，可是我聽了竟覺得很刺耳。衣情儼然以舵伯女兒的身份在說話了。這也難怪，舵伯已經正式認她是女兒，她也有資格那麼說，可是對我，在我的印象中，過去種種都像是昨天的事，也難怪我聽不慣。

衣情如果是想叫我搬去，這句話可竟得了相反的效果，也許是衣情怕我搬去，她所以要這麼說吧？

總之，這一次與衣情重會，不但喚不起我過去對她的情誼，也喚不起她對我常常有的一種女人的誘惑。

當時我沒有話說，偶而對她稍稍注意，我發現她今天眞是用心打扮過來的。她翡翠的耳環，華貴的衣服；手指上的兩隻戒指——一隻是碧綠的翠戒，一隻是至少四克拉的鑽戒，似乎是要我看到她現在身份，是眞正百萬富翁的小姐了。

但是這祇是增加了我對她的厭憎。

韓濤壽終于來了，我等他坐下喝一杯茶的工夫，就推託與韓濤壽還有事情，我寫了一個學規路的地址給衣情。

「哪麼你什麼時候來看舵伯呢？」

「我隨時會來的。」我說。

韓濤壽已經在付賬，我們一同走出咖啡館，衣情說：

「你們到哪裏，我送你們。」

「不要客氣，我會帶他的。」韓濤壽說。這時候我才看到衣情是駕着一輛簇新的漂亮的車子來的。我們送她上了車，她回頭對我笑了一下，一面說：

「你還是搬到我們那裏來住吧。」就一徑飛馳而去了。

我從她的笑容，忽然想到當年杜氏宗祠舞臺上她演越劇時的笑容。她已不是葛衣情，她同自己距離都是這麼遠，那麼同我的距離怎麼會不遠呢。

與大夏大冬的重聚，我感到了空虛與寂寞；與衣情的會晤，我感到了一種說不出迷茫。

女人似乎是很容易活在現在的動物，她們的生命與過去很容易切斷，這使她們即便對于最熟悉她們底細的人，也可假裝是沒有過去的。她可以對我如此，對韓濤壽一定也更會如此了。韓濤壽始終沒有同我談過葛衣情，我也從來沒有同他談過。他似乎並沒有看出我今天對葛衣情的感情，但是他看出我們的會面並不是同以前一樣的。當我們望衣情車子駛去後，他說：

「衣情變了不少吧？」

「自然，」我說：「我已經有幾年沒有看見她；天天見面的人不覺得，好久不見面，一定會覺得變了很多；她大概也覺得我變了不少了。」

「你自然也變得不少。」他說

韓濤壽于是告訴我他已經把玉鐲與信當面交給了舵伯。

「他怎麼說？」

「他沒有說什麼。」他說：「他祇是叫你去看他去。」

「我暫時不想看他，我想等他看了野鳳凰再去看他。」

在馬路上走着，韓濤壽問我：

「現在你想到哪裏去？」

「到上海來，想看的人還有幾個。大夏大冬已經看見過了；葛衣情剛剛會過；舵伯還要晚幾天，等他會見過野鳳凰再說；現在還有紫裳。」

「哪麼你去看紫裳吧。」

「我還不想去看她。」我說：「不瞞你說，我有點怕見她。」

「你還愛着她。」

「我不知道。」

「一個男人不會怕見一個女人的，除非他愛着她。」他說：「但是你總要去看她的，你去吧。」

「不，不。」我說：「你是不是有事？」

「沒有事。」

「哪麼你帶我去看小江湖，好不好？」

「爲什麼不好？」韓濤壽說。

「他們會在家麼？」

「小江湖一定會在舖子裏的。」韓濤壽說：「我們坐電車去好了。」

我與韓濤壽搭上電車，到了小南門，很快的就到了「江記樂器舖」。

雖是一間門面的舖子，但是開間不少，四周都掛滿了琵琶，月琴，胡琴，笛子，洞簫一類的樂器。

小江湖正同幾個閒人在答話，我的出現眞是出了他意料之外，他一時都不敢認我似的，有點楞了。韓濤壽說：

「你不認識了？」

「啊！野壯子，」小江湖跳起來拉着我說：「你什麼時候來的？」

他一面敬我香烟，一面叫一個很年輕的伙計倒茶。

「不要客氣了。」韓濤壽說：「你什麼時候可以走，我們到你家去坐坐。」

「隨時都可以走。」他說着一面就關照那個伙計幾句話，一面就打先走在前面，他說：「眞想不到，眞想不到。」

「我看你氣色很好，一定很幸福。」我說。

小江湖眞是一點也沒有變，他還是這樣的壯健年輕。他說：

「我很好，你呢？瘦了一些，是不？」他說：「這些年來怎麼樣？」

「還是一樣。」我說。

「看見紫裳沒有？」

「沒有。」我說：「文娟好麼？」

「她很好。我們常談到你。我們已經有了孩子了。」他說。

小江湖的家就在後面一條街的一條街堂裏。那是一所石庫門的房子，一上一下。地方不大，但弄得很乾淨，我們從後門進去。一個五十幾歲的老嫗子正在洗衣服。

韓濤壽帶我上樓，黃文娟已經在樓梯上迎我，我說：

「文娟，怎麼樣？」

黃文娟穿一件灰布的短襖褲，比以前好像顯得粗健些，她似乎有點害羞，笑了笑很低聲的說：

「眞想不到，眞想不到，像……」

小江湖抱着他的孩子從房裏出來，一面迎我們進去。這是一間開間不大建築很次的樓房。房中的傢俱雖不講究，但很整齊，牆上掛着他們的結婚照相，同黃文娟抱着她孩子的照相。還有一張是紫裳在恆新舞臺時的劇照。

他們的孩子才三個月，皮膚黑黑的很壯健。

韓濤壽一面坐下一面說：

「小江湖很用功，這三年來每天都讀書寫字。」

「現在有現成的老師，一定進步更快了。」我說。

黃文娟給我們倒了茶，又要忙什麼糖果。我極力阻止她，要她坐下來談談。

從談話中，我知道小江湖在黃文娟徒刑期間，每星期去看她，帶給她食物衣着，從來沒有間斷過。小江湖在等待黃文娟期間，很專心用功讀書，每星期把所學的告訴黃文娟。還極力節約，把儲蓄的錢數告訴她，這給她有莫大的安慰與鼓勵，覺得世界上也眞有一個爲她活着的人。她于出獄後就同小江湖結了婚。得韓濤壽幫忙，老江湖也爲他們湊些錢，開了一家樂器舖。黃文娟先還在一家小學校教了幾個月書，後來因爲有了孩子，暫時不教。她希望下學期再去教書。

這時候，孩子忽然哭起來了；文娟叫小江湖抱給佣人去，並叫小江湖去買些點心來。

小江湖就下樓去了。我想到黃文娟或者知道我是想同她單獨談談的。我當時就說：

「文娟，你很幸福。」

「都靠你們幫忙。」她說：「你呢？你結婚了麼？」

「我，像我這樣的人，有誰肯嫁我呢？」

「我想你眼光不要放得太高。」她忽然很老練的說：眼睛瞟了一下牆上紫裳的照相，又低下了頭，說：「我覺得你應該娶一個會服侍你的一心一意愛你的鄉下姑娘才好。」

黃文娟的話使我想到了阿清，我半晌說不出話來。我馬上想到黃文娟眞是幸福的，她有了一個眞正一心一意愛她的忠誠壯健的丈夫，所以也希望我可以娶一個良善的忠誠的鄉下姑娘了。

小江湖買了點心回來，在吃點心的時候，小江湖才問我的情形，我祇告訴他我同了一個班子一同來，在蓮香閣表演，現在對什麼還沒有打算。我不是不願意對小江湖多談我的事情，祇是不願意一遍一遍訴說我這三年來的際遇，因爲多一次的敍就是多一次的回憶，多一次回憶，也是多一種痛苦。

吃了點心，我與韓濤壽就告辭了，他們一定要我們吃了晚飯再走，我說我們隨便什麼時候都會來打擾他們，今天還要去蓮香閣，所以必須回去。

從小江湖的家裏出來，韓濤壽說：

「想不到黃文娟這樣好。」

「我到覺得小江湖眞難得，」我說：「他先愛紫裳，可惜紫裳竟無福消受。」韓濤壽說：

「愛情友誼，要有患難才能證明。黃文娟要不坐牢，怎麼知道小江湖是這樣忠誠呢？我想大概還是那兩年，小江湖的愛情感動了她，要不然，黃文娟也許也不會嫁給這樣一個人的。」

「黃文娟很早就答應嫁他的。但是如果她沒有坐兩年牢，這個婚姻很難說是否會這樣幸福。」我說。

「你是說，無從證明小江湖愛她的偉大？」

「我是說，無從使黃文娟了解人生中什麼是最可寶貴。」

「黃文娟的兩年徒刑，好像是爲小江湖訓練一個賢慧的太太。」

「世上的幸福，想來都是在痛苦中鍛煉出來的。」

「你講得太遠了。」韓濤壽說：「中國古話，一個人知足就是幸福。」

韓濤壽似乎在說他自己。

那麼我自己該說是一個不知足的人了。

(待續)

啟　事

江湖行在本刊發表後疊接讀者函詢，江湖行出版情形，謹說明如下：

①江湖行第一部香港版由亞洲出版社總經售：臺灣版由長風出版社出版。

②江湖行第二部並未出書，市上出現的爲偷版商所偷印，內容錯誤百出，次序凌亂，不堪卒讀，務祈讀者勿草率購閱，以免受愚。

③江湖行全書將于本刊發表完畢後整理出書，並先由作者詳爲訂正。臺灣版將仍由長風出版社印行。屆時容另行公告。

④愛好江湖行讀者，如先期向長風出版社（臺北市郵政第二二八號信箱）函訂，不必預先付欵，當于出版之日儘先通知。

編輯部啓

月戀及其他（詩）

周策縱

月戀

今早我在雲端遇到你，
你就匆匆地躲到了西方。
滿天暴風雨佔住了我一天的時光，
到夜來你再也沒有踪跡。

我模糊地到園裏去尋你，
滿園的樹葉都濕透了你的光，
你已不像先前那樣躲藏，
桂花下也許有我的影子？

醒來我看到雨後的清波，
你笑容裏盛滿天眞；
我滿心以爲你在細味着深情，
你却說：「我們可曾遇見過？」

—一九五二、十二、九，于安娜堡。

聽鋼琴

像風暴從海上來
又吹向遠方。
像隔牆的小鈴兒，
繞過曲折的細巷。
像白雲飛出聲音，
把初睡的月亮驚醒。
也像一朵花苞開放時
花瓣脹出了笑聲。
你指頭的舞態
蒸發成漩珠。
啊！滿空的繽紛，
滿窓的雨！

—一九五三、四、九夜，于安市。

我看見過黃河

我看見過黃河，
我的夢更有風波。
我看見過你的眼珠，
我心裏更是空虛。
我看見過愛神的翅膀，
我的生命全受了傷。
要是我不曾把這些見過，
我的詩哪會這麼多？

—一九五三、七、二〇，于安市。

書刊評介

何著「貨幣學」評介

華國

寫貨幣學難，寫貨幣學教科書尤難。前者難在成一家言，後者難在深入淺出，而仍能具有特點。在這麼一個貨幣經濟尤其是信用經濟的時代，若干習見的貨幣現象和解釋，早已成爲常識。寫貨幣學教科書，如要超越一般瞭解而又不流於太過專門與艱深，確是頗爲不易之事。而且，今日研究貨幣學並寫貨幣學的人，愈來愈多，如何在體裁內容和見解上，貢獻自己獨特的心力，也就愈來愈見其困難。

最近，一向從事貨幣研究的何伊仁氏，完成了新著「貨幣學」一書，由三省書店出版。此書似較有新穎而充實的內容，值得爲之評介。

全書共分六篇三十一章，計廿八萬餘言。各篇的次序，按序論，貨幣的形態，貨幣的本位，貨幣的本質，貨幣的價值，貨幣的滙價，先後排列。在比重上，「貨幣形態」與「貨幣本位」方面佔全書十分之四，而「貨幣價值」與「貨幣滙價」的闡述佔十分之五。可知作者的重心，不外兩點：一是闡述貨幣制度的演化，另一點是在說明貨幣對內對外價值的決定。

關於各種貨幣形態與貨幣本位的說明，不少課本採用排比列舉的辦法。因之，初學者每每容易誤認不同貨幣形態可以並存，而不同貨幣本位，也好像是同時存在於這一世界裡一樣。這種平行的排列，不止使人無法認清楚現實，而更大的缺點，還在使人不能察及貨幣的歷史演變。因此，某一貨幣形態與貨幣本位實爲某一個時代背景之產物的觀念，便難於產生，終致對貨幣形態，貨幣本位的實質意義也弄不清楚。何著在這方面一改故道，而採取了縱貫的、立體的、演進的說明，使人產生一個印像：即各種形形色色的貨幣與本位制度，乃是演變中各個階段的現象，並非同時並存。其間因果影響，很足以啓人深思，使人體悟到貨幣形態與貨幣本位，其眞正面目究竟是怎樣一回事。

本書在闡釋上較爲突出的，是在說明貨幣形態一篇裏，對每一種通貨制度都用專章說明，而每一章又悉按這制度「發展的經過」，「內容」與「原理」，以及所「反映的意義」，逐一講解。尤其是，將「制度」與「原理」結合，極見用心，大概作者可能對此也最爲稱意。因爲，從他的序言裏，我們可以看出經由這一體裁，他已得到了三點收穫：㈠證實了金屬鑄幣的出現，爲人類使用計算單位的關鍵，亦爲價格經濟所以形成的關鍵；㈡ Gresham's Law，有助於貨幣本位觀念的培養，和現代金屬本位制度的建立；㈢貨幣形態每一次演進，必反映貨幣任務專一化與貨幣國家性的提高。像這種說法，凡治貨幣學者諒皆能予以同意。

其次，作者將有關貨幣的制度，區別爲通貨制度與本位制度，而前者又分成金屬通貨制度與紙通貨制度兩個單元。這種處理，就本位制度來說，使人可以從根源上瞭解本位和本位制度到底是什麼一個內容，第一次世界大戰前後本位制度變化的意義究在那些地方。就通貨制度來說，它極其順利地說明了不免現紙幣在不同通貨制度下的相異之點；同時，第一次世界大戰前後通貨制度的變化，也因此獲得更清楚的表現。

至於第二個重點即貨幣對內外價值，在廣度上，本書實已盡了最大的努力。而就教科書言，深度上也足够了。我們如把它和英美此類教科書比較一下，便可知彼此正是伯仲之間。從其分量來講，它幾已佔去全書篇幅二分之一，更足表示作者對這一問題的重視。本來，貨幣學中最重要的理論部門，即是貨幣價值。在廿世紀初葉以前，亙兩世紀有餘的所謂貨幣理論，幾即是貨幣價值學說的另一名詞。到今天，貨幣理論成了解釋利率、價格、生產、就業等複雜關係的學問，其重要更是非同小可。作者之置重點於這一方面，當係根源於此。

本書對貨幣本質，曾用專章說明。貨幣本質的確定，原爲貨幣學尤其是研究貨幣理論的前提。大體上，這一篇貨幣本質的討論，雖稍嫌簡單，但仍兼顧到有關方面的介紹。篇幅的限制，竟使作者在這方面未能充分發揮。

除開利率不說，貨幣實務或形象的瞭解，要以通貨制度與貨幣本位爲最重要，而貨幣理論或實質的瞭解，不外貨幣價值和本質。這本書，如前所說，在這兩方面都已盡了它應盡的責任。唯一感到不足的，即是尚無貨幣政策的介紹。照作者書中的聲明，這一部份實係受了篇幅限制而故意省略。要是作者能在適當時期將這一部份補入，或另就這一主題獨立成篇，作爲本書的下卷，那就更好了。

本書原稿，經作者用作大專學校教材有年，在不斷補充修改之後，累積了不少實際教學經驗，三省書店因而將其列入所出「經濟學全集」之中。上面所謂篇幅限制云云，諒與這一全集體例配合不無關係。綜計全書排錯的地方，不過幾處。在人力物力兩感艱難的今天，也不失爲值得一提的事。

讀者投書

讜論流徵

——張知本先生「修改憲法問題」讀後感

金　鳴

主編先生：

六月十七、十八日聯合報載國大代表張知本先生「修改憲法問題」的一篇大文，是繼該報本年一月十五日所刊登國大代表兼大法官史尚寬先生「目前憲法是否有修改之可能與必要之商榷」的專論之後又一「傑作」。兩者均主張增訂臨時條欵，俾使蔣總統明年得以連選三任，不受憲法第四十七條之限制，此雖力避修憲，而實際與修憲無異。惟一則須由國民大會直接為之，一則採取立法院的途徑，其別僅此而已。

在去年一月間，由於監察院對行政院長的彈劾案，引起一場有關憲法的熱烈論爭，首先由一位「活了八十歲，教了四十年法學」隱名氏的憲法學家，以問答式的「[illegible]談」開其端，當時就有人懷疑到張知本先生身上，後來漸漸的知其非確，而是某方故佈的疑陣。然而我們推想，如果憲法遇到爭議，這位八十高齡的張老先生必然不甘寂寞，一定「本」其所「知」(？)，挺身而出，不惜以衰朽之年，發表其所謂「讜論」的，今果不出所料。

在張老先生的大文中，雖然主張「中華民國人民與政府應一體竭誠擁護中華民國憲法」，但他對於國大代表及立監委員依據憲法第三十二、三十三、三十四、七十三、七十四、一〇一、一〇二等條所特有之身份保障，却幾乎完全忽視。他建議在增訂臨時條欵中，規定國民大會及立監兩院組織紀律委員會，並「應許原選區旅臺之合格選民行使有限度之民權，凡國民大會代表及立監委員，不問其為區域選舉出身或為職業團體選舉出身，凡有違反民意或行為不正者，得由各該機關紀律委員會邀請該選區旅臺合格選民為評議，以多數議決停止其職務。」他以為這樣子才可以對「少數不知天視民視天聽民聽之天命不畏」的人，不致「失所羈勒」，「肆無忌憚」。這種荒乎其唐的想法，雖其名為「知本」，而實不「知」其究何所「本」？須知「停止職務」，實質上卽等於「罷免」，決不容舞文弄墨。而罷免國大代表及立監委員，在國大代表選舉罷免法，立法委員選舉罷免法，監察委員選舉罷免法中，有其嚴格之規定和一定之程序。豈能口含天憲，輕舉妄動，隨便加人以「違反民意或行為不正」之罪名，任意箝制異己，製造無窮糾紛，以動搖國本，離散人心？是則其存心之不善，用意之不良，我們是決不能輕易放過的。

其次，談到增訂臨時條欵問題。在三十七年行憲第一屆國民大會中所制定的動員戡亂時期臨時條欵，是依照憲法第一七四條第一欵的程序，完成三讀通過的。而第一七四條第一欵實際上就是修憲程序之一，其規定為「由國民大會代表總額五分之一之提議，三分之二之出席，及出席代表四分之三之決議，得修改之。」至所稱之代表總額，當然是指憲法第二十六條所定各項代表人數之總和人數而言，三十七年之制定動員戡亂時期臨時條欵，就是憑此項規定總額人數為計算標準。當時出席代表達一、八四一人，佔代表總額百分之九十三强。現在事隔十一年，而張老先生竟如此健忘，在他的大文中，居然要遷就現有在臺代表人數的事實，認為增訂臨時條欵應「以國民大會代表可能到會人數之和，為憲法第一七四條之總額，乃當今不刊之論」云云。其言之悖謬，簡直出人意想之外。也許在他以為這樣解釋，就可不至於「以叛逆掣忠貞之肘，以死人絆活之脚。」但在我們看來，這種以表面「擁憲」掩飾其反覆無常之跡，以垂死之人拖大家一齊下水的想法，適足為人所齒冷而已。何況要以增訂臨時條欵，來使憲法某一條文，「暫入於睡眠狀態」，此端一開，其他任何條文，未嘗不可以繼續援例。如此把一部完整的憲法，分裂成東一塊西一塊，還說是「竭誠擁護」，豈不令人笑掉了大牙！

又次，在張老先生大文中，還提到現行動員戡亂時期條欵所規定的緊急處分，經政府審愼施行，「尙鮮蹂躪人權之具體事實發生」，這眞是睜着眼睛說瞎話。別的姑且不談，卽如以一言遭忌便喪失自由八年之久的龔德柏；因八德鄉血案被拘判刑弄得遍體鱗傷成殘廢的官家良，差不多是盡人皆知的。僅舉此兩件具體事實而言，其蹂躪人權的程度，已超越緊急處分權力以上。又如在四十五年七月至十二月的半年之中，各法院受理的提審案件便有四十一件之多，其中能被押上一年半載，無罪釋放的，可說是極難得的例外，請問這不是蹂躪人權是什麼？再如黃季陸氏主持的「權責研究委員會」，卽提出有「保障人權改進方案」；王雲五氏主持的「行政改革委員會」，也提出有「切實保障人權案」；而王氏於本年一月十六日招待記者有所說明，謂「切實保障人權案所建議，皆為憲法賦予人權之保障，而目前事實多與法定不合，因摘取較顯着之具體事實，作為佐證，俾政府得以研究改善，切實執行。」這些都是非常明顯的，難道張老先生眞是不聞不知，還是故作痴聾呢？如果照他抹殺事實的說法，則最近立法院制定的寃獄賠償法，豈不或為多餘？此頌

撰安！

讀者　金鳴上　六月十九日

讀者投書

省議會的風波！

漢瑞

臺灣省臨時省議會本屆第五次大會，省政總質詢的第三天，即六月十日的下午，發生一場內鬨的風波。這場風波的起因，據六月十一日「公論報」霧峯的消息說：「省議員李源棧，昨十日在省政總質詢中，指出問題很多。他說，工礦公司全體員工有陳情，指出該公司剝削工人，違犯法令，置大衆利益於不顧，由負責人自飽私囊。主席是否要加予調查。」該報又說：「一場極度的『混亂』，昨十日下午在省議會大會快要散會時發生，引爲本屆大會最不愉快的事。那時，女省議員王國秀，起立發言，指責剛發言完畢的省議員李源棧『態度』不對。她說，李議員發言時，『怒斥』省議員許金德『同志』，是不對的，他(指李議員)無權斥責許議員。她剛說完，李議員馬上起立反駁憤慨的表示，他斥責許議員在他發言時笑他，爲不禮貌。這時，你一句他一言，爭吵不休，場內議員及爲數甚衆的旁聽民衆，都在亂哄哄的當中，起立穿衣要走了。主持大會的黃議長，不知有沒有宣佈散會，也在紛亂中先行退場。羣龍無首，好像是在旁聽羣中，一聲尖銳的『散會』，結束了這一場混亂的不幸局面。」「這場紛亂，是由王國秀議員指責李議員而起的。」

李源棧在那天的總質詢時，其質詢「丙」「數項請教」的質詢條中，有「一、工礦公司匿名投書檢舉該公司高級人員營私舞弊案，是否應予重視派員澈查眞象？」他質詢警務時說，「五月二十二日中央日報報載豐原紡織廠漏貼印花稅，四年達二十七萬元，警稅機關如何處理？」云云。

就事而論，李源棧的質詢，是對工礦公司高級人員營私舞弊案及該公司豐原紡織廠漏稅案，不是因爲某一人的好惡而故意質詢，這種精神，纔是眞正的民意代表所應有的——爲民喉舌，並未因工礦公司的董事長許金德和常務董事賴森林係省議會的省議員同仁而包庇。所以，值得喝彩。

但是，王國秀議員的態度和指責李源棧議員的動機則就不同了。她是基於工礦公司負責人係省議會的省議員同仁，又是王議員同一政黨——國民黨的「同志」，而且許金德又是國民黨省議會黨團會議的幹事兼書記，所以，王國秀議員指責李源棧議員「無權斥責許(金德)議員」了。這是對人而不是對事啊？這就難怪「場內議員及爲數甚衆的旁聽民衆都在亂哄哄」了。

王國秀議員當時指責李源棧議員的態度不對事小，她在六月十一日的省政總質詢時，復又提出「關於改進選擧與民意代表的尊嚴問題」質詢，認爲「態度惡劣，行爲乖張，假借民意之名，遂行其自私自利的目的，影響民意代表的尊嚴，沾辱神聖之議壇」的議員，「固有待於各級民意代表的自肅自律」，而「省政府實爲責無旁貸」云云。

我支持王國秀議員的主張，對「假借民意之名，遂行其自私自利的目的」的省議員，如果李源棧議員的質詢及中央日報的消息都不假，則身爲民意代表所主持的工礦公司，居然「營私舞弊」，又居然「漏貼印花稅，四年達二十七萬元」，那的確是會使我們選民大大失望的。像這樣的省議員，省議會爲何不送交紀律委員會「自肅自律」呢？省政府對逃漏印花稅的不法商人，爲何不移送法院依法辦理呢？如果省議會「自肅自律」，省政府依法送法院辦理的話，則就用不着李源棧議員質詢了。而王議員更不會指責李議員了，則這場醜事的風波也不會發生了。

然而，「一些住在象牙塔裏的記者」，根據「歪哥」的記事，居然「信筆所之」撰寫歪哥的評論，則就難怪書生報人——省議員李萬居要指責而痛罵了。

王國秀議員視「神聖之議壇」如同國民黨小組會議，而高呼許金德爲「同志」，則作何解釋？應不應該由省議會紀律委員「自肅自律」一番？會不會沾辱「民意代表的尊嚴」？

六月廿三日于霧峯。

出版法條文摘要

立法院第二一會期秘密會通過
總統於四七年六月廿八日公布

第六章 行政處分

第三十六條 出版品如違反本法規定，主管官署得爲左列行政處分。
一、警告。
二、罰鍰。
三、禁止出售、散佈、進口或扣押、沒入。
四、定期停止發行。
五、撤銷登記。

第三十七條 出版品違反第三十二條第三款及第三十三條之規定，情節輕微者，得予以警告。

第四十條 出版品有左列情形之一者，得定期停止其發行。
三、出版品之記載違反第三十二條第一款之規定者。
四、出版品之記載違反第三十二條第二款及第三款之規定，情節重大者。
五、出版品之記載違反第三十四條之規定，情節重大者。
六、出版品經依第三十七條之規定連續三次警告無效者。

第四十一條 出版品有左列情形之一者由內政部予以撤銷登記。
一、出版品之記載，觸犯或煽動他人觸犯內亂罪、外患罪、情節重大，經依法判決確定者。
二、出版品之記載，以觸犯或煽動他人觸犯妨害風化罪爲主要內容，經予以三次定期停止發行處分而繼續違反者。

第四十二條 出版品經依法註銷登記或撤銷登記或予以定期停止發行處分後，仍繼續發行者，得沒入之。

編者按：在此項出版法未廢止之前，本刊決將上項條款繼續刊登，一方面以用自我警惕，一方面讓世人知道我們的出版自由，受到怎樣的限制。

自由中國　第二十一卷　第一期　內政部雜誌登記證內警臺誌字第三八一號　臺灣省雜誌事業協會會員　四二八

給讀者的報告

在香港出版的「自由人」，於依法獲准進口達八年之多的今日，却遭到連續被扣的打擊。臺北各民營報紙，已紛紛著論抨擊。我們站在維護言論、出版自由的立場，特發表社論㈠「憑甚麼查扣『自由人』？」坦白指出這次對於「自由人」的查扣，非但沒有根據法定的理由，而且沒有依照法定的程序，是一種雙重的違法行為。因此，我們聯想到警備總司令部書刊聯審小組此一非法組織，必須立刻撤銷。

對於軍公教人員待遇問題，幾年來，我們已經不知講過多少話。現在，特再發表社論㈡「再談軍公教人員待遇問題」。調整待遇的最根本問題，原非政府收入不够合法開支，而是不合法的開支太多。但這一根本問題，却又無人能解決。因此，我們特再發表社論，促請政府從速調整。

臺北市古亭國校在六月二十日發生的家長毆辱老師風波，現雖已告平息，但此一事件所含的嚴重意義，却仍然值得重視。因此，我們特發表社論㊂「古亭國校事件透露的嚴重問題」。我們在事後冷靜的看來，這次事件最嚴重的，是兩個屬於警備總司令部的保防官，竟敢公然以特殊人員身份，以學校為公堂，强迫錄問口供。此事之所以造成，根源於特權心理；而特權心理之所以養成，是由於政府對特殊人員過於倚重而不加約束所致。

胡適先生的「論初唐盛唐還沒有雕板書」大文，是一篇純學術性的討論文字。胡先生在他的大文內，對於李書華先生在「大陸雜誌」發表的「再論印刷發明的時期問題」一文中所提出的三件證據，提出了相反的論證，尤其對於李先生錯解「刊勒」「刊校」等字的意義，提出了很多有力的證據。

沙學浚先生在他的大文中，除扼要的說明了「新加坡人民行動黨反對自由中國！」並認為臺灣多數報紙不登不利於自由中國的新加坡消息是一種錯誤；接着指出此種反自由中國的行動將繼續發生；最後希望朝野各方密切注意，並提出了一些建議。

董鼎山先生的「談杜勒斯」大作，是在簡要的敍述杜勒斯的生平事跡。杜勒斯現已「蓋棺」，雖然未必已到最後「論定」的時期，但我們相信，歷史家的筆，是會加以公平裁判的。所以，我們願意附帶奉勸一切當權的大人先生們，不要永遠沉迷於生前的歌頌中，還是想想死後所可能得到的評價吧！

顧達德先生「籌安會的醜劇」一文，是在敍述民國初年中華民國歷史上演出的一幕「政治劇」。從顧先生的大作中，我們可以看到袁世凱的玩弄權術，實在可惡可恨；同時看到所謂六君子的勸進取寵，尤其可鄙可恥。在當時，一唱一和，那幕醜劇，固然也演得好像是有聲有色。但是，歷史是無情的，曾幾何時，曲終人散，只不過一場帝皇夢而已。如今袁世凱往矣！六君子亦往矣！唯一留給天下後世的，却是千秋萬載的罵名。眞是可笑、可憐、亦復可悲。

自由中國　半月刊　第二十一卷第一期　總第二三二號

中華民國四十八年七月一日出版

發行人　雷　震

主編　『自由中國』編輯委員會

出版者　自由中國社

社址：臺北市和平東路二段十八巷一號

Free China Fortnightly, 1, Lane 18, Ho Ping East Road (Section 2), Taipei, Taiwan.

電話：二 八 五 七 〇

航空版　友聯書報發行公司（香港九龍窩打老道一二〇號）電話：五九一六四、五九二六五

總經銷　自由中國社發行部

經售者

美國　紐約 友方圖書公司 Hansan Trading Company, 65, Bayer D Street, New York 13, N.Y. U.S.A.

紐約 光明雜誌社 Sun Publishing Co., 112, Mulberry St., New York 13, N.Y. U.S.A.

韓國　漢城 裕昌德號

馬尼刺　新疆書店

緬甸　仰光 振成書報店

印度　阿拉哈巴 中印文化出版社

北婆羅洲　西利亞坡 青年書店

星加坡　友聯書報發行公司（小坡大馬路四六九號）

吉隆坡　友聯書報發行公司（馬華公會大厦三樓七室）

怡保　友聯書報發行公司（希尼華沙甘街十六號）

檳城　友聯書報發行公司（林連登律七十二號）

澳門　友聯圖書公司

印刷者　精華印書館股份有限公司　廠址：臺北市長沙街二段七一號　電話：三 三 四 二 九 號

本刊經中華郵政登記認為第一類新聞紙類　臺灣郵政管理局新聞紙類登記執照第五九七號　臺灣郵政劃撥儲金帳戶第八一三九號

（每份臺幣四元，平寄美金一角五分，航寄美金三角）

FREE CHINA

第廿一卷 第二期

目錄

中華民國四十八年七月十六日出版

社址：臺北市和平東路二段十八巷一號

半月大事記

六月二十五日（星期四）

日首相岸信介向國會警告，中立不能保障和平。

美國會原子能委員會，聽取核子戰準備情形；科學家均提出氫彈威脅警告，敦促各方速建立地下防空洞。

俄滲透阿富汗，阿境物資均賴俄供給，新聞事業受共黨操縱。

美陸軍參謀長演說，强調武力對抗武力。

六月二十六日（星期五）

美總統正式要求國會，撥欵卅九億元援外，國會對亞洲中東軍援仍主張削減，但認爲中韓越軍援需要，關係重大。

五十二個國家參加「世界難民年」運動。

美國國務院設立蘇俄司，任命謝偉志爲司長。

六月二十八日（星期日）

越南向停戰委員會控訴，俄違反停戰協定，將噴射機運交越共。

西德議員赴西柏林，七一選擧聯邦總統；俄提正式抗議，東德揚言封鎖西柏林。美英同時對俄國嚴斥其涉德國內政。

葛羅米柯聲明俄對外長會議立場不作讓步。

六月二十九日（星期一）

總統任免軍事首長：彭孟緝調參謀總長，羅列爲陸軍總司令，顧祝同出任國防會議秘書長，王叔銘調戰略顧問會副主委，陳嘉尙連任空軍總司令。

六月三十日（星期二）

印度政府正式宣佈拒絕承認一個由達賴喇嘛負責下的、在印度活動的西藏流亡政府。

七月一日（星期三）

西德執政黨候選人魯布克當選總統。

艾森豪公開保證，與蘇俄副總理科茲羅夫作冷戰會議時，決不放棄基本立場，强調對德政策不能退却。

艾森豪告科茲羅夫，西方決不放棄柏林。艾科會談結果，並未打開僵局。

美空軍要求國會撥欵，供應遠東强大基地，維持在臺飛彈部隊，藉以應付遠東任何緊急事態。

七月二日（星期四）

赫魯雪夫曾在莫斯科與美國前紐約州長哈里曼會談時謂，俄將在必要時，使用武力支持東德。

美參院表決援外案，削減二億五千萬元，折衷計劃規定經費由國會撥欵，否決三年結束援外的建議。

科茲羅夫對美記者稱，柏林問題如起衝突，俄將訴諸武力。

七月三日（星期五）

艾森豪告海外美國人，尋求正義，持久和平，爲美國的主要目標，促勿以自己見解强加諸別國人。

七月四日（星期六）

俄雖提議擴大美俄貿易，美仍認爲希望渺小。國務院聲明控制戰略物資輸俄，旨在減弱蘇俄軍事力量之發展。

七月五日（星期日）

美原子能委員會顧問穆雷，促美儲藏核子武器，俾以應付有限戰爭，認爲有限度核子戰必然會發生。

七月六日（星期一）

薩爾正式歸屬西德，法國關卡已撤往法邊境，西德銀行運來馬克，以兌換法郞。

達賴決定離開印度，俾能從事政治活動。關於西藏流亡政府問題，達賴與印發生歧見，達賴强調其駐地即政府所在，將宣佈流亡政府職權與地位。

美參院通過一項議案，鼓勵被奴役國人民，謀恢復自由與獨立。

七月七日（星期二）

美「雷神」核子飛彈，可在英國基地發射，莫斯科等地均爲目標區，自由世界已擁有戰略飛彈部隊。

尼赫魯表明態度，反對西藏流亡政府，暗示達賴去留可以自由決定，不接受印度領袖納拉彥的提議：即印度將西藏情勢向聯合國提出。

七月八日（星期三）

美參院表決援外案，削減三億八千萬元，援外總額減爲卅五億四千餘萬。

艾森豪在記者會强調表示，美國軍方已獲授權，緊急時用核子武器；駁斥赫魯雪夫對哈里曼威脅狂言；指出削減軍援計劃乃是忽略國家安全。

七月九日（星期四）

艾森豪會晤赫特，商談外長會議最後戰略，並會全盤衡量國際形勢。

英國、瑞典、挪威、丹麥、奧國、瑞士、葡萄牙等七國協議，將組成自由貿易區。

『自由中國』的宗旨

第一、我們要向全國國民宣傳自由與民主的真實價值，並且要督促政府(各級的政府)，切實改革政治經濟，努力建立自由民主的社會。

第二、我們要支持並督促政府用種種力量抵抗共產黨鐵幕之下剝奪一切自由的極權政治，不讓他擴張他的勢力範圍。

第三、我們要盡我們的努力，援助淪陷區域的同胞，幫助他們早日恢復自由。

第四、我們的最後目標是要使整個中華民國成為自由的中國。

社論

(一) 這樣能解決問題嗎？

——對於左舜生先生主張與中央日報社論的平議

六月二十九日的中央日報，破例的從香港「聯合評論」轉載一篇左舜生先生所作題名爲「搶救中華民國的時間已經不多了」的文章。「聯合評論」是臺灣不准許進口銷售的一分報刊，而左氏那篇文章的觀點又與中央日報的一貫立場絕不相同。在我們的記憶裏，中央日報似乎從來沒有刋載過與它自身立場不同的任何文字，所以這次的轉載，不能不算是破例。但中央日報之轉載左文，事實上是發出了一個對左氏開始總攻擊的信號。中央日報即在轉載左文之同日及七月一日先後發表兩篇社論，新生報亦在六月三十日發表社論，首先對左文開火，接着又連日刋載各方反應，立即形成了四面圍剿的勢態，甚至有斥爲「危害國家利益的荒謬主張」者。旣然大家把左文看得這樣嚴重，我們倒要來檢討一下那裏面的主張究竟「荒謬」到如何程度。

左氏在那篇文章裏深致惋惜於政府遷臺之始，未能深思熟慮，釐定一個可大可久的「治臺方案」；左氏曾列舉十六點，作爲此治臺方案所必須堅守的原則。此十六點的內容，包含了政治、軍事、經濟、教育等許多方面，其要義不外是：㈠根絕一黨壟斷；㈡精簡政府機構；㈢加强地方自治；㈣實行司法獨立；㈤保障人民基本自由；㈥發展科學教育；㈦發展外資、僑資及民營企業；㈧裁減軍隊人數等等，可說每一項都針對着一個非常迫切而重要的現實問題，而提供一個適當的解決原則。上列各項的絕大部分，幾乎無人可以提出反對理由，事實上也沒有人對之全部反對。引起軒然大波的，主要是有關精簡機構的建議，其次裁軍的建議。關於精簡機構，左氏主張：

㈠只要一個留臺的「臨時政府」（一名非常時期政府），不須另有一個臺灣省政府。

㈡「臨時政府」所包含的機構，完全視需要爲增減，以無冗員無廢事爲主，絕對廢止大陸時期中央政府的形態。

㈢由現有留臺國大代表互選六十人，立委互選四十人，監委互選三十人，現有臺灣省參議員互選二十人，全世界凡集中有僑胞萬人以上而又有僑胞正式團體的地區，亦得規定推擧一人至若干人，其總數以不超過五十人爲限，即以此選出之二百人組織一臨時最高民意機關，「臨時政府」即對此臨時最高民意機關負責。

㈣除國大代表仍得行使憲法第二十七條所規定之職權以外，所有過期立委監委的職權，一律停止；由國大代表所組織之光復大陸設計委員會，亦應予解散。

左氏這一番建議的動機，我們實在看不出有什麼可以批評之處，並且由衷的具有同感。以臺灣的幅員、人口、與經濟力量而維持一個如此龐大的政府機構，凡屬有識之士，都知道這是一個斷斷乎不能持久的辦法。弄到現在，軍公教人員的待遇如此菲薄，甚至已無法滿足一身溫飽之所需，風紀敗壞，怨懟叢生，而政府還是對之束手無策，根本上也是一個政府機構過於龐大的問題。政府遷臺之初，早就有人提出裁減機構之議，且贏得多數人的支持，此後亦屢有實行精簡的方案，雖未能澈底，究竟聊勝於無。但政府當局雖明知問題之嚴重，卻至今因循貽誤，情況不僅未見改善，且反有變本加厲之勢，終至於採取鴕鳥政策，不僅自己逃避問題，甚且不願意人家提出這個問題，眞使憂國之士爲之痛心疾首。

左氏的主張，如果視爲一個具體建議，在技術上確有若干稍欠考慮之處。他祇想到政府機構龐大之爲害，而忽略了維持法統之重要性，未能設計出一個事實與法統得以兼顧的方案來，其實，這樣一個較完美的方案是可以找到的。特別是，左氏未假思索的使用「臨時政府」字樣，就正好成爲攻擊者的口實。這確實是一個不甚妥當的名詞，特別是在外交方面可能招來不利的後果。但是，我們儘可以不贊成左氏所提出的那個名稱，也儘可以不贊成左氏所設計的那些具體辦法；却決不能因此就抹煞了導引出此一建議來的那個嚴重的現實問題。法統誠然應盡力維持，而這樣一個現實問題也還是須要尋求合理的解決。一個眞正的愛國之士，以嚴肅的心情來討論國是問題，就必須深入到問題的核心，決不能這樣浮光掠影的祇看到表面，把人家提出的建議予以否決就算了事。

再說到裁軍，左氏主張陸海空三軍官兵人數，應以不超過三十萬爲原則，這也是起於精簡政府機構同樣的動機，因爲我們實在沒有能力，也沒有必要長期負擔這樣龐大的軍隊。其實，這也不是左氏一人的見解，更不是什麼荒謬的主張，有許多軍事專家，都認爲應該減削常備兵力而擴充後備兵力。最近行政院院會通過「陸海空軍士官服役條例草案」，並爲之提出說明，其中就有這樣一段話：「依兵役法之規定，士官區分爲常備士官與預備士官，其人數比例，依軍隊組成學理，常備士官宜少，預備士官宜多，方能廣儲後備兵力，節約退伍除役之酬勞費用；惟目前在營常備士官數達廿五萬餘人，而預備士官僅一萬五千餘人，兩者相差懸殊，在人力運用與國家財力上均不經濟。」（見六月二十六日新生報）這一段話，無異是替左氏的主張作了一個註脚，難道也可以斥爲「動搖國本」？

近年來海內外人士，幾乎無時無刻不在對國是問題，提出種種意見與建議，這些建議，有的非常可貴，有的則窒碍難行，但不論是好是壞，我們似甚少發現官報黨報予以注意，鄭重的對之提出討論與辯難，而總是採取一種蔑視與抹煞的態度。這次中央日報批評左文，總算表示執政黨已對民間輿論開始注意，應該算是一件好事。祇是我們細讀中央日報兩篇社論以後，却發現它並不是在那裏嚴肅的討論問題，其目的祇是爲了給予左氏以打擊，所以自始至終都是那一種誣賴、陷構與「戴帽子」的語氣。六月二十九日那篇社論，雖題名爲「左舜生的改革規模」，却祇是就左氏所提的十六點建議，選擇兩三點來施以最爲蠻橫的攻擊。對左氏裁減軍隊的建議，它說那「就是要瓦解我中華民國三軍統帥之下的英勇堅强的軍隊」，對左氏根絕一黨壟斷的建議，它說那「不過是要我們停止澈底反共的準備與嚴密防共的措施」，對左氏臨時政府的建議，它說那「不過是黨派會議、聯合政府、國共和談的那一套陳舊的口號」。其實，這一切都是百分之百的無中生有，左氏那篇文章，沒有在任何處所說到要解散軍隊，說到要停止反共防共，也沒有在任何處所說到什麼黨派會議、聯合政府、與國共和談，尤其是國共和談，更不知從那裏可以牽扯得上去。中央日報的用意，無非是要在左氏的鼻子上先塗上共黨同路人的汚泥，於是他的建議和主張，不管其動機爲何，內容爲何，都可以一筆予以抹煞。

中央日報七月一日發表的第二篇社論，題名爲「左舜生的臨時政府」，總算對問題提出了若干較爲愼重而持之有據的論點，且態度也沒有前一篇社論那樣充滿火藥氣，如果這是一種有意的修正，倒值得我們稱讚。但是卽連這後一篇社論，也仍然沒有深入到問題的本質，沒有一句話說到政府機構如此龐大、軍費負擔如此沉重的現實問題，該怎樣尋求改善之道。而且到全文的後半，也仍然擺脫不了誣賴與陷構的語氣。那社論說：「我們可以預料左先生的『留臺的臨時政府』有下列四種歸宿：（甲）完全依賴國際保護而歸宿於國際托管；（乙）完全被北平奸匪侵略而歸宿於淪陷與滅亡；（丙）在國際保護之下，與北平奸匪談判，而歸宿於投降與靠攏；（丁）由於內部的顚覆而使『民主改造臺灣』轉變爲『和平解放臺灣』。」這也同樣是百分之百的無中生有，從左氏的十六點建議，無論用什麼推理都推演不到這樣的結論去。老是拿這種誣賴與陷構的手段來打擊對國是提出意見者，縱能做到塞人之口，又何足服人之心，更何況連塞人之口也未必眞能做到，我們眞不禁替執政黨與中央日報惋惜。

在中央日報發動對左氏圍剿以後，各黨報官報，又連日刊載「各方人士」對左氏建議的反應，竟似有羣起而攻的聲勢。在這一面倒的反應之中，赫然有胡適之先生的一段談話在內，胡氏的這段談話，六月二十日的中央日報以「本報訊」刊出，並且加上「對左舜生的意見胡適很不贊成」的標題，以圖造成胡氏對此問題，也完全站在中央日報方面的印象。但是，七月四日的香港工商日報香港版，却刊出了一篇該報與菲律賓新聞日報記者對胡氏的聯合訪問記（附註），却由胡氏親口說明了中央日報「本報訊」的眞相。爲避免斷章取義之嫌，我們將工商日報所刊訪問記中一段有關的話，全文轉錄如下：

胡氏另外提出一件事，他說：「此間一家報紙今天（六月卅日）刊登一段訪問我對左舜生先生『搶救中華民國的時間已經不多了』一文的意見的談話，裏面有若干點與我所說的話頗有出入，我應該有所說明。」胡氏說：「我對左先生『搶』文中所提的十六點主張，認爲固有若干點值得批評，但我認爲：『他的動機是愛國的』，這是我眞眞實實說過的話，某報把這句話變成：『他的動機可能不壞』，語意已大有出入，而且我對這家報紙的『能把左先生的原文刊出來讓國內的人都能看到，表示贊佩，』同時對該報六月廿九日所刊社論『左舜生的改革規模』一文，對左先生所作的批評，尤其是最後一段，我認爲『有點過火』，這些該報都沒有刊出，我不能不表示遺憾！』」「『我希望左先生回來看看，以了解國內的實際情形，』這是我對某報記者談話時所眞正說過的話，現在，我願再提出這句話來期望左先生。」胡氏話止於此，時已近午，他送走記者又接見另一批賓客。

中央日報倘欲洗刷「製造輿論」之嫌，應該有勇氣把這段文字轉載，以作爲它六月三十日那條「本報訊」的更正。

中央日報企圖對左氏發動一次圍剿，顯然沒有收到預期的效果。左氏那個「臨時政府」的設計，的確少人附議，但他所提各種改革時弊的意見，正如七月五日民族晚報「每周專欄」所說，「仍爲民營報刊所譽揚」，而中央日報自己那種給人亂戴帽子的作風，更招致多方面的責難。時代畢竟是進步了，一唱百和的盛況已不可復見於今日。

這次的風波，在我們看來，甚少積極的意義，因爲所有左氏的批評者，以至攻擊者，都沒有深入到問題的本質，當然更談不到問題之解決。但是，我們卻不得不承認它有一點附帶的收穫，卽所有左氏的批評者以至攻擊者，都表示了「護憲」的熱忱，反對左氏以「臨時條欵」來更動憲法所規定的基本體制，顯示大家均已瞭解，拿臨時條欵來取消憲法的任何明文規定，都是憲法之破壞與毀棄。香港時報六月二十四日的社論說：世界大多數國家之所以照舊承認我政府爲代表全國人民的合法政府，「唯一的原因，就是我們保持着大陸上依現行憲法而創立的憲政體制。」中央日報七月一日的社論也以毫不含糊的語氣說：「憲法是百年大計，不能專爲戰爭與危難時期着想。」它又說：「由於左舜生先生的『改革規模』有如上的結局，格外可以證明蔣總裁爲何堅決反對修憲。現在修憲與大選問題雖在各方面人士熱烈討論之中，但是我們要知道，蔣總裁決不爲個人的出處打算，亦沒有對任何方面表示任何態度的義務，而只是爲維護中華民國的法統，保持民主憲政的規模，保障臺海基地人民生命與自由，結集一切反共力量，爲反攻復國來奮鬥。」我們要看看今天對護憲表現如此熱忱的人士，是否能把他們的主張堅持到底，誠意支持憲法的每一條文，勿使遭受任何直接或迂迴方式的破壞。

（附註）工商日報這篇重要的訪問記，未見行銷臺灣的該報外埠版刊出，可能是由於訪問記中說到胡先生對蔣總統連任三任的意見，該報編者鑒於「自由人」三日刊連續被扣，所以特將此不合此間脾胃的文章刪去。

社論

（二）

好一個舞文弄法的謬論！

——所謂「修改臨時條款並不是修改憲法本身」

關於修憲與連任問題，本刊曾經從「法」的觀點發表過一篇社論（六月十六日出版的第二十卷第十二期）以表明我們的態度。我們的態度，就是擁護蔣總統不修憲的主張，同時也就是不贊成某些人所搞的連任運動。在我們的理解中，蔣總統的反對修憲，即是對現行憲法表示尊重。既是尊重現行憲法，當然要遵守憲法的每一條，包括第四十七條關於總統任期的明確規定，不再連任下去。因爲在不修憲的前提下，無論如何找不出合法連任的途徑來。要連任就得修改憲法；既不修改憲法，就不得連任。這是最簡單最明白的道理，任何人無法狡辯的。（在這裏，我們用不着談到修憲的程序問題。）

但是，那般搞連任運動的人們，一方面要不違反蔣總統不修憲的主張，一方面又要使蔣總統連任下去，於是異想天開，想給憲法來一個臨時條款，用臨時條款來變更或廢止憲法第四十七條關於總統任期的規定。於是他們就說臨時條款不是憲法本身，增加臨時條款不算是修改憲法。這樣一來，他們以爲可以解決這個難題——不修憲如何可以連任的難題。這種荒謬的想法，我們早就聽見人家講過，可是我們對於這種想法，總是付之一笑。因爲它荒謬得不值辯駁，荒謬得爲一般稍有憲法常識的人所不齒。

奇怪的是，像這樣荒謬的想法，到了今天不僅僅是騰之於口說而已，而且居然見之於國民黨的機關報——中央日報。在本月四日中央日報的第一版，登載着國民黨中央常務委員某君「有關修憲及大選問題」的答問。其中有這樣的一些話：

「㈠……但是十年以來，蔣總裁屢次聲明憲法不容修改。……凡是本黨黨員都應該遵守這一方針，不主張修改憲法。㈡國民大會代表對於修改臨時條款及總統連任問題，舉行各種集會，加以研討。修改臨時條款並不是修改憲法本身。明年的國民大會第三次大會有權這樣辦。」

「修改臨時條款並不是修改憲法本身。」這句話，乍看似乎沒有問題，有些人也可能被這句話騙過。其所以如此者，由於「本身」二字在這句話中發生了譸張爲幻的作用。「本身」二字，可以指憲法的「形式」，也可以指憲法的「實質」。臨時條款，從「形式上」看，固然不是憲法本身，但臨時條款的效力，在「實質上」，是和憲法本身一樣的。就實質的意義講，臨時條款構成憲法的一部份。所以修改或增加臨時條款，也即是修改憲法。這個道理，我們還可以用現行的「動員戡亂時期臨時條款」這個例子，把它說得更詳細更清楚一點：

「動員戡亂時期臨時條款」，是民國三十七年四月十八日第一屆國民大會第一次會議第十二次大會通過的。它的第一行條文就是：「茲依照憲法第一百七十四條第一款程序，制定動員戡亂時期臨時條款如左：」查憲法第一百七十四條的條文是這樣寫的：「憲法之修改，應依左列程序之一爲之：一……二……。」可知這一條所規定的程序，即是修改憲法的程序；該條第一款所規定的即是修改憲法的兩個程序之一。制定臨時條款之所以要依照修改憲法的程序，正因爲臨時條款的制定，就是憲法的修改。這是從「程序」方面來看，已可以看出臨時條款實構成憲法的一部份。再從「實質」方面來看，也是如此。我們仍以「動員戡亂時期臨時條款」這個例子來說。該條款規定：「總統在動員戡亂時期，爲避免國家或人民遭遇緊急危難或應付財政經濟上重大變故，得經行政院會議之決議，爲緊急處分，不受憲法第三十九條或第四十三條所規定程序之限制。」這就是說，有了這一臨時條款，憲法第三十九條或第四十三條的拘束力，在一定的條件下被解除了。也即是說，憲法第三十九條或第四十三條的文字雖未被修改，但因臨時條款的制定，該兩條的實質效力已受限制了，也即是說，已被修改了。所以，就實質的意義講，臨時條款，實構成憲法的一部份。所以，增加臨時條款，或修改臨時條款，也即是修改憲法。

如果說，修改憲法，只是指修改那些組成憲法條文的文字，而制定臨時條款以變更憲法條文的實質效力不算是修改憲法，那末，所謂「不修憲」也者，有何實際的意義呢？所謂「尊重憲法」云云，又有何實際的內容？他們不想想，任何立法，如果與憲法的明文規定相衝突，此種立法都是違憲的，無效的。如果臨時條款竟可被視爲非憲法之一部分，則此臨時條款也是違憲的，無效的。他們又如何解說臨時條款雖不是憲法，却又有憲法的效力，甚至可以取代憲法的效力？爲政要以「誠」爲主。舞文弄法以騙人，或者强辭奪理以淩人，都不是光明正大的政治作風，修改或增加臨時條款不算是修改憲法，這一類的說詞，如果是出之於一般人的口，我們似可不必理睬。可是，講這種話的某君，照中央社的電稿，不是以一向所謂「名政論家」的身份說的，而是以國民黨中央常委的身份說的。他所說的這種話，不僅是說說而已，而且經由國民黨的中央社普遍發佈，而國民黨的機關報且以顯著的地位刊登。因此，我們不得不認爲某君所談的話即令不是代表國民黨，至少至少也是國民黨宣傳政策所許可的。基於這一點，所以我們對這種荒謬得不值辯駁的說詞，又不得不予以辯駁。

社論

(三) 中國文化發展的新取向

文化是什麽呢？文化是一種實際的存在。這一種實際的存在，係由整個社羣所獲得並由社羣藉種種符徵所傳播的一切行爲模式。依此，所謂文化，乃一個社羣所特有的成就之全部。它並非幾個僅憑一種玄學觀點而選擇出來的單純的價值觀念。所以，文化中所包括的，不僅有語言、政治、宗教、倫範、人理建構、工具製造，而且包括藝術，文學，等等。一切社羣都有語言、傳統、風俗習慣，因此一切社羣都有文化。所以，有文化，乃人類生存的普遍現象。

從一方面觀察，文化是一個社羣適應環境及調合人際關係而累積起來的產品。在文化裏的人又靠此累積起來的產品而適應環境並調合人際關係。依理而論，如果環境和人際關係有所改變，那末文化也得跟着有所改變。如果原來的文化是部分地甚或全部地不適用，那末我們必須部分地甚或全部地改變它。這一改變的程序也許是頗爲複雜的，經歷的時間也許頗不够快，但是，其爲應須改變，與秋天到了該脫下夏裝換上秋裝，在原理上沒有什麽不同。我們要判別一種文化的優劣，它內部是否具有適應力或自動調節的機能，乃基本的條件之一。

就中國文化來說，一八四二年的鴉片戰爭是一個警號。這個警號告訴我們，中國文化開始正面與西方文化接觸，中國文化該調整它自己了。可是，當時大部分的文人經生和掌握權勢的人，囿于產自中國文化裏的「正統」、「道統」這些絕對觀念，虛矯地鄙視西方的一切，不肯面對現實來作恰當的反應，以致弄得吃虧不已，尷尬的局面層出不窮。這類的事與勢逼着中國非從基本上調整它的文化變以求存不可。

近幾十年來，我們就是在尋覔一條正確可行的道路上摸索。同治中興，戊戌維新，以及隨後的政治變革，社會改革，五四新文化運動，等等，都可看作中國文化變以求存的節目。在這些節目之中，有些節目所表徵的方向是正確的，有些節目所表徵的方向是錯誤的。幾十年來，我們就是在這一正確與錯誤交織的「試行錯誤（trial and error）」之歷程中徘徊，而未能作勇往直前的發展。所以，我們以一古老的文明國邦，在現代化的途程上，反而遠落許多後進國邦之後。這是值得我們深切反省的地方。

中國近幾十年在尋求文化出路中所犯錯誤，並非一錯就過去了。它還產生一些具體的果實。這些具體的果實，產自中國文化本身，又從中國文化的泥土裏攝取營養，長大，延續；它又轉而戕害中國的生存與發展。這類錯誤果實中之最大的有兩個：一是黨化，二是復古。而這二者又是相互爲用的。

我們先略論黨化之害。許許多多人常常慣于從語言文字揣測內容，而沒有養成一點習慣，依據內容來決定語言文字的意義。因此，古往今來，一切諸言製造家，謊話販賣者，都有生意可做。從內容來決定語言文字的意義，就是依照經驗、事實、運作、結果、或實效來決定語言文字的意義。許多人因爲習於從語言文字來了解內容，且又把一種空中樓閣式的價值判斷攙雜于其間，於是以爲「革命」比「專制」好。在事實上，就東方的幾個「革命」實例觀察，專制誠然可惡，但是「革命」遠較專制嚴酷。「專制」所重的是「血統成分」，而「革命」所重的是「政治成分」。中國鬧「革命」鬧了幾十年，結果不過是把「血統成分」代以「政治成分」而已。在藉武力征伐而建立的「革命政權」之下，對于「政治成分」的要求之嚴格、澈底與廣泛，遠非專制時代所可比擬。「革命政權」的核心與骨幹是一個專政的黨。在「革命政權」之下，一切都要黨化，文化活動豈能例外？

在黨化之下，黨的權力和利益成爲衡斷社會一切活動的最後準繩。因此，在這類統治之下，文化活動常被用爲達到這個目標的基本手段。黨的教條，成爲文化活動的前題、律則和結論。依照這種模態來從事文化活動，完全是從一種政治意識出發又回到這種政治意識，所以是演繹式的。這好像歐洲中古時代一樣，一切文學、藝術、哲學必須以神學爲出發點而演證神學。結果，中世紀成爲歐洲文化的凝固時期。所以，黨化一行，文化活動沒有不僵固的。復次，黨化是澈頭澈尾一元主義的。在一元主義的統治之下祇有一個「主義」被政治權力撐持起來奉若聖經，成爲正統，其他與之不合的一切思想學說，一概被目爲異端、邪說，都在禁止、排斥、打擊、消滅之列。這麽一來，在黨化之下，文化不可能作多元的發展。於是，被黨化者養成一種「片面的思想」。又次，我們所居住的這個世界並非爲某一黨某一派而造設的。科學的原理、原則、和定理、定律，似乎頗不服從黨紀，並不受某一黨某一派的政治利益所左右。科學無所愛於撒旦，亦無所愛於天使。如果碰巧科學研究的結果合于某一專政的黨之政治利益，那末誠爲專政者所快意，可是，如果不合呢？那末，專政者寧可藉着最廉價的印刷機揑造一套科學原理、原則、定理、定律。李森科的遺傳學就是黨化科學之下的傑作。俄國人說無線電是俄國人發明的。這也是依政治要求而寫的歷史。在黨化者看來，政治利益高于一切，合不合于眞相不是重要的事。所以，在黨化之下我們根本就難得認識世界的眞相。我們所認識的是黨化者依照政治利益所塑造的那一套。在黨化之下，專政者不獨佔有你身體，並且劫奪了你了解世界的權利。不同程度的黨化是以不同的程度辦到這一點的。

另一種文化發展的取向是復古。復古的內容是維持舊觀念、舊倫範、舊習俗。爲了象徵復古，在器用方面，除了維持日在變質之中的「國醫」以外，就是以政令的力量强迫學生讀經，寫毛筆字，等等。

依據臺灣近年來的事實跡象觀察，這一取向至少產生象徵式的力量。爲什麼呢？第一因爲統治的建構需要這樣現成的東西。第二，它成爲一種危亡之頃的自我防護的「軌序作用」之憑藉。第三，在「主義」的狂熱幻滅之餘，對舊東西的回憶與崇拜可聊以當做填補思想眞空的代用品。第四，它可使若干有飄萍感者產生一種「源遠流長」或「由來有自」的心理。第五，此舉可將提倡者自己等一于上下幾千年橫直幾萬里，因而產生一種「自我擴大」感。自我擴大感是可能有助于壯氣的。第六，在迷茫之際，前面看不出確切的去路之時，回頭走現成路可以產生一種「把握感」。這種「把握感」之產生，或有助于祛除惶惑之情。第七，在各種遠較强大和優越的力量環伺之時，較弱較小的東西內心深恐因遭吞沒或同化而失去其存在。爲了維持其存在，於是提出一種能顯示其特殊地位的特殊工具，藉此抵制外來的吞沒或同化。空洞地提倡舊有文化，可以因應這一要求。

在某種程度以內，上面所說的幾種作用之產生，毋寧是心理上的自然反應。這些作用所優爲的，乃維持一個象徵性的存在。這種象徵性的存在可使若干人得到象徵性的滿足和慰藉。但是，除此以外，還有什麼眞實的作用可言？它能否使中國新生進步？過去的文化乃過去的環境之產品。現在我們所處的時代和環境與過去太不相同了。如果有人說可以拿過去的環境裏產生的文化來解決現在的問題，那末何異「刻舟求劍」？

從表面看來，黨化的文化取向和復古的文化取向是各不相同的兩條道路。如果有人抱持這種認識，那末便是一個嚴重的錯誤。目前在臺灣的黨化文化，在基本上就是舊有文化崩解過程中適有的表象。目前在臺灣的黨化文化是從舊有文化裏取材的；而且二者互爲表裏：黨化文化是表；舊有文化是裏。例如，「父親意象」在目前政治層界之如此擴大，根本就是從前「父母官」的翻版。黨化文化的根本想法，黨化文化的基本模態，翻來覆去，不是天外飛來的東西，根本還是中國固有的。它的構成之思想形態至少是下列幾種：

第一，形式主義的。形式主義與禮儀主義密切關聯而且不分。形式主義表現于社會中的就是空講虛面子；表現于政治上的就是「印象製造」，日誇「壯大」。談到辦事，如果「不合體制」，那末萬事休通。順着這條取向發展下去，於是一切施設但求表面好看，統計數字龐大，外貌恭順而不問內容如何，不管實情如何。中國歷代內部變亂發生，帝王文武百官之制總是最後垮臺的一面。中國鬧革命鬧了半個世紀，形式主義革掉的可很少。不僅革掉的很少，而且自從播遷臺灣以來，由于局面狹小，自卑感深刻，反而把這種心理愈加擴大。誰都可以看得淸楚，儘管文武公教人員生活這樣困苦，可是招待外賓的豪奢，絕不減少的！

第二，隸屬主義的。中國從前的隸屬主義重血統關係。例如，只要你是滿人，你便可做大官。洪楊之亂以前，漢人是休想做大官的。自從黨政大興以來，所重的是「派系關係」，或人事小圈子。在以「派系關係」爲底子的現在，一個人在政治派系上的從屬，乃決定他在許多事業上成敗的重要因素。一黨專政幾十年來的事實告訴我們，任何一個人，無論他的才能怎樣，只要是屬于那一黨，他便可享有一般人享不到的特權，他便可佔盡一般人佔不到的便宜。而不屬于那個黨派的人，縱使才能出衆，除了作花瓶之類的東西以外，他是無法在重要事業上作重大發展的。然而，黨所選擇的人，只問黨性之强弱，不問才能之高下。而在事實上，黨性强的人，願意走黨的路線的人，很少是才能高超的。才能高超的人，多無甚黨性且不願走黨的路線。可是，專政的黨又長期藉掌握政權而掌握着國家社會各方面的要害。這麼一來，於是自然就發生反淘汰的作用了。這種風氣，播遷臺灣以來，不僅絲毫未改，而且由于地狹人稠，僧多粥少，權位有限，所以更是變本加厲。「主義」、「理想」、「抱負」，等等幻滅之後，「革命者」貶值而爲百分之百的現實主義者。現實主義者所爭的，唯權與利。而「黨」、「派」、「小圈子」，成爲爭權奪利之最現成的工具。

第三，特殊主義的。特殊主義者腦中充滿了圖畫語言，情緒聲訴，而且强調各個單位的特色。例如，文學、藝術、政教、思想模態、生活方式，等等。因此，對于異族、異類，以及外來新異的事物，常抱不信任或拒斥的傾向。順着這條取向發展下去，於是而有所謂「國情」主義。「國情」主義成爲拒絕接受外來事物的藉口。部族主義乃特殊主義最堅密的實例。

近幾十年來，中國由這種政治形式，由這一撮子人把持政權換成由另一撮子人把持政權，然而，變成那種政治形式，總變不掉上述中國文化給予他們的基本影響或決定，總擺不脫上述中國文化在他們意識深處所發生的作用。所以，無論怎樣翻雲覆雨，除了權力重心的轉移以外，總轉不出一個新的局面。我們怎樣才能轉出一個新的局面呢？這是一個最基本而又最重大的問題。我們的解答，是認爲中國眞要有希望，必須擺脫上述中國文化傳統所給我們的三種影響，而朝新的取向趨進。我們在此所說的新取向，計有下列幾端：

第一，拿重實質的態度對形式主義。重實質的態度，就是實事求是。中國人想要適存于今後激烈競爭之世，且慢提是否有「帝國主義」防礙我們的去路——當然這是一面，我們首先得問問我們自己：我們已否做到「盡其在我」。「盡其在我」的重要節目之一，就是已否自動省察並且自動放棄我們觀念上的那些故障。我們觀念上的那些故障之一，就是把形式放在前面，再拿實質遷就形式。須知事實變化到形式不足以因應事實時，這一形式便維持不住。這時如還要維持此一形式，便是一件吃力不討好的事。在這種情形之下，我們必須因應事實的需要，創造新的形式。這就是實事求是。

第二，拿成就表現對隸屬主義。現在臺灣專政的黨派之勢力正窒息着整個社會的上進生機。爲了對治這一病根，必須打破只問政治關係不問才智的惡劣範疇。爲了打破這一範疇，我們必須只問才智不問政治關係。祇有澈底拿定這一取向，斲喪社會生機的反淘汰作用才能停止，眞正有才有能之士才有發展才能和抱負的機會。從這一取向前進的社會，才是「天下爲公」的社會。祇有這樣的一個社會才能發動力量，團結衆志，以劣勢抗優勢。

第三，拿普遍的思想對特殊主義。時至今日，交通如此高度發達，國邦與國邦間在軍事上、政治上、經濟上、和文化上交互的影響日益密切。在這一趨勢之下，部族式的特殊主義怎能維持？即令能維持住於一時，怎能持久？即令能維持於永久，除了故步自封，坐待消亡以外，又有何益？今後的世界，任何形式的特殊主義，都會沒落的。我們要能適存，必須懷抱一個「開放的心靈」，拼除一切心理的故障，盡可能地與一切友善的力量握手，盡可能地學人之所長。

我們在以上舉的，只是犖犖大者。至于詳細的節目，根本不能事先規定，而必須在文化建設的實際過程中依事實的需要而充實。依照上述的文化發展取向，才能轉出科學與民主。有了科學與民主，中國才有得救的可能。文化的發展是經驗性的東西。我們今日所須要的是一幅地圖，而不是在那裏搖幌的旗子。僅僅提出「文」與「化」兩個字，或者搬弄一些玄學名詞，一概是空中樓閣，絲毫無補實際。我們對于經驗性的東西，一方面須作經驗性的研究，另一方面須作經驗性的實踐。這樣的工程是鉅大的。這樣鉅大的工程不是少數人所能完成的，而是有待大家的通力合作的。在實際上，這樣的工作，早在四十多年前，已由胡適先生等學人所領導的五四新文化運動開端了。事實證明，毫無可疑，五四運動的路線是正確的。我們只須照着這條大路走，去加以充實和精密的建構，就會得出有效的成果。

對臺灣金融政策的一點建議

趙岡

根據我所能看到的資料，我覺得臺灣現行的金融政策在基本上有兩點很值得重新考慮的問題。第一個問題涉及政策的標的，第二個問題則是金融制度本身的問題。現分述如下：

㈠現行的金融政策是建築在兩個互相衝突的理想上，也就是說金融當局希望以金融政策來同時達成兩個方向完全相反的目的。我們一方面希望靠貨幣供給量的管制來平穩物價，一方面又想硬行壓低利息率。這兩個目的本身都很好，值得我們追求。可惜它們的方向相反，我們不能同時達成。在一個自由經濟制度下，利息率與貨幣供給量兩者間有其直接的關係。臺灣經濟雖然有相當大的管制成分，但是政府仍然沒有力量切斷利息率與貨幣供給量的關係。如果我們硬要靠金融政策來達成這兩個方向完全相反的目的，則很可能兩方面都不發生效力。這就是爲什麽我們現行的金融政策在「倒風」與「漲風」之間兩面碰壁的主要原因。既然不能同時達成兩種目的，我們就應該放棄其一，而集中力量來完成其餘的一個目的。從目前臺灣的情形來看，似乎應該放棄利率的管制，而專門注意於貨幣供給量的管制。我們應該放棄對利息率的管制，不但是因爲兩個目的無法同時完成，而且因爲目前臺灣利率管制還有許多不良的副作用。最重要的副作用有三點。第一，這種利率管制使自由金融市場(也就是所謂的黑市)中的利率大大增高。這種利率管制使得自由金融市場變得「不完全」。自由金融市場既然被目爲「黑市」，從事黑市經營的人自然會感到不安全與更大的風險，他們自然的要提高黑市利息率中的風險補償成分。二十年來政府每一次對某種商品加以限價，該商品的黑市價格就立即上昇。這種經驗大家應該不會忘記。在這一點上金融市場也不例外。其次，這種措施使得自由市場上的借貸交易變成了零星的交易。有欵貸放之人無法有效地審查貸欵對象的信用地位與財務狀況，蒙騙欺詐之事例大大增加。這也表示風險之增加，有欵貸放之人也不免因此而索取較高利率作爲補償。第二，利息率管制使得統一的金融市場分裂爲二，增加商人計算利潤的困難。第三，利息率是市場機能中的一個重要環節，它可以指導投資基金流入最有效的生產部門，使得國內資源的分配趨於最理想的境界。硬行壓低利率就是破壞自由市場合理分配資源的機能。根據這種種理由，我覺得當局應該考慮放棄利率的管制，而專門從事貨幣供給量的管理。臺灣經濟完全走上正軌以後，市場利息率自然會逐漸下落，它沒有長期居高不下的理由。

㈡第二個問題是金融制度本身的問題。我們的金融制度缺乏可供執行金融政策的良好工具。一旦我們把金融政策的重心放在貨幣供給量的管制上，我們就會感到在運用上無法得心應手。我們的現鈔發行根本沒有限制，所謂的「發行限額」早被「限外發行」澈底破壞。我們沒有公開市場可供金融當局利用。再貼現率的辦法也在利率管制的原則下喪失了作用。商業銀行存欵準備制度本身就不健全，而且一直就被忽視了。我現在就商業銀行保證準備金的規定提出一點意見，供財經當局參考，我建議採行一種雙重準備制。商業銀行除了要向中央銀行(或指定的代理銀行)繳存一定比例的現金準備外，手中必須還要存有一定比例的特種政府公債。商業銀行只有在現金準備與公債準備同時增加時，才能擴充信用。單獨是現金準備或公債準備增加，是無法擴充信用的。政府可以發行一種「開發公債」，而用法律規定唯有此種公債可充「公債準備」

之用。這種公債的當行是以公營企業的資產爲基礎，由各公營事業按其資產大小負責分擔每年的公債息金。這樣的一種雙重準備制度有下列許多優點。

①政府以法令規定商業銀行準備金比例，最原始的用意是在保證存欵的安全，防止商業銀行因資產流動性不足，週轉不靈而發生倒閉現象。這種立法的原始意義，後來逐漸消失其重要性。存欵準備金制度逐漸演變成政府或中央銀行管理貨幣數量的主要工具之一。這種 fractional reserve 制度有其優點也有其缺點。這是先進國家經濟學家在貨幣銀行學中的討論課題之一。中國早已有銀行法，而且也有關於準備金的規定，但是一直未曾嚴格執行。這一來是由於過去認識不足，二來是由於過去人民使用支票的習慣不普遍，銀行存欵佔整個貨幣供給量的比重不大，以致於大家不注意這個問題。但是近年來人民及工廠商號使用支票的習慣愈來愈普遍，而存欵佔整個貨幣供給量的比重也較前大爲增加，於是迫使財經當局不得不密切注意這個問題。近來財經當局爲了加强信用管制，由財政部指定代理中央銀行的臺灣銀行嚴格執行銀行法中有關存欵準備金的規定。這種工作是任何進步國家金融當局必不可少的重要工作項目之一。因此我們目前的這種趨勢也勢將長期繼續下去。不幸的是，從管制信用的立場來看，這種 fractional reserve 制度本身就有不盡理想的地方。而我們現行銀行法存欵準備金的規定，尤其有極待商榷之處。爲了長遠之計，我們應該參酌歐美國家實施銀行準備金制度的經驗，澈底檢討及改進我國的金融制度，以期一勞永逸。先進國家的銀行準備金制度實施已久，一旦要澈底改變辦法則遷動太廣。他們雖然發現現行制度的缺點，而且有人從理論上提出較理想的新辦法，但是却難以實行。因此只能維持現行的準備金制度。但是，臺灣在這方面不過是剛剛開始建立制度，而且幅員不大，任何改革都不難推行。一旦新的辦法試行成功，將來回到大陸後再推而廣之就非常輕而易舉，落後地區各方面都不利，唯獨在建立制度上却可以利用人家的經驗，一勞永逸地樹立一個長遠的理想制度。現在讓我先從臺灣現行準備金制度本身說起。我國現行銀行法似乎仍要保留存欵準備金制度的原始用意。所以它除了規定「保證準備金」以外，又有「付現準備金」的規定。其實後者是多餘的。商業銀行的付現準備金可以由各銀行根據其存欵性質、客戶性質、及營業經驗自行決定。只要我們有一個健全的中央銀行做爲「銀行的銀行」，則因爲無法付現而倒閉的情形是很難發生的。現行的「付現準備金」制度如果不嚴格執行，則這條法令本身就形同虛設。如果嚴格執行，則不過等於是增加了「保證準備金」的比率而已。我國現行準備金制度的第二個大缺點是銀行法第四十八條後半部的規定。這條規定的後半部是：「前項保證準備金經中央主管官署審核得以公債庫券或國家銀行所認可之公司債抵充」。現金與債券可以任意互相抵充最是要不得。這樣一來，政府或金融當局根本無法以準備金制度來控制信用量。舉例來說，假設保證準備金的比率是百分之十，某商業銀行現有現金準備一百萬元，如果規定是十足現金準備，則這個商業銀行可以擴充信用達一千萬元。這樣政府就可以充份控制市場上的信用量。如果我們規定現金與債券可以互相抵充做爲準備金，則政府或金融當局就絲毫無法控制信用量。如果該商業銀行在這一百萬現金準備上搭配一百萬債券，則它可以擴充信用達二千萬。如果它搭配二百萬債券，則它就可以擴充信用達三千萬。對於這項規定加以極端利用，則商業銀行可以根本就不提繳現金準備。它可以先繳存一百萬債券，擴充信用到市場上去購買債券，然後再以這些新購得的債券繳存做爲準備金來從事第二次擴充信用。如果債券的供給彈性極大，則商業銀行便可以反覆使用這種方法，將信用擴張至無限大。這樣一來，以保證準備金制度來控制信用量的意義便蕩然無存。此時唯一可以依賴的就是主管官署的「審核」。這就等於是把一條法令制度變成了一個人事問題，也就是說要視審核者如何審核，根據什麽標準審核。弊端不免由此叢生。其次我們要從一般 fractional reserve 制度共有的缺點來看這個問題。這種準備制度最大的缺點是留給商業銀行過大的創造貨幣的能力。如果存欵準備率是百分之十，則銀行就可以創造十倍於準備金數量的信用。如果存欵準備率是百分之廿，則銀行可以創造五倍於準備金數量的信用。無論是五倍或十倍，銀行創造貨幣的能力都是相當大。從金融政策的觀點來看，商業銀行有這麽大的貨幣創造能力是一件要不得的事。它使得金融市場不穩定，總貨幣供給量常因一點小的因素及外來刺激而起伏不定。幾十年以前曾經有人認爲這是造成經濟循環的主要原因。現在也還有許多著名的經濟學家主張採行百分之百的準備制，而把創造貨幣的能力完全交給中央銀行。百分之百的準備制事實上無法實行，因爲它將使商業銀行無利可圖，銀行制度本身就要被毀滅。不但百分之百準備制行不通，即令把準備率提高到百分之五十，大多數的銀行恐怕都要無法存在。在這種情形下，經濟學家所能提出的折衷辦法只有兩個。第一，提高存欵準備率，但是中央銀行要對商銀繳存的準備金付給利息，以維持商業銀行的收入。第二，仍維持低的現金準備率，不過商業銀行另外還要提出同數額的政府公債做爲次級準備。譬如說規定百分之二十的現金準備，再加上百分之二十的公債準備。兩種條件必須同時滿足(不可以互相抵充)，商銀才可以創造信用。這兩種折衷辦法中實際上也只有第二種是可以實行的。如果規定同時繳納百分之二十的現金準備及百分之二十的公債準備，商業銀行創造貨幣的能力便被減低到二點五倍。這對於經濟及金融之安定大有裨益。在另一方面，公債是生息資產 (earning assets)，商業銀行的收入不會因此而大爲減少。爲了長遠之計及經濟安定，我建議金融當局採行這種雙軌準備制。

②不但爲了長遠的經濟安定起見，有採行這種雙軌準備制必要，而且目前的現況，使我們尤其有考慮實行這種制度的必要。財經當局雖然沒有公開表示過，但是我們不難想像到他們心中有一件難言之苦，那就是現鈔發行的問題。主持財經行政的人不會不曉得發行鈔票的危險與弊害，但是他們對此却無能爲

力，因爲現鈔的發行在目前不是根據任何經濟理由，而是受非經濟性的因素所決定。譬如說去年金門一場砲戰，臺幣發行額在二個月的時間內就增加了將近四億元。老百姓對此無可奈何，財經當局對此也無可奈何。增加新臺幣發行的後果尚不限於現鈔本身，它們的一部分很快就流入商業銀行手中而變成存款準備金，整個市面上的信用量將隨之增加。這也就是說增加一元新臺幣的發行，整個貨幣供給量將增加不止一元之譜。如果現在我們採行雙軌準備制，雖然不能徹底解決這個令人頭痛的問題，但至少可以使它的不良影響減少到最低限度。在採行現金與「開發公債」雙重準備制度之下，財經當局雖然不能充分控制新臺幣的發行，但是却可以充分控制「開發公債」的數量。雙軌準備制是替財經當局建立兩道防線，以防止通貨膨脹。只要財經當局能夠堅守「開發公債」數量這道防線，則新臺幣發行這道防線即使被非經濟的力量所打破，我們的金融政策也不會全軍覆沒。基於任何非經濟的理由所增加的現鈔發行，其影響只及於現鈔本身。只要我們不增加市面上「開發公債」的數量，整個的信用量就無法增加，因爲在雙重準備制度下，如果商業銀行所握有的「開發公債」數量不增加，則無論現金準備因鈔票之增加而增加到何種程度，整個的信用量是無法擴充的。這樣的一個制度可以使財經政策多了一層保障，使不得已而增加的現鈔發行的不良影響減少到最低程度。

③發行「開發公債」本身就是爲經濟建設開闢財源的一個途徑，而且是最好的途徑。政府可以不必藉發行鈔票及增加課稅而能爲經建事業提供一筆資金，既然法令規定商業銀行必須在現金準備額以外提供同額的「開發公債」準備額，則此種公債不愁沒有銷路。所以，這種籌款的方式很穩固是可以預期的。只要這種公債的利息率定得合理，商業銀行也不會十分反對這種制度。既然名爲「開發公債」，所售得之款項自然要限定於投用在生產事業上。而這種公債的息金償付，就是由各公營生產事業按其資產比例來分攤。各公營生產事業保證每年由其盈餘中，保留一定數額以供償付「開發公債」的息金。這相當於爲「開發公債」設立一個償債基金，雖然它們不必償還本金，而只須每年償付利息。發行此種公債的基礎，就是全體公營生產事業的資產。公債的息金償付有確切的保障。在這種情形下，此種公債的信用基礎與市場價格一定能令執有者感到滿意。其次就此種公債的利息負擔而論，也沒有十分不良的結果。公債售得之款投用於生產事業，每年的利息負擔也是由生產事業的盈餘中扣下，所以它不會增加今後一般人民的課稅負擔。這種公債發行對於經濟建設所發生的總效果，不但好而且大。

④這種雙軌準備制與「開發公債」之發行，在實行之初需要愼密的計算。原則上不可實行得太快太猛，否則整個市面上的銀根要大大緊縮，這樣就會影響一般工商業的活動。實行之初我們可以先發行少量的「開發公債」。銀行存款的公債準備率可以暫定爲百分之二或三。這樣對於金融市場的影響不大，但是財經當局控制信用量的能力並不因公債準備率低小而減少。只要財經當局掌握着這點「開發公債」的數量，整個的信用量就無法增加。等到第二年及第三年財經當局可以逐漸增加「開發公債」的發行總量，同時逐漸增加銀行存款公債準備率，直到最後達到所預期的理想水準爲止。這種準備制度一旦穩固地樹立以後，「開發公債」本身就變成了財經當局用以調節金融的重要武器之一。這種武器是在財經當局的充份掌握之下，不受任何軍事及政治等非經濟因素所干擾。如果財經當局對公債的發行數量與公債準備率訂得很合理，此種制度可以使整個的貨幣供給量與國內的生產水準直接發生連繫。譬如說，財經當局按照國民所得的指數或總產量的指數來決定每年「開發公債」的數量，則整個社會的貨幣供給量便將按照國民所得或總產量的增加速度而做同比例的增加。這樣，在長時期內貨幣供給量就會一直處於均衡狀態，不太多也不太少。

⑤當然這種長期的貨幣供給量之均衡，並不一定表示金融市場就根本沒有短時期或臨時的供需失調。不過這種雙軌準備制，可以使金融當局有充分的能力和機動的武器，來隨時調節金融市場的情況。第一，這種雙軌準備制使商業銀行擴充信用的倍數大爲減低，所以任何短期的波動，其幅度也自然而然要小得多。其次中央銀行或其代理銀行平時手中可以保留相當數量的「開發公債」，必要時可以向市場上拋出。當然中央銀行也可以根據金融市場上的情形隨時從市場上買回一些「開發公債」。於是我們就有了一個小型的「公開市場」(Open market)。公開市場本來是先進國家運用金融政策的最佳工具，我們可以趁此機會一舉兩得。金融當局或中央銀行可以不必隨時調整存款準備率，而只須靠買進或賣出此種「開發公債」來調節金融市場上小幅度的波動。

⑥這樣的一個新的金融制度對於今後的財政政策也會大有裨益。各先進國家執行財政政策的主要工具之一，就是政府的一般性公債之發行。各先進國家都把政府公債視爲社會上資產的增加——一種流動資產，人民對它沒有絲毫反感，政府公債市場也非常健全而靈敏，可供財政政策及金融政策加以利用。但是，在中國始終沒有一個健全的公債市場出現。這一來是因爲政府公債的信用基礎未曾建立起來，二來是因爲經濟學界對於公債仍多抱保守的看法。大家仍然，視公債爲社會上的「債務」，而不把它看成「資產」。但是做爲一個現代的國家，我們早晚要設法建立一個健全的公債市場，做爲政府執行財經政策的工具。即使退一步而論，完全根據古典式的公債理論，我們早晚也要遭遇到非發行公債不可的時候。因爲既使拋開各種財政政策不論，發行公債究竟還是比發行鈔票及增加課稅，爲較良好的籌款方式。可是我們如果不及早設法建立健全的公債市場，一旦碰到非發行公債不可的時候，我們又會感到無法發行。我所提議的雙重存款準備制及「開發公債」之發行，就是替一般公債市場做舖路的工作。在這種制度下，「開發公債」有一批勢在必要的需求者，公債的息金償付有確切的保障，所以它的市場一定良好，它的價格不會十分下跌。幾年之後，這種「開發公債」的市場就會在一般人民的心理上爲政府公債打下一個基礎。一旦政府需要發行「反攻公債」或「勝利公債」，就可以利用這個基礎順利地發行出去。

一九五九、三月底於密西根

論臨時條欵與修憲

宋功仁

關於國民大會的職權，我國憲法第二十七條作左列的規定：

一、選擧總統、副總統。

二、罷免總統、副總統。

三、修改憲法。

四、複決立法院所提之憲法修正案。

依前項所列，國民大會的職權僅限於總統、副總統的選擧罷免和憲法的修改。至於國民大會對普通法律的創制權和複決權，憲法規定須等待全國有過半數之縣市行使創制複決權後，才得運用此二種權限。

除此之外，依憲法第四條的規定，國民大會有領土變更之同意權。綜合前文所述，國民大會的職權可歸納爲下列幾項：

一、總統、副總統之選擧與罷免。

二、修改憲法。

三、附有條件的法律創制權、複決權。

四、領土變更同意權。

國民大會除此四項職權之外，便不允許再有其他的權限了。國民大會有沒有於憲法條文之外另訂憲法單行條文之權？答案是否定的。國民大會有沒有修憲之權？這是憲法條文所明定，不容置疑的。

中國第一屆國民大會第一次會議開會之際，鑑於共匪之全面叛亂，動搖國本，如不及時採取緊急措施，則憲法施行之可能性根本值得懷疑。因此，國民大會乃「破」世界憲政之前例，於憲法條文之外，又增設「動員戡亂時期臨時條欵」。國民大會增設臨時條欵之權如非源自憲法，我們便沒有什麽話好說的了。其權如是源自憲法，則除把臨時條欵解釋爲修憲外，便怎麽也沒有辦法說明臨時條欵增設之權是源自憲法那一部分了。

謂臨時條欵之設亦爲修憲，我們可於其本身條文找到證據。「動員戡亂時期臨時條欵」法條開首便說明第一次國民大會制定臨時條欵權限之所源自。其文謂：

「茲依照憲法第一百七十四條第一欵程序制定動員戡亂時期臨時條欵如左」

而憲法第一百七十四條所規定的是修憲的兩個方法。本條條文的前項是這樣的：

「憲法之修改，應依左列程序之一爲之。」

動員戡亂時期臨時條欵既是根據憲法第一百七十四條制定的，而第一百七十四條所規定的又是憲法修改的方法，那麽臨時條欵之設，在法理上當然是修憲。

依前文所論，我們可認淸二點事實：

一、國民大會無權於憲法條文之外，另設憲法單行條文。

二、臨時條欵之設亦爲修憲。

在世界各國憲政史上，臨時條欵之設是我國的創擧，其性質如何，與憲法的關係如何，吾人無法依前例對臨時條欵作更進一步的研究。不過，依據「動員戡亂時期臨時條欵」之全文，臨時條欵有停止憲法某幾條條文之效力。臨時條欵的效力在一定期限內高於有關憲法條文。「動員戡亂時期臨時條欵」之第二段條文謂：

「總統在動員戡亂時期，爲避免國家或人民遭遇緊急危難或應付財政經濟上重大變故，得經行政院會議之決議，爲緊急處分，不受憲法第三十九條或第四十三條所規定程序之限制。」

憲法第三十九條乃規定總統宣布戒嚴所應遵循之程序。憲法第四十三條乃規定總統發布緊急命令之程序。關於總統宣布戒嚴之程序，憲法第三十九條規定，總統必須依法提出，且經立法院之通過或追認。關於總統發布緊急命令之程序，按憲法第四十三條之規定，其手續甚爲繁複。總統發布緊急命令，必須具備以下幾個條件：

一、國家遇有天然災害、癘疫或國家財政經濟上有重大變故，須爲緊急處分。

二、立法院正值休會期間。

三、經行政院會議之決議。

四、依緊急命令法。

總統於具備以上四個條件時，始得發布緊急命令。而總統於發布緊急命令後一個月內，必須提交立法院追認，如立法院不同意時，該緊急命令立即失效。由此可知總統發布緊急命令所遵循的程序是如何的繁難。

依我國憲法規定，立法院爲代表人民行使立法權的最高立法機關。政府行政，事事必須由立法院以法律予以規定。政府沒有立法院的授權，絕對沒有自由行動，發布命令的權力。但爲避免國家或人民遭遇緊急的危難，憲法乃規定兩種特別方法，以補救條文過於强硬不能適應事實需要的缺點。依此種特別規定，總統可不經立法院的授權宣布戒嚴。立法院於休會期間，總統於必要時可發布緊急命令。此種規定使行政機關也可不經立法院之授權而逕行發布與法律有同等效力之命令。此種辦法對立法院立法的尊嚴似乎有所損害。但我們從憲法規定宣布戒嚴與發布緊急命令所遵守程序之繁難，事事離不開立法院的同意或追認，正所以說明立法院立法權的最高性。

但「動員戡亂時期臨時條欵」乃一「反」憲法精神，規定總統可經行政院會議之決議，免除一切程序宣布戒嚴或發布緊急命令。此一條欵對立法院立法權的尊嚴，有極端重大的妨害。

世界民主國家對憲法的尊嚴莫不全力維護。而所謂憲法之尊嚴即是對憲法所訂各重要原則不得違背之意。在憲法許多重要原則中，立法權之最高性實爲重要原則之一。臨時條欵一反憲法精神，推翻憲法所樹立的原則，規定行政機關亦可不守憲法所定程序，不須立法院之同意或追認，逕行宣布戒嚴或發布緊急命令，對於憲法尊嚴的損害莫此爲甚。

如前所述，在世界各國憲政史中，於憲法條文之外另設臨時條欵乃我國之創擧。我國憲法臨時條欵之設推翻了憲法一項重要原則，宣布了憲法某幾項條文暫時的死亡，對憲法的尊嚴有重大的妨害。中國以後於現設臨時條欵以外，是否會再行添設其他臨時條欵？如果以後不幸再有臨時條欵之設，那麼以後的臨時條欵對憲法的尊嚴不會有所妨害嗎？

前文於提到宣布戒嚴或發布緊急命令時，有時稱「總統」可依法宣布戒嚴、發布緊急命令；有時又稱「行政機關」可宣布戒嚴、發布緊急命令。關於此點，筆者願特別加以說明。我國憲法乃以行政院爲國家最高行政機關，行政權除政院外，別無他屬。爲維持行政權的完整，憲法因此採取副署制度。依據憲法第三十七條規定，總統依法公布法律、發布命令必須由行政院長或行政院長及有關部會首長副署。副署乃所以表示同意，對於自己不同意的事項，沒有副署的義務。法律雖是總統公布的，命令雖是總統發布的，而對此項行爲負實際責任的是行政院長及有關部會首長，不是總統。我們可以明白的說，在我國憲法之下，沒有行政院長或有關部會首長的副署、沒有行政院會議的通過便沒有行政。憲法此項原則不僅於憲法有關條文處表露無餘，就連臨時條欵也特別强調這一點。依據「動員戡亂時期臨時條欵」條文第二段之規定，戒嚴之宣布與緊急命令的發布可免除一切程序，但必須有行政院會議的決議才得爲之。在形式上，戒嚴之宣布與緊急命令之發布是總統的行爲。在實質上，此二項行爲皆是行政院所發動的，由行政院負其責。即使依據臨時條欵而宣布戒嚴、發布緊急命令亦不能免除行政院長或有關部會首長副署的程序，因爲戒嚴令或緊急命令也是命令。既是命令就必須有副署才得生效。因此，在理性上，我們覺得依照憲法一貫的精神，臨時條欵在形式上固爲總統而設；在實質上，臨時條欵應是爲行政院而設。

修憲對憲法的尊嚴有沒有妨害呢？這個問題可分爲兩種情形來討論。在一般情形之下，修憲對憲法的尊嚴不會有妨害；在特殊情形之下，修憲對憲法的尊嚴會有妨害。這話怎麼講呢？我們知道時代是變的，而憲法條文本身是不變的。以不變的憲法條文如何能適應變的時代呢？爲了使憲法能適應時代的要求，世界各國於制憲時莫不於憲法中規定一定的修憲程序。因此我們可知道憲法本身是容許後人加以修改的。只要能依照憲法所規定的程序，修憲對憲法的尊嚴並無妨害。

但在特殊情形下，修憲在形式上似乎也可依照憲法所定程序；但在實質上，修憲代表無以代表民意，而修憲代表是否能構成法定人數也成問題，在此種情形之下而對憲法加以修改，這對憲法的尊嚴當然有嚴重的妨害。

雖然如此，我們仍覺得，修憲究竟是事之常軌。在國家此種環境之下而談修憲，對憲法的尊嚴固然有妨害，但較之名不正言不順、對憲法尊嚴有嚴重妨害的臨時條欵則又稍强矣。

總結前文所述，我們可歸結論旨爲下列數點：

一、國民大會無權於憲法條文之外，另設憲法單行條文。

二、臨時條欵之設亦爲修憲。

三、國家處此環境之下不宜修憲。

四、臨時條欵之設對憲法的莊嚴有嚴重的妨害。

從學風腐蝕論中等教育

金溟若

少年犯罪的新聞迭見報端，而什九牽涉到學生黨會。這一事實，說明了反映在學生行動上的今日學風，實已到了威脅公共安寧、擾亂社會秩序的程度了。學生黨會的大膽作風，已承襲了上海黑社會的組織與魄力，簡直令人不敢置信；而這竟是千眞萬確的事實。有關不良少年和少年犯罪問題，固爲各方所矚目；治安機關、縣市政府及教育行政當局，都曾爲了這一問題而召集座談會，發行專刊，成立研究小組，爲防止和撲滅不良少年而煞費苦心。但儘管他們如是焦慮，如是努力，少年犯罪之風並不因此稍戢，反而天天替社會新聞欄頻添熱鬧，且有加無已。

少年犯罪的種因何在？有人說，世風澆薄，不良少年是社會環境給造成的；也有人說，家庭生活的不安，影響了年青人的心理；又有人說，美國西部電影片和武俠小說，是製造阿飛的淵藪。固然，社會環境與家庭生活，都足以影響年青一代的心理；但那些不是唯一的原因，也不是最大的原因。我以爲產生不良少年的責任，學校教育應負三分之二，而家庭與社會僅合佔三分之一而已。換句話說，學校生活的不正常和學校訓導方針的錯誤，纔是塑造不良少年的最大因素。蓋學童早出晚歸，生活於學校的時間，遠較諸在家庭或社會的爲多；兒童上學之後，對老師的信仰，亦遠較諸對父兄的更爲堅定：要是學校的生活不正常，訓導的方針不正確，怎能免得了導致嚴重的後果呢？且縣市行政當局的防止不良少年，治安機關的管訓少年罪犯，只是一時的，消極的，是一種莫奈何的措施。唯有藉教育的力量，纔是永久的，積極的，是正本清源的辦法。故曰：欲根絕不良少年，有賴學風的整飭；欲整飭學風，則在於健全學校教育。各級學校中，尤以中等教育對年青一代的影響最大，問題也最多，故本文卽針對此略抒己見，以就教於高明。

所謂學風，當然不是專指學生，乃對整個教育風紀而論。近日報上所見，有關教育的記載特多：如留學政策的修正，僑生教育的方針，學生軍訓的改訂，科學教育的大計，教職員福利基金及婚喪互助的實施，遴聘教員的標準及續聘保障的命令，乃至收費三聯單及教員研究費的調整等，都足以顯示教育主管當局在費盡心機，爲辦好教育而努力的跡象，令人振奮。但另一方面，學校糾紛的新聞也特多：如省立宜蘭農職教務、訓導兩主任的互毆，省立中壢中學卸任教務主任與幹事的涉訟，省立鳳山中學軍訓教官與學生的互訟，臺中市立二中校長與教員的糾纏，及其他桃色、黑色、灰色的事件，更是屈指難數，幾無寧日。可憐教育行政主管煞費心機以圖教育之革新，而教育從業員却拚命製造事端在摧毀教育，這強烈的對照，眞是一大諷刺了。

教育風紀何以如此敗壞？我以爲一切都由於觀念的錯誤而來。而觀念的錯誤，則由於人謀不臧而起。今日的許多校長，竟視學校爲一己的地盤，以爲全校職員都是仰其鼻息，賴以圖存的斯養。這「私學校」的錯誤觀念最要不得，足以支解教育精神，以致造成「校長軍閥化」、「職員官僚化」，「教員奴隸化」的嚴重後果。校長沒有官階，但大陸時代的中學校長是超乎官階之上，在社會上是極有分量的。在一般人的心目中，他們確是足爲社會楷模的人物，儘管年紀輕，態度謙冲，爲人忠厚，仍能受人尊崇，誰也不敢輕褻的。同事對校長，也只知敬愛而不知畏忌，言辭之間各出於至誠，稍有輕重也決不爲計較，所以人人得能暢所欲言，合衆人之力以臻學校於至善之地。但當時的讀書人却也很難應付的，你假如傷害了他的尊嚴，輕亦拂袖而去，所以校長對於教員，決不敢輕易褻瀆。但這良好的學風，優良的教育傳統，抗戰中葉日漸廢弛，時至今日則蕩然無存的了。

試問今日全臺灣的中學校長，眞正以教育爲職志，眞能爲教育事業獻身的，能有幾人？大陸時代一直從事教育事業，堅守崗位而至今日的，又能有幾人？是不是龐雜人等都湧進了神聖的學府呢？我並不是說教育的大門要關得緊緊地不容許外人進來，我絕無門戶的淺狹見解，只是就事論事。有些人的環境與教育的距離隔得太遠了，他們過去所做的業務，與教育的工作簡直是背道而馳的。人類是有職業惰性的，在一個圈子裏待久了，很難解脫。譬如說，政治家所取者爲「術」，軍人所取者爲「勇」，黨團所取者爲「巧」，特務所取者爲「詭」，每一行業各有千秋，但要他們來辦教育，方枘圓鑿格不相入，自是理所必然。三年前聽說東部有一位自詡特務出身的校長，在路上碰到教師忘了向他敬禮，竟會當衙叱責，斥爲不懂禮貌，直將「人師」視同斯下。當時我很奇怪，目爲無稽之談。後來我才知道那位校長的辦學另有一套手法，對同事與學生是有他的三部曲的：初則劫之以威，排擠走了一批雖品學俱優但不易駕御的老師和一大批學生，使全校爲之震懾。繼而要之以利，擇可充呼喚者畀以職務，養成羽翼。最後對付那些鯁直之士，沒奈何只有乘之以勢了。對那些人，他會派人監視其行動，給加上「非黨員」或「思想不穩」的黑帽子，轉彎抹角予以恐嚇，說是：黨部在調查你，特務機關在跟踪你，檢察官將起訴你。同時控制全校同事與你斷絕往還，警告學生與你疏遠，甚或强制他們簽名蓋章對你一致聲討。而校長所恃以劫持全校的利器，就是「解聘」、「不續聘」、與「退學」的三大法寶。這樣的校長也許不會太多，但有着這樣校長，却是鐵的事實。假如任由這樣校長來主持學校行政，不僅不能達到作育英才的目的，簡直會斷送整個教育的前途。而所以形成這樣的結果，皆由「私學校」這一錯誤的觀念而來。且由這一錯誤觀念，醞釀而成學校中「職員官僚化」的畸形現象。

大陸時代的各級學校，校長以下皆通稱「先生」，給人的感覺是莊嚴的，親切的。但在今日臺灣，你如跨進一座中學的大門，校長是不用說了，有的竟恭稱「校座」，其餘亦「主任」、「組長」各有官銜。教員一旦兼了職務，自己以為升了級，別人也視為作了官，非用此等稱謂則不足以顯示其在學校中的特殊身分似的。他們完全把學校中的職位乃由教員「兼」任這一大前提給忘掉了。而最奇怪的，不僅學校中有此錯覺，甚至教育行政當局和一般社會人士也同此錯覺，新聞報導上且公然有「教員升任教務主任」一類記載，眞是令人百思而不得其解的。我最初聽見這種稱謂非常刺耳，期期叫不出口，而且有點發毛，現在却如入鮑魚之肆而不知其臭了。但要曉得這一觀念的錯誤及因此而來的感觀上的錯覺，首先指示著訓導方向的不正確，繼而摧殘兒童的身心，最後支解了教育的精神，其後果之嚴重實無以復加。

「私學校」的錯誤心理與職員官僚化的錯覺，是相因為果，互相助長的。校長的老闆化，遂使眞正從事教育的人裹足不前，且事實上亦無法做通。於是那些根本不知教育為何物的龐雜人等便乘機而進了。那些人壓根兒沒有聞過教育的氣息，教他們如何能知道：學校教育的對象為學生，訓導人員應該與學生站在一條線上而不能對立，老師與學生之間應如父子兄弟而不能歧視，教育從業員要幫助學生的身心健全發展而不容許稍有戕害的。他們只見到「主任」兩字的官銜，忽略了上面「教務」或「訓導」兩字的涵義。在那些人的心目中，教務、訓導、事務等主任在學校中鼎足而三，是發號司令足以顯示威風的。而對老闆——校長，則奴顏婢膝，極盡諂媚邀寵的醜態。他們在學校中的任務是：學校向學生要錢，由主任命令給班導師向學生伸手；將有貴賓蒞校時，由主任命令導師提學生去掃地擦玻璃；有什麼弊端須得隱瞞遮蔽時，由主任命令導師勒令學生不許開口；校長不滿某位老師時，也由主任通過導師勒令學生簽名聲討，或指示學生在週記上施以攻訐；有人暴露校長罪狀時，則由主任通過導師強迫學生一致否認。至於學生的心聲，是不為他們所接受的。學生若稍有違反校長及主任的意志或對學校的措施微露不滿時，重則退學，輕亦記過；連教學上正當的要求也不例外。而在這樣尷尬的局面之下，班導師中縱有良知未泯而心疼學生的人，亦愛莫能助，其他的老師則更無說話的餘地了。班導師處理任何事情，總得以校長的意志為意志；論斷學生之間的爭執，以家長的權勢為準繩。凡百措施，以校長的考績為前提，既不容許你有是非曲直的辨別，遑論教育意義。這樣的訓導方向，不是愛之以德而偎以姑息，不是潛移默化而凌之以勢，不是維護學生「人」的尊嚴而在摧毀其人性，不導之正義而教以諂諛之道。總括一句話：抹煞了青少年的自尊心而培育成他們的自卑心理罷了。撕毀人的尊嚴而替之以自卑感，正是共產黨用以控制人類的手段，是極權的無上利器，我們怎麼可以呢。稍懂心理學的人，誰都知道自卑感是一切罪惡的淵藪。不良少年的胚胎，就是在如此情形之下培育而成，一天一天滋長起來的。

教育是一個整體，須得全體教育從業員同心戮力，給以維護與扶植，方能臻於至善。單靠高高在上的一二教育行政主管，縱然盡到十二分的心力，也無由達到理想境地的。故師道凌替，實為學風腐蝕的另一重大原因。我們要設法使各級學校的教員，摧毀校長所造成的「銅牆鐵壁」，爭取教學上的發言權，以矯正「私學校」的錯誤觀念，進而納教育於正軌之上，正是今日之急務。而在這裏，要曉得今日的臺灣，遠非大陸時代可比，一切條件都不容許你有一天失業的，而有些老師還是拖兒帶女的。學校教員所以捨棄傳統的書生氣質而寧可忍氣吞聲甘於受辱的原因在此，而可憐「私學校」的錯誤觀念，亦即建立在這矛盾之上的。於是，我不得不訝異政府對於這批執掌作育國家英才之責的人們，何獨如是苛待。今日臺灣的人事制度，對於一般公務員都有相當保障，機關首長不能憑一己愛憎任意撤換職員，除非自作孽，任何人都不必為自己的職位操心的。唯獨教師不然，一年一度非為自己的去留大傷腦筋不可。假如處在我上面所述「三部曲」的校長之下，則不僅一年一度，簡直天天在失業的威脅下，受折磨、受迫害，而惴惴不安的度日。教師們既在震慄中捱日子，怎能有好心情來教學，怎能肩負起作育英才的責任呢。記得省議會教育質詢時，曾有議員為欲補救教員不願到東部乃至中南部去教書，建議政府改現行的教員聘任制為委派制。當時，教育廳長劉眞囘答說：全世界任何國家，教員都是聘任的，因為學校教師是自由職業，若由政府派他到他本人所不願去的地方，會影響教學的情緒的。這一見解是絕對正確的。就我國傳統的「尊師重道」的意義來說，天子且不敢視人師為臣僕，我們怎可強教師為屬吏。就教育的意義來說，也須得給教書的人們以自由的意志，方能增進教學的效果，怎可揠苗助長呢。但現在的問題是：「聘」任反變成徒擁虛名的榮銜，事實上毀損老師的尊嚴較「派」任尤甚；壓制他們的自由意志，也遠較「委」、「派」為烈。這不僅足以影響教學情緒，且足以腐蝕學風而招致嚴重的後果，怎能忍心坐視不理呢？

大陸時代的中學教員，以本省人服務於本省者居多，一提起來某某人，在教育圈子中的人，對那人都認識得很清楚，雖間有遠地聘請了來的，究屬少數。而校長，也多半是服務教育界有年的知名之士，學校的聘請教員和教員的選擇學校，都極自由而無任何困難，不論去留，都出於雙方的需要，無排擠傾軋等意氣之爭。大陸時代對教員的檢定沒有今日這樣嚴格，但雖寬不濫。今日不然，大陸淪陷之後，臺灣成為全國人「才」滙集的地方，因受人事凍結的限制，只有學校開着方便之門，許多人便選擇學校為暫栖之所了。這些由各種職業圈中來的人們，對於教育的影響是非常可怕的，教育風氣之不能樹立，教員之所以奴隸化，這未始不是一個重要的關鍵。臺灣省教育廳之有中等學校教員檢定的嚴格規定，正是應「時」與「地」的需要而來，雖有些限制難免有埋沒人才之譏，然亦不得不爾。不過我以爲既有這樣一個法規，就得澈底按照法規做到，不能讓自己所訂的法規留有裂罅。據筆者所知，僅學歷證件一事，便有過多次的變更，先是僅有同學二人的證明卽可通過，繼而改爲非繳畢業證書不可，現在似乎以教育部的原始學籍爲根據了。向教育部查詢學籍是最合理，而且最公平的，我知道教育部保存有大陸時代以降公私立大學的全部學籍根據，決無乖誤。但對以前檢定合格而未繳證件者，未悉教育廳曾否亦向教育部作一次追查的手續？這是澄清師資的一項重要工作，影響教學效能至鉅，是決不可姑息以養奸的。

高中的師資較初中尤爲重要，檢定更須嚴格。我並不是說高中比初中難教，絕無偏重高中的意思。是因爲高中與初中這兩個階段，其性質與目標逈異，則教學的方向自應不同，師資之遴選也自然不能一概而論了。中等教育固然都是通才教育，但今日我國的教育制度，大學不設豫科，高中便是通大學的橋樑，是專才教育的預備階段了。質言之，高中亦卽相當於大學的豫科了。高初中在性質上既有此不同，高中教員自應以學術修養爲重，而初中則應以教學方法爲先。高中的教員似乎應該嚴格地限制，只准擔任檢定合格的科目以昭鄭重。至於初中，班級既多，師資缺乏的嚴重情形擺在眼前，與其標準定得太高而無法羅致，毋寧放寬尺度以適應需要，不必一定大專畢業，卽如國校老師中教學經驗豐富的，未始不可借重。

總之，汰去粃滓，菁華乃出。這樣一來，教育行政當局就得對已檢定合格的教員，予以職位上的確切保障。教育廳雖曾於本年三月間通令全省中等學校：「在校服務的優良教員，聘約期滿時應予以續聘以示保障」。但對所謂應予續聘的「優良教師」既無說明，只是一句不着邊際的話，則所謂「優良」，還不是僅憑校長一人的方便了嗎？所以爲了切實保障教員的生活，爲了維護師道的尊嚴，對於教員的續聘，似乎要有一個具體的標準，如以在原校服務的年資爲準，或以其本人的學經歷計算，必得有一個鐵定的原則，務使玩法者無所藉口，令便佞者不得倖免，方是正理。最理想的辦法，我以爲莫過於改今日教員的校聘爲廳聘。既經檢定合格的教員，除非發現學識不足，教學不力，或品德卑鄙不足爲人師表，且係查有實據者，乾脆取消其檢定資格則可，否則就得保障他們的自由意志，萬不可呼來喝去，讓他們天天戰慄在「不續聘」的威脅之中。固然，大陸時代的中學教員也是由校長聘任的，但今非昔比，世異則事異，事異則備變，豈可膠柱鼓瑟以自囿呢。劉廳長涖任之初，聽說有過「加强校長職權」的話。我尊重劉廳長的這一主張，「用人不疑」正是高度的政治風度，我希望自由中國的教育，終會有這樣的一天。但在各方陣營尚未臻理想的過渡時期，似乎先有要有一個權變的措置。

綜上論列，不良少年的癥結，在於學風的敗壞；學風的腐蝕，在於訓導的不善與學校生活的畸形，則由於學校行政主管觀念的錯誤，因而導致師道的淪喪。質言之，這是人謀不臧必然的結果。故建立嚴密的人事制度，掀起一次教育自清運動，實爲今日迫不及緩的要圖。但要達成這一任務，是要教育行政當局與全體教育從業員共同努力，羣起爭取的。最高當局提示「尊師重道」的號召，我以爲「要重道必先衞道，要尊師必先自尊」，而時至今日，不僅要有衞道的精神，還得人人皆具殉道的決心。教育既是一個不可割裂的整體，僅有一二主管想革新教育風氣，而其他的人只是袖手傍觀，無動於中，是無法達到目的的。教育行政首腦既有決心辦好教育，就得求助於全體教育從業員能够精誠合作。蓋唯有身在學校之中的人，最清楚學校中之得失利弊，所以教育行政當局應該盡量鼓勵而且給予每個教員有說話的機會與自由。每個教員，也應該認清自己的身分，堅守教育的立場，抱着寧可玉碎不求瓦全的決心，以發揮衞道殉道的精神，秉公執言以收「自尊」而後「師嚴」的終極目的。我們似乎有一個基本上的錯覺，認識不清「校長」與「教員」之間的賓主關係！要曉得公立學校的校長雖在你的聘書上具名，那只是代表國家的表記，非私人之間的授受，教員自應對國家、對教育、對學生負責，決不容因人而廢事。因對此認識不足，往往誤認教員之批評學校行政爲「大不韙」。這種封建思想最要不得，是阻止一切革新工作的絆脚石，我們須得徹底澄清這一模糊不清的意識。

「瓦釜雷鳴，黃鐘毀棄」，是政治上最堪危懼的一件事，教育行政當局縱使因投鼠忌器不能就人事上作徹底的肅清，亦當退而求其次，做到「棄短而取長，激濁以揚清」的地步。

四十八年六月於中壢。

從日內瓦會議論蘇俄政策的基本目標

董鼎山

日內瓦四外長會議暫時休會，定七月十三日重開，使西方盟國得能有一個審察蘇俄政策之機會。但西方國家原本就不應對蘇俄政策僅作短視的研究。首先我們必須知道，莫斯科目前對柏林的壓力，僅爲其整個政策發展中的一個事故。因此，爲澈底瞭解蘇俄政策起見，我們必須從歷史的觀點來研究，而不應單是將葛羅米柯昨日的談話或赫魯雪夫今日的演說作根據。筆者先在這裏就最近的發展作一個簡略檢討，然後再從詳討論莫斯科的基本目標。

×　×　×　×

這次日內瓦會議中途休會後，華盛頓、倫敦、巴黎、波昂的外交家都在研究過去六星期來所得到的教訓，以求對付復會後會議的策略。西方外交家目前第一個問題是：西方在六星期前所猜測的赫魯雪夫用意是否正確。日內瓦會議開幕之前，西方認爲：「赫魯雪夫亟欲舉行高階層會議，使能提高其個人在國際間聲望；鬆弛國際緊張局勢，使能專心于達到其七年建設目標，特別是提高蘇俄的生活水準。」（摘自紐約時報）。根據此種猜測所下的結論，西方外交家相信蘇俄可能讓步，以求獲得西方的同意高階層會議。

但是赫魯雪夫有沒有作讓步呢？除了將西方佔領西柏林的限期延長爲一年半以外，莫斯科的最終目標仍是將西方逐出西柏林。猶如赫魯雪夫在阿爾巴尼亞時所說：「我們沒有理由作任何讓步，因爲我們的建議並非爲講價而提出的。」

西方國家在日內瓦所遇到的失望，不可諱言。華盛頓專家對西方失望的分析，可分二派。第一派人士認爲外交家對赫魯雪夫用意的初步猜測與估量錯了。因這種錯誤估量的出發點爲赫酋自卑，因欲提高身價而希望舉行高階層會議。但實際上赫酋對其地位與力量甚具自信心。這派人士並指出，赫魯雪夫常施行「强力外交」，以蘇俄在飛彈方面優勢作後盾，反而希望憑此優勢獲得西方的讓步。

第二派人士則認爲西方對赫魯雪夫初步估量無誤，但由于國內外各項局勢的發展，使赫魯雪夫變更其立場。這派人士指出，蘇俄所定五月廿七日西方必須撤出柏林的限期安然渡過，毫無變故，證明赫酋實際上沒有力量，不敢發動戰事。這派人士相信，赫酋的主要目的乃是造成西方盟國的分化。日內瓦會議舉行中之六星期內，西方盟國頗有意見參差現象，而同時蘇俄國內在農工業方面的進展，使赫酋逐漸恢復其自信力，終而將其在日內瓦的立場自軟弱變爲强硬。

這二派的意見，究以那一派爲正確，目前仍難決定，可是二派人士的結論却相同。即是日內瓦會議在恢復後，前途不見得光明。赫魯雪夫到底要不要舉行高階層會議呢？他最近曾經表示，外長會議既無成功希望，高階層會議更須舉行。

從西方國家方面而言，西方的團結現象，反較會議舉行之前爲堅固。正如美國務卿赫德所言，此次會議最大收穫乃是英、美、法、西德的團結一致對付蘇俄與東德，但是四國對高階層會議的意見仍有不同，英國曾再三聲明高階層會議乃屬必須。美國認爲高階層會議的舉行，必須先視外長會議是否有效果。法國忙于阿爾及利亞戰事，無暇專心于國際事務。西德則批評英國立場「軟化」。因此，高階層會議在今年是否開成，尙是疑問。

×　×　×　×

我們在這裏進而從歷史觀點來考查莫斯科政策的基本目標。

一百餘年前，共產主義理論創始者馬克思預言，歷史的進化必將終而造成一個共產主義的大同世界。但這個預言未能實現，反使建立蘇維埃國家的馬克思信徒面臨嚴重的實際問題。俄共領袖一面不得不追隨馬克思的理論，一面又不得不隨時變更路線，使能迎合現實世界的實際情況。馬克思曾預言世界革命，所有各地工人在共黨領導之下，一致起而反抗資本家統治者。可是實際上，在工業發達的西方國家，工人能組織工會，能集體與資本家講價，工資與生活水準提高，對現存的資本主義社會制度反而有好感。西方工業國家極多數工人都是反共的。共黨如眞欲奴役工人，只能出之于武力一途。

馬克思理論的另一錯誤看法是說，「國家政府」乃是布爾喬亞階級的觀念，「工人階級沒有國家」。馬克思相信工人有國際觀念，忠于階級而不忠于國家。可是實際上這情形並不存在。

信奉馬克思主義的俄國共產黨人在一九一七年發動革命，成立蘇維埃政府後，相信各國工人必起而響應，將共黨革命擴展，終而消滅所有其他各國。但這種情形並未實現。馬克思的基本理論既被證明錯誤，俄共領袖乃不得不改變其節目而來迎合事實。在此情勢下，純粹理論家如托洛茨基之類，乃被機會主義者史大林所排斥。史大林的作爲不是依照馬克思理論的指示，而是根據于現實的進展。世界共產主義既不能實現，史大林乃高唱「一國社會主義」，而稱蘇俄爲「蘇維埃社會主義共和國聯邦。」

這種自共產主義返回國家主義的轉變，使克里姆林宮統治者發現，他們所面臨的任務，是「國家」的政策，相同于沙皇所面臨者。爲求在一個充滿敵意的世界內生存起見，蘇俄執政者乃改用宣傳與滲透破壞的方式來推行共黨運動，一面伸出帝國主義魔掌，無異于帝俄時代。世界共產主義運動因而一變馬克思的原意，而成為一個替「蘇俄國家」利益而服務的工具，其目標當然是造成一個蘇俄帝國。一九三九年時，史大林尚以為可用傳單來促成芬蘭工人的造反。可是芬蘭人民起而衛國，甚至連共黨信徒亦參加保國之戰，馬克思理論的失敗又有一個明證。史大林本人當時亦必甚失望。芬蘭事件為世界工人不會一致自動發生革命的最後一個證明，此後史大林乃相信惟有軍事征服為展開共產主義惟一之途。

今日史大林繼承人所承繼者，並非馬克思或列寧在多年前所計劃的革命運動，而是帝俄時代及史大林時代所遺留的帝國主義。為誘惑世界人民起見，這些現代帝國主義者所用的方法仍是共黨運動的方法。

史大林在高唱「一國社會主義」之時，沒有想到南斯拉夫會鑽出一個狄托。史大林的所謂「一國社會主義，」等于以民族共產主義來替代國際共產主義。因此蘇俄本國境內所存在的卽是民族共產主義，但當南斯拉夫脫離史大林帝國主義魔掌，自行成立民族共產主義之時，史大林則斥之為背叛的「狄托主義」。正統派的馬克思主義理論根本不認民族主義，更不容共黨國家之間在國際上發生異見。在這裏，史大林等卽可借此藉口斷定，任何國家變為共黨性質者，卽自動的成為蘇俄陣營的一員。

但史大林既可將俄國民族利益放在第一位，狄托既可將南斯拉夫的民族利益放在第一位，其他共黨國家又何嘗不可亦將其本國民族利益放在第一位，而將國際利益放在其次？所謂國際利益，實際卽是蘇俄利益。因此，一個將本國民族利益放在第一位的共黨國家不一定是蘇俄之友。我們統觀東歐諸國，如波蘭、匈牙利等，如果不是蘇俄紅軍的就近監視與彈壓（民族共產主義者納基被害是一個例子），早已變成民族共產主義國家。

更進一步而言，一個共產主義的法國可能是一個「狄托主義」性質的共黨國家。而美國如果變成共黨國家，其對蘇俄的威脅可能不比民主美國為小。由于美國工業的發達及原料蘊藏之富，民族共產主義的美國可能發展為比蘇俄更强。這種推論，一面證明馬克思共產主義大同世界理論的錯誤，一面更顯示史大林繼承人所面臨的最重要難題，還是在于如何控制附庸國家。對蘇俄而言，非共的芬蘭可能較共黨國家的南斯拉夫、波蘭、匈牙利更為安全。

× × × ×

馬克思所說的世界工人革命是不是莫斯科的基本目標呢？若干俄共知識份子可能仍在夢想馬克思式的烏托邦。但是在克里姆林宮執政的人物却是現實主義者的政客，不是理想主義者的知識份子。各國政客相似，而一個强國的向外伸展正如另一個强國的向外伸展。過去數百年來，俄國一向在軍事上感到不安全，惟恐被外敵包圍。今日的蘇俄仍有這類不安感與恐懼，因此不斷向外伸展。而蘇俄的向外伸展却使他國感到恐懼，結果而造成目前「冷戰」局勢。

目前冷戰局勢的危險性嚴重，至少有二個原因。第一，原子武器的發展將使戰爭後果極為可怖。第二，我們不可否認蘇俄實力之大。美蘇二國正在競爭現代武器的製造。美國的核子爆炸力可能佔優勢，可是蘇俄的飛彈研究却猛起直追。我們在這種雙方相持的局勢下，不難瞭解蘇俄政策的目標。這個目標與專制政府帝國主義的目標相同，卽是加强其本國力量來謀求安全，在力量加强後，又進而欲爭高其國際地位。

就柏林問題而言，柏林位處于鐵幕之後，西方軍隊的繼續駐留，已使莫斯科感到壓力而不能再容忍。在莫斯科眼中，今日西柏林的英美法軍隊已不是大戰甫經結束後的盟軍。蘇俄實力越是增强，越是要在國際上表現。目前的柏林危機不過是蘇俄政策的過程中一個事故。此後，莫斯科將更不斷製造事故，應時向西方國家加施壓力，而逐步爭其在國際上的地位。

蘇俄這種政策，西方國家應該如何對付呢？回答很是簡單，可是並不容易。西方民主世界應該以强力對付强力。但這裏所謂「强力」，不一定單是軍事性的，而亦應該是經濟上政治上的强力。此外我們更不應該忘却文化上的强力。「强力」與「强橫」不同。對付專制全權國家的强力，我們的强力必須以正義與道德為基礎。蘇俄的策略常是「乘虛以攻」，找着西方國家在政治道德上的弱點，（例如美國在阿爾及利亞支持法國，在拉丁美洲支持獨裁政權，在歐洲支持西班牙獨裁者佛朗哥等），在種族偏見上的弱點（例如美國南方，南非等），發動宣傳，博取亞非人民及世界弱小國家的同情。西方國如要在冷戰中取勝，單是「自命正直」(self-righteous)，而不實事求是，結果是不會有什麼功效。

六月廿九晚于紐約。

看中共的最近動態

香港通訊・五月一日

厚　生

最近期間，大陸上相繼發生了值得注意的事件。如我們以三月十日在拉薩爆發的抗暴運動作爲起點，則繼發的事件有：中共第八屆中央委員會第七次全體會議從四月二日至五日在上海舉行，這個會議討論並通過了「一九五九年國民經濟計劃草案，檢查了農村人民公社的整頓工作，決定了國家機構領導人員候選人的提名」。中共「國務院」於三月廿八日解散西藏地方政府，另行成立「西藏自治區籌備委員會」，行使西藏地方政府職權，並於四月八日召開第一次全體委員會議。中共導演的「中國人民政治協商會議」第三屆全國委員會第一次全體會議於四月十七日在北平開幕，委員名額增加到一千零七十一人，而四年多以前，「人民政協」第二屆全國委員會召開第一次會議時，僅有七百二十九名委員。同時，一九五七年被宣佈爲「右派分子」的人頗多被重新遴選爲政協委員。中共第二屆「全國人民代表大會」第一次會議於四月十八日在北平開幕，並於四月二十七日選出劉少奇爲「中華人民共和國主席」、宋慶齡、董必武爲「副主席」，朱德爲「第二屆全國人民代表大會常務委員會委員長」，林伯渠、李濟深、羅榮桓、沈鈞儒、郭沫若、黃炎培、彭眞、李維漢、陳叔通、達賴喇嘛・丹增嘉措、賽福鼎、程潛、班禪額爾德尼・却吉堅贊、何香凝、劉伯承、林楓等十六人爲「副委員長」，彭眞兼任該會「秘書長」；周恩來爲「國務院總理」；謝覺哉爲「最高人民法院院長」，張鼎丞爲「最高人民檢察院檢察長」；在四月廿八日的閉會會議上，還通過了「關於西藏問題的決議」。

在不到二個月的時期中，連續地發生了以上事件，並作出重要的決定，其意義和影響怎樣，自然值得研究。茲就中共的人事更動和中共對西藏的現行政策二點，加以探討。

劉少奇當選爲中共政權的「國家主席」，並不出人意外，去年十二月間當毛澤東不再連任「國家主席」的消息證實後，各方揣測皆以劉少奇繼起的希望爲最大，作者個人也抱此看法，認爲劉少奇升任的希望比較朱德爲大。在過去四個月中，大家注意到中共高級人物的動態，劉少奇未見活躍起來，毛澤東到處視察，朱德在國內外的走動相當頻繁，於是，覺得朱德繼任「國家主席」的可能性增多，劉少奇繼起的模樣不像。再從相傳毛澤東和劉少奇之間有鬪爭的角度來看，劉少奇要上臺，確有相當困難，何況，一度盛傳中共有意將宋慶齡抬出來，毛澤東將被邀連任。各種消息和迹象，似乎給人們一種印象：劉少奇的希望減少了。

當然，我們不能肯定地說，毛澤東從一開始就是屬意於劉少奇的。我們不熟知中共今天的內幕，說不定，當毛澤東決定不再出任「國家主席」時，連毛周圍的人——甚至劉少奇在內——也不知道誰將繼任，即使拿劉少奇出任一事來說，也很可能是經過不少波折的。但是劉少奇現已當選，我們自然只能說，劉少奇本來就是最有希望的一個，至少可以說，國際背景支持劉少奇。因爲無這種支持，中共和蘇俄之間今後的關係根本搞不好；其次，中共政治局中劉派的勢力仍可壓倒除毛澤東以外的任何人，如果政治局中劉派的勢力沒有這麼大，則在中央委員會中，劉少奇確有把握，因爲這次人事的更動，先開政治局會議，後經中共八屆七中全會通過(按・出席的中共中央委員有八十一人，候補中央委員八十人)。

不過，有一事不能忽視，此卽在大體上，各方面的看法或觀察並沒有大的錯誤，因爲中共今次的人事安排，逃不出各方所注意的幾個人，甚至，對宋慶齡將任「國家主席」的傳說也不是完全離譜的。現在，我們似乎可以更安全地相信，中共政權的實際權力的確操縱在這幾個人的手中。所不同的，僅是權力大小的問題而已。

這次，中共政權設了二個「副主席」，又未聞修改憲法，顯與一九五四年通過的憲法條文不符。中共憲法第四十六條規定：「中華人民共和國主席因爲健康情況長期不能工作的時候，由副主席代行主席的職權。中華人民共和國主席缺位的時候，由副主席繼任主席的職位」。從條文的內容看，「副主席」顯然只設一個，否則，當「主席」長期不能工作或缺位時，就會發生二個「副主席」中何者代行或繼任「主席」職權或職位的問題。現今，這個問題已經存在，劉少奇如能在今後的四年之中長期工作、從無缺位，這個問題自可消失於無形。一旦有不能工作或缺位的情事發生，選何人代行職權或繼任職位，便成爲問題了。雖然，中共憲法第四十四條的規定稍可解除以上的問題，但問題之存在已無可疑。(按：中共憲法第四十四條規定：「中華人民共和國副主席協助主席工作。副主席受主席的委託，可以代行主席的部分職權」)。

現在要問：中共何以一反一九五四年創立之先例，忽然增設「副主席」而成爲二名呢？爲什麼不選共產黨人、而選宋慶齡呢？選宋慶齡是爲了統戰，這看法是對的。我們不能以輕率的態度看待這事，我們的態度應該相當嚴肅和認眞，認識到中共既決定選擇宋慶齡是爲了統戰，則他們在今後的若干時期中，準會有什麼做法。宋慶齡的作用固然不大，但中共的決策却有特別的意義。在這方面，臺灣的國民黨政府應該特別的小心，籌謀對策。

劉少奇上臺是得勢還是失勢？這也是大家注意的問題。在我看來，劉之上臺無疑是得勢，因爲如擔任「國家主席」爲失勢，則毛澤東當年就首先不幹。其次，劉少奇必在政治局和八屆七中全會中掙扎，以擺脫這個象徵失勢的職位。實際上，劉少奇恐怕會費了九牛二虎之力，才爭到這個代表國家的光榮職位。一九五四年，毛澤東本來可以「黨主席」的地位指揮政治，不幹「國家主席」，但他的虛榮心促使他這樣做，他底下的幹部們也想錦上添花，大概再加上劉少奇和周恩來二人的地位不易擺平，才由毛澤東自任「國家主席」，那時，毛澤東身兼黨政主席，獨佔榮譽。現在分出「國家主席」給劉少奇，本身未免遜色，雖說「黨主席」的職位依舊保存，但政治局和中央委員會今次的決定（推選劉少奇）未嘗不可以視爲毛澤東徒有虛名，已失獨決之權。再者，劉之上臺充分說明蘇聯支持，這更證明毛澤東與蘇聯赫魯曉夫之間的糾葛還未清理。這一切，說明劉少奇上臺是得勢，對毛澤東來說，如非失勢，至少也是挫折。

我們回顧往事，可以見到中共內部並非沒有鬪爭。一個有國內、國際因素糾纏在一起的「民主集權制」政黨，說它內部沒有勾心鬪角的問題，是難以令人置信的。劉少奇的上臺，基本上由中共中央政治局決定，可能，政治局意見分歧，未能決定，再開八屆七中全會，作攤牌式的決定。但在決定之前，毛澤東曾長期離開北平，在河南一個時期，在武漢一個時期，最後至上海召開八屆七中全會。不管毛澤東怎樣躲避這個誰爲「國家主席」候選人問題，但蘇聯已支持劉少奇，毛在形勢上已無可奈何。不過，毛在離平時期，很可能提出條件，要自己下臺可以，要劉上臺也可以，但周恩來必須仍任「國務院總理」；此外，對「右派分子」讓步（毛因主張鳴放，在道義上負有責任），並擴大「人民政協會議」，強調人民民主統一戰線的作用等都是。而劉少奇爲了一過「國家主席」的癮，顯然已一一接受了。

當毛澤東離開北平的同時，赫魯曉夫也長期未見在莫斯科出現。據傳聞，他到黑海海濱去休假和打獵了，直至四月二十七日始返莫斯科。這一天，剛巧是中共「全國人大代表」選出「國家領導人」的一天。赫魯曉夫有無在幕後策劃，有無與毛澤東進行鬪法，我們都不知道，但鑒於赫魯曉夫對毛澤東推行人民公社的不滿，不無可疑的地方。

目前，中共對西藏的政策相當强硬，這似乎是劉少奇上臺後第一次的硬派作風表現，假如要周恩來負全責處理這個棘手問題的話，中共的政策也許還要溫和得多。在「關於西藏問題的決議」中，中共的態度已經表明，「在西藏地區，貫澈地實行在中央人民政府統一領導下的、由廣大人民和各界愛國人士當家作主的民族區域自治，貫徹地實行在中央人民政府統一領導下的民主改革，並且依靠各族勞動人民兄弟般的團結和互助，建設繁榮昌盛的社會主義新西藏，這是中華人民共和國的堅定不移的方針。」

中共現時所採的政策是武力「平亂」；「上層反動集團」除掉後，有利於「民主改革」；西藏自治必須在「中央人民政府統一領導下」實現。達賴喇嘛係受「刼持」，希望他回去，並且在「全國人代大會常務委員會」中爲他保留了「副委員長」的職位。尼赫魯邀班禪喇嘛赴印度會晤達賴喇嘛的建議已遭拒絕，因班禪喇嘛在四月廿九日的「人民政協會議」上發言，說「西藏問題只能在西藏解決，在中國解決，決不能在任何外國去解決。」中共雖希望「中印兩國之間的偉大的悠久的友好關係將通過雙方的共同努力，得到進一步的鞏固和發展」（見「關於西藏問題的決議」），但在現階段，要憑中共與印度之間的雙方努力，解放西藏問題，似乎不大可能，期望西藏達成澈底的自治、而沒有中共中央的統一領導，基本上絕無可能。在這樣一種情況之下，達賴喇嘛怎肯回去？印度的尼赫魯又用什麼方法來維持與中共的「友好關係」？中共的武力「平亂」政策到某種階段確有可能中止，但民主改革的結果，打亂西藏原有的一切社會、政治、宗教、經濟制度，達賴喇嘛回不回去都不重要。如回去，面對着面目全非的「社會主義新西藏」，他難能有所作爲。如不回去，他對「新西藏」並不是不可缺少的。中共未始沒有抄蘇俄對待波羅的海三小國的辦法的可能，儘管問題不能因此根本解決，矛盾始終存在，但曠日持久，對西藏對達賴喇嘛對自由中國的反攻復國未必就有很大的好處。所以，中共此時費心思經營西藏，對印度和對達賴喇嘛暫採不理會態度，在「全國人代大會常務委員會」中給達賴喇嘛以「副委員長」名義，主要是對西藏人民安撫，便於「民主改革」。局勢朝這個方向發展下去，中共本身固然要爲西藏大傷腦筋，而印度尼赫魯想討中共的便宜、或完成他所謂西藏自治的理想，都不容易。

西藏抗暴運動固然給中共以一大打擊，但它何嘗不從其他方面取得了若干不無小補的益處。譬如，中共的宣傳機關近日來大力攻擊「英國帝國主義和印度擴張分子」的歷史和言論，這可以減少一部分大陸人民對中共政權和人民公社的仇恨心，這可以激起一部分大陸人民的反帝愛國心，間接有助於中共政權的威信。西藏抗暴未成，幫助中共勢無忌憚地在西藏進行「民主改革」。使中共收獲最大的，還是西藏未能引起自由中國政府的反攻行動，大陸人民對自由中國失望，間接減少了中共內在的敵對勢力。

五月一日香港寄。

啓　事

一、看雲樓主先生：承賜稿，已拜讀並發排，本期因稿擠無法容納，決於下一期刊出。

二、安泓先生：關於「自由人」連續被扣一事之違法，本刊在上一期社論㈠「憑甚麼查扣『自由人』？」中，已提出嚴正抨擊，來函所見略同，恕不刊登。

編輯部

日本人的「路」

·「日本的今天與明天」之四·

東京通訊·三月二十七日

郭恆鈺

「日本的今天與明天」一稿，是從相反的一面寫出戰後日本在政治、社會、文化各方面的混亂與矛盾。一位研究中國問題的日本友人，當他看完了「日本的今天與明天」之後，曾以不得已的心情承認這是「事實」，但他提醒筆者說日本還有值得介紹的那一面。近幾年來，日本在國際社會中的不斷進出，鋒芒畢露。再加上外人遊客，文人名流用優美的文字，讚嘆的心情述了日本的蓬萊殘影，復興建設，日本人似乎有點飄飄然而忘記了「自己」；忘記了從八紘一宇到民主主義蛻變過程中所應追求的東西並不是「世界第一」。記得有人說過，一個人有三個自己；一個自己認爲的自己，一個別人觀察的自己和一個眞正的自己。如何從正反兩面發現後者，是件難事，也是件重要的事。一位英國作家曾發表他的訪日觀感說，日本需要更多的「批評」，但是「開門見山」的地理特性，培育了日本人對任何批評立即反駁的習慣。在去年舉行的關於日本「國民性之研究」的調查統計中，認爲日本人是世界上最爲優秀的人種及民族的答案，竟佔了百分之五十七。交通工具的日新月異，人工衛星、洲際飛彈的研究成功，已使國家間的距離縮小，而且利害息息相關。在東西兩大勢力的尖銳鬪爭中，在皇國神道與民主主義的思想衝突中，在極端混亂矛盾的社會狀態中，如何摸索一條應走的路，從而成爲自由世界的忠實一員，亞洲人民的寶貴盟友，這已不是一個孤立的課題。借用日本詩人石川啄木的一句話：「我愛日本，正因爲愛，才予以批評。」試就造成戰後日本社會混亂矛盾的原因，再予申論，藉以答覆這位善意勸告的友人。

「紀元節復活」及「建國紀念日制定法案」，在民間及國會，都曾引起一場激辯與熱潮。但是由於這一運動未能引起廣泛的共鳴與支持，甚至皇族三笠宮殿下也公開反對，並退出歷史學會，以示抗議，而終於冷了下來。另一方面，近兩年來的日本出版界，有關考古學、人類學、民族學、日本歷史等歷史書籍的出版，竟成了熱門生意。朝日新聞也曾連載有關「日本人的起源」的專論，雖然這一專論對於日本人的起源沒有獲致結論。這一趨向，似乎說明了一個事實是，日本人要從神話式的歷史中尋求解放，以期認識一個眞正的「自己」。

兩千餘年來，日本人一直生活在一個孤懸東海的島國。一部口述的「古事記」和「日本書記」，支配了日本人的歷史觀念。日本最初稱爲「日出國」。日出國是神之國，大和民族是天照大神的子孫，神武天皇就是天照大神派遣地面統治人民的代表。二千六百×十年二月十一日，神武天皇即位之日，就是紀元節的來源。中國的大陸文化，雖曾影響了上層社會、智識份子，但這一神話式的歷史邏輯，並未因而有何改變。西班牙、葡萄牙的宗教勢力，雖曾一度侵入過日本，但終爲德川幕府的鎖國政策，驅逐境外。及至一八五三年，貝里提督所率領的黑船撞開了鎖國的大門，日本才眞正的接觸了西方的物質文化。在亞洲，日本是一個比較最後被西方打開大門的國家。在亞洲，日本也是一個最先全面接受西方物質文化的國家。當時的日本，也和清末的中國一樣，過度震驚於西方的堅甲利兵，而欲變法圖强。所不同者，康梁變法失敗，明治維新成功。日本走在中國人的前面，也走在亞洲人的前面。

明治以後的日本文化，在理論上，曾有過三起三落的變化。明治八年，福澤諭吉的「文明論之概略」，是企圖用外來的思想解釋日本文化之最早的文化論；這篇論著可視爲是日本走向近代的出發點。三十年後，也是日俄戰役，日本的文化論又以「太陽」雜誌爲舞台，再度展開論爭。當時的論點認爲會通東方的精神文化及西方的物質文化，探索日本文化的獨自方向，才是正途。及至大正時期，以津田左右吉爲代表的文化論，則認爲所謂日本文化，應從日本人本身中去尋找文化的創造力，而非依靠借來的觀念。這一主張的背景，正是大正時期的民主主義。但是，事實上，明治以後的日本文化並未沿襲這一文化路線前進發展。明治以後的文化，換句話說，形成島國日本的文化特徵是堆積性。明治以後，日本要積極的實現「國富兵强」，乃拼命地吸收了西方的物質文化。但是，吸收進來的東西並未能相對的消化，祇是一層一層的堆積起來而已。這種文化的性格，正是繩文、彌生時代以來的文化性格，也正是加藤周一所說的「雜種文化」。這種雜種文化的另一解釋是，明治以後日本所吸收的西方文化，不能稱之爲「文化」，而是西方的近代「技術」，在這種近代技術的背後所蘊藏着的文化精神，並未能同時吸收。西方民族一方面吸收了技術上的發明，一方面又成功的保存了自己的精神遺產，而且隨着科學的進展同時併進。日本人沒有從自己的祖先手中承襲任何精神遺產，也未能在吸收西方近代技術的同時，吸收產生這種技術的文化精神。一種沒有方向重心祇爲「便利」(註二)的技術文化，縮短了明治維新實現富國强兵的路程，也加速了走向戰敗亡國的進度。

兩千餘年來一直生活在東海孤島的大和民族，在國內，雖然經歷了多少驚天動地的大事件，但從未遭遇過來自外國的侵略。從昨天到今天，從今天到明天，日本人的生活曲線是現實的、樂天的一條直線。在日本的歷史中，日本人不知道勝敗的眞正

(下轉26頁)

江湖行（四續）

徐訏

五十五

現在我知道胡嬤是一直照顧小鳳凰的，上次小鳳凰出門，因爲野鳳凰身體不好，所以胡嬤沒有跟去，臨時請了一個人。那個人沒有陪小鳳凰回城，就回家了。胡嬤對小鳳凰雖是無微不至，可是小鳳凰覺得她太注意她與管束她，這大概也是上次故意要胡嬤留在家裏照顧她母親的原因。

當時小鳳凰已經快登場了，所以胡嬤特別小心的關照她不要這樣，不要哪樣。那天，我帶小鳳凰出來吃飯，胡嬤似乎也很不高興。後來又再三關照我要帶小鳳凰早點回來，說她快要登場，應該早點休息。

一到外面，小鳳凰就說：

「她總是把我當作小孩子。」

「這多幸福，有這許多人愛護你。

「可是我不是小孩子了。」她說：「所以我要把她留給母親。」

「我看她比你母親還愛護你。」

「母親事情多，也知道我已經大了，用不着管；胡嬤沒有別的事，所以就專看守着我。母親在一起的時候，她還要注意母親，我還自由些，現在母親搬到國泰飯店去住，她就專注意我了。今天我們偏晚一點回去。」

「你喜歡到哪裏吃飯？」

「就是哪天你帶我去的地方好麼？」

「祇要你喜歡。不過我想換一個你沒有去過的地方也好。」

「那麼就隨便你吧。」

那天我帶她到賽內飯店。這是因爲我想起了早晨在報上見到的廣告，說花園已經裝置一新，即日開放。這是我以前曾經去過的地方，記得平常他們到夏天才開放花園，現在似乎特別提早了。

這花園是長方形的，有一個葡萄棚，幾株桑樹，一個小小噴水池，沿着籬邊都種着美人蕉。樂枱與舞池很小，在另一端。我們就坐在噴水池與桑樹的中間的一張桌上。

小鳳凰似乎很喜歡那個地方。在陰暗的紅綠燈下，她閃耀着罕有的高興與笑容。點了菜以後，她要我陪她去跳舞。她依在我臂上時突然說：

「你有沒有去看過我姊姊？」

「沒有。」

「沒有？」

「沒有。」

「爲什麼？」

「我想我這次應該同你母親一同看到她。」

小鳳凰沒有再說什麼。

「對不起。」我說：「我帶得不好，我好久沒有跳舞了。」

「我也不很會跳。」她說：「聽說有教跳舞的，你帶我去學好麼？」

「這很容易，等你空一點的時候。」我說：「學跳舞不難，可是學回來以後就要常練，多跳。」

「我姊姊的舞一定跳得很好了。」

「我想她現在一定跳得很好了。」

「那麼將來我叫她教我好了。」

「你在上海，要學跳舞還不容易？」我說。

音樂完了以後，我們回到座上。小鳳凰今天眞是高興，她說她要喝點酒。

叫了酒，菜也上來了，小鳳凰忽然說：

「剛才我們說胡嬤，你還不知道陸師父這兩天怎麼管着我呢？」

「我想這也許是你最後的演唱。你祇要忍耐這一次了。」

「爲什麼？」

「我不是說，我希望你可以換一種生活，去讀幾年書。」

「我也不想。」

「那麼你想什麼？」

「我想，我想嫁人。」她喝了一口酒，忽然看我一眼，很豪爽的笑着說。

「你那麼年輕想嫁人。」

「年輕不嫁，難道到老了才嫁？」她又豪爽地笑着。

「我不是那個意思，我是說像你這樣年輕美麗聰敏，至少有一種紅遍大江南北的一種想法。」

「像我們這種賣藝的女人，紅遍天下還不是人家的玩物。」

「自然，這在小城市裏也許如此，在上海，譬如像你姊姊哪樣，做了電影明星！……」

「有什麼不同？」小鳳凰乾了杯又說：「如果說我們像是長在野地裏的花，她最多也不過是長在公園裏的花罷了。」

一瞬間，我發覺小鳳凰眞是長大了不少。她一面問我要一杯酒，一面說：

「你不要害怕，我不會唱醉的。」

我爲她叫了酒，我說：

「我倒不是害怕，倘若你有什麼三長兩短，或者影響你的嗓子；你老師同胡嬤下次一定不許你跟我出來了。」

「你這樣喜歡我陪你出來？」

「你剛才說是花，那麼誰不願意陪一朵美麗的花朵出來呢？」我說：「你看，這裏哪一桌不是有男有女的？」

「可是我倒第一次單獨跟一個男人出來呢。」

「眞的？這可眞是我的光榮。」我說：「但是，你以前……」

「自然，是我師父他們對我不放心。」她說：

「其實我倒不怕，人家難道會吃了我？」

「這也難說，在這個社會上。」我笑着說。

「可是他們對你倒放心，可是在我看來，你也不見得比別的男人好。」

「自然，男人總是男人。」我說：「你說你要嫁人，那就應當多有機會單獨同男人在一起才好。」

「所以第一個我找到了你。」她說。

「你不要這樣講下去；再講下去，我就要對你求婚了。」

「你不會有這樣勇氣的。」小鳳凰笑着說：「因爲這先要通過我的母親，可是母親答應了，我一定會不答應的。」

「你母親不答應呢？」

「哪你就沒有勇氣敢同我開口了。」

「可是事實上，婚姻問題不是這樣講，問題還是我是不是愛你，你是不是愛我？」

「這就說得太遠了。」她說：「我們去跳舞。」

這時候音樂正奏着華爾滋。

我非常不懂小鳳凰的心理。難道她眞的在愛我了，還是她想知道我對她的情感。今天她的態度同平常很不同，女孩子往往有突然的不同的態度；而小鳳凰的不同，則使我覺得她太不容易了解了。

菜上來很慢，我們跳了不少舞；吃完飯已經是十點鐘，十點半的時候，我因爲胡嬷關照過，所以提議回去；小鳳凰說：

「是不是因爲不喜歡同我單獨在一起？」

「你這是什麼話？」我說：「你知道的，如果我們回去太晚，胡嬷同你師父都要怪我，下次就會不許我帶你出來了。」

「可是，如果你現在要我回去，下次我可再不同你出來了。」

「我希望你會常常這樣同我在一起，卽使在你成了你姊姊一樣的紅星的時候。」

「你是說我姊姊已不肯像我這樣同 你單獨在一起了。」她說。

「我想你將來也會同她一樣的。」我說。

「我還不知道自己。」她笑說，又要 我陪她去跳舞。

十一點鐘時候，我因爲擔憂胡嬷與陸夢標怪我，也怕小鳳凰喝了太多酒，所以又提議回去。小鳳凰又反對，她說：

「如果他們明天怪你，我會說，倘若不許我同你出去，我會同別人出去的。你知道上午就有一個畫報的編輯，約我吃飯，我拒絕了。」

這樣，我們又叫了一杯酒，跳了幾支舞；時間在不知不覺的過去；再看錶的時候，已經十一點三刻，我又提議回去，小鳳凰說到十二點才走。相差祇有一刻鐘工夫，我自然沒有異議。于是，一件想不到的事情竟出現了。

這時候，有三個男人同兩個女人從外面進來，因爲都打扮得很時髦，大家自然都看了他們一眼。近舞池的座位上，電燈的光線很暗，我也不會想到這裏會碰到我熟識的人，自然沒有特別去注意。可是我們隣座的一桌，坐着兩個男人，兩個女人忽然在談話了。

「是紫裳。」

「同誰在一起呀？」一個女的問。

「王立倫，導演。」男的說。

「還有一個女的呢？」

「姚翠君。」

……………

當我淸楚地聽見這些對話的時候，我的心突然緊張起來；很奇怪的，我當時很想躱避這個場合，我又提議回去。

「還沒有到十二點呢！」小鳳凰一面笑着又說：「再跳一支舞。」

小鳳凰站起來，昂着首一直向舞池走去，正是沿着紫裳的那張桌子邊緣；我隨在後面，爲怕被紫裳認出，我繞了一個桌子到了舞池。

在跳舞的時候，小鳳凰忽然說：

「你不去招呼？」

我原以爲小鳳凰剛才沒有聽見隣座的談話，很想不讓她知道就算了。如今見她早已發現，我就說：

「你認爲需要麼？」

「隨便你。」小鳳凰說。

小鳳凰在走到舞池的時候，並沒有看紫裳，這時候她是不斷地在注意了。她一面擠着到舞池邊去，一面說：

「她不知道我是誰，我知道她是我姊姊；這樣看她，很好玩。」

「你要我去招呼？」

「隨便你。」

「哪麼不要從哪面跳。」我說。

「你怕。」

「不是怕，」我說，「她還不知道我來上海。如果你要我介紹，我就招呼她。」

「你怎麼介紹呢？」

「你要我怎麼介紹呢？」

「讓我想想。」

音樂是一連三支，但是一曲終了的時候，我就同小鳳凰下來了。我就說：

「我們回去吧。」

「你不說替我介紹麼？」

「你要我怎麼介紹？」

「你就說同你一同來上海的唱 大鼓的女孩子好了？」

「那不好。」我說：「除非你讓我說穿你是她的妹妹，我不去招呼，也不給你介紹。」

「你以爲母親喜歡你這樣對她說穿麼？」

小鳳凰這句話提醒我野鳳凰的念頭。我沉吟了一回，馬上想到我沒有理由要這樣忠實。我當時就說：

「好，好，聽你的。我就這樣替你介紹。」可是繼而一想，覺得還不如不招呼好，所以我又說：

「已經十二點了，我看，我們走吧。」

「我不走。」小鳳凰說：「現在我們有了理由，兩點回去也不晚了。」

「你回去也打算說明你碰見了紫裳？」

「自然，爲什麼不？」

「你眞的要我介紹。」

「自然啦，我還沒有看清楚。她好像比她電影裏還要好看。」小鳳凰說：「好，好，你過去吧。」

「這樣過去找她太突兀了。」我說着，一面我拿出筆，寫了一張字條：

「紫裳：我已回到上海。下支音樂我想請你跳舞，告訴你我怎麼沒有先來看你。野壯子」

我把這張字條叫侍者送去後，音樂再響時我就跑到紫裳面前。

紫裳還是一樣的年輕美麗，而儀態更顯得雍容高貴，我不知道她是用什麼眼光在看我的。她沒有一點驚訝與慌張，沒說一句話，看我一眼，站起來，就跟我到了舞池。

「你什麼時候來的？」她說。

「才幾天。」我說。

「碰見舵伯了？」

「沒有，但是碰見過衣情。」我說：「想不到在這裏碰見你。」

「你們很多人？」她問。

「我同一個女的，」我說：「她是你的妹妹。」

她沒有回答。我知道她不會相信，而又覺得我不是開玩笑，所以祇好等我再說下去。

「眞的，是你妹妹，叫小鳳凰，是唱大鼓的。這次我是同你母親他們一個班子來的。」

「我母親，她也來了麼？」紫裳忽然回過頭想找我們的座位。

「她沒有來這裏。」我說：「她有一種奇怪的心理，要暫時不通知你，不讓你知道。所以回頭我替你介紹小鳳凰，你千萬不要露什麼聲色，假裝不知道好了。」

「爲什麼？」

「慢慢我告訴你。」

「你住在什麼地方？」

「我住在春明飯店，不過我想會搬到大夏家裏去住，他們要我去。你呢？」

「我住在愚園路，回頭我寫給你。」她說。

我把紫裳帶到我的座位，與小鳳凰介紹，紫裳果然不露聲色的很客氣的與小鳳凰交談一回；我發現小鳳凰沒有發現我已經把秘密告訴了紫裳。

紫裳坐了一支烟的工夫，我陪她回座，她當時就爲我介紹她們桌上的人，其中一個瘦削清秀的人，紫裳介紹我說是宋先生。出我意外的，他忽然說：

「你是周也壯，啊，不認識了。」他說：「我是宋子恂。」

對的，宋子恂，他是我在大學裏的同學；他的父親是西洋文學系教授，還寫過兩本小說。

「啊，宋子恂，」我一面同他拉手，一面說：「我們會一直沒有碰見。」

「後來我去了美國。」他說：「你呢？」

「我也離開過上海，剛回來不久。」

「坐一回麼？」

「我不坐了，還有朋友在那邊。」

「哪一天我們談談。」宋逸塵給了我一張名片：「我現在叫宋逸塵，那是我的地址，你隨便什麼時候來玩，我們談談。」

我拿了宋逸塵的名片。紫裳也給了我她的地址。

沒有人知道我在紫裳介紹中，所最感興趣的人物；哪是姚翠君。這個當我第二次到那個與葛衣情決絕的戲院時，我在院外看到掛着頭牌的人，與我生命中似乎有一種很神秘的聯系。

第一次是她的名字，第二次是她的照相——哪張與紫裳合演的「愛情的墳墓」的電影，現在則蹤到她的眞人了。

她有一個中國畫裏常見的古典美人的臉龐，但有一個很現代的身材。我沒有同她說什麼，祇是拉拉手。在她同別人的談話中，我聽到她有一口很流利的國話，嗓音很甜。她不會知道我在注意她，也不會知道我知道她已經是多年了。

我當時並沒有機會談及我認識她的歷史，姚翠君與紫裳兩個人也不一定會記得，他們是在一個城市中同時在兩個舞臺上演出過。

然而人間不過是一個大舞臺。今夜的演出，我竟被命運這個編劇家安排成主角了。

我匆匆的回到我的檯子，時間已經是一點一刻。我對小鳳凰說：

「現在總可以回去了吧？」

五十六

野鳳凰搬到國泰飯店以後，我很少同她見面；偶而見面，我也找不到單獨兩個人的機會可以問問她是否會見了舵伯，她似乎也不想同我談起舵伯。

那天碰見紫裳以後，我與小鳳凰都很想把這個偶然的意外的事情告訴野鳳凰。我們于第二天上午打電話給她，她還沒有起身；下午再打，她已經出來。

四點鐘的時候，我會經出街一趟，六點鐘回到春明飯店，野鳳凰已經先在。她同小鳳凰兩個人在一個房間裏，我想小鳳凰一定已經把昨夜的際遇告訴她了，我說：

「你已經告訴你媽了？」

「她比我們還早知道。」

「怎麼？」我吃了一驚，我想這一定是我在舞池裏秘密地告訴紫裳，紫裳耐不住而去找她的。我以爲野鳳凰一定會怪我多事，太不尊重她的意志。可是出我意外，野鳳凰接着，很淡漠地說：

「我下午已經碰見她了。」

「誰？紫裳麼？」我問。

野鳳凰點頭笑笑。

「你找她的還是她……」我想如果是紫裳找她母親，哪麼紫裳一定不會不說出是我告訴她的。

「舵老把她約來的。」野鳳凰淡漠地說，接着她笑了一笑問我：「你沒有碰見舵老。」

「沒有。」我說，野鳳凰忽然說：

「回頭上戲以後，你到國泰去找他好了，他在我房間裏等你。」

「那麼我們一起去好了。」

「我要聽他們演唱。」她說：「他約你一個人去，想同你單獨談談。」

「也好。」我說。

自從韓濤把我的信與玉鐲送給舵伯後，究竟舵伯什麼時候去看野鳳凰，他們見面以後又是怎麼樣，這些我都不知道；如今舵伯要單獨同我談談，不叫別人通知我，不叫我到他家去；叫野鳳凰這樣通知我，又在野鳳凰那裏，這眞把我弄糊塗了。

野鳳凰這樣關照我後，就走出去同陸夢標他們去談話。我想問問她，關于她會見紫裳的情形與她對于紫裳的印象都沒機會。我當時就問小鳳凰：

「她眞的會見了紫裳？」

「自然是眞的。」小鳳凰說：「我一告訴她我昨天看見紫裳，她就說她已經知道。我還以爲她在外面碰見你，你告訴她的。我說：『是不是野壯子告訴你的？』她說：『我下午看見過紫裳。』」

「她們見面了怎麼樣？」

「她沒有說什麼。」

野鳳凰眞是一個不可捉摸的神秘的女人，她心中所策劃的，在沒有實現時，決不肯對人透露什麼。當初要我介紹李白飛時，就是這樣；如今我爲她通知舵伯，她一定又有什麼新的策劃了。如果她會見紫裳是舵伯約的，哪一定是她的主意，她一定又有什麼新的打算。而這是她現在決不告人的。所以我當時也不想再打聽，我相信，我在夜裏會見舵伯後，一定可以知道一個端倪。

晚飯的時候，韓濤來了。他很熱心，自從蓮香閣演唱開始起，他每天都來幫忙，實際上他已經爲我負起了大部份的責任。

我們于晚飯後一同到蓮香閣，除了小鳳凰。小鳳凰因爲昨天晚回，明天又要正式登場，所以要早點休息。

我在他們開場，就拜托韓濤照顧一下，就獨自到了國泰飯店。

野鳳凰住在七百三十六號，我在櫃上打電話上去，舵伯說正等我。

走進房間，舵伯迎着我，用有力的手掌抓着我的肩膀，說：

「野壯子，讓我看看你變了沒有？」

他看了我好一回，我也看着他。他似乎比以前瘦了一點，頭髮灰了許多，眼睛有點陷進去。他穿一件綢質的棕色的長袍，黑緞子鞋。風采比以前好像更文雅了。

他邀我坐下後，爲我倒了一杯酒。于是靠倒在沙發上說：

「你這幾年的情形，她已經告訴我不少。」我發現他聲音不像以前的健朗。

「野鳳凰？」

舵伯笑笑，從他眼梢的皺紋中，我看到他的確比以前老了。我當時笑着說：

「她也告訴我一些關于你的事情。」

「那很好，」舵伯喝了一口酒說：「我們彼此應當更了解了。」于是他換了一種語氣，忽然望着我的眼睛問我：「你是不是還愛着紫裳？」

「我不知道。」我說，忽然我從舵伯的眼睛中看到一種他從來沒有的溫柔，我笑着說：「可是我知道你到今天還是愛着野鳳凰的。」

「我一生祇愛過一個人。」舵伯忽然說。

很奇怪的，舵伯的話使我對他頓起了一種敬意。像他這樣一個人，居然有這樣難得的愛情，對我可眞是一種諷刺了。但是我當時忽然想到衣情。

在我上次忽忽的與衣情把晤後，我一直覺得衣情對我有一種威脅；這種威脅是直覺的，我說不出所以然，在她的精神之中，似乎已經看透我最後還是要依靠舵伯，最後還是要回她哪裏去的。我看不出她對我有什麼愛情，但我看出她是需要我的，這原因其實很簡單，可是我當時並沒有了解。舵伯的話，雖是對自己說的，我可馬上看出他的含義，我猜想一定是衣情要他來說服我的。我當時就說：

「你也希望我也有像你一樣的愛情麼？」

「我們是老朋友了，」舵伯說：「我對你非常了解，你沒有勇氣，沒有氣魄；你要錢，但你不肯冒險；你要愛情，但是你不肯犧牲自己；你要讀書，但你不肯發奮；你有虛榮，但是你沒有勇氣；你求上進，但是你的方向不堅定。你一直不知道你自己要什麼，實際上是你要的東西太多。你驕傲，你也不想依賴人；可是你自己並沒有一種獨創的精神，你不能獲得什麼。」舵伯說到這裏忽然咳嗽起來。

「舵伯，你的話都對，」我說：「但是現在你要我怎麼樣呢？」

「這是我要問你的，你倒底要怎麼樣？」

「我還不知道自己。」我說。

舵伯忽然微喟一聲，他說：

「每當我想到你的時候，我就想到當初帶你出來也許就是一種錯誤。要是我爲你置了田，讓你一個人像你父親一樣做一個勤儉的農夫，也許你現在很幸福。」

「可是我並不後悔，」我說：「我看到了人生。」

「但是你並不了解什麼是人生。」舵伯說：「你父親什麼都不要，但是他當時有了一切，而你什麼都要，結果什麼都沒有。」

「可是我並不羨慕我父親，他是一個簡單樸實的人，他的良心是一個無斑痕的完美的結晶，所以當他無意的傷害了白福，他就整個都崩潰了。如果他稍稍複雜一點，他的內心並不這樣完美自足，哪麼他一定不會因爲自己良心上有什麼裂縫，就無法支持自己的生命了。」

「現在你已經閱歷了很多的人生，但是你獲得了什麼呢？」舵伯說。

「我也許還不知道要什麼。」

「你要過衣情，失敗了；你要過映弓，失敗了；你要錢，沒有成功；你要讀書，也沒有成功；你要獨立，你要自己奮鬪，結果，像蒼蠅打過圈子一樣，又回來了。你帶着野鳳凰來上海，不過是掩飾你自己的失敗，你想捧紅小鳳凰，不過是對紫裳自卑感的一種解嘲……」

「對的，舵伯，你說的也許都對。」我說：「我要過衣情，但當我可以有衣情的時候，已經不是當初的衣情；我要過映弓，但我並沒有想佔有映弓；我要過錢，但我馬上發現錢不是萬能。我要自立，我要不依賴你，是的；我現在還是那麼想。我回到上海，雖沒有什麼成功，但是我要把上帝的歸上帝，撒但的歸撒但；光榮的歸光榮，愛情歸愛情；使野鳳凰會見女兒，使紫裳會見母親；使屬于紅角的人物成紅角，使屬于流浪的人歸于流浪……」說到這裏，我看到舵伯靠在沙發上，閉上了眼睛，但是我知道他沒有入睡，我就問他：

「舵伯，我請問你，你有這許多錢，在上海這些年獲得了什麼？」

「什麼都沒有。」他張開眼睛，支起身子說：「這就是我要告訴你的。」

「你眞覺得哪麼空虛，舵伯？」

舵伯沒有理我，他忽然說：

「你還記得何老麼？」

「自然記得，」我說：「幾天前，我還夢見他。」

「他不是不期望紫裳成紅角麼？」他說：「他希望她是一個簡樸的安份的女人。」

「是的，可是你要她……」

「不是我，也不是你，是她自己。她是天生的紅角，正如你所說，我們不過都是使上帝的歸上帝，撒但的歸撒但。」舵伯說着又靠到在沙發上，閉起了眼睛，他說：「現在關于小鳳凰，我也要像何老一樣同你說了，我不希望她也走這條路。」

「但是……」我說：「假如她也是天生的紅角呢？」

「那就祇好聽她了。」舵伯忽然說：「你眞的相信她是天生的紅角麼？」

「你並沒有看見過她？」

「沒有，不過我從她母親哪裏知道她很多。」

「說老實話，舵伯，」我說：「這正是我的想法，我覺得她可以換一條路走，可以去讀書，過安定的正常一點的生活。」

「眞的？你眞是這麼想？」舵伯忽然張開眼睛笑了。

「我很早就這麼想，後來因為為她籌備來上海演唱，我再沒有想起，可是哪天當我同她單獨在一起時候，我發覺我以先的想法是對的。」

「哪好極啦。」他微笑着說：「我還以為你是在鼓勵她與他姊姊競爭呢。」

「我沒有這個意思。」我說。

「哪麼你已經不愛紫裳了？」他忽然說。

「我不敢說。」

「我覺得如果你愛紫裳，你一定鼓勵小鳳凰與她競爭的。否則，你至少不是像以前一樣的關心她了。」

「我不知道。」

舵伯看了我許久，忽然又為我倒了一杯酒，說：

「我告訴你，我現在想退休了。」

「退休？」

「是的，我想離開上海。」

「到哪裏去？」

「四川。」

「四川去幹麼？」

「隱居。」

「為什麼到四川？」

「據我看，現在中日關係這樣緊張，中國總有一天會抵抗的，一抵抗，哪就是很長的戰爭。倘若我年紀輕些，我還可以有用；可惜我已經老了，沒有用了。戰爭一開始，中國一定要撤退到內地的，所以我看中四川。」

「你眞覺得戰爭要爆發了？」

「一定的，」舵伯說：「而且也快了，你打算怎麼樣呢？」

「我，我什麼都沒有打算，」我說：「但如果中國決定抗日，我自然投入戰爭。」

「哪麼你把小鳳凰交給我們好了。」

「你這話是什麼意思？」

「不瞞你說，我曾經同野鳳凰說，你要捧小鳳凰是因為你心裏要愛紫裳，要借這個去接近紫裳；她說你已經在愛小鳳凰了，我說如果你在愛小鳳凰，你一定不會再希望小鳳凰成紅角的，而一定希望她去進學校。野鳳凰倒希望你們早點結婚。可是我覺得你應當再多等幾年，至少你有個事業基礎才好，她也趁此可以讀幾年書。」舵伯非常慈祥地說着，我發覺他眞是有點老了，我想說什麼時候，他又接着說：「可是現在戰爭要爆發了，你年輕，你自然應投入戰爭，哪麼？……」

「舵伯，我的愛情眞是連我自已都不知道，結婚自然更談不到，」我說：「說到小鳳凰，即使你不想她成紅角，我不想她成紅角，甚至她自己也並不熱心走那條路，可是她母親，你知道野鳳凰的個性是很强的，她來上海的目的，就是要使小鳳凰成紅星，她希望小鳳凰可以成電影明星，與紫裳對抗，你知道，當我想用小鳳凰是紫裳的妹妹的事實來做宣傳時，她都堅決地反對，她要一點不借重紫裳而由她把小鳳凰點化成為紅星。……」我一直說下來，舵伯祇是閉着眼微笑着，這時候，他突然把他粗重的手指摸摸鬍髭說：

「但是這些都已經過去了。」

「怎麼？」

「她已經會見了紫裳。」

「紫裳把她說服了。」

「是我勸醒了她，她才答應由我找紫裳來碰面的。」舵伯說：「母女一見面，哭了好一回，兩個人什麼話都沒有說。」

「是的，」我說：「野鳳凰告訴我會見過紫裳，我就奇怪；因為如果她不改變意思，她是不願意去會見紫裳的。」

「這就對了。」

「但是……」

「我們打算很快的就結婚了。」舵伯閉着眼睛說着，我自然知道他是說他與野鳳凰。

「眞的？」我一時眞是有點又驚又喜，不知再說什麼好了。

「我結了婚就去四川旅行，在那裏我想找一個風景好一點的地方，造點房子。自然我們要帶小鳳凰同去，希望你也可以同我們一起去。」

「哪麼衣情呢？」

「你還記掛她？」

「不是這個意思，」我說：「她是你的女兒。」

「她已經有錢了。」舵伯諷刺地笑着：「她也該嫁個人了，是不？」

「那麼你這裏的產業呢？」

「一些股子，我都想讓掉。」舵伯說：「我的事業可以說都是空的，祇有電影公司，哪可以說是紫裳一個人為我賺的。要不是電影公司，前兩年我們銀公司幾乎垮了，當時如果銀公司眞的跨了，我的事業也早就都垮了。」

「哪麼你的那所房子。」

「我送給紫裳。」

「那麼，你眞是什麼都計劃好了。」我說。

我知道舵伯的個性，當他已經把這些計劃告訴我時，他是眞的不會有改變了。我當時忽然想到藝中。我說：

「那麼藝中怎麼樣呢？那個映弓的孩子。」

「這是一個很可愛的孩子，我自然想帶着他，不過如果衣情要他，就由她扶養也好。」

「你眞的希望我跟你去旅行麼？」

「自然，你陪我們去玩玩，等我們造好房子，安定好了；你隨時可以回來的，如果你想回來的話，是不？」

「那麼，野鳳凰呢？她也希望我同你們一起去旅行？」

「她說你是她的恩人，你使她母女重聚，你使她會見我；她還說你是她最好的朋友，她還希望你眞會愛小鳳凰。我想小鳳凰才眞是你幸福的對象。」

「要是這樣，舵伯，我決定同你們去旅行。」我說：「哪麼這個班子呢？」

「等這期蓮香閣演唱了，自然都散了。」

「蓮香閣合約是兩個月，哪麼你打算兩個月以後去四川。」

「這時期，正好讓我了清一些事情。」舵伯說。

自從舵伯在上海成為闊人以後，我與他距離越來越遠；這一瞬間，忽然使我回到了我們一同睡在船艙上的日子，我不知不覺流下了眼淚。

我離開舵伯的時候，他送我到電梯，他忽然說：

「我的計劃暫時且不要同人談起。」(待續)

(上接20頁)

涵義。但是，明治維新以後，以西方近代技術為基礎的富國强兵政策，第一次打垮滿清，第二次再敗帝俄，兩次接連地勝利，再加上蒙古艦隊的海上全滅(一二七四年)，使日本人認識了「戰爭」的意義，也樹立了大和民族架空的「自信」。換句話說，透過天皇、大和民族應該支配其他民族的歷史邏輯，獲得了事實上的例證。浪人軍閥，緊緊地抓住了這一點，過度强調，誇大渲染，堂堂學者又為之杜撰了八紘一宇的理論根據，再加上內外情勢的影響，日本終於在精神上陷入一種空泛地的世界觀。

田中奏摺的大陸政策，大東亞共榮圈的野心奢望，就是從這一世界觀中演變而來的。但不幸的是，因三次僥倖的勝利而帶來的民族自信，卻是在沙土上建築起來的。因為它像一瓣「樂生」(樂生為日語，即青葱 scallion)剝到最後，一無所有，禁不起風暴的考驗。蒙古的遠征艦隊，未及交兵而海上全滅，這是「蒙古人」的時運不濟，是日本人佔了天時的便宜。至於積弱不振的滿清政府、帝俄在政治、軍事、地理上的特殊影響，在帝國主義列强明爭暗鬪下變幻莫測的國際情勢，都是日清戰役、日俄戰爭日本僥倖獲勝利的因素。大和民族的神性，兵强國富的條件，並不是決定這兩場戰役的主因。但日本的指導者則有意的强調後者，無視客觀的諸多因素。架空的民族自信，空泛的世界觀，終於使日本走向了敗戰亡國之路。裕仁天皇的「人間宣言」，否定了大和民族的神性，摧毀了架空的民族自信；日本人跌入了黑暗的深淵。日本人終於痛苦的開始探討日本人的起源，研究日本歷史的眞實性，摸索日本文化的獨自方向。

從神到人，從八紘一宇到民主主義，這是一個空前的轉變，也是一個痛苦的蛻變。裕仁天皇的人間宣言，一如兩顆原子彈的爆炸，粉碎了大和民族的大和魂、明治以來的民族自信、幾近宗教狂熱的愛國心。因為這個關係，跌落到現實裏的日本人，缺少賴以爬起來的精神力量，以致對於一切都是懷疑不信的，亦迎亦拒的。外來的影響與刺激，乘虛而入，造成了戰後的混亂與矛盾。戰後十三年，由於日本人的勤勉努力，埋頭苦幹，從滿目瘡痍，進而面目一新，諸如「遠東第一」的「大手町大厦」，刻正日以繼夜的建築中，但是，在精神領域上，今天的日本，仍是一片荒涼的廢墟。戰敗的悲慘體驗，固非我人所能想像，但也不能說是不幸，因為它給日本人帶來一個反省和認識自己的機會。混亂矛盾的社會，「暴力國會」的政治，左傾媚共的言論，並不是值得憂慮的問題，因為它是摸索過程中所必然遭遇的現象。在崩潰了的精神領域上，如何建立一個新的歷史觀點去探索「日本人的起源」，如何應付外來的一切挑戰，如何解消經濟與人口的雙重壓力，才是令人擔心的問題。英國詩人史賓德(Stephen Spender)說他所看到的今天的日本，正是希特勒崛起前的德國(註二)。深願史氏的觀感是一種杞憂，不致言中。但在這裏，我人仍願重複地說一句：站得高一點，看得遠一點，拿出跑馬拉松的運動精神，熬過這段痛苦的摸索過程，從而找尋一條應走的路；為了日本，也為了一個和平的世界。

註一：「日本人雖然穿着歐洲的服裝，但面孔顏色並不因而改變：穿着歐洲的服裝，不過是為了便利。」評論家桑原武夫一九五七年在世界筆會大會的演辭。

註二：......I go away with anxious feelings about the future of Japan. Your country remindes me somehow of Germany before the rise of Hitler." Oct. 30, 1957. The Sophia Gazette.

理髮

思果

革命前夕剪辮子的時候，流行一首打油詩，裏面說過什麼「誰人不剃頭」的話，眞成了千古不易之論。想想上天造人，偏偏在頭皮上長一片毛，若不剪去就很難看。上了年紀的人，一切都呈衰退的現象，獨有那夾了灰白的、或是純白的、稀疏的頭髮，却長得很快。少年頭可以成一個月不剪，最多看起來有些像要造反的樣子，但是老年人不剪髮，就有些像叫化子了。我的一位世伯每星期至少剪髮一次，風雨無阻；而我呢，自從踏入不惑之年的邊緣以來，就從每二十天理髮一次，改為每兩週理髮一次。事實上若不是因為忙碌，我也實在需要剪得勤一些，以免警察看了不放心。這可眞痲煩透了。

據說人的睡態是很叫人丟臉的。以帝王之尊，平時莊嚴得叫人生畏，一旦睡熟了，那副樣子却難免欠雅。理髮師——這種人也是持平等論的。我們平凡的人希望看到一位全世界最有地位、最凜然不可犯的皇帝坐在理髮師的那張椅子上：一張紙條像要施行絞刑那樣地把他的頸部緊緊勒住，臉都要勒紫了；然後理髮師用粉拍在他的鬢骨和頸的四周，一陣粉粒的霧是可以叫他嗆得氣都不能透出來；不但剃刀和剪髮器會把至薄的皮膚割破，流出皇族的鮮血，而且理髮師可以把他那顆貴重的頭顱、當皮球一樣地撇來攏去。他用不着講，「陛下，您的頭要是方便的話，可否略微抬高一些？」他只要用大拇指撥一撥皇帝的下巴，皇帝就乖乖地把頭抬起來了。他事實上不能跪着理髮，皇帝會叫他，「你站着得了。」他也可以無須打了千再撥動皇帝的下巴。在理髮的當兒，那剪下的短髮像麥芒一樣一根根落在皇帝的額頭上、眼皮上、面頰上、鼻子上、嘴脣上、頸子上，有的簡直是筆直地站在那裏，刺得他又有些癢、又有些痛。等一會洗頭的時候，那顆永不俯就的頭就得給理髮的匠人捺下，用水淋注，比當年領洗禮的情況還要難堪，而且無論科學有多發達，總要有水淌進皇帝的眼睛，灌進他的鼻孔，他的口腔，使他連呼吸都感困難。這都好受，最後到了用吹乾器來吹頭髮的時候，那種難免的灼痛就是名副其實的刑罰了。

在君主專制時代，這樣冒犯了天威一番，照理要把那大逆不敬的平民凌遲處死才對，可是不、不然，他做這件事是合法的，受酬的。等到把皇帝磨折夠了，磨折完了，這位元首才能重新統治他的王國。

這樣說，我們平民為理髮而受同樣的罪，也該甘心了。我平時若不是因為頭皮癢得難受，眞不願意理髮。我想如果不長頭髮就好了。不過這正犯了一種偏激的毛病，把頭髮看做煩惱的象徵，以為把它一齊剃光——做了和尚——就沒有事了。可是過幾天頭髮又長了出來。另外一個辦法就是讓它長下去——看你長多長！原來頭髮長到某一個長度以後就不長了。這頗像討飯就不再會窮一樣。西方古代醫學有一種漸漸增加服用毒物分量、以增抗毒力量的方法，現代的醫生已經不再採用。所以到現在還是剪頭髮的人多。煩惱是永遠不會完的，的確像頭髮不斷要長出來一樣。不過煩惱似乎也少不了，沒有煩惱就沒有了快樂。小小的不便，小小的苦痛是開胃的良劑。忙人嘗到閒的滋味是最美的，整天空着無事做反而覺得無聊。我們的頭髮如果禿光，又怎樣呢？那時除了大勇大智，又要想法去隱藏那塊光亮的頭皮了。有人一邊先禿，就把另一邊的頭髮梳過來遮蓋。有人覺得白髮蒼蒼也是好的，我們不要去笑那自尋煩惱的人；我們生來是找尋煩惱的。那生生不息的頭髮就代表生命本身。等到頭髮沒有了，雖然還有很久好活，我們就疑心生命已經萎謝了。

每次我在理髮店那面鏡子面前坐下，我就有些感觸。我會忽然發見我很可憐。除了要給理髮師作賤一番而外，我覺得不經過這一番磨折，我就見不得人。當然我可以遲幾天去剪，但也遲不了多久。我想亞當的頭只有夏娃給他剪，那時沒有理髮的行業。現代無論誰的妻子有多賢能，她沒法替丈夫理髮。在逃難的一段歲月裏，我也用心試過學着替孩子們剪髮，結果什麼成績也沒有。我永遠剪不勻；不是剪成一塊白一塊，就剪成一層一層像屋頂上舖着的瓦子。我曾經留心觀察理髮師工作，想學他一些手藝，結果仍舊看不出竅門來。這比山水畫的渲染難得多了。在我的社會裏，我必須由理髮師替我理了髮，才能在許多場合出現，雖然天主對我够仁慈的，給了我和別人一樣的五官和四肢。我的雇主、顧客、要好的朋友，甚至妻子，第一看我像什麼樣子，或者正確地說，看我的頭髮的形狀。有一次我剃了光頭，不但對我的妻子算犯了殘酷的罪行，並且給一位學美術的朋友大罵了一頓。我再也忘記不了我妻子看見我回來那時的吃驚的樣子，和我的朋友憤怒的情形。有時我的頭髮太長，熟朋友見了面就會關照我說：「你的頭髮要剪了。」甚至要剪那一種髮型，我們的自由都很有限。早些日子我因天熱想剪平頂，給我的理髮師老王反對掉了——他總是對的。他說，「那種頭武像，你就能玩了味！」

在儀表上，理髮師比裁縫的重要性多得多了。乍看去，一個人的衣服雖然給人的印象最顯著，可是別人常視最頻的還是頭髮。我們一個人內在的價值，常常受外表的影響。也許我們在別人心目中本來沒有什麼價值，我們的價值看我們給人什麼印象而定，特別是時常和我們相處的人。這些人把許多品質賦給我們，派我們做各種人物。

也許因為如此，我們判斷別人會犯了過分靠自己的印象的毛病，而忽略了他眞正的短長。這個世界也許給理髮師和服裝專家左右了一大部分。他們可以把人裝成油滑、荒唐、俚鄙、滑稽、淺陋……也可以把人裝成莊嚴、正派、優雅、大方、沉重……他們把聖賢變成小丑，最後饑寒而死，使一切德行可笑。他們把流氓變成上等人物，把土匪變成慈善家，使他們繁榮、昌盛，使一切詭計得售，一切愚蠢的行為獲得讚許。我說這話並沒有譴責他們的意思，當然該受譴責的是我們自己不帶眼睛。而且理髮師和裁縫是照世人心目中的觀念去裝飾我們的。再說呢，即使他們出什麼主意，接受他們的主意的也是我們自己。

因此我們看人少不得要忘記他的髮式和服裝，想像他出娘胎那時的形狀，皮膚上有微細的汗毛，頭髮還沒有剪過，那是他眞正的本人。人類進步才會打扮，但同時邪惡滋長，才要化裝。教育、修飾都可以供給懷着鬼胎的人掩蔽自己的眞面目，造成別人的幻覺。也許有一天無論男女都要像登上舞臺那樣地化了裝，才去見人，光天化日之下，沒有人露面，只有在幾枝洋燭的微光裏，人們才會有遭遇。古代的假髮本是化裝，在假髮下面，所有的人都一樣了。現在只有英國的法官等等人物才藉重它來造成莊嚴的氣氛。將來也許連小販也一律要披上假髮。

把聖賢打扮成小丑是罪行，但是把流氓裝成君子卻是值得稱讚的；至少人的心目中都承認君子的價值，都想做君子，也許漸漸就做君子了。把儀容弄得雅潔，使看到我們的人不生厭惡，自然不算做錯。不過我們做一件事往往料不到結果，而狡猾的人總會利用一切的機會去得到利益。然後才有魚目混珠的事情。另一方面，裝飾是很受罪的，我從前寫文章也講過。我已經有七八年沒有修過面，省了理髮師許多麻煩和我的時間，也少受一點折騰。

理髮師是藝術家。這一門藝術不見得比刻字、畫畫容易。我小時刻圖章的成績比我大了學理髮的成績好得多，而山水畫我雖沒有學好，可我也沒有好好下過工夫去學。世界上有兩種藝術家是餓不死的：廚子和理髮師。他們的技藝和人的生存有關，所以總有人養活他們。但他們的工作也够辛苦的。我們懷着急切的心情坐下來吃一頓豐富的美餐，一心想念上蒼造物的恩和我們能够享受的福，不免感激、歡喜；但我們也該想到那卑微的廚子，把各種汚穢血腥的材料做成一道一道清潔可口的菜出來。理髮師成天站着，用心把各個顧客的油膩、雜亂、叢生的頭髮剪好，送到各種場合去，其實也該受人感激的。

我對理髮師的認識，主要是從上面提到的那個老王那裏獲得的。我們的友誼還有過一次波折，不知道從那一個時期起，我成爲老王的顧客了，那就是說每次我到那間理髮店去，別人即使閒着也不替我剪，要等老王來。我起初很不耐煩，因爲我是個馬虎人只要快快了事就行。那理髮店裏的人會和我打招呼：「王師傅一哈（下）子就來。」老王不空，看見我進來，會說：「坐哈在（一下）。」慢慢地我才知道王師傅是把好手。他還有個特性，就是不管生意有多忙，絕不苟且一些。我有時看他忙，就對他說：「老王，馬虎些不要緊，你今天忙。」他馬上表示抗議，一臉嚴肅的表情，「這就能玩嘞咻！」我是個近視，平時剪完了髮，理髮師用鏡子照後面的頭髮給我看，我不管好歹，總是含笑點頭表示通過，但老王一定要我戴上眼鏡，「看哈在（一下）。」我看了總表示佩服，說他有本事，他得意地笑了。他是個直率的人，覺得我的話還欠貼切，老實不客氣就親自誇讚一番，把特點一一指出來，末了加了一句「沒得話說嘞。」我當時這顆頭就成了瓷瓶那樣的藝術品，任由他評論了。他告訴我，他在我洗頭的時候，坐在後面細細看過我的頭型和面型，知道我的兩鬢以上不能剪得太光，從此長短就有了尺寸。我的頭就是他的傑作，他的招牌。他不能剪一個看不上眼的頭讓別人說：「老王不行了。」他說各人的頭不同，臉也不同，因此頭髮也不能剪成一樣。這件事只可以意會不可以言傳。他剪髮的時候那種認眞和古人寫字一樣，比起一切出門不認貨的藝術家來都高貴。我時常想我又不是去做新郎，何必那樣認眞，而且過幾天頭髮一長長了，他的心血全都要付諸東流。但每一次他都好像把我收拾好了去行婚禮似地。我想起我寫的有些文字來，不兔汗顏，我比不上老王。

我是個爲生活鞭策忙碌的人，每次剪髮要找當兒。我大多數在飯後剪髮，因爲飯後必須休息，不能工作。有時機會來了，但身在別處，找不着老王，只有錯過不剪。往往一耽擱就是一個星期。這一個星期當中不但儀表越來越不像樣，被人當作畫家或詩人，頭皮也越過越癢，難以忍受。在這種情形之下，我絕不敢走進另外一家理髮鋪子去一剪了事。我如果做了這件事，下次怎麼敢去見老王呢？這個星期裏我擔心老王在懷疑他走了一個老客人，遭他的同事譏笑。機會到了，我急忙到老王那裏，向他解釋遲來的原因。他會不經意地道：「這回頭髮長了，難過了。」他知道我留着頭髮等他剪的。有時跑去他不在家，別一位（大約是股東之一）會告訴我，「王師傅出去了，叫二號來剪好吧？二號的手藝刮刮叫，從前也是××的（一間最出名的理髮鋪子）」我當然說好。二號是個漂亮小夥子，憑良心講，剪得眞不差，我可以賭咒他替我剪髮是特別出力的。等下次老王剪頭，他就說「上次不是我剪的吧？」我點頭說是。他會接着說：「我一看就有數了。」有一年老王身子一直壞下去，我着實不安。他告訴我他鬧脚氣，一天到晚站，吃不消。我叫他吃乙種維他命。他有時替我的兒子們理髮，會提起他們來，「你家少爺人人物物的，懂規矩呢。」我們之間已經有了友誼。

我說的風波是這樣一回事。有一年除夕前十天我去剪髮。我發覺他替我剪得太少，還聽到他們說一種我聽不懂的話，猜那意思是說：這傢伙是個「肯（讀去聲）子（意思是吝嗇的人）」，這回剪過了過年就不剪了，省給雙工。那時我的憤怒是形容不出的。我即使是在加價前三天剪過頭，也要付一次雙工的，這是一年一回的事。我覺得他不該疑心我。在氣憤的時候我就覺得，過去幾年來感情上無形有一種束縛，我想掙脫它。我覺得我這樣馬虎的人用不着爲了頭髮受這種束縛。此外，如果說老王是個好理髮匠的話，我也是一個理髮匠的好顧客；我不修面、不剃鬚、不吸他們的香烟，拿鏡子給我照總點頭的。那年在除夕前一日我又去剪了一次，決心付過這一次雙工，以後再也不去找他。那天老王忙得不可開交，也無心和我寒喧，從此我就不去了。

多少個月我的心一直惦記老王，不知道他的脚氣好了沒有。我簡直不敢走他店門口過。雖然寃家路狹我也撞見過他，他也叫我去剪過頭，不知怎麼回事，我總沒有勇氣再去找他——和從前沒有勇氣上別家去理髮一樣。我到處剪髮，竟沒有一次滿意的，心中有一種流浪漢的感覺。頭髮長了，到那一家去剪呢？我眞地拿不定主意。我理了髮回家，心裏彎扭着，問我的妻子：「你看剪得比老王怎麼樣？」她搖搖頭。

有一天我的大兒子剪了髮回來，他說：「老王帶信叫您去剪頭呢。」我聽了好像找到了正當的理由，去完成一件久已想做而缺少藉口的事一樣[illegible]當晚就去了。我走進老王的店，有遊子歸家的感覺。

書刊評介

至高的理性——科學哲學的研究

潘郁良

原書名：Sovereign Reason—Studies in the Philosophy of Science.

著者：Ernest Nagel

出版年代：一九五四年。全書共計三百一十五頁。

價格：美金五元。

哥倫比亞大學的 Ernest Nagel 教授是國際知名的科學哲學學者，關於科學哲學方面的著述甚豐，但多數在專門性雜誌上發表。本書的出版目的即在將他這方面的著作介紹給廣大的讀者。本書計十六章，依其內容可分成四個主要論題：㊀「理論與原始經驗的關係」（抽象理性與普通感覺及明顯行動相衝突的體性—本質—間的關係）是一個和西方思想同樣古老的論題。本論題包括了那些隨着近三世紀數學物理（mathematical physics）發展而變得精銳的問題和自然科學近代理論的特性，而其中所包容的內容，顯然與經驗的明顯特徵背道而馳，因而益顯得本論題的重要。㊁「自然與可信知識的基礎」是第二組論題。眞正的知識（genuine knowledge）曾經一度被普遍認爲與絕對確實的知識（absolutely certain knowledge）完全相同，而此種觀念仍爲現代思想家所持續。科學知識斷定的可信性（alleged reliability）的基礎是什麼？怎樣解釋大概的推理（probably inferences）？什麼是基於有證據的估計的原理？……這些都是現代科學哲學的核心問題，在本書中均有詳細論述。㊂第三組論題是由於不斷探究宇宙全貌而產生的問題。許多人都認爲各種不同的特殊科學不能用以研討究極的問題（ultimate questions），所以這些問題的答案必須在別處尋找。這一組論題便是現代科學對這些問題所作的處理。㊃最後一組論題是討論科學與社會的關係。這組論題中許多問題具直截實驗的特性，解決這類問題必須依從歷史和社會探討。然而尚有一些問題却沒有那麼容易解決，因此要利用到上面所述的三組論題來解決，在這本書裏也有說明。

在科學哲學的園地裏像這本包容甚廣而討論嚴謹的著作不多。從這本書中，讀者可領會到科學哲學範疇和現代科學哲學發展的情形。此外還可認識現代實驗主義創始人 Charles S. Peirce，和現代頗有成就的哲學家 John Dewey, Alfred North Whitehead, B. Russell, A.S. Eddington 等人關於科學哲學的見解。

讀者投書

(一) 看法商學院之前途

宋宗憲

編輯先生：本人爲省立法商學院之學生，有感於前貴刊登出有關本學院的讀者投書—「如此省立大學—法商學院」，今願再借貴刊寶貴的篇幅就法商學院之前途提出幾點意見，以供有關當局研究與參考。

目前有關當局及人士常談論到省立法商學院的存廢問題，由於各方見仁見智，議論紛紛，主張各有不同。據最近所聞，可歸納爲兩派：一派爲主張本校與他校合併，另一派爲反對合併。前一派爲大部份學生及幾位教授所主張並認爲合併可有兩途徑，其一或併入省立農學院，另一則與政治大學合併。後一派爲幾位保守的教授所堅持，他們本着刻苦的精神自力更生，使設備不完善而環境又惡劣的法商學院建造成理想的學府。

持反對合併論者的理想與精神是值得讚佩的，深信在條件不具備之情形下，能有這幾位熱心的人士，法商學院不是沒有前途。但是，我們平心靜氣的想一想，欲解決今日法商學院的問題，持此理想是不切實際的，過於樂觀的自我陶醉將使法商學院陷於泥濘之中。我們得坦白承認，現在甚至將來，法商學院以區區之地，經費之時感拮据、環境之不能改善、設備又落後，而要想建造成一所理想的大學，豈非難事？既知非易事，又何必紙上談兵!?而且我們也不慣於在學堂裏聽些高談自力更生的話，更不希望見到以募捐來建立科學館，以暫時滿足學生的欲求。虛榮該不是目前的產品，力求實際才是現在迫切需要的東西。據說最近在無經費之情形下要擬建立一所科學館，經費來源以募捐之方式取自社會人士及學生們。熱心教育的人是否捐款我們不談，單只談這些遠道求學的學生，在每月繳一百元左右的房租金而家境又清寒之情形下，如何捐出五百元？縱或能捐出，但以建立一所科學館又何濟於事？何不建造一所「宿舍館」？衡情量理建立一所「宿舍館」以供遠道而清寒的學生住宿，才是目前迫切需要的。今固執自己主觀的成見而置客觀事實於不顧，誠令人莫解。

因此，爲全體學生與本校前途計，我們應求一根本解決之有效途徑。依我的觀察，一多數同學的意見及客觀條件之具備，法商學院與他校合併是妥當而合理的。因爲在合併後，規模擴大可趨近標準之大學，經費多，自然設備可擴充且合併後可增強師生之陣容。這一種合併的途徑有二：即前面所述及的一爲與省立農學院合併，另一即爲併入政治大學。此一途徑亦爲今日足以有效解決之一條途徑，其理由爲：㊀兩校性質相同且政府所創設機關學系互異，㊁兩校均在臺北，可免遷移合併之麻煩與困難。㊂據我想大部份同學也贊同合併之意，會獲得政治大學當局也歡迎此舉，而兩校都有作爲吧！是那幾位保守者遲遲未採納，我想該

總之，法商學院與政治大學合併既爲多數同學所願意，爲青年學生之前途計，成立一所完整的大學，爲現在當局之積極緊要的事。因此希望教育部當局給我們一個合理的解決，實並請那幾位保守者放棄那個人之成見，讓青年學子安心求學，將是教育上之一大成就。專此順請

撰安

宋宗憲 四八、五、十一

讀者投書

(二) 請代向監察委員先生們呼籲

胡學古

主編先生：我是臺灣省立中壢商職的英語教師。擔任高二英語。去年下期，因學生對我講解課文着重文法結構解析的教授法，感到明晰易懂，興趣油生，乃即向我請求講授有系統的文法(尤其是最難明懂的動詞部份。)經我考慮答允先由我就以往所編之文法講稿，再作修改完成後，即行講授。去年整個寒假，即從事此一工作，並將動詞部份寫好成「英語動詞十講」講稿一本，預擬印成講義，發給學生，庶可滿足學生一番熱望！

本期開學不久，我即向教務處請其以我編撰之「英語動詞十講」，繕印講義，發授學生。但殊出意外，這一工作，自始即為教務主任所不樂願，初則勉強敷衍，終至百般刁難，使工作停頓。及數函奉詢，拒不作答，待由我和學生自行籌款，繼續繕印，不讓工作半途而廢時，而校長又下令：不准用鋼板，不准用油印機。凡此等等橫蠻逞霸壓人的情形，我於忍無可忍之下，曾函教育廳長劉眞先生陳訴經過，並將油印好之部份講義稿附致一本請其鑒察，並盼劉廳長即予糾正這種不以學生學業為重的敗劣風氣。

致劉廳長函於六月六日下午以雙掛號投郵，郵局回執上註明此信業於六月七日即已送達教育廳值日員(上面蓋有該廳值日員收信之章，茲附上此一回執)但距今近月，直如石投大海。不但我自己花錢為學生編印講義所受的種種壓阻，未見劉廳長為我設法解除，反而校長像更有所恃，動員許多力量，給我個人和繕印講義的學生作更嚴厲的威壓，甚有務使我為學生編寫的講義印不成而甘心之慨。現在簡述如次：

一、先是挑撥

自學校不發繕印講義用紙(注意：學生每人每期繳有講義費三五元，學生有要求學校繕印講義之權利。)，取回鋼板，不准用油印機以來，學生甚為憤慨。學生再向校長書面請求准用油印機，亦不獲准，絕望之餘，學生只得借用「內定國校」油印機油印。學校得知後，校長鄭達麟先生，高二甲(我教高二甲高二乙兩班英語，尙兼授二甲國文，我每週至該班上課十小時，我對該班學生至為愛護)導師劉三智先生(劉先生係訓育組長兼任導師。去年學生要求我編講文法，即是由這位劉導師代學生向我轉達的。自講義繕印工作受到無理阻難時，他亦極表憤慨，曾向我個人和高二甲學生表示他一定支持到底，當時學生為籌款購買繕印用紙時，他曾向學生表示願意捐款協助，惟我和學生均以他家計清苦，表示婉謝，但時間未逾兩週，劉先生的態度突然大變，不但不支持，並幫校長壓阻學生繕印講義。)乃至軍訓教員陳正英少校，均先後到班上訓話，大致是：「學校不印講義，乃學校和胡老師之間的事，與你們無關，你們不要受人利用，不要給別人當幌子、當工具」等云云。總之依他們三位之意。學生繕印講義，是受我的利用，做我的工具；要學生不受我利用，不做我的工具，就是即刻停止工作，讓繕印未完之講義半途而廢。但學生們十分清楚：我為他們編寫講義，係應他們的請求，盡我所知，滿足他們的求知欲望。自講義繕印工作，中途受阻，雖然學生自行籌款購買用紙，一再不讓我拿錢，但我仍拿出我月薪之一半，交給學生統籌運用，使他們的講義，不致中途而廢。凡此種種，我是否在利用學生？我是否把學生當幌子？當工具？學生心地純良，公道自在人心，難怪那位劉導師就在訓話的時候，被學生質難得無言作對，狼狽而去。

二、繼之高壓

挑撥學生未逞，徒使學生益憤。挑撥之言，不但未使繕印講義的工作停頓，且更促使學生對工作之加緊進行。同時還有學生在週記上就講義事，表示不滿。但凡是擔任繕印工作的學生，和在週記上曾表示意見之學生，均遭其導師劉先生之非議責斥，其中擔任繕印工作最力的三位學生賴振忠、張堂治、黃成金三君，並分別召去個別談話。劉先生對三生的談話內容是：①說他們是校長的「子弟兵」，對於講義事，責斥他們不支持校長是對校長不敬，支持我是不對的，要他們認錯，並以操行成績相威脅；②責罵三生負責繕印講義工作是多管閑事，受我利用。尤其賴生，因在「內定國校」油印，係由其負洽商之責，故受的責斥更厲；③分別在三生之面前，對我作侮辱性的人身攻擊。但這一聲色俱厲的高壓，並未使學生心服，且更激使學生就事理與之論辯。當學生談到我認眞教學，爲他們編寫講義受到學生尊敬的情形時，劉先生曾怒斥學生道：「胡老師有什麼可值得尊敬？」乃在學生面對我作一連串的人身攻擊。這句話，竟出自負責全校訓育工作的劉三智先生之口！豈不悲哉！

三、最後威嚇——給我加帽子

學生擔任講義繕印的工作，挑撥不了，高壓不住，劉三智先生乃使出最厲害最可怕的一着——給我戴帽子！劉先生曾分別在上述三生的面前，除對我作人身攻擊外，並說我：

1. 經常閱讀反動刊物——「自由中國」，思想有問題。
2. 只顧個人生活，不關心國家民族，聽到總統不知肅然立正，不敬領袖，不愛國家。
3. 要用你們的講義費，油印他的講義，自私自利之徒。
4. 說學校某一負有特殊任務的老師——正在調查我的思想，必要時，將要採取行動。

劉先生和我雖是同校執教，但彼此之間，眞可說得上無何交往。以前，偶遇寒暄，承其過於獎飾，說是他班上的學生如何如何敬重我的學問。而今却一下子給我戴上了這麼多頂的帽子。我想恐怕還是因為講義故，他或以為學生挑也挑不了，壓也壓不住，仍然在外面印講義；於是想藉此可以把學生嚇住。其次或也是一種存心的預謀，想把油印講義的事，扯到另外的方向去，這樣或可藉此為校長先生掩蓋住「收了講義費，不肯印講義」和百般壓阻的橫霸無理！

但是，學生並未就此嚇住，繕印講義的工作，仍未停斷，最後卒於上月底全部完成。但聞校長還要和學生們個別談話。訓育組長兼導師劉三智先生，聲稱要俟校長和學生個別談話之後，方給他們評定這學期的操行成績分數。儘管劉君對我如此，而我仍然相忍，對他諒解。他為何竟在旬日之內，對同一的學生，作出兩種截然相反的態度，而自貶聲望，令學生輕鄙，內心必有一種說不出的苦衷！我固然是受校長鄭達麟老先生(鄭校長是高齡六十多歲的長者，足比我這個卅的人，大出一世多的年紀。)的壓迫而難受，但我想劉君苦衷之由，必不簡單，其內心難受之情，必更倍我，我何忍惡聲相反。故我直到目前，仍要學生對其導師諒解，所謂「諫師之道，無犯無隱」。

同仁竊竊私議，咸以鄭校長有其至好鄉友某某之助，必無所懼，而又驚諾校長與教員之間每生糾紛，教育廳長一定維護校長尊嚴，故都認為我月前為講義受阻向劉廳長陳訴，殊不度勢量力，可謂以卵擊石。學古自然微不足道，既無人事關係，又無政治背景，卅八年來臺迄今，全靠自己的勤勞苦幹，以維生涯。這次應學生請求為其編撰英語文法講義，中途受盡壓阻，函求劉廳長解除，果然迄今未蒙處理，且更為此受到以「思想有問題」之迫害。處在這樣惡劣的世道，做一個眞正有骨氣的讀書人，確實不易！而且還有遭受「思想迫害」之虞！此風不杜，教育界何得清明！本學期卽要結束，下期我如遭停聘，固是鄭老校長給我必然的報復。關此，我倒無所謂。而使我心所不安者，卽支持繕印講義的學生，他們也是否會受到學校報復的麻煩，尤其是那三位出力最大，曾受其導師嚴斥而未屈的學生賴君，張君和黃君？我不得不在此爲他們向廣大的社會和教育當局作一呼籲。

茲特抄檢前致教育廳長劉眞先生函文一件(祈能一併刊佈)和爲學生編寫的「英語動詞十講」講義一本。敬請貴刊惠予刊佈，並乞監察委員先生們能注意我的陳訴，對於我的學校的這件敗壞學風之事，作一公正調查，切實糾正。實不勝感禱之至！ 敬祝

編安！

臺灣省立中壢商業職業學校英語教員 胡學古敬上 四八、七、三

附致教育廳長劉眞先生函

廳長先生賜鑒：我是臺灣省立中壢商業職業學校的英語教員。去年到達本校，擔任高二英語。因學生根基不好，程度也不一致，故我卽決定採取從基礎上着手，設法漸求改進，而且職校學生，普遍對於「英語」一科，存有一種「不如中學生，無法相比」的自卑心緖。作爲一個英語教師，應設法却去學生這種不良的自卑心緖，進而提高他們對於英語的學習興趣，方可有益於學生之學習。故基此理念，在講解時，特別注重語句文法結構的解析，幾乎做到每句都作圖解分析以後，再作中譯的解說。解析中如涉及到文法基本觀念規則時，還作補充的解說。總之決不可使學生囫圇吞棗的似懂非懂。我深知凡對某門功課之無趣，胥由對該門功課之不了解。學生對功課的發生興趣，定是由於他對此課之了解，亦若人之由相識始生情誼然。故我教授以來，切忌學生之不懂，因而我費的心力和精神也很大，所幸未久，學生觀念改變，對英語漸生信心，不再自卑，對於注重文法結構分析的教法，尤有興趣，進而欲求能多學點有系統的文法。因之去年下期中間，兩班導師向我轉達「學生要求我爲他們講授有系統的英語文法」之願望。當時學生並要求指示教本。當時因學校已快結束，而且一般中學所採用的文法教本頗深，高職學生的程度不够。我以往執教高中所編的文法講義，亦係就高中學生程度編定，亦不適高職學生。爲不負學生所望，經考慮答允學生，由我就以往所編之講義，着手改編後，從下期(卽本期)開始講授，整個寒假，我住南部家兄家，從事這一改編工作。改編時，想到向來學生對英語文法感到困惑者，乃「動詞」和「前置詞」兩種。故寒假的改編，卽從動詞着手。寒假一月，每日改寫，寫好「英語動詞十講」稿本。以淺明多例來解說此一困惑學生的「動詞」問題。

本期開學，我卽向本校教務處請求以我編撰之「英語動詞十講」油印講義，發授向我作此請求之學生，時教務主任以無人繕寫，頗呈不太樂意的意思。後學生自願負繕印之責，只請學校發給紙張，予以油印之便利。困難至此，總算解決，工作也就開始。兩月以來，兩班學生自動輪負繕印之責，而講授順利，學生興趣亦隆，英語成績，也漸呈進！(另一班高二，係另一易先生教授。易先生亦商請以我編講義，印發他的學生，由他講授，故三班高二，皆已採用講授我編的講義)。詎知上(五)月下旬，教務主任突以「油印耗費太巨」(他對易先生講已用了新臺幣千餘元)，頗不願繼續發給油印紙張。我知道後，就將當時所已油印耗用的紙張數量和折合時價之總金額，列算函陳教務主任。(當時爲共用臘紙五五張，共印白紙九九〇〇張，總共耗費爲三一二·八元，並未耗用千餘元)並云未印講義只餘三分之一，懇望他能繼續支持，發給紙張。此函送達後，不意學生往領紙張時，卽不順利。五月廿九日，學生再往教務處領紙，教務主任令示不發，繕印工作，只得停頓。當時，學生羣情激憤，有謂「學生每人每期繳納講義費新臺幣三五元，從未發過講義，那裏去了?!」我極力抑制學生，乃於當晚再函教務主任，請其作明確表示，學校如不能發給紙張油印，亦盼明示，以便自行籌款續印。再函送達後，我耐心等候回示，工作亦暫停頓，但數日後，仍無回答。但當時正値三次月考，我仍以其忙，無暇作覆。及考後，仍不見示，乃又於六月三日，三函教務主任，請其卽速答示，並表示願意候示至六月四日下午六時下班止。但第三函送往時，遭其拒收，並怒斥送函學生。無已我只得親自送請學校總收發轉達。六月四日，全日候示，仍無回示。至此我極感慨，適校長(已快下午六時)下條子派工友找我談話，我更是憤慨！(教師不是校長的部屬，怎可以對教師下命令式的簽字條子!?爲教師爭身份，我當然拒絕他不禮貌的下條子請教師談話的官僚作風！)乃卽趁工友覆命之機，再函校長先生，表示我的意見，並重申請飭教務主任答覆前各函所詢疑問。以後校長先生也無回信或任何表示。至此，我知要盼學校發紙繕印，完成尙餘之三分之一的講義，已不可能，乃決定由自己拿錢購紙發學生繕印，不致工作「半途而廢」。自此事發生後，深得部分同事的同情，學生的安慰，這又是我憤慨之餘，唯一的慰藉！

廳長先生！我是一個以教書爲業的讀書人。我除教授學生外，我敢言(恕自詡)在今日學校中，我是一個孜孜的苦心進修者。我教學的情形，我不願自己來說，請廳長派人調查。現在我想請示廳長者：

一、我應學生之請，爲學生編寫講義，是否應該？編寫講義乃是一件苦事（而且還要貼錢買稿紙）。「好逸惡勞」，誰人不願，難道我生性賤，無事找事忙嗎？

二、學生每期繳納講義費，每人三五元，是否係爲學生印講義而收的？高二的三班學生，一年來(兩期合算，每生共繳講義費新臺幣七十元)到現在爲止，除只油印過我爲學生編的英語文法講義外，並未發過任何講義，爲什麼可以不繼續發予繕印講義之紙張？事實如此，難怪衆多學生和同事對講義費之如何處理？咸抱懷疑態度也。我們教導學生，一定要人格可爲學生法！要人格可爲學生法，又必要我們在處事接物，公平合理，處處清白！諒廳長必以此語勉教育人員。

三、教務主任對教員就有關教學方面之請詢，應有答覆之責任。我曾三函教務主任(第三函還遭其拒收，並怒斥送信學生)，均拒作答。拋開職責不談，就以一般禮貌言，似乎也非常態。我又函告校長，亦復同樣。辦教育的人，已是持這樣態度對待教師，還談什麼「尊師重道」！我復何言！

四、我應學生之要求，爲他們編寫講義，學校教務方面，理該盡力協助支持（不要談向我申謝），然而省立中壢商職的教務，却持相反的態度。先是委以無人繕寫，後學生自願負繕印之責，印至中途，又突不發紙張，欲其「半途而廢」。及由我和學生合力拿錢購買白紙臘紙，準備繼續繕印工作時，而原由教務處供給(很費心力才得到的供給)的鋼板，今天又突以「需用」取回，(鐵筆不借學生自購)。無已，學生和我只得另行設法去借鋼板。及鋼板借到，所繕就之臘紙，前往油印時，而事務處則以「奉校長令示不准印」，將油印」機之「印棒」收去，弄到現在，連油印機都不准用了。(現在由兩班學生經由導師報請校長收回成命，准借用油印機，尙未蒙核示——學古註。）請問廳長先生，這還是辦的什麼教育?!現因寫就的臘紙，不能捲放過久，現由學生商借「內定國校」(一學生的母校)的油印機油印中。(工作幸承學生熱忱支持，雖然困難重重，但未中斷而廢)事實演進至此，不但不支持協助，反而阻難了！爲教育前途計，我能不百感交集，憂憤油生！

教務主任和校長對我爲學生編印的英語文法講義，這樣「百般刁難」，以至下令不准用油印機，究因何故？誠百思莫解？廳長先生，我要以沉痛的心情向您陳訴，乃至可以說是向您提抗議，中壢商職，辦得混淆不堪，是非不明，同仁學生，怨聲載道，弄到今天，學生請求老師編印講義，都要受到阻難了，這如何對得住學生?!中壢地方又何貴乎設立這個學校?!今天，國家苦難到了這等地步，知識分子的教育界已窮困到了這等光景，爲什麼我們還不憑良心把教育辦好?!

茲謹奉「受盡折磨，直到現在還在苦難中而未完成」的拙編「英語動詞十講」油印稿一份，敬請鑒察。並盼廳長爲有志研究的教師謀便利，糾正這種絞殺教育生機的惡劣橫逆之作用。 專此奉陳，謹祝

崇安！

臺灣省立中壢商職英語教員 胡學古謹上 四八、六、六。

自由中國　第二十一卷　第二期　內政部雜誌登記證內警臺誌字第三八一號　臺灣省雜誌事業協會會員　六四

給讀者的報告

左舜生先生在香港「聯合評論」發表的「搶救中華民國的時間已經不多了」一文，由於國民黨機關報中央日報的轉載和首先發難，造成了一個四面圍剿的態勢。我們鑒於大家把左先生的主張看得那麼嚴重，特發表社論㈠「這樣能解決問題嗎？」平心靜氣的說出我們的看法。在我們看來，左先生的主張儘管在技術上有若干稍欠考慮之處，但決不能因此就抹煞了導引出此一建議的那個嚴重的現實問題。可是，「中央日報」的兩篇社論以及所有左氏的批評者，都沒有深入到問題的本質，當然更談不到問題之解決。很明顯，這絕不是解決問題的方法。

「中央日報」最近登載了一則國民黨中央常務委員某君「有關修憲及大選問題」的答問，其中有所謂「修改臨時條款並不是修改憲法本身」之說。這如果是出之於一般人的口，可不必理睬，然某君是以國民黨中央常委的身份對外發言，且經中央社普遍發佈，並由國民黨機關報刊登於顯著地位的。因此，我們不得不發表社論㈡「好一個舞文弄法的謬論！」對這種荒謬得不值辯駁的說詞予以辯駁。同時，本期另發表的宋功仁先生「論臨時條款與修憲」專論，更進一步指出臨時條款之設是修憲，而臨時條款之設對憲法的尊嚴有嚴重妨害。奉勸國民黨的朋友們，既想修憲，又何必那麼躲躲閃閃呢？

我們在社論㈢「中國文化發展的新取向」中，首先說明我們文化上黨化和復古的兩種取向，造成了形式主義、隸屬主義、特殊主義的三種影響，然後指出中國眞要有希望，必須朝新的取向趨進，即拿重實質的態度對形式主義，拿成就表現對隸屬主義，拿普遍的思想對特殊主義。

趙岡先生在「對臺灣金融政策的一點建議」的大作中，指出臺灣現行金融政策在基本上有兩點很值得重新考慮的問題，一是涉及政策的標的，一是金融制度的本身。趙先生對金融制度的本身，特別提出了一種雙重準備制的建議，並詳細說明了這種制度的優點。不過，趙先生的大作，是在臺灣發行短期公債前從美國寄來的，特此聲明。

金溟若先生的「從學風腐蝕論中等教育」大作，是根據目前學校教育實情，說明學風的腐蝕，在於訓導的不善與學校生活的不正常；而學校生活的畸形，又是由於學校行政主管觀念的錯誤；進而主張建立嚴密的人事制度，掀起一次教育自清運動。同時，本期發表了胡學古先生一篇投書，更爲當前中學教育行政問題提出了例證。

董鼎山先生在「從日內瓦會議論蘇俄政策的基本目標」中，除對此次會議的最近發展做了一個簡略檢討，並從歷史觀點詳細說明了莫斯科政策的基本目標，還附帶提出了一個西方國家對付的原則。

自由中國 半月刊　第二十一卷第二期　總第二三三號
中華民國四十八年七月十六日出版

發行人　雷震
主編　『自由中國』編輯委員會
出版者　自由中國社
社址：臺北市和平東路二段十八巷一號
Free China Fortnightly, 1, Lane 18, Ho Ping East Road (Section 2), Taipei, Taiwan.
電話：二八五七〇

航空版　友聯書報發行公司（香港九龍高打老道一二〇號）
電話：五九一六四、五九一六五

總經銷　自由中國社發行部

經售者
美國　紐約友方圖書公司 Hansan Trading Company, 65, Bayer D Street, New York 13, N.Y. U.S.A.
　　紐約光明雜誌社 Sun Publishing Co., 112, Mulberry St., New York 13, N.Y. U.S.A.
韓國　漢城裕昌德號
馬尼剌　新疆書店
緬甸　仰光振成書報店
印度　阿拉哈巴中印文化出版社
北婆羅洲　西利亞坡青年書店
星加坡　友聯書報發行公司（小坡大馬路四六九號）
吉隆坡　友聯書報發行公司（馬華公會大厦三樓七室）
怡保　友聯書報發行公司（希尼華沙廿街十六號）
檳城　友聯書報發行公司（林連登律七十二號）
澳門　友聯圖書公司

印刷者　精華印書館股份有限公司
廠址：臺北市長沙街二段七一號
電話：三三四二九

本刊經中華郵政登記認爲第一類新聞紙類　臺灣郵政管理局新聞紙類登記執照第五九七號　臺灣郵政劃撥儲金帳戶第八一三九號
（每份臺幣四元，平寄美金一角五分，航寄美金三角）

FREE CHINA

第廿一卷第三期

目錄

中華民國四十八年八月一日出版

社址：臺北市和平東路二段十八巷一號

半月大事記

七月十日 (星期五)

美法間有歧見，美機調離法國基地。赫特在記者會上表示，盼艾森豪與戴高樂及早會商美機問題；赫特並對日內瓦外長會議不表示樂觀。

美國防部官員表示，美國天帝飛彈已可供作戰用。

七月十一日 (星期六)

俄建議巴爾幹設核子禁區，美已予以拒絕，認爲俄提出該計劃目的，在使自由國家失却防禦。

東西外長聚集日內瓦，準備再談柏林問題。赫特携有對柏林問題的西方新建議，行前曾與艾森豪詳細商討。

七月十三日 (星期一)

日內瓦四外長會議復會。西方要求蘇俄保證，永遠毀棄威脅手段，表示西方決不在要挾下談柏林問題。西方盼就柏林問題，與俄覓致暫時協議，至少維持現狀三十個月。

美國陸軍部長布魯克警告蘇俄，美有作戰致勝力量，決不放棄任何責任，促俄勿在柏林或其他地區逼人太甚。

西德致美英法備忘錄，表示願與東德作有限度接觸。

七月十四日 (星期二)

俄企圖使德共參加秘密會議，西方外長立予拒絕，指控葛羅米柯使用阻撓戰術，陰謀拖延柏林協定談判。

美參議院已通過四百億元國防經費法案，將以三億八千萬建造核子母艦。

七月十五日 (星期三)

美英法三國重申立場，俄需放棄要挾手段，始可舉行高階層會議。

七月十六日 (星期四)

美國對解決柏林問題殭局，準備提新計劃，由聯合國維護柏林人民的自由。

葛羅米柯通過馬立克，向英提出要求，在未來的全德委員會中，俄堅持東西德雙方應有平等的發言權。

赫魯雪夫在波蘭談赤化世界幻想，對資本主義極盡攻訐之能事。

赫特建議由聯合國監督柏林休戰協定，葛羅米柯立即拒絕。俄顯然不讓觀察人員入東柏林。

七月十七日(星期五)

葛羅米柯終讓步，參加秘密會議，四外長在秘密會中未能獲致任何進展。

美參衆兩院聯席會通過十四億軍援案。

七月十八日 (星期六)

美國會聯席會通過三十五億援外法案。

七月十九日 (星期日)

伊拉克共黨部隊叛變，可庫克城發生戰事。

赫魯雪夫與波蘭共酋舉行秘密會談。

七月廿日 (星期一)

赫魯雪夫原定北歐之行，突然宣佈取消，西方三國外長表示驚訝。

俄向瑞典提出照會，謂赫魯雪夫取消訪瑞典，係因瑞報進行反俄。

西方爲粉碎俄所提全德委員會計劃，對俄提出對案，建議組設四國委員會，東西德以顧問名義參加此項諮詢機構。

七月廿一日(星期二)

赫魯雪夫停止赴北歐訪問，俄聲明謂祇是展延。美官員推測其理由，認係赫氏明知此行將遭遇失敗。

七月廿二日 (星期三)

尼克森今赴俄，爲美展覽會揭幕；將向俄重申美立場。

艾森豪對記者會宣稱，四外長會議希望大減，舉行高階層會可能性比過去更少。

四外長再度集會，葛羅米柯作冗長演說，重施拖延詭計。

伊拉克政府宣佈，可庫克叛變已結束。

美兩院通過援外案，總額爲三十五億餘元。

赫魯雪夫與波蘭共酋發表公報，對柏林提新威脅，竟將支持東德吞併西柏林。

七月廿三日 (星期四)

尼克森抵莫斯科，發表聲明，希望所晤每一俄人，均能自由坦白交談。赫魯雪夫指尼氏爲帝國主義代表。

西方在外長會議提警告，決不容俄片面行動，損害西方在柏林權利。

俄圖使東西德直接談判，赫特予以猛烈抨擊。

七月廿四日 (星期五)

尼克森訪晤赫魯雪夫，曾遞交艾森豪函件。美展覽會下午揭幕，宣讀艾森豪向俄人民致意文告。赫魯雪夫在美展覽會致詞，邀艾森豪訪俄。

『自由中國』的宗旨

第一、我們要向全國國民宣傳自由與民主的真實價值，並且要督促政府(各級的政府)，切實改革政治經濟，努力建立自由民主的社會。

第二、我們要支持並督促政府用種種力量抵抗共產黨鐵幕之下剝奪一切自由的極權政治，不讓他擴張他的勢力範圍。

第三、我們要盡我們的努力，援助淪陷區域的同胞，幫助他們早日恢復自由。

第四、我們的最後目標是要使整個中華民國成為自由的中國。

社論

（一）解決臺灣省政體制的根本辦法

——省長必須實行民選！

最近一個多月的臺灣省政，在形式上有了若干改革，頗引起各方面的重視。其中尤以是沿用竟達七年之久的臺灣省臨時省議會名稱，已從六月二十四日取銷「臨時」二字，正式改稱為臺灣省議會一事，似乎特別受到全臺灣人的歡迎。省議長黃朝琴認為這「是符合民意的賢明措施，議員同仁深表擁戴」，以至於還要「代表全體省議員」向周主席「致深切的謝意」。

可是，我們只要深一層分析，便可發現此種所謂改革，對於臺灣的地方自治，並沒有甚麼實質上的意義。因為所謂臺灣省議會的正名，除掉取銷了「臨時」二字之外，據行政院的命令指示：「其職權仍照現行規定」，僅將「臺灣省臨時省議會組織規程」之名稱，同時改為「臺灣省議會暫行組織規程」而已。其餘沒有絲毫的變更，這也可說是一種「滑稽」的做法。換言之，臺灣省議會的職權，並不因取銷「臨時」二字而加多，而是與過去稱為「臨時」時期一樣。

其實，今天如眞想澈底改革臺灣省政，便必須從樹立地方自治的體制上着手。否則，僅僅從某些枝枝節節的地方，做上一點似有實無的改革工作，都不是解決臺灣省政體制的根本辦法。

說到樹立地方自治的體制，我們理當根據憲法來說明。依照憲法第十一章關於「地方制度」的明文規定，省是自治團體。所謂自治團體，是指在此一區域內的人民，享有法律所承認的權限，而以自己所組織的政府，處理權限之內的各項公共事務。同時，依據憲法第十章劃分「中央與地方之權限」的規定，省的自治權力，還受憲法的明文保障，中央政府並無權加以變更或侵犯。很顯然，省在實施憲政下之為自治團體，與在國民黨一黨訓政時期之為行政區域，體制上根本大不相同，絕不能等量齊觀。

按照憲法規定，我國在實施憲政之後，省是自治團體，理該實行自治。然由於作為實施地方自治依據的「省縣自治通則」，在立法院審議達十二年之久，仍被一擱再擱的擱置了下來，使得省縣的地方自治受到根本上的阻碍。因此，省自治法固無從制定，省長更無從民選。時至今日，儘管中央政府的行政院長，必須取得立法院同意才可以任命；又儘管地方基層單位的縣市長，必須經由人民的直接選舉方可以充任；然而，介於行政院長與縣市長之間的省長，却仍舊是官派。

現在，臺灣雖然以實施地方自治來對外號召，可是，居住於臺灣的中國公民，對於臺灣省級政府的人事，却絕對無權過問，一切只有聽命於行政院的安排。至於省長人選是否適當，是否足以負起主持省政的重任，更只有一任行政院的權衡。總之，在依據憲法應該是屬於自治團體的臺灣省，人民却並未充分享受到憲法所保障的自治權。所以，到今天為止，臺灣省根本還不是一個眞正的自治團體，而是一個十足的行政區域。這與憲法規定的地方自治體制，顯然是不符合的。

臺灣省政的推行，居然與憲法規定的地方自治體制不合，這問題已經相當嚴重。可是，經過我們進一步的觀察，竟發現問題的嚴重性還不止如此。簡括的說，就是堂堂臺灣省政府的本身，其組織並沒有合法的根據。

這些年來，大家一直在臺灣省政府的統治下生活，對於臺灣省政府的各種行政管理，無論是征兵、征稅、以至其他涉及人民權利義務的大小措施，早已視為當然。現在，大家忽然聽說臺灣省政府是個沒有合法根據的組織，一定會感到十分驚奇與惶惑。其實，關於這一點，只要看看「總統府臨時行政改革委員會」的建議案，便可了然。

總統府臨時行政改革委員會是政府的機構，說話當然還有很大的保留。可是該會鑒於事態之嚴重，在所提八十八個建議案中，第二案便列為「調整臺灣省政府組織案」。在此一事關地方自治體制的建議案中，該會終不得不扼要指出臺灣省政府組織的情形：

「臺灣省政府現行組織，與省政府組織法不合。其法令依據，只為臺灣省政府合署辦公施行細則第二條，而該細則又係依據民國二十五年十月二十四日行政院公佈之省政府合署辦公暫行規程第十一條，基礎至為薄弱。」

該會鑒於臺灣省政府組織之於法不合，因而在此一建議案所擬解決辦法中，第一點便明確主張：

「由行政院訂定臺灣省政府組織條例，完成立法程序，使臺灣省政府組織獲得法律根據。」

很顯然，從總統府臨時行政改革委員會的此一建議案中，便可知道臺灣省政府的組織，根本還沒有「獲得法律根據」。換句話說，負責領導和主持全臺灣地方行政的省政府，實際上是一個不合法的組織。

其實，在現行法律中的所謂「省政府組織法」，是早在民國三十三年四月二十八日修正公佈的，還是國民黨一黨訓政時期的產物。其立法精神，與後來憲法所規定的地方制度，已大不相同。按照國民政府在民國三十六年一月一日公佈的「憲法實施之準備程序」第一項規定，早該「予以修改或廢止」。我國號稱行憲已達十二年之久，省政府組織法既尙未能依法修改或廢止，而現在臺灣省政府的組織，竟連此項現行有效的「省政府組織法」也不遵照，却以「臺灣省政府合署辦公施行細則」爲根據。此一「施行細則」，僅僅在民國四十三年四月二十四日由行政院核定，同年十二月十一日由臺灣省政府呈准，又修正了其中第十三條，並未經過立法手續。而此項「施行細則」所根據的，又僅僅是遠在民國二十五年十月二十四日由行政院公佈的「省政府合署辦公暫行規程」，也同樣的沒有經過立法手續。這就是說：臺灣省政府此一組織所根據的「施行細則」，只是一項行政命令；而「施行細則」所根據的「暫行規程」，仍只是一項行政命令。綜括一句話，臺灣省政府的最後根據，僅僅是一項奇特的行政命令而已。

此項行政命令，還是遠在二十多年以前厲行一黨訓政時期，由行政院所頒佈的。據「中央法規制定標準法」第四條規定：「左列事項應以法律定之：……三、關於國家各機關之組織者。……」又據同法第五條規定：「應以法律規定之事項，不得以命令定之。」然而，今天臺灣省政府此一組織所依據的，却不是法律，而是行政命令。至於目前作爲臺灣地方自治母法的「臺灣省各縣市實施地方自治綱要」，以至臺灣各項有關自治法規，更無一不是行政命令。總之，今天臺灣地方行政的推行，都不是依據的法律，而是依據的行政命令。

根據以上所述，可見臺灣省政體制的根本問題，還是沒有依照憲法的規定，樹立地方自治的體制。可是，如果眞想從樹立體制上解決問題，則總統府臨時行政改革委員會在上述建議案中所提的辦法：「由行政院訂定臺灣省政府組織條例」，也只能發生治標的作用。事實已經十分明顯，解決臺灣省政體制的最根本辦法，還是由立法院從速制定省縣自治通則，並制定省民代表大會組織法及選擧法，俾憲法規定的「省得召集省民代表大會」、「制定省自治法」、「省長由省民選擧之」各點，不至於形同虛設。

地方自治是民主憲政的基礎，政府如確有誠意實行民主憲政，便該切實依照憲法的規定，把地方自治上最根本的體制，先在臺灣樹立起來，作爲反攻大陸後普遍推行的藍本。何況政府今天正退處於臺灣，以臺灣爲反攻復國的基地，更有賴於推行眞正的地方自治，來動員一切還沒有動用的人力物力。

社論

（二）美國輿情與其援外政策新趨向

自本年七月一日開始的美國新年度援外經費，已於上月十八日獲得美參衆兩院聯席會議的最後通過。這一數字雖比艾森豪總統所要求者少了約三億元，但却比上一年度的援外經費則增加兩億多元。美國援外經費這種一年一度的爭論，近年來已成了美國對外政策上的最主要的課題，從總統向國會提出援外經費的咨文起，直至國會兩院最後獲得一個折衷的數字，在這爲期數月的長時期中，自總統以下的美國外交國防行政首長莫不爲爭取援外經費的圓滿通過而大傷腦筋。尤其今年這一年，由於國會部份議員對援外政策的無限期延長已表示極大不耐，所以這次援外經費的獲得通過，亦比往年更感吃力。假若不是艾森豪總統個人的聲望及其對國會的熟練的政治藝術，今年的援外經費能否獲得三十五億多美元的這一數字，實在頗有疑問。今年的這一關總算已經渡過了，但若美國會內的這種反對繼續援外的情緒不能設法加以扭轉，則時間越往下去，美國援外所面臨的這種困難亦將愈形增加。我們堅定不疑的深信，只要這個世界的全面冷戰繼續一天，美國的援外政策亦會繼續一天；但沒有人（包括美國總統）敢保證美國的援外經費會長期保持在目前這一數額上。換言之，在我們所能預見的未來，美國的援外政策絕不會突然中止；但確有可能將逐漸減少美援的數額，並改頭換面，直至這一援外政策最後演變到名存而實亡的地步。所以今日接受美援的國家，尤其東南亞及遠東國家，對於美國內部這一情勢，應時刻保持一種清楚的認識及警惕；否則，一味依賴美援，不知振作，結果不但不能使這些美援發揮更大的效果，亦將使美國內部反對美援的勢力由此獲得一有力的藉口。

在美國會這一會期中我們所聽到的反對美援的聲音，主要還不是「停止」美援，而是「削減」美援，和改變美援的「重點」。所以要求削減美援者，他們認爲美國總統所提出的援外數字太大，形同浪費，而且實際也並無這種大量援外的必要。所以要求改變美援重點者，他們認爲過去偏重軍援的政策不但已顯得過時，不符冷戰的眞正需要，而且也已帶來了各種不良後果。因此他們要求今後的美援，應由軍援重點改爲經援重點，應由贈與式的援助逐漸改爲開發貸欵式的援助。這種說法並不代表美國國會議員的全體，但就這次援外案中所附加的若干新的規定與要求來看，這種說法確代表美國國會對援外問題的一種主流。現在我們摘錄一點這次援外辯論期中美國各方所發表的不同意見，藉以明瞭美國援外政策的一種新趨向。

㈠本年四月二十四日，美參議員傅爾布萊特、韓佛瑞、及康乃廸三人，在提出一項聯合修正案，要求於五年期內每年各以十五億元撥充開發貸欵基金時說：「艾森豪總統在將援外計劃自注重軍援轉變爲注重落後地區經濟發展的重訂方案上，缺乏領導力。目前計劃的理論，過份根據認爲美國的危險大部份在軍事方面的觀念。我們中很多人相信，在世界很多地區，共黨所形成的嚴重危險，是不能用軍事方法解除的。」

㈡本年四月三十日，美國現任副國務卿狄倫在國際經濟發展會第六屆年會中演講說：「我們的援外，同樣亦關切到發展自由的政治制度、崇尚法治、以及尊重人類的尊嚴。爲達此目的，我們於支持各新興國家致力於向現代化的經濟政治體制邁進的同時，我們亦維護其國家獨立及保證一種社會的合理進步以確保個人自由。」

㈢本年五月二日，美參議員韓佛瑞在新罕布什爾州演講說：「一項眞正成功的援外計劃，必需以其他國家人民的眞正需要爲基礎，而非祇是防禦共產主義而已。」

㈣本年五月十五日，美參議員曼斯菲德在參院辯論援外時，主張在三年限期之內停止一切贈與性援助而代以開發貸款，並說：「美國對外援助的時期已經有限了。」

㈤本年五月二十六日，美參議員朗氏在審查新任遠東事務助卿柏森斯的任命案的席上說：「我聽到許多報告說，在遠東各地大衆心目中，把美國看成和黷武主義及貪汚不可分。若此報告果屬眞實，那麼在此就有一種普遍感覺即美國對於當前世界危機只採取了一種軍事與消極的狹隘觀點，而未顧及到當地人民自身的需要。我實爲此深感迷惑。」柏森斯回答說：「我們在國務院負責者，長期以來即想證明，我們的關切在於當地人民，而非在於各國政權。我們的援助確被用在對這些國家的人民有益的事情上。」

㈥本年六月一日，曼斯菲德參議員正式在參院內提出了他對援外的五點修正案。其中除了重申三年內取銷一切贈與性援助之外，主要一點在於賦予國務卿以監督軍援及武器之權，使美國的軍援能完全配合美國的外交政策。

㈦本年六月五日，美衆院外委會所提出的援外報告書中說：「本委員會仍信大量的美國軍援繼續爲許多國家所絕不可少，尤其在歐洲、遠東及東南亞。不過本委員會對於以武器供給若干低度開發國家的後果——許多後果斷然不是美國的原意——特別感到不安。這些國家所主要受到威脅的，可能並不是共黨的直接武裝侵略滲透或顚覆、而是內部的經濟需要，困難及不公平。有時，我們的給予軍援係基於政治上的原因，而發生不幸的後果。這些結果的發生，是由於我們將我們的聲望與影響力量和一個後來被推翻的獨裁者動搖不定的任期連繫在一起，是由於我們以過份的軍事負擔幫同增加一個不穩定新政府的負擔，而增加其內部困難，以及由於我們幫同擴大一個當地軍事集團的政治權力而阻碍該國邁向民主的初步努力。」

㈧本年六月十八日，美國衆院在辯論援外案時，共和黨衆議員本特來，要求削減對中華民國的軍事援助，直至國軍人數削減到二十萬人以下爲止。並要求普遍削減美援，他說：「美國納稅人付欵支援他國，而受援國納稅人則付較低的稅，並以援欵大部充作其國內社會福利之用。」另一衆議員梅葉爾主張爲了節省美援，甚至荒謬到要求聯合國託管臺灣，並從外島撤退國軍。

以上這些摘錄，只是此次援外辯論期中美國與情的一小部份。但僅就這一小部份摘錄，已足够說明美國援外政策的一種新趨向。這證明美國對援外政策的本身及其運用是否適當的重視，本年較已往諸年更甚。在這次辯論中，我們看到不論參議員或衆議員，都一再提到寮國在使用美援上所發生的浪費與貪汚的例子。更不幸的是，上月底美國記者所揭發的越南浪費美援的長篇報導，已引起了美國會的震驚。現曼斯菲德參議員已函代國務卿狄倫，表示決在參院專設小組對此進行澈底調查。這一調查結果如何雖尙不得知，但對東南亞的美援前途總是凶多吉少的。

我們並不認爲上面所摘錄的這些意見都是錯的，也並不認爲它們都是對的。就準備減少或取銷美援的意見來說，它們是錯了；可是就加强美援的效果與改善美援的使用來說，也不見得說得不對。總之，要使美國的這一龐大的援外工作發生所預期的效果，一方面需要美國自身作檢討，一方面也需要受援國的反省。如何使美國納稅人的錢發生實際功效，是各個受援國的責任；可是如何使美援對受援國的人民發生眞正的好處，則是美國的責任。

社論

（三）加緊撲滅翻版盜印的惡風

近年來臺灣出版商大規模的翻版盜印，侵害著作人及出版家的權益，這個問題，從去年下半年起，已引起輿論界普遍的注意：大家一致地譴責這種罪行，大家一致地呼籲政府當局認眞偵查，從嚴懲處。可是，到現在這種罪行不僅沒有消滅，反而有變本加厲之勢。兩天前本刊接到一位讀者的投書，還說臺北市書攤上最近又有剛被盜印的書刊發現。

起先，我們以爲這種事只是少數沒有商業道德，沒有守法習慣，爲賺錢而不擇手段的人偶而爲之的一種侵權行爲；只要被害人出來依法控訴，給翻版盜印者受到應受的懲處就可了事的。後來看到多方面的報道和我們前天收到的一位讀者投書，才知道翻版盜印者居然成了兩三個集團，而以翻版盜印爲常業、爲專業。盜翻的書刊，包括古人的作品，海內外當代作家的著作，以及淫書淫畫和香港匪報連載的武俠小說等，其總目多到五百種以上。發行網遍及各縣市的書店、書攤及小說出租店共二千餘家。集團的分子，「包括出資者、印刷者、推銷者，並僱有法律顧問，和頂替打官司的黃牛以及職業打手；還聯絡上一些管理這些事的有權者。」（見香港工商日報駐臺記者的報道——手頭有這一份剪報，日期待查。此外，本年五月三日大華晚報的「每日談」也有和這類似的報道。那裏說，盜印集團「包括出資的人，……政府裏面有些個管事的人。」）因爲背景如此複雜，所以他們這般人並不是偷偷摸摸地翻版盜印，有時他們還敢於拿出排印的樣張或打好了的紙型向作者或出版家公然勒索、敲詐或示威。

著作人因爲權益被侵害而向法院控告的，曾經有過好幾次。現行著作權法所規定的罰則已經很輕了（著作權法第三十條第一項規定：「翻印、仿製及以其他方法侵害他人之著作權者，處五百元以下罰金，其知情代爲出售者亦同。」同條第二項規定：「以犯前項之罪爲常業者，處一年以下有期徒刑、拘役。得併科五百元以下罰金。」），而法院方面又復從寬偵訊，從輕處罰（國語日報社對王明控訴案的判決，就是一個例子），所以盜印集團對於打官司已經毫不在乎。他們犯罪的膽量愈來愈大，著作人之被害者，也就愈來愈多。這一惡風，演變到了如此地步，已經不只是一個單純的私法上的問題，而且涉及社會問題，治安問題，乃至政治風紀問題。許許多多清苦的作家們，不斷地被人侵害其權益而無法求得有效的救濟，作爲一個文明的國家，這個問題已經夠嚴重了。何況在這個問題裏面，還涉及社會問題、治安問題、政治風紀問題在內呢？其嚴重性，更是不容我們忽視。

現在，我們暫把那些涉及的比較廣泛的問題，撇開不談，單講盜印的惡風如何使它歛跡。這裏，我們的結論大體上與目前的一般輿論是一致的：

第一、修改現行的著作權法，對於翻版盜印及知情的推銷者，大大地加重罰金及徒刑。

關於這件事的促成，有關的團體如文藝協會、寫作協會、筆會等等，應該積極地負起責任來。這一類的團體，據說，「平時辦理喜慶堂會，頗著勞績。」現在會員們的權益，非同小可地被人侵害，還不出來以團體的力量求得保障嗎？民主法治國家的一些進步的立法，大都是由有關的人民團體爭出來的。人民團體的組織，應該不是爲的供官方驅使，應該不是爲的少數人拉官方關係。

第二、我們是堅決主張法治的，我們同意嚴懲盜印集團，但決不贊成採用法外的任何特別辦法。在現行著作權法修改以前，我們只好督責警察機關依法認眞偵查，籲請司法機關依法從重處罰。

在現行法下，我們覺得奇怪的，爲什麼被害人是法官就會得到民事賠償七萬元（見四十七年十一月二十日聯合報玻璃墊上），而被害人是一個無赫赫之勢的人，就只好忍氣吞聲讓法院給侵權者以輕微的處罰呢？（例如國語日報對王明案）「法律之前，人人平等。」法官們應當知道這句話吧。著作人以著作人的身份打官司，其身份就是著作人，不能附加什麼，也不能減去什麼。一般著作人的權益被侵害，在現行法下得不到有效救濟，已經是憤懣了，如果還有因身份關係而產生不平，他們將何以堪！

第三、我們要籲請政府有關機關嚴密查究盜印集團裏面包括有「管理這些事的有權者」或「政府裏面有些個管事的人」究竟指的是那些人。這些人是在治安機關、警察機關、還是在司法機關？還是這些機關裏面都有這些人？盜印集團之敢於膽大橫行，一方面是因爲現行法的處罰太輕，一方面也未嘗不是因爲人事方面有所恃。修改了現行法，只是消滅盜印集團的一個必要條件，而不是充分條件。要想有效地消滅盜印集團，除修改現行法以外，還要消除他們人事上的憑藉。

從「醜陋的美國人」談美國在東南亞的外交

——權力觀念淹沒了林肯精神！

夏道平

第二次世界大戰以後，在自由世界坐第一把交椅的美國，對於一些落後地區的外交，成功的記錄似乎遠不及失敗的記錄來得多。在中東如此，在南美如此，在東南亞尤其如此。原因當然不太簡單，「醜陋的美國人」(The Ugly American) 一書，道出了其中的一部份，東南亞方面的一部份。

這本書是一九五八年在紐約出版的。作者雷德勒 (William Lederer) 和白廸克 (Eugene Burdick) 都是有名的小說家。白廸克還是海軍方面的一位高級軍官；據說，他又是東南亞問題的權威之一。

這是一本小說型的作品。全部的人名和若干地名是虛擬的。但據作者自己說，虛擬的也都有事實根據。換句話說，本書所寫的，不是虛構的事實，而是把事實幻作虛構。因爲作者的目的不在於攻擊某些個人，而在於激發大家來考慮問題，解決問題。

故事的開始，是在一個虛擬的國度「沙爾克罕」（毗隣泰國與緬甸—以下簡稱沙國）的首都。在這裏，美國駐沙大使薩爾斯一早起來看到當地報紙上的一幅漫畫而正在生氣。漫畫，畫的是一個矮而肥的美國人。臉上汗油油的。嘴，張開來像一隻驢子在叫。後面跟着一個瘦弱而文雅的沙國人，繩子纒在頸上，被牽着向一塊寫有「可口可樂」的牌子走去。「可口可樂」是薩爾斯大使所認識的僅有幾個沙國字當中的兩個字。在矮而肥的人像下面，還有一個英文字「幸運兒」。這個人像，薩大使一望就知道畫的是他，何況在這付嘴臉的下面還寫有他的綽號「幸運兒」這個字。

薩爾斯是一個顢頇低能的人物。靠了黨內的人事關係，僥倖地在官場中爬了起來。他曾經連續三次當選參議員。第一次因爲他是民主黨員，選舉的那一年恰逢民主黨得勢，所以他很幸運地當選了。第二次競選的時候，又碰巧對方共和黨競選人在投票的前十天突然死掉了。第三次又遇着對方競選人因爲太太的醜事外揚，大量選票跑掉了。薩爾斯的綽號「幸運兒」就是這樣來的。「長袖善舞」，當了三屆參議員，也就很容易地轉任大使了。

薩大使認識不到幾個沙國字。沙國話更是不會講。漫畫上除掉「可口可樂」兩個字他認識以外，其餘的是一些什麼意思，他都莫名其妙。使館裏其他的美國人，也沒有懂沙國語文的，而薩大使又不願找沙國的譯員來翻譯這一段明明是罵他的文字。因此他更是怒火中燒，按捺不住。在這當兒，女職員馬加勒特慌慌張張地跑進來，向薩大使報告，說是寇爾芬被一夥暴徒打得要死，而那具被打得不能動彈的身體，被暴徒們丟在使館門前的臺階上。生命危險是沒有的。但是，我們最好準備發表一個書面聲明。薩大使聽到這個消息，眞是火上加油。他憤怒地說：「爲什麼一淸早就發生這一類混蛋的事呢？他們爲什麼要把他打得這個樣子呢？」馬加勒特說：「我們不知道這些；可是他的身上別了一張紙條，說是他作弄沙國婦女。」接着，她還特別提醒薩大使，叫他不要小視這件事，這裏面可能涉及嚴重的政治問題。但薩大使一笑置之，而又回想到漫畫。他告訴馬加勒特，「如果你要關心什麼事的話，你就應當關心漫畫這件事。」

被打得遍體鱗傷的寇爾芬是什麼人呢？一九四三年對日戰爭時，美國軍方用飛機在沙國叢林地帶投下了三個特務人員，寇爾芬就是其中的一個。其他二人，早在艱苦奮鬪中折磨死了。寇爾芬有强健的體格，聰明、能幹、會講一口流利的沙國話。在一次幾乎被日軍捉住的當兒，沙國一個牧牛的孩子名叫狄昂的，設法救了他的性命。此後他們二人就成了生死之交；用他們的智慧，出沒於日軍陣地，給日軍許多困擾。他們最後一次的合作，是把一種强烈的嘔吐劑放進日軍的食物裏，幫助了美軍陸戰隊在沙國登陸，使沙國光復了。沙國光復後三星期，寇爾芬離開了狄昂，回到華盛頓。一年後辭退軍方職務，回到老鄉威斯康辛去經營一種家庭工業，製造乳粉。這個行業，寇爾芬做得頗爲得意。

一九五二年的時候，報紙上盛傳沙國的政局不甚安定，大有傾向共產主義的趨勢。寇爾芬深愛沙國及沙國的人民。他對於這些消息非常關切。他寫了一封很長的信給他的國會議員，詳述沙國的國情，並對於如何處理沙國問題，也提出了若干建議。可是那位國會議員只是給他一個有禮貌的答覆，說是已把他的建議轉到了國務院。以後怎樣呢？以後，國務院的對沙政策，一仍舊貫，並沒有什麼變化。後來，沙國北部邊疆，因受共黨國家的煽動而開始動亂起來，寇爾芬實在忍不住了。他要以他個人的力量，爲他所心愛的沙國人民服務。

寇爾芬相信，沙國的情勢並不是不可救藥的。他抱着一個改善沙國人民生活的計劃來到沙國。

沙國是一個多雨的山地國。那裏有許多無法利用的特種草地，而那種草只適宜於畜牧。於是寇爾芬想到，如果沙國人民普遍地學會了吃牛乳和其副產品，那末畜牧業及乳酪業便可在沙國繁盛起來，可是要沙國人民普遍地學會吃牛乳，必須有大量的牛乳給他們吃才行。所以他計劃的第一步就是從美國運來大量乳粉，再以攪乳器把它冲成乳汁賣給大家吃。一年後德克薩斯的乳牛運到了，就有鮮乳可以供應。一到這個行業有了基礎而可以順利經營的時候，寇爾芬打算把它賣給沙國人自己經營，以圖發展，而他仍然回到美國去。

寇爾芬到了沙國以後，就急於想找老友狄昂來合作，可是沒有找到。他的計劃也得不到駐沙大使薩爾斯的任何贊助。儘管如此，他畢竟開始了計劃的第一步，在沙國首都的附郊建立起一個牛乳分配中心，而且進行得很順利。

幾個星期以後，有一天狄昂突然出現了。而且就出現在寇爾芬的身旁。寇爾芬正在巨型的攪乳器旁邊，預備工作。這時，他們二人應該高興得相互擁抱一番吧。但是，狄昂給寇爾芬拿出來的見面禮，却是一支要人性命的手鎗，鎗口對準寇爾芬的胸膛。

這是怎樣一回事呢？

狄昂帶來了一大包曾經毒害過日軍的那種强烈嘔吐劑。他威脅着寇爾芬，要寇爾芬把這毒劑放進攪乳器裏面（因爲他自己不懂得如何開動這個機器），以圖毒害吃牛乳的人。起先，寇爾芬以爲狄昂瘋了。經過一番激烈的爭辯以後，才知道狄昂已變成了共產黨員。他要這樣作，爲的是要破壞沙國人民對美國人的好感。寇爾芬在和他爭辯的時候，乘機撇開了槍口。於是兩人肉搏一番。這時門外已聚合了許多等待取乳的婦女們，她們聽到狄昂大聲叫喊，說是寇爾芬想把一包淫藥滲進牛乳裏面來作弄沙國的婦女。於是羣雌大怒，也動起手來圍打，寇爾芬就被打得遍體鱗傷，不能動彈了。

寇爾芬的事蹟和其被打的經過，大略如此。但是顢頇的薩大使竟不重視這件事。他始終認爲這是一件涉及男女間的糾紛。他不僅不支持寇爾芬，反而要把寇爾芬遣送回國以了事。另一方面薩大使所特別憤怒的，倒是那副嘴臉的漫畫。後來，沙國政府深怕他的憤怒影響「美援」，於是叫那家報紙發表一篇社論，把薩大使稱贊一番。他聽說有這樣一篇社論，也就高興了。

這個故事，雖然只是本書第一篇的輪廓，但已足够象徵美國在東南亞反共外交戰中失敗的情形。

沙國首都的報紙攻擊薩爾斯大使，象徵了東南亞各國首都或明或暗總不免有些反美的情緒或宣傳。反美，是國際共產黨的共同目標，但東南亞各國或多或少的反美情緒，不見得都是由於共產黨煽動的。這裏面，錯綜複雜的原因，是值得美國政府仔細研究的。

薩大使不通沙國的語言文字，這一點，就美國派在東南亞的外交官來講，更是富有代表性。他們不通駐在國的語文，所以他們只能與若干會說英語的人士直接交往。而會說英語的人，在東南亞各國裏面，只有一部份政府官吏和少數所謂「上流社會的人物」。這般人的思想與感情，不見得可以代表一般人民的思想與感情。不懂得駐在國語文的外交官員，想從少數會講英語的人身上來了解駐在國的國情，那怎麼能够呢？基於不够的了解或誤解而制定的外交政策，自然難免嚴重的錯誤。前年，美國副總統尼克遜在拉丁美洲旅途中的一次講演曾經說過，外交家應該出來與駐在國的學生、勞工領袖，以及與論的造型者（opinion makers）混在一起；這些人對於未來的情勢是很有影響的。可是，今天美國的外交官，有幾人具有這種遠見和條件呢？尤其是派在東南亞方面的，幾乎沒有一人不要僱用譯員的。語文的條件既不够，自然更不會有尼克遜所講的那種遠見了。蘇俄在這方面就比美國强得多。本書第二篇所寫的蘇俄駐沙大使克魯匹茲恩恰好是薩爾斯的一個對照。克魯匹茲恩會說流利的沙國話，他能够和沙國民衆直接交談或對他們講演。在那裏，我們看到美國運來大量的救濟米，而沙國災民所感激的，倒是俄國而不是美國！這個故事，看起來也許會逗得你發笑，但這裏蘊涵的意義，是很嚴肅的。

寇爾芬發展沙國乳酪業的計劃，得不到美國官方的支持，卻被共產黨特別重視，而要破壞它。這是反映美國政府對東南亞各國的經濟援助之不切實際，而切實際的辦法又爲官方所不採納。第十四篇所寫的那位養雞專家羅克司在高棉養雞產卵的成績以及他的計劃得不到美援會的支持，憤而回國，第十七、十八兩篇所寫的那位工程師阿梯金斯在越南擬定的生產計劃無法實行，以及在沙國製造小型抽水機等等故事，都是對於美援運用的大諷刺。美國在東南亞的經濟援助，確實有些地方犯了嚴重的錯誤。錯誤的形成似乎是由於兩個因素的湊合：一個是美國的專家們習慣於搞大計劃而不屑於注意小規模的事業。另一個是東南亞各國的政府，因爲經濟落後，總不免有「迎頭趕上」的奇想而好大喜功。在這兩個因素湊合之下，人民的迫切需要是什麼，也就不被重視了。就臺灣來講，多目標的達見水庫和石門水庫的建設，大概是必要的；至於橫斷公路的開闢，就現階段的經濟觀點來看，是不是值得，似乎大有問題。另一方面，臺灣因人口壓迫而一天一天嚴重的若干經濟問題，却沒有受到美援決策者應有的重視。舉例來講，臺北市的房荒問題就是其中之一。

狄昂，原來是美國人的朋友，爲什麼幾年之內會變成美國的敵人呢？這裏我們先看看狄昂自己對寇爾芬所講的話。狄昂說，「以前，你叫我放棄牧牛的生活，教我了解世界大勢。於是我就知道最有智慧最有力量的那一邊是會勝利的。現在，最有智慧最有力量的，再也不是你那一邊了。過去是的，現在不是了。美國有過好機會，但是，已經失掉。自戰爭結束以來，你們除做些喪失聲望的事以外，毫無作爲。理由極簡單：就是你們不懂得思想的力量。你們派到這裏來的人員，總是想把我們當做牛馬一樣來收買。……」（二四頁）這段話是本書作者派給共產黨員說出來的。東南亞的共產黨徒，可能大多數有這種想法。有了這種想法，當然會激起强烈的反美情緒來。人，無論他的社會地位怎樣卑賤，他總不願意有人把他不當做人。假使他覺得——只要是「覺」得，不必要有客觀的事實根據——你把他不當做人，他一定要恨你，痛恨你。這是很自然的。所以共產黨徒罵美國人把人當作牛馬來收買，這句話是特別富有煽動性的。這種煽動性的話，本來是遠離事實，是過激、是惡毒的。可是美國人，尤其是美國政府，也得自己檢討檢討，爲什麼這種惡毒的宣傳能夠在東南亞發生效力呢？是不是人事上有問題，或者政策上有錯誤呢？關於後者，我們留在下面再談。關於前者，我們不妨特別提出緬甸的一位名記者（甚至是東南亞的名記者）史瑞所說的一些話，作爲美國政府思索這個問題的一個引子。

這位名記者是大學畢業生，曾在美國住過相當長的時間。第二次大戰時他站在美國方面，在緬北和華南與日軍作過戰。他也是反共的。一九五四年在仰光的一次座談會上（歡迎美國要人的座談會），他直率地說，他在美國所認識的美國人，總是非常友善而謙虛的。凡到過美國而了解美國的，沒有不信任不敬重美國人的。可是到東南亞來的美國人，却和在美國國內所遇見的美國人不一樣。他們傲慢、做作、而自命不凡。簡言之，他們大都有一種優越感的表現。史瑞又說，在過去十年，美國派到東南亞的每個大使，每個軍事首長，每個高級經濟顧問，以及每個新聞處的官員，他幾乎全部認識。但在這些人當中，僅僅只有兩位大使、一位新聞處長、和一位海軍將官，算是够格的。（一四五頁；一五三頁）

這些話，似乎可以代表東南亞人一般的觀感。美國人，本其優越的國勢，到了落後地區而流露其優越感，就常情來講，本來是不足爲怪的。不過，所謂「常情」也者，是就一般庸俗的人而言。至於有了深厚素養的人，就不會如此。美國政府在對俄的外交戰中，如果沒有忽視東南亞這個地區的重要性，那末，在人事的安排中，就應該挑選德行智能都是第一流的人才，派到這裏來。至於像薩爾斯這一類庸俗顢頇的人物，只是想在這個地區厮混幾年，賺得豐富的俸金或其他不名譽的收入，再回國養老的。他們沒有遠見，沒有抱負，也沒有能力和意志去了解駐在國眞實的國情和其人民普遍的願望。這種人，一個也不該派在東南亞地區來。否則，美國在這個地區的外交，只有歸宿於失敗而無法挽回。要知道，正因爲東南亞是個落後地區，更應該派些卓越的人才來。因爲庸俗的人，到了落後地區，不僅不能做出有益的事，而他自身更可能腐化下去。這一點很關重要。美國政府應該有這個認識。

關於美國外交政策的基本原則，這本書固然很少正面談到，但在某些地方的字裏行間，也可看出作者並不是沒有觸及這方面。例如他假借狄昂的口，說美國人不懂得思想的力量。這句話就蘊涵着外交上的原則問題在內，而且正指出了美國外交最基本的缺陷。

現在這個世界，大體上分裂成兩邊。那一邊是共產國際，這一邊則號稱自由世界。那一邊的思想與行動，大體上有它的一致性。如果你接受它的唯物史觀、集體主義、極權思想那一套，你就不致於不贊成它的行動。所以凡是不能從共黨思想擺脫出來的人，多半不會對蘇俄的行動有何懷疑或責難。在我們這一邊，號稱自由世界的這一邊，情形就不一樣。在這裏坐第一把交椅的美國，民主自由是她思想文化的根源，也是我們自由世界應該發揚光大用以打擊共產國際的共同武器。可是十多年以來，美國的外交政策與其政治思想是不大配合的。不僅不大配合，有時且背道而馳。我們就歷年來美國的軍援經援來看，不僅獨裁政府（如西班牙）可以得到美國的援助，而共產政府（如南斯拉夫）也曾經得到。唯一的條件，就是反蘇。美國這種作法，無異於表示她只是爲爭取世界霸權而反蘇，爲反蘇而建立軍事基地，並不是爲自由民主的思想而反共，反極權。所以在今天自由世界的反共鬭爭中，民主自由的思想，並沒有因美國的影響力普遍地體現出來而發生實際的力量。有些號稱反共的邦國，其政府只是爲保持自己的政權而反共，並沒有健全的思想作反共的基礎。這樣的反共，其力量自然是愈反愈弱的。自由世界這一可悲的現象之形成，美國在道義上是有責任的。這就是她的外交政策與政治思想不配合的結果。關於這一點，美國共和民主兩黨的人士，也有人看得到，說得出，可是對於實際的外交政策，却沒有發生什麼影響。

「我們相信，毀滅性的核子戰爭大概是不會有的，但我們的自由生活很可能一點一滴連續地喪失掉。」（二七一頁）這是本書作者給自己的國人和政府提出的一個警告。這個警告，是具有遠見的。這裏，使我們想起了林肯所說的話：「我相信，在一半是奴隸，一半是自由人的狀態，這個政府是不能長久存在的。……將來總有一天，或者全部是奴隸，或者全部是自由人。」林肯這段話，表現了他的偉大精神。一百年來科學技術的進步，把世界縮小了。倘使林肯生在今天，他一定會把這段話當中的「這個政府」改爲「這個世界」。今天，國勢優越的美國，如果還能保持林肯精神的話，就應該以解放全世界的奴隸爲己任；要解放全世界的奴隸，就得在我們所謂的自由世界裏面，首先做到都是自由人而不是半奴隸狀態。照現在美國的外交政策看來，似乎是權力觀念淹沒了林肯精神，或者說，林肯精神墮落了。林肯精神如果不可復振的話，恐怕眞有那麼一天，全部是奴隸了。素來自負的美國人，可曾嚴肅地認眞地考慮到這個問題呢？

最後，我對於這本書的譯名還要講幾句話。前些時這裏的中文報刊上把這本書 "The Ugly American" 譯作「醜惡的美國人」。照字面看，當然也可以。但是，事實上 "The Ugle American" 是本書第十七篇的標題。第十七篇所寫的，是本文前面介紹過的那位名叫阿梯斯金的工程師，他是一位德行很好，切實際而負責任的人。因爲他的形相醜陋，所以這一篇的標題用了 "Ugly" 這個字。Ugly 在這裏是指的形相醜陋，並不是指的行爲醜惡。可是作者把這個篇名作爲本書的書名，照我想，也許是故意用來刺激他的國人和政府，好讓大家嚴肅地來檢討美國外交問題。這可以說是用心良苦。

從「醜陋的美國人」(The Ugly American) 這個書名，使我想起安徒生童話中「醜小鴨」(The Ugly Ducking) 那一篇故事。醜小鴨在小的時候，因爲形相難看，家人都討厭它。把它弄得無以自容。後來，長大了，它居然是一隻美麗的天鵝，成了大家歡呼的對象。今天，美國在自由世界當中，確有些討人厭的地方。我希望這本「醜陋的美國人」就是安徒生的「醜小鴨」，從這一本書出版以後，醜小鴨慢慢地變成美麗的天鵝。到了那麼一天，美國在自由世界，乃至整個世界當中，成爲大家歡呼的對象。

從常識論政黨制度的功用

——在於建立自由社會的秩序

劉世超

一

年來各方面所討論和爭辯的反對黨問題，實際上是政黨制度的一部分。為了使政黨制度得以順利推行，並確保政黨制度對社會的供獻，有兩件事似乎應受到普遍注意。第一政黨制度的功用是建立秩序。第二政黨制度所建立的秩序正是臺灣迫切需要的。本文即將圍繞這兩個主題作數點解釋和討論。

政黨制度之有助於建立社會秩序，本是一個普通常識。西方許多國家以此獲得長治久安，是衆所周知的事實。但是在我們還沒有經驗過這個制度的中國人心目中，多少對它有些疑慮存在。這些疑慮就構成推行政黨制度的心理障碍。這些疑慮中我想有三點是容易加以澄清的。有一種疑慮的產生是由於把政黨制度中的反對黨與暴亂團體在觀念上劃分不清。近來我們在報端上常見到大字標題，「某國反對派如何如何」，而標題下的細文却是說這個反對派在投手榴彈、放冷槍，從事破壞活動，或說政府欲經由憲法途徑或投票方法解決問題，它却憑恃武力興兵作亂。許多人聽到反對黨就很快聯想到那類叛亂團體，而不禁對反對黨搖頭。事實上，政黨制度中的反對黨與叛亂團體正是性質相反的。反對黨是政黨制度中的一個部分，它是要增進社會秩序的；而叛亂團體却正是要破壞秩序。這類團體因其性質常是要靠混亂來滋長，社會有了秩序它們反將萎縮甚至消滅於無形。近來報章上見到有些叛亂團體敵視秩序，堅不願屈服於憲政常軌之下，其原因或者在此。在政黨制度慢慢成長的國家，合法政黨自然會與叛亂團體顯得涇渭分明，人民自會唾棄那些叛亂團體轉而支持正當的政黨。在另一方面，在政黨制度尚未確立的國家，那些不可救藥的叛亂團體常能與正當團體混淆不清。人們談到反對黨而色變者，大概是因為見到這類情形太多了。欲分辨誰為叛亂團體，誰為正當團體，政黨制度的確立反倒為一明鏡。此外，反對黨與叛亂團體的混淆，我想文字的使用要負相當責任。譬如「反對黨」與「反對派」兩詞在一般人心目中本是沒有多大區別的。可是有些人愛用「反對派」與「叛黨」輪番地去稱謂那些叛亂團體。人們聽得多了，無怪聽到「反對黨」時也要聯想到那類叛亂團體上去。這在邏輯上固然講不通，但多數人的神經對此却難於抵制。為了免除這一種觀念混亂造成的疑慮，我想有兩件事是應當注意的。第一是用字愼審，第二是態度的嚴格。就前一點說，我建議對叛亂團體我們應該給它正名，我也認為把反對黨稱為在野黨可能是個好的修改。關於第二點我特別是指鼓吹政黨制度的人而言。鼓吹政黨制度的人一言一行，最足影響這個制度的名譽。這些人要做什麼、主張什麼、批評什麼，千萬不可有不良的暗示。舉個例來說罷，如果提倡反對黨的人發表意見說，黎巴嫩反對派用暴力作後盾去威脅新當選的謝哈布是件值得喝彩的事，我想這會使人對反對黨自身有很壞的聯想。反之，如果他認為黎巴嫩暴亂分子中有一部分分裂出來願走正當途徑並打擊不可救藥的極端份子是可喜的，或對法國戴高樂之能懸崖勒馬終於進入憲政軌道加以讚揚，這給人的印象又將是兩樣。總之，秩序是臺灣多數人心理上一個很強烈的要求，如果政黨制度的鼓吹與推進能在反對黨與叛亂團體的嚴格分際上保持嚴謹不苟的態度，使一般人獲得適度的安全感，則政黨制度是可望順利推行的。

另一種疑慮似乎沒有前者那樣强烈。我們可以簡單地用懷有這種疑慮的人自己的口吻來說：就算政黨制度沒有什麼危險，但何必憑空製造一個反對黨的內敵來消減政府的力量。這種疑慮的產生，我想主要是由於在算賬時沒有把政黨制度的重要貢獻正確予以估計。政黨制度對行政當局有時碍手碍脚，甚至由於要容忍某一限度的紛擾常使行政當局感到困惑，這都是有目共睹的事實。但是政黨制度對行政效率的增加，是遠較這些小的不便為大。政黨制度能使執政黨保持活潑生動，這一點可能就已抵消它對行政當局的碍手碍脚而得回代價。政黨制度最足以增加效率的地方，是由於它對大的秩序的建立有幫助。秩序乃是效率的根本，一個社會在大的方面如果有了秩序，則致命的摩擦可以免除，小的紛擾即已不足輕重，社會中多數人只要順着大道向前走就行了。所以民主國家的民衆，在大的題目上並非不能萬衆一心，發揮偉大的力量。推行政黨制度有成的國家，諸如英美以及西德和日本都不能說是效率不高的。這證明反對黨並不是什麼削減力量的內敵。

再者，反對黨也不是什麼憑空造出來的東西。在每一個較複雜的社會中，構成反對黨的分子是老早存在了。我們可以問，把美國民主黨的人都歸到共和黨去，構成一個統一的政黨行不行呢？我想這既不是易行的事，也不是什麼有好結果的事。那些民主黨人並未自動去參加共和黨必定有其原因。我想這原因就是民主黨一定包容許多人才，代表許多利益和觀念，並不是執政的共和黨一種性質的政黨可以完全包容的。凡由任何原因未得參加政府的或未在政府中得到滿意代表的分子，就是反對黨的可能成員。政黨制度不過是替那些可能的反對黨成員，找一個合法的安排而已。這就是一種秩序的建立。當然尚有另一種建立秩序的程序：首先是一些失意分子醞釀不安，甚至發展為叛亂團體。繼之政府加以放逐，清算或殺害。然後再有反對分子生長出來，政府再加放逐，清算或殺害。如是循環不已，也構成一種秩序。上述兩種秩序，我們將在後文約略見其得失。在此我只是論證，政黨制度是建立秩序的一種需要，而不是要憑空造一個內敵來消滅力量。

另一種疑慮是怕政黨制度給搗亂份子帶來方便。這個疑慮倒也是實在的。在一些政黨制度已經確定或正在建立的國家中，我們今天確見到有搗亂份子正利用政黨制度給與衆人的便利來作搗亂的資本。然而，我以為正當考慮事情的態度似應是這樣：如果一件事是屬於事體之正，那麼即使它有些不便也是要行的。舉例言之，現行法律是與滿清以前法律大有不同的，而現行法律中新添一些為保證不寃枉好人的措施，就易為狡猾者所利用。再者臺灣與海外保持交通，亦是匪諜滲透的機會。但是現行法律終於替代了舊有法律，臺灣與海外交通仍需照常保持。這就是因為這二者皆屬事體之正，我們不可因噎廢食。何況噎還可以預先防止或事後治療。同樣的道理亦適用於政黨制度。這說明何以在搗亂分子蠢動的今天，英美諸國乃至德日諸國仍那樣珍視他們的政黨制度。

二

我想只要人們把政黨制度的性質功能把握住，人們是不會對政黨制度本身有何疑懼的。眞正値得疑懼的是怕這制度沒有行好，沒有帶來貨眞價實的政黨制度，或其副作用未能作適當的防止。這不僅得不到政黨制度的益處，可能還要害事。為了確保政黨制度的貨眞價實，並消除其副作用，當然要費許多腦筋和精力，而且這還需要朝野能密切合作。然而只要人們感到政黨制度在臺灣的迫切需要，則人們會覺得為了成就這樣一件事之所費是値得的。在下面我們且在細節上來看看政黨制度所建的秩序是何種樣子的秩序，何以這類秩序的增進是臺灣迫切的工作。

我們首先說臺灣已經有許多秩序，但是還缺少另一類秩序。前一類秩序是指交通，治安等具體可見的而言，而後一類秩序則是籠統的指人與人間關係的安排。政黨制度所建立的秩序，只能及於後一類秩序的一小部分，就算政黨制度完全建立起來，全部的秩序並不見得就已經搞好。但政黨制度所佔地位是鎖鑰地位，而且最易着手。政黨制度之有助於社會秩序建立的地方，我歸納到五個方面：㈠社會正義之維持；㈡普遍的代表；㈢人才的安排；㈣改善的希望；㈤反對者的約束。現分別提出來說一說。

㈠保持正義並不是法律一紙條文就能辦到的。我們察覺法律常靠受害人能不放鬆，能有後台支持針尖相對的追究才能正當施行。一個受寃曲的人如果是沒有力量的，常常也就忍氣吞聲不了了之。在英美法治良好的國家，法律尊嚴不可侵犯，察其由來，還是因為有監視力量經常存在，事有出軌即將引起軒然大波。正義也者，其取得與保持實際要靠人不斷的力爭。政黨制度的好處是能以組織的力量援助零星的個人，使他們亦有通天的機會，不致寃沉海底。如果一個受害人案情重大危及法治根本，則他所屬政黨自會出來替他講話。即使他不屬於任何黨團，但因他案情重大已構成爭執的題目，也自然會有相干的政治勢力出來主持公道的。政黨所以能支持個人使其通天上達，是因為它成為在朝黨或者有變成在朝黨的可能，它講的話後面有力量作後盾。「自由中國」雜誌就曾給幾個案子出過力。它實際從事調查，收集資料，刊登圖片，使義直言。這是値得喝彩的。可惜它還不是一個力量雄厚的勢力，所以效果也就打了折扣。

有關臺灣的法治問題，我想張金衡一案是値得深思的。有人說張金衡有精神病，這自然亦有其可能性，但他自覺「含寃以死」必是眞的。如果執政黨或其他政治勢力能給他以正義，支持他據理申辯，他或者有寃得直，亦或者發現自己錯誤而感到慚愧。總之，他變成有精神病的可能性就少得多了。為了增强法治精神並保持其不墜，我想政黨制度的確立是極端需要的。

㈡人的生活在細節上甚至在大的方面都有很大差別。人的想法，價値觀念以及不同利益常有衝突。為了這些衝突得到調協，人衆之能在政府中獲得普遍代表是必需的。俗話說，朝中有人好作官。這表示，與政府圈子有聯繫的人佔着許多便宜。這便宜自然不限於作官求職。就是一個人作生意或有什麼想法主張欲付諸實現，也是政府圈子裏有朋友的好辦事。因為政府一個有利的措施或決策，可以使人受惠無窮。但是能與政府聯繫的人究屬少數。想打入政府圈子的人多了且有鑽營現象，為自鳴清高的人所不恥。和政府圈子搭不上關係的人常常吃鱉，受到壓制或志不得伸。時間長了，有的人就會經驗到傷心的事。他們或變為抑鬱消沉或變為昂揚激越。總之，是替社會造成一股乖戾之氣。要想這股乖戾之氣不成長起來，始終保持社會之協合，那麼最好的安排就是使多數人在政府中都有代為據理力爭的代表，使他們覺得自己有應得一份的機會。

㈢人才的安排為古今一大難題。我這裏所謂人才是指那些精力充沛、主意多、並且影響力也廣大的人。歷代總要出些英雄豪傑。這些人固値得寶貴，但亦常為社會之累。因為他們影響力大，所以他們能辦事，但壞事一如好事，都是他們幹出來的。更有一點麻煩的，是這些人常常不能容納在一個組織之中。這好比打球，一個第一流的球員並不見得就能進入第一流的球隊。或因球路不同，或因人事關係，他就是參加進去也配搭不上，只能當個配角或預備隊員，因此他寧願另參加一個班子還來得順手。我想美國的史蒂文生，以其才幹在其政府中任一要職總是很勝任的。但實際上他只能當個特使或代表之類的脚色。其中不無原因。政黨制度就是給那些精力充沛的人一個安全的安排，使他們或在朝或在野，在朝固有所施為，在野亦有其身份、地位和影響力。有才幹的人如比作炸藥，那麼政黨制度是能使這些炸藥都用於建設而不用於破壞。我好像聽說一位美國總統競選者會在競選時跑壞了四支汽車輪胎。這種精力過人的人，可被看作社會中的問題人物，一如一些小孩被看作問題兒童一樣。如處於沒有常軌的社會中，他的花頭就多了，他可能為社會帶來秩序；亦可能為社會帶來浩劫；他亦可能變成「漢奸」型的反叛人物。但在政黨制度下，他卻始終保持為替社會服務的善良公民。政黨制度這一點功能，對社會的供獻實在太大了。

㊃人有個大毛病就是不滿現實。多數人都是覺得自己親身所在的環境總不如意。這一方面因爲現實本沒有完美的，一方面也可能因爲人有感到不滿的天性。不滿現狀的現象，是古今中外普遍存在的。就是在我們感到相當滿意的地區，當地人仍是感到問題重重，無窮煩惱。因此不滿現實也實在可以不算毛病，勿寧說它是人類進步的動力。但在此有一危險存在。就是當社會由於缺少活潑，或政府因缺乏制衡力量而產生改進的障碍時，人的不滿現實心理就會增强，以至演變爲病態，構成社會秩序的妨碍。政黨制度是使那些有創造性的人和他們試探性的方法，有自作主張的機會。同時使社會保持隨時改進的可能。這常能帶來眞的進步，至少也能給人一種改進的希望。有這樣一點希望與沒有這樣一點希望，是很不相同的。因爲希望常是保持精神健康與活力的基礎。我們見到許多並不富裕的人，月月送錢買奬券，也不過是爲了保持一點希望罷了。如果他不保持這點希望，他的心理將受到極大的傷害，其行爲亦將日趨激烈乖張。

㊄政黨制度另一個作用是給反對分子一個組織，一個約束。反對黨與叛亂團體不同的地方，就是反對黨有合法組織並受到法律的約束。反對黨因爲有了合法的地位，它可減少「逼上梁山」的情形。由於有了合法地位，法律約束更易被接受，免去了秩序的强制執行。這與三輪車伕之組織不同幫會或者有相彷處。當三輪車伕的幫會走上正軌以後，會員中肓動的事件(譬如以鐵棍子毆鬥)就可減少。不同幫會間有了糾紛，他們組織間自有一番商量，他們自會約束自己的成員來遵守共訂的規則。這就是一個秩序的建立。政黨制度之能減少叛亂是有賴其類似之功能的。

三

以上所說政黨制度有助於建立秩序的幾個方面，在一個社會大難當頭的時候，似乎都不致引起問題，無需特別加以照顧。卽使社會機構的脫節和故障帶來不愉快的事，各人亦自知約束自己。有不滿的事、傷心的事，或激怒的事都可看成個人小事，暫拋一旁，不致造成紊亂。但當危難略爲減輕，或時間拖得太長，情形就大不相同了。這因爲人，究竟是人能把個人情感放在大題目之下的人，是最有理智的人。但卽使一個人是最有理智的，他也常只能維持個表面，潛意識仍不免受影響。擧個常識的例子來說，一個女子爲幫助父母維持家庭可以暫時不嫁人，但時間長了就不免有對父母忤逆的事發生。所謂「女大不可留，留來留去成了仇。」這並不是說，她不知道父母是不能頂撞的。這只證明人的理智有個限度。聰明的辦法是追本溯源，解除他不理智的原因。最好有人勸她父母給她找個人家，有了人家她仍會對她父母言歸於好。反之，如一味把她留在家裏以大義相責，她甚至連大義也起了反感，而去相信種種邪說。那就構成更令人難解的怪現象了。在大陸上曾有許多很了解共產黨壞處，而且自己生活觀念主張皆與共黨極爲相悖的人，最後竟向共黨靠攏。這種好像難以解釋的現象，當然有其個人經歷和社會環境爲背景，我們不必細說。但這說明人可以失去理智的控制，甚至到達飮鴆止渴的地步。我所以特別强調秩序的建立，就是因爲秩序的建立是使人抵抗失去理智的一個重要方法。這方法可使失去理智的人，半精神病的人，飮鴆止渴的人不致增加。我不是說在一個有秩序的健康社會裏便沒有這類的人，而是說在那樣社會裏這類人不致構成大量的現象。在此數量的觀念極其重要。如果這類的人爲數甚少，社會是包容得下的，但如果這類人成了大量現象，則社會將甚感吃力。我想多數贊成政黨制度的人，其目的必在建立一有秩序的健康社會。

今天臺灣的處境是這樣：多數人的期望是防止赤禍和反攻復國。但在軍事上我們要等待整個自由世界的一致步調。因此政治上的出擊還比較容易施展，而且這也最需靠自己的努力而非友邦援助可能爲力的。在政治上，我們要建立一個有秩序的自由社會。對自身言，秩序是一穩定力量。對大陸言，自由社會是有力號召。看來我們的作法，將是一個長期的作法。過去十年很快過去了。將來還有多少年也難說。我們鑒於時間的拖長，就不得不預防因種種臨時措施失去常軌所生紊亂的增長。我們不能讓失去理智的人，飮鴆止渴的人在社會中成爲大量現象。因此建立秩序和常軌乃成爲迫切的工作。所謂迫切是說這工作愈提前愈省力，愈拖延愈困難，機會失去不可復得。所謂「居安而思危」，就是這個意思的註解了。政黨制度已經是自由世界行之有素、成績卓越的一個建立秩序與常軌的方法。而且這在中國憲法上也是有根據的，現在正好把它充實爲有血肉的體制。

政黨制度所建秩序究竟有多重要，當然不能用數目字來作準確的度量。我們只能作一二比喻來顯示其重要性。第一這種秩序可比作綱常，是統領大體的。有些人作事是只抓住要點，要點抓住，細節卽已無足輕重。我想政黨制度所建立之秩序就是屬於抓住要點，把握大體一類的。昔日美國施行馬歇爾計劃，要把物資運往歐洲，偏偏有些碼頭工人要在這些時日要求增加工資，罷工罷運。這麼殺風景。有人可以說這種破壞國家計劃，不遵守秩序的行爲，乃是政黨制度的副產品，可見政黨制度是有害的。但要知道政黨制度爲美國政治建立了常軌，這就更重要。一個有常軌的國家，其政府決策還有行不通的嗎？所以馬歇爾計劃終於把美國納稅人的錢拿去復興了歐洲。我們說政黨制度爲美國建立了秩序，那是說它建立了大綱大道，關係全社會的。而碼頭上有沒有搗亂的工人，自然也是有關秩序的。但這是小秩序，與前者根本不能站在同一個等級上相比擬。因此，美國並未因碼頭的小事而詬病政黨制度。

由於政黨制度所建大綱大道是平穩的，是出於自由的，而非出於强力的，它所建秩序可比作一種穩定平衡。以日本爲例來說罷，日本是戰後實行貨眞價實的民主政黨制度的兩個國家之一。(另一個是西德)。日本看來一直在搖擺動蕩，好像很不安的樣子。譬如它需要容忍鐵路大罷工。但也正因爲它能容忍這類事，也便能獲得輿情支持把大罷工加以平息。日本也有碼頭工人阻撓軍火進口，也有議員在議會場裏打打鬧鬧，甚至有善良百姓暗地受搗亂份子脅迫。但是，日本大的體制綱紀，却因普遍支持而得維持。譬如當大陸偷運六十幾名共黨幹部到日本時（四十七年七月），治安機關就能逮捕其中五十九名而獲得與論普遍的喝彩。許多人的印象認為日本社會黨是共黨同路人，但當納奇被害時，日本社會黨領袖岡田仍宣告蘇俄行為之不當而加以譴責。日本能算一個沒有標準沒有秩序亂七八糟的國家嗎？當然不是。日本是有秩序的，而且它的秩序是建立在穩定的基礎上。在另一方面一些以强力建立秩序的國家情形就不同。波蘭、匈牙利、東德等國家在未出事之前跟着俄國諸魔叫囂，倒顯得整整齊齊很像個樣子。但是它們的不安，晴天霹靂地爆發出來，才使人發現不是那麼回事。大陸共匪的鳴放也顯示出它基礎的不穩，伊拉克政情亦復如此。然而我們斷言日本就不會有類似的事發生。至少日本的一切，無論好壞已浮現在表面了。我們可把日本比作一個肚子放在下面而頭朝上的不倒翁。雖然它搖搖擺擺，但搖動是在浮頭上，基礎上並不怎樣搖動。而浮頭上的搖動，是可用權宜措施來作適當防制的。反之，另一些國家可比作把頭朝下而肚子朝上用膠水粘住的不倒翁，膠水一有裂縫，就要大力了。現在臺灣為長久之計，正需建立一個抓得住秩序之大體的穩定平衡。那麼先進國家的經驗值得為吾人借鏡。

政黨制度的重要性儘管和許多其它較抽象的設施一樣難以數字度量，但我仍願給它一個數字，以表示我對它重要性的估計。在防止赤禍和反攻復國的前提下，臺灣的六十萬軍力固然異常重要。但三七五減租，耕者有其田的實施以及農村繁榮，社會保險政策的推行，亦至少等於建立六十萬軍力。但是政黨制度如能有效推行，我想它之有助於社會穩定，及人們精力之釋放，應能等於建立八十萬，湊足二百萬。如果這番估計是正確的，則朝野人士值得共力以赴。在今天樹立政黨制度，有那些有緩急先後之分，又有那些是需特別顧慮的，以及其他方法細則，都可一邊商量一邊就做起來。在今天臺灣引進政黨制度正是好時機。這裏有良好的治安，普及的教育，人民也相當富裕（軍公教人員除外）社會的病態，亦未趨表面化。在這種環境下引進政黨制度，其手術的進行是有相當保險的。我把引進民主政治時的一番調整比作出痲疹，早出晚不出，而且出得愈早愈好。一個小孩出了痲疹便走上新的坦途，而一個國家一旦建立了真的民主基礎，亦便走上康莊大道。我們現在就來讓他出個痲疹罷。（本文寫成於四十七年八月，所舉事例，讀者或已失去鮮明印象。唯不碍全文要義，希讀者鑒諒。——筆者識）

讀者投書

（一）節育與教條之我見

張天增

主編先生：在我讀了貴刊第二十卷第十一期所載的社論—由節育問題說利教條主義之為害—之後，我也願意來表示我的一點私意。「自由中國」是我最喜愛的一門刊物，因此以朋友之誼，我願向它來說幾句誠心的話。再者「自由中國」又是一個極力主張民主的刊物，那麼我相信貴刊也不會拒絕刊登我的一點私意。

第一、貴刊主張節育之理論是根據蔣夢麟先生的著作。

第二、貴刊社論所評擊的對象是教條與主義，因為教條主義是反對節育的，在那一篇社論所舉的兩個例子；一個是天主教，一個是三民主義。

那一篇社論中曾指出：如「蔣氏根據馬爾薩斯的人口論，人口超過土地資源的負擔能力，如大規模的『饑荒、疫病』便會起來發生作用，『自然』調節……殘殺等。所以我們今天面臨的選擇是：寧願『自動的節育』呢？還是讓大規模的饑荒、疫病與自相殘殺來代替解決將來的問題？」這幾句話，若使一個平常人來看，倒像是一有充分的理由，但使一個受過科學教育的人看來，其理由之充足與否就成問題的。因為馬爾薩斯所說之「土地資源的負擔能力」，而今日的生產並不全靠着土地資源的負擔能力，況且今日的工業生產率，馬氏自己也未曾預料到。馬氏的理論既不合今日的生產事實，那麼他的理論是否有科學上的準確性，就成了大問題。

因此我以為今日臺灣並不需要提倡節育，而是提高工業的生產率。那麼將來臺灣人們成了一個大問題，還有科學和工業可供應。再者從防止的角度來說，臺灣並不需要節育，一旦施行節育，那麼將來一點我也不能評擊其實。因為國家不相混，都是而論。他說宗教自由的，又說是凡是一事。「條主義之為害」，那麼評擊宗教的意義是否奇怪的。貴刊提倡民主自由，支持宗教自由的，號稱民主的。再者天主教雖然反對人工節育，但卻贊成自然節育（The safe Period），若閉門研究其宗教的整個理論，是否有些武斷呢？何問題，世界各國的天主教都抱着一致的主張。」在這句話中的「任何問題」是作……

……何況天主教呢？光看在美國對於私立學校的問題，內各社團的意見紛紜，就知道了！總之，我勸凡主張民主自由的人士，要努力建設民主的自由政治，而不要任意的評擊其他的宗教。假若你不信仰宗教，而並不因此而與宗教為仇，因為宗教是與人類共存的，任何人也打倒不了它。

貴刊在第二十卷第九期的社論中—展開學問啟蒙運動—曾說過：「既然在知識方面科學家已經決定地取過去的長老、法師和道德家而代之，那末我們不能不說出在生活原則方面，心理學家、倫理學家、法師和道德家。時至今日，一個人要求心理的平靜和祛除心理上的種種憂煩與困擾，請教心理病理學家所獲效益遠較收與師和尚為大」。

若把這兩句話來研究一下，其意義是反對宗教的。但所說的是否合乎事實，又不成問題。聲稱主張科學，而說起話來又不合乎科學的原則，難道不覺着難堪嗎？因為科學是根據實證的，能不能按照個人的喜惡而言。再者科學家與道德家是否彼此並不相同。因為科學是一種方法，一與宗教知識更是一個大問題。若要硬說科學能代替長老法師和道德家，明顯對於科學的認識還不清楚。更不用提什麼「在知識方面科學家已經決定地取過去的長老、法師和道德家而代之」

等語來，這是一種妄想而非事實。自十九世紀以來，科學家的理論是可能明日被推翻的。信仰一宗教的人士，一種理論是可以倒退的。自日真理，而科學家的理論能被推翻。因為心理平靜或祛除心理病，學理上，心理學家與科學家所能給予的理論是有限的。他們再深一層說，今日不少的美國人士，在困擾的心理病中，尋求心理，知識的美國人心理病，或更要求的，已由心理和宗教問題，找到了解決。他們也常去請教於教會的在心理上，不必需要勸他們自己上教堂了。科學家也自己信仰宗教的心理學者，因此科學家的心理與信仰並不衝突……

去年有一位萬人所希望的學者，因為他精神病而不能上教堂，心理學家再代替宗教的。科學和宗教的領域不同，誰能否認科學家的根本沒有批評宗教的資格。

我以為貴刊是始終提倡民主與科學的，我非常欽佩。但以我看貴刊等的言論，代替宗教或教義等為害等主張，以科學來我覺得不以為然。故此我把我的一點私意，深在我的好友之間，「自由中國」使人知道雖然與我好的讀者也免不了有不同意的地方。

讀者 張天增 六月四日於紐約

論「進出口商管理辦法」

陳式銳

一

政府對貿易商的管理，原有臺灣省政府於四十一年一月七日公佈之「臺灣進出口貿易商整理辦法」；顧名思義，那時主要在整理已登記的貿易商，且着重於登記的手續及條件。而外滙貿易辦法幾經改變，不但內容有顯著底不同，其趨向也有本質上底差異。譬如四十三年三月政府停止貿易商申請登記，貿易商牌照即成爲一種既得權益；加以進口外滙限類以最高限額申請，就產生了牌照頂讓，過去「實績」的弊病，由此取而代之，其坐享厚利的現象，只是由「實績」轉爲「牌照」而已。去年四月十一日的外貿改革，及其後來的一再採取措施，對「牌照頂讓」已逐漸予以減少。同時，開放貿易商登記，隨之成爲民間的强烈要求。外貿當局曾表示：先要整理現有貿易商，使其自行合併，然後開放登記；惟以所提整理辦法，頗受批評，始終未見實施。

而「外滙貿易管理辦法」第二十條規定：「凡經營進出口業貿易商之登記及管理辦法，由外貿會另定之」，外貿會也繼而進行研究，就省政府原整理辦法加以修正，成爲「進出口商管理辦法」，於春間由該會通過後，送省政府徵詢意見，然後報經行政院核准，於七月一日公佈。在本辦法未公佈之前，外貿會於五月廿九日宣佈，自即日起繼續局部開放貿易商登記，其辦法如次：

㈠規定自四十五年四月十二日起至本年四月十二日止，在此三年內，出口商或國外廠商之代理商有出口或進口實績美金五萬元以上者，可提出申請。

㈡凡合於上項資格者，可於本年六月十五日以前，向臺灣銀行申請其出口或進口實績，由該會普驗組查核相符後，函臺灣省政府建設廳依照貿易商登記辦法辦理貿易商登記手續。

同時，外貿會主委尹仲容表示：「繼續局部開放貿易商登記，乃在鼓勵民營出口及代理商代理業務之發展。在去年開放登記之資格，其實績係自四十四年開始，今年則自四十五年開始，仍以三年中有實績五萬美元以上者爲標準，此辦法極爲公平」(五月二十日聯合報)。依此標準，外貿會已於七月十七日核准新貿易商五十五家，並准先申請第三期進口外滙(七月十八日聯合報)。

二

新「進出口商管理辦法」，規定其主管機關在中央爲外貿會，在省爲建設廳，一改過去由財政機關辦理，趨於合理化，爲一進步。此管理法公佈，舊整理法同時作廢，但新法不一定沒有含整理的意義(見後)。至於新法的要點如何，先把有關條文擇錄出來，然後加以檢討。

第九條：貿易商經營進口業務申請許可，其實收資本額在二十萬元者，得就進口貨品分類選定四類貨品；實收資本額超過二十萬元者，每超過十萬元得增加一類，但總計至多以六類爲限。

第十一條：貿易商經營進口貨品之種類經主管機關許可後，非自許可日起屆滿六個月，不得申請變更；但其許可之某類貨品，如經規定停止其進口，或停止核配外滙者，得選定另一類貨品申請許可。

第十五條：貿易商申請進口結滙，不得有浮報價格之行爲，違者除追繳其外滙外，停止其結滙進口申請，其經營出口而匿報售價者亦同。

第十七條：主管機關得隨時檢查貿易商帳簿及銷貨存貨情形，必要時得令其將進口貨品存放指定倉庫，或規定售價或限期令其出售存貨，違者停止其進口結滙申請。

第十九條：貿易商自動停止營業者，應於十五日內向地方主管機關及稅捐機關申報，並繳存許可證。

前項貿易商停止營業經地方主管機關催告補報申報手續，仍不辦理或其停業期限已逾一年者，撤銷其許可。

第廿一條：貿易商不得以申請所得之外滙轉讓其他貿易商進口，違者除追繳其外滙外，撤銷其許可。

第廿八條：新設貿易商之許可，由中央主管機關，按其過去一定期間內之出口或代理進口實績核定其許可標準，定期公告實施，由地方主管機關受理許可申請，並限定受理期限。

看新辦法，它主要規定貿易商的許可標準、經營範圍、及撤銷與處罰等；其中，均針對進口部份，所謂出口的鼓勵，充其量只是以五萬美元之出口實績就可取得進口權利。換言之，出口商(未指出其條件及範圍)的義務是外貿會根據第廿八條所核定於三年內出口五萬美元，其權利則爲申請進口外滙。但外國廠商代理人的進口，乃是代表外國人的出口，却也享同一的權利；這一點，尹仲容氏說是「鼓勵代理業務的發展」，就有不同了。由此觀之，所謂開放貿易商的登記，眞底只是「局部」而且「有條件」了。

三

去年外滙貿易管理辦法改革的中心，在針對廢除「牌照頂讓」，亦已收到不少底效果，惟完全消滅則尙未到此程度。按「牌照頂讓」的發生，在牌照有一定底數額，而它們的申請外滙又有品類及最高金額的限制；新外貿辦法算是把最高金額的限制取消了，惟品類的限制依然存在，新貿易商管理辦法第九、第十一條則仍沿襲此一限制。所以雖貿易商的牌照增加，而品類亦放寬，究對「頂讓」僅僅加以緩和而已。

根據外貿會的調查統計：臺灣一千六百餘貿易商，自去年新外貿方案實施後，自四至六月之第二期申請外滙起到今年第一期外滙申請止，放棄外滙申請權利者（不包括外貿會停止結滙底貿易商），共六四五家（以放棄一次爲計算基礎）；其中，放棄三次者九十三家，連續放棄四次者十二家。就期別言，去年第二期放棄請滙者三十三家，第三期放棄請滙者三六七家，四期放棄請滙者二八八家；今年第一期放棄請滙者三九三家，第二期放棄請滙者四二二家。可見放棄請滙的趨勢在上升中，亦可表明「頂讓」在減退下去。分析貿易商放棄請滙的原因：㈠滙率調整及市場結滙證擴大運用後，進口利潤已減少；過去靠牌照頂讓坐享其利者，以本身對貿易事務本不甚在行且資力又小，與其冒虧損之險，不如暫且放棄請滙。㈡許多貿易商過去以出口兼營進口，以在外滙定額分配時申請進口則等於獲得厚利；改變後情形不同，出口商不一定兼長進口業務，所以也有虧損可能，不如放棄進口而專營出口。㈢另一方面，申請進口外滙金額及品類既經放寬，眞正有資力而有經驗之進口商自可增加申請進口，由此而減少牌照頂讓的需求。這一現象，外貿會當局「深引爲慰」，他們認爲在「自然淘汰牌照投機的貿易商」了。

但是，此後的情勢是否卽如是樂觀？徵信新聞記者孟慶含早在六月十三日指出：貿易商雖連續四次放棄申請進口外滙，黑市牌照的頂讓，依然在三、五萬底高價扳持不放；牌照持有者寧可抱着「佔住茅坑不拉屎」，自己放棄請滙，也不輕易地放棄這張牌照。他說：「尤其當尹主委表示：政府外滙頭寸不多，對於放棄請滙的貿易商，樂於聽其自然，不作任何干涉時，持有牌照者更篤定地等待機會。逢到政府外滙預算公佈過少時，則出來扯扯後腿，搶點外滙到手；也許搶到的外滙轉讓後利潤不大，但對政府每期外滙的調度，不能說毫無影響」。況且，當局對此，似乎已沒有新辦法；當六月五日記者提出牌照頂讓仍然存在時，尹主委也只反問：「如其頂讓牌照請滙，何不多做出口，正正當當的取得貿易商申請設立登記的權利」（六月十三日徵信新聞）。

四

所謂「多多出口」，談來容易，做時並不簡單。就進口商言，他們不一定都同時長於出口業務，五萬美元實績並不是一時就可以達到；且在外滙滙率仍然偏低之下，虧損極有可能，與其多經周折，倒不如隨時頂來一個牌照較爲省事。其次，如進口乃規定其必先有出口實績，其重點仍在限制進口，並不符合於開放貿易商登記的原則。倘以此而解釋爲以進口利潤來彌補出口損失，且又指爲鼓勵出口，那就未免缺乏積極底意義。除此而外，遍觀整個管理辦法，對出口就看不到眞有鼓勵的條文了。

當局制訂新辦法時，亦許帶有整理貿易商的意義。就第十九條觀之，自動停止營業且申報者，繳存許可證；停止營業且逾限不報者，則撤銷其許可證。實際上，貿易商只要申報一下，其資格隨時可以恢復，或一年做一兩次（或出頂），亦則隨時可以申請進口，並不會就被淘汰。至第廿一條的禁止轉讓（卽頂讓），事實上前此均在進行中，他們基於供需，自有授受的妙法，否則也就沒有頂讓的發生，其效力之微可知。第十五條，禁止進出口的浮報或匿報價格，意在避免逃避外滙；但實際上，此一事實向來存在，與禁止頂讓同，殊少作用。

至於第十七條，以主管機關得隨時檢查帳簿、銷售及存貨，必要時且得指定貨倉，限價限時出售。雖然主管機關「得」這樣做，不一定時時要這樣做，但當它決定這樣做時，想想當帶給貿易商是如何底威脅？這一決定，當然是認爲某貿易商發生了問題，或當時底情勢需某一措施；不過，若決定不當而使受者有所損失時，不知將如何予以補償？且憲法對人民的自由權利，每有非依法律不得予以限制之規定，以資保障；本條規定，未知與此一精神是否符合？

五

總之，新貿易商管理辦法，只是在現行外貿情勢之下，把貿易商的地位及其行動加以條文化而已；在其中，並不見含有鼓勵出口的積極意義，也缺乏淘汰的力量，且對「頂讓」僅只和緩而已。尹仲容氏去年四月廿四日曾表示：「目前進口審核辦法只是一個過度時期的權宜辦法：將來貿易商整理告一段落，貿易商牌照開放，自備外滙開放，以及結滙證市場開放後，整個外滙貿易新制度已告建立，他將改變目前的權宜辦法：在整年度進口外滙預算之下，不須分期接受申請，而隨時接受申請；卽貿易商只要能够提出結滙證，就可以向外貿會提出申請，外貿會亦隨時予以審核」（去年四月廿五日聯合報）。明乎此，我們知道新辦法仍是過渡時期的辦法。現在，貿易商未整理而局部開放，自備外滙未開放，結滙證市場亦未開放，顯然新制度並未建立；所以他的未來種種，我們唯耐心地等待其到來嗎？——屆時貿易商的登記也就眞實地開放了嗎？

「工商日報」來函

逕啓者頃閱

貴刊第廿一卷第二期社論「這樣能解決問題嗎？」一文之最後附註，有「工商日報這篇重要的訪問記」，未見行銷臺灣的該報外埠版刊出，可能是由於訪問記中說到胡先生對蔣總統連任三任的意見，該報編者鑒於『自由人』三日刊連續被扣，所以特將此不合此間脾胃的文章删去」等語。查本報外埠版與本港版每日同樣以相當數量行銷臺灣，外埠版爲因應讀者購買能力，精編一張，以篇幅關係，故向不刊載臺灣通訊，此係事實，一查便悉。

貴刊「附註」云云，誠恐引致各方不必要之誤會，用特專函奉達查照，敬希將本函予以刊出，至所感荷。此致

自由中國半月刊

香港工商日報　謹啓　七月廿三日

政府不應再坐視人口的增加

金承藝

近幾年來，雖已有很多人看到臺灣有人口過度膨脹的危機，可是就如同要涉及到「裁軍」問題時一樣，誰都不願對這種問題公開的表示意見，因爲這是屬於「忌諱」的問題；對這種問題表示意見，最容易引來嚴重的麻煩。

對於某一個問題避而不談，並無助於消弭這個問題，事實上，這個問題還是依然嚴重的存在着！今年四月十三日，七十三歲高齡的農復會主任委員蔣夢麟博士，終於隱忍不住的呼出「讓我們面對日益迫切的臺灣人口問題」。他認爲臺灣必須刻不容緩的實施節育，以使過高的人口增加率爲之降低。蔣氏在發表這項意見的時候，曾向人表示說，「我自己已不會再生育子女了，我也不會再活好多年了，我所想像的臺灣因人口激增而將發生的嚴重問題，我也許不會看得見的。但憑我的良知，我現在不能不提出這個重要問題，不能不挺身出來提倡節育運動」。同時他更說「如果因我提倡節育運動而闖下亂子，我寧願政府來殺我的頭」。爲甚麼蔣氏要說這種話呢？可見這一問題的迫切性，也可見一直是有一種強大的力量在反對提倡抑制人口增加的意見。

其實，遠在九年前（民國三十九年時），農復會一位美國籍委員貝克 Dr. Baker 博士，在一次聯合國中國同志會所舉辦的公開講演中，就已對於臺灣人口的隱憂，洞察機先的提出過忠告，他那次講演的題目叫做「人口與生產的平衡」。貝克博士講演的重點是：

一、由於醫藥的進步，與臺灣每二千五百人之中卽有一個醫生的比率，使得臺灣的死亡率減低，而人口增加率過快。臺灣每年增加百分之三的人口，一九七四年時將達到一千五百萬人口。

二、不能過份依賴增加糧食生產，這是因爲：㈠增產糧食必須使用肥田粉，但肥田粉則需大宗外滙。㈡減少甘蔗田，改種稻米，可以使糧食的生產增加；但如沒有砂糖輸出，將使外滙減少。㈢養猪可以增加肉類食品，惟飼猪太多，必須消費大宗食糧。㈣臺灣的驅除牛瘟與消滅植物的病蟲害，雖有成績，但這只能是拯救已經生產的東西，並不能增加生產。

三、根據生產機構的報告，民國三十八年和三十九年兩年當中，臺灣的生產總值雖在增加，可是由於人口的增加，個人生產價值則在降低。

四、光復大陸是否能解決臺灣的過剩人口，也頗有疑向，因臺灣的生活水準遠較大陸爲高。

五、在一方面是糧食不够、營養不良、嬰兒死亡率增加、戰爭、盜匪和饑饉等一些減少人口的自然方法，另一方面是沒有痛苦的節制生育的方法，對於這兩條途逕必須考慮選擇其中的一條。

如果我們從「大陸雜誌」的第一卷第九期看貝克博士那一天的講演記錄，與貝克博士講後聽衆自由講話的記錄，就可以看到那天十餘位自由講話的人士，除了極少數的一兩位比較贊同貝克博士的意見之外，其餘的多持和貝克博士相反的意見、甚至是奚落他的看法。

現在呢？蔣夢麟博士說得好，「臺灣的人口，正在以每年百分之三·五的增加率在增加，目前每年淨增三十五萬」（筆者按：依省府民政廳發表的公報，去年臺灣人口淨增三十六萬，則是按百分之三·六的增加率在增加）。蔣氏提出的人口增加率數字，遠較當年貝克博士提出的百分之三爲高。貝克博士認爲到一九七四年時，臺灣人口將達一千五百萬，實際上按照目前人口百分之三·五的增加，只需到一九六九年時卽將達到一千五百萬人口。比貝克博士預想的尙提早五年。

蔣氏更說，「這些每年新增的人口（指三十五萬人言），僅就吃飯、教育、及衣著三方面的需要言，每年就需要七億五千四百萬元新臺幣的費用」。這也就是說，如果十年後臺灣人口增達一千五百萬時，僅就增加的五百萬人口的吃飯、教育及衣著三方面的需要，每年就需要一百億新臺幣。

現在臺灣每年尙需要八千萬到一億美元的經濟援助（軍援不算），方能捉襟見肘的渡過經濟難關。試想十年後如果再要多出一百億新臺幣的開支，這該是多可怕的數字！無怪乎蔣夢麟博士對於人口問題向臺灣各界發出了「緊急警報」。這一次總算比九年前貝克博士提出忠告時所得的效果爲好，當蔣夢麟博士的文章和談話發表以後，臺灣的各大報紙和輿論界，幾乎是一致的支持與響應蔣氏的意見，有些社團和報社甚至舉辦座談會或徵文，詢求各方意見，藉收集思廣益之效。

不過，令我們感到奇怪的是，一般人民與輿論界現在對於人口壓力的危機均已這樣的重視，而爲人民服務「管理衆人之事」的我們的政府，竟是一直沉默寡言的不置一辭。對於這樣重要的課題，政府究竟是贊同人口的無限制增加呢、還是認爲過高的人口增加率必須應該抑制？

四月下旬臺灣省民政廳發表截至去年底全臺的人口總數，爲一千萬零三萬九千四百三十五人。按照這項人口總數計算，臺灣每平方公里的人口密度，平均爲二七八人强。省政府認爲這樣的人口密度尙次於荷蘭及比利時。這好像是說，臺灣還不必太着慌，因爲有些國家的人口密度遠比我們爲大。

現在我們不妨根據去年世界年鑑記載的荷蘭、比利時人口與面積，和臺灣做一番比較：

臺灣：面積—三萬六千平方公里。
人口—一千零三萬九千四百人。
平均每平方公里有人口二七八人强。

荷蘭：面積—三萬三千三百平方公里。
人口—一千零一萬。
平均每平方公里有人口三百人强。

比利時：面積三萬零五百平方公里。
人口—八百九十二萬四千人。
平均每平方公里有人口二九二人强。

從這個比較中，我們雖然可以看出臺灣現在的人口密度與荷蘭、比利時尙有一些距離，可是這也並不表示臺灣的人口問題還可以拖延一個時期，而不需要迫切的謀求解決。因爲稍有地理常識的人就可以知道，某一地區所負荷的人口密度，其他地區並不一定能够負荷同樣多的人口密度；這是由於要有很多種地理條件來配合才行的。很顯然的，臺灣有很多種地理條件是不能與荷蘭、比利時相比擬的，如㈠荷蘭、比利時均位於西北歐沿海平原，人口的分佈狀況是較爲平均的。而臺灣因位於亞洲東部的島弧地區上，山岳聳峙，平原狹小，臺灣三分之二的面積是高山和森林，不適合於人民居住和農業生產；所以臺灣的人口都密集在西部沿海一帶，一千萬人口分佈在三萬六千方公里的三分之一的土地上，每平方公里的人口密度，早已在八百人以上。㈡荷蘭、比利時的土地肥沃，臺灣除山地外多爲土壤薄瘠的梯田，農作物必須仰給肥料，始克生長。㈢荷蘭、比利時均有廣大殖民地以供各項資源及財富之內輸。戰後比利時經濟的繁榮，主要是由於比屬剛果的盛產鈾、金及鑽石。荷蘭在戰後，屬地中之最大者—印尼雖獲獨立，但它在大洋洲、南美洲仍然保有很多殖民地。臺灣非但沒有這種地方以供資源及財富上之幫助，且需維持龐大兵力來應付對面共黨之威脅。㈣荷蘭、比利時均爲西歐的一流工業國，有悠久的工商業歷史；臺灣雖則近年中努力建設各項工業，惟尙在脆弱階段。

基於種種條件，臺灣均比不上荷蘭、比利時，所以臺灣不能够以人口密度不及荷蘭、比利時而聊以自慰，目前臺灣要想求得經濟上的自足自給，已經是很困難的事了，政府實沒有理由不急謀防止人口繼續膨脹的對策。

按照現在臺灣人口的增加，非但如蔣夢麟氏所說的資本不能累積、生產不能繼續增進、土地不足應人口日益增加的需要、石門水庫工程完成後增產的成果只需一年的人口增加即將其抵銷，而且就是連現在能够勉强維持的經濟現狀，也將在人口膨脹的洪流下冲潰。

最明顯的如食的問題：現在的食糧雖够消費，但農復會生產組提出的農業生產報告中指出，截至一九七〇年時止，臺灣穀子的生產總額，僅能較去年的生產量增加九十萬噸。農復會生產組認爲這項數字已是竭盡一切可能之運用所獲得，如要適應激增的人口數字，有顯著的不足處。再如住屋的問題：現在的住屋已經有嚴重的不足現象，如人口再增加二分之一，則住屋至少也應隨人口的比例而增建，臺灣實無法有這樣大的建設力量（這裏面又牽扯到另一問題，即：因人口增加而增建房屋、而增闢道路，均將相對的削減了可耕土地的面積，因而削減了生產力）。再如教育的問題：即以國民教育一項來說，現在在外縣市的一些國民學校，緣於教室的極度缺乏和師資的缺乏，已經有三部制、四部制教學的現象，不過政府總算還在盡力敷衍着「義務教育」的名義。設若學童再增加二分之一的時候，恐怕只好五部制、六部制教學，連敷衍也無法敷衍了。所謂「國民義務教育」，將在人口壓力下被迫放棄。再如職業的問題：臺灣在未來的幾年之內，尙無可能成爲一個私人企業超越政府機構的社會；現在臺灣各政府機構、公營事業、半公營事業，均已冗員充斥，有超額之患；也就由於這種原因，所以俸給微薄，行政效率低劣。如人口再大量增加，政府機構不能再安置更多職位時，失業的人數必多，這即是培植社會不安與動盪的種子。

以上不過是舉出來在一時之間就能够想到的一些因人口膨脹引起的問題，自然也許還有更複雜更嚴重的影響，尙未計及。正因爲人口壓力的後果至堪憂慮，所以，雖然農復會主任委員蔣夢麟博士說，「我現在要積極的提倡節育運動，我已要求政府不要干涉我」，可是解除人口壓力，是極爲艱難而不容易見到效果的工作，也是牽扯到政府重要決策的工作。這已不是「不要干涉我」而只讓農復會去推行節育運動的事，政府必須要積極的參與和協助此事，才能得到解除人口壓力的功效。我們即以日本爲例，日本在近十年中把十年以前的千分之三十三·七的人口出生率已減低至千分之十八，就是由於日本政府全力推行人口政策所致。

何況臺灣僅就推行節育運動這一項來說，沒有政府與農復會的合力推行，恐也不易生效的。因當前的情況是：敎育水準較高，收入較豐的家庭，多已實行節育而子女較少；但一般農村社會和勞働階級收入微薄的家庭，生活本成問題，可是却很少節育而子女滿堂。這樣人口反淘汰的增加，將更造成社會問題的嚴重。所以要想獲致節育運動的效果，必須由國家的中央機構集中一部分的人力、財力，再輔以農復會的提倡，才能推廣至農村社會及勞働階級，如此始能使節育運動普及而生效。

再者，我以爲臺灣現在所熱中於討論的解決人口壓力的方法，似乎只局限於節育運動。其實，面對着這樣嚴重的問題，政府應當考慮除節育運動以外的很多種疏導人口的政策。如：

解除或放寬出入境限制：臺灣實施嚴格的人口出入境限制，已經有十年了。在最初的兩三年，由於時值非常，爲了治安與社會的穩定，實施這種限制，尙不無理由。惟現在與共黨已經進入長期鬪爭的局面，出入境限制的原意多已失去，但政府却不加稍改，故近年來出入境辦法已爲中外各方所詬病。如今面臨人口壓力的威脅，政府應當從長考慮，解除或放寬出入境的限制，既可以免去各方的詬病，又可以因開放了人口的窒息政策，流動較易，而收人口的自然調節之效。

政府輔助人口外移：世界上有些地區由於人口的稀少，歡迎有工作能力的人前往開發，南美的一些國家就是顯著的例子。近半個世紀以來，意大利與日本等國，都在盡量的利用這種機會，把過多的人口，移往南美洲去。報載本年南韓政府也將輔助三萬韓人移往巴西，我們的政府應當參考這些國家的移民政策及經驗，在現今尙有這種機會的時候，輔助人口外移。因爲再過一段時期，也許各該當地國的人口政策改變，我們再想使人口外移時，那時機會已失而時不我待了。

吸收僑資與外資使臺灣工業化：政府這幾年中雖然高舉歡迎外人及華僑投資臺灣的政策，可是事實上却收效甚微。去年一年中華僑投入香港的資金是投入臺灣的八倍。爲甚麼華僑資金大量的流入香港，而不流入臺灣？爲甚麼外資不投入臺灣？這都是值得政府深思的。今年三月七日，哥倫比亞大學教授葛古森應立法院之邀請在中山堂講演，他說，「臺灣無須憂愁資本的缺乏，如果臺灣能創製一種吸引資本的氣候，資本自然會來臨。……全世界有的是資金，如果你需要它，你便能獲得資金……假如臺灣能創造一個有利於投資的環境，資金便會源源湧到寶島來。」農業地區無論如何不能像工業地區可負荷更多的人口，這已是世界地理上的不移事實。爲了養活過多的人口，我們唯一的途徑必須邁向工業化。所以政府對於爭取外資、僑資的政策，應再求改進，務使臺灣有「吸引資本的氣候」，有「利於投資的環境」。

總之，政府對於人口激增的事實，不能再遲疑不顧，必須確立人口政策，解除人口壓力。輔助農復會做澈底的、有效的推行節育運動，並採行其他的疏導人口壓力的政策。我們不能在與共黨的長期鬪爭中，沒有被共黨所擊敗，但却被人口的惡性膨脹弄得焦頭爛額。何況我們還要發展經濟、培養國力，以等待有反攻復國的機會時有擊敗共黨的蘊蓄力量。

最近，政府對於人口問題，總算稍微的表示了一下意見，那就是六月十日省政府主席周至柔的談話，不過令人沮喪的是他竟說：「關於節制生育問題，政府不打算予以鼓勵，也不採取積極節制生育」。而七月二日省議會審查省政總報告後在結論裏說：「……對於這個問題（「人口壓力」問題），現在已有不少社會人士，正在呼籲『節育』和提倡『計劃家庭』，不過我們認爲秉乎總統昭示我們所謂『生命』的意義，我們要以莊重的儀態，來迎接我們繼起的新生命，而希望在這自由的樂園，孕育更多更好的新國民，來彌補在大陸上專暴抑殺的損失，與應乎戰時『生聚教訓』的需求，該是我們嚴明的責任……」大陸上的同胞，已被中共殘殺了幾千萬，難道都讓臺灣一地來「彌補」？人們凡對於顯形的危機，有敏銳的感應；而對於隱形的危機，感應遲鈍。人口壓力的危機是隱形的，其惡果要在幾年之後才能看到，因此使很多不肯深思的人有眼不見，有耳不聞。可是這個隱形危機對臺灣的威脅，並不輕於共黨對臺灣的威脅。這個隱形危機很可能是未來破壞臺灣建設成果，致臺灣經濟、社會於崩潰的幽靈！

試想現在臺灣每年需要一億美元左右的經濟援助，如果人口再增加二分之一或一倍時，該怎麼辦？到那時候我們是否還能夠向美國乞求更多的經濟援助？美國是否肯再增加對我們的經濟援助？謀國者豈能不爲這等事做深謀遠慮!?二次大戰以後，西歐國家多因戰爭而經濟破產，但戰後在馬歇爾經濟復興計劃下，在接受美援幾年之後，現在多已步上自足自給的途徑，不再需要美援。難道我們總需要美援的扶持嗎？不去思求利用美援達成自立之道嗎？如果以後美國經援政策一旦有所變更將怎麼辦？

我們的政府好像一直是很要面子的政府，記得去年「自由中國」半月刊在一篇社論中說到美國應對亞洲的一些受援國迫使其加强民主化時（文中並未提及應迫使中國政府民主化），政府控制的各報紙均對「自由中國」大事圍剿，認爲「自由中國」的主張是「喪心病狂的內政干涉論」。可是，如果總是伸出手去向人家要錢，坐視人口的激增於不顧，再準備向人家要更多錢的作爲，又豈是一個要面子的政府之所爲？

也許有人說，一旦反攻大陸，臺灣的人口壓力問題，就可以迎刃而解了。我們必須要駁斥這種說法是一種不負責任的論調，人口的激增是擺在面前的迫切問題；與共黨的鬪爭是長期性的鬪爭，固然，反攻大陸的機會可能「近在眼前」，但謀慮周詳的人對它也應有「遠在天邊」的準備。一個實際問題的解決，絕不能期諸在僅是有可能性的希望藍圖上！更何況臺灣如果任聽人口的惡性膨脹，將來一旦有反攻大陸的機會，也許只好徒呼負負了，因爲那時的臺灣，也許正癱瘓在經濟崩潰的泥淖中！

來函照登

啓者頃閱貴刊第二十一卷第二期（中華民國四十八年七月十五日出版）「從學風腐蝕論中等教育」文內述及省立宜蘭農職教務訓導主任互毆一節，不勝駭異，查本人等擔任學校教務與訓導業務極能互助合作向無爭吵，何從互毆，復查本校自光復以來，歷屆教訓兩處主任亦均無互毆情事，所謂互毆一節當係作者杜撰，茲以影響學校與個人名譽匪淺，特此函請惠予更正爲荷

此致

自由中國半月刊

臺灣省立宜蘭農業職業學校　教務主任　章子鈞　訓導主任　李中華

曹丕怎樣在羣臣勸進下稱帝的？

看雲樓主

在中國歷史上，雖然傳說「禪讓」之局是起於堯、舜，可是眞正研究歷史的人則不敢確持此說；蓋堯、舜是否確有其人，本已在存疑之列，至於說禪讓制度是起於他們那個時代，自然更可能是託古僞造的了。

若就可信史的記載，第一個將皇帝位禪讓與他人的，是漢獻帝劉協之禪位於曹丕。所以清人趙翼在「二十二史劄記」上說：

「曹魏既欲移漢之天下，又不肯居簒弒之名，於是假禪讓爲攘奪。自此例一開，而晉、宋、齊、梁、北齊、後周、以及陳、隋皆做之。此外尙有司馬倫、桓玄之徒，亦援以爲例。甚至唐高祖本以征誅起，而亦假代王之禪。朱溫更以盜賊起，而亦假哀帝之禪。至曹魏創此一局，而奉爲成式者且十數代，歷七八百年。眞所謂奸人之雄，能建非常之原者也。」

我們如果從「三國志」的「文帝紀」或是「三國演義」上，看這次中國史上第一宗皇帝禪位實況的記錄，則可以得知，這個第一次所謂的「禪讓」，在當時眞可以說是巧用心機的政治創造，無愧趙翼所說「奸人之雄，能建非常之原者也」；而其滑稽可笑，更足以令人噴飯。

從曹丕在建安二十四年——距現在約一千七百四十年前，所要弄的政治手法，再看四十四年前袁世凱的帝制運動，其間時代雖已進步一千七百年，但是袁世凱在謀得大位的整個過程中，並沒能玩出甚麼新鮮花樣來，可見袁氏左右及近代弄臣人材之貧乏。人言三國時人材輩出，是誠非虛言也。

先是，魏王曹丕的一些弄臣們，早已「揣摩上意」知道曹丕有做皇帝的心思，於是這個說某地麒麟出現、鳳凰來儀，那個說某處嘉禾蔚生、甘露下降。總之，在瑞兆叢生之下，大小臣工們遂迫令可憐巴巴的漢獻帝，責成他把帝位讓將出來。

按說等到漢獻帝下禪國詔的時候，想要做皇帝的曹丕，應當立即接受啦，可是他不；這時他開始表演政治花樣了。據趙翼引裴松之「三國志註」來統計：

「曹丕受禪時，漢帝下禪詔，及冊書凡三，丕皆拜表讓還璽綬。」

曹丕在上獻帝書中，一則曰「伏聽冊命，五內震驚」，再則曰「肝膽戰悸，不知所措」，婉拒堅辭之情，溢於言表，其態度之懇摯，足以使一般人惶惑，誤認爲他可能眞是不欲做皇帝的人。

可是弄臣們是乖巧的，他們早已洞悉了「主上」的意願，於是紛紛上表勸進。就裴松之「三國志注」所載，勸進者先後共十四起，計：

中郎將李伏勸進者一。

侍中劉廙、辛毗、劉曄，尙書令桓階，尙書陳矯、陳羣，給事黃門侍郎王毖、董遇等勸進者一。

太史丞許芝勸進者一。

侍中辛毗、劉曄，散騎常侍傅巽、衞臻，尙書令桓階，尙書陳矯、陳羣，給事博士騎都尉蘇林、董巴等勸進者一。

督軍御史中丞司馬懿，侍御史鄭渾、羊祕、鮑勛、武周等勸進者一。

尙書令桓階等又勸進者一。

侍中劉廙，常侍衞臻等又勸進者一。

輔國將軍淸苑侯劉若等一百二十人又勸進者一。

輔國將軍等一百二十人又勸進者一。

侍中劉廙等再勸進者一。

給事中博士蘇林、董巴又勸進者一。

尙書令桓階再勸進者一。

侍中劉廙等再又勸進者一。

相國華歆，太尉賈詡，御史大夫王朗及九卿勸進者一。

而「丕皆下令辭之」。裝腔做勢，眞可謂做到家了。一直到逼得漢獻帝築「受禪臺」於繁陽，並第四次下禪國之詔的時候，曹丕這才裝着不得已而「勉爲其難」的就帝位。

不過在就皇帝位的時候，還得要表示他的確是衆望所歸，不能馬虎從事。試看「三國誌註」的記載：

「獻帝傳曰，辛未魏王登壇受禪。公卿、列侯、諸將、匈奴、單于、四夷朝者數萬人」

這如果是在近代的話，自然就是文武百官，各國使節，陸、海、空、勤、裝甲、傘兵諸軍代表，警、憲同志，各同業公會代表，地方及中央議會代表，大、中、小學校教師及學生代表，各地僑領及各民間團體代表等等「族繁不及備載」了。不這樣不足以示隆重。不這樣不足以示爲民意所迫。

羅貫中在「三國演義」上，寫曹丕假意辭拒漢獻帝禪位故事的一段，也是很有趣的。我把它節錄於下：

「且說魏王曹丕，自即王位，將文武官僚，盡皆陞賞。……是歲八月間，報稱石邑縣鳳凰來儀；臨淄城麒麟出現。黃龍現於鄴郡。於是中郎將李伏，太史丞許芝商議，種種瑞徵，乃魏當代漢之兆。可安排受禪之禮，令漢帝將天下讓於魏王。遂同華歆、王朗、辛毗、賈詡、劉廙、劉曄、陳矯、陳羣、桓階等一班文武官僚，四十餘人，直入內殿，來奏漢獻帝，請禪位於魏王曹丕。……帝聞奏大驚，半晌無言，覷百官而哭……次日，官僚又集於大殿，令宦官入，請獻帝，帝憂懼不敢出……曹洪、曹休帶劍而入，請帝出殿……帝戰慄不已，只見階下披甲持戈數百餘人，皆是魏兵。帝泣謂羣臣曰，朕願將天下禪於魏王，幸留殘喘，以終天年。賈詡曰，魏王必不負陛下。陛下可急降詔，以安衆心。帝只得令陳羣草禪國之詔，令華歆齎捧詔璽，引百官直至魏王宮獻納。曹丕大喜……便欲受詔，司馬懿諫曰，不可。雖然詔璽已至，殿下宜且上表謙辭，以絕天下之謗。丕從之。令王朗作表，自稱德薄，請別求大賢以嗣天位。帝覽表，心甚驚疑。謂羣臣曰，魏王謙遜，如之奈何？華歆曰，昔魏武王受王爵之時，三辭而詔不許，然後受之。今陛下可再降詔，魏王自當允從。帝不得已，又令桓階草詔，遣高廟使張音，持節奉璽至魏王宮。……曹丕接詔欣喜，謂賈詡曰，雖二次有詔，然終恐天下後世，不免簒竊之名也。詡曰，此事極易，可再命張音齎回璽綬。却教華歆令漢帝築一台，名受禪台。擇吉日良辰，集大小公卿，盡到台下，令天子親奉璽綬，禪天下與王，便可以釋羣疑，而絕衆議矣。丕大喜。即令張音齎回璽綬，仍作表謙辭。」

看到曹丕受禪的這一段，筆者不禁想起民國四年袁項城稱帝的那幕醜劇：民國四年九月時，各省旅京人士組織所謂「請願團」，要求變更國體。袁世凱為了表明心跡，初則曰：

「本大總統受國民之付託，居中華民國大總統之地位，四年於茲矣，憂患紛乘，戰兢日深，自維衰朽，時虞隕越，深望接替有人，遂我初服。但既在現居之地位，即有救國救民之責，始終貫澈，無可委卸，而維持共和國體，尤為本大總統當盡之義務。……」

再則曰：

「……本大總統以為改革國體，事端重大，倘輕率更張，殊非所宜。……」

「變更國體」是如何重大的事情，袁氏彼時為國家最高元首，國家最高元首代表政府發言，已經表示不主張「變更國體」，按說不應當再有甚麼「帝制運動」了；可是，奇怪的事情就發生在這裏了。當時的正人君子，各黨領袖，對於袁氏反對「變更國體」的主張，均表贊成。而一向惟袁氏馬首是瞻的一羣奴臣鼠輩們，這時却一反常態，竟置袁氏已發表的意見於不顧，仍然建議「召集國民會議解決國體問題」，復議決「國民代表大會組織法」、成立甚麼「籌安會」、甚麼「憲政協進會」、甚麼「變更國體請願團」等等，逕行上表勸進，寧非怪事也哉？

據「袁世凱竊國記」一書所載，洪憲醜劇時，袁共收所謂「請願書」凡八十三件。其時向袁勸進之請願團體甚至包括「車夫請願團」、「乞丐請願團」、「妓女請願團」者。最後，當然是袁世凱只好「應天心而順民意」了。只是如果我們看過了曹丕玩過的花樣，再來看袁項城的這次表演，未免就有令人要噁心、嘔吐的感覺了。

昔時孔子說，在必不得已的時候，一個政府可以去兵，可以去食，惟信不可去；蓋「自古皆有死，民無信不立」也。筆者以為，孔老夫子這話只是講給有抱負做大政治家的人聽的，一般專以要弄手段為意的政客，如何談到甚麼「信」呢！雖然嘴裏在說「不願意做皇帝」，或「反對變更國體」等等，但這又豈是由衷之言；不過扯一扯淡而已，其實這是政治上「欲取佯棄」的迂迴戰術罷了。但是，我們總還得說一句公平的話，那就是，古人比今人究竟還是誠實可愛一點兒。試看「三國志」「文帝紀」裴松之在曹丕受禪後的一段註：

「魏世春秋曰，帝升壇禮畢，顧謂羣臣曰，舜禹之事，吾知之矣。」

從這段曹丕一語道破了原委的記載，我們尚可以看出，古代治史的人，比後來治史的人，總還對於史實忠實得多。不像後來的一些治史的人，天天在那裏仰承聖意，杜撰歷史，把國史館變成了「謊言製造所」。而曹丕不能够坦率的講出來這句話，總也還比後來的一些政客們顯得天真些。

讀史書是一種極高的樂趣與享受，且又可從中獲致前人寶貴經驗。昔司馬溫公窮其晚年時間、精力，編一部史書名之為「資治通鑑」，書名實允恰已極。蓋讀史書可以增長人之智慧，使其對世事之判斷臻於成熟也。

（二）談「自由中國」「社論」論節育問題

江必理

最近訪問一位朋友，在他的書桌上看到一本「自由中國」（第二十一卷第十一期），我以先睹為快的心情，拿起來仔細翻閱一過，其中一篇「由節育問題說到教條主義之為「害」」的社論，讀後不禁為之心寒。

「自由中國」是我一向最愛好的一份雜誌，不料這一次它竟做出這樣使人失望的一篇「社論」來了。「自由中國」一向主張自由民主，希望建立一個自由民主的社會，可是遇到這個問題，似乎就失掉了自由民主的態度，連自由民主最低的條件「容忍」和「理性」都保持不住了。

關於人口問題，自然是一個值得注意的問題，但並不像我們想像中的那樣可怕，在學理上講，馬爾薩斯的人口理論，在歐美早已站不住了，可是我們尚奉為金科玉律，這當然不是三言五語可以解釋完的。以至美國說，科學進步，生產發達，每年餘剩物資無算，如果以全部餘剩物資供應各國人民消費，豈非解決民生之一途？所以實際上說，生產分配問題重於人口生育問題。而一般大講節育之道的人，不是貧窮和食指浩繁的家庭而是一般生活過得去並講究享受的人們，正和共產主義的信徒不是窮光蛋是富人一樣。以中國現勢說，如果永遠偏安在臺灣一隅的話，最好讓臺灣同胞自由發展，不必要大陸同胞去阻礙他們的自由好了，假定我們仍希望回大陸，不犧牲不流血而坐望其成，不啻白天說夢。

該社論中曾明白指出在「一些牢不可破的傳統觀念和一些傳統勢力」，天主教是「固執的反對節育」的。事實上，「飲食」「男女」，人生之大欲所在，「食色性也」。吃飯為了飽肚皮，男女關係為了繁衍人類，即俗話所謂傳宗接代，假使吃了飯不是為了求飽，則男女關係即可不存在。「方教授」表示天主教會祇能同意「節慾」而不主張「人工避孕」的理論，就是如此「固執」。

根據教義來講，就是人類沒有受到「神『原罪』的懲罰」，也是一樣要生兒育女，繁殖人類大家庭的。天主教會的理論，對即，所謂「教條」是一元化的，不僅對於「節育」如此，就是對於「反共」也是一樣，君不見大陸上若干可歌可泣的事實嗎？誠如該社論所謂「如果理由確是如此，我們還能用什麼方法來進行說服，使教會改變態度呢？」該社論又指出天主教會「不能對人口問題另外提供一個解決辦法」，自然天主教會不是一個講述生產的機構，可是教會對於解決民生和提高人民生活的原則和主張，是否「自由中國社論編輯委員會」的先生們有所知悉？對於一種學理未加研究而予以批評，是非常危險的一件事！

再者，所謂「傳統觀念」和「傳統社會勢力」，不一定都是「作祟」和「為害」的東西，例如尊親敬老的道德觀念，「二加二」等於四的真理，未必就能引出什麼罪大惡極的事實來，至於該社論涉及國民黨的教條主義的言論，我不是國民黨員，不必為國民黨辯護。事實上，我對國民黨的若干作風，也不能贊同，可是，該雜誌一向反對政府在反共措施上效法共產黨的一套作風，現在自己也却走上了同樣的路線，共產黨節育，我們也節育：共產黨運用政治力量推行節育，我們也要求執政的國民黨人運用政府力量來推行節育，否則，便認為「是一個難以補救的損失」。既然「執政的國民黨人沒有像天主教會那樣根據教條來加以反對，這是他們的開明進步之處，值得我們讚揚，那麼又為什麼要求他們「勇敢的擺開「教條」，拋棄傳統觀念和傳統社會勢力來「積極的予以支持」？要知道，即使今天在最自由民主的美國，輿論界也沒有要求政府施用政治力量來擺開傳統觀念和傳統社會力量的！

江必理　六月二十一日於艾姆福得鎮

日內瓦通訊・六月三十日

日內瓦四外長會議與柏林問題

姜懷平

一　日內瓦四外長會議召開的決定

這次於五月十一日在日內瓦召開的美、英、法、蘇四外長會議，其主旨在謀求柏林問題以及其直接有關的德國問題和歐洲安全問題的解決。經過六個星期的會談後，雖未經宣佈會議的完全失敗，而以休會決定將外長會議延至七月十三日再行召集。但是，事實上，東西方在此方面已沒有獲致協議的希望了。像在這次的外長會議中，西方一再讓步，而蘇俄却除了指責西方意在拖延冷戰局面，宣揚蘇俄願作最大讓步外，實則終日在要挾西方。在此局勢下，對主張談判最力的英國的態度姑且不論，如美國不願犧牲盟國的利益及歐洲安全的話，則最起碼的協議恐怕也是很難實現的了。當然如果蘇俄今後眞能誠意談判時，問題則應另當別論。但事實上，無論是史大林時代，或是今日，這均是無法找到實例的。只怕彼仍在以德國問題召集會議將西方政府及輿論的注意集中到這一點，而在另一地區發動事件，如果不幸言中，則最後蒙受損失的還是自由世界了。

這次四外長會議的促成，是上年十一月二十七日赫魯雪夫主動的對西方三强提出有關對德和約及柏林問題的外交文件後，美、英、法、蘇四國在數月中多次文件交換的結果。赫魯雪夫在十一月二十七日致西方的信函中除指責西方三强的政策違反波茨坦協定，濫用在柏林的佔領權，認爲戰後四强對柏林佔領的協議不再發生效力外；主張建立西柏林爲非武裝的自由市，並由聯合國保障西柏林的新地位。如果在六個月內西方國家不能接受此項辦法，則蘇俄將單獨與東德簽訂對德和約，同時把西方盟國通往西柏林的交通管制權移交東德，屆時若西方反抗東德對交通管制權的執行，則蘇軍將站在東德一方以維持此項決定的貫澈。由於赫魯雪夫的威脅，使當時國際局勢，頓現緊張。美、英、法、西德四國外長在去年十二月十四日會商於巴黎。旋於同月三十一日由美、英、法三國正式向蘇俄提出覆文，堅決反駁赫魯雪夫的主張，重申決保持西方在西柏林的佔領權，以及通往該城的自由交通權。覆文聲明西方三强願就德國整個問題及歐洲安全問題舉行談判，但該談判不能在恫嚇之下舉行。

本年一月十日赫魯雪夫再度向西方提出要求，其內容除繼續强調過去的意見外，要求於兩個月內邀集凡與德國參戰的國家在捷京布拉格或波京華沙聚會，以簽訂對德和約及建立西柏林自由市問題。此次赫魯雪夫並附有對德和約草案一件，主張統一後的德國應接受目前的國界，不得加入任何集團性的公約組織，及承認對奧和約，不得與奧國成立政治及經濟性的協定和有利於德奧合併的宣傳，且須承諾不得擁有核子武器，同時在一年的限期內凡外國駐軍應撤離德境。二月十六日西方三强答覆蘇俄，建議後者召開四外長會議以研討整個德國問題。當然柏林問題是包括在內的了。西方三强並主張邀請德國代表列席以備臨時諮詢。至此，蘇俄雖一再要求於四月間召開高階層會議，終於三月二日表示接受召開外長會議。但以波蘭和捷克應參加外長會議爲條件，同時提議：①外長會議的議期不得超出兩三個月，②討論問題應爲西柏林及對德和約問題，③會址得在日內瓦或華沙。三月十六日美總統艾森豪在記者招待會中的發言始決定了四外長會議的召開；當時艾森豪表示在問題的發展證實高階層會議召開的需要時，渠將願參加該項會議。由此看來，美國已表示準備參加高階層會議，但須經四外長會議的進行證實高階層會議的需要性。所以此後三日赫魯雪夫卽表示願召開四外長會議，並要求於五月十一日在日內瓦召集。三月二十六日西方三强向蘇俄提出的覆文除接受上述日期及會址外，並特別重申該會議僅爲在德國有責任的美、英、法、蘇四外長參加，自由討論有關德國的一切問題，在外長會議獲到滿意的進展時，西方始願召開高階層會議。同月三十日西方收到蘇俄的答覆接受後，始完成四外長會議召開的決定。

二　東西德及波、捷出席外長會議問題的爭執

根據四國事先的決定，這次日內瓦四外長會議本預定在五月十一日下午十五時三十分正式揭幕。但因蘇俄外長葛洛米科忽於事前又將德國代表出席會議問題提出，使會議不能按時召開。西方三强依照三月二十六日的提議，主張四外長會議採用方桌進行，以顧問身份列席會議的兩個德國代表團不得在會議桌上佔有席位。故以東德「外長」薄爾茲(Lothar Bolz)率領的東德代表團及西德駐美大使哥芮渥 (Grewe) 率領的代表團（因西德外長布列坦諾(Von Brentano)不願與東德代表會晤，故由駐美大使哥芮渥擔任團長）得分別坐於蘇俄及西方三强位置的後面。西方三强此項主張乃在避免與東德政權發生接觸，以形成對彼在外交上的事實上的承認。然而亦正因此蘇俄纔堅持主張採用圓桌方式，使東德代表能與西方三强同列於一個會議桌上，以取得四外長的同等地位。當時由於葛洛米科提議的突然，使一般人感到事態的嚴重，頗有對會議的召開表示悲觀者。由於西方三强態度的堅決使蘇俄退讓。但西方代表接受採用圓桌形式，東西德代表分別坐於蘇俄與西方三强席後特製的兩張方桌旁。同時西方允諾德意志聯邦代表可在四强同意下獲得發言權利；這正是蘇俄所樂意贊成的，因爲東德亦可援例在國際會議場合發言了。

關於蘇俄參加四外長會議的誠意，在開會的第二日又得到了一個測驗。在十二日的第二次全體大會席上，葛洛米科又提出了一個出爾反爾的主張，要求波蘭和捷克兩國外長參加日內瓦外長會議，商討有關德國問題。他的藉口是：波、捷兩國在戰時遭受納粹的侵略最早亦最嚴重。西方三強的答辯雖不盡相同，且以英外相的發言最短，彼只稱：「在會議中，出席代表越少，則其獲得成就的希望亦越大。」但西方在反駁中所提出的理由均有依據，如：①一九五五年時赫魯雪夫即已承諾四強在德國的責任有特殊的承當；②蘇俄於一月十日所提的對德和約草案第四十五條稱：「此草案於四強批准存放後生效」；③在今後的談判過程中當會合理的邀請一切有關國家發表意見；三強特別提出義大利得被邀請；④因為事實上的困難，無法對戰時各國所蒙受的損害依其輕重為序排列之；⑤柏林問題只與四強有關。藉此足可看出蘇俄實在無理取鬧。彼並無誠心談判，只擬在國際場合從事宣傳及為共產國家借機爭取國際地位而已。因此西方三強堅決主張將凡任何企圖擴大日內瓦外長會議的要求延至以後討論。

在這個問題上，雖然西方的主張得到勝利，但問題本身並未得到解決、蘇俄仍可在復會時再提出邀請波、捷出席日內瓦外長會議。何況葛洛米科在最後發言時尚謂：「希望會議在數日內能獲得一協議，以便邀請其他國家代表參加商討……」

三　四強的對德和約提案

經過兩度爭執後，日內瓦四外長會議於十四日召集的第四次全體大會時始進入談判的正題。是日美國務卿赫特首先代表西方三強向大會提出完成德國統一及歐洲安全的西方方案。這一部方案是美、英、法及西德四外長經數月來在華盛頓、倫敦、巴黎及日內瓦各地交換意見和苦心思考的結晶，其中主要部分更是西方四外長於本年四月二十七日在巴黎會商的結果，其內容較西方三強在一九五五年日內瓦四外長會議時所提出者有著顯著的改進，至涉及德國統一問題方面，西方對蘇俄亦頗讓步。西方三強的建議將德國統一及歐洲安全制度的建立分作四個階段實現。在第一階段中主張：①在對全德和約成立前，四強得協議建立諸商辦法以實施協定；②在四強或聯合國監督下以自由選舉組織會議，在四強的保障下負責全柏林的行政。四強依照目前狀況各自保留該城的駐軍；③四強同意發表共同宣言，對國際糾紛的解決應放棄武力而循和平途徑，以及拒絕在軍事或經濟上接濟侵略者；④召開分期裁軍會議；⑤四強從事談判，俾雙方同意在歐洲的一定地區內成立軍事情報交換辦法。在第二個階段內西方三強主張：①由西德政府派定委員二十五人及東德「政府」派定委員十人組織混合委員會，以四分之三的多數成議，負責加強東西德間的接觸及促進人民、思想和出版物自由交流。該委員會並得在三十個月內制定選舉法以備成立全德國會。選舉法於制定後得提交人民投票。但在一年內如經討論而終無法獲致協議時，得將雙方建議案同時提付人民投票表決，將在全德獲得票最多的選舉法付諸實施；②由四強同意限制軍力，在此階段中美蘇軍力，各以二、五〇〇、〇〇〇為限；③召集減裁軍備會議成立管制組織以執行有關協定的實施；④建立防備突襲的防禦，特別是在指定的地區內設立雷達網；⑤東德及東方集團國家應以西德為例，鄭重聲明放棄核子、細菌以及化學武器的製造。在第三個階段中則包括有：①在協定成立後的兩年半內應在東西德境內舉行全德國會的選舉，選舉時應由聯合國與東西德代表或四強與東西德代表監督舉行之；②全德國會得制定憲法，成立全德政府以代替現有的兩個德國政府，負責對全德和約的談判；③在全德政府成立後，四強與其他有關國家在同意，劃定界限的兩邊的同樣廣寬的區域內限制本國及外國的駐軍數額；④對全德和約成立後，在未得到主權國家的許可時，任何國家不得在上述區域中繼續保留或派駐軍隊；⑤但當全德政府參加某一集團性公約時，另一公約組織的國家可在該國與德國邊界的近處派駐軍隊，同時四強的駐軍不得超越目前的分界線；⑥得再裁減軍力，美、蘇各以一、七〇〇、〇〇〇為限，且對軍備亦應有適當的限制；⑦上述裁減軍力與軍備的實施得與一般性裁軍計劃相配合。至於西方建議的第四個階段中的工作乃是對全德和約的簽訂。該和約得由全德政府代表與聯合國曾對德參戰的各會員國簽訂之；和約於經四強及德國批准後生效。

蘇俄於翌日第五次全體大會中提出對案，並要求以對案作四外長會議討論的基礎文件。其實蘇外長葛洛米科向大會所提出的對案，即一月十日赫魯雪夫發表的對德和約草案原案，一字未易。面臨着這一劑與事無補的陳湯舊藥，西方三外長亦如葛洛米科一樣，要求考慮後再作答覆。

日內瓦四外長會議經過兩日休會後，於十八日續開第六次全體大會。會前蘇外長曾訪晤西方主張談判最力的勞以德交換意見。大會中葛洛米科且就西方提案發表意見。東方集團對西方三強的提案的反應為十四日大會時東德「外長」薄爾茲發言稱、西方方案中的若干點頗有值得予以研究的價值。同月十六日赫魯雪夫談及日內瓦四外長會議時，雖對西方方案仍儘指責能事，謂西方的和平方案實乃一繼續冷戰進行的方案；但亦承認其內容包括富有價值而應予考慮的地方。但主張把問題分開個別研討以謀解決，不應合併視為完整的個體而討論。至於十八日葛洛米科的發言除附和赫魯雪夫的主張外，並特別指出認為有價值的各點，如以和平談判謀求國際糾紛的解決和四強應拒絕接濟侵略者，以及一些關於裁減軍備的建議和建立限制軍力的區域等。然結論卻在堅持本屆四外長會議應首先致力於對德和約及西柏林二個緊急問題的商討。二十一日大會蘇外長再發言闡述蘇俄提出的對德和約草案的「優點」，雖口口聲聲的隨着赫魯雪夫聲言願作必要的讓步，而實則卻在盡事宣傳，以柔性的微笑政策討好與論，期壓迫西方以獲得讓步。實際上蘇俄在這方面的工作非常成功，在以後的會議過程中可以找到不少的實例。至於西方表示準備向大會提出的對德和約的十點建議案迄未提出，且日內瓦四外長會議經兩個星期的爭辯後議題已漸集中於柏林問題的解決。

四　柏林問題與西方三強的有關提案

於經過第二次休會後，大會在五月二十五日繼續召開。當日會中葛洛米科與赫特發生激辯，次日下午赫特在返美參加前國務卿杜勒斯葬禮起程前的一次短短的全體大會中提出西方的統一柏林方案，其內容如下：

I 四强根據西方和平方案所訂立的協定生效兩週後應發表宣言陳明：

①在實現德國統一以前，大柏林將以不可分的整體統治之。

②於宣言發表六十日後以下列條件舉行選舉柏林憲法會議：

Ⓐ憲法會議包括委員一○○名，以直接的、自由的、秘密的普選投票辦法選舉之

Ⓑ大柏林僅包括一個選區，並採行比例選舉法制舉行之；

Ⓒ候選人根據最近一次在東西柏林參加競選的政黨提出；

Ⓓ凡年滿二十歲及居住柏林逾六個月的市民得參加投票；

Ⓔ候選人的最低年齡爲滿二十五歲；

Ⓕ採取適當辦法以保障投票的自由；

Ⓖ憲法會議於選出一週後集會，並得在集會六十日內制定柏林憲法及選舉法後三十日內提付公民投票表決，在獲得普通多數後即生效。

II 四强於憲法經公民表決通過一週後發表宣言聲明：

①憲法生效；

②該城市將根據憲法規定統治之。除下列保留條件外，政府當局對柏林的治理握有完全的權威：

Ⓐ四强將有權在柏林駐軍，並保障其軍隊的安全，　駐軍額將由四强以協定規定之；

Ⓑ四强可在一致同意下對根據憲法而制定的立法案於通過後三十日內提出否決；但此項否決權僅能在：①裁軍與軍備限制，包括科學研究、民航及飛機製造方面的禁止與限制，②與外國的關係，③對於聯盟國軍隊、軍眷及其雇用人員的保護，尊嚴及安全等項範圍內正常使用之。

III 四强確保以陸路、河川及航空各方式通往至柏林的人士、貨物及郵電的自由往還。

IV 四强對有關彼等在柏林駐軍的一切問題將與柏林政府談判，同時四强組織憲兵巡邏隊，每隊包括四强軍士各一人，負責解決軍人所引起的事故，在緊急情況下，柏林市警察亦有權對軍人所引起的事故予以干預。

V 柏林政府有權將可能於柏林實施的一切由全德委員會所提出，並實施於兩部分德國的建議予以實施。柏林市民且有權參加根據德國選舉法而舉行的選舉。

VI 在全德國憲法付諸實施後及全德國政府成立後，柏林當成爲全德首都。屆時德國政府可因柏林地位的改變更改柏林政府的組織。

VII 在對全德和約生效日起，四强駐軍將根據條約中外國在德駐軍辦法而受限制。

當日會議中東德「外長」並根據二十四日東德副主席烏爾布力希特 (Walter Ulbricht) 提出的建議在大會發言，要求與西德成立互不侵犯公約。對於當日東西雙方的提議無論是西方的提案，或是東德的建議都是不會被對方所接受的。東西德兩代表團的發言人在會後更互對上述建議予以抨擊。

在這裏我們不妨回頭將今日柏林地位的形成加以解釋，這樣當可幫助世人對問題的了解。關於劃分柏林爲四區分由戰後盟國佔領的決定乃歐洲諮詢委員會於一九四四年九月十二日倫敦會議時的決議，此項決議並經由美、英、蘇三國在雅爾達會議加以承諾；同時經三國同意在一九四五年五月一日正式給法國也劃出了一個佔領區，由四强組織指揮機構負責柏林市行政管理。至同年七月一日美、英派軍進駐柏林。是時美、英的行動已看出彼等對蘇俄並不表示信任，當然亦在避免意外事件的發生。當時盟國認爲遲早柏林當會是統一後德國的首都，所以在希特勒戰敗時從未將柏林的地位單獨的特別提出討論。即在一九四五年七、八月間舉行的波茨坦會議亦是如此。至於西方盟國通往西柏林的交通問題，尤其是空中走廊的辦法，是在一九四五年十一月三十日由柏林盟軍委員會制定的，但直至一九四九年五月十二日蘇俄放棄對西柏林封鎖後，經成立傑瑟普 (Jessup)—馬立克 (Malik) 協定纔使西方三强通往西柏林的交通辦法獲得法律地位。至一九五五年九月蘇俄與東德政權實行交換文件，將在東德疆界上的檢查權完全讓與東德政權執行，僅在臨時情況下仍繼續負責對西方盟軍通往西柏林的交通管制權。當時西方三强曾申述其在西柏林及通往西柏林的自由權利。但波昂方面經阿德諾總理訪蘇後表示接受將西德人民通往西柏林的檢查由東德政權的人員執行。

至於戰後由四强成立的柏林行政統一管理機構，早在十一年前即已解體。一九四八年七月一日正當蘇俄當局以西柏林改用新馬克爲藉口，對西柏林實行封鎖的時候即退出柏林行政統一管理組織，並於同年十二月一日在東柏林單獨成立市政府負責東柏林的市政。在各方面來說，西方三强雖至今仍保持使西柏林的制度區別於西德者。然而相反地，自一九五五年以來蘇俄却早將東柏林的制度全部混併於東德政權之下。彼等不但置西方就此所提出的反對意見於不顧，反過來，却更以西柏林位處東德境內爲理由，直接支持或要求將該部分交由東德政權統治。這在上年十一月二十七日赫魯雪夫向西方三

强提出的外交文件中還持着如是的態度，謂彼要求建立西柏林自由市的建議對蘇俄及東德的權利而言已經是在「容忍」了。

五　蘇俄對柏林問題的提案與西方的讓步

在五月二十四日杜勒斯病逝的消息傳到日內瓦後，蘇外長葛洛米科告赫特願去美參加葬禮，當時後者表示願予一飛機席位邀蘇外長同機赴美；但葛洛米科因携有隨員而未接受，於二十六日乘民航班機赴華府，至二十六日的全體大會彼未能出席，由蘇外次左林 (Zorine) 代表出席。四外長於二十九日返抵日內瓦，午後以「非正式」會談方式繼續召開，其實卽所謂沒有東西德代表參加的秘密會議。至於舉行秘密會議事是在四外長去美行前經葛洛米科與勞以德協議後的決定，俾易於獲得協議。因爲公開的會議經兩週餘以來迄未獲有任何成就，舉行秘密會議可免受輿論的影響，雙方均有廻旋折衝的餘地而有助於妥協。然而事實上，四外長在飛返瑞士途中已舉行了一度秘密會談。

在五月三十日舉行的秘密會議及全體大會的議席上，蘇外長葛洛米科發言指責西方國家利用西柏林作爲間諜活動的中心，再提由聯合國擔保的柏林自由市計劃。此外葛洛米科於六月三日的會中云：「柏林對外交通必需經過東德，故凡有關柏林地位的討論必須有東德參加始能決定。」並稱：「美、英、法軍留駐柏林並非爲不合法之舉，但佔領局面已失時效，且時會引起國際的緊張局面……」至於西方對柏林的方案，彼則認爲該方案不能解決問題，而西方僅欲以此方案佔西柏林，並將佔領局面擴至東柏林。他並强調東德今已成爲充分的主權國，不應視之爲蘇俄的代管人。加之是日會中東德「外長」對西方激烈攻擊，謂西方在柏林向東德進行顚覆活動，與西德方面的反駁，使會議氣氛頗形沉重。旋至次日會議中，西方三强雖仍堅持其對柏林的佔領權，但已開始對蘇俄提出讓步，如願意限制在柏林駐軍的數量，擔保不以攻勢武器裝備駐軍，檢覈東德逃往西柏林的難民，在四强委員會允以東西德代表參加以處理凡涉及有顚覆行動的控訴事件等。

開會期西方三强對柏林問題的態度一旦退讓，以及西方國家間發生若干事件，諸如美國前國務卿杜勒斯的逝世，法國要求美國告知原子秘密發生的不快事，及西德基督敎民主黨因下任總統候選人的提名糾紛等等，使蘇俄認爲時機有利，其在九日的的秘密會議中所提出的對柏林問題方案，除對西方在柏林的佔領期限作爲讓步外，其立場與態度實在沒有絲毫改變。該方案內容大略爲：①西柏林的佔領局面可延續一年；②由全德委員會研擬德國統一方案及對德和約；③西方三强得將在西柏林的駐軍額裁縮至象徵性水準；④不得在西柏林貯藏原子武器及火箭；⑤得終止以西柏林爲中心的宣傳及顚覆活動。且主張如在一年內不能獲致協議，則屆時蘇俄與東德將單獨簽訂和約；而西柏林對外交通在一年內蘇俄雖仍予保障，但在此限期外在西柏林建爲非武裝的自由市條件下始繼續獲得保障。這是一個最後通牒性的提案，所以次日大會中蘇外長予以說明後，美國務卿赫特立卽發言予以拒絕，並聲明美國決不能在限定日期及威脅與要挾的壓力下進行談判。

至六月十六日西方三外長再向葛洛米科提出改善柏林地位的文件，其內容扼要包括三點：①三强申明不增加柏林駐軍——該項駐軍現共有一萬一千人——，並允隨時對此數字予以考慮，俾於局勢許可時予以減少。同時承諾此項軍隊僅配備普通武器，負防守的責任。更要求蘇俄不要再向柏林進駐軍隊。②關於進往西柏林的交通問題，根據現行辦法在蘇俄責任繼續保留的條件下，德籍官員可代其行使職權。同時由四强組織四强委員會以執行四强在柏林的責任；並負責研討執行協定所發生的困難，在必要時四强委員會可諸商德籍專家。③主張採取適當措施以避免柏林兩部分有成爲違害公共秩序及第三者利益的活動場所的危機。此項辦法應行使至德國統一時；在執行時尤應遵守基本權利與自由。但此辦法在四强協議時可予以修改之。西方三强雖於會中一再表示仍堅持彼等在柏林的權利，法外長庫屋得米爾威魯在休會後且稱西方三强在日內瓦四外長會議中所作的讓步，當以對蘇俄承諾西方在柏林的權利爲條件。但從六月十六日西方三强致蘇外長的柏林問題改善方案分析之，美、英、法三外長在柏林問題上已對蘇俄作了最大的讓步。當時西方三强在改善方案中不僅未重申西方三强根據過去的協定對柏林的權利，且間接承認關於柏林的協定可以由四强同意修改之。此外在通往西柏林的交通管制方面更允與東德官員發生接觸。

西方的不斷讓步非但無法獲得妥協，相反地，却促使莫斯科態度更爲頑强。葛洛米科在十九日發表的有關柏林問題的聲明雖表示可將時限由一年延至一年半，但這只不過是時間上的拖延，而最後宗旨仍欲將西方三强逐出西柏林，然後合併西柏林。同時蘇外長並聲明在此期間內兩個德國對成立全德委員會及其活動採取措施時，全德委員會應由兩個德國相等數量的代表成立之，負責擴大兩個德國間的接觸，研擬具體方案及對德和約諸有關問題。如在此期間內，全德委員會不能獲致協議和平解決德國問題，則參加一九五九年日內瓦四外長會議的代表得再度集會研討西柏林問題。

六　四外長會議的休會決定

在十九日會議中，經蘇外長發表聲明後，西方三外長卽發言表示蘇俄的新提案與彼在九日的提案完全相同，西方早在十日及十二日的會議中陳述有關意見。此次蘇俄雖將限期擴展至一年半，但其却仍保留在此期間後的片面自由行動，其最後意圖在迫使西方列强簽立協定放棄在西柏林的權利及對柏林人民自由的維護責任。故認爲蘇俄的立場迄未改變，在此情況下而主張將會議暫時休會以避免會議的決裂，如是在徵得蘇方同意後，於六月二十日上午外長會議最後一度全體大會後，發表最後公報稱：「自五月十一日起，日內瓦四外長會議參加代表相互廣泛的交換意見後，認為須再從事談判，現決定暫時休會，俟一九五九年七月十三日再度召開。」

事實上，日內瓦四外長會議在進入第五週時已步入死局，雖然英外相仍認為可有樂觀的發展，美、法兩方已對會議的前途表示暗淡，且早在謀求結束四外長會議的辦法，而最後的休會決定也就是當時西方所欲覓致的使雙方彼此避免遭受損害的唯一出路而已。

七　日內瓦四外長會議的成就與高階層會議的召開問題

正值日內瓦四外長會議的第一幕行將結束的前夕，赫魯雪夫於六月十九日在為招待東德首要所舉行的一次蘇(東)德友好大會席上發言云：「彼將欣然前往與西方領袖會晤。」並強調在四外長會議不能獲致協議時，高階層會議的召開更為迫切。同時更指稱：「如蘇俄與東德單獨訂立和約時，西方仍認為其對柏林的交通可依舊維持實為幻想。」他又說：①不能接受西方建議中使東德在全德委員會中的附屬地位；②蘇俄所建議對柏林問題的一年限期並非最後通諜；為謀求意見上的接近，蘇俄同意可對限期再予以考慮；③以艾德諾為首的黷武主義者日益成為和平的威脅；④如西方放棄「強力地位」而另採取「智慧地位」，則日內瓦會議將會更有進展。其實自上年赫魯雪夫重新單獨提出德國問題後，西方三強於事後的覆文中所堅持的三點：①不得在威脅下舉行會談②不承認東德的存在；③不單獨討論柏林問題，均未予絕對堅持。第一，蘇俄在六月九日以後雖言詞態度或較緩和，但每以與東德單獨成立和約為要挾。第二，西方三強不但接受東德代表在大會中發言，且在六月十六日致葛洛米科的改善柏林地位的文件中，又表示在西德至西柏林交通管制方面可與東德官員發生接觸。至於第三點方面，此次會議自第三週以來則在完全單獨的討論柏林問題，當然西方三強的讓步不是完全沒有條件的，西方三強對在柏林的權利及維護西柏林人民自由的責任決不放棄，同時終堅持需以四外長會議對柏林問題獲得協議始承諾召開赫魯雪夫所渴求的高階層會議。但無論如何，這一度日內瓦四外長會議結果所能列出的損益表，對西方三強而言，實無若何收穫，何況蘇方立場迄未改變，而始終站在主動地位上呢。

在這次日內瓦四外長會議的進程中，可以明顯地劃分為三個階段。第一個階段包括會議的初兩個星期，是時東西雙方各自提出關於整個德國問題的方案，儘知所提出的方案無法為對方所接受；但各人的目的却只在對輿論界解釋對有關問題所持的立場。在第二個階段則已進入會議所須討論的中心問題；蘇外長葛洛米科在發覺西方的讓步仍不能滿足莫斯科欲使西方退出柏林的要求後，於六月九日的秘密會議中抬出蘇俄的提案。此後會議雙方態度雖為和善，儘管西方十六日的提案對蘇俄表示再度讓步，及後者十九日的建議已不再採用最後通牒的性質，但雙方立場在本質上却相距太遠，所以在不願宣佈會議的失敗的情形下，決議休會結束了這次會議的第三個階段。現在我們尚不能說這次日內瓦會議的結果是完全失敗。一則因為會議並未完全結束，尚待續幕的表現；況在經過六週的會談後又使會議雙方對彼此的立場更進一步的認識，亦可使西方消除對蘇俄所存的幻想。最後我們願意就葛洛米科在會議中的表現分析所得，指出蘇俄參加四外長會議並沒有謀求協議的誠意，葛洛米科的任務在設法證實赫魯雪夫過去所云：「外長沒有解決國際問題的能力」的說法，來促成高階層會議的召開。並以單獨與東德成立和約的威脅，來壓迫西方使其退出西柏林。

六月三十日草竣於日內瓦

悲劇與英雄

Arther Miller 作
李　經　譯

譯者按：二十世紀之初，美國文學還在摸索它的道路。第一次歐戰前後作家紛紛外流。但，曾幾何時，美國文學居然建立了自己的風格，具備了一些突出的特徵。譯者之所以翻譯這篇短論，除開覺得它對舊形式——悲劇——提出了若干值得深思的新見解以外，還有二個理由：㈠密勒本人是個劇作家。這篇短論可以當作他的劇本的註脚看；㈡這篇短文提出的技術性的問題固不一定全爲當代美國作家所接受贊同，但它却很能够代表他們摸索嘗試，在建立自己的形式這一方面的努力。藝術是最富普遍性、永久性的；同時，也是最富於時間性，地域性的。

這些年來很少有悲劇作品出現。一般人都覺得這是現在英雄人物凋零的緣故。懷疑主義已經將現代人最後一滴信心也吮吸乾枯了；豪放的英雄氣派和審愼的科學態度顯然並不協調。他們舉出種種理由，不是說這時代太低調，便是說悲劇太高調。明言暗喻，其結論不外說：悲劇形式早已落伍，它已經和王公貴胄同爲時代淘汰了。

我覺得普通人和以前的帝王一樣，可以充當最深刻的悲劇的主角。心理分析學的基本概念如「葉狄柏斯情意結」，「奧勒斯忒情意結」等都是根據帝王事蹟取名的。可是，這些「情意結」可能在任何人的心理出現。這個事實值得我們深思。

如果不談悲劇，大家都接受「人同此心，心同此理」的說法。權位顯赫的大人物和小民的心理活動並無本質上的差異。崇高的悲劇要眞的是偉人們的私有品，觀衆還會崇奉它爲最高藝術形式嗎？更不消說費心去理解它了。

悲劇感是怎樣起來的呢？一般地說，當我們看見一個人不惜犧牲性命去保護他的自尊心，悲劇感也就隨之而起。(保持自尊心，也就是保持一個人的人格形相底完整。) 從奧勒斯忒到哈姆雷特，梅狄亞到馬克白，悲劇的基本情節 無非是人在爭取他「義不容辭」的地位而已。

有些悲劇主角已喪失去這種地位，有的則在爭取這種地位。但，悲劇情節却永遠環繞着一個致命的傷口展開——自尊心上的傷口。而憤懣之情也就是支配情節的力量。悲劇(總結一句)，是人不顧一切去公平衡量自已的價值的結果。

正如傳統批評所說的，悲劇故事的動因是性格上的「缺陷」。與其說是「缺陷」倒不如說是「創口」。這個「創口」(crack) 既不是王公貴冑所獨有的，也不一定眞的是缺陷。它不過是一種不妥協、不馴伏、決意對抗威脅、保持人格形相完整的決心罷了。只有聽天由命的人才沒有「缺陷」或「創口」。絕大多數人可以說是無「缺陷」的。

但是啊，過去如此，今日亦如此，我們中間總會有人起來，和侵犯他的自尊心的秩序對抗的。他們底反抗使我們對因膽怯、麻木、無知而接受下來的秩序發生懷疑。悲劇人物對貌似安定的宇宙作全面性的挑戰，對貌似不變的環境作全面性的質疑，而終於引起了和悲劇連鎖在一起的恐怖、畏懼感。

重要的是：當我們澈底懷疑那些不容置疑的事物時，我們的心靈開始成熟了。這一切，都是在一般人能力範圍之內的。過去幾十年世間的巨變，一次復一次地昭示：老百姓的心理正潛伏着巨大無比的悲劇動力。

固執悲劇主角權位之顯赫及性格之矜貴，不過在保持悲劇外表的形式。假使顯赫矜貴眞的是悲劇不可缺少的成分，那麼悲劇所處理的問題永遠應該是貴冑們所特別感興趣的問題。時至今日，王室攻城掠地之「權」固然不會引起我們情感上的激動，我們對正義的看法和伊利莎白朝的王公們的看法亦大有距離。

悲劇之所以成爲悲劇，也就是因爲它能够激起恐懼之情；使我們惴惴不安，唯恐自己所塑造底人格形相在外界壓力之下走了樣。目前，這種恐懼之情非但存在而且很强烈。老百姓對這種感情的體會尤其深切。

悲劇既是個人價值意識自覺的產品，是個人對自己的價值作澈底而公平的估量的結果，那麼悲劇人物之毁滅，也正是整個人類的汚點。這就是悲劇給我們的教訓。悲劇「啓示」給我們，我們從悲劇「領悟」到的道德律既不空虛也不玄妙。

悲劇權是生活條件之一，有了這條件，個性才會開花結實。妨碍原創能力、阻塞人情自然流露的一切都是罪惡。悲劇富於「啓示」性，因爲它英勇的手指正指向人類自由的敵人。悲劇爲自由而奮鬪，所以它是崇高的；悲劇無畏地懷疑不容置疑的環境，所以悲劇使人恐懼。這一類思想、行爲應該不是常人「力所不逮」的罷。

當前悲劇作品之缺少，一部分原因在近代文學無保留地接受了心理分析學及社會學的人生觀。如果眞的如心理分析學所說的，人生的苦惱與屈辱都是先天的心理現象，那麼一切的行爲都不過是機械的運動而不是行爲，更不必說英雄氣派的行爲了！

如果箝制生活力的罪惡應由社會單獨負責的話，主角的個性既是那樣的白璧無瑕，也就不成其爲角色了。這兩種人生觀都是和悲劇不相容的。它們的看法是片面的。而悲劇必須對因果關係作最精密的審度觀察。

江湖行（五續）

徐訏

五十七

出門後，我一時竟不知該去何處。我有說不出的興奮與愉快。一個人有意外的悲傷與快樂，總有想找一個人來傾訴的心理，我當時想到的則是韓濤濤。

但是那時候是一點鐘，蓮香閣已經散場，我無從找到韓濤濤。我自然更想會見小鳳凰，可是現在她該早已入睡。我步行很久，後來就僱車一逕到學規路。

自從哪天在大夏家裏，他們邀我到他家去住後，我還沒有再去，不知老耿搬出後，他們情形如何？還有我曾告訴葛衣情我住在哪面，不知道她有去找我沒有？我想大夏大冬平常睡得很晚，這時候正可以同他們談談；自然我並沒有想把舵伯的計劃告訴他們；但對于中日戰爭的可能與時局的變化，他們也許會有很多的資料與更正確的看法。

可是到了他們家裏，女傭開門，告訴我大夏大冬已經睡了。她說他們每天期待我來，三層樓已爲我佈置好房間，我可以直接上去睡。

我謝謝她，就獨自到了三樓。大冬哪間房已經換了新床與新的書桌，還備了一套新的睡衣放在牀上。我當時就拿了睡衣，到浴室洗了一個澡，以後我就想好好睡一覺。

可是躺在床上，我竟怎麽也不能入睡。

天下的事情很難預料，老耿原是專爲依靠他兒子來的，可是結果不能諧和相處；野鳳凰原是不打算依靠他女兒的，可是結果竟會彼此團聚無隙。我來上海時候，實在不想依賴舵伯，即使爲對小鳳凰的捧場，我也主張現成的借重紫裳，野鳳凰偏要利用舵伯。我答應她去告訴舵伯，但是心裏仍並不以爲然，所以我僅寫了封信給舵伯。我同紫裳到上海的時候，我們已經是相愛了，可是她還是走上了舞台與銀幕；我同小鳳凰到上海，目的是要她走上舞台與銀幕，可是她反而要成爲我的……。

我忽然想到了小鳳凰，是不是我們眞在相愛，祇是彼此不敢表示？她母親又是從哪裏發現的？是不是小鳳凰曾經把我吻她的事情告訴她母親？我細細的分析自己，想到當我聽到舵伯與野鳳凰結合的意思時，我心理這種奇怪的高興，我實在無法否認我是在愛她了。

我可以設想我的興奮與愉快，是因爲舵伯與我重新接近；是因爲他與野鳳凰終于結合；是因爲我使野鳳凰母女團聚，使舵伯有了舊愛新戀，居功自喜；但倘若我不愛小鳳凰，聽了他們的願望，一定會感到一種反感的，而我竟感到一種安慰與興奮，這可見我眞是早就隱隱地在愛她，而自己不敢承認了。

現在一切似乎都已安排妥當。舵伯他們結婚、旅行，到四川去隱居，我可以陪小鳳凰同去，這是多麽快樂的事。小鳳凰對我的感情也許還不很確定，但至少對我並不厭憎，我正可在旅行期內向她求愛。我可以爲她補習一點功課，使她到四川進一個學校，如果我可以在四川找一點工作，也不妨可以先同她結婚。

這樣左想右想，心裏有一種奇怪的安慰，流浪了這許久，年紀也不小了，一個人在世上有多少年？像舵伯這樣發了財還感到如此空虛，我能有個美麗的愛人，順利地結婚，還希望什麽？我應當平凡勤儉刻苦地做一個人，像我父親一樣的，有一個安

作家如果藏頭縮尾，不敢澈底追問事因；作家如果認某種風俗習慣、典章制度是永恆的、不變的、必然的，那麽他就不能創造悲劇。從悲劇的立場來看，人類發揮潛能實現個性的需要是顆不動的北斗星，任何局限人性，使人性降格的事物都值得追究攻擊。但，請注意，我的意思並不是說悲劇要宣傳革命。

希臘人追究事物的本源，結果却折服於眞理的法則之前。約伯怒向上帝要求應得的權利，而終於懾從神的意旨。但是啊，在那挑戰的一瞬間一切都虛懸起來，沒有一件事是肯定的。就在這宇宙崩裂世界擴張的片刻，悲劇人物獲得了他的「偉大性」。傳統批評將這偉大性和顯赫的地位、矜貴的德性混爲一談。事實上，最低賤的人只要肯拼却一切，去爭取自己人格形相底完整，同樣地可以變得偉大。

許多人誤解悲劇，認悲劇一定是悲觀的。甚至字典上也說：悲劇是慘然收場的故事。這個觀念如此深入人心，我幾乎不敢提出相反的主張。我覺得悲劇比喜劇更樂觀，悲劇事實上增强了人的樂觀情緒。

理由是很顯然的，悲劇人物的特色既然在無保留的、全面的爭取人格形相底完整，那麽悲劇所表現的，也正是人類堅忍不拔的追求人性的意志。

悲劇一定要暗示勝利的可能性，否則便要變成哀情劇。參加必敗的鬭爭的是哀情劇中的人物。如果主角因無知無能而無力和優勢力量對壘，他所引起的僅僅是淒楚哀切之情。

哀情是悲觀主義的流露。悲劇裏，可能的與不可能的二者之間必須保持平衡。悲劇，只有在悲劇裏，才蘊藏着信仰，信仰人的前程是無限的。這種信仰，(如果你喜歡這樣說的話)，是樂觀的。幾千年來我們所尊崇的是悲劇，不是哀情劇。這一條歷史線索值得我們注意。

帝王已矣，生活在民主時代的我們，只有檢起這一條鮮明的歷史線索，追隨它走向唯一可走的地方——平凡人的心靈。

定的家，不正是最幸福的歸宿麼？

這樣想着，我不但什麼都已經決定，而且好像什麼都已經實現，我心裏開始感到安詳。我關上了燈。

可是不知怎麼，我突然被窗外的月光所吸引了。一種莫明其妙的感覺襲到我的心頭，我突然想到阿清。

這個對我依依送別的鄉下姑娘，究竟現在怎麼樣了？是不是還在等我？我怎麼一直沒有想到她呢？她的父親還在種田，視覺是不是更壞了？她的母親……她的哥哥……哪個不知下落的哥哥……

我心中驟然有一種辜負他們的自責，這自責忽然使我很痛苦。我很奇怪我會在這樣時候想到阿清，而且回想到她在村口遠望我的情形，回想到那天她送早點給我吃的情形，而這些景象竟像是都在目前。

但是一切人性的弱點還是我的弱點，一切我的弱點也是人性的弱點，當這些自責頻擊我內心時候，我的自慰與自解也跟着浮起。

她們對我當然是可感激的。但是阿清並沒有愛我；祇因爲我像她哥哥，他們家要的是一個男人，不一定需要我；我也沒有愛阿清，我那時實在因爲疲乏了，還有是被他們的誠意所感動了，或者是出于同情。我也沒有確定的答應他們一定回去，我祇要她等我一年，我也滙錢去，我沒有什麼對不起他們。我于是想到阿清給我的木梳，我決定明後天把木梳寄還給她，寫一封信給她父親，再滙一點錢給他們。

有了這些自慰，我就開始感到疲乏，我很安詳的就入睡了。

不知睡了多少時候，一陣輕輕的敲門聲叫醒了我；我以爲是大夏或者大冬，坐起身子，我說：

「進來。」

出我意外的，門開處，出現的竟是個女人。

我當時還以爲是大冬的朋友，不知道他擻下去，所以到三樓來找他。可是仔細一看，我吃了一驚。

是葛衣情。

她右手握着門扭，在門口站了好一回。我說：

「是你？」

「是我。」衣情說着帶上了門，一面向床邊走來，她說：「我打了好幾個電話，找不到你。」

「大夏他們呢？」

「已經出去了。」

「幾點鐘了？」

「十二點半。」她說：「剛才我才打電話來，說你還沒有起來，所以我就來了。」

衣情穿着一件綢質碎花的旗袍，裸臂上搭着一件白色的羊毛衣，她把羊毛衣，放在沙發上，走到我的床前，就在床邊的桌上拿起一支紙烟，劃了一根洋火。我當時也順手拿了一根烟。她點了自己的又點了我的。我吸了一口烟，說：

「怎麼樣？你胖了許多。」

「哪天你已經說過了。」她說：「看見紫裳了嗎？」

「還沒有。」

「你變了。」她說着坐在我床邊上，吐了一口烟。

「是的，我想我眞是變了。」我說：「雖是祇有幾年，但是我經歷太多，我精神上老了不少。」

「你找到了錢？」

「沒有。」

「找到了事業？」

「沒有。」

「找到了失去的我。」

「我已經不想找了。」我說。

葛衣情這時候忽然弄熄了紙烟，她用手拊我的頭髮，身上傳來一陣香味，一面說：

「我一直等着你。」

「但是，衣情，我們的一切都已經過去了。」我說。

我眞是不了解自己，哪天我心裏對于這個美麗的女人竟一點沒有感覺。她突然從我的唇上拿出我的紙烟，彎着身子來吻我，我沒有給她反應，我慢慢的推開了她，我說：

「讓我們談談。」

「你不愛我了？」

「我愛你的時候，你是知道的。」

「可是我一直在愛你，在等你。」她忽然又站起來，重新拿起一支烟，坐到床邊的一把椅上說：

「你也沒有來看舵伯。」

「我總想把自己安定了再去看他。」

「他已經老了，同以前很不同，」衣情點起烟，吸了一口說：「他很希望你來幫他。你知道他眞是像愛兒子一樣的愛你。」

「可是，」我說：「我不能够一直去依賴他，是不？」

「但是他需要你。」

我沒有說什麼。

「現在我們大家都不是小孩子了。」衣情忽然很莊嚴地說：「你也該成家立業，我呢，當初對不起你，但以後一直愛你，我想盡方法要使你幸福，這幾年來我也一直等着你，許多人對我求婚，舵伯也盼望我有個對象，但是我都拒絕了。你沒有結婚，我終等你一天。這些年來，我一直希望你會找到你的理想的愛情，同你所想的事業；但是你都沒有找到，這可見這些都是年輕人的幻想，現在你既然回來了，我希望你會回到我們這裏來。舵伯很希望你肯承繼他的事業，我呢，祇想同你在一起。」

「衣情，你的意思是要我們結婚，同舵伯在一起，將來承繼他的遺產，做現成的富翁？」我直率地說。

「這恐怕也就是舵伯的意思，他年紀大了，很寂寞。他現在也很喜歡藝中，好像是我們養的孩子，同他的孫子一樣。」

衣情嚴肅認眞的態度，引起我一種厭憎與害怕。她似乎一面想影響舵伯來操縱我，一面又想操縱我來影響舵伯，從舵伯的口吻中，我可以想到他已經了解衣情的心地；他也許對她再不相信，所以衣情要利用我來維繫舵伯的關係。但是聰敏的衣情竟沒有料到，人所能計算的還在命運之下，我與舵伯都將離開她了。當時我緘默着，一直吸煙，像是在沉思什麼。衣情以爲我已經被她說服，她繼續說：

「你不要以爲舵伯在社會上建立了地位，一定有很多朋友，實則他眞正的朋友祇是一個你，你是第一個使他發達的人，是從小就以父親一樣待他的人，你來承繼他是並不慚愧的。你也許不了解他的事業，但是我這幾年來都在爲你注意，他的事業，他部下的那羣人物，個個我都熟識，我可以幫助你管理這些事情。我們結婚了，舵伯一定心安理得的退休。那時候，你就是現成的舵伯。」

我笑了笑，不說什麼；但隨即想到了舵伯的經濟情況，我隨便的問：

「聽說舵伯這些來年的經濟情形也不如以前，是不？」

「有一度很危險，不過幸虧有恆新舞臺同電影公司。我出了不少力量才維持銀公司的信用。」衣情得意地說：「現在情形很好，地產方面我們看它好；祇是舵伯從那次波折後，又動了一次手術，對事業比較保守，所以也應該讓他退休了。他辛苦了不少年。」衣情一面說着，一面又吸上一支烟；我忽然感到衣情像是完全是另外一個人了。

她的臉本來是尖削的，現在有點像長方型，她薄薄的嘴唇是適合于說天眞爛漫的笑話，與荒唐無稽的故事的，如今嘴角多了兩條紋路，忽然說出了這些世故老練充滿陰謀的策劃，她的眼光本來有一種醉人的光芒，後來也有一種迷人的誘惑，如今則既無詩的趣味，又無浪漫的情調。她的睫毛化妝過，眼光中有一種深邃莫測的尖銳，它正是看到現實與談話的對方內心。這與當初的衣情是多麼不同呢？我當時避開了她的視線，低着頭說：

「衣情，你眞是聰敏，你的意思，我很感激，不過且讓我考慮一下。我總覺我心裏有一種奇怪的東西，我自己還沒有找到。卽使要放棄，我也要找到了才能放棄。我一生沒有想過我可以做現成的人，如今要我做個現成的人，我必須從頭放棄我心裏的一種奇怪的東西。」

這些話實際上都是眞話，我不知道衣情是不是有點了解。自然，我對于衣情早已失去了當年的情感；但卽使不是衣情，而是舵伯與野鳳凰，要我承繼舵伯現在的地位，我也會作這樣的回答的。

「相信我，」衣情忽然笑着說：「我替你打算的是不會錯的。」

「衣情，」我開始望着她半開玩笑似的說：「你以爲我們現在結婚會幸福麼？」

「我會使你快樂的。」她俏皮的笑笑，又坐到我床沿上來，我很快看看桌上的錶，我說：

「我該起來了。」一面掀開被子從床上跳下來，一面說：「我哪天去看小江湖同麥文娟，她們倒是頂幸福的。」

我跑到衣櫃的鏡前，做了幾下小小的運動。衣情在後面問我說：

「你這幾年來，碰見幾個女人？」

「你爲什麼不問我，這幾年來我躱開過幾個女人呢？」

五十八

如今小鳳凰的登場，在野鳳凰已經不是一件大事了。我不知道小鳳凰是否知道她母親的計劃已完全改變？

小鳳凰的性格對于這樣的登場是不會十分緊張的，因爲除了她應當注意的以外，都不是她的事情。

最把今晚的事情看得重的是陸夢標與老耿，其次則是胡嬷。

我至少看出野鳳凰對于陸夢標他們並沒有透露她心裏的想法。她風采奕奕，精神煥發；她比以前年輕，也比以前漂亮。

韓濤壽中午就來幫忙，下午我們到蓮香閣，我與他重新佈置場子。花籃匾額字軸，都陸續送來。紫裳送來一幅絲絨繡金的橫額，另外還有一個很高的花籃，但並沒有舵伯的賀禮。韓濤壽很關心野鳳凰會見舵伯後的情形，我告訴他我也不知道，既然舵伯沒有賀禮，恐怕晚上也不會來的。

我們把場子佈置好後回到春明飯店，晚上，韓濤壽先同陸夢標他們出來，我則于十時半同野鳳凰母女才去。

小鳳凰登場時我與韓濤壽在前臺。野鳳凰則在後臺。韓濤壽是內行人，他對于小鳳凰的藝術大爲讚賞，他忽然對我說：

「她太好了，也許因此很不宜于演電影。電影是一種廣泛的玩藝兒，對太有專長的藝員是不適合的。」

「我是外行，祇能說是喜歡不喜歡，究竟她的工夫在那裏，那我就不懂了。」

「我不敢說她是空前，但她如果好好幹下去，五六十年裏面決不會有第二個人的。」韓濤壽說着，忽然對我說：「你看後面，那不是紫裳嗎？」

紫裳果然坐在最後的一個角落裏，場上的座位已滿，我不知道她是什麼時候進來的。她穿着很樸素，沒有什麼化妝，我當時就離開韓濤壽去招呼她。我什麼話都沒有說，祇說：

「我怎麼沒有看見你進來，你一個人？」

她點點頭也沒有說什麼。可是我們好像已經彼此都了解了。

我當時就帶她到韓濤壽一起，韓濤壽坐了一回就去後臺，我一直陪紫裳聽到最後。在散場前我陪着紫裳出來，我說：

「到後臺去看看麼？」

「不去了。」她忽然說：「你陪我回去麼？」

「你沒有事？」我說着就跟她出來。

紫裳的車子停在轉角處。我遠遠一看，吃了一驚。原來她的車子與衣情的完全一樣，後來我知道這都是舵伯送的。

紫裳住在愚圓路一家公寓裏。

在她豪華的寓所中，我像是什麼都熟識的，我所以遲遲不敢來看紫裳，這是一個原因。在這樣熟識溫暖充滿舊的感情中，它很容易使我懦弱。

我吻了紫裳，沒有說一句話，跪在她的面前哭了。

紫裳扶起我，臉上也掛滿了淚珠。

愛情在這樣的境界中，不用言語也都能了解。我們是相愛的，一直是相愛的。我沒有把愛她的感情去愛人，她也沒有把愛我的感情去愛別人。

我們偎依着，偎依着，彼此一直流着淚，幾年來我受盡了人世的磨難，她也一定受了不少人世辛酸，如今似乎這些磨難與辛酸都化作了眼淚。

我們一直沒有說什麼，一直到我們一覺醒來以後，我說：

「紫裳，你醒了？」

「我醒了好一回了。」

「你在想什麼？想我們過去錯了？」

「不，」她笑着說：「我想將來。」

「將來怎麼樣？」

「你願意馬上同我結婚麼？」

「這對于你是好的麼？」

「我知道對于你不很好。」她說。

「你的名氣太大，你的地位太高，你的……」

「我也不願意損害你，不願意束縛你。」

「你媽媽告訴過你……」

「舵伯告訴我的，他們預備結婚了。」

「舵伯要退休了。」

「他們要到四川去。」

「他們要我一起去。」

「你也一起去？」紫裳忽然驚訝地說：「你幹麼去？」

「祇是陪他們去走走，等他們安定好了就回來。」

「你以爲有這個必要麼？」

（如果你要我在這裏，我就不去；等哪一天你不需要我的時候……」

紫裳馬上用手指按了我的嘴唇，忽然說：

「你以爲我現在退休好不好？」

「你退休？」

「我不幹了，同你一同去四川，大家在一起。」

「我不贊成，」我說：「你也會後悔的；我也不能就此不幹什麼，一輩子都依靠你；如果我要幹什麼，你守在家裏，那麼你更會覺得你不該這麼早放棄你事業的。」

紫裳沒有說什麼。我又說：

「紫裳，不要想得太遠，好不好。我決定不去四川，留在上海。我住在大夏大冬家裏，我們一星期敍一天；過去我太自私，我把什麼都寄託你身上，妨害你的生活，也妨害我自己。這一次我們重新愛過。我不再妨害你，我們不給外面人知道。這樣過一個時期再說。」

「好，好，野壯子，」紫裳興奮地說：「我愛你，你千萬相信我。我們在相敍的一天中，大家把一切都忘了，祇剩我們兩個。」

紫裳在我的懷中，才開始問我關于我認識她母親的經過，以及舵伯以前與她母親的種種。她說她一直恨她的母親，她想像中的她的母親是一個粗潑不浪漫的女子，誰知見面以後，她才發現她母親並不是她所想像那樣。她還告訴我，要是舵伯祇約她同她母親會面，她也許還不想見她。她說舵伯很少到她哪裏來看她，可是哪天舵伯打電話給她，說要到她家裏來。她不知道是什麼要緊事，一到她哪裏，才告訴她他一直到現在沒有結婚的原因，是因爲他年輕愛了一個十六歲的女孩子，這個女孩子後來嫁了人，養了一個女孩子；她于她丈夫死了以後，又嫁了人，又養了一個女孩子。現在她已經四十多歲了，來了上海，他見到她，他想同她結婚。舵伯對紫裳講到這裏，才告訴紫裳那個女人就是紫裳的母親。並且告訴她她母親當初對于紫裳的捨棄有她一種想法。紫裳才答應與野鳳凰會面的。

紫裳于是又談到江湖上賣藝的，都不願意子弟再走這條路，何老是這樣想，她母親是這樣想。可是結果他們的子弟還是走這條路，如今她眞希望小鳳凰可以脫離這樣的生活，跟舵伯他們去四川。紫裳于是問到我關于小鳳凰的性情，是不是像她。在這些談話之中，紫裳似乎始終沒有想到我會愛小鳳凰，也始終沒有想到舵伯同野鳳凰在希望我與小鳳凰結合。

紫裳是愛我的，如果我眞的愛小鳳凰，她也許因此會更恨她母親了。我與紫裳哪一次的會面，眞是決定了我生命的變化。倘若我可以疏遠紫裳像我疏遠衣情一樣，我一定會覺得我是屬于小鳳凰的。如今則使我想到我前一天所想的完全是錯誤的，我愛的是紫裳，而紫裳需要我更甚于小鳳凰對我的需要。

我也許是沒有愛情的人，也許我祇有這樣輕浮的愛情，我自己分辨不出純愛與情慾的分野。總之，與紫裳這樣纏綿以後，我對小鳳凰始終有一種慚愧，我已經沒有面目陪她去四川，而再對她存追求的心意了。

我從紫裳哪裏出來，心中有一種奇怪的悵惘。我覺得紫裳雖是名成利就，但是她心靈竟是如此的寂寞與孤獨，這正同我發覺舵伯的空虛一樣的悵惘的。在我所見的人中，祇有衣情是自滿自尊沾沾自喜的。但是她竟已失去了她所有的可愛。

我現在想到我應當對舵伯與野鳳凰去說明我不打算跟他們去四川了。我想不出我可以怎麼樣措辭。我覺得我很難自圓其說，而且我也不願意使他們太失所望，我當時決定索與慢一慢，或者等小鳳凰這期演唱後再去告訴他們。

我一面這樣想着，一面吸着煙，孤獨地在幽靜的愚園路走着；這時候，突然一輛車子在我面前停下來，裏面一個人在招呼我：

「野壯。」

我一時幾乎不認識他，再一細認，我才知道是宋子恂，他是我的老同學，但還是那天紫裳同我介紹的。

「啊，子恂，到那裏去呀。」我隨口的問。

「我去看紫裳，一起去麼？」他說：「我在爲她寫一個劇本，同她去討論。」

「我剛去看過她。」我說。

「你怎麼不到我家裏來玩？」他很誠懇地說：「我很想同你談談，明天有空麼？晚上到我家吃便飯。」

「也好，我也想見見宋老師，祇是每天不知忙什麼。」

「那麼明天。」他說：「七點半我在家等你。」

「好，我一定來。」（待續）

讀者投書

（三）

請政府重視盜印惡風！

林德泰

編輯先生：昨天我與三、五位平日喜歡讀書的朋友逛街，看到又有一批新的盜印書籍陳列出來，其中包括香港作家易文(卽電影編導易文先生)的兩部作品，一名「笑淚集」，一名「幽夢影」，報紙上尙未見到這兩本書被盜版的報導。這兩種書版權頁上居然也印着「版權所有，請勿翻印」，並且印有發行者高雄市大仁路某某書社，同時印有該社在內政部登記證的字號爲內警臺業字第三三六號。經查其他大部分盜版書亦均印有內政部登記證字號，不知是否凡在該部登記有案的書店書社，都可以隨便盜印別人的著作、公開銷售？

寫到這裏，讓我先把我所知道的香港與海外作家的著作被盜印的情形談一談。孫怡女士寫了一本「紅色上海八年」交由臺北廣播雜誌社負責發行，不久卽被盜印。孫怡在香港上海日報發表文章，對於祖國的政府不能保障著作人的權益，深致不滿。旅港作家趙滋蕃(半下流社會作者)日前在報端發表談話，指稱專事盜版的文賊是吸血鬼、劊子手，是損傷海外作家與祖國情感的罪魁。這話一點不錯。盜版者眞是詭計多端，這本「紅色上海八年」被盜版的消息傳開後，聽說法院接受被害人控訴，曾予審理，文賊竟想出一種從來無人想得出的鬼方法——將「紅色上海八年」一書封面撕下，內文不動一字，換印另一種封面「徐速著，八千里路雲和月」大量應市。許多讀者以爲是徐速新著，便紛紛購買，我和許多朋友也都破鈔受騙。提起徐速的著作被翻印的可就太多了，「星星太陽月亮」起碼有三、四種不同的盜印本，其他「春夢」，「星星之火」「魂斷琴聲」均被盜印。最不可恕的是徐著「第一片落葉」爲短篇小說集，其中包括九個短篇，文賊先以「第一片落葉」爲書名盜印，然後爲欺騙讀者便於推銷，乃將該書內文不動一字，另換書名發行，有的叫做「櫻子姑娘」，有的叫做「十誡」，有的叫做「恩怨」，有的叫做「春雨樓頭」，各書內的「自序」仍然照舊影印着作者原句「我選用了第一片落葉作書名……」。徐速會應政府邀請來臺觀光，如今他的著作被大量盜印，報載他向趙滋蕃表示對此十分憤恨。我們政府天天呼喊宣撫僑胞，如果再對這種傷害海外作家的事情不理不管，則受到宣撫的實在是盜版文賊了。

其他香港作家，南宮搏的書被此間盜版，街頭可見者計有「洛神」，「押不蘆花」，「妖女」，「妖女戀」(與「妖女」係一書，分以不同書名盜版)，「孔雀東南飛」；歐陽天的書被盜印者計有「死吻」，「夢吻」，「歸來」，「情囚」，「重逢恨」；俊人的書被盜印的有「情海煙雲」等多種。徐訏的「風蕭蕭」，「精神病患者的悲歌」，「荒謬的英法海峽」均被盜版。除此，盜版者更代編代印了「徐訏創作小說集第一集」，看情形，第二集第三集是接着印下去的。「江湖行」上集早已被盜版，下集仍在貴刊連載，却已先被盜印成書供應市面了。另外居留海外作家如謝冰瑩的「愛晚亭」，「紅豆」，徐鍾佩的「世界十大小說家及其名著」，陳香梅的「無聲的祝福」，「寸草心」也都被盜版。政府對此好像一直不聞不問，說是變相的鼓勵盜版或不爲過。

談到盜版者如何傷害國內作家的版權，更是方法新穎，花樣百出。梁實秋先生，胡適先生的著作被盜印了多種，誹謗胡適先生的「胡適與國運」，也被盜版發售。薩孟武教授的「政治學」，最高法院院長謝瀛洲的「憲法論」，孟瑤著「窮巷」，彭歌著「尋父記」，潘壘著「金色年代」，王藍著「藍與黑」，林適存著「加色的故事」，師範著「未走完的路」，張漱菡著「意難忘」，趙友培著「文藝書簡」，郭良蕙著「感情的債」，尹雪曼編「名作家書簡」，梁容若齊鐵恨合編的「古今文選」，吳承達譯「金粉世界」，畢珍著「古樹下」均被盜版。有的不只被印一次。聽經營書店友人告知：盜印「古今文選」者僅被法院判罰金二百銀元(六百臺幣)，盜版「未走完的路」者罰金僅一百元(三百臺幣)。這樣輕微的懲罰，自然是不能抑制盜印之風的。

盜印者，起先是照相版，後來索興改爲排版盜印。排版不但可以與眞書一模一樣，並且還可以打下紙型，有紙型在手，不但隨時隨地可以加印，並且出人想像以外的，可以拿紙型向原著作者和原出版者敲詐勒索，各書店與出版界無人不知「感情的債」等書卽被持有紙型的文賊連續敲詐——文賊頭目在幕後指揮，派出流氓向原作者與出版者敲詐：「如果你們不將紙型收回，我可以馬上加印」，受害人忍痛以二千元收回紙型一套，不意接着又來另一流氓，亦持有同樣紙型，只好又打發了二千元，萬萬想不到還有第三個流氓來如法泡製，結果三套紙版以六千元全部收回。最後呢，照舊仍被印影盜版。現在香港亞洲出版社印行的該書，便是原作者將「收買一回來的紙型寄到香港託由亞洲印行的海外版。

另外一種敲詐方法，便是當正當書店刊出預告將要出版某一種書時，文賊便依據原著在報刊連載時的文稿，排幾頁版，打出樣子來，拿去找書店或原作者說：「這本書我要先印，如果你要先出版，須賠償我損失。」其他如文賊集團僱用流氓威嚇作家出版家，甚至約期決鬪的事，亦屢見諸報端，不另詳敘。現行出版法中只有一條(二十九條)是保障著作人、出版人的，說得清清楚楚著作人出版人受到侵害，政府要迅採切實有效方法予以保護，如今不知被保護的究竟是誰？

前閱報見趙滋蕃先生談話：「在香港共匪報紙連載的武俠小說『碧血劍』，『射鵰英雄傳』等多種居然也被此間盜印」，這更不像話了。

又據書店業告知：盜版集團鑒於著作權法可能修改，因而決定在修改以前再狠狠地撈一票，看情形，又不知多少書正在盜版，多少作家將被扼殺？敬祝

撰安

後學　林德泰謹上

七月二十日于高雄

給讀者的報告

沿用達七年之久的臺灣省臨時省議會名稱已於最近取銷「臨時」二字，正式改稱爲臺灣省議會，但這對於臺灣的地方自治，並沒有甚麼實質上的意義。因此，我們特發表社論㈠「解決臺灣省政體制的根本辦法」，指出憲法規定下的省是自治團體，但臺灣省現在還是一個行政區域；而臺灣省政府的組織居然又沒有法律的根據。所以我們主張必須按照憲法規定，省長實行民選。

美國新年度援外經費，雖已在最近通過，但我們發現因此引起的論爭，且已成爲美國對外政策上的最主要課題。因此我們特在社論㈡「美國輿情與其援外政策新趨向」中，摘錄了一點援外辯論期中美國各方面所發表的意見，藉以說明美國援外政策的一種新趨向，希望促起我們政府當局的重視。

我們鑒於臺灣出版商大規模的翻版盜印之風，有變本加厲之勢，特發表社論㈢「加緊撲滅翻版盜印的惡風」，坦白指出被害人不能獲得有效的救濟，以至涉及社會問題、治安問題、政治風紀問題在內，其嚴重性不容我們忽視。因此，我們提出了幾點建議，希望大家能共同注意這一問題。

「醜陋的美國人」一書，雖是一部小說型的作品，但據作者自己說，虛擬的都有事實根據。簡單的說，本書的原意是在指出二次大戰以後，美國對於一些落後地區外交失敗的原因。夏道平先生「從『醜陋的美國人』談美國在東南亞的外交」大文，坦白指出民主自由雖是美國思想文化的根源，但十多年來，美國的外交政策，非但與其政治思想不大配合，而且背道而馳，因此希望美國朋友由於「醜陋的美國人」一書之出版，而加以澈底檢討和改進。此書出版後，美國各大報紛紛加以讚揚，認爲此書有發人深省的價值。美國人究竟是客觀的、虛心的，並未斥該書爲「賣國主義」、或家醜外揚。

劉世超先生「從常識論政黨制度的功用」大文，主要在冷靜說明政黨制度的功用是建立秩序，而此種秩序正是臺灣迫切需要的。老實說，本刊之所以堅決反對國民黨之向一黨專政的死路上走，而主張建立一個強大的反對黨，也無非是希望建立一個自由社會的秩序而已。

陳式銳先生「論『進出口商管理辦法』」大文，是針對省政府最近公佈的「進出口商管理辦法」而發。根據陳先生的研究，這一項新的管理辦法，只是在現行外貿形勢之下，把貿易商的地位及其行動，加以條文化而已，新制度並未因此而建立，實在值得主管當局再檢討、再改進。

臺灣人口問題之嚴重性，已爲稍有常識的人所共同承認，但政府當局却保持沉默，金承藝先生特在「政府不應再坐視人口的增加」的大作中，希望政府正視此一問題，並建議除節育運動之外，採取若干疏導人口的政策。

看雲樓主先生「曹丕怎樣在羣臣勸進下稱帝的？」大文，是簡要地敍述一段史事。看雲樓主先生根據史料，指出距現在約一千七百四十年前，曹丕的一些弄臣們，是如何的「揣摩上意」；而曹丕自己，起初又是如何的裝腔做勢，到了就帝位的時候，更是如何的不肯馬虎從事。讀史可以長人智慧，相信大家只要對這類史實清楚一點，便不至於被欺騙和愚弄了。

自由中國　半月刊　第二十一卷第三期　總第二三四號

中華民國四十八年八月一日出版

發行人　雷震

主編　『自由中國』編輯委員會

出版者　自由中國社

社址：臺北市和平東路二段十八巷一號

Free China Fortnightly, 1, Lane 18, Ho Ping East Road (Section 2), Taipei, Taiwan.

電話：二八五七〇

航空版　友聯書報發行公司（香港九龍窩打老道一一〇號）電話：五九一六四、五九一六五

總經銷　自由中國社發行部

經售者：

美國　紐約友方圖書公司 Hansan Trading Company, 65, Bayer D Street, New York 13, N.Y. U.S.A.

紐約光明雜誌社 Sun Publishing Co., 112, Mulberry St., New York 13, N. Y. U. S. A.

韓國　漢城裕昌德號

馬尼剌　新疆書店

緬甸　仰光振成書報店

印度　阿拉哈巴中印文化出版社

北婆羅洲　西利亞坡青年書店

星加坡　友聯書報發行公司（小坡大馬路四六九號）

吉隆坡　友聯書報發行公司（馬華公會大廈三樓七室）

怡保　友聯書報發行公司（希尼華沙甘街十六號）

檳城　友聯書報發行公司（林連登律七十二號）

澳門　友聯圖書公司

印刷者　精華印書館股份有限公司　廠址：臺北市長沙街二段七一號　電話：三三四二九號

本刊經中華郵政登記認爲第一類新聞紙類　臺灣郵政管理局新聞紙類登記執照第五九七號　臺灣郵政劃撥儲金帳戶第八一三九號
（每份臺幣四元，平寄美金一角五分，航寄美金三角）

FREE CHINA

第廿一卷 第四期

目錄

中華民國四十八年八月十六日出版

社址：臺北市和平東路二段十八巷一號

半月大事記

七月廿五日（星期六）

赫特訪西柏林，保證盟國軍隊決定留駐西柏林，保護柏林人民自由。

美國國會重申立場，反對共匪入聯合國。

美展覽會在俄揭幕，艾森豪總統對俄人表示，建立公正和平永不過遲；尼克森促俄與美作和平競爭。

尼克森在莫斯科與米高揚、科茲洛夫會晤，曾檢討美俄貿易問題。

七月廿六日（星期日）

尼克森與赫魯雪夫會談，檢討東西僵持問題。

俄阻美記者將尼克森訪俄照片送美，尼克森提抗議。

七月二十七日（星期一）

四外長會達攤牌階段，西方力謀打開僵局，俄仍堅持蠻橫立場。

關於最高階層會議問題，西方發生歧見。英謀遷就俄國力求促成會議，美法堅持立場，不允減低條件。

尼克森表示，與赫魯雪夫會談各問題，雙方意見發生分歧，僅同意在會議上解決各國歧見。

俄准許美記者所攝膠卷寄美。

尼克森與黎高佛海軍中將等參觀俄原子破冰船，經要求後黎高佛始獲准近觀，認其反應器並不比美國進步。

七月二十八日（星期二）

為了挽救四外長會整個破裂，西方與俄相約草擬解決柏林危機建議，由雙方分別書面開列有關條件，然後儘可能結合為一聯合計劃。

西方研擬修正計劃，防止俄對柏林採取片面行動。

尼克森向艾森豪提出報告，與赫氏會談無進展。

七月二十九日（星期三）

四外長會議勢將破裂，西方與俄互相拒絕對方所提柏林方案。東西方對柏林休戰計劃，彼此意見距離遙遠，俄主要目的在將西方逐出柏林，西方建議在柏林休戰五年。

艾森豪總統對記者稱，外長會與尼赫會談均未獲致足够進展，認最高層會議尚無舉行理由，並指出美全面軍力足抵消俄飛彈優勢。

美眾院表決通過卅一億援外撥欵案。

赫魯雪夫重彈和平濫調，再度要求開高階層會議。

七月卅日（星期四）

對解決柏林問題已無機會，西方協議通知俄國，下週三結束外長會。

葛羅米柯先表同意，後又絕口否認，企圖將談判失敗歸咎於西方。

日內瓦談判破裂聲中，西方無意開高階層會議，赫魯雪夫企圖訪晤艾森豪。

韓向日提重大建議，願無條件恢復談判，俾使兩國關係趨正常化，日本外相表示將立即予以接受。

尼克森參觀俄工業，俄工人提八股式詰問，問題均極相似，爭辯尖刻。尼克森活動情形，俄報刊出投書，加以諷刺嘲笑。

七月三十一日（星期五）

印度總統解散克萊拉邦的共黨政府，印政對接管該邦統治權。

中日貿易計劃在東京換文簽字。

八月一日（星期六）

尼克森在俄電視演說，警告俄勿發動戰爭，以免招致可怖毀滅。

盛傳赫魯雪夫即將訪美，與艾森豪舉行會談，傳盟國同意美發出邀請。

美展覽會展出美報，遭俄官員無理限制。俄人前往參觀者日逾五萬。

赫魯雪夫參觀美噴機，表示願乘該機赴美。

八月二日（星期日）

尼克森自俄赴波蘭，波人熱烈歡迎，情緒熱烈遠勝於赫氏訪波時。尼克森離俄時，科茲洛夫攻訐尼氏演說。

俄企圖延長四外長會期，赫特決心予以拒絕。

八月三日（星期一）

美、英、法、加、比、荷六國與西德簽訂協定，正式放棄佔領地位，駐西德部隊原佔領軍地位改變，與美在英法等國駐軍地位相同。

日內瓦四國外長會議，將以休會方式結束。

英向俄提警告，勿干預寮戰局。

華府與莫斯科同時宣佈，赫魯雪夫九月間訪美，艾森豪稍後答聘。

八月四日（星期二）

寮國戰亂嚴重，政府宣佈五省戒嚴。寮國政府發表公報，指控越共侵略寮國。

八月五日（星期三）

四國外長會議休會。

尼克森離波返美，波人列隊揮淚送別。

赫魯雪夫在記者會表示，可能下月中訪美，謂與艾森豪舉行會談而非談判，不取法高階層會議，僅為高階層會議前奏，對於柏林地位問題，重彈自由市的濫調，再度主張締結對德和約。

『自由中國』的宗旨

第一、我們要向全國國民宣傳自由與民主的真實價值，並且要督促政府(各級的政府)，切實改革政治經濟，努力建立自由民主的社會。

第二、我們要支持並督促政府用種種力量抵抗共產黨鐵幕之下剝奪一切自由的極權政治，不讓他擴張他的勢力範圍。

第三、我們要盡我們的努力，援助淪陷區域的同胞，幫助他們早日恢復自由。

第四、我們的最後目標是要使整個中華民國成為自由的中國。

社論

(一)

美蘇首長互訪計劃與我們的道路

本月三日，華盛頓和莫斯科幾乎用了完全相同的字句，宣布了美蘇兩國首長互相訪問的計劃。卽蘇總理赫魯雪夫先於下月訪問美國，然後美總統艾森豪則於稍遲時日赴蘇作報聘訪問。雖然數月來蘇總理赫魯雪夫的訪美一事已曾有過種種傳聞，但這一宣布多少也有若干意外。尤其艾森豪總統的決定親往蘇俄一行，和這一訪問日期的排得如此急促，更使人覺得這種互相訪問計劃的不同平常。當上月二十日蘇俄突宣布暫時取銷赫魯雪夫訪問北歐計劃時，一般人曾多事揣測，莫斯科電臺亦曾有過別種解釋；但現在看來，那一計劃的變更，實際上正是赫魯雪夫訪美之行的幕後談判已達成熟階段的一種表示。

現面對如此重大的國際動態，有人不免認爲這一決定爲艾森豪總統的一種突然決定，這一發展也可能隱伏有國際大局某種突變的危機。我們認爲事實都不是如此。爲了正確瞭解這一決定的來龍去脈，我們實有把過去數年的美蘇基本關係加以回顧的必要。首先我們要指出的，是一九五五年七月日內瓦高階層會議上所作的加強東西接觸的新決定。當時艾森豪總統在一項重要建議中，提議「排除現在妨碍我們各國人民之間情報與思想交流的障碍，排除現在妨碍我們各國人民爲了和平友好目標而到世界任何一個地區旅行的障碍，並造成若干情勢，以鼓勵各國間增加交換和平物資」。結果這一會議通過一項對四外長的指導原則，要求他們就加強東西接觸一事，切實研擬具體可行步驟。其次，我們要指出的，是一九五七年一月二十三日艾森豪就任第二屆總統後所發表的一項美國外交政策原則。當日艾森豪總統對記者說，他的第二屆政府上任後在外交上最感需要者，第一是不斷促進和平，第二是與蘇俄尋求更佳的諒解，第三是與蘇俄達成具體協議。接着我們看到在當年六月二十四日，美向蘇俄提出一項備忘錄，要求兩國交換無線電廣播及電視；八月十六日，美國對此提出更進一步的照會，要求兩國派遣代表考察交換廣播及電視的實際可能性；一九五八年一月二十四日，蘇駐美大使柴魯濱返國前夕向美提出一建議，要求交換議會代表訪問團。其三，我們要指出的，是一九五八年一月二十七日美蘇兩國所簽訂的有關電影廣播電視及人員互相訪問的文化交換協定。這一協定包括一項頗長的協定全文、一項換文及一項聯合公報，內中規定在一九五八年期內，兩國將交換一鋼業代表團、採礦業代表團、及塑膠代表團，並於兩年期內交換九個農業代表團，和八個醫學代表團。其四，我們要指出的，是最近半年多來蘇俄與西方間許多重要官員的交換訪問。其中有去年底美參議員韓佛瑞的訪蘇；本年一月蘇副總理米高揚的訪美；本年二月英首相麥米倫的訪蘇；本年三月蘇斯洛夫所率領蘇俄國會代表團的訪英；本年五月英蒙哥瑪利元帥的訪蘇；本年六月蘇副總理科茲洛夫的訪美與哈立曼的訪蘇；本年七月美九州長與尼克森副總統的訪蘇。由以上這些歷史事實中，我們可以看出這次宣布的美蘇兩國首長互訪計劃，是一項艾森豪政府長期政策的結果，並且很早就種下了因子，絕不是一種突如其來和偶然的決定。

不過，縱然如此，我們也不能否認這一互訪計劃的不尋常意義。就蘇俄一方面講，它的總理兼第一書記的訪問美國，這尚是一九三三年美蘇復交後的僅有的一次；就美國一方面講，它的總統副總統的連訪蘇俄，這也是戰後十幾年來所少見。今日赫魯雪夫正作着過去列寧和史達林所不能想像的事情，今天艾森豪也正作着過去羅斯福所不願爲（雅爾達會議不同於訪問）和杜魯門所不屑爲的事情。因此不論世人對這一互訪計劃作何解釋，和這一互訪計劃的後果與影響如何，這一互訪計劃確屬一件大事體。今日沒有人會認爲這種互訪計劃對世界現局的解決會產生一種戲劇性效果，甚至認爲這種訪問根本無補於世局。

現在我們所需討論的是，何以艾森豪總統和赫魯雪夫把這一訪問計劃作得如此急迫？他們意欲從這種互訪計劃中得到些什麼？對此我們可從兩方面去看：㊀在美國想來，邀蘇俄總理赫魯雪夫訪美，可使這位蘇俄的統治者能親身目睹美國的眞象，使他有機會對從馬克思主義範本中所獲知的美國與實際美國作一比較；另外，正當外長會議沒有明顯協議與高階層會議未擧行以前，先邀赫魯雪夫訪美一行，可由此探知他對世局的眞正想法，可緩和一般世局與柏林危機，也可促進美蘇兩國的直接關係；也許更重要的，艾森豪總統此擧的眞正目標，在着眼於明年的美國選擧。因在爭取和平一事上，美民主黨向比共和黨表現得更積極，如今艾森豪突採取主動，力促打開世界僵局，將使美共和黨在明年大選上處於一種優勢地位，無異從民主黨手中奪去了一項重要的政治武器。若此一點果有幾分屬實，我們覺得艾森豪總統實作了一件非常不智的行動。㊁在蘇俄想來，赫魯雪夫此次訪美，接着艾森豪總統的親往蘇俄回訪，除了能緩和世局及柏林危機，促進美蘇兩國關係，及拉近兩國對某些問題的觀點外，主要是企圖由此提高赫魯雪夫本人的聲望，及誘使美國在理論上及事實上都承認共黨統治的現況。換言之，赫魯雪夫所以長期以來一直就想及早赴美訪問，其最主要的企圖，卽在以此向全世界表明兩大集團的和平共存已成了一種歷史上的確定事實。過去蘇俄的外交政策一貫集中於此，今對美外交亦特別着重於此。此次美蘇互訪計劃，實際便是這兩種想法互相利用的一種結果。

在國際外交方面，一個政策的利弊得失，往往很難斷然判明。有時利害參半，有時又利害互見，這次美蘇互訪計劃，亦可作如是觀。假若這一訪問對自由世界絕對有害，我們相信艾森豪總統絕不會愚昧到要作歷史的罪人；假若要說這種訪問對自由世界絕對有利，那我們相信美國也早已這樣作了。從有利方面看，這一互訪計劃使柏林德國及其他危機已暫時宣告消失；從弊害方面看，這一互訪計劃無異默認東歐的現況，使千百萬東歐人民的希望爲之幻滅。爲了前一原因，美國一部份人支持這一計劃；爲了後一原因，美國又有一部份人堅決反對這一計劃。我們認爲美國參議員勃里奇、陶德、及諾蘭，赫爾利諸先生最近對此所發表的反對意見，是有深長的道理在。我們甚至於相信，假若美國前國務卿杜勒斯不去世，美蘇這一互訪計劃是否如此匆促舉行，亦頗值得懷疑。因爲杜勒斯雖然同意加强東西接觸的一切計劃，並儘可能竭力以赴，但他絕不會同意美蘇兩國首長作如此倉卒的互相訪問。因此縱使美蘇兩國這種高級首長的互相訪問爲終究不可避免，亦要把這一計劃拖個時期再說，絕不應操之過急，草率將事，以致產生各種意料未及的副作用。再退一步說，即使認爲爲了目前時局原因，美蘇首長眞有及早會晤的必要，這種會晤亦寧肯訴之於四國高階層會議的方式，絕不能訴之於美蘇首長互相訪問的方式。我們覺得美國先捨開前一方式而採取後一方式，是一個很大的錯誤。同時照一般想法，假若美蘇兩國人民能互相往來，多事接觸，以之使共產鐵幕逐漸打開，對世界和平亦未嘗不無貢獻。可是美蘇兩國首長互作訪問，尤其在時機尚未充分成熟，和世界冷戰尚在尖銳進行期間，先行採此重大步驟，那自然又當別論了。

這一互訪計劃，現勢在必行；一俟雙方訪問之後，一次高階層會議也將繼之舉行。因此在這一互相訪問與高階層會議舉行前後，德國西柏林以及整個世界局勢，都將趨於緩和。赫魯雪夫已經說過，整個共產主義集團都贊同他這一訪問；艾森豪總統本月下旬的西歐之行，也在覓取盟國對此一事的共同支持。所以這次赫魯雪夫與艾森豪的互作訪問，雖在形式上只屬美蘇兩國的交往；而實質上却有幾分代表兩個集團說話。我們現在已注意到北平偽政權對此所作的正面的反應，認爲艾赫互訪計劃爲一緩和國際緊張與促進諒解的大事件，這表示今日北平偽政權已不敢貿然採取片面行動，以與蘇俄的外交政策相悖離。既然如此，臺灣海峽的局勢是否也將因美蘇這一互訪計劃而受到若干影響？現在蘇俄顯已採取了一項和平政策，起碼是表面上的和平政策；而北平偽政權在臺峽仍採取一種武力威脅政策。假若美蘇互訪計劃對臺峽局勢有任何的影響，這種影響必然將表現在這一方面，尤其將表現在華沙的談判方面，我們亟應予以嚴密的注視。

去年底美參議員韓佛瑞訪蘇歸來之後，曾公開發表對世局的觀感，認爲世界無大戰，無和解，將在冷戰中逐漸諒解。這次美蘇首長訪問計劃，更證明了這一趨勢的正確。今日世界確沒有一個强國願進行大戰，也沒有一個行動足使世界爭執立時獲得解決，冷戰將仍舊繼續，相互諒解亦將逐漸增大。這次美蘇互訪計劃，實際就是過去數年世局漸趨緩和的結果，也是今後世局更進一步緩和的開端。過去是拖，將來還是拖，這次互訪計劃使這種拖的力量得到了更大的支持，使拖更形長期化。

就世局的更趨於拖延來看，這一互訪計劃將會影響我們；就臺峽局勢的可能變化來看，這一計劃對我們的影響將更爲深遠。那麼面對這種局勢我們應如何善籌對策？過去我們對世局的政策，是一種以不變應萬變的政策，是以自己的主觀想法隨意解釋世界動向的政策，是一種守株待兎政策；現在看來，這種政策對於改善我們的處境，顯然沒有發生效果。今後我們假若仍長此以往，把希望一味建立於幻想而不建立於自己的作法和行動上，眼看我們的處境勢將更加困難，我們的國際地位亦將日益孤立。由於國際大局的這種長期的明顯變化，今日我們實已面臨了歷史的十字路口。一條路是仍如過去一樣，緊抓着小朝廷思想不放，厲行一黨專政，閉着眼睛講瞎話，迷戀已往，幻想未來，而把一切救國的良機白白送掉；一條路是澈底放棄一黨專政，正視現實，團結海內外一切民主愛國人士，致力革新內政，提高我們的道德地位與國際地位，全力打開一種新局面。一條是失敗與毀滅的道路，一條是成功與復興的道路，何去何從，責任端在政府與執政黨身上，端在一二人良心的自覺。我們願拭目以待之，我們願馨香禱祝之。

社論

（二）

臺北市政問題還容忽視嗎？

——望黃市長「崇法負責」

臺北市議會第四屆第五次大會，自七月二十日開幕，已於八月五日正式閉幕。各位市議員在這短短十七天之內，由於能踴躍提出質詢的結果，使臺北市近百萬的市民，對於黃市長主持下的臺北市政，有了很明白而正確的認識。

現在，我們僅僅根據各民營報紙的公開報導，把各位議員在質詢中所提出的零星問題，加以大略的分類歸納爲下列五個主要部份，指出今日臺北市政問題之所在。

一、關於人事任用部份：臺北市政的推行，有賴於全體市政工作人員，這許多人員的任用調補，自須遵照法定的制度。可是，臺北市的實際情形，却並不如此。據蔡永堃議員指出：「市政府的人事，根本就沒有制度可言。市長的任用一些人，其考成、考績、升降、任派，都毫無根據；如現任的機要股長以及自來水廠的總務課長，都是自煤氣公司調用；而水肥會總幹事已易四任，編制（名冊上）却依舊是蕭源豐。」（七月三十一日公論報）人事既沒有制度，所以糾紛也就層出不窮，像黃盧小珠議員這次在市議會上「就公車處及工務局的內部人事糾紛」，而「提出質詢」（七月二十五日聯合報），只不過是最近爲大家所熟知的一二事例而已。另據黃文章議員說：「黃市長爲包庇私人，使市民住宅委員會成爲藏垢納汚的避難所；有很多犯有前科及因案被開革停職的人員，都在這裏安插。再如煤氣公司，也成黃市長個人安插競選功臣的機構，任意聘爲專員、顧問，坐支乾薪。」（七月三十一日公論報）因此，儘管煤氣公司的所有顧問，到了七月底都應解聘，反又憑空增加了三人，使得「市議會昨日大會中，議員楊玉焜、陳鄭岐、李福春等人對煤氣公司質詢甚烈，責備徐總經理爲何再聘請顧問？」（七月二十五日聯合報）人事上既有這種「安插競選功臣」、「坐支乾薪」的情形，正常的市政工作，自不得不一味依靠於增加「臨時員工」。據鄭瑞齋議員指責稱：「市府臨時員工多達一千五百餘人，其中稅捐處獨佔三百五十餘人。」（七月三十一日聯合報）眞是駭人聽聞，開世界各國市長用人之特例。然而，儘管臺北市政工作的推行，已經不得不依賴於大量的增加「臨時員工」，而市政府各單位主管，竟還要公然調用正式編制人員爲自己做雜務。據楊玉焜議員說：「衞生大隊一三四五名員工中，被調往其他單位工作的，竟有八十六名之多。這些人如果調到其他衞生單位工作，還情有可原，但事實不然，他們竟是被調到各單位去給各主管當三輪車夫、做厨子、帶小孩兒。」（七月三十一日公論報）這還只是衞生大隊一個單位被「私人」調用的情形，至於其他單位的情形又如何，尙不得而知。這樣的人事制度，成何體統！

二、關於財政稅收部份：民主政治就是「荷包政治」，因此，預算必須嚴格執行。然而，臺北市政府却濫用預算。據李賜卿指出濫用工務方面預算的事實說：「本年度工務建設工程費計達四千萬元，本來已經較四十七年度減少，然而市政府對這筆經費的開支，却是應興未興，應革未革，如照安市場的興建，警察宿舍的添建，收購土地的補償，下水道的建設等經費都少列了。此外市府還利用這筆經費，隨時爲秘書們頂房子，連公共關係室這個『黑市』機構的經費，也都在此列入。」（七月二十八日公論報）因此，儘管臺北市的財源富甲全省，過有建設，却不得不乞靈於「借債」。據蔡永埜議員說：「臺北市的所有建設，如自來水的建廠，電氣屠宰場的興建，購買公車，造橋，舖路，以及正研議中的垃圾水肥處理廠興建，動不動都要向美援機構申請貸欵，形成了富裕的臺北市處處都以『舉債度日』，至今欠美援機構的債不下千萬美元，這是歷任所無的。」（七月二十五日公論報）難怪趙邦平議員要責問：「這種借債，將來怎樣償還，有沒有考慮到下一任市長或財政局長增加困難？」（七月二十五日聯合報）至於稅收方面，更是問題嚴重，李福春議員在質詢時便說得很清楚：「臺北市的稅務行政，年來沒有改善，反之，除稅務人員橫行如故，同時因爲管理的不善，違章、滯納、欠稅等，數字的驚人，爲世界之冠。」（七月二十五日公論報）李議員接着還列舉稅務統計，以證實其質詢說：「自從民國四十五年起至目前，稅務違章統計達一萬九千八百八十五件，其中四十五年計四四七五件，四十六年六七七三件，四十七年八二〇〇件，四十八年度至今不及一年，也已經累積了四百三十七件，而這些違章案經過移送法院的，計達一萬九千五百九十八件。其次說到滯納的數字，四十五年的件數達十三萬六千九百六十件，四十六年達十一萬二千七百五十件。」（七月二十五日公論報）稅務糟到這般地步，眞是出人意外！

三、關於工務建設部份：在市政工作之中，最足以爲全體市民直接謀福利的，便是工程建設。事實上，這也是黃市長的最大政治宣傳。可是，李福春議員便指責說：「已往只聽到市長對本市建設宣傳良多，如大臺北市的自來水建設工程，重慶北路天橋或地下道工程，蔬菜市場的遷建，焚化爐、屠宰場、煤氣公司遷移，地下水道的勘察等等，只聽一些空洞計劃，然而總沒有一件付諸實施，可以讓市民耳目一新。」（七月三十日公論報）甚至據陳錫福議員指出：「第三屆市議會通過對市有土地房屋出售案，曾經附帶一個條件，卽其售欵必須專爲建設宿舍之用，其中並須有一半爲學校敎職員宿舍。然而市政府在售獲四百萬元欵項後，雖然已撥三百萬元建置了七十二棟宿舍，學校敎職員並未分到半棟。最後還把剩餘的一百萬元，分給本市十個區公所。」（七月三十一日公論報）至於對違章建築之取締，臺北市曾有違章建築拆除大隊的特別設置，以至黃市長曾被稱爲「拆屋市長」。按理說，臺北市對於違章建築之取締，想必能依法執行。可是，「臺北市『東門城東攤販供銷場』的三層大樓違建未拆問題，昨(廿)日在市議會大會中又掀起一場風波，工務局長林永倉被議員砲轟甚烈，質詢得使他說不出話來，竟至淚下。」（七月二十一日聯合報）到後來，又有議員進一步指稱：「違章建築管理，小民搭一個小竹棚或圍一點小籬笆，若事先未經申請核准，都要遭受拆除，可是有勢可藉、有力可憑的人，却可以在公園預定地建大房子、造大洋房，却可平安無事。」（七月二十五日民族晚報）甚至市政府公然允許在公園內建築，因此，「在質詢工務方面時，幾位議員對最近市府決定在峨眉公園興建社會敎育館一事都認爲不當。因爲在上一屆議會中，工務局長曾保證說：決不准在公園預定地中興建房屋，如今市府竟自己不守約言，將來怎樣要老百姓遵守？議員們又指出工務局何以允許新公園中之中國之友社擴建？如果現有公園中可以建築，公園預定地更可以建築了。」（七月二十五日聯合報）可見無論是工程建設或取締違建，都是糟不可言！

四、關於民政社會部份：召開里民大會，是黃市長在這次市議會施政總報告中提出的第一個主要項目，聲稱出席率已達百分之四十七•六，然李福春和王明宗兩位議員却說：「據他們所知，每區里民大會出席的人數，經常都是冷冷落落，絕不會超過二〇%。而本市最近所謂示範里競賽，其出席率能超過二〇%，大多是因各里以摸彩及放映影片等手段爲號召，而吸引來較多的市民。」（七月二十四日公論報）難怪對於市政府所說出席率有百分之四十七•六，李議員要指爲「欺上瞞下」。至於社會救濟工作，這次因爲畢莉颱風肆虐成災，臺北市九千多災民必須救濟。可是，市政府雖依照規定撥欵救災，而據陳愷議員指出：「社會局並沒有照數發給，竟從中尅扣三分之一以上，在發給災民時，只發予饅頭或麵包每人每餐兩三個，有的發一個，甚至有的沒有發到，而且沒有按時發給，使災民挨餓，怨聲載道。」（七月二十二日聯合報）難怪陳議員要憤慨的說：「連這種救災欵項也要動腦筋，實在是喪心病狂。」（七月二十二日聯合報）對於此一「尅扣災糧」事件，在七月二十五日市政府擧行的記者招待會上，社會局長李蘊檯雖然矢口否認說：「根本沒有這回事。」（七月二十六日聯合報）然而，接着就在七月二十七日這一天，「古亭、雙園兩區災民於閱報知悉社會局長的否認後，認爲旣沒有按照規定發給災糧，而又抹煞事實，大爲憤慨，均聯名以書面向市議會陳情，說明他們被減發災糧情形，並推派代表至議會作口頭報告。」（七月二十八日聯合報）同時，「古亭區住於螢橋國校的女災民手抱小孩，並携帶三個比洋火盒子稍大一點的沒有蒸熟的小饅頭請議員過目，因此激起議員的憤慨，紛加指責社會局不應抹煞事實。」（七月二十八日聯合報）而當場成立緊急勸議案，組織專案小組調查。到後來，經過該小組調查結果，儘管三位召集人提出書面報告時沒有明白指出尅扣的事，但是，「當議員請召集人詳細說明實地調查經過時，三位召集人中，一位突然離開議場，一位表示他對報告書不負責任，而此事最初質詢及提案組專案小組徹查的議員陳愷，則在專案小組報告提出之前請假離場，他之不願在場，是對該專案小組的報告表示不同意。」（八月六日聯合報）由此觀之，則報告書所說，究竟內情如何，大家一望可知。

五、關於政治風氣部份：現在，首先要說的，是浪費公帑情形。據李賜卿議員指出：「市政建設委員會各小組開會，於六月十一日報銷一天的午餐費二萬四千元，又六月間有朱雲浪十一人報銷一頓午餐費爲二千六百元，都是由公共食堂開的統一發票。又市府秘書室於六月二十二日訂印『市政概況』三千本，欵額達十萬零五千五百四十元，這些數字都是令人驚駭的。」（七月二十九日大華晚報）而爲黃市長做宣傳所擧辦的所謂「市政成果展覽會」，便被「李福春議員指其浪費八萬多元。」（七月三十日聯合報）甚至據楊姚淑蘭議員指責財政局長孫石生：「在不久之前，爲活動某一事情，特到臺中去宴請財政廳的有關官員，歡宴之後，並將大隊人馬邀請至臺中一家夜總會去跳舞聯誼。……這一筆『招待費』是由那裏開銷？孫局長將臺北市民的血汗錢到臺中去慷慨招待，歌天酒地，心中有何感想？」（七月二十五日徵信新聞）其次要說到的，是營私舞弊情形。據黃盧小珠議員指稱：「市府將車管處視爲外府，交辦報銷，安插冗員。」（七月二十四日大華晚報）另據蔡永堃議員說：「市政府所屬單位如家畜市場、水肥會、市民住宅委員會、魚市場的週轉資金，不是職員挪用了，就是被市府官員用以頂房子。」（七月三十一日公論報）又據李福春議員指出：「市府印刷所與家畜市場有勾結之嫌。」（七月二十四日聯合報）另據黃文章議員指責市民住宅興建委員會說：「興建光復路公寓住宅，該會某高級職員運用職權，暗中以他人名義包辦土工、水電、衛生等設備工程，並有偷工減料等情事。」（七月二十五日聯合報）甚至據宋霖康議員指稱：「違章建築和私娼，多與警察人員串通而受包庇。據聞第二分局轄下某一派出所，對寶斗里各戶，每月固定攤派一百元、二百元、三百元不等。」（七月二十三日聯合報）最後要說的，是貪汚違法情形。據陳愷議員指出：「市府官員貪汚風氣盛行，即以最近經報上予以揭發並移法院的，就有工務局黃進益，何智光，財政局財務課長，其他如動物園冒領工薪，魚市場出納挪用公欵，暨圖書館長貪汚案等。」（七月三十日公論報）另據楊姚淑蘭議員指稱：「財政局電化屠宰場沒有詳細計劃而先發包，私下包辦，據說其中有五萬美金的回扣，希望黃市長注意。」（七月三十一日徵信新聞）又據黃文章議員說：「目前仍有部份警察，執行法令處理不公，引起人民反感，甚至有些不良警員（局員），發生包賭、包娼、私宰、違章等不法行爲。」（八月五日徵信新聞）而在七月二十二日的警政質詢中，除掉「宋霖康議員列擧十二欵警察貪汚以及不尊重人權的事例，對潘敦義局長大肆攻訐」外，在當天的「警政詢問中，對於本市警察風紀的廢弛，以致經常侵越人權，妨害人身自由，成爲各議員質詢的衆矢之的。」（七月二十三日公論報）總之，臺北市政治風氣之敗壞，已到空前未有的地步！

以上所說，雖只限於臺北市議員在這次大會中所提到的若干問題，然僅僅由上面所敍述的五大部份實情觀之，便可知臺北市政問題之嚴重，已經到了不容忽視的程度了！

其實，上面所說的問題，雖然千頭萬緒，不知如何改革。可是，一究其實，無論是人事任用部份之雜亂以至任意調用，或財政稅收部份之濫用預算以至稅務行政之破產，或工務建設部份之不照計劃以至取締違章建築之不公平，或民政社會部份之虛有其名以至尅扣災糧，或政治風氣部份之浪費公帑、營私舞弊、貪汚違法，其間共同的主要癥結，都是在今日的臺北市政，沒有切實依法推行。

現在，黃市長剩下的任期，已經不到一年。儘管上面所提到的各項問題，未必全由於黃市長個人所造成，但主持整個臺北市政的黃市長，究不能說不負責任。因此，我們希望黃市長能切實把握時間，循照法制的常軌，根據臺北市近百萬市民的公意，做到「崇法負責」四字。

社論

(三) 談考試與任用

考試與選擧，是健全的民主政治的兩大支柱。如果只有考試而沒有選擧，那就根本不是民主政治；如果只有選擧而沒有考試，則所謂民主政治，也决不會是健全的。前者的實例，可以在中國的歷史上找到。中國歷史上固然有悠久的考試制度，但民主政治在中國的歷史上是沒有的。後者的實例，可以在美國的歷史上找到。美國在一八八三年一月國會通過彭德里頓法案（Pendleton Act）以確立文官制度以前，政黨的分贓制（spoil system）曾把民主政治搞得烏煙瘴氣。可見要建立健全的民主政治，一方面要有公平選擧，一方面要有競爭考試。兩者都是不可缺少的。

我國自民國十八年考試院擧行第一次高等及普通考試以來，已有三十年的歷史了（國民政府以前的不算）。三十年是一個世代。照理，有了一個世代的時間，我們的文官制度應該已經好好地建立起來了；政府官員，除掉政務官以外，也應該早已都是考試及格的人員充任了。一個世代的時間過程，還不足够來一次徹底的新陳代謝嗎？然而事實上，三十年政府任用新人，並不就考試及格的人員中遴選，而考試及格的人員，並沒有取得優先任用的保障。他們要找工作，也和沒有經過考試的人一樣，要奔走鑽營，要求人說項。於是權勢中人的八行，比考試成績要硬得多；個人的人事關係（上焉者爲同學關係，其次爲親戚關係，同鄉關係，最下流的還有些不堪聞問的污七八糟的關係），又比國家的制度硬得多。所以三十年來考試及格的人員一年增多一年，而他們在政府任職的，其比例並不逐年增高。考試自考試，用人自用人。兩者已失掉其應有的關係，同時也是違反了法定的關係。因爲我國憲法第八十五條已規定公務人員非經考試及格者，不得任用。

這一現象，政府遷臺以後，更爲顯著。原因是政府機關的員額縮減（實際上，還是在暗中增加的，如額外人員，臨時性人員等，這些人員的任用，大都是賣面子的。），而退休制度又未實施，新任用的人既不就考試及格的人員中遴選，而考試又年年在不斷地擧行。於是怨聲累積，而問題日形嚴重了。

這個問題的根本，涉及所謂考試權的獨立。從政治理論上講也好，從實際的功效講也好，考試權當然是行政權的一部份。可是，我國憲法拘泥於中山先生五權憲法的遺敎，硬把考試權獨立於行政權之外而組織一個考試院。於是考試自考試用人自用人的毛病，就種因於此。儘管憲法上另有明文規定考試與任用的關係（卽上面引用過的第八十五條），但在實行方面，終因考試權獨立於行政權之外的原故而形具同文，關於這一層，我們在這裏可不詳論。現在只就現行制度下的若干問題談談。

首先我們要特別指出的，考試院所轄的兩個部——考選部與銓敍部，彼此的施政方針決不可互相抵觸，以致破壞考試制度，更進而破壞考選與任用的關係。前年銓敍部主辦的儲備人員登記，是最糊塗、最惡劣的一件事。那次登記，簡直是一次廉價而大規模的賣官鬻爵（連小學都沒有畢業的工友，居然以委任官登記了，此處所謂賣官鬻爵，比前淸的「捐官」要便宜得多♂）也是一次公開而大規模的奬勵作僞，同時也是給考試制度以及考試與任用的關係來一次大破壞。關於這一類的事，竟出之於考試院本身所轄的部，實在是不可思議的怪事！

近年來因爲考試及格的人員大多不能任用，而任用的又大多非考試及格的人員，於是有人就提出「考用合一」和「卽考卽用」的口號來。這種口號，不一定合理。而且在考試院獨立的現制下，「考用合一」和「卽考卽用」也是無法實現的。考試院既已獨立自成一院，它就不能不做事。所以它每年必得擧行各種考試。考試以後的任用，則屬行政部門的事，它不能管。銓敍部雖然能管到任用以後的銓敍，但不能够强制行政機關一定任用考試及格的人員。銓敍部事後不接受非考試及格人員的銓敍，被任用者並不因此而必須去職，只要他的上司肯任用他，他的官就可以做下去，管它什麽銓敍不銓敍。所以現在的問題，主要的是要責備行政部門來解決。卽責備行政部門在任用人員的時候，嚴格遵守公務人員任用法第四條第一項第一款之規定（公務人員之任用資格以左列各欵爲限：一、考試及格者。二、依法銓敍合格者。三、依法升等任用者）。如不遵守這一欵而擅自任用者，卽課以行政處分而不稍寬假。如要做到這一點，第一，公務人員任用法須修改，將其中第四條第一項第二欵删去。因爲銓敍的辦法，是在考試及格人員不够任用時的補救辦法，不可長此延用。如果自十八年實行高普考試以來，卽嚴格地不任用非考試及格的人員，則銓敍這一辦法，早就沒有存在的必要了，現在爲切實保障考試及格的人員得以任用，必將銓敍這個途徑堵塞住。第二，銓敍部方面應該早日把候用人員分類分等編列名册，送各機關備用。監察院對於公務人員任用法第四條第一項第一欵的實施，應負起嚴密監督的責任。這樣，各有關機關密切合作起來，庶可多少補救一點考試權獨立的毛病。

臺灣的地方政治，已實行了縣市長民選。現在，我們想早日促成省長民選，以符地方自治之實。如果文官制度不能早日確立，公務人員的任用不能以考試及格者爲限的話，則選擧的範圍愈推廣，用人方面一定愈糟，健全的民主政治也就愈難達到了。此所以我們要提出這個問題，籲請大家考慮，以期把人事行政納入正軌，而促成健全的民主政治早日實現。

杜威在中國

胡適
夏道平譯

這是胡適先生本年七月十六日晚上在夏威夷大學的公開講演。原題是 John Dewey in China，另一個講演，題目是「中國思想史裏的科學與精神方法」。這兩篇講演稿都是用英文寫的。第二篇稿子，因爲引用中國古書太多，一時無法遍尋原文，未便譯出。

這篇譯稿，未經胡先生親自校正。如有不甚妥當的地方，譯者得向胡先生及讀者道歉。——譯者

杜威，是在一八五九年十月二十日出生的，一九五二年去世，活了九十三歲。今年十月，自由世界將有許多地方要爲他舉行誕辰百年祭。

四十年以前，也卽一九一九年的年初，杜威教授和他的夫人阿麗絲女士(Alice C. Dewey)離開美國到遠東來旅行。那次旅行，本來只是爲的消遣，可是在他們離開舊金山以前，東京帝國大學就有電報給杜威，請他作一序列的講演，他答應了。以後，他又接受了日本其他學術教育機關的邀請，講演過好多次。

當他在日本的時候，中國有五個教育團體聯名請他。請他到北京、南京、上海和其他幾個城市來講演，他也接受了。他們夫婦是在一九一九年五月一日到上海的。那一天，正是五月四日北京的學生運動爆發的前三天。那次學生運動，就是後來大家所常說的「五四運動。」

杜威夫婦，原來打算過了夏天就回美國的。後來，他們變更了計劃，決定在中國留一整年。這是由於那次學生運動大大地引起了他們的興趣，他們要看一個究竟。哥侖比亞大學准了杜威教授一年的假，以後，假期又延長到兩年。所以他在中國的時間，總共是兩年又兩個月，就是從一九一九年五月到一九二一年七月。

杜威夫婦，對於那次學生運動感到濃厚的興趣。關於這一點，杜威小姐(Miss Evelyn Dewey) 在杜威夫婦信札集 ("Letters from China and Japan," Jan. 1920) 的序文上曾經提到。她是這樣寫的：「爲爭取統一、獨立和民主而發動的熱烈奮鬪，正在中國展開；這一奮鬪，迷住了他們，使他們改變回國的計劃。原來的計劃，是預定一九一九年夏天就要回國的。」所以，爲說明杜威在中國的時代背景，就得把五四運動和它波及全國的影響，講個大概。

第一次世界大戰結束後不到幾個月，巴黎和會在討論和約的最後部分的若干條欵。這個時候，中國人的希望，是想在和會裏面，靠威爾遜的十四點理想(這些理想，到現在還是全世界所嚮往的)把若干不平等的國際待遇糾正過來。

但是，到了一九一九年的五月初，中國得到了確實報告，說是威爾遜總統對於中國所提出的山東問題的要求，已經無能爲力了。中國所要求的，是收回德國在山東的租界及一切經濟利益，可是和會已經決定把山東問題讓日本與中國直接談判。這樣一來，中國代表團沒有辦法，中國政府沒有辦法；中國人民失望、灰心，但是也沒有辦法。

五月四日是個星期天。北京所有的大專學校和中等學校的學生召開了一個大會，抗議巴黎和會的決議，並請政府訓令在巴黎的中國代表團拒絕這個決議。這件事完全是青年們愛國心的自動爆發。可是共產黨徒偏要說五四運動是無產階級世界革命的一部分，而且是由中共策動和領導的。這全然是個謊言。事實上，一九一九年的時候中國還沒有一個共產黨徒。學生大會，經過一番激昂的講演，通過了一些決議案以後，接着就是示威遊行。當時因親日政策而聲名狼藉的外交部長，他的住宅被示威的羣衆衝進去，在座的駐日公使被毆打。在這個混亂當中，有人放火把房子燒了起來，這把火，或許是爲的要嚇走示威的羣衆而放起來的。後來，學生們在返回學校的途中，有很多人被捕了。

這就是四十年前五月四日所發生的事件。

北京學生運動的消息傳了出來，各地的學生和其他各界的人，馬上響應，形成了一個全國的運動。這個時候，杜威夫婦還在上海。

六月初是學生運動最高潮的時期。杜威夫婦到了北京，親眼看到成千成百的學生在街頭講演，宣傳抵制日貨，挽回權利。六月五日杜威夫婦寫給他家中女兒們的信裏說：「此刻是星期四的早晨，昨天晚上我們聽說，大約有一千左右的學生在前天被捕了。北京大學已做了臨時『監獄』，法學院的房子已關滿了人，現在又開始關進理學院的房子。」

同一天的夜晚，他們又給女兒們報告一個最驚人的消息：「今天傍晚的時候，我們從電話裏知道，把守北京大學周圍的那些兵士，都折走了；他們住的帳蓬也都折掉了。接着，在那裏面的學生們開了一個會，決議要質問政府能不能保證他們的言論自由。如果政府不能保證言論自由，他們就不離開那裏。因爲他們是打算還要講話的，免得再度被捕又關進來。這些學生不肯離開這個『監獄』，倒給政府很大的爲難。」

據後來杜威夫婦的解釋，政府這樣丟臉地屈服，是由於上海的商人爲抗議

成千的學生被捕，在前天罷市了。他們在信中說：「這是一個奇怪的國家。所謂『民國』，只是一個笑話。可是，在某些地方，又比我們更民主些。這裏有完全的社會平等，但婦女除外。議會，十足地是個虛幌的滑稽劇，但自動自發的輿論，像現在這樣，却有異常的影響力。」

六月十六日杜威夫婦寫回家的信，說是三個親日的高級官員已經辭職，學生罷課已經終止了。

七月二日，他們的家信上寫着：「這裏的政治氣氛又緊張了。據說中國代表團沒有在和約上簽字。」兩天以後，他們又這樣寫：「中國不簽和約，這件事所含的意義是什麼，你們是不會想像得到的。政府的全體官員贊成簽約；一直到十天以前，總統還說簽約是必要的。不簽約這件事是輿論的勝利，而且是一些青年男女學生們所掀起的輿論。」

我引用杜威夫婦那些家信裏面的話，是想讓大家知道他們到北京以後的初期觀感。不知道是什麼原因，這個「奇怪的國家」對於他們具有一種奇怪的魅力。他們決定在中國多留些時，起先是預備一年，最後是兩年又兩個月。中國二十二省，他們到過十一省——華北四省，華中五省，華南兩省。

關於歡迎杜威講演所做的準備工作，這裏也得簡單地提一提。在他來到中國的前一個月，主持這件事的團體要求我把實驗主義的發展作一個有體系的公開介紹。我接受這個要求，在北京作過四次講演。我從皮爾士（Charles S. Peirce）和詹姆士（William James）講起，特別着重在杜威。此外，對於杜威教育哲學的介紹，也有一序列的文章在上海發表，主編人是蔣夢麟博士。他是杜威在哥侖比亞大學師範學院的學生之一。

杜威的講演，都經他的學生們當場翻譯成中國話。他在北平和山東、山西兩省的演講，都是我給他翻譯的。他在北京的幾種長期講演，我們也挑選了幾位很好的記錄員，把全篇講詞記錄下來，送給日報和雜誌上發表。這個著名的「杜威五種長期講演錄」總共有五十八篇，經各報刊全文登載。後來印成單行本，大量發行，在一九二一年杜威離開中國以前，已經出版到第十版了。以後三十年，也不斷地再版再版，直到共產黨把它禁掉爲止。

這五種講演的題目，可以使我們看出杜威所講的是些什麼：

一　近代教育的趨勢三講。

二　社會哲學與政治哲學十六講。

三　教育哲學十六講。

四　倫理學十五講。

五　思想的派別八講。

除此以外，他在北京的講演，還另有兩種：

六　美國民主政治的發展三講。

七　現代的三位哲學家三講。（三位哲學家是詹姆士 William James，柏格森 Henri Bergson 和羅素 Bertrand Russell。這三次講演，是因爲一九二〇年羅素也要到中國來講學，所以特地請杜威預先給羅素作點介紹。）

他在南京的講演，包括三種：

一　教育哲學十講。

二　哲學史十講。

三　實驗的論理學三講。

杜威博士，對於每次講演，總是預先用他自身携帶的打字機把大綱打好，交一份給翻譯的人，讓他能夠事先想好一些適當的中國詞句，以便到時翻譯。在北京講演的時候，那些講演大綱，總在每次講完以後，又交給那些作紀錄的人。讓他們校對一番，再拿去發表。最近我曾經把這些中文翻譯的講演詞再讀一遍，時間已過了四十年，我對於這位偉大的思想家、教育家，還有一種親切之感，我還能夠回憶到他在課堂內或者在很多聽衆的面前那種字斟句酌的神態。

在各城市作了一年的公開講演以後，杜威博士又答應了朋友們的請求，在中國再留下一年。這一年主要地是作北京大學的客座教授，向高級班的學生直接用英語講學，不用翻譯。其餘的時間就在北京和南京的高等師範講演。那時候，杜威的學生們在北京、南京、蘇州和上海這些地方，創辦了幾個「實驗學校」，其中有的就叫做「杜威學校」，像南京高等師範所附設的那所實驗學校就是的。杜威對這些新辦的「實驗學校」，很感興趣。

杜威夫婦，一九二一年離開中國。一九二二年十月，全國教育會在濟南開會，對於國民學校的制度與課程經過一番嚴密的討論以後，加以澈底的修正。一九二二年新學制第四條規定：「兒童是教育的中心。兒童個性的發展，在創立學制時，應予以特別注意。嗣後，中等和高等學校，必須實行選科制。所有的小學，編級與昇級必須實行彈性制。」一九二三年的新小學課程和一九二九年的修正課程，也都是着重於「兒童是學校中心」這個觀點。從這些地方，我們很容易看出杜威的教育哲學對於中國教育的影響。

杜威在四十年前，一九一九年五月到中國。四十來他給中國的影響，我們能夠作個大概的估計嗎？

這種估計是不容易作的。因爲這個四十年，多半是大動亂時期，內戰、革命、對外戰爭，——包括若干年的國民革命，八年的對日抗戰與第二次世界大戰，多年的剿共與大陸淪陷於共黨。在這種大混亂中，許多人流離顛沛，許多人家敗人亡，大家都是受苦受難而普遍地不安。在這種情形下，要想估計任何一個思想家或任何思想派別對於人們的影響，實在是太難了。

可是，在現在的情況下，共黨政權倒給了我們一種想不到的幫助，使得我們能够估計估計杜威對於中國的影響。這就是因爲他們對於杜威的實驗主義，對於杜威的信徒們，發動了一個普及全國的攻擊與清算。這種大規模的清算，早在一九五〇年就開始。不過在那個時候，只是發表幾篇溫和的文章，批評杜威的教育理論而已。那些文章都是授意寫成的。文章裏面引用了好幾位美國人批評杜威的話，來支持他們的論點，像孔德爾(Kandel)、波得(Bode)、魯格(Rugg)和胡克 (Sidney Hook) 的話，都被引用過。可是到了一九五四、一九五五年間，這種清算運動，開始激烈起來。這時，共黨政權有計劃地策動各方面一致地來對付胡適思想，清算胡適思想的毒素。清算的範圍，包括哲學、歷史、哲學史、政治思想、文學、中國文學史等方面。僅僅在一九五四、一九五五這兩年當中，就發表了三百萬字的文章，清算「胡適幽靈」，驅逐「胡適幽靈」。而且每一篇攻擊我的文章，幾乎必然地要罵到杜威，罵他是毒素的根源。

在這許許多多清算胡適思想的文獻當中，有些文章坦白地承認了杜威的「邪惡」影響，承認了杜威哲學和方法的影響，承認了這個「腐臭的」中國杜威——胡適應用這種哲學與方法所引起的影響，也承認了那些「盲從附和的」信徒們的影響。在共黨控制的區域裏，對這種「毒素」的影響竟這麼重視，憑着這一點，我們對於杜威給中國的影響，不就可以得到一個頗爲可靠的估計嗎？

關于這一類的文獻，我只引一點在這裏：

一、一九五〇年十月一日出版的「人民教育」登載了曹孚「杜威批判引論」一文，那上面講：「假使我們要批判舊教育思想，我們首先應該批判杜威。……杜威的教育思想支配了中國教育界三十年。他的社會哲學和一般哲學，在一部分中國人中間，也有一定的影響。」

二、杜威派的大教育家之一陳鶴琴，他對於上海學校的現代化曾負過責任。一九五五年二月他在江蘇省第一屆人民代表會議上被迫作公開認罪。認罪的「坦白書」全文登載在一九五五年二月二十八日的文匯報。其中有這樣一段：「杜威的實用主義教育思想毒素是怎樣散佈在中國的？主要地是通過杜威自己來華講學，宣揚他的實用主義哲學和反動的教育思想；通過杜威當年的一個反動思想大本營——哥倫比亞大學，中國學生留學在那裏的經常有三百人之多，從辛亥革命起一直到解放以前，這三十多年來，上萬的中國留學生帶回來杜威反動實用主義主觀唯心論思想和杜威反動實用主義教育思想。其中最顯著的，當然要算杜威在中國的幫兇胡適了。）

「作爲一個教育工作者，作爲一個曾經中過杜威實用主義反動教育思想毒素很深的一個中國留學生，作爲一個曾經替杜威在中國傳播過實用主義教育思想影響的傳聲筒的我，要在這裏向這個教育史上的教育界大騙子，杜威，進行嚴厲的控訴。」

三、王若水「清除胡適的反動哲學遺毒」上說：「古典文學研究的領域，：這個陣地，三十多年來基本上一直被資產階級唯心論(也卽實驗主義)的代表胡適派佔據着。儘管解放後學術界已經承認了馬克思主義的領導地位，古典文學研究領域中的胡適派影響，却依然沒有受到應有的清算。」(見一九五四年十二月五日人民日報——中國共產黨及其政府的機關報)

四、孫定國「批判胡適哲學思想的反動實質」上說：「……可是，腐鼠散佈了瘟疫。胡適的實驗主義哲學思想的毒害，不僅是滲透到古典文學的研究領域中，而且也遠滲透到歷史學、教育學、語言學、甚至自然科學領域中；顯然，在哲學方面影響更大。」(見一九五四年十一月十五日北京光明日報)

杜威，他的門徒，以及他的中國朋友們留下來的影響究有多大，上面所引的那些話已足够給我們一個概念了。照他們講，杜威和其門徒們的實驗哲學和方法，已經支配了我國教育三十年，曾經滲透到中國文學、語言、歷史、哲學、乃至自然科學等方面。

在杜威的實驗主義當中，究竟有些什麼使得共黨政權這樣恐懼，以致要用三百萬字的寫作來攻擊清算呢？

當我把這一大堆的文字仔細一看的時候，我不得不笑他們那種驚慌憤怒的神態。我看出那些赤色的主子和奴隸們所最怕的、所想消滅的，只是杜威的「思想的哲學理論」(a philosophical theory of thinking)。這種思想的哲學理論，杜威在他的論理學中講到，尤其是他那本「我們怎樣思想」(How We Think) 更使這種理論出了名。依照這種理論，思想並不是一種消極性的活動，不是從一些沒有問題的絕對眞理去作推論，而是一個有效的工具與方法，用以解決疑難，用以克服我們日常生活中所遇到的一切困難的。杜威說，思想總是起於一種疑惑與困難的情境；接着就是研究事實的眞相，並提出種種可能的假定以解決起初的疑難；最後，用種種方法，證明或證實那一種假定能够圓滿地解決或應付原先激起我們思想的那個疑難問題或疑難的情境。這就是杜威的思想論。過去四十年我曾經努力使它普遍化。我指出，這種思想論是對於科學方法的一個適當分析，同時也是對於中國考據法的一個適當分析。考據法是最近三百年當中，中國的經學大師使用得很成功的方法。由此可以知道，科學方法的精神就在於大膽的假設，小心的求證。

從這個思想的概念，很自然地會產生兩個明顯的系論來。第一、人和社會的進步，靠的是積極地運用智慧以解決一些眞實而具體的問題。杜威說：「進步總是零零碎碎的。它只能零買，不能批發。」這種觀念，是共產黨徒所不容的，共產黨徒所相信的，是全面的翻天覆地的大革命。他們以爲，這種革命可以在一夜之間帶來全面的進步。

第二個系論，同樣地也是共產黨徒所不容的。那就是說，在合理的思想過程中，所有的理論，所有的學說，統統不能看作是絕對的眞理，只能看作是有待考驗的假設，有待於在實用中加以考驗的假定；只能看作是幫助人類知識的工具和材料，不能看作是不成問題，不容考慮的教條，因而窒息了人類的思想。杜威在北京講演「道德教育」的時候說：「要經常培養開潤的胸襟。要經常培養知識上誠實的習慣。而且要經常學習向自己的思想負責任。」這些話足够嚇得共產黨徒神經錯亂，也足够激起他們對杜威、對實驗主義、對胡適的幽靈來一次好幾年的痛擊和漫罵。

說起來是很有趣的：共產黨對杜威、實驗主義、和胡適幽靈的痛擊與漫罵，是從一九五四年對一本小說名著的討論而開始的。這本小說是十八世紀的名著，書名叫做「紅樓夢」。爲什麼這樣開始呢？因爲四十年前，我用了科學的研究法研究紅樓夢的作者，作者的身世和家庭背景，以及這本小說原文方面的若干問題。後來幾年，有許多從未發現的材料被我發現，所有這些材料更加證實了我以前所求得的結論。這是我自覺地把杜威的思想論和思想方法應用在一本名著的考證上。同樣的方法，我也應用在其他幾本小說的考證上，也應用在中國思想史，宗教史的許多難題的研究上，其中包括佛教禪宗的歷史。

我對於紅樓夢考證，就是用實例來闡明杜威的思想論，並且使它大衆化。就這方面講，紅樓夢這部偉大的小說，是最好的材料。約在三十年以前（一九三〇年十二月），因爲出版家的要求，我編了一本「胡適文選」，其中選進了三篇關於紅樓夢考證的文章。「文選」的序文是想寫給青年讀者看的。在那裏，有些話是就紅樓夢考證這方面講的：

「少年的朋友們，莫把這些小說考證看作我教你們讀小說的文字。這些都只是思想學問的方法的一些例子。在這些文字裏，我要讀者學得一點科學精神、一點科學態度、一點科學方法。科學精神在於尋求事實、尋求眞理。科學態度在於撇開成見，擱起感情，只認得事實，只跟着證據走。科學方法只是『大膽的假設，小心的求證』十個字。沒有證據，只可懸而不斷；證據不够，只可假設，不可武斷；必須等到證實之後，方才奉爲定論。

「從前禪宗和尚曾說：『菩薩達摩東來，只要尋一個不受人惑的人。』我這裏千言萬語，也只是要敎人一個不受人惑的方法。被孔丘朱熹牽着鼻子走，固然不算高明；被馬克斯、列寧、斯大林牽着鼻子走，也算不得好漢。我自己決不想牽着誰的鼻子走。我只希望盡我微薄的能力，敎我的少年朋友們學一種防身的本領，努力做一個不受惑的人。」

以上這些話，是由於我對青年抱着無限的愛、無限的希望而寫出來的。因爲這些話，我召來了好幾年的攻擊和數百萬字的漫罵，這些攻擊和漫罵不僅是以我爲目標，而且也牽累到我所敬愛的師友杜威先生也遭受攻擊和漫罵。但是，各位女士和先生們，這些漫罵的文字，也同時使我感覺到愉快和興奮，因爲我覺得杜威在中國化掉的兩年又兩個月的時間，並不是完全白化的。我個人四十年來的一點努力，也不是完全白費的。杜威和他的學生畢竟留下了大量的「毒素」，這種「毒素」對於馬列主義的奴化瘟疫，還會發生抗毒和防腐的作用。

法治是什麼？

李聲庭

法治是什麼？一般的說是拿法律去治理，或者說處處以法律爲根據去統治人民。也可以說是對人治而言。專制或獨裁的國家人治的成份多，這意思是說由少數人或一人決定一切。法律不過是少數人或一人的工具。少數人或一人既可制定法律，也可否決法律，更可變更法律，廢止法律。「人存政擧，人亡政息」，便是所謂人治而非法治。法治是指有一套制度，一切的行爲按制度而行，公平合理，既無偏私，又無仇怨的分別。法治兩個字在英文爲 rule of law，彼此的意義不相上下。但有些人不察，把 rule of law 譯成中文時叫它「法律主治」。什麼叫法律「主」治呢？既然法律只「主」治，那末可見還有「副」治或「從」治？那末什麼是「副」治或「從」治呢？這樣一來反不如法治兩字的簡明而不生歧義。除非能證明中國文字法治兩字不足以說明 rule of law，否則多加一些字上去是不必要的。

說明法治是什麼，可以拿美國麻薩朱色 (Massachusetts) 州一七八〇年的憲法來看。麻州憲法把立法、行政、司法三權分開由三個不同的部門分別行使，然後來一個結論說：這樣的結果，我們的政府便是一個法治的政府而不是一個人治的政府。這意思是說：無論政府的那一部門——立法行政司法都只能在它由憲法所賦予的職權範圍內作事，而人民的自由與權利便不至受任何一個人的專斷行爲所侵犯。說得再明白一點，所謂法治便是根據人民所訂立的契約——憲法來治理。沒有那一個人能攬權，也沒有那一個人能越權。三權分立就猶之乎等邊三角形一樣，每一內角都等于六十度，沒有一角比另一角大，也沒有一角比另一角小。彼此成了平衡的狀態。但是如果有一部門想要破壞平衡，企圖攬權或越權時司法機關便出來加以解釋。解釋憲法便是所謂 check。因爲憲法是法，必須由有法學素養與訓練的人來解釋才不至於走樣。因此我們拿美國作例來說：美國司法機關在美國政府中的地位使得美國憲法經解釋的結果成了全國的眞正的至高無上的法。而且只有把司法從其他部門分開才能使得司法本身確實獨立，這也是英美制度中的一大特點。就因爲司法是獨立的，于是所謂法治才有其實質上的意義；同時也是英美國家憲法所具備的最重要的根本上的性質。

根據 A. V. Dicey 在一八八五年對法治 (rule of law) 所下的定義：一個人除非明顯的觸犯了經正常合法方式(legal manner)所制定的法律而又經普通法院審判之後，不得受身體上、財產上的損害。由于這一觀念的建立，法治便與基于以官吏有廣大的專斷的自由裁量權的政府相對稱。批評的人認爲這種十九世紀的看法與最近三四十年來英美兩國的實際情形不符。尤其是美國于一九三三年以後設立了許多行政機關。這些機關都賦予有初步決定權。但是我們應注意：這種決定只有管制力而無決定力，因爲法治所要求的是對于行政機關的決定司法機關有最後審核之權。這種司法審核行政機關的行爲名 judicial review，又名司法控制 (jucontrol Control)。其實這種司法控制不僅適用于行政機關的行爲，而且適用于立法機關的行爲。行政機關的行爲如無法律上的根據時，司法機關認爲越權。立法機關的行爲如無憲法上的根據時，司法機關認爲違憲。司法能控制行政機關或立法機關的行爲時便是眞正的法治。卽由司法機關解釋行政機關或立法機關的行爲是否合法的意思。

法治還有一項重要的意義，便是不贊同國家的雙重人格 (dual state)，有些國家所表現的正是這種雙重人格。在這種具有雙重人格的國家之內，法律的功用只在私人之間發生效果；至于牽涉到政治問題時便以專斷的手段去對付。行政機關的主官運用無限制的自由裁量特權 (discretionary prerogatives) 決定一切。因此在這種國家內一方面有一套法律，另一方面有一套勢力。這兩樣東西同時並行。Berman 在他所著的蘇俄的司法 (Justice in Russia) 一書中便說：在某些地方法律是打不進去的。譬如一個人如果不爲現行機構所不喜歡，便可令秘密警察加以逮捕、拘禁而不必用拘票也不必用押票。不使其與外界見面，或秘密審判處以苦刑。旣無所謂辯護權，也無所謂上訴。對外還洋洋得意的宣稱：這是法治。爲什麼我們拿法律治他呢？因爲我們不喜歡他的緣故。這個人不必眞犯罪，也不必提出犯罪的證據。只要指使一人去告發或根據特務人員的情報便可入人于罪。並且于普通法院之外設立特別法庭以治那些不爲我們所喜歡的人，這是蘇維埃式的法治。

英國的耶林司爵士 (Sir Ivon Jennings) 也批評過戴雪。他說：戴雪所指的英國是一個法治的國家，而且只受法治。歷代英王的行爲都是由法律來的，如果這樣是對的話，最專橫的國家也有法律的。路易十四、拿破崙第一、希特拉及墨索里尼都會拿法治人民，而且有時候領袖可以做他所喜歡的事 "The Leader may do and order what he pleases" (墨索里尼語)。但是英國人的法治則不同。英國人法的觀念是超乎國家的。卽法只能由普通法院行使，而且由憲法以明文規定。美國聯邦最高法院曾經說過：我們一定得承認在一個自由的政府之內有一些權利是國家所不能控制的。如果一個政府不承認這些權利，經常使人民的生命、自由、財產受絕對威權與無限制的管制；卽使這些權力是以最民主的方式所賦予的也不過是專制而已。充其量不過是人數多的專制，甚至可說是大多數人的專制，然而其爲專制則一。

按英美法的觀念，所謂憲法卽不外乎法治。卽政治的行爲只有在不違背憲法所規定的項目以及依憲法授權所制定的法律範圍內才有效。換一句話說，政府的行爲只有在合法時才有效；而所謂合法不是由官吏解釋法律便認爲合法。解釋法律只能由法院依憲法所賦予的職權行之。行政官吏只能執行法律，無權解釋法律。因此內政部或教育部而解釋法律便侵越了司法權，破壞了分權制度的理論。三權分立理論固然如此，五權分立亦復如此。Duguit 在他的 Traite de droit constitutionnel 中便說過：這種原則 (卽上面所述的英美法理) 主要的在保護個人。因此不致于，不可能，也不應該有任何例外。一個國家不承認這一點，或雖承認而有所保留，或創出例外的話，那末都不是眞正的法治。

美國人認爲如果憲法所保證的一切不能由法院予以保護的話，一個國家的憲法只不過是一張紙所作成的文書而已。祇有經過司法的解釋才能使憲法上的權利具有眞實的意義。因爲權利而無救濟方法去實行時完全無實質上的內容。

可是美國的總統中也有想衝出這道藩籬提高行政權的。林肯曾嘗試過，最後卻給最高法院所阻止了。林肯攬權與越權的事，美國聯邦最高法院一連三個案子判決他的行爲違憲。這時美國幾乎走上了專制與獨裁的道路，這一道逆流算是于一百年前給司法機關堵住了，這便是美國式的司法控制的可貴處。不料四十年之後美國第二十六任總統老羅斯福 (Theodore Roosevelt 1901～1908) 又發表一種論調，卽我們所知道的絕對特權論 (absolute prerogative)。他的理論是：行政權的含義是使得總統認爲凡屬于行政性質的權歸總統行使，雖然憲法上並未列舉。因此他以爲行政權除受憲法上的明文限制與國會根據憲法上的授權所加的限制外，總統于國家需要之時可以行使其行政權而不須有法律上的根據。這種理論卽近乎無限制的特權 (unlimited prerogative) 或絕對的特權論 (absolute prerogative)。但我們應當知道，這種理論正是三百年前英國的國王所堅持的，也就是查理第一所以送掉性命與詹姆士二世所丟掉王位的原因。遠在三百年前英國發生過一個叫 Ship Money Case 案子，在這案中國王的律師卽强調國王在國家緊急 (national emergency) 時爲了共同防禦 (common defense) 而具有固有的權力 (inherent power)。因爲目前整個帝國在危險中，從海上與陸地來的毀壞與破滅，屈辱與壓迫；而且這種危險是卽刻的、迫切的、卽將到來的。在這種情形之下國王應不應向巴律門求助呢？不要。危險已經臨頭了，不容許我們遲延。這個案子的結果是法院接受了國王的這一套理論。因之老羅斯福也想東施效顰，但他忘記了時間已過了三百年，地域又在新大陸。好在他也只發發議論，事實上還沒有言行一致，所以在他八年的總統任期內，聯邦最高法院沒有機會直接對他加以阻止。

又過了四十年，美國第三十三任總統杜魯門不懂理論專尙實際。于一九五道二年鋼鐵業宣佈罷工之前命令商業部長接管鋼鐵業，老杜自己說不出什麼大理來，可是他的法律顧問檢察次長却大大的發揮了三百年前英王的宏論。他說：總統有權採取這種行動以應付緊急狀態。因此緊急愈大這種權力便無限制。同時誰決定這緊急的範圍呢？這位檢察次長說：總統決定這緊急的情形。法院便問他：以人民為主權主體而制定憲法，在憲法上列舉各部門的權力，限制國會的立法權，又限制司法機關的審判權，但不限制總統的行政權，是不是？法院認為美國憲法第二章既無單獨條文亦無累積 (aggregate) 條文（所謂累積條文是指綜合幾個條文來看）明示或默示的賦予總統以剩餘權或固有權 residunn of power or inherent power，作者註：美國憲法第二章列舉總統的權力，以便他于必要時認為緊急情形一存在便可為了公衆的利益而採取行動，甚至接管工廠。法院接着便駁斥檢察次長的一些雄辯。法院說：軍事統帥權的意義只能統率海陸空軍，並不統率工業與人民，因為並無所謂國家統帥這一名詞。同時軍事權也不能干涉人民的正常生活。總統的軍事統帥權並非絕對的而是委任的，並且只能在軍事範圍內行使。一方面受憲法的限制，他方面受人民代表的國會的政策決定權的限制。至于執行法律，總統應注意法律眞實的執行，總統執行法律的權並不是獨立的而是委任的。因此憲法或法律無委任時，總統執行法律的權是有限的。因為總統本人是法律執行者而非法律制定者，故如在某種情形無法律存在時他便不能執行。

事實上，美國一九四七年的勞資關係法 (Labor-Management Relations Act) 于制定時便否決了總統有接管工廠的權。因為這法只授權總統于發生全國性的罷工，足以危害國家的安全與健康時可以請求法院出禁令停止罷工八十天。八十天過而不能恢復正常時，總統只能向國會報告並提出建議。因此法院認為即使總統有所謂普通法上的特權 (prerogative power)，然而制定法已經加以否認；而總統又不依國會制定法的程序行事，反去歷史上尋找所謂「特權」作護身符，則其無法理上的根據毫無疑義。這一點英國在一九二〇年也有一個判例：法院認為行政當局不能在特權與制定法中選擇一項去行動，既有制定法的程序可循，便不能再以特權為口實。國會已經制定法律（即一九四七年的勞資關係法），其目的即在對付緊急狀態之下的情勢。杜魯門捨此不從而另以行政命令接管私人財產，其行為違憲而又違法自無可疑。杜魯門企圖避免法律的規定而想繞道以行政命令創設「法律」，便侵犯了國會的立法權。因為憲法明示總統不是立法者，他只能執行法律；同時也不能解釋法律，因為解釋法律是法院的職權。美國政府是一個分權的政府，立法、行政、司法各部門各有所職掌，彼此不能越雷池一步。一個部門越權便不免侵犯了其他部門的職權，也就破壞了分權制度。這種制度有時候雖不足以應付緊急事故，免不了有遲緩之苦。但是分權理論適用的目的並不在增加效率，而在防止專斷的濫用權力，使人民不受專制與獨裁的痛苦。這便是法治的眞實意義，也就合乎所謂「這是一個法治的政府而不是人治的政府」的格言。同時總統雖然是海陸空軍統帥，但這三軍是由國會所設立與供養，僅委任總統去指揮，而非屬于他所有。而且總統也只能是三軍的統帥，而非私人工廠的統率。怎麼可以拿三軍統帥的名義去接管私人工廠呢？法院又提到德國的威瑪憲法。法院說：威瑪憲法仿英美的優良傳統保障人民的各種自由權利。然而却授權總統于公共安全受到嚴重威脅時得不經國會同意暫時停止任何或全部個人的自由權利。根據統計，在威瑪憲法短短的十三年壽命中，暫時停止人民權利的事情發生了二百五十次之多。最後與登堡總統信了希特拉的宣佈停止人民的一切自由權利，威瑪憲法也就從此壽終正寢，希特拉從此便橫行無忌。

一般人又喜歡提出所謂「非常時期」與「緊急」兩個名辭來，以為「緊急狀態」一存在便可便宜行事，只顧一時方便，破壞法統也是對的。美國最高法院首席大法官休士 (Hughes)于 Home Building & Loan Assoc. v. Blaisdell 290 U. S. 398, 425-426 (1934) 一案中說：「緊急並不創設權力。緊急也不擴大委任權，也不減除對委任權所加的限制。憲法恰好制定于緊急時期，當時賦予政府以委任權便是鑒於緊急存在的緣故；因此便不能又說緊急存在而變更委任權。」Hughes 繼續說：「緊急雖不能創設權力，但緊急狀態存在却供給一種情況適于權力的行使。憲法上所要解決的問題，在是否已有的權力包括在特別情形之下特別行使權力以應付這緊急狀態。因此政府的戰爭權並不是由于戰爭的緊急而創設的，而是一種委任權以便應付緊急的。這種權力正在嬴得戰爭可以在准許的情形之下限制人民的一些活動。但是，最要注意的是：戰爭權並不能除去憲法上保障人民基本自由所加於政府的各種限制。」學過政治或法律的人，至少應當知道「創設權力」與「權力行使」兩個名辭的涵義大不相同，絕不能混為一談。全能國家（即獨裁國家）與民主國家的基本區別也以此為準，因為兩者都可能是法治國家，民主國家必定是法治國家，而法治國家則不一定是民主國家。所以「民主」與「法治」是離不開的。單是法治，可能是一個在拿法來治，可能是少數人拿法來治，也可能是多數人拿法來治。如果法治而離開民主，法治便是獨裁與專制最好的統治工具。全能國家與民主國家不同的地方在：一個以「緊急來」創設權力，凡遇一次緊急便增大一些權力，其結果便是無事不可為。另一個只因「緊急」而行使權力；而且權力的行使仍受憲法上委任權的限制。

法治的另一重要意義是軍事機關的行為一方面受行政機關的監督，他方面也受司法機關的審核。如果兩件事混為一談時，獨裁專制與民主法治又有什麼分別呢？美國人認為從內戰時候開始行政當局想濫用職權時總是拿軍事機關作擋箭牌。事實上軍事機關有槍砲在手，他要胡作胡為誰也無可奈何他，野心家便利用這一點來弄權。極權國家，共產獨裁國家軍人非常跋扈，便是因為獨裁者要仰仗他們的保護或者借他們作工具壓迫人民的緣故。所以，美國聯邦最高法院在一百年前，便堅持司法機關有審核軍事當局行為的權。而美國自立國至今一百八十年，沒有軍人干政與軍人跋扈的局面出現，這也是美國人法治觀念的另一重要表現。上次大戰結束後，非律賓軍事當局便以日本在非律賓羣島的軍事統帥山下奉文縱容其部下奸淫殘殺而加以軍事審判並判處死刑。山下向美國聯邦最高法院申請人身保護狀。美國聯邦最高法院雖然不准發山下奉文以人身保護狀，但却全體一致認爲有權審核軍事法庭的審判是否合法。軍事法庭審判敵國戰犯時，其管轄權的有無應受美國普通法院的審核。同時軍事法庭的審判程序及證據規則，也應受美國憲法修正案第五條法定程序條欵的限制。

同年（一九四六年）之內美國聯邦最高法院判決另一案子時也持同樣的見解。珍珠港事變發生後，夏威夷總督卽刻宣佈戒嚴法，並停止人身保護狀特權(Writ of habeas corpus)以軍事審判代替司法審判。這種行爲是根據一九〇〇年經美國國會通過的夏威夷組織法而來的。其中有一條規定：美國的憲法條欵也同時在夏威夷有效。Duncan 及另一無軍人身份的人，爲夏威夷軍事法庭所審判。原告等卽向夏威夷地方法院申請人身保護狀（我國稱提審，現亦有所謂提審法）。軍事當局認爲人身保護狀已經合法的停止，因此認爲地方法院無管轄權（林肯時代的舊調重彈），而地方法院則認爲普通法院沒有關門的地方，軍事法庭不能審判非軍人。軍事法庭審判無軍人身份的原告是非法的，於是發出了人身保護狀。美國聯邦最高法院援一八六六年宣佈林肯當時停止人身保護狀特權的行爲違憲，Ex parte Milligan 一判例以六對二的多數維持夏威夷地方法院的判決。

這件案子有兩點值得注意。第一，Duncan 無軍人身份但爲海軍所雇用，卽爲海軍雇員。這在某些地方便會牽强解釋 Duncan 爲軍職人員或視同軍屬。第二，Duncan 所犯的罪是與兩個海軍陸戰隊哨兵互毆，這一點在某些地方更無疑的會硬把他拿到軍事法庭去審判。可是最高法院解釋軍人身份則從嚴並從極狹隘的範圍去解釋，認爲凡非眞有正式軍職的人便無軍人身份。同時認戒嚴法的目的並不在代替普通法院的審判，它不過是對政府的一種協助以維持全島的防衞而已。如果由軍事當局代替一切，便成了軍事統治，便不是我們所了解的法治。這案子又一次表現了美國的法治精神，同時說明一項很重要的原則：卽民主自由國家的人民只受一種法律的統治，而軍事當局的行爲應受司法機關的審核。

前行政法院院長張知本于「行憲與司法制度」一文中（見政論周刊第八十六期）認爲「軍事犯爲刑事審判亦司法職權之一種，不應獨立于司法範圍之外……國防部爲軍事行政機關，卽不宜永久設置軍法局，應改爲軍事庭，直隸于最高法院，以維護司法獨立精神……凡各軍法官所判案件均送最高法院覆核(另設軍事法庭專辦)始得執行」的理論，作者完全同意。否則以今日的情形而言，人民的自由（尤其人身自由）與權利（尤其生存權）得不到憲法上充分的保障，就因爲軍法獨立成一系統不受司法院的管轄，以致不但受害人民得不到擱當的救濟；而且軍法竄假侵及了普通司法範圍，法院對之亦無可奈何。這與法治的眞正意義便相距甚遠了。

Fairman 教授說：行政機關的行爲直接牽涉到人民的自由與財產時——卽這種行爲在平時超過了政府的權力範圍。如果要其合法只有在非常的情形之下使這種行爲必要而適當，這便是法治的精神所在，但行政機關不能根據其本身的認定決定何者爲必要。行政機關的行爲絕不能卽證明自己的必要，而它所作的行政處分不能以緊急爲理由便認爲合法。美國人認爲如果行政緊急權不受司法機關審核的話，那末行政命令變成了全國的最高法律，而憲法不能稱爲全國的最高法律了。行政機關自由裁量權可允許的限度于特定案件中是否越權，應當是司法上的問題。因此，我們可以充分瞭解「司法配合行政」這個口號的危險性之大了！

司法能控制行政的非法與越權行爲，是美國能够使得命令政府(government by decree)不在美國有發生的危險；這也是有些國家所缺少的司法控制，以致造成專制或獨裁的局面。德國威瑪憲法第四十八條賦予行政機關以緊急措施權的結果，助成了德意志共和國的迅速倒台。有人甚至認爲法國第三共和也是這樣亡掉的。大法官 Murphy 曾說過：從遙遠的歷史以來專制魔王，便會利用事實上或想像上的對公衆福利威脅爲口實而「不必要」的侵犯人民的權利。(讀者可參看李聲庭著：「論意見表示自由與民主法治」一文中關于「必要」兩字的解釋。見法律半月刊第五卷第五期)。科學進步了，到今天這種藉口更可振振有辭了，原子戰爭毁滅性的威脅比過去任何戰爭不知大多少倍，而且以後還不知有多少各種新的戰爭出現，那末以戰爭威脅爲藉口便更容易了。

最後，法治的意義還有一點，也可以說是很重要的一點：便是法律的本身不能有含混不明與不肯定。美國便不承認所謂犯流氓罪(gangster)(有人翻譯此字爲强盜，難怪可怕)。因爲這個字的含義不定，任何人都可能是流氓，行政當局更可拿「莫須有」故入人于罪。美國新澤西州的法律規定：凡不務正業參加兩人以上爲夥而過去又犯過罪的認爲是 gangster 可加以處罰。美國聯邦最高法院于一九三九年之 Lanzetta v. State of New Jersey, 306 U.S. 451 一案中判決這種法律違憲。因爲 gang 或 gangster 這兩個字的含義不定，同時沒有指出特定行爲，這樣便授行政機關以專斷權故入人于罪。同時在 Winters v. New York, 333 U.S. 507 一案中法院又說：假如一個人可以被指爲犯了法，而這種法規定的犯罪行爲是含糊不明(vague)與不肯定(uncertainty)，以致于一般人的智慧不足以猜測它的正確意義；同時對其適用的場合不能加以分別，那末所謂「法治」便不存在，憲法所要求的是任何法律必須不含混不明，而使得人民能够確定他的行爲，以便不致于隨時誤觸法網。否則所謂「法」便是一個陷阱。而確定所要求的標準，不是從犯罪的人的觀點而言；而是從一般守法的人的觀點而言，這個法律有沒有一個確定的標準。否則執法的人便可上下其手，濫用職權，專横武斷的把好人歹人一網蓋盡，這又與法治的標準相差十萬八千里遠了。

共產奴隸典範的塑造

——「關於資產階級法權問題討論」的分析

李仁山

去年八月廿九日中共中央政治局北戴河會議通過「關於在農村建立人民公社問題的決議」。這個決議神話式的指出，「人民公社」由「集體所有制」向「全民所有制」過渡，需時只要五、六年，過渡到「全民所有制」時「舊社會遺留下來的工農差別，城鄉差別，體力勞動和腦力勞動的差別，都將逐步消滅。反映這些差別的不平等的資產階級法權的殘餘，也逐步地消失了」。這裏所謂資產階級法權的字樣，當然是來自馬列主義的經典著作，但是成爲中共決議中的字眼，還是以此爲第一次。此後中共的宣傳，把「資產階級法權殘餘的逐步消失」列入日程，並說這是「進入共產主義時代的重要條件之一」。

批判資產階級法權的運動，是由毛澤東得力的紅旗幹部上海局第一書記柯慶施所發動的。九月間上海「解放」半月刋第六期刋出張春橋一篇「破除資產階級的法權思想」的文章。「人民日報」於十月十三日將這篇文章在第七版轉載。文前按稱：「這個問題需要討論，因爲它是當前一個重要的問題」。十月十八日「人民日報」開始在第七版使用「關於資產階級法權問題的討論」的版頭。此後連續刋載此類文字，迄今仍未結束。中間從去年十一月廿一日開始，還有所謂「關於體力勞動和腦力勞動分工問題的討論。」可視爲「關於資產階級法權問題的討論」的一個分支。

雖然稱爲「討論」，但是實際上並不存在討論的氣氛，許多文字的冒頭都提上一筆：「偉大的黨提出了批判資產階級法權殘餘的任務，號召我們在分配問題上，從而也是在社會主義和共產主義建設事業中，一個帶有根本性的問題上，澈底和資產階級思想決裂」。茲將其重要內容析述於後。

一　所謂「資產階級法權」的內容——自由平等

在過去歷次的思想改造的迫害運動中，知識分子被迫挖掉所謂資本主義思想的根子，最深也不過挖到「資產階級個人主義思想」。到了强調「大躍進新形勢」之後的去年九月以後，提出「向資產階級法權宣戰」的口號。從法國人權宣言，一直到現代的自由平等的思想，全部列爲「反動思想」而加以澈底的批判。所謂資產階級法權的內容何指？根據「討論」中的說法，「就是財產私有制的法權」，並稱這種法權的基本原則是「私有財產神聖不可侵犯」(「法國人權宣言」語)。我們知道共黨之消滅私有制度，不自今日始，爲何現在才對這一帶有根本性的問題宣戰？「討論」的流行說法，現在所要消滅的是「資產階級法權的殘餘」。因爲過去幾年來已經「取消了生產資料的私人所有制，就已經消滅了資產階級法權的基礎。現在資產階級法權已經是殘餘了」。被稱爲殘餘的「資產階級法權」的內容，聲稱是這樣的：「資產階級法權的特徵，就是他們所說的自由和平等」(見十月十八日鄭季翹文章)。所持的理由大意是這樣的：資本主義初期由手工業作坊轉變爲手工工廠時，第一需要自由雇用勞工，第二產品需要自由出售不受限制。第三自由勞動者也成爲平等的對手受雇。因此「自由平等便被資產階級宣佈爲人權，並把自由平等貫注在法律中，成爲資產階級的法權」(同前)。有的更進一步說：「資產階級法權，本來是資產階級自由貿易和等價交換要求的反映」，同時「這種法權也特別强化了自由貿易和等價交換的合法性」。「在資本主義社會中，勞動力既然成爲商品，所以勞動力也是等價交換的，因而做多少事，給多少錢，就成爲這個社會特別顯著的特徵」。這些說法似乎是無的放矢，因爲大陸上今天已不存有資產階級，但這祇是說法的一半，另一半則是「既然作多少事給多少錢(雇主)是這個社會的法權，反過來說，做多少事要多少錢，或給多少錢做多少錢的事(工人)當然也是這個社會的法權」(鄭季翹)。從這個說法裏面，我們不難知道中共在資產階級業已不存在的地方消滅資產階級法權，它的對象何在？「東風」雜誌第五期署名楊往夫的一篇文章，把「資產階級法權思想的表現」列舉如下：「第一、它本質是私有財產神聖不可侵犯，不過現在沒有生產資料的私有了，現在所有的是個人才智、個人天賦、個人勞動能力，認爲這些東西都是自己的私產，沒有代價是不能貢獻出來的；第二、它依然把人與人的關係看成是利害關係，看成是等價交換的關係，出多少勞動，就要求取得多少報酬，甚至得多少報酬就付出多少勞動，所謂按酬付勞。不然就是吃虧，就是割胖子的肉安到瘦子身上。第三、它把金錢神化了，不相信羣衆的思想覺悟，不相信共產主義思想作用，不相信共產主義思想能推動社會前進」。從這裏我們可以知道批判資產階級法權殘餘的具體對象——包括所有被毛澤東統治的人民。

二　從分配制度到資產階級法權批判

中共之提出批判資產階級法權殘餘的口號，實際上是由於實行新分配制度所引起。因此，對於目前大陸分配問題需要作一簡要的析述。

偽政權是大陸上獨佔資本家，唯一的大地主，壟斷一切經濟活動。屬於分配範圍的工資，當然也可隨心所欲的按照最高利益所在加以規定。中共獨佔一切生產手段下的工資制度，是由等級工資制（八級）和計件工資兩個部分構成的。從一九五五年開始全面實行（一九五五年以前實行軍事共產主義時期的供給制）。這種工資制度實施當時被稱之為體現按勞取酬原則的社會主義的分配方式。當然是認為比軍事共產主義時期供給制更為進步的分配制度。

但是到了去年（一九五八）全面大躍進的奴役狂潮開始之後，對於這種工資制度的優越性進行翻案。去年的大躍進是由中共八屆四中全會毛澤東提出「十五年內在鋼鐵和其他主要工業產品的產量方面趕上和超過英國」的決定同時展開的。工農業生產指標幾乎以拍賣喊價的方式不斷提高。在工業方面，僅以鋼產量指標而論。去年二月一屆五次人代會通過的初步躍進的經濟計劃，鋼產量六百二十四萬八千噸，比上年（一九五七）增長一九・二%，到去年五月間把鋼鐵產量指標提高到八百五十萬噸，八月末政治局北戴河會議，提出鋼鐵加番的口號，又提高到一千零七十萬噸（按：一九五七年為五百三十五萬噸），換言之比上年提高百分之百。農業方面也是如此，以糧食而論，去年二月為一屆五次人代會通過的經濟計劃，一九五八年計劃產量是三千九百二十億斤，比上年增長五・九%，到夏季喊出糧食加番，十二月八屆六中全會公佈的預計產量為七千五百億斤（按：一九五七年實產量為三千七百億斤）。今年年初聲稱繼續躍進，鋼鐵從去年的一千零七十萬噸躍進到一千八百萬噸。比一九五八年增長六八・八%，糧食從去年的七千五百億斤，躍進到一萬零五百億斤，比一九五八年增長四〇%。上列兩項主要產品的指標增長的速度，如果從經濟學的觀點來看，簡直跡近神話，是經濟範圍內不可能作到的事情，但是如果從另一方面來看，毛澤東的躍進計劃，並非完全不可能實現的，不過他是以超經濟的手段來實現他的計劃——強迫勞動、不給報酬、高額榨取無償勞動。這就是毛澤東保證大躍進的主要方法。而工資制就成為超經濟手段躍進的最大障碍。

這種情勢下毛澤東的黨對於現行工資制度優越性的翻案是必然的。如果按照工資制（包括等級工資和計件工資）執行計劃，不可能達到那樣生產躍進的速度，即或達到了，工人農民由於勞動所得增加而不肯再繼續進行苦戰。因而不可能保持繼續躍進。由於這種原因，工資制度的取消或是改變成為勢在必行。首先遭到取消的是計件工資制度。去年下半年大陸各工廠礦場的職工，紛紛被迫來個思想大躍進，提出所謂自動請求取消計件工資的要求。其次是實行新供給制（實際上是半供給制），另外將原來的等級工資制的等級距離縮短，修改成新的工資制度，作為新供給制的補充。與採取這些措施的同時，所必須解決的是幹部和職工的思想阻力的問題。批判所謂資產階級法權殘餘的任務即在於此。茲將所謂關於資產階級法權問題討論中，有關工資問題的說法，選其典型者列舉如後：

㈠「過去一個時期，因為沒有政治掛帥，曾經片面強調個人利益，物質刺激的原則，他們把計件工資奉為神靈，把物質刺激視為萬能，極力美化資產階級法權思想，却把羣衆性的義務勞動、以至政治思想工作、羣衆路線都說之為農村作風，游擊習氣，並說這樣會破壞工廠企業的正常秩序」（十月廿三日人民日報王元之文章）

㈡「由於按勞所得的生活資料歸個人所有，即成為私人的財產，也就不能不保存着繼承權，債權和銀行存欵利息等資產階級法權」（林韋文章）。在另一方面由於允許個人勞動所得的繼續積累，生活提高則「不再願意積極勞動」。

㈢有的說等級工資和計件工資制度，並非經濟發展的最重要槓桿。說「工資制並非刺激了生產的積極性、而刺激了爭名於朝、爭利於市的積極性，刺激了鋪張浪費不以為恥反以為榮的積極性。」說工資制助長了職工經濟主義、個人主義思想的發展。有的把計件工資列舉六大罪狀。有的把工資制指為「鈔票掛帥」。

㈣總之，這一類的說法，是把按勞取酬的原則指為在分配問題上殘留着的資產階級的法權。要在分配問題上廢除等價交換原則，神化供給制，神化職工的「階級覺悟」，神化「社會主義」、「共產主義思想的偉大生命力」。這一切無非是為毛澤東解決大量榨取無償勞動的問題。

三　勞心勞力的分工與教育方針

「人民日報」展開資產階級法權批判運動所波及的範圍，除工人、農民之外，另一主要方面是毛澤東的幹部和知識分子，幹部下放參加勞動生產進行鍛鍊，雖從一九五七年十月間開始實施，但起初這種措施只是懲治右派分子所實行的「勞動教養」制度（實際勞動改造的變形制度）的擴大。它的目的除了作為一種政治壓迫和政治教育的手段之外，還可以為發展經濟提供大量廉價和無償勞動力。

知識分子的知識和資產階級的財產有所不同，共黨統治者經過一系列的鬪爭，已把大陸人民的財產全部剝奪過來而置於它的直接控制之下，但是知識分子的知識並不像人民財產那樣容易剝奪和控制運用。無怪毛澤東在反右派鬪爭時期要說：「敢於和無產階級（實即毛澤東小集團）較量的，就只有資產階級知識分子了」。由於一九五六年波匈革命和一九五七年中國大陸的鳴放運動，都是由知識分子的力量引發而造成共產政權的致命危機。毛澤東對於知識分子以及他的一些知識分子幹部懷有最大的仇恨和恐懼是可以理解的。這種仇恨和恐懼的心理，透過八屆三中全會的決定而變成幹部下放的政策。及至去年九月間中共中央又進一步把它變成「教育方針」，即「教育與勞動生產相結合」的方針。

據稱「關於體力勞動和腦力勞動分工問題的討論」，就是爲了貫澈這一方針而展開的。討論的基本方向，是否定體力勞動和腦力勞動分工的必要。而肯定「知識分子工農化、工農知識分子化」，「做一個既能從事體力勞動又能從事腦力勞動的、有社會主義覺悟、有文化的普通勞動者」。如果承認體力勞動和腦力勞動應該分工，則無異否定「黨的教育方針」。因此，在討論中的一些「分工論者」，皆被指爲「資產階級法權思想」的表現。

這一所謂教育與勞動生產相結合的方針，是以列寧所說：「人人成爲能夠做所有一切事情的人」的教條作爲理論依據。因而說目前存在着的勞心勞力分離的情況是資產階級法權的一種殘餘。消滅的方式，是下放勞動鍛鍊，對於正在學習中的學生，實行所謂勤工儉學制度，從小學到大學皆不例外。把勞動列爲學校固定課程，學生參加體力勞動最少的也佔學習時間的百分之三十，紅專大學幾乎百分之百的參加體力勞動。學校辦工廠、農場，工廠、人民公社辦學校。學校所辦的工廠農場列入地方生產計劃之內，負擔躍進的生產任務，標榜的口號是所謂培養亦工亦農亦學亦兵的多面手。實際上大陸各級學校的學生成了三不像：不像工人、不像農民、不像學生。

在「關於體力勞動和腦力勞動分工問題的討論」中，透露出許多奴役知識分子的殘酷情況，以及他們的反抗情緒，茲摘其典型者列舉於後。

㈠武漢大學在一次暴露思想情況中被揭發出來的學生反對參加體力勞動的指責，把這一所謂教育方針的面貌全部描畫出來。武大學生向幹部訴苦說：「武漢大學得了好名聲（意指學生勞動情況好），吃虧的是同學，同學什麼也沒學到。」有的更說：「學生成了廉價的勞動力，校方像地主一樣，把任務壓在我們頭上，翻不了身」。

㈡清華大學的學生參加鍊鋼義務勞動時有的說：「造型比退火工好，但退火工比拉大車還是好些」，被派到運輸部門的學生說：「要我大學生拉一輩子大車，是天大的浪費」。

㈢文法科系的學生則說：「挑磚挑不出文藝理論，茄子辣根裏搞不出莎士比亞來」、「勞動不出巴黎公社」、「勞動不能產生分類法」、「歷史是特殊的科學無法與勞動結合」。

㈣被指爲最有市場的觀潮派的言論是：「勤工儉學降低學校教學質量，影響理論學習和科學研究工作，浪費時間和人材，大學務農作工，不如辦工農夜校」。

以上所列舉者皆被列爲加以澈底批判的突出思想。

在這個討論中被提出批判的思想主要如下：㈠「認爲腦力勞動和體力勞動的分工永遠是需要的」思想；㈡「單純的腦力勞動是永遠不能廢除的」思想；㈢「認爲體力勞動在未來的共產主義社會中將會消失，所以現在大學生作體力勞動是沒有意義的」思想；㈣「認爲有許多業務知識（筆者按：指科學知識）與體力勞動無關。而體力勞動者也並不需要什麼理論知識」的思想。因爲這些思想都是與役使知識分子參加體力勞動的。現實政策相矛盾的

共黨壓制反對者的說法可謂荒謬絕倫。最具代表性的說法是這樣的：「只有腦力勞動與體力勞動相結合，人與人之間的關係才能達到事實上的平等，否則平等就是不澈底，因爲這種分工存在的時候，一方面知識仍然是爲少數人——腦力勞動者所壟斷，由於他們所處的社會地位與壟斷知識，他們仍然會討價還價，在勞動人民面前（實卽在積極幹部面前）盛氣凌人瞧不起勞動人民；另一方面，從事體力勞動的人，就不能有充分的時間，讓體力勞動者也從事腦力勞動把知識由少數人獨佔變成全社會的公有物」。認爲「體力勞動與腦力勞動的對立和分離，是剝削階級爲了更殘酷地剝削勞動人民所一手造成的」。「當私有制掌握了人們的感情和理性時，知識和科學才成爲特權者的壟斷物，成爲剝削勞動者的工具，成爲鞏固統治階級陣地的武器。勞動才開始被認爲是一種負擔」。從這些說法做另一種演繹，知識分子如果反對參加體力勞動，則被指爲「反對勞動人民文化翻身」。

在此，我們必須辨明的一些事實，第一、知識和和科學本是一個民族和國家共有的精神財產，而創造保持和傳播這精神財產的知識分子的職志，就在貢獻給國家，而毛澤在大陸統治知識分子的一切努力，却把這種原爲公有的精神財產化爲他的私有物。第二、體力勞動和腦力勞動的社會分工，不但是過去一切社會所需要，將來更複雜的社會更是需要這種分工。勞心者和勞力者透過社會分工的互相結合最爲合乎進化原則。如果祇求在每人身上作這種結合，純是一種平均主義的幼稚想法，違反進化原則的。第三、毛澤東過去曾經不止一次的反對平均主義，但是這個所謂教育方針却正是平均主義的產物。何以會如此，實際上的原因毛澤東頒布平均主義的「教育方針」，並不是爲了教育，爲了科學，而是爲了政治上的理由，企圖以此澈底解決知識分子的反抗問題。

四　奴隸典範的塑造

在批判所謂資產階級法權思想當中，打擊的方面概如上述。另一方面則是奴隸典範的塑造。在分析和敘述這個問題之前，對於共黨奴役羣衆的基本方法——抓兩頭帶中間的方法，有加以引述的必要。一個共黨的領導幹部在推動工作當中，把與他工作有關的所有羣衆，根據政策需要的方向以三分法劃分爲三類：先進羣衆、中間羣衆、落後羣衆。所謂抓兩頭，卽抓先進和落後兩部分羣衆採取表揚先進打擊或鬬爭落後的方式，來脅迫中間分子趕先進。一般的作法，是採取培養典型的方式製造先進生產者或是勞模。甚至可以僞造典型，例如某工人日產某產品五十件可以宣傳稱六十件。至於落後典型不需培養祇在現場尋找具有代表性者，卽可進行羣衆性的批判和檢討。這種精神虐待的方式比刑罰更爲有效。在大躍進的宣傳中，人民日報經常有「一馬當先，萬馬奔騰」的大字標題。就是這種奴役羣衆基本方法最理想的意境。

共黨統治下的所謂先進生產者勞動模範，以至戰鬬英雄，都是經過精心培

養，歪曲宣傳所製造出來的人物。對這些人物我們可以稱他爲奴隸的典範，離開共黨的權力，這種人物事實上是不存在的。從反右派鬥爭以後，中共對於塑造奴隸典範的努力，可說是有空前的進展。

首先由黨內開始，從去年五月十九日到七月廿九日，「北京日報」的「共產黨員」專刊上，展開所謂「關於共產黨員應不應該有個人志願的討論」。六月廿九日「北京日報」以「共產黨員應該有什麼樣的志願」爲題發表社論，作爲此一討論的總結。社論肯定的指出「唯物論者是工具論者」。黨員不能有個人志願，必須是黨的工具，而且還必須「做馴服的工具，做容易駕馭的工具」，並且說「工具有死工具，也有活工具，死工具不推不動，推一下動一下，像汽車，不開它不動，不關它不停。還有活工具，人是活工具，不僅身體活動，腦子也活動」。這種活工具要怎樣作呢？「應該全心全意地爲黨服務，要憎黨之所憎，愛黨之所愛……要善於領會黨的意圖，兢兢業業地，有時甚至不惜赴湯蹈火地去完成黨所交付的任務，以黨之憂爲憂，以黨之樂爲樂，同黨心心相印，就像一個精巧的工具，讓黨使用起來非常靈便，得心應手」。眞是把工具論發揮得淋漓盡緻，曠古絕今。這是爲共黨各級幹部所樹立的奴隸典範。

各級幹部是靠近毛澤東統治發條最近的齒輪，靠近各級幹部的則是「勞動人民」——工人、農民。他們在毛澤東奴役之下，第一在觀念上不准有「我」的存在。我們知道，如果從一九四九年聯合國大會公佈的「世界人權宣言」裏面取消「我」的觀念，基本人權就空無所有。但是「人民日報」却宣傳忘我的勞動精神，他們的邏輯認爲「我」的意識存在是一切「資產階級思想」的根源。因爲有我將使人們不斷計較報酬，個人利益，個人地位榮譽等等，而不肯從事無償勞動。第二，必須改變天性，「人民日報」反覆宣傳「好逸惡勞」並不是人的天性，而說「人的天性就是人的階級性，勞動者的階級性就是熱愛勞動」，因此而說「熱愛勞動，不計報酬是勞動人民的天性」。

「人民日報」把人性的基本事實作了這樣歪曲之後，可以把强迫勞動說成自願，把被奴役說成「勞動光榮」「勞動幸福」。

我們知道毛澤東工農業生產大躍進並不是依靠外來的機器設備和原料，而是想從六億人民的勞動中解決問題。因此，人力成爲大躍進最重要的因素，而人的思想則成爲鼓足幹勁和決定能否躍進的關鍵性問題。最符合毛澤東奴役者要求的思想，是共產主義的敎條。八屆六中全會關於人民公社問題的決議中，聲言五、六年的時間就可以過渡到全民所有制——共產主義社會。馬克斯所說的「在共產主義社會勞動將成爲生活的第一需要」已成爲一時流行的說法，「共產主義的勞動是無償勞動」，「共產主義勞動者是無償勞動者」，「把無償勞動變成人們的習慣」的字句，居然出現在「人民日報」的標題。

毛澤東的統治在把這種共產主義的神話硬套在「勞動人民」的頭上和牽着「勞動人民」鼻子走的時候，所用的方法是「加强共產主義敎育」和强迫「發揮共產主義勞動態度」。所謂共產主義思想敎育的目的不外「提倡多勞少得，不計報酬的勞動爲光榮，而反對斤斤計較個人得失」。宣傳「勞動光榮」「幾年苦戰萬年幸福」的道理。批判「苦戰何時了」的厭倦情緒(關鋒)等等。發揮共產主義勞動態度的內容是「自覺自願地進行苦戰，幾倍、幾十倍地提高生產」，「工廠的職工自動提出加班加點不要報酬和取消計件工資的要求」。(王亢之)

在中共如此奴役下的大陸景況如何？請看出自「人民日報」上的描述：從一九五七年冬天以來「農村幾千萬人搞水利、上山挖煤、開礦，許多農民不但得不到報酬，還帶了自己的口糧去幹，在城市參加義務勞動，也成爲普遍的風氣……工人們自動取消計件工資，加班加點不要錢，有的工人的工資甚至還減少了一些，現在人們不是工作八小時，而是自願地進十小時、十二小時的工作，必要的時候突擊通宵，苦鑽苦戰，不分晝夜連軸轉，不叫苦不喊累」。(胡繩)

五　共產主義化與榨取的深度

從上述的分析裏可以知道，批判資產階級法權思想是與加緊共產主義化爲一事的兩面。同時，我們也可以明白毛澤東甘冒左傾冒進的大不韙而加緊共產主義化是爲了何種目的——爲了把勞動人民變成無償勞動者。

我們知道按勞取酬的社會主義分配原則，對於毛澤東工農業生產大躍進是具有巨大阻力的。如不突破這一原則，不出現全面的無償勞動羣衆，大躍進的指標是不可能保證實現的，只有突破按勞取酬這一原則，毛澤東才能滿足他的用於備戰建設的高度積累的願望。

劉少奇在去年五月召開的「八大」二次會議報告中，把一九五六、一九五七、一九五八年三個年的生產情況比作馬鞍形：「卽高潮——低潮——更大的高潮，亦卽躍進——保守——大躍進」。被稱爲躍進的一九五六年，工業生產增長百分之三十一，以備戰爲目標的基本建設投資，增長了百分之六十二。農業雖有嚴重的天災，還增長百分之四點九。一九五八年二月一屆五次人代會上薄一波自稱是躍進了的一九五八年經濟計劃所列指標，工業增長百分之十四點六，農業增長百分之六點一，基本建設投資增長百分之十七點八(參閱附表)

附表

年度／項目	工業生產總值(單位僞幣億元)	比上年增長率	農業生產總值(單位僞幣億元)	比上年增長率	基本建設投資(單位僞幣億元)	比上年增長率
一九五五年	四四七·七	八·〇%			八六·三	九·〇%
一九五六年	五八六·六	三一·〇%	五八二·九	四·九%	一三九·九	六二·〇%
一九六七年	六二八·一	六·九%	六〇三·五	三·五%	一三三·七	降低
一九五八年	(七一九·六)(註一) 六四三·六(註二)	一四·六%	六八八·三	六、一%	一四五·七	一七·八%

註一：一九五八年指標是根據一九五八年二月一屆五次人代會薄一波經濟計劃報告所列，並非全面大躍進的指標。

註二：一九五八年工業生產總值，七一九、六億元爲按一九五二年不變價格計算者，六四三、六億元，爲按一九五七年不變價格計算者。前者爲第一個五年計劃計算標準，後者爲第二個五年計劃計算標準。

但是經過兩個多月的時間到了五月「八大」二次會議時，完全推翻薄一波保守的計劃。據劉少奇僅就工業方面所舉的例子「一月到四月的工業總產值，比去年同期增長了百分之二十六，其中四月份增長百分之四十二，這就是說到四月份已由原定的增長百分之十四點六躍進到增長百分之四十二。比一九五六年增長百分之三十一還要高些。在農業方面，如果根據人民日報『農業增產加番』的宣傳，則增長百分之百。」從上述這些數字中可以完全明瞭「大躍進」與無償勞動的關係。

現在再從各國工業生產增長的速度，看毛澤東奴役壓榨人民的情況。

美國方面，據最近統計資料，美國工業生產增長的速度，平均每年約爲百分之三，美國資本家在自由市場上雇用勞動力，自由勞動者還有罷工權，任何企業家都不可能作超經濟的剝削去積累資金。美國積累的速度，景氣時期最高達到上昇百分之五，不景氣有時還要下降。

蘇俄方面，據最近俄共二十一次大會通過的七年計劃，工業總產值平均每年增長百分之八。美國與蘇俄有百分之三與百分之八的不同，蘇俄之所以能比美國平均每年多增長百分之五，乃因蘇俄政府獨佔一切生產資料，在獨佔市場上使用勞動力，比在自由市場上使用勞動力能够得到更多的無償勞動。因此，積累的速度比美國要快一些。

毛澤東的統治，則更有所不同，他從蘇俄獨佔市場的基礎上前進一步，推翻按勞計酬的原則，提倡「多勞少得」，「熱愛勞動不計報酬」的精神，進行強迫勞動。當然比起蘇俄尤能有高速度的積累。可謂青出於藍而勝於藍。

至於毛澤東從大陸人民身上能榨取多少無償勞動？從上述一九五八年大躍進的一些數字中，已可看出大概情況，茲再列舉一些較爲全面的數字加以說明。

根據已有的人民公社資料來看，大陸兩萬六千多個人民公社，一般說來公社全部收入用於社員消費的部分，約佔總收入的百分之三十到四十之間，最先進的河南省衞星人民公社去年的分配，用於社員消費的祇有百分之二十三。當然一些被稱爲落後社用於社員消費的也有達到百分之五十的。

另外在關於資產階級法權問題討論文字中透露，目前平均每人每年收入約六、七十元僞幣，比爲大陸人民平均消費數字，如以六億人口計算，則全年大陸人民消費數字共約四百億元僞幣。如與薄一波保守的一九五八年工農業計劃總產值的一千三百三十二億元相較，四百億恰爲一千三百三十二億的三分之一。這是工業增長百分之十四點六，農業增長百分之六點一時的消費與工農業總產值的比例。經過「八大」二次會議大躍進的翻案，雖然去年統計數字還沒有公佈，但是可以想像消費的比例將更大爲降低，可能降低到四分之一、五分之一，甚至更低的比例。因爲在大躍進當中出現的新的勞動方式(如義務勞動，加班加點不要錢等)和新的分配制度，不會因生產的增加而爲勞動者帶來相應增長的收入。城市人口消費比例比農村人口當然更低。大陸八千萬城市人口，創造將近工農總產值二分之一的工業總產值(參閱附表)，五億二千萬農業人口創造另一半的農業總產值。

經過以上的分析比較，可得這樣的結論：毛澤東政權統治下的勞動方式和分配制度，具有封建社會超經濟剝削的性質，具有奴隸社强制勞動的性質。此外，還具有封建社會奴隸社會所沒有的性質——閹割人性進行嚴密的精神奴役。

「關於資產階級法權問題的討論」和「關於體力勞動和腦力勞動分工問題的討論」，迄至今年二月末爲止，尚未結束，就其發展情況來看，業已遭遇嚴重困難。例如「關於體力勞動和腦力勞動力之問題的討論」，曾中斷有一個半月之久，於二月十七日又重新出現。兩個討論的共同趨勢是開始向左，後期有輕微的右轉。偏左方面的說法已收集前述各節中，偏右方面除被當作「對立面」加以批判者外，還有一些不明確的不肯定的修正和補充說法。但其基本方向是不會變更的，因爲不取消全面大躍進和人民公社制度，是轉不過來的。參加討論的人也和「人民文學」前副主編秦兆陽描寫鳖風運動下的幹部一樣：「人們無不是聞風而起、捕風捉影、看風使舵、望風生畏。」

儘管在理論上和事實上毛澤東加緊共產主義化找不出根據，但是如果就毛澤東政權幾年來掙扎圖存的歷程來看，是有其事實上的需要的。一九五七年右傾的鳴放運動，是爲了解決一九五六年過左弊害和冒進危機而展開的，但是結果不但未能收效，反而引起更複雜深刻的新危機。反右派雖然一時挽救毛澤東的立卽覆亡，但也祇是一時的效果，打開危機的辦法，只有更向左，因而逼出毛澤東一九五八年的全面大躍進政策，全面大躍進又逼迫毛澤東鑽進共產主義化的窄路，逼出人民公社。目前的情勢毛澤東如果後退一步卽死無葬身之地，但是前進也只能使毛澤東走上更險惡的巔峰，等待一次突變來結束他萬惡滔天的一生！

——四八、三、九

(「人民日報」「關於資產階級法權問題的討論」，從三月廿八日起改變欄目爲關於「資產階級式的權利問題的討論」。但無新內容，四月十日附記)

「人民日報」第七版刊登的「關於資產階級法權問題的討論」，從二月廿七日的一篇署名烏家培的「按勞分配絕不是資本主義的分配原則」一文之後，卽不再見有此類討論文字出現。直到三月廿八日才又恢復。但是欄目有了變更，改爲「關於資產階級式的權利問題的討論」。欄目下方按稱：『「資產階級法權」一語源出於馬克斯的「哥達綱領批判」一書的中文譯本。現在經過中共中央馬克斯、恩格斯、列寧、斯大林著作編譯局對德文原本以及俄文、英文、日文譯本中這句話的研究，證明這種譯法是不確當的，比較準確的譯法應該是「資產階級式的權利」，因此，本報這一討論的欄目，也應作相應的改正』。另據該編譯局副局長張仲實在「對於資產階級法權一語譯法的意見」一文中的說明，這樣改譯「並不影響我們對於資產階級法權問題的基本理解」。由此可知，所謂討論業已陷入嚴重的邏輯困難和理論與現實矛盾的泥淖當中。(四月十日附記)

香港通訊・七月十五日

左舜生先生的答辯

方望思

左舜生先生在六月十九日香港「聯合評論」上發表的「搶救中華民國的時間已經不多了！」一文，曾經在海內外言論界引起了一陣空前的騷動。其中尤其是臺灣的官方報刊，由「中央日報」首先發難，竟企圖對左先生進行大圍剿。

現在，圍剿的砲火已經趨于沉寂，關于左先生的答辯如何，海內外的朋友想必特別關切，爰特根據最近幾期「聯合評論」上刊出的左先生大文以及其他若干位先生的高見，扼要介紹如下。其實，臺灣「中央日報」如果也能一一加以轉載，這介紹工作豈不可以節省了嗎？

在六月二十六日出版的「聯合評論」上，左先生的第一篇答覆文字出現了，題目叫做「對于我們若干論點的澄清」。左先生首先表示：「共產黨對我的意見如何看法，或如何曲解而加以利用，我是照例不理的。」因此，左先生在這篇文章中，主要只對「工商日報」的一篇「希望于海外知識分子者」的社論，提出答辯。文內最主要的一節「姑以三點澄清我們過去的一些說法」，論證都很堅强。例如左先生說到「臨時政府」和「裁軍」二事時說：「在我上期那篇文字裏，還有最足以引起大家誤會的兩點：第一是我用了一個『臨時政府』這個名辭，其次我主張把軍隊裁減一半。其實這個道理也很簡單：我們當然應以重回大陸爲歸宿，決不能以苟安于臺灣爲歸宿，既不容許苟安于臺灣，則目前留在臺灣的這個政府，無論如何便只是臨時的，十年固然是臨時，就二十年三十年也還是臨時。在我的理想上，目前行政院的各部會，可以保存的，最多只有國防，外交，經濟，財政四部，其餘必須由行政院略予處理的事務，卽用行政院的名義，以綜合辦事的方式出之，已恢恢有餘。如此，則人員可以減少十之六七，公文可以減少十之八九，必如是，我們的行政精神才會有一種新生的朝氣出現。……至于說到裁兵，我先有兩句簡單的話要說：如果明天就能開始反攻，則六十萬我猶嫌其少；如果目前的可能還只是側重于政治而不能側重于軍事，則三十萬我已微覺其多。」

接着在七月三日的「聯合評論」上，左先生又發表了「再作一番申述」的文字，喻之爲「草船借箭的成功」。左先生在這一篇文章中又開宗明義的說：「我在本刊的四十四期（六月十九日）寫了一篇『搶救中華民國……』的文字，大致的動機不外三點：一、我充分懂得，臺灣的現狀已快到無法維持，必須有一番澈底的改革，才能和共產黨作持久的決鬪；二、我想讓國民黨的朋友們，也能了解憲法不可輕于動搖，把球踢過去，讓他們也得到一個維護憲法的機會；三、我感到時局外鬆內緊，時間異常迫促，決不容許我們拖，可是政府的痲痺，言論界的沉寂，這確實是一種亡國現象，因此我決心投下一把辣椒，讓大家開開胃口，或許能得到一個轉機。此外，我還有一個附帶的目的：我們以幾個少得不可再少的人，辦着這一份小得不能再小的報，有若干平日看慣大報而又老氣橫秋的先生們，總是愛理不理；到一家能多銷幾份的大報上去登登廣告吧，小小的一方，便是港幣五六十元，只登三家，每月四五次，也非七八百元不可，我們那有這份力量；再加上，像我們這樣一份大逆不道的刋物，臺灣當然是不許進去的，乃至備好刋費，把尙未出版的創刋號廣告送給一家黨報去登，他們已根據風聞，婉辭謝絕，自然，我們充分明瞭他們的苦衷，但事實畢竟是不愉快的事實。因爲有這種種的困難，不得已，我們便只好『有請諸葛先生』，來一次『草船借箭』，像我六月十九那樣一篇文字，凡明白目前臺灣實際情況（尤其是經濟情況）的人，卽令對我的看法仍有若干出入，但對我所提『緊縮而堅實』的那個原則，內心畢竟非贊成不可。」

到了七月十日出版的「聯合評論」上，我們終于看到了左先生「答中央日報」一篇短文。左先生首先表示：「我覺得，國民黨在過去對于一個反對者的言論，照例是以高視濶步的態度出之，一切置之不理，或則運用一種不太高明的手法加以對付；現在居然對于我這樣一個毫無力量之人，在一份小報，而且是一份根本不許入臺的小報上所發表的一篇文字，不惜以『中央日報』寶貴的篇幅，連續發表兩篇社論來加以反駁或糾正，無論如何總算是一種進步。」但是，左先生接着又針對「中央日報」的態度指責說：「不過，話仍得說回頭，對于國家的重大問題，彼此能平心靜氣的加以討論或辯駁，這是好的；但仍有必須遵守的若干規律：一、要就事論事，不要拉到本題以外去胡扯；二、要就文論文，不要斷章取義加以歪曲；三、彼此能明瞭對手方平日的言論與行事及其一貫的宗旨，這便可減少隔膜，而省去若干無謂的揣測。」接着左先生對于六月二十九日臺灣「中央日報」的社論，僅僅抓住左先生「私字誤了中國六十年」一句話，而大做其截搭題一事，提出了嚴正的反駁：「我不懂得作爲一個國民黨主要機關報的主筆先生，何以對于黨史國史研究的疏略一至如此，我所說的『六十年』，當然是指的從戊戌維新以至今日，這段時間包括了滿清的十三年，民國的四十七年。滿清這一段，對中國政治上要負重大責任的人，至少應包括李鴻章、慈禧、奕劻、榮祿、袁世凱、剛毅、載漪、載澧、以及載澧的親兄弟載濤，載洵，乃至當時的皇族如載澤，載振，毓朗，官僚如盛宣懷，政客如楊度等在內；入民國以後，除袁以外，也還有黎、馮、徐、曹、段、張諸人，乃至後來一羣大大小小的軍閥，也鬧了十年以上。我所說這個誤國的『私』字，少有一半要由這一羣人負責，你們爲什麼不問青紅皂白，要把我下的這個『私』字，輕輕的往中山先生的頭上一拉呢？」

其實，除掉左舜生先生的答辯以外，還有很多自由民主反共人士挺身爲左先生義務辯護的。別的報刋不說，僅僅七月十日這一期的「聯合評論」上，除了「張君勱勸蔣總統不必連任」一函，主要的文章，幾乎全是對臺灣「中央日報」的迎頭痛擊，例如李璜先生的「生于其心、害于其政」，孫寶剛先生的「臺灣政府應該改革」，認爲「搶救中華民國時間不多了並沒有說錯，中央日報社論才說得過分了」，啓德先生的「由中央日報看臺灣國民黨當權派」，鍾橫先生的「談臺灣中央日報造謠」等文。其實，對于類似「中央日報」的「胡扯」「亂語」，又何需乎左先生答辯呢？

七月十五日寄自香港。

中共上演的「曹操翻案」鬧劇

香港通訊・五月廿九日

孟 戈

一

東臨碣石，以觀滄海，水何澹澹？山島竦峙。樹木叢生，百草豐茂，秋風蕭瑟，洪波湧起；日月之行，若出其中，星漢燦爛，若出其裏；幸甚至哉！歌以詠誌。

——曹操：觀滄海

二

大雨落幽燕，白浪滔天；秦皇島外打漁船，一片汪洋都不見，知向誰邊？往事越千年，魏武揮鞭。東臨碣石有遺篇，蕭瑟秋風今又是，換了人間。

——毛澤東：浪淘沙（北戴河）

「赤壁之戰」與「蔡文姬」──改變曹操的臉譜

蓋棺論定的一代奸雄曹操，在溘然長逝後的一千七百多年底紅色大陸上，居然出現一羣俚鄙文醜，替他「翻案」，替他「恢復名譽」，死鬼有靈，曹操必拊手大笑：「吾道不孤矣！」

這次，對曹操一生功罪是非之爭，始源於中共新編「赤壁之戰」與郭匪沫若新編史劇「蔡文姬」現形於大陸舞臺上，這全盤塑造過曹操形象的兩部戲本，全稱肯定他是正面人物，而不是「塗成大白臉」的亂世奸雄。今年一月二十五日北京光明日報刊出郭匪沫若底「談蔡文姬的『胡笳十八拍』」一文，之後連連續續出現形形色色的正反兩極端的文章，激烈地展開對曹操生平事蹟的評價。除了翦伯贊寫「應該替曹操恢復名譽」與郭沫若寫「替曹操翻案」兩文外，還有劉亦水的「應該給曹操一個正確的評價」（三月五日光明日報），王昆崙的「歷史上的曹操和舞臺上的曹操」（三月十日北京日報），劉大杰的「關於曹操的人道主義」（三月十五日上海文滙報），吳晗的「談曹操」（三月十五日光明日報），曾白融的「奸雄曹操──不朽的藝術形象」（三月二十日光明日報），譚其驤的「論曹操」（四月十一日光明日報），楊炳的「曹操應當被肯定嗎？」（四二月十一日人民日報）……參與這役論戰的主要角色，某些是自由世界讀者所熟稔的人士，觀點各自不同，強調的理由也就互相殊異，而他們的論辯的動機和目的，有的是可笑的，有的是可悲的，有的是可恥的……在各篇的字裏行間，我們可以一目了然，那個是生，那個是旦，那個是淨，那個是小丑。

非僅此也，除光明日報每期均以重要篇幅刊登有關討論這個題目的文字之外，上海文滙報，廣州羊城晚報，上海解放日報，山東大衆日報，天津日報，也同樣空出版位響應辯論，嚷成一片鬧哄哄的景象。甚而，上海復旦大學，華東師範大學，華南師範學院，安徽哲學社會科學學會，江蘇師範學院，天津師範學院，天津師範大學，北京大專院校與科學研究單位，也先先後後開討論會，針對曹操是肯定還是否定人物，作廣泛的研討，在影響幅度之廣，牽動人脚之衆，在歷年評價歷史人物的文字論戰中，實所僅見。

替「曹操翻案」因由

為什麼要把曹操從棺材裡，拖出來「公審」呢？我們且看郭沫若的「替曹操翻案」，有一段很微妙的插曲：

「毛主席咏北戴河的一首詞『浪淘沙』，是提到了曹操征烏桓這件事的。『大雨落幽燕，白浪滔天，秦皇島外打漁船，一片汪洋都不見，知向誰邊？往事越千年，魏武揮鞭，東臨碣石有遺篇。蕭瑟秋風今又是，換了人間。』這裡有種種的聯想，大雨、地望、滄海、秋風，和曹操征烏桓時是相同的。征烏桓是五月出征，八月斬蹋頓單于，回軍的時候是暮秋了。曹操的『步出夏門行』一詩中提到『東臨碣石，以觀滄海』、『秋風蕭瑟』，足以斷定是回軍凱旋時做的。一連回首都是以『幸甚至哉，歌以咏志』作結語，也可以證明他底勝利是『乘危以僥幸』的。毛主席在寫詞時因種種客觀事物的相同而想到曹操，想到曹操的東征烏桓，這是很值得注意的。但儘管有種種客觀事物相同，而却有一件最大的不同，那就是『換了人間』！曹操當時是一個時代，而今天又是另一個時代。」

從上面記述看來，郭沫若之敢為一個出身「官僚地主階級」的大軍閥與撲滅黃巾「農民革命運動」的屠夫曹操翻案，他是有恃無恐的。因為「毛主席在寫詞時因種種客觀事物的相同而想到曹操」，他不祇歌頌了一代奸雄曹操，甚至以曹操自擬。

從「沁園春」到「浪淘沙」

如所周知，毛匪澤東寫過一首古詞「沁園春──雪」：

「……江山如此多嬌，引無數英雄競折腰。惜秦皇漢武，略輸文采，唐宗宋祖，稍遜風騷，一代天驕，成吉思汗，只識彎弓射大雕。俱往矣，數風流人物，還看今朝。」

這首以驕橫跋扈的詞彙所堆砌而成的古詞，極度描繪出毛澤東的强梁氣燄，一方面暴露他底濃厚的帝王觀念，一方面說明他在鄙賤中國歷史上所稱譽為雄才大略的聖主明君，儘管這些前朝的帝王，文治武功極盛一時，但秦始皇、漢武帝「略輸文采」，唐太宗、宋太祖「稍遜風騷」，而威震寰球的成吉思汗祇僅僅是一介勇夫而已。言下之意，眞正允文允武的「風流人物」舍我其誰了？

平心而論，毛澤東的古詩詞寫來確不算壞，他曾經受過古籍薰冶，而善於運用若干綺麗豪邁的詞藻。但由於他也受了某些帝王詩詞的影響，因之，也慣故作驚人之筆，看來似有上吞日月下飲江河之氣慨。像他刊載於中共「詩刊」一九五七年創刊號上的十八首詩詞(載於一九五八年人民手冊)，那種帝王意識，那類翻天倒海的文筆，俯拾即是。

曹操與毛澤東

正因乎此，毛澤東在遍閱古籍經典之餘，要找出一個「文能興邦，武足定國」的人君，想來想去，祇好想出一位魏武帝曹阿瞞來。中國的一部文學史，在東漢末葉，曾發射出光明異彩，建安七子和曹氏三祖，確曾寫下輝煌的一頁，讀過「三國演義」的人，就會聯想起曹操「橫槊賦詩」的高超意境來，那首「月明星稀，烏鵲南飛，遶樹三匝，何枝可依？」的綺麗詩篇，祇是曹操詩文中之一首而已。曹操挾天子而令諸侯，位極人臣，政治上的聲望，超越了他底文名。毛澤東心目中，自以爲如論武功，比曹操有過之而無不及，論文才，他敢東施效顰，吟詩放歌，倘異日遺臭萬年，私願亦足矣！因之，他寫了「浪淘沙(北戴河)」「詩言志」，我們是容易看出他底荒誕思想和狂妄態度的。

也如所周知，郭沫若是極善於阿諛逢迎的無恥文醜，他熟讀了這首毛詞，領悟了毛澤東的心理。但，曹操這個人，在一千七百多年的中國民間是毀多於譽的人物，而毛澤東是所謂「人民救星」，相去不啻十萬八千里，而毛泰然願以曹自居，郭沫若「如要」吹拍，「乃可」抬高曹操的聲譽，粉刷汚跡，眩耀勳勞，而祇好在「曹操翻案」上做文章了。

我相信，郭沫若事先必曾徵得毛澤東的默許，他才有這種膽量，來爲一個「反動人物」翻案的。於是乎，掀起軒然的筆戰風波。

曹操一生的功過

綜合一班龐雜紛紜的意見，他們評議曹操的基本觀念，可總扼分爲三大類，第一類認爲「功大於過」，第二類認爲「功過參半」，第三類認爲「過大於功」。但，有一個確鑿的結論，肯定曹操一生就是既有功亦有過的人物，祇是衡量功與過間的比重而已。

功大於過

A：持第一類型看法，所據的理由：

㊀曹操曾經在戰亂頻仍民生凋蔽的東漢末葉，積極恢復農業生產，繁榮農村經濟；而實行屯田制度，興修水利，雖然爲的是鞏固封建地主階級的利益，但對勞動人民是有利的。

㊁曹操剪除割據的軍閥集團，統一北中國，從而減輕人民的痛苦。

㊂擊破烏桓，滌除了邊患。

㊃中國歷史上，從魏晉到唐朝，曹操是受世人崇仰的人物，宋代以後，正統歷史學家，誣指曹操是蓄意篡奪漢室的奸臣，至少是嗾使兒子竊國滅漢。

三月二十四日光明日報發表了郭沫若的「替曹操翻案」文章，是支撐這個論點的主要代表作。「曹操雖然打了黃巾，但並沒有違背黃巾起義的目的。黃巾起義的目的是什麼呢？那就是人民要糧食，要土地，要活下去。在東漢末年，人民的衣食之源，被腐朽的王朝和一些皇親國戚，宦官豪右所壟斷，他們互相殘殺，使人民遭受慘酷苦役，脫離土地，不能聊生；甚至鬧到如曹操的詩所寫的『千里無鷄鳴，生民百遺一』的地步。人民要活下去，所以不得不起義……然而曹操雖打了黃巾，他確是把黃巾進行了組織化。曹操具有軍事天才和組織本領是無可否認的。黃巾義師確實是經過了他的組織而免掉了『瓦解流離』之患。

「曹操是在內地郡國普遍屯田。這是由於當時的黃河流域，人民死亡得太厲害了，到處是無主之地，因而也就歸公家所有……利用了這些無主之地來貸給人民，也使軍人墾闢。

「特別值得强調的是他在建安十二年(二〇七年)五月，千里遠征，一直到東北遼河流域去平定了三郡烏桓，消除了主要的邊患，而救回了被俘虜去做奴隸的漢民十餘萬戶，總得有好幾十萬人……曹操的平定烏桓是反侵略性的戰爭，是得到人民支持的。

「唐太宗李世民有一篇『祭魏太祖文』(見「全唐文」卷十)，是值得注意的。他稱曹操爲『哲人』，他說『以雄武之姿，當艱難之運；棟樑之任同乎曩時，匡匹之功異於後代』……唐代沒有否定曹操還有一個有趣的證據，便是唐玄宗自名爲『阿瞞』……曹操受了很大的歪曲，實在是自宋以來……

功過參半

B：持第二類型看法，所據的理由：

㊀曹操的屯田政策，雖然對當時的人民生活，社會秩序和發展社會生產起了一定作用，但是曹操對屯田上的「屯田客」和「細兵」存在着嚴重的剝削現象。

㊁曹操的移民政策，優劣兼並，如移民洛陽、長安起恢復城市的繁榮，徙置豪强家屬，也對人民有利益，但强迫淮南人民移赴淮北，强制烏桓內徙，民族北移，引致人民反感和民族間的惡感。

唱這種論調的人，以譚其驤的「論曹操」一文寫得較深入與確要，他一方面肯定曹操對人民的四大功績，也指出曹操的四大罪失，他說曹操：

「打了農民起義軍。不但打了青州黃州軍，還打過潁川黃巾軍，打過東郡黑水軍……但決不能說這不是一樁大罪。

「曹操」一生打的仗，極大多數屬於統治集團間內部的戰爭，為了結束混戰，求取統一，這些戰爭是不可避免的；但他在戰爭過程中殺人太多，這也不能不算是一大罪。

「摧抑豪强、興辦屯田誠然對人民有利，但所謂屯田制，實際上是一種用軍事手段强制束縛軍民在土地上進行官六私四或對半分的高度剝削的制度。

「在道德品質方面，他的忌刻殘忍實在也不可饒恕的。……曹操具有上述四大罪狀，可見沒有正統觀念的人，若只看到他的罪而沒有注意他的功，也會痛恨的。」

總之，曹操一生對人民有利，但也有過，是一個英雄，但也是一個暴君。

過大於功

C：持第三類型看法，所說的理由：

㈠曹操統一北中國的意圖，為了完成個人的霸業，擴張自身的權勢，是屠殺農民起家的所謂「第一流政治家」。

㈡曹操挾天子以令諸侯，統一北中國的勝利，是正統尊王思想的幫助，推崇他為第一流軍事家，無乃太過？

㈢曹操詩的優點，在於慷慨蒼涼，其價值遠不及建安七子及其子曹植。建安文學的繁榮，不應歸功於曹操一人的提倡，不能說是第一流的詩人。

㈣曹操不應推崇為民族英雄。

㈤曹操奸詐殘暴，絕無人道人性。

這和郭沫若唱反調的文章，以四月二十一日北京人民日報刊出的楊炳底「曹操應當被肯定麼？」下了斬釘截鐵的論斷：

「曹操的一切政策和措施全都服務於戰爭。不把戰爭的性質和作用弄清楚，根本就弄不清這些政策和措施的性質和作用。

「曹操從事的戰爭有如下幾點：第一類：鎮壓農民革命運動的戰爭，第二類，封建階級內部爭奪霸權的戰爭，第三類，情況複雜的外戰，第四類，直接的屠殺人民為目的戰爭。

「歌頌曹操的同志們所津津樂道而又好像振振有詞的所謂壓抑豪强，所謂減輕租稅，所謂屯田積穀，等等，縱有那麼一點客觀作用（這本身並不否認），能夠彌補曹操的罪行於萬一嗎？給一個重要的歷史人物作翻案文章，必須首先看基本事實。

「我們的讀者要求我們的歷史家寫勞動人民的歷史，寫勞動人民的勞動和鬥爭……可是，現在我們看到的是，對一個封建統治者的『奸臣』之名如砂在眼，羣起翻案，務求弄成正面人物而後止；對推動歷史進步的革命派的「賊」名無動於衷，安之若素，任憑封建歷史家的誣蔑和咒罵……我們，社會主義的建設者，感到自己的勞動祖先太不爭氣，臉上無光。」

這一針見血的批判，把這場文字論戰，帶到尖銳的末端。

中共黨報——人民日報的態度

到了五月八日人民日報上，發表了游紹尹的「曹操是應被肯定的」一文，單純地對第三類型的意見，作全盤的否定，他說：

「歷史唯物主義教導我們，評價歷史人物的標準只有一個，那就是看他是推動社會向前進步呢？還是阻碍它……依據這個標準來評價曹操，我是基本上同意郭沫若同志的意見的：應該替曹操翻案。」

他認為不能只根據曹操的戰爭行為進行評價，應該根據有關曹操的政治活動進行考察，曹操鎮壓黃巾起義是反動的，應受人民譴責，但不能因此就全盤否定曹操所起的積極作用。而且，縱然在長久的戰伐中，屠戮人民，破壞了居民的和平生活，這雖然是曹操的錯誤，無論如何，為了統一北方進行的戰爭，是合理與正義的。他又認為曹操所實行的鋤豪强，抑兼並，輕租稅，與屯田等政策改變了生產關係，但在一定的程度上是有利於生產發展的。因之，儘管曹操踏着黃巾農民鋪平的道路，贏得了權勢，但因做了許許多多有利於人民生活的好事，以推動了歷史向前發展，曹操的定型是應該予以肯定的。

這篇文章出籠後，人民日報的「學術動態」，就有意無意地在收歛討論的問題，以加强肯定曹操的論點了：

「從三月下旬到五月上旬，在報刊上發表的文章和報道，約有六十餘篇。在討論中，大家對於曹操是一個正面人物，應該為曹操翻案，一般沒有爭論。至於這個翻案到什麼程度，對曹操的某些行為和措施的評價，對某些史料的解釋，却有許多不同的意見。爭論的主要問題有：㈠黃巾農民起義的目的問題；㈡曹操的屯田政策問題；㈢曹操是不是民族英雄的問題；㈣如何評價歷史人物的問題。」

天字第一號的大罪

這是這一場狂風暴雨般的論爭結束的先聲，有一點值得注意，那是人民日報的「編輯同志」，已下了曹操是正面人物的肯定結論了。盡量遷就以滿足毛澤東個人的慾望，使他在中國歷史上找到一個同型的帝王人物，佛家說輪廻，那即是說曹操第一代轉世毛澤東了。但，這決不是定論，許許多多的紅色大陸上的知識分子，他在郭沫若扛出毛澤東底「浪淘沙」的招牌下，噤若寒蟬。但我們可以相信，毛澤東的權勢一日存在，曹操的翻案是似是而非地「成功」的。當有一天，毛澤東凄然下台了，或者死在黃泉之下，給後來的一黨徒子徒孫，從塚墓里挖出來鞭屍而像重演史大林的悲劇一樣時，那翻案曹操將是毛匪澤東的天字第一號大罪名。這是我們可下的結論。

——一九五九年五月二十九日於香港。

江湖行（六續）

徐訏

五十九

宋子恂在學校的時候比我高一班，他同我雖然同在學生會裏，在戲團裏，在校刊上活動，但並沒有什麼交情，後來我被人攻擊排擠，宋子恂是站在我敵對方面的。現在他改名叫宋逸塵，在爲電影公司寫劇本了。

當時我對于宋逸塵了解很差，對于電影工作也完全外行，晚間同大夏大冬談起，才知道他在上海電影圈子裏已經是很有地位的編劇，但是他又爲什麼這樣念舊，對于我一事無成一度還處在敵對地位的人忽然親熱起來，而要請我到他家去吃飯呢？

我于第二天晚間應約到宋子恂的家裏。宋子恂正在等我，他帶我走進他們幽靜的客廳。

人與人之間眞是有許多事情是神秘的。我們在學校裏這許多往還沒有使我們成爲朋友；可是在這短短的一二個鐘頭的談話，竟使我們突然密切起來。

我們先談的是過去。宋子恂很坦白的笑他過去的幼稚，被人利用。他還坦白地承認，當時對我的攻擊與謠言許多都是他的主意。他後來一直爲過去的事覺得內疚的。他還告訴我，他父親看他當時生活不好，沒有好好讀書，所以沒有畢業就鼓勵他去美國，這才好好的讀幾年書。他自然也問到我這些年來的生活，我約略地告訴他一點，他聽了非常驚異。我又告訴他我到上海並沒有計劃，也不知道該怎麼打算。他忽然說：

「你爲什麼不來寫點東西，編編劇本。」

「我？」我笑着說：「我除了當初校刊上寫過點幼稚東西後，一直沒有讀過書，動過筆了。怎麼可以同你比。」

「可是你有生活，有豐富的生活。」宋子恂忽然說：「你知道我父親麼？他也寫過兩本小說。現在不寫了。他就認爲寫作的事業，要靠豐富的生活。他沒有生活，所以創作寫不好。」

「可是祇有生活有什麼用？」我說：「沒有基本的訓練怎麼談得到創作。」

「你可以學習，開始學習。這有什麼晚？」宋子恂說：「我父親可以指導你，我也可以幫助你。他現在正編一本文學雜誌，你可以寫點東西，不好的可以請他爲你改改，你知道他是很肯教導青年的。」

「可是你不知道我眞是什麼都不懂。」

「你不要客氣。」他忽看看錶說：「他現在出去了，就要回來，回頭你可以同他談談。」

我還談了許多零零碎碎的往事，自然也談到黃文娟。在長長談話之中，我還漸發現宋子恂是一個誠懇的人，他之想同我談談，約我吃飯，完全是他對過去的一種補償。他出身既好，生活很平順，沒有吃過苦，也沒有受過任何折磨，所以心中某種內疚對于他是一種痛苦，好像發洩了才痛快。

最後，我們談到紫裳，我才發現紫裳已經告訴過他，我是第一個編舞臺雜耍劇使紫裳發紅的人。這大概也是使他鼓勵我編劇的一個原因。

宋子恂的父親宋齊堂于七點鐘回家。在學校裏的時期，我同他沒有談過多少話，但自然是認識的；我因爲曾在學生會裏活躍，他對我也沒有忘記。他在這幾年來眞是老了許多。

大概就因爲宋子恂曾經談到過我，所以他有許多話可以同我談。問到我離開學校後的生活，我很慚愧的告訴他流落江湖後的種種，經過各種各樣的人生，嘗過各種各樣的生活滋味，祇是沒有讀書。

齊堂先生對我的人生閱歷很有興趣。可是問到以後的打算，我則不知怎麼說好了。

當時宋子恂就把他鼓勵我的提了出來，說他希望我可以把這些生活上的體驗寫點東西。

齊堂先生笑了笑，他說寫作是一種愛好，如果我有這愛好，何妨先寫點短篇給他看看。

我自然也談到他的小說，問他以後爲什麼沒有再寫。他很歉虛的說他這兩本小說，祇是一種嘗試，不成東西。他說他是不適宜寫文藝創作的人，寫文藝創作，除了大天才以外，必須多有點生活的經驗，而他則祇是平平順順的過日子；應該多有痛苦與快樂的體驗，而他則是沒有這許多人生的波折。

我們在客廳裏坐了不久，就開飯了。

飯後我想告辭，他們約我到書房裏去喝咖啡。走進齊堂先生的書房，我眞是覺得我是一個多麼不學無術的人了，除在學校圖書館外，我從沒有看到這許多書籍。齊堂先生告訴我他在研究的工作與他計劃着要寫的書。這使我知道他是一個多麼用功的人。

我當時就請教他，如果我想寫點東西，應該讀點什麼書？他說：

「應該多讀作品，中國的，外國的，現代的，近代的，古代的。什麼文藝理論都可以晚一點讀，先讀作品。」

宋子恂好像不十分同意他父親的話，他認爲基本的文學概論一些書，應該讀些。我告訴他，這些書我自然讀過，但這祇是常識，于寫作並沒有關係。

論文談學，我自然沒有資格，以後聽他們父子談書籍作品與作者，我就什麼都不懂了。但不知怎麼，這對我是一種稀有的刺激，我驟然有想不到的求知慾，也帶着有好勝的心理。我一時很想擺脫一切好好去讀點書。

那天我們談得很晚，臨走時，我借了好幾本書。在回家的路上，我心裏所想的就是怎麼樣把我的生命去尋求新的安排。我很想馬上讀完這些書，讀完宋家書架所有的書，使我可以與他們父子平等地談話。

回到學規路，大夏大多竟都在家，他們很用功的在讀書。大夏恰巧在讀英文。我曾經讀過幾年英文，但是荒疏太久，忘了不少。我看大夏的程度比我還低。大夏告訴我他是跟一個私人敎授在學，一星期三次。我當時就問他能不能讓我參加。大夏表示非常歡迎，還對我極力鼓勵。

我告訴他們我從宋逸塵家裏吃飯回來；他們演過宋逸塵的劇本，也認識他。我告訴他們他是我的同學，但現在他已經很有成就，而我則混過許多時日，什麼都沒進步，所以決心要好好用功了。

一個人生命的改變，有許多因素，這些因素，有些是蓋然的，有些是偶然的。要是我以前一直不會讀書，我不會想讀書；要是我不會到宋逸塵，不到宋家去，我也不會有這樣的決心。但是最根本的也許還是對紫裳的愛，她使我對宋逸塵這個編劇的地位有奇怪的羨慕。好像如果我有宋逸塵的地位，同紫裳在一起就可以不太慚愧了。

就是從那天開始，我的生活有根本的改變。我雖然也偶而去春明飯店，也去蓮香閣，但是我知道這祇是短期的計劃，不用作什麼以後的打算了。而經常的事情，我都拜託了韓濤壽。他也很熱心的在處理一切。所以我得安安定定的好好讀點書。

就在我決心讀書的時候，我大概有三天沒有出門；韓濤壽忽然來找我，說野鳳凰要我晚飯後到國泰去看她；我還以爲舵伯一定也在，有什麼事要找我，所以並不以爲奇。

在我想像中，舵伯一定忙于處理他的事業，野鳳凰應當最空閒，最快樂。蓮香閣的唱演，收入足可以爲班子的開銷，而她自己也不用靠這筆收入。她祇要靜靜等待合約滿期，預備結婚作蜜月旅行就是了，什麼也不必打算，什麼也不必擔憂了。可是想不到竟不是如此。

我于飯後去國泰飯店，發現在她房間裏等我的祇是野鳳凰一個人；這就使我想到一定有些什麼事了。

自從在她家一同在煙榻上談話以後，我一直沒有同她單獨在一起親蜜地談過話。那天她穿一件很做舊的玄色祺袍，高梳着頭髻，從沙發上起來迎我，我說：

「你一個人？」

「我想單獨同你談談，」她說着敬我一支烟。于是又說：「我們還是同以前一樣的好朋友，是不？」

「爲什麼不？」

「你看，許多事情都出你我意外的發展。」她說：「偶而回想到我們以前在烟榻上所談的，眞像一個夢。」

「我眞高興你與舵伯重會，你與紫裳團聚。」

「你知道你是我的恩人，是眞正救我的恩人。」

「啊！我有什麼功勞，這祇能說是個機緣。」

「要沒有你，我跟本不會再想到舵老同紫裳的。」她說：「我不知道應該怎麼報答你。」

「你對我已經够好了，要我跟你們去四川。」我說着，忽然想起這倒是一個告訴她我已經改變意思的機會，我就接下去說：「可是我現在想想，還是不去四川了。」

「爲什麼？」她忽然笑着說。

「我現在剛剛安定些，我在讀書，所以暫時不想動了。」我說：「你們去四川，安定下來了，我隨時可以來看你們的。這意思我還沒同舵伯談過，我實在很難開口，我想還是請你告訴他吧。」

「我很了解你，」她忽然說：「你愛的是紫裳，你不想離開她。」

「也許這也是一個原因。」

「你應當早告訴我，」她忽然非常莊嚴地說：「我從紫裳地方知道她也在愛你。我很奇怪她在上海這樣環境中還這樣愛你。這是很出我意外的，我們都以爲你在愛小鳳凰，也覺得爲你的幸福着想，你同我們一起去四川可以過着很幸福的戀愛生活。可是現在……」

「現在怎麼樣？」

「我可以老實告訴你，你自己也許不知道，小鳳凰也在愛你，這是她第一次戀愛，我不喜歡你傷她的心。」

「不會的，不會的。」

「可是這是眞的。」

「你已經告訴她，你與舵伯結婚去四川的計劃了麼？」

「沒有，」野鳳凰說：「我想等她這期唱完時再說。但是我探她口氣，她是眞的在愛你了。你知道她這兩天演唱因爲你不在場，她很不高興麼？她還借別的事情發了好幾次脾氣。」

「眞的？」

「自然是眞的。」野鳳凰說：「愛情是你們自己的事情，兩個人都是我的女兒，我不敢說一句話，你說你愛的是紫裳，我自然沒有話說，可是你應該設法不要傷小鳳凰的心。」

我緘默着沒有說一句話。

「而且……」她說了半句忽然不說了。

「而且什麼？」

「舵伯告訴我，你聽了我們希望你同小鳳凰結合，你非常興奮，一口答應同我們一起旅行。所以我們以爲你愛的是小鳳凰。」

「但是我不知道小鳳凰這樣愛我。」

「你沒有對她表示過愛麼？」野鳳凰微笑着，用着一種譏刺的聲音說。

這句話使我想到我吻小鳳凰時候的情形，我的心不知道什麼樣對自己解釋了，我一直緘默着。

「你看，你們男人！」野鳳凰忽然說。

「那麼你希望我怎麼呢？」

「爲你幸福着想，小鳳凰自然適宜做你太太，紫裳現在是太紅了。是不？」她說：「爲她們着想，她們都是我的女兒。但是紫裳沒有你還可以照樣活下去；小鳳凰沒有你，我就不知道了，她也許因爲你不跟我們去四川，她也不想跟我們去呢。」

我當時眞是說不出什麼，也不知道應該怎麼辦。我楞了許久。

「不管怎麼樣，今晚上你總該同我去蓮香閣看看她。」她說着看看錶，站起來說：「你等我換一件衣服。」

野鳳凰走進浴室以後，我一個人坐在沙發上，心理浮起一種分不清的雜亂的情緒。自己眞是不了解自己的感情，我在愛紫裳，我也在愛小鳳凰。

愛情是一種複雜的情感，這裏包括友誼，包括情慾，包括兩個人的歷史與各種奇怪的暗示。在這些綜錯之中，我們很難找出所謂愛的原素。除非這時候有一種生死的患難使各種複雜的混合物都一一濾清，我也許能清楚地看到我的眞正的愛情。

但爲什麼我不會是一個沒有眞愛的人呢？也許，當一個人在第一次戀愛時經歷到太多痛苦，他以後就不會再認識愛情了。

六十

一個人活在世上應該是爲幸福，但是幸福的打算實在太複雜了。舵伯說他應該一直不帶我出來，讓我像父親一樣一生祇在一個小地方，我也許還會幸福些。可是我並不後悔，因爲我看到了人生。

當我初戀失敗的時候，葛衣情把讀書看得怎麼高。我以爲讀書應當是幸福的，但帶來的是更多的痛苦。

如今衣情爲我計劃了幸福的前程，我厭憎她。野鳳凰與舵伯爲我計劃了幸福的婚姻，我也滿以爲是我眞正歸宿了。但是紫裳又把我帶到了她的愛情的園地。

我沒有辦法拒絕紫裳的愛，也貪戀小鳳凰對我的一種驕傲的柔情。我同小鳳凰雖然始終保住一種有距離的友誼，可是我內心總覺得我有點對不起紫裳；而當我同紫裳在一起纏綿之時，我又覺得對不起小鳳凰。

于是我開始怕見她們，我還時時覺得我有負于阿清，我曾經想把木梳寄還給她，告訴她請她不必等我，但我一直沒有做。在奇奇怪怪矛盾的情感中，我逐漸逃避在閱讀中，我喜歡到宋子恂家裏去，好像哪裡可以遠離我煩惱的世界一樣。

我也曾經同宋子恂談到戀愛婚姻等問題，他告訴我他已經在美國訂婚，她的未婚妻還在美國，他給我看他未婚妻的照像，還給我看一二封她寫來的情書。使我覺得人家的生活幾乎都順着正當的軌道，沒有憂慮，也沒有矛盾。宋子恂還有一個姊姊在英國讀法律，一個弟弟在法國學繪畫。他們的母親于前年去世，齊堂先生雖是年紀不小，但還清健。整個的家庭由一個老佣人在管，可是井井有條。我到他們家慢慢的也變成自己的家人一樣。我眞是羨慕這個清靜而充滿智慧的家庭。

當我讀了二十幾本小說與散文以後，有一天，忽然寫了一篇抒情的散文，內容實際上是對于自己許多矛盾情感的分析與自責。我把這篇東西請子恂與他父親去看，他們看了竟非常稱讚。齊堂先生要我交給他，他在文字上改了幾處，就在他所主編的文學雜誌發表出來。這件事對我鼓勵很大，第二次我就寫了一篇小說。我又交給齊堂先生。他讀了同我談了半天，給我許多指點，要我重寫一遍。我當眞是非常興奮，當夜就把它寫過，第二天又趕快送去。這次齊堂先生認爲很好，祇是把結尾一段刪去，又在文學雜誌發表出來。齊堂先生所編的文學雜誌是當時中國最有地位的文藝期刊，我的作品能够在那裏發表，對我眞是有很大的鼓勵。

這是我寫作生涯的開始，也是我認眞閱讀的開始。

我所以在這裏特別把這點提出來，因爲這的確使我在伴同小鳳凰去四川與逗留在上海的考慮中，使後者增加了一個很大的份量。

在小鳳凰合約快滿時，蓮香閣的佟千鈞還想續訂一期，還有一個東方書場也用更高的代價來拉她們，可是野鳳凰都拒絕了。

這是到了無法不對大家宣佈她與小鳳凰要放棄這個演唱生涯的時候了。她先同我商量，要我先把她要與舵伯結婚與去四川的消息告訴小鳳凰。並且要我于小鳳凰輟唱的一天帶她到國泰與舵伯見面，一起吃飯。

對陸夢標，野鳳凰也要我私下先告訴他，以後再由她對大家宣佈。

我當時覺得對小鳳凰問題並不困難。野鳳凰自然不便告訴女兒自己結婚的計劃，由我來告訴她是很自然的事。對于陸夢標則實在有問題，因爲他對這個班子與小鳳凰前途都抱有太大的希望。由我同他去講，尤其很不合適：因爲作爲小鳳凰的老師，他同我似乎有點對立過。一個人的妬忌心是很難解釋的，我同野鳳凰與小鳳凰的關係，在陸夢標總覺得有點礙眼。因此我要野鳳凰託韓濤壽去談，他這些日子來同陸夢標弄得很熟，而且他也比較知道怎麼樣處置最爲妥當。

韓濤壽聽了野鳳凰與舵老要結婚的消息，很詫異也很高興。因此對于遣散班子的意念也很同情。談到陸夢標的問題，他考慮了許久，最後還是覺得野鳳凰應當自己同他去談。不過他認爲既然蓮香閣或東方書場同陸夢標訂約，野鳳凰不應當拒絕，應當促成蓮香閣或東方書場同陸夢標訂約。野鳳凰可以不必對大家說遣散班子，祇是把班子讓給陸夢標，由陸夢標去續請他們好了。他還說如果再漂亮一點，野鳳凰反正也不計較這點錢，大可以把這期的贏利贈他，而小鳳凰的這期收入，爲答謝師父，也可算作謝金。

一個人考慮事情，往往祇從自己的觀點出發，韓濤壽所見到的究竟都比我們遠濶。野鳳凰對于他的意見非常敬佩，當時就請他全權代表與陸夢標去談。

這件事情終算順利妥當的辦好了。韓濤壽還介紹另外兩個唱大鼓的參加陸夢標的班子，在蓮香閣繼續演唱兩個月，以後又到東方書場演唱了兩個月。世上人事的變化本不是我們所能預料，而江湖上的聚合更是無從度測，我于野鳳凰小鳳凰脫離那個團體後，自然也不知道這一批朋友是怎麼樣在人海中變化了。

就在韓濤壽與陸夢標商談這些的時候，我找個機會把野鳳凰計劃告訴了小鳳凰，我自然也告訴她舵伯與野鳳凰過去戀愛的歷史。小鳳凰聽了非常同情與高興。她對于她的演唱並不留戀，祇是對于陸夢標很關心，我告訴她她母親正在爲他安排。

談到她去四川進學校種種，小鳳凰竟非常興奮，她一直羨慕在學校裏穿着制服的女學生，現在自己也去進學校，該是多麼快樂。

接着她就問我是不是同他們一起去四川，我說我也許一時走不開，等舵伯在那邊安頓好了，我自然隨時會去的。小鳳凰聽了雖然有點不高興。但我看不出有野鳳凰所說的她對我有無法離開的愛情。她說：

「那麼我在那面等你。」

「你們安頓好了，隨時叫我，我隨時會來的。」我說：「而且你要進學校讀書，我呢，我也想在這裏多讀點書。你知道那位宋先生的父親，現在正在敎我寫東西嗎？」

小鳳凰沒有再說什麼，她知道我近來忙于讀書寫作的種種，所以很能够諒解。

我把我與小鳳凰談話的結果報告野鳳凰時，我突然發覺舵伯也解決了葛衣情的問題。

我滿以爲舵伯在解決這個問題時會同我商量，或者會請我幫忙，可是出我意外的，他在我們忙于陸夢標新班子的時候，很快的把什麼都解決了。

那是春天已將過去，天氣時冷時熱。我在陽光滿照我窗櫺的一個早晨，接到了一個請帖。

出我意外的，是葛衣情與潘宗嶽的喜柬。由雙方家長具名，女方的家長則是舵伯。

這是一個很突兀的消息。可是大夏大冬心目中，則並不覺得怎麼希奇。對于上海的聞人，我是太不熟了，潘宗嶽究竟是什麼樣一個人，我也不知道。大夏大冬告訴我他是上海的大亨，有錢有勢；衣情同他往還很久，但想不到他倆會結婚。

他們又告訴我，潘宗嶽是隨着日本人勢力抬頭新起的一個巨賈，在日本軍人毒化華北的政策中崛起的，包銷烟土白麵的人物，幾年來他的勢力已經伸展到上海不同的金融企業中，他已經是一個很重要的聞人了。

他們還告訴我潘宗嶽比舵老年輕，初進上海市場時候，當然還要借重舵老；他是依靠衣情的關係去接近舵伯的。但後來潘宗嶽在投機市場上占了優勢，幾乎把舵伯打跨了。

而葛衣情竟下嫁給他！

這自然是旗鼓相當，珠聯璧合的婚姻。

我從大夏大冬地方知道這些內幕，心裏非常不安。我怕這于舵伯一定是一個很大的打擊。我本想就打電話去問舵伯，後來我怕葛衣情在家，反而不方便。于是我想到韓濤壽也許會知道詳細一點，至少對于潘宗嶽與舵伯的關係有更多的了解，所以我就打電話到春明飯店，恰巧他在那裏。

韓濤壽在電話裏說他也剛剛接到這個請帖，他還知道潘宗嶽倒是正式同髮妻離了婚。他也正想問我有沒有接到請帖。當時就請他到學規路來談談。

韓濤壽來的時候，大夏大冬已經出去了。整個房子祇有我們兩個人，我們足足談了三個鐘頭。

韓濤壽告許我許多我想不到的事情，像葛衣情這樣一個女人，並沒有受什麼敎育，居然有許多手段策略，這眞是想不到的事情。我儘管厭憎她的作風，但不得不佩服她的出奇的聰敏。

原來潘宗嶽起初是一個土販子，葛衣情就從舵伯那裏騙到一點錢，同他合夥。潘宗嶽到上海以後，許多事業，葛衣情或多或少都有參加。她運用舵伯的勢力地位幫助潘宗嶽，以後又利用潘宗嶽的力量操縱舵伯。她在市場上，把舵伯的機密洩漏給潘宗嶽，使舵伯的力量減弱，但在舵伯不支的時候，又用自己的力量支持舵伯。因此她自己的財力與地位，在暗中已經與潘宗嶽與舵伯相抗衡了。

在我靜聽到這些故事以後，我頓然想到她的成功的始點，也許正是我失敗的始點。她與潘宗嶽合作，也許正是由我與舵伯合作的歷史中得到的靈感。而我的失敗也正是她的敎訓，所以她毫不放鬆的繼續這個合作。我說：

「眞想不到葛衣情這麼厲害。」

「但是她想嫁的是你。」

「是我？」我說：「她告訴過你？」

「是的。她在你這次來上海後，就抱着這個希望，她說她現在什麼都有了，祇是沒有愛情。她一生祇有你眞正愛過她。」

「可是……」

「你拒絕了她。」

「我愛她的時候，她負了我，」我說：「以後我沒有愛過她。」

「但是你愛她的時候，要她跟你過窮苦生活，而她要你的時候，已經爲你打定了經濟基礎，你可以現成享福了。」

「她希望我承繼舵伯的事業。」

「這正是她的野心，」韓濤壽說：「潘宗嶽的事業，少說她也要占四分之一或者三分之一，你再承繼舵伯的，哪麼上海不就是你的了麼？」

「你眞愛開玩笑。」我說：「我覺得她還不够聰敏。她倒沒有想到嫁給舵伯。」

「我想她以前也可能有過這個企圖。可是舵伯因爲她是你的或者一度是你的，所以祇以女兒一樣在待她。」

「很可能她有這個企圖，但是卽使她不是我的，舵伯也不會接受她的，你知道舵伯一直愛着野鳳凰。」

「這怎麼講？」

「你大概不知道他們過去，當野鳳凰十六歲的時候，舵伯就愛上她，可以說已經訂了婚，可是以後舵伯被捕了，野鳳凰的父母過世了，她跑上江湖，兩個人就失去了聯絡。」我說着，又把他們過去的事情複述一遍。

「有這樣的事情？」像韓濤壽這樣有見聞的人，對于舵伯這個人也開始不解。他說：「像他這樣一個人，對什麼事都不當一回事，甚至對他自己的生命也不看重，怎麼對于愛情倒這樣堅貞。」

「這就是我們無從了解舵伯的地方。」我說：「你看，他有了野鳳凰，什麼都想放棄了。」

「這是他與葛衣情不同的地方。」

「這怎麼講。」

「你看，男人有了愛情以後，什麼都不要，女人有了一切以後，才想到愛情。」

「韓濤壽，你眞是一個哲學家！」我說。

同韓濤壽暢談以後，我對葛衣情開始有一種諒解。她是一個有才能氣魄野心的人，她無法平庸地過活。她必須操弄錢操弄權甚至操弄男人。她曾經要委身于舵伯，舵伯不要，也曾經要委身于我，我沒有接受。哪麼她與潘宗嶽結褵，是很自然的事，還有什麼可怪她呢？

我從自己的諒解，想到比我有度量的舵伯，一定不會有所介意的，我覺得早晨我以爲對舵伯是一種打擊的想法，倒是可笑了。

當夜，我在國泰與舵伯野鳳凰小鳳凰吃飯。舵伯，果然不出我所料，他對于衣情的結婚事情反而非常高興。他說，當他告訴衣情他的退休計劃以後，第二天衣情卽把她與潘宗嶽結婚的事情同他商量，舵伯當時一口贊成。衣情倒要他暫時不要告訴我。

那天舵伯非常高興。他計劃把野鳳凰小鳳凰紫裳都搬他那裏去住一個月，要我也搬去。以後他就帶我們去四川旅行，把房子交給紫裳。

在這個問題面前，我又惶惑起來。自從上次與野鳳凰談過以後，我始終沒有什麼決定。我看出野鳳凰也並沒有把我想改變計劃的意念告訴過舵伯。我不知道她是爲怕免去舵伯不開心而不告訴他，還是對我跟他們旅行的信心很强，以爲我的話不過一時的動搖。當時我忽然發現小鳳凰好像也已經相信我要同她一同旅行的計劃。在她的充滿青春的眼光中，對于這世界像有一千種的信任。舵伯與野鳳凰是蜜月旅行，我們則是戀愛旅行。我知道我是一個脆弱的人，祇要離開上海，我一定無法不離開紫裳，我會很情願的成了小鳳凰的俘虜了。我在小鳳凰面前，我無法否認我在愛她；但因爲我與紫裳的關係，我始終未會對小鳳凰透露過我的愛情。我心中纏繞着說不出的矛盾，因而更無法有所決擇。但有一點我非常清楚，就是，無論我如何決定，我不能損害她們任何一個人的自尊。隱瞞欺騙在愛情世界中是不高貴的，但我仍不得不這樣做，而我的代價是我心中的痛苦。我當時什麼也沒有表示，我祇是用話打岔，我說：

「衣情他們在揚子江飯店，是不？你去主婚？」

「自然。」舵伯說：「你不想去。」

「我自然要去道賀。」我說。

六十一

揚子江飯店原名是申江飯店，由潘宗嶽買下來，裝修一新，改名揚子江飯店，他還把它擴大，在後面蓋了一所新的大樓。現在這所大樓剛剛落成，他與葛衣情的婚禮就在那裏舉行。

這眞是一個豪濶奢侈浪費的場面。

他們把哪七層樓的大厦，都紮綴了燦爛的燈彩。頂上兩層招待遠來道喜的親友，五四兩層是慶祝的堂會，三層是禮堂，一二層則是設置茶點讌席之處，前後親友賀客據說有三萬人。光是宴席就擺了五天。

這些都是韓濤壽告訴我的，他被邀去幫忙，管理五四兩層，其他六七兩層有一個管事，一二兩層有一管事；他們上面還有一個總管，兼管第三層的禮堂。

我祇在正式婚禮舉行時去道賀了一下。那是第二天。新郎新娘于第四天就到北平去蜜月旅行了。

葛衣情去北平旅行時，舵伯很希望我們都搬到他那裏去住。但是野鳳凰要等她與舵伯結婚後，才搬進去。紫裳雖是接受了舵伯送她房子的美意，但覺得太大，舵伯他們走後，她一個人去住這麼大的房子，當然更不合式。所以她的意思要設法租給人家，或者租給一家電影公司也好。既然不預備去住，當然根本就不必搬去了。我住在大夏大冬的三層樓，非常自由，更沒有搬到那邊去的必要。其次在紫裳與小鳳凰之間，我心裏有許多自己都無從解說的矛盾，但有一點我是知道的，我不願意小鳳凰知道我不去四川是爲紫裳，也不願紫裳知道小鳳凰對我有友誼以上的感情。

在愛情的世界中，我們都付了深重的痛苦的代價。舵伯已經使紫裳與野鳳凰和好諒解。我自然要使紫裳與小鳳凰能像姊妹一樣的相愛。

這個短短的時期，我心裏仍矛盾痛苦，但是我另有一種生命在發芽，那就是我的寫作事業，在宋齊堂父子的指導與鼓勵之下，我的興趣非常高，我通宵閱讀寫作。我的作品散見于各刊與報章，我逐漸被文壇認爲是一個新進的天才。

那時我正寫了一篇「盜賊之間」的中篇小說，也在文學雜誌發表，我寫一個江湖女子愛上了一個神偷，她想像神偷是一個巧妙聰敏神秘的人物；但同時又愛上了一個强盜，她想像强盜是一個勇敢豪邁痛快的人物；但因爲愛了兩個人，她心理就有各種不同矛盾徬徨與痛苦，她想盡方法，不讓兩方面知道她心裏另有他人，她不願意他們彼此妬忌仇恨。偏偏這個神偷同她在一起，就愛講强盜的低能與暴戾，而那個强盜又愛在她面前講起小偷的懦怯與無用。她總是站在强盜的立場與小偷爭，又站在小偷的立場與强盜爭。于是慢慢的她竟發現那個小偷竟眞有强盜所說的一切小偷的缺點，並不是她所想像的巧妙聰敏神秘的人物；而那個强盜也正具有那個小偷所說的一切缺點，並不是她所想像的勇敢豪邁痛快的人物。最後她離開那個强盜，說她現在愛上了一個小偷；但同時她也離開了那個小偷，說她現在愛上了一個强盜。她獨自一個人又在茫茫的人海去過流浪生活。

這篇小說，一時竟驚動了當時的文壇。我一躍而成爲文壇的寵兒。其成功的原因我自己是知道的，因爲我有眞正生活的體驗。其中所寫的那個江湖女郎愛上兩個人的矛盾徬徨心理，正是我在愛紫裳與小鳳凰的矛盾痛苦的自白。

宋逸塵想把這小說改寫成電影劇本，由紫裳主演，這使我與紫裳都感到一種說不出的快樂，因爲我與紫裳的事業終究有所聯繫了。

現在寫這些故事的時候，我可以細細反芻到人生中命運安排的巧妙了。

一個人的走紅交運成功是意想不到的。我不敢說這不是靠我的文藝天才，我不敢說這不是靠我的好學與努力。但是我可以說我是從來沒有想到過我要成一個作家的，一直到我這次回上海，我連做夢都沒有想到過。

細細分析，我所以走上這條路，不用說，第一個影響是宋逸塵，第二個則是他的父親宋齊堂。但是要不是那天去賽內飯店，碰見紫裳，我也不會碰見宋逸塵。而向紫裳去招呼，則還要歸功于小鳳凰的要求。另一方面說，如果宋逸塵不是我以前的同學，或者，雖是同學，而他沒有一個被人利用對我造謠的內疚，我們，他也不會約我去看他的。這樣推理分析起來，我們可以細細找到無數的細小的偶然的因素。

這些因素，祇要少了一個，我的生命可能就不能走上這條路徑。對于這些偶然的無數巧妙的組合，我除了用機緣或者命運的名詞外，就不知道該怎麼說了。但最重要的是我在愛紫裳，我是多麼羨慕宋逸塵，他有一個與紫裳是平等的地位。現在，我終算也可以同紫裳在一起而沒有自卑感了。

我作這樣反省自白的時候，我還忘了一個很大的因素。那就是韓濤壽。因爲有韓濤壽寫劍俠小說的成功，才使我有嘗試寫作的勇氣。否則我雖是有宋齊堂先生的鼓勵與提攜，我也許仍是不敢去嘗試的。

當我說到這三個給我影響的人，我不得不想他們三個人的性格，祇要他們三個人的性格有一個不是如此，無論是出于驕傲自大或甚至是冷淡不熱心，我的命運都可能有不同，祇要第一天去宋家，宋齊堂有點頭痛不適，不同逸塵談那些我不懂的作品與作家，也可能引不起我的好奇心與求知慾，那麽我的命運即便是如此，也可能要晚了幾個月才被人注意，那麽一切以後的變化也就會完全兩樣了。——因爲這是關聯着我留上海與去四川的問題。

一個人是這樣偶然地決定了他的一切，而這決定的因素又是如此的碎瑣煩雜，可是一個人之走紅與交運則是一夕間的事情，我在文壇上的出現，正如當年舵伯的出現，也正如當年紫裳的出現，我也成了一個有人驚奇有人妬忌有人崇拜有人談論的人物。

這使我的心理有一種奇怪的平衡，使我在與紫裳坐在一起躺在一起的時候，再不感到自卑與慚愧了。

這些因素與我要更進一步用功與寫作，幫助我決定了我不同舵伯他們去四川。而且我有了一個最好的理由，就是因爲我要幫助宋逸塵寫那個「盜賊之間」的電影劇本，要看紫裳進行這部電影，所以我暫時祇好留在上海，——這也就是說，如果這部小說晚兩個月出現，我的推辭就不是這樣容易了。

舵伯對于我的留上海非常同情，因爲我剛剛有點成就，自然不應該懈怠下來而去旅行。野鳳凰似乎有點失望，但同時還很自信，她說，這樣也好，反正小鳳凰還要讀幾年書，而你也不會同紫裳結婚的。小鳳凰自從放棄賣歌以來，已經進補習學校讀書，生活上有許多改變。我爲她取一個名字，「容裳」。她要別人都叫她這個名字。我曾經爲野鳳凰取過劉曇芳的名字，野鳳凰在國泰飯店就是用劉曇芳。我在這裏敍述中雖是一直稱她野鳳凰，可是在當時實際生活中，除了我與韓濤壽陸夢標一些舊圈子裏的人外已經沒有人用這個藝名。小鳳凰在跳出舊圈子時換了新名，自然也比較容易成功。那些新認識她的人，雖是不難接受她的新名字，可是也很難不想到她以前是小鳳凰。這在小鳳凰都覺得不很高興。我當時就想到，這正是小鳳凰的一種蛻變，在她到了內地進了學校以後，恐怕連她自已都不會相信她是一個京韻大鼓的歌手了。

在這些日子中，她同我在一起時候很多，她與紫裳也有了往還，我也帶她認識了大夏大冬以及宋逸塵等一些朋友。在許多應酬之中，我也帶她成爲我的伴侶。這使小鳳凰的見聞驟然開濶起來，她的知識慾與好勝心使她的心靈起了很多變化。

儘管我心裏對她有許多我自已都不解的情愫，可是因爲我與紫裳的關係，我從未對小鳳凰有什麽熱愛的表示。她對于我這種態度有什麽樣的想法，我不知道。但是我發現她之所以看重我就因爲我對她的尊重。在她的生命中，男子對她表示親暱的自然已經不少，這大概正造成了她對于那些輕易對她表示親暱的人覺得討厭。事實上，她的年紀還輕，在她多年來江湖上賣藝生活中，她的心理正有一種綜錯，她對于男子對她的態度有奇怪的敏感，她不喜歡別人再當她是賣藝的女子，因而很容易想到別人仍舊以江湖上的女孩子在待她。由于這些關係，她對于進學校去做學生的生活抱着很大的渴念。她很希望可以早點去內地，早點進學校。她說她希望住在學校裏，好好過學生的生活。

在這些往還之中，她也慢慢了解些我的工作與事業，以及與宋逸塵合作爲紫裳寫劇本的種種。因而也更諒解我同他們一起去內地的各種困難。所以當我宣佈不跟她們去四川，在小鳳凰並不覺得突兀，她認爲我不同她們同去是對的。她希望自已早點進學校，希望她母親早點在四川有了房子，安定下來，希望我可于來年暑假時去看她們。這是我當時對她說的，也是我心中的一種想法，我想在上海有點建樹後，到四川去看他們，安安定定住下來進行一部較大的著作。

是這樣的變化，是這樣的決定；我們每個人都很愉快，而我的改變計劃，並沒有遇到什麽特殊的困難。

就在這樣融和美麗的空氣中，舵伯與野鳳凰結婚了。他們舉行了簡單莊嚴的婚禮，喜酒就擺在家裏。

照理，像舵伯在上海的地位，他應該有很多的賓客了，野鳳凰剛來上海，應該沒有什麽人可請的。可是事實上正相反。舵伯很早就宣佈了退休，許多日子以來，一直在應酬宴會中生活。婚禮所以拖到今天，就因爲舵伯想在這些應酬完了以後舉行，他沒有對人說到他要結婚，所以那天的婚禮可以說是秘密的。而野鳳凰，則有陸夢標一羣跟她來上海的班子。此外還有她的兩個女兒。我與韓濤壽反而成爲很重要的賓客，還有幾個則是幫助舵伯處理雜務的一些人。

把舵伯的婚禮與葛衣情的婚禮比起來，眞是一個很有趣的對照。這一方面也許可以說舵伯的婚姻是人生在舞臺中下臺的團圓，衣情的婚姻是上臺的序曲；另一方面也許祇是說明婚姻是年輕人的勾當。舵伯自然不是沒有能力舖張，而是不願意再熱鬧了。我們想到舵伯對野鳳凰的愛情，在垂老的時候這樣的結合，也許反而是這美麗愛情的最悲劇的悲劇。而葛衣情之與潘宗嶽的結合，既然談不到愛情，則是否終老原可以不必計較，那麽可說總是鬧劇裏喜劇的結尾。

人生舞臺中，人類所串演的認眞或不認眞的戲劇，眞實的價值永遠祇有串演的人能够了解。每個人生命的意義有時正不是旁觀的人所能捉摸與了解，特別是這些與社會沒有關係的私事。

在舵伯與野鳳凰結婚之後，野鳳凰小鳳凰以及胡嬷與翠妹自然就搬到舵伯的房子裏去了。可是因爲許多人還常來找舵伯，使舵伯無法完全脫離過去的社會，他覺得很厭煩；其次是紫裳與我都沒有搬去；而紫裳也已經進行要在舵伯走後把那房子出租去的事情。爲這種種原因，舵伯忽然決定搬到一家幽靜的公寓去暫住。他要提早的把那房子的事情交給紫裳去管理。紫裳自然同我商量，我又找韓濤壽。大家商量的結果，暫時由我與韓濤壽去暫住。我因爲一星期有兩天要同大夏去念英文，所以那兩天仍住在大夏家裏，其餘的幾夜則住到那邊去。韓濤壽則決定暫時搬去。

自然，房子裏還有許多未了的事情。一部分東西，舵伯要整理運到內地去的，另外一部分的東西則還要等衣情回來，由她來處理的；她還有許多東西，則要送掉或賣去的。

舵伯僱用的僕人，男女一共有十一個，一個已經跟衣情北去，兩個已經派到舵伯暫時住的公寓裏去，還有一個車夫與一個廚子，也將于衣情回來後，去跟衣情。另外一個專看藝中的女佣，也將跟藝中一同到衣情那裏去。藝中已經六歲，面型顯出許多像她母親——映弓——的地方。舵伯本來很願意帶他到四川去。但因爲衣情願意要，所以將由衣情領去。此外還有幾個花匠園丁等，慢慢自然要遣散，但暫時都住在那裏，幫同整理舵伯要運走的書畫古玩行李等等。所以當時這所房子眞是像是要散戲的後臺，並不適宜于住人的。舵伯所以要搬到一個新的公寓去，我想這也正是這個原因。可是舵伯爲整理那些要運到內地去的什物，有時候也來指揮。他對于這所房子，固然有感情；對于那些佣人，也好像很不願意分離；對于藝中，也表示特別喜愛。人的富有，大概是一種負擔；舵伯的性格，對我永遠是一個謎，他一方面非常果敢洒脫，一方面又有許多戀執；一方面很冷酷，一方面又很多情。他這樣的放棄上海的一切自然需要很大的勇氣，但是他也並不能洒脫到毫不依戀。舵伯性格中這些矛盾，似乎在他每次來指揮清理什物時表現得很多。

紫裳與宋逸塵大概也談到那所房子的問題。宋逸塵恰巧有朋友要辦一所華僑中學，那個朋友在南洋籌了一筆基金，想在上海辦一個華僑中學，正在物色一個校址，預備興建，舵伯那所房子並不適合，但是園子大，足够興建校舍，所以看了一次很滿意。紫裳就勸舵伯賣去。舵伯說他已經送紫裳，自然一切由她全權去決定。紫裳就要舵伯在離開上海前完成這份交易，省得把房子轉移到紫裳的名下再賣。

這件事情進行得相當順利。談好交屋的日期是在兩個月以後，但買主因爲要建校舍，已經找了建築師等時常來測量規劃。

就在這個事多人亂的當兒，一件很奇怪的事情就發生了。

那時天氣已交初夏，有點燠熱，有一天，我于上午十一時離開徐家滙路，我出門的時候，韓濤壽還在，他告訴我，他下午要去送稿子——那時他剛剛寫完江南六俠傳。

我于黃昏時份到學規路，大冬不在，大夏約我一同到一家新開的山西小館吃刀削麵。餐後我們就去英文先生那裏上課。上課回來，大冬還沒有回家，佣人告訴我韓濤壽來過好幾次電話，要我一回來就打個電話去。

我叫通電話，聽到韓濤壽聲音有點發抖，他說：

「藝中失踪了。」

（待續）

心（詩）

周策縱

一個天眞可愛的小女孩，讀了我譯的海涅的詩句：「我尋遍花心，要追求一顆心，像我的一樣深」，就寫了下面這首小詩寄給我：

誰？
一個信徒。
信徒？
一個在尋求一顆心的人。
一顆心？這兒沒有心。
別吝嗇吧？
吝嗇？
爲什麼那麼忍心？
忍心？這兒沒有心。
爲什麼那麼殘酷？
殘酷？
存心那麼冷嗎？（原註：存＝故意）
存心？這兒沒有心。（存＝儲藏）

她在信裏又畫了個羽毛絢美的小孔雀和一束小花寄來。就引出了我下面這些詩行：

「這兒有沒有心？」
我對一朵小花問道。
一陣春風吹來，
她把頭兒搖了一搖。

「這兒有沒有心？」
我對着海潮發問。
她捲起雪白的皺紗裙，
就匆匆躲開了海濱。

「這兒有沒有心？」
我望着一顆彗星這麼問。
她閃爍地吃了一驚，
就向天外消沈。

小花的搖頭，
海潮的躲開，
和星星的消沈，
都是無可比的美與愛。

要是這兒有了心，
一切就可以想像；
宇宙與人生走向了必然，
那纔是最大的悲傷。

我愛着這兒沒有心：
我愛那不定的海潮，
我愛那小花沒有果，
還愛那彗星沒有軌道。

「這兒有沒有心？」
我要永遠這麼問。
若是這兒有了心，
我就再也不能這麼問。

我問一位小姑娘：
「你的洋囝囝，你有沒有？」
她趕快把牠藏到背後，
還鼓着嘴巴說：「我沒有！」

我原也想問她：
「這兒有沒有心？」
可是我要的只是她 那美麗的撒謊，
我問了什麼，有什麼打緊？

——一九五四、二、二五于華府

讀者投書

(一) 張桂却死得寃枉！

牖民

編輯先生：

前閱報載，模範婦女張桂却慘死之事，臺南檢察官發表該案偵查結果，認定韓以亮與章婉珍皆無刑責之言，殊覺惶惑萬分，不禁扼腕而長太息也。頃閱八月六日臺北各報，聞張桂却之弟張元旺，以痛定思痛之餘，再向法院控告云云。觸目驚心，重有感焉：愚觀張女行乞而養病夫，安貧不改素志，徵之古代，亦罕其儔。何況論婚姻專主自由，薄人情而重勢利之今日，得見其人其事，寧非麟角鴻毛？夫韓以亮之於張桂却，忘恩負義，以怨報德，既辱其身（張之乳部及下體被刺字），又奪其財（各界贈張之三萬餘元存欵札子，後由韓改用自己姓名），可謂慘絕人寰。而檢察官竟謂韓章兩人並無刑責，此或爲法律上之漏洞，但不知何以平公憤？何以對良心？昔者唐人李益對霍小玉之背約負心，致霍悲慟得疾以死，乃有俠士黃衫客之打抱不平。千載而還，猶罵李益涼薄無行。又近年張白帆與陳素卿，因謀爲同死，而張却以虛僞誘導，使陳實行投繯自殺，臺北法院一再斟情酌理，仍判決七年半徒刑。今以韓以亮較之李益張白帆兩人，其處心積慮，手段毒辣，何止百倍？韓以亮反而詭計多端，逍遙法外，欲一手掩盡天下人之耳目。曾文正復胡宮保書云「推原世之所以彌亂者，第一在黑白混淆，第二在君子愈讓，小人愈妄。」由此觀之，益足徵信矣。鄙人俠骨生成，激於義憤，願效區區之力，爲枉死之弱女子張桂却呼籲聲援，素仰貴刊主持正義，夙著權威，尤以扶弱鋤强，不遺餘力。敢借寶貴篇幅，代爲披露此函！並請報界同仁及社會人士，加以口誅筆伐，予以輿論制裁，以補法律之不足，俾張桂却之沉寃大白於天下。是亦懲奸邪於法外，揚善類於重泉，裨益世道人心，實非淺鮮也。專此布臆。順頌

撰安！

投書讀者牖民拜啓 八月八日於臺北

出版法條文摘要

立法院第二一會期秘密會通過
總統於四七年六月廿八日公布

第六章 行政處分

第三十六條 出版品如違反本法規定，主管官署得爲左列行政處分。
一、警告。
二、罰鍰。
三、禁止出售、散佈、進口或扣押、沒入。
四、定期停止發行。
五、撤銷登記。

第三十七條 出版品違反第三十二條第三欵及第三十三條之規定，情節輕微者，得予以警告。

第四十條 出版品有左列情形之一者，得定期停止其發行。
三、出版品之記載違反第三十二條第一欵之規定者。
四、出版品之記載違反第三十二條第二欵及第三欵之規定，情節重大者。
五、出版品之記載違反第三十四條之規定，情節重大者。
六、出版品經依第三十七條之規定連續三次警告無效者。

第四十一條 出版品有左列情形之一者由內政部予以撤銷登記。
一、出版品之記載，觸犯或煽動他人觸犯內亂罪、外患罪、情節重大，經依法判決確定者。
二、出版品之記載，以觸犯或煽動他人觸犯妨害風化罪爲主要內容，經予以三次定期停止發行處分而繼續違反者。

第四十二條 出版品經依法註銷登記或撤銷登記或予以定期停止發行處分後，仍繼續發行者，得沒入之。

編者按：在此項出版法未廢止之前，本刊決將上項條欵繼續刊登，一方面以用自我警惕，一方面讓世人知道我們的出版自由，受到怎樣的限制。

(二) 請釋明「軍官服役條例」之疑義

馬成龍

自由中國社編輯先生：

頃閱本（八）月八日中央日報所刊立法院通過之「陸海空軍軍官服役條例」後，竊以該條例之立法要旨，亟爲正確，條例未來施行之際，必能達成溝通進退管道，鼓勵光榮服役之要求與目的，殆無疑義，有所不解者，厥爲該條例第卅二條：「本條例施行前已任常備軍官者，其在營服役年限，得依國防軍事需要酌予延長，其辦法由行政院定之」之規定，不但與該條例第十三條、第十六條條文，及該兩條所屬之第一欵條文相抵觸，且其中「得依國防軍事需要酌予延長」等字，涵義亦極含混籠統。蓋依第十三條規定，常備軍官服滿現役十年者，得予退伍；依第十六條規定，常備軍官服滿現役時，非戰時或非常事變，不予延役；因而發生後列疑義：

1. 第卅二條條文設置之作用何在？其與第十三第十六兩條文發生抵觸，將如何解釋？

2. 第卅二條中所稱之國防軍事需要，其具體解釋爲何？目前國防軍事上之此種需要何在？

3. 第卅二條中所稱之酌予延長，其具體限期爲幾天？

右舉各項問題，本人曾審度當前我國防軍事上之需要情形，以及國軍軍官員額上之盈缺狀況，研究再三，不得答案，用特函請批露，想立法院對此必樂爲解釋也！此請

編安！

陸軍上尉馬成龍手啓 八月九日

自由中國　第二十一卷　第四期　內政部雜誌登記證內警臺誌字第三八一號　臺灣省雜誌事業協會會員　一二八

給讀者的報告

本省中南部十三個縣市，由於八月七日豪雨所造成的六十年來的大水災，一片悽慘景象，眞是觸目驚心。我們對於受害地區的災民，除表示由衷的同情和關切外，本擬發表社論，提出呼籲，但因爲本期已經截稿的緣故，只有先在這裏向中南部千萬受災同胞，順致歉意和慰問。現在，災民急待救濟，希望大家充分發揮人饑己饑、人溺己溺的精神，配合政府的措施，熱烈的展開一項救災運動。

美蘇兩國首長的互訪計劃，顯爲當前國際上的重大事件。因此，我們特發表社論㈠「美蘇首長互訪計劃與我們的道路」。我們除掉指出此項互訪計劃的成因和企圖外，特別指出這是過去數年世局漸趨緩和的結果，也是今後世局更進一步緩和的開端。所以，我們也附帶指出了此項互訪計劃對我們的影響，希望政府澈底放棄一黨專政的死路。

我們的社論㈡「臺北市政問題還容忽視嗎？」，是根據最近臺北市議會各議員質詢中所提出的零星問題，加以大略的分類歸納爲五個主要部份，指出今日臺北市政問題之所在，希望黃市長能把握時間，循照法制的常軌，根據市民公意，做到「崇法負責」。

一年一度的高普考，又在最近舉行。我們鑒於辛辛苦苦參加考試而倖獲及格的人員，並未取得優先任用的保障，因此發表社論㈢「談考試與任用」，特別就所謂考試權問題及現行制度下的若干問題，提出來加以簡要的說明。

胡適先生「杜威在中國」一大文，是胡先生於七月十六日晚在夏威夷大學的公開講演，主要在說明杜威的教育哲學對於中國教育的影響，直至四十年後的今日，仍可由中共在大陸上發動的猛烈攻擊和清算中而證明。正因如此，證明杜威在中國的時間沒有完全白花，而胡適先生四十年來的努力也沒有完全白費。

李聲庭先生的「法治是什麼？」是一篇專論，旨在說明法治的眞正涵義。中國雖然號稱實行憲政多年，但若干官員對於法治的認識還相當模糊，所以像這種類似啓蒙性質的介紹工作，尙有繼續推行的必要。

李仁山先生「共產奴隸典型的塑造」大作，是對中共政權在大陸上進行的「關於資產階級法權問題討論」的分析，引證的資料很豐富，說明也客觀而深刻。本文因編排上的困難，積壓較久，敬向作者和讀者致歉。

夢章先生：

來信收到，謝謝！承蒙在信中指示四點，我們決密切注意並研究對策，請放心。

自由中國　半月刊　第二十一卷第四期　總第二三五號

中華民國四十八年八月十六日出版

發行人　雷震

主編　『自由中國』編輯委員會

出版者　自由中國社

社址：臺北市和平東路二段十八巷一號

Free China Fortnightly, 1, Lane 18, Ho Ping East Road (Section 2), Taipei, Taiwan.

電話：二八五七〇

航空版　友聯書報發行公司（香港九龍窩打老道一〇號）電話：五九一六四、五九二六五

自由中國社發行部

總經銷　美國　紐約友方圖書公司 Hansan Trading Company, 65, Bayer D Street, New York 13, N.Y. U.S.A.

紐約光明雜誌社 Sun Publishing Co., 112, Mulberry St, New York 13, N. Y. U. S. A.

韓國　漢城裕昌德號

馬尼刺　新疆書店

緬甸　仰光振成書報店

印度　阿拉哈巴中印文化出版社

北婆羅洲　西利亞坡青年書店

星加坡　友聯書報發行公司（小坡大馬路四六九號）

吉隆坡　友聯書報發行公司（馬華公會大廈三樓七室）

怡保　友聯書報發行公司（希尼華沙甘街十六號）

檳城　友聯書報發行公司（林連登律七十二號）

澳門　友聯圖書公司

印刷者　精華印書館股份有限公司　廠址：臺北市長沙街二段七一號　電話：三三四二九

本刊經中華郵政登記認爲第一類新聞紙類　臺灣郵政管理局新聞紙類登記執照第五九七號　臺灣郵政劃撥儲金帳戶第八一三九號

（每份臺幣四元，平寄美金一角五分，航寄美金三角）

FREE CHINA

第廿一卷第五期

目錄

中華民國四十八年九月一日出版

社址：臺北市和平東路二段十八巷一號

半月大事記

八月六日（星期日）

寮國向聯合國控訴，共匪與越共煽動叛亂，寮外長要求哈瑪紹通知聯合國全體會員。

尼克森返抵華盛頓，向艾森豪報告此次訪俄經驗，討論赫魔訪問美國問題。

外長會無定期休會。赫特返華府稱，外長會議未獲協議，俄國應負失敗責任。

八月七日（星期五）

寮發表嚴正聲明，堅拒一九五四年日內瓦會議所設立的國際停戰監督委員會重返寮國，因該會嚴重侵犯寮主權。

艾森豪訪歐行程宣佈，先與英法首長會商，繼與德義總理晤談，並邀約北約組織兩位首腦會晤，將保證美決嚴守承諾，不與俄作雙邊談判。

寮政府發表公報，駁斥越共誣控。寮共竟要求建立聯合政府。

八月九日（星期日）

艾森豪訪歐行程變更，提前於廿六日離美，先赴波昂晤艾德諾，目的在保證不放棄柏林。

尼克森廣播訪俄觀感，確認自由世界原則，終將勝過共產主義。

本省西部苗栗以南至高雄為止，中南部地區，發生六十年來所未有之大暴風雨，造成水災。

八月十二日（星期三）

美洲國家外長會議在智利聖地牙哥揭幕，智利總統促美洲國家，和平解決彼此紛爭。

艾森豪在記者會表示，開高階層會條件不變，必須東西間問題解決有望始可舉行，將質問赫魯雪夫為何妨礙外長會進展。

日韓復交談判恢復，韓國代表發表聲明，強烈反對遣僑計劃。

艾森豪在記者會嚴詞指責共匪造成寮國紛擾，並暗示蘇俄可能是幕後控制者。美國務院四度發表聲明，斥共黨製造寮亂。

八月十三日（星期四）

寮軍增援北部，共軍被迫後撤。

美洲外長會議第二次會，赫特建議設特別委員會，研究加勒比海危機。

赫特正告美洲國家外長，美洲國家必須維護憲章原定四項原則。

古巴情勢緊張。

日與北韓紅十字會，簽立遣僑協定。

八月十四日（星期五）

寮北戰事再度爆發，政府軍向叛軍掃蕩。

美副總統尼克森提出警告，美必須保持堅強立場，高階層會始有協議可能。

八月十五日（星期六）

美洲國家各外長開秘密會議。

古巴捕獲空降入侵者，指係多明尼加唆使。卡斯特羅出現電視節目，抨擊赫特及美洲外長會。

八月十六日（星期日）

越南政府提出控訴，俄以米格機供給越共。

八月十七日（星期一）

美洲國家外長會議通過聖地牙哥宣言，規定成立一美洲國家和平委員會，有權處理有關間接侵略的控訴。

海地在美洲外長會上，指控古巴入侵。古巴拒絕指控，並責多明尼加侵略。

美衆院通過決議案，重申拒絕共匪入聯合國。

八月十八日（星期二）

美洲國家外長會議結束。

北越訓練的寮叛軍，又在桑怒發動攻擊。

八月十九日（星期三）

俄向法提出恫嚇，蠻橫干預法國政策，指責法在非洲試爆原子計劃。

八月廿日（星期四）

馬來亞總選結果揭曉，反共的聯盟黨獲壓倒勝利。

寮參謀部發表公報，叛軍繼續集結，將作全面叛亂。

八月廿一日（星期五）

美情報局副局長提警告，俄正訓練共產黨徒，企圖顛覆拉丁美洲；俄派間諜至古巴指導滲透戰術。

「自由中國」的宗旨

第一、我們要向全國國民宣傳自由與民主的真實價值，並且要督促政府（各級的政府），切實改革政治經濟，努力建立自由民主的社會。

第二、我們要支持並督促政府用種種力量抵抗共產黨鐵幕之下剝奪一切自由的極權政治，不讓他擴張他的勢力範圍。

第三、我們要盡我們的努力，援助淪陷區域的同胞，幫助他們早日恢復自由。

第四、我們的最後目標是要使整個中華民國成為自由的中國。

（一）記者節談穆萬森案件

八德鄉大血案的涉嫌主犯穆萬森，經新竹地方法院根據刑警總隊刑求的供詞判決死刑後，現經臺灣高等法院於上月廿五日宣判無罪。這件事是值得大書特書的大新聞。

遠在四十六年九月十八日臺灣省警務處公佈刑警總隊破案經過（這是刑總經過了九個月刑訊的結果）的時候，社會上卽已傳說，這裏面有大大的寃枉存在。可是那時的傳說也止於口頭的傳說而已。報紙上的文字報道，似乎沒有提到這件事。我們倒是本刊當時收到了一位讀者投書，對於這件案子大膽地提出了十幾點疑問。我們把它標題爲「八德血案十七點質疑」，在本刊第十七卷第七期（四十六年十月一日出版的）全文登出。在那裏面，關於穆萬森部份的，曾提到三點疑問。可是後來新竹地方法院還是一味地採信了刑警總隊刑求的供詞，把穆萬森判決死刑。

現在，穆萬森已經臺灣高等法院宣判無罪。看樣子，他大概不會再被上訴而重失自由或生命。從死刑到無罪，這一改判是足夠驚人的。臺灣高等法院承辦的法官，敢於不盲目地採信刑總移送的供詞和證據，獨立審訊，終於以「欠缺眞實、積極、具體之證據，以資認定」，而宣判穆萬森無罪。這一宣判充分地表現了司法的獨立精神。在近年來日趨下流的司法風氣當中，居然有這樣的一個表現，我們眞是興奮極了。我們希望這是司法界的一線曙光，由黑暗之極到光明之始的一線曙光。

臺北市律師公會接受了穆萬森的扶援申請，公推富伯平、李公權、梁肅戎三位律師爲穆萬森義務辯護，而這三位律師盡心盡力地做了這一次辛苦而賠本的生意，爲的是什麼？爲的是保障人權，爲的是維護正義，爲的是法律尊嚴。所以我們也應當向他們喝采。律師的神聖任務，本來就在這裏，不過近年來，由於政治風氣和社會風氣的敗壞，當律師的能夠見義勇爲而無負其神聖任務的，實在也不多。現在有富、李、梁這三位律師的示範，我們希望一般的社會風氣，也可由此而漸漸地好轉。

寫到此地爲止，今天的臺灣，似乎有了一團祥和的氣象，顯現在我們眼前，我們實在是很興奮的。可是「懲前」卽所以「毖後」，我們又不得不以沉重的心情，再講幾點。

一、刑警總隊在這件案子上面所負的刑事責任，政府應該嚴格究辦。查刑法第一百二十五條之規定，有追訴或處罰犯罪職務之公務員，㈠濫用職權爲逮捕或羈押者，㈡意圖取供而施强暴脅迫者，㈢明知爲無罪之人，而使其受追訴或處罰者，均處一年以上七年以下有期徒刑。因而致人於死者，處無期徒刑或七年以上有期徒刑。致重傷者處三年以上十年以下有期徒刑。刑警總隊辦理這件案子，實已犯了刑法一百二十五條所列的第一第二兩款的罪，官家良的申寃「陳情書」（經本刊第二十卷第五期全文刊載）已經足夠認定刑警總隊辦案人的罪刑，現在又有穆萬森無罪的宣判，刑總辦案人更難逃避刑責了。此外還有人犯秦同餘之死於刑訊（見四十八年八月十八日及二十一日自立晚報），更應處犯罪者以無期徒刑或七年以上有期徒刑。

二、新竹地方法院判決穆萬森犯刑的法官，是否犯有刑法第一百廿五條第一項第三款（卽明知爲無罪之人而使其受追訴或處罰者）的罪嫌，政府也應查究。

以上兩點，事關刑責，職掌所在的檢查官，應該趕緊提起公訴，使犯罪者負其應負的刑責，以警效尤。

三、八德鄉血案的主犯既經宣判無罪。那末，這件案子仍爲懸案。刑警總隊過去動員了龐大的人力，花費了巨額的金錢，其結果，所謂「破案」者，竟是一次慘無人道的大寃獄！現在，這件案子還沒有找到主犯，那就不得不責成刑警總隊繼續偵查以期眞正破案。要刑總繼續偵查以期破案，而又要防止他們濫用職權，違法逮捕，違法刑求供詞，只有認眞追究這次辦案人的刑責以警效尤。否則誰能保證不再造成另一次的大寃獄呢？

今天是九一記者節。我們這篇文章恰好在記者節這一天與大家見面，使得我們想起上月廿二日聯合報登載的該報東京特派員司馬桑敦的那篇「日本報界最近的話題」。這篇文章，首先報道日本最高法院八月十日判決的一件案子。那就是十年來轟動日本的著名松川車站覆車殺人血案。這件案子曾經仙臺高等法院判決四名死刑，四名無期，兩名十二年有期，兩名十年有期，和四名七年以下有期徒刑。這個判決，現經最高法院駁回更審，其原因不外兩點，㈠最高法院的會審法官多數認爲構成原判理由的，有許多可疑之點。民主主義下的法律精神，是寧可放縱千人，不可寃枉一人的。這和極權國家寧可錯殺一千，不可放走一個的主義，迥異其趣。㈡十年來輿論界不斷呼籲，一再强調本案可疑之點。爲了這件血案，大批的辯護律師、大批的自由作家、以及大批記者，都强調本案偵詢的初步過程，有許多不合理的情節，形成了本案判決上許多可疑之點。這種自由輿論刺動了最高法院會審法官的良心。這就是戰後日本自由輿論的權威。這個報導，我們恰好在穆萬森宣判無罪的前兩天看到，給了我們很大的鼓勵。穆萬森之被宣判無罪，固然是得力於臺灣高等法院的獨立審判，和三位辯護律師的出力，但我們的新聞輿論界或多或少總發生了一點影響力量。不過我們感覺慚愧的，就是我們的輿論，表現得太晚，也表現得太弱。如果在刑總公佈「破案經過」的當時，我們的報刊敢於把街談巷議一一地報導出來，那末，新竹地方法院也許不會一味採信刑總的逼供而宣判穆萬森的死刑了。再推遠一點講，如果我們的報刊一向是勇敢地報道事實，一向是勇敢批評權力的濫用，那末，刑警總隊所造成的寃獄，也許會減少一點。

過去的事，說起來也只是感歎而已。要緊的，我們希望自由中國的記者先生，鑒於八德鄉血案的寃獄，鑒於日本自由輿論的權威，今後，大家確立一個崇高的抱負，爲保障人權，爲伸張正義，向權力的濫用者合力攻擊，把我們的國家引導上民主法治的途徑。我們趁着今天記者節，以此敬祝記者先生們建立光榮的事功。

社論

(二)

「聖地牙哥宣言」敲響了獨裁者的喪鐘！

上月十二日至十七日在智利聖地牙哥舉行的第五屆泛美外長會議，最後通過了十數件重大決議及一項所謂「聖地牙哥宣言」，用以穩定加勒比海區的局勢及整個拉丁美洲的長遠的和平及進步。在這項「聖地牙哥宣言」中，除了重申過去幾次泛美會議所作的決議，強調代議民主制度，基本人權與自由，泛美各國的共同福利與各作，提高人民生活水準及譴責國際共產主義及其他極權主義的作風等各點外，並明白提出八大民主原則，作爲今後泛美各國共同遵守之政治準繩。這八大民主原則爲：

①實行分權及國家有力機構對政府行動的合法的控制，以確保法治原則。

㈡美洲各共和國政府將經由自由選擧而產生。

㈢繼續掌握政權，或執行權力而無一定期限並有明顯企圖將其權力使之長期化，均與民主的有效執行相違悖。

㈣泛美各國政府將保證自由制度，以尊重基本人權及個人的社會的公正。

㈤在泛美各國立法中，凡已存在的人權法條，將由嚴格的司法程序予以保障。

㈥有系統的使用政治性排斥，皆爲美洲民主程序所不許。

㈦泛美各國爲了加强民主制度，將在它們自己的資源範圍與法律體制內實行合作，以强化及發展它們的經濟結構，並達成它們人民生活條件的公平與高尚。

㈧承認報紙、廣播、電視的自由，及通訊與發表的一般自由，爲一個民主政府所存在及執行職務的基本條件。

根據以上這八條條文的含義及其所代表的政治方向，這次「聖地牙哥宣言」不僅使過去各次泛美會議的決議有了具體可行的規定，而且也使整個拉丁美洲的代議民主制度從此開始了一個新紀元。我們深知道，過去半個世紀以來，整個拉丁美洲的政治，都是一種名爲民主而實爲獨裁的政治。政權的移轉往往不取決於選票而取決於槍桿，政變與革命層出不窮，政治性的放逐與排斥更司空見慣。結果拉丁美洲各國的政治權力便始終落在以武力爲背景的少數人手中，大多數人民不只從無過問實際政治的機會，反而成了這批少數人爭權奪利的犧牲品，任人宰割，生活情況日益悲慘。可是就在這種長期不斷的政治紛亂中，我們亦常看到在某些拉丁美洲國家却存在有一部民主的憲法，和一個經由選擧而產生的國會。這種憲法和國會有時雖也發揮若干民主的功能，但它們的能否繼續存在，却並不依靠全國人民的意志，而是仰仗於少數權力集團的互相妥協及善意。這種以民主爲表以獨裁爲裏，以及憲法和國會必須乞憐於少數權勢人物的現象，在拉丁美洲民治史上已留下了許多笑談。時至今日，在拉丁美洲堪稱爲最民主的國度內，這種畸形現象仍不能全免。可是這次泛美外長會議所通過的「聖地牙哥宣言」，從精神上及實質上，都把拉丁美洲過去這種獨裁及不民主的各種作風予以澈底的清算。從今以後，假若一個拉丁美洲的國家能完全依照以上這八大原則的規定而治理國事，這個國家無疑義是一個民主的自由的國家；同時，今後泛美國家組織若能切實遵照這八大原則而決定其共同行動，則拉丁美洲就不可能再有獨裁政權繼續存在的餘地。正因爲這一「聖地牙哥宣言」爲一澈底的民主的宣言，反獨裁的宣言，所以這一宣言的發表無異爲拉丁美洲的獨裁者，爲全世界的大小獨裁者，敲響了喪鐘。因爲美國既以這樣大的決心與魄力，這樣有力的外交行動，來反對美洲的獨裁者，我們就不可能相信美國會繼續容忍美洲以外的獨裁者。一個國家不能一半是民主，一半是獨裁；這個世界也不能一半是反獨裁者，一半又容忍獨裁者。從這一角度來看，這次「聖地牙哥宣言」在人類整個歷史上所佔的地位，實不亞於英國的大憲章，美國的獨立宣言，以及林肯總統的有名的蓋茨堡演講。

我們認爲這八大原則的實行可以消除拉丁美洲的獨裁者，就因爲這八大原則切實保障了代議制的民主政治，以及與這一制度不可分的基本人權與社會公正。如第一條所說的政府分權原則及國家各機構間互相節制辦法的實行，將使任何一元化的獨裁行動成爲不可能。一元化的個人獨裁行動既不可能，則如希特勒要求國會長期授權及過去拉丁美洲獨裁者隨意廢棄憲法等荒謬事件亦就不可能出現，如是獨裁制度卽將永絕於拉丁美洲。如第二條所說各國政府得經由自由選擧而產生，便表示今後任何經由政變、革命及武裝威脅所產生的政府，皆不爲泛美組織所許可。這條條文雖然沒有明白指出經這種非民主方式所產生的政府將不爲各國所承認，但文中含義確有這種意思。只要一個經這種方式所產生的政府不爲泛美各國所承認，這個政府勢將無法存在下去。再如第三條的要求泛美各國政府不得長期執政或不確定一定期限企圖使其政府長期化，也將使任何由其他藉口拖延不擧行選擧，或修改憲法以使其政府得以繼續執政的行動，完全成爲不可能。既然執政者不違法貪戀政權，一切皆遵循憲政常軌，則反對者亦便無實行政變及革命以圖推翻現有政府的必要。其他第四條，則明白保證自由制度及基本人權；第五條則保證各國司法獨立，以維護人權立法的實行。如是任何利用政府權力而蹂躪人權的行動，亦卽不可能發生。第六條的要求各國政府不得有系統的使用政治性排斥行動，不僅在保障人權，而且也在保障合法反對派的存在。既要保障合法反對派，則反對派的政治組織，競選行動，以及其出版物等，就不可能受到政府權力的有計劃的干擾，一國政治行動便不可能逾越常軌。最後第七條，則保證泛美各國間的經濟合作及共同福利，以達成社會經濟的合理化。第八條，則保證一切新聞自由、言論自由、出版自由及通訊自由。這兩條文的實行，不僅將消除任何獨裁政治所賴以存在的愚民政策，而且亦會消除一國的亂源，使政治社會的安定建立於堂固的基礎之上。

現在的問題是，泛美組織及在這一組織中擔負重要角色的美國，今後會有足夠的魄力及決心把這些重大的原則付諸實施？假若美國沒有實行這些原則的魄力及決心，那麼不論這些原則如何動聽，結果就是所謂徒法不能以自行，這些原則除了增加拉丁美洲民治史上的笑談之外，將別無好處。何況這些原則只是一種國際協議，而非法律，在今泛美組織中也無把這些協議付諸實行的硬性規定。不過我們所感到欣慰的是，美國當局對這次「聖地牙哥宣言」的瞭解，遠比對過去任何一項泛美會議的決議更重視。在上月二十日華府機場上所發表的書面聲明中，赫特國務卿曾作如下表示：「在這次會議中美國重申它的熱切期望，以促致西半球民主的同時，也清楚表明一個國家的內部民主最好能產生於其人民本身，而不能由外力強行加諸其身。這次聖地牙哥各項決議，現在必須付諸實施，美國準備爲達此目的，將竭盡它的充分責任」。從這一聲明中我們可以看出，赫特國務卿除了禮貌的重申不向各國強力輸出民主之外，他已表明美國將以全力把這次「聖地牙哥宣言」及其他決議付諸實行。因爲美國已清楚瞭解要應付目前加勒比海區這一危機局勢，已不是僅靠動聽的言辭所能濟事的，而必須要有切實有力的實際行動才行。假若今後美國仍然只以言辭而非行動來應付泛美紛爭，美國本身的領導地位就可能發生問題。所以我們相信這次「聖地牙哥宣言」的莊嚴意義，也相信美國對這一宣言的熱忱及負責態度。

當然，任何事情絕不是直線發展的。拉丁美洲的獨裁行動也不可能因爲這一紙宣言，而即會全部消滅淨盡。但這一紙宣言的發表，特別是參與各國代表包括多米尼加代表的全體一致的支持，使這一宣言具有強大的道德力量。今後縱使泛美組織及美國不對任何獨裁者採取排斥行動，而獨裁者自身也會感到勢孤力單，自慚形穢，知所覺悟，逐漸自動放棄這種不合時代潮流的政治手法。因任何獨裁政治，不論其背景及方式如何，都是一國民智不開或國民情緒不穩定的結果，並不是獨裁者本身有何特殊才德之故。假若一旦民衆情緒恢復正常，或人民文化及政治水準逐漸提高時，這種變態的獨裁政治，便根本無繼續存在的可能。所以從長遠的歷史眼光來看，這次「聖地牙哥宣言」確爲所有獨裁者敲響了喪鐘，使這批人物在時代巨輪下，逐漸走上了政治的末路。

社論

(三)

痛定思痛話水災

臺灣中南部由於八月七日的一夜豪雨，造成了六十年來所未有的大水災。這一場災害，地區普及十三個縣市，包括縱橫三百華里；災民共達二十五萬，其中死亡、失蹤、受傷人數尚無確切統計；房屋被水沖倒達五萬幢；農田被水沖毀達七萬多甲。那一些家破人亡的悲慘報導，令人不忍卒讀。

這次的大水災，從發生之日起，自中央政府以至地方政府，在善後工作上，由搶救安置災民，而撥發救濟欵項，運輸救濟物資，搶修鐵路公路，以至於通令全省禁屠等等，都表現得極爲積極而負責。其他像軍隊、警察、交通、醫護、技術人員、與工人等的見義勇爲，以及社會各界、海外僑胞、乃至友邦人士的普遍展開救災運動，都發揮了人溺己溺、人饑己饑的精神，也令人感動。其中尤以若干軍、警、與人民的捨生救人，更是可歌可泣。這一切，都是災難發生之後，值得大家引以爲慰的現象。

現在水災已經過去，我們必須迅速有效的進行重建工作。據省主席周至柔最近的報告，這次水災造成的損失，共計爲新臺幣三十四億餘元。事實上，由於其中包括有農業、林業、漁業、畜牧、水利、交通、糧食、肥料等種種項目，範圍太廣，很難獲得正確的統計。如果把一切間接的、無形的、以至於任何損失都加在內，則周主席所說的數字，恐怕還未必完全可靠。在這樣滿目瘡痍的局面下，要想把重建工作做得盡善盡美，眞是談何容易！因此，我們雖無意追究責任，然由於這次水災造成的損失實在太大了，我們在痛定思痛的心情下，實又不忍不面對現實，平心靜氣檢討這次水災造成的原因，作爲今後預防的借鏡。

這次的大水災，籠統的說，固然是所謂天災。可是，我們畢竟不能全憑天災兩字，便把所有屬於非天災的因素，一筆抹煞。在水災發生後，儘管陳院長和周主席的解釋，都直接間接否定了人謀不臧的因素，然根據各專家的冷靜分析和各報記者的實地採訪報導，我們發現至少有下列三點人謀不臧的因素，是無法否定的事實。

第一、沒有做好水利建設工作：臺灣的河川，有一種先天性的缺陷，就是源短流急。在河川上游，都是高山陡峭，本來便缺乏蓄水功能，一旦暴雨如注，勁流湍急，挾帶大量泥沙而下，如果中下游河床不能容納，勢必泛濫或決堤，造成災難。因此，臺灣的水利建設工作，應該在各河川的上游，建築高壩，攔蓄洪水，用以調節雨量；在各河川的中下游，必須增固堤防，疏濬河床及河口，以便宣洩洪水。可是，臺灣的河川，却以鐵路橋爲界，下游稱之爲主要河川，上游稱之爲次要河川。下游的各主要河川，歸省水利局管理，雖然還築有堤防，但在近十年來，儘管河床每年平均要增高到〇·〇三公尺，却既未增高堤防，又未疏濬河床。至於上游的各次要河川，雖然明白劃歸縣市政府管理，却因人力財力的限制，根本未加管理，以至於連堤防都沒有建築，自然更談不上興建高壩。例如在苗栗縣境內，有後龍溪和打哪叭溪兩條河川。但因爲前者是主要河川，歸省水利局管理，所以還能注意到堤防的增固；而後者是次要河川，歸苗栗縣政府管理，結果連一點防洪措施都沒有做。因此，在這次大雨到來後，這兩條河川，雖然相距甚近，雨量相等，而且後龍溪還比打哪叭溪長得多。可是，後龍溪却安然無恙，打哪叭溪的堤岸，却被沖倒體無完膚，終於帶來了大災。又如這次造成水漫彰化市的大肚溪，從鐵道以東的一千三百公尺溪岸，自始便沒有建築堤防。同時在若干有堤防的地方，洪水的警戒線，却又是採用早年日據時代的紀錄。這些年來，由於河床淤泥逐年沉積，已增高了兩公尺，造成田中央第一號堤防，僅較河床高出五公尺的情形，所以擋不住一丈多的洪峯，給彰化帶來了空前浩刼，成爲這次中南部火災中受災最重的地區。其他如濁水溪，以及嘉義和雲林方面的北港、朴子、八常、急水、將軍等溪流河川，雖然河床逐漸增高，但增高堤防和興建堤防的工作，都沒有做好，因此，一夜豪雨，終於造成了大災。

第二、沒有做好水土保持工作：臺灣的地形、地質、和氣候，因具有先天性的缺陷，除掉必須做好水利建設工作，還需要做好水土保持工作。唯有如此，才可以發揮水利建設的功效。說到水土保持，最有效而又最重要的方法，便是造林、保林。所以，在十年以前，「森林是臺灣的命脈」這句口號，幾乎是家喻戶曉。可是，這些年來，林產管理局雖常有造林計劃的提出，實際上僅在低山及次高山地區，做了一點造林工作；到目前爲止，面積也僅有一萬五、六千公頃。而剩下的二十餘萬公頃高山，根本還不知要到何時才能普遍造林。相反的，若干林政管理人員，還要利用職權，與地痞流氓之類勾結，在山地濫伐、盜伐，連保林工作也沒有做好。近幾年來，又由於糧食需要的增加，以及外匯貿易的刺激，山區附近居民，又紛紛濫墾、盜墾，相繼把山地開發，而種植雜糧、香蕉、鳳梨、樹薯、柑橘、茶葉、甘蔗，以至香茅油之類，使山地、林地受到了可怕的破壞。(在臺北附近指南宮一帶，便可看到。）河川上游，在這樣濫伐、盜伐和濫墾、盜墾的交互影響下，已失去了蓄水保土的功能；何況在河川的中游、下游，又漫無限制的種植田菁之類的高莖作物，阻碍山洪的宣洩；更何況在河川下游的出海口附近，又往往被窮苦漁民築堤養魚，阻碍山洪的順利入海。因此，在這樣交互影響之下，一旦山洪暴發，上游既沒有緩和餘地，下游又不能順利宣洩，結果勢必在中、下游造成泛濫或決堤的災難，一至於不可收拾。

第三、沒有做好水災戒備工作：平時既沒有積極的把水利建設工作做好，又沒有消極的把水土保持工作做好，這已經足以導致災難。但是，假使到了洪汛期間，能臨時把水災戒備工作做好，縱不能防止災難的發生，至少可以減低災難的損失。可是，政府單位對於防洪的工作，始終沒有像防颱一樣的重視。較爲現代化的自動雨量測報站、雷達雨量測報網、氣象水文站網之類，非但未能有系統的建立，甚至連省氣象所的幾架老機器，還是日本人遺留下來的東西，一直到這次水災發生後，才傳出將由美援項下撥欵四十萬美金購買雷達工具的消息。政府的如此疏忽，已經十分危險，加以地方政府的有關單位，到水災臨頭時，還不知提高警覺，迅速採取一切可以採取的應變措施。例如據受災最重的彰化縣災區民衆指出：在八月「七日夜間，大雨下降，渠等至爲憂愁，深恐堤防年老，不能抗拒大水，曾用電話請求彰化農田水利會，派技術人員放開各處水圳閘門，使大水有地方排洩，分散其實力，以減輕堤防負擔，求渡過險關，但彰化水利會却不予置理。旋又電話給彰化縣警察局，又未能得到解決。故洪水由中央第一號堤防，大肚溪堤防，決堤冲下，水位高漲，至八日上午已到不可支持階段，又焉能不爲水所冲毀？」又如在南投縣政府所在地的南投鎮，「在前一個多月，縣府曾通令各鄉鎮，在此洪汛期間，促各鄉鎮及水利單位，注意儲備『石子蛇籠』防災，組織搶修隊。此事還曾發佈過新聞，大事宣傳一番。可是，一個多月後的今天，災變發生時，打開倉庫，竟一無所有。」反之，如能臨時加强戒備，結果便大不相同。例如臺南縣這次的雨量，雖不比其他縣市爲少，但災情却較爲輕微。據警察單位的檢討，這便是由於臨時能加强戒備。又如苗栗鎮的情形，物資雖有損失，據說却並無一人死傷。事後檢討，據說是由於警局督察長及消防大隊長連夜鑼聲不絕，呼喚民衆，及時搬上安全地帶。

總之，這次中南部的水災，基本因素固然是所謂天災，但人謀不臧的因素，實在不容忽視。因此，我們今天談重建，如果不能接受這一次的教訓，同時把水利建設、水土保持、水災戒備工作做好，則以大量人力、物力、財力所換取的重建成績，又可能在一夜之間，毀於洪水。

從艾赫互相訪問談到美國對蘇的新認識

朱伴耘

一 一個歷史性的宣佈

一九五九年八月三日，美總統艾森豪氏突然召集記者作了一個富有歷史意義的聲明：美國官方已正式邀請蘇俄總理赫魯雪夫訪美，赫氏已「欣然接受」；同時蘇俄也正式邀請美總統前往訪問，艾氏也「欣然接受」。他說早在七月間，他即向國務院建議這種交換訪問，可使凍結的美蘇關係，起一點溶解作用。惟有美蘇的互相了解，才能改善兩國的關係而有助於世界和平。不成問題的，這一突然的宣佈，不僅為陷於僵局的柏林問題帶來新的生機，不僅為憂慮的人心帶來暫時的安定；尤其值得吾人推敲的，這一互相訪問的聲明，可能意味着美蘇關係重新調整的轉捩點。誠然，美總統宣稱這次互相訪問只是交換意見，增進彼此了解的性質，艾氏只代表美方發言，並無正式談判之意。同時，在去蘇之前，艾氏擬去西歐與英法西德首長會商西方的立場，明眼人一望而知，這是外交姿態，在强權外交的今天，使有名無實的其他二强——事實上只是法國而已——不要吃醋而已。現在仍是 "power talks" 的時代；世界的和戰，決之於美蘇，也只有美蘇擁有毀滅世界的能力，而年來冷戰的交點也是美蘇制度與權力的衝突，美蘇能調協，自然是世界無戰事。今日美蘇軍備競爭已達飽和狀態，雙方已面臨互相調整或互相毀滅的階段，二者必要作一抉擇。雙方既無意互相毀滅，只有走上調整的道路來「和平競爭」。美蘇年來各階層的交換訪問已是由增進了解而奠定調整的先聲，行將舉行的艾赫互相訪問，我們無妨視為雙方尋求調整的方式。大家都記得，早在一九五七年蘇俄第一個人造衛星上天之後，赫特系報紙主持人於一九五七年十二月訪蘇歸來，即作了艾赫應互相訪問的建議。此後二年，美蘇雙方皆有不斷的試探，而對此力作反對的是前國務卿杜勒斯氏，他的政策是奠立蘇聯人民會起而革命的基礎上的。今日杜氏屍骨未寒，何以有此突然的轉變，很明顯的，大家認為杜氏對蘇政策的基礎並無支持的跡象，蓋蘇俄人民無意推翻共黨政權。今日的蘇俄是不同於史太林時代的蘇俄，那麼美國為了自身及世界和平，必要對蘇有新的認識、新的策略。世界在變，蘇俄在變，蘇俄共產黨與人民間的關係在變，美國的政策也就不得不變。艾氏之宣佈儘管有少數議員不滿，有的認為上了蘇俄的圈套，有的甚至於認為美國之恥，可是大都數兩黨議員都是贊同此舉的。百聞不如一見，有最後決定權的艾赫二氏能互相「眼見是實」，則彼此的政策才有伸縮之餘地，不致弄得兩敗俱傷。

美國是世界上反蘇反共的領袖國家，由反蘇反共而走上與蘇俄尋求了解與調整的道路，不能說不是歷史上的轉捩點。西方人的長處是面對事實，接受事實，沒有所謂「以不變應萬變」的。蘇俄方面十年來所表現的事實，尤其史太林死後的對內作風，美國人已認清共產制度至少已在蘇俄生了根。共產黨不是他們想像中專門以殺人放火為業的，他們也要爭取人心，要人民的支持。年來蘇俄各階層人物訪美的不在少數，並無大批人士向美國尋求政治庇護而一來不返。近幾年來蘇俄之門已開，美方去的人尤其不少，凡是在報紙上發表過觀感錄的，都沒有杜勒斯先生那麼樂觀，以為蘇俄人民會向共產黨頭子造反。蘇俄既無內顧之憂，而又在一天天地强大，美國的對蘇政策就得重新調整。是以艾氏八月三日的宣佈，初看起來似乎是有點突然，實際上是美國根據事實對蘇重新認識的開端。如果我們將冷戰十年來美國對蘇的態度及政策稍加檢討，就不難得到美國何以在共亡或調協二者之間選擇了後者的結論。就美國言，尤其就少數「談共色變」的人言，這一選擇是極勉强的，甚至一如杜德 (Thomas I. Dodd) 參議員所稱之「國恥」。可是多數人知道另一選擇是「核子武器的毀滅」。尤其令人驚異的，是很多州長及市長都紛紛請他前往，而底特律 (Detroit) 市長儘管他不接待蘇副總理柯支洛夫 (Kozlov)，却特別聲明願意接待赫魯雪夫而視為總統的貴賓。而輿論的反應也是譽多毀少。也因此之故，艾氏所作歷史性的宣佈是代表美國全民對蘇態度轉變的起點，也不為過份的誇張。

二 十年來美國對蘇態度與政策的檢討

美國對蘇的警覺始於捷克共黨的當政。美國對蘇的佈署是始於一九四九年所簽的北大西洋公約。當時美國對蘇的態度，認為蘇俄是一個至少科學落後五十年的國家，而堅信在共產制度，決無科學成就的可能，蘇俄在美人眼光中不過是大富人眼中的窮小偷而已。作者在此整整十年，初來時閱讀報章雜誌對蘇的輕視和譏諷，至今如在昨日，是以有上述的結論。由於美國有此態度，加上獨自擁有原子武器，於是對蘇政策是前駐蘇大使肯南擬定的「圍堵政策」，以為有了北大西洋公約，就可阻止共產勢力的擴張，正如有了一座圍牆就可防止小偷翻牆而入一樣。到了一九五二年大選之際，不僅圍堵未能成功，美國也失去了原子武器的專利，在假定蘇俄原子武器量少而無投擲工具的前提下，美國認為防堵是消極的，應有積極的政策，於是共和黨的外交政綱是「解放政策」，要把共產勢力趕回蘇俄本土。Collier 雜誌的第三次大戰寫眞，正是一般美人對蘇態度的寫照。以為戰爭爆發蘇俄不值一擊。假想戰的結果，是聯合國的勝利之旗插在克林姆林宮之上。作為解放政策的後盾，則是對共產世界的大包圍與夫戰略基地的擴充。儘管美方佈署如此，而西歐本身軍事上太弱，必要西歐能抵禦，再加上美方原子的優勢，才能有戰勝的把握。於是一方面加强西歐佈署，同時武裝西德來對付蘇俄。在外交口號上，也由武力解放改為長期解放，以自由對抗奴役，將希望寄託於蘇俄人民起而革命的身上。面對着「自由」的口號，赫魯雪夫上臺後，逐漸打開鐵幕，放寬對人民的控制；面對着基地的包圍與西德的武裝，蘇俄則加緊洲際飛彈的製造，終於在一九五七年十月射出第一顆「史普尼克」。而赫氏答復美國的口號，就是和平共存與和平競爭。

一九五七年十月四日的「史普尼克」，美國稱之為「科學上的珍珠港事變」。我們如將該日以後美國報章雜誌對蘇的態度與是日以前的歷年評論作一對照，不難發現有顯著的轉變：前此是輕視譏諷，自一九五七年十月四日以後至今，即令不是贊佩，也是驚異。自那時起，美方訪蘇的，學者也好，商人也好，科學家也好，教育家也好，整批訪問蘇聯。蘇方一切措施昔日不值一顧的，如今都提出來與美方作一比較。尤其蘇聯科學人才的訓練，更是美國科學界急起直追的目標。甚至弄得美國輕彈之父發表專論，宣稱十年之後的世界科學中心在蘇俄而不在美國。美國對蘇的態度在變，那麼英國對蘇的政策也不得不變。

何以當年史普尼克的放射給予美國這樣大的刺激？老實講一聲：政治意義大於軍事上的意義。

第一點蘇俄向世人宣稱在共產制度之下，不僅有科學的成就，而且有更輝煌的成就。以事實否認美國昔日的宣傳，以為在共產制度下科學無從發揚。美國之憂慮並不在目前軍事上是否失去優勢，主要的是今後科學上的 Know How 不再把握手上之時，勢必影響其經濟制度。我們承認美國至今仍是科學發達的國家，人民生活水準最高的國家，假定要維持現狀不墜而又不改變現有的經濟制度，那麼就要維持充分就業，人人有工做，不領失業救濟金。工人生活水準是的確不壞。可是要維持國內的充分就業，就得大量生產，使生產能力能充分利用。而大量生產的結果，必要有廣大的市場銷售成品。在昔日美貨的市場是不成問題的，有的成品即令定價高也能脫手，因為落後國家根本造不出。每個國家都想工業化，可是沒有科學上的 Know How，一切是紙上談兵，因為工業化不是買幾部機器而已，而是能知道或發明製造機器的機器。蘇俄果能以科學知識協助他國，不僅能獲得旁人的友誼，同時也是對付美國的一種經濟武器。當美國成品在國際市場上供過於求或以定價太高無法競爭之時，就不能維持國內的充分就業，工人就只有靠領救濟金度窮苦的生活。今日美國對外的經援與軍援，一方面是助人，同時也是解決國人就業方式之一。大老板們把利潤寄託於未來的希望之上而已。現在美國不少廠商已感到許多別人也能造的成品在市場上定價太高無法競爭，今後如果這類成品日漸推廣其範圍，凡是美國能造的旁人也能造，美國的經濟自會感受威脅。這是他們眞正對「史普尼克」的焦慮。

第二點，史普尼克為蘇俄人民恢復了自尊心。歷年來美國及西歐諸國對蘇俄輕視的態度，未始不是共產黨人向人民宣傳的資料。今日世界各國，尤其是科學最先進的美國，也不得不對蘇俄的科學成就另眼相看，同時共產黨人也可對人民宣稱只要把握了科學上的成就，提高生活水準是短期即可實現的事。什麼叫生活水準，就以美國為例吧，好的房子、食物、汽車、洗衣機、電視機……，而已。這些都是科學的賜予，而不是上帝的賜予，也不是任何主義的賜予，科學的發達與否既與一國之制度無關，同此推論，由於科學所賜的較高生活的水準，也一樣與一國之制度無關。美國今日之生活水準是掌握科學優勢一百幾十年的結果，共黨希望其人民再行等待十年，並非望梅止渴，蘇俄人民會以生活水準之差異就會向共產黨革命嗎？

第三點就對國際間的中立國家而言，史普尼克毫無疑意的為蘇俄帶來了空前的勝利，貧窮落後的國家對美妒忌本屬自然之事，一如貧人妒忌富人一樣。再加上美國對外態度的傲慢，凡是有自尊心的國家或個人，都會對這種傲慢發生反感。史普尼克發射以前，美國在科學上的優勢是惟我獨尊，蘇俄的一切都是從美國「偷的」、「學的」。偷學的手段再高明也不過是徒弟而已。許多向美學習的國家，即令不滿意驕傲的態度，也不得不對事實低頭。於此已證明蘇俄並不專靠偷學，同時也能創造。國際科學界又來了一個師傅，凡是對美國高傲態度不滿的，也另有師可從，增加了選擇的機會，無形中為蘇俄增加了朋友，替美國減少了顧客，蘇俄又多掌握了一項文化武器。

綜上所述，可見得史普尼克的放射，是美國對蘇態度的轉捩點。前此是輕視，是以政策上有圍堵、武力解放、長期解放等政策的演變。史普尼克以後是另眼相待，各方訪蘇的結果，都指向對蘇態度的轉變，那麼美國的政策是否也因之而轉變呢？既不願雙方共亡，那麼只有在共存方面尋求解決的途徑。

三　從許多報導中分析美國對蘇的新認識

遠在赫魯雪夫貶責史太林的時候，作者即曾在一九五七世局試測及當前國際形式辯觀諸文中，指出這是蘇俄改變政策，打開鐵幕，開始給予人民自由的開端。因為這是順應民主潮流避免政治革命必然的措施。對於一羣對麵包不發生問題的人言，他們對自由與麵包是視為同等重要，可是對於一羣饑餓者言，他們却會先行選擇麵包。共產黨在蘇俄四十幾年，人民犧牲自由的結果如仍得不到經濟安全的保障，那是充分表示這個制度不適合人民的需要，無論共產黨人如何宣傳，也不會引起人的興趣，因為蘇俄本身就不足為範。當他打開大門的時候，至少要向世人的事實證明，蘇俄人民有了經濟的保障。如今人民對於麵包既然不生問題，繼之而來的要向統治者爭取自由乃是必然的。我們知道一個制度是否值得效法，必須自由與麵包同時兼顧，否則一個國家成了統治者的動物園。人民是否有自由，不是關起門來大吹的，必要以事實給人家作證。赫魯雪夫既然宣稱與美國作制度競爭，必要使旁觀者深信今日之蘇俄人民也同樣享有自由。根據我粗淺的假定，對於歷年來美國訪蘇者寫回的報導，我都加以分析，尋求蘇俄人民是否開始享有自由的跡象。

在無數的報導中，無論有關生活情況也好，教育制度也好，司法制度也好，集體農場也好，工人與管理者的關係也好；出於知名人士也好，出自普通遊客也好，我無法在此文中一一列舉分析，尤不願引用他們對蘇俄贊美的報導引起敏感讀者的誤會我在替蘇俄共產黨作宣傳。史蒂文生，美前駐蘇大使及前任紐約州長哈里曼(W. V. Harriman)以及反共雜誌新聞週刊 (Newsweek)，在臺灣讀者中總不會懷疑這二位作者及該雜誌有「親共之嫌」。作者爲文或表示意見，向來不引用他人的大帽子壓人以作爲自己理論的根據，但這篇文字是討論美人對蘇態度的變遷，是以不能不引用美方人士對蘇的看法。同時這二位的報導及雜誌臺灣皆可找到原文對照，不是出自作者「一相情願的想法」。先就一般的情形言：

一、蘇俄人民和平的意圖：這一點美國是很重視的，第一，打仗是要人民打，在蘇俄政府仇視美國的宣傳下，人民也必有一戰而決之心。果爾如此，大戰的危機更大。同時人民如準備有戰爭之可能，也可證明蘇俄對外宣傳和平的虛僞。可是據史蒂文生及哈里曼的報導，二人都認爲蘇俄人民之酷愛和平並不下於美人。尤其哈里曼的描寫，更爲逼實。他說：「蘇俄人民是渴望和平與美國的友誼。和平不是蘇俄政治上的宣傳口號。尼克森也說，蘇俄人民學習英文，第一個字便是「友誼」。

二、蘇俄人民會革命嗎？人民對於共產黨的統治是否不滿，有無起而叛變的可能，也是美國急於要了解的。因爲美國的長期解放政策是建築於蘇俄人民會起而革命的前提上的。尤其杜勒斯是堅信只要西方團結一致，蘇俄必會內部崩潰。二人的報導都提及蘇俄並無革命及內部崩潰的跡象。史蒂文生氏認爲「最合理的希望不是它的瓦解，而是它可以進化爲一個少帶侵略性而不危及和平與人民自由的制度」。九位最近訪蘇回來的州長也說：「他們同各階層人物接觸訪問，沒有人願意改變現行的制度」。尼克森之行也是打聽這種行情。據隨行的紐約時報記者 James Reston 的報導說：「對於已故杜勒斯所持以爲蘇俄人民已在開始叛變的狀態，只要西方堅强團結，人民就會向統治者揭竿而起的看法，副總統常對此看法的原則及可靠性很感興趣。可是尼克森在此所發現的，是赫魯雪夫經常隻身在友好的人羣中行走，警戒之鬆弛，遠不及我們便衣警探對於總統所加之保護」。無怪乎美副總統於向蘇告別詞中大向赫魯雪夫灌米湯：「無論你對他是否同意，他是天生的領袖」。

三、建議的進展：史普尼克的放射，美國人並不否認蘇俄在這方面的長處，但他們認爲這是精力集中於軍事方面的結果，其他工業不會有驚人的成就，這一看法是有思想背景的。工業的發展與成就，是私有制度自由競爭的產物，共產國家的工人，他們認爲是「奴工」，生產的成果是屬於「國家」，提不起工作的興趣。可是二人參觀的結果，尤其是哈里曼氏，他是一九四六年戰後離開的，當時蘇俄的情況，他一目了然，於今相距十四年，對他有舊地重遊，面目全非之感。現在我把哈氏的報導譯述數節：「赫魯雪夫要我深信不疑的他本人就是我所到之處所見蘇俄工業農業擴張的推動力。二次大戰結束時，史太林曾告訴我他的工業發展計劃，包括每年產鋼六千萬噸，而當時的生產量只是一千二百萬噸。我以爲這一目標數十年也無法達到。如今僅僅十四年以後，現在已年產五千五百萬噸，僅在 Karaganda 一處，一個年產三百二十萬噸的鍊鋼廠業已開工」。關於處女地的開發以解決食糧問題方面：「在我一九四六離開蘇俄時，屬於西南亞洲之部的 Kazakhstan 仍是不毛的草原，僅有六百萬遊民剛剛遷居那兒的集體農場。那裏最著名的是沙漠，每小時六十哩的狂風，五十呎的積雲以及囚犯工作的煤礦，那是史太林時代放逐政治犯的可怕之地。今天集中營業已不見，人口倍增，包括來自全蘇俄各地二百萬移民在內。處女地已能生產麥子，同時又發現了不少的礦產」。

從這幾點報導看來，我們不能否認其成就，而作者最着重的是蘇俄人民生活改善了嗎？在有了麵包之後也有了自由了嗎？蘇俄人民對共產黨有信心嗎？史、哈的報導都會提及此點，作者以爲新聞雜誌的報導較爲具體，同時臺灣讀者更易找到原文，我擬將該雜誌的報導，摘譯幾段作爲對上述問題的答案。

本年八月三日，新聞週刊有一篇尼克森訪蘇的特別報專，文中除了一些有關尼赫於美國在蘇展覽會開幕時的爭辯對話外，其中有一段是標題爲「赫魯雪夫的新政」：「本週副總統親自巡視的俄國，是一個自史太林死後起了巨大變遷的俄國，由於一般的公認，赫魯雪夫是在推行『新政』，赫氏的新政並不意味着自由與公正，蘇俄人民仍在爲共產黨的國家服務而不是國家爲人民服務。然而在大多數隨尼克森同來的美國人士看來，赫氏的蘇俄——至少就他們參觀過的城鎮，並不如期待中的黯淡。新政最顯著的方面是生活水準的逐漸提高——雖與美國比較起來仍是極爲貧困，但仍高於幾個西方國家，各種家用器具及衣着鞋履在俄國店中都極普遍。普通工廠工人也可考慮到買收音機或電視機，莫斯科的公告牌上甚至有廣告徵求傭工，自蘇俄回來的佛羅里達州長 Le Roy Collins 上週說：『俄國人民從來未有過這樣好的日子』。」

每年的生產統計也可看出若干的進展。赫氏的處女地開發計劃使穀子的生產量由一九五〇年的八千一百萬公噸而在一九五八年增至一億二千八百萬公噸。牛奶的出產也由三千三百萬公噸增至五千八百萬，電視機由年產六萬七千座而增至一百萬座，縫紉機由年產五〇二、〇〇〇部增至二七、〇〇、〇〇〇部。在今後五年或十年內，依照西方估計，若干上述出品總數可以加倍。」

關於人民自由的情況，該報導說：「一個俄國學生會告訴其中一位記者說『赫魯雪夫並未給我們完全的自由，可是他給了我們無所恐懼的自由……去年的法律改革中曾終止：㊀警察的秘密審判；㊁以法院之外招認爲基礎而定罪，㊂對含糊不明的犯罪所施的處罰，愛德和州長 Robest F. Smylie 於上月離開莫斯科說『並無任何證據支持人們是恐懼有人暗中被人尾隨，每個人都是自由談話』。赫氏曾揚言俄國現無一個政治犯，英國的專家對於自史太林死後釋放約有三百萬的强迫勞工甚表滿意……過去更曾有俄國學生遊行示威反對政府對匈牙利鎮壓的政策，並無一人下獄。總而言之，赫氏並非如史太林一樣的獨裁者，他同西方許多政客一樣，能控制黨的運用而上台。因為他較其同僚有精力、有彈性更為圓滑。他之治術是着重勸告而少用獨斷。類似工業分權的發展的大政方針，他的意見是有決定性的，但是有時黨的主席團也與他意見不一，一旦黨的領袖們作了決定之後，他也依照決定而行，一如自己意見一樣，在某種程度內，他也聽取民意，在他不斷的旅行中，也常與人民會談。毫無疑問的，他是一個孚有衆望的人。那麼赫氏的新政是否意味着俄國會演化成為眞正的自由主義？新政是否意味着和平？一個法國的專家曾將其西方同僚的觀點概括如下：『十年之內俄國很可能趕上西歐的生活水準，同時在人文方面也至少可以與我們相比，那時將會如何？斯時要使其餘的世界深信我們的制度最好，更是難上加難，而俄國仍同現在一樣決定要其餘的世界仿效他們的制度，這就是十年後强權政治中最困難的問題』。」

四　美國對蘇新認識的意義及艾赫交換訪問的展望

作者譯述美方人士的訪蘇報導，目的不在證明作者數年前對蘇俄反史運動及開放鐵幕的看法，主要目的是在指出美總統突然宣佈與赫氏交換訪問不是「情感衝動」、或者是為了明年的大選故作和平姿態以拉選票，而是官方分析蘇俄國情所得的結論。十年以來，美國原子彈的專有時代過去了，圍堵無效、解放無力，只有以生活水準與自由為口號激起蘇俄人民的不滿，將前途寄託於蘇俄人民起而革命的身上。史普尼克上天，美國除了自認在洲際飛彈方面落後外，也深知蘇俄的工業基礎與科學技能。有此二者，提高人民生活水準只是時間問題。剩下的只有「自由」一塊王牌，果然今日的蘇俄一如史太林在世一樣，人民生活於恐懼之中，全蘇為肅殺之氣所籠罩。這塊自由的招牌仍是有效的武器，可是共黨頭子並非傻瓜，當他們確信制度建立而為多數人民接受之時，也開始給予人民自由。第一步驟就是解除恐懼，就報導中指出蘇俄人民可以自由談話無人尾隨一節言，有些自命民主自由之國也未做到，不能說不是蘇俄人民初步獲取自由的跡象。不錯，蘇俄今日人民僅免除了恐怖，談不上自由，更不能與英美相比，尤談不上有什麼反對黨交相執政。可是客觀一點說，史太林時代的警察國家，幾年以來已蛻進到人民無恐懼之憂，不能說不是一大進步。美國的經濟措施中絕對的資本主義走上採行社會政策的步驟，自一九三二羅斯福的新政起也有二十餘年，仍未見有週到的保護，南方的黑人民權案至今尙在採溫和緩進的態度，何必也不給蘇俄幾年時間看看演化的情形？更何況蘇俄本身從來就談不上民主，目下共產黨人又可以美國的基地為藉口要人民暫時來一個「國家至上」哩！美國在種種政策無法收效之際，面對着强大穩定又有走上自由跡象的蘇俄，在共存或共亡的選擇之下，自然選擇了緩和空氣的方式——兩國首長交換訪問拖延下去。動口總比動手為妙。毫無疑意的，艾赫互相訪問會提高共產世界，尤其是蘇俄的聲望，已做到了史蒂文生所建議的美國必要以平等地位來與蘇俄談判。事實上從上面的報導分析，蘇俄及共黨的聲望是靠史普尼克與蘇俄人民對共黨的信任而爭來的，蘇俄有無聲望是實力問題。如果美國請一個昏君，那怕在白宮作客一年半載，未必就提高了這個昏君的聲望？美總統此舉實際上並無所失。國與國間的，猜忌是人為的，是雙方的，敵人相遇既不能打個水落石出，當然要走上互相了解化敵為友的道路。能不能是一回事，試一下總無大害。

這次交換訪問會有什麼結果發生呢？冷戰既有十年，「冷和」又何嘗不會一拖再拖？是以吾人不必期望太高，以為艾赫握手碰杯所有問題就迎刃而解。這是二人一再强調會面只是交換意見與觀光性質的原因，何況彼此如此猜忌而又彼此在作制度之競爭，即令二人都是和平之神，除了美蘇本身要作國內冷和的準備外，十年冷戰下來造成的問題是太多了。

要有公正持久的和平，大的問題如德之統一，核子武器之禁用，裁軍基地，東歐若干國家之自由選擇；小的問題如通商，停止宣傳戰與若干小國由分裂局面而達成統一的方式都得一一解決。吾人合理的期望是對於足以爆發大戰的柏林問題及德國統一，先找一個雙方可以接受的基礎，避免大戰。基地與裁軍求得逐步解決的道路。東歐人民如何自決，分裂國家如何統一，這是要讓時間去解決的。冷戰僵局，有雙方必須堅持的原則，同時也有雙方可以交易的地方。英首相一再主張各巨頭應不斷會議來解決懸案是最實際的態度。如果艾赫互相訪問的結果，能親見彼此長處與實力，求得彼此了解，造成和緩的空氣，先行解決較易的問題，並先行減少二强直接衝突的機會，能够如此已是很大的成就。

五　艾赫交換訪問聲明本身的意義

國際間的問題有時會起自突然，我不擬推測太多尙未發生的問題，僅就這一聲明的本身言，是有幾點值得提出討論的：

一、艾赫互相訪問的聲明，無疑地是蘇俄外交一大空前的勝利。蘇俄共產黨無論在國內或國際的聲望因此而提高。素來輕視俄國的美國，世界上一等大强的美國，也不得不一反從前的說法與看法以平等地位與蘇俄解決懸案。有人會說蘇俄之强大是靠人民流血流汗犧牲自由換來的。蘇俄共產黨很可對人民解釋說：「過去我們是對不起，但是我們認為國家之强大在强權政治之今天是一國必要的生存條件，大家總記得希特勒以為蘇俄弱，才發動對蘇進攻，這一次戰中該有多少人民死亡及去集中營！今日蘇俄正受濳敵基地的包圍，可能再度遭受上次大戰的慘禍，何況我們給你們的生活就是在美國人口中也稱之為『從來未有的好日子』，同時我們又正在廢除過去不合理的法令而開始給你們以自由」。這種解釋，蘇俄人民會認為一片胡言嗎？蘇俄的友人對其捧場是不是假造的，蘇俄的一等死敵對其捧場，許多中立國家就不得不另眼相看，擒賊先擒王，蘇俄的世界政策主要的是迫使美國承認其既存事實，這一着已如願以償，現存的問題她只運用一下而已。卽令今後會商結果蘇俄願意維持原狀，於蘇俄也無寸土之失，也談不上面子問題，反而獲得愛好和平的美名，聰明乎，狡猾乎，讀者們自己下斷語吧。

二、這一聲明是美國向世人表示願意走上與蘇俄和平競爭的道路，避免二強直接衝突，讓時間及國際輿論來解決懸案。今天不是誰比誰強的問題，而是核子大戰發生全人類卽會毀滅。尼克森同赫魯雪夫的爭辯，一再强調彼此都強，但又不能衝突，只有設法相處下去，就是對事實無可如何的接受，儘管他不主張兩個陣營彼此對立共存，應該天下一家，只是一種外交詞令而已，英美及西歐諸國，從來就是民主，是以人民可以自由選擇。在獨裁專制的國家，人民根本就未選擧過，在這種環境之下，人民如何有權選擇。根據作者在第三段中從美國對蘇態度的轉變談到對蘇政策的轉變，作者深信美國是開始走向在現有環境下與蘇俄共存之路，以事實爭取中立國家的信任及以國際輿論促使共產國家走上開明自由之路，是美國目下唯一可採的途徑。

三、這一聲明至少要世人暗示共產制度也有轉變的可能，美人再罵赫氏是屠戶，杜勒斯時代也一再聲明美蘇決無雙方會談之可能，如今為時幾何來此態度的轉變？不是聲明屠戶也能放下屠刀麼？我曾說過，美國對蘇看法之轉變，是看清了蘇俄人民無革命跡象，長期解放政策無法收效而決定的，無論官方民間的報導都在明白指出蘇俄人民不會為了反對現行制度起而造反。僅此一端，無異承認共產制度在蘇俄不是一個暫時的政治現象而是確定了的社會制度。

六　結論

在我看來，赫魯雪夫的反史運動，史普尼克的放射以及艾赫互相訪問的公佈是冷戰十年來最有意義的三件大事。第一件是意味着共產黨在政策上轉變的可能，第二件是意味着兩大集團軍事力量的均衡，第三件是意味着共存與共亡間作了前者的選擇。這一聲明就宣傳戰解，無疑地共產世界是得了一大勝利。但是果然和平有望的話，艾氏實在為人類貢獻最大。蘇俄並不是靠宣傳來引艾氏上鈎。美國今日對蘇的新認識是雙方面的，就蘇俄的發展言，共產制度並非如美國所稱為無效。但就蘇俄對其人民開始放鬆控制言，也證明了歷年以自由對奴役的口號也是有力的宣傳。在赫氏陪同尼克森遊船之時，赫氏一再停船走向海濱游泳的人羣中間問「你們都是被奴役的人民麼？」羣衆都笑答曰「否」，這好像是作戲，尼克森也說他會利用機會宣傳，實際上是表明赫也承認人民自由之重要。一個人民失去自由的强國，也不是一件光榮。假定今後有任何協議，美蘇二者走上和平競爭之途，其他各國是否會以蘇俄為借鏡，不在其强大，也不專在人民生活之水準，儘管蘇俄人民生活水準仍不及美國，若干方面仍極落後。以其過去的成績看來，美國人也承認蘇俄可以趕上，生活水準高否決之於科學而不決之於制度。任何國家如有擬以共產制度為借鏡的，首先要看看共產制度之下的人民有無自由！一國人民之自由，是其制度對外最好的宣傳！

一九五九八月六日。

中國民主社會黨第二屆全國黨員代表大會宣言（來件）

本黨自民國三十六年召開第一次全國黨員代表大會迄今已十有二年，在此悠長歲月中，國內國外皆有顯著之變化，而吾人切膚之痛，則為大陸淪陷，撤退臺灣，欲定興復之大計，必知失敗之前因，政府一再表示，擬召集海內外各黨各派無黨無派人士，共謀國是，時會遷移，迄未實現。在政府雖未必竟食前言，自墮大信。而本黨於此期間召集第二次全國黨員代表大會，本匹夫有責之心，效知無不言之義，憂國之士，當諒此旨。謹陳三事，敬質明達。

一、發揚憲法精神：十餘年來，號稱行憲，對於憲法，實未逐條實施。近日社會傳聞，輕言修改。溯此根本大法，曾由各黨各派無黨無派人士竭盡智能，幾經挫折，始獲實現。尚未明見利弊，豈可驟議更張？況吾人遷地來臺，亦惟此法統所在，順逆攸分，更不可不特加珍惜。因此，吾人不但反對修憲，而且主張按照憲法規定澈底實行，以樹法治之規模，起中外之信仰。如確有某一條欵發現事實上之困難，俟反攻勝利後再循正當途徑，徐圖補正。此本黨所願陳述者一也。

二、培養反共潛力：吾人當前處境以反攻復國為共同信念，而盱衡時會，未可驟圖。十年來整軍經武，不遺餘力，弦滿待發，鼓再而衰。為保持長期戰鬪力量，必須特加檢討。尤其來日戰爭，器械為主，經濟為輔，應於此時推廣敎育，提倡科學，發展生產，奬勵儲蓄。民心之好惡，必考眞實而無粉飾，民力之擔負，必求合理而禁誅求；政策之決定，必順輿情而非獨斷；公帑之開支，必收實效而絕浪費。務期全國人民知識正確，經濟充裕。培養反共心力，使有自發之意志，端為政黨政治之樹立；培養反共物力，使有無盡之來源，端為企業障礙之剷除。政權能和平更迭，民力可自由貢獻，始能蘊為不屈不撓之精神，建立可大可久之事業，此本黨所願陳述者二也。

三、實行公平選擧：民主政治以選擧為起點，我國向來偏重形式，政府雖有詳密規定，不能澈底實施。揆其原因，則由於選擧事務歸一黨辦理，種種弊端，雖非上峯指示使然。而少數執行人員，各私其黨，但求勝利，不擇手段。以包辦為能事，以控制為當然。不准檢察票匭，不肯當衆開票，名為効忠一黨，實則賈怨全民。積之日久，輕則喪失人心，重則釀成禍變。吾人心所謂危，何敢緘默？竊謂今後關於選擧方面，縱不能仿効先進國家，特設選政法庭，亦應各黨合辦，一切公開，以合法之競爭，奠民主之基石，此吾人所願陳述者三也。

綜此三端，無當一得。欲言之必可實行，故卑之無甚高論。反共抗俄，經緯萬端。禮讓可以為國，力量生於團結。本黨同人誓願羣策羣力，追隨國人之後，作政府之諍友，為全民之公僕。縱捐頂踵，期補涓涘，敬佈腹心，諸希明敎！

哀悼瘦桐管公度先生

夏道平

瘦桐先生死得太突然了！

寫完這一句以後，好久好久我寫不下去了。胸前板塞得太難過，眼睛望着稿紙上的格子都是恍恍惚惚的。但我要想寫一點東西來紀念他，又不得不在此刻趕緊寫，因為「自由中國」明天早晨就要截稿了。

瘦桐先生和我最後的一次見面，不過是前五天（八月二十日）的事情。那天下午兩點半天氣正熱的時候，他滿頭大汗地跑來找我。往常，他一來總要坐上個把鐘頭，由輕舒而憤激地對於時事和時人大大評論一番，然後再搖頭、長歎，帶着沉重的心情，說聲「再見」。這一次他却例外地沒有坐下來長談，一走到我的窗前，就以很快樂的語調高叫：「道平，看電影去吧。」當時我很高興在這麼熱得令人難受的天氣，他還有這麼好的興致。但是我這次却沒有陪他去看電影，因為那天下午三時我已另有約會。我只是順便陪他到師大三樓數學系辦公室去為我借書。辦公室下午無人辦公，我們出來在師大旁邊一家冰菓店吃了兩片西瓜、一瓶沙士汽水。大約還不到半點鐘的時間，我們就分手了。殊不知這一次的分手竟成了永別！

瘦桐先生是以數學教授知名的。他在今日臺灣的數學界，是首屈一指呢，還是第二號人材，我是沒有資格來衡定的。我不是研習數學的人，對於他在數學方面的造詣，眞是不敢妄贊一詞。我敬佩他的不在這方面，而在他的頭腦和風格。他有清晰的頭腦，有狷介的風格。這兩點正是今日臺灣知名之士所最缺乏、所最需要的。臺灣今日，多的是腦筋不清楚而脊椎骨軟化了的人物。在人材反淘汰的趨勢下，這一現象近年來愈顯得突出。瘦桐先生常常就他親身所接觸的人與事談給我們聽，更證明在中國當代名人錄中，蠕蠕而動的東西太多了。

當然，瘦桐先生也和平常人一樣，對於某些人和某些事，是有他的成見或偏見的。所以我們在一塊高談濶論的時候，也偶爾發生些或大或小的爭執。這其間自然也免不了有我的成見或偏見在作祟。可是我對他總是很敬佩的。我敬佩他無論是在公的場合或私的場合，從來不說一句不由衷的話，從來不說一句他自己所不相信的話。我想，這一點該是他的朋友、和他的學生所一致承認的吧。請莫輕看這一點；今天在會場中講話的人，乃至在課堂上授課的人，能够做到這一點的也不太多。

有人說「瘦桐是很想做官的」。這句話可能有幾分符合事實。但是我敢於確信的，瘦桐先生即想做官，他倒是眞的想為做事而做官，不是為想發橫財、逞威風而做官。這一點，可從他做考試委員以來的作風看得出來。他做考試委員以後，從沒有把考試委員這一札官作為進一步營求的階梯，向各方面拉關係、賣人情，而他是認眞地站在考試委員的崗位，固執着有關的法律來作事。因為這，他常常在院會中和別人爭吵，甚至激昂罵座，罵得對方哭起來了。這都是由於他有一股擇善固執的剛氣。他痛恨官僚，他痛恨鄉愿。他是國民黨員，但他也痛恨强調黨紀、蔑視國法的本黨「同志」。因此，這幾年的考試委員並沒有給他帶來什麼榮華富貴的快樂或享受。相反的，由於許多看不順眼的事而他又莫可如何，於是他的頭髮更多白了幾撮，他的血壓更增高了幾度。

說瘦桐先生想做官的人，也可以瘦桐先生好談政治作為例證。是的，瘦桐先生是喜談政治的。一位數學教授，不專心於本業，而好談政治，這是我們的政治逼得他如此的。我常想，政治這樣東西，如果上了軌道的話，就像開了窗戶的空氣一樣。你呼吸它，但你不覺得有它。如果是糊搞糊來的政治，可就不同了，你儘管想不過問它，它決不會饒過你。直接的，間接的，都可干擾得使你不安。尤其知識分子的政治性的感覺更是敏銳。請試就今天臺北的大新聞穆萬森宣判無罪這件案子來講吧，你可以為穆萬森個人能够活下去而慶幸，你也可以為司法界露了一線曙光而高興，但是再進一步想想，我們能不為刑警總隊用刑逼供、蹂躪人權而悲憤嗎？儘管這件案子與我們沒有直接關係，但我們想到過去曾經寃枉過多少人，將來又會怎樣，基於人類同情心作用，我們精神上受到的干擾實在太大了。知識份子在亂世愛談政治，照我想，就是這樣來的。瘦桐先生是有是非心、正義感，而又爽朗明快的人，安得對於當前糊搞糊來的政治不感悲憤而大談特談呢？以一個學有專長的人，不能安心繼續不斷地在本行上深研，而要分心到政治問題的觀察和批評上去，這是近幾十年來許多優秀的學人所犯的「毛病」。有的人因此進過監牢，有的人甚至丟掉了性命。這是永留歷史的時代悲哀。瘦桐先生不過是時代犧牲者的當中的一個。倘使他有比較舒適一點的生活環境——物質的和精神的，讓他繼續不斷地安心在數學園地上努力，我相信，以他的聰明才智是不難成為國際上第一流的數學家的。

現在，瘦桐先生是已經死了。他在半生的窮愁生活中折磨到五十四歲就死了。這能不說是我們學術界的損失嗎？瘦桐先生的死，值得我們哭；可是我們不得不更痛哭的，是學術界現在活着的人，還有些聰明才智勝過瘦桐先生的，一樣地在生活掙扎中不能安心他的學術工作，一樣地對現實政治滿懷悲憤而不能安心學術工作，學術界的損失，又豈只是瘦桐先生之一死而已！

四十八年八月二十五日。

修憲已沒有「合法途徑」了！

傅正

最近一段時間，已經很久沒有在報上看到籲請蔣總統連任的消息，這使人發生一種直覺，以爲是由於有關方面鑒於修憲在法律上的困難，不得已而作爲罷論。可是，到了八月二十二日和二十三日，却又連續在臺北各報出現了兩則有關的消息，才知道問題並沒有過去。

據八月二十三日臺北各報刊出的「中央社」消息說：「國民大會代表全國聯誼會，最近數月所收到國內外各界同胞籲請蔣總統連任第三屆總統的電文，截止八月二十日止，共計一千零八十單位。該會已分別覆函表示『將尊重民意，循合法途徑，以謀解決』。」國大代表聯誼會既然表示將循「合法途徑」來解決，則作爲一個喜歡讀讀中華民國憲法的中華民國國民，自然歡迎之至。但現在不妨根據法理來看看，是否還有什麽「合法途徑」可循？

中華民國總統的任期和連任，憲法上都設有硬性的限制。根據憲法第四十七條規定：「總統副總統之任期爲六年，連選得連任一次。」因此，不管是任何人當選爲總統，任期只能以六年爲限，連任只能以一次爲限。

現在，蔣總統已經「連任一次」，依法在這一次任期屆滿後，自不得再「連任一次」而爲第三屆總統。因此，如眞有非蔣總統再「連任一次」不可的必要，則憲法上對於總統連任所設的硬性限制，便非修改不可。否則，那根本是違憲的行爲。

修憲，必須依照合法的途徑。目前如眞想爲蔣總統連任第三屆總統而修憲，是否眞有甚麽「合法途徑」可走？顯然是一個必須解答的法理問題。

按照憲法第一百七十四條的規定：「憲法之修改，應依左列程序之一爲之：一、由國民大會代表總額五分之一之提議，三分之二之出席，及出席代表四分之三之決議，得修改之。二、由立法院立法委員四分之一之提議，四分之三之出席，及出席委員四分之三之決議，擬定憲法修正案，提請國民大會複決。此項憲法修正案應於國民大會開會前半年公告之。」換言之，憲法的修改，只有兩條合法的途徑：一是由國民大會代表提議、決議而修憲；一是由立法院立法委員提議、決議，然後送請國民大會複決而修憲。這是兩條修憲的大路，此外並無第三條大路可走。

但是，在目前客觀現實的限制下，上述兩條修憲的大路之中，是否有任何一條可以合法的走得通？現在不妨逐一加以分析。

首先，就第一條修憲的大路來分析：憲法第一百七十四條第一欵所謂「國民大會代表總額」云云，顯然是指組成國民大會之法定總額而言。此項法定總額，按照憲法第二十六條及國民大會代表選舉罷免法第四條之規定，應由各選舉單位選出之人數，理當爲三〇四五人。根據此項人數標準來推算，所謂「五分之一之提議」，便須有六〇九人；所謂「出席代表四分之三之決議」，便須有二〇三〇人；所謂「三分之二之出席」，便須有一五二三人。可是，早在民國四十三年二月十九日，召開第一屆國民大會第二次會議時，經過網開一面的所謂「遞補」，以及政府派專人到海外東拖西拉的結果，實際出席大會的代表，也不過是一五七八人。這五年來，老成凋謝，人數又少了很多。到今年七月底爲止，已只剩下一五二一人。很顯然，現在如眞想由國民大會代表提議修憲，要湊足六〇九人提議，固然可以辦到；但要湊足二〇三〇人出席，却又萬難做到。由此觀之，第一條修憲的大路，已經無法走通。

其次，就第二條修憲的大路來分析：憲法第一百七十四條第二欵所謂「立法院立法委員」云云，按理也同樣是指組成立法院之法定總額而言。此項法定總額，按照憲法第六十四條及立法委員選舉罷免法第四條之規定，應由各單位選出之人數，理當爲七七三人。根據此項人數標準來推算，所謂「四分之一之提議」，便須有一九四人；所謂「四分之三之出席」，便須有五八〇人；所謂「出席委員四分之三之決議」，便須有四三五人。然而，遠在民國三十九年二月二十四日至五月三十一日，立法院第一次在臺北擧行第五會期會議時，報到的人數，便只有四七九人。在後來，雖然又先後「遞補」了一一二人，但到了今年上半年，立法院召開第二十三會期會議時，報到的人數，仍只有四八九人。現在，卽使把滯留港澳及請假者統統拉來，總共也不會超過五一九人。很明顯，今天如眞想由立法委員提議修憲，要湊足一九四人提議，固然相當容易；但要湊足五八〇人出席，却又勢難辦到。由此觀之，第二條修憲的大路，也一樣的無法走過。

不過，對於憲法第一百七十四條第二欵的規定，也有人加以另一種解釋。例如在四十八年一月十五日臺北「聯合報」上，史尙寬先生的「目前憲法是否有修改之可能與必要之商榷」大文中便說：「憲法有『總額』、『全體』、及既無『總額』亦無『全體』限制之三種形式。」於是進而主張：「依余所見，憲法第一百七十四條第二欵惟規定『立法委員』，並無『總額』又無『全體』之限制，則其所謂立法委員人數之計算，既不能以法定名額(七七三人)爲據，亦不能以已經選出之人數(七六〇人)爲準；……應以現有立法委員人數爲計算之依據。」其實，這解釋是相當牽强的，至少還有很多可以商討的餘地。因爲按照憲法第一百七十四條第二欵的規定，雖然「並無『總額』又無『全體』之限制」，但並非如史先生所說「惟規定『立法委員』」，而是明明白白寫的「立法院立法委員」。就是說，在「立法委員」四字之上，還有「立法院」這個大帽子。不管史先生是否有意拋開這頂帽子，但有了帽子以後的意義便多少有些不同，却是不難看出的。簡括的說，憲法上的「立法院立法委員」字樣，並非以「現有立法委員」爲限，而是以「法定名額」爲範圍。這道理，由憲法第六十四規定的「立法院立法委員應依左列規定選出之」云云，是以「法定名額」爲範圍，便不難證明。至於史先生同時在上引文中又說：「依憲法第一百七十四條第二款，立法院所擬定之憲法修正案，須提國民大會複決。……依余所見，關於此項複決程序，憲法既未明定應依同條第一款之規定，自無解釋必須依此程序之理由。」這種說法，也同樣的有商討餘地，事實上也早已引起了爭論。

現在，由於憲法第一百七十四條第二款的規定，多少已「發生疑義」，如果大法官會議眞能完全接受上述史尙寬先生的說法，而加以同樣的解釋，則第二條修憲的大路，倒未始不可以勉勉强强的走通。因爲大法官會議如果做這樣的解釋，雖然不大合理，但其對於「憲法發生疑義」時所具有之解釋權，却是沒有人能否認的。

可是，到了今天，縱然想勉勉强强走第二條修憲的大路，時機也已經過去。因爲根據憲法第一百七十四條第二款的規定，由立法院立法委員擬定憲法修正案時，「此項憲法修正案應於國民大會開會前半年公告之。」而國民大會的開會時間，據憲法第二十九條規定：「須於每屆總統任滿前九十日集會。」蔣總統這一屆的任期是到明年五月二十日屆滿，國民大會便應在明年二月十九日召開。因此，立法院公告憲法修正案的時間，最遲也不能遲過今年八月十九日。現在，既未見立法院在法定的限期內公告憲法修正案，則走這條路的時機便已經喪失了。很明顯，今天縱然想走這條路，時間也不允許了。

根據以上分析，兩條修憲的大路既然都走不通，是否還有甚麼其他的合法途徑可走呢？按理說，應該是無路可走。然而，從若干主張修憲的說法來推測，似有人認爲可走下面的兩條修憲小路：第一條是用增加或修改臨時條款的方式，來變更或停止憲法第四十七條規定總統連任限制的效力；第二條是用國民大會作成臨時決議的方式，來變更或停止憲法第四十七條規定總統連任限制的效力。

可是，這兩條修憲的小路，是否有一條可以合法的走得通呢？現在不妨進一步加以逐條分析。

先就第一條修憲小路而言：增加臨時條款明明是修憲，這僅僅由「動員戡亂時期臨時條款」的制定經過，便可以證明。因爲國民大會在民國三十七年四月十八日制定此項臨時條款時，便是完全依照憲法第一百七十四條第一款規定之修憲程序。至於修改「動員戡亂時期臨時條款」，雖非增加新的臨時條款，但由於現行此項臨時條款，具有憲法的同等效力，所以修改臨時條款，仍舊是修憲。照這樣說來，則無論是增加或修改臨時條款，便都是修憲。既然是修憲，便無法逃開憲法第一百七十四條所規定的兩條修憲大路；但上面已經指出，兩條修憲的大路，都成了死路。因此，第一條修憲的小路，是走不通的。

次就第二條修憲小路而言：由國民大會作成臨時決議，從形式上看來，與制定臨時條款不完全相同。但只要此項決議，可以發生變更或停止憲法規定的效力，則在實質上的意義，與制定臨時條款是一樣的。換言之，也等於是修憲。修憲，便必須走憲法第一百七十四條所規定的兩條修憲大路；但這兩條修憲的大路，都已經變爲死路。所以，第二條修憲的小路，也是走不通的。

綜括以上所說看來，不但兩條修憲的大路走不通，而且連兩條修憲的小路也走不通。可以說，修憲的路，條條是死路。

可是，在修憲的大路和小路沒有一條可以走得通的情形下，現在似乎又有人認爲可走修憲的叉路，這也可能是發現無路可走之後所企圖走的最後一條路。這條路，就是運用司法院大法官會議的解釋權，來變更或停止憲法第四十七條規定的效力。但這是否可以合法的走通呢？現在不妨再進一步做一次最後的分析。

解釋憲法雖非修改憲法，而不必走修改憲法的大路或小路，有時却又能多少收到修改憲法的同樣功效，的確不失爲一條修憲的叉路。可是，由國民大會或立法院與國民大會進行修憲，尙須遵守一定的法律界限，則由大法官會議解釋憲法，自不容漫無限制。否則，假使國家的堂堂根本大法，竟可以聽憑幾個擔任大法官的恣意解釋，一至於把憲法規定得明明白白的條文，也加以曲解，則所謂憲法的剛性以及安定性，便無從說起了。因此，我國爲了限制大法官會議的憲法解釋權，而有司法院大法官會議法的制定和施行。根據司法院大法官會議法第三條規定「大法官會議解釋憲法之事項如左：一、關於適用憲法發生疑義之事項」。換言之，如果適用憲法並未「發生疑義」，自然用不着解釋，大法官會議根本也無權解釋。可是，關於總統連任的限制，憲法第四十七條是這樣規定：「總統副總統之任期爲六年，連選得連任一次。」可以說十分明白，了無疑義。因此，大法官會議根本沒有加以解釋的必要，也沒有擅作其他解釋的可能。否則，解釋行爲的本身，便是違憲。由此可見，最後一條修憲的叉路，還是走不通的。

總而言之，根據法的觀點，就「法」言法，現在的確沒有甚麼「合法途徑」可走。至於在國民大會代表全國聯誼會的心目中，究竟還有甚麼「合法途徑」，那就不得而知了。

新疆六十萬哈薩克是俄中兩匪幫的死敵

——並補充蒙藏會委員長李永新對邊疆抗暴運動的公開報導

吳傑彥

一　前言

本年元月三、四兩日臺港各報披露蒙藏委員會李委員長永新對於邊疆「抗暴運動」的公開報導。關於新疆方面略謂：「新疆抗暴運動，最早由新疆維族領袖烏斯滿所倡導，嗣烏氏被匪殺害後，引起新疆人民之仇恨，反共運動遂瀰漫全省。現新疆維族有組織之武裝游擊隊共達六萬人，政府已縝密計劃，設法謀取聯絡，予以聲援；並向世界呼籲，基於共同利益，加强我政府及我邊疆抗暴運動之援助，免蹈匈牙利革命之覆轍」。查民國三三——三四（一九四四——四五）兩年中，蘇俄利用哈薩克族領袖烏斯滿及新疆六十萬哈族「反盛」强烈心理，製造侵略新疆伊犁、塔城、阿山三區各縣六十餘萬方里土地之亂事，集體屠殺我三區各族軍民（維族未遭殺戮）十餘萬人。蘇俄强盜於集體屠殺之後，又在「中亞穀倉」的伊犁，「世界金庫」的阿山與塔城三區各縣中，將我各族同胞歷祖歷宗經營積蓄掃刼一空。統計約刼去現金七百二十萬兩，及一切貨物糧食牲畜與生產傢俱，除不動產不計外，共刼去物資約等值黃金一千五百八十萬兩！乃新疆伊塔阿三區甚至全世界亘古未有之浩刼與損失！

迨烏斯滿及新疆全體哈薩克族，發覺深受國際陰謀家欺騙，反盛問題大大變質後，遂於四十四（一九四五）年冬起卽成蘇俄强盜與「東土耳其斯坦僞國」之惟一敵人，血戰四年，造成一九四七年世界聞名之「北塔山」防衛戰。新疆陷匪後，六十萬哈薩克聯絡漢蒙回三族九十萬人，從事反共抗俄之艱苦戰鬪，先後擊斃俄中兩匪十餘萬人。現新疆各民族游擊根據地，雖爲不毛之戈壁與崇山，但面積大於浙江省二倍以上。要皆青天白日旗幟在中國大陸保存之領土。以上等等，因交通閉塞，爲外間所不知，尙不足怪。

但是民國三八——四〇（一九四九——五一）兩年中，我聯合國常任代表蔣廷黻博士提出控蘇案時，曾叠次對安理會及面對世界各國出席聯合國會議的代表團代表，詳盡闡述蘇俄曾利用哈薩克族領袖烏斯滿製造侵略新疆情形。最後並云：「多年以來，蘇俄利用新疆種族複雜情形，以遂其侵略目的，本人前在一九四九年十一月二十五日對本委員會所作聲明中，卽曾詳述蘇俄以哈薩克首領烏斯滿爲中心所挑起的紛糾；此事本人在此毋庸複述。」遂搏得安理會及聯合國各國代表團之同情，使我國控蘇案順利通過。當時蔣廷黻博士演說詞，世界各國報紙競相登載，我政府及聯合國均有案可查，是全世界早已共知烏斯滿爲新疆哈薩克族領袖矣！且維吾爾族爲定居新疆千三百餘年之農業民族，哈薩克是蘇俄十月革命後逃避「族滅大禍」重入祖國中國國籍至今方四十年之「游牧民族」，雖同爲伊斯蘭教徒，但集居地域，有山南山北之分，論生活、習慣、志趣，完全兩樣；人盡咸知！我政府的情報，竟把「烏斯滿變爲維族反共領袖」，且對其反共抗俄戰鬪情形與據點何在缺而不詳。情報如此不確，令人駭異。總之，國人對新疆情形仍漠不關心，是無可諱言。在無新疆卽無國防之重要原則下，慨忠義之湮沒！傷國土之淪亡！除附帶補充李委員長永新的公開報導外，用將新疆六十萬哈薩克自三十五年起的反共抗俄忠義死戰情形簡介於下：

二　保衛新疆領土主權的長期血戰

三十五年九月烏斯滿得新疆警備總司令宋希濂大量援助，反攻阿山，於九月十一日與伊犁僞國匪軍賴伊木江及阿爾失別克統率之第二、三兩團激戰三日，伊匪軍反正者五百餘人，潰敗者三百餘人，餘悉殲滅。十三日乘勝前進，在距承化五十公里之薩爾，殲滅蘇俄史達林騎兵團五百餘人，投降者八十餘人，餘皆望風披靡，竊踞承化之副專員達力汗棄城逃走。九月十六日烏斯滿復與伊犁僞國援軍激戰於距承化二十公里之薩爾哈木山，消滅伊匪二百七十人，餘皆潰退，阿山區七縣均告收復。九月十七日烏斯滿於人民歡迎聲中，二次進入承化。

烏斯滿二次收復阿山，蘇俄仍思利用，而叠令烏氏把阿山金鑛場交付，烏均堅拒之。於是激怒共產匪首史達林，命紅三十六團團長波米諾夫率該團萬餘人伊犁匪軍五千外蒙軍數千附大批俄空軍，於三十六（一九四七）年二月初進攻承化，烏斯滿苦戰月餘，因衆寡太懸，裝備低劣敗退，撤至溫都爾拉山堅守，並派代表赴廸化央艾林郡王陪往西北行營主任張治中及新疆警備總司令宋希濂求援。

烏斯滿得到宋希濂援助後，與俄蒙伊匪步騎空砲軍五倍之衆，苦戰二月，傷亡慘重，於五月初放棄溫都拉爾山，退至北塔山附近，已潰不成軍。宋總司令立派騎七旅馬希珍連長率該連前往北塔山掩護烏斯滿收容，時烏氏僅存四百餘騎。詎料烏氏收容未竟，俄蒙騎兵千餘人附大部伊犁匪軍以空砲兵掩護，於三十六年六月二日起猛攻北塔山，造成全世界震驚之「北塔山侵略戰」，全國輿論大譁，一致聲討。烏斯滿協同馬希珍連長堅決死守，並叠電廸化求援告急，張治中令放棄北塔山退守奇臺元湖，宋希濂立派援兵一團趕往援助。烏斯滿率殘敗之衆，在北塔山一帶又苦戰月餘，屢進屢退，俟援兵到後大舉反攻，終於七月四日擊斃俄蒙伊匪騎兵四百餘人，俄蒙軍仰攻攻勢全部擊潰，餘敵才向白楊溝潰退。經此慘敗，俄蒙伊匪軍再不敢冒險仰攻，世界同憤之北塔山事件，亦歸沉寂。

當烏斯滿二次收復阿山時，有騎兵四千，部落男女共計約萬人，及遭慘敗後，雖經宋總司令希濂不斷補充接濟，歷時半年餘的收容，始成騎兵二千，部落男女共約四千餘人，已爲民族國家犧牲過半矣！

三　烏斯滿和賈尼木漢首先抗拒

迨徐蚌會戰後，中共力量已經領先，於是張治中手忙足亂，飛到南京，妄主和議，更恃「張羅密約」爲後盾：竟以西北軍政大員充當和議首席代表，送肉上砧，投入北平虎口而遭軟禁。但張氏猶不悔悟，妄以「西北國軍起義」「新疆和平解放」等條件，要求准許他戴罪立功，放他仍回西北軍政長官原職。毛匪澤東周匪恩來，亦將計就計，以先行立功徵信，決請「仍回西北主持之」謊言諾之。張治中信以爲眞，遂在北平寫就致西北各將領函件，囑伊等不可抵抗，而陣前起義。並在北平印就「告新疆民衆書」三萬份，以至分函鮑爾漢劉孟純陶峙岳諸逆，要伊等歡迎人民政府。旋即派隨行和議代表團顧問屈武持函由北平專返西北各省煽動叛亂，孤立甘肅孤軍苦戰之馬步芳，甘寧青三省因此淪亡！西北屈武賣國目的已達，遂以新疆省委兼廸化市長身份，趕回新疆煽動叛變，西北軍政長官公署秘書長劉孟純與新疆警備總司令陶峙岳決定三十八年九月二十六日「新疆和平解放」；並由兼新疆省府秘書長劉孟純與主席鮑爾漢及全體省委聯名電請阿山行政專員兼新疆省府委員烏斯滿，請其出席九月二十三日「新疆改隸人民政府」的省務會議，但被烏斯滿九月二十一日復電駁斥。其措詞慷慨激昂，義薄雲天，但劉孟純屈武鮑爾漢諸逆，毫不爲動，仍於原定九月二十三日下午二時舉行會議，由鮑爾漢劉孟純提出「新疆省與國民政府斷絕關係，改隸人民政府」議案，屈武劉效藜白文昱諸逆隨聲附和，羣奸狂吠，戾氣滿廳！惟省委兼財政廳長哈薩克人賈尼木漢聞之，怒氣冲天，大聲斥責，終以孤掌難鳴，在堯犬吠堯之戾氣中通過叛國議案。賈氏立即怒冲而去，即於是日下午五時，率所部蘇木七百人騎槍三百餘枝，離開迪化，東去奇台，與烏斯滿會合，準備反共抗俄之戰鬭。

四　新疆首立戰功的游擊隊

三十八年九月二十六日新疆「和平解放」後，駐新國軍中多數志士，咸認爲在匪軍尚未入新之前，爲從事拒絕投降繼續反共之良機。除派人分赴各地國軍聯絡請聞信響應外，先就西疆景化縣與綏來前線萬餘人，定十月一日下午四時首樹拒絕投降繼續反共之義旗，並咸慮綏來前線俄寇伊匪乘機入寇：邀請北疆各縣民族騎兵團在鄉騎兵三千人，如期增援景化反共國軍。接獲通知後，前沙灣縣哈族縣長哈力伯克，率所部蘇木槍千餘枝男女共三千餘人騎，趕到景化南山集合，附近各縣漢哈二族民騎二十，一同如約增援景化國軍。迨抵城郊，因前允與義之部分國軍中途生變，故大部已經舉義國軍，不忍自作箕豆之燃，仍於原定日期拍發拒絕投降繼續反共之通電後，改變計劃，率部東出河西走廊，增援國軍戰鬭前線。但通電影響所及，不出旬日，全省各地國軍均聞風響應，當時幾使共匪失去新疆，並殿下日後俄中兩匪幫死亡十餘萬人之基礎。

至爲增援景化反共國軍而集合之三千一百民騎，因目標發現，不便解散，乃以北疆西游擊隊名義，推前哈族騎兵團長扎克仫爲司令，哈族沙灣縣長哈力伯克與漢族地方領袖劉國祥二人爲副司令，從事匪後游擊，歷時三月，頗有斬獲。後因間於廸化伊犂之間，慮難持久，適接南疆哈族反共領袖胡三英東疆哈族反共領袖烏斯滿賈尼木漢等緘約，開赴南疆阿爾金山，集中力量憑險長期抵抗，乃於三十九年元月一日逾天山南下，四日在南疆和碩僞縣府强提糧秣馬草各數萬斤，沿博斯騰淖爾畔南下。時新疆共酋王震，接匪一野電謂「頃據確報，新疆各反動力量，擬集結阿爾金山長期頑抗，請對鎮西景化二股股匪嚴密堵截，毋令集合貽害。」乃令駐焉耆匪二軍六師師長張仲瀚率兵六千，對景化南下之北疆西游擊攔擊，在鐵干里發生遭遇戰。以行動敏捷射擊準確之騎兵，迎擊人地生疏之匪步軍，不到半小時，匪陣悉踏破，擊斃匪軍千五百餘人，匪大敗不支潰退，該隊以眷屬之累，未乘勝進擊，翌日匪軍增援反攻，已失敵踪去向。是役俘獲步槍千四百餘枝，迫砲機槍十餘挺，子彈無數，是爲新疆首先成立首創戰功之反共游擊隊。該隊獲勝後繼續南下，元月十日攻克婼羌縣，擄獲糧秣馬草各十餘萬斤，旋即放棄，元月二十日左右安抵阿爾金山總根據地。

該隊於元月一日南逾天山時，爲三千一百餘人騎，附眷屬共五千餘人，迨抵目的地時，增爲騎兵五千餘人，附眷屬共爲七千餘人，成阿爾金山總游擊根據地主力之一支。

五　鎮西游擊領袖烏斯滿與賈尼木漢擊斃匪軍萬九千人

烏斯滿與賈尼木漢會合後，旋得南疆哈族反共領袖胡三英緘約，請其開赴阿爾金山，集中力量，憑險長期抗戰，乃率隊由奇臺逐漸東移。原擬在鎮西取捷徑跨過公路南下婼羌，適值匪軍蜂擁入新，立予烏賈二氏以嚴密監視，遂濡滯鎮西大小紅柳峽一帶半年。

三十九年夏歷三月底，得到北疆二次崛起之游擊隊第一次勝利（該隊擊斃中共匪軍二萬三千餘人與蘇俄「常勝騎兵團」一團千二百餘人，對新疆各地區游擊隊鼓勵甚大）之鼓勵，乃向鎮西出擊。始意是掠取南下阿爾金山之輜重，不料立遭匪軍迎擊，往擊匪軍爲駐哈密匪大軍十八師副師長，率在西安投降改編該師之一團二千五百人，命爲前衛，並該師匪基本部隊一團三千五百人爲本隊向紅柳峽挺進。不料國軍投降團，因不堪共匪壓迫，密約烏斯滿後退，迂廻繞擊匪本隊後方，該團反攻夾擊，匪軍基本部隊三千五百人無一生還，該師副師長陣亡，爲嗣後匪軍對新疆游擊隊作戰再不敢動用投降國軍之始。

烏賈二氏在第一次大勝，俘獲槍械三千餘枝，與迫砲機槍數十挺，彈藥糧秣甚多，並增加生力軍二千五百人，聲威大振，且因勝利得來容易，而安土重遷，逼處鎮西四戰「死地」，在續獲兩次大勝先後擊斃匪軍萬九千人後，卒爲匪軍穩紮穩打之人海戰術所困。賈尼木漢率殘部百餘人騎，突圍另尋抵抗據點，卒於三十九年七月初因彈盡糧絕而被俘。烏斯滿仍據原地抵抗，匪軍包圍圈已縮至山頂，相距平均約三—四百碼，彭匪德懷慕烏勇，令生致之，俟烏軍槍聲停止，遂蜂擁前進，又擊斃匪軍數百人，最後一彈自殺未遂被俘。在鎮西大小紅柳峽鏖戰三月之哈薩克爲主的反共游擊隊全部萬餘人，於三十九年夏歷七月底，全體壯烈成仁殉國，乃新疆哈薩克反共游擊隊犧牲慘重之一支也！

六　阿爾金山——游擊王國

喀喇崑崙在和于二縣交界處分支，東行曰阿爾金山，蜿蜒三千餘里。崑崙北麓與阿爾金南麓中央，有斷絕盆地，東西七百餘里，南北四百餘里。雪流匯盆地中曰烏宗海，面積約百餘里。中有島曰烏宗島，爲佛教聖地。烏宗海盆地中，原有蒙族部落七千人游牧其間，因地處偏僻，除軍用地圖外，一般地圖未載。逾阿爾金山峽口北下約五百里，始抵南疆平原，復北渡約千二百里大戈壁，才達婼羌且末二縣。

至阿爾金山且婼二縣北麓，原有哈薩克酋長胡三英，率其部落萬五千人自衛槍約三千枝散牧其間。嗣後西北不願投降國軍與青康邊區專員公署保安團隊兩共約四千人，退至阿爾金山與胡三英會合。新疆「和平解放」後，胡三英部落增成二萬餘人，有騎兵七千步兵二千。嗣北疆西游擊隊五千一百餘人騎附眷屬共七千餘人，開進阿爾金山後，該根據地統共有游擊騎兵一萬四千五百人，步兵九千五百人，附各族男女約爲五萬人，於是便設置「西北反共救國軍軍事委員會」於烏宗海盆地，掌握該地軍事政治，胡三英爲委員長，北疆西游擊縱隊司令扎克仫爲副委員長。以各部隊來自地區爲各游擊縱隊之名，各縱隊司令均爲軍事委員會委員，和衷共濟，相處無間，所有眷屬與步兵，一半留烏宗海盆地墾牧生產，一半步兵與輪派三分之一騎兵在阿爾金山北麓採金，向外換取物資，至大部騎兵仍留阿爾金北麓不時出擊。出擊直徑：東至甘肅燉煌，西至和闐于闐東西約四千里，南至且末婼羌尉犂南北平均約千五百里，以行動迅速，射擊準確，戰無不克，攻無不取，已成新疆俄中兩匪重大隱患。

由於前蘇俄「地質調查團」數百探礦家地質家携帶機器與數百工人，在阿爾金山歷三年探鑽勘測總報告阿爾金山共蘊藏黃金五百億兩，使蘇俄垂涎該山金鑛，故於三十九年九十兩月聳恿中共匪幫，出動大兵十五萬人，大砲百餘尊，四套馬水二千輛（每輛儎水二噸），分由喀什和闐于闐取道且末東下南進，與由烏耆沿孔雀河南下取道婼羌南進，會攻阿爾金山總游擊根據地。該地軍委會聞信，俟其半入戈壁，挑選精騎千二百人，分由兩路迂廻匪後，首先猛擊匪軍補給水車，傾瀉其飲料後，與各正面部隊夾擊匪軍。南下匪軍忽聞飲料斷絕，委棄全部輜重，拼命後退逃生。設非匪砲兵千餘馭馬飲料稍資挹注，則十五萬匪軍，早已悉數亢斃戈壁中矣。後退匪軍，救死不暇，既遭前後夾擊，無心戀戰而大敗。該根據地共擊斃匪軍三萬餘人，擄獲槍械二萬八千餘枝，迫砲機槍百餘挺，子彈二百餘萬發，足供該地長期需用外，並不時以彈藥密濟天山游擊根據地。此外擄匪軍萬馬與十五萬人三月糧秣馬草，足供該地年餘之需；與擄獲馭馬數千，大車千餘輛，是新疆各游擊根據地首屈一枝之大勝！且以漢族爲主的「崑崙游擊根據地」，亦因此次勝利而成立，此爲中共匪幫在新疆爲蘇俄火中取栗犧牲最大之一次也！

七　三萬哈薩克義民是迪化背上附骨之疽

1. 艾林郡王近支萬五千人

艾林郡王爲新疆六十萬哈薩克總領袖，其近支萬五千人，散牧迪化乾德阜康孚遠各縣山地，是擁護國民政府保衛新疆領土最力之人。三十五年新疆「和平條欵」簽訂後，其王妃哈德萬女士出任廸化行政專員，伊仍掌理哈族內部事宜。三十八年「和平解放」之前兩天，他率哈德萬與其部落萬五千人，自衛槍二十餘枝集體退至廸化南山不履平地。

2. 景化南山七千哈民更加强悍

廸化南山接壤之景化南山，東西相距約二百餘里，南北縱深約四百餘里，乃天山北麓最肥沃之山地，出產豐富，地勢特別險要。東由捷徑至廸化南山，扼廸化之背，南逾天山到焉耆，西北山徑通葱嶺，西南與綏來東山接壤，自昔爲兵家必爭之地。漢唐二代曾屯兵衛戍其間，今爲景化縣七千多哈民集居之安寧鄉，其酋長烏驥伯以景化副縣長兼安寧鄉鄉長，原有自衛槍五百餘枝。二十二年馬仲英圍攻廸化時，派其弟馬赫英率兵二千略取西疆各邑，擬打通伊犂國際路線，昌吉縣陷落，刼奪財物甚多，附近回族莠民紛紛加入，擴爲三千餘人，西攻景化縣，爲漢回二族所敗，率部竄入景化南山，擬取捷徑退回廸化。該山哈族預先設伏，將馬赫英三千餘人全部殲滅，而俘獲其槍械財物，以致更加富强，而有自衛槍二千五百餘枝。三十八年「和平解放」後，烏驥伯率其部落，退居景化南山，與艾林郡王取一致行動，居富庶之地，據險要之區，爲天山北麓三萬哈民反共之中堅。

3.綏來東山五千反共抗俄哈民

綏來東山集居五千餘哈民，民性强悍，其酋長阿哈若善，人素平正，恒戒其族人不得出擾平地漢族，聞新疆「和平解放」之信，與艾林郡王及景化哈族取一致行動，退居山中，不履平地，有自衛槍五百餘支，與廸化南山東西互爲犄角之守。

自廸化南山至綏來東山，東西約五百餘里，南北縱深約三百餘里山地中，集居不履平地之哈薩克三萬義民，共有自衛槍約五千支，騎山馬如履平地，男女大小，人人皆兵，且多百發百中之「神槍手」。除照以前國民政府稅率，一年一次准中共稅收人員入山征收草場稅一次外，不准來歷不明之人接近該族牧地，故其他游牧民族財產鬪爭一空，惟該族牲畜仍保持原態，共匪無可如何！撫之不來，剿之，則伊等不擾平地，師出無名。縱貿然往剿，山道崎嶇，不獨共匪上掌騎兵，望山興嘆，且谷深林密，重兵器喪失效能。山地哈薩以逸待勞，居高臨下，匪軍勝算難操，縱勝之，則伊等循山徑散佈全省各山脈中，爲害更大，乃新疆俄中兩匪幫心腹之憂。初在賈尼木漢與烏斯滿先後被俘之時，極力利誘烏賈二氏代爲招撫被拒。繼則改昌吉縣爲「哈薩克自治州」，將該縣原有漢回二族數萬農民迫移南疆，以耕地易牧地，利誘該族放棄負嵎之勢而徐圖之。但該族洞燭其奸，無一人被誘下山，目今扼廸化之背，成俄中兩匪幫附骨之疽，待反攻軍事接近新疆，行看「疽發背死！」

八 烏賈二氏罵賊殉國浩氣充塞新疆

賈尼木漢與烏斯滿因彈盡糧絕，在三十九年七月先後被俘，新疆共酋王震，禮遇有加，並先後疊以新疆省政府主席，利誘賈烏二人代爲招撫南山艾林郡王，與南疆胡三英等率部歸順。但烏賈二氏均拒之曰：「艾林郡王爲新疆哈族惟一首領，是哈族最富足最穩重之一支，我們遠居阿山，向少來往，他對我們反對你們這些「賊娃子」向不贊成，現在我們失敗了，決不會受我們招撫。至於南疆哈族領袖胡三英，自我們重回中國後，分別三十年，更沒有什麼往來。但是知他是一個大有作爲的人，他那一支人馬在沙皇時代，就以能征慣戰著名，與老毛子仇恨最深，和你們這些「賊娃子」誓不兩立。現在他們的力量。比較你們大多了，祇要你們有本事，派兵出打他就是，決不會受招撫。自奸賊張治中陶峙岳鮑爾漢劉孟純等接來你們這些「賊娃子」後，我就決心把你們殺光！現在沒有殺絕你們，把我殺了就是。我希我們哈族領袖胡三英扎克伈哈士謨（天山游擊根據地的哈族縱隊司令）諸英雄和新疆全體哈族同胞，爲我們報仇，爲國家除害！憑我的良心，死也不會去招撫他們，何必多說廢話……」諸語，先後異口同聲，罵賊不屈，終在三十九年七八兩月中先後被殺殉國！言信行果，求仁得仁，忠烈往矣。但噩耗驚傳，新疆六十萬哈薩與漢回蒙三族九十萬反共同胞，均深切痛恨，誓爲烏賈二民族忠臣報仇：故不出二月，而有阿爾金山總游擊根據地擊斃匪軍三萬餘人之且娏會戰大勝，可知忠義感人之深也！

九 新疆反共抗俄游擊隊民族成份與戰果

因血債之故，新疆六十萬哈薩克人，久蘊同仇，預集力量，與俄中兩匪周旋，已成新疆反共抗俄之主力，如天山、阿爾金山、崑崙三大游擊根據地，與廸郊四次大勝而化整爲零經常出擊之北疆游擊隊，共計騎兵五萬零八百九，步兵一萬八千五百人中，哈族克佔百分之六十，漢族佔百分之三十，回蒙兩族佔百分之十。論戰果：除歷年零星斬獲不計外，自三十八年十月起至四十年底止，如鐵干里、廸郊、天山、鎭西、且娏、崑崙各次會戰大勝，共擊斃蘇俄紅軍二千餘人，擊斃中共匪軍十萬餘人，牽制中共兵力三十萬人以上！俘獲槍械四萬餘枝，機槍迫砲數百挺，子彈三百餘萬，馭馬數千，糧秣馬草無數，已創輝煌戰果，但我民族烈士暴骨沙場者，亦在二萬五千人以上，而仍經常與俄中匪幫拼命死戰，實我政府與反共國家不可忽視之力量也。

十 結論

累積帝俄侵略新疆三百年血債，各民族保衛家鄉「同欲」甚强，設邊疆大吏能忠國死士，深仇作憤，明恥教戰，則北疆百五十萬人皆死戰之士，結人和、憑地利、賴天險以應戰，決非俄中兩匪幫所能染指。此大過阿富汗六倍而出產超出阿富汗十倍等於大半個歐洲的新疆，猶可以爲善國，竟因握軍政大權之內地漢奸張治中劉孟純屈武陶峙岳等經常通敵賣國，一味主降，以致大好山河，不戰而喪。人謀不臧，鑄下大錯，往者已矣，來者應追。現反共抗俄力量，磅礴天山南北，尤以哈薩克忠臣烏斯滿，賈尼木漢，與强寇拼戰而不稍餒，在疊獲大勝，彈盡糧絕被俘之後，堅拒甘言厚爵之誘騙，不貪生害仁，而罵賊成仁，言信行果，耿耿精忠，媲美文史；允宜從優褒敍，而竟悠悠歲月，生者未洒「挾纊」之溫詞，死者長虛「昭忠」之大典，竟李戴張冠，漣忠臣種族尙且弄錯，何以「樹彰闡惡」之風聲，以起衰世而挽國運乎!?

新疆六十萬哈薩克，民性强悍，腦筋簡單，敢爲敢作，視死如歸。自民國九年回到祖國後，已成新疆治亂安危之主角。善用之，可爲西鄙之干城。反之，立致「一夫夜呼亂者四起」之邊禍，是目前應速圖宣慰撫綏，將來應妥施生聚敎化，而長定邊疆。且該族最近十五年來，在世界心臟之區，初則抗俄拒亂而守土，忠血染艷邊鄙山河；繼則反共抗俄，使俄中兩匪幫聞而膽落。戰績輝煌，基地屹立，乃民主國家反共之「前兵」，自由世界應一致援助，萬不宜令其自生自滅！

四十八年元月二十日於臺北。

香港通訊・八月十日

寮國戰局政局剖析

余　陽

寮國、不丹、尼泊爾和阿富汗等，是亞洲地區與中國大陸毗鄰的幾個沒有海岸線的國家，自一九五四年七月日內瓦印支休戰協定簽訂後，在南越、寮國、高棉三個國家中，令人最不放心的，是寮國的局勢。

日內瓦協定有問題

共產黨進攻寮國，一般熟識寮國情勢的人，認定是必然會發生的，且認爲是西方國家難於應付的事。人們之所以作此種認定，其兩項依據是：

第一，是日內瓦休戰協定規定寮共武裝集結於參諾亞、和豐沙里兩省；寮共武裝的整編問題與及參諾亞、豐沙里兩省的命運，有待寮政府與寮共直接談判解決。

第二、寮政府與寮共談判的結果（由一九五四年底一直談判至一九五七年十一月方簽訂寮國本身的停火協定），寮共借放下參諾亞、豐沙里兩省武裝，脅迫寮政府組織有共黨參加的聯合政府，並承認寮國共黨—「老撾愛國黨」爲合法政黨，允共黨在各地公開活動。寮共兩個領導人物蘇發努馮出任聯合政府下的計劃、建築和城市規劃大臣；富美汪維奇出任宗教和美術大臣。

日內瓦協定的規定與寮國本身的談判結果，對寮國現狀的決定，比越南的被腰截爲南北兩段的情形，實際上好不了多少。越南分割後，界線分明，共黨不能在南越活動，而寮共則除了盤據參諾亞、豐沙里兩省外，還可在各地公開活動。

割據事實仍在

事實上寮共「放下武器」和結束參諾亞、豐沙里兩省割據局面的諾言，是沒有兌現的。寮共的武裝部隊，據寮國及南越軍方所作的估計，至少有七千人。但交給寮政府整編的祇有兩個營（約一千人），且整編後的兩營寮共，非解除武裝，而是保持其原來編組，調離參諾亞、豐沙里暫時集結於線欵附近。結束割據後的豐沙里和參諾亞兩省，寮共仍握有極大控制勢力，政府軍所取得的，只是參諾亞和豐沙里兩處孤立地點而已—於接管參諾亞、豐沙里後，寮政府擬修築公路確保參諾亞、豐沙里與琅勃拉邦和永珍間的正常交通。因寮共的阻撓無法進行，現在政府軍如要增援參諾亞、豐沙里，需賴空中運輸。

容許寮共公開活動以後的另一個顯見後果，是寮共積極的在寮國中部重建其地下組織。中部的那拋至塔克一帶，是越南戰爭後期共黨所曾攻佔的地方。那裏的共黨武力，表面上是依日內瓦協定規定，退往參諾亞，事實上多數是潛伏着，再經過寮共加强滲透。因此，此次參諾亞告急，塔克一帶立即發現寮共武裝分子蠢動。

薩南尼空上臺以後

寮共放下武器與結束參諾亞、豐沙里割據狀態的諾言不但沒有兌現，甚且加强對中部的滲透；而特別的是今年一月初旬，北越共軍去那拋南部越界，佔領寮國十數村落，大有以武力支持寮共武裝控制塔克省，進而赤化寮國中南部之勢。

覺察而且確證寮共的假面具和野心後，寮政府不得不作種種防止共黨顛覆的緊急措施。

首先是符馬親王引退（據傳寮政府與寮共談判時，符馬曾私人接納蘇發努馮請求，讓避居於曼谷的菲差叻返國，菲差叻、符馬與蘇發努馮三人原爲異母兄弟，符馬接菲差叻回國，原希望今後三兄弟合力把國家治好，但後來發覺菲差叻暗中去幫助蘇發努馮奪取政權，三兄弟合作事實上不可能做到），使「聯合政府」因符馬的下臺而同時宣告解體。當時—去年七月間，關心寮國局勢的若干西方觀察家，極擔心接替符馬者是寮共頭子蘇發努馮，但結果是曾任符馬親王的外交大臣薩南尼空出任首相。

薩南尼空上臺後，一方面延請反共軍人入閣，如參謀長巴譚馬旺將軍出任國防部長，陸軍上校諾沙旺及吳敦分任國防部次長及社會部長。另一方面于二月十一日宣佈不承認日內瓦協定的限制，提出鮮明的不再敷衍共黨的立場。

其後薩南尼空又向財政及經濟部門發出緊急命令，禁止中共貨物輸入。同時接受美國進一步的經濟援助，而在外交方面與泰國及南越有更密切的往來。

再分裂與共黨野心

反共的寮政府對寮共及其支撐者不再敷衍不再隱忍最堅決的行動，要算是今年五月中旬在線欵將不接受政府整編計劃的寮共武裝一營繳械，並出動陸軍追搜逃向參諾亞山林區的另一營寮共。

繳械和追搜不接受政府整編計劃的共軍，此一行動，亦可說是寮政府與寮共再分裂的開始，在那時以後，寮國東北部的衝突，幾是可預見的事。恰當的說，在日內瓦協定規定寮共擁有軍隊和據有地盤之後，一般觀察家就預料寮國內戰的爆發，是遲早的事，是難避免的事。

寮國、泰國及南越有關軍事當局，不時透露北越與中共積極的在寮國與北越毗隣的山區中替寮共訓練武裝部隊，且指出寮共武力已達五千人。寮共武力在不斷增加中，那是無可懷疑的事，但更可慮的，還是中共、北越直接參加侵略。

據寮國政府最近的指控，寮共武裝對參諾亞豐沙里的進攻，不但有北越軍隊助戰，甚且有中共軍滲雜在寮共部隊中。寮國東北境的戰事，不單純是寮國內部的衝突，而應當是共黨集團對東南亞軍事顛覆的一個重要行動。

國土、人民和資源

寮國（LAOS，一稱老撾）的面積爲二十三萬一千四百餘平方公里，北部毗隣中國大陸的雲南省、緬甸和北越的泰族山區，西部隔湄公河流域遙對泰國，南接高棉，東部半隣北越，半隣南越。境內北部和東北部爲山林區，南部及西南是平原區。全國人口約三百二十萬(一九五七年估計)，首都(政府機關及各國使節駐在地)永珍，人口約五萬五千人，王都(王宮所在地)琅勃拉邦，人口約二萬四千人。人民大部份信奉佛教，天主教在那裏亦有不少信徒。

居於寮國的華僑，見諸國府的統計，是約三千人，事實上是不止的，單就永珍、素旺(沙灣拿克)和巴色三地華僑的數字，可能已超過五千人。華僑在寮國經營的商業，以鋸木廠、碾米廠和雜貨進出口商等居多，前兩者在那裏的那一行業中，且佔有重要地位。

寮國人民百分之九十以上從事耕種，每年米產約五十五萬噸，礦產蘊藏如錫、鐵、鎢、鉛、金、銀、煤、錳、鋅等都有相當數量，但多未經精確査勘，更談不到大量開採。但據專家估計，在北越、南越、高棉和寮國諸地中，除紅河三角洲北部外，要算是寮國的礦藏較豐富。

現在的國王西沙旺、馮(Sisavaong Vong)曾於二次大戰時日軍進佔寮國期間，被菲差叻親王脅迫退位。一九四六年四月，西沙旺、馮重登王位，菲差叻被放逐往泰國。不久與法國簽訂協定宣告獨立，但仍爲法蘭西聯邦的一個單位。

目前法國在寮國仍保有軍事基地，並繼續幫着寮國訓練軍隊，在經濟上則依賴美援。

當前戰局剖析

七月廿九日，寮國政府發表公報宣稱：寮共武裝已向參諾亞省發動攻擊，寮政府軍正調兵增援參諾亞。接着消息傳出，寮共幾支攻擊部隊，一攻佔參諾亞東部的孟包，一攻佔北部的芒黑特，另一進攻西部的孟山。很容易看出，寮共雖未直接强攻參諾亞，但却在包圍參諾亞。

現在政府軍增援參諾亞，似已無可靠陸上交通，增援部隊需依賴空運。據寮政府陸軍方面稱：守參諾亞只有一連人，必要時政府軍將自該地作戰略撤退。看情勢，除非共軍停止進迫，否則參諾亞會隨時失守。

與參諾亞省被進攻同時，傳豐沙里省亦有戰事，寮共首先進攻的目標是沙龍旺，又傳共軍已攻抵孟苛附近，很可能的，豐沙里的失守，會先於參諾亞。而對於「王都」琅勃拉邦的威脅，孟苛的變化，更値得重視。

鎭邊府爲北越泰族山區首府，數年前越南戰爭時，該地爲越寮山地區必爭的戰略要地；法軍守有該地，可牽制進攻江河三角洲之共軍，鎭邊府陷落後，進攻江河三角洲之共軍不但無後顧之慮，且以鎭邊府爲支援寮共基地，使寮共一舉而由北境攻至孟苛孟那，自東北境攻下邦邦線欵，兩路直迫琅勃拉邦。

鎭邊府今日對於寮共的作用，當不會比過去差。泰族山區有泰族三十萬人，倘這三十萬人之中的若干武裝共黨分子被滲混在寮共中作戰，則寮政府軍對東北境山地區的控制，就倍加困難了。

在地理形勢上，寮國北部和東北部的山地區，是寮國乃至泰國天然的屛障，但由於武器缺乏，兵力薄弱，形成了寮國對此一山地區不能充分控制；甚至戰事一起，這一處天然的屛障，變成最不易守的地區。反之，共黨以泰族山區爲據點，經營寮國東北境，使之成爲寮共進可攻退可守的基地。

那抛至塔克一帶，是越戰時共軍所曾攻佔的地區，今年年初，北越軍增防十七度分界線，並在那抛南部越境侵擾寮國，現在塔克附近有共黨游擊隊竄擾。這些，證明共黨多時以來在積極經營此一地帶的地下組織。共黨之所以用心於此一地區的滲透，其企圖當是：一、牽制寮政府軍，使寮政府軍不能調動足够的兵力用於參諾亞等處；二、建立一滲透高棉及泰國通路；三、塔克西部之泰國境內，有數萬越戰時由北越避入泰國的難民，該數萬難民中，據調査有不少共產黨份子滲雜在內，如塔克落在共黨手中，則居於泰國境內的越籍難民，可能因沒有支持者而立卽在泰境製造不安。

紐約通訊・八月十日

從艾赫互訪論美蘇「實力平衡」問題

董鼎山

艾森豪總統決定與赫魯雪夫交換訪問消息的突然發表，至少顯示了美國外交政策變向的兩個重大轉捩點：一、一向主張對蘇俄採取强硬政策的杜勒斯逝世後，美國已在放棄杜勒斯路線。二、艾總統在外交上失去重大幫手杜勒斯後，已在親自問政。據紐約時報記載，此次艾森豪之邀請赫魯雪夫訪美，及其本人接受訪俄邀請，是他本人所下的決定，國務卿赫特的影響並不大。關于美蘇首腦劃時代性的交換訪問對世界和平的影響，及其所含的美國外交政策變向的意義，筆者容後另外作文討論。這裏試先就艾森豪突然作這一個轉變的背景做一個檢討。

艾森豪一向反對舉行高階層會議，不久以前，他還在華盛頓記者招待會中再三聲明，除非日內瓦四外長會議有相當成果，他決不願參加高階層會議。現在四外長會議二度開會後毫無結果，而艾森豪不但有意舉行高階層會議，且更進一步一面邀請赫魯訪美，一面應允親自訪俄。赫魯雪夫在頑强堅持之下，又如願以償。這是不是表明艾森豪又遭遇一項外交上的挫折呢？但是在國際上而言，艾森豪這次重大決定，聲望反而增加。西歐諸國及亞非中立國家都透一口氣，稱揚艾森豪之舉。美國本國民意及國會議員大多數也表贊許。艾森豪向以和平使者自居，他這次一改杜勒斯的强硬路線，主要原因當然是在謀求和平，避免戰爭。說到「避免戰爭」，我們就要談到美蘇的「實力平衡」(Power Balance)問題。

近數星期來，報界不斷傳說，赫魯雪夫對柏林危機採取强硬路線，是因爲他相信世界實力的平衡力已傾向對蘇俄有利。這是不是一個事實呢？當前我們在討論國際外交問題時，「世界實力的平衡力」這名詞不斷出現。可是這個名詞的確切意義到底如何？所謂平衡力應該如何測量？無人知曉。我們至多僅能有一個糢糊的概念。

在核子飛彈時代，强國實力的測量極難定標準。一百個核子彈是不是强于五十個核子彈？二十個洲際飛彈是不是强過十個洲際飛彈？試問眞如發生戰爭，何人可知？過去在測量一國實力時，常以軍隊動員力爲根據。誰有最大的海陸空三軍，誰就可在外交談判中佔上風。但現在是以核子彈輕氣彈做根據。一個輕氣彈的毀壞力已足够令人氣餒，十個輕氣彈可能是不必要的浪費。只要雙方都有這種可怖的武器，數目多少，在外交談判上實已失去唬嚇的效能。

因此，所謂「國家的實力」，實在包含不少因素，除了動員性的軍事力量外，還應該包括人力、原料蘊藏，地理戰略位勢、工業生產量、科學工程的發展、國內團結與士氣、聯盟制度的堅强、宣傳工具的有效、及國際聲望等多種。

這些因素不但不能測量，而且難以作比較。世界危機發生之時，每個危機局勢都有不同。例如西方國對柏林的防禦因素，與西方國對奠邊府的防禦因素，就大有異。以第二次世界大戰而論，在長期戰爭中，戰爭初期的兵力大小，實不及永久性的人力、工業及資源大小爲重要。

但目前情勢又有異。現在如有戰爭發生，在數日內即可獲得解決。另一方面，在冷戰狀態中，經濟力量——金錢援助 及工程技術 援助等，則有確實的外交價值。因此所謂「實力」，或「實力的平衡」，不但在量的方面有差別，在質的方面亦有不同。

那末赫魯雪夫所謂世界實力的平衡力已傾向于蘇俄有利之說，究竟含有什麼意義呢？單就柏林問題來講，我們只能說，由于過去四五年來各種情勢的變化，赫酋已經相信，柏林問題可依據對他有利的條件而解決。

「實力平衡」(Power Balance) 本身只能用實驗方法來決定。正如一件名畫的金錢價值，只能用拍賣方式始能測知，不然「實力平衡」的意義只存在于政客的腦中，是一個主觀性的探測，在實驗之前，無法予以正確的估計。一九三八年時，希特勒相信他已能侵佔捷克，慕尼黑會議證明他是對的。一九三九年時，他又相信德國實力可以席捲全歐，自認必獲勝利。可是五年大戰及數千萬人命證明他的錯誤。

現代外交上會有一個極度的危險，即是政治家在進行外交談判時，無論採取攻勢或防勢，常有過份自信的傾向，將本身實力估計過高，或將對方實力估計過多。這種估量一有錯誤，即有造成大戰的危險。近年來，世界曾數度瀕臨戰爭邊緣，幸而各方都能及時而止，未曾肇成大禍。

赫魯雪夫的相信已有用强力在柏林問題取勝的能力，已有作戰獲勝的把握。這是基于那幾種因素呢？第一，蘇俄的國際聲望升高，是毫無疑問的事實。一九五七年史巴尼克的放射，不但使其他國家大驚失色，而且也使西方國不得不重新估值蘇俄的實力，史巴尼克的成就使西方國對蘇俄在科學、工程、教育各方面的看法大有改觀。第二，史巴尼克放射的前一年，波蘭曾有紛亂，匈牙利曾有革命。此類事件雖證明東歐衛星國制度的軟弱，但同時也顯出蘇俄軍事控制的堅實，及西方國的無能干涉。第三，英法干涉蘇彝士運河時，美國態度猶豫不決，似乎出于懼怕與蘇俄作戰。結果反而提高蘇俄地位。第四，在遠東方面，中共已成爲舉足輕重，足有威脅東南亞國家的巨力。第五，赫魯雪夫對蘇俄人民的團結與士氣毫不生疑。他對蘇俄社會制度的信心，並不弱于艾森豪或麥米倫對西方制度的信心。凡此種種，都爲造成赫魯雪夫自信力的因素。

蘇俄制度雖與西方制度有本質上的區別，但其新階級制度的出現，經濟生產的繁榮，及相當程度的「社會移動性」，在蘇俄人民羣衆眼中與西方羣衆的生活似無重大的差別。同時，蘇俄經濟學家對「資本主義經濟崩潰」的理論，已有生疑推敲的自由，而西方經濟學家也對「共產主義必將失敗」之說發生疑問。舊有的理論是共產主義與資本主義間的大戰必不可避免，現在則由于核子飛彈的實現，雙方都在高談和平共存。當然，一般人士仍認爲和平共存，乃是共黨的口號，今西方國也高唱和平共存，證明西方國已失面子。反而言之，蘇俄聲望又因此而增高。

國際聲望的獲得，必須有所根據。所謂「實力的平衡」，經濟因素既佔重要地位，我們不妨從經濟角度觀察蘇俄力量。專家有謂，蘇俄經濟生產的成長速率較美國超過二三倍，但這種說法並不能作爲正確估量實力的標準。蘇俄經濟的成長速率是基于其小規模的根基。這種根基不能與美國的經濟根基相比。因此，蘇俄將其生產剩餘用來經援中立國家的數量，也遠不及美國大規模經援他國的數量。蘇俄在外援上與美國相競爭，其用意與效果與其說是經濟性的，不如說是心理性的。一國的經濟生產成長速率與他國的經濟生產成長速率，根本無法作比較。例如中共常誇稱「一年內生產加倍」這種倍數，卽使屬實，又如何能與一個高度發展經濟制度（例如美國）的「增產百分之五」相比較？

經濟實力的比較既是難題，軍事上「實力平衡」問題的較量更是困難。數字與實證的缺乏，更令人頭痛。不久以前，美國國防部長曾宣佈：將洲際飛彈造成「可用階段」，尙須延緩六十天，但他同時宣稱，蘇俄此項節目的研究可能亦告延緩，暗示「飛彈空缺」（GAP）並不重要。但是其他情報方面則稱，在一二年內，蘇俄將可有二百個至三百個洲際飛彈，屆時美國尙無。（請參閱本刊第廿卷第十期「火箭、飛彈、衛星、行星」一文。）這項情報暗示，在一二年內，蘇俄將有消滅美國的「實力」，並將採取行動，而美國將無招架之力。

單從上述二個「權威」方面的消息，我們就可看出軍事實力比較的困難。一個說「飛彈空缺」無關緊要，一個說美國將無招架之力，坐待消滅。這二個「權威」消息，無異證明美國政府實際上並無敵方實力的正確數字與實證。因此我們在估量蘇俄實力時，只能循用舊法：在過去五年十年來，蘇俄一直保持一百七十五師軍隊，不斷重新配備最新式的坦克、大炮。此外，蘇俄並在衛星國組有軍隊，此類軍隊在發生大戰時，不一定有效用。

一九四五年大戰結束後，美國的軍力則有變動，大部份退伍。一九五〇年韓戰時，美國再建軍隊，保持約與蘇俄相等的數目。但一九五三年以後，由于新武器的發明，美國軍隊數目又減。大概而論，西方策略爲「用核子武器阻止戰爭」。至今爲止，仍保持此狀態。艾森豪總統曾宣稱，他無意在柏林進行「地面戰」。可是無論在莫斯科，華盛頓或倫敦，人人皆知，艾森豪也不會單爲了柏林問題而發動核子戰爭。

在今日，批評艾森豪軍事政策的人士主要可分二派：一派批評美國在飛彈發展上遜于蘇俄，「空缺」愈來愈大，最終將促成蘇俄以飛彈來威脅美國。另一派則批評政府不斷削軍，拒絕撥經費以新式武器配備海陸軍。

這二種批評是否有所根據，尙有疑問。如果美國政策是「以核子武器阻止戰爭」，軍隊數目的大小，無關緊要。同時，核子武器如果眞的能「阻止」戰爭，那末所謂「飛彈空缺」也當然無重要性。所謂「飛彈空缺」乃是對將來的估量，並非對現在的。柏林危機如果在今年發生，飛彈空缺還是不及彌補。純粹從軍事因素上而言，赫魯雪夫與艾森豪只能以「目前」手中所握的實力作較量。

美國戰略專家及國防部官員表示，美蘇二國今日的「軍事平衡性」甚是有效，雙方皆不敢發動核子戰，免受對方毀滅性報復，但是科學技術進展的速度，可隨時使這種僵持失去平衡。二國對各種毀滅人類利器的瘋狂研究，已經越出可控制可估計的範圍之外。僅僅由于洲際飛彈尙未到「可用階段」，美蘇雙方都不敢輕易撥動目前的軍事相持局勢。

過去十餘年來，蘇俄除維持其龐大軍隊外，並在核子彈、噴射機、飛彈、原子船各方面顯出西方以前所不信的能力。在這方面而言，蘇俄的軍事地位與聲望已大爲提高。美國已不能對原子彈握有「專利權」，但是原子彈的施用對雙方皆有不利。莫斯科與華盛頓，深知核子戰爭結果爲兩敗俱傷。核子戰爭既已成爲惟一戰爭形式，雙方既皆不願有核子戰，純粹「軍事平衡」又失去其意義。

我們的結論是：目前的「實力平衡」局勢，與四五年前並無大不同之處。蘇俄聲望提高，赫魯雪夫已升高于可與西方首腦共席會談的相等地位。但蘇俄共黨乃是現實主義者，東西雙方在實力上既已達到頂點，蘇俄既已高升，赫魯雪夫既已達到其與艾森豪共席會談的願望，世界核子戰似無爆發的危險，和平共存似將成爲惟一道路。

一九五九、八、十。

江湖行（七續）

徐訏

六十二

我趕到舵園，整個房子裏的人員都聚在下面談論，領藝中的女佣是一個四十來歲的崇明人，叫做阿湘，她坐在角落裏哭泣。

我從韓濤壽那裏知道些藝中失踪的情形。

原來那天下午又有一羣華僑中學有關的人來過。阿湘當時帶着藝中在園中玩。後來阿湘因爲有親戚來找她，她就離開藝中到後面去。當時大家進出都是用後門，前門是鎖着的。阿湘重新回來時，找不到藝中，她一直跑到前門，她發現鐵門半開着。那羣華僑中學有關的人還有幾個在走動，她向他們打聽，他們說，看見一個穿白襯衫的人抱着他從前門出去的。阿湘于是召了整個房子裏的人各處分頭尋找，毫無頭緒。一直到韓濤壽回來。韓濤壽回來就打電話給我，誰知我又出去了。

我聽了這經過，就同韓濤壽走到園中，我問：

「還沒有報警？」

「沒有，」韓濤壽說：「你以爲應當馬上報警嗎？」

「自然能够自己找到最好，自己找不到，還是越早報警越好。」我又說：「你也沒有告訴舵伯？」

「等明天上午，怎麼樣？」韓濤壽說：「我想明天一定會有點消息的。」

「什麼消息？」

「我猜想是綁票。他們應當送個消息的。」

「你以爲這事情是私了好？」

「綁舵老家的孩子，一定不這樣的簡單。」

韓濤壽這句話倒是提醒了我，我說：

「我們最好可以不讓舵伯知道。」

「但是如果是綁票的話，祇有他知道是誰幹的。究竟是爲錢，爲仇，或者要下舵老一點面子。」

我沒有再說什麼，同韓濤壽向外走着，我看韓濤壽手裏拿着一個手電筒，我接過了隨便照着。他說：

「我實在想不出是哪一方面的人要開這個玩笑。」

「會不會是通同日本浪人的那些人？」

「如果不問舵老，那就要問衣情了，她應當知道。」

「你覺得那些人們都可靠嗎？」

「我剛才正注意這個問題，但是沒有發現什麼。」他說。

我們在園內走了好一回，我們覺得我們如果要報警，也就瞞不住舵伯，那麼還不如先告訴舵伯；倘若要不告訴舵伯，祇好先不報警。總之此事最好不驚動什麼人，我們把它解決了；但當時我們只能忍耐，一切祇好等第二天再說。韓濤壽以爲如果是綁票，明天一定會有什麼消息的。所以還不如早點去睡。當時我們回到裏面，叮嚀佣人們不要聲張，一切還同平常一樣，祇裝着沒有事。這才大家回到房裏。

躺在床上，我並不能馬上睡着，我打了一個電話給紫裳，告訴她藝中被綁的消息。紫裳聽了也吃一驚，她也主張暫時不要讓舵伯知道，因爲這分明是因爲舵伯退休了，別人要給他下一點面子，如果舵伯知道，一定不肯罷休，恐怕會生出是非，甚至會影響他們去內地的計劃。我告訴她韓濤壽的意見，她叫我明天再給她電話。

第二天早晨，我醒來已經不早，天氣很好，紅日滿窗，韓濤壽在外面敲門。我給他開門，他很高興的給我一封信，他說：

「你看信。」

這封信沒有封口，也不是郵寄的。信封是一隻講究的中國信封，上面很端正的用毛筆寫着舵老的名字。裏面則是一張練習簿扯下來的紙張，用鉛筆寫着簡單的話：

「舵堂先生賜鑒：

先生此次毅然退休，敬佩萬分。我輩想向先生借欵二十萬，懇可勿却。因先携寶眷藝中來此，盼即來蘇州河虹橋堍雲字旗洽談爲幸。

俗家」

我讀了信望望韓濤壽，我們倆意會地覺得這可以由我們私自處理，不必驚動捕房，也不必驚動舵老了。

我當時打了一個電話給紫裳，告訴她我們接到勒索的信與信裏的措辭。紫裳當時就叫我與韓濤壽去看她。我們三個人就在紫裳哪裏開了一個會議。韓濤壽猜想這綁票的人一定有日本浪人爲靠山的人，他們曾經拉過舵老合作，舵老沒有答應，所以才來尋隙的。我當時覺得既然與日本浪人有關，那麼潘宗嶽應當有路可詢。我們何不設法打一電報給衣情。紫裳覺得還是先去接洽一次再說，如果贖票的價格可以還到四五萬，哪就由她去湊籌贖回來就算了，韓濤壽覺得衣情蜜月旅行預定兩三星期，現在已經過了十來天，那麼還不如一面同綁匪談判，一面拖着日期。等衣情回來，看她怎麼樣；衣情如果要藝中，她一定會想辦法的，也許潘宗嶽可以尋到綁匪的根源，說幾句話就可以放出來；如果一定要贖欵，衣情也不會吝嗇這點錢的。紫裳認爲舵老這次與她母親結婚，決定退休，到內地去，是他們兩個人最幸福美滿的計劃；她知道舵老的個性，如果知道藝中被綁，他一定不肯出錢去贖，也許賭氣地同對方去拼，這可能會變動了這個美滿與幸福的決定。所以紫裳認爲反正這房子賣去有一筆錢收入，就用此欵去贖藝中算了。

我們討論許多時候，決定還是由我去接洽後再說，一面暫時先把阿湘接到紫裳地方來，舵伯如果去那面，可以說藝中由阿湘帶出去玩了，所以不在家裏。

我于那天下午在蘇州河虹橋堍，我不知道信上所謂「雲字旗」的意思，但到了那面，我在密集的舢板船中看到一隻小船上插着一面旗子上有一個「雲」字，像孩子玩的一面小旗，黑底白字。我當時就走近去隔着許多船叫：

「喂！雲字旗的小船。」

小船裏出來一個壯年的船伕，看了我一眼，一聲不響，我又問：

「你是不是雲字旗？」

「你要過來就跨過來好了。」他說着又鑽入艙內。

我當時就對別的船戶道歉一聲，一隻一隻跨過去。跳進那隻船上，我發現艙裏有兩把小竹椅，並沒有人。剛才照呼我的人則在船尾，他已經把船搖動起來，沒有說一句話。我才知道這小船根本就沒有第二個人。

「你要搖到哪裏去呢？」

「你不要找雲字旗嗎？」

「是呀！」

「那麼我搖你去呀。」他一面搖着一面說。

這個船伕從船羣中擠到外面，逆着水流搖了二十分鐘功夫，于是靠到一隻較大的船側，他叫：

「雲字旗來了。」

大船上蓋着烏黑的船篷，篷裏鑽出了兩個穿竹布大褂文質彬彬的人，年紀都在五十以上，一個還戴着老式銀邊眼鏡，一個頭髮已經花白。他們很客氣的扶我過去。

走進了他們的船艙，我看到裏面並沒有別人。除了船尾有兩個船伕外，就祇是那兩個穿竹布褂的人。

艙裏有一張金漆的板桌，周圍放着四把椅子，我就被招呼坐在右手，于是那位帶眼鏡的端上一杯茶，另外一位敬我一支煙。大家坐了下來，那位帶眼鏡的先開口說：

「眞對不起，這麼遠路要先生來。」他講的是一口北平話。

「沒有什麼，」我說：「我們還是爽爽氣氣談我們的事。那個孩子是不是很好。」

「很好，您放心。」

「我想您們倆位一定知道，這孩子並不是舵老的孩子。」

「那麼您先生是代表舵老先生來的了？」

「不是的。」我說：「我是看房子的。舵老先生退休後，這房子就交給我們看守。」

「那麼你來有什麼見教麼？」

「自然，少了孩子，我們很難交代。」我說：「不過你們既然請了那孩子來，也不肯白費手脚。我所以想來同你們談談。倘若不能還價，那麼我就回去，你們也不必再來通知，倘若可以還價，我要知道一個最後的價錢。去報告我的主人。」

「報告舵堂先生。」

「舵堂先生已經退休，他們什麼都不許我們報告他了。」

「那麼你要報告誰呢？」

「自然是葛衣情小姐。」我說：「她關照我們什麼都不許告訴舵堂先生，什麼都要等她回來了告訴她。」

「等她回來了？」

「你難道不知道她嫁給潘宗嶽先生，結婚後去北平去蜜月旅行了？」我說：「我決不會對你撒謊的。」

「她要多久才回來。」

「說是說三星期，但也許延長也說不定。」我說。

「那麼，」那位白頭髮的人說：「我們還是等她回來好了。我們可以給你一個月期限。她回來，請你在申報上小廣告上刋登一個『雲字旗，幾月幾日我來看你。』的廣告，你就同樣的來找我們好了。」

「你們如果不想還價，那麼你們也不必在申報找廣告了。」我站起來說。

「還價也要你們葛小姐親自來還。」戴眼鏡的說。

「那也好。可是她自己不見得會親自來，一定還是派我做代表的。」我說：「既然可以還價，何妨把最低的價錢告訴我，我等她來了，告訴她，她答應，我就帶錢來贖票。她不答應，我就登報告訴你，這不好麼？」

這時候，那位戴眼鏡的望望那位白髮的，于是說：

「我們也祇能把您的意思告訴我們的老闆，你且把你的意思說出來，我們告訴老闆，合適的在申報小廣告上通知你，你帶看欵子來贖票，不合適再在報上告訴你底價。」

「你的意思很好，」我說：「但是我們都是吃人家飯的，沒有法子作主，我祇是照我個人想，如果舵老沒有退休，他要是肯來贖票，八萬十萬倒不一定不肯出，可是如今要由葛衣情作主，你知道女人都是小氣的，哪孩子又不是她生的，所以我想頂多也祇肯出三四萬。否則卽使你們撕票，于她有什麼？她剛剛結婚，自己正要養孩子，也不會在乎那個孩子的。」

當時的談判就到此爲止，我看出他們的目的原是要刺激舵伯，沒有想到舵伯竟不知道，所以聽到葛衣情是眞正的主人，他們已經感到失望。我回來後，告訴了韓濤壽同紫裳，韓濤壽馬上想到他們或許會設法去通知舵老。我同紫裳于是想到告訴野鳳凰與小凰鳳，任何直接寄到他們新址給舵伯的信札與電話，都不要接受，祇當作舵伯並不在那裏。

這樣，舵伯在動身到內地之前，始終不知道藝中的被綁。他曾經問到藝中，紫裳告訴他，衣情知道舵老已經搬到別處，所以不放心藝中再留在那面，要紫裳把他帶在身邊。

當時，韓濤壽就覺得舵老越早離開上海，事情越容易處理。我們很快的通過野鳳凰從中促動，好在行李什麼都已經差不多理好，祇要交給運輸公司就是。

我也已經打了一個電報給衣情。告訴她藝中的被綁，我不知道她是不是眞的愛藝中，她回電什麼也沒有說，祇說定于一星期後回來。

爲求事情簡單，我們並沒有讓衣情再同舵老晤面，在衣情沒有回上海的時候，我們已經促舵老他們動身了。這由野鳳凰發動，自然很容易成功。于是，在一個初夏的晚上，他們登上了一隻走長江的輪船。

紫裳與我都去送行，在汽車裏，紫裳與野鳳凰忽然相抱啜泣起來。上船後，紫裳與野鳳凰一直在船艙裏訴泣，我走到外面，小鳳凰也跟出來，我們相偕走上最高的甲板，大好的天空正佈滿了燦爛的繁星，四周看不見一個人，遠望去是城市的燈光，下面碼頭上還在裝貨；響着起重機的聲音，我忽然想那天回上海的情形，我一個人站在甲板上默默地望着岸上，小鳳凰來叫我要準備上岸。現在則是我同小鳳凰一同在甲板上，而要與她分別了。

小鳳凰忽然說：

「你什麼時來？」

「隨時可以來。等你們安頓好了，我要來還不方便？」我說。

「聖誕節，怎麼樣？我們現在約定。」小鳳凰拉着我的手說。我回過頭去，看她正望着我，我忽然感到一種不安，我說：

「聖誕節？聖誕節！好，好。決定聖誕節。」

我說着，離開她的視線望到岸上，我用右手擁着她的身子；晚風吹着她的頭髮，有一陣香味在撲我呼吸。

彼此沒有說話，但是我們的身子越靠越緊，她拉着我左手的手也越握越緊。我的心突然跳躍起來，我感到她的手在流汗。這時候，不知怎麼，她一轉身，我們就抱在一起，這像是荷葉上兩滴小小的露珠溶流在一起一樣，我一時像是脫離了過去與未來。我們吻了不知有多少時候，她忽然說：

「聖誕節，我等着你。」

自從許久前，我在教書時突然吻她，她生氣了以後，我同小鳳凰始終保持着友誼的距離，而這一瞬間，似乎長時期的相愛都在一瞬間吐露了。

我們沒有再說什麼，船已經快開，我們走下船艙，這時候我才想起紫裳，我不敢正眼對紫裳注視，也不敢正眼注視小鳳凰。

臨別的時候我同小鳳凰握手，她忽然含着淚說：

「常常寫信。」

我旁邊的紫裳又啜泣起來，我忽忽同舵伯與野鳳凰告別，就帶着紫裳從梯子走下來。

在碼頭上，我心裏混淆着各種奇怪的滋味。我像是失去知覺一樣，眼前的一切忽然糢糊起來，我知道我也在流淚了。

望船欄上的人影，我看到舵伯胡嬷與翠妹。

野鳳凰呢？她一定在船艙裏哭泣。

小鳳凰呢？她也在哭泣，但是她可能躲在沒有人見到的地方。

六十三

葛衣情到上海，就打電話給紫裳。紫裳請她與潘宗嶽在家吃飯，也請了我與韓濤壽，大概衣情知道這裏沒有潘宗嶽的事情，參加了也沒有趣味，所以由她自己一個人來。

座上都是老朋友，自然已經不需要客氣，衣情是一個聰敏能幹的人，她的度態是又大方又親熱。我忽然覺得她比婚前要可愛許多。談到藝中的問題，衣情就問到舵伯的意思，我們告訴她我們一直沒有讓舵伯知道，這點使她非常詫異。于是我告訴她我去雲字旗談判的種種，衣情想了許久，她說她去同潘宗嶽商量，或者可以由潘宗嶽派人去打聽，看到底是誰在作祟。她說她一有消息再打電話給我們。

衣情對于藝中的被綁雖不說不關心，但是並沒有很焦慮的表情。我覺得她很有自信，好像也正要借此表示她有辦法，因此我也就不再多提，不過在分手的時候，我又再三告訴她期限是一個月。

三天以後，葛衣情到舵園來，她指揮佣人清理一些她的東西，我恰巧不在，她同韓濤壽談了一回。韓濤壽後來告訴我說，綁藝中的大概是同另外一批日本浪人勾結的人，那些日本浪人派系也很複雜，潘宗嶽似乎並沒有什麼辦法。韓濤壽勸衣情爲藝中健康着想，還不如由我再去交涉一次，化幾萬塊錢贖出來算了，可是衣情以爲反正一個月期限還遠，再由潘宗嶽託人去問問。

這樣一拖又是一星期。

有一天衣情打電話，約韓濤壽去看她。她交了三萬塊錢給韓濤壽，說一切都已經談好，託他于第二天夜裏十二點到蘇州河虹橋堍雲字旗去贖票。韓濤壽當時就說，爲什麼不叫原來接洽的人去而要他去，可是衣情告訴他談判的人太間接，因爲他上次去過，比較熟些。韓濤壽告訴她上次接洽的是我不是他，衣情于是就要韓濤壽轉請我去。

我覺得我與衣情的關係裏，這應該是最後一件事情，我自然沒有理由拒絕這份差使。

第二天晚上，我與韓濤壽一同吃飯，飯後看了一場電影，戲散後，我們在蘇州河畔一家小館子裏，叫了一斤酒同一些下酒的菜肴，我請韓濤壽在那裏等我。我獨自走到虹橋堍的河邊。

我也像前次一樣的去找一隻有雲字旗的小船，但是這次竟怎麼也找不到。最後我在岸邊看到一個十來歲的兒童手裏拿着一個紙做的旗子，上面正寫着一個雲字，我于是就上去問這個小孩子，他一語不發帶我沿着河，在黑暗中走了許多路，忽然有手電筒的光亮，一個女人大聲的叫着小雲兒，這小孩子就答應着。這時候，這個女人就走近我的面前，是一個穿着很乾淨的樸素的漁家少女，她照照我的臉，我也用我帶着的手電筒照照她，我發現她穿着白衫黑袴，臉很秀麗，她忽然笑着說：

「你是來找雲字旗的是吧？」

「是的。」

「跟我來。」

我跟她上了一隻漁船，船上後艙裏睡着兩三個小孩，一對中年夫妻坐在竹椅上。男的在吸旱煙，我上了船，這男人就幫同帶我上船的那位少女，把船撐了出去。

我一個人站着，沒有人理我，我吸上一支紙煙，就坐在那個男人留出的空椅上，這樣大概有二十分鐘工夫，船從船羣中擠到外面，在河流中蕩了許久，穿進了一個橋洞，就在這個橋洞下面，忽然手電洞一亮，船頭走過來那個以前我會見過的穿竹布褂戴眼鏡的男人，他說：

「錢帶來了。」

「是的，」我說：「人呢？」

「就睡在那裏。」

我于是用手電筒照着睡在艙裏的那些孩子，我認出其中一個正是藝中。他張了一下眼睛，並沒有作聲，我看他臉很紅，用手摸摸他，像有點發熱。這時候他忽然又張開眼睛，跳了起來，他說；

「叔叔，你……你帶我回家去，是不？」忽然哇的哭了出來，我一面抱了藝中，一面把錢交給那位穿竹布褂的人。他坐在艙內，把錢點好。于是他收了錢，走回船首，我才知道他已是從船頭落了另外一隻小船了。

我回到岸上，走了好一回，才到韓濤壽等我的那家舘子。

藝中是認識韓濤壽的，所以他沒有認生。我讓他坐在韓濤壽旁邊，但是他竟不願意坐。我把他交給韓濤壽，問他要吃什麼，他搖搖頭。我忽然想剛才好像覺得他有點發熱，我就問：

「是不是發熱？」韓濤壽摸摸藝中的前額，又看看他的眼睛，他說：

「恐怕病得不輕吧。熱度像是很高。」

「我們現在送給衣情去？」

韓濤壽看看錶，他說：

「我先打個電話給她。」

韓濤壽去打電話，我抱着藝中，他一直閉着眼睛，但並沒有睡着，他呼吸很迫促，額前有點汗。

我同他說話，他祇是搖頭點頭不說什麼。

韓濤壽打了電話回來，說衣情在家等他，叫他馬上就去。

我當時就叫了車子請韓濤壽先把藝中送去。我自己吃了一碗麵，坐了一回才僱車回到學規路。

當時我心裏輕鬆了許多。覺得這件事情總算是順利解決了。

我與衣情的關係，從認識到現在，眞是有想不到的變化，我不知道她對我怎麽樣，我對她是愛過、恨過、害怕過、敬佩過，如今算是最後的交往了，以後我們在不同的社會中，當再不會有碰頭機會。我一方面感到一種悵惘，一方面也感到一種像是還清了一筆債務一樣的輕鬆。她是幸福的，我相信她會幸福；她是美麗的，她還可以繼續美麗，但是我想不出我當初是怎麼愛上她的，而因爲愛她，才有到上海讀書的事情，也因而改變了我一生的命運。自然，她如果沒有認識我，也不會有這樣的變化。但是她是一個注定會發財會成功的女性，沒有我的關係，一定會另有別的機遇。現在該是她最好的歸宿了，我祝福她。

汽車到了學規路，大夏大多都沒有睡，客廳坐滿了青年男女。他們似乎在開什麼會。我一進去，本想不驚動他們，逕自上樓去的。可是大夏大冬竟一一爲我們介紹起來。

我起初還以爲都是影劇界的人士，一介紹才知道裏面也有新聞界印刷所出版社的人，他們都很年輕。我一個一個同他們握握手，事實上像這樣的介紹，我也是無法記清無法認識他們的，所以我並沒有細認他們的面孔。

但就在握手的當兒，我忽然握到一隻瘦削多骨長長的手，我看到手腕的皮膚是乾燥白皙的。我有一種非常親熱與熟識的感覺，我抬起頭，才看到對方是個風姿綽約的女性，她臉色雖也薄施脂粉，但還顯淒白，頭髮很短，但燙得很別緻，她穿一件淡藍色的旗袍，笑着說：

「不認識我了？」

我吃了一驚。從她那付動人的眼睛，我想我應該認識她的，但是我竟一時想不出我在什麼地方見過她。我說：

「你……你……是……」我注視她的面孔，一面追索我的記憶中的印象。

「你是野壯子，是不？」她笑着紅了一陣臉說。

這一瞬間，我忽然看到她的前齒，我驟然想到了我久久不想到的過去。我眞的又奇怪又高興又吃驚，我不知道應怎麼樣說：

「啊，是你！你怎麼來的？」

「你們認識？」大夏驚喜地說。

「我還是小孩子時候。」她說。

「你現在也還是小孩子。」我說。

「我們讀書會小組正在討論抗日問題。」大夏說：「你也可以參加。」

「我太累了。」我說。

「你住在哪裏？」

「這裏，就是這裏二樓。」我說：「你明天中午有空麼？我們一同吃飯？」

「在哪裏？」

「你先來看我，好不好？」

「好的，十二點正。」

「好，明天見。明天見。」我說着又對大家說：「對不起，打擾你們。」

我到了樓上，我的心一直跳着。天下有許多事情使人覺得可怕，因爲命運的安排實在太巧妙太突兀了。

我剛剛從綁匪手裏贖回她的兒子，而她，她竟就在我的家裏，在我的家裏開會。

她是什麼時候來的？我眞的不認識她了。她不但不是靜覺庵裏的她；她也不是在舵伯家裏時的她；她也不是我在唐凌雲山上所碰見的她；她完全變了一個人。她現在的笑容是成熟的女性的笑容，她的打扮，她的態度，竟沒有一樣帶着以前的痕跡，她像是一個一直很用功的大學生，她有點乾瘦，但是挺秀，她始終有她特有的美麗。

我入睡時已經不早，不知道樓下是什麼時候散會的。那天大概因爲白天累了，所以睡得很好，醒來已近十一時。等我收拾好，大夏來告訴我夏立惠已經來了。

「夏立惠？」我自語着，但是我馬上知道這是映弓現在的名字。我下樓到客廳裏，大夏大冬都陪着夏立惠。我當時就對大夏大冬說：

「你們同我們一起出去吃飯好麼？」

「不客氣了，我有約會。」大夏說。

「我也有事，哪一天在我們家裏吃飯。」大冬說。

映弓那天穿一件純白布的旗袍，比昨天似乎顯得更新鮮活潑，她笑容可掬的同我招呼。我當時就同她兩個人出來，我找了一家很僻靜的西餐館，點了菜，在寧靜安詳的氣氛中，我開始注意她大圓的眼睛，她很和藹而坦白的讓我看她，她說：

「爲什麼這樣看我？」

「日子過得眞快，」我說：「你怎麼也回到上海來了？」

「我來了一個月。」她答非所問的說。

「你一個人？」

「一個人，怎麼樣？」

「你的……你的先生。」

「他，我們早走開了。」她說着笑笑，好像這是很自然的事情一樣。

「你來上海，沒有想到去看看葛衣情麼？」

「我看過她。」

「看過她？」

「是的，我打電話給她，她約我吃飯，我們談了好一回。」

「但是你沒有想看看舵伯，想看看我，想看看你自己的孩子!?」

「我知道你們很好，就很安慰了。」她說：「其次我實在太忙。」

「那麼你的孩子。」

「衣情帶來給我看過。他已經是衣情的孩子，我很放心。」

我當時想告訴她藝中曾被人綁票，我昨天才去贖回來的消息，但是我又覺得這不一定是映弓所愛聽的，所以我沒有說什麼，祇是點點頭。

「我相信現在衣情結了婚，一定很幸福，藝中跟她比跟我好。」她忽忽低下頭來：「我是屬于……屬于國家的，你知道，我們民族，現在在生死關頭，政府又這樣無能……爲救中國，我們必須要求全國團結一致，奮起抗日。提防漢奸們妥協。我們這裏文化界都在號召團結與抗日，我們大家正在發展這個運動，大夏告訴我，說你對政治沒有什麼興趣，我很奇怪。我覺得這是救國運動，與普通政治不同。」

「啊，我也不是沒有興趣，我個人事情實在太多。」我說。映弓的文雅大方誠懇的態度，很使我有點慚愧。

「你現在是成功的文學家了，我一到上海就先拜讀你的大作。對文學我是外行，我不敢說什麼；但是我們都覺得你所寫的題材太不現實，我們現在實在需要你這樣有天才的文學家來號召，號召我們民族的大團結，號召人民覺醒，督促政府抗日，提防漢奸出賣民族，同敵人妥協。」映弓低着頭，嚴肅地說。這時候突然抬起頭來，閃着大大的眼睛對我笑一笑，又說：「你是不是在笑我幼稚？」

「說哪裏話，」我笑着說：「你的話自然很對。抗日救國當然是我們每個國民的事情。」

映弓哪時候就拿出一張文化界抗日救國會的宣言給我看，我看了一遍，覺得內容同她剛才所說差不多。底下簽字的人很多，我看到宋逸塵的名字也簽在上面，她說：

「我們正把這意義徵求文化界人士的意見，你如果贊成，請簽一個字。」

當時我毫不考慮的簽了一個字在上面。

當時我對于映弓可說是很不了解。我很想同她談談過去的事情，如關于藝中的父親，關于葛衣情，關于她自己這些年的經歷。她似乎都沒有興趣。她好像怕提過去，也好像怕談到這些與她有關係的人們。最後我側面的談到葛衣情在她離開舵伯後的種種。她笑着說：

「幸虧我離開了哪個環境，不然我也許要變成葛衣情了。」

「她可是很富有，很幸福。」我說。

「這是沒落階級的生活，而且我怕她連抗戰都是怕的。」

「你這樣想？」我說：「那麼爲什麼你要把藝中留給她？」

映弓笑了一下，她說：

「你知道我自己沒有法子照顧他，而藝中還小，他應當多有點物質上的享受是不？想想我小的時候，實在太苦，我不願我的孩子還是跟我一樣。」她說。

不知怎麼，我從映弓大大的眼睛中看到她心中奇怪的矛盾。可是不想再談下去似的又談起救國的宣傳工作。快到三點鐘的時候，她說還有許多事情，要先回去。她寫了一個地址給我，是圓明路女青年會宿舍，她叫我隨時打電話聯絡。

從餐館出來，我們就分手了，映弓不要我送她，我望着她，就獨自登上了電車。

當時我心裏有很多感觸。我對于映弓並沒有很多了解，但是我覺得她總是一個奇蹟，是一個可敬可佩的女子。(待續)

讀者投書

老兵的悲哀！（一）

——對於退除役政策的檢討

余布衣

自從政府播遷臺灣以來，由於年復一年局限於客觀形勢，不克向大陸進軍，朝野有識之士便都深感要以臺灣的人口來長期維持一支龐大的軍隊，這是一宗很吃力的事。因此，政府當局熟審再三，乃從四十一年度開始實施精兵政策，將部隊中久歷戎行的老弱機障官兵分批次第的退除役下來，使部隊發生新陳代謝作用，永保青春的活力。同時政府有鑒臺灣的環境，退除役官兵又類多桐油桶裝桐油，除了玩槍桿當一輩子的職業軍人，幾乎是甚麼都不會幹，一旦退除役下來，生活問題怎麼辦？無論如何，過去發生在首都南京的那種「哭陵」事件，絕對不能在臺灣重演。職是之故，政府特成立「行政院國軍退除役官兵輔導就業委員會」（以下簡稱輔導會），以總責退除役官兵輔導就業的艱鉅任務。

輔導會自成立以來，平心而論，對於退除役官兵的輔導就業是不遺餘力的。除將失去工作能力的老弱機障官兵，收容榮家和醫院就養就醫終其天年而外，對於具有工作能力的官兵，則予集體或個別的安置工作，在大體上說來，對於退除役官兵，要皆做到了老有所終，壯有所用，值得讚揚。不過，在某些地方，還是有不少的偏差，是需要加以檢討，而期有所改進的。

先以輔導就業方面來說，例如，四十七年春由輔導會會同臺灣省政府舉辦的一次退除役軍人轉任「地方財稅人員」的就業考試，就規定只有為「官」的才有資格參加，而直把「士兵」視作「罪犯」似的一概擯斥門外，不得參與！試想，考試的意義，旨在掄取人才，官職又是國家的名器，非任何人所得而私者。站在政府的立場，對於官兵的態度更應一視同仁，讓大家公平競爭，藉以鼓勵士兵上進猶恐不及，怎可以不准士兵參加是項就業考試？像這種秧鷄性顧「頭」不顧「尾」的舉措，豈不自我造成士兵的反感，嚴重地影響士氣嗎？此外，諸如安置在政府公營機構的退除役軍官，百分之百又都是職員實授（位置），而對當兵的呢，儘管今日士兵有不少幹練且具有公務員任用資格的，然而沒有一個不是去搞那類招之即來揮之即去的「聽用」者！凡此種種，顯然有失偏頗，這都是不足為法的。

其次，以退除役官兵待遇方面來看，其中相同的，就是官兵就養就醫的待遇辦法是一致的。相異的也就是發生在對「自謀生活」的官兵待遇辦法。因為官的另有八成薪和一切實物配給，到正式退除役了復有退役金領。而士兵呢，既無八成薪和實物配給，退除役了也沒有退役金發。雖說自謀生活士兵，後來都一律「追封」為「榮民」了，視同離家就業榮民，保留榮民權利，但也只能說與自謀生活的軍官的八成薪和實物配給相互抵銷，還剩下另一半截——沒有退役金發，這就依然難以謂平了。何況這個保留的所謂「權利」，事實證明這只不過多是一張長期難得兌現的支票而已！例如，當事人離家就業期限屆滿，如果一旦不幸有了這個保留權利的最重要之一的失業情事發生，而向他們（輔導會）申請安置工作或返回榮家（注意：「榮民輔導就業辦法」——亦即榮民保留權利——第十條之規定，此時是沒有任何「構成條件」的。）時，做夢也不會想到他們竟會不是搪塞推拖故意刁難，就是千篇一律往農場一塞（有背「工作自願」的皇皇政令），以致每弄得當事人被饑寒交迫，直親乞討到輔導會門上發生類似「哭陵」的悲劇，而結果還是不得要領的，竟時有所聞！可見這個保留權利，是如何的形同虛設，不能塞飽肚子！比起那些又實惠又切實的八成薪和實物配給的能及解決問題看看，這就不可同日而語，這就是老兵的悲哀。

從以上事實看來，現行官兵退除役政策，對於官兵的輔導就業，在某些地方，始終是呈現一種畸形發展。

在自謀生活官兵待遇方面，也是一種不規則的取向，且對處理士兵問題，又是一派的官僚作風！因此，普遍的引起士兵的反感與不滿。這都足以影響士氣！僅以自謀生活士兵的保留權利的情事發生來說，所幸這類問題還不太很多，政府對之尚感捉襟見肘，要是一旦這類問題多起來時，豈不更困擾了政府嗎？若漠然視之嘛，這對政府的威信是一種嚴重的損害，對當事人的情緒則是一種莫大的刺激！今日環境在變，政府也有困難，一種制度或辦法的推行，一旦發現有了缺點，不能適應環境，是需要改弦更張或謀求折衷，以取長補短，俾原制度或辦法益臻完善，因應適宜，這纔是解決問題的辦法。

今大敵當前，為了激勵士氣着想，我們希望政府迅確另訂定一種「自謀生活士兵退役金給與辦法」（名稱是假定的，有待當局決定），以補原辦法之窮。這個辦法，以自謀生活軍官待遇辦法為藍本，凡經選擇領取退役金辦法的自謀生活士兵，即停止其保留的榮民權利。一方面是從此把官兵的待遇拉平，政府亦可減去很多的累贅，另一方面對正在就養就醫的士兵，也是一種鼓勵，不特可以將這一部剩餘勞力導向社會，增加生產，且榮家和醫院亦可減少一部「混吃等死」的現象，讓出一部空缺，以容納今後就養就醫的老弱官兵！真是一舉數得，政府又何樂而不為啊！

如果說，政府向來對官兵即一視同仁，也認我們此一建議確有考慮可行之處，只是苦於（下轉第29頁）

讀者投書

(二) 由中影片廠被焚說起

高飛影

電影事業是不必顧及地下資源，不必考慮廣土衆民的一種藝術企業，它的市場是整個的世界觀衆，沒有一個國家把電影事業電影作品和觀衆脫離開的。在電影產生以前，世界文化的交流，彼此的認識瞭解，只靠符號性的語言文字，電影發達以來，一個國家的面貌不管它是化裝的(make up也可以稱爲造做)或是本色的(original faces)，一個不識之無者也可透過銀幕一目瞭然。從電影上可以看得出這個國家的熱力，可以看得出這個國家的組合情況，透過藝術能瞭解藝術背後的一切政治、經濟、社會文化生活。電影在美學上講是協同合作的藝術(Les arts de societe)作品的表現，就看得出來這個國家的藝術家，企業家是否合作無間。所以一般人都知道電影作品是國際性的，以能向世界各國交換爲主要手段，這種藝術是向多數羣衆交賬，不能關起門來自我陶醉一番的。因爲以上這樣事實，電影事業是比其他企業更需要一種智慧。組織家的智慧就等於有形的設備，有藝術頭腦的攝影家可以拍出令人驚歎的美麗的照片，如果是有良好的現代設備，還拍不出一部不致於損傷國格的電影來，我們沒有方法形容它的無能、顢頇，但大家都知道這毛病出在甚麼地方。

我國電影事業，十幾年前原來不能不算有良好的基礎，那時候的日本電影還拘處於歌舞伎時代，在技術上來講，還不能達到一定水準，未必都合乎電影藝術的法則，人材在質上也不見得怎麼高明。這一個同樣受過中國文化的薰陶的民族，在語言結構上，思考方法上都是和西方電影進步國家不同的。可是十年以後今天，日本的電影居然躋入世界電影上應有的地位，世界上的電影批評家和觀衆們並不是對日本的電影技術感到興趣，而是它在內容上獨自把它們的國家氣勢發揮和表達出來了，取材的範圍的擴大，可以表現出日本全面文化生活。可是我們呢，原來是前程無限的(在一定的條件充分之下)，十幾年來，最能表現宣傳進步的電影還是那麼幼稚，幼稚到可以大膽的出去參加比賽，成功失敗則不必交賬，糟蹋自己的國家，丟自己國家的臉，還自認甚麼「自己不如人家的甚麼也沒有」。現在臺語片是後生之輩不必說，就中影品的片子那一部可以够得上像內行人搞的？我們可以說在中國就是這一行可以躐等升級，可是升級未免荒唐了，一個連電影大門都沒有進過的舞臺演員可以一躍而爲電影導演，一個連編電影劇(senario)都不懂的人就可以大膽浪費膠片，只是在人事上打圈子，在報銷上打轉轉。

我們把「典型」的中影作品分析中下，可以得到這麼一個給論，幼稚、偏狹、瞞頇。

別的不用說，就以參加影展得「獎」的「歸來」和「苦女尋親記」來說，(這兩部片子雖然是國語片，片格遠在臺語片的取材以下)，把中國文化的淳風美俗一筆勾消了，虐待幼童，摧殘純美的幼童心靈，使兒童處於絕對無慈悲的環境中，不但曲解了我們文化傳統精神，顯然的是養女制度的興風作浪者。在意識形態上，卑鄙、低下、扼殺人類心靈的高尙情操，不但不是藝術，連製片人編導們的水準眼光之狹小低落也暴露無遺，可是這居然是得「獎」的片子，反正是利用小孩眼淚換來的。這是中影的先生們心裏知道，大家也都知道，這個「獎」的獲得在代價上並不能算便宜，請問「影展」的會費我們拿了多少？純粹是自欺欺人的掩耳盜鈴、蒙上欺下的官僚作風。中影製片公司是一個本來可以有作爲而反是國家的大漏隙，一年要從這個「公司」走掉了多少國家公帑。那些有權責的人，應該查看查看那些蒙蔽、顢頇的人，那些幼稚可笑的作品是被觀衆評價的，是向觀衆負責的，這不比別的衙門，可以向上交賬，有權責的人，如果坐視無睹，就是眼看着這個公司開國家的玩笑。

可是，不幸的事情發生了，自由中國設備最好臺中製片廠慘遭火災，一把火燒去三四千萬，凡是一個有良有血性的中國人，聽到這消息之後莫不感到震驚，只有負責人，他却大模大樣的說：製片工作還照常進行，被大火把兩個攝影廠都燒光了，還能照常製片，請問沒有製片設備，還能照樣進行製片，以前的設備又何需乎要有呢？

總之，就作品來說越來越下流，就像看看「蕩婦與聖女」這個名字，聖女是中國人還是外國人？是一部中國片子，還是一部外國片子？「蕩婦」值得表揚一番，對國家有甚幫助，要以商業眼光看，它的賣座紀錄是多少？誠如中央日報的一位專欄作家說的：國產影片到今天還沒打入第一流影院，還要到甚麼香港去白相。國家的錢，這樣隨他們浪費，不能改善一下軍人待遇嗎？況且這種浪費所有的人都看的到，因爲它在那裏天天暴露無知的一面。

我們以觀衆的立場，籲請政府切實把中影公司企業化，除了演職員以外，要把那些所謂製片家、編劇、導演徹底考試一下，不合格的不妨給他們吃閑飯，不要拿國家這些年來滲淡經營的國際地位作兒戲。

(上接第28頁)目前國庫支絀的話，那我們倒不揣譾陋，甚願向當局諸公借箸代籌。就是請政府只消將愛國獎券發行一期的盈餘，拿來撥充實施這個辦法的經費，問題即告迎刄而解了。因爲自謀生活的士兵數字與自謀生活的軍官數字，是不成正比例的，爲數有限的很呢。可見既不增加政府財政赤字也沒有妨礙難行之處，實屬輕而易擧者。無論如何，這是一宗惠而不費的激勵士氣的德政，至於是否能順利的應運誕生，這就端在當局諸公的一轉念之間了！

讀者投書

（三）給教育廳劉廳長的一封公開信

萬如鎔　王曦　譚謙

敬愛的劉廳長：

您接任教育廳長已經兩年了。兩年來臺灣省的地方教育，確實有一些進步的現象。例如教員福利委員會的成立及基金的籌措，足可證明您在不計毁譽的去做。實在是一件令人興奮的事。另外，關於建立學校的人事制度，除了政府已經制訂很多詳明的辦法之外，您也曾先後宣佈幾個今後的人事政策。例如中等學校校長出缺，擢拔優良教務、訓導主任升任，或派對教育富有心得之大學講師充任，便是您所宣佈的人事政策之一。一些想要幹校長的人，不管如何，總算找到了一條上進的軌跡。可是，不幸的很，這個政策才宣佈不久，現在又已經被澈底推翻了。

臺北縣立雙溪初級中學校長鄭小傑本年四月辭職，據說參加角逐的人很多，其中包括縣府秘書、教育廳的編審委員，中學現任的教務、訓導主任，可是結果都失敗了，成功的一個人是中學教員丁靜如。丁靜如這個人既從來未幹過中學的教務、訓導主任，更不是那個大學的講師，自然與您所宣佈的人事政策完全不合。這一點他本人大概也有自知之明，所以在第一次臨時校務會議席上便說：「我同劉廳長是同鄉，曾在一塊吃過飯，在教育廳本人有特殊關係，本校下學期成立高中部，改為省立……」。我們當然知道，他這是搬出「姜太公」嚇人的辦法。祇是屢次在週會上向學生講「您的關係如何密切，在教育廳如何吃得開」，著實是使我們感到肉麻的。

丁校長到校兩個月，共出差卅三天，這在其他機關並不奇怪，在教育機關似乎不太多有，而且出差的時間多半是星期六和星期日。又每次在臨走時笑著叮囑教務主任：「我星期一早上萬一趕不回來，請你代我主持一下週會」。為什麼會趕不回來呢？丁校長的出差簿是自己獨用一本，使別人無法知道他出了幾天差，到什麼地方辦的什麼公，這的確是他聰明的地方。

教員的伙食團每人每天菜金六元，丁校長以為自己身分高貴，所以單獨開伙，每天菜金十元。其實這與窮教員沒有關係，校長的油水多，理應享受，祇有兩次是全體教職員所一致不滿的，那就是本年七月十八十九兩日新生入學考試及閱卷辦理招生的教職員二十九人，中飯闔在兩張方桌上，桌小人多，祇好輪流挾菜，又由於飯菜太少，多半未能吃飽，惹得考生及考生的家長、老師，像看西洋景似的，誰看到誰笑。而丁校長本人大約仍然覺得自己的身分不同，是「長官」，所以還是開一桌在校長辦公室裏。自己一個人吃。敬愛的廳長，您在師範大學任內，每年暑假招生的時候，也是不和招生委員同甘苦，自己單獨享受嗎？

丁校長不是正當學校出身，僅持有一張監察院四十八年四月的學歷保結。我們不明白監察院根據什麼打的這一張學歷保結，教育部是中央機關在臺灣備案最全的一個部門，為什麼不請教育部查案開證明呢？學歷保結不予採信，早經政府明令有案，拿這樣的證件，連想幹個代用教員也會「經核證件不合」被縣政府打回來的，難道幹校長就可以嗎？中學校長是公務員，公務員依法須經銓敘，丁校長找不到合法證件，已經決定不送銓敘了。請問：如果不銓敘繼續任職，是否違反公務員任用法？違反公務員任用法，仍然可以因為「與劉廳長在一塊吃過飯」的關係，而留任下去，那末公務員任用法要它何用？

不僅雙溪初中的校長是「黑市」，現在連事務主任、庶務組長、幹事都出現了「黑市」。因為目前這些人既非政府令派，又未呈請政府核准，全是丁校長的「非親即友」，來幫忙，來候缺的。這些人不但在辦公室公然辦理學校公務，而且可以報領出差旅費，借支薪津。至於合法不合法，沒有人追究，丁校長也不予考慮。

上學期結束，事務主任許先生向他表示辭職，七月底許主任就接到了一張「指令」，「指令」的內容是：「據該員七月廿六日簽呈一件所請辭去本兼各職應予照准希將經辦事項剋日點交清楚報核為要此令校長丁靜如」。校長對教員兼主任有否命令之權？在「氣派」上又是「剋日點交清楚報核為要」那麼陳舊，那麼令人作嘔呢？丁校長自誇是復興中學最有名的國文教員，難道就這樣教出名的嗎？

本學期的聘書是七月廿七日晚上秘密發送的，全校廿二位教員中，有九位是突然決定不予續聘的。這九位教員中，三位未參加去年考績，三位考乙等，三位考的甲等。考甲等的人，較政府規定的三分之一為多。而且這九位不予續聘的教員，平時勿論公私生活，並無任何過失可言，甚至四五年中，連一天事病假都未請過。這種不預為通知，在月底突然不予續聘的辦法，使九個人立刻陷於失業的困境，手段的確陰狠毒辣到了極點，也實在是教育界所罕有的做法。另外十三位續聘的教員中，有一位受到了丁校長的警告，另有一位原來也是不聘的，後經別人說情，才答應「准予續聘一學期」。大家看到這種情形，彼此心裏明白，於是被續聘的也祇好自動退聘，結果祇有四個人因為家人衆多或一時尚未找到職業，不得不先行應聘。而這時丁校長志得意滿的說：「我有的是人」。另外對職員各發「派令」一張，兩位本省籍的年輕職員不發，告訴他們說：「你最好能考取大學」。

按教職員之聘（派）用，臺灣省中等學校教職員聘（派）用及敘薪辦法第卅五條規定：「中等學校對於教員聘約期滿後不予續聘者，應事先開具擬不續聘教員名冊，詳敘不能續聘之理由報請主管教育行政機關核備」。而丁校長不但未事先報請核備，就是九位教員的不予續聘也是在七月廿六日突然決定的。職員全由縣政府令派，校長並無派與不派之權。丁校長發「派令」的原因，主要的是想趕走那兩位他不喜歡的人，好安插自己的「非親即友」。同時他這個做法，確實違反了政府的規定。同辦法第卅四條規定：「中等學校教員初聘任期，以一學期為原則，以後續聘任期為一學年，職員不限定任期」。可是丁校長自恃他的來頭大，可以置政府的法規制度於不顧，把續聘的教員聘期全定為一學期，而新聘的教員則多半為一學年，與政府的規定恰恰相反。同辦法第卅八條規定：「中等學校教職員如無故被解聘或免職者，得聲敘理由呈請主管教育行政機關查明核辦」。因此被害人依法於八月一日向縣長陳訴，八月三日向廳長陳訴，結果都像石沉大海一般，全無一點反映。政府的法令規章，誰也不出來維護，眞令人叫絕！像這樣自由中國的今天，那裏還有法？那裏還有制度？說壞一點都是騙人的，說好一點，至多也不過是想收暫時的羈縻作用而已。主政的人根本沒有愛法執法的誠意，祇看那個人是不是自己喜歡的；如果法規有約束禁止的性質，自己喜歡的人便可不受它的約束禁止；如果是自己不喜歡的人，則必「執法如山」，毫不通融。反之，如果法規有保護獎勵的性質，則喜歡的人定然可以十足甚至超過的受到它的保護與獎勵，要是碰到一個自己不喜歡的人，那個法規就必然要打折扣，甚至根本不生任何效力。

敬愛的廳長，前幾天基隆中學的新任王校長被人刊登了「撞車逝世」的訃告，這從一方面看，是那些花錢登訃告的人無聊，可是從另一方面看，內中的確包含了嚴重的問題。請您想想：一個守法安分的人，在遭到了無情的迫害的時候，政府的法規命令不保護他，他又無公然反抗的能力，妻子老小嗷嗷待哺，而自己又哭訴無門，要他怎麼辦呢？我們今天便是在這種情況下，才下決心給您寫的這封信。我們希望您能愛法執法，把私人關係放在政府的法令規章後面，不然時間久了，人心是不可收拾的。敬祝

政躬康泰

萬如鎔　王曦　譚謙　同上　八月廿六日

給讀者的報告

我們鑒於八德鄉大血案的涉嫌主犯穆萬森，現又經臺灣高等法院宣判無罪，是件值得大書特書的新聞，故特在記者節的今日，發表社論(一)「記者節談穆萬森案件」。我們除對臺灣高等法院及臺北律師公會的做法贊揚外，認爲刑警總隊應負的刑責，必須嚴格究辦；至於新竹地方法院是否有枉法罪嫌，也該追究。同時，鑒於日本自由輿論的權威，希望自由中國的記者能確立一個崇高的抱負，爲保障人權，爲伸張正義，向權力的濫用者合力攻擊，把我們的國家引導上民主法治的途徑。

第五屆泛美外長會議最後通過的一項所謂「聖地牙哥宣言」，明白提出了八大民主原則。我們特發表社論(二)「『聖地牙哥宣言』敲響了獨裁者的喪鐘！」指出這八大原則的實行，可以消除拉丁美洲的獨裁者。今後縱使泛美組織及美國不對任何獨裁者採取排斥行動，而獨裁者自身也會感到勢孤力單，逐漸放棄這種不合時代潮流的政治手法。

臺灣中南部由於八月七日一夜豪雨造成的大水災，我們上期因爲已經截稿的關係，沒有來得及寫社論，現特發表社論(三)「痛定思痛話水災」。我們除掉對於政府以及各階層的熱烈救災表示快慰外，特指出這次水災的造成，有三項人謀不臧的原因：一、沒有做好水利建設工作，二、沒有做好水土保持工作，三、沒有做好水災戒備工作。希望在災區重建聲中，能接受這次水災的教訓，同時把這三件工作做好。

艾森豪與赫魯雪夫的互相訪問，顯爲國際上的一件大事。朱伴耘先生的「從艾赫互相訪問談到美國對蘇的新認識」大作，便是對這件大事提出的一些看法。儘管本刊也未必同意，但我們認爲對敵認識上，確也不應完全陶醉在自己的幻想中。我們也但願在共產統治下面，逐漸有政治的自由是眞實的，不只是對外作宣傳而已！

省立師範大學管公度教授的逝世，知者無不悲嘆。夏道平先生的「哀悼瘦桐管公度先生」大文，便是根據他個人對管先生之所知，所表示的哀悼。在夏先生看來，管先生除掉數學上的造詣外，還有清晰的頭腦和狷介的風格。至於一位數學教授終不能不談政治，這是我們的政治逼他如此的。可是，管先生已經在窮愁生活中折磨死了，值得哭。但更值得大家哭的，又豈只是管先生之一死而已！

傅正先生的「修憲已沒有『合法途徑』了！」專論，是有感於國民代表大會聯誼會的「合法途徑」之說而發。據傅先生站在純法律觀點研究的結果，修憲的兩條大路、兩條小路、以及一條叉路，實際上都是死路，已沒有一條可以走得通了。

吳彥傑先生的「新疆六十萬哈薩克是俄中兩匪幫的死敵」大文，是根據他個人在親身參加反共奮鬥以及游擊戰的多年經驗而寫。其中有很多極珍貴的資料，都是外界所不知道；以致像蒙藏會李委員長公開報導所根據的資料，也是錯誤的。由此可知邊疆情報工作之難，以及邊疆情報資料之不易搜集。

自由中國 半月刊 總第二三六號 第二十一卷第五期

中華民國四十八年九月一日出版

發行人　雷　震

主　編　「自由中國」編輯委員會

出版者　自由中國社

社址：臺北市和平東路二段十八巷一號

Free China Fortnightly, 1, Lane 18, Ho Ping East Road (Section 2), Taipei, Taiwan.

電話：二　八　五　七　〇

航空版　友聯書報發行公司（香港九龍高打老道一二〇號）電話：五九一六四、五九一六五

總經銷　自由中國社發行部

經售者

美國　紐約 友方圖書公司 Hansan Trading Company, 65, Bayer D Street, New York 13, N.Y. U.S.A.

紐約 光明雜誌社 Sun Publishing Co., 112, Mulberry St., New York 13, N. Y. U. S. A.

韓國　漢城裕昌德號

馬尼剌　新疆書店

緬甸　仰光振成書報店

印度　阿拉哈巴中印文化出版社

北婆羅洲　西利亞坡青年書店

星加坡　友聯書報發行公司（小坡大馬路四六九號）

吉隆坡　友聯書報發行公司（馬華公會大廈三樓七室）

怡保　友聯書報發行公司（希尼華沙甘街十六號）

檳城　友聯書報發行公司（林連登律七十二號）

澳門　友聯圖書公司

印刷者　精華印書館股份有限公司　廠址：臺北市長沙街二段七一號　電話：三三四二九號

自由中國 第二十一卷 第五期

FREE CHINA

第廿一卷 第六期

目錄

中華民國四十八年九月十六日出版
社址：臺北市和平東路二段十八巷一號

半月大事記

八月二十二日（星期六）

馬來亞新內閣成立，拉曼總理宣誓就職，拉查克任副總理兼國防部長。

寮國軍事情勢惡化。寮國特使與哈瑪紹協議以外交途徑和解寮國局勢，解決方案中有「第三者」參加。

八月二十三日（星期日）

傳赫魯雪夫會晤艾森豪時，將向美提出互不侵犯宣言。

八月二十四日（星期一）

寮叛軍滲入永珍省。

赫特告國會議員，寮國情勢非常危險。寮特使與美國務院商討寮局。

關於解決柏林問題，密爾頓艾森豪否認曾携回赫魯雪夫建議。

八月二十五日（星期二）

艾森豪啓程赴歐，與盟國各領袖會談，在赫魯雪夫訪美前協調西方的戰略。艾森豪訪歐前發表聲明，美決致力正義和平，支持西方團結禦侮。

寮國防部發言人宣稱，叛軍包圍桑怒全境，向鑾巴拉邦省進攻。

艾森豪發表聲明，寮國請求增加援助，美國正作緊急研究，強調寮未求美直接干預寮戰。

尼赫魯向印參院發表聲明，共匪如進犯不丹錫金，印度決定作戰。

八月二十六日（星期三）

美國務院正式聲明，加緊軍事援助寮國，指出寮戰係由共黨的週密設計。

艾森豪抵波昂後宣稱，美國保證支持西德，貫徹維護自由決心。

俄又恫嚇西德，要求簽訂和約。

八月二十七日（星期四）

美德兩國首長會談，商討國際政治問題，發表聯合公報，重申共同決定，繼續努力達成德國問題之解決。

艾森豪離德抵英，在波昂招待記者，表示決不參加宣傳式高層會議，表示願意通過個人會談，促使西方遵循同一方向。

八月二十八日（星期五）

尼赫魯在國會宣佈，中共匪軍侵入印度邊境。共匪答覆印抗議，指印兵首先開槍。

八月二十九日（星期六）

艾森豪抵倫敦，與麥米倫開始會談，艾氏將促請在高層會之前，再開一次四國外長會議。艾森豪向麥米倫保證，美不採取單獨行動，與俄解決冷戰問題。

八月三十日（星期日）

共匪侵入印度阿薩密禁區。

達賴決向聯合國提出西藏問題。

八月卅一日（星期一）

對美與俄談判立場，艾麥會談獲致協議。

總統頒緊急處分令，應付災後財經變故。變更現行稅法及各級政府預算，並採取必要措施，限制國民消費。

九月二日（星期三）

艾森豪抵巴黎，與戴高樂開始會談。

九月三日（星期四）

在越共正規軍支援下，寮叛軍深入桑怒省，發動大規模攻擊。

艾森豪與戴高樂繼續舉行秘密會談，俾在會晤赫魯雪夫前彌補美法歧見。艾戴會談發表公報，對柏林問題獲致協議，並同意召開最高層會議的條件，祇應於有獲得確切成就時方舉行。

九月四日（星期五）

寮政府要求聯合國派兵制止越共侵略。

共匪以照會致送印度，控印侵略西藏邊界。

艾森豪結束訪歐，自巴黎飛赴蘇格蘭。

赫魯雪夫聲言於訪美後，返俄途中前往匪區。

赫特出席北約理事會，對於未來艾赫會談，提出一項詳細報告，保證美將平等對待各會員國。

寮國北部續有戰爭，叛軍迫近桑怒省會。

九月五日（星期六）

印匪邊境糾紛情勢惡化；匪揚言接管拉達克。

寮政府宣佈戒嚴，全國進入緊急狀態。

九月六日（星期日）

美對寮局發表嚴正聲明，共黨如不停止活動，自由世界即採行動，指控俄帝及中共越共指揮寮亂，保證美決支持聯合國任何措施。美決向安理會提議，派調查團儘速赴寮。

九月七日（星期一）

艾森豪決改變行程，離英經冰島返美，抵華盛頓談話，西方盟國冷戰戰略準備情形至為良好，西方尋求和平之基本原則一致，僅地理距離引起的細節需予解決。

安理會集會考慮寮國請兵制止侵略的要求。

安理會理事國除蘇俄外，均將支持美國提案。

九月八日（星期二）

安理會壓制俄否決企圖，通過西方對寮提案，派四國委員會赴寮調查，委員會由阿根廷、義大利、日本及突尼西亞組成。

「自由中國」的宗旨

第一、我們要向全國國民宣傳自由與民主的真實價值，並且要督促政府（各級的政府），切實改革政治經濟，努力建立自由民主的社會。

第二、我們要支持並督促政府用種種力量抵抗共產黨鐵幕之下剝奪一切自由的極權政治，不讓他擴張他的勢力範圍。

第三、我們要盡我們的努力，援助淪陷區域的同胞，幫助他們早日恢復自由。

第四、我們的最後目標是要使整個中華民國成為自由的中國。

社論

(一)

災區重建計劃與緊急處分命令

——開闢財源應從杜絕浪費、整頓稅收着手

政府爲加速本省中南部水災地區救濟善後及復興重建工作之進行，經行政院院會的決議，依據憲法「動員戡亂時期臨時條款」，由總統於上月三十一日頒布「緊急處分命令」，授權行政機關得以採取種種必要的緊急措施，不受立法程序及若干種現行法律的限制。這個臨時條款，是由第一屆國民大會第一次會議依據憲法第一七四條第一款修改憲法的程序制定，因而備具與憲法同等的效力，於三十七年五月十日由國民政府公布以後，於當年的八月十九日即曾作首次的適用，此次援引，已經是第二次。各報的紀載，都說這次是首次適用，那是錯誤的，有更正的必要。

三十七年總統所頒布的緊急處分命令，也是爲了「應付財政經濟上重大變故」，內容包含「金圓券發行辦法」等四項法規，牽涉的方面至爲廣泛，舉凡財政收支、軍公待遇、稅制稅率、貨幣金融、工資物價、外滙貿易、工商生產等，一概都置於政府緊急權力的控制之下，期能挽救惡性通貨膨脹的危機。非常不幸，那一次政府的努力，祇留下一個非常悲慘的失敗紀錄，其經過情形應猶在國人記憶之中，我們亦不忍在此重提。但無論如何，那一次的失敗至少對我們說明一點，即緊急權力並不一定能保證緊急任務之達成。也許正是由於那次的經驗，在這十一年來，經過播遷動亂以及種種財經危機，却始終未嘗援引臨時條款採取緊急處分，一直到今天才作第二次的適用。

當然，這先後兩次的援引，除了牽涉方面之廣泛一點有近似之處外，所應付的變故性質不同，各種客觀與主觀條件亦俱不相同，我們決不能連類以觀，就前次的經驗來妄斷今次的成效，而仍應就當前的問題，作分別的考察。一般的說，緊急行政權力，有利有弊。其利是在於它可以繞過立法機關冗長的辯論、審議等程序，省略許多麻煩的手續，避免牽掣，以便爭取時效，使緊急任務得以迅速達成；而其最大的可能流弊，也正在於這是少數人的決定，加以時間倉促，考慮也許不夠周詳，辦法也許不夠精密，以致欲速不達，或且召致許多不良的後果。我們現在就要從這兩個角度，來權衡此次緊急處分的利弊得失。

此次的緊急處分命令，共包含十一條，我們綜合其內容，可分兩類：㈠是對行政機關的緊急授權。凡爲籌措災區重建資金而作的財政調度、款項支撥、工程包發、物料採購及使用等，均可不受立法機關、審計機關及現行法令之拘束；它如對國民消費、對土地、人力、物資之徵用，及對物價、金融、與經濟上之必要措施，亦得在現行法令以外，作其它緊急處分。㈡是增闢財源方法之列舉，其中規定九種捐稅在明年六月底以前均附徵水災建設捐百分之十五至四十（其中娛樂稅一項之附徵，不以百分比計），公私小汽車一次徵收建設捐五千元至一萬元，電力、電信、鐵路、公路四種公用事業在本年年底以前就現在收費標準附徵建設捐百分之三十至三十六，此外又核准發行儲蓄券，大概分有獎及計息二種，其數額則尚未確定。

照這樣的內容來看，政府在救災及重建措施方面得以避免牽制一點，確已發揮到了極致，行政機關在財政、經濟、金融等方面可說已掌握了最高權力，可以放手做去而毫無阻碍；有關財務的若干重要法律、如預算法、審計法、會計法等，在緊急處分命令的施行期間（即日起至明年六月底止）內，均爲之失效。緊急處分，原是一種不得已之時，因緊急處分而引起的制度之改變，原是一種犧牲，一項代價。如果那些緊急處分本身在原則上正確而健全，在辦法上精密而週到，則付出此種犧牲與代價，也仍然值得。問題是，這一整套的計劃，究竟是否正確而健全，精密而週到。

政府是因爲害怕災區重建的整個方案與有關措施如果提到立法機關去，勢必引起冗長辯論，曠日持久而躭誤了計劃之推行，因此乃援引臨時條款，採取緊急處分。當局這項憂慮是對的。照我們估量，這整個方案與有關措施，實在經不起嚴肅的考驗，如果提到立法機關去，一定會引起種種譴問，提出各方面的修改，決不會照案通過。因爲這整個方案本身，確實包含了甚多可議之處。

首先我們要指出的一點是：整個的緊急處分命令，祇着眼於財政的開源，而並未着眼於財政的節流。儘管說，在命令的第一條中有「縮減暫可緩支之支出」及「移緩就急」這些文字，但在命令的全文中，沒有一條具體指出那一些開支必須節省及如何的移緩就急。再就省政府周主席在省議會中提出的報告來看，爲災區重建所能籌措的財源，預計在一年內可達十三億七千餘萬元，其中祇有「各級政府預算中調整支出，停辦或緩辦非急要業務所能節省之經費」一項，係屬於節流的範圍，而此一項目的預計數額，祇有區區二億元而已，其餘的十一億七千餘萬元，則將取諸於公賣增益、建設捐，及儲蓄券。換言之，均將直接取諸人民。而且，這二億元的節約，截至今日，也還祇是一個籠統的數目而已，我們至今未聽到有那一項目的開支，已被視爲「非急要」而被删除；是否眞能節省到二億元之數，也仍然是一個疑問。

國家逢到緊急災禍，人民的負擔增加，原屬天經地義，誰也不能抱怨，但在增加人民負擔以前必須政府先能盡撙節之能事，這也同樣是天經地義。現在，政府當局把消費節約叫得鎮天價響，却至今對政府自身之節約，並未採取若干具體而有效的措施。早在四十五年年底，監察院即已提出「杜絕浪費調整待遇糾正案」，目前調整待遇一節祇好暫時擱下，至於杜絕浪費，那個糾正案

會指責政「不能共體事艱，而猶擴充不急需之政事，興辦不急需之事業，不急需之設計、訓練、考察、會議、考試、招待及展覽，增加不急需之機構及人員，建築不急需之房屋，購買不急需之汽車」，以懇切的言詞，要求政府加以改善。我們現在可以檢討一下，這兩年半以來，究能改善了多少？何以直到今日，災區重建需欵如此迫切，仍未聞有具體計劃或個別措施，把那些機關裁併，把那些業務停止？把那些開支剔除？

至於說到浪費的數字，我們實也無法逐項的予以估計，這裏，僅舉總統府行政改革委員會報告書中一項關於公務汽車數字，以概其餘。據查，在去年間各級政府機關及公營事業的汽車，總數是二二三四輛，而軍用車猶不計在內；一年耗費共達一億二千八百餘萬元，而購車的費用猶不在內。改革委員會已提供集中管理辦理，而至今猶未見採用實施，單單這一項目，就應該能節省三、五千萬元。何以各級政府全部預算加起來，却祇能節省二億呢？

由此我們可以想見，這樣一個籌欵方案如果提到立法院去，立法院一定會將浪費的問題舊事重提。政府可以運用緊急權力於增加人民的負擔，為什麼反而不肯運用緊急權力以杜絕政府自身的浪費，並眞正的做到「移緩就急」？應該能做到而不做，就不容易邀得人民的諒解。

我國財政在這幾年來早就是寅吃卯糧，年年都有虧空，本年度即使沒有水災，已經是赤字一直線上升。政府祇知道從本應用於經濟建設的美援相當基金項下，挪扯，或則一再抽緊銀根，為高利貸與倒風製造原因，置工商業的死活於不顧；同時，場面却一年比一年舖張，開支却一年比一年增大，而始終不肯在杜絕浪費方面動動腦筋。此番受到水災的嚴重損失，似竟還是沒有醒悟，所謂大刀濶斧的作風主要祇用於在老百姓頭上搜括，除此之外，就再無財政政策之可言。似此情形，如果眞逢到反攻，眞不知要如何搞法！

退一步，再單就財政開源的方面看，我們認為健全的原則應該是先就應收的稅欵儘量收足，再有不足，另行開源；至低限度，也該整頓與增稅同時並舉。歷年以來，欠稅逃稅的風氣，已經發展到了可驚的程度。欠稅尚有數字可稽，而逃稅則竟是無從查考。現在世界各先進國家，大都以個人所得稅為整個租稅制度的骨幹，平時藉以調節財富，到緊急期間提高稅率，得使負擔加諸有能力負擔者身上。我國現行綜合所得稅的稅制稅率，訂得都尚稱合理，但其實際稽徵工作，則辦得最為糟糕，高所得的人們，做到毫無逃漏而依法繳納者，百不得一，逃漏大半以上者，佔絕對多數，有些人甚至從未申報繳納，以致所收稅欵總額，竟至渺不足道。其它稅項，亦弊病甚多，不勝備舉。估計整頓稅收後所能增加的財政收益，竟可能不少於九項稅捐的附徵。政府的緊急處分權力何以不能行使於整頓稅務，也是一件難以解釋之事。

再如，所定附徵建設捐的比率，亦不無可以商榷之處，政府的決定，無乃過於忽促。筵席捐附徵百分三十，失之過低，四十八年下期田賦附徵百分之四十，則失之過高。貨物稅本身即非良稅，似不宜附徵，而關稅反不在附徵之列，更與節約消費、限制輸入的基本原則不符。還有，政府預計的財源，也有一些未能確切的把握。儲蓄券是否能順利發行，即屬可疑，因為目前連短期公債，亦尚未能全數售脫。在消費節約聲中，煙酒消費減少，價格經調整後是否能如預計的增益二億八千萬元，也仍然是問題。最後，政府明明宣布，重建災區的財政負擔，總共需要二十六億七千餘萬元，但在一年內能調撥者，即使如數收足，也祇有整個需要的半數左右，雖同時正洽請美援，人家究竟尚未首肯，而政府卻已承諾當在一年內完成重建工作。這個承認，又何以不切實際至此。

我們知道，災區重建的確是一件非常艱鉅的工作，政府並非萬能，不容易做得十分完滿，祇要能處之以誠，盡心盡力，縱有不能十分完滿之處，人民也會予以曲諒，不忍苛責。現在的情形是，政府已採取緊急處分，把責任完全兜攬在自己身上，權力也擴大到了不成為民主體制，對種種計劃，即連民意代表亦無置喙的餘地，輿論的影響恐更為微弱。我們大家，似乎祇有信任政府的份，而整個計劃之難於信任，又如上文之所述，實叫我們不勝憂慮。但現在還不算太遲，政府倘能及時計劃修正，移置重點於杜絕浪費與整頓稅務，也還來得及補救。這些工作，本來是即使沒有水災也是該做而且能做的，現在政府具備了緊急權力、做起來當更加順手。如果再把這一年的時間錯過，一切依然故我，則恐不僅重建工作難以完成，整個國民經濟都會弄得瘡痍滿目。試想一想一個本來不健全的政府機體，偏偏具有了非常的權力，擔任了非常的任務，如果仍不能從此痛下改革的決心，又誰能不為前途揑一把汗呢？

社論

(二)

寮國危局與東南亞的政治

自本年七月十六日開始，寮國東北邊境又發生了戰事。當這一戰事初起之時，寮共方面的攻擊，只屬小規模的前哨偷襲；但越至後來，這一攻擊的規模與範圍亦越擴大。直至今日，寮共叛亂部隊不僅已佔據了桑怒與豐沙里兩個邊界省份的一大片土地，而且寮共的游擊攻勢已蔓延到其他六七個省份，使寮國首都所在地的永珍，也已受到了實際的威脅。面對寮共這種普遍而猛烈的攻勢，寮國桑納尼康總理的政府，先則表示鎮定，以為自身力量足可應付裕如；繼則要求聯合國遣派一國際觀察團前往戰區，期以外交方式緩和緊張程度；最後便不得不要求聯合國出兵協助，全力制止來自寮國以外的國際共黨的侵略行動。同樣的，與寮國安全最有密切關係的美國，最先對於這一局勢的應付，只限於外交與宣傳作法，以發表聲明以反駁國際共黨的誣控為能事；以後局勢緊急，

（ 5 ）

轉而採取實際步驟，開始以小型武器及軍用物品供應寮國部隊；最後，美國亦眞正感到除非它自己準備採取一種有效辦法，寮國局勢可能已到了無可挽救的地步。可是無論寮國、聯合國、或美國對目前這一寮國戰亂採取何種對策，要想在短期內使寮國恢復本年七月十六日以前的那種舊態勢，可說已經不可能了。

我們很同意寮國外長在致聯合國秘書長照會中的那種說法。寮國在那一照會中如此說：「倘如那些攻擊分子不是來自於寮國之外，這次攻擊就不會發生；倘如那些攻擊分子未從外界接到補給品、糧食和彈藥，並增加兵力，寮境戰亂就不會繼續下去。」這就是說，今日寮國的戰亂絕不是本年五月脫逃了的前「自由寮」那一營部隊搞起來的，絕不是前「自由寮」那批人物自己所搞起來的，這也絕不是寮國自身的內戰，而是道道地地以越共、中共、及蘇俄爲背景的一種國際性侵略戰爭。對於確定越共、中共及蘇俄支持寮國這一戰爭罪行的責任，我們勿庸再去搜集具體的人證及物證，實際上只要一聽來自河內、北平及莫斯科的廣播，我們就可確定誰是寮國眞正的侵略者。因此，對於應付寮國這一戰爭，除了積極加强寮國自身的正面抵抗實力之外，正所謂擒賊先擒王，我們就要從河內、北平及莫斯科三處想根本的辦法。除非河內、北平及莫斯科同意平息寮國爭執，從寮國內部撤退一切叛亂武力，寮國戰事是無法輕易解決的。可是不論越共中共或蘇共，要作這種同意的可能性，實在微乎其微。

國際共黨所以顯然不願接受寮國戰事的輕易解決，是由於它們對於發動這次攻勢行動存有一個更廣泛的政治要求，除非達到它們這些政治要求，它們自必支持寮共作亂到底。本年八月二日寮共所公開宣布的所謂九點行動綱領，實際便是今日國際共黨對寮所提政治要求的反映。這些要求爲㈠立即結束內戰，㈡立即釋放蘇漢努旺及其他寮共領袖，㈢停止迫害及歧視前「自由寮」戰鬪部隊、並保障對人民的民主自由，㈣建立聯合政府由寮共及其他黨派參加，㈤根據一九五七年十月永珍協定，尊重桑怒及豐沙里兩省行政法規，㈥實行和平中立，反對美國干涉，㈦反對美經濟控制，建立繁榮的國民經濟，㈧消滅墮落的美國文化，以建立民族文化。換言之，國際共黨今日對寮國的政治要求，便是經由聯合政府以控制寮國政府，繼續保持前「自由寮」的特殊武力和桑怒及豐沙里兩省的特殊地方政權，允許寮共在全國各地自由活動，實行外交中立（實爲與共黨集團友好），並反對美國。從這些要求中我們可以看出，今日國際共黨所要求於寮國的，並不是一個獨立與自由的寮國，而是一個共產附庸式的寮國，使寮國在形式上及實質上都將爲國際共黨所左右而後止。今日它們所以甘冒大不韙發動這一戰爭，目的就在實現這一政治要求。正因國際共黨基本想法如此，所以我們相信除非以武力對武力，以自由世界的共同力量來把寮國內部的國際共黨武力實行驅逐以外，實在找不出一個別的途徑，來輕易解決寮國這場戰禍。

今日國際共黨所以敢於對寮國存下這樣一個大的政治野心，實在來說，這種責任並不在於寮國，而是在於對這一地區負有安全責任的美國及自由世界其他强國。因今天不論越南或寮國的局勢，其根由完全種於五年多前的日內瓦協定，而日內瓦協定又歸因於當年的奠邊府失敗。假若在當時奠邊府會戰期中，美國能堅定不移，以電霆萬鈞之力作斷然對付，或英國不扯美國後腿，以團結一致的陣線共同肆應越局，則越南及整個東南亞局勢早就判然改觀，既不會有當年的日內瓦協定，亦不會有如今這種紛亂。更不幸的是，日內瓦協定簽訂以後，東南亞各國及在這一地區負有重要責任的美國，不但沒有急起直追，設法督促積極改革各國內政及各國間共同聯繫，以强化國內外反共陣營，反而竭力維持現狀，抱殘守缺，使各國內部的社會與政治危機更形嚴重。尤其寮國因文化經濟落後，交通不便，行政管理效率低落，在應付一項全面的政治挑釁中，更表現了一種顢頇無能現象。在這種情勢下，縱使有大批美援源源運到，結果這種美援只對少數的統治階層人物產生好處，而對整個國家的安定與廣大人民的心理傾向並未發生眞正的作用。對此一事，最近來自寮國的美方新聞報導，已曾有過詳盡而沉痛的指控。

所以自由世界今日要想徹底解決寮國戰事與穩定整個東南亞的局勢，就必須在治標與治本兩方面採取堅定有效的對策才行。就治標來說，今後應付寮國局勢，絕不能再重蹈五年半前各强國互相牽制互相掣肘的覆轍，而應該團結一致，互相協調，共同採取一項强大的實力政策；就治本來說，今後絕不能再聽任東南亞各國這樣自生自滅，苟延殘局，而應該督促各國更迭領導階層，刷新內政，加緊建設，並實行各國互助合作，以徹底摧毀共產邪說所賴以存在的社會根基。只有如此，寮國戰局才會逐漸有挽救，整個東南亞亦才會有光明到來；否則，今日寮國局勢可能只不過是東南亞更大混亂的一個開端而已。

周室果有仁政乎？

沈剛伯

將近兩年以前，我在自由中國第十七卷第七期上面發表過一篇講法家的文章，其中有因追溯法家來源，而涉及周初政治之處，我說：「周人是一個紀律嚴、賞罰明、效率高、武力强的民族，曾用嚴刑峻法來部勒全民」。徐道鄰先生認爲這是不能成立的翻案文章，特在東海學報的創刊號內，寫了一篇稱述周室仁政的大作。朋友直言攻錯之誼甚爲可感，揆以投桃報李之義，不應緘默；敢陳固陋，就正高明。

一

現在先答復徐君駁我的幾點。

一、徐先生說：「研究古代實際的政治情形，第一應當注意的，自然還是正史」。這一點我當然同意，不過還要加以補充，那就是說我們今日所有的西周及東周初年的直接史料，除金文外，只有尙書，詩經（其次是國語、左傳同竹書）；若戰國末期以後的一切著作——包括「正史」在內——有與這兩部書上所說不相合之處，那就應該捨彼而取此。我的舊作涉及周初的地方，全取材於尙書，毛詩和左傳，這比徐君所引用的史記、墨子、莊子、荀子、管子、晏子、淮南子及呂氏春秋實較爲近古，尤其可靠。

二、周初科飲酒以死刑，我覺得是在「正史」上找不出第二件來的酷刑，徐君却認爲「殷人有沈緬於酒的惡習，不得不用重刑以警之，如同現在我們之用死刑來禁止製造或販賣鴉片」。周時的酒是濁醪，其所含酒精不見得比今日的啤酒多，哪能把它看成同鴉片一樣的毒物！況且生活力强同勞動多的人多少需用些帶有刺激性的飲料，所以不知飲茶的民族大都愛喝酒；就在今日，不飲酒的人也還要喝些汽水，咖啡或可口可樂一類的東西。周初不特沒有今日的白酒，也沒有後世的綠茶；小百姓終歲勤勞，別無娛樂，偶爾親朋相聚，覺得無以爲歡，便情不自禁地多喝點醪或醴，似乎算不得什麼大了不得的「惡習」。縱令防其酒後滋事，打幾下，關兩天，難道還不够示警，硬非處以極刑不可嗎？假使仁政的目的只在使天下人不喝酒，則「家家扶得醉人歸」的景象難道是暴政的成績嗎？若說這是周室仁政中的惟一例外，那便等於說酷刑與仁政同施而不相悖，專制與自由並行而不相害。這實不是在常識範圍內所能想像到的一種奇蹟，因爲政法方面的各種措施照例是互相關聯，互相協調的；如果寬猛各走極端，便無法運用，使其相濟了。

三、徐君說：「孔子勸晉國應該守唐叔之所受法度，是主張用不成文法，而反對用成文法的表示，並不足以證明這些法度之嚴密苛刻」。按原來全文是「夫晉國將守唐叔之所受法度以經緯其民，卿、大夫以序守之，民是以能尊其貴，貴是以能守其業；貴賤不愆，所謂度也」。正義解釋此文，說：「守其舊法……民是以能尊其貴，畏其威刑也。官有常法，民常畏威，貴是能守其業，保祿位也。貴者執其權柄，賤者畏其威嚴，貴賤尊卑不愆，此乃所謂度也」。這明明是說唐叔所受於周室之法和度——姑無論其成文，抑是不成文——是用來樹威，使民生畏，藉以長保統治階級之世祿高位。像這樣把社會上的階級，明顯化，固定化，能說它不相當地嚴密苛刻嗎？

四、徐君認爲「國風裏的詩章，據說大都採自西周晚期，而晉之强盛乃文公以後之事」，因而說我「犯了時間顚倒之病」。這個「據說」至少不能用之於唐風。「椒聊」，「無衣」，「揚之水」都很顯明底是昭公、武公時的作品，其它各章也並不大像西周的詞調。晉之稱伯固起自文公，但晉之强盛却始於武公；所以我的話並未犯「時間顚倒」之病。强盛一詞自可能有幾種界說，若徐君認爲非到晉文公那樣的國勢不足稱强，自亦有理。這正如不承認現在流行國際的「四强」之稱，而以爲只有美、蘇始算强盛一樣底有理；不過却不能因此遂說今日大多數的人都犯了「時間顚倒」之病。

晉國强盛而詩多憂怨，不徒見之於唐風，且可得旁證於魏風。魏風七篇未必都是作於平王之世，因爲那時的亂事並未曾擴大到河曲、汾水一帶，魏人似不應有那些憂時傷亂之詩。揆情度理，怕大半都是畢萬得魏以後的作品，而尤以「汾沮洳」和「陟岵」兩章中的詞句爲最明顯。朱傳引蘇氏之說，謂「魏地入晉久矣，其詩疑皆爲晉而作」，此話極爲有理。這豈不又是晉國政令嚴同賦役繁的一種證據嗎？

二

徐君持論的主要根據有三：

一、「孔子的……政治學說以周爲理想」，

二、古書中對文、武、周、召的頌詞，

三、兩千多年來的論著「似乎一直」「以周室代表仁政」。

這三點似乎都有「不甚站得住的地方」，請分別論之。

一、研究孔子當以論語爲主，因爲那是一部比較最直接、最可靠的書。從論語上，可以看出孔子的政治理想是「無爲而治」，「勝殘去殺」，與「禮讓爲國」，因此他心目中的標準政府不可能是周。他對周室，實只取其制度之完備與政令之統一，所以有「郁郁乎文哉！吾從周」的話；這明說出他是從周之「文」，而非從其德。他又說：「文王既沒，文不在茲乎！」這話也是自認他所得自周室的知識是「文」，而不是其他的理想。他目擊列國諸侯之交爭，世卿陪臣之制據，而回想到「禮樂征伐自天子出」之西周盛世，乃慨然有吾爲東周之感，這與他從周之文的主張正是一貫，不見得便含有羨慕周行仁政的意味。再看他所贊美的周人，第一個是泰伯，因爲他曾「三以天下讓」，第二個是文王，因爲他「三分天下有其二，以服事殷」；這都是贊美他們的禮讓，並未提到政績。他對周朝開國的兩個重要人物，武王同周公，一則明白說「其未盡善也」，一則佩服其「才」和「美」，而夢寐求之，乃至到年老才盡的時候，還有「甚矣吾衰」，久不夢周之嘆。然而他所嘆賞的實乃周公之才，未必是周公之仁；若他眞景仰周公的仁德，則年彌高而德彌劭，齒愈長而心愈慈，是不會因年衰而便夢不到的。於此諸點，可見孔子固未嘗以周政爲其理想的政治目標。

二、徐君以爲「要談周初的政治，自然一切要看開國時的幾位君臣」，得把「文武周召四人，就古書中所記載的，觀察一下」。我認爲把他們「觀察一下」，是可以的，若「一切要看」他們，怕就不免看走眼了。因爲政治的實施與學術的鑽研不同，一個特出的思想家可能創出一種繼往開來的學派，但是任何卓越的政治家也無法擺脫時代環境的支配和歷史傳統的牽累，而獨行其是，可以成功。一個新國家所有的制度典章出於明君賢相之手創的，至多未必能超過十之三四；殷因於夏，周因於商，孔子不是已經明白指出周初的政治並非完全成於武王、周公兩三人之手嗎？

現在姑且同意徐君的主張，把周朝「開國時的幾位君臣」「觀察一下」。既說「開國」，則不必提出文王；因爲他終生服事殷商，並未稱王改制，當然沒有建樹統一天下的新政。比如談到德意志帝國的開國之君，總只能數威廉一世，而不必說弗來德大王，無論那位普魯士王的政治設施影響到後日的德國有多大。況且在周人奪得天下，統治好幾種別的民族的時候，其所用政法與它臣服殷朝時的作風，絕不可能一樣。我們因此不能根據文王「視民如傷」之說，便斷言他的子孫一定不用嚴刑峻法。若武王果眞一切「無改於父之道」，那就養於文王的伯夷爲甚麼寧願餓食，也不食周粟呢？

再者，徐君的題目是「周室的仁政」，而不是泛論周朝開國的君臣，則徵引史料，應當是武王、周公施行仁政的事實；別種美德的頌揚都不能算作行仁政的眞憑實據，因爲我們無法肯定凡是戒懼、孝友、禮賢、愼刑的政治家就必定行仁政，至多也只能說有那種可能性而已。在徐君所引的古書中，明白用「仁」字恭維武王的只有孟子「以至仁伐至不仁」一句。要解釋這句話，似應先注意到孟子用仁字與孔子不同的地方。孔子以仁爲其最高理想，視它爲一切道德之總合，所以以顏淵之賢，孔子也只說他能「三月不違仁」。孟子則總是仁義連擧，並常以仁與禮、智、忠、信相提並論，那實是只把仁當作各種美德之一；而且他用此字很寬泛，有時指一種頗難做到的事，如「仁者以其所愛，及其所不愛」，有時所指又甚平常，如「孝子仁人之掩其親」，乃至見齊宣王要以羊易牛，也稱爲「是乃仁術」。試想齊宣王尚有仁術，則武王當然是至仁了。不過那種至仁的擧動，在孔子眼中看來，恐怕正是「慚德」呢！

至若徐君所說召公其人與甘棠之詩，則實更有問題。甘棠之詩三稱召伯，詩序亦明說：「甘棠美召伯也，召伯之敎明於南國」。在封建時代，「伯」和「公」相差兩等，做詩的人豈能無故將召公君奭降之爲伯？史記說武王封召公於北燕，成王命「自陝以西召公主之……召公之治西方，甚得兆民和」，卒而民思其政，乃作甘棠之詩。太史公知道自陝至燕的地方不能稱爲南國，就索性指甘棠爲西方之民所作，而將召伯升爲召公；只是無法將「召南」改爲召西耳。太史公博採羣籍，偶疏考證，弄成張冠李戴，累得後人多方牽强，爲之作種種解說。其實召公君奭未曾到過南方，甘棠所咏之人實爲召伯，乃宣王時經營江漢之召虎，與召公絲毫無關。這早由近代學人考證定案，尤以傅孟眞、屈萬里兩先生所言爲詳；我們眞不必仍爲舊說所蔽，强把相距二百多年的兩人混爲一人。

三、徐君一則說：「在中國人的論著中，兩千多年來，似乎一直以周室代表仁政」，再則說：「從來沒有人說過周人之用嚴刑峻法」，好像周刑嚴峻之說是創自梁任公，而僅爲我與蕭公權先生所信。其實禮記上早有「周人强民……而賞爵刑罰窮矣」之語。試問刑罰都窮，還能說未會用過重刑嗎；若是不用嚴刑峻法，又如何「强民」呢！無論禮記成書在甚麼時代，徐君總不能不承認它是兩千年來，中國人的一部名箸吧。宋儒開考證學之先聲，他們對於六經古史的研討，很多地方突過漢唐的學人——包括王充在內——而宋人就有「漢宣應是不知書，便謂先王似豎儒。若使周家純任德，親如管蔡忍行誅？」的詩；可見漢宣帝訓子之言不合乎歷史事實，固早已爲九百年前的人所曾指出。

三

「仁政」究竟是種甚麼樣的政治，徐君未曾明白說出。五十年前的官僚慣說淸室行仁政，因爲那時候不徵兵，未抽重稅，且時下恤民之詔，常有賑災之擧，遇着那「一人有慶」的好日子，更往往減刑，大赦，開恩科，加官爵。若認爲這些不值一文的門面話同那種一暴十寒的寬容就是仁政，則周朝初年大概也總行過，並且在中國歷史上留有紀載的君主，一點都未會玩過這一套把戲的，實在也找不出很多。我想徐君心目中的仁政當不至如此低調。徐先生在他原文的英文撮要裏，把仁政譯爲 benevolent government，這很自然底令人聯想到十八世紀歐洲大陸所盛行的 benevolent despotism。果如此，便是說武、周、成、康與弗來德大王，加撒林大帝，約瑟夫二世那般君主有大致相似的政治作風。但是徐先生又否認我所說「周人紀律嚴，賞罰明，效率高」的話，可見徐君只是借用西洋史書中所慣見的 benevolent government 這個名詞，而並未取其涵義。徐君有心，予實無從加以忖度；我現在只好探索儒家所說的仁政究何所指，然後看周室是否果眞行過那種政治。我想政法的發展總要先有思想學說，而後纔能構成行爲制度。例如民選總統和政黨政治在學理上的根據都是近代西歐人所闡明的，我們因此就不能說堯舜禪讓可以代表大選制度，牛李之爭可以代表政黨政治。依此而論，則我們若果要以周室代表仁政，就必須先能證明仁政的理論早已盛行於武王伐紂之前；但是找徧古史，卻了無此種痕跡。謚法始於周初，所以周公作謚之說應屬可信；他選用好幾十個形容美德的字來作謚，而其中獨無仁字，可見那時候的人還沒有仁的概念，或是不把仁看成一種美德。他們連仁的觀念都沒有，試問怎能有仁的政治！仁的理論實起於孔子，而孔子也只是用它來講個人的品德，還沒有拿它去做政治標準。論語上只有「如有王者，必世而後仁」一句，算是把仁字聯上了政治，但他又明說那不是短時間所能實現的事。這可證明一直到春秋末年，學術界尙無仁政之說。在此種政治理論尙未形成之時，照理是不可能產生這種政治制度的。

明白底標榜仁政實起於孟子。他對「仁政」未嘗明下定義，但從那些上下文句中，不難看出他所謂「仁政」的實施方法是「省刑罰，薄稅斂」，對百姓之「所欲與之聚之，所惡勿施」，其結果是全國人民「有菽粟如水火」。換句話說，這是不問國之大小，人之多寡，而做到人人得所，個個如意的一種政治。西周的政治設施是否達到這標準呢？武王時，天下尙未大定，成王初年仍「有大艱於西土，西土人亦不靜」，周公也明說：「我國有疵，民不康」，在管蔡亂定之後，成王親政，猶說「四方迪亂」；等到康王即位時，滿朝的元老重臣仍都以「張皇六師」爲施政的重點。這些當時的史料都很明顯地指出周朝盛時既無行仁政的機會，也沒有行仁政的成果。我們絕不能根據戰國以後的些話來抹煞這些千眞萬確的直接史料。不滿意現實的人總要盛誇古代，自有理想的人也喜託之古人；這是人類共有的心理，而尤以我國的學人爲甚。作政論的人非厚古便不敢薄今，非述聖便難於昭信，這自有其苦心之處；但我們卻不能認爲這是歷史方法，可據以求得歷史眞象。

孔子所講的「仁」等於耶穌說的「愛」和釋迦談的「慈悲」，是人類所能想像到的最高品德，絕非一般人所能達到的境界。因此只能用它作教育上的目的，或是宗教上的宣揚；要把它演成政治行爲，卻不可能，因爲實際的政治實在無法做到絕對地「去殺」同絕對地不「取諸彼以與此」。孟子悲天憫人，提倡仁政，是要化塵世爲淨土，變人間作天堂；這確是文化上最崇高的使命，和學術上絕不可無的理想，也許萬千年後的人類能夠進化到接近這種烏託邦的目標，但在過去人類的歷史上，卻絕對找不着，若是找得出來，便不成其爲難能可貴的理想了。所以周室不能有仁政，並不足爲武、周、成、康之病，中國迄今未能有仁政，也不足爲中國人之羞。

我的舊作說周朝紀律明，賞罰當，效率高。這實在不是對武、周、成、康的貶詞；因爲任何政府若眞能做到這幾點，那便夠得上稱爲一個良好政府，古今中外的政府表現出成績比這更好的，實在也不多見。至若我說周人「用嚴刑峻法來部勒全民，使其過一種集團生活」，這一點在今日看起來，好像是種很不好的極權政治；其實這正是古代的通常現象，毫不足怪。人類關於政治、經濟、宗教、社會的各種活動，原是由集團性，經過很悠久的歲月，纔慢慢進步到有個人發表主張的自由；刑法也是由非常嚴酷的條欵，經過長期演進，方逐漸得到比較的寬大。刑罰輕而人自由絕非封建時代同更早的部落時代所能有的事，連這兩種觀念也是到了孔子講學，纔形成的。孔子把個人的意志從集體權威中解放出來，同時重禮教而輕刑罰，這是他對中國文化的最大貢獻。若他只是追述武、周、成、康所曾經行過的事跡，那還值得當時的人稱他「賢於堯舜」，爲自生民以來所僅有的人嗎？

其實周初的肅殺之氣，不獨見於刑罰政令，而且見於宗教觀念。周初最高的神是「天」或「帝」，在周書同雅、頌上說到天或帝的時候，差不多都與「威」字或是形容威嚴的字樣相連；如：「天降威」，「畏天之威」，「廸知天威」，「旻天疾威」，「疾威上帝」，「皇矣上帝，臨下有赫」，「誕將天威，咸劉厥敵」，「天惟求爾多方，大動以威」一類的話，眞令人讀之心驚膽戰。古時最普遍的宗教場所是「社」，社邊例須種樹(今日長江流域及臺灣的土地廟猶照例建在大樹的旁邊)，周人不植松柏，偏栽栗樹，據說其用意在「使民戰栗」。社樹也許是由圖騰柱 (Totem Pole) 演變而來，殷人用柏和周人用栗的道理，現在資料缺乏，任何民俗學者也無法給我們以信而有徵的解釋。不過宰我去古未遠，所說應有所本。論語上的這一段，前面已經有句「宰我對曰」，則「使民戰栗」上面的那個「曰」字，在文法上，不可能是指宰我說，而只能解釋爲宰我轉引周人所說。況且孔子也未曾說宰我講錯，「成事不說，遂事不諫，既往不咎」那幾句話，不過是本「隱惡」之意，覺得不必拿他那時候的道德標準，來對以往的禮俗作於事無補之批評而已。假如他認爲宰我胡說，便應告以「君子於其所不知，蓋闕如也」，還能「不諫」，「不咎」，而讓一個及門弟子錯到底嗎？我看孔「子不語怪……神」，「罕言命」同天道，未始不是對周時的傳統宗教一種無言的抗議呢。殷周之世，雖說不像古代埃及、印度那樣把政治當作宗教工具，至少也得拿宗教來配合政治。要發揮這兩種力量的調協作用，便只有用寬大的教條來和緩重典，斷無以肅殺的教儀來抵消仁政之理。再者，古時政教合一，爲人王者即是法王——國家的元首便是上帝的代表，至少也是天的兒子。那時候的神祇既還沒有大慈大悲的性格，代表他的帝王竟會行博施濟衆，去殘止殺的仁政嗎？我提出這一點，並非「鍜鍊周內」，來證明周人特別殘忍，實因爲拘忌嚴酷原爲一切初民宗教所共有的特徵；要說周人能不走一般歷史演進的路線，而作一種超時代的「大躍進」，那實在是於理欠妥，於史無據。

我根據許多去古較近的史料，從多方面證明周室不可能有後世儒家所說的仁政，目的只在探求古史上的一部分眞象，絲毫沒有口誅筆伐的意味；因爲拿孔子以後的政治標準同道德觀念去貶抑周初的實際政治，是不公平而且無意義的。但若硬認定遠古爲黃金時代，因而過度地頌揚周室的政治，那就未免有背於進化定律，並不合乎歷史事實了。讀者明達，諒不至以非聖無法之罪相加！

自由社會基於出版自由

小野秀雄
郭恒鈺譯

人們爲了維持一個和平的社會生活，所以構成這個社會的成員，必須相互理解，截長補短，相互扶助。而意志的溝通，知識的交流，實屬必要。因爲這個關係，人類一旦集體而居，就必然本能的發生一種溝通意思的慾望；相互地交流知識，互換意見。我以爲這種現象可以名之爲：意見的交換。家庭，就是這種交換意見之最爲基本的形式，但在原始社會也還可以找出比這稍爲發達的現象。至於文化發達的希臘及羅馬的福拉姆（Forum—譯者註），就是一種進步的交換意見的場所；及至中世，在都市中設備的濆水泉的周圍，聚集了許多主婦及少女們。這時，「意見的交換」的具體形式，才見成立。但是，這種現象，終因自來水道的發達與普遍而消失。在日本，於半世紀以前，也會有過主婦們圍着井邊共話家常的現象。

在羅馬時代，對於那些居住在小事務所、狹窄的店鋪，侷促的住宅中的小市民而言，福拉姆實乃最爲快樂的交換意見的地方。福拉姆是在羅馬政廳前面設置的廣場。工作疲倦的小市民，悠遊自在的青年，享樂晚年的老人，都齊集廣場，雜談取樂；任何人都以引人入勝的話題，愉快地相互交談。說到話題，實在是繁雜不一。諸如奇異趣聞，遠征軍的傳說，甚至小至夫妻吵架，小偷竊物，都成了談論的內容。而他們彼此之間的意見，也在雜談之中，相互交換了。

可是，另一方面，這種「意見的交換」，也包藏着極大的危險。這句話是說，這種爲小市民所愛好的交換意見之處，終爲野心家所利用；抱有征服世界的野心的人們，把「交換意見的場所」改變而爲「煽動之地」。自由的交換經驗，自由的溝通意見的交換意見的場所，竟爲野心家剝奪了這種自由，而且繼封建主義、民族主義之後，又成爲共產主義等等的敎育的溫床了。

自由地交換意見，爲小市民所樂於自由地交換意見的廣場，竟這樣地夭折了。在英國，國會是僧侶、貴族、大地主交換意見的地方。至於德國，在各都市所建立的拉特．霍斯（Rat Haus，議事廳—譯者註），也不過是富裕市民交換意見的場所。

在「使用語言交換意見的工具」僅爲一部分人用於交換意見時，印刷術已經發明。手抄本變成了印刷物；筆寫的新聞，變成了印刷的報紙。但這仍爲某些人物所利用。在德國，它成爲新敎與舊敎兩派勢力鬪爭的手段；在英國，亦變爲保皇黨與議會派兩者鬪爭的工具。「使用文字交換意見的工具」，最後又如此難產而終。不過，當時在英國非難獨占交換意見工具的呼聲，相當高昂。洛克的「言論自由論」、密爾頓的「出版自由論」，卽其一例。洛密兩氏所主張的自由論，是發表意見的自由。不過，當時檢閱制度雖已廢止，而持有意見的主人，並不是小市民。

及至十八世紀，讀書能力普遍而發達，報紙的讀者，因而增加。從那時開始，報紙才有逐漸成爲小市民的「交換意見的工具」的傾向。但支配階級爲了使它成爲「煽動的工具」，於是匣訂了各種法律而予以彈壓。這種爲了限制市民獲得知識的法律，爲了阻止意見交流的法律，逐步匣定。而且更進而實施了妨碍報紙普及的稅法。可是，雖然如此，反而使報紙與小市民日益接近。而報紙也因爲這個關係支付了莫大的犧牲。在這期間小市民所獲得的東西，不過是「知曉的自由」；爲了使小市民的意見能够在報紙上得以表現，竟花費了半個世紀的悠長歲月。基此，所謂 Press（出版—譯者註）自由，並不因檢查制度的撤銷而獲得解決。此後對報紙所加諸之沉重的桎梏，對於 Press 自由的威嚇，較檢閱尤有過之而無不及。這種桎梏，一直到十九世紀中葉，始全部廢除。

Press 獲得自由，報紙才會成爲小市民交換意見的工具。因此，每一個愛好自由的人，莫不禮讚「Press 自由」。但是，實際上這祇是一種空歡喜；一部份小市民所獲得的，不過是一個自由的虛名。因爲有的國家，報紙爲大資本家所利用；有的國家，仍爲統治階級所支配；有的國家，正因爲有了報紙，小市民才爲統治者的意志所驅使；有的國家，報紙由於統治者的威嚇而萎縮不振。

可是，倘 Press 獲得自由，報紙將成爲小市民所喜愛的「交換意見的工具」的想法，是不是錯誤的呢？我以爲並非如此。如果 Press 能够獲得眞正的自由，報紙才能眞的成爲小市民所喜愛的交換意見的工具；一個「眞正的自由社會」才能因而出現。我人應面對此一方向，努力弗懈！

訂　正

本刊第二十一卷第四期「杜威在中國」譯文更正各點如下：

㊀一〇四頁小引中「中國思想史裏的科學與精神方法」應更正爲「中國思想史裏的科學精神與方法」

㊁一〇六頁上欄十三至十四行「中國的杜威—」應更正爲「中國的杜威派—」

㊂一〇六頁下欄十九行「沒有問題」及一〇七頁上欄一行「不成問題」均應更正爲「無可懷疑的」

卡斯特羅的革命及其新人道主義

宋文明

我覺得卡斯特羅是一個年青有爲的好人，雖然他犯過不少錯誤，但他似乎是極想替古巴人民作點事。我們應該對他寄予同情，並幫助他們完成一些對人民有益的事。——杜魯門

本年一月，古巴政局曾發生激烈的轉變。巴蒂斯塔政府突然垮臺，而由卡斯特羅繼秉國政。卡斯特羅的推翻巴蒂斯塔政權，完全依靠了拉丁美洲各國政權轉移的那種政變及革命的舊方式，根本破壞民主傳統，實不足爲訓。但卡斯特羅的這次革命，顯與過去其他拉丁美洲各國那種武力鬪爭亦有若干不同。其一，卡斯特羅這次革命，不僅在奪取政權，而且還帶有一種理想；其二，卡斯特羅這次革命不僅在改變古巴現況，而且還因企圖改變其附近鄰國的現況，對它們帶來了一種嚴重威脅。正由這一明顯區別，所以卡斯特羅這一革命及其對拉丁美洲的影響將發展到何種地步，尙不是現在所能完全看到的。所以在今日把古巴的各種情況加以客觀與冷靜的分析，想來也是非常必要的。

一　卡斯特羅革命的歷史背景

古巴位居美國東南面的海上。昔年爲自歐至拉丁美洲的橋樑，今日爲加萊比海及中南美洲的屏障。雖整個面積只有四萬四千兩百一十七平方哩，人口只有六百五十萬，但在政界與戰略上，對整個拉丁美洲具有一種關鍵與領導的作用。兼以古巴全島土地肥沃，物產富饒，民智較高（七五%識字），所以古巴在政局上任何變動，便容易對拉丁美洲全區發生影響。單以外滙收入一項來說，古巴每年所獲約達二十億美元之譜。因此一個政府若控制古巴後意欲有所作爲，實在不乏有利的條件。

在歷史上，古巴是美國首所唾涎的第一塊海外土地，也是西班牙帝國在拉丁美洲最不願撤離的地方，這可看出只要環境許可，沒有一個國家甘願自動放棄古巴。可是數十年來古巴政治的黑暗，操權者的殘忍貪婪，以及政變相尋，民不聊生的情形，一如拉丁美洲其他各國，甚又過之。因此古巴的自然條件與地理條件雖極優越，但在政治上，古巴始終未能建立起一種堅强的民主傳統。

自一八六八年古巴開始發生革命，要求脫離西班牙的統治，直至二十世紀初年古巴獲得獨立爲止，在爲時三十多年的長時期中，整個古巴一直就深陷在反抗與鎭壓的烽火中。人民的革命運動屢仆屢起，而西班牙的屠殺行動亦愈演愈烈。根據歷史記載，當一八九五年以後革命運動發展到最高潮時，僅只在哈瓦那一省西班牙監牢中，就有五萬多囚犯被活活餓斃。這種歷史記憶，直至今天仍深印在古巴人民的心坎中。

自古巴獲得獨立，除了首任總統巴爾瑪（一九〇二——〇六）人格完整，在貧困中出任總統又在貧困中卸任以外，其他二、三、四、五各任總統，都是以貪婪與殘酷而聞名。尤其第五任總統瑪卡杜（Gepardo Machado），更爲古巴歷史上的著名的「屠夫」。由於瑪卡杜的統治已到了天怒人怨的地步，舉世震驚，所以一九三三年美國羅福斯總統上臺，便派威爾斯出使古巴，設法從內部把瑪卡杜政權予以推翻。結果瑪卡杜的暴戾統治雖迅速告一結束，而古巴政局並未由此趨於穩定。僅僅在七年之中就換了七位總統，而實際權力却始終落在新起軍人巴蒂斯塔（Fulgencio Batista）手中。一九四〇年，巴蒂斯塔由幕後走上前臺，自己出任總統。一九四四年，巴蒂斯塔所提候選人在自由選舉中失敗，而由馬丁繼任總統。一九四八年，又由薩哈拉斯繼任總統。在最後這兩屆總統任內，古巴雖已逐漸走上正常的民主自由道路，但政治上的貪污情形仍如故。所以一九五二年三月十日，巴蒂斯塔便以政變方式取得政權，廢除憲法與議會使古巴又重新恢復到軍事獨裁舊路。巴蒂斯塔剛一上臺，他的政府在某些方面也表現過若干改進，但稍過時日，這一政府的枉法亂爲與貪污斂財情形，比過去的任何政府更變本加厲。連巴蒂斯塔本人，也在政府所主辦的公共工程中抽取佣金，他的參謀總長甚至從軍人退休金中貪得四千萬美元的巨欵，其他各種各樣貪贓方式，更不一而足。這種政治上的黑暗，再加上巴蒂斯塔的遲遲不恢復選舉，企圖長期把持政府，便造成了古巴人民的普遍反感。於是一個剛由大學畢業未久的年青人，便脫穎而出，成了反巴蒂斯塔，推翻其不孚衆望政權的歷史性英雄人物。這位新興的古巴英雄，便是現任古巴總理卡斯特羅。

二　卡斯特羅革命及其人

卡斯特羅（Fidel Castro Ruz）於一九二六年生於古巴東部的松塔高（Santiago）附近。其父自西班牙移入，赤貧無依，後以勤苦工作，漸入佳境，至卡斯特羅出世，其家中已擁有約値五十萬美元的廣大糖田。卡斯特羅先在東部就學，後至首都讀貝林學院與哈瓦那大學（一九四五——五零）。一九四七年尙在大學讀書時，卡斯特羅就曾組織過數百人遠征隊，企圖渡海征討多米尼加共和國的獨裁政權，只以古巴海軍的中途阻止而未果，乘船被毁，游三里海水始得上岸。這是卡斯特羅的首次有組織的政治冒險，也可看出這個人的作風

與想法。一九五二年，卡斯特羅本已參加國會議員競選，後以巴蒂斯塔的政變廢止了選舉，卡斯特羅的和平從政計劃便卽結束，於是他便在自己國內找到了一個可進行鬪爭的良好目標。隨卽他變賣自己一切所有，籌到了兩萬美元的欵項，集合了一百五十人，準備好了武器，便在一九五三年七月二十六日，時。斯特羅只有二十六歲，便率領這批人員，分乘十三輛卡車，浩浩蕩蕩，去進攻一個約有一千軍隊駐守的政府軍營。結果，還未正式攻擊軍營，卡斯特羅的部隊已損失一半，卡斯特羅和他的弟弟盧爾(Roul Castro)也一同作了階下囚。卡斯特羅這次革命雖宣告慘敗，但這種經驗對他後來的成功有很大貢獻。卡斯特羅爲何要發動這種冒失的革命？我們可聽他在法庭上所作的自辯：「對全國九十萬家被悲慘剝削的農民和工人，只有無止境的工作是他們的前途，只有墳墓才是他們的休息。我們生在一個自由國度，我們寧可看到這個國家沉到海底，不願接受任何人的奴役。我知道監禁對我是比任何人更痛苦，但是我不怕它，就如我不怕殺了我的同胞們的專橫統治者的殘忍一樣。懲罰我，這個毫無關係，歷史將會寬宥我」。結果卡斯特羅被判十五年徒刑，他的弟弟被判十三年徒刑，關在一個叫做皮尼斯(Pines)的小島上。在監獄裏面，卡斯特羅整天背誦一本英文字典，來利用多餘的時間。一九五五年，巴蒂斯塔因實行一次大赦，卡斯特羅兄弟亦由此獲釋，於是兩人便立卽逃走墨西哥，開始了他們革命的第二階段。

一九五六年的夏天，卡斯特羅由墨西哥赴美，與流亡的前古巴總統薩哈拉斯(Carlos Prio Socarras)舉行秘密會商。這次會商的結果，卡斯特羅取得了薩哈拉斯的全力財政支持，克服了軍火與經費困難。會畢返墨，卡斯特羅立卽要求前西班牙反佛朗哥游擊專家巴堯(Alberto Bayo)上校，爲他的軍隊教授游擊戰。於是一九五六年十一月二十六日，卡斯特羅和他的八十一人的突擊隊，乘了一艘二十六尺長的遊艇，以普通遊客的身份，從墨西哥灣出發，向古巴東部海岸前進。經過六天的海上困頓旅行，開始登陸一戰，卡斯特羅的全部八十二人部隊，最後只剩下十幾人能安全逃入山地。這十幾人中，包括卡斯特羅兄弟，及其他幾個現時負主要責任的人物。因此可以說卡斯特羅的革命，是十幾個人對巴蒂斯塔政權兩萬一千軍隊的革命，雙方力量的懸殊可想而知。在這種艱苦環境中，卡斯特羅在荒林中以芒果之類充饑，不斷說服當地農民參加他的部隊，以等待發展。終於哥斯得黎加總統費格爾(Jose Figueres)的一飛機軍火送到了，至一九五八年初，委內瑞拉的軍火又源源而來。於是直至本年一月一日巴蒂斯塔棄國逃走，卡斯特羅的這一革命，共經歷兩年一月又兩天。這是一種奇蹟嗎？當然不是。對於卡斯特羅來說，他具有成功的歷史因素；對於巴蒂斯塔來說，他具有失敗的必然性。一個是得人心，一個是失人心。

三　卡斯特羅政府的內外政策及土地改革

卡斯特羅從他的東部山林基地進入哈瓦那後的首一行動，便是辦理善後，積極整頓政府和軍隊，鞏固他的政權。所謂辦理善後者，包括對反革命罪犯的懲處，前政府高級官員財產的沒收，以及調整軍隊和政府的人事。其中最引起物議，反應最大者，爲反革命罪犯的懲處，計及本年初新政府成立至六月十二日爲止，前後被槍決人犯當在六百二十五人以上。從一般人眼光看來，這分明是一種政治報復；但在卡斯特羅自己看來，這種報復乃是一種正義的伸張。在巴蒂斯塔當政最後數年期間，對於政治犯人的虐待，幾無所不用其極，甚至將犯人屍體分裝後寄還其母親，或在丈夫面前强姦其妻者，亦時有所聞。因此卡斯特羅說：「他們是人所共知的罪犯，我們將予他們以公平的審判。有些母親們會來看過，說那人會殺了她的兒子」。這種審判是否完全公平，外間不得而知；但這種羣衆公審的方式，在某些方面滿足了一種被長期壓抑的報復情緒，對卡斯特羅的政權獲得了一種方便。

除了懲治罪犯善後工作等以外，卡斯特羅政府一開始，卽致力於各種各樣的社會改造工作。其中犖犖大者，計將房租削減百分之三十至百分之五十；抵押貸欵利息由百分之十二減爲百分之四；高級官員的普遍減薪；娼妓與賭場的取締，農貸的發放等。本年五月中旬，卡斯特羅便公開宣布古巴已離開了懲處與善後階段，而進入了建設階段。所謂進入建設階段者，其意卽指古巴將正式進行全面的土地大改革。早在一九五三年，卡斯特羅卽已提出了他對古巴政治的三點改革計劃，卽美國在古巴產業的收歸國有，土地改革，與分享工業收益。從此可見土地改革一事，在卡斯特羅的革命計劃中始終站着一個最重要的地位。正如當年他在法庭上的自白所表示，由於他本人出身農村，親眼看到那些農民生活的痛苦，所以他認爲要改革古巴的政治，就必須先要從土地改革開始，沒有土地改革，其他一切計劃就無從着手。

古巴的土地分配問題，正如其他拉丁美洲各國同樣的嚴重。雖早在五十年以前，墨西哥的革命者已提出過「自由與土地」同等重要的口號，但時至今日，拉丁美洲各國土地問題依然如故。計在委內瑞拉，佔農民百分之三的地主擁有全國百分之九十的土地；在智利，百分之二的地主卻有百分之五十二的土地；在巴西，百分之五十的土地亦操在只有百分之二的地主手中。就以古巴來說，全國爲數約三十萬農家，根本就沒有自己的土地，而美國各大公司在古巴擁有土地卻達一百六十三萬三千畝之多。由於卡斯特羅這一土地改革不只在解決古巴本身的土地問題，而且亦在實現整個拉丁美洲半世紀以來的一種夢想，所以古巴這種土地改革亦有一種廣泛的國際意義。

卡斯特羅的土地改革法共分六十六條，其中主要者爲：

①除非所有股東爲古巴籍，任何公司不得據有土地。

②外人不得在古巴購買或繼承土地。

③限美國糖業公司在一年內出售其所有土地，否則古巴政府將以二十年爲期，年息百分之四點五的債券予以强迫收購。(售價定爲每英畝十五美元至四十五美元)。

④每一農家所有普通耕地不得超過九九七畝，糖米牧地不得超過三三一六畝。
⑤若對國家經濟發展有利，可允外國公司暫時保有土地。
⑥每一過去無土地農民，無價獲得六十六畝土地。
⑦農民得依政府規定種植穀物，達成生產目標，並不得轉讓，抵押和出賣。
⑧土地債券所獲利益，仍須投資於古巴。
⑨分配後土地繼承只限於一人。
⑩農民得由土地改革而獲得農貸，實行土地與耕作改良，若兩年內仍不合政府要求將予收回。

這一土地改革法自本年五月制定後，已以閃快車速度於一個月內正式成為法律。這表示除非把卡斯特羅政權被推翻，他決將這一土地改革辦法貫澈到底。為了表示他對這一改革的躬親實踐，卡斯特羅於這一辦法頒布的同時，立即宣布將其家中兩千一百七十五畝土地按法律規定予以照減。當然，這一改革正如卡斯特羅的其他改革一樣，曾引起若干人的激烈反對，並已面臨極大的困難，但卡斯特羅公開誓言，縱使「天降石雨，這一改革決不中止」。本年六月十二日，美國大使曾欲超越古巴外交部而把一件照會直接遞給卡斯特羅，要求對這一問題雙方再交換意見，立被卡斯特羅所拒絕。從此可見卡斯特羅這一新試驗，最後假若不以失敗而結束，它將使古巴和拉丁美洲以此而改變面貌。

卡斯特羅當政後，一面積極進行內部改革，一面也擴大發展外交活動。新政府成立後不久，他即率團訪問委內瑞拉，答謝過去對古巴革命的支持。接着，他又往訪美國、巴西與阿根廷，提出一連串加強美洲合作與驅逐獨裁分子的建議。就在這同一期間，古巴的若干遠征隊參加了對巴拿馬與尼加拉瓜現政府的困擾行動，這一行動固非代表卡斯特羅的官方政策，但若說與卡斯特羅完全無關，亦屬不確。不過，卡斯特羅在外交上的最主要行動，是表現於其他兩面，即一是在東西冷戰中開始採取中立政策，二是開始與亞非中立集團謀取聯繫。

本年三月底，卡斯特羅對哈瓦那的十萬人羣衆發表了一次演說。他說：「我們為何要選擇一邊？為何所有美洲人必須參加一個集團？為何不宣布我們自己的生存權利？它們（指美國）有現代防空設備以抵抗原子襲擊，我們甚至連一個足以藏身的小洞都沒有，為何不說出這些老實話？為何不說古巴參加了所有戰爭，但當戰事一告結束古巴的糖額即被削減？」以後他在美國訪問時，美國記者一再向他提出這一問題，企圖使卡斯特羅否認他這一說法，結果他都技巧的閃開了。由他這一說法中我們可以看出卡斯特羅的選擇中立主義路線，不只是由於對原子戰爭懷有恐懼，而且也是由於對美國的一種潛意識的惡感。

不止此也。本年六月十二日，卡斯特羅又選派他的最得力助手奎夫拉(Ernesto Guevara)，前往中東訪問。這一訪問的公開使命在與阿拉伯聯合共和國商談經濟問題，但眞正目的所在，却在經由與納塞的聯絡，而與整個亞非中立集團發生關係。換言之，卡斯特羅為了不致使他的中立政策在拉丁美洲陷於孤立，已開始爭取亞非地區的外交奧援，準備依仗亞非國家的聲勢而維持其外交地位。

四　卡斯特羅及其理想

那麼卡斯特羅這個人究竟欲何為？他要把古巴改造成一個什麼樣的國家？他是否為一政治上的左傾及冒險人物？對於這些問題的回答，不應只看卡斯特羅今天作些什麼，或聽他說些什麼，尤其要看他的言行是否一致，看他所說是否代表他的眞正的思想。假若卡斯特羅的所言所行不過如此，而且除了現在這些言行之外並無什麼別的秘密，那麼卡斯特羅的革命是不足為慮的。現在美國有些人，頗為卡斯特羅手下幾個主要人物的思想傾向而擔憂，其實除了卡斯特羅之弟盧爾·卡斯特羅曾到過東歐，奎夫拉到過粉紅色的危地瑪拉，和主編他機關報「革命日報」的佛蘭高 (Carlos Franqui) 過去曾有幾分左傾外，他的政府高級官員中並沒有一個可以眞正稱為赤色人物。

但，卡斯特羅確有一個理想在。這個理想並不能說是不正統，但也有幾分新奇。本年春他訪問美國時，有幾個學生問卡斯特羅：「你的政府應該稱作什麼？社會主義還是其他？」卡斯特羅以開玩笑的口吻回答：「古巴主義」。隨後他與美國國會領袖的會晤中說：「傑斐遜瞭解什麼是革命，我的七、二六運動並不是一個共產主義運動，而是一個由大多數天主教徒所發動的運動」。在一次對古巴律師協會的演講中說：「大多數人民缺乏麵包；革命意味着一種變革」。他對紐約西班牙語的羣衆演講：「我是為了拉丁美洲的痛苦的、落後的、饑餓的人民而來到人間。我的理想是人道主義—有麵包的自由 (humanism—liberty with bread)」。自由不能離開麵包，麵包不能離開自由；自由中有麵包，麵包中有自由，便是卡斯特羅的理想也是卡斯特羅的新人道主義。在這種理想之下，卡斯特羅不願捨棄自由而趨向個人的獨裁；亦不願捨棄麵包而使大多數人民挨餓。他所追求的社會，正如卡斯特羅本人所說，是一個既有自由又有麵包的「無階級社會」。

卡斯特羅這種思想究竟由何而來？有些美國人說卡斯特羅這種思想代表拉丁美洲大學廣場上的一種左傾傳統；但據我看來，卡斯特羅這種思想是拉丁文化的憂鬱情調，加上熱帶古巴的浪漫主義，再加上戰後世界人心普遍空虛而欲有所作為的總結果。卡斯特羅的崛起於美國的近旁，對美國是一種挑戰，也是一種難堪，使美國在拉丁美洲開始遭遇一種非常尷尬局面。總之，我覺得卡斯特羅是這個世界近年來所出現的一位最出色的年青人，今後美國若不深加檢討這一事件的教訓，從思想方面積極爭取對自由世界的領導，像卡斯特羅這類人物，恐怕可能將會繼續出現於世界舞臺。

法國原子政策及其對國際局勢的影響

孔治

一　法國的原子彈政策

自從第一顆原子彈在廣島爆炸以來，原子武器的擁有不僅成為國防安全的必然條件，同時也是成為世界一等強國的必要條件。法國自戴高樂將軍主政，勵行「好大政策」(Politique de grandeur)，對於原子武器的擁有更不會忽視。何況戴高樂將軍急欲使法國擁有原子彈，藉以擠入世界原子列強之林，使美英對今後國際政治及武力的決策，不得忽視法國的態度。但是法國設法製造原子彈並不始於戴高樂政府，第四共和的各屆政府對此已經着手，並設有「原子能高級專員公署」(Commissariat à L'energie atomique) 主理其事，在 Saclay 及 Marcoule 建有原子研究中心，前者在巴黎南郊，負責研究工作，後者在馬賽附近從事原子彈製造原料的提煉，現已置有原子爐三座，最後一座已於本年六月初正式發動。

根據本年七月十日「世界報」(Le Monde) 載，法國原子彈一俟製成後即舉行試驗，試驗地點在撒哈拉南部 Reggane 地方，並已在該處興建大規模的試驗設備，地下裝備已經完成。法國將試驗的原子彈為「廣島型」，爆炸力僅為一萬五千至二萬噸黃色炸藥(TNT)，目前美英蘇所擁有核子武器的爆炸力已達五百萬噸 (Mégatonns) 黃色炸藥。又計劃中空投用的飛機是 Dassault-Mirage-IV 型，該機重達四十至五十噸。至於該型飛機的大批製造則是四五年後的事。同時法國當局並計劃製造中程火箭；或用美國 Irbon 式圖樣在法製造，或者由法國自己研製。如採後項辦法則尚需十年的努力；因為法國即將試驗的原子彈體積甚大，尚無法用作火箭的核子彈頭。如是法國在這方面尚待積極努力。如無盟國協助，法國本身是否有足夠能力與條件則成為另一問題。

為了使原子彈的實現，戴高樂將軍自主政後的外交在此方面却繼承了其前任的原則，不希望日內瓦美英蘇停止核子武器試驗的談判成功，日內瓦四外長會議時法國對蘇俄態度堅強的理由亦在此。當然法國亦希望能得到盟國間原子秘密的供給，使不必要從事試驗而擁有原子武器。但正因為此原子秘密讓與要求的提出，而有法美間關係的齟齬。

二　法美間供給原子秘密的癥結

在一九五七年底北大西洋公約組織理事會時，決議有在各公約國領土內存貯美國供給的原子彈及建立火箭發射基地以防備來自東方突襲的原則。法國自戴高樂將軍主政後，對該決議即表示異議。至本年春與美國及北大西洋公約組織當局談判原子武器存放辦法時，法國政府遂向美國提出接受存貯原子武器的交換條件，其中最主要三點乃：①美國得無條件支持法國的對北非政策；②美國供給原子秘密及情報；③法國對在其境內所存放的原子武器在使用上得握有否決權。就法國所提出的要求足以表明目前法國政府急欲製成原子彈，並欲借機使美國今後無條件的支持法國在阿爾及利亞所執行的一切措施，以抵制阿拉伯集團及「中立」國家的指責。同時又以國家主權原則要求掌握在其境內所存放原子武器應用的否決權，使法國成為西方世界政策的決策人之一，因之與美英共同享有北大西洋公約國家間的領導地位。但法美間就此事所提出的秘密談判迄今無甚進展，其中最困難的問題當屬於原子秘密的讓與一項。美國政府因受一九四六年國會通過的 Mac Mahon 法案的限制，不能把原子秘密供給外國。但美國當局仍願在法律許可範圍內協助法國原子科學的發展，故本年五月七日赫特與法駐美大使阿勒芳(Hervé Alphand)簽訂協定，由美國以含有「235鈾」同位素甚豐富的鈾四四〇公斤供給法國以為後者研製原子潛水艇之用。並規定該協定於本年七月二十日生效。然而法國仍未得到其所欲達到的目的，談判繼續進行，至六月二十二日法駐美大使以原子武器存放問題再與美助理國務卿狄隆 (Douglas Dillon) 談判，法國主張對於原子武器在世界任何地區的使用及美英法三國在戰略問題方面均需獲得協議。這種要求當然是戴高樂將軍外交「好大政策」的表現，但會談無結果。至於法國要求美國讓與原子秘密所持的理由，阿勒芳大使於五月二十五日在美國 Ohio 的 Dayton 市演說時已申明，他說：「就北大西洋公約組織的利益着想，法國實應享有原子秘密，因為這樣可以節省金錢和時光，何況這些秘密對蘇俄說已經不是秘密了…。」旋法美談判決裂，美國遂由其駐北大西洋公約組織理事會代表布爾格斯 (Randolph Burgess) 於七月初在該理事會常會中宣布美國將屯駐於法國 Etain, Toul 及 Chaumont 三處由北大盟軍統帥指揮的可運載原子彈的 F-100 式驅逐轟炸機二百架撤至英(西)德兩國基地。此項決定的執行就北大西洋公約國防務來說當然不無影響。同時此舉對法國而言亦有損於對處理阿爾及利亞問題所須要的團結。因是於七月八日人民共和運動籍議員西蒙奈(Simonet)在國會衆議院外交委員會發言，表示對北大西洋公約組織的危機感不安，他雖同意政府的目的，但反對政府所採用的辦法，甚望法國能及早消除與其盟友間的癥結。

美國國會衆議院預算委員會於八月七日決議在美國原子武器存貯法境問題獲得最後解決以前應停止美軍在法國一切的軍用設備的建築，並通過美國在西德、義大利、西班牙、英國、土耳其等國境內軍用設備建築的預算。這是美國方面對法國立場不滿的正面而公開的反應。當然這項決議尚須經過國會參衆兩院的通過始能成議。如兩院議員對衆院預算委員會的決議沒有異議，在時間上如欲完成討論通過的手續使成為最後議決案，起碼要一個月的時間，也就是說，在時間上該案最後決定將是在艾森豪總統與戴高樂總統會談後的事了。

三　法國對北大西洋公約組織的立場

去年九月二十四日戴高樂將軍致函艾森豪總統指責美英「指導制」(directorre)，要求對北大組織地區以外的政策得由美英法公同交換意見；且企圖成立北大組織中由法國參加的三國指導制。本年春時法當局更藉口將地中海艦隊撤出北大統帥範圍，旋又聲言反對北大組織國家空軍的混一化。諸此種種足以表現戴高樂將軍領導的第五共和在謀求原子武器的擁有及國際的領導地位。但法國這些措施對北大西洋公約組織而言，不僅增加了組織在指揮上的困難，也削弱公約國家軍事防禦力量與合作，更引起其他公約國家的不滿。本年六月間北大西洋公約十五國議員六五〇人在倫敦集會，討論公約國間政治經濟文化各方面的關係、公約組織與未參加集團國家的關係及與共產集團的關係的當時，布佔(Allstair Buchan)即提出報告，謂有些國家（指法國）有獨立的核子防禦武器的傾向，此類傾向將成為組織解體的因素。因要求建立共同的分工合作制度以挽救之。但法方畢耀德（Billotte）將軍則發言稱：「戴高樂將軍決不能放棄對法國安全的責任，法國不能讓美國負其本土的防禦責任；我們應將全球性的戰略由北大盟國管制並分負責任。」加朋提(Carpentier)將軍更指責美英單獨保持原子秘密。然而英國代表却針對法國的立場發言反對將使用原子彈的責任交由十五國來負擔。是日英國「泰晤士報」(The Times) 著論謂：「若他國紛紛效尤法國，則不方便的地方甚多，因偶然事故而發生原子戰爭的機會亦愈大，因此應使他國更難於獲有核子武器。」「每日電訊」(Daily Telegraph) 更撰文促請法國在事實上不要破壞終止核子武器的休戰。

雖然西歐各國對戴高樂將軍的「好大政策」頗不同意，認為法美對原子武器存貯事談判失敗乃戴高樂將軍企圖恢復法國欲稱雄歐陸的野心所致，間有謂法國欲擁有原子彈乃為好大狂。但這均不能改變法國欲擠入世界原子列強之林的願望。法政府三軍部長給右馬 (Guillaumat) 於六月二十二日在軍事記者協會講說時云：「法國將以其自己的技術和自己的原子原料製造原子彈……今日我們距目標甚近，如在行將舉行法國自己製成原子彈爆炸前，佯裝接受他人援助，則是政治的錯誤……」七月九日北大公約組織秘書長史怕克 (Paul-Henri Spaak) 在一次講演中謂：「原子武器在今日世界上是戰略上及心理上必要的武器，西方國家於遭受侵略時勢必使用原子武器來反擊，因此在歐洲各國應建立原子武器的存貯所以為和平的保障。」同時並稱：「在科學合作上應交換原子秘密，經美國發明敵人已經知道的秘密不應再讓歐洲國家從頭研究……」他雖對於全球性戰略亦同意法國的論點，但謂：「由法國參加的三國指導體制將引起次要國家的反感，加强歐洲中立主義思想……」「況在使法國參加戰略責任須採用的體制很成問題。在三國指導下如以多數制作決議時，則美英合作會使法國孤立；如採一致同意辦法，則法美兩國政策的對立僅能形成雙方意見的互行否決……」史怕克這一席話是頗值得考慮的，不但美英法等國如此，北大公約各國如是。為了防禦敵人外侵，整個自由世界的國家均須對此論點加以思考。

四　英國報界對法原子政策的注意

西方輿論界對法國原子彈製造進展情形以英國最為注意。八月九日的「星期時報」(Sunday Times) 竟認為法國第一顆原子彈的試驗將在艾森豪總統訪法前，於八月底戴高樂將軍赴阿爾及利亞時舉行。法國原子彈的試驗是屬於國防秘密的，事先是難能採訪到確切的消息。然而根據一般的推測及就法國製造原子彈原料的生產情形計算，上述試驗當不會早於一九六〇年初。因此「星期時報」的報導則近於猜測，但就這一項猜測性的報導來研究，足見英國報章對法國原子彈製造事的注意及因之而生的敏感。同月十一日英國左派的「每日先鋒報」(Daily Herald) 又發表了關於法國原子彈製造的另一項新聞，以巨字標題為「德國技術人材協助法國製造其將在撒哈拉舉行試驗的原子彈」，並在首頁刊出。該文作者賈特 (Gilbert Carter) 在文中指稱法國在原子研究上的驚人進步使西方科學家感到驚訝，因而認為西德是法國原子彈製造的秘密合作者，並在金錢和技術上協助法國。過去參加希特勒原子計劃的專家們現工作於法國的研究中心。並參與法國原子原料製造的工作。文中更謂西德沒有製造原子武器的權利，故其對法國原子彈的研究及製造工作上的參與已引起注意，為此事北大西洋公約組織當局已開始予以調查。「每日先鋒報」這項消息公布後雖經有巴黎、倫敦和波昂三方面有關當局强烈的否認，但該報的報導並未就此而止，於翌日繼續刊載有關撰述，致引起法國報章的反擊。十二日的每日先鋒報著論謂：「戴高樂將軍與阿德諾總理同意聯合執行强力政策，使西德從便門參加法國原子彈的積極製造，藉此戴高樂可迫使美英不得不允許法國在北大組織中獲得與美英同樣的地位。雖然法國及西德方面堅强否認，但西德是參與法國原子彈的製造者……儘管阿德諾否認，但無疑問的是原子彈或為戴高樂所有，却同時為兩個人說話，以阻止西方與蘇俄接近……「此二人有一共同目標，其目的在使減低英國對大陸上政治經濟的影響。」同時該報並謂法國在原子彈放射試驗後將即製造氫彈。這項消息亦曾經莫斯科電台廣播。然而保守黨的「每日郵報」(Daily Mail) 則謂：「可能阿德諾政府並未直接協助法國製造原子彈計劃，但西德專家宣稱法德兩國核子工業的合作已非一項秘密。」對於「每日先鋒報」指責西德協助法國製造原子彈事，十二日的法國各報多對英報反駁，其中「巴黎報」(Paris-Journal) 的態度最為激烈。該報撰論謂：「如果法國原子機構願意意氣用事的話，可對每日先鋒報指出，如果說法國原子彈的製造者中沒有德國專家，相反地英國原子彈的製造專家中却包括有不少的德國人，像其中之一的 Klaus Fuchs 博士(按：Klaus Fuchs 博士曾將原子秘密透露與蘇俄)……」及「我們亦可指出在一九四五年時英美蘇在德國所獲的最有價值的戰利品即包括原子專家及毀滅性火箭的製造者。」「震旦報」(L'Aurore) 說：「如果一些原籍德國人以個人身份參加法國火箭的製造工作，使每日先鋒報感到不愉快的話，但在原子研究及製造中心中却沒有一個德國人。我們將在撒哈拉試驗的原子彈是法國自己研製出來的。如果還要繼續不使我們參加原子集團則必須有其他的理由……」「解放的巴黎人」(Le Parisien libéré) 認為英國報紙因法國原子彈所掀起叫囂的目的在間接促使蘇俄反對法國原子計劃。十二日法政府新聞當局再堅決否認。法國報界對每日先鋒報的羣起反擊，加之法國一再對此事件發言否認，不但無法使每日先鋒報沉默却促使該報繼續發揮其論調，同時亦使人感覺如何法國對每日先鋒報的言論如此重視。旋西德政府邀請該報記者二人去西德作實地調查，雖該報記者賈特於十九日接受德國的邀請，但仍著論稱該報希望能獲得戴高樂將軍的邀請到撒哈拉作實地調查，因爲那裏纔是與問題有關的工作地點。此外十九日泰晤士報社論對將在撒哈拉舉行試驗的原子彈可爲戴高樂的政治武器抑或軍事武器表示疑問，因爲此一試驗的主要目的實不得而知。該社論更稱：「法國將有能力發動一次核子戰爭，對此戰爭其盟友則很難予以置之不顧。原則上此舉將是一種對其盟國政策的影響力，因爲這可能是對着華盛頓及倫敦的一隻手槍。」

五　非洲國家的反對態度

本年七月八日馬達嘉斯加共和國總統奇阿那那 (Tsiranana) 宣布法蘭西集團第四屆執行委員會同意製造原子彈以保障法蘭西集團。換句話說，法國欲以法蘭西集團名義製造原子彈以避免非洲國家的反對。但事實上，非洲新興獨立國家對法國原子彈計劃已表示反對；其原因乃恐法國在撒哈拉舉行試驗時原子放射線在該地區的增加會影響居民的安全。伽納對此項試驗向法國提出抗議，由於後者未予接受遂對法國實行報復，事實上承認由「阿爾及利亞民族解放陣線」所組織的「阿爾及利亞臨時政府」；至法國的對策則使其駐伽納大使暫不返任，一時形成法伽關係的決裂現象。同月十六日利比里亞總統杜伯曼 (William V. S. Tubman)、伽納總理恩克魯曼 (Nkruman) 及幾奈總理色苦途爾 (Sekou Touré) 集會於利比里亞首都 Monrovia 附近的 Sanniquelle 地方，會商至二十日發表聲明要求非洲國家及聯合國會員國一致勸阻法國在撒哈拉舉行原子彈試驗，聲明中並表示反對任何核子武器的試驗。致八月初聯合國社會經濟委員會蘇丹及伽納代表相繼發言反對法國在撒哈拉試驗原子武器。旋非洲新興獨立國九國(計利比里亞，伽納，幾奈，摩洛哥，突尼西亞，蘇丹，里比亞，愛托比亞及阿拉伯聯邦九國)首長在利比里亞首都集會，對法國在撒哈拉舉行原子彈試驗事再度表示反對。爲了解除非洲國家對法國原子彈在撒哈拉爆炸試驗的恐懼心理，首由法駐利比里亞大使館在法政府當局公佈前發表聲明，謂法國原子彈試驗將在距 Monrovia 二七五〇公里的撒哈拉中部的荒蕪地帶舉行，法國並在該地區週密佈置一切安全措施。同時聲明中並指稱法國原子彈試驗將在低空拋射，其所產生的原子放射線的危險較諸美英蘇所舉行的核子實驗實微不足道。法駐利比里亞大使館所發表的聲明乃係對 Monrovia 非洲獨立國家會議議案的答覆，以解除對法國原子彈的緊張心理，故文中特別指出投擲地 Reggane 與羅馬及馬賽的距離遠較與 Monrovia 及伽納首都 Conakry 爲近。且法國政府所提出的聲明更將過去美英蘇三國原子彈試驗地點，威力及安全設備比較分析，以說明法國將來試驗危險很小。雖如此，仍不能制止非洲國家繼續提出的有關抗議。十三日蘇丹外交部向法國正式提出抗議時並引述 Monrovia 九國會議的決議，反對在非洲境內舉行任何核子武器的試驗。同時北非摩洛哥王國亦因此向法當局提出抗議。目前一般人均在期望戴高樂將軍與默罕穆德五世會晤重建兩國因阿爾及利亞問題而喪失的友好關係，但因法國拒絕摩洛哥的抗議，竟使後者將法國在撒哈拉試驗原子彈事提出本年聯大會議討論，並據摩洛哥電臺近日廣播摩洛哥此舉已得到亞非集團的支持。

法國連年因阿爾及利亞戰事而與突摩兩國不時發生不愉快事件。同時在每屆聯大的處境亦困難。目前法國原子彈試驗計劃又引起黑人非洲的反對。當然法國原子彈試驗成功會提高其國家地位及其國內的軍事防禦力。但對非洲言，却可能影響法蘭西集團的團結，因蘇丹共和國總理凱達 (Modibo Keita) 主持的「蘇丹聯盟」黨已表示將促請法國停止撒哈拉原子彈試驗。同時會促使非洲獨立國家政策的「中立」。因這些新興國家的民族主義思想甚强，且亦最爲敏感。

六　結　論

法國目前雷厲執行的原子政策乃戴高樂將軍「好大政策」的一部分，雖然法國已擁有原子工業，但戴高樂將軍終以爲無核子武器不能恢復法國的國際地位。惟法國當局甚顧慮美英兩國與蘇俄妥協，而使終止核子武器的試驗談判成功，則法國原子彈計劃將難以實現，所以自艾森豪總統及赫魯雪夫彼此接受邀請相互訪問時，法國即表示反對在艾赫會晤以前舉行西方國家首長會議的建議。其惟恐使艾森豪總統在西方首長會議後成爲西方國家的代言人而與蘇俄正式談判。因其態度的明顯而使艾森豪總統在記者招待會中申明他在與赫魯雪夫會晤時並不代表西方國家或北大西洋公約組織國家與蘇俄談判，而僅代表他個人與美國政府與莫斯科的主人作友好的接觸。雖如此法國與西德一樣終未對艾赫的會晤表示贊同。況戴高樂將軍更謂北大西洋公約組織國家可執行組織以外的外交政策。此項立場尤使英國注視，代表保守黨意見的「每日郵報」於十七日撰論指出此一態度的危險性，且有導致西方團結解體的危機。如再僅就法美兩國的癥結而言，雖艾森豪總統於九月初訪法與戴高樂將軍會談時很可能討論在法存貯原子武器問題及國際停止核子武器試驗問題，然而鑑於後者目前對此類問題的立場，屆時是否有獲得協議的可能則頗成問題。

就以上各節所述推論之，即使美蘇立場有逐漸接近的可能，但東西關係困難仍多，國際局勢很難因此鬆弛。就法美關係言，法國與美國處於西方世界，法國因阿爾及利亞問題在國際上，尤其是因亞非國家的反對，而處於困難地位，故法國與美英仍有不可分離的利害關係，法美間的困難終不會使法美間及西方盟國間關係的破裂。但法國在擁有原子武器後雖可加强聯盟組織的軍事防禦實力，以補足因阿爾及利亞戰事法國將本境軍力調至北非而形成對東方集團防禦力的削弱。可是這却與因法國在統帥方面所持異見，使北大西洋公約組織國家的團結將更感困難，則有間接削弱北大西洋公約防禦實力的結果。爲鞏固西方世界的團結，以加强對共產集團的防禦力起見，參加北大西洋公約組織的國家是否應考慮在不妨害其本國利益的條件下，少許犧牲國家主權而建立「超國家的共同主權」(Supranationalité)，這可能是今日國際政治家應予研究的問題了。

四八、八、二四

跌斷了腿的大躍進！

香港航訊・八月卅一日

本刊特約通訊記者　劉富蘭

早在一個月之前，香港乃至全世界注意中共問題或研究中共問題的人，就預料中共會有重要新聞發表，並開始等待這項新聞。結果是，中共當局在這一點上並沒有令人失望；本月（八月）二十六日從北平傳來了一則非常重要的新聞。這一則新聞之所以重要，是它透露了中國政治史上，乃至全世界政治史上，一個空前的笑話；它公佈了世界政治史上一幕空前的諷刺劇。至於在這一幕政治的諷刺劇中，究竟犧牲了多少人的生命，和多少人的血汗，則一時甚難估計。

八月二十六日「新華社」自北平發出了兩個文件：頭一個文件題名：「中國共產黨第八屆中央委員會第八次全體會議的公報」，第二個文件題名：「中國共產黨八屆八中全會關於展開增產節約運動的決議」。記者在前文中所說的「空前的笑話」和「空前的諷刺」，概見於這兩個文件之中。

頭一個文件公佈說：「中國共產黨第八屆中央委員會第八次全體會議一九五九年八月二日至十六日在江西廬山舉行。

「……參加會議的有中央委員會委員七十五人，中央委員會候補委員七十四人。中央有關部門和各省、市、自治區黨委的其他工作同志十四人也列席了會議。」但這一節公報却立刻被本港觀察家指為不確。因為中共的主要首腦們，早在六月末即開始從新聞中失踪；假定說在過去兩個月之中，他們僅舉行了一個為時半月的「中央委員會」的「全體會議」，那麼，在另外的一個多月之時間中，他們究竟幹的甚麼呢？而事實上，在過去一年多之中，特別是在最近的七、八個月之中，中共實遭遇了空前嚴肅的問題。它在這一段時期中所遭遇的問題，論危機雖不比韓戰更嚴重，然而其複雜性以及其中所蘊藏之進一步的危機，則大過韓戰，其難解決的程度則大過韓戰。就事後的情形來看，中共當年之所以能渡過韓戰的危機完全是由於僥倖，而它在過去一年多中所遭遇的危機，則不是僥倖所能渡過去的。因此，他們公佈說：在八月二日到十六日之間，他們開了一次「中央委員會」的會議，這說法可能是眞實的。然而我們却可以斷言，在八月二日前的一個多月之中，他們必曾花了很多功夫為這次會議大事準備；他們必曾預先召開了，若干其他的形形色色之會議，為性命有關的「八屆八中全會」作一些安排。在「八中全會」之前，他們究竟安排了些甚麼，做了一些甚麼樣的準備工作，實不難想見；而在「大會」之後，中共中央諸酋雖然都已迅速地返回北平，去做一番機械的表演，然而毛澤東，鄧小平，彭德懷，林彪和陳雲等，却仍不見踪影，顯然是在繼續搞他們在「八中全會」所沒有能完了的工作。至於毛澤東們在會後仍不回北平，而繼續在各地幹些甚麼的問題，記者在後文中將會簡略地提到；但這篇通訊主要地是報導「跌斷了腿的大躍進」之問題的，是報導世界政治史上一個「空前的笑話」，和「空前的諷刺」之問題的，因此，還請容記者先談正題。

上述第二個文件的末尾說：「正因為我們在社會主義建設事業中，……堅持……大躍進，人民公社的光榮旗幟，我們取得了去年和今年上半年的偉大勝利。」其實，這一段話乃是完全的謊話；而中共之一年多來，所以搞得焦頭爛額，乃至「創造」了政治史上的大笑話，大諷刺者，實在都緣於此，至少主要的是緣於此。

根據中共在今年初所發表的關於去年——一九五八——主要的農工礦業生產之數字是：

①糧食：七、五〇〇億斤；
②棉花：六、六三八萬擔；
③鋼：一、一〇八萬噸；
④煤：二七、〇〇〇萬噸。

當時在這些數字發表之後，北平的偽「人民日報」和香港的各左派報紙，無不大吹大擂，說他們在工業建設上獲得了空前的成就。而不料這上述的數字，竟完全是一片謊話；經過了半年多的時間之後，他們自己又來否定自己，打自己的耳光。在上述中共所發表的頭一個公報中，附帶了一個對去年若干主要的農工礦業之生產的核實數字。核實的結果，是去年的：

①糧食：只生產了五、〇〇〇億斤；比年初發表的數字少了三分之一。

②棉花：只生產了四、二〇〇萬擔；比年初所發表的數字少了三分之一還多。

③鋼：只生產了八〇〇萬噸；比年初所發表的數字少了四分之一以上。但在這一項核實的數字中，公報却來了一番歪謅。它說在年初所發表的一、一〇八萬噸鋼中，有三〇八萬噸是「土鋼」；因此，若連「土鋼」一計算在一起，則總數仍為一、一〇八萬噸。中共在去年所煉的鋼中，有一部份是「土鋼」自無問題，但在年初它發表一、一〇八萬噸的數字時，則沒有指出，其中「土鋼」究佔多少；而現在，它為了蔽醜，却忽然說在一、一〇八萬噸的數字中有三〇八萬噸「土鋼」，這種說法顯然大有問題。

④煤：在公報中，對於去年所生產的煤之核實數字，則沒有提及。

以上所列舉的，只是四種最主要的生產，至於在其他次要的生產中，今年年初所發表的數字和核實數字之間的差數，亦大體上如此。那就是說：在中共所統治之下的各類各級生產主管機關，對於去年全年生產所報的數字，比實際生產的數字，平均約多了三分之一左右；而其中有些項目，謊報的數字更超過二分之一；譬如棉花即是一列。

實際生產一件東西則報兩件，或生產兩件東西而報三件，這當然是一個天大的笑話；但自去年下半年以來，中共各級宣傳機關，即根據這種謊報的數字大吹大擂，誇說是甚麼「大躍進」的成功。這當然是笑話上之笑話。原來中共的諸高級領導人物，特別是提出「大躍進」之說的毛澤東，在大躍進的昏頭脹腦中，竟然連十分簡單的數字也弄不清楚了。而另一方面他們爲了延長他們的自我陶醉起見，對於各級生產機構謊報的數字，根本不加考慮，竟而完全相信爲眞。於是，如此一來，笑話就更大了。

笑話的第三個重叠，是編定一九五九年度的生產計劃。根據中共中央原先編定的生產計劃，各主要的生產項目之全年生產數字是：

①糧食：一萬零五百億斤；

②棉花：一億擔；

③鋼：一千八百萬噸；

④原煤：三億八千萬噸；

但在一九五九年的生產計劃執行了剛剛半年之後，經過廬山一會之後，却來了一個駭人聽聞的大調整。調整後的一九五九年之生產目標是：

①糧食：由原計劃的一萬零五百億斤，縮爲五千五百億斤；幾乎縮去了二分之一。

②棉花：由原計劃的一億擔，縮爲四千六百二十萬擔；這一縮竟然縮掉了二分之一以上。

③鋼：由原計劃的一千八百萬噸，縮爲一千二百萬噸；縮掉了三分之一。(關於鋼的生產計劃之大縮減，公報和周恩來的解釋都說是：這一千二百萬噸，不包括土鋼在內；「今年土鋼的生產由於農村勞動力的不足，建議由各地按照情況自行決定，不列入國家計劃」云云。但這種解釋是欲蓋彌彰：第一、既是農村的勞動不足，土鋼的生產即無從進行；第二、以大陸那樣多的人口，何以會弄到農村的勞動力不足？)

④煤：由於原計劃的三億八千萬噸，縮爲二億三千萬噸；在原計劃增產的數字中，縮去了幾近二分之一。

以上所列擧的四種主要的生產項目縮減的情形是如此，而其他各項生產計劃縮減的情形亦與此相差不遠；但公佈則美其名曰「相應的」縮減。但這種「縮減」，或「相應的縮減」豈是好玩的？其他各項生產項目暫且不論，即僅從糧食和棉花的生產上後，讀者亦可以看到中共這種開玩笑式的做法之嚴重後果之一斑。因爲糧食和棉花都是國民生計的必需品；沒有糧食，則人民大衆將陷於餓飯之境，而沒有棉花，則人民大衆亦有被凍斃之虞。而今中共竟把原來生產兩個人糧食的計劃，忽然改爲一個人，把原來生產兩個人棉花的計劃，忽然縮減爲一個人；亦即是打算把一個人的糧食拿來給兩個人吃，打算把一個人的衣裳拿來給兩個人穿。如此的結果，則人們不但將吃不飽穿不暖，乃至有被餓斃或凍斃之虞。這眞是人類計劃經濟史(雖然這種歷史並不長，也並不光彩)上從來未有的奇聞；而幫助產生這一奇聞的主要工具，則是所謂「大躍進」。

假定說中共這兩年來的經濟計劃和生產是「大躍進」，那麼，我們可以很肯定地說：它在這兩年的大躍進中，是把腿跌斷了。原來它每一次躍進的結果，都只能躍到一半，甚至還不到一半而就跌下來了。這譬如一人躍一山澗，假定他只能躍過山澗之一半時，則其結果必是跌到山澗之中，跌死或重傷，而至少雙腿亦要被跌斷。但在這次中共所發表的公報上說，他們還是要大躍進。中共的這種行爲，勇敢則是夠勇敢矣；但它的這種勇敢只是瘋狂的勇敢，是無理性的勇敢，是無根的勇敢；如此瘋狂，無理性勇敢「大躍進」下去的結果，是遲早必跌死在山澗之中的。

僞「人民日報」在本月(八日)二十七日的社論中，有一段話說：

「可以預料，帝國主義分子和國內敵對分子在今後決不會停止他們對我們的攻擊，否則他們就不成其爲反動派了。他們將利用我們對於一九五八年農業統計的核實和一九五九年國民經濟計劃的調整，利用我們對於右傾機會主義的批判，發出各種各樣的叫囂。他們願意叫囂到甚麼時候，就讓他們叫囂到甚麼時候吧！」

共報的這一段話，有如一個人弑了雙親，殺死了其兄弟姊妹和妻子，而立刻又先發制人說：「可以預料，反對我的人和不道德的人，在今後決不會停止他們對我的還擊，否則他們就不成其爲反動派了。他們將利用我弑父弑母的事實，和我殺害兄弟姊妹妻子的事實，利用我的其他種種爲世人所不滿的行爲，發出各種各樣的叫囂。他們願意叫囂到甚麼時候，就讓他們叫囂到甚麼時候吧！」

在過去一年多中，共產黨們既做下了種種荒誕的事情(共產黨的行爲永遠是荒誕的，固不待言。)而由於它內部的種種矛盾，它又不能不把那些荒誕的事情公佈出來；在公佈出來之後，它明明知道是要爲世人(特別是反共反極權的中國人)所詬罵的。因此，他們乃先發制人，預先罵下，說：凡是罵它或批評它的都是帝國主義分子和國內外敵對分子；總之都是反動派。但共產黨們的這種預先罵下佔位子的下流作風，仍是阻止不了反共反極權者之向它大張撻伐的。因爲它所試行的這種所謂「大躍進」的作風太荒謬了。它要以其瘦弱的身軀，糊塗的頭腦，無光的眼睛，挾着六七萬萬人，從山澗上跳躍；它的這種行爲如無法加以阻止，則跳躍者與被挾持着跳躍者，便只有歸之於同歸於盡的一途。

中共在開始所謂「大躍進」時所提出來的工作之口號，是「多快好省」。這顯然是一種異想天開的想法。世人幾乎誰都知道，「又想馬好，又想馬不吃草」是辦不到的；唯獨有共產黨們不明白這個淺顯的道理。他們要「中國勞動人民」(假八路語)在工作中，必須達到「多快好省」四標準，那意思是不但要求馬好和不吃草的問題；此外它還要要求，馬的「臺形」好，和馬的數目多。這當然是不可能的；然而他們基於一種荒謬的理論，硬壓迫「中國勞動人民」完成這個決不可能完成的任務。它壓迫的結果，勞動人民便只好謊報數字，把一斤糧食報兩斤，一擔棉花報兩擔；而毛澤東「大躍進」的狂想計劃，便建築在這種壓迫之下的勞動人民謊報的數字上。於是他在瘋狂地一躍之下，跌在山澗裏把腿跌斷了。然而毛澤東是至死亦不肯覺悟的；他把腿跌斷了之後，不但還要拼死命地繼續躍進下去，甚而至於說他之所以沒有能躍得的，而致把腿跌斷的原因，乃是「右傾機會主義者」和他搗亂的結果。因此，在「八中全會」前後，以及在「全會」期間，他還要對「右傾機會主義者」大加整肅。毛澤東透過僞「人民日報」的社論(八月十七日社論)說：

從艾赫會談的目標說到美國民間反應

董鼎山

紐約通訊·八月三十一日

九月十五日，蘇俄總理赫魯雪夫抵美的一日，將開始美蘇外交史上一個新時代。世界兩大强國首腦的會面雖不會改變未來冷戰的全貌，但這次艾森豪總統的決定與赫魯雪夫交換訪問，對美國至少顯示了下列諸項重大意義：一、美國外交政策揭開新的一頁。前國務卿杜勒斯逝世後不久，美國對蘇外交立即採取一個大角度的轉變，與杜勒斯生前的强硬路線，截然不同。二、艾森豪親自問津外交，不再完全將外交責任寄托于國務卿。新國務卿赫特不能再有杜勒斯的權威勢力。三、艾森豪把握領導權後，在國內國際聲望大增。美國民衆恐懼厭惡戰爭，雖有少數人士認爲「邀請赫魯雪夫訪美無異于如邀請希特勒訪美」，但大部分民意則表贊同。四、艾森豪已提高國會二院及二黨議員對他的尊崇。少數議員雖反對赫魯雪夫的訪美，但贊成者則佔二黨大多數。民主黨方面，參議員韓福瑞，前紐約州長哈立曼，前總統競選人史蒂文生等在訪莫斯科回來後，無不主張邀請赫酋訪美，九州州長在歸自莫斯科後亦發表同樣主張；而最值得注意者乃是向被認爲共和黨保守派分子的副總統尼克遜，亦在抵莫斯科數日後，大聲疾呼讓赫魯雪夫前來實地觀察美國情況。因此艾森豪此次重大決定，實在可說是「俯允民情。」

艾森豪的親自主持外交政策，當時主要是爲了鬆弛國際緊張局勢，及轉移或避免日內瓦討論西柏林會議僵局所可能引起的危機。但艾赫互訪後，是否能夠解決柏林問題，仍是疑問。我們須記得，一九五五年的日內瓦高階層會議，亦未會解決德國問題與裁軍問題的僵局。尼克森在莫斯科與赫魯雪夫辯論回來後向艾森豪報告，他的理論絲毫未能改變赫酋的觀點。此次美蘇二國首長所同意者乃是「討論」(discussions)，不是「談判」(negotiations)，因此交換訪問將不含正式性的兩國高階層會議的性質，但是兩國首腦必將討論未來高階層會議所將談判之基本問題，當然毫無疑問。

艾森豪與赫魯雪夫將談些什麼呢？艾森豪與赫魯雪夫的肚中各藏了什麼目標呢？我們試以近來各方面的發展及背景爲根據，作一番分析。

艾森豪的目標

我們當然明白，美國的外交政策並不是隨四季氣候而轉變的。華盛頓與莫斯科同時宣佈艾赫互訪，乃是一件大新聞。世界各地報紙巨大標題的渲染，予人印象以爲美國對蘇態度將有基本上的改變。若干人士甚至用「美國外交新政策」，「新艾森豪」，「美蘇關係進入友好的新時代」等各種詞句來形容。但是至今爲止，美國政府文件中，無一證明美國政策將作重大修改。美國原有的國策目標不致改變。正如艾森豪本人所言，交換訪問「對溶化凍結美蘇關係的冰塊」可能有些助益。艾森豪的目的，僅僅是這一點。

交換訪問的決定，既不代表美國新政策，那末美國目前的政策究竟是怎樣呢？美國對世界政治到底是在尋求那些目標呢？艾森豪總統是在如何謀求達到這些目標呢？

美國政策的第一個目標當然是國家人民的安全。過去十四年來，美國及其他民主國家已認蘇俄及共黨國家集團爲最主要的安全威脅。在此時期內，超式武器的競爭及政治衝突乃成爲最重要大事，現代核子戰爭既是數分鐘的事，外交家與政治家不得

「……目前有一種右傾思想、右傾情緒出現在地平線上。一小批脫離羣衆，脫離實際的右傾機會主義分子，他們附和着國內外敵對分子的誹謗運動，利用早已克服了和正在克服中的缺點，向羣衆和幹部潑冷水，散佈鬆動、洩氣、埋怨、悲觀的情緒，企圖製造思想上和政治上的混亂。……黨的八中全會的文件，不但澈底粉碎了國內外反動派的誹謗，並且澈底粉碎了這種右傾機會主義的思潮；八中全會尖銳地批判了那些對於幾億勞動人民在大躍進和人民公社運動中的偉大成就估計過低，而對於這兩個運動中由於經驗不足而產生並且已經迅速克服的若干缺點估計得過於嚴重，甚至把這兩個偉大運動汚衊爲『小資產階級狂熱性運動』的荒謬觀點。」

這一段話說明，在中共的「八中全會」中，所謂「右傾機會主義者」會受到澈底的「批判」，但毛澤東鬪爭這派人的工作却沒有算完；因爲，「目前有一種右傾思想、右傾情緒出現在地平線上。」要想澈底「批判」倒這種「出現在地平線上」的思想，和澈底鬪垮製造和傳播這種思想的人，固非容易。因此，在本月（八日）十六日「八中全會」閉幕之後，毛澤東仍不肯罷手；他還要帶着鄧小平、彭德懷等在各地進行對所「右傾機會主義者」的鬪爭。這說明所謂「右傾機會主義者」的勢力已經發展到令毛澤東寢食難安的地步。至於這種「右傾機會主義者」的勢力，是各地自然成長起來的，還是有一個中心領導組織領導人物的問題，說者尙持論不一。在本港的觀察家中，有的認爲近來被毛澤東指爲「右傾機會主義者」集團的領袖是劉少奇，但記者在目前尙不能同意這個看法。不過無論如何，反對毛澤東的所謂「右傾機會主義者」的勢力已經發展到相當强大一點，是沒有問題。

最後記者要指出的是，中共「人民公社」的運動是決不會停止的。在中共「八中全會」的公報發表後，記者判斷的已證明不謬。原來中共政權有如一列單軌而無煞車的火車；它必須無可奈何地繼續向前開行，直到撞到粉碎爲止。因此，中共或毛澤東的「人民公社」制度無法取消，而中共或任何共產黨的極權制度不能改換。希望共產黨的極權統治能改換的人，不過是一種幻想而已。（完）

不從一個新角度來從事談判與行政，此種領導方面的負擔與重責可使當政者難能容忍。

在此種情況下，一件地方小衝突可在瞬間變爲全球大戰。中共的炮轟小島，俄軍的壓抑布達佩斯特革命，美國的軍事干涉中東，蘇俄的要求西方國家撤出西柏林，凡此種種都能引起大戰災禍。今日的美國總統，乃是在這種舉足輕重的環境中考查他的重大責任。艾森豪無疑是在鄭重考慮諸般事實後，發表交換訪問的聲明，「希望此舉能夠有助於促進諒解，及促進世界和平。」

負責的官員決不會輕口隨便發言，說這次交換訪問會立即改變雙方的立場與意見。但是華盛頓官方及觀察家認爲這次交換訪問，至少可有三個益處：

㈠希望赫魯雪夫在實地觀察美國工業實力後，能夠理解二點：第一點，美國巨大工業在必要時可轉化爲戰時軍事工業。第二點，赫酋常誇言蘇俄工業可在短期內超越美國。他在看了美國工業後可以知道，蘇俄如將勞工，資本，原料都集中在軍事上，要想超越美國工業眞是談何容易。

㈡希望赫魯雪夫在實地與美國人民發生接觸後能夠發現，對西柏林問題及自由民權問題而言，美國人民一致支持政府政策，決不投降。

㈢希望此次會談能夠發現一條雙方不失面子的和平途徑。美京官員相信，在目前情勢下，雙方既皆不欲戰爭，艾赫的親自面談，或有相當效果。艾森豪的決定，至少使柏林危機的或然性延期數月。而美國希望，時間的消逝能夠產生解決難題的新方法。

但是艾總統目前的策略也有不利之處：第一是若干國家政府將此看作爲美國讓步，赫魯雪夫勝利；第二是與美友好的國家此後將難以維持其對內積極反共政策，尤其是在報紙登載赫魯雪夫爲白宮貴賓及艾森豪爲克里姆林宮貴賓的照片後；第三是不少國家過去遵照美國的指示建軍反共，現在誤認局勢轉佳，不免延緩其建軍工作。

是耶非耶，到底那一方是對，須待以後事實發展證明。現在且看赫魯雪夫的目標如何。

赫魯雪夫的目標

艾赫互訪消息的發表，不但使世界人士注視美國的外交策略，而且也對蘇俄的手法另眼相看。莫斯科新目標是怎樣呢？艾赫互訪對蘇俄利害關係又怎樣呢？赫魯雪夫如何謀求達到這些目標呢？

蘇俄目前策略的中心目標甚是顯明。蘇俄希望能與美國達成交易，將世界一分爲二，由美蘇雙方各居領導地位，互相保證不犯對方權益，並互相擔保不使第三國興起，搗亂二大强國的領導地位。赫魯雪夫在過去數年來，即努力欲求達成這一目標。他並不希望一次的訪美即有成就，但他相信已在走往這個方向。

赫酋在莫斯科美國展覽會中與尼克森辯論時，曾說過這些話：「我們要與美國在和平友誼中共處，因爲我們是兩個最强大的國家。如果我們二國能在友好情形下共處，其他國家亦必友好共處。如果有某國過份好戰，我們可以拉着他的耳朵說：你決不敢；現在已不許有戰爭發生；這是原子武器時代。愚人能發動戰爭，但是連聰明人也難結束戰爭。」赫酋這些話明白說明他要美蘇二國督察領導全世界。

我們爲什麼說這是莫斯科的中心目標呢？莫斯科如能達成這個目標，至少有下列三個利益：

㈠美國將不得不承認蘇俄對東歐的控制，而「被奴役國家」一詞亦將在華盛頓的字彙中消失。

㈡西方國家對蘇俄的戰略物資禁運將不得不取消，而美國與蘇貿易將無形中擴大。

㈢核子武器禁試協議將易于達成，同時可阻止法國中共及其他各國製造或擁有核子彈，並可對英國加施壓力，迫英國放棄核子武器。

在莫斯科眼中看來，要獲得這些利益，可不必放棄其對世界共產主義的期望。因爲赫魯雪夫頑固地堅信蘇俄經濟與工業發展，可于十廿年內超越美國與西方。換一句話說，蘇俄的最後目標仍是全世界共產主義。

赫酋的這種大膽計謀，係用餌誘與威脅雙管齊下。他一面用飛彈核子武器來向西方威脅戰爭，一面用巧言蜜語來甜甜西方的耳朵。毫無疑問，赫酋于九月來美之時，將直接向美國人民大灌迷湯。過去數月來，他早已向訪俄的美國要人預佈陣網，尤其是曾訪莫斯科的美國九州州長。他們返回本州後，已無異爲赫酋對本州州民代作宣傳。

赫魯雪夫在發動此種宣傳運動時，至少有三個有利條件。一、他能獨斷獨言，不必怕本國有反對者。二、他的和平宣傳對世界各地人民有極大號召力。三、他趁美國明年大選期迫近之機，與美國當政者談交易。他認爲，美國人民厭倦戰爭，當政的共和黨如欲再度得人民擁護當選，將不得不屈身與他談和平。赫酋同時亦顯然希望能獲得民主黨贊同他的計劃，如此共和黨或民主黨可用「我黨終止冷戰」的口號來競選。我們猶記得一九五二年大選時，艾森豪曾用「如我當選，必赴韓國」的口號，獲得大量票數。

但是赫魯雪夫也有三個重要障碍：

㈠赫魯雪夫的計劃，必須將蘇俄向西方思想暴露。這種暴露如果過度，蘇俄人民可能在嘗了少許滋味後要求大吃。

㈡赫魯雪夫要將中共當作附庸，不欲中共强壯，而成爲勁敵。但中共可能不服氣，而搗亂赫酋的計劃。

㈢赫魯雪夫必須想法應付西方國共黨所遇的困難，赫酋雖稱此等共黨乃是獨立，但美國則認此等共黨乃莫斯科的工具。赫酋如欲與美國瓜分世界的權力，當然不能堅持共黨仍可在西方世界活動。

赫魯雪夫的策略是不是會成功呢？美國當然不會這樣愚蠢。可是赫酋訪美後，至少有一個收穫，即是其個人宣傳的勝利。他可以用這個收穫，作爲未來豐收的種子。

此次艾森豪總統的決定邀請赫魯雪夫來美訪問

，引起美國全國人士廣大討論，其劇烈情況為美國決定參加韓戰以來之初見。筆者化二星期時間，搜集各地報紙輿論，大略報告美國民間一般意見如下：

大概而論，美國人民多數支持艾森豪的決定，但多採謹慎態度，不抱過份樂觀，也不期望艾赫會談對世界和平會有「奇蹟」發生。在美國民主政治制度之下，人人皆可發言，不但擁護總統政策者表揚讚美，即反對者也可大聲疾呼，批評攻擊總統。美國全國各地民間團體曾舉行公開辯論會，而各報輿論也正反不一。但是無論是贊成或反對，一般的結論是：艾赫互訪不一定會對世界和平產生奇蹟。多數意見認為艾森豪在此時決定與赫酋相會，乃是明智之舉。猶如洛杉磯時報稱，「在長時期冷戰中，短期和談總是令人歡迎的。」新墨西哥州的亞布冠克日報稱，「這項會談至少可使緊張局勢暫為鬆弛一時。」

贊成方面的意見

和緩的報紙與輿論雖然贊同邀請赫魯雪夫來美，但對于此舉的眞實價值，仍抱懷疑態度。這種悲觀主義的態度係基于美國人一般成見，認為赫酋的思想已經頑固定型，蘇俄政策難加動搖，馬克思主義者的基本思想與政策不可能因二國首腦的面談而改變。費城「詢問報」稱，美國的實力與精神是建立在「個別思想表示的無限變化」上的，「可是美國這種個人主義特點是不是能使赫魯雪夫瞭解呢」？但是該報相信，無論如何，赫酋之能親訪美國，利多於弊。

里區蒙時報稱，美國的生氣勃勃，景象萬千的現況，可予赫酋以深刻的印象，或可使赫酋放棄「自信能以武力征服美國的幻想。」但該報同時警告讀者，不要奢望冷戰因此而可告終。

不少人士憂慮美國鋼鐵工人的長期罷工，將對赫魯雪夫造成不良印象。若干報紙呼籲鋼鐵業勞資雙方在赫酋抵美之前，解決糾紛。但辛辛那蒂「詢問報」則表反對。該報認為應該讓赫魯雪夫「看看這個自由國家內，工人可以隨意罷工的事實。」聖路易郵報及芝加哥論壇報，亦表相同意見。

贊同赫酋訪美者所最關心的一點，還是在于美國應該如何使赫酋看到美國實際生活，如何使他看到美國的潛在力量及和平氣象。里區蒙時報謂，美國應該使赫酋覺察，「美國人民的生活水準較他所想像者為高，美國人民對和平的意向，較他所想像者尤强。」

考羅拉陀州的派洛亞托時報，「赫酋如果能像開汽車上工的美國工人一樣，在街上被擁擠汽車交通所困，他必能牢牢記住美國生活的眞相。」

汽車城底特律在米高揚與考茲洛夫訪問時不表歡迎，未盡地主之誼，但這次聽到赫酋行程並不包括這汽車製造中心的大城，又不免有酸溜溜的感覺。底特律時報謂，「赫魯雪夫如果尚能記得底特律是第二次大戰時代的盟國軍火庫」，他便不應將這大城忽視。底特律市長密里安尼在考茲洛夫抵埠時，未作官方歡迎，但這次却說，赫酋如果來訪底特律，「余必以尊嚴、敬重、友好態度來接待這位美國總統的貴賓。」當地若干市民甚至批評傳說的反赫示威運動。底特律住有不少來自東歐的移民，因此反俄情緒較其他各地更為濃厚。

美國政府已收到不少民間建議，有的主張艾總統于星期日邀赫酋同赴教堂。有的主張赫酋訪問美國民主發源地—傑弗遜總統的故鄉。佛羅立達州州長考林斯主張赫酋應實地觀察美國的「勞資談判，中等階級平民的房屋，及美國新聞界、廣播界、電視界的完全自由」。考林斯會偕其他八州州長訪問蘇俄。

美國各城市的商會及其他民間團體一般皆贊同赫酋訪美。甚至連最右派保守的美國退伍軍人會(American Legion)也通過決議，禮待赫酋。民間一般意見認為，美國生活方式的眞相，是對付共黨宣傳最佳的武器。

反對方面的意見

反對赫酋訪美的人士則有感情衝動的表示。大西洋城的汽車上貼有標語：「屠夫赫魯雪夫，我們不要你到這裏來！」美國西岸各報登載讀者來函，其中有形容赫酋為「酒徒」者，有稱呼赫酋為「魔鬼」者。有的甚至主張在赫酋抵埠時，街頭撤空，懸黑布「誌哀」。東歐移民的抗議特別衆多。費城有一批立陶宛裔移民將在克酋訪美之時，懸黑領帶，穿黑衣服，靜默抗議。他們說，艾總統與赫酋共座談笑的照片，將為「蘇俄宣傳勝利」的象徵。

費城「告白報」載一讀者來函，謂赫酋訪美，乃是「美國一政治家(指艾總統)的最愚拙的舉動。」美國全國基督教會理事會定九月十一日在費城舉行一個羣衆抗議大會。該會執事稱，「美國接待這個欲要將我們埋葬的血手暴君，實有違道義。」紐約民間團體「自由大厦」亦將抗議示威。

赫酋訪美的危險性

不少報紙懼慮赫酋的訪美可能引致極大危險。充滿敵意的美國人民如不愼滋事，將極度損害和平前途。尼克森副總統曾私下向參議院領袖表示，萬一赫酋被暗殺後患不可設想。費城「告白報」特別指出：「美國公民應該尊重艾總統的決定，壓抑其對赫酋憤恨的情緒，不作公開示威」，因為赫酋是「美國官方的貴賓，不容人民對應邀來訪的客人有不禮貌的舉動。」

第二個危險是：美蘇二國首腦的會談，可能有損美國與盟國間的關係。底特律「自由報」指出，「美國亟需一個强壯不破的西方聯盟，不應為了與赫魯雪夫友善而損壞這聯盟。」

第三個危險是：美國對蘇俄的友善表示，無疑將損害東歐「被奴役國家」的士氣。東歐人民長期希望西方拯救。這次美蘇首腦的會面，對他們是一個大打擊。前共和黨參議院領袖諾蘭稱，艾總統邀赫之舉，「對鐵幕後被奴役人民有極度不良的影響。」

堪薩斯城「星報」社論之言，可以作為對美國一般態度的總結。這社論謂，「美蘇二國首腦的相會，產生了一種新的相迎禮節——交叉手指的握手禮。」按，美國俚語，所謂「交叉手指」(cross your fingers)，含有「祝你好運氣」之意。

八月三十一日于紐約。

病

松　青

「跟我一同去好嗎？」

「到底怎麼樣的一個女孩子呢？」

「你去了就曉得，」小杜說：「讀音樂系，也是我們香港僑生。」

「好吧，」汪夢眞顯得無所謂地點點頭。他不會去醫院探望過女孩子的病，倒想有一次這種經驗；也許很羅曼蒂克的，他想，她會是個多情而大方的女孩子，有一張帶點蒼白的漂亮的臉兒，歪着頭虛弱地靠在潔白的枕頭上……林黛玉因爲病而更美，他記起林敎授剛才在講臺說的話，病態也是一種美，哈哈……

他們在商店前的人行道上走着，秋天微弱的夕陽迎着他們，爵士音樂的大喇叭對着他們的耳朵。正是放學的時候，人行道上零零落落地走着幾個斜背着書包，歪帶了寬邊帽子的中學生。汪夢眞看看身邊的小杜，正低了頭，拖着急促短小的步子，兩隻手在肚子前面擺着。小杜走路總是這樣的，實在不像個軍人，褲子快拖到地了也不管，那頂帽子太大，顯得他那戴着眼鏡的瘦長的臉兒也太小了。

他們轉了彎，面前就是四層樓房的佛生醫院。陽光正斜照在門前那高大的石柱子上，閃着淡黃色的亮光。方形大門緊閉着，他們從左邊的一扇小門進去，大廳裏空空洞洞的，光線比外面暗得多；兩盞黃橙橙有着紡錘形燈罩的壁燈，在牆角高處照下來，照在有着綠色花紋的堅冷的大理石地上。那四角大柱子後面的屋角和走廊暗沉沉的一片糢糊，彷彿埋藏着不少神秘可怕的東西似的。

「在樓上，」小杜喃喃地說，領着頭走到幽暗的樓梯口。一個雙手捧着搪瓷盤子的護士咚咚咚地走下樓來，盤子裏的刀叉和小瓶子鏘鏘地響着，因爲太快了，幾乎和低着頭的小杜撞了個滿懷。

他們上了二樓，迎面是一股混合着來沙爾，酒精和東西發霉的悶熱的氣味。眼前這條走廊很暗很狹，地上鋪着一層褐色橡皮地毯，兩邊都是病房。左邊有個房間裏傳出了沙啞的小孩啼哭的聲音，一個女人在呻吟着，隔壁那個開着門的有較亮光線的房，有塊白布簾子遮住了大半張床，簾子上露出一個用白色紗布裹着腦袋的中年人焦黃的臉兒。

「是二一七室，」小杜自言自語着，一面把近視眼鏡移近房門上的白牌子：「這是二一五，這是……」

小杜忽然屛息了一下，猶豫地站了會兒，把上身伸進那個半開着的狹小的房門，然後拉了拉汪夢眞。從外面望進去，裏面還很亮，汪夢眞可以見到半張床；那架鋼絲床比一般高得多，上面鋪着白色夾被，有點凸起來，大概蓋着的是一雙纖細的腿吧！床邊站着一個穿雪白海軍制服的青年，手上握着大頂子的白色軍帽，正彎了腰低着頭在講話。見到他們，他呆板地向他們點點頭。

「我走了，再見。」他向躺在床上的女孩說，然後擦過汪夢眞身邊，直挺挺地走出門去。

「謝謝你噢，」那帶點嬌憨的柔和的聲音說，那聲音有種優美的韻律，是小提琴奏出來的調子。

海軍軍官走了，房裏變得很沉靜。汪夢眞見到床上那張帶點蒼白和憔悴的長圓形臉兒轉向了他們，向小杜點點頭，然後微微斜着深陷的眼睛向他淡淡一笑。她的皮膚很細膩，很薄很薄的，太陽穴有一根青筋。她並不很漂亮，不過眼睛和嘴巴長得還不錯，他想。雙眼皮，眼簾有點凹進去，笑起來的時候眼睛下面凸出來的小圈肉特別明顯。她正斜靠在枕頭上，鬈曲的頭髮披散着，她的兩隻套在淺藍色袖子裏的圓圓的臂膀露出在被面上，兩隻纖小的手正握着一本有着彩色封面的畫報，翻開了擱在胸口。

「董蓓蓓告訴我你來這裏住院，」小杜說，癟着嘴乾笑笑，脫下帽子用兩隻手緊握着：「你是前天進來的嗎？」

「嗯，」她點點頭，轉過眼光望了下汪夢眞。

「噢，我來介紹，這是李秀珠，音樂系的高材生，這是汪夢眞，有名的藝術家，一張畫可以賣三五百呢！」小杜揮動着手，有點結巴地說，聲音糢糊而不清。窗外的光線在他的近視眼鏡上起了反光，使他那繃緊着的瘦削的而帶點黃褐色的臉兒顯得更小更缺少表情了。

她向汪夢眞友善地點點頭，繼續用淡淡地笑着的眼睛看他。

「請坐嘛，你們是一道受訓？」她微微張開嘴說，露出潔白細小的牙齒，微弱的聲音顯得有點乏力。

他點點頭，和小杜在床脚後面的兩張籐沙發上坐下來。

「李秀珠在她們系裏唱歌最好啦，」沉默了一會兒後，小杜搓着手對汪夢眞說。

「怪不得聲音這麼好聽，」汪夢眞對她笑笑：「哪一天可以開個獨唱會讓我們讚賞讚賞呢？」

「還早呢！本來我爸爸要給我香港開一個，我問系主任，說是太早；本來嘛，練習聲樂不簡單的，天才够，還要苦練好長久呢！她們好多女同學都不敢學唱，只好學學樂器。」

她說着，一面翻弄着手上那本畫報。這回聲音比先前響了些，音調高了些——小提琴的弦張緊些了。她的枕頭很高，躺着就跟斜靠着似的，汪夢眞可以穿過她脚後的鋼鐵床欄看淸楚露出在白被單上她的臉兒，那低垂着的黑亮的眸子，那眼簾邊上光滑的弧形。一個帶病的少女，臉兒青青的，長得還不壞，兩隻手臂彎曲在被單上面慵懶地躺着，倒有種特別的韻味呢！

小杜正在告訴她怎麼溜來臺北聽林教授演講，怎麼知道她病了，一面挺直了腰幹端坐着，兩手按着膝蓋。假如那天聽課時他能坐得這樣，就不會被隊長喊上去「罰坐」了。

汪夢眞遊目觀察了一下這間小巧的房間，三面都是白牆壁，一面則有幾條大型的橫玻璃窗，都撐開了一半。窗外是一些灰色低矮的屋頂，黑色的濃烟從幾個圓筒似的烟囱裏冒出來，向一個方向倒着，散着，變成褐色、棕色、黃色……再遠處是電影街上的霓虹燈，像是酒醉鬼向他眨眼。太陽已經下去了，房間裏的光線帶點淡青色，他看不清楚床頭的茶几上除了個大肚子的瓶子外還有什麼，那盞沒開亮的電燈泡釘在她頭旁邊的牆上，光禿禿的，更增加了房裏不調和的氣氛。

小杜平板的聲音繼續着，那躺着的女孩子好像並不高興談話，只顧翻着有彩色人像封面的畫報，微微皺着眉頭。

「那——你不是開刀啦？」小杜問。

「誰說我開刀？是胃痛嘛！」她說，見到汪夢眞在注視她，便皺皺眉頭對他俏皮地笑笑：「我從來不那麼痛過，他們先送我到公立醫院，那地方才糟透了，吵死人啦，我一分鐘也不肯呆，總算找到這裏，眞氣死人，這種地方還是好多人情才得來呢！」

「這個房間每天要好幾百塊吧？」小杜問。

「大概兩三百，」她繼續對汪夢眞說：「也不便宜呢，聽說算臺灣最好的，比起香港還差好遠。你想，瑪琍醫院上上下下電梯，走路一點聲音沒有，好乾淨，招待好……」

「是嗎？」汪夢眞說。他奇怪，好像住病院是來享福似的。不過他不想諷刺她，她低垂着的眼睛那麼令他陶醉；他們對望着，他覺得心裏暖烘烘的，彷彿空氣裏有種東西在他們之間交流着。

「你的胃病這麼厲害，」汪夢眞說：「我看不是吃壞，就是太少運動，是不是？」

「嗯，」她自嘲似地笑笑，用牙齒咬了咬嘴唇，抓着畫報的手按了按肚子，皺着眉頭停了會兒才說：「本來嘛，學校裏的菜也太糟了，我情願每天外面去，外面就隨便吃，吃多了常常痛。」

「那你爲什麼不自己加點牛奶鷄蛋？」

「汪夢眞是有名的營養專家，對吃最最講究。」小杜插進來說，瘪着嘴笑笑。他好久沒講話了，說話時帶了點痰的聲音。

「我就討厭牛奶跟鷄蛋，」李秀珠繼續對汪夢眞說：「家裏面吃厭了，上個月還有人送五罐奶粉來，我都原封不動它，擱在衣橱裏面。」

還有人用牛奶洗澡呢！汪夢眞想說，可是他沒說。他見到她皺一皺眉頭，又咬了咬嘴唇，用手壓着肚子，過了會才輕輕地告訴他：「剛才一連痛了好幾陣。」

「休息一會兒好了，」小杜關心地說，身子微微向前傾。

她搖搖頭，繼續望着汪夢眞：「我還喜歡吃辣椒，在香港的時候，家裏醫生要我不吃辣椒都不肯，這兒來沒人管，不病才怪！這回就辣椒吃太多啦！」

「吃辣椒會有癮頭的，」汪夢眞換了個坐的姿勢，把一隻腿疊在另一隻上，身子坐高一點：「好久不吃了就不想，要是天天吃，有一天沒辣椒就飯都嚥不下，是嗎？」

其實，有癮頭的事兒多呢！談戀愛還不是有癮頭的嗎？他想，他可以半年不和女孩子來往，可是如果來往了幾趟，就不能一個星期不去找人。

他見到她嬌媚地瞅着他，用上唇包着下唇，這是同意他的意思。他忽然胡思亂想起來，那是另一個傍晚，他坐在床沿和她絮絮地談着，天色已經很暗了，月光不知道什麼時候伸到她白色夾被上。「來，我和你說，」忽然她輕輕地柔聲地說，於是他彎下身子，把臉兒移近她的。可是她沒有再講話，他們離得那麼近，他的頭遮住了月光，已經看不清她的鼻子和嘴巴了，却感覺得到從她鼻孔裏透出來的溫暖而急促的氣息，聞得到她身上的一種像是脂粉又不是脂粉的香味，於是他吻了她，她的嘴唇那麼暖和，他的却那麼冷……

「你——看了那幾張電影沒有？」小杜問她說，打斷了汪夢眞的思路。

「都看完了，」她說，向汪夢眞笑笑：「本來嘛，這裏放的都是香港放過的，許多都是暑假香港看的。我不能動，爬山心跳，坐這裏的汽車也不行，坐長久了會吐，無聊時候只好看看電影，眞悶死人了。在香港麼，家裏車子要到那裏，就那裏，好方便。」

那是因爲在家裏嬌養慣了，汪夢眞想，可是不知怎麼他倒同情她起來。他幻想着有一天帶她到郊外去，春天的太陽照遍了碧綠的山野，他攙着她，跨着一檔檔石級；她臉色蒼白，微微喘着氣，却笑着附在他耳朵吃吃地說：「以後好常常來爬山，我要訓練訓練，後天你有空嗎？」他沉思了一會兒，想起明天要畫畫，他正着手一幅畫，要在畫室裏關上一星期，他不能荒廢他的工作。「不，這個星期我要畫畫，」他歉然地說，看見了她臉上失望的表情……

「上回去日月潭，」忽然她的聲音打斷了他的幻想：「我一路不舒服，到了山上快昏了過去，請了醫生，他們一直陪我，那裏都沒玩，眞是，以後才不再去呢！」

「以後可以坐直昇飛機去，」他說。其實他知道她的意思只是表示男朋友多，她在他們中間多麼重要；她還很直爽，不像別的女孩子那樣喜歡轉彎抹角。她正用手播弄那本畫報，她的手腕圓圓的，手並不瘦，嫩嫩的，帶點紅潤。他再看她的眼睛，正低垂着笑眯眯地望他。她看來很文弱，但並不太瘦，與其胖還不如瘦點好，他想。

他看看小杜，小杜的臉兒綳得緊緊的，眼神不定地望着李秀珠。房間裏的空氣似乎很沉悶，彷彿有種異樣的烟霧瀰漫着，她好像離他更遠了。她繼續翻弄那本畫報，一隻手攤在畫報底下，把它豎起來，一隻手用三個指頭慢慢翻着，好像並不在看。

走廊上又傳來了孩子吵啞的啼哭聲，然後是女人尖銳的責罵，然後是一連串蒼老的乾咳；他見到李秀珠扁一扁嘴，把眼光轉向了他。

「吵死了，」她對他皺着眉頭搖搖腦袋，柔聲地說。

「這個地方也太亂糟糟了，好像沒人管似的，探望病人讓人家自己進來，假如病人想休息怎麼辦？」

「是啊，」她又是那種嬌笑，半閉着眼睛，把柔圓的下巴壓着白被單：「白天倒沒有什麼，晚上還常常有人闖來。我這點小病也眞麻煩了不少人，昨晚十二點多了還有人敲門，我剛剛吃下安眠藥，糊里糊塗被叫醒轉來，嚇我一大跳，還道什麼事哩！是朋友從屏東趕來看我，嘻，急得那個樣子！」

「那是最關心你的人囉？」汪夢眞打趣地問。

「才不是呢！」她撅起小嘴白了他一眼，笑了笑。

就是這麼回事兒，他想，每個人都追求刺激——金錢、愛情、肉慾，最終目的還不是麻醉麻醉自己？瘋瘋癲癲的，好像做人全爲這些似的。她是在旋渦中心，不少人繞着她轉，轉得她昏了頭。可是在她心裏還自以爲是主宰，主宰着那些可憐蟲的命運。

這時進來一個護士，穿着畢挺有稜角的白色制服，呆板地移動着步子，一隻手端着個鋁盤子，把一個大肚子的小杯子給她，平板的臉上沒有一絲笑容，問她還痛不痛。她嚥了一口藥水，皺着眉頭，告訴她說不大痛了。護士就叫她少說話，多休息，然後移動着呆板的步子一二一二地出去了。

「剛剛一下痛得好厲害，我都沒有講。」她扁一扁嘴苦笑笑。

「你吃的什麼藥？」小杜問。

「止痛藥，」她向汪夢眞搖搖頭，「一天要吃十多次，吃了這麼多，越吃越沒效了。」

每天吃十多回，誰不覺得煩？他想。他看看小杜，小杜默默地坐着，兩隻手按着膝蓋，茫然的眼光顯出他並不在想東西。他們雖然在一起受訓，住在一個寢室，但並不談得來。在汪夢眞的心目中，小杜是個不喜歡用思想的人。他們相處了快一年，汪夢眞就從來沒見到他看過一頁書，一有空不是往外頭跑，便是呆在床上冥想，嘴巴裏咕嚕着，說着廣東腔的國語：「家裏錢還不寄來，訓練完了做什麼呢？明天早晨怎麼溜法？」……

「你聽她像不像廣東人？」汪夢眞忽然聽見小杜在問。

「噢，實在不像，就和北方人一樣，」他應和着說。

「騙人！我的廣東腔才重呢！」

「我們才不騙你！」他說。事實上，她的國語比小杜好得多，雖然並不像北方人。

「你是那裏人？」她撅撅嘴，柔聲問他說。

「杭州。」

「杭州？杭州是不是和南京很近？」

「不算遠。」他覺得她的常識好像差些，這也難怪，她大概沒唸過本國地理。事實上他倒不在乎她講什麼話，只要聽她講都是滿有意思的；她喜歡撅着嘴嘟嘟地講個不停，輕軟而抑揚頓挫的聲音那麼好聽。

「把電燈開一開好嗎？」他聽到李秀珠對小杜說，才發覺房間裏的確很暗了，她的牙齒已經看不清楚，那交握着擱在畫報上的雙手已經成了灰色。小杜站了起來，找了一圈沒找到開關，很着急的樣子；他指指門邊，小杜才跨着急促的步子過去。電燈「喀」地一下亮了，房間好像忽然大了許多。汪夢眞再看她的臉，好像比先前更蒼白，正安嫻地對着他，乏力地斜靠在白枕頭上，她那豐滿的胸部在白被面下緩緩地有節奏地起伏着。

「這個瓶子可不可以放花？」小杜指着茶几上的大肚子玻璃瓶說。

「剛才小杜準備買一束花送你，是我叫他不買的。大家都是同學，不必這一套，是嗎？」汪夢眞笑着說。

「他們有人會不高興，要是送病人什麼白花，我倒不那麼迷信，我不在乎。」她答非所問地說，也許這是表示贊成他的說法，但又不反對別人送花的意思吧？

他見到小杜茫然地望着她頭上的鋼鐵床欄，呆遲地癟着嘴。她爲什麼不大理小杜呢？爲什麼老是對他講話，用那種眼光望他？汪夢眞覺得她還可愛，只是怕一旦接近了會失望，她不會有多少深度的，不過找她玩玩又有什麼關係呢？

「哇，哇，哇，哇，」窗外傳來了像孩子的聲音似的烏鴉的叫聲，他望望窗外，天上有幾塊發亮的雲，他依稀還辨得出那黑幢幢的屋頂，那遠處像是酒醉鬼向他眨眼的霓虹燈却更明亮了。

「你可不可以送我一張畫？」她問他說，音調很低。

「我的畫？」他笑笑說：「現在實在拿不出來，以後假如有好的再說好了，怎麼樣？」

她點點頭。「我先謝謝你了，」她謙遜地笑笑，低垂的眼睛默默地看着他。

沉默了一會兒，他覺得小杜碰碰他的手，吃吃地問他走了好不好。

「好吧，」他向四周望了一圈後說。

他們站了起來，她側過臉來目送他們。

「謝謝你們噢，有空來我們學校玩！」她說，謙遜而含意深長地望着汪夢眞，他也知道這兩句話主要是對他說的。

在走廊上，汪夢眞覺得腦殼子沉甸甸的，兩條腿浮顫顫的，剛才的一切始終盤據在他的心裏，彷彿自己也害了病，雖然講不出所以然。爲什麼對許多東西都那麼冷淡？除了對他的畫畫之外，他什麼都不想追求。爲什麼不像別的年青人那樣呢？他走得很快，在樓梯口時幾乎和一個匆匆跑上來的空軍撞個滿懷。那空軍歪戴着藍色的船形帽，有一張白淨勻稱的臉兒，一隻手握着一束白玫瑰。忽然，他像發現了什麼，疑惑地回頭看，發現那人正走進二一七室去。果然如此，他對自己笑了笑說，那個放冷開水的大肚子玻璃瓶可以派用場了。他看看身邊的小杜，正沉思似地低着頭，拖着急促短小的步子，兩手在肚子前面擺着。

「陸海空軍全有，她是三軍總司令呢！」他對小杜說。小杜茫然抬起頭來，眼鏡後面那雙呆滯的眼睛張得大大的，顯然沒有注意到剛才那空軍。

「你是怎麼認識她的？」他問。

「去年認識的。」小杜說，沉吟着，然後壓低了聲音：「你覺得她怎麼樣？」

「很漂亮嘛！」汪夢眞開朗地笑笑。忽然，他想起了剛才在房間裏作的幻想，他會去她們學校找她嗎？剛才小杜爲什麼突然要走了呢？

下了樓梯，他見到一個手推的單架床向左邊的走廊轆轆地過去，那顏色暗淡的舊被上面露出一張焦黃瘦削的臉兒，鐵灰色舊絨線帽幾乎遮住了他的眼睛。車子由一個矮小的護士推着，後面蹋蹋躂躂地跟着一個五十多歲的老太婆和十二三歲穿着很短的裙子的女孩子，面部表情都那麼嚴肅。

汪夢眞繼續向外面走，出了邊門，有一部緋紅色轎車剛咕地停下來，低矮的車門裏鑽出一個穿大紅短外套的少女，然後是個穿黑西裝的中年人，門燈正照在他們的臉上，那女的有一張清秀的圓臉兒，塗着口紅，耳朵下垂着大圓的珍珠，用兩手挽着那中年男人的手臂親暱地耳語着，從汪夢眞身邊經過時還帶過一陣濃郁的脂粉味兒。

忽然，汪夢眞發現大門角落有個彎着背瑟縮地坐在一個香烟攤旁邊的老年人，用遲鈍的眼睛望着那對老夫少妻，燈光在他那凹凸明顯的臉上現出了濃黑的陰影。一個三十歲左右穿着黑色舊短外套的女人，站在臺階上，一隻手牽着個孩子，一隻手拿着扇子似展開着的愛國獎劵，仰着愁苦的臉問他要不要買一張。

一陣涼爽的晚風迎面吹來，汪夢眞深深地吸了口氣。突然，他覺得這個世界彷彿是不眞實似的，要不是他不正常，就是周圍的人不正常。他想起了剛才在醫院裏的一切——爲什麼這些人，這些事物和他都距離得那麼遠呢？

「剛剛我沒有對你說，」小杜突然打破了沉默，帶點結巴地對他說：「你——知，知道她就是我以前告訴過你的那個女孩子。」

「就是那個你常常去看她的女孩子？」汪夢眞有點糊塗了，他怎麼看不出來呢？他記起了兩三個月前，有一度小杜常常開溜，曾經秘密地告訴他說來臺北看女朋友。有時沒法溜出來，就午飯也不吃，趁中午休息的兩三個小時，冒着火熱的太陽趕一趟。有一次溜出來給隊長抓到了，報上去，記了小過，佈告貼得高高的，小杜也因此在那個訓練機關出了名。

汪夢眞看看小杜，小杜完全失魂落魄似的；低着頭，步子搖搖幌幌的。他奇怪，小杜竟會這麼傾心於李秀珠，李秀珠不是對他很冷淡嗎？

「小杜，你覺不覺得你和她的脾氣不大配？」

「你——是說我和李秀珠？你說不配嗎？」

「嗯，」汪夢眞說：「你們大概並不很談得來，是嗎？」

小杜點點頭，把臉兒朝向汪夢眞。微弱的燈光映在他那瘦削的面頰上，他那壓得太低的帽簷遮住了額角和近視眼鏡上的光線；他沉吟了一會兒，才苦笑着說：

「你——你想追求她嗎？」

「我？」汪夢眞現在完全明白了，幾乎要笑出聲來。可是他努力抑制着，搖搖頭，用誠懇的語調說：「我不會去追她的，我和她更配不來。剛剛我倒完全替你打算，不過，不過，我並不反對你去追求，懂我的意思嗎？」

來函照登

編者先生：

拜讀

貴刊八月一日之讀者投書，查署名之讀者，在本校上學期老師中，並無其人，(三位投書讀者，均有眞實姓名留在本社，祇是發表的名字與學校聘書上所用不同而已。——編者注)至於內容，純係無中生有，蓄意誣衊，本不值重視，惟恐遠地讀者，不明眞象，特聲明如左：

本人未到校前，即獲悉學校人事，極爲複雜，所以到校以後，即以極客觀之態度，從事考察，不但對人不輕發一言，對事亦從未稍加批評，因中途到校，既難改絃更張，空言何補？至於涉及廳長事，不僅到雙溪未與人談過，即過去在廳中服務時，亦從未與人談過，該讀者投書，純係無中生有，蓄意誣衊。

本人在學校歷次週會中之講話，多從積極方面啓導學生如何爲學做人與守秩序，重紀律，有禮貌，以及尊師重道諸端，至向學生講人事關係或批評人事，易予學生一不良印象，乃平日所最反對者安能如此幼稚向學生談此如該讀所言之「肉麻」問題？尤其雙溪初中老師之出席週會情形，在本人未到校前，因未見有簽到簿，自不敢臆斷，然自本人到校以後，除教務訓導主任，管理體育組長外，從未見有一老師參加者，投書者果曾參加一次否？既未參加，又何從聽得本人之報告？

本人四月三十日到校，除分訪附近各鄉鎭地方人士學生家長外，五月十日下午往臺北，以便十一日晨參加北縣中等教育參觀團，往中南部參觀，十七日返校，此後二次奉派往他校監考，以及開會接洽公務等等，三個月來，出差日數確屬不少，但是否爲三十三天？至所謂獨用一本出差簿，本人到今天尚未見此獨用之出差簿，如眞有此簿，即係以前經辦人未移交，又本人出差一日，差旅費二十七元餘，除去來回車票二十元六角剩下六元餘，是否够兩餐費用？出差愈多，賠錢愈多，如非必要，誰出差？

本人常有客人，所以伙食另食，以免伙食團同仁說話，至於十八十九兩日新生考試及閱卷，加菜金是從報名費中提出的，多用少分，少用多分，是大家自己的事，與本人無關，尤其此兩日本人仍然吃自己的伙食，一問燒飯工人，便可知之，何能謂之開一桌自己吃？那兩日曾有人邀我去參加，因恐分人之食，被說閒話，想不到不去也要說話，做人眞難！

本人學歷有正式證明文件，何得謂黑市？至於學校職員，本人到校後，並未更動一人，僅事務主任於學期終辭職，由原任庶務組長接充，另派一庶務組長，並經呈報有案，試問何人係黑市？何人係親？何人係友？又如非編制內人員，有何人報領出差費？有何人借支薪津？何可無憑無據，信口雌黃？

本學期本校不續聘之老師，計有五人，並非九人，均經詳敍不續聘理由呈報有案。

以上聲明，至祈

惠予刊登，以正聽聞爲荷！專此敬請

撰安

臺北縣立雙溪初中校長丁靜如　拜上　九月九日

江湖行（八續）

徐訏

六十四

一九三七年七月七日，那正是我與映弓一同吃飯的第二天，早晨五點鐘，所謂蘆溝橋事變就發生了。

當我看到報紙的時候，我就想到映弓的話。我覺得我眞是太不關心國事，也太不注意政局，我到上海以後所想所忙的正都是我個人的事情。對于民族，對于國家的問題，我竟一直沒有去想，也沒有想參加意見或者出點什麽力量。我心中感到一種奇怪的慚愧與內疚。

當時，有許多電話來找大夏大冬，電話裏都是興奮地談着抗戰的消息。但沒有一個人是找我的。我感到非常難過。

最後終于有人問到我了，那是夏立惠。她同大夏談了好一回，才叫我去聽電話，她說下午大夏大冬去開會，希望我也去參加。

這開始了我的一段短短的救國工作，我與映弓又接近起來。我對她的工作精神與組織能力非常敬佩，我們合作得很投機，我們發動了學生工人，團結文化界人士，號召全上海市民，積極的宣傳支援前線。這些工作之中，映弓無形中成了我們的領導人物，可是積極出面的則是宋逸塵與我，齊棠先生與紫裳並不實際地同我們一起工作，但凡遇到要借重他們倆人的時候，因爲逸塵與我的關係，他們自然也沒有拒絕。

這是個民族大團結的時期；各種不同的信仰與恩怨都擱置一邊，我們共同的敵人祇有一個。宋逸塵與我雖然很知道映弓的立場，但是我們對她是敬愛備至。不但我們喜歡她，連宋齊棠與紫裳也誇讚她。她精神永遠是非常煥發，像是不會疲倦，她不要名利，不要出鋒頭，她所想所說都是如何擴大與發展我們救國的組織與支前的工作。

在這些日子中，我忙的都是救國抗日的工作，所以同其他熟友很少見面。自衣情回上海後，舵園的人已散，有的去衣情那裏，有的被介紹到別處；裏面的東西也早已該搬的搬了，賣的賣了，送的送了，所以這房子也打算交給華僑中學。韓濤壽自然也已搬出舵園，因此好些天沒有見他，衣情不必說，自從紫裳那裏見到一次以後，一直沒有再碰見她。

大概是七七事變後十天，有一天晚上一點鐘左右，我剛剛回家，韓濤壽來一個電話，說是找我一天都找不到，叫我馬上到廣慈醫院三四二號病房。

「你病啦？」

「是藝中。」他說。

「藝中？」我問。

「你來就知道了。」他的聲音很急。我掛上電話就趕到廣慈醫院。

那是一個炎熱的夏夜，醫院裏人靜燈暗，我覺得很淒涼。病房在花園的前面，走廊上就坐着韓濤壽，嘴上亮着紙烟的一星火，他看見我去了沒有作聲，祇是用紙烟的火星指指隔着紗門的病房，我輕輕地推門進去，就看到醫師護士衣情都圍在床前，藝中穿着白色的衣服躺在床上。

我一看眞是吃了一驚，這不但因爲藝中已經變成我不認識，而是我突然看到他的眼睛，我馬上想到一個久久已忘去的魅影，那是白福，是被我父親所誤害的而使我父親發瘋的那個孩子。

我當時楞了好一回，就一聲不響退出到走廊上。韓濤壽沒有作聲，搖搖頭，我也沒有發問。大概彼此靜默了十分鐘的時間。我聽到了衣情在裏面哭叫起來，接着醫生走出來。他對我們搖搖頭，于是護士就挽着衣情出來，我再回到病房裏，白色的床單已經掩去了藝中小小的臉龐。

藝中就是這樣離開這個世界！

原來藝中回家時本來有病，衣情沒有馬上去找醫生，當時因爲他在匪船裏很髒，衣情就叫阿湘爲他洗一個澡，大概就受了涼。兩天後去看醫生，還以爲是感冒，吃了些藥，熱度不退，後來發現是傷寒，進了醫院，不到二十個鐘頭就死了。

藝中的死，當然不是衣情所害，但是衣情至少是要負就誤的責任的，如果早點去贖票，藝中也許不會在船上生病。她因爲要面子，又貪小，所以拖了這麽久。出來後，她如果馬上請醫生，也許早點可以送醫院，不致無法挽救，這又是她的疏忽與隨便。

我們不能說衣情不愛藝中，但藝中究竟不是衣情所生的。那麽生他的母親呢？她正在爲抗日救國奔走。我沒有告訴她，也不想告訴她；我覺得告訴她也徒使她傷心，還是慢慢的等她自己去發現好了。而我自己，在瘋狂般的興奮與緊張的愛國工作中，我也沒有再想到藝中。

于是，八一三事變就發生了。

戰爭到了幾百萬人口的大都市，整個中國都奮發起來，我們的工作自然更緊張與積極。我們組織了里弄小組，發動了市民各種捐輸，我們組織了慰勞隊，宣傳隊，輸送隊，我們與前線取得聯絡，給前線將士各種鼓舞與慰勞。映弓與我都是當時最努力的分子。後來我想到我的那股熱誠，固然是出于愛國的本性，但也正是由于映弓的鼓勵與刺激，使我對于過去的冷淡與落伍作一種補贖。我出入戰線有十幾次，每一次看到前線上忠勇的士兵，使我對自己有一種說不出自責與慚愧，也使我更高興的到戰線上去。而這也使我開始對于我自己的作品感到不滿。有許多人，像映弓一樣的，在批評我作品的題材不够現實，我雖認爲這是文藝以外的批評；但現在當我自己在戰爭場面中進出，才知道問題並不是在題材的現實與否，而還在自己生活的貧乏與狹窄。我從出入戰線的經驗中，寫了好幾篇報導文學，一時轟動了上海。我深信這些經驗與生活，對于我，寫作比我讀書一定更有幫助。從租界到戰線，要繞着徐家滙向閘北前進。每次去，都在晚上；我們有汽車，但祇能到租界的盡頭，以後就要換軍隊來接我們的吉普車，有時候車子先在，有的時候我們要等車子。每次去當然預先有所接洽，除我們以外，去的人也有中西的記者。最後一次我進去是九月初。吉普車有七個人，其中一個就是映弓，我記得歷次去戰線，都沒有女的，這次映弓一定要同我們同去，但也穿着短裝。另外還有一個英國記者。

出了租界，我們等了好一回，才有吉普車來接。那一段路，因爲有敵機的空襲，所以不能開燈；可是敵機投下照明彈，跟着俯衝下來；我們一看照明彈，就得停車從車外去躲。那一夜，天氣很悶熱，滿天是星斗，我們上車不久，開不到半里，就來了照明彈，我們就停車去躲，等敵機過後，我們又上車，如此三次，都沒有投彈。第四次，我們正懶于下車去躲時，一聲震動，我祇覺得滿眼烟塵，以後再也不省人事。

醒來的時候，我在擔架上，兩個兵士抬着我；前面還有兩個擔架，他們告訴我一架是那英國記者，一架是夏立惠，同伴走在我們旁邊。他們見我醒了，都過來安慰，我猛然發現我們還少了一個人，他們說已經不幸死了。當時他們叫我不要多說話，說到了租界，就可以找車子送我們去醫院。我想問問死去那朋友的情形，但是略一側身，就感到一陣劇痛，像是右腿，我滿以爲我的腿已經斷了，他們用軍氈裹着我身子，我不敢用手去摸。我的額前是涔涔的汗，我沒有再說話，閉上眼睛。我極力鎮靜自己，但思潮起伏，一時我追憶被炸時的情形，我默想那個不幸的致命者，他是一個瘦長的青年，是一個大學生。我還想究竟映弓傷勢怎麼樣？是不是比我厲害？

到了租界的路口，擔架的兵士就回去了。這裏三個人，一個守着躺在路邊的我們，兩個人去找車子，找來車子，才把我們抬進車內。我們就一直被送到了紅十字會醫院。

經過了初步的包紮，照了X光，我才知道我的腿雖是傷得不輕，但還在身上，那位英國記者傷在右肩與背上，並不厲害；我打聽夏立惠的情形，護士告訴我正在輸血，或者是比較嚴重了。

第二天，紫裳、逸塵、大夏、大冬等都來看我，自然也想去看夏立惠，可是醫生不准病人接見他們。他們走後，我又問護士，護士也沒有詳細告訴我，說她也不知道詳細的情況。

可是，夜裏十一點鐘的時候，護士忽然來叫我了，說三四一號病房的夏小姐要見我。我知道這是一個可怕的凶訊。

他們把我搬到一架輪椅上，推我到三四一號病房。但是他們又不讓我看見病人，病床的前面是一個白布的屛風，我的輪椅就停在屛風的外面，所以我仍無法知道夏立惠到底是怎麼樣的情形。我祇聽見馬醫生說：

「他已經來了，你有什麼話說吧。」

于是我聽見映弓的聲音了，她的聲又粗又顫，忽斷忽續：

「野壯子，我……我的一生沒有一步路是走對的，我，我現在想看看我的孩子藝中，你……」

我當時馬上想到這是一個不可能的要求，我說：

「我去打電話給衣情，叫她帶他來，好麼？」

「快，快些，晚了怕來……來不及了。」

我當時眞是不知道怎麼好。我想我應該先打電話給紫裳，叫紫裳打電話給衣情，把事情告訴衣情，叫衣情來醫院，騙映弓說藝中因爲睡着了沒有帶來。

這樣想着，我要求護士讓我去打電話，這時候映弓突然發着粗澀的聲音說：

「不要讓……我的孩子……像我。」

以後我祇聽見屛風裏醫生與護士的聲音。我身邊的護士把我的輪椅推出來，我說：

「她已經……？」

護士點點頭，一瞬間我的眼睛已經模糊，我胸口像是湧塞着什麼。

那天晚上我整夜沒有睡着，我想到過去，想到映弓坐在石巖上想自殺的姿態，想到她在靜覺庵裏坐在我對面，兩手弄着洋火的神情，以及後來同我到上海後的種種。接着我想到了她的孩子藝中。藝中死後，我一直緊張地爲救亡工作在忙碌，我想到他臨死前給我的一個印象，那個印象竟使我重新看到白禍——這個使我父親瘋狂也影響我一生命運的孩子。我忽然想到映弓最後叫我去看她，而醫生竟不讓我看見她的用意，我相信她也許已經不是一個完整的人型，而我是不宜于受到這個刺激的。現在我一想到映弓，能够有完全的美麗的活躍的健康的印象，那正是那個最後沒有見她的好處。

唯一可以認爲安慰的是映弓一直沒有知道藝中的夭折，映弓似乎從來沒有關心她的兒子，但到臨死前，她對我所要說的話則祇是她的兒子。她所關心的是藝中，她所希望的是藝中。這也可見一個人的靈魂的底層有時連自己都不知道的。

我雖是映弓最早的朋友，但是對映弓一點也不了解，在映弓生命變化中，每一階段我都見過她，但獨獨沒有看到她的變化，這可說我所見到的映弓並不是一個人，而是兩個或三個不同人物。一個人的蛻變正如昆蟲的蛻變。

我們看見了灰黑的毛蟲，又看見了五彩的蝴蝶，我們如果未曾見到它們的蛻變，我們何從知道這是一個生命的變演？

我做過映弓名義上的丈夫，做過藝中名義上的父親，這原是很滑稽的事情。可是在她們死後，我一想到這些，竟反感到與她們有一種奇怪的親切，這眞是一件無法解釋的事情了。

六十五

三天以後，我動了第一次的手術。根據X光的判斷，這手術是要把碎骨取出，把斷骨用鋼片接上。我知道我在這病床上至少要躺五星期的時期。我必須耐心地遵守醫師的咐囑，我知道醫藥費一定不輕，而我還希望可以有一個人一間的病房，使我可以有寫作與閱讀的安寧；紫裳叫我不要爲錢就心，但是我無法接受她的贈與，她說我可以用舵伯賣房子的錢，這總是舵伯的。我說舵伯既然把房子送她，自然也是屬于她的，既然這樣，還是淸淸楚楚借我一筆五千元的數目，將來還她。

這樣就開始了我的病榻生活。

我早晨看報，讀書，午睡後就開始寫作，夜裏我總處理些信件。雖然都是在床上，但是我竟過了一個月我平生最安寧與有規律的生活，而我的內心也非常安詳。

我們爲以後愛國工作的方便，並沒有使我們的傷亡見報；但是救亡的團體無形中都知道了，許多學生與青年來慰問我，這些好意雖是使我很感動，但也擾亂了我的安寧，好在一星期以後少了。

經常來看我的，紫裳以外，有大夏大多，宋逸塵，韓濤壽，還有小江湖與黃文娟——他們因爲戰爭的關係已經搬到法租界呂班路底，所以來看我不算太遠。

此外還有陸夢標，老耿同他們班子裏幾個朋友。

戰爭的消息一直很緊張，奇怪的謠言很多。但是我知道淞滬戰爭決不能長期堅守。我希望我的腿創能如期痊癒，可以早點動身去內地去，我很爲舵伯慶幸，他竟及早去了四川。

他離上海以後，曾來過兩封信。但是小鳳凰則經常有信來，她的文字雖不能表達她所想說的，但是一封比一封的在進步。

舵伯到了成都，他已經置了些產業，戰爭爆發以後，小鳳凰來信就希望我可以早點去哪面。她已經進了一個補習學校，暑期後預備正式進學校。她的生活好像很平靜，但也告訴我在後方青年們與她同學們的愛國情緒，我去信一方面告訴她我在這裏所做的救國與支前的工作，一方面我極力鼓勵她用功。我還告訴她這一次抗戰決不是短期內的事情，要長期抗戰，必須每一個人培養實力；而她的求學也即是培養實力；我還告訴她，抗戰的時候，我的年齡恰巧能够積極參加戰鬥，這自然要負起這個責任，完成這個使命。我一時自然不會去成都，但在戰事移轉的時候，我也會跟着變動，不過現在還不知會有什麼變化。

進了醫院以後，我寫給她的信更長更多。她的信也是更長更多，而且文字一封比一封進步，她的字還很幼稚，但是很整齊。我在信中極力避免愛情的發展。這是一種心理上的掩飾，下意識的在求無愧于紫裳。雖然我也不願意紫裳看到小鳳凰的來信。

我本定在醫院裏住滿五星期後就回到家裏休養，可是在我住滿一個月的時候，醫生發現了我右腿竟短了兩吋，他說這是我在床上太移動的緣故，要恢復正常，必須要動一次手術。

這個消息使我感到非常焦燥，我本來安寧的心境，突然騷動起來，但是這是沒有辦法的事情，我祇好接受命運。

十月初的時候，我又動了一次手術。

那次手術很影響我的健康與心境，半月後我才比較有點精神。我極力鎮靜自己，重新使生活有點規律，我一面請一個英文教師來教我英文，一面我向宋逸塵處借書閱讀，我還開始計劃寫那部「靜夜的炮聲」。

那時候，淞滬戰場戰事非常激烈，軍民可泣可歌英勇悲壯的故事時有所聞。我在醫院裏，夜裏隱約可以聽到炮聲，「靜夜的炮聲」題目就是這樣來的。

十月底，淞滬戰場有了大變化。閘北線開始退卻，到十一月一日，全線都呈不支，本批退移到福吳國線，但十一月五日，日軍在金山衛登陸，我軍腹背受敵，情形很不好，十一日全軍崩潰，到七日連青浦都失守了。

這時候大家的情緒很亂，文化界影劇界的朋友們紛紛都計劃退到後方去。大夏大多同我商量，我極力鼓勵他們同劇團等團體同走。老耿還是同陸夢標在一起，他們的團體也預備到寧波杭州去。無形之中，學規路的房子就交了給我。

我自然很希望腿傷快好，早點去內地，但是據醫生說我至少要在三個月後才能比較自由行動。這使我一時無法作別的打算。

十二月十二日，南京陷落的時候，我已可下床稍稍在房內移動，不需要住院，但是離可以自由行動的可能還很遠。因此我必須作一個長期打算，我搬回學規路，想把房子分租一層出去，節省開銷，多事寫作。當時政府雖然已遷到漢口，但是上海租界還不是日本人所統治，反日的報刊很多，他們都需要稿子，而我幾本小說都銷得不錯，也還有些版稅可拿，所以我想暫時勉強還可以維持。

我因爲腿傷的關係，使我無法作其他的考慮，事實上當時文化界朋友，對于去留都有許多徬徨，有的因爲有家庭或事業種種關係，離開上海很不容易。大夏大多他們走後，又有許多人去香港。

紫裳與宋逸塵都沒有走。逸塵早已把我的「盜賊之間」的小說改成電影劇本，但因爲戰事關係，沒有開拍，現在兩個人都很空，常常來看我。

小鳳凰來信，現在自然希望我可以早走去四川了。

野鳳凰也希望紫裳可以脫離影劇界，拼擋一切回到她那裏去。

我還是常常寫信給小鳳凰，告訴她我的腿傷還未痊癒。我們軍隊雖是撤退，但租界裏還有些事情可做。我當時原想有半年時間的休養，我的腿總可復原了。因此我作了一個半年的計劃，我很安詳的在家裏用功——讀書與寫作。我因不便走動，所以很少出門，來看我的朋友自然很多。紫裳宋逸塵之外，韓濤壽小江湖黃文娟更是常客。

我很難追述這一段時間是怎麼過的，因爲這些日子的消逝，幾乎是一點沒有留下什麼痕跡。

當時日軍已經佔領上海，租界是一個孤島，雖是一個中立的區域，但日軍隨時可以通過租界，當局逮捕反日份子，所以，一切抗日的組織與工作，都隱入地下，我們明顯的反日運動早已停止。

戰事退到武漢，有一個時期的穩定。那時上海文化界開始又漸漸蘇甦起來，宋逸塵集合了一些在上海的影劇界同人，成立了一個劇團。出版界又借中立國人士爲出版人，出版了一些愛國的刊物。

因爲這些工作的開展，原來在留去的徬徨中的朋友，現在反而有所努力，因此也就安居下來了。我雖是不便行走，但因爲這些朋友的影響與鼓勵，我很能讀書與寫作，我相信我在這一段時間有很大的進步。

半年的時間很快的過去，我的腿雖是好了不少，但行動還不能很自由，我每天要作三次醫生規定的體操。當時的上海租界是一個畸形的繁榮的世界，我們文化界一直維持着相當的熱鬧，敵僞所支持的報刊，因此一直無法生長，我們都覺得我們留在上海仍有很大的意義，所以我們就沒有考慮什麽時候去內地了。

一九三八年十月，廣東武漢相繼淪陷，國都遷到重慶，這時候，舵伯也由成都去重慶。容裳——我想我們該記得這是小鳳凰的學名——來信，說舵伯在重慶在地產上很發了些財。

接着是汪精衛的南京政府成立，他們爲爭取文化界，不惜採威脅利誘的各種手段，許多人都被收買，這時候，我們展開了一種鬬爭，團結文化界的朋友，與被收買的人們對抗。

我們的工作開始受到許多阻礙與壓迫，如書刊不能外銷，外銷了收不到書欵等等，我們的生活開始感到困難。那時候學規路的房子有時租出去有時空着；後來有許多困難的朋友搬進了暫住，他們既不能負擔房租，我勢必一個人來負責。這樣我的經濟情形就日趨拮据困難了。

舵伯走後，唯一可以幫我忙的是紫裳，但是我已經向她借過五千元作爲醫藥費之用，一直沒有還她，我自然不願再對她開口。

這時候紫裳雖是有點積蓄，但也並無收入。在常往還的朋友中，韓濤壽好像情形較好。抗戰以來，劍俠小說的銷路很少，但他是一個多才多藝的人，隨便什麽戲班或那裏都可以混錢，所以我也沒有想到別的。他既然當我是好友，時常借給我錢，我也就接受了。

于是有一天，他忽然對我說了：

「野壯子，我看這戰爭很不好，如果能光榮地和平，也可少使老百姓吃苦。」

當時在上海，這樣的議論是很平常的。當時我就說：

「同日本人，怎麽會有光榮的和平？」

「可是打下去，也不是辦法；尤其是我們，活在這個環境中，不同他們合作就沒有法子生活。」

這句話，使我頓然悟到韓濤壽的經濟情況，我半開玩笑似的說：

「你是不是同他們合作在做什麽生意？」

「我還不是想混點錢。」他說：「我們爲生活，我以爲祇要不違背良心也無所謂。」

當時上海任何生意都要通過敵僞的關係，所以韓濤壽的話我並不覺得有什麽嚴重。

那天以後，好像隔了一星期，韓濤壽又來看我，他非常認眞地說：

「我有件事想同你談談。」

「什麽事？」

「你可不要怪我，我覺得你……」韓濤壽忽然又不說了。

「什麽事，你說吧。」

「有人想組織一個文化界和平大同盟，希望你可以來號召。」他囁嚅地說。我很詫異，但是我沒有說什麽，聽他說下去。他看我一眼又說：

「我想你的腿還沒有完全好，自然也不願出去活動；不過祇要你承擔一下，什麽事我可以爲你去做；第一步，他們願意送一萬五千元錢一月，等組織擴大了，再可以增加經費，你也不用去見什麽人，祇要你承擔一下，由我出面請你們吃飯，見一次面，這就行了。」

韓濤壽的話使我非常難過，我當時本想責怪他，但是我極力抑制着，我說：

「老韓，我們是很好的朋友，什麽話都可以說，是不？」

「自然，所以他們叫我來同你說。」

「他們是誰？」

「當然是日本人方面。」

「可是你我都是中國人，是不？」我說：「老韓，我們是很好的朋友，我們在什麽意見上都可以不同，可是如果在這上面我們不一致，那麽，我們還是暫時不來往好。」我說：「我欠你的錢，我明後天替你送來。」

「野壯子，你這話說得也太過份，我難道不是中國人，不過現在爲生活，我們必須利用他們才行。」

「老韓，你太聰敏，可是這不是什麽生意。這是奴隸與主人的關係，他們不會給你利用的，你放心。」

韓濤壽聽我這麽說，他忽然沉默了。這時候我突然想到了葛衣情，我續繼說：

「是不是葛衣情叫你來同我說的？」

「不是不是。」

「但是我相信你同葛衣情是很有來往的。」

「自然，她常常請我去她那裏，但是從來沒有談到這些事，她的先生祇做生意……」

「哪麽你說『他們』，究竟是誰呢？」

「是兩個日本人。」

「你是怎麽認識他們的？」

「我在葛衣情家裏碰見的。」

「那麽這就是了。」

「但是這與衣情沒有關係。我在她那裏認識他們是一個多月以前，而這件事，是前幾天他們單獨同我講的。」

「老韓，不管怎麽樣，你最好暫時不要來看我了。」我說：「我的腿還沒有好，祇好在這裏忍耐，腿好了，我就要離開上海。至于你，你是一個好人；你也有許多本事，到哪裏不可以吃飯？我勸你還是離開這裏好。」

「野壯子，也許你的話是對的，但是，你知道我很……我的腿並沒有毛病，但是我有這個嗜好。」

「你眞的可以離開上海？」

「我一個人，到哪裏不是一樣。」他說：「可是我的嗜好，你知道。」

「這不是難事，老韓，我吃上過，戒了；當然不希奇。可是野鳳凰，你知道她總是一個老槍了，是不？」

一提起野鳳凰，我馬上想起紫裳前些時在野鳳凰沒有帶走的行李中還找到那紅色的戒烟藥丸，我當時就說：

「老韓，如果你有志氣，你搬到這裏來住，我找藥來幫你戒去。」

「好，好，」韓濤壽當時支吾着說。

可是我看出他並非眞有戒煙的決心。

當時，韓濤壽就回去了，以後一直沒有再來看我。我知道他一定是同我越走越遠了，但是我相信他一定沒有把我忘去，正如我一直想念着他一樣。

(待續)

讀者投書

（一）軍人應該任「寃」嗎？

牛不凡

普通司法的「寃獄賠償法案」雖然是「難產」，但於經過長期孕育，以及醫師們的幾次大手術（立委先生的幾次審議），畢竟於本年九月一日呱呱墮地，與世人見面了。惟此一寧馨兒，獨於我們軍人沾不上份，雖無忌妒之意，但又怎能教人心服呢!?

軍人應該任「寃」嗎？筆者不懂法律，未敢妄言法理，現在僅以普通的道理，來予以解答：

第一、一般與論都認為：「寃獄賠償法案」乃是保障人權的必要措施。意即「寃獄賠償」乃是全體國民基於人身自由所應享的權利。那麼我們軍人不也是人嗎？既同為人，則有關保障人權的任何措施，應該是可以同樣享受的。「寃獄賠償」如其是一種權利，我們當然可以享受，而且應該享受。

第二、權利和義務，應該是互相對待的。我們軍人，負有衛國保民的重大義務，基於此，「寃獄賠償」的權利，也是當然可以享受的。除非古時的奴隸以外，世界上當沒有專盡義務，而無權利可享的人吧!?

第三、我們只聽得有人說：軍人應「任勞任怨」，但可沒聽見要任「寃」的話。因為軍人為盡衛國保民的義務，即使灑熱血、擲頭顱以及馬革裹屍，都是極平常而且絕對應該的，何況任勞任怨呢!?故有謂「軍隊代表國家權威，軍人代表國民精神」。但如果說軍人應該任「寃」，那麼這所謂「權威」與「精神」將何所寄託呢!?

根據以往的新聞報導，現在頒佈的「寃獄賠償法案」在原草案中，是包括了軍法的寃獄賠償在內的。這可證明上面的答案是沒有錯的，易言之：軍人不應該任「寃」是早已有人附議了的。而且社會與論，也可以說是人同此心，心同此理，獲得了大眾的支持的。但是我們的立委先生竟在為此一法案動手術的時候，把其中軍法部分當作盲腸似的割掉了。我們雖不懷疑那些先生們，是有心不把我們軍人當作人看待，但竟要我們任「寃」則已是事實，到底是什麼居心，眞使我們百思不得其解了。退一萬步說：軍人就不算是人吧！但有許多先進國家，即使對於牲畜，也有保障其生命安全與不受虐待的法案呀！

再說，軍法中究竟有沒有「寃獄」呢？這一問題，不提猶可，提起來眞有點使人驚心動魄。普通司法，判一年半載的徒刑，而軍法便得終身監禁，甚至非挨槍斃不可。這是法的寬嚴問題，可以不提。在大陸時，甚多將領（不必將領即使連排長也有如此的），動輒以人命為兒戲，任意槍殺士兵，根本不經過軍法審判，簡直無法無天，或者在表面上審判一番，而實際則完全是根據主官意旨而作成白紙寫黑字的判決書。這是往事，也不必再提。單就來到臺灣以後說吧！當三十九至四十三、四年的時候，由於任意羈押的結果，各級軍法機關的看守所，不都是擠得沙丁魚似的嗎？其中有關了一年半載，才得到不起訴處分的，也有監禁一兩年才得到判決無罪的，這樣可以明顯看得出的「寃獄」固已不勝枚舉。其次為當時的軍法尚是一審終結的，被控的人根本沒有上訴的餘地，如果判決的錯誤是勢所難免的話，則由於這種錯誤所造成的「寃獄」也當然在所不免，不過這種「寃獄」眞可說是「沉寃」「埋寃」到底的了。因既沒有上訴，自然沒有平反的可能，其「寃」與不「寃」除當事人以外，其他的人也就不得而知了。倘世人尚未健忘的話，當年的軍法最高首長包啓黃那種胡作亂為的搞法，不是震驚了中外嗎!?雖然後來包本人是伏法了，而且並不寃枉。但如果說包在職時，也沒有作過寃枉的判決，那恐怕連三尺童子也難置信的了。可是又有誰來作過平反呢！

近年以來，軍法雖已有若干改進，諸如審判程序的更張，辯護人員的設置等。然而，普通司法官既不能個個都如包拯海瑞，因而要有一個「寃獄賠償法案」以補救人民因寃獄所受的損害，則無論如何也就不能希望每一位軍法官，都能各懸秦鏡，斷案如神，做到一個「寃獄」也沒有。故不管軍法如何進步，而「寃獄」總是在所難免的。老百姓受了「寃」要賠償，軍人受了寃寃」便不須賠償，這是何等不公平的事！

依我們的想法，「寃獄賠償法案」的設立，其精意所在應該是備而不用的。故可以說：有沒有「寃獄」的產生為一回事，應不應有「寃獄賠償法案」乃是另外一回事。且誠如自由中國雜誌社本年五月十六日的社論所說：「軍法與普通司法，管轄的範圍儘管不同，審判的程序儘管不一樣，但兩者對於寃獄所應負的賠償責任，沒有理由不可一致。」而我們的立委先生獨另具「慧」眼，執意要將軍法的寃獄賠償扼殺掉，則我們非但不得其解，而且深感惶惑了。

不久以前，行政院公佈了一個「無職軍官處理辦法」（八月卅日臺北各大報有刊載），也就是無職軍官的退役辦法。其中規定凡是因案撤職，和被判刑，刑滿出獄的無職軍官，雖辦理退役手續，但不發給退役金和退休俸，且撤職或刑滿未滿三年者，連退役手續也不辦。我們看了這個辦法，更覺得軍人沒有「寃獄」則已，一碰上了「寃獄」眞是一寃到底，終生不得超度了。因就我們所知，現在的無職軍官中，有許多就是因被軍法機關羈押，而先行撤職的，事後雖獲得不起訴處分或判決無罪，但職務却就此丟了。此中例如筆者有一個朋友李某，因為來到臺灣請領國民身份證的時候，用了一個別名，與其任職的名字不一樣，因而被人檢舉，移送軍法偵辦，也因而先被撤職；但羈押了半年，才獲得不起訴處分，事後申請復職，到處碰壁毫無結果，致成無職軍官。這樣的無職軍官，他們被羈押是「寃」，他們丟掉職務是「寃」，他們半生戎馬，為國家流過血、流過汗，到頭來連最後的一點退役金也不能拿到，還是「寃」，可不是一「寃」到底了嗎!?至於如因為錯誤的判決，正式坐牢或丟掉性命的，那更是「沉寃海底」無人知曉的了。行政院的這個辦法，我們未便有所置評，因為縱然也「寃」了人，但是這軍法上先前種下的惡因，致結此惡果，推其責任實在彼而不在此也。

茲值第五屆軍人節，恰好普通司法的「寃獄賠償法案」實施剛兩天，筆者因有感而撰此短文，一以誌紀念，一以示對「寃獄賠償法案」的一點點反應。

讀者投書

（二）立法院有不可寬恕之錯失

蘇　魋

最近立法院所修正之海關進口稅則，最令吾人所不滿者，即爲一部份之汽車稅率。在五委員會審查報告中，變更政府原定該項之稅率，顯不公平，而其不公平之原因，乃完全根據虛偽之事實。此項不公平，與虛偽之點，雖在院會中有委員予以指出，而院會漫不經心，毫無置辯，竟照五委員會審查案予以通過。此種嚴重之過失，實爲不可寬恕之錯誤，亦即爲立法院有史以來最可恥之一頁。吾人愛護立法院，素抱熱誠，惟履霜堅冰，其由也漸，萌蘗不折，將尋斧柯，是以吾人對於此種錯誤，不能無一言。爰將所見，指出其不公平與錯誤之事實，深冀立法院諸公，知所警惕，使以後不再有此種同樣事件發生：

一、不公平：按稅則之擬訂，必有一定的標準，即製成品比未成品爲高，以未成品仍屬一種材料，輸入之後，仍須加工裝配，方能完成。因此對於輸入國家之人民生活，不無好處，故未成品進口稅應較低爲宜。若製成品則不然，因其製造業已完成，輸入之後，不需加工配製，對於輸入國家之人民生活，並無裨助，故其稅率，應較高爲合。此爲一般稅法所遵守之原則，各國莫不同然。此次海關進口稅則修正案第二三四號（丁）款卡車及（庚）款客貨兼載汽車，政府原定稅率爲三〇%，而二三五號汽車底盤，政府原定稅爲二五%。此種稅率之分配，係根據上述原則而定，以汽車底盤，係屬製造汽車之材料，依其性質，乃爲未成品，故其稅率，應較已成品之汽車，即（丁款卡車庚款客貨兼載汽車）爲低。此種分配，本甚公平，立法院如爲保護汽車工業，則汽車底盤，絕不能較完成之汽車爲高。換言之如汽車底盤增稅，則汽車亦當比例提高。今立法院不問人民生活倚靠程度如何，與是否製成品與未成品，竟將汽車底盤，增加稅率爲五〇%，反較二三四號（丁）款（庚）款之汽車稅率爲高，（按立法院定此種汽車稅率爲四〇%）其顯失公平，豈待贅論。至裕隆公司因與日商日產自動車株式會社合作，日產汽車底盤，分折運入，作爲零件，祗征收百分之十五。是以此次增高關稅壁壘，完全利益一家，所以惹起社會許多之反感者，實緣於此。

二、虛偽之事實：按我國今日，並無國產汽車底盤，此爲人所共知之事實。即在此次審查稅則法案中，以支持裕隆公司請願汽車加稅案最力之委員商文立先生，亦有書面意見，承認裕隆公司現時不能製造汽車底盤，在其「對本國自製汽車需要關稅保護」一文中，附記貳，裕隆逐年增加自製目標一段內，亦明白指明，裕隆公司第四年，始製造車架部份，現時裕隆公司與日商合作，只進入第一年階級，距離第四年尚遠。按商委員文立，所稱之車架部份，亦即稅則上第二三五號所指之汽車底盤（Motor Chassis）。現時無國產汽車底盤，幾乎人人盡知。乃立法院審查報告書第四十二頁稅則二三五號附註欄內，竟有「查國內汽車底盤，已足供應國內大部需要」云云。明知虛偽之事實，而登載於文書之上，此種錯失，無論出於何種原因，皆不能爲人民所寬恕。而院會上，既有人指斥其謬誤，大會亦漫不經心，放任不理，一樣予以通過，此種顢頇之作風，實萬萬要不得。

總之：吾人對於稅率之多寡，本無成見，唯一要求，乃在於公平合理。而正反理由，見仁見智，雖各有主張，難以强同，但明知虛偽之事實，而故意登載於文書，提出大會，欺騙同人，其罪實不可恕。吾人特寫此文，誠以立法院諸公中，不少賢明持正之士，深冀能以此次爲誡，對於此案提出覆議，並以後對於此種弊端，提高警覺，防範杜絕，否則恐無以維持立法院之聲譽也。

風雨如晦，雞鳴不已，惟願有良心之立法委員諸公，幸注意及之。

出版法條文摘要

立法院第二一會期秘密會通過
總統於四七年六月廿八日公布

第六章　行政處分

第三十六條　出版品如違反本法規定，主管官署得爲左列行政處分。
一、警告。
二、罰鍰。
三、禁止出售、散佈、進口或扣押、沒入。
四、定期停止發行。
五、撤銷登記。

第三十七條　出版品違反第三十二條第三款及第三十三條之規定，情節輕微者，得予以警告。

第四十條　出版品有左列情形之一者，得定期停止其發行。
三、出版品之記載違反第三十二條第一款之規定者。
四、出版品之記載違反第三十二條第二款及第三款之規定，情節重大者。
五、出版品之記載違反第三十四條之規定，情節重大者。
六、出版品經依第三十七條之規定連續三次警告無效者。

第四十一條　出版品有左列情形之一者，由內政部予以撤銷登記。
一、出版品之記載，觸犯或煽動他人觸犯內亂罪、外患罪、情節重大，經依法判決確定者。
二、出版品之記載，以觸犯或煽動他人觸犯妨害風化罪爲主要內容，經予以三次定期停止發行處分而繼續違反者。

第四十二條　出版品經依法註銷登記或予以定期停止發行處分後，仍繼續發行者，得沒入之。

編者按：在此項出版法未廢止之前，本刊決將上項條款繼續刊登，一方面以用自我警惕，一方面讓世人知道我們的出版自由，受到怎樣的限制。

答覆萬如鎔王曦譚謙三位先生的一封公開信

劉　眞

自由中國社請轉

萬如鎔、王曦、譚謙三位先生：你們給我的信，我已經在自由中國半月刊「讀者投書欄」內看到了。你們對我的讚譽，實在愧不敢當。兩年來臺灣省的教育如果有進步的話，那也是全體教育界同仁共同努力的結果，決非我一個人的功勞。至於談到人事政策問題，深恐社會上一般人有所誤會，我希望藉這個機會能够說明一下：

關於教育方面的人事法令規章，政府過去已經頒佈了很多。我到教育廳服務以後，自然要遵照現行的法規處理人事問題。不過，這許多法令規章，有些已經頒佈多年，內容並不能完全適合現實的情況。但是要想全部加以修訂補充，那是費時甚久而且非常麻煩的事。所以這兩年來，只是將國民學校校長的任用辦法删去一條，中學校長的任用辦法增加一條。這雖然僅是兩條條文的增删，可是仍要按照法令制定的程序，先提經省府委員會議通過，再呈送行政院核准才能付諸實施。由此可見，要想從修改現行法規來建立教育人事制度，是非常不容易的事，何況有些教育人事法規是和其他法規有連帶關係，不能單獨修訂呢！

因爲修訂現行法規需時甚久，而且手續繁多，所以我想在現行法令許可和個人職權範圍之內，確定一種人事的政策，以顯示教育廳對人事行政的基本態度。

就我個人的想法，在教育人員中，校長的人選是最應該重視的。所以對國民學校的校長，教育廳已經正式在法令上規定必須受過師範教育的才能充任。最近並進一步規定國校的教導主任也需要具備師範學校畢業的資格。至於中等學校的校長，我是希望從省立學校做起。因爲省立中等學校校長的任免，省政府是可以全權決定的。至於縣市立中等學校的校長，教育廳只有同意權(即核圈權)，而無任免權，其任用程序是由縣市政府保薦合格人員二至三人，呈報省府交由教育廳核圈一人，報請省政府任用。所以關於健全中等學校校長人事問題，我是希望先從省立學校肩手，對於縣市立中等學校校長，因爲權責的關係，暫不願在法令規定之外，作過分嚴格的要求。

這兩年來，對於省立中等學校校長的遴用，都是遵照現行法令的規定。不過，在現行法令規定的資格範圍以內，我是對下列三種人員予以「優先考慮」的：

㈠現任中等學校教務、訓導主任成績優良者。

㈡大專學校教師富有教育經驗志願擔任中等學校行政工作者。

㈢現任教育行政人員服務著有成績者(即內外互調)。

如果以上三個原則可以算是我個人的人事政策，我自問兩年以來簽請省府核派的省立學校校長，大體是符合這個政策的(見附表)。

至於縣市立中等學校校長的人選，因爲現行校長任用辦法尚未全部修訂及遴用程序等種種關係，目前尙難嚴格要求必須以中學教務訓導主任及大專教師等充任。加以臺灣自實施地方自治以後，省府各廳處對縣市長的用人權是不能不予以適當尊重的。所以這兩年來，我對於各縣市政府報請省府核派中學校長時，總是經過愼重考慮，有時並與縣市長交換意見才決定的。(大部份圈選保薦人員中之第一名，以示尊重縣市長之意見)。你們三位先生來信所提及的雙溪初級中學，因係縣立中學，其校長之任用，亦即依照上述程序辦理。我彷彿記得現任的丁校長，便是在臺北縣政府所保薦的候選人中第一名被圈定的。至於來信所談丁校長到職後的各種情形，教育廳已經函知臺北縣政府調查具報了。

我自到教育廳服務以來，深感用人的困難。有些人也許在社會上頗負聲譽，或在其他機關服務確有良好的表現。但一經派任校長以後，却並不一定都是最理想的校長。而在另一方面，我們認爲可以做校長的人，他們本人又未必都願意擔任校長。例如現任護理專科學校校長徐藹諸先生，是經過劉瑞恒先生一再敦促始同意的。新竹女中校長孟淑範先生，在發表以後再三懇辭，後經江學珠先生勸說才就職的。其他還有很多校長的發表，也都不是事先徵得他們本人的同意的。

臺灣省現有省立大專學校八所，公私立中等學校三百餘所，國民學校一千六百餘所，中小學教職員六萬餘人，學生二百餘萬人(臺灣全人口中平均每五人即有學生一人)。所以臺灣省教育廳所經辦的業務比大陸各省不知要繁重多少倍，而所遭遇的各種困難，更非外人所能完全了解。這兩年來我無日無時不是以戒愼恐懼的心情，來處理每一件教育上的問題。我誠懇地希望各方面能給予善意的批評與指教。如果你們三位先生有暇能和我作一次詳細的面談，那是我個人非常歡迎的。匆匆奉覆順祝

愉快！

劉眞敬上　九月四日深夜於臺中教育廳

附兩年來省立學校新任校長一覽表

校名	校長姓名	籍貫	原任職務	附註
省立師範大學	杜元載	湖南	師大教務長	
省立臺北工專	張　丹	浙江	成大教務長	
省立護理專科學校	徐藹諸	浙江	內政部專門委員前曾代理護理職校校長	
省立臺北師範學校	韓寶鑑	江蘇	師大副教授	兼臺北護理學校校長
省立臺東師範學校	劉慶廉	河北	臺中一中教務主任	原發表省立臺中二中校長現調長北師
省立板橋中學	汪　洋	河南	教育廳督學	
省立武陵中學	卜冠東	江蘇	成功中學桃園分部主任	
省立中興中學	劉安愚	山東	臺中商職訓導主任	
省立南投中學	蔡德安	河南	臺中商職補校教導主任	
省立後壁中學	劉文華	江西	嘉義女中後壁分部主任	
省立北港高中	段茂廷	湖南	臺東縣教育科長	
省立北門中學	張祚倫	江蘇	北門中學教務主任	
省立潮州中學	徐天秩	四川	國立華僑實中校務主任	
省立花蓮中學	羅葆基	福建	教育廳科長	
省立馬公中學	史麟生	河北	建國中學訓導主任	
省立新竹女子中學	孟淑範	嫩江	國立道南中學校務主任	
省立虎尾女子中學	曹金英	江蘇	新竹縣立一女中校長	
省立臺東農業學校	袁月江	湖南	省立農學院講師	
省立花蓮工業學校	彭與臯	湖北	臺中工業學校教務主任	
省立草屯商業學校	鄭秉權	河南	臺中商業學校草屯分部主任	
省立基隆中學	王宗樂	安徽	師大講師曾任國立臨中校長	
省立高雄水產學校	楊憲棠	浙江	高雄水產學校教務主任	
省立嘉義家事學校	羅德馨	廣東	教育廳督學前國立道南中學校長	

附註：前任廳長任內原任省校校長現調任其他省校者不在本表之內

自由中國　第二十一卷　第六期　內政部雜誌登記證內警臺誌字第三八一號　臺灣省雜誌事業協會會員　一九二

給讀者的報告

政府為加速本省中南部災區善後及重建工作之進行，已頒佈「緊急處分命令」。我們特發表社論㈠「災區重建計劃與緊急處分命令」，指出這已是第二次援引憲法的「臨時條款」，而根據第一次援引的失敗經驗，緊急權力却並不一定能保證緊急任務之達成。從這次處分命令的內容來分析，政府在避免牽制上，固已發揮到了極致，但從整個方案而論，還有甚多可議之處：例如整個命令之祇着眼於財政的開源，而未着眼於節流；在開源方面，又未能注意到整頓稅收；在所定附征建設捐的比率方面，又不太合理等等。因此，我們誠懇的希望政府，趕快加以適當修正。

寮國的戰亂是最近國際上的一件大事，我們特在社論㈡「寮國危局與東南亞的政治」中，指出這是以越共、中共及蘇俄為背景的國際性侵略戰爭，而國際共黨之所以敢於對寮國存這種政治野心，該由對此地區負有安全責任的美國及自由世界其他強國共同負責。今日如眞想澈底解決寮國戰事與穩定整個東南亞局勢，必須在治本和治標兩方面，採取堅定有效的對策。

沈剛伯先生的「周室果有仁政乎?」大作，是一篇純學術性的討論文字。這是由於沈先生在本刊第十七卷第七期上發表的一篇「法家的淵源、演變、及其影響」，引起了徐道鄰先生一些不同的看法；因此，沈先生基於眞理愈辯愈明的原則，特再針對徐先生的論點，提出答辯，值得大家細心閱讀。

郭恒鈺先生譯介的小野秀雄先生的「自由社會基於出版自由」大文，主要在說明如果出版能獲得眞正的自由，報紙才能眞成為小市民所喜愛用來交換意見的工具；一個眞正的自由社會，才能因而出現。言簡意賅，發人深省。

宋文明先生在「卡斯特羅的革命及其新人道主義」大文內，對於卡斯特羅革命的歷史背景、其革命及其人、政府的內外政策及土地改革、以及其理想，都有相當詳盡的說明，但願關心卡斯特羅政權的讀者特別注意。

法國目前所雷厲執行的原子政策，是戴高樂將軍「好大政策」的一部分，顯已引起世界的重視。孔治先生的「法國原子政策及其對國際局勢的影響」大作，便是對這一政策所作的詳細分析。

自由中國　半月刊　總第二三七號　第二十一卷第六期

中華民國四十八年九月十六日出版

發行人　雷　震

主編　『自由中國』編輯委員會

出版者　自由中國社

社址：臺北市和平東路二段十八巷一號
Free China Fortnightly, 1, Lane 18, Ho Ping East Road (Section 2), Taipei, Taiwan.
電話：二 八 五 七 〇

航空版　友聯書報發行公司（香港九龍高打老道二〇號）電話：五九一六四、五九一六五

總經銷　自由中國社發行部

經售者

地區	經售者
美國	紐約 友方圖書公司 Hansan Trading Company, 65, Bayer D Street, New York 13, N.Y. U.S.A.
美國	紐約 光明雜誌社 Sun Publishing Co., 112, Mulberry St., New York 13, N. Y. U. S. A.
韓國	漢城 裕昌德號
馬尼剌	新疆書店
緬甸	仰光 振成書報店
印度	阿拉哈巴 中印文化出版社
北婆羅洲	西利亞坡 青年書店
星加坡	友聯書報發行公司（小坡大馬路四六九號）
吉隆坡	友聯書報發行公司（馬華公會大厦三樓七室）
怡保	友聯書報發行公司（希尼華沙甘街十六號）
檳城	友聯書報發行公司（林連登律七十二號）
澳門	友聯圖書公司

印刷者　精華印書館股份有限公司　廠址：臺北市長沙街二段七一號　電話：三 三 四 二 九

本刊經中華郵政登記認為第一類新聞紙類　臺灣郵政管理局新聞紙類登記執照第五九七號　臺灣郵政劃撥儲金帳戶第八一三九號
（每份臺幣四元，平寄美金一角五分，航寄美金三角）

FREE CHINA

第廿一卷 第[illegible]期

社論

中華民國四十八年十一月一日出版
社址：臺北市和平東路二段十八巷一號

半月大事記

九月九日(星期三)

寮境戰事仍在持續中。寮共忽表示願與政府談和。

美參院撥欵委員會通過三十二億援外法案。

周恩來要求尼赫魯撤退糾紛地區印軍。

美空軍擎天神飛彈首次發射獲得成功。

九月十日(星期四)

印度拒絕將印匪邊境爭端地區交與中共；印度堅持麥克馬洪線爲邊境界線。

艾森豪認爲寮局勢嚴重，盼聯合國立卽採取行動，遏阻共黨在亞侵略。

四國調査委員會啓程赴寮調查。

美宣佈與賴比瑞亞簽訂防務經援協定，此爲與非洲國家第一個防務協定。

九月十一日(星期五)

美參院授權艾森豪，協助鐵幕國家擺脫俄國束縛。

尼赫魯對印匪爭端，反對俄國調停。

九月十二日(星期六)

美參院通過補充法案，以經援鼓勵俄附庸，使其衝破共黨牢籠。

九月十三日(星期日)

中共要求印度，撤退邊境印軍。

九月十四日(星期一)

俄要求擧行國際會議，會商解決寮局辦法。

俄揚言所射火箭，業已擊中月球表面。美國務院發表說明，俄將國徽放置月球上，並無月球主權基礎。

九月十五日(星期二)

聯合國十四屆大會在紐約揭幕。

赫魯雪夫抵美。艾赫擧行首次會談。赫氏重彈友好濫調，艾氏神情抑鬱，面帶慍色。

我長期發展科學委員會審定，二四四名研究人員獲本年研究補助費。

俄對寮國問題建議，美國務院嚴詞拒絕，認俄要求開國際會議並無必要。

「自由中國」的宗旨

第一、我們要向全國國民宣傳自由與民主的真實價值，並且要督促政府(各級的政府)，切實改革政治經濟，努力建立自由民主的社會。

第二、我們要支持並督促政府用種種力量抵抗共產黨鐵幕之下剝奪一切自由的極權政治，不讓他擴張他的勢力範圍。

第三、我們要盡我們的努力，援助淪陷區域的同胞，幫助他們早日恢復自由。

第四、我們的最後目標是要使整個中華民國成為自由的中國。

九月十六日(星期三)

聯合國大會指導委員會否決印牽中共入聯合國案。該會並通過美建議不討論我代表權問題。阿爾及利亞問題列入大會議程。

赫魯雪夫在美記者聯誼會重彈和平濫調，再度要求與德簽訂和約，並以狡辯方式宣傳共黨教條。

九月十七日(星期四)

中共重要頭目調動，彭德懷被黜，林彪接替僞「國防部長」，羅瑞卿繼任僞「參謀總長」。

美國駐聯合國代表洛奇在紐約經濟協會晚宴上，說明美國制度是經濟的人道主義，針對赫氏誇張性談話。晚宴上聽衆提出問題，赫氏老羞成怒。

艾森豪在記者會上表示，赫魯雪夫展開笑臉攻勢，不會削弱美人反共，認赫氏恐懼核子戰爭態度可取，但俄仍可能估計錯誤，掀起大戰。

九月十八日(星期五)

美射前鋒三號衛星，順利進入軌道運行。

赫魯雪夫在聯大發表演說，重彈裁軍舊調，主張在四年內實施全面裁軍，取消軍事基地，銷毀原子武器。提到所謂「中國代表權問題」時，曾經强詞奪理，詆蔑中華民國的合法地位，並爲北平僞政權爭取插足聯合國的機會。

九月十九日(星期六)

赫氏裁軍計劃，美正予研究中。艾森豪拒絕作評。

九月二十日(星期日)

南投發生情殺案，造成十死四傷，兇手畏罪飲彈自盡。

美代表勞勃森在聯大演說，嚴厲控訴共匪罪行，斥匪爲非法之徒，不配入會。

美勞工領袖與赫魯雪夫辯論，提出獨裁問題，赫氏濫發脾氣，說美俄立場無法調和。

九月二十一日(星期一)

東南亞公約組織秘書長乃樸聲明，如果寮國要求援助，東約可派部隊前往。

伊拉克集體處決軍官，羣衆示威抗議政府暴行。

蔣廷黻代表在聯大演說，痛斥印度爲匪張目，並指責赫魯雪夫發表謬論，別有用心。

九月二十二日(星期二)

聯大否決印度提案，拒絕共匪入聯合國，投票結果爲四十三票對廿九票，九票棄權。

九月二十三日(星期三)

西藏爆發新抗暴戰，五萬藏民與匪搏鬪。

鐵路局決緊縮員額，資遣退休辦法決定，對象爲臨時及老弱員工。

九月二十四日(星期四)

內政部修訂著作權法，邀學者作家座談。

東南亞公約軍事顧問會發表公報，東約組織遇必要時，保證保衛公約地區。軍事顧問會已注意共黨對寮威脅。

社論

(一) 叫我們如何鼓勵「抬不起頭的」稅務人員？

「稅務人員所受到外界的批評多，鼓勵少。」這是臺灣省政府財政廳長陳漢平九月二十三日在臺省稅務會議上講的一句話。他還說：「普通一個稅務人員的待遇，每月平均三、四百元，較爲高級的人員平均也只有五、六百元，這樣菲薄的待遇，要稅務人員征收上萬甚至幾十萬的稅收，他們的工作情緒，當然就要低落。情緒的低落，也就影響到稅收的工作。」他又說，有一些所謂「三害」、「四害」的傳說，「稅務人員總是其中一害。說得稅務人員抬不起頭來。」(見九月二十四日聯合報第五版)

陳廳長這番話，說得很技巧，比一般的官腔要高明得多。稅務人員抬不起頭來的癥結所在，他毫不隱諱地說出了。癥結所在，就在於待遇的菲薄，這是一針見血的說法。同時，他的言外之音，對於抬不起頭來的稅務人員，很有點同情的意味。這一點，我們更具有强烈的同感。同感之所以强烈，是由於幾天前筆者親身經歷了一個令人心酸的場面。

幾天前，筆者有一個偶然的機會同一位年輕的稅務人員談起他們的待遇問題。他說，他的薪水每月只有四百多塊錢，家裏有一位太太，兩個孩子。孩子大的兩歲，小的半歲。我問他，那怎麼過活呢？他說，「當然哪，苦得很。」他停了一下，又接着說，「我們只好特別節省。如果不接到要送禮的帖子，一個月的薪水也可勉强過得去。因爲我們每天的買菜錢，平均有二十元就够了。」他不小心說出了最後那句話。當時我也太不小心，馬上脫口而出地又問他，「你每月只有四百多塊錢收入，而每天平均要二十塊錢買菜，一個月就用六百塊錢，怎樣講不接到帖子就可以勉强過得去呢？」我這幾句話，本來是很自然的直覺的反應，絲毫沒有故意盤問他，可是他的臉和頰子都漲紅了。支吾了一下，他才說一聲「總之，苦得很！」當他說出「苦得很」三個字的當兒，淚水幾乎噙不住要掉下來了。當時我很窘、我很心酸、我很後悔。我不該這麼輕率地發問，以致觸動了這位年輕人的心靈的苦痛處。

「稅務人員抬不起頭來。」這是現在的眞情。可是這並不是外界把他們「說」的抬不起頭來，而是冷酷無情的現實「壓」得他們抬不起頭來。他們要活下去，他們的妻兒也要活下去。官俸不够買菜錢，做了良心上不願意做的事，物質生活過得去了，心靈生活却更苦。作爲一個「人」，這正是最難受的。我們與論界還忍心加以批評，而不加以鼓勵嗎？是的，我們應該給他們以鼓勵。

鼓勵，怎樣鼓勵呢？菲薄的待遇如果不充分調整，叫我們如何去鼓勵他們？我們想了又想，那只有鼓勵他們在「生」與「死」的兩條路上去選擇一條。

我們先說那條死路。那就是鼓勵他們「守法」、「廉潔」，除領取法定俸給外，不得謀取份外或法外的收入。法定的收入不够用，就得咬緊牙關，束緊褲帶硬挨。一天一天地挨，挨到死爲止。死了以後，遺寡遺孤可以領到一點點人壽保險金；死者的遺像前，也可能有一兩位長官走來行個三鞠躬禮。如此而已矣。有人說，這才是「自愛」。自愛，愛到走上了死路，死也「光榮」。

這樣的鼓勵，事實上，各層各級的機關首長們時時在作。週會、月會、檢討會、講習會、以及各形各色的會上，總少不了長官們勉勵「守法」、「廉潔」、「自愛」這一類的訓話。這一類的訓話，是今天無恥的官場中最無恥的現象。因爲，這般訓話的長官們他們自己，大都領有巨額特支費或鬼鬼祟祟的恩賞，而公館的開支又可以在本機關或附屬機關作假賬報銷。這樣的長官，還敢於站在講臺上大言不慚教訓別人廉潔、守法、自愛，這還不是無恥之尤嗎？

無恥之徒，才可以說出無恥的話，鼓勵別人殉「廉潔」「守法」「自愛」之名以死。我們能忍心這樣作嗎？老實說，我們不忍。

我們既不忍鼓勵待遇菲薄的稅務人員殉名以死，那末，另一鼓勵就是鼓勵他們想辦法活下去。「想辦法」！對的；多年來官場中最流行的一個術語，就是「有辦法」。「有辦法」的意思，是說能够安安逸逸地搞到黑錢，而不致被人揭發。這就要靠手脚做得乾淨、俐落，四方八面，應付得週到。反正今天的司法，是可以「奉令不上訴」的。左手拿到的黑錢，右手用它一點出去，也就可高枕無憂了。

事實上，我們的政府，多年來是在鼓勵大家這樣作。機關的首長，對於屬僚們的貪汚大都是佯着不知道，如果有人指責到，他的答覆總是說，「拿出證據來我一定嚴辦。」這句話的暗示作用是很强烈的：就是說貪汚無妨，手脚要做的乾淨。

這樣的鼓勵，事實上政府本身是在作，用不着我們來作。而且，我們不能這樣作，也不願這樣作，我們是與論的一分子，我們要扭轉惡劣的政治，而引導它進步。鼓勵貪汚，我們是決不幹的。

那末，怎麼辦呢？總而言之，待遇不充分調整，我們毫無辦法給「抬不起頭來的」稅務人員以任何鼓勵。我們既不忍心鼓勵他們殉「廉潔」之名以死，我們也不願鼓勵他們貪汚以求生。請問陳漢平廳長，我們將如何給他們以鼓勵？

這篇文字的主題，雖然是就稅務人員來講。但所有軍公教人員的處境，也和稅務人員是一樣的。關於待遇問題，我們過去談得很多。現在，待遇如不充分調整，我們無法鼓勵稅務人員，同樣地，也無法鼓勵一般的軍公教人員。

社論

(二)

撤銷軍人之友社！

政府爲了籌措臺灣中南部災區重建資金之財源，已在緊急處分事項第一項中首先決定：「對各級政府預算，得爲必要之變更，並調節收支，移緩就急。」由於這一決定，不禁使大家想起立法院對於中華民國軍人之友社（以下簡稱軍友社）這樣一個組織的意見。

在今年五月三十日，立法院審議四十八年度中央政府總預算案時，曾經附帶議決了十一項應辦事項，送請行政院辦理。其中最後一項說：「中華民國軍人之友社，組織龐大，開支浩繁，應由主管部嚴加監督，酌予緊縮，撙節開支。嗣後該社募集之勞軍捐欵，應以現金慰勞官兵爲原則，俾切實際。」自此一決議案發表後，曾引起社會各界的密切注意，尤其是中下級官兵的普遍重視。當時本刊曾接獲不少讀者投書，源夫先生「請看軍人之『友』社」一文（刊於第二十卷第十二期），不過是其中之一而已。

從外表看，軍友社是一個人民團體。因此，無論其組織如何龐大，也無論其開支如何浩繁，都沒有立法院置喙的餘地。可是，立法院在審議中央政府總預算案時，何以不得不連帶加以過問？要答覆這問題，便必須先從軍友社的實質說起。

軍友社這個組織，在法律上的地位，固然應該是屬於人民團體；但從實質上分析，却又變成了政府機關。最簡單的事實，便是該社自民國四十年十月三十一日成立以來，每年照例可以由臺灣省政府的預算中，獲得一筆固定的經費，而且數字相當龐大。現僅以該社四十八年度歲入預算書所列預算數目爲例，所謂「省撥勞軍事業費」，便有四百七十六萬元之巨；且據備考欄內註明，尚較上年度減少了一百三十萬元。事實上，現在國防部固把軍友社當做隷屬單位，而軍友社也把國防部當做頂頭上司。誠如該社在今年六月二十二日致函本刊答覆源夫先生投書時所說：「不僅年度預算，應呈准國防部核定後照預算執行」，而且「國防部亦派有監察及稽核經常駐社」，乃至於「國防部視察組」也可以「來社檢查」。

這樣說來，軍友社此一組織，既非「民」非「官」，又似「民」似「官」，幾乎不知道究該稱之爲人民團體抑或政府機關。其實，軍友社正是利用這一點方便，一方面打着人民團體的招牌，一方面擺出政府機關的面孔，而以雙重身份在社會上出現，用各種手法搞錢。因此，這一特殊組織，除掉可以如同政府機關一樣，每年由省政府的預算中獲得固定經費外，又可以透過政府的權力，假借勞軍的美名，向各業、各縣市進行變相的强迫捐獻。假使有人對這種捐獻向政府提出指責，政府便可以說這是人民團體的行爲，出於各業、各縣市的自願。其實，事實上大家却只有認捐的相對自願，而沒有不認捐的絕對自願了。

現在，軍友社僅僅透過臺灣銀行國外部辦理結滙的權力，便使得無論是進出口商、青菓業、煤油業、工業、漁業等，在申請結滙時，都必須繳納一種「外滙附捐」。甚至在屠宰業方面：宰羊一頭，便須捐獻一元；宰猪一頭，便須捐獻兩元；宰牛一頭，便須捐獻四元。諸如此類，都是捐獻其名，攤派其實。除此之外，軍友社還經常運用若干手段，征集所謂勞軍經費。遠者如四十六年一月間，一個小小嘉義軍友社分社，便可憑一紙公告，把各電影院的票價普遍漲價二角，而稱之爲「勸募隨票勞軍捐欵」，以致引起輿論的責難。近者如主辦「黃濤石歌舞團」和「江山美人」的演出。在主辦「黃濤石歌舞團」演出後，可以不按稅則規定，將剩餘票繳銷，而欠稅達十八萬元，迫使臺北市稅捐處不得不一再追繳。在主辦「江山美人」演出時，又「未按照臺北市影劇業售票辦法，於開映前二小時售票及每人限購兩張之規定」。因而引起影劇業及一般觀衆之不滿，弄到「有關方面」也不得不「報請主管當局處理」。

不過，話說回來，軍友社像這樣不擇手段所獲得的錢，假使眞能百分之百用之於勞軍，倒未始不可以原諒。但是，只要一查該社收支，便知道事實恰恰相反。

這八年來，軍友社的收支賬目，我們不必一筆一筆細說，僅就該社四十八年度的歲入歲出預算書分析，便足以瞭解一般實情。此項預算書，是在今年六月三十日經由該社第四屆第三次常務理事會審議通過，最後在八月七日奉國防部核准的。據歲入預算書上所列預算數字，合計爲一千八百七十餘萬元（一八、七八二、三〇〇元）。僅就這一筆錢而言，軍友社究決定如何使用呢？這可列擧歲出預算書上的幾個數字，加以具體說明。

根據歲出預算書的分配，其中「文化勞軍費」一項，佔去一百四十二萬八千元。然而，此所謂「文化勞軍費」，在名義上，固然包括有「建立醫院文庫費」、「充實戰地文庫費」、「書籍勞軍費」、「青年戰士報補助費」、「軍友月刊補助費」等五個小目；但在實際數字的分配上，僅僅「青年戰士報補助費」，便佔去一百零三萬二千元；「軍友月刊補助費」，又佔去九萬六千元。這樣分配的結果，剩下的總共便只有三十萬元；以致所謂「書籍勞軍費」，雖然也算是一個科目，實際上全年的經費，却只有區區八萬元，還不及給「軍友月刊」的補助，更不及給「青年戰士報」一個月的補助。其實，據我們所知，青年戰士報在國防部另有預算，職員更領有正式待遇，軍友社爲甚麼還要拿「文化勞軍費」做人情，每年送給該報一百萬元以上的補助？青年戰士報更憑甚麼還要在「文化勞軍費」下揩油？至於該社自辦的軍友月刊，非但已向各分社硬性攤派，可在各分社季節勞軍欵下各扣繳補助費三千元；而且還經常假借敬軍勞軍名義，拉取各種廣告，而可有一筆收入；憑甚麼也要在「文化勞軍費」下刮油？難怪所謂「建立醫院文庫」、「充實戰地文庫」云云，變成了欺騙軍人的謊言！一百四十餘萬元的「文化勞軍費」，是如此任意濫用，便不難推想其他各項勞軍費用，究竟是在如何開支了！

另據歲出預算書的分配，其中「業務維持費」一欵，便佔去一百一十餘萬元（一、一三八、五六〇元）之多，加上「轉發各分社經費」又佔去二百六十萬元，另加附表二與其他附表所載，福建省區社佔去經常費三十六萬餘元（三六八、四〇〇元）和現金給與經費八萬餘元（八四、五八八元），馬祖分社佔去經常費三十萬元和現金給與經費六萬餘元（六九、一三三元）。總計軍友社總社、分社、區社全年在維持業務方面所耗去的欵項，共達四百五十六萬餘元（四、五六〇、六八〇元）之巨，約佔有全年總收入一千八百七十八萬元的四分之一。這就是說，我們是以四百五十餘萬元的巨欵，養活一批以勞軍爲職業的人，來辦理一千四百餘萬元的勞軍事業。難怪政府撥出了巨額公欵，老百姓捐出了大量血汗錢，軍人却得不到甚麼實惠。辦理勞軍一事，便需要「開支浩繁」到這個地步，恐怕世界上只有我們這種國家才容許如此！

對於軍友社之如此「開支浩繁」，想必大家一定甚爲驚奇，而要追問原因何在。要答覆這問題，便須進一步說明立法院所重視的「組織龐大」四字。該社在總社之下，轄有一個區社和二十三個分社，普及全臺灣各縣市與金門馬祖各外島。其中尤以總社之「組織龐大」，工作人員之多，似乎連該社本身也弄不清楚。據該社總幹事胡霖鴻於今年五月二十九日致函「自治」半月刊（刊於該刊復刊號第廿二、廿三期合刊）稱：「總社則由原編制五十二人縮爲四十四人。」又據該社相繼於今年六月二十二日致函本刊（刊於本刊第二十一卷第一期），答覆讀者源夫先生時稱：「總社僅有專任工作人員二十九人。」兩相比較，居然相差十五人之多。可是，據該社於今年六月三十日第四屆第三次常務理事會審議通過四十八年度歲入歲出預算書附表（中華民國軍人之友總社四十八年度員工現金給與經費計算表）所統計，除編制以外人員四人不計外，計有員四十八人，工友十人，司機三人，共爲六十一人，其中除掉兼任者三人外，專任也應該是五十八人。這項人數，顯與前述兩函所稱相差甚大，甚至較致函本社所稱者多出一倍。難道說該社從今年五月二十九日至六月三十日短短一月之內，編制便連續變更了三次？難道說實際上的確只有二十九人或四十四人，而在報領待遇時所塡的超額人數，是總幹事個人想吃空缺？否則，何其一個總社的人數，在一月之內，前後三次所說，竟各不相符，一至於此！由此觀之，該社連總社本身的人數都弄不清楚，則其轄下一個區社和二十三個分社，究竟有多少工作人員，自更難說得明確了。卽此一點，也多少可以知道該社「組織龐大」，已到何種地步。

軍友社在如此「組織龐大」之下，本來就容易流於「開支浩繁」，何況該社又不顧勞軍欵項的得來艱難，只知有自己，而不知有軍人，竟一味的提高社內工作人員的待遇。現就所謂「業務維持費」一項而言，這一百一十餘萬元，便是全部供給軍友社總社來開銷。其中僅僅用於交通方面者：計有「車票」三萬六千元，「交通補助費」七千二百元，「車輛修繕」二萬二千二百元，「車輛燃料」三萬四千九百七十四元，司機三人的「現金給與」一萬二千六百元，司機三人的「伙食津貼」五千四百元，合計共爲十一萬餘元（一一八、三七四元）之多。最可怪者，該社住於臺北市安東街等地的職員，上下班均有交通車接送，爲何每月還列有三千元車票的開支？至於該社員工的待遇，更非待遇菲薄的中下級官兵所能想像。一個「兼任」而非「專任」的總幹事，可以月領九百元的待遇，究竟超出一個陸軍中、上校多少，姑不細論；僅以其平時有專用吉普車乘坐外，每月又尚有二百元交通補助費可領一事而言，便可想見其待遇與軍隊官兵待遇的懸殊。至於一般職員，除掉「生活費」、「工作費」之外，每月還照例有「加班費」可領，另尚可獲得「値日費」、「誤餐」費、「車票」費、「伙食津貼」、「婚喪生育補助」、「醫藥費」、「房租津貼」等，以至於「年終獎金及加發一個月給與」可領；如有眷屬，還另有實物代金和生活補助費可領。至於二十三個分社和一個區社人員的待遇，也大體相似，自不必細述。請問我們勞苦功高的中下級軍官戰士們，有幾人能享受到如此待遇？

每年由各方面一點一滴滙集起來的勞軍欵項，既然在軍友社的「開支浩繁」之下，弄得所剩無幾，於是眞正要進行勞軍工作，便不得不另找財源。例如去年從八二三金門砲戰發生以後，便不得不由各界另行捐欵一千餘萬元。甚至於臺北市興建一所國軍英雄館，又不得不由臺北市政府另撥專欵七十萬元。乃至於在高雄市興建一所金馬官兵服務站，除需高雄市政府撥欵十萬元以外，每月區區八千元的經費，連高雄市政府和陸軍總部也得分擔一部分。

不過，這八年來，軍友社的「開支浩繁」，固然相當可怕，但更可怕的，還是該社歷年來的收支賬目，是否完全可靠，而絕無毛病？大家都知道，收支賬目是否有毛病，主要的癥結在會計方面。可是，軍友社雖早在民國四十年十月三十一日便成立，到現在已經快整整八年，然據該社第三屆理事會在今年六月三日提出的工作報告中指出：直到上年才「開始財產清查、建立財產管理制度。」因此，在過去七年中，該社財產究竟如何清查與管理，恐只有歷任總幹事自己心裏有數了。其結果，像前任某總幹事，身爲窮苦軍人，却可以巨欵購洋房，並在室內鋪設厚厚的地氈，過着豪華生活，是否如同外傳出於貪汚一節，恐怕是無法證實了。同樣的，某理事長在幾年前出國參加某項會議一次，是否如同外傳曾向該社報領巨額出差費一項，恐也一樣的無從查起了。不過，像今年五月二十五日出版的「自治」半月刊已公開指出的：總幹事胡素鴻可以「說是此爲某首長所口頭指示，或即爲某顯要所授意，於是勞軍欵三萬多可以送給藝人李湘芬買房子，年節私人大批送禮，自己可以不掏一文錢。」顯然已有舞弊的嫌疑。至於正在臺北市興建中的國軍英雄館，計達二百一十萬元之巨，却連招標手續都沒有經過，傳說已經很嚴重，內情如何，顯然也大可懷疑。至於現任總幹事接任不到半年，竟將會計室人員八人，全部晉陞、超陞，乃至於整個總務組的工作人員，也一律更調，非但已引起若干刊物的指責，且早已造成內部的不滿，謠傳紛紛，尤其令人懷疑。

可是，軍友社由於利用人民團體和政府機關雙重身份的方便，過去幾年來的收支，任何人要想澈底查清，恐怕也有些不可能了。不過，我們願就眼前的事實提出來公開質問的：就是根據四十八年度歲入預算書所列數字與今年五月十日出版的軍友月刊的報導，若干收入數字，何以相差甚遠？這到底是甚麼道理？現在，我們把若干有關數字，一筆筆的在下面提出來。

例如屠宰業勞軍捐獻：據預算書所列僅有二百萬元，且在備考欄內註明「照上年度預算編列」，然據軍友月刊報導稱：「屠宰商自四十五年起每年捐獻四百萬元」，較預算數字多出二百萬元。又如進出口商結滙捐獻：據預算書所列僅有五百萬元，然據軍友月刊報導稱：「全省進出口商業公會於四十六年起每年一度捐獻勞軍，本年度又一致集會通過捐獻一千七百萬元」，更較預算數字多出一千二百萬元。又如青菓業結滙捐獻：據預算書所列僅有二百萬元，然據軍友月刊報導稱：「四八年決定捐獻三百萬元」，也較預算數字多出一百萬元。又如雜貨業勞軍捐獻：據預算書所列僅爲一百萬元，然據軍友月刊報導稱：「預計每年獻金將有數百萬或千萬元之譜」，尤較預算數多出若干倍。甚至像漁業、煤油業、及鐵路搬運工會的捐獻，軍友月刊雖早有報導，但預算書却未予列入。此外，在統一勞軍捐獻數字上，也有很大的出入：據預算書所列僅有三十五萬元而已，但據軍友月刊報導，基隆市一地的捐獻總目標便是六十萬元，而花蓮一地剛開始便已捐到十六萬七千餘元，南投一地早已收到十六萬六千一百七十餘元，且預計「不日可達三十萬元目標」；至於其他各期軍友月刊報導的其他各縣市捐獻數字，還沒有提到。然而，僅以花蓮和南投兩地，已收到的統一勞軍捐獻欵項觀之，便已有三十三萬餘元，爲何預算書所列數字，總共僅有區區三十五萬元？

從上述各項數字中看來，我們發現一個事實，那就是歲入預算書的數字，都普遍的列得很小，甚至有的收入根本沒有列在內，而實際可能收入的欵項，却爲數甚大。這樣的預算，算是甚麼預算，固令人費解。至於收入超出預算的大筆欵項，又將如何動用？那就更令人莫測高深了。總之，軍友社的勞軍欵項收支賬目，有不少漏洞，是必須澈底查究的。

老實說，今天自由中國的中下級官兵，待遇菲薄，生活艱苦，早已是人所共知，且早爲人民代表及輿論界所關懷。因此，說到勞軍，縱然要我們做老百姓的再勒緊一點褲帶，也是心甘情悅的。可是，大家却有一個希望，便是每一文錢，無論是直接由老百姓捐出的或間接由政府撥出的，都必須眞正用在軍人身上。很明顯，誰也不願意這些錢被浪費，更不願意流入中間人的口袋裏。

軍友社這個組織，姑不論其非「民」非「官」或似「民」似「官」，最起碼應該是爲擴大勞軍效果而存在，而不該爲某些吃勞軍飯的人而存在。可是，根據以上的冷靜分析，正由於軍友社的存在，既是「組織龐大」，又是「開支浩繁」，使得政府及民間每年所拿出的一大筆勞軍欵項，都不能一點一滴的眞正用來勞軍。因此，勞軍效果大爲減低，我們做老百姓的一片勞軍苦心，更連帶的被大爲貶損。鑒於此種事實，我們認爲立法院在建議中所說：「嗣後該社募集之勞軍捐欵，應以現金慰勞官兵爲原則，俾切實際。」固已深知其中流弊，不失爲防止轉手變質的一種辦法。但是，正本清源的說來，最澈底的辦法，是撤銷軍友社，把勞軍一律改用現金，由國防部有關部門統收統轉。如不撤銷該社，至少至少政府也該澈底把它整飭一番，以防止勞軍欵項的大量浪費，使軍人才可以眞正享受到勞軍的實惠。

啓　事

南投讀者先生：

你的「限時專送」信已收到，關於九月二十日凌晨發生在貴處的情殺案，承示兇手係駐軍某部上尉連長，竟可以携出卡柄槍兩枝，造成死亡十餘人之多，的確是駭人聽聞。此事各報早已紛紛評論，本刊暫時不想表示意見，至希原諒。相信政府有關單位，絕不應只止於安撫死難家屬而已。對於貴地人人惶恐的情形，我們除在此表示高度的關切和慰問外，並懇切希望政府能採取有效保障，以安人心。

編輯部敬覆

社論

（三）分析赫魯雪夫的裁軍高調及其用心

——兼論北平偽政權軍事首腦的更動

蘇俄總理赫魯雪夫在訪美期中，於上月十八日在聯合國大會發表一篇演講，大談裁軍濫調，要求在四年之內，全世界各國一律實行普遍而徹底的裁軍，把所有陸海空軍，所有各級指揮機構與訓練機構，所有軍事設備與武器，所有原子彈氫彈與洲際飛彈統統取銷，只留配備有輕武器的警察與民團，來維持各國內部秩序，以保護國家及國民的安全。在赫魯雪夫剛行發表這篇演講的最初一刻，全世界各地確實掀起了一陣驚異的狂潮，以爲赫魯雪夫此一宣布代表了蘇俄外交政策上的一項重大步驟，至少可與艾森豪總統於一九五三年所發表的原子能和平演講與一九五五年所提出的開放天空建議相比擬。但事後稍一思索，便知赫魯雪夫這種說法，實爲蘇俄政權成立以來的一種慣常宣傳把戲，不僅在三十年代蘇外長李維諾夫已一再說過，即在最近數年中，蘇俄亦曾不止一次的間接直接提出過這種建議。甚至就連赫魯雪夫本人，也明白意識到這種建議絕不是實際可作的建議，所以在這篇演講中除了提出這種不着邊際的裁軍高調外，接着也提出了一些比較低調的建議，來沖淡他這篇演講的宣傳色彩。

赫魯雪夫作了這一演講以後，蘇俄在聯合國內亦立即採取行動，企圖要把這一建議變成未來國際裁軍的一項新基礎；但在我們看來，赫魯雪夫這一建議壓根兒就是不能實行的。這種原因就在於：㊀任何裁軍必須要先有適當可靠的視察制度，至少這種視察制度的嚴格安排，應與裁軍的實際進行逐步配合，節節控制，以期裁軍行動萬無一失。赫魯雪夫這篇演講雖提到「我們不反對視察制度，我們僅反對藉口搜集軍事情報而無實際裁軍的視察」的說法，但他並未在此方面提出任何更進一步的較具體的建議。像他這種原則性的含混其辭的說法，我們早於數年前已聽他說過好多次，而蘇俄的不接受一種嚴密管制的視察制度，則依然如故。當這種視察制度不能有效建立，任何動聽的裁軍建議都不過是一種「天空中的甜餅」而已，實在談不上是一種眞正的計劃。㊁任何戰爭的發生並不在於武器，而是在於人與人，國與國間的相互衝突因素。當這種衝突因素仍未消除，繼續困擾着這個世界時，人們仍將使用長矛大刀以發動戰爭。(君不見非洲的毛毛之戰？)而今構成這個世界的根本仇視與衝突因素，主要爲蘇俄所進行的共產主義。因此除非赫魯雪夫於建議四年之內銷毀一切現代武器的同時，亦能建議於四年之內取銷和停止一切共產主義的活動與想法，這個世界的根本衝突當還存在。根本衝突既能存在，各式戰爭爲不可避免，眞正裁軍就難實現。所以要談裁軍，眞正癥結並非在於是否銷毀武器，而是在於是否先行消除相互的衝突因素，特別是製造這種衝突的共產主義。而赫魯雪夫完全不顧及這種衝突因素，徒唱銷毀武器的高調，可謂本末倒置，違反了解決一個問題的合理程序。㊂一個稍許讀過世界共黨發展史的人都知道，共產黨這一組織本身就是一種軍隊組織，就是一種戰鬪體。當年蘇俄十月革命，列寧與托洛斯基手下並無好多武器和軍隊；但一夜之間，共黨的全面暴力行動就推翻了一個現存政府。因此今天假若全世界各國的軍隊實力完全被取消，僅留少數警察和民團維持秩序，而讓共黨這一戰鬪組織仍然存在，那麼在警察和民團尚在熟睡之際，共黨的一個閃電暴動，就會把一個政府立刻推翻。一俟這一政府既經推翻，試問警察和民團還有什麼能力會恢復秩序？所以赫魯雪夫這一建議不僅在現實環境中行不通，而且還是一個政治上的陷阱，企圖使整個自由世界陷於完全不設防狀態。㊃就以警察和民團這一課題來講，這裏面也包含有許多攪不清的問題。如這種警察和民團的裝備究竟將根據何種標準？這種警察和民團的職務和執行職務的地域是否要作嚴格的限制？及如何限制？這種警察和民團的數量又將如何決定？假若這種警察及民團的裝備太差，它們就沒有能力壓服因種族政治及經濟各種原因而突發的人民暴動；假若它們裝備太好，這種警察和民團與現時東德的警察部隊又有何區別。同時，這種警察和民團的人員若爲數太少，則不足適應一個大國的需要；若根據各國人口而決定這一數量，那麼蘇俄及北平偽政權的聯合警察武力，即可構成一支拿破侖式的大軍，掃蕩全世界，將使其他地區沒有力量足以抵抗這種「警察侵略」。所以從現實政治的觀點看，取消軍隊僅留警察和民團這一作法也是無法實行的。

從本質上看，赫魯雪夫的建議根本就不是一個認眞與嚴肅的建議；既是如此，何以歐美國家有些政界領袖還不能斷然拒絕赫魯雪夫這一建議。美國若干參議員已聲明要對赫魯雪夫這一建議加以仔細研究；國務部赫特已表示可以支持這一建議的目標；英首相麥米倫及外相勞依德表示赫魯雪夫這一建議與英國最近所提裁軍建議將一併交明年初的十國委會去考慮；英工黨領袖蓋茨克爾認爲赫魯雪夫建議的原則可以接受，並宣稱沒有什麼事情比把赫魯雪夫建議認爲宣傳而予不理更壞；美民主黨領袖史蒂文生亦聲言「我們有理由對此建議表示懷疑，我們有更好的理由以無成見的態度對此建議加以研究」。這些表示也已證明了：赫魯雪夫這一建議雖屬一種裁軍的宣傳濫調，但這種宣傳亦絕不是一個愚蠢者所發出的宣傳，而是一個狡猾者所發出的宣傳。愚蠢者的宣傳，則是從頭至尾都是假的，而狡猾者的宣傳，則是大多數的假中也滲雜了少許的眞貨色，使他的虛假的宣傳變得更有聲有色。赫魯雪夫這次在聯大所提出的這一裁軍建議，便是一個狡猾宣傳者的「傑作」，以少許的動人的東西作釣餌，來推行他的宣傳濫調。赫魯雪夫在這一演講中說：「我們不要競賽誰有更多的氫彈與更多的飛彈；讓我們競賽看誰爲人民建築更多的住宅、學校、醫院、誰生產更多的糧食、肉類、衣物與其他消費物品。……人類歷史中，從來沒有任何一次軍備競賽如今日這樣激烈，也從來沒有一次像今日原子武器時代的軍備競賽如此危險。未來的戰爭將不分前方與後方，軍人與兒童，此種戰爭將會滅絕整個後代子孫」。赫魯雪夫在這些說法中裝出一種悲天憫人的姿態，表示蘇俄將以極大的誠意與決心來實行裁軍；但實際上，這種姿態正是赫魯雪夫這一建議的糖衣，使西方領袖無法對他這一建議予以斷然拒絕，也使他這一建議成了一個狡滑的宣傳。

赫魯雪夫一面深知道他的這種建議很難有實行的機會，一面又裝出非裁軍不可的樣子，這種用心究竟何在？對於這一問題，美國方面現有一種看法，即赫魯雪夫很想拿蘇俄的大部份力量來加緊進行現已實施的七年經濟建設計劃，以與美國作生產競賽；要進行這種競賽即非同時改變生產結構，削減軍備上的開支不可；要改變生產結構與削減用在軍備上的開支，又非把普通武力加以減裁不可。而且自蘇俄有了原子彈，氫彈及洲際飛彈之後，它對龐大普通武力的需要已日益減低，此時即令沒有國際裁軍協議，蘇俄亦會自動作這種裁減以應國防設施的新需要。現在赫魯雪夫的大聲疾呼，要求澈底裁軍，便在利用這種勢所必須的裁減舊式武力的機會，來攫取一種國際宣傳上的額外收穫。其眞正目標，並非在澈底裁軍，取銷一切現代武器，而是在創造有利條件，以便進行大規模的經濟競賽。

蘇俄高唱在這種競賽中要超過美國，東歐集團高唱要在這種競賽中超過西歐；同樣，北平偽政權亦高唱要在這種競賽中超過英國。正由於共黨集團的這種同一論調，使我們也連帶想到北平偽政權最近所作的重要軍事人事更動，恐怕也和赫魯雪夫的這種裁軍想法遙遙有關。就對偽政權的本身，以及偽政權對蘇俄的關係來說，我們實在看不出彭德懷這個共產黨與林彪那個共產黨之間有何分別；他們之間唯一所不同的，彭德懷在匪軍中是處於一個元老的地位，而林彪則是匪軍的少壯派領袖與現代化的中堅。因此以林彪來代替彭德懷，並不表示偽政權的權力關係有何變更，而是表示經過十年之久的軍事技術革新後，匪軍將在軍制上、人事上、軍事思想上、及武器配備上，要實行一種大規模的改革及新陳代謝，以現代軍人代替元老層的領導地位，準備建立原子時代的新軍。所以林彪出長匪軍首腦部的結果：第一、匪軍將根據原子戰爭的需要對軍隊各方面作一澈底改變；第二、匪軍將放棄過去以人力勝火力的舊式作戰觀念，企圖使匪軍逐漸形成一俄式的技術部隊。換言之，今後匪軍將在某種程度內，對普通地面武力將予以削減。這種削減地面部隊的用心，正如赫魯雪夫所想，是在節省餘力，以強化全面的經濟競爭。

總之，赫魯雪夫這種四年澈底裁軍建議，完全是一種宣傳濫調，今日不能實行，未來亦然。至於企圖對普通武力作若干程度的削減，一如自由世界各國多年所已實行的，其用心亦在全力進行經濟競賽，與廢除武力之說完全無關。不過赫魯雪夫這種建議，連同蘇俄近來其他各種作法，只證明了一點，即世界冷戰局勢確在逐漸向緩和之途發展，使各種問題的拖延更長期化。

讀者投書

（一）我有少數幾句話

徐道鄰

編輯先生：

讀到貴刊廿一卷六期沈剛伯先生『周室果有仁政乎』一文，我有少數幾句話想說一說。

一、周室仁政，不是由我提出來的個人主張，所以也不是我在所必爭的問題。我寫『周室的仁政』一文的動機，祇想指出一點，即蕭沈二君所提出來周人嚴刑峻法那幾個證據，在我看來，並不充分而已（『厚古以薄今，述聖以取信』，沈君所言極是。後世儒家之頌揚周政，當然很可能有一點故意誇大）。

二、大凡每一個新朝代之建立，一定少不了若干仁政，不然怎麼能得天下（所以雖殘忍如朱元璋也未始不『仁』）？同時也一定少不了相當嚴明的賞罰、紀律、和較好的兵力，不然怎麼能造反成功？問題祇在二者的比重而已。『成康之際，刑錯四十餘年不用』，則仁厚的成分似乎畢竟多一些（誅紂而封其子祿父，也未嘗不是寬大的表現。盟津還師，也許當時兵力並不太強，而管蔡能作亂畔周，則紀律似乎也還有問題）。

三、談到周初的實際政治，我始終認爲我們應當尊重太史公的意見。這不是說，史記比尚書詩經更爲可靠，而是因爲太史公也是『去古未遠，所說應有所本』，而且無論如何，他總比我們現代人『較爲近古』的多，所以他對於尚書詩經的了解，一般說來，也應當比我們現代人的了解更『可靠』些（也就是說：如果尚書詩經裏，有周人嚴刑峻法的明顯證據，蕭沈二君能發現的，太史公似乎也應當能發現）。

四、英文撮要，不是我文章的一部份，用 benevolent government 翻譯『仁政』，也可能不狠恰當，但是我確實沒有聯想到十八世紀歐洲那三位男女帝王。

五、沈先生提出周人『天』字和『威』字的運用，以及宰我說『使民戰慄』兩點，這兩項『新』證據，十分有意義，不像前引尚書詩經那幾條證據之比較牽強（不過也還不够推翻傳統學說而使周人的嚴刑峻法成爲定案）。如果沈先生當初在他『論法家』文中提出，我『周室的仁政』一文，也許就不寫了。

六、不過另一方面，法家發達於三晉，三晉淵源於周人，誠如沈君所言。但是周公政治的嫡傳，是在魯國，何以魯國沒有產生法家？（這是徐佛觀先生的意見）

七沈先生從孔子久不夢周之嘆，推論他所欣賞的是周公之才而非周公之德，因爲少年的夢中人必是有才的，老年的夢中人才是有德的。這個意見確是十分有趣。

倘編輯先生認爲以上幾點，值得向讀者介紹而予以發表，則幸甚矣。

徐道鄰 四八、九、十九。

略談「同文同種」

徐逸樵

一　問題的提起

古往今來「同文同種」之國多矣；這裏所指的却只是關於中日間的文字關係和血統關係。這是首先需要指出的。

可是事實上，這樣的指出對於中國人說似乎還是多餘的。爲什麽呢？大家應該會同意：只要他們一聽到「同文同種」，一定會反射作用似地回到十五年前日本擴張主義者所愛倡、慣倡的那種「中日同文同種」的說法。甚至還會聯想到和「同文同種」之說並行地對於中國所進行的那種令人不願意回憶的不愉快往事。

是的，我也是在腦細胞中深深地刻着那種不願意把它回憶起來的往事殘像的一個人。然而說起來也奇怪，「同文同種」之聲之不作也蓋亦久矣，而到了最近，又隱隱約約地吹向耳邊來了，從而又使我人痛苦地喚起那種殘像來了。這究竟是怎麽一回事呢？

老實說，我是畢生切望着中日之間終有美好關係到來之日的一個人，然而我又却是最不樂意聽到「同文同種」之聲的一個人。這原因很簡單，這聲音對於過去中日之間正常關係之運行確實搞得太壞了；太使人們聞聲而搖頭了。我可以斷言：和我同看法和想法者，在中日之間蓋不知有幾千萬人在也。

我寫這篇小東西的用意無他，只想把所謂「中日同文同種」的究竟弄點清楚而已。應該承認：過去倡此論的日本人，十、九只是假喊一頓而已，而中國人之隨聲附和者，也十、九只是胡喊一頓而已，不求甚解也。不管怎樣，中日間之「文」和「種」究竟「同」到什麽程度，總得弄點清楚清楚呵！

然而這問題原是相當專門的，尤其是中日間究竟「同種」到怎樣程度的問題，更是非常專門的。要想稍多談幾句，就足以寫滿本刊一卷份的篇幅而有餘。這，不僅爲這樣的大熱天所不行，也爲刊物的負責人所不許。以下所說，眞正只是略談而已。如果讀到裏面有覺得愈讀愈悶熱的，那我眞要抱歉之至了。

二　「同文」以前中國文字在日本

現在先談比較容易談些的「同文」問題吧！

一提到「同文」，必然會使得有些人的腦中浮現出王仁的名字。據日本「古事記」、「日本書紀」兩部日本最古的書(註一)，王仁於應仁天皇十六年，應百濟國阿直岐的推薦，帶了「論語」十卷和「千字文」一卷，從百濟到日本，做皇太子菟道稚郎子的師傅。這，是中外古籍中提到中國文字最初傳到日本的記載。根據這記載：㈠中國文字最初傳到日本是在西紀二八五年(應仁十六年)，或者二八四年(阿直岐也是一個漢學者)，因之有些人認爲二八五年或二八四年是中日「同文」之始；㈡王仁帶有論語十卷，給菟道稚郎子做課本，因之又有些人認爲孔孟之道(儒學)傳到日本，和中國文字傳到日本是同時候的。這種說法驟然看起來好像有首肯的價值，然而要談到它的可靠性，却不能不說有問題了。爲什麽呢？查千字文有二種：一種傳說是魏時鍾繇作的，就是用「二儀日月，雲霧嚴霜……」等字開始的「千字文」，一種是梁武帝(在位：五〇二—五四九)命周興嗣作的，就是用「天地玄黃，宇宙洪荒……」等字開始的「千字文」；周興嗣的「千字文」是他親作的「千字文」，也就是一般人所公認的「千字文」，傳係鍾繇所作的乃係後人冒名的僞作。這一些大概是可以信憑的說法。如果承認這種說法是對的，那末王仁到日本的二八五年，那一卷六世紀初才出世的周作的「千字文」怎樣能够提前出世呢？

文獻學上中國文字傳自王仁之說既然不足以信憑，那末在考古學上是不是有什麽線索可尋呢？有是有的，也是無補於問題的解決的。據考古學上的資料，中國文字最初表現於日本古物上的，要算九州熊本縣玉名郡菊水町船山古坟中出土的大刀銘，銘文刻着這刀製造於「瑞齒大王世」，寫銘文的是「張安」。除此以外，到現在爲止，別無更早的出土古物中有文字留傳於後世。查「瑞齒大王」其人，據許多日本史學者的考證，大概就是反正天皇(四〇六—四一一)，也就是中國「宋書」「夷蠻傳」中的倭王珍。這樣說起來，反正天皇時代的五世紀初是不是可以作爲中國文字傳入日本最初的年代呢？常識的回答是否定的。這理由很簡單：只憑這柄刀上所刻着的和文字傳入並無絕對關係的一點銘文，又焉足以證實中國文字開始傳入日本的絕對年代呢？

文獻學和考古學既然都不能够解決這個問題，那還有什麽其他方法呢？在目前，恐怕只好請敎於健全的、科學的常識了。我個人的意見，認爲要追溯「同文」的源流，應該先承認一個前提：中國文字於何時最初傳入日本爲一事，而日本人於何時最初使用中國文字又爲一事；光靠鑽牛角尖方式强求於何年何月傳入，這是比强求甲骨文字於何年何月發生於中國還要困難得多的。

後面將會談到，中國人有計劃地到日本，是指並不是被什麽海風或暖流、寒流之類被動地飄過去的。據我個人的看法，在那些無名中國人一批批到日本的中間，日本人使用中國文字大概可以分做這樣三個大階段：

第一個階段是西紀五〇年代到三、四世紀間時期，也就是中國從東漢光武之世到魏、晉之間的時期。在這時期中，日本人還不懂得中國文字的用法和在日常生活上的可貴，不過爲得原始外交上的需要，那時散在九州的一些原始小國的土皇帝，有時不能不請僑居在當地的中國人代寫送給那時中國漢、魏政府或者他們派駐在朝鮮的統治機關(樂浪太守、帶方太守)的朝貢文(註二)。在這時期中，日本人對於中國文字的關係，也就是所謂「同文」關係者，大概僅止於諸如此類的程度而已。

第二個階段是四世紀初到六世紀末的時期，也就是中國「五胡亂華」到南北朝行將統一於隋王朝的時期。在這時期中，日本人懂得中國文字的還是極少極少，不過由於幾百年來不斷地受到了來自中國、朝鮮方面高度生產和高度文化巨大的影響，政治的、經濟的、社會的水準大大提高了，特別在經濟上、政治上的事務大大繁複起來了，於是那些從過去土皇帝成長起來的「大王」(註三)們和其他豪族首長們，不能不請教僑居在日本的中國豪族們(註四)來替他們經理經理物資和掌管人事、出納等事務了。這些職務在當時的他們看起來是異常重要而高貴的，理由是，這些職務都是需要用文字來精密地處理的(註五)，而他們對於那種繁難磐扭到萬分的中國文字，委實是要望而却步不敢問津的。應該特別指出，那些「大王」們和豪族首長們只不過是長於砍殺的粗野無文的莽漢而已。他們粗野的情形如何呢？大概到了同時代的大陸的中國人都難以想像的程度，則後之人者更難想像矣。在這時代中，日本人對於中國文字的關係，就是所謂「同文」關係者，大概也僅止於諸如此類的程度而已。

第三個階段是六世紀末七世紀初到九、十世紀間的時期，也就是中國隋唐、五代的時期。在這時期中，日本人加速度學習和使用中國文字起來了，大約到八世紀後期，他們並且懂得怎樣從繁難的中國字當中簡化出來一套適用於標註日本聲音的符號起來了。這種符號，就是一直使用到現在的片假名和平假名。到了這階段，日本人使用中國文字的情形才有資格配得上談和中國「同文」不「同文」的問題。又應該特別指出，這一階段中所謂加速度地學習和使用中國文字的日本人，只是大大小小的皇族們、貴族們而已。申言之，那時無論關於中國文字的學習和使用，對於佔着人口總數大概在百分之九十以上的下層人民，也就是所謂「公民」和更下一、二層的爲數甚多的「奴婢」、「賤民」之類的人民，幾乎是絲毫沒有緣分的。

三　「同文」同到什麼程度？

到了剛才所說的第三個階段，爲什麼日本的皇族們、貴族們會那樣起勁地學習和使用中國文字起來呢？大家都知道，到了隋、唐，從幾百年離亂的中國，變成了大一統的世界性大帝國(唐)了。當時日本的統治者派人到中國去一探，深深了解到苦非劍及履及而急起模仿，勢將有不得了之勢。這種模仿的實踐，表現於海上往來者，就是不顧葬身於魚腹而大批大批派遣「留學生」、「留學僧」到隋、唐去學習的所謂「遣隋使」、「遣唐使」，表現於政治、社會方面者就是從聖德新政（五九三—六二二）、而大化改新（六四五—）(註六)，而到八世紀初期達到了最高潮的仿自唐制的「律令的」國家體制。中國的情形和日本對中國追隨既然這樣猛烈地發展着，他們需要起勁地學習、使用中國文字，乃成爲責無旁貸之事了（以前都是旁貸的）。

於是這一階段中他們對於中國文字的學習和使用自然也向階段式地發展上

去了。這些小階段，恕我不揣譾陋地也把它們分做三個。

第一個是完全不折不扣地，依樣葫蘆地學習的階段。這種學法，對於言語構造和中國的完全不同而文化空氣教學方法又是異常落後幼稚的當時日本的皇族們、貴族們，當然是異常吃苦頭的。於是他們不得已，於耐心學習當中，漫漫搞出了另一種奇拔的方法，從而他們對於中國文字的學習和使用，也就進入到第二個階段去了。那種方法，就是小部分借用中國字的「義」、大部分則借用中國字的「音」，這樣雙方雜揉而成的方法。這樣主要用這兩種方法雜揉而成的奇形怪狀的文字，就是盛行於七、八世紀間的「萬葉假名」。所謂「萬葉假名」，就是可以垂諸「萬代」(「萬葉」就是「萬代」)的「借用字」(「假名」就是「借用字」)。顧名思義地想一想：他們在當時，對於這種文字的發明該是多高興而驕傲呵！可是「萬葉假名」究竟又是怎樣的文字呢？

「籠毛與，美籠母乳，布久思，毛與，美夫君志持。此岳爾，菜採須兒！家吉閑？名告沙根。」中文意譯如次：

籃兒吓，提着美麗的籃兒；
菜鈎兒吓！拿着美麗的菜鈎兒。
在那坡上採野菜的小姐！
您的府上在那裏呢？
可告訴我嗎？

上面所舉的是日本最初的詩歌集所謂「萬葉集」(註七)第一卷第一首中用「萬葉假名」寫的開始的一段。這些字確實完全和我們中國字相同的，可是看到這樣子的「同文」，是不是能使你不起「遠看像牙齒，近看不牙齒，越看越牙齒，不看不牙齒」之感呢？事實上這裏三十一個字除掉「籠」和「美籠」等九個大字和中國字本來的意義相同以外，其餘二十二個大字簡直和中國字的本義完全是風馬牛。這種風馬牛式的表現，只是純粹作爲標音符號的形式使用使用而已。這，和中國人把「這是什麼」這一句中國話用英語符號寫作 "Zhe sh shenma"，是決不會有本質上的區別的。試問那一個美國人看到這句 "Zhe sh shenma"，就會驚喜地說，這是「中美同文」呢？

可是這樣的「萬代假用字」究竟也是不能够傳之萬代而不朽的，於是「同文」關係又在變化了；關於中國文字的學習使用又進入到第三階段去了。

他們於那樣苦苦地學習、使用之間，不知從什麼時候起，居然漸漸地從中國文字中簡化出來作爲標音用的符號出來了。那些符號要比那種「萬葉假名」簡單方便得多了，那就是前面提到過的「平假名」和「片假名」。可是很奇怪！「片假名」和「平假名」都不是那些大皇族、大貴族們弄出來的，而是和尚們和中小女性貴族們苦苦地鑽研出來的。根據許多可信的考證和推斷，片假名主要是小和尚們苦鑽出來的，平片名主要是後宮和她們的「才人」們(註八)苦鑽出來的。小和尚們所以有那付本領，因爲他們受够了繁難磐扭的經典文字（當然全是中國譯的經典）的折磨，爲得容易認識和唸誦，它們才想出了那種可以標音的簡單方便的片假名符號。後宮和她們的「才人」們所以有那付本領，因爲她們在苦苦鑽研美麗的草書作爲書寫戀愛文工具的時候，自然而然地簡化出來了一套軟柳柳的「平假名」符號。總之說，且不去管那些符號是怎樣簡化出來的和誰人簡化出來的，總之到了九世紀下期，近於完備的「片假名」、「平假名」先後出現了。這，對於日本文化的進步，發展，確實是劃時代的偉大的貢獻。

可是我們的問題倒不在於「假名」對於日本文化上貢獻的大小，而是在於「假名」發明以後關係於中日間的同文性究竟如何。

應該注意，「假名」發明以後到今天，日本文中使用外國字的原則基本上沒有變過；任何寫作，除掉「假名」以外基本上就是中國字(註九)。談到「假名」與中國字的比重，「假名」多而中國字少；一般的傾向，中國字的比重只有漸漸小下去。這裏面，作爲標音符號使用的「假名」之不能夠算作中國字，那是不必說了的。中國字部分呢？問題就大些了。問題之所以大些，在於日本人對於中國字的評價和使用量是隨階層不同而異的。爲數甚少的漢學者或中國文學者(明治以來愈弄愈少了)對於中國字的評價是很高的，從而在寫作中使用中國字的成文是特別多的；然而其他一般學者却並不作如此觀和如此用法了。至於一般人民(可以假定其數字爲總人口百分之八十以上)，甚至並不看做所用的文字原來就是中國字，而只是當作隨時可以變換(如「徐」變成「除」，減少——減少個體中的筆劃或文句構造中的中國字而代以假名等等)的工具來做用的，因之他們的中國字的價值觀和使用量一般是很低的。論二個國家的同文不同文，最重要要注意到一個原則性的問題：應該從一般人民在日常生活上的使用習慣來做標準，不應該從少數專家在職業上的使用需要來做標準。如果只從少數專家的使用情形看，那末今天臺灣之長於英文者，必然還遠在今天日本人中能夠寫好中國文和說好中國話者的成分之上，那末試問：你是不是就可以說臺灣、美國已經同文了呢？

況且在事實上，千餘年來一直到今天，日本人用中國字一向還是爲中國人，尤其爲中國儒者所意想不到地亂用、惡用的。亂用、惡用的原因，一部分由於日本人根本不懂得中國字是怎樣形成搠造起來的，一部分應該歸根於千餘年前那種「萬葉假名」式的亂用、惡用的餘風。日本武尊是日本神話上最偉大的民族英雄，此衆所周知也。然而對此日本武尊也，他們可以把它(指寫法)寫做「倭健」，寫做「日本健」，寫做「大和健」，甚至寫做「倭建」、「日本建」，或「大和建」，會使你莫名其妙。此果何故？他們看做「日本」就是「大和」，而大和又是古代的「倭」(由於音相同)，他們既然這樣看法，於是他們認爲把這一些通來通去地寫寫又有什麼關係呢？「武」卽「健」也，「健」與「建」外形相似而兩者之間的日本發音又復相同，此他們的看法也；事情既然如此，於是他們認爲把「武」寫做「健」而又把「健」寫作建又有什麼關係呢？「東」是現在東京市長東龍太郎的姓。這個姓的日本發音是「アヅマ (Azuma)」，而アヅマ的意義乃是「我的老婆」。「アヅマ」何以作爲「我的老婆？」請看註釋(註一〇)，現在且不去管這些，可是一定會出於中國儒者的意想以外的是，如果你願意把東龍太郎改做「我妻」或「吾妻太郎」，他是決不會對你生氣的呵！十年前

我讀日本明治維新史，看到彼理將軍扣關後日本流行了一句童謠，意思是說四隻「上喜撰」驚破了三百年太平的美夢(註一一)。對於這個「上喜撰」，經我推敲再四而莫其妙，之後用日本所謂漢音、吳音之類來試發這三個字的音看看，才恍然於所謂「上喜撰」者，卽「蒸汽船」之謂也。(由於音相同)。日本人的中國文字觀之妙，類皆如是。天太熱了，恕我不必太浪費寶貴的刋物篇幅了。簡而言之，日本人之中國文字觀只是一種外來標音工具觀而已；旣係外來，又是標音工具，那末看方便如何，隨時改變之，歪曲之，增減之，調換之，廢棄之，在他們看來，都是無所謂的。這種情形，如果中國的儒者果眞明白了，是不是會大呼斯文掃地呢？「同文」問題且止於此，現在改談「同種」。

四　弄不清楚的原種

談「同種」問題要比談「同文」問題困難了。關於史前的，連日本人的原種(日本人的祖先人種)究竟是什麼還大大在摸索之中，也許永遠無法摸清的一天；在史後的，資料雖多而苦於徵信，尤其寫在這樣的小篇幅中，眞不知如何取捨才好。

所謂「同種」當然是指同「原種」囉。關於日本的原種問題，如果大家會承認古儒所謂「倭人……自稱太伯之後」(註一二)，那中日之必然同種，又還有什麼話可說嗎？如果大家會承認衛挺生先生的神武天皇卽徐福之說(註一三)，那問題也大大解決了，姓徐的首先會被倒屣歡迎去了，又也有什麼話可說呢？可是問題却不是那樣簡單而易與的呵！

問題所以不是那樣簡單而易與，從我看，主要有這些原因存在着：

第一、當然是問題本身的複雜性　你以爲日本四面臨大海，祖先人種應該不至於太複雜嗎？然而事實是適得其反的；它四面海上的自然條件，剛剛適合於使日本變成了東亞邊緣外的一個人種流入的窪地。翻開地圖看日本，從北邊，有那條來自白令海峽通過亞洲東北邊緣的大寒流；從南邊，有那條來自非列濱羣島北部通過臺灣東邊海上的大暖流，這條暖流到九州南部，就分爲二大股，夾着日本列島往北流動；從西南，有來自中國東南海、黃海的季節風。此外還得特別提到的，還有那個眞正只是一葦可航的對馬海峽。這許多自然條件，可以把原始時代亞洲大陸東北部、東部、東南部的許多人種被動地送進日本列島，而一被送進以後，就再不容易使他們跑出去。於是久而久之，這些被送進去的人種變成了不容易相互鑑別的另一種人種了。日本許多專家天天在構成了他們的祖先人種的所謂北方系、南方系、西方系人種裏面打圈子。一個最使他們感到頭痛的問題是，祖宗雖然頗多，而第一祖宗究竟是誰，總管是搞不清楚，甚至大有越搞越糊塗的樣子。

第二、是不是專家們欠有勇氣作當仁不讓的主張呢？　千餘年來日本人對於祖先人種的問題一直在受着荒謬的傳說和右翼勢力無形有形的壓力。那種荒謬的傳說就是日本民族乃是天照大神的孫子瓊瓊杵尊的遺族那一種所謂「天孫族」的傳說。這種說法，雖然由於日本戰敗而自慚形穢，一時被冷落了，但是

專家們對之，還是好像出嫁後的老丫頭見到她老主人的態度，還有點縮手縮脚的。如果日本政府還要繼續走戰前的老路，他們的態度大大還有回到戰前老樣子的可能。這並不是挖苦他們的話。學例說：那位天孫瓊瓊杵尊從天而降的「天」，許多專家從言語學、人類學、考古學、文獻學各方面有力地證實了事實上就是隔水相望的朝鮮，從而朝鮮的古人種至少就是日本祖先人種重要決定因素之一；可是到現在，除掉像佐藤春夫那像的老文人薄有暗示以外（只是文人的主張是不行的！）（註一三），似乎還沒有一個專家敢出來大膽主張：所謂瓊瓊杵尊者，就是來自朝鮮的我們祖先人種一族之代表也（註一四）。又如說：倭奴卽古蝦夷，而在一千四、五百年前的蝦夷，我們還有充分理由可以斷定他們還是現在東京、千葉、崎玉、羣馬一帶（「關東」）一直往北到青森、北海道（「東北」）的主人（註一五），同時從那時候起至少一直到鎌倉時代初期（一千四、五百年前的姑且不去說）（註一六），日本人血液中一定會有大量倭奴血液混進去；然而到現在爲止，似乎也沒有一個專家敢出來大膽主張：倭奴也是我們的同種！諸如此類的畏縮心理何所宗乎？對「天孫族」說的避諱心理云能毫無因緣乎？

第三、毫無文字紀錄可資追索　日本有文字，係開始於向中國借用，前面已經談到過。照發展的規律說，任何事物的成長都是簡單到複雜，由低級到高級，因之就文字的成長說，必然也有他的簡單的原始形態的。這種形態，往往刻在骨、角、石頭上面的。最原始的文字，往往還是遺留在原人們居住的洞窟石壁上的。然而日本呢？據說，踏遍了全土，還沒有這種文字被發見過，甚至連二千年以前的原始畫都還沒有被發見過。原始文字是追索一個民族所以發展的有價價的依據之一，而日本竟付缺如。這種奇拔的、斷層式的發展，對於假喊、胡喊同種之論者也許剛剛是方便的大門，而對於以眞理爲性命的學者，豈不就是吃苦頭的種子？

我掛一漏萬地寫了這一些，無非想說明，在日本史前社會中，還沒有發見過一點可靠的證據足以證實在那時已經有中國人去日本，也就是說，在日本史前社會，沒有一點餘地可以允許人們談中日同種不同種的問題。這裏所謂日本史前社會，是指離今天大約二千五、六百年前的日本史上所謂「繩文土器文化時代」的社會，就中國史上的時代說，是在戰國初期以前的時代。

五　中國系「歸化人」的混血成分有多少？

那末日本史後社會的情形如何呢？

特別需要指出，史後社會如果有中國人落籍在日本的話，那不管人數多少，只能說是混血或接種，不能算作同種了。

查日本有許多古書，記載着九世紀平安初期以前被稱爲「歸化人」的中國人、百濟人、新羅人、高句麗人在日本活動的許多情形。其中關於中國人的，特別在八世紀初期以前的，可能是根據當時在日本的中國人自己的記錄，甚至其中有不小的部分，是出於中國人的代筆；同時往往時間愈往前推，則其中有些個別的情節，也愈寫得誇張。可是就大旨而論，關於他們貢獻於當時日本政治、經濟、文化、產業各部門的豐功偉績，如其說它們寫得過於誇張，毋寧說寫得過於老實。不管怎樣，我們研究當時日本的情形，乃至中國人在日本的情形，對於那些古史書的重要性是不應該作過低評價的。

曾經提到過，中國人有計劃地初到日本，可能在中國戰國時代後期，卽可能比傳說中的徐福到日本還早。我這樣說，是從理論和事實上可靠的證據出發的。就理論上說，在戰國中、後期，中國齊（山東）、燕（河北）之民已經挾其高度的生產工具和技術，大量到了與日本的九州隔海相望的（在晴空無雲的時候眞可以隔海相望的！）朝鮮中、南部，進行生產活動。這種活動，很自然地立刻會發展到中日人民的相互交往。就事實說，當時的中國人已經知道了有那個古日本的「倭」在海上，而且已經有關於「倭」的記錄留給後人。「周秦之間」出世的「山海經」說：「蓋國在鉅燕之南，倭之北，倭屬於燕」。山海經儘管有許多不足置信的地方，像這裏所謂「倭屬於燕」，就是現存的不可信的證據；可是無論如何，關於作者指出了蓋國（朝鮮）之南有那個古日本「倭」的存在一事，則萬不容隨便抹搬，疑爲虛構之說。爲什麼呢？這是實實在在的事實；若非憑藉有人來往於日鮮或中日之間，而使作者直接或間接關於「倭」有所聞問，斷無法使他憑空揑造得出來也。關於戰國後期中國人大有可能已經到了日本的問題，可提到的還很多，在此姑且結束。

中國人大量到日本是和中國人在朝鮮的歷史無法分離的。

離開剛才所說的時間大約只有一、二百年，燕人衛滿在朝鮮建立較大的國家形態起來了（前一九四），再過百把年，前漢的武帝把衛氏朝鮮滅了，把朝鮮分做樂浪、立菟、眞蕃、臨屯四郡，置於長安中央政府直接統治之下了（前一〇八）。在這幾百年當中，中國人在朝鮮的人口當然大大增加起來了。增加後的總人口究竟有多少呢？那是無從考證的。然而據後漢書郡國志的記載（注意：那時從關外以至朝鮮已經開始大亂，漢家在朝鮮的勢力已經大衰），光是樂浪一郡（一八縣），還有戶數六一、四九二，人口至少在三、四〇萬之間。這個數目，我想不妨可以用作前漢盛時中國在朝鮮的總人口大約有多少的一個推測的基率的。

應該注意，中國人在朝鮮的人口從後漢桓、靈之世（一四七－一八八）以後迅速地減少了。例如：就剛才所說的在百年前比較還成樣子的樂浪郡的情形說，一到了晉泰始十年（二七四），合樂浪、帶方二郡（縮小到十八縣了），戶數居然只有八、六〇〇，人口居然至多只有五、六萬人了（註一七）。這些人口當然是包括中國人和改籍爲中國人的朝鮮本地人在內的。這樣減少了的人口究竟到那裏去呢？不難想像：一部分可能由於兵荒馬亂而被犧牲了，一部分可能逃到南朝鮮去了，一部分可能渡海到日本去了，而據各種資料予以推斷，到日本去的成分可能還比較最多。這種想像決不是向壁虛構。爲什麼呢？那時從北朝鮮以至遼東、遼西一帶連年烽火，他們回國之路已被阻塞，而且祖國的三親四眷也已由於天下騷亂而顚連零落，不知去向，從而從他們看來，美麗的故鄉已經不是值得眷念的家園了。他們的歸宿，除掉這幾條路以外是無法使我們想像的。於是我們的問題可以縮到一點了！爲什他們會渡海到那更遠的日本而不呆在朝鮮南部呢？事實告訴了我們，從那時以後，連南朝鮮也愈弄愈騷動不堪了，甚至連南朝鮮人也開始東渡到日本去了(註一八)。日本呢？那時日本正處在從極落後的原始小國的時代過渡到所謂「大和朝廷」連合政權的時代，在這時代中，處處需要高度的智識人、技術人來帶路，而這時候的中國人，在日本的大小豪族首長們（統治者）看來，幾乎無一而非爲他們望塵莫及的大好老、大能手。情形既然是這樣，當時日本的大小豪族首長們固然會用盡方法把他們誘過去，甚至把他們搶過去，而當時無家可歸的中國人自然也樂於過去，在海外去追求永遠在追求着的樂土。關於這一切，是有無數資料可資依憑的。

這樣子，在朝鮮的中國人，大約從三、四世紀以至六、七世紀間，成批成批地大量到日本去了（以後當然也有，少些而已）。跟着，朝鮮人本身也由於民族醞釀獨立、統一所發生的長期間的騷亂、戰爭，源源地大量到日本去了。這，就是前面已經說到過的無數「歸化人」出現在日本的原因。

要談中國系歸化人當時活動的情形，在這篇小東西中是斷乎無法談起的。爲什麼呢？自從三、四世紀以至九世紀初平安時代初頭，特別是七世紀以前的幾百年間，日本的一切進步發展，離開中國人的活動是無從談起的。這些活動，當然包括生產技術的改良和發展，佛教儒教的輸入和繁榮，大量佛教藝術和建築的發生和發展，隋、唐律會體制的模仿，歷次的政變，乃至首都從飛鳥邊僻地方的小都一步一步往北搬到平城京（奈良）、平安城（京都）的大都……。簡言之，那一時期間的日本進步發展史事實上就是以中國系「歸化人」的活動爲核心而發展起來的歷史。微「歸化人」，日本必將繼續「黥面文身」矣(註一九)。好在我們在這裏要談的只是同種不同種的問題，不是中國系「歸化人」活動如何的問題；談了，反而會變成畫蛇添足的多餘事的，不談是全無關係的。

我在這裏有再談一下必要的也許還有一點，那就是那時候中國系歸化人究竟有多少的問題。這，委實是不能作確答而必然會被提起來的一個問題。不得已，只好用旁證和毛估來對付，請恕我過於不揣冒昧！

根據九世紀初的「新撰氏姓錄」關於京畿(註二〇)一帶氏族的調查，當時京畿所有的氏族數爲一、〇五九，而其中歸化人氏族數則爲三二四；歸化人氏族數約等於其中百分之三〇。又據栗田寬博士關於古來一切氏族數的調查，氏族總數爲二、三八五，而其中歸化人氏族數則爲七一〇；歸化人氏族數大旨也等於其中百分之三〇。這樣看起來，歸化人氏族數占總數百分之三〇的比率大旨是有信憑價值的。

現在姑且以中國系歸化人氏族數占歸化人氏族總數三分之二到一．五爲標準，而假定其在總氏族數中所占的比率爲百分之一〇到一五，那末當時中國系歸化人總數究竟有多少呢？關於這一問題，如果確實能够知道當時日本人口的總數，論理不是沒有解答的可能的。

關於日本古代人口的推定，說法是非常多的。據一般人的看法，昭和初年澤田吾一氏根據奈良時代（七一〇—七九三）的戶籍、計賬、輸租等殘簡以估定的奈良時代的人口爲六百萬至七百萬之間的中數六百五〇萬爲標準而將奈良時代的中國系歸化人數予以推算，則當時中國人之在日本者，豈非在六十五萬人至一百萬人之間乎？

這個數目，我願意大膽主張，是決不會至於估計太多的。問題是，前面已經鄭重指出過，中國人如果在史後日本時代到了日本，那將不問其數的多寡，只能算是混血接種不能算是同種了，然則大喊「同種」之論者又有什麼方法證明，在日本的史前社會，也就是在日本「繩文土器文化時代」初期，中國人已經到了日本列島呢？

六　「同文同種」有什麼用？

談中日間是否「同文同種」已畢，讓我寫幾句感想！

我寫這篇小東西，並不是爲得證明：中日是同文同種，則可以同床而臥；非同文同種，就應該割席不語；半同文同種，就不妨不親不疏，不即不離。兩國間美好關係之建立自另有其他要道；國於天地間之相互關係，當非如此幼稚簡單之原則可得而運行也。

我要說的是，同文同種爲一事，而國與國之間應否親善、能否親善和如何親善則又純爲另一事也。談同文同種之眞實，蓋莫如十八世紀間英本國與其時之北美殖民地；然而其時相互砍殺之烈，則有活生生的美國獨立戰爭史擺在我們眼面前。至於今也，談同文，則美之於英已不純矣，談同種，則美之於英更大大雜化矣，然而相互照顧之切，至少就現象上看，則斷非百年前、五十年前乃至二十年前之關係可得而比擬。此果何故而使然也？談同文同種，則日本與朝鮮間之眞實且將不知幾倍於中日之間，然而十餘年前日本魚肉朝鮮之慘酷史，則又活生生地擺在我們眼面前。最可怪的是，在日本對中國大唱其同文同種高調之時，我人從未聞其對於應該作骨肉看待的那位朝鮮少兄弟哼過那種調子一聲。此果何故而使然也？時至今日，照同文同種論者的期望，日本理應大唱其老調矣，然而據旁觀者冷靜觀察，他們除掉在不大露面的場合低聲冷哼一、二句以外，初未聞於稠人廣衆之前如過去之引吭高歌也。則又果何故而使然也。

已而，已而！同文同種關係可以亘萬古千世而常存，而憑此作政治上之工具，冀有所圖謀，蓋應早成爲失時之絕唱矣。

（註一）古事記成於七一二年，日本書紀成於七二〇年，都是在日本出世最早的書籍。

（註二）日本原始小國中，最初向中國王朝朝貢的，據後漢書東夷傳記載，以建武中元二年（五二）奴國之擧爲最早。「東夷傳」「倭」條中說：「……建武中元二年，倭奴國奉貢朝賀，使人自稱大夫……光武賜以印綬。」自此以後，朝貢之使不絕於書。一直到七世紀爲止，他們的國書之出於僑居在當地的中國人之手，那是不難想像的。

（註三）在七世紀前初用漢字之間，「天皇」寫做「大王」或「大君」（日本音讀做「オホキミ」）。「天皇」要到七世紀後才使用。

（註四）那時中國人之集中於現在奈良（古大和）、大阪（古河內）一帶的甚多。他們分別奉「秦」、「漢」、「文」三大族之有力者爲族長，特別在經濟方面占有極大的勢力。所謂「秦氏」、「漢氏」，據說是秦始皇、漢高祖的後裔；可是事實上他們這樣自稱，不過只是挾以自重的政治上的掩護手段而已。

（註五）當時中國人替「大王」(天皇)或其他大豪族首長主持這種事務的人很多。例如：秦大津父在欽明天皇（在位五四〇—五七一）未做天皇前給他理財致富，做天皇後做他的大藏長官，就是一個例子。

（註六）「大化改新」發動於六四五年，繼續到那一年說法不同。據我的解釋應，該標誌到七〇一年大寶律令完成之年。

（註七）「萬葉集」是可比於中國「詩經的」最初的日本大歌集，完成的年代大概在七七〇年代初。

（註八）「才人」是當時後宮的陪娘子。當時的貴族，特別是藤原貴族，拼命把女兒送給天皇，皇太子做妾（後宮）。送去時往往選擇才貌雙全的其他中小貴族的女兒一起進去，幫她周旋於宮內爭寵。

（註九）日本語中頗多中國語以外其英語、法語、德語之類的「外來語」；然而這些只是用假名來標音的外國的「語彙」並不是外國「文」，同時爲數究竟也不很多。

（註一〇）相傳，日本武尊奉命東征，在現在神奈川縣（古相模）至千葉縣（古上總）之間渡海的時候，風浪大作，船頻覆沒，幸賴他的侍妾名弟橘姬者躍身入海，以事海神，得免於難（「日本書紀」卷二）；事後日本武尊思妾痛哭，常常悲呼「我的妻！」。她投身的方向遠在日本天皇的發祥地大和（現奈良縣）之「東」，從此以後，日本人說「東」往往叫作「我妻」或「吾妻」。

（註一一）日本在德川幕府近三百年間，閉關自守，和國外斷絕往來。一八五三年六月，美國 Mathew Calbraith Perry 將軍率兵艦四艘扣關，強幕府和美通商。這是明治維新運動所以發生的最大原因。

（註一二）「晉書」「四夷傳」：「倭人……自謂太伯之後。」

（註一三）衞著：「日本神武開國新考。」

（註一四）「佐藤春夫現代人的日本」史卷一。

（註一五）（註一六）這種資料在文獻學、民俗學、人種學、考古學上並不很少。彼鎌倉幕府的刱業人源賴朝在現在岩手縣殲滅了的藤原氏（淸源氏改稱），相傳就是蝦夷的巨魁。在平安末期的十二世紀間，藤原氏模仿了當時京都平安王朝的派頭，在現在岩手縣平泉地方，造了好些富麗堂皇的寺院，給蝦夷人爭了很大的光彩。

（註一七）「晉書」「地理志」載，當時樂浪轄縣六，戶數三、七〇〇，帶方轄縣七，戶數四、九〇〇。

（註一八）四世紀初期後，高勾麗自北朝鮮南下統一，日本渡海深入南朝鮮積極侵略，於是在朝鮮北島上演成了長期間戰亂之局。

（註一九）關於那時日本「斷髮文身」或「黥面文身」之俗，中國「後漢書」、「三國志」、「晉書」等「東夷傳」中均有記載。

（註二〇）七〇一年完成的大寶律令，以山城（現京都府）、大和（現奈良縣）、河內（現大阪府）、攝津（現兵庫縣）、和泉（現大阪府）爲「畿內」，名爲「五畿」。

（註二一）澤田吾一：「奈良朝時代民政經濟之數的研究。」

有感於設置選舉投票觀察員

楊金虎

據九月十六日報載，「臺灣省各縣市公職人員選舉投票開票觀察員設置辦法，十五日上午經省議會一屆臨時大會第八次會議中審議修正通過。此辦法係根據臺灣省縣市公職人員選舉罷免監察委員會組織規程第十四條之規定所訂定，將連同該會覆議通過的臺省七種地方自治法規，一併送請省府轉呈行政院核定後公布施行。」由這則新聞，可見執政黨當局又向選舉「公平」上面，表演其新手法。如果執政黨當局確實誠意接受積年舉國一致熱望民主選舉做到眞正公平的話，像這樣投票觀察員設置辦法的訂定，是完全多餘的舉措，至少仍是無法達成公平選舉。

現就投票觀察員設置辦法要點摘錄一談。投票觀察員設置辦法訂定共十條，其中第二條規定，「各縣市公職人員之選舉，候選人得推定公正人士擔任觀察員到場觀察。」這樣看似公平的規定，但照歷屆選舉經過，候選人的額數，都是執政黨多於各黨各派或無黨無派候選人的總額數。所以，在這一點，將來所推出「公正人士」的觀察員，當然是讓執政黨候選人完全佔去，各黨或無黨的候選人無法推出。這有先例可證。自來選舉監察小組所負推派選舉監察員，不是也有就地方公平人士推派的規定嗎？監察小組委員，不是各黨都被派有人參加在內嗎？事實上，選舉監察員的派定，都是國民黨地方黨部所領導的各區民衆服務站工作人員充任。試問在黨權的約束下，誰復能爲眞正公平服務。又按第三條規定，「觀察員由……全體候選人舉行座談會共同推定，其總人數得視各種選舉事實需要由座談會決之，但不得少於三人，多於廿一人：……。」照這樣限定人數，就各縣市選舉而論，選舉投票開票所的設立，有的多者二百所以上，少者也有一百所，每所是有相當距離。那麼，就最高限額推定至廿一人爲觀察員，叫他們在投票一天的時間，如何普遍到所屬的全部投票開票所去視察？既不能給予時間去觀察，便等於沒有設置觀察員，那何必多此一舉派他去做觀察員？又按第六條規定，「觀察員於投票當日，配合監察小組分區共同巡廻觀察投票開票。編配分組及觀察分區，由監察小組於事前邀集觀察人員共同商定。」所謂「配合」「邀集」的說法是客氣的，骨子裏卽是投票當日，觀察員要受監察小組的節制和指揮。就「共同巡廻觀察投票開票」的規定言，只是巡廻觀察，並沒有一字准許進入投票所。正是說投票當日，觀察員得隨同監察小組到投票所巡視投票開票。看人投票開票是在投票所門外，一般人民且限制在若干公尺之外。但過去投票開票發生弊病，概在投票開票所裏面作爲，現在叫他們在外面轉一轉，怎能觀察得着，眞是滑稽不過的事。何況就過去選舉的經驗，監察小組的召集人，非當地國民黨黨部的主任委員，卽是其黨員充任。在投票當日，監察小組辦公處裏面，是空無一人（實在有接電話小姐）。如果因投票發生事故，有關候選人前往報告，是沒有人出來受理。據說投票當日，在大路上的確有時碰見有架小包車，裏面坐着少數監察小組委員跑來跑去，但是你如果想攔車向他報告，他把喇叭聲按緊一下，你還敢不向後倒退，讓他揚長而去。所以，將來的觀察員，在監察小組的邀集配合作法，包你免費坐車兜風一天是有的，想進入投票所裏面去觀察，那是意思意思罷了。又按第九條規定，「觀察員不得有左列事情：一、利用觀察機會爲候選人作競選活動。二、探刺投票人投票秘密。三、抄錄已投票或未投票公民姓名。四、干涉投票開票工作。違背前項規定者，由監察小組委員、或投票開票監察員予以制止。不聽制止、或情節重大者，監察小組委員得立時收回其標誌，停止其觀察。」像這樣的行爲，顯然已是犯違反選舉取締辦法，認眞地要受刑事處分，何用在此重複訂立辦法，輕輕地說「予以制止」了事。事實上，我人已看見這條規定的背面，正是過去選舉投票所內監察員的天下，在投票所內，予求予取，大權在握。什麼安置投票匭，迫脅婦女及文盲的圈票，查算投票，按時報告（據說投票當日，限上午隔一小時報告一次，下午隔三十分鐘報告一次，連續不斷電話報告助選司令臺。），傳令指揮投票開票工作，—捺指模、塗毀他人選票、抄報未投票者姓名，最後執行安全措施。現在訂立在這裏，是否連自己在內不要再那個，抑只限制他人，讓自己做得更澈底？試看他限制「干涉投票開票工作」八字的訂立，眞是透剔玲瓏無比。從下意識說，如果投票管理員在代人捺指模，開票管理員在執行安全措施，這樣舉手一瞬，萬象變色的關頭，觀察員縱然當場眼見，自然識相免開尊口。否則，他們人多，一面儘管做他的工作，一面還得拿條文的規定，指責你「干涉工作」，「不聽制止」，「情節重大」，把觀察員的標誌收回，人給你攆出去，另外還得給你苦頭吃。照過去的事實，這條文的訂立，益使人不寒而慄。所以，這樣觀察員的設置，就實際說，完全多餘，徒然增加人事的浪費。就效用說，是投票的當日，叫你頂起一面寫着「選舉公平」的大旗，去大路上團團轉。投票結束，叫你在預定的「觀察報告書」上，蓋用小章，證認選舉「公平」，便算功德圓滿。像這樣的觀察員，黨提名候選人，卽是甘心讓他人全額充任，相信誰也不願受這種活罪。

由於民意所要求的，是監察員公正配置，現在政府竟慨然給予觀察員的推定。「監」察員與「觀」察員，相差只是一字，實際面目全非。像這樣，選舉死結永遠沒有解開，選舉公平永遠無法達到。執政黨當局怎麼不想一想，這是所得不償所失的事呀！因此，我得把過去所知的一項超格選舉事實指出來，藉供愛好選舉公平人士參考。但這或許是中國國民黨最高黨部所不知道的事實。事情是這樣：歷屆選舉進行時間，據說中國國民黨的地方黨部都奉到上級黨部命令，命令他要負責爲黨提名的候選人助選。這樣一來，他們便抓起助選的大權，展開策動競選工作，擺出志在必得的姿勢，用泰山壓頂威力，從事召集鄰里長訓示，嚴格訓練各民衆服務站工作人員，擔任基層地下競選活動，訓練公教人員及各區幹部，負投票開票及監察員任務。這樣實際的部署，老早已威脅競選對方到處冷落。何況他在助選司令台要裝電話，一裝就有五六架來供投票日聯絡各投票所，指揮投票所監察員及投票開票管理員；競選活動開始，競選對方僅有的一架電話，則日夜受到干擾；控制所屬地方公私車輛利便自己使用；給競選對方疲於道路，無法僱車借車。把一切競選利器，集中在他的司令台，黨提名候選人的競選事務所形同虛設。佔盡競選必勝的優越條件，他還沒有滿足。他還加緊指揮，投票開始不當衆檢查投票匭，投票結果不當衆聲明投票結果；來達成如人民所哄傳的先下匭票，後實行安全措施，來完成他的助選任務，表現績效，對上取得褒獎，對下保持權勢。所以，這種由一黨把持投票所的手法，是地方黨部確保競選佔勝的絕策。十年來選舉經驗，選民告訴我人，此後不管他什麼樣人，有野心佔據地方行政首席寶座，只要打通黨提名一關，直接向選舉投票所投資，便萬事如心，當選是一舉手之勞。難怪地方經一次選舉，執政黨當局對地方便增加一次不放心。這樣不應有的不放心，純然係地方黨部在邀功覇權所導致。現在復給予一通敷衍民主粉飾選舉公平的選舉投票觀察員設置辦法，增加掩護，那不是更助長其氣燄？

現在話說回來，我人不斷衷心向政府呼籲，爲的是選舉公平；爲的是遵行憲法、維護民主、增加國家聲望、提高國際信任。希望選舉公正的所在，也只在小小的投票所安排得公道。政府如果誠意接受眞正民意，只要把派用投票所的監察員的簡則裏面，修改「監察員就地方公正人士充任」爲「監察員由候選人按投票所額數，各推薦地方公正人士充任」，便不用另動腦筋訂立什麼，選舉自然確保公平，民主政治自然日有進步。可是，當此天災肆虐，民生凋敝時期，又是政府高唱精簡緊縮機構，希圖轉移風氣之後，報上竟出現這一徒費人力有損人心的臺灣省縣市公職人員選舉投票開票觀察員設置辦法，顯然對眞正民意發生重大距離，不肯向民主基層的地方自治做好。雖然透過省議會審議通過，也證明執政黨當局仍然滯留在宣傳民主，而不是推行民主，那不是永遠給人惋惜？

到世界和平之路！

王國璋

在二十世紀的上半葉中，人類相繼地遭受了兩次大戰的浩刼。現在瘡痍未復，而三次大戰又有爆發的可能，核子炸彈的新毀滅性的戰術，以及正在發展中的洲際飛彈，戰時及戰後的通貨膨脹，以及經濟恐慌所造成的破產及失業，在在使人無法預知其未來的命運。誠如第一次大戰之後英人布萊士（Lord James Bryce）所說的：「假如人類不終止戰爭，戰爭就要終止人類。」（註一）二次大戰之後，因爲國際政治之兩極化，支配國際政治的力量，集中於美蘇兩超級強權，形成民主與極權兩大陣營，國際政治，已缺乏往日的伸縮性。人類自然科學的知識，已經具有在很短暫的時期內，可以大部分地毀滅全人類的威力；而社會科學，竟未能產生一種方法，使人們從倫理的立場，予以控制。因此，全世界的人類都在核子戰的陰影下過生活，當前人類所迫切需要的，毫無疑問的是永久的世界和平。爰就個人讀書一得之愚，謹將如何謀致世界和平的途徑，分析如後。

以當前世界局勢的情況來看，和平之路祇有兩條。第一，由一強大的國家，仲裁國際的爭端，小國因懾服於此國家的武力，暫時的霸業，也許可以減少戰爭。第二是世界大同：以和平合作的方式，削減各國中央政府的權力，一方面建立一個強有力的世界政府，將凡屬含有國際性質的職權與事務，完全劃歸世界政府辦理；並賦此世界政府以調停糾紛的全權，戰爭乃可永久消滅。另一方面要擴大地方政府與職業團體的職權，將凡屬含有地域性及專門性的職權與事務，完全劃歸地方政府或職業團體處理。這樣將國際主義與自治主義同時並進，方可免除國際間無政府的混亂局面，以及各國內政上專斷宰制的流弊。

以一國的霸業謀致和平，殊無異於緣木求魚。武力與和平是對立的，有武力即沒有和平，羅馬式的和平（Pax Romana）或英國式的霸業（Pax Britianica），現在行之均有困難。核子武器發明後，一國勢難保守秘密，待大家都有這可怕的武器之後，國家無大小，都可能受此武器的襲擊，如何能由一國懾服其餘的國家？更何況現在世界上還有代表着民主與極權的美蘇爭霸，劍拔弩張，目前共產集團與自由世界之間，業已形成了核子僵局，而所打的只是冷戰與局部的熱戰哩！且國家武力胥賴天然資源，而任何國家的資源不是取之不盡用之不竭的。尤其一個強大的國家，欲以其武力稱霸於國際之間，其資源之消竭必更迅速。羅馬維持世界帝國不過三百年，而英國海軍所支持的國際均勢亦不過百年。現代的國家如想作同樣的美夢，不僅獨自稱霸的期間必更短促，抑且近乎不可能。再說一國稱霸的時代，小國人民自不甘心，定會起而抗暴，以爭取獨立自主爲目標的戰爭，必不可免。所以，在一國的霸業之下，不可能創造眞正的和平。

如此說來，維持國際和平的兩個方法之中，只有後面一個是比較可行的。但是，國際主義與自治主義的理想，目下距實現的時期尚遠。前一理想（國際主義）的成熟，當在人類普遍了解世界政府的重要性之後。現在我們大家雖然恐懼戰爭，可是還不至立刻擁護一個能取締戰爭的強有力的世界機構。世界政府的建立，國家必須放棄其傳統的主權觀念，個人必須養成和平合作的習慣，且能以其全部的熱心爲世界政府作後盾，而後世界政府才能執行其調停糾紛的任務。現在國家的成見尚深，政治領袖們的私心沒有破除，個人依靠國家以爲保障的依賴性更是根深蒂固，而偏狹的民族主義思想尚強有力地潛伏於各個人的心理之中，即有早熟的國際組織出現，亦難發揮其防止戰爭的功能。更有進者，眞正的世界政府，決不能以消極地防止戰爭爲滿足；它必須做許多積極的工作，以根除戰爭的原因。比如在現行國際法之下，許多具有國際性的國內管轄事件，例如軍備、移民、關稅、國籍、文化、經濟等等，必須由世界政府接管，設計並執行種種的國際合作方案，舉凡引起國際不滿或不平的事實，都應盡力予以解決。然而現代的國家肯把這樣的大權交給世界政府而自己受其束縛嗎？就是世界的人民也肯爲這樣的世界政府作後盾嗎？就現階段而言，這仍是難以實現的理想而已。

第一次大戰後的國際聯盟，二次大戰後的聯合國，都是人類創造集體和平的嚐試。但是前者業已宣告失敗，而後者也在艱苦爭扎之中，成敗雖然未定，而先天不足的現象，却已暴露無遺。國聯之所以無法避免戰爭，因爲在這個組織中，其投票制度，係採全體一致同意的原則，對不贊成的會員國無拘束力；因此，每一會員國均可使用否決權，根本沒有團體意志，更無法談到制裁。在國聯盟約中，戰爭是罪惡（sin），而不是犯罪（crime），因爲國聯的和平仲裁，如不爲當事國所接受，戰爭即可成爲採取的手段。聯合國憲章上規定的投票制度，雖然放棄了國聯時代的全體一致同意的原則，而採取多數決制，這是一大進步。但是，聯合國負責維持國際和平與安全及制裁侵略的主要機關——安全理事會，五常任理事國對非程序事項的表決享有否決權，即聯合國的全體意志，必須是安理會五強所同意的原則。這樣一來，這個團體意志多少有強制小國的意義，難免要引起小國的不滿；何況大國之間還互相競爭，都想在安理會中享有更大的權威，蘇俄的一再濫用否決權，使安理會早已癱瘓，不能執行其任務。這所謂小國的不滿，大國之間的競爭，事實上又是戰爭的別名，最少也是戰爭的根源。所以，現在的聯合國祇是會員國的聯合體，而不是世界政府，它不能干涉各國不合理的內政，只不過是進行團體外交的會議而已。雖然它對於防止戰爭沒有多大的成就，可是集各國代表於一堂，對於各國道德觀點的溝通，國際道德標準的推進，以及國際間的相互了解，却有不可磨滅的貢獻。譬如禁奴、少數民族的保障、人權的尊重，以至勞工問題等等，都曾擬定全世界普遍一致的原則。

國際社會與國家社會在許多方面完全不同。國家社會中的國民，最少在法律前是平等的，國家的司法機關對其國民，有強制的管轄權，國內更有一定的行政機關負責執行立法機關通過的法案。國際社會中，雖有國際法，理論上國家是平等的，可是實際上沒有人相信國家是平等的；不僅強國與弱國不能立於平等的地位，就是一國人民與他國人民亦不平等。同時，在現行國際法下，國家是制定國際法的機關，解釋國際法的機關，執行國際法的機關，國際社會缺少共同的立法、司法和行政機關。所以，現在如果想建立世界政府，此一政府並無它自己的人民而只能向各國政府呼籲。人民既慣於依靠國家的保護，而國家又偏愛主權的學說，復受民族主義心理因素的作祟，致世界政府毫無行施其權力的對象。以一個不能行施權力的世界組織，又如何能冀其制裁侵略戰爭呢？

現在且來談一下後一理想（自治主義）的實行問題。自治主義者，以爲行政官僚化與中央政府的專橫，乃由於地方政府的權力太小，中央政府的權力太大，國家的政權每爲少數政客所把持，每每爲了他們自身的利益，而不惜發動戰爭。且根據事實說來，有些事業，如交通、衛生、教育、貧病的救濟，及衣食住行的管理等等，均以地方政府，體察人民的生活狀況，斟着辦理，以收因地制宜之效，較爲妥當。所以主張將中央政府的一部分權力，交給地方自治政府施行，以減除行政機械化與官僚化的弊害。可是不幸，因爲近代世界，戰爭之後依舊有戰爭，經濟恐慌之後依舊在恐慌之中，人人爲恐懼心理所支配，失去了自尊與自信，逐漸有過分依賴大團體的傾向，自由的意志永受國家的支配。集團主義的產生，極權國家的一再出現，就是這種心理狀態培育出來的。因之，這種主張，目下亦難爲人們所接受。

從以上的種種說來，固然令人氣餒，但是人類理想的完成，正如羅馬不是一天建造成功的一樣，歷史的進化，經常走着極其迂迴的道路，所謂「沒有魔鬼，怎能顯出上帝的偉大。」因此，吾人亦大可不必爲目前混亂的國際局勢而灰心失望。以現實的眼光回顧這幾十年來的潮流，一則因爲科學的發達，交通工具的進步，縮短了世界空間的距離；二則人類因受戰爭的脅迫，衝破國家的界限，而加強聯合的趨勢是很顯然的。比如二次大戰以後，西歐各國，由於戰爭期間受到嚴重的損失，非用團結合作的集體力量，無法推動戰後的經濟復與工作；加以戰後西歐各國普遍感受共產主義的威脅，逼迫他們合作，於是有北大西洋同盟（NATO），荷比盧關稅組合（Benelux），及歐洲煤鐵組合（ECSC）等軍事的或經濟的區域共同合作組織之出現，假如再加努力，這些組織未嘗不是西歐聯邦的前奏，組織世界政府的先鋒。因此，如何以我們的力量，促使世界永久和平的早日實現，實爲當務之急。關於達到世界和平之前，我們首先所應做的舖路工作，竊以爲應從下述三方面着手：

一、教育文化方面：各國須盡量利用其教育及宣傳的力量，加強國際之間文化的交流，促進人類彼此的相互了解與尊重；使人類普遍地明白世界政府的重要性，及擴大地方自治政府權力的需要；更使其明瞭狹隘的地域觀念，實爲世界不能祥和的原因，而偏狹的民族意識，是社會團結、擴展至民族國家領域以外的主要障碍。原來，國家與國家之間，惟有互助合作，和諧相處，才能共存共榮。因之，教育的目標，不僅在于圓滿發展的個人，及守法負責的國民，而且要促進人類的相互尊重，加強人類對自己前途的信心，以養成獨立的人格，並解除一切人爲的恐懼，確立個人向整個世界負責的觀念，人人在心理上，自然地感到他不僅是某國的公民，而且是世界的公民。

二、在經濟方面：我人皆知現代經濟的發展，已使世界各國密切地相互關聯着，幾個主要國家的不景氣，整個的世界市場，皆會受其影響。因此，經濟災害的發生，大多有世界性的因果關係。以一個國家的力量來從事于市場的規劃，及關稅的壁壘等不自然的限制；或以一個國家的力量來安插失業，通貨膨脹的弊病又要隨之而起。所以，國家不應只着眼於一已的近暫利益，而應放大眼光，爲世界的公利打算。設計世界經濟合作的方案雖然困難，但是，現在聯合國已有國際復興銀行及國際貨幣平準基金的創設，想以國際的經濟力量，減少恐慌區域對其他會員國的影響，每個國家，無論爲已爲人，都應該給予充分的合作。

三、在政治方面：各國的政治領袖們須放棄成見及私心，拿出大智慧大決心來，一面利用授權立法（Devolution），擴大地方政府或職業團體的自治權力，以適應其特殊的需要。一面依照聯合國憲章第五十二條區域安排之規定的精神，促進區域合作組織的成立，以處理共同的事務。由區域性的國際組織，進一步改爲區域聯邦。但這個聯邦必須門戶開放，使一切願意參加的國家都有加入的機會。其次，這個聯邦不允許參加的分子退出，在聯邦中建立統一的法律秩序，它並能調整分子國之間不同的生活水準，使分子國的聯繫更爲眞切。再進一步，由區域性的聯邦進而組成世界聯邦。這樣一步一步地走向世界政府，其進行雖嫌緩慢，但其基礎是穩固的，其方法是可行的。不過，這樣說來，現有的區域組織及世界組織，離開理想的目標還遠着呢！這有待於吾人的努力，才有實現的希望。

要之，我人應當深信：人類是理性的動物，自已會解決自已的問題。經過殘酷的戰火洗禮之後，一定會天良發現；再加以世界客觀環境的迫切需要，強有力的世界政府及權力擴大的地方自治政府，遲早總會誕生的；因此，世界永久和平的理想，一定會實現的。不過，如欲這一理想能早日完成，全世界各地的人民，必須無分彼此加倍努力，始克有濟。

註一：見 Oscar Svarlien: Introduction to the Law of Nations, P. 22.
原文爲 Lord James Bryce said, "If we do not try to end war, war will end us...."

我對於改革華僑教育課程底芻議

孟　戈

從偏遠的南洋，回到香港來，所見到的自由文化界的朋友，都很關心問及僑務僑情的諸種問題；我底答復仍舊引用刋於「自由中國」第二一三期「泛評僑務決策」的一篇拙文，就若干論點而言，這篇文章還是一樣適用的。我羈留海外有一段不長也不短的時期，要說對僑務問題有專門研究，則愧不敢當，但目所見耳所聞，有關僑政的缺失，實不欲無言，新近在一文化出版社的茶敍中，我曾與二、三位友好談到「我對於改革僑教課程的芻議」，以時間關係語焉不詳，故草草撰寫此文，冀能拋磚引玉，就教於高明。——作者附誌

一

華僑教育的目的何在？根據僑務委員會出版的「華僑誌總志」第四章「華僑文化教育」所說：「我政府對於僑教，旨在獎進僑民教育，並扶植海外文化事業，俾僑胞均能繼承祖國文化傳統，加深國家之認識，以培養華僑自立、自治、自由之民主思想，使俱能適應各當地社會生存之需要，並與各當地人士融洽相處，溝通中外文化，敦睦邦交，而達到與各國人士共享自由、平等、和平、幸福之生活而已。」這應該是我國對於華僑教育的主旨，原則上無可厚非。但這華僑教育所遵循的藍本，行之有年，其實施的成果如何？據我所知，「僑胞均能繼承祖國文化傳統，加深國家之認識」似有餘，而「使俱能適應各當地社會生存之需要」，則深感不足。筆者有鑒乎此，因而提出這項改革華僑教育課程的芻議作爲改進當前僑教政策底大膽意見。至於所謂「以期培養華僑自立、自治、自由之民主思想」而「達到與各國人士共享自由、平等、和平、幸福之生活」等等，則涉及教育內容、程序，和方式、方法諸問題，牽涉太廣，議論龐雜錯綜，故不在本文所論之列。這點願先附帶說明。

二

華僑寄居於廣泛的海外地域，生於斯，長於斯，就食於斯，之所以能够安居樂業，世代傳續，一方面憑藉堅忍耐勞的傳統美德，另一方面，也依賴殖民統治國家底愚民政策所致。若干被統治的民族，缺乏良好的生活技能教育，愚庸無知，學識淺陋，因而介乎統治者與被統治民族之間的華僑，易以運用生活能力，獲得生存的優越條件。二次世界大戰後，某些從殖民主義解放出來的新興民族主義國家，大量培殖本國人才，直接間接發展本國的語文，若干行業，由當地公民業經代替華僑的位置，從而壓縮華僑生活工作的範圍，如果我們再不重視當地的語文教育，則華僑的前途，勢將不堪設想。

遠在大陸時期，我國政府的僑務政策，對於華僑青年的回國升學與就業問題，雖無合理的指導，也無任何限制，因之歸國僑生，祇需受過一定的中文教育，對未來的職業和出路，並不嚴重。大陸易手後，臺灣當局一面盡量吸收華僑子弟，鼓勵和爭取僑生歸國，一面又限制修業期滿，必須回原居留地就業。如果僑生不熟識各當地的語言文字，解決職業問題就非常困難，這是衆所周知的事實，也是容易理解的必然現象。

事實證明，當前的華僑教育，如何進行各當地的語文教育，誠爲最迫切和最繁重的難題了。

三

根據現行的華僑教育的學制與課程，四十三年僑務委員會公布的僑務法規，關於僑民學校規程的規定：有「僑民中小學之設立，應依照本國現行學制」之訂定。第三條：「僑民學校之設立，應參照本國現行學制；小學修業年限六年，前四年爲初級小學，後二年爲高級小學。初級小學得單獨設立。中學修業年限六年，前三年爲初級中學，後三年爲高級中學，均得單獨設立。其他中等學校之修業年限，參照本國現行各種教育法令之規定辦法。前項修業年限，依照地方特殊情形，呈經僑務委員會商同教育部核准者，得變通辦理之」。又第二十三條：「僑民學校課程應由僑務委員會 商同 教育部按照各地實際情形分別訂定，在未訂定前參照本國現行各種學校課程辦理。」筆者對現行學制，不擬有所更改，但對於廣泛海外地域各僑校的現行課程，無論已受當地政府的規定限制者，或未受規定限制者，願意提出個人對整個僑教課程的改革管見。

我認爲現行僑校的一班課程，在初級小學階段里，要花去四年的時間，專讀中國文字，顯然是學童的精神和先陰的最大浪費。學習優秀國粹的方塊字，從保存民族文化與純藝術觀點的角度看，自然有其重大的意義和絕對的價值。但在學童的啓蒙時期，就開始接受艱難的中國文字教育，其效果與作用，似值得縝密商榷。一個方塊字，既要記住「音」，又要記住「形」，還要記住「義」，才可以讀、可以寫、可以講、可以用，難怪乎西方人會譏笑我們中國人底記憶力特別好。普通一個小學生，由於年紀小，理解力弱，一班的教學方法，祇是一天到晚，教導背誦、强記、死認、熟寫若干個方塊字，經過長長四年光陰，充其量可以認出一千到一千五百個單字，而能够眞正做到會讀、會寫、會講、會用這些單字，談何容易。進到高級小學教程，未受當地政府規定限制的，祇從原有的識字基礎上，加强和提高其運用中國文字之功能，而已受當地政府規定限制的，要加授當地語文教育，由於偏重中文，往往忽視當地語文。因之，一位小學畢業生，對當地的語文，固屬一無所知，而對中國文字的使

用能力，也是極其有限的。

一九二二年泰國政府曾頒過一項强迫教育條例，規定適齡學童，一律須受四年的暹文教育，到一九三二年，雷厲風行限制僑教；一九三六年後再頒新民校條例，有重心與有步驟地壓制華文教育的發展。日本投降不久，我國政府和泰國當局取得一項協議，於小學四年期間，每周授暹文課程二十小時，中文課程十小時。二次大戰以來，若干國家同樣限制華校强迫接受當地語文教育，僑務委員會一樣地採取類似的中外(當地)語文兼施的教育課程。這樣盲目的加重學童負荷的僑教政策，過去是錯，現在是錯，將來還是錯。

四

我建議：華僑學校初級小學應該完全學習各當地語文，拼音文字比方塊字容易學習，這是毋庸置辯的事實。我們利用這點，使一個學童經過整整四年的純當地語文教育的學習階段，起碼可以建造起使用當地語文的良好基礎，而加强其在原居留地底生活技能和生存競爭的必要條件。

我建議華僑學校高級小學課程，應該中外（當地）文並重，同時兼施教育，如每周授課卅小時言，保留十五小時繼續授外(當地)語文，(包括圖畫；音樂、體育、勞作在內)另十五小時開始教授中國文字。

我們希望在這兩年時間，實行至少一千二百小時的中文教育，目的使能做到會談、會寫、會講、會用一千二百個至一千五個常用單字。如果這個基本要求可以完全達到的話，那在這種課程教育出來的小學生，比諸受純中文教育或受二十小時外文教育十小時中文教育出來的小學生，從適應當地社會環境言，從謀生的基本條件上看，優劣得失，不言而喻。

普通學童進到高級小學階段，一班年齡是十二三歲之間，年紀較長，理解力較强而認識事物較多，感性知識較爲豐富；再經四年的當地語文教育，理性知識也隨之提高。中國文字是方塊字，我們底教學方法，可用看圖識字法，可用國音符號注音與當地文字釋義的方法，講解六書的定義以加强認字能力，傳授語體文的基本作法，而啓導其組織單字的知識。暫可先行擇區試辦，以積累和綜合各方的教學經驗，而詳細研究出一項完善的教學方法。我想，要求小學階段達到中文程度的最低水準，決不是一個海市唇樓的幻影。

現行南洋華僑小學教科書，從初小一年級起，就唸國語、常識，到高小一年級後，再唸國語、(中、外)地理、(中、外)歷史、自然、公民等科目，疊床架屋，重複混雜。某些國語課文，雜入史地公民自然的教材，而史地公民自然的教本也可當作國語讀本，這不單使學生加重負荷，亦浪費其大好時光。我認爲在高小階段開始授予中國文字教育時，第一年祇用國(語)常(識)一科課本，專選淺白常用的單字，構成淺顯普通的短句短文。第二年分爲國語和常識兩科，前者重抒情和紀敍的體裁，着重灌輸實用方面的文字，後者重說明和議論的體裁，綜合(中、外)歷史、(中、外)地理、自然、公民等科知識，作最淺明和最扼要的注入。現行華僑教育課程的改革，教科書的全盤更易，是艱巨與主要的工作，而這必須藉賴於僑務專家和教育專家的研究了。

五

當前海外的僑民中等學校教育，除受當地政府規定限制外，大多參照我國之現行規制，所修課程幾乎完全一致，每周授五小時的「英語」教本；這在英語系的國度里，問題並不大，但在非英語系像法屬、荷屬或南美、北歐若干地區，困難就發生了。目前絕大部份的僑校分布地域，僑務委員會與教育部迄未依照各當地實際情形分別訂定課程，於是乎既要讀「英語」，又要學各當地語文，往往一個中學生要在同時同地學習三個國家的殊異文字，結果東不成西也不就，樣樣都一知半解，馬馬虎虎混到畢業。

我建議：華僑學校中學六年的修業年限，中外(各當地) 語文教育時間的比率相等，(英語系國家地區讀英文，非英語系國家地區讀各當地語文。)如每周以卅小時計，十五小時的外(各當地)文科目分配，約爲五小時的外(各當地)文，五小時的數學，三小時的理化，二小時的生物。(初級中學的動物、植物、生理衞生應合爲一科)。其餘十五小時必須完全受中文教育。

學程進入高級中學階段，職業教育是非常重要的，在中外(各地語)文並重原則下，僑校林立地區，我國政府應輔導和協助華僑創辦專門職業學校，如商業專校、工業專校、農業專校、海事專校等；而在偏遠落後地區，也應視其需要而本身條件的許可設立某種職業學校。一方面適應各當地環境的需求，而培養華僑青年的生活技能，另一方面也不致影響居留國家與土著居民的福利，使能和睦共處和繁榮各當地的社會。

六

華僑教育，既要華僑子弟知祖國典章文物之重要，與保留中華民族文化的優良傳統，又要不致數典忘祖，爲各當地習俗所移而受異族所同化，注重中文教育當然重要。但要使華僑青年，能適應時代的需求以獲得符合各當地社會環境的生存條件，又能承先啓後而不被外人歧視或淘汰，學習各當地語文教育，亦非常重要，我們不能坐視僑教面臨的危機，我們更不應該誤認現行僑教政策的正確。魚我所欲，熊掌亦我所欲，我們必須求取二者得兼的僑教方針方法。我不知我這次大膽的意見有助於一二否？

——一九五九年五月寄自香港

勘　正

本刊第二十一卷第五期「江湖行」，二十七頁第一欄第二十行『我來了一個月。』她答非所問的說。」乃「『我來了三個月。』……」之誤，特此勘正。

編輯部

「技術革命」如此云乎？

何可

香港航訊・八月二十日

遠在一九五八年中共八大第二次會議中，共酋劉少奇便高唱「技術革命」了。劉酋說：「鑒於經濟戰線，政治戰線和思想戰線上的社會主義革命，已經基本上獲得了勝利的情況，黨中央和毛澤東同志認爲，現在已經是向全黨和全國人民提出新的革命任務的時候了，已經是提出技術革命以及同技術革命相輔而行的文化革命的時候了。」不管劉酋所說的「基本勝利」是否眞正獲得，但是他們之重視「技術革命」是不可否認的。

然而，首先我們要明白，劉少奇所謂的「技術革命」的主要任務是什麼呢？照劉本人解釋是：「把包括農業、手工業在內的全國經濟計劃有步驟地轉到新的技術基礎上，轉到現代化大生產的技術基礎上，使一切能夠使用機器的勞動都使用機器，實現全國的城市、農村的電氣化。」這便是中共口中許下「技術革命」的「諾言」。如果完全如此諾言去「穩步前進」，未始不是大陸人民之福。不幸的都是共產黨的美麗「諾言」，除了「美麗」而外，便一無所有了。

先用土法跨上馬，再來實現機械化

兩年來在「大躍進」下的「技術革命」，究竟有了什麼成就呢，這個答案雖然未能立刻找到，但從中共自己的報導中都可獲得一鱗半爪。

據本年五月十三日福建廈門日報透露：「福州運輸機械修造廠的工人同志，爲了響應黨的技術革命號召，於來年初就由廠行政部門和黨委領導下訂立一個技術革命計劃，他們首先設計了一幅全部機器電力打磨的藍圖。又擬具了一套『電化工人宿舍』及『機械代步』的計劃，當然在原則上是合乎技術革命要求的，在效率上也是十分進步的，結果在進行中是有困難的，却並不合乎實際的情況。」於是該報批評該廠領導上犯了主觀的、機械論的錯誤。

在同一天的該報却又報導了一則足以表揚的消息，那是福建晉江的僑眷合作農場採用「水配油漆法」獲得成功，使十平方公尺的漆面成本，由「人民幣」一元三角降至三角錢。使在技術上達到了節約的要求。

當然，「水配油漆法」是否經久耐用，連他們自己也說：「有人懷疑、諷刺是一種公開的偷工減料行動」呢。

從上面兩則消息中，可以看出今天大陸上所推行的技術革命的眞面目了。也可以說，中共的技術革命是有其內在的矛盾性的，他們一方面不惜大言不慚的高唱「十五年趕上英國，若干年超過美國」的濫調，另一方面又自慚形穢地要求國內人民「先用土法跨上馬，再來實現機械化。」因此要人民「不能只注意追求現代化新技術，不積極改良工具，革新技術和以土辦法發展小型工業。」同時却又說：「只滿足于落後技術的改革和土辦法，不積極發展半機械化，機械化，電氣化也是不對的。」這種理論上和實踐上的基本矛盾，造成了今天大陸上「大躍進」全面混亂現象，而且到了極度惡化程度。

盲目改革「耕作技術」

這些現象發生在農業方面的，是盲目改革「耕作技術」和無原則發展新式農具耕作地區，造成很多人爲損失，使羣衆對技術革命失去信心。例如一九五八年在江蘇吳江地區推行的「禾苗密植法」，農民一般反應均十分惡劣。據太湖「前山農業合作社」試種結果，每畝收成比過去分植法要減少百分之廿五，以前可以收谷三百斤的湖田，如今僅收谷二百斤左右。而且雜粑的百分比也由百分之一•五增加到百分之三强，米粒成色也差得多。其中更使人不滿意的，便是在進行耘田時的工作效力也減少了許多，遇到水災則根本全功盡棄，經過「密植法」播種的禾苗如被洪水浸沒則非重新播種不可。這些不合江南水鄉的種植法，居然被盲目介紹運用，使羣衆對於「組織」的技術革命信心，大爲動搖。

其次如新式農具及拖拉機之無原則發展，也產生了普遍不良反應，照中共官方最近公布：去年（一九五八年）全國新式農具耕作面積有二億七千四百多萬畝，用拖拉機耕作的面積就有四千八百多萬畝。就我國大陸全部耕作面積（包括水旱田山地）而論，這個官方報導數字如屬正確，則應該相當滿意，但是事實上其發展之不合原則和夾雜着一些「政治因素」和「人事因素」，往往有着浪費現象。如江西贛南的「新安農場」（公營），地處贛南丘陵地帶，對中型以上機械農具即不合用，尤其基本上交通網之未能發展到足以適應需要，而對機械保養也產生巨大困難。但是，組織上祇求表面數字效果和一些形式上成就，不問是否需要，便向上級請求了一批農業機械包括，笨重的拖拉機，播種機，結果化了九牛二虎之力運到場地，中途有一段路尚須用人力背負。但是機器一到農場便像一頭笨象，放在那兒給人「憑弔」，一忽兒指揮失靈了，一忽兒零件缺了，一忽兒機油沒有了，總之一百個不如意，非特生產效力沒有增加，相反地機器把人力吸引住開混，（江西日報小批評）無形中造成了消費現象。

浙江嘉興公私合營的「嘉禾農場」，因爲主持人與黨委意見不合，申請拖拉機的公文上去後，組織上要黨委反映意見，黨委報告上級的意見書中，拼命說那個農場的情況不需要機械，環境不適用機械化。但是在中共「農業機械化」計劃中，浙西平原（以嘉興爲中心）也是全國重點之一。這些個人偏見居然在組織中起了作用，嘉禾農場的「拖拉機」和新式農具，也就成了紙上談兵的計劃。

工業躍進・混亂不堪

農業上情況如此，工業上更是混亂不堪，一九五八年開始在中共工業化重點計劃中是「鍊鋼第一」，其所定生產指標超過現有礦廠設備的五倍，

兩截壓癟了的黃瓜

楊海宴

一

如果卅六年不被父親送到臺灣來讀書，現在的生活不知又是個甚麼樣子？他想。當然，那只有比現在更慘，或者死了亦未可知。死的味道究竟是怎樣的？他心底帶着一點悲涼的笑意尋思着。無論怎樣死法，恐怕最痛苦最恐懼只是死前幾分鐘，或者是死前幾秒鐘而已。死過之後，也就不知所謂恐懼與痛苦了，前人說「千古艱難惟一死。」也許就是指死前那短短時間難得越過吧。如果能够透澈的鎮靜的正視死前的幾分鐘痛苦，則死也就不難了，也許死正是幸福的呢。「我爲甚麼要想這些呢？我只是缺少一點睡眠而已，沒有甚麼大不幸的，我用不着想到死。」他想。

他正在撰寫那本似乎永遠寫不完的哲學著作。這是一本仿照尼釆著「查拉杜斯屈拉如是說」體裁的哲學著作，以文學形式寫出他的頓悟和靈感混織而成的見解。他簡直以一種大無畏的自信，認定自己這本哲學著作將是繼叔本華以來最偉大的心靈創見的紀錄，如其中他最得意的警句：「男女之間只是電的作用，人生如此而已。」又「女人是上帝創造的瓶子，她裝進男人的雄心、夢想、甚至於生命。」他的這部散文風格的哲學著作，起初以自己名字訂名「鄔益夫語錄」，後始重訂爲「先知錄」，從這書名卽可窺出他對這部哲學著作的雄心之一斑了。

他剛纔之所以自憐的想到死，固然如他所自供的：缺少睡眠，神經衰弱。但今晚的晚餐不足他裹腹，也是最重要的原因之一。他規定自己每餐食量，應有蕃茄兩隻，青菜一把，猪油一匙，白米飯三碗，或在量上與此相等的其他食物。今天晚餐，僅有鹹蛋一只，剩下的稀飯兩碗。毋怪乎寫到現在夜間十一點鐘了，肚子一空，精力也就懶散下來，而他所撰寫的偉大哲學著作，文思就無以爲繼了。於是他一想就想到以前美好的生活狀況，卅六年間被父親送到臺灣來讀書的那段時期。

二

他父親原是上海一家貿易行的經理人，手裏掌握的財產至少也在五百根金條以上。雖然生長在十里洋場，爲人却有幾分書生味，矮小消瘦，沉默寡歡，極少一般富賈商場中的惡習，尤其對於他的獨子益夫，管敎非常嚴厲，日常生活間固然不假詞色，卽令在中國若干傳統的節慶之日，也不令其子輩們涉及縱歡狂樂方式。他父親之所以把他遠送到臺灣來升大學，也無非是不希望自己兒子感染繁華腐敗的紈袴習氣。

鄔益夫是與另外兩個同班同學一道來臺灣升學的，起初在臺北市郊合租一幢獨院日式房子，僱用下女料理三餐及洗滌衣服。

想起兩個同學，他就益發跌落在惘然的情緒中，那時完全在寬裕中享受着單純平靜的愉快生活。明非學的是藝術，沒有事的時候，常用下女阿香做模特兒畫幾副速寫。阿香是一個十五六歲的女孩子，嘴唇下半部如猩猩般特別突出，身材清瘦適中，長得雖不頂漂亮，却是特別的乾淨伶俐，永遠像剛洗浴過的，喜歡笑，喜歡用媚眼看人。明非每次爲她畫像時，必須早一天通知她纔接受，而就在那天她必須去看一場電影，然後畫像時她就擺出新從電影中學來的姿態。就本省一般女性脾氣說，阿香是最開通的一個女孩子了。

爲了追求數字，除了加緊全國「鋼鐵基地」超額生產外，並掀起了全國性「鋼鐵生產大躍進」。於是，中共中央又叫出了「貫澈普及和提高相結合的方針，在興辦工業方面，採用『土法爲主，土洋結合』的原則。」在土法方面，他們利用大陸人口衆多和地大物博的優越條件，發起「一家一爐」運動來鍊鋼。據說去年半年全國便組成了八十九萬個小型鍊鋼廠，比原有「洋法」生產的礦廠多了八十倍，（按據中共統計全國小型中型煉鐵高爐共有一萬七千座，鍊鋼轉爐三百多座），所以到一九五九年三月止，全部鋼鐵生產總量已達到預定指標百分之一百三十強，這個成績自然是驚人的，無怪西方某些國家也爲其虛假數字所朦蔽了，認爲「進展神速」。但是究竟中共「鍊鋼神蹟」眞相如何呢？且看共報的招認吧。

據浙江日報一九五九年五月十四日透露：「杭州市自去年冬天全市市民投入『鍊鋼運動』以來，在生產指標任務上是順利超額完成了，但是經過品質檢查結果，却發現有着嚴重缺點，鋼的成色不足，火候太差，直接影響了產品質量，同時幹部的『機械趕任務主義』，使很多羣衆在工作時沒有好好注意保健，因此灼傷等事故率很高，有些婦女因日夜工作竟爲爐火熱氣熏害了眼，甚至還有因此而喪失工作能力的……。」

又據該報六月三日消息稱：「金華市去年在鍊鋼運動中，發生嚴重偷天換日的盜竊國家資材行爲，一些過去地主階級和資產階級，因不慣勞動，但是爲了表面應付，他們喪盡天良地不惜勾結壞份子到處偷竊鐵質用具、鐵製品、甚至連寺觀及著名古跡的鋼鐵裝飾品也成了他們主要對象。有些膽大妄爲的竟將金華火車站的預備鋼軌也盜去交數……。」

由這兩則消息看來，中共的所謂「工業建設」、「鋼鐵生產」是何等荒謬，也可以看出大陸人民在共黨迫害下的所謂「生產情緒」，是如何勉强而矛盾。

所以，中共所謂「技術革命」，表現在各方面的，却如此荒唐幼稚而可笑。

另外一個同學詩經，他唸英文是「寧波腔」英文發音，可是生字記得多，作文極有根底，所以在英國文學系還能混得過去。他的另一長處是善於爲他並不太壞的行爲做辯護，譬如有一次揍了他太太（此事自然發生在家鄉，他是早婚的），這事後來鬧得很嚴重，他就痛哭流涕宣言這是出於眞正的愛情，憤慨一般俗人之不能瞭解他的行爲，及至人們開始爲他的聳人聽聞辯詞傾向於原諒他時，一樁新的行爲又需要他運用震人心魄的辯詞了。

想起這些，他就同時想起那時的臺北是多麼寬濶啊，街道都好像明亮些。校園裏的椰樹，綠草地，微風，靜靜的淡白的陽光，一切都像圖畫般的鮮明，夢一般的恍惚。

他在回想這些時，一動未動的坐在塌塌米上，而上身卻俯在他平日「從事著作」的那張矮腿木桌上，那是一張塌塌米室內常用的日式食桌。桌上有一隻突出於紙張書籍之中的、缺嘴的空明星香水瓶，瓶中插了一二枝球狀紅色野花。此時他像酣睡初醒時那樣，略略移動那個擱在左手肘上的方形腦袋，而下頷仍然埋在臂彎裏，只抬起疲倦的眼睛，如夢初醒似的，很遲鈍的就視線所及，望了望這間充滿哲學氣味的三蓆樓房。兩隻裝滿食物因而腹部發黑的壁虎，成「丁」字形貼在他對面的白牆壁上，膽怯而謹愼的等候飛近它身邊的每一隻昆蟲，然後以捷如閃電的動作吞食它。他心不在焉的瞥了牠們一眼，眼光便深情的停留在右手握着的那枝舊派克筆身上。這枝老式五一型派克筆，還是他來臺灣升學時父親買給他的。他讓筆身躺在右手的姆指虎口裏，而食指與中指則夾着筆身下半部轉來轉去，反覆審視着。筆呀筆，親愛的筆！他像唸臺詞那樣的低喚着。隨卽突然精神抖擻站了起來，隨卽只見他盡嘴所能張開的麼大，打了一個猛烈的呵欠，睡眠不足的眼淚便繼呵欠之後源源而來了。

抖擻精神並不能抵制飢餓的襲擊，他感到非常之餓了。而此時室內既無存糧足以自炊，又沒有錢到外面吃點東西。「我還是早點睡的好。」他想。

他本是要躺到塌塌米上睡覺的。但卻不自主走到那個堆着廢報及換洗的短褲襪巾之類的角落裏，蹬下去，全心全意檢視晚餐吃過的鍋碗盤碟。他先揭開那個鍋底燒成黝黑黝黑的鋁鍋，幾乎把頭伸進去那樣的探望着，又提起鍋耳對亮處照望，其次掀動所有盤碟，及至確定這一搜索終屬徒勞，纔蠢然一笑，像唱歌那樣的唱道：「一切空空如也喲——」之後，便重回到桌邊，把鋼筆套好，死心塌地的睡到塌塌米上了。

夜是漸漸靜寂下來了，鄰居的鐘聲淸晰的響了一下。他不能確定這是深夜十二點半，還是一點，還是一點半？因爲這座鐘每隔半小時報時一次，在這三種情況下都是只鳴一下的。遠處小巷弄裏響出調羹擊碗的淸脆聲，梆子聲，悠長吆喝聲，這些都是小食擔子招攬顧客訊號。他一邊吞着口水，一邊卻極不願意聽到這聲音。「我只不過晚餐少吃了一點，不能這麼餓的。我今晚上不要失眠，我不想失眠這回事就不會失眠的。」他想。於是他用力垂下眼皮，强迫自己安寢，可是眼皮卻不定的顫動着，他愈想不顫動，愈是顫動得厲害。最後只好索行睜開眼來，望着那個沒有隔天花板而現出紅瓦片的屋頂。

不知明非此時正在做甚麼。他又想起那個喜歡與下女阿香開玩笑的同學。明非一定不會失眠的，四十一年他被學校解聘時，他還是那麼嘻嘻哈哈，滿不在乎。明非大學畢業後在中部一所市立中學敎美術，可是第二年就被解聘，原因是他與幾個朋友在花街柳巷胡鬧時，恰好被幾個學生家長碰見了，爲此鬧得滿城風雨。明非被解聘後，當卽就乘火車到益夫的學校來，一點也不爲自己今後去處而稍感憂慮，並且大談特談他在花街區的趣聞。

「我告訴你一件想不到的事，我在那裏碰到阿香，」明非說了許多新奇的事後，又興奮說道：「臉上搽得粉敦敦的，不過還是那個乾淨俐落的樣子。」

「阿香？給我們燒飯的那個阿香嗎？」

「是呀，不是她是誰？我起先還不大相信，她還認識我呢，我問她爲甚麼在這裏，她毫不在乎的笑笑，也不說甚麼。」

明非生就的大少爺脾氣，愛玩愛鬧，不知苦惱。他被學校解聘後，起初與益夫閒居幾月，有時也替人家畫個把封面，或給報刊投寄幾幅發表不出的漫畫。雖然那時益夫也是一個敎員，但一份薪水勻着兩個人花，也並不怎麼拮据。後來明非總算在一個稅捐處找到一個臨時僱員的位置，混到今天，居然也成了一個小小的稅吏。不用說，明非那份常自傲無人賞識的油畫天才，早已爲成本成册的數字與算盤深深的埋葬了。

雖然明非現在的境況，較以哲學鳴世的益夫好多了，但他那個浪子揮霍法，仍是使他命定的要當當與舉債度日的。現在生活境遇尙稱適意的還只有那位以「莎士比亞通」自居，唸英國文學的詩經，他三十八年回上海度暑假因而輾轉陷落在香港，便一直在香港一家銀行服務。「詩經是一個很穩的人，他很有一套辦法，他不比明非也不比我。」益夫想。

「我爲甚麼老是想一些過去的事呢，我必需睡覺。」益夫憤然坐起身，他因爲預知今夜又將失眠不禁暴躁起來，且頻頻握拳怒擊胸膛作響。

一會，他又平靜了，設想一些自覺是很幸運的事。有些人蒙寃關在牢獄裏，沒有空氣，沒有陽光，不也是要活下去麼。他至少有一間三蓆樓房可以容身，並且房東並不如一般小說裏所描寫的那麼兇狠，遲幾日繳房租也還是客客氣氣的。這樣想着，他也就漸漸心平氣和了，甚至還有點輕鬆愉快。

阿香爲甚麼要去當妓女呢？他想。一個好好的女孩子走上這條路！她僅有一個老母親，可惜她不能多讀一點書。有一次在臺北街頭，他看到阿香與一個高大的美國海兵走在一起，那纔是濃塗艷抹，珠光寶氣呢，怎麼也想不到她幾年前是一個替自己燒飯的下女。時間眞快，這又是好幾年的事了，不知現在阿香在做甚麼？她也許跟那個濶綽的美國海兵結婚了吧？「我為甚麼盡想些不相干的事呢。」他想。「眞的我必須睡覺了，現在甚麼時候了？四點了吧？」樓下巷弄裏已闃無聲息，他感到額頭脹而麻木，像一塊燙熱了的牛骨頭，指甲狠力掐下去也不覺得痛。

他是不習慣關燈睡的。在六十支熱烈的電燈光下，他四肢朝天的躺在塌塌米上，那樣的凝滯不動，恍惚帶着一點衰敗死亡的黑影。他左手枕在腦底下，右手小臂橫壓着額頭，一隻腿蹺起架在另一隻腿的膝蓋上，且機械的顫動着。當他試着用指甲猛力掐額頭時，架起的腿停止顫動，他感到很餓很餓，腹內咯咯有聲。

三

直到第二天中午，他纔在一連串惡夢中被郵差叫醒。

世間最使他生氣的事，是在睡眠不足中被人叫醒。但這次郵差送的是一封掛號信，雖然只是一家報社寄來的六十元稿費，卻使他像接着情書那樣抱在胸前，然後用一隻脚跟在室中旋轉着，並且很客氣的與郵差說了幾句工作辛苦之類的話。

他卽刻草草洗漱之後，跑到郵局兌欵，正領完欵轉身離開櫃台時，背部輕輕碰到一件極肥極嫩的東西，回頭看到一個裝束入時華貴美麗少婦的背影，並且那背影是那樣熟悉，他一下子楞住了。那不正是阿香嗎，一種自慚形穢的强烈自卑的痛苦，使他急於躲避她。眞是，騎馬不碰親家，騎牛偏碰親家。一方面他急於躲開她，一方面又想看清楚一下，正當他舉步躊躇時，那背影正好回過頭來，他看清了，原來並不是阿香。「我為甚麼老是恐懼着神經緊張呢。我只是沒有錢，並非罪過，我用不着那麼畏縮。卽使是碰到阿香，我也用不着恐懼到要躲避她。」他想。於是理直氣壯的，他挺挺胸脯，大踏步走出郵局門口。

第一步是先找一家小吃店，將昨晚卽已餓癟的肚皮塞滿。他一口氣叫了兩碗牛肉麵，在等待上麵的空檔，隨意檢起桌上一份早報翻閱着，他既不關心國家大事，對世界時局亦無興趣，首先翻到副刊瀏覽一下，眼光便轉到下面的分類廣告，把其中的「人事」欄從頭至尾讀着。徵女家敎。徵女店員。徵女秘書。徵女司機。徵女傭。徵女……。「都是女，來生我必須變一個女人。」他想。「這樣我就有很多工作可以應徵了。」他搖搖那個特別引人注目的方形腦袋，繼續看下去。其餘的是徵技工，徵學徒，沒有一項是適合他的。但在最後的第二項登了一個雖不適合他，待遇却令他心動的職務。那是徵三輪車伕，月薪五百，供膳宿。有吃有住，還能拿到五百元，這眞可以試一下的。他揑揑手臂與大腿的肌肉，檢查一下自己尚有幾分結實？他在校時一直愛玩籃球，離校後又為畫報所宣傳的那些「健美先生」肌肉所激勵，早晚都做幾個「伏地挺身」，所以自己檢查結果，倒覺得是極稱意的。

踏三輪車也沒有甚麼。他一邊吃麵一邊縈繞着這問題想，職業平等，以勞力生活有何不可。他不停的微笑着，彷彿欲藉微笑來抵禦人家將加予他的輕視。他晚上還可以寫自己的哲學論著，並且供吃供住……。吃完麵，他避着老闆用手指挖下那欄廣告，放在襯衣口袋裏。

四

他按址去應徵。這是五路車到底的一幢單層新洋房。他站在青色水泥圍牆紅漆大門旁邊，突然有一種下屬謁見高級長官畏懼緊張心理。幾次舉手按鈴，幾次又縮回手來。他終於斷然決定放棄應徵，扭轉頭往回走，這一決定使他如釋重負般的輕鬆了。他沒有想到像這種輕而易學的應徵，竟然那樣須要勇氣。可是他不一會又突然躊躇起來，彷彿反覆核對一筆帳目那樣思索着。試一試，試試並無害處。他學哲學的，哲學家應徵三輪車伕。他微笑的想。同時從褲袋掏出一個五角銅幣，看了一下，突然往天上一丟，然後用手接着，將它壓在另一隻手背上。「是人頭我就去按鈴。」他小聲的說。他希望並不是人頭，揭開手一看，銅幣上果然現出有人頭的一面。天意。於是他一鼓作氣回到那圍牆嵌着的紅漆大門前，迅速果斷按下電鈴。幸虧不須他按第二下，就聽到院子裏面傳出踢踢蹋蹋的脚步聲，開門的是一個漂亮而呆板的下女，她像迎接認識的人一樣，也不問他找誰，便讓他進去。經過一個花草修剪得很別緻的大院子，到了客廳，纔看到裏面已有五六個高矮不一的人，有坐有站的，正聽一個穿着講究，蓄着長髮大髮的男人談些甚麼。那男人見他進來時便招呼道：「你也是來應徵的吧。」

他遲鈍而靦覥的點點頭。那蓄着長髮像女子般的男人倒是極熱忱的，熱忱到彷彿要巴結他似的，這使鄔益夫多少感到未進門前那種緊張畏懼的心理是不必要而可笑的。那男人一邊帶笑容說話，一邊露出靠左邊大牙鑲着的一粒金齒。他說話時總聽到「老闆」「老闆」的字眼，這是那類對主人懷着親切而尊敬的感情不期然表露出來的現象。他說：

「老闆就要回來，你等一下吧。他們這幾位也是來應徵的，等一下老闆回來自己決定。」他停了一下，且讓鄔益夫在對着門口一張空沙發坐下，繼續說：「事情說多不多，說辛苦也不辛苦，老闆每天要到臺北市去一趟，老闆有一家時裝社，一家咖啡廳，一家委託行，老闆每天上下午要到這幾家店看一遍，踏完車一點事也沒有，老闆最……。」

鄔益夫考慮着這點工作並不多。那樣好的代價是應該做這些工作的。但他看看坐在客廳裏先他而來的幾個應徵的人，有的像學生，有的看不出甚麼身份。「恐怕我沒有希望獲得這份工作，」他想。隨卽又想到早知自己要踏三輪車，何必要讀大學，何必要終日埋頭在圖書館鑽讀古典哲學著作，何必……想着想着，不自知的「吭」的一聲笑了出來，他笑得那樣不自覺，以致客廳的人都集中眼光注視他時，他纔醒過來似的裝做咳嗽混過去，幸虧這時院外響起一聲尖銳的三輪車剎車聲，不待電鈴響，那個熱忱和氣，動作像女人的長髮男子一邊跑出客廳，一邊重複嚷着：「老闆回來了……。」大家纔分散注意力，沒有注意他。

一個聲音使他驚跳起來。「鄔先生，你怎麼知道我住在這裏呀。」那長髮男子陪同進來的老闆原來竟是阿香。她還像往時那樣媚笑着，熱忱親切的站在鄔益夫面前招呼他。他先是張口瞪目望着她，然後全身感到一陣發熱，然後面色全白，自始至終不知怎樣開口說一句話……。

五

他不知道自己究竟是在怎樣一種情況下離開那座紅漆大門的。他先是急於找一個空曠無人的所在，讓自己安靜下來。他像做了一件重大罪惡羞於見人的事一樣。

「呸！混蛋！」他感到一股欲向這世界宣戰的憤怒，咬緊牙齒向虛空痛罵着。「見鬼！澈底的混蛋！」他揮着拳頭，怒擊着空氣，像受盡欺侮忍無可忍的那樣反抗咆哮着。

一個大學生，給一個不識字的女人踏三輪。這一想頭多少有一點滑稽趣味，他如火的憤怒又不自覺的冲淡一些。他竟然傻笑起來，先是蠢蠢微笑，最後竟彎腰捧腹大笑不止。幸虧他是步行在一條很靜僻的巷子裏，但稀少的路人仍然有向他側目而視的。

「我還是回到樓閣上當哲學家去吧。」他嘲弄着自己。現在纔發現嘲弄自己也是生存武器之一。「我爲甚麼要去應徵呢。如果不去，一點也不會有甚麼。這世界一點也沒有錯，我不應當發脾氣，錯的只是我自己。」他這樣想着，也就漸漸平心靜氣下來了。

他身上還有一點錢，順便到市場買點菜。能怎樣生活就怎樣生活，不要去想道理。那有道理可言呢？怎樣的就怎樣的。而且，「我也沒有甚麼，無論如何，我只是去應徵了一下。這不算甚麼丟人的。」他想。

當他經過菜市場時，有一隻訓練純熟的家犬，啣着一個盛滿菜餚的籐籃子，規規矩矩跑在主人前面。他望着這隻狗，覺得有這麼一條狗倒是挺有趣的。但一會他又爲這隻狗很難受。牠啣着那麼重的一籃東西必定很辛苦。牠怎麼那樣聽話那樣馴服呢？他突然記起不久前看到的一條新聞，意思是說一個有錢的人花十萬元到日本買一條狼犬。但臺灣買一個十八九歲養女却只要四五千元。他又向那條啣着籃子已離他遠去的狼犬看去，並且久久凝視着。「是的。」他突然喃喃出聲的說：「如果我能學牠，學牠那樣聽話，那樣馴服，也許我也能賣一點錢……」他又不禁噗嗤笑出聲來。

他在菜市場買了五斤米（他常五斤五斤買的，一則家裏沒有盛米器具，二則每次也無錢多買），又選購了幾隻不可少的蕃茄，發現菜攤旁邊有幾截黃瓜，想起自己很久沒有吃黃瓜，便也買了兩條大的，以之與蕃茄煮食，必是很可口的。他又在肉攤割了十元豬油。

他提着這一串東西走回自己住所。他一邊走着，一邊却隨意想着一些甚麼，又像甚麼也沒有想。「總之是無所謂的，我沒有大錯，我僅僅是應徵一次工要想作而已。我爲甚麼老是想這件事呢，我不了，眞的我不想了」。他想。

從菜市場到他的住所必須穿過幾條車輛如梭，行人如織的馬路，每穿過一條馬路時，他都收拾了心不在焉的心情，但他在穿過最後一條馬路時（一條車輛最稀的馬路），終究還是被一輛汽車撞倒了。他很安靜的伏着身子躺在馬路上，手裏提着的那串從菜市場買來的東西都摔得老遠的。僅有那兩截黃瓜，躺在他身旁的血漬裏，已壓得癟癟的，癟癟的。

來函照登

編輯先生：

貴刊九月十六日第廿一卷第六期讀者投書欄蘇甦先生「立法院有不可寬恕之錯失」一文，對立法院此次修正海關稅則一部份之汽車稅率，認爲有失公平，謂院會根據虛僞之事實，漫不經心，毫無置辯，予以通過，甚爲不滿，查蘇先生所提海關稅則修正案第二三四號(丁)欵卡車及(庚)欵客貨兼載汽車政府原定稅率爲三〇%，而第二三五號汽車底盤政府原定稅率爲二五%，立法院爲保護本國新興汽車工業，將二三四號(丁)欵及(庚)欵稅率增爲四〇%，而將二三五號汽車底盤稅率增爲五〇%，至蘇先生所謂院會不察製成品與未成品之分別，而將汽車底盤稅率原屬於未成品者，反較(丁)欵(庚)欵屬製成品者爲高而顯失公平一點，查當時立法院對汽車底盤究爲製成品抑爲未成品，亦有辯論，凡委員發言，無論在委員會與院會，均有記錄可查，蘇先生不知汽車底盤應爲製成品，可請往立法院財政委員會與公報處一查便知。立法院院會通過本案時，出席委員貳百卅七人，當時對五委員會審查案持異議者甚多，辯論異常激烈，當天各晚報及次日各早報登載甚詳，蘇先生謂院會漫不經心毫無置辯，予以通過，殊非事實。其次蘇先生謂本人之書面意見承認裕隆公司現時不能製造汽車底盤，此亦係事實問題，裕隆公司能否製造汽車底盤，有雇用千餘工人之裕隆工廠在，請蘇先生根據事實立言，至謂我所稱車架部份亦卽稅則上第二三五號所稱之汽車底盤，此點我應聲明車架與底盤是兩件事，稅則上汽車底盤係指整套汽車機件全部裝好隨時可以開行，祇缺少一車殼而言，非卽車架也。

蘇先生對立法院通過之案件，予以批評，無論說得對不對，對民主國家輿論自由而言，非常敬佩，不過批評應該根據事實，若抹殺事實，殊爲遺憾，因蘇先生文內提及賤名，故不能不根據事實答復，非代表任何人，亦更未敢代表立法院也。

商文立謹啓

九月廿三日

江湖行（九續）

徐訏

六十六

跟着戰爭的變化，許多動盪的都已寧靜，許多寧靜的又開始動盪。

我在第二次手術前後，心情非常不安與焦燥，現在又開始安寧。我很能閱讀，寫作進展也很快，「靜夜的炮聲」已經寫了二十萬字。當時我在經濟上雖很困難，但是精神上很愉快。其中還有一個原因，是我與紫裳的關係比較自然，我們相愛這麼久，好像到現在方才沒有不安。在我一方面，自從我在寫作上有些成就，自卑感已經消除；在抗日支前的運動中，我的努力與貢獻也改變了別人對我的想法；在紫裳方面，是她心理方面的成熟，她已經不是一個好勝的幼稚的女孩，戰爭使她空閒下來，在抗日支前的運動中，她看到一羣愛國青年們偉大無私的熱情以及映弓的死與我的受傷，好像使她對人生的了解上有很大的進步。

大概是這些關係，我們的情愛在和諧與愉快中有自己所不覺的進展。我還常常同容裳通信，但是這已經祇剩了一種友誼，我不知道這情感是怎麼樣蛻化的，我從掩飾自己對紫裳的慚愧，變成了很自然的一種莊嚴的距離。我非常慶幸能夠這樣發展，我有意的在給容裳的信中使她對我的情感有所改變。

于是紫裳與我談到了婚姻，我們計劃結婚，計劃一同去後方，我們還計劃生男育女。我開始覺得一個人眞是很難知道生命的際遇，因爲這些發展竟都是由于我的腿傷。倘若沒有這個長期休養，我也許會早去後方，也會沒有機會想到這些了。

就在我們對于自己前途有最大的自信與計劃的時候，一件想不到的事情突然發生了。

那是日偽政府想推動電影事業的關係，委任了一位叫陳史瀛的，聯絡工商界組織一個電影公司，其中最大的股東就是潘宗嶽。

公司成立之前，葛衣情出面請紫裳吃飯，紫裳原以爲是幾個熟人的飯局，哪裏曉得竟是爲電影公司的事情，他們要紫裳擔任第一部影片的主角，紫裳祇是虛與敷衍，推說看了劇本再從長計議。

那次吃飯後，就連續有電影公司各股東的應酬，威脅利誘的使紫裳無法推託，而那位陳史瀛甚至于帶了日本資方的人同日本電影明星去找她，這使紫裳非常不安。我們于是開始有去香港的計劃。

當時我的腿已算痊愈，雖不能步行太久，但搭船去香港當然不成問題。我們去香港並不是短期旅行，一時當然不會再回上海。因此上海有許多事情要料理，尤其是紫裳，她的財產也不是馬上可以帶走，需要時間上的處理與安排。偏偏哪一批日偽電影公司的人，一直糾纏她，而且已經有好幾次利用紫裳參加他們宴會的照片在宣傳。因此，我們經過幾度商量，才決定由紫裳一個人先去香港，我則暫時留在上海。

我與紫裳以前曾經別離過，但是這次則很不同。以前的別離沒有希冀將來，這一次則計劃着將來。不希冀將來是把將來交給命運；計劃着將來，則是我們以爲能控制將來。而我們對于別離都不能控制，怎麼能控制將來？戰爭正在進行，我們的前途自然是很渺茫，但是我們竟相信我們就會團聚。愛情是一種奇怪的經驗，它使人有一種自信，也使人有一種預感；如果我們相信我們一定就會團聚，我們似乎用不着傷心；如果我們眞是如此忍不住別離，我們就該厮守在一起。

就在紫裳預備動身的前幾天，我特別預備了一些她所愛的酒菜，請她在我房內吃飯。那一天我與她似乎都重溫了我們認識以來感情的升降。

我們相愛多年，但從未有現在的和諧與自然；我們雖然相信彼此一直相愛，但從來不相信我們可以結合，可以永遠守在一起，而現在居然很自然的使我們覺得無法分離了。

飯後，我們關了燈放上音樂，我們偎依在一起，正像風雨中偎依在巢中的一對小鳥；我們低訴我們的情愫像是初戀一樣，這不禁使我想到我們同坐在紫雲菴階前的那一個晚上，我說：

「你還記得我們同坐在紫雲菴石階上的情形麼？」

她點點頭。

「我眞後悔，那時候我會不向你表示愛情；」我說：「也許……」

「也許什麼？」

「也許我們會很快結婚，你也不必演戲演電影了。」

「我也常常這麼想，我當時雖是不懂得愛情，但是我實在想有一個男人會像祖父一樣的愛我。」

「那一次以後，我們的愛情太不易捉摸。一到上海，我知道你不會再是我的了。」

「我也這樣想，所以我急于把我交給你；可以使我以後不會後悔。」她說。

「我一直感激你的。」我說：「可是當時我們的距離太遠了。」

「我想做男人是很苦的。」

「怎麼？」

「你大概不知道我當時的用意。」她說：「我當時祇想同你過一個短短的時期，不想再同你來往了。」

「眞的？」

「因爲你同我在一起不會再有出息，我怕害你一輩子。」

「這話是假的，紫裳；」我說：「我了解，我當時妨害你的前途，你是注定要紅遍中國的。」

「也許，但是這些名利與富貴，有過以後就再不希罕；而眞正的愛情，有過以後才會一直想它。」

「紫裳，現在你眞是成熟了。」

當紫裳的頭靠在我的肩上，我忽然想到她的頭髮，我說：

「你記得你把頭髮送給我的情形麼？我當時看你剪了頭髮，我知道你不會是我的了。你不知道你頭髮有多美，它代表一種與我聯繫的情感。」

「當時我太不懂，我也不懂天然的頭髮是可珍貴的，我也不知道你為什麼不願意我燙髮。」

「你的頭髮一直同我在一起，我現在還保留着。」

「眞的？」

「自然是眞的。」我當時就站起來，從我箱裏拿出那包頭髮來。與頭髮包在一起的則是阿清贈我的木梳。這兩樣東西一直伴着我旅行，但是在上海住定以後，放在箱子裏反而很少理到，現在拿出來，有一種說不出的感覺。

紫裳玩弄了一回那束長長的頭髮以後，她說：

「這頭髮倒是永遠年輕的。」

「這怎麼講？」

「我想當我頭上的頭髮白了的時候，它一定還是黑的。」她放下頭髮，拿起那把木梳，看了好一回，她說：

「是我妹妹給你的？」

「你妹妹？」

「小鳳凰。」

「不，」我說：「你怎麼想到她。這是一個鄉下的女孩子送我的。」

我同紫裳在一起時候很多，但總有許多關于自己的現在的事情可談；我從來沒有告訴她，我跟穆鬍子離開上海以後的日子，她也從來不同我談到我離開上海以後她的生活。這在我當時想起來倒是很奇怪的事情。我于是告訴她這木梳的經過。我心裏馬上感到我應該有點消息給周泰成與阿清，但轉念一想，一年早已過去，阿清應當不再等我，也許已經不在那裏了。

「你又辜負一個女孩子的心。」紫裳笑着說，很着重的說那個「又」字。

「又辜負了？」我也很着重這個「又」字。

「你沒有辜負容裳麼？」她說：「她是愛你的。」

「你知道？」

「我知道，」紫裳笑了，但頰上流下了淚珠，她閉了閉眼睛說：「你一直想離開我，但是你沒有成功，正如我想離開你一樣。」

「我不瞞你說，我的確很喜歡容裳的。」

「我當時很躭心你會跟她去的。」

「但是我沒有去。」

「如果你去了，我也不會怪你的。」她說。

我當時吻了一下紫裳的面頰，正想說什麼的時候，忽然聽到了樓梯上的脚步聲。

女佣告訴我韓濤壽在客廳裏，一定要找我。

是韓濤壽！

紫裳與我都覺得奇怪。韓濤壽已經好久不同我來往，怎麼忽然會來找我？我當時就叫紫裳就在上面，我獨自到了客廳。

韓濤壽是一個什麼都不十分在乎的人，但哪天神情很不同，他一見我下去，就說：

「我對不起你，野壯子。」

「怎麼？」我說：「什麼對不起我？」

「現在我決定聽你的話了，我要戒烟。」

「你怎麼啦？」我看他神色很不好，怕他病了。

「我覺悟了。」他苦笑着說。

「眞的，哪就再好沒有了。」我說。

原來韓濤壽同日本人往來，很受他們的氣，最近甚至被一個日本的軍官打了一個耳光。他說他每次受了氣受了侮辱都想脫離那個環境，但每次下不了決心。他細想是吸毒的關係，所以希望我幫忙他。上次聽我說到李白飛給野鳳凰戒烟的藥，還有剩在那裏的，希望可以給他一些。

當時我就找了紫裳下來，問她關于野鳳凰戒烟的藥。紫裳答應明天就去找出送來。

韓濤壽的覺悟，我自然相信他是有誠意的，但吸毒的人意志往往很薄弱，今天決定的事明天就會改變的。所以我還不敢十分信任他；可是紫裳並沒有想到這些，她竟告訴他她要去香港的計劃。韓濤壽忽然說：

「我同你一起去好嗎？」

「我想你戒烟沒有這麼快。」我說：「香港很方便，隨便什麼時候可去，祇要你有戒烟決心；戒了烟就可以動身的。」

我當時邀他明天搬到我家裏來住，開始戒烟，並且叮嚀他不要把紫裳要離上海的消息說出去，或者去告訴葛衣情。

六十七

如果把紫裳要離開上海的消息賣給敵偽電影公司的當局，可能有一筆可觀的代價。我很怕韓濤壽出賣朋友，所以那天晚上我很不放心。第二天我一直等他搬來，但是整個的上午都沒有他消息。紫裳于中午來看我，她帶來給韓濤壽戒烟的藥丸，她非常不安的告訴我有人在傳說她要去香港，問我這消息是怎麼走漏的，當時我馬上疑心韓濤壽，我猜想如果是他，他一定不會再搬來，所以我更希望他不要使我失望。

韓濤壽是我的朋友，但也是衣情的朋友；他是有義氣，同時也是有正義感的人；我不相信他會這樣出賣朋友，但是他有吸毒的嗜好，這是他可以被人利用的缺點，在他經濟很獨立的時候，他的缺點或許還不是弱點，可是現在他的經濟失去了獨立，這就很難說了。

紫裳那天在我家吃中飯，我就怪她昨天不應在韓濤壽面前說她要去香港的事情。可是紫裳對他竟很有信心，她說：

「我相信他不會的，他一直當你是他最好的朋友。」

「但是除了他，還有誰洩漏你要去香港的消息呢？」

「自然還可能有別人，我也託人打聽過船期一類的事情，還有宋逸塵等幾個戲劇界的人。」

「如果是別人的話，這消息早該洩漏了。爲什麽偏偏是今天早晨。恰巧在我們碰見韓濤壽以後。」

「我相信決不會是他。」紫裳說：「他一定會來的。啊，我還爲他找出了戒烟的藥。」

「如果不是他，他今天一定會搬來的，但是他沒有來，你看。」

就在我們這樣討論濤壽的時候，電話鈴響了。我以爲是韓濤壽，但不是。

「啊，逸塵。」

「紫裳在你那裏麽？」

「在我這裏，你等一等，我叫她說話。」

「不用了，我馬上來看你們，你們不走吧。」

「等你，等你。」我說。

我掛上電話，覺得逸塵的聲音好像是有什麽要緊的事情，所以我問紫裳：

「你昨天見過逸塵嗎？」

「前天他來看我的。」

「他好像有什麽事。」

「他可能也聽見別人的傳說了。」

我們吃完晚飯，坐在客廳裏等逸塵的時候，出我意外的，韓濤壽竟眞的搬來了。

他的出現眞是使我很快樂，我像是重獲了我失去的朋友，因爲這已經證明他並沒有走漏消息。紫裳也非常高興，她告訴他她已經爲他帶來戒烟的藥。紅色的藥丸還有不少，棕黑色的藥膏則祇有一瓷罐，我知道藥膏是爲久癮的人用的，本來不一定要多，我當時就告訴韓濤壽服法。

宋逸塵這時候也來了，眞是不出紫裳所料，他也聽到外面已經知道紫裳要到香港的傳說，所以他主張紫裳要走還是提早動身。

「但是祇有下星期三才有船。」我說。

「可是後天有一隻貨船。我想搭貨船比較不受人注意。」逸塵說：「我有朋友就是後天走，如果你贊成，我可以爲你去買票，我的朋友是一對夫婦，對香港很熟，你去也有招呼。」

「好吧，」紫裳說：「我還是早一點走吧。」

紫裳說的時候，一面看看我。那天是星期四，星期六走與下星期三走相差不過幾天，可是我竟覺得這對我有一種難捨的依戀，但是我沒有勸阻。當紫裳要離申的消息傳出去以後，自然會有人來阻攔她的；很可能明天不走，就無法再走了。爲紫裳安全，她自然越早離開上海越好，當時我就說：

「也好，要走快點走。你還有什麽事情沒有，交給我們好了。」

當時的決定是這樣迅速，下午我們就分頭忙于紫裳的種種雜務。夜裏我幫她清理行李，因爲逸塵已經來電話，第二天紫裳忙着了理她的財產一類事，回來後又清理行李。

理好行李已經是深夜，佣人退了以後，我與紫裳坐在雜亂的房內，這時候離情別緒才一齊湧到心頭，我才發現我原來是這樣脆弱的一個人了。

我與衣情別過，我與紫裳也別過。我還別過阿清，別過容裳。都沒有像那天夜裏一樣的傷情。

我們入睡時，東方已經微白，上午旅行社來取行李，佣人代爲照拂，沒有驚醒我們。我們起來時已經午後一時，以後一直沒有出門，也說不出許多咽在胸頭的話，時間就在不知不覺中消逝。晚上宋逸塵在他家裏爲紫裳餞行，也約了我與韓濤壽。逸塵要我們早一點去，四點鐘就有電話來要我們先去吃茶，所以五點鐘我們就到了宋家。

逸塵還請了另外那時去香港的夫婦，區先生是英國一個洋行的經理，年紀近六十了，但是精神很好，女的是新加坡的華僑，不過四十幾歲。他們于晚飯時才來，逸塵爲紫裳介紹，大家談得很投機。飯後，那對夫婦先回去，我們坐了一回，就直接送紫裳上船。爲怕傳揚出去多麻煩，所以什麽朋友都沒有通知，送行的祇有韓濤壽逸塵與我。

紅遍了中國的紫裳第一次離開上海，應該是一件熱鬧的社會新聞，但是竟同當初默默無聞的鄉下姑娘來上海時情形一樣，這是誰也想不到的事情。

是初秋的季節，天下着細雨，沒有月色，沒有星光，陰黯的天空，籠罩着黃埔江，在潮濕的雨霧中，燈光都像是濕了淚水的眼睛。

我們等船開遠了才離開碼頭。

帶着淒苦的心情回到寓所，我不知道該怎麽安排自己。幸虧韓濤壽已經搬來，我可以有一個無所不談的朋友。他的覺悟與決心戒烟，使我們友情一時增進了許多。但奇怪的是我當時竟想陪韓濤壽吸一筒雅片。幸虧我們手頭上沒有烟具，不然也許眞是要開戒了。

韓濤壽于午飯時用過戒烟丸，飯後睡了許久，所以精神很好，他同我談到很晚，才吃了藥去睡覺，我則一直沒有入睡。

接着幾天工夫，我與宋逸塵都是忙于紫裳的事情。我們于紫裳去後，曾經把消息放出去，我們宣揚她是同一個六十歲的富翁同行，可能是預備結婚的。紫裳的離申自然使想爭取她的敵僞電影公司方面的人很不滿，但也有一些妬忌紫裳的演員們慶幸失去了勁敵。新聞界與電影界騷動了幾天，以後也就沒有什麽了。

我把紫裳的房子頂去以後，因爲還有許多事情要了，紫裳的產業要我代爲處理，而我的腿傷還沒有復原，所以我暫時還不能馬上去香港。我總以爲去香港並不很難，所以也就不急。當時我正在寫「靜夜的炮聲」，我想索興寫完了再說。韓濤壽正在戒煙，怕外面是非，所以也很少出門。那一段時期，來看我們的人，除了宋逸塵外，祇有小江湖與黃文娟。

小江湖與黃文娟搬到租界以後，得韓濤壽幫助，在福煦路開了一家中國樂器店，居然生意不差。黃文娟已是三個孩子的母親，那家舖子可以使他們有一溫飽的生活，由于他們的常來，使我與韓濤壽兩個孤單的男子都有了家庭溫暖，恰巧我們的房客要搬家，韓濤壽就提議邀他們來住。這就開始了我們的一段很和洽與溫暖的生活。我于父親死後，就一直流浪，現在與小江湖夫婦住在一起，可算是我長大後第一次享受到家庭的幸福了。黃文娟眞是一個賢慧大方的女性，她治家管孩子固然井井有條，對我與韓濤壽，也可謂無微不至。韓濤壽也像是他們的父兄一樣，一方面他是他們樂器店的股東，另一方面他也成了一家之主。無形之中，家庭的經濟上事情，也都由韓濤壽來管。我對他們間的情形雖不詳細，但關于我的，我總是把收到的版稅與稿費交給韓濤壽，其他就什麽都不問不聞。這是一段非常幸福的生活，我很能讀書，也很勤于寫作。唯一使我不安的是紫裳，我對她有說不出的想念。

六十八

香港那時候是一個很畸形的都市，影劇界的人士在香港尤其沒有什麽事情可做，整天是飲宴嬉樂賭錢跳舞，紫裳混在裏面，不知怎麽，竟被人帶着去投機炒金，虧了不少錢。她來信時而興奮，時而空虛，她很希望我可以去香港。

大夏大冬去大陸後常常來信，內地的戲劇界非常活躍，他們到各地演戲，宣傳抗日。我去信告訴他們紫裳在香港，他們就寫信給紫裳，希望她同在香港的朋友一同去內地。

我的腿當時已有十分之八痊愈，因此我就想去香港偕紫裳去內地，韓濤壽也願同我一起去。

這原是一個很好的決定，但我竟沒有立刻進行，原因是那時候我的「靜夜的炮聲」快脫稿，大概祇差四五萬字，所以我想寫完了再走。此外韓濤壽的烟尙未戒。其他自然還有些事情要了。總之這樣一拖兩拖，一直到了冬盡春來，可是又因爲「靜夜的炮聲」的出版問題，又不得不把行期拖延了兩個星期。

天下的事情就是這樣參差，許多我們以爲沒有問題的計劃往往因爲小小的耽誤就無法再實現。而我的生命中竟有這許多想不到的波折，這眞是祇能委之于命運了。就在我已經定了行期的日子中，忽然發生了一件想不到的事情。

這是一九四〇年的仲春，那天天氣非常和暖明朗。早上九點鐘的時候，巡捕房幾個所謂「包打聽」請我到巡捕房去，那面有三個日本人等我，說要我到虹口去做證人，要把我引渡到日本司令部，我拒絕抗議都無效，巡捕房裏的人也無能爲力。但他們願意爲我通知我的親友；我就寫了宋逸塵與韓濤壽，請他們通知他們兩位。

到了虹口日本的司令部，我被帶到一間四周是洋灰的地窖子中。

那房子很低，地上非常潮濕。光線很暗，房頂上，着糖瓷罩子的電燈，燈下還蒙着鐵絲網，我站着伸手就可以摸到這些燈網。

房間是空洞的，祇有幾把椅子，都靠在牆邊放着。帶我進去的兩個叫我等着，自己就出去了。跟着關上了門。我等了約十幾分鐘，忽然從後面進來了一個全付武裝矮壯的日本軍官。他操着十分流利的國語說：

「你是周也壯。」

「是的。」我說：「我是周也壯。」

「站起來。」他命令着，又罵：「一點沒有禮貌。」

我自然不是不知道這一點禮貌，而是在這陰黯的潮悶房中等了這許久，我早有點驚慌不安，見了這個凶武的軍人，自然更不知所措了，當時我站了起來說：

「對不起。」

「你們這個抗日支前文化行動會成立多久了？」

「什麽抗日……什麽會？」我的確沒有聽淸楚他的話。

「還裝什麽傻？」他說着，從衣袋裏摸出一張紙說：「抗日支前文化行動會。」

「我眞的不知道有這個會。」

「你不要狡賴。」他一面說：「我告訴你，你好好的招出來沒有事，不然你就休想出去了。」

「我眞的不知道。」

「還說不知道？」他突然回過身來，出我不意的打了我一個耳光。我當時不免踉蹌地倒退幾步，一面我的怒火塡胸，我很想回敬他一拳，但是我冷靜一下終于壓制了自己，我說：

「你打我，還問我幹什麽？」

「我要你招出你們的組織與同黨。」

「我已經告訴你我不知道這個組織。」

「你還要狡賴？」他說着又搶步到我的面前，伸起右手反背打我耳光。我退了一步，很快的閃了過去。他當時就搶前在我小腹上打了一拳，接着又用手背批我的左頰，這時候我的怒火再無法壓制，我趁我掩護我小腹的隱痛之時，把我的頭向他的胸口衝了過去。這個出他不意的一擊竟把他衝倒了地上，他下意識的就用手摸他的手鎗，我爲阻止他拔鎗，就衝過去壓在他的身上，一面說：

「有種的不要動槍。」

正當我壓在他身上時，他突然用膝蓋頂住了我的身子，把我從他的頭上抛擲過去。

我從地上爬起來時，對方也已經起來；他面對着我，像等待我撲上去，他並不動槍，我們就開始了拳鬪，我的體力早已不如以前，經過了腿傷，自然更形羸弱。我所有的本領，還都是在唐凌雲部下時學來的，對方似乎精于日本的柔術，一開始就把我摔了幾跤，但是我還是兩次把他衝倒地下，痛打他幾下，最後他把我從他身上翻過去，不知怎麽，我驟然感到一陣劇痛，再也不能起來，我馬上意識到我由外科醫生接的腿骨又斷了。這時候，對方已經躍到我的身上，拳打脚踢，我滿嘴是血，不一回就暈了過去。

醒來我已在一間黝黑的牢房裏，我混身隱痛，細認四周，在陰暗的光線下，地上都躺着囚犯，隱約可聽到痛苦的呻吟，空氣是腥臭的，潮冷的，我想欠身看看環境，驟然感到腿上的奇痛，我用手拊摸我的腿創，發覺我的腿已經腫脹像一隻小猪。我不知道是什麽時間。所幸腕上的手錶還在，看是六時三十五分。我估計這大概是早晨。慢慢的我發覺這房子有扁狹的窗戶在牆頂上，我知道這是一間地窖子。窗戶上都是鐵檔，鐵檔上是蜘蛛網與灰塵。所以光線很暗，房頂的電燈倒是亮着，一共有四盞，但也是蒙着鐵絲網，鐵絲網上也蒙着灰塵，所以並不能添多少光亮。

慢慢的，有些囚犯醒了，發出一陣陣咳嗽呻吟的聲音，于是有人就起來便溺，房中添了一陣腥臭。我腦中什麼都沒有想，我爲減少痛苦，設法計數房中囚犯的人數，但在稻草破絮雜亂的地上，我怎麼也數不準確。這時候我身旁的一個囚犯欠身了，我用手帕蓋在我的臉上，靜靜的躺着，一瞬間我忽然想到如能這樣早點死去，也許是一個最幸福的結局，免得再被刑審。于是我就極力不想什麼，忘去自己的存在，我慢慢的有點睡意，我希望我可以眞的入睡，可是我身上發癢，我知道那是臭蟲與蚤蝨，我祇能用手抓趕，因爲腿痛的關係，我一點都無法移動。

不知道隔了多久，我聽見鐵門響，一陣吆喝，許多人嚷着吃飯，我祇從手帕縫中看一眼，看到許多人圍着兩個放在地上的鉛桶，我又從新蓋上手帕，我猜想這還是一個臨時的監房，因爲所有的囚犯都沒有穿囚服，都穿着日常的服裝。從衣着上看這裏面有很不同的階層與職業，更無從知道這些人都犯着什麼罪了。

十點鐘的時候，鐵門又開了，開始傳審房內的囚犯，我于十一點二十分的時候被傳審，我告訴他們我的腿已斷，必須有人支扶才可以行動。于是有兩個中國人過來，扶着我走出去。

這一次，我被帶到一個比較小的房間，房內放着一張桌子，前面坐着三個日本軍人，旁邊坐着一個中國人。我被放在下首的一把椅上。

坐在中間那個日本軍官，長得很清秀，唇上蓄着鬍子，態度也文雅，他翻翻案卷，看看我，不說什麼。他的右手的日本軍人就用中國話開始問了我姓名，籍貫，年齡以後，他又問：

「你是那個抗日支前文化行動會的會員麼？」

「我根本不知道有這麼一個組織？」

「你不知道？」

「眞的不知道。」

這時這個坐在中間的軍官用日話對我發問，旁邊那個軍官就跟着翻譯說：

「你是不是寫過反日的文章。」

「是的，這個我承認。」我說：「因爲我寫過報導淞滬戰爭的實況。」

「你爲什麼反日？」那個說中國話的日本人說。

「因爲我是中國人。」

這時那個坐在中間的軍官又用日語發問了，右手的軍官就開始翻譯。坐在兩旁的中國人一直在記錄。

「你有沒有出過抗日的小冊子？」

「沒有？」

「你並沒有參加那個抗日支前文化行動會？」

「沒有。」

這時候，坐在中間的軍官從案卷裏拿出一本小書，由右面那個軍官遞交給我，我一看是一本普通的抗日宣傳小冊子，裏面收集了好幾篇文章，其中有兩篇文章是我以前在報上發表的，封面印着「抗日支前文化行動會出版。」我翻了翻說：

「我祇能承認那兩篇文章是我寫的。」

「不是你出版的。」

「這不是寫着什麼會出版的麼？」

「你與他們沒有關係？」

「我根本不知道這個組織。」

「他們出版你的文章，沒有得你的同意？」

「並沒有，」我說：「這是發表在報上的文章，誰都可以剪集。」

「你還以爲你這文章裏面的論證是對的麼？」

「自然，這是我的看法。」我說。那篇文章實際上是分析當時整個的戰局，從文化上歷史上說明日本的必敗，可說是一種理論上的探討，並不是對日本有什麼輕蔑的侮辱，所以我敢很堅定的說：「我現在還是這個看法。」

「你知道，我們皇軍是最公正的。你的看法是你的事情，我們不懲治你，但是如果你要行于宣傳或行動，我們就要不客氣了。」那個坐在右首的軍官翻譯着說：「現在有人來保你了，我們就放你出去，但是你要當心，不要鼓動，做出傻事來。」

他說完了，遞了一張紙給我，那上面寫着我的一部份口供，否認參加抗日支前文化行動會，並保證不作反日的宣傳或其他行動，叫我簽字。

我簽了字以後，他叫了兩個日本兵士扶我出去，經過了長長的走廊，搭了電梯，才到一間有日光的房間，那裏坐着租界裏巡捕房派來的兩個巡捕。我就由他們扶了出來，請他們叫了一輛汽車到了巡捕房，那面等着韓濤同一個我不認識的人，韓濤同我介紹了一下，就扶我出來。我沒有回家就一直到了醫院。

我休息了一夜，照了X光，原來夾釘鋼板的腿骨破裂，我必須要再動手術。

這是一個痛苦的歷程，一時我祇有放棄了去香港偕紫裳的念頭。

懊惱與悔恨一直伴在我的病榻上。如果在我決定去香港時馬上就走，那麼不是就不會有被捕的事情了麼？即使被捕了，但如果我能忍耐一點，不同那個日本人打架，那麼我最多是被打了幾下，我的腿骨總不會折斷。只要我的腿骨不斷，出了獄我總隨時可去香港或內地，那麼整個的生命也就完全不同了。

人生竟是不能避免這些湊在一起的機遇，我就因爲一時怒火之無法壓制，同那個日本軍人打了一架，暫時就失去了重會紫裳的可能。這使我躺在病榻上有說不出的焦慮與懊惱。

但是，韓濤還說我是不幸中之大幸。他說幸虧那個日本軍人還有點武士道的精神，否則他何必同我角力而不馬上動槍。老實說，他們打死一個中國人不和弄死一個螞蟻一樣？他說幸虧當時我被他打敗，要是那個日本軍人被我打敗，他還不惱羞成怒，拔槍把我打死了？

韓濤把事情退一步來想，對我是一種寬慰。但是我想如果這事情發生在他自己身上，他是否也會這樣想法；對同一件事情我們的看法不同，心情也就完全兩樣。而我，則直到我回憶過去的時候，我還是在懊惱當時的不能抑制自己的怒火，因爲，我是就此迄未能與紫裳聚首。(待續)

書刊評介

國際統一科學百科全書

潘毓剛

原書名：International Encyclopedia of Unifia Science

主編者：Otto Neurath, Rudolf Carnap, Charles W. Morris

出版者：The University of Chicago Press, Chicago, U.S.A.

出版年：**一九五五（最新一版。全書現祇出版了第一卷，分上、下兩册，計七百六十頁）。價格：美金十一元。**

近幾十年來，一羣國際知名的學者對科學事業的興趣激增，尤其對科學的統一性（the Unity of Science）事業更爲熱衷。因此於一九三八年由Otto Neurath博士（現已故）領導下編成這部解釋各門科學的共同邏輯結構，和闡發一種可以應用到各門科學上的方法學（methodology）的百科全書。

本書第一卷分上、下兩册計十章。第一章是討論「百科全書與統一科學的關係」，包括專文六篇。第一篇是Otto Neurath所撰的「統一科學作爲百科全書的整體」，敍述一些體會到一般科學態度的重要性的科學家和對科學有興趣的人們所推動的科學統一性運動（the unity of science movement）情形，說明經驗科學的特徵，科學態度與經驗程序的系統化的關係，科學述敍的邏輯分析，從形而上學的綜合到經驗的綜合情形，邏輯經驗的整體，統一科學與百科全書關係；最後還闡明這部百科全書的結構。從他這篇專文可知：本來科學家的實驗工作常與哲學和宗教體系中先驗唯理論（priori rationalism）的邏輯結構互不相容的，而今已相互爲用了。第二篇是「原子能和平用途之父」，廿世紀最偉大的科學家之一的（愛因斯坦對他的讚語）Niels Bohr所撰的「科學上的分析與綜合」，文中他除指陳科學的統一性和科學在認識論和心理學的分析上的不可分割性外，尙提出分析與綜合平衡的科學方法，無論是研究自然科學或人文科學的學者都值得對此點加以注意的。此外John Dewey的「社會問題的科學統一性」說明了科學的態度，科學的社會統一性，並詳論教育與科學統一性的關係。Bertrand Russell的「邏輯形式的重要」，討論邏輯形式在各門科學中的應用及重要性。Rudolf Carnaps的「科學統一性的邏輯基礎」則說明了科學的邏輯分析的意義、科學主要的分支，科學語言的統一性，而且還討論了定律的統一性的問題。Charles W. Morris的「科學的實驗主義」一文中，首先說明科學的方法，繼而討論科學方法的推廣、科學實驗主義的觀點、科學與實用的關係、科學實驗主義與百科全書學術之關係。

第二章「符號理論的基礎」由Charles W. Morris執筆，他先簡述符號理論的內容大綱，示明符號理論在科學統一運動中的地位。然後他從符號理論的三分支——句法學（syntactics），語意學（semantics）和應用學（pragmatics）——深入討論。Rudolf Carnap所撰的第三章「數學和邏輯的基礎」先討論邏輯的基本類別，並由簡單的人造語言系統的考慮來說明各類別情形。然後他討論微積分和數學的本質及意義，並闡明它們在經驗科學中的應用。第四章是Leonard Bloomfield所撰的「科學的語言」，說明語言學之所以成爲科學的理由、自然語言達到精確性的技巧、科學語言的特性，語言學在科學中的地位、語言學與邏輯和數學的關係。由Victor E. Lenzen執筆的第五章「經驗科學的程序」討論兩個主要問題：在經驗科學中觀測的技術和系統化的程序。在觀測的分析中他討論了感覺，計數，量度和微視物理的單位等問題。在系統化的分析中他則討論了分類、相關、漸近法、統計法在量子論中的應用等問題，最後他還簡述物理學在科學統一性中的地位。Ernest Nagel首先說明或然率理論的原理」中，Ernest Nagel首先說明或然率研究的題材，或然率理論的發表和應用。然後討論或然率的計算及其解釋，最後還討論普通方法學中未解決的問題：或然計算的頻率解釋的邏輯問題和或然率與證據的權度（degree of weight）問題。第七章中，Philipp Frank由物理理論的邏輯結構，牛頓古典力學、熱、不可逆性與統計、相對論、光、波力學和物質的結構等方面來說明「物理學的基礎」諸問題。E. Finlay-Freundlich所撰的第八章「宇宙學」，則首先介紹古代基於牛頓萬有引力定律的宇宙問題討論，然後說明現代宇宙學討論的觀測背景、宇宙學的假設、宇宙學問題的相對性處理方法，最後討論宇宙的時間標度問題。在第九章「生物學的基礎」一文中，Felix Mainx首先從基本觀點及複雜觀點兩方面敍述生物學中工作方法，然後討論生物學中推理的重要性，從而說明科學的生物學中推理的心理學的功能和推理的誤用。最後一章是Egon Brunswik所撰的「心理學的概念架構」。他首先闡明經驗與客觀方法，隨之討論行爲的功能單元與心理研究的複雜程度，心理學中關於精密的錯誤概念，心理學中傳統的方法和構造上的危機，最後則討論到電腦學（Cybernetics）理論與心理學的關係。

像這樣一本討論範圍廣泛的巨著，分別由世界上各門科學中具有領導地位的學者執筆，內容之精闢與討論之嚴謹，乃必然之事。從前的百科全書都着重科學的方法學的解釋。因此，而現在這部百科全書則着重完整地說明知識的狀態，而這部百科全書不但對今後我們整個治學態度能有深刻的影響和能增進我們後代科學和技術的專門知識，而且還可使大家能够體會到人類所有活動的互依互存性。所以，這是凡關心人類文化發展和從事學術研究的人，必需一讀的一部好書。

民國四八、七、十七，晚九時四十五分於臺北

讀者投書

（二）談談離職軍文人員的身分與待遇

汪道揆

最近幾年來，政府在整軍經武復國建國的大目標之下，對於國防軍事的整頓與建樹，可以算是盡了最大的力量，也有了很多實際的成就。如假退除役軍官改辦正式的眞退除役，無軍職軍官的登記調查，停役的士官士兵之轉役及免予囘役，以及退除役官兵輔導工作的推行，榮民醫院的建立，升學就業的輔導……對士氣民心的安定與鼓勵，已經收到了良好的效果，値得我們欣慰！可是，政府對於一般軍文人員，似乎總有一點厚薄彼此之分。就以離職軍文人員的身分來說，至今沒有一個明確的規定，就是一個明顯的例子；而且他們的待遇，又與一般軍官相差懸殊，實在使人感到失望與不平。

我們先談談離職軍文人員的待遇：從民國三十九年政府來臺之後，對於一般年老力衰，或體弱多病，而不堪繼續在軍中服務的軍文人員，雖然可以視實際情形准予資遣，但是這種資遣與役來軍官退除役的待遇來比較，相差很遠，每人僅發給三個月薪金及主副食。這種情形，我們可以諒解，因爲當時政府甫由大陸播遷來臺，局勢未定，百廢待與，一切只能勉爲其難。可是這種不合理的現象，一直維持到民國四十七年，並無改變。在民國四十八年以前所資遣的軍文人員，除了由政府主動裁編的，以及住陸海空軍四、五級醫院療養不癒的，經上級核准之後，可以按年資計算，拿到新臺幣數千元不等的資遣費，能勉強維持一個短時期的生活以外；其它申請資遣的軍文人員，請求資遣的條件，雖然比一般軍官申請假退役的條件更嚴，然而一經核准之後，仍然僅發三個月的薪金及主副食。甚至於到四十七年初，申請資遣的軍文人員，所能領到的資遣費，遠較三個月薪金與主副食折算代金的總和爲少。（以同中尉來說，依據上級頒發的軍文人員資遣給與表，僅能領到資遣費新臺幣七三〇元。而當時中尉的月薪一九〇元，三個月共五七〇元；副食每月六〇元，合計一八〇元；主食每月可折代金一二〇元，合計三六〇元；總計應領一、一一〇元）至於他過去服務年資的久暫，今後生活的處境，一概不問。但是你如果要資遣，必須要你自己去找一個保證人，保證你不犯法，不餓飯；否則，縱令你具有合乎資遣的條件，亦不得離營。從正面看，這是政府顧慮的周到，如果從另一個角度想一想，其不合情理之至，是不可諱言的。政府似乎忘記了這些軍文人員也同一般軍官一樣是「飽嚐了千辛萬苦，毅然追隨政府來到反攻基地，共赴國難」的同志。他們一旦離營之後，不但得不到工作安插，就業輔導，以及榮民醫院的醫療，而且連專門爲退除役官兵所舉辦的各種升學與就業考試，他們也無權問津！這種不合理的待遇之形成，我想最根本的原因，就是軍文人員的身分沒有確定。

現在我們來談談軍文人員的身分：提起軍文人員的身分問題，使我們更感到無窮的困惑。不但政府自始至終就沒有一個明確的定論；即主管當局的各種措施，亦往往自相矛盾。我們先以軍文改敍軍官一事來說：凡軍文改敍軍官，而其軍文與軍官之科別相同者，對其所任軍文年資，並不核減；若其改敍之科別不同，則所任軍文年資，不予承認，而對其已取得之軍階仍可保留。此種措施，雖不無理由，但自相衝突，已顯而易見。此其一。去年政府將假退除役軍官，改辦眞退除役時，對其中曾任軍文之軍官，在其未改敍軍官以前的軍文年資，准予合併計算，而正式資遣的軍文人員（除前引裁編，住院及四十八年以後資遣的）並不計算年資，其不合情理，又暴露無遺。此其二。國防部新聞局本年六月二十三日發表：四十七年度應屆大專學校畢業生，合於預備軍官徵訓對象，曾任國軍軍文人員，執有合法之任離職證件者，可以原階核列爲預備軍官，納入後備軍人管理，免除預備軍官訓練……。而國防部動員局對一般離職軍文人員詢問軍文人員身分問題時，則謂應依兵役法施行法第三條辦理。兵役法施行法第三條規定：「已逾徵兵及齡之男子，尚未經徵兵處理者，得視國防軍事需要……徵集入營，服常備兵役或服補充兵役、或服國民兵役。」國防部一面承認曾任軍文之大專學生可以改敍列管，一面否定曾任軍文之一般國民服軍職，此難自圓其說，實爲有目共覩。此其三。國防部人事服務處，曾指示過去曾服士兵役或士官役而已晉升軍用文官之離職軍文人員，得檢附證件，報請政府以士官或士兵的身分辦理停役或除役。許多軍文人員，皆係抗戰戡亂投筆從戎，由當兵開始，拿他們的血汗、辛勞、成績，逐步由士兵、士官而晉升到軍用文官，有的直接擔任軍官的職務，有的取得了軍官的專長，平時生活、操作、演習；戰時跋山、涉水、拼命，與一般軍官無軒輊。而且政府既然用國家的尊嚴，長官的命令，把他們從中士、上士、升到了少尉，中尉，甚至中校、上校，現在又只准他們以士官士兵的身分申請退除役。同樣是政府發佈的命令，對士官士兵有效，對軍用文官無效。此其四。我們打開陸海空軍刑法一看，其第五條及第六條第二款所指的軍屬，就是軍文。他們與陸海空軍之官長、士兵、學員、學生以及軍佐，同爲陸海空軍軍人。換一句話說，所有的軍文人員均與一般軍官佐、學員生相同地要接受軍法的約束，並非以聘雇身份在軍中擔任臨時性的工作。而一切軍官佐、學員生離軍職之後，國家均承認其已盡國民之義務，唯獨軍文，血汗白流，前功盡棄。其不公不平，豈能令人心服！此其五。民國四十年十月十八日，總統公布反共抗俄戰士授田條例。民國四十五年六月由行政院正式頒發，當時在營之軍文人員亦人手一據。依據該條例之規定：「現在陸海空軍部隊服務二年以上之戰士，由國防部查明左列情形，（略）册報行政院，於反攻大陸時發給授田憑據。」（該條例第十一條）同條例第二條指明：「本條例所稱戰士，指陸海空軍官兵參加反共抗俄作戰者。」授田憑據既然同樣頒發給軍文人員，則無疑地承認持有此據者曾參加反共抗俄作戰，而且滿二年以上；何況許多離職的軍文人員，他們所持有的戰士授田憑據之上，明明記載服務年限有五年，十年以上的。目前既未授田，反而連其身分亦不承認；平時依兵役法服乙種國民兵，戰時依動員之需要，得服常備兵或補充兵，這種悖於法理的情形，難道政府一無所知？此其六。

我們一想到政府對軍文人員的歧視，內心的沉痛，實在無法形容。單以這次舉辦無軍職軍官的退除役一事來說，不但外職停役的，辭職資遣的，作戰失散的，免官停役的可以申請處理，而且編餘的、撤職的、免職的、停職的、刑事停役的、被俘歸來的……幾乎只要是軍官，無一不可申請處理。只要申請手續辦好，不但可以免服兵役，而且可以拿到四個基數以上至五六十個基數不等的退除役金。其中只有部分服務不滿兩年的，或撤職被俘的不能領退役金，但其曾任軍官之身分，政府則予以合法之承認。而對離職之軍文人員，則大謬不然！如果說政府不知道這種情形，那麼我們只能說：「明足以察秋毫之末，而不見輿薪。」假如說政府無力及之，那更是：「力足以舉千鈞，而不能舉一羽，非不能也，實不爲也。」我們誠懇的希望，政府不要「恩足以及四海而不及百姓」。但願政府用有效的行動，來證明政府對所有愛國救國的國軍袍澤，其關心與愛護，毫無二致。如能因本文促使政府提前解決離職軍文人員的身分問題，使其安心工作，倍加奮勉；或進而對離職軍文人員酌予調查輔導。我想，對我們整個的社會和國家來說，也該是有百利而無一害的。

自由中國　第二十一卷　第七期　內政部雜誌登記證內警臺誌字第三八一號　臺灣省雜誌事業協會會員　一二四

給讀者的報告

臺灣省政府財政廳長陳漢平近在省稅務會議上說，社會上「三害」「四害」的傳說，說得稅務人員抬不起頭來。我們認爲稅務人員抬不起頭來，的確是現在的實情，但政府應該讓他們能抬起頭來。因此，特發表社論㈠「叫我們如何鼓勵『抬不起頭的』稅務人員？」

最近政府正一再主張「調整收支」，「移緩就急」，並以節約浪費來重建災區，因而使大家想起立法院批評軍人之友社的八個大字：「組織龐大，開支浩繁」。但是，軍人之友社在法律上是人民團體，立法院憑甚麼過問？其組織究如何龐大？其開支又怎樣浩繁？我們都在社論㈡「撤銷軍人之友社！」中，根據具體的資料，做了一番概括說明。相信大家知道了軍人之友社的實情後，也必定主張撤銷無疑。

蘇俄總理赫魯雪夫近在訪美期中，發表了一篇裁軍演說，居然已經受到世界各國的重視。然而，赫魯雪夫的建議眞有實現可能嗎？其用心何在呢？我們爲了說明眞相，特發表社論㈢「分析赫魯雪夫的裁軍高調及其用心」，並附帶評論了北平僞政權軍事首腦的更動。

徐逸樵先生的「略談『同文同種』」一大文，是一篇純學術性的專論，旨在說明中日兩國之間的所謂「同文同種」，究竟同「文」到何種程度？又究竟同「種」到何種程度？這一篇大文，在徐先生自己看來，雖然只能稱之爲「略談」，但實際上由於要言不繁，已說得相當深刻了。

省議會最近修正通過的公職人員選舉投票開票觀察員設置辦法，看起來像是向保證選擧公平的道路上進行，但實際的意義是否眞是如此呢？楊金虎先生在「有感於設置選擧投票觀察員」大文中，便根據幾度參加競選的切身經驗，提出了否定的答案。

現代人類由於面臨着戰爭的威脅，企求世界和平的心情，較任何時代都迫切。可是，和平不可能從天上掉下來，而必須循由一定的途徑，但又究該走條甚麼路呢？王國璋先生的「到世界和平之路」大作，便是在簡要的說明這條路。

在自由中國特別重視華僑教育之今日，對於華僑教育課程底內容，顯須首先注意。孟戈先生的「我對於改革華僑教育課程底芻議」大文，是根據從事僑教的切身經驗，而提出的寶貴意見。

自由中國　半月刊　第二十一卷第七期　總第二三八號

中華民國四十八年十月一日出版

發行人　雷震

主編　『自由中國』編輯委員會

出版者　自由中國社

社址：臺北市和平東路二段十八巷一號

Free China Fortnightly, 1, Lane 18, Ho Ping East Road (Section 2), Taipei, Taiwan.

電話：二八五七〇

航空版　友聯書報發行公司（香港九龍窩打老道一一〇號）電話：五九一六四、五九一六五

總經銷　自由中國社發行部

經售者

美國　紐約友方圖書公司 Hansan Trading Company, 65, Bayerd Street, New York 13, N.Y., U.S.A.

紐約光明雜誌社 Sun Publishing Co., 112, Mulberry St., New York 13, N.Y., U.S.A.

韓國　漢城裕昌德號

馬尼剌　新疆書店

緬甸　仰光振成書報店

印度　阿拉哈巴中印文化出版社

北婆羅洲　西利亞坡青年書店

星加坡　友聯書報發行公司（小坡大馬路四六九號）

吉隆坡　友聯書報發行公司（馬華公會大廈三樓七室）

怡保　友聯書報發行公司（希尼華沙甘街十六號）

檳城　友聯書報發行公司（林連登律七十二號）

澳門　友聯圖書公司

印刷者　精華印書館股份有限公司　廠址：臺北市長沙街二段七一號　電話：三三四二九

本刊經中華郵政登記認爲第一類新聞紙類　臺灣郵政管理局新聞紙類登記執照第五九七號　臺灣郵政劃撥儲金帳戶第八一三九號（每份臺幣四元，平寄美金一角五分，航寄美金三角）

FREE CHINA

第廿一卷第八期

社論

中華民國四十八年十月十六日出版
社址：臺北市和平東路二段十八巷一號

半月大事記

九月廿六日(星期六)

東南亞公約組織總部正式公報宣佈，東約組織已採取步驟，必要時可迅速行動，保衛寮國抗禦侵略。

錫蘭總理班達拉乃克死於刺客之手；達罕納雅克繼任總理。

艾森豪與赫魯雪夫繼續會談。

九月廿七日(星期日)

艾赫延長會談時間，柏林問題已陷僵局。赫氏仍堅持西方必須撤出柏林，艾氏已拒絕對盟國權利讓步。

艾赫大衛營會談結束。雙方發表聯合公報，顯示未獲具體結果。柏林問題仍須重開談判；艾森豪延至明年初訪俄。

九月廿八日(星期一)

愛爾蘭、馬來亞要求聯大討論匪黨壓迫西藏問題。

九月廿九日(星期二)

蔣廷黻在聯合國演說，譴責共匪在藏暴行，歡迎聯大進行辯論。

九月三十日(星期三)

北大西洋公約組織理事會集會，聽取艾赫會談報告。

美英開始磋商協調裁軍政策。

赫魯雪夫說明柏林問題談判，不應加以時間限制，但亦非無定期延宕。

日本岸信介首相宣稱，日對匪政策不變。

寮向聯合國提控訴，指責越共侵寮罪行。

艾森豪與義大利總理商討國際問題，同意在目前國際局勢下，西方不容鬆懈防務努力。

赫魯雪夫在蘇斯洛夫之後抵平，蓄意表示他是國際共黨最高領袖；蘇斯洛夫在平發表冗長演說，對匪「人民公社」却隻字不提。

赫魯雪夫在平誡匪黨勿妄動，並誡防止戰爭；共匪頭目均在場聆聽。

十月一日(星期四)

世界銀行通過美國建議，設立國際開發協會，先撥十億美元作該會五年資金，以長期貸欵給予開發不足國家。

艾森豪致函英法德首長，報告美俄會談情形。

十月二日(星期五)

寮叛軍發動新攻擊，孟赫、川可兩地失守。

十月三日(星期六)

國產商品展覽會揭幕。

尼克森表示其堅强信念，與俄從事經濟競賽，美國必能獲得勝利。

尼赫魯向周匪提覆函，匪軍撤離邊境以前，印度拒絕與匪談判。

十月四日(星期日)

赫魯雪夫離平發表演說，重彈和平舊調。

美白宮新聞秘書宣稱，關於召開最高層會，目前尚未達成協議，具體事項將待英大選後再決定。

谷鳳翔在聯合紀念週報告法令的統一解釋與職權解釋。

十月五日(星期一)

寮共悍然拒絕調查，四國小組工作受阻。

十月六日(星期二)

赫特在記者招待會表示，美與共匪緊張情勢，未因赫魯雪夫訪美緩和。

十月七日(星期三)

美國副國務卿狄倫對共匪提警告：匪如侵臺灣及外島，勢將引起核子大戰。

中部公約組織理事會在美揭幕，赫特保證美國繼續支持中約組織，以保衛中東免受侵略，協助土耳其、伊朗、巴基斯坦的防務及其經濟發展。

尼克遜在中約會提警告，世界局勢並未改變，防務努力不得鬆懈。

赫魯雪夫在海參崴演說，謂訪美後立場未變。

聯合國調查小組赴鑾巴拉郎，調查寮國指控北越侵略之事。

艾森豪在致遠東美國商工協進會年會函中，提出保證，美對遠東政策不變。

十月八日(星期日)

英國舉行總選。

中部公約組織理事會秘密會議，聽取防禦計劃報告，商擬防禦侵略的較快反應方策。赫特並報告艾赫會談經過。

行政院院會決定，發行復興建設儲蓄券新臺幣三億元。

「自由中國」的宗旨

第一、我們要向全國國民宣傳自由與民主的真實價值，並且要督促政府(各級的政府)，切實改革政治經濟，努力建立自由民主的社會。

第二、我們要支持並督促政府用種種力量抵抗共產黨鐵幕之下剝奪一切自由的極權政治，不讓他擴張他的勢力範圍。

第三、我們要盡我們的努力，援助淪陷區域的同胞，幫助他們早日恢復自由。

第四、我們的最後目標是要使整個中華民國成為自由的中國。

社論

(一) 睜開眼睛看當前世局

——不要因愚昧的宣傳害了自己

當前世局的一聯串發展，已迫使我們非睜開眼睛來體認一下眞實情況不可，再不容許我們單憑主觀願望，空口呼喊。祇有正確的瞭解才能導致健全的對策。我們有時候誠然需要固執，但是，那一種拒絕承認事實的固執却毫無好處。如果世局正在變得對我們不利，我們甚至可能因此種固執而無法把握有利機會；如果正變得對我們更爲有利，我們將因此種固執而無以自存。

美國艾森豪總統與俄國共黨頭目赫魯雪夫的會談，以及他們所發表的聯合公報，說明美、俄關係正趨於緩和。赫酋與中共匪黨首腦人物之間的會談，以及會談結束後若干外電所報道的零碎消息，則說明匪、俄關係正趨於疏遠。我們雖不能說將來世局，定將長期的沿着這兩條路線發展，但在較近的將來，這確是我們所可以體認得到的，最基本的動向。並不是我們少數人抱持此種獨特的見解，相反的，是全世界的觀察家多數作如此的看法，唯一提出異議而表示了「獨特見解」的，是我們的官方宣傳。我們的官方宣傳，基於「共產主義本質不變」的觀點，因而確認赫酋的和平攻勢壓根兒是一種姿態，全無半點誠意。又基於「匪俄主奴關係不變」的觀點，因而確認它們之間表面上的那些歧見與裂痕，壓根兒是一種僞裝，目的是在欺騙自由世界，企圖在和平的掩蓋下遂行擴張，並且這一切，完全是俄國一手安排，匪黨祇是受命而已。我們的官方宣傳，至今仍迫切的要拿這種觀點來說服西方國家。但效力是微乎其微的。何以我們這樣一個堅持的觀點而竟不能說服，實在值得作一番深長的檢討。

× × ×

先說「共產主義本質」的問題。在原則上，我們不能承認太陽下眞會有經久不變的事物。共產主義無論是作爲一種社會制度，或是作爲一種意識形態，也將如其它一切制度與意識一樣，是可以變動的，而且事實上也在那裏變動。但承認這可變原則，並非等於是預言共產主義將能變好。也許它變得更壞，也許它雖有某種程度的變好而仍然距離民主自由的理想標準甚遠，也許暫時變好而將來又再度變壞。這些都是我們在目前所無法確切答覆的問題，有待於將來的事實來判明，並且說不定還是一個非常遙遠的將來，我們用不到在這些問題上多費鑽研，因爲這是無用而徒勞的。

我國人似乎在思想方式上都與西方人士有着重要的差別。我們對未來事，好像人人都要像諸葛亮似的剛出隆中卽已算定了天下三分之局。早先幾年，我們老在那裏計算幾年準備，幾年反攻，好像未來事一定會照着這預定的時間表展開，而現在，事實已證明爲不然。此外，也有些人時時刻刻在預言世界大戰「必然」爆發，並準備在這上面投下全部的賭注，現在却已顯得越來越不像了。西方人士似乎比我們更懂得未來無「必然」，一切都祇是「可能」而已。他們雖不忽略種種不同的可能，却通常總是依據當前的事實與跡象來推斷最近將來的最大可能發展。

關於赫魯雪夫統治下的俄國，西方的觀察家們已注意到的確在若干處所顯得與史大林統治下的俄國不甚相同。近一二年來，我們已看到有許多報導與長篇專著，在描寫並分析這些變化，並且幾乎一致的指認俄共已多多少少趨向於開明的統治。我們這裏對這些報導，從來是採取一筆抹殺的態度。我們說：這是由於觀察家們受到俄共的欺騙蒙蔽。我們甚至說：作這些報導的都是灰色的共黨分子或其同路人。這裏，祇要擧出一個事實就可反證這些理由都是站不住的。爲什麽西方觀察家祇把這些有利描寫加諸於赫酋統治下的俄國，並不加諸於毛、劉統治下的中國大陸？一直到現在，西方觀察家還是把中共描寫爲最不可原諒的暴力政權，且從而看出今天俄國的共產主義與中國的共產主義之差異。可見西方觀察家所根據的，主要還是事實，旣非盲從附和，亦非如願想法，更不是有意的虛構。

承認這些事實，並不等於是放棄反共。卽連報導此種事實的西方觀察家們，也大多數均未改變反共態度，我們尤其不必。縱然說俄共的統治有若干趨向於開明的跡象或甚至事實，其程度也仍然是非常有限，遠沒有達到民主自由思想者所要求的標準。至於將來，那仍將看客觀的事實發展與我們主觀的價值觀念。在事實尙未展開之時，我們用不着預先爲這個問題尋求答案。

在西方觀察家的許多發現之中，有一點是：現在俄國的統治者，似已較諸過去，特別是較諸史大林時代，更加多注意於人民的生活。這一點發現，就與赫酋的「和平誠意」這個問題，直接的聯繫起來。美國的赫特國務卿就根據這一點作出他的推論：俄國在最近的將來，迫切的想要輕減軍備負擔，希望能省出力量來完成它那準備在七年之內使生產力趕上美國的經濟建設計劃。赫特國務卿就從這裏看出了赫酋裁軍建議的誠意。觀察家們又補充說：美國現在祇是拿整個經濟力量的百分之十來使用於軍備，而俄國則在這上面要耗費百分之二五的經濟力量，美俄雙方同時裁減軍備，對俄國是至爲合算之事。他們又補充說：赫酋即使把俄國今日的軍備力量作最高的估計，他也沒有把握在大戰爆發的初時就把美國的報復力量消滅，這就使俄國與美國以及整個自由世界同樣的需要避免毀滅性的核子戰爭。這些瞭解，就爲西方國家的和平試探提供了合理的基礎。

西方國家並不企圖在目前就能看清楚五十年以後，或甚至十年八年以後，世局會變成怎麼個樣子。它們所重視的，祇是在現階段，事實已顯示了冷戰融解的可能，因而要向這一方面努力。

即使如此，西方國家也並不會如我們所擔心的竟對俄國與赫魯雪夫寄於充分的信賴，因而就鬆弛了一切的警覺與提防。俄國曾經有無數毀棄諾言的記錄，赫酋本人，也曾經是匈牙利的屠夫，曾經威脅着要把資本主義埋葬，曾經無中生有的製造了柏林危機。這些經歷，西方國家仍然牢記心頭。正因爲如此，它們對裁軍計劃强調有效的視察制度，對其它一切也要求更有力的保證。但是今天，赫酋却確已在聯合公報中承諾了不使用武力來解決一切的國際糾紛。當然，也可能在明天赫酋就把這個諾言背棄，輕信此一諾言而鬆弛了一切警覺是錯誤的。但是明天畢竟不可確知，在對方尚未有背信跡象之時就拒絕和平試探，那無異是在有希望之時放棄希望，也將同樣是一種錯誤。我們必需承認西方國家這種在警覺中從事試探的政策路線之合理性；它能緊緊的掌握住現實，同時也能夠提防到將來種種可能的變化，不像我們這樣爲了一個不可確知的將來而完全不顧現實。

× × ×

進一步說到匪、俄關係。在我們看來，這問題似將較前一個問題遠更簡單明瞭，但國人仍對之有種種紛歧的看法，我們不得不多費一些篇幅來予以剖析。

這次赫魯雪夫去到北平，一下飛機即當衆發表公開演說，警告中共匪黨，「不要以武力去考驗資本主義的安定性」，「不要發動掠奪性的戰爭」，「不要以武力將社會主義强加諸其他國家」。全世界人都承認赫酋這篇演說，是表示他正企圖使中共匪黨接受艾、赫聯合公報所宣布的原則，支持他的和平方案；即使說赫酋的和平祇是一種姿態而已，至低限度他也希望中共匪黨與他一起來作出這種姿態。結果是中共竟顯示了意外的倔强與固執。三天的秘密會談，內容絲毫沒有向外間透露，甚至在結束會談時連一紙聯合公報亦付缺如。赫酋的演說，首先是由莫斯科的電臺向世界公布；北平的廣播，不僅在時間上故意延遲，並且還把本文前引的那些重要語句刪削。此外，如赫酋離平時毛澤東之未赴機場送行，陳毅反美論文之發表，周恩來之重行叫囂「解放」臺灣，凡此種種，均顯示赫酋此次訪匪之行，完全沒有達到目的。中共與俄共的立場，並沒有因此行而趨於接近，相反的，它們可能竟是離開的更遠。

其實，毛、劉與赫酋之間的歧見，早在赫酋發動反史大林路線的時候，即已開始顯現，且亦早爲自由世界的觀察家們所注意。指示此一變化的事實與跡象，竟是不一而足。㈠對赫酋的反史運動，中共祇作着有限度的支持。㈡中共提出反修正主義的口號，表面上對付南斯拉夫的狄托，事實上無異是對赫酋拉攏狄托的企圖表示不滿。㈢甚至有中共支持莫洛託夫等赫酋的反對者，介入了俄共內爭的傳說。㈣許多報導，都在說俄國給予中共的軍事裝備與經濟技術援助，近年來是在減少而非增加，以致中共的建設，被迫非採用「土法」不可。㈤赫酋一再批評人民公社，而中共始終未作接受其批評的表示。㈥中共不僅控制了多數東亞及東南亞地區的各國共黨，並且擴張其活動範圍至西亞與北非如伊拉克、埃敍聯邦，以至阿爾及里亞這些地區，隱然有在共產集團內部與俄國相對抗之勢。凡此種種，大都是導源於雙方觀念與路線上的歧異。毛劉儼然以馬列主義的正統自居，在他們內心，很可能早已把赫魯雪夫認爲背離了馬列主義的「右傾機會主義」的代表，祇因爲赫酋畢竟還掌握着俄國，而俄國畢竟還是共產集團中擁有核子武器的强國，所以還不便公開說破而已。

我們祇是說匪俄關係正在「趨於」疏遠，並不是說它們業已破裂。因此，我們在另一方面也仍然可以聽到赫酋在口頭上支持中共對臺灣的要求（但未見其支持中共以武力奪取臺灣），以及毛劉在口頭上强調共產集團之團結並承認俄國的領導（但未見其承認赫酋的領導）。但這些，遠不足以抵消前述那些證據的力量。事實的眞相確已一天比一天顯著，且因赫酋此次訪匪的結果而更有了明白的表現。

同樣，我們也並不準備在這個問題上根據當前的情勢而判斷遙遠的將來。匪俄關係將來重趨和解，仍然是可能的；但反過來，如果這個關係變得更爲惡化，也不會使我們感覺驚異，因爲這至少是同樣可能的發展。這裏要再說一遍，我們要確切掌握的是已能看到的現在，而非不可預知的將來。

我們這裏有許多人似乎從來不願意承認事實，即使這事實業已爲多數人所接受而還是要閉住眼睛；他們寧願信從一種牢不可破的先入的觀點，根據這個觀點，匪俄之間的任何一項發展，都必需解釋爲俄國對中共加强控制不可。對這樣封鎖的頭腦，我們是無話可說的。也有一些較爲理智的人，則在努力爲匪、俄之不可分性找出一些較爲動聽的理由。他們質問中共的軍事與經濟建設，處處要靠俄國的援助，他們何所依恃而可以離開俄國？這確實是一個比較有力的理由。但我們要指出：縱然到今日爲止中共仍在接受俄國的援助，他却確實已在作着喪失俄國援助的準備了。這一年來「生產大躍進」與「土法鍊鋼」之類的嘗試，正就是爲着要減少對俄國的依賴；縱然說這些嘗試業已遭遇甚大的困難與挫折，但截至今日爲止，他們仍是充滿接近於瘋狂的幹勁。中共至今不甘心依賴俄國，更不甘心爲依賴俄國而接受赫酋的「右傾」路線，是顯而易見的。如果說，中共連俄國的實質援助都有放棄的準備，他們更何所恐懼而非接受赫魯的領導不可？

至於所謂僞裝之說，那就是已經承認了匪、俄之間確有顯示裂痕的事態，但仍堅持此等事態整個兒的出於僞裝，是雙方串通扮演的把戲。這眞是至爲獨特而新奇的解釋，祇可惜它完全是出於空想而沒有一點點的事實根據。政治人物的言行，有時的確不免有虛僞的成分；但要在多疑的觀衆前面長時間從各方面都串通了扮演把戲而居然不露出破綻，那眞是難以相信之事。並且，倘若眞能夠長時間不露出破綻，使人抓不到一點僞裝的證據，也就與眞實沒有甚大的差別了。僞裝之說，也必須在發現了破綻後才能成立。在目前，我們充其量祇能提防其爲僞裝，而不能作如此的確認。

人們不願意承認匪俄關係趨於疏遠這個事實，還有一個重大緣故，那就是爲了宣傳。我們的宣傳，從來就强調中共政權之附庸性，强調了十多年之久，以致到今天竟是無法轉彎。而且，我們是太多的以民族主義爲反共號召，開口閉口「賣國奸匪」，以致到今日如果把觀點改變，就彷彿喪失了反共的理由根據。其實，這種固執是毫無必要的。我們可以有千百種反共的理由，而民族主義的理由却正是其中最薄弱的一種。我們倘若把中共接受俄國的援助及與俄國締盟視爲一個罪狀，則又如何能解釋我們自己接受美國的援助及與美國締盟的行爲呢？這就難怪我們指俄國爲侵略的宣傳與共匪指美國爲侵略的宣傳正好兩相抵消，在第三者看來都成爲毫無意義。

我們的官方宣傳，企圖說服西方國家，要它們相信匪俄主奴一體的關係絕無改變之可能，即使就宣傳的立場言，也是一個嚴重的錯誤。而且也幸虧西方國家並沒有被我們的宣傳說服。今天美國之所以一方面嘗試與俄國修好，而另一方面仍能對中共採取絕不妥協的堅定立場，正就是由於美國業已發覺匪俄並非一體。如果美國相信了我們的宣傳，它爲避免核子戰爭而要與俄國修好，將連帶的不得不與中共修好。去年金門砲戰，美國曾給予我們以相當積極的支持，當時美國的歐洲盟邦如英國等均以俄國勢將介入爲慮，而美國故國務卿杜勒斯的判斷是俄國不致介入。這個判斷就是以匪、俄並非一體爲前提的。單單從這件事，就可以使我們瞭解，使西方國家相信匪、俄一體不會對我們有一絲一毫的好處。

× × ×

(5)

上文說明了我們對整個世局的瞭解。我們並且相信，這裏勾劃的輪廓確與今日世界多數人的瞭解大致相符合，而且民主世界領導國家的對策，也正是以此種瞭解爲基礎。這種現實，如果我們能够確切把握並在自己的對策上作適當的反應，應該是對我們有利的。這種情勢如繼續發展，中共匪黨將陷於孤立，它不僅將更爲民主國家所憎惡，所仇恨，而且可能喪失了俄國與其它共產國家的支持，我們還能希望有什麼情勢，會比敵人陷於孤立更對我們有利呢？祇是，我們在應付此種局面時千萬要謹愼着自己不犯錯誤，我們的錯誤將使我們自己也同樣的陷於孤立，以致把一切可能的有利條件完全破壞。

怎樣的對策才是適當呢？從原則上說，當我們敵人正自陷於孤立之時，我們要儘可能把國際同情爭取到我們這方面來。

我們在目前，尙未能就應取的對策開列具體的節目，因爲世局的許多新發展，在目前祇是略具端倪而已，眞正重大的變化，畢竟猶有所待。但在此時，我們必需先在心理上和觀念上有所準備了。我們必需首先瞭解，全世界人的和平意願確已成爲一個不可抗拒的時代潮流，我們千萬不要再幻想以爲可能說服人家，使人家願意爲了消滅共產主義而從事毁滅性的戰爭。至少在現階段，進行反共的可能途徑，已祇剩了政治的與經濟的競賽。我們必需瞭解這一點，而且必需由衷接受這一點，擯棄一切武力主義的想法。至於將來會有什麼變化，上文一再說過，那是目前所無法預料的，我們不能一味的預料將來，反而不去探測眼前應走的道路。

不錯，去年我們曾經在與美國故國務卿杜勒斯共同發表的聯合聲明中，宣示不以武力之使用爲光復大陸的主要憑藉。這是一個很好的宣示。但我們事實上並沒有由衷的接受這個原則，而且人家也完全知道我們並沒有由衷的接受這個原則。我們的宣傳口吻，在這個聯合聲明發表以後，也沒有實質的改變；我們的政治作風，在這個聯合公報發表以後，並沒有實質的改變。在國際人士的心目中，我們仍然是充滿了「好戰」的色彩。坦白說，如果我們有準備、有決心、有把握，可以完全憑藉自己的武力來解決我們自己的問題，絲毫不拖泥帶水，成敗一身擔當，我們也儘可像中共匪黨一樣的宣稱這是中國的「內政」，用不到人家來「干涉」。誠如此，我們可以不要盟國，人家也不會來干涉我們。但事實却又不然。我們要求反攻而不能放棄盟國的支持，我們力說決不致把人拖下水去而無法取信於人。甚至於，即使我們內心已瞭然於當前的情勢，僅僅爲宣傳也非作出此種姿態不可，結果是，宣傳目的沒有達到，（事實上也根本無法知道這目的是什麼），徒然在國際人士間造成「危險分子」的印象，爲人所嫉視，甚至於爲人所憎惡，本來對我們抱有成見者正好獲得了排擠我們的機會，創爲託管等等的說法；支持我們者則無法找到爲我們辯護的理由。我們要在此警告：如果這種趨勢聽任其發展，終有一天甚至會威脅到我們的存在。我們僅僅爲了在宣傳上逞一時痛快而冒這樣的風險，是不是值得呢？

照今日世局，反共鬬爭顯然已有長期化的趨勢。着急是無用的。如西德，他們何嘗不急於要達成國家的統一，但他們從來不作武力解決之想。我們自審：地位與力量較諸西德爲何如？這完全是大局使然：和平的願望不可抗，而和平不可分。在大局沒有新的改變以前，我們實在沒有甚多好的選擇。在這樣一個大潮流中企圖逆水行舟實在沒有不傾覆的道理。我們用不着人家來說服我們趕快要自動的去適應才是。

社論

(二)

趙品玉案所蘊含的幾個問題

臺北市警察第三分局局長趙品玉，於九月二十一日早晨被臺灣省警務處處長郭永下令刑警大隊扣押。二十二日警務處發佈趙品玉免職令，免職的理由是說他「辦事顢頇，工作不力。」二十三日下午九時趙品玉才從刑警大隊釋放出來；扣押的時間達四十八小時以上。

這件案子一經發生，臺北市民，尤其是第三分局管轄區(中山區)的市民，大爲憤慨。民營報紙對於這件事，確也做到了「爲民喉舌」，大家都勤於報道，勇於批評。儘管所報道的還有些保留，但毫無歪曲(不歪曲事實，是官方報紙所做不到的)。現在我們綜合各民營報紙的記載，把這件事的原委在這裏講個大概。

臺北有個豪華的旅館，叫做圓山飯店。這個旅館雖說是民營的，但它的後台老板是些有特殊勢力的人物。因爲有特殊勢力在後台，所以圓山飯店居然成了一個享有若干特權的「租界」(例如免納租稅的特權，幾年前曾被輿論界指責過)。這次趙品玉的被扣押，被免職，原因就是他不幸碰上了這個特殊勢力。其經過是這樣：

飛龍汽車行(據說與圓山飯店的員工有關係的)爲獨佔圓山飯店接送客人的生意，前些時在圓山飯店旁邊建築了一座車庫。這座車庫經飛龍汽車行與圓山飯店約定：使用數年後，歸圓山飯店所有。可是這一建築未經申請建築執照。照臺灣省的現行法令，凡是未經申請執照的建築，就叫做違章建築，違章建築依法是要强制拆除的。最近兩三年來臺北市警察局協同工務局拆除臺北市民的違章建築，曾經雷厲風行，把許多平民遮蔽風雨的住宅拆除得一乾二淨。被拆除的人家，老老小小跪在地上哭泣求情，也不能免於一拆。這類悲慘的事多得是。現在飛龍汽車行在圓山飯店旁邊違章建築的車庫，經其他汽車行向市政府工務局檢擧，復經警察第三分局查明屬實，依法自當强制拆除。可是這一拆除，使得圓山飯店的主持人覺得有傷顏面。於是他向「有關方面」誣控趙品玉「敲詐勒索未遂，公報私仇」。在「有關方面」赫然一怒之下，警務處長郭永也就不敢辨白是非，馬上下令把趙品玉扣押起來。接着又以「工作不力」四字免他的職(警務處向外發佈的「辦事顢頇、工作不力」八個字當中的「辦事顢頇」四字，是該處發言人後來奉命加上的，在原免職令上沒有這四個字)。這樣一來，臺北市民，尤其中山區的市民大都憤慨不平。中山區區長更挺身而出，證明趙品玉之被控「敲詐勒索」是冤枉。同時該區的市議員十二人，里長五十四人，隣長五百五十二人，簽名要求警務處具體說明趙品玉免職的原因，並解釋「辦事顢頇、工作不力」八個字的含義。因爲他們都知道趙品玉任職以來，業績操行都很好，而且最近還連續記了三次功。現在突然說他「辦事顢頇，工作不力」，這顯然是掩飾眞情的莫須有的罪狀。而且即令趙品玉眞的是「辦事顢頇，工作不力」，也用不着採取緊急措施，把他扣押起來。

在這個時候，臺北市警察局長潘敦義也因臺灣省警務處這種不辨是非而又越權的措施，感到憤悶，曾請假三天到南部去「散心」。同時臺北市長黃啓瑞曾陪同市議員，及中山區長等數人往訪警務處長郭永，請其顧及輿情對於本案妥爲處理。後來黃啓瑞市長還應地方人士的要求，想法在市府所屬單位給予趙品玉一份適當工作，以緩和各方面的憤慨。

趙品玉案的原委，大略如此。現在我們要指出這件案子所蘊含的幾個問題。

第一、特殊勢力破壞法治。關於這個問題，九月二十八日香港工商日報刊載的那篇臺北通訊，說得很對。「推行一種制度而與特殊權力發生接觸時，被犧牲的常常是制度。」在臺灣這樣的「例證是很多的」，趙品玉被免職扣辦，不過是例證之一。

這個問題是很嚴重的。我們老百姓經常聽到義正詞嚴的訓話，要我們守法，要我們擁護政府。現在我們要問，這次碰倒趙品玉的特殊權力，是守法的嗎？是擁護政府的嗎？拆除違章建築這個法令本身，是好是壞，固然是可以爭辯的。但法律之前人人平等，爲法治的基本條件。執行拆除違章建築的人員，有權拆除貧苦人民遮蔽風雨的草棚木屋，同樣也有權拆除濶官貴人鋼筋水泥的大厦。只要查明建築物是否違章，不應過問建築物的所有人是誰。趙品玉正是這樣作，但其結果竟被特殊勢力撞倒了。這顯然是特殊勢力不願守法。趙品玉，據說是出身官邸的人物，而且做過總統的侍衛人員，像這樣身份的人，應該不是政治權力以外的什麼特殊勢力所敢惹的。因此我們可以推知，圓山飯店背後的特殊勢力，大概是與政治權力有關的。與政治權力有關的特殊勢力，可以不守法，這不更是摧毀政府的聲望嗎？要老百姓守法，要老百姓擁護政府，對的。可是我們要籲請政府當局在面對老百姓做這類的訓話以前，回頭看看自己的內部究竟是怎樣。免得前臺的唱工被後臺的做工抵銷了。

第二、不敢明辯是非，只知承伺顏色，這是三十年來官場中保位固寵的不二法門。兼之各色各樣的訓練班、講習班、研究院等等更在加强這種奴化訓練。警務處長郭永處理趙品玉案件，不過是許許多多不辯是非，只承顏色的案件中之一件而已。儘管如此，但就次一層次來講，我們對於郭永違法越權的行爲，仍不得不加指責。他把趙品玉扣押二十四小時以上，這是違法的。他直接處理趙案而不交由臺北市警察局查辦，這是越權的。一個關係社會安寧的警務處，其首長竟是一個敢於違法越權的人物，這不能不說是一個相當嚴重的問題。

第三、趙品玉被誣控「敲詐勒索未遂」，這是事出有因的。因爲前些時警政當局要興建警察宿舍，發動警民協會向社會募捐。募捐以警民協會出名，事實上是由警察出面。名曰樂捐，事實上是强派。臺北市以外的各縣市，老百姓「捐」這筆錢，大都是忍氣吞聲的。臺北市比較好，警察人員還不敢過於逞威風。尤其是第三分局對於有特殊勢力作背景的圓山飯店，更不會勒索。趙品玉之被誣，除中山區區長可以負責證明以外，一般的輿論都相信趙品玉是被誣的。但是，我們在這裏要指出：以募捐的辦法來興建警察宿舍，這是不對的。警察是國家官吏，國家官吏的待遇，應該來自正規的租稅，決不能來自隱含強迫性的募捐。警務處是省級機構，它的一切合法開支，應由省政府負責籌給，省政府不應該允許警務處自行籌欵。這個問題，關係政府體制和權責，也關係人民的財產與生活安寧。這類的募捐絕對不許再有了。

第四、臺北市長黃啓瑞，在趙品玉這個案件中所表現的，頗值得我們嘉許。他能夠重視輿情，陪同中山區區長和市議員們去找郭永交涉，請他妥爲處理，後來他又想法給趙品玉的適當工作，以平民憤。黃市長這種作法，儘管還不足够（照理，黃啓瑞以臺北市長的地位，是可以向警務處作職權上的抗爭的），但他的立場是對的。他站在老百姓方面有所作爲。這正是民選官吏的好處。臺北市長明年就要改選了，黃啓瑞準備再度競選，這時他就不得不爭取市民的一點好感。政治是大家的事，要主政者不致一意孤行，而能順從民意，只有選舉是一個比較有效的辦法。所以我們對於臺灣省政府的主席，已提出由人民選舉的主張。最簡單的道理就在此。

讀者投書

(一) 請制止補習班盜用姓名刊登廣告

林文雄

本（九）月五日「中央日報」「新生報」曾刊載臺北志成補習班本屆錄取大專學生名單一則，內中涉及本人在內，閱後驚異萬分。查本人從未參加該班補習，亦未至該班試聽，甚至連該班一切情況，亦茫然無知。縱然同名同姓，亦不可能如此巧合。且榜上所列之名，既已標明臺大法學院，當不復有同名之誤。因按臺大法學院僅有法律系司法組有本人之名，故其名確係本人，當毋置疑。且補習班刊登錄取名單，應以入學報名表爲憑。縱使有同名之疑者，亦應詳查證實，始能刊載。對於此類涉嫌盜用姓名，作爲「以廣招徠」手段的補習班，深望教育當局特別重視，並切實糾正。以上數言，敬祈惠予披露爲感。

附註 另接廖學時先生投書一封，指出臺北大同補習班本年大專新生錄取名單中，亦涉嫌盜用廖先生姓名，情形與本投書大致相同，恕不另發表。

編輯部敬啓

讀者投書

(二) 聞三軍官校停訓生保送大專有感

安泓

據十月六日報載：「三軍官校本年停訓學生六六名由國防部保送經教育部審核合格後准予分發各大專院校。」由這則新聞，我們始獲悉本年度除鑑別入大專院校之嚴格考試方法，又可從國防部荐舉一些由於「體力、智力、抑或健康有問題」而在三軍官校停訓的學生，踏進各學府深造。從這個觀點上不難推想到，在官校被淘汰的，倒可以得到優先進入普通大學之權，未知良莠可有分而後入學否？難怪國際上對於我們的學位評價又另眼看待了。

幾年來，政府爲了鼓勵年青學生們投考軍校，費盡了頗多的精力。對於官校的改善，如陸軍官校由二年餘，改爲比普通大學還要長久的四年四個月。課程也不亞於文學校的理學院，設備、教授陣容等尤可以與普通大學比美。且畢業後即可獲得理學士學位與軍官雙重資格。這些做法我們是舉手讚揚的，並希望許許多多優秀的年青學生能接受完整的軍事教育。可是話又說回來，現實的環境對於他們却不然，由於待遇太苦，一考慮到自己來日的生活，他們對於軍事學校的興趣，好像不够濃厚，以致軍事學校錄取的標準，均遠不能趕上普通大學。（雖有例外的優秀學生及標準較高的軍事文學校）。從上面的結論，我們可知道剛入大專與官校之時的學生，程度總有懸殊之差。所以，停訓的學生，又憑什麼考績資格保送普通大學呢？這些實際的情況，是衆目共睹的事實，我們總不能不承認，也用不着我的贅述。更糟的是，高中畢業或未畢業（高二年修滿）的學生，被征入伍接受士官訓練之際，由於長官、抑或教官保送，不經由正軌的考試，只經過體驗而進入三軍官校的學生，又在校期間做出種種行爲，被藉口某種理由而停訓（裏面是不是會蘊藏着什麼文章，我可不詳），其次填填大專保送志願書，便回家等待機會了。這些事實，除浪費國帑的不談，就考場上來說，與考生舞弊違法代考的行爲有何兩樣？甚至對於這些被保送而獲得機會的學生，心裏便永遠地存有僥倖不健全的心理，其害也就更大了。無疑地在無形中養成他們投機取巧，不勞而獲的徇情病態。你說：這對於他們的來日，我們長一輩的可不擔心嗎？因此我們認爲這一種舉措是最不公平最不合理的現象。國家何多餘的設有考試制度，每年何苦多一舉大專院校聯招！假如爲的是號召青年投考軍校，何不從合理、公平方面尋找合理的途徑做爲號召力——如改善軍人待遇。因此，我們要求撤銷這一種不合理太不公平的制度。

社論

(三) 從「自由人」被扣說到「自由人」停刊

香港「自由人」半週刊，已經出版了八年之久，近忽在九月十二日出版的第八八九期上，刊登了一則重要啓事，宣佈自九月十三日起停止出版了。

這次「自由人」停刊，因爲沒有說明其原因，而引起各種推測。其中像中央社的報導是：「係由經濟發生困難」。不過，據我們所知，這話雖也有若干根據，却並不足以完全說明停刊之眞相。要說明該刊之所以停刊，便不得不從政治上的打擊說起。

「自由人」在政治上如何受到打擊，遠的如政府通令軍中不許訂閱之類，姑且不談。現在，僅就今年六月份而言，便在短短十天之內，連續兩次遭受到臺灣警備總司令部書刊聯審小組非法查扣。當時消息傳出，臺北的輿論界，卽爲之大譁。諸如「公論報」、「徵信新聞」、「聯合報」、「自立晚報」、以及「民主潮」等民營報刊，都紛紛抨擊查扣不當。本刊也在七月一日出版的第二十一卷第一期上，發表社論「憑甚麼查扣『自由人』？」政府當局對於這許多報刊的意見，諒不至於毫無所見、毫無所聞。按理便該以一種負責的態度，來處理這一案件。也就是說：如認爲輿論界的批評不對，應該有所說明；如認爲隸屬單位的查扣不當，便該有所糾正。可是，政府當局却毫無表示或作爲，使一份依法在臺發行的刊物，居然不能獲得法律的保障。

「自由人」在連續遭受非法查扣後，除在「自由談」一欄，表示了一點輕微抗議外，僅僅在六月二十四日出版的這一期上，刊登了一則小小啓事稱：「本刊第八六二、八六五兩期在臺被檢，未能送達讀者，謹此致歉。」對於查扣單位的非法行爲，却一字不敢提及。相反的，還在內容上特別小心謹愼，並且又做了一番適合政府脾胃的調整工作，而把被扣前經常刊登於第二版的「本報訊」，從此永遠取消。

凡是看過「自由人」的人，想必都還記得，該刊「本報訊」文字，是摘要介紹香港若干自由反共報刊的意見。臺灣的讀者，由於沒有閱讀此類報刊的機會，對於該刊的「本報訊」，也就特別歡迎。到了今年五月間，修憲連任一事，已成爲大家共同關切的問題後，該刊爲了配合讀者的需要，自不得不把海外自由反共報刊的想法，在「本報訊」內多介紹一點。可是，這種介紹的文字，竟爲政府當局所疾惡。因此，「自由人」在被連續非法查扣後，終不得不忍痛把「本報訊」取消。「自由人」取消了「本報訊」，在臺灣的銷路，便大受影響，收入也隨之大減。

一份純粹民營刊物，必須靠銷路來維持。儘管這幾年來，由於大家太窮，書報的銷路都很差，但「自由人」因爲言論公正，却獲得了廣大讀者的支持，終於打破海外報刊在臺發行的最高紀錄。可是，到了去年，由於外滙一再調整，迫使該刊在臺零售價格，每份由一元而漲到二元，銷路上受到了影響。然而，如果政治環境容許其從內容上加以充實，銷路並非不可打開。事實上，該刊在去年一年內雖然兩度加價，但到年底增刊「本報訊」後，在臺銷路，的確又漸見增加。可是，正當收支快接近平衡時，却又不得不因非法查扣而取消「本報訊」。接着在辦理結滙時，由於政府主管單位對於非法查扣的兩期，連運費及長期訂戶的收入也概不承認，結果只有白白的承擔了兩期的全部損失。

很明顯，「自由人」在這樣的一連串打擊之下，最後又怎能免於停刊一途？以「自由人」的處境言，停刊實在是意料中事。但是，在這樣的遭遇下停刊，誰還能說這不是導源於政治的打擊？

現在，「自由人」停刊了，我們站在同爲爭民主、反極權而奮鬪的立場，當然免不了惋惜。可是，當我們一想到政府對於海外自由反共刊物的此類手法，却更抑制不住內心的悲憤。

時至今日，海外的各種自由反共刊物，只要稍有一點不合政府的脾胃，不是根本不准進口，便是核准進口之後，又隨時予以非法查扣。前者如「聯合評論」、「自由陣線」、「再生」等，後者如「祖國周刊」、「自由人」等。凡此種種，已是人所共知，毋庸細述。現在，不妨就最近一件很容易被大家忽略的事例，提出來做進一步的證明。這就是在九月十二日出版的「新聞天地」，除在第三頁大開「天窗」之外，又把刊登在第二十一頁至二十二頁的余維先生一文「掉包」而換上廣告。原稿內容如何，雖不得而知，但其爲不容於審查單位而不得不臨時改版，却是明眼人一望而知的事。該刊不另行補白，並不把目錄中余維的姓名抽去，這不過表示一點無聲的抗議而已。

現在，海外的自由反共刊物，如果眞希望能在臺灣順利發行，勢只有跟在黨辦官辦的報刊之後，唱唱反共八股、彈彈歌功頌德的濫調了。

這幾年來，由於政府若干反自由、反民主、反憲法的行爲，早已造成了海外自由反共人士的普遍不滿，乃至於到了去年，終於被迫而發出「各行其是」、以及「對臺灣不宜多存幻想」的說法。按道理說，政府應該以事實和行動，爭取海外自由反共人士的諒解和支持，絕不應再把裂痕擴大，乃至於造成彼此間的完全對立。

現在，海外人心已到非收拾不可的時候了！我們願意勸告政府當局，趁早不要用打擊「自由人」的手法，去對付海外自由反共報刊；而該根據海外自由反共報刊的意見，多做一點收拾海外人心的工作。

論國民黨「以黨領軍政策」

曲靈鈞

一

自由中國社本年三月十六日社論：「我們反對軍隊黨化。」雖然充分說出了我們國民的願望，但在執政的國民黨看來，或不免又要認爲是亡國或賣國的論調了。因爲國民黨當局正深深以爲：「抗戰勝利，黨、(當然是指國民黨)退出軍隊後，革命武力頓失重心，共匪乘虛滲入，致有大陸之慘敗。……恢復黨在軍中的組織，確爲興黨復國最重要的措施。」(節錄國民黨特種黨部第一次代表大會製定「以黨領軍實施大綱」提案說明文)。所以除以此理論不斷灌輸其黨員外，並自三十九年國民黨實施黨的改造起，首先確定了「以黨領軍」的基本政策。四十一年國民黨特種黨部第一次代表大會時，本此政策，製定了「中國國民黨以黨領軍實施大綱。」嗣後海陸空三軍各階層同級黨部，並準此大綱，分別製定了「以黨領軍實施細則」。近年來由於各種因素所促成——如軍事教育的改進，盟邦的支援協助……等，海陸空三軍的素質，無可抹煞，都有很多進步。因此更使得國民黨當局沾沾自喜，認爲這些進步，都是由於黨的領導所得來。此時此地，如果有人反對軍隊黨化，那還不是亡國或賣國的論調而何!?

二

究竟國民黨的這種想法和作法，是否正確？因爲自由中國社的那篇社論，主要是以法理爲依據，說明軍隊應屬於國家，不應屬於黨。至於國民黨究竟怎樣在黨化軍隊，以及正在黨化的軍隊，究竟產生了些什麼影響，實還是語焉不詳。因此筆者願以所知的若干實際事實，輔以普通的道理，對國民黨「以黨領軍政策」來加以較詳細的討論。

三

我們無意深究國民黨實施「以黨領軍」乃是要把國家的軍隊，當作黨的保鑣，藉以鞏固黨的地位和權利。我們只就事論事，來討論此一政策的「是」或「否」。

前面已經說過，國民黨當局深深以爲：「抗戰勝利，黨退出軍隊後，革命武力頓失重心，共匪乘虛滲入，致有大陸之慘敗。」無疑這便是國民黨實施「以黨領軍」所持的理由，我們首先來研究這些理由，究竟是否正確。

第一、以我們的常識和經驗，知道任何一件事情的成敗，並不是某一單純的因素所能決定的。我們在大陸的失敗，自必有許多內在，外在，有形，無形的複雜因素存在，包括政治的、外交的、教育的、文化的、經濟的，以及民心士氣的，自然也包括軍事的，這應該是無人否認的。但如果說完全是由於國民黨的退出軍隊，那實在是匪夷所思了。我們以爲，如果一定要在許多複雜的因素中找出一個較爲重要的因素來，那麼與其說是由於黨的退出軍隊，無寧說是由於執政黨全盤領導的失當。尙不失爲持平之論。

第二、自抗戰勝利實施憲政起，至大陸撤退止，軍隊雖然中止了黨部的組織，但執政的仍是國民黨。黨的任何決策，透過政府，變爲國家的政策。國家的行政系統和統帥權，旣仍是掌握在國民黨手裏，爲什麼軍隊僅少了一個黨部，便頓失重心？這個重心，到底是什麼，在一般國民是無法理解的。依正常的想法，軍隊無重心則已，如果要有一樣東西作爲重心的話，則下述三事的任何一事，都可以不折不扣的作爲軍隊的重心。

1. 憲法第一條：「中華民國基於三民主義，爲民有民治民享之民主共和國」。這「三民主義」不是我們建國的最高原則嗎？同時也是國民黨所首倡的主義嗎？而且事實上，國民黨的全部政治教育，都是以三民主義爲依歸的。那麼爲什麼不卽以三民主義作爲軍隊的重心，以使我們的海陸空三軍，一齊朝着建立民有民治民享之民主共和國的總目標邁進，而一定要以一個黨，甚至於以一個黨部來作爲重心呢？究竟國民黨除了三民主義而外，還有什麼更重要的呢？

2. 憲法第一三八條：「全國海陸空三軍須超出個人，地域及黨派關係以外，效忠國家，保護人民。」我想世界上任何國家，其所以要建立軍隊的唯一目的，都不外是：「效忠國家」「保護人民」，那麼這個「國家」與「人民」就應該是軍隊的重心了。軍隊如果丟開國家與人民，那還有什所要效忠的和保護的。

3. 另一方面說：軍隊的各級幹部，因爲是編成軍隊的骨幹，無妨也可以視此骨幹爲軍隊的重心。但就我們所知，我們海陸空三軍的各級幹部，自始至終都是清一色的國民黨黨員，而且還是基本黨員，是受過了黨的嚴格訓練，經過了黨的長期考核的。因此所謂抗戰勝利，「黨」退出了軍隊，也是不盡然的。

第三、軍隊是有固定的編組的。而此種編組，應該是依據軍隊達成任務的需要來決定的。軍中防諜保密的工作，在理應該包括在軍隊本身的組織之內。何況共匪早已是國家的罪人，人民的公敵。抗戰勝利後，軍隊惟一的任務，就是剿匪，事實上也是無時無地不在實施剿匪作戰。爲什麼軍中少了一個黨部，便連敵人也認識不淸了，竟得使其乘虛滲入，致於慘敗。果然如此單純，則我們的軍隊究竟是怎樣的一種編組？怎樣的一種軍隊呢？今天許多民主國家的軍隊，是不容許有黨的組織和活動的，而國際共匪的希圖滲入，則幾乎與我們無異。尤其美國正是國際共匪的主要敵人，而美國當政的共和黨，並不會在其軍隊內設立黨部。照我們國民黨的想法，那麽分佈於全球的美軍不是都要被共匪滲入，而招致如我們在大陸的同樣命運嗎？但事實並未如此，也不可能如此。因此我們不認爲當年共匪的得以滲入軍隊，就是國民黨退出了軍隊的緣故。

第四、再依國民黨對此「以黨領軍政策」的邏輯來推演，大陸的慘敗，既然是由於黨的退出軍隊，則軍隊恢復了黨部的組織，便應該是千年萬世，攻無不取，戰無不克的常勝軍了。我們雖亦竭誠希望如此，但究竟能否如此，在沒有實際考驗以前，是不敢遽下斷語的。惟有許多歷史教訓可以記取，遠的不談，我們聊以曾稱雄一時的希特勒和慕沙里尼爲例，當年希特勒的納粹黨和慕沙里尼的黑衫黨，不是很嚴密的控制了德意志和意大利的軍隊嗎？而今希特勒和慕沙里尼安在哉!?由此可以知道，一個國家的軍隊，完全靠着黨來維繫，並不是有效的辦法。即使是有效的，也不過是暫時的，經不起時間的考驗的，我們知道當一個人精神疲倦的時候，打一針嗎啡固然可以振奮一下，但如成了習慣，則不但無補於精神的振作，且必招致相反的結果。軍隊如專靠黨來維繫，這便是一個最好的比喩。國民黨所說，「黨退出軍隊，革命武力頓失重心，便是這個道理。說到這裏，無妨回過頭來想一想，假使黨化了的軍隊，眞的可以千年萬世打不垮，轟不破，那麽今天我們的敵人——俄帝共匪的軍隊，正是完完全全經過共產黨的黨化，嚴嚴密密由共產黨控制着的。此乃衆所週知的事。國民黨如果要想將海陸空軍黨化到駕乎俄帝共匪而上之，那不但是一件極其艱難的事，而且也是我們國民所不願意的。如此則我們反攻復國的前途，不是很暗淡了嗎!?這個推演如果是對的，那將是何等可悲的事！

四

現在再來討論國民黨「以黨領軍」的作法，及其所發生的影響。爲了敍述方便，並使讀者易于得到一個具體的概念，先將國民黨「以黨領軍實施大綱」兩個主要條文錄之如左：

第三條：各級軍事主管同志，依本職有權決定之軍政措施，應先經同級黨部討論決議；有關軍令事項，應於執行後向同級黨部報告，均受同級黨部之監督考核。

本條所稱軍政措施如左：

㈠軍事政治教育計劃及其措施。
㈡軍事整備與動員方案及其措施。
㈢上級重要命令之執行情形。
㈣四大公開暨人事之決定及其執行情形。
㈤官兵思想問題之處理。
㈥各種運動發動與指導。
㈦軍事興革事項。

本條所稱軍令事項，係指作戰計劃及指揮。

第四條：各級軍事主管同志，對人事之決定，應先提經同級黨部審議，如同級黨部不予同意時，應另提人選再行審議。

我們看了上面兩個條文，已無須再作過多的敍述，便可以瞭解國民黨「以黨領軍」的全貌了。總而言之，凡是軍中的一切事項，無論是軍政的，軍令的，都要受國民黨特種黨部的控制，而且有些既不屬於軍政，也不屬於軍令，連該大綱也沒有規定的事項，如軍中黨員之依黨的指示集體或個別參加助選活動，便是最好例子。所以我們無庸對該條文每一項目來詳細討論，只須綜合或擇要的來說明也就够了。

第一、在原則上說，國民黨既是我們的執政黨，則國民黨的軍事決策，透過政府便是國家的國防政策，並依統帥權的行使，來使這些政策有效的執行。執政黨的各級黨部，應該監督其黨員絕對遵守，並協力推行，原是極其自然的，應該的。但是如果專由黨部來包辦，那便近於獨攬了。話說回來，祇要那些政策，是合理的，是國家所必須的。站在我們國民的立場，即使是獨攬，也只認爲是執政黨的勇於負責，而不便有所非議的。但是事實並不完全如此。首先我們以爲憲法是應該遵守的。憲法既已明文規定軍人應超出黨派以外，則這個「以黨領軍政策」便缺少了法理上的根據，根本上是不能成立的。且依前面的討論，也是多餘的。何況　蔣總統（也是國民黨的總裁）曾經一再昭示：「憲法乃是反共抗俄的有力武器」，如果執政黨竟在自己的手裏摧毀這一武器，那麽海內外支持反共抗俄國策的同胞，便要無所適存，大大引起惶惑的。再說，此時此地，「守法」應該是舉國上下一致所要求的。如果執政黨對於國家的基本大法尙不遵守，則要全體國民來遵守由此大法所產生的各種法令，那是極其困難的。而人心的惶惑，和不守法的風氣，對於國家整個前途的影響，都是不堪想像的。

第二、軍事上的各種措施，如果要求適切有效，依正常的想法，應該是由軍事主管人員，依國家所賦予的職權，憑其應有的軍事知識，和對於實際狀況的充分瞭解來決定（包括計劃執行，考核），才是比較合理而妥當的。我們雖不懷疑國民黨各特種黨部的先生們沒有足够的軍事知識，但也不相信那些先生們要比負有專責的軍事主管有更多的軍事知識，而且對實際狀況有更多的瞭解（果其如此，那便是人事任用的不當）。這個想法該是沒有人否認的。那麽軍事主管所決定的措施，同級黨部還憑什麽來審議呢？

或謂這個審議，乃是政策的，而不是執行技術的。我們以爲政策的決定，也是同樣的。縱然政策的決定爲了集思廣益，同級黨部多一次審議，是無妨的。但在理政策的決定應該是各高級軍事機構的事，低層單位不過奉命執行而已，本身並無權製定政策，則低層單位便可不必實施「以黨領軍」那套辦法了。爲什麽每一單位都要實施呢？因此上面的說法，也是不通的。

或者又謂這一審議乃是檢查某一軍事措施是不是符合黨的政策，和有沒有違反黨的政策。我們以爲這也是多餘的。因爲前面已經說過了，今天執政的是國民黨，黨的政策透過了政府，便是政府的政策，各級軍政單位的措施，是否符合上級的政策，有沒有違背上級的政策，政府的行政系統（統帥系統）自有監督考核的權力和責任。就軍隊而言，在政工組織中不是還有一個監察制度嗎⁉而且今天的政工人員不全都是國民黨的基本黨員嗎？因此無論政府的政策也好，黨的政策也好，各級單位的執行情形，負有專責的監察人員，不是可以名正言順的實施監察嗎⁉又何必一定要送由同級黨部來審議。

歸納右述的事理，我們可以知道，這一個「以黨領軍實施大綱」中所稱的各種審議，不但紊亂了正規的軍事組織系統，剝奪了軍事主管人員國家所賦予的職權，同時也增加了幕僚人員在工作上許多不必要的煩擾，其結果已大大的減低了軍事行政的效率。

第三、憲法規定：全國國民皆有服兵役的義務。既服兵役，則每一個人，必希望有建功立業的機會，尤其是有志於軍事的青年們。這原是極其自然的，應該的。但是依據國民黨「以黨領軍」的作法，軍中較爲重要的職務，都必須由國民黨黨員來充任，而凡中國青年都必須加入國民黨，則憲法並無此項規定，且由於各人志趣的關係，也不可能使每一個中國青年都來加入中國國民黨。（雖然國民黨是朝着此一目標努力的）因此軍中一部份非國民黨黨員，便只有一輩子擔任低級職務，如果欲想上升，除加入國民黨外，則實有如緣木求魚。縱或偶然也有因業務上的需要，可以獲得國民黨較爲開明（這樣開明的人在國民黨看來，也就是黨性不堅的人）的軍事主管的保舉，但最後還是絕難通過同級黨部的審議的。這無異是扼殺了非黨員建功立業的機會，也無異拒絕了國民對國家盡最大能力的貢獻。至於直接促使軍中非國民黨黨員的消極頹喪，間接影響社會上原有志于從軍報國的青年，因而猶豫不前，則猶爲餘事。試想，這是何等不合理的作法！

第四、國民黨特種黨部在軍中實施所謂思想考核，其考核的對象，就整個軍隊而言：包括了軍中所有人員，不論是黨員或非黨員。（不過於非黨員更特別注重而已）就每一個人言：包括了上至祖宗三代，中至朋友戚誼，下至妻兒子女。就考核的範圍與項目言：則包括了每一個人的食、衣、住、行、喜、怒、哀、樂、愛、惡、慾。雖名之曰思想考核，而實際則是無所不包，無一不在考核之內。考核的實施，又並無明確的標準，加以執行考核的人，大都是比較低級的所謂黨的細胞分子和政治戰士。由於對心理學的缺少研究，對每一個人認識的不够深刻，甚至個人好惡等等關係，便勢難避免錯誤的產生。但是這種考核，照例要彙記於同級黨部對每一個人的人事資料內，作爲判定每一個人忠貞或不忠貞和升遷調任的依據。而且自始至終是秘密的，被考核的人，即使受了天大的寃屈，也是自始至終沒有表白的機會的。但那個人事資料，當你有生之日，便經常跟着你跑，你由甲單位調到乙單位，甲單位的黨部，便隨即將牠移轉到乙單位的黨部。爾後你如果再由乙單位調到丙單位，丙單位調到丁單位……無論怎樣調來調去，都是同樣跟着你跑的。你一生事業的成敗和榮辱，便完全決定在這個資料上面。因此使得人心惶惶，不可終日。

本來行政單位主管，對其所屬每一個人的才能品德和工作成績，照例是有考核的，依正常的想法，一個公職人員的好壞，應該是其直屬主管的考核較爲可靠的，而且也是最重要的。但由於國民黨要實施「以黨領軍」的關係，和黨權高於一切的觀念，軍中較爲重要職位的升遷調任，是要以黨的考核爲絕對依據的。行政主管的考核資料，充其量不過作爲參考而已。由於這一作法的影響，軍中便產生了一種極不正常的現象，就是一些慣於投機取巧的人，他們可以對本身的職責抱一種馬馬虎虎應付的態度，而一意來作逢迎黨部的活動，只要黨有任何社會活動，尤其遇有選舉的時候，便是他們邀功的最好機會，他們可以放棄本身的職務，他們可以不向行政主管請假，並且還可以向行政單位支領差旅費，堂而皇之，去作黨部所指示所設計的助選活動。以拉票的多少還可以獲得黨的各種獎勵，得到好的差使。至於究竟拉了多少票，則只有天曉得，黨部倒是無法查考的，也無人查考的。反正只要他們在行動上表現得煞有介事就够了。反過來說，凡是對黨部不善於逢迎，對黨的活動表現得不十分起勁的，任憑你對於本身的工作有如何良好的表現，也是得不到黨的支持的，充其量不懷疑你思想有問題，就是天大的好處了。這種不正常的現象，我們雖然用不着去推想可能在軍中產生些什麼不良的影響，但我們常常聽得有人說：國民黨黨內有不少既不忠於國，也不忠於黨的分子，徒然藉着黨的招牌，來作獵取祿位、和欺世盜名的勾當；一到緊要關頭，便不惜叛黨，甚至於叛國，並舉出許多例子，如邵力子張治中之流。我們原先怎麼樣也想不出國民黨當局，究竟爲了什麼而厚愛這些不肖分子，現在才知道，並非是國民黨有意培植壞人，對其有所偏愛，而乃是由於平時考核方法的不當，和執行的不正確，循而招至了相反的結果。往事固可已矣，然而到現在，國民黨對於其黨員的考核辦法，至少在實施的技術方面，尚未以「前車之鑑」而作澈底改進，則我們雖爲局外人，也不免要扼腕太息了。

五

全國人民皆知道，中華民國的產生，乃是國民黨先烈的頭顱熱血所換來。打倒軍閥、統一中國，以及抗日勝利，也都是由於國民黨的領導所獲致。今天反攻復國的大業，仍必以國民黨爲領導中心，這都是無人否認的。所以在我們國民的心目中，國民黨的各種措施，好的固然是竭誠擁護，即使是壞的——例如這個「以黨領軍政策」，我們也只認爲是一時的錯誤，甚或不是黨中央的錯誤而是下級幹部在執行上發生了偏差。因此我們絕不以「小人之心，度君子之腹」，認爲國民黨要實施以黨領軍，就是國民黨想藉武力來鞏固黨的地位，維護黨的權利。我們更深深相信，以國民黨袞袞英才碩彥，縱然爲了黨爭（正當的黨爭是不免的，也無可非議的），也絕不會有以武力爲手段的落伍想法的。然而我們雖不敢自許「人民的眼睛是雪亮的」，但也不自承完全是瞎子。西諺有云：「眞理只有一個，對的就是對的」，引伸其義，錯的就是錯的。我們竭誠希望國民黨當局，對此一於民心士氣、國家前途均有害而無利的「以黨領軍政策」，因此而有其明智的抉擇。

日本復興經濟發展貿易方法之研究

楊　灝

日本與吾國相鄰，自古迄今，兩國間關係都較爲密切，姑不談恩怨史實，且問今後如何携手合作。日本對中國問題之研究，一向重視；吾人對日本問題之研究，亦須加强，始能達到知己知彼，以便互助共濟。二次大戰的結束，日本從「迷夢」中覺醒過來，革新的決心與毅力，給今日日本奠定了復興的基礎，也展開了擴張貿易的道路。雖然，日本戰後領土縮小、人口稠密、資源缺乏，經濟上的問題依然存在；但由於日本工業基礎之良好，人民刻苦奮鬪，技藝超人；加以美國的對日慷慨援助，以及韓戰與臺灣海峽緊張情勢的刺激，有形無形的造成了有利日本復興與經濟繁榮的情勢。筆者鑒於日本經濟復興與貿易發展之道路有頗多値得吾人參考者，爰特探討。按日本復興之道，與歷史淵源、美援、自力更生有關，玆析述於後：

①歷史淵源：歷史經驗爲人類智慧之源泉，美國之所以富强，英國之所以工商發達，在日本人的眼中看得淸淸楚楚。所以，日本於第一次世界大戰時，雖站在協約國方面，却未積極參戰，讓各國於戰爭中破壞消耗，而它左右逢源，從中取利，於是經濟繁榮，國運躍起。戰時與戰後，日本致力於工業製造及產品輸出，並對中國之東北大量投資，藉以換取較多的糧食及原料並獲得優厚的利潤，以擴張其勢力。但因遭逢列强之競爭，及中國北伐完成後之統一與自强運動，阻碍了日本勢力的擴張，於是，它遂用武力手段來擴張經濟貿易的勢力範圍。從一九三一年九、一八事變，到一九三七年七、七事變，日本在華軍事、政治、經濟、貿易的擴張，勢如破竹，於是財稅、公債、貨幣金融、貿易、工業投資，一天擴大一天。在中國八年抗戰階段，日本爲擴大軍需生產，乃加緊搜集資源，集中資本，限制民間消費，改革銀行制度與業務，壓低利率以融通產業資金。但於一九四一年十二月七日珍珠港事變後，愈感「經濟封鎖」的壓力，原料輸入旣益困難，過度擴張之軍需生產亦難以爲繼。至一九四五年，受民主國家海空夾攻，海上運輸與生產貿易陷於痲痺狀態，經濟崩潰與軍事投降而俱來，隨結束了日本「帝國主義」的迷夢。戰後痛悔前非，改革政治，走向民主自由之大道；改革經濟，回復到民需生產，致力土地改革與農業合作以復興農村；但商品素質差、成本又高，海外市場無法打開，雖其工業基礎尙好，但發展亦不容易。資源缺乏是其工業復興的第一難關，產品銷場的變換(由經濟落後地區轉而輸往歐美各地)是其第二難關，加以通貨膨脹，失業與工潮，社會不安定，若不能克復諸如此類的困難，縱使往日强盛，亦無補於戰後難關，故戰後經濟復興，眞是談何容易。不過，日本人是聰明的，他能牢記歷史教訓，承受前人遺產；能埋頭苦幹，利用外援與國際情勢，造成本國有利的環境，以復興其工業，推進其貿易。

②善用美援：日本雖對民主國家作無條件的投降，但工業基礎未曾破壞；初期雖經盟國佔領，但佔領期間，美國先對日本饑民以糧食之救濟，接着，在和平合作之方針下，對企業復員予以援助。據統計，自一九四六年至一九四九年六月底止，美國在日本支出的佔領經費共達卅一億五千一百十萬美元之多，包括佔領軍之薪金、維持費、日人歸國遣送費、以及「佔領地之救濟費」(此項救濟費，爲防止疾病、及安定社會，所供給之食糧農業資本醫藥用品等)。自一九四八年起，又設立「佔領區經濟復興基金」。其他援助，如成立「美棉公付借欵」及「天然纖維原料公付資金」等。此等經濟援助，以促使日本「經濟之自立」爲宗旨。逮一九五〇年六月韓戰爆發後，盟軍使用之軍需物資，部份亦由日本製造，此卽所謂「特需」；結果，美國對日援助，反因特需而增大。一九五二年七月韓戰成立「停戰協定」後，特需支出雖然急減，但由於臺灣海峽緊張情勢及亞洲局勢之變幻不定，美國駐軍之軍需物資仍由日本承造，以及日本軍警再武裝費用等等，使日本工商貿易得以不致蕭條。日本自美國佔領時起以迄恢復獨立自主後的今天，全國上下，自始至終均以「賺取美金」及「善用美援」藉圖復興爲努力之目標。戰後日本經濟之得以迅速恢復繁榮，美援與美國大兵在日本支出的費用，是一個重要的因素。戰後美國在「經濟援助」的名義下輸往日本的物資價値如下表之統計：

(附表一)

期　間	(會計年度)	一九四五年九月至一九四六年度	一九四七年度	一九四八年度	一九四九年度	一九五〇年度	一九五一年度
援助輸入額	單位：百萬美元	一三九・九	四〇四・四	四六一・〇	五三四・八	三六〇・八	一八〇・〇
佔日本輸入額	%	六三・一	七七・三	六七・四	五九・三	三七・三	八・一

(註)一九五二年度起，美國已停止對日本經援，前列美援包括若干工業物資，對日本工業復興，幫助很大。

美國對日本經濟援助之目的，在於促進日本經濟之自立。其實施的條件爲：①日本經濟，必需由統一滙率，聯繫國際經濟，以使其貿易正常化。②日本得不再依賴美援，而能維持其經濟安定。惟欲達此目的，必須「健全財政」、「停止通貨膨脹」、「改善稅收」、「實施企業合理化」、「改善技術」等等。美國政府於一九四八年十二月由麥克阿瑟元帥向日本提出「經濟九項原則」，促請日本政府研擬實施，該原則爲：「㈠迅速檢討預算之均衡。㈡促進並强化徵稅計劃。㈢貸出資金，除對日本之經濟復興有貢獻者外，應予嚴格限制。㈣確立穩定工資方案。㈤强化物價統制計劃。㈥加强外滙管理，並改善貿易措施。㈦增加輸出，改善物資分配及配給制度。㈧增加重要原料及製品之生產。㈨改善糧食運輸調配計劃。」爲實施以上的「九項經濟原則」，美國道奇（J. M. Dodge）先生以盟總顧問資格，於一九四九年二月赴日協助；經過三個月時間的調查，認爲：「欲經濟獲得有效的安定，必須平衡預算，使一切政策與政府預算發生關聯。阻止膨脹與否，權在政府，請自愼擇。」後來，日本政府採取道奇先生的主張，阻止膨脹，平衡預算，編成一九四九年度預算，實施「緊縮政策」，俗稱「道奇路線」（Dodge Line），循此路線，自一九四九年四月一日開始實行，爲期一年，達到物價穩定、幣信恢復之程度，使日本出現「單一滙率」以聯繫國內與國際經濟，建立合理的經濟基礎以促進貿易正常的發展。後來大家稱「經濟九項原則」與「道奇路線」的實施，爲日本經濟復興的重要關鍵所在。聯合國總司令部於一九四九年四月一日令日本政府設置「美國對日援助保證基金特別會計」，此項保證基金的運用，規定其使用目的，首爲安定通貨及財政，次爲促進貿易輸出，及協助經濟建設事業。其運用方法之程序，以承受國家公債乃至償還爲第一，其次則投資於公營事業及民營企業。其運用實績，於一九四九年度中，運用於國債償還者六二四億日圓，投資於鐵路、電信等公營事業者二七〇億日圓，投資於私人企業者二四六億日圓，（以上均以一美元對三六〇日圓之滙兌率計算）。由於投資支出之欠多，以及一九四九年與一九五〇年緊縮預算之推行，道奇路線招致了銀根奇緊、商業不景氣、生產工具無力改進、以及失業者增加等現象。幸自一九五〇年六月韓戰爆發後，聯合國盟軍的特需定單，不啻救了日本經濟渡過緊縮難關；此項特需，包括盟軍向日本定購的商品及勞務，自一九五〇年至一九五二年十一月，特需契約總值爲七億九千七百四十七萬一千美元，除二億五千七百卅六萬三千美元係服務報償外，定購商品價值爲五億四千零十六萬八千美元。此項特需定購商品類別百分比，計如下表之統計：

（附表二）　（資料來源：日本經濟學人週刊一九五二年十一月廿九日號）

類別	食糧及飲料	纖維織物	木材及紙	其他動植物品	化學製品	非金屬礦物	金屬及金屬製品	機械	雜物
百分率 一九五〇年	三·三	二七·四	九·五	二·〇	四·九	六·三	三二·一	一三·八	〇·八
百分率 五一年	一·四	二〇·八	八·〇	二·六	一〇·一	一一·五	二七·五	一七·四	〇·七
百分率 五二年七至十一月	一·七	九·〇	二·九	四·四	四·〇	三〇·〇	二九·〇	一七·〇	一·〇
備考	一九五〇年以運輸汽車、蔴包、電器材料等爲多。一九五一年以棉織物、汽車、煤炭硫酸氨、水泥、鋼材爲多，一九五二年以軍用機械、砲彈、飛機零件等爲多。								

由上列統計，知道「特需」中的商品，都是日本工業的加工製品，自然促進日本工業之繁榮。至於二億五千餘萬美元的「服務報償」中，除運輸、倉庫、通訊、建築等項外，至少亦有三分之一，係修理軍用器械或美國供給原料在日本加工製造的報酬，故對日本製造業有利。此外，日本政府於一九五〇年六月公佈「外資導入法」後，予投資的外商以充份的保障和便利，隨招致了外國人的投資及技術援助。在「外資導入法」制定之前，外人在日本投資僅二億一千五百七十萬元，至一九五一年十二月底，外人投資增達五十五億六千二百八十三萬餘元，同時與美、瑞士、瑞典、法、英、丹麥等國締結的技術援助契約達一〇九宗；一九五二年後，外人投資與技術援助繼續增加，光是美國陶格拉斯飛機公司對日本五家飛機廠的投資，即達十五億元左右；技術援助方面，最顯著的如美國加州汽油公司與日本石油精製會社合作，各出資五〇％（二十億日圓），並由加州公司予以通融資金一百億日圓，用以增置加强生產能力一倍的新設備；美孚汽油公司與東亞燃料工業會社合作，美孚占有東亞資本額的五五％（七億四千二百五十萬日圓）；美國潮水聯合汽油公司與三菱石油會社合作，各出資五〇％（六億日圓），並予通融資金二億日圓；英格魯撒克遜汽油公司與昭和石油會社合作，由英供給原油，並予以經濟技術的援助；德士古汽油公司與興亞石油會社合作，資本額各佔一億三千萬日圓，並通融資金三億日圓。此外，如東洋「尼龍」會社與美國杜邦公司合作；此等外人投資與技術，與「美援」一樣的重要，有利於經濟發展。

③自力更生：美國經濟援助停止，及韓戰結束後特需定單之減少，除導入外資並技術援助之合作外，此後日本經濟發展的道路，唯有「自力更生」，努力從事於企業合理化及鼓勵出口貿易。於是，集中力量，生產那些能輸出的及有關民生日用的商品；凡能輸出爭取外滙的商品，政府都在設法獎勵其大量輸出，以便工業品產銷規模之擴大。爲達此目的起見，日本政府曾訂定「經濟復興三大原則」：㈠財政必須配合經濟——經濟貧乏的國家，無法侈談「赤字財政」，量出爲入，也就是說，經濟實力有限，無力配合財政龐大的需求；反之，要約束財政，以配合經濟建設。假使不先求財政收支之平衡，而侈談發展經濟，則勢必重蹈通貨惡性膨脹之覆轍，財政收入與工商各業亦同受不利之影響。因此，必須平衡財政緊縮通貨，以求經濟正常的發展。㈡金融必須配合生產——若以金融充爲財政的工具，則於財政入不敷出的國家，往往導致嚴重的通貨膨脹。因此，有人主張：「財政與金融，最好分家。」惟金融與產業，則如唇齒相依，日本即以金融爲發展工商實業的工具，每年產業資金，幾與通貨發行額成正比例。日本銀行的通貨發行額，加上郵政儲金及各銀行存欵，差不多全部用於生產。生產事業不感資金困難，經濟才有復興的希望。㈢生產必須配合貿易——島國經濟，無法閉關自守，必須打開大門，與各國交往通商。日本與英國一樣，視貿易爲生命線，發展工業生產之目的，在以工業製品交換各

國之原料與食糧，以便擴大經營。故生產必須配合貿易，乃天經地義的道理。欲達此目的，商品必須力求價廉物美，以便出口競銷於國際市場；同時，海港與航運二大建設，必須注重。日本自立經濟審議會於一九五〇年七月起卽擬訂「自立經濟計劃」，至一九五一年一月廿日，始由吉田首相提出報告。報告書的內容分爲二部份：㈠計劃之規模與構成——（A）貿易方面：促進輸出，改善國際收支；尤其依最近國際情勢，置重點於緊急物資之儲備，以確保物資輸入量爲中心。（B）工礦生產方面：謀擴大生產規模，若電力、原料、資金三者沒有問題，則以電力、鋼鐵、化學肥料、纖維四項產業爲基礎，並謀增產石炭、銅、鋁、水泥、平板玻璃、電石、蘇打灰、燒碱、紙張、紙漿；並力求減低成本，提高技術品質。（C）農業方面：開發資源，增產糧食，改良農地、水利、開墾等，以便提高國內自給程度。（D）造船方面：一九五〇底之國外航船保有量僅四十三萬總噸，估計到一九五三年度貿易物資貨運將達二、二七〇萬噸，油類運輸量四七〇萬噸，以五〇%由日船裝運計算，航船必須增至一二八·四萬總噸，方能應付；因此，船舶運輸必須增强，最好自造新船，否則，只有購買或租用外船。（E）資本蓄積與生活水準：資本蓄積，可藉財政資金之運用，與民間儲蓄，來達成目標；估計國庫財政投資可增至一、五五四億圓，產業資金增至 六、四六二億圓，資金的分配，置重點於電力、海運、農業。㈡爲達成「自立經濟三年計劃」目標遭遇到之問題及對策——（A）原多仰給於輸入，「確保輸入」，是經濟自立的基本條件。因此，必須有效的運用外滙，機動的融通輸入資金，彈性的活用貿易協定；除公民營貿易機構外，駐外購買機構必須完善。（B）爲確保輸入，先須擴充船舶，船舶不足，運輸必受阻碍。因此，計劃擴大造船，租買美國「自由型」船隻，打撈沉船，供給造船資金，均爲要端。（C）融通資金，藉以鼓勵糧食增產，並充實糧倉設備，以提高糧食自給程度。（D）縱使達成電力建設計劃，每年仍不足十億至卅億K.W.H.之電力，故須導入外資以開發電源，並限制民間之電力耗費，以確保工業用電。（E）鋼鐵、非鐵金屬、木材等世界「戰略物資之供需」，無論輸出、特需及國內消費，均須予統籌。（F）欲經濟自立，必先鼓勵民間儲蓄資本。而欲鼓勵儲蓄，先須改善租稅、穩定物價。在未能以儲蓄充爲產業資金之時，暫以美援、存欵、復興資金、回收欵等充之。至於此項自立經濟三年計劃，列表如下：

(附表三)

計劃內容項目	單位	一九五一年度	一九五二年度	一九五三年度
國民所得	億日元	三七、五三〇	三九、五一〇	四一、六四〇
產業活動	一九三二至三六年爲一〇〇	一三五·二	一三三·七	一四一·八
鑛工業生產	一九三二至三六年爲一〇〇	一一四·一	一二三·九	一三一·四
電力(平常雨水)	百萬KWH	三六、一一六	三七、六三〇	三八、八九三
鋼材	千噸	三、六〇〇	三、八〇〇	三、九〇〇
硫酸錏	千噸	一、七五〇	一、八五〇	二、〇〇〇
棉紗	億磅	七	七·四	八
農業、水產業	一九三〇—三四年爲一〇〇	九九·三	一〇三·八	一〇八·六
米	千石	六三、四八〇	六五、二二一	六八、三六〇
麥	千麥石	二四、七六一	二六、二四四	二七、五七三
國內造船量	千總噸	三五〇	三五〇	三五〇
輸出	百萬美元	一、二二〇	一、三六三	一、五五一
輸入	百萬美元	一、五〇三	一、六一三	一、七一二
設備資金	億日元	二、〇九〇	二、四一五	二、五四九
運輸資金	億日元	三、九八八	三、七一九	三、九一四
人口	萬人	八、五五七	八、六八八	八、八二〇
完全失業者	萬人	四四·五	四四·五	四三·〇

日本於一九五一年九月，在舊金山與四十餘國締結和約，恢復獨立後，卽走向「有計劃的自立經濟」措施。惟受原料缺乏及通貨膨脹的影響，不得不採取工業生產「優先制度」，以事重點建設，尤其注意物價金融的穩定。惟受韓戰景氣的刺激，經濟不正常，物價上漲率達五〇%以上，以致經濟自立情形，遠遜西歐各國，無法改變依賴美國援助的局面；尤其國際收支「逆差」加劇，迫使日本不得不採取緊縮政策，以圖安定經濟。其有效對策：（甲）減少工業貸欵，收縮通貨與信用；（乙）削減預算，力求收支平衡。實施的結果，國內物價下跌，接近國外市價，利於貿易輸出；工礦業及各公司，均力求減低成本，提高品質，以便競銷；人民消費亦開始減縮，逐漸儉約，走向儲蓄之路。惟其出口貿易，受自由國家的競爭、亞洲新興國家的工業發展、以及共產國家的「傾銷政策」之影響，備受打擊；幸自一九五四年後，日本經濟得助於美國爲中心之景氣轉變，始獲得國際收支的改善，及生產企業的振興。在美日經濟協定之聲明中，規定東南亞各國的防衛準備，得利用日本生產力，藉以安定日本軍需工業。不過，軍需生產對一切「再生產力」之增大，並無幫助，對物資、財力貧乏的日本而言，促進軍備，反有刺激通貨膨脹，招致國民生活水準低落之可能。日本人反而覺得，美國的政策有損於日本之自立，惠贈與救濟，不能徹底解決問題；他們要求實現十億美元以上的商品出口，藉以維護經濟自立，

改善國際收支，抵銷美國的特別援助。日本在戰前，曾與中國大陸有過大宗貿易之關係，於今仍使日商幻想重溫舊夢。日本自知商品無法與北美及西歐各國競爭，只有向中國大陸、臺灣、東南亞地區、及南美求出路，國外市場滿途荆棘，致使日本無限苦悶。對大陸貿易，受政治的影響，未能進展；對東南亞各國貿易，由於友好關係程度不够，賠償問題未能解決，未難擴展，剩下來的，只有對臺灣與南美增加貿易了。

④推行「經濟自助五年計劃」：日本曾已推行「經濟自立三年計劃」，雖不無成就，但問題重重。貿易是日本的生命線，國際市場之能否打開，不但關係其國際收支的順逆，也影響其工業生產及國民就業。為發展貿易，必須產品做廉物美的程度，否則，日貨將難以競勝於國際市場。日本工業在生產到價管理方面，曾標榜四大守則：「技術第一，生產第一，安全至上，保密至上」。乃去舊更新，朝着「標新立異」的方向努力。繼三年計劃之後，又有五年計劃；此次計劃的目標，為：「在不危害經濟安定之原則下，求經濟自助與提高就業」。為完成計劃之要求，乃採取下列之必要措施：㈠建立投資合理化制度，以加强工業基礎。㈡在穩定的經濟下，增加輸出的競爭力；利用教育及宣傳，使人民瞭解「鼓勵輸出，將可擴展日本經濟」；注意重工業及化學工業的發展，並鼓勵對美元區域輸出，向非美元區域輸入物資。㈢增加米、麥、魚產及工業資源的自給能力，並改良技術、創立新企業、增加航運，以節約外滙支出。㈣防止災害水旱，改良道路與港口，以發展國土最大的效用。㈤擴大並加强研究機構，給予新技術工業化以充足的經費，以提高技術水準，促進生產力。㈥為促進中小工業健全的發展，應減輕其稅負，改善其金融狀況，促使其互助合作，指導其技術專門化。㈦儘量增大工鑛業業務範圍，促進新工業與新技術，以擴大國民就業；如有必要，採公共工程及社會福利政策，以改良民生。㈧政府投資應予慎重的選擇；所需資金，與其政府貸款，不若責由銀行來融通；尤須獎勵民間儲蓄資本，透過證券市場，投資於產業；如此，則財政健全，金融信用正常化。㈨政府支出與民間消費，應力求節約，以期穩定物價，而安定經濟。㈩配合家庭計劃，節制生育，戒絕浪費，儘力儲蓄，以改善合理的生活。至於此項自助五年計劃預定之經濟指標，則如下列附表之數字。該項計劃，原來預計自一九五四年的廿三億六千六百萬美元之國際收入，增至一九六〇年的廿九億六千四百萬美元之國際收入；而事實上，於一九五六年即達卅三億三千萬美元，業已提早超過，可見日本生產貿易努力成績之一般，殊堪作吾人之示範也。

(附表四) 日本自助五年經濟計劃的指標與一九五五—五六年實績

項目		單位	1954會計年度	1960會計年度	1960年增加率(1954年基期)	1955年實績	1956年實績估計
總人口		千人	88,350	93,230	105.5	89,300	90,200
人口中之勞動力比率		%	67.8	67.8	—	—	—
勞動力		千人	40,460	45,310	112.0	42,540	43,050
有酬就業人數		〃	39,820	44,860	112.7	41,840	42,450
完全失業人數		〃	640	450	70.3	—	—
國民生產毛額		億日元	72,410	96,730	133.6	81,889	91,510
國民所得		〃	60,340	80,880	134.0	67,948	76,100
私人資本形成		〃	11,100	17,410	156.8	14,137	19,950
政府採購		〃	13,850	18,960	136.9	—	—
國外餘款		〃	1,310	220	16.8	—	—
個人消費支出		〃	46,150	60,140	130.3	50,396	55,130
每人消費支出		以1954年為基期	100	133.5	—	(基期)100	107
工業生產		以1934—36年為基期	166.9	256.5	153.7	187.7	227.1
農林漁業生產		以1950—52年為基期	105.2	126.8	120.5	123.0	118.9
國際收支	國際收入方面	百萬美元	2,366	2,964	125.3	2,839	3,330
	輸出	〃	1,602	2,660	166.0	205	2,480
	無形貿易	〃	764	304	39.8	175	240
	普通收入	〃	175	304	173.8	—	—
	特種採購收入	〃	589	—	—	美國在日 569	採購 610
	國際支出方面	〃	2,022	2,964	146.6	2,513	3,410
	輸入	〃	1,692	2,590	153.1	2,165	2,910
	無形貿易	〃	331	374	113.0	348	500
	差額(實際)	〃	344	0	—	(+) 326	(−) 80
	差額(形式)	〃	—	—	—	(+) 386	(+) 60

經濟計劃之擬訂，原非一成不變者，貴有伸縮性，得以適國內外實際情形。為求計劃指標切合實際，日本於每年初公佈本年度之計劃，俾易遵行。由前列統計表，知道一九五五年與一九五六年度，由於國外之景氣與國內農產品之豐收，故其生產、貿易、就業，均有顯著之增加，其中貿易額尤甚，一九五六年度即已超過一九六〇年度預定之指標。惟自一九五七年起，因輸出困難，同時隨經濟規模之擴大，原料材料等輸入反而有增無減，以致國際收支結餘日見減少。其經濟發展速度過急，電力供應、鋼鐵生產、及運輸能力之間，發生不平衡現象；人口激增，消費、儲蓄、與就業，亦有問題。正如日本企劃廳總計劃局局長大北三郎指出：「經濟專家認為日本人口多、土地少而又缺乏天然資源，將阻礙其經濟發展，因而引為憂慮。惟根據本人考察歐、美、亞廿三國家一般經濟情況所得，深感人定可以勝天。日本人口增加奇速是一個事實，但提倡節育後，由於出生率之降低，人口增殖速度在十年後勢必降低，同時就業人口可望增加。一般人常謂九千萬人口在四個小島上勢難維持生活，但若發展工業與貿易，無需大量土地，亦能維持生活。日本天然資料缺乏，雖是問題，但日本優良海港衆多，航業發達，海洋運輸便利，可確保原料之輸入。而且原子能發電，即可代替水、電、煤、油等資源。可見人口多，土地少而又缺乏天然資源，不一定能阻礙日本的經濟發展，問題端在日本人本身的能力與知識之是否進步。如何訓練工人管理精密的機器，以提高工業生產力，這是非常重要的事。今後宜發展的新工業，應為需要技巧、勞力與加工的工業，政府亦須儘量設法造成私人投資環境，並力求物價之穩定，以利私人企業的發展。日人以勤儉著稱，高度的資本積儲率，是經濟發展的基礎，未來的經濟政策，必須儘量有效利用民資，以為經濟發展之用」。以上的話，對所有經濟落後國家，而願意自助自立者，均可作為「座右銘」，願共勉之。事實上，日本自一九五七年起，決定要循下列途徑，打開工商貿易之難關，其方法是：㈠擴充電力，改善運輸，充實便宜之基本工業原料，以利工礦業之發展。㈡維持健全之財政，並使經營正常化。㈢加強經濟外交，取得國外經濟合作，以發展輸出貿易。㈣充裕產業所需之資金，並設法改善其機器設備。㈤致力於原子能工業用途，及合成化學等新技術之研究，並加強科學技藝教育。㈥以金融實力扶助中小企業之發展。㈦改善農林、水產等業之經營。㈧擴大公共投資，訓練勞動技能，以增加就業人數。㈨充實社會保險制度。㈩建築國民住宅，獎勵人民投資。以上種種，均值參考。

以現實態度論美蘇五個問題

董鼎山

在這篇文章發表時，赫魯雪夫已經結束他在美國的訪問，而在北平出現。他與艾森豪在「大衛營」的秘密會談結果如何，目前還不能預測。東西冷戰是極權的共產主義和民主的資本主義在本質上鬥爭的現象，它的完全消逝是不可能的事。可是在這現象的若干方面，雙方仍有談判的餘地和成功的希望。

國家之間的爭執，和個人之間的爭執相同。一部份問題可以講和解決，另一部份則有關本質與原則，雙方必堅持不讓。因此，在談判某些問題之時，解決與否的可能性也依靠談判者的技巧與其意向。但是有關本質的問題，則無論如何談判，也不會獲得解決。我們試在這裏討論，美蘇二國間可以談判的顯著問題是些什麼？

首先我們必須拋棄「解決冷戰」這個成語。「冷戰」一詞包含東西雙方所有衝突與矛盾的現象。冷戰的造成係由于共產主義向西方的挑戰，及西方對這種挑戰的反應。冷戰的整個含意有關全世界政治與社會制度的前途。共產黨相信在將西方民主「埋葬」以後可以統治全世界。西方國則抵拒共產黨這種想法。蘇俄的整個外交政策最終目標是征服西方，征服全世界。西方的外交政策是阻止蘇俄這個目標的實現。因此，在東西如此對峙的一日，所謂冷戰的解決和消逝，根本是不可能的事。

冷戰本身既不可能解決，那末東西談判的目標是什麼呢？麥米倫首相與艾森豪總統對高階層會議的遷就，目的無非是想經過談判方法，鬆弛國際緊張現象。我們雖明知冷戰本身不能獲得解決，但至少有五個要題似乎有經由談判而解決的可能性。

× × × ×

一、鐵幕問題　蘇俄的降下鐵幕，阻止東西人民與思想的自由交往，其原來的理由是國內性的。史大林極權政權自知在政治、經濟、社會生活三方面不能與西方相比，乃下鐵幕，禁止蘇俄人民與西方人士接觸，以免俄人對資本主義世界的生活生羨。但目前史大林時代已過，蘇俄因各方面建設的成就而產生自信心，已將門戶半開，逐漸允許西方人士與思想流入，而美國亦作同樣反應。美蘇雙方現都在談論擴大文化交流。俄共既有自信心，而一面仍可用新聞界廣播界的控制，牽制人民思想，似已不怕其本國人民受西方奢華所誘。因此，美蘇如繼續在這一方面談判，鐵幕的升起似將可不成問題。可是這類文化思想的交流，與和平問題的政治解決並不相關。共產主義本身仍將世界一分為二，冷戰的本質將仍存在。

二、歐洲與柏林問題　這個問題的主題是在「蘇俄帝國在西邊的界限應在那裏？」第二次大戰結束以來，蘇俄魔掌伸及東歐，一向聲稱西邊的界線應該保持今日的原狀。但西方則認這種界線只是暫時性的，蘇俄的軍事與政治控制應該在蘇俄本土之內。西方在西柏林的駐留，一向被美蘇雙方目爲戰後未解決問題的象徵。蘇俄將德國一分爲二，將東德歸入帝國版圖之內，將東西德的分界線目爲其帝國在西邊的界限。而西方則在東德境內的柏林駐軍。整個歐洲問題的癥結就在此。由于西柏林的象徵性重要意義，雙方都寸步不讓。但是這個問題應該如何解決呢？

我們猜測，雙方的談判，如果從政治的理論方面移向政治與軍事的事實方面，有獲得解決的可能性。從事實而觀，蘇俄帝國在西邊的界限已經劃定。蘇俄不能再向西伸展，美國也不會將蘇俄向東排擠，這個事實我們必須認識。美國不會向東排擠，可由匈牙利事件證明之，一九五六年匈國人民革命時，美國雖口口聲聲高喊聲援，可是實際上未曾向匈國革命人士援手相助。

既有這種事實的證明，赫魯雪夫爲何還要重提西柏林問題呢？他可能眞實不明瞭美國政治的意向。因此我們猜測，這次東西談判時，爲去除僵局，雙方可能不得不承認已存事實，即蘇俄接受西方勢力在西柏林的駐留，美國接受東西德的分裂。在核子戰爭威脅之下，現狀的維持似是解決爭執的臨時方法。

三、貿易問題　米高揚、柯茲洛夫、赫魯雪夫在美國訪問時，都重視這個問題。蘇俄亟需對外貿易，因爲貿易對它的內外與政治軍事政策有極大幫助。赫魯雪夫的個人野心是在使蘇俄的經濟生產超越美國，將其生產力以外援與貿易的方式，作爲征服世界的武器。而美國對蘇貿易態度的冷淡，也正是由于這個原因。蘇俄要將貿易用作政治武器，美國也要將貿易用爲政治武器。

至今爲止，美國對蘇貿易數量極少，以一九五八年而論，僅佔全部對外貿易量的百分之點五。但是即使美國除去所有對蘇貿易限制，數量也不致大大增加，因爲蘇俄所要向美國購買者，遠超過美國所願出售者，而美國並不必要向蘇購買物品。

這種單面貿易的性質，不是經濟性而是政治性。正是爲了這個原因，貿易問題可望解決。美國可利用貿易作武器，向蘇俄稍作讓步，以增加貿易爲餌，可誘致蘇俄保證西柏林的現存事實。貿易可增可減的性能，因此成爲外交政策中一個最具伸縮性的工具。美國生產力的高超，已可利用貿易作爲談判時講價的有利條件，但目前美國尚未開始利用這個利器。

四、裁軍問題　赫魯雪夫向聯合國大會演說時，建議全世界所有各國在四年時期內，廢止所有軍隊，毀滅所有武器。這種不合實際令人發噱的建議，當然不值一談。我們在這裏所談的裁軍問題，不是這類「革命性」的裁軍。

美蘇二國武力爲何在歐洲互作對峙，準備互相毀滅？原因很是簡單，因爲雙方互相猜測，惟恐如不作部署即可被對方趁機一舉而攻。在這種互相懼慮存在的一日，沒有一方會自動裁軍。但是政治問題如告解決，雙方如承認西柏林與東西德分裂的事實，雙方如對此種事實的穩定性發生信心，部份裁軍便有實現的可能性。

五、核子能控制問題　核子試驗的停止，其重要性不是在于停試的本身，而是在停試所含意義的象徵性。美蘇雙方皆有意對核子停試獲得協議。這種共同意見係起源于對核子毀壞力的共同恐懼。目前僅英、美、蘇三國擁有核子武器，控制尚易。將來如核子國家增加，世界毀滅的或然性也增大。美蘇雙方應該在理智上認識這個危險性。美蘇二國對核子毀壞力的共同恐懼，應該大于雙方相對的恐懼。換一句話說，對方雖是敵人，可是核子毀壞力是更大的共同敵人。由于這個原因，我們探測美蘇必定急于求得核子控制問題的解決。

× × × × ×

除了上述五個問題以外，美蘇至少在目前另外面臨兩個問題。即是中東與亞洲問題。這二個問題難以解決，因美蘇雙方皆無講價的條件。去年伊拉克革命以後，西方已失去在中東的控制，而蘇俄對中東的控制也已消失。蘇俄原在開羅與敍利亞有相當勢力，但納塞已公開反共，宣佈中立政策。因此，整個中東已成爲不向任何一邊依靠的地區，而成爲美蘇競爭拉攏的對象。雙方既皆在中東無勢力，便無權討論中東問題。

亞州問題也大略相同。重要問題如臺灣、金馬、南北韓、南北越、寮國等都是屬中共勢力範圍以內。美國如欲解決這些問題，其對象不是蘇俄，而是中共。根據近來現象，蘇俄似不能代表中共說話。中共有不悅時，自作騷擾。例如中印邊界糾紛及寮國戰事，西方專家皆認係因中共不悅赫魯雪夫訪美，故意肇事使赫酋難堪。若干觀察家甚至認爲美蘇的共同敵人除了核子毀滅力之外，將來可能包括中共。這些觀察家指出，以中國廣大人口，中共如能在科學與工程上迅速發展，其將來之威力可超過美國與蘇俄。

× × × ×

總而言之，在上述五個可望解決的問題之中，鐵幕升起問題最缺乏政治重要性，也最易解決。貿易問題對雙方最具誘惑，但其在政治與軍事上的危險性也最大。裁軍問題的解決，必須先待政治問題的解決。柏林問題是一個短促臨時的問題，核子控制問題是一個永久長期的問題。這二個問題是目前東西雙方談判最緊急的問題，必須在當前立即解決。

這二個緊急問題如獲得解決，冷戰雖不會就此告終，可是至少會開始趨向溫和。冷戰變成熱戰的威脅，係起源于重要政治問題的懸延未定。政治問題一告除去，冷戰雖仍存在，但熱戰的威脅則將隨而消逝。東西互相懼慮猜疑當然仍在，但其性質將逐漸變化。共產主義與資本主義仍將競爭，究竟那一個制度優越？讓明眼的人民自己從生活與事實各方面去領會吧。

毛澤東勢力在逐漸孤立了！

李　農

今年中共內部人事，好像有近乎全般性的調整，最為人注目的新官，有：

「人代會常委會委員長」　朱德
「人民政府主席」　劉少奇
「人民政府副主席」宋慶齡　董必武
「最高法院院長」謝覺哉
「農業機械部部長」　陳正人
「國防部部長」　林彪
「總參謀長」　羅瑞卿
「公安部部長」　謝富治

一個政治集團，「人」的變動，不是基於工作的需要，就是表示權力的消長。中共內部不穩當係事實，究竟如何不穩？不穩到什麽程度？屬於那一方面的不穩？則需要研究，才能得到結論。

極權主義國家，政治的特點，是「黨」權支配「政」權，是「人」治高於「法」治，所以我們喜歡研究共黨問題的人，對中共問題的研究，是應該由「黨」而及「政」，由「人」而及「法」。可是在「人」的方面，還有一個特點，那就是「組織」的特點，共黨國家是沒有個人的，個人離開組織就等於沒有個人的存在。因此，我們對中共內部人事，自不能把它看成是個人問題。

根據上面的原則，我們不看新官名單，先看黨內人事。中共黨的組織，掌握大權的，是中央政治局常務委員會，常務委員名單中，除毛澤東為中共中央主席、劉、周、朱、陳、林為副主席之外，他們分別所負任務：

	過去	現在
毛澤東	人民政府主席	
劉少奇	人代會常委會委員長	人民政府主席
周恩來	國務院總理	同前
朱德	人民政府副主席	人代會常委會委員長
陳雲	國家基本建設委員會主任	同前
鄧小平	中共中央總書記	同前
林彪		國防部長

從這張名單上可以看出來，常務委員會分子雖然沒有更動（林彪是去年才任中共中央副主席的），但是政治分量顯然有很多差別。影響所及，集團勢力也有不同。過去似乎是集中於毛澤東劉少奇二人之手，毛澤東集黨政大權於一身，劉少奇有很大的影響力量。他們所秉負的任務變動以後，朱德的地位提高，林彪顯得極重要。劉少奇雖然是寡頭「主席」，但他的影響力量，不僅沒有減低，還在增加；除原有陳雲、鄧小平；林彪國防部長的補實，對他太重要了，七個人中間，顯然是劉少奇的比重高。因此就說明：毛澤東雖然還是「中共中央主席」，但這個「主席」的力量並不大。何況周恩來朱德並不能像陳雲鄧小平之與劉少奇那樣密切的關係。這是這次人事變動，在中共中央所得的結果。

這說明劉少奇集團勢力（假定的設詞）在逐漸增長，同時也說明毛澤東從一九三五年遵義會議以來一向把持不放的中共中央勢力，已在逐漸減少，下面是最近幾件重要事例，可以證明毛澤東勢力之下降。

一、大家都知道，毛澤東自從失掉中共中央的控制力以後，常常拿別的會議來解決他要解決的問題，甚至拿別的會議來與中央對抗。像「農村生產合作社」是中央通過的，毛澤東便召開「省委、市委、區黨委書記會議」，大罵制定農業社政策的人是「小脚女人」，堅持加快農村生產的速度。「鳴放」政策是毛澤東提出的（並不是毛的原始主動），它始終只能在他自己所主持的「最高國務會議」，周恩來所主持的「政治協商會議」，陸定一所支持的「全國宣傳工作會議」來討論，一直不被中央正式接受。「人民公社」在毛澤東心裏醞釀了很久，一直拖到一九四八年八月，雖名為政治局召開的，其實是一個四方雜處的擴大會議，才通過了一個所謂「關於在農村中建立人民公社問題的決議」。假如毛澤東在中共中央有他的影響力量，這些應該由中央考慮的問題，沒有理由用別的會議代替。

二、去年（一九五八年）召開八全大會，黨章上有一個重要的變動，原來「中國共產黨，以馬克斯列寧主義的理論與中國革命實踐之統一的思想—毛澤東思想作為自己一切工作指針」的規定，改為「黨在自己的活動中，堅持馬克斯列寧主義的普遍眞理，同中國革命鬪爭的具體實踐密切結合的原則。」兩條條文內容强調「中國革命的具體實踐」是相同的，不同的是單獨的去掉「毛澤東思想」幾個字。這對毛澤東而言，是根本的否決（八全大會以前，蘇俄清算史達林，毛澤東思想實已受到動搖）。

三、毛澤東不做「人民政府主席」，是公開失勢的表示。雖然這份「主席」在中共內部組織職掌上，是個劃行的差事，但毛澤東憑着歷史威望，仍然可以直接影響各部，同時可以召開「最高國務會議」來發揮他的威力。從「農業合作」問題到「鳴放」，到「反右派」，再到「人民公社」，許多紛歧之所以能夠在反對聲中仍然能够推動，證明國務院有毛澤東的影響力。

不過毛澤東過去雖在行政機構中有他的影響力，但這種影響力一直在受到衝擊。這在「鳴放」期中，表現得最為露骨，取消「學校黨委制」確實是毛澤東自己建議的。到了反右派，周恩來在正式的「政府工作報告中」，具體指出：「中共組織退出機關、學校，共產黨不在知識分子中發展組織，黨不要在政權以外搞一套黨的系統，請共產黨下臺……都是右派謬論。」這與其說是周恩來自白，不如說是周恩來代毛澤東受過。右派份子章伯鈞曾經透露：「毛在上海跟老朋友談，我寧願不幹主席，來搞百花齊放，百家爭鳴。」這說明毛澤東當時對那把「主席」坐位，早具脆弱心理。

四、彭德懷不做國防部部長，應該算是對毛澤東的打擊。彭德懷，為毛澤東掌握兵權，時間很長，正在毛澤東離開「主席」職務以後，撤換彭德懷，說明這不是因為彭德懷的問題，而是反映出全般性的政治動向。同時證明軍中所謂毛澤東勢力的影響，並不太深。否則彭德懷不會一紙命令，就離開了國防部辦公室。另一方面看，接替彭德懷者是林彪，林彪在大陸奪取政權軍事一役上，是一個功臣，後來竟至冷落，這說明林彪與毛澤東之間，也是不愉快的。八全大會劉少奇集團勢力高張，林彪新任中共中央副主席，證明劉少奇與林彪之間有關係。相形之下，林彪上臺自然不是毛澤東的福澤，至於與毛接近的羅瑞卿接長「總參謀長」，只能解釋為把羅瑞卿調開公安部，同時說明公安部將有新的行動。至於羅瑞卿和謝富治兩人，也可能是個過渡（謝富治是新人，也自然容易接受新的任務）

至於毛澤東勢力何以受到貶損，下面兩點是重要因素：

一、農業政策的「冒進」—決定毛澤東非「冒進」不可，有兩個原因：㈠毛澤東在心理上確有若干好高騖遠急功近利的意念，正如同反對的人罵他為「自稱高明的馬克斯主義者」。毛澤東確實想到馬克斯—列寧—史達林—毛澤東這一系列的名字能在共黨世界中造成新的偶像，所以他一再表示他要從事理論研究工作。「人民公社」者，也未嘗不是他想創一先例，來代替蘇俄在共產思想領域中久已形成的空虛特狀。㈡中共奪得大陸政權，他們從延安帶到北平來的，只有一身灰塵；現金、物資、和現代科學技術全部沒有。毛澤東想在這一片廢墟的中國土地上，忘想「一天等於廿年」，一天功夫要建立一個現代的國家，急切的要趕上資本主義的敵對勢力，隨時能作應戰的準備，因此他不得不展開一連串都是以重工業為中心的所謂經濟建設。這是他所以產生「冒進」政策在現實環境上的因素。可是「冒進」政策實施在這先天極端貧弱的中國，所得的後果，今年所發生的事故，應該算是「冒進」以後的總爆發。五億一千萬畝災區，佔中國三分之一的農田，老百姓不要求生命，只要求既然讓它有生命就應該讓它有生存，「勞苦功高」的「延安英雄」、「白區英雄」原來想像奪得政權以後，可以得到一官半職，安享榮華，殊不知同為雞犬不如的犧牲者，知識份子原來所幻想的共產樂土，今天才恍然大悟是一片謊言。正等於一個患肺結核的病人，醫理療法，是應該躺在床上完全休養，而毛澤東偏要在他肩頭上載上一百斤重的擔子，在烈日炎炎之下終日勞動。這種倒斃，是人人知道必然的。

二、蘇俄的壓力—俄國—這一個共黨世界的領導者，目前感到最棘手的問題，是思想的分歧，狄托與毛澤東是兩個極端，一為修正主義，一為冒進主義，俄國恨狄托是表面的，而懼怕中共是深深的埋在心裏的。「冒進」政策一方面使中國大陸頻於崩潰，而為共黨集團所帶來的影響，更是禍害無窮。它無形中暗示全世界，共產主義破產的前途，這一劑反應針，對共黨附庸國印象最深。這是俄國不能不為中共問題拿出具體的干預行動，基本因素在此。除此之外，毛澤東自從掌握大陸政權以後，他的對俄關係，始終保持兩種姿態，表面是「依存」，一走進北平第一件事情，就是宣佈外交「一面倒」，但是實質上無一處不是表示他仍然有獨立的作法。十年來這種事例舉不勝舉，當然「人民公社」是最近一年中最顯著的鐵證。蘇俄所領導的共黨各國經濟體系，用以調節彼此間的有無，中共一直保持着有條件的互助立場（所以他沒有參加「經濟互助委員會」，而以觀察員身份旁聽），這不能不使蘇俄基於全球戰略上表示懷疑。

毛澤東政策與蘇俄的政策，既然有前後進度的不同，甚至是相左。當然蘇俄基於全球戰略的要求，不能不有所干預。但是蘇俄對中共的干預又是有保留的，換句話說，蘇俄對毛澤東的政策有修改，但是對毛澤東本人還看不出有過分的貶損，下面是事例：

一、八全大會在黨的組織方面，規定中央委員會認為有必要時，可以設立名譽主席一人。這一方面說明是暗示毛澤東要退到元老院去，另一說明是全黨承認毛澤東有長期性的偶像作用。否則這一條增加是沒有必要的。

二、不管毛澤東歷次所製訂的政策是如何遭到反對，但終于是通過而且得到執行的，本來在以黨領政的國家，行政機構不可能在黨的緘默之下自由行事的，尤其「書記會議」或者什麼「擴大會議」，更是受黨的直接指揮，而毛澤東居然能如此做，這說明：毛澤東不僅有潛在的威望，中央階層還有權威人物，表示了不得已的友誼的照顧。至於中央又不能公然接受毛澤東的政策，那正是證明蘇俄對中共中央高階人物，有直接的領導。

三、「人民公社」的失敗，可以說搞垮了中共十年來「從政成果」。以農民黨員佔百分之六十九的中共而言，不能不說是嚴重的結局。而毛澤東並沒有得到他應得的懲罰，相反的，李立三還要在他的面前把廿多年前的舊案翻出來悔過一番。任何公報決議，儘管政策有一百八十度的修改，但「反右傾情緒」更替他作了很好的掩飾。「人民公社」雖然實質上又回到農業集體化，名目還是保留了，「人民公社萬歲」還是在宣傳報刊上天天見面。

蘇俄對毛澤東問題，為什麼會有如此苦心的處理，始終保持毛澤東的威望，那怕這威望是虛有其表，這拿狄托的故事就可以說明。狄托路線從史達林時代就開始的，赫魯雪夫上台，不惜解散情報局，以求好於狄托，為什麼？蘇俄不容許他的集團有破裂，中共的地位在蘇俄的藍圖上十倍於狄托，因此他頂多解除毛澤東的實權，但決不能影響他的尊嚴，以毛澤東的個性而言—「尊嚴」對毛澤東是非常重要的。

一九五九、九、廿七。

古巴通訊・九月十五日

卡斯特羅其人與古巴

巴布島

古巴人是一個最易衝動和最善表演的民族，菲代爾・卡斯特羅便是這個戲劇民族的導演和主角。從今年一月一日卡氏粉墨登場後，一連串的表演，一幕比一幕精彩，凡是留心國際政治的人均耳熟能詳。卡斯特羅領導的革命，的確震動了整個拉丁美洲，紅極一時，而成爲拉丁美洲天字第一號的英雄。可是，曾幾何時，由於他對內嚴酷地鎭壓異已分子，對外輕易地樹立敵國，遂造成加里比海的不安寧狀態，並促成拉丁美洲二十一國的聖地牙哥會議，討論應付加里比海國家緊張局勢的對策。現在，聖地牙哥會議已經召開了，國內的反革命勢力也被擊潰了。可是，古巴政情是否就算走上了康莊大道？現在尙未免言之過早。這裏，記者僅將卡斯特羅其人的性格作風，以及他與古巴的命運關係，就平日留心觀察所及，拉雜成文，以饗國內讀者。

由卡斯特羅領導的「七、二六運動」而完成的革命，有種種不同的稱謂：一般人通稱爲「反獨裁的自由革命」，不少人譽之爲「社會革命」，若干人又稱之爲「西瓜革命」。平心而論，以「反獨裁的自由革命」最爲恰當。在巴提斯達統治時代，由於軍警集團的殘暴專橫，一般人民根本談不到自由的享受。在那一個時期以自由來號召，確實能打動人心，激起革命的熱潮。所以在革命勝利之初，全國洋溢着一片「自由古巴萬歲」的歡呼聲，足見一般人民對於自由嚮往的熱情。稱古巴革命「爲社會革命」，亦極有見地，因爲這一次革命不僅在古巴史上屬於創擧，就在整個拉丁美洲也是極罕見的事實。它的深度和寬度，實在難於估計。它不僅以推翻獨裁政權建立民主制度爲能事，而且在全國政治經濟文化意識等整個民生問題上，發生了一個強大劇烈的變化，在革命政府的行政措施方面，如減租減息，實行土地改革，提倡國貨運動等項，都是極顯著的例子。由於這一社會性革命範圍的廣泛與深刻，卡斯特羅政府在這方面所遭遇到的阻力和麻煩也特別多。當年卡氏在山上打游擊時，支持他和同情他最力的是資本家和中產階級；而現在革命成功後首先成爲卡氏政權施政「開刀」的對象的，就是這一批人。例如古巴的百萬富翁，糖業大王胡遼・勞報，曾大力支援卡氏革命，現在他的財產充公，連本人也宣佈失踪了。事實上，他們似乎有些咎由自取，可是誰讓他們沒有一點政治上的自知之明呀！在革命政府施行的社會政策中，以提倡國貨運動較爲成功。一般地說，古巴人除喜愛吃古巴飯，吸古巴淡巴菰和喝古巴咖啡外，可以說，一切以「外貨是尙」了。所謂「西瓜革命」，語雖近謔，却也不無道理。西瓜者，綠皮紅瓤也。古巴革命黨人，上自卡斯特羅，一體穿着橄欖色制服，可是骨子裏，不無赤色精神和赤色作風。這一點，最能引起自由世界，尤其她的近鄰美國，對於她的疑慮和注意。雖然卡斯特羅一再否認，可是擺在眼前的事實亦不容否認。究竟卡氏政權是紅？是綠？尙有等待事實的說明，用不到我們局外人多操心！

在古巴天翻地覆的革命中，卡斯特羅領導的革命政府訂出了不少革命性的法令和革命性的標準，美其名曰「革命正義」。凡是不符合於「革命正義」的人物制度，都是「反革命」，必須先「革」其「命」而後已。於是在這種革命氣氛濃厚的環境裏，大家都不得不自勉爲「革命分子」了。而卡斯特羅其人，更有「朕卽革命」的氣慨，「順革命者昌，逆革命者亡」。而且，卡氏年富力強，雄心勃勃，大有把「革命」堅決死硬貫徹到底的決心和信念，所以大家都不敢不革命了，可是，把「革命」進行得過於「過火」時，就未免引起「物極必反」的道理來。儘管卡氏在喊革命之餘，還不斷高呼「人民」與「輿論」等口號以支持他的革命理論，事實上也吓唬不住以「反革命分子」自居和不怕「輿論」的「人民」來。於是，古巴境內在革命成功不及半年功夫，便又恢復到革命以前革命分子打擊巴提達政權時代的一切混亂現象了：投擲炸彈，打黑槍等案件，日必數起。甚至有人竟敢襲擊「革命最高領袖」的公館，也有人敢在教堂內準備向「革命第二領袖」（卡氏之弟，現任全國海陸空總司令）行刺。其猖狂情形，可見一斑！這一批「反革命分子」的成分，相當複雜：一部分是巴提斯達政權時代的黨羽，一方面爲了失去的經濟政治利益，一方面爲了生活問題，不得不鋌而走險。因爲凡在巴提斯達政權時代當過兵，吃過公糧的大小職員，在新政府的機構中都沒有他們的份兒。另一部份是先前曾支援過革命的中產階級、有產階級以及由於土改政策而形成的地主業主們，以啞子吃黃蓮的心情和孤注一擲的行動，來表示對於革命政府的不滿。再一部分就是看不慣那些赤色分子對於國家的威脅的自由反共人士了。面臨這一股強大的「反革命勢力」，卡斯特羅自有其應付的辦法：一方面釐訂鎭壓反革命分子條例，不管是合法的反對黨或非法的反革命分子，一律在反動分子的罪名下處以極刑；另一方面利用美籍革命分子莫爾幹進行反間諜工作，以入虎穴擒虎子的手法打進反革命集團核心，而將大部反革命分子幾乎一網打盡；此外還以同樣方式捕獲了多米尼加共和國接濟反革命分子的飛機和軍火。於是卡斯特羅不僅是「革命最高領袖」，而且又成爲『反』反革命」的頭號英雄了。

卡斯特羅的革命勝利，帶給自由世界和反共人士的一大疑問是：卡氏領導的革命政權是不是一個共產政權？一般反共自由人士對這個問題都感到莫大的困惑。同樣，這個問題對於卡氏本人也召來許多無謂的煩惱。猶如我們在前面所說，他雖然一再否認，可是依然擺脫不了人們對於他的懷疑。事實上，根據一般的觀察，卡氏本人或非共產黨。可是他也不是反共論者，可能爲共產黨所利用而不自知；進一步，他不僅不反共，而且還是一位「反反共論者」。事實經過大致如此。在卡氏領導的「七•二六運動」中的幾位親密戰友，如其令弟拉吾爾，阿根廷出生（現已享有如在古巴出生人民所有一切權利）的蓋瓦拉醫生等，都是出名的左傾分子或共產黨，現在古巴政府中擔任的職位，均屬炙手可熱的一類人物。至於共產黨在革命陣營中的活動，已是公開事實。勝利後，他們立卽以「人民社會黨」的名義四出活動，並且出版「今日」黨報，宣傳馬列主義。卡氏不僅不予以禁止反對，而且還唱出在英法等國共產黨可以成爲合法黨，爲什麼在古巴不能存在的論調爲共產黨辯護。因此，古巴的人民社會黨無條件地支持擁護他，拉丁美洲的共產黨向他喝彩，智利共產黨領袖更提出一切黨員應向卡氏學習的號召。對內方面，共產黨遂大力向工會、軍隊、學校、新聞界滲透，並煽動反美仇美運動；對外方面，則利用各種機會宣傳組織。現在古巴與蘇俄之間雖尚未復交，但兩國之間的關係却日益密切；因爲爲這件事奔走者，雙方大有其人。此外，如八月間共產黨在維也納舉行的所謂「國際青年節」，古巴蕞爾小國，竟派出一百五十名代表參加。美洲國家組織在智利首都聖地牙哥集會時，拉丁美洲的國際共產黨也在聖地牙哥召開一次會議，以對抗美洲國家組織的一切行動。古巴代表中，竟有堂堂海陸空總司令拉吾爾•卡斯特羅和教育部長阿蒙多•赫爾特諸人，其情況眞可謂不同凡響了。不僅此也，連我們「老家」「唐山」的中共分子，在這裏也極受歡迎。他們派到古巴來的是一個五人代表團，現已在首都夏灣拿組織起「新華分社」，並且出版「光華報」，準備在古巴和拉丁美洲大幹一番。五月一日和五月三日「古巴華僑同盟會」和「古巴華僑新民主青年團」等團體，會打着紅拉拉的一片「汚腥旗」在街頭表演。我們的「國民黨」的組織，在古巴已有多少年的歷史，論那一方面都不是新組織的共產「毛」黨問鼎的對手。可是，當羣魔亂舞時，我們的「國民黨」人方面，只有忍氣吞聲敢怒而不敢言的分兒；事後寫幾篇反共文章表示反抗，試問於反共何益？這種作風，防共尚不勝其防，遑論反共！再說，古巴方面也曾派出一個婦女代表團訪問中共大陸，備受歡迎。現在這個代表團已經功德圓滿，達成任務，光榮返國。團長咖沙爾女士，係古巴革命電臺主任，盛讚中共的「人民公社」，認爲中國婦女在人民公社制度中獲得了解放！天啊！這眞是一個古巴革命女性，和卡斯特羅忠實信徒的不慚之言！

由於共產分子的過於猖狂，於是一連串的反共事實出現了。可是，要反共就不得不和卡斯特羅政權發生直接衝突。因爲卡氏政權或爲共黨所利用，或與共黨狼狽爲奸，一般人搞不清這個問題。但在革命政府方面，你反動就是反革命分子，殺無赦！在許多反共組織比較爲人所知者，係「白玫瑰」組織，其領袖畢諾現已被捕。畢氏先前與卡斯特羅同爲革命戰友，勝利後，因爲看不慣卡氏政權中的赤色分子傾覆國家的行動，遂與卡氏分道揚鑣，倡導反共。其次反共事件中最出名的，要算前古巴空軍司令狄亞斯•蘭茲的出走事件。時在六月廿九日，狄亞斯逃往美國後，且在美國國會內政安全小組上揭發共產黨在古巴革命政權中的陰謀，並控告卡斯特羅其人卽共產黨徒。狄亞斯的此一供證，不啻在古巴擲下一顆原子彈，全國譁然，於是一切罪名如：投降分子、賣國賊、反革命分子等都推到頭上來了，最奇怪的是這件事竟牽連到臨時總統吳魯蒂亞身上了。按吳魯蒂亞原係古巴東部聖地牙哥城法官，當卡氏革命失敗時，吳魯蒂亞曾摜掉紗帽，以要求保障人民擁有反對專政獨裁的基本權利。事後，他也潛逃山上去打游擊，勝利後，卡斯特羅認爲此人具有正氣，遂「任命」他做臨時總統。因爲古巴革命後，選舉尚未推行，一切均由「革命最高領袖」指派。吳魯蒂亞總統在一次演講中揭發狄亞斯叛國罪名，要求把他從美國引渡回來；同時，他也毫不遲疑地說明共產黨對於古巴的危害，在古巴造成反美親蘇形勢等偉論。這一下子可闖下了滔天大禍！卡斯特羅不幹了！七月十七日下午卡氏在電視節目上小題大作，給吳魯蒂亞總統戴上一項莫須有的「反共英雄」罪名；同時，控告他養尊處優好財誤國，不肯與部長們一樣減低薪水；勾通美國，不顧革命利益等罪名罪行。吳氏在卡斯特羅的一面之詞的控訴下和羣情激憤中，未能獲得做一次自我辯白的機會而被迫下野了。自然，卡斯特羅這一次表演的「逼宮」事件，並非完全由於吳魯蒂亞的反共問題，同時尚有其他背景。例如，卡氏「欽定」的懲治反革命分子法案，要求總統簽署後立卽依照法律效力執行死刑，可是吳魯蒂亞總統竟未鞠躬如也予以照辦。因爲像訂立死刑這樣的大法，必須完成立法手續，經過國會通過才能依法實施。卡氏不管這一套，要總統立卽簽署實施。由於吳魯蒂亞的一再拖延，激起了卡斯特羅的無名怒火，而演出一幕精彩的「逼宮」和辭職的趣劇。事實上，古巴以及拉丁美洲各國都沒有死刑的規定。就在古巴獨立時期，處以極刑的也不過六個人。現在卡氏執政不及八月，已經處死六七百人。現在又訂立新法，大開殺戒，是何用心！就在巴提斯達獨裁時代，也沒有因爲卡斯特羅革命而處以死刑，只不過宣判十五年監禁的徒刑而已。事實上，他坐監不及二年，便恭逢特赦而「流亡」到國外了。卡斯特羅雖係「反」反共論者，可是有時候也不得不忸怩作態的表示出對於共產黨的討厭來。例如，七月廿七日在卡氏很難得的一次記者招待會上，我們的「毛記」記者在發問時，總加上一句：「親愛的同志」"Querido Companero"弄得卡氏好難爲情。次日「革命日報」的第一版上竟刊出了一篇社論，警告「毛記」記者，勿濫用特權。總之，由於卡氏對於共產黨的縱容袒護，所以共產黨在古巴的活動，可以說無往不利，雖然一般老百姓並不歡迎他們。尤其是共產黨的「今日」日報和「七•二六運動」的機關報「革命日報」，仗着他們的權勢，挑撥離間，誣衊抵賴，無所不用其極。最近，夏灣拿的一家老牌報紙「海濱日報」，在飽嘗侮辱之餘，發表了一篇反擊文章說，他們兩家日報是：「從莫斯科保衛古巴，從古巴保衛莫斯科」，可謂一針見血之論！

七月十七日卡斯特羅的「辭職」，和七月廿六日卡斯特羅在五十萬手揮「鐮刀」的農民的歡呼聲中「復職」的趣劇，充分地說明了他在古巴的權力的大而可怕。任何人膽敢批評違犯他的「聖旨」，小心他的腦袋還能在頸子上維持多久！他一手扶植的總統，因為不肯俯首帖耳地聽從他的意旨，便在一怒之下，被他推下總統寶座。同樣，也可以在一道命令之下，號召五十萬農民星夜趕到首都夏灣拿來集合。自然這些農民參加集合，除公費食宿外，還能得到革命政府的若干「外快」，如衣物，鐮刀等恩物。可是五十萬人在首都一躭擱一個星期，臨時拋開自己的家庭老少不說外，對於生產的影響也不能說不無損失。可是，好在卡氏統治下的人民，有七十萬失業分子，似乎並不憐惜這一點人力和時間。所以，國外的報紙，一口咬定卡斯特羅的政權，是「一人政府」，用我們的中國文字說，就是「獨夫政權」。事實上，的確如此。革命政府成立後僅僅八個月，就造成了八個月的混亂時期。政府雖有不同部門辦公應差，可是重要事項必須經過卡氏一關才能做最後決定；而卡氏本人又無固定地點時間辦公，來去無踪，政府的若干重要案件因為得不到他的批閱，不得不堆聚起來。許多外國記者要訪問他，一等一兩個星期見不到面是家常便飯，於是一些沒有耐心的記者，等不到聆教就半途賦歸了。為什麼卡斯特羅如此忙？答案很簡單：他一切事都要做，一切人都要見，一切話都要講，所以他永遠沒有時間來從公。事實上，他有六、七處公館，但經常都不住在一個固定地點，如果要尋找他，必須問遍六、七個公館才能得到一點他的行踪的跡象。有人說：卡氏身為總理而却猶如一位無所事事的「第一夫人」，不無道理。說他不負責嗎？事實恰恰相反，因為他的責任心過重，所以事必躬親，於是一切政務，才呈現出一片雜亂無章的景象。試看他在六月間對於被開除的五位部長的判語，就可以窺見其為人與執政的態度和作風。卡氏給前外長阿格拉蒙代稱：「你不是一個革命部長！」給內長羅得理格說：「你妨害我的工作！」給福利部長麥代勞稱：「五個月功夫，你什麼都沒有做！」給衛生部長馬地乃說：「你的工作只是檢查廁所！」給農業部長索里馬林說：「你只是公開地批評土地改革！」這樣五位部長，便在算命先生的讖語下掛冠他去！卡氏對於部長級人物尚且如此，對其他人的態度自可想見！

雖然卡斯特羅如此胡搞，可是他在民間的聲望，依然十分隆盛。一般智識淺薄的農民，深深感到在卡斯特羅治下，他們獲得了解放，古巴獲得了自由！平心而論，卡氏在從政方面雖然極端缺乏經驗，對經濟問題也十分幼稚，可是在控制人民方面尚有一套法寶。卡氏的法寶除所謂「輿論」和「人民」以外，就是所謂「新民主」和「電視電臺」了。所謂「新民主」者，即羣衆運動是也。卡氏每次演講，必須召集十萬八萬聽衆。古巴小國寡民，如果一次集合能糾合幾十萬人，的確算得場面偉大和轟動一時。今年七月廿六日，紀念「七·二六運動」六周年時，革命政府從內地召集五十萬農民來京，加上首都夏灣拿的居民，在慶祝節目中人數已超過百萬大關，確是古巴歷史上所僅見的場面。卡氏指着這廣大的羣衆說：「這就是我們的最純潔最乾淨的民主！」「我們的革命所產生的民主，是世界上第一分的民主，可以和當時在廣場討論和決定他們命運的希臘民主相媲美。只有一個分別：希臘的領袖們只討論奴隸問題，而在古巴却是人民直接討論他們自己的問題，他們可以言所欲言。」要談選擧嗎？「這就是選擧！」卡氏的直接聽衆，雖是在場的古巴人民，但弦外之音，仍是說給近鄰美國人聽的，因為他們的革命政府是「民有民治和民享」的政府！最後卡氏帶着威脅的口吻說：「你看！這些人手持的鐮刀又快！又利！它們就是來保衛我們的『民主』的！」其次，所謂「電視電臺」者，也是卡斯特羅統御人民的「利器」。古巴是拉丁美洲電視電臺最發達的國家。論電視機數量說，夏灣拿一市的電視機比美國許多大城的還多，現在古巴共有電視臺六座，其中二座可向全國播送。據統計稱：全國一百零四萬二千家庭擁有收音機；三十六萬四千五百六十個家庭置有電視機，其中十九萬五千三百四十二個家庭住在夏灣拿，其繁華情形可見一斑。卡斯特羅在山上打游擊時，已經體驗到電臺宣傳的收效宏大。現在下山為「王」，更經驗到電視宣傳的重要，比電臺講話尤為活現，不僅使人民聆其聲，而且還能使人民觀其色。所以，卡氏便抓住這兩件武器不放。卡氏每星期必在電視臺演講一次，每次演講不下三、四點鐘，有時候還能一口氣講到五個鐘頭；而且他喜歡在黑夜演講，一講便講到午夜兩三點鐘，也是家常便飯。也許這樣做會使人民想到他們當年打游擊，深更半夜不休息的辛勞。由於卡氏口才便便，一個觀念接連一個觀念，頗能引人入勝，陪他演講到最後一句話。據卡氏自己稱：「如果我十天不給人民講話，他們就要感到迷惑！」由於卡氏講話過多，於是在夏灣拿流行着一個畫在連環圖片上的笑話說：一天，街上大賣「號外」，人們競先搶買。原來號「外上」的消息是，「卡斯特羅演講了半個鐘頭！」根據統計稱，全國百分之九十五的人口，可以從電視和收音機中聽到卡斯特羅的言論，卡氏既然擁有如此有利的武器，誰還敢和他作對自討苦吃。例如，吳魯蒂亞總統辭職案就是一個最好說明，當卡氏在電視臺上向全國人民控訴吳氏罪行時，大家都聽信他的一面之詞，指鹿為馬，夸夸其談，便是這位「電視總理」的傑作！

卡斯特羅雖然懂得宣傳中的「三昧」，而且能夠「現身說法」，可是對於一般新聞紙却不感興趣。他認為現在的報紙、雜誌和記者太多了。對於國外記者尤其是美國記者們，從勝利的第一天，他就認定他們是「說謊集團」，保護他們的「既得利益」，革命政府亦無新聞局和新聞官一類的設施，越在情勢需要時，越沒有新聞的公佈和供給。一般記者踏破鐵鞋找不到新聞來源；而一般政府官員在記者追問之下，只有以「等一等，待卡斯特羅在電視上向人民講話時，你們就可以知道有什麼新聞發生！」的話來搪塞記者們。過去，古巴一般報社都有政府的津貼，現在革命政府一概取消，這未嘗不是一種好現象。可是，在一般受冷待的報紙中，也有例外者，那就是「七·二六運動」機關報和政府代言人的「革命日報」和「七·二六運動」人主持的「國家日報」，以及「今天」日報，他們可以得到政府的優待，自由向政府採訪，並獲得政府新聞的供應。這可以說是卡氏政權中的一點「偏差」！

在革命政府的新聞政策中，有一點值得報導的，是「社會新聞」一節。在過去，社會新聞版是報社的生意經所在，同時，也是古巴社會的熱門新聞。一般人如在社會版出頭露面一次，便會如登龍門，身價十倍，所以一般人對於社會版趨之若鶩。於是什麼生辰婚嫁慶節良辰，都有大批的照片刊載於報紙之上，這種風氣之盛，連獨裁者都得向它低頭。據說，巴提斯達於一九三三年贏得「古巴强人」之譽後，欲躋身於古巴高級社會而不得。因爲他和太太都是寒門出身，終於找到了一位社會版的專欄記者，搖其生花之筆寫了一段「富痕蕭、巴提斯達上校與其高貴婦人」的社會新聞後，他們才能在夏灣拿的高等社會中拋頭露面，自然這位專欄記者也大大撈了一筆「外快」，不在話下。好了，現在革命政府新作風，不僅一洗過去陋習，而且矯枉過正，使一般社會版記者大叫吃不消！在財長路佛·羅伯斯的加徵加稅政策下，也向報社的社會新聞版開刀。羅伯斯的辦法如此，凡在社會新聞版上出現的名字，每名應繳稅捐一元；有貴族名銜者一百元；單人照片佔用一方寸者，五元；一人以上的照片佔用一方寸者十元；此外，一個形容詞加稅一元。例如形容一位名媛貴婦，說她「年青」一元，「漂亮」一元，「華貴」一元，「雍容」又是一元。如此做法，固然是古巴財政上的一筆新收入，可是同時也發生了一個副作用：淨化報紙，甚至逼着報紙取消社會新聞版。這種反新聞自由一類的新奇古怪作風，現在不斷出現於卡斯特羅政權下。

除在新聞方面的畸形發展外，對教育方面，革命政府也有他的一套新作風。從勝利伊始，革命政府的教育部即發表公開聲明，凡是從一九五七——五九二年中各私立大學中學贈發的一切學位文憑一律無效。換句話說，必須在革命政府設立的國立學校中「洗」一次「腦」。才能重新做人！在教科書方面，也在重新改寫歷史，改變一般人們的舊意識舊觀念。教育部最近正在擬定一個「教育城」的制度，準備將來大量開辦。在「教育城」中，兒童們除整日讀書外，還得學習手工業一類謀生技術。據說，鄉間兒童注重農業知能的灌輸，鄉間女兒則必須學習家政，截止現在，革命政府已經執行的一項教育工作，是「兒童團」的成立。從革命勝利後，軍政各界即開始訓練兒童站崗放哨，維持交通治安。這種組織，現在已大量發展，各機關除軍警外，其他如消防隊，紅十字會等單位下，亦有兒童團的設立，一方面灌輸職業知識技術，一方面施以軍事訓練，以便做爲「七·二六運動」的繼承人，保衛革命果實。在巴提斯達統治下，凡是向政府通風走信的人，都被稱爲「乞伐盜」(Chivado)，那麼現在這種兒童團的副作用，也在儘量發揮這一點。這和中共治下的「兒童團」「少年隊」大概如出一輒，但不知誰在模仿誰哩！

總之，在現階段的古巴政局，正處在一個非常艱巨的革命過程中，對外必須諒解，對內必須溫和，才能找到一條合理的出路。卡斯特羅只是「大兵」出身，對政治認識不清，而且缺乏從政經驗，只是一個與現實相離很遠的理想分子和盲目的樂觀主義者。事實上，我們並不懷疑他治國平天下的理想和坦白熱誠，也許他這種坦白熱誠可以解救他所領導的革命的危機。自從八月中旬革命政府破獲大規模反革命運動後，表面看來，古巴政情已經安定了下去，可是「地下」的革命火炬尚未撲滅。一般所謂「反革命分子」，懾於革命政府的恐怖高壓手段，只是明哲保身，蟄伏一時而已。如果政府不實行眞正的民主政治，則革命與反革命以及反反革命事件，依然會層出不窮。在這種政治低氣壓下，民間流傳着這麼一個幽默故事說：以前我們向朋友祝福時，高學酒杯說：「來爲明天乾一杯！」現在，乾杯時換一句話說：「堂堂正正的受窮！」，那位受敬的朋友立即回敬一杯：「在希望中受餓挨餓！」

手

童真

小小的客廳裏坐下了五個女人，就像荷花池中棲息了幾隻青蛙，一陣幽香，夾雜着一陣聒噪。

女主人是以溫良美慧著稱的史太太，祇有她仍輕笑低語，一如往昔。在高聲談笑的四個女人當中，她猶如一枝高雅的白蓮，但她也不失一般做主人的慇懃與週到，不時站起，遞茶敬煙，用她細脆的語音說：「趙小姐，家裏沒有咖啡，你權喝一杯濃甜的紅茶吧！」『孫太太，你是會抽煙的，再來一支怎樣？」回頭又望着小周太太：「你呀，伯芬，你不要忘了，你也是主人之一，代我招待招待蔡老師啊！」

「但你也不要忘了，剛才在我家裏，我是主人，現在我可也是客人之一，需要你的招待呀！」

這幾句話把大家都逗笑了，史太太仍舊笑得最文靜。小周太太伯芬是個結婚不久的小婦人，雖是太太，却比趙小姐還年輕，在熟人面前，眞像一個愛吵愛鬧的大孩子。她跟史太太是斜對面的鄰居，平日欽佩史太太的爲人，直把她當作自己的大姊。在客來前日，她跟她商量菜單，萬想不到她的客人，竟也是史太太幾年不見的老朋友。

說過笑過以後，客廳裏有好一會風平水靜，荷花池沉甸甸地，彷彿一下子睡去了——睡在夏日的鬱悶之下。這正是黃昏時分，壁鐘出人不意地鳴了六下，像接二連三的小圓石子丟進池水裏，立即又把池塘驚醒了。

孫太太第一個跳起來。她年紀最大，身子最肥，嗓門也最響：「史太太，今天來這兒看伯芬，又碰到你，眞是盡興之至。你別再客氣，我直爽人說直話。你還是先讓我們吃飯，吃了飯，我們可以趕車子回家。」

「哪有客人催吃飯的？」伯芬反對。「孫太太一點也沒有做客人的樣子！」

「不吃了飯，你們放我們走不？」孫太太也有理由。「伯芬越來越沒規矩。呃，蔡老師，這怪你從前沒好好地教導她，應該趁今天這機會，再重新開導開導她！」

蔡老師在座位上挪動了一下身子。她有點瘦削，有點蒼白，模樣兒倒是很像一位執教多年的小學女老師。她丈夫是孫太太丈夫的同事，其實，她們稱她一聲×太太，倒是更合情理的。她大概是在講壇上講話慣了，在開口之先，總不知不覺要向每個人逡巡一下。此刻，她很快地把目光劃了一道弧線，說：「如果伯芬再做我的學生，我準叫她永遠留級，使她硬不起這張嘴！」大家又想笑了，她急忙把手一揮，像壓制小學生吵鬧似的把聲音提高了一個音階：「哎啊，請大家別笑，我們現在談正經事。孫太太提議先吃飯，我贊成。這會兒吃飯，吃完飯去趕車，到家怕也要九點多了。史太太，你說對不？」

史太太頷頭微笑，「既然你們這樣說，我也不便叫你們爲難。菜是上午就燒好的。粗菜便飯，祇想藉此來敍敍，可惜子明今天不在家。」她輕盈地站起，掠過半間客廳，在門口，一只老虎貓豎着尾巴走過來，纏住她的腿，她輕輕地把牠支開，走進廚房去，但那貓兒仍緊跟在她的身後。不一會，她就出來請大家到飯間入席。伯芬想，她這麼快就準備舒齊了，眞有一手。什麼都有一手，就是這雙手！

大家走到飯間裏，推推讓讓地就了座，小圓桌邊圍上五個人，不擠也不寬，恰像一株長了五片彩色瓣兒的花朵。酒，是滲了汽水的清酒，但大家碰杯時，依然祇是沾一沾唇。動了幾下筷子，趙小姐第一個停下來。她忘不了自己是個小姐，在吃方面，總留心自己顯得特別斯文。她挑起薄紗手帕的一角，輕按了一下嘴唇，低下頭，瞧見那只老虎貓正在桌下鑽來鑽去，有一聲沒一聲的「咪—嗚」，她說：「史太太，你這隻貓兒好漂亮啊！」她不喜歡貓，她也不覺得牠有什麼好看，她不知道自己爲什麼要說這句話。

史太太橢圓形的臉上立時濺滿了笑意——一種靜靜的細緻的笑。「趙小姐，你誇獎了。不過凱利倒的確是隻好貓，我很愛牠——我就是喜歡這種小動物！」她溫柔的口吻就像一個母親談起了她的孩子。她伸出右脚，去觸觸剛鑽到她脚邊來的凱利。「其實，你們知道她不但機警、好看，而且，從不貪嘴！」

三個客人都悄悄怔了一怔，哪隻貓兒不愛腥？不貪嘴的貓兒確是少見，于是大家又去打量這頭貓，彷彿一經品題，身價就一下子高了十倍。乾淨發亮的毛色，頎長的身子，炯炯有光的眼睛，看來也並不顯得怎麼特別。

「爲什麼牠不嘴饞呢？」史太太娓娓地解釋：「說穿了很簡單，我每天給牠吃幾元錢的魚類，我寧可自己省點兒。這樣，牠『衣暖食飽』，哪裏還會去幹壞事？」

大家這才恍然，不是這貓兒好，而是女主人仁慈。伯芬連忙滿腔熱忱地說：「不是我喜歡說誇張的話，史太太哪，這世界上有誰像她這麼好心腸的！不但對貓兒這樣有感情，就是對一隻小鷄，一隻鴨也是這樣。你們沒有瞧見過她不愼踩死一隻小鷄時是難過得怎麼樣呵！我時常對小周說：『史太太啊，她的心是糖做的！』」

「我天生就是這副軟心腸，小時候，連捻死一個螞蟻都不忍哩。」

蔡老師也說：「不瞞你們說，現在我們做老師的教學生，除功課外，最重要的，是教他們具有一顆仁愛的心。這世界祇有仁愛才能救牠。」

「對，對，這話一點也不錯。」孫太太連忙接應。她想起了她家中那五個小鬼，整天斷鬧，不是你打他，就是他打你，兄弟五個活像前世寃家，今生仇敵。如果他們能有一顆仁愛的心（天知道，她做娘的也不是什麼壞心眼的人），也不會使她少嘔多少悶氣！「這世界呀，如果大家都有像史太太那樣的一副心腸，那就天下太平了。」

「哪裏，哪裏！」史太太粉白的臉上有些紅暈，一種羞澀的驕傲，一邊舉起筷子：「你們怎麼不吃菜呀？」

大家又都舉起筷子來，一面繼續談話。本來，邊吃飯邊談話，猶如載歌載舞一樣，是種連帶的動作。有人問起那貓是公的？還是母的？當然是公的，因爲史太太不願養一大羣貓。那麼，貓一胎可以生幾隻？這，大概少則一兩隻，多則四五頭，普通三四隻。哎啊，如果人也像那樣多產，那可了得？不知誰說了這麼一句笑話，但這個笑話却在桌子上轉了一個圈子，變成了一個嚴重的問題：即使人不像貓那樣，在亞熱帶的臺灣，生育率眞是够高的啊，啊，高得簡直有些怕人了。

孫太太不覺大大地喝了一口酒，把一塊白斬鷄塞進嘴裏。一提到生孩子，她眞是心有餘悸，一次次大肚子，一堆堆髒尿片，隆冬的夜裏敞開內衣奶孩子。十多年的婚姻生活，回憶起來，沒有過過幾天舒服的日子。「唉，孩子萬萬不能多生，多少家庭就是給孩子拖苦了的！難怪蔣夢麟先生不怕殺頭，要大聲疾呼提倡節育了。」看到史太太在對面同意地點點頭，她又把話題一轉，說，「我是養得太多了，祇是你，史太太，結婚五六年，沒生一個孩子，這也不行呀！」

史太太微笑不答，却彎下身去，把凱利抱到膝頭，輕輕地撫摸牠的背，牠的頭，把一隻蝦送進牠的嘴裏，然後略微一推，凱利又回到地上。伯芬說：「你們看，史太太對凱利多好！她是因爲有了凱利，就不想要孩子了。凱利就是她的孩子！」

「伯芬就是這張嘴會說話。小周愛上她大概就是愛她這張利嘴！」史太太說。

「那末，史先生愛上你，大概就是愛你這雙手了。」

手！大家的目光都同時落在史太太的手上。她的手的確特別惹人愛憐，嬌小玲瓏，柔荑如玉。人雖不胖，但手背上却有孩子小胖手上那樣的一個個可愛的小渦，指甲是天然的淡紅色，左手無名指上套着一只紅寶石指環，紅白相映，更顯得手的白皙纖軟，寶石的鮮艷晶瑩。

這是一雙純粹女性的手，使人看到牠就會想到用牠去慰平丈夫的憂悒，拍着啼哭的嬰兒入睡，給窮人以施捨，賜家畜以溫暖，猶似一頭白髮象徵着老年人的慈祥。這手，就是善良的標記。

孫太太說：「手好命好，你們看，史太太多麼稱心，史先生樣樣依順她，兩小口恩愛得就像新婚夫婦一樣。」

坐在史太太旁邊的蔡老師，一聽到「恩愛」兩字，不由得顫抖一下。她拉起史太太的右手，跟自己的左手並在一起，忽然，她吃了一驚，彷彿一個人第一次在鏡中看到自己的眞面目而不敢相信一樣，她的手蒼黃細瘦，手指一根根直挺着，像用舊了的竹竿子，硬雖然硬，但硬得憔悴，硬得暗淡。她的眼神也霎那間黯然了。想起這些年來，家庭生活的不睦，丈夫經常在外，別有所戀，自己雖想在職業上找尋安慰，但得到的依然不能塡補失去的什一。想起自己在燈下握筆改卷，夜深手酸，祇希望丈夫能走過來，握住她的手說：「你累了，休息吧！」想起婚後的不愉快與失去了的愛情，難道這一切就是因爲這一雙手？她不由得悲從中來，幽幽地嘆息道：「唉，我就是這雙手不好，既瘦又黑，捏粉筆還嫌牠硬。苦命的手！」說完以後，狠命的磨擦兩手，宛如這樣，她的手就能脫胎換骨，變得跟史太太的一樣。

跟蔡老師的心境相似，但不作明朗表示的，是趙小姐。趙小姐不相信「手好命好」這類話，但她却認爲一雙嫵美的手，正像一筆挺秀的字，第一眼就給人以一個美好的印象。她自己是個身材高挑的人，配了一雙男人的手，寬寬大大的像把小蒲扇，從小，自己的父母就說她這雙手不好看，因此，長大了，在追求她的男友面前，她總不由已地，把這雙手像用髒了的大手帕似的，往衣袋裏塞，朝身背後藏。她也不能安安靜靜地跟他並肩坐着，閒扯半日，因爲惟恐他會仔細端詳她的手。兩三年前，她一度跟一個姓謝的青年工程師感情很好，有一天，他邀她上街，一出門，他就挽住她的手臂，她却輕輕地把手抽了出來。他們看了一場電影，這中間，幾次對方想說話，想握住她的手，但由于多年的習慣，她每次都機靈地把手移開了，而他那句一再想說的話也始終沒有說出來。散場後，他們在一條馬路的拐角處分別，他向她伸出了手，但她始終沒有想到把自己插在大衣袋裏的大手抽出來遞給他。這就是他倆最後一次的見面。後來，她才知道他那天原是想向她求婚的，而她自己也早就打算好，祇要他開口求婚，她就答應他。她錯過了機會，失去了愛人，並且還喪失了追求愛情的勇氣。這一切，說起來，就是爲了這一雙見不得人的手！她一邊把手縮下來，放在膝頭上，一邊說：「史太太，你這雙手哪，就是所謂纖纖玉手，握在手裏，就像一團溫熱的棉花。我想，在你結婚之前，凡是握過你手的人，一定都爲你着過迷。」

「趙小姐，你羞不羞，你還沒結婚，倒說這種話來取笑我！」史太太舉起筷子要打趙小姐，但即使在這種動作中，她的手仍然顯得非常可愛，好像孩子手中握着的玩具手槍，別人祇有欣賞，不會害怕。趙小姐笑着說：

「我羞什麼，我從來沒讓誰握過手，我這一輩子不會結婚！」史太太的筷子祇得半途撤回。

伯芬在一旁聽着，拍手叫好。她說：「趙小姐的話一點不錯，史太太這雙手的確使人着迷，不但是男人，而且還有我。我眞想寫一首詩，歌頌她的手題名爲「愛之手」。」伯芬的話雖以玩笑口吻說出，其實，她內心所感受到的，也確是這樣。她緊緊記得半年之前，她跟小周剛遷來這兒，眞所謂「人地兩疏」，她第一個去拜訪的鄰居就是史太太。年青的她，一直認爲去看一個新朋友，就如去打一次沒有把握的仗，對方的情勢，實力，你都不甚了了，因此，你總得把自己戒備得非常謹嚴。她就是帶着這麼的一身緊張走到史家去的。女主人露着靜靜的微笑，把她迎進客廳裏，用甜脆的聲音說：「隨便坐哪，一回生，二回熟，我們現在是新鄰居，過幾天就是老街坊了！」說完之後，抬起一隻手，輕輕地往她的肩上一按。這一按，給她的不僅是親切，還有一份安全感，彷彿一個惶急焦慮的病人，在聽到了醫師說他病情輕微時所感到的那樣，一身的緊張頓時如繩索般地鬆散下來。童年時就失去了母親的她，直想捉住這隻手，依偎牠，親吻牠。以後，一看到這雙纖柔的手，她就想起了母親，心裏充滿了愛戀，感激與崇敬。她們平日在一起閒扯時，她常不由自主地注意着這雙手，看牠們輕捷地編織毛線，和藹地撫弄貓兒，嫻雅地搬椅端茶；這手的勤作竟沒有一樣不是優美的！有時，她看得出了神，跳起來，拉住她的手說：「史太太，你這雙手哪，不折不扣是上帝的傑作。上帝這樣厚愛你，一定是你的心裏太好了。就以你對待凱利來說吧：」伯芬想到這裏，小腿旁毛茸茸的，熱烘烘的，知道凱利又鑽到她的脚邊來了。便用脚輕輕去碰牠。凱利認識熟人，就賦住了她不走。伯芬想，這貓兒也這麼親切，溫存。牠眞是一隻幸運的貓，碰到這麼一位好主人。于是，她昂起頭，看着大家，又鄭重地說：「不瞞你們說，在學校唸書時，我曾寫過新詩，我想不管見得見不得人，有一天我一定要把這詩寫出來給大家看。」說完後，伯芬瞧瞧脚邊，凱利已經走了。

孫太太有好一會沒說話，此刻聽見伯芬說這話，便學起杯來對大家說：「好，我也贊成伯芬把詩寫出來，而且預祝那是伯芬的成名之作！大家乾杯！」大家還是照例把杯子在唇邊碰了一碰。孫太太心裏暗自在想：如果史太太的手，是最美麗的手，那末，她自己的就是最醜陋的手。她的手是粗糙而胼繭，那是由五個孩子的衣服，由瑣碎的家務，由劈柴、除草、餵鷄、養羊等的工作促成的。

喝過了酒，有人提議吃飯。三個客人急着要趕回家去，伯芬呢，因爲幾天前小周出差臺北，說定今天晚上要回來，她得預先梳洗一番，去車站接他。似乎祇有史太太最安閒，正希望有人跟她聊聊。她說：「急什麼哪，多吃點菜！」可是大家還是要吃飯，她祇得站起身，到廚房裏拿來了飯鍋子，盛了飯，說：「慢吃，等我把幾樣下飯的菜拿出來。」她先端來一碗清燉蹄膀。伯芬看她不停的忙，便站起來走去幫忙，史太太在半途攔住她，說：「伯芬，你坐着，我自己會端，祇兩樣菜了。」說了，隨即又俏皮地添了一句：「你不是說，在我家你是客人嗎？」

「我現在不想做客人，要想做主人了。」

「那也好，你就代我把那蹄膀分開來敬客吧。」

「好，我認輸，」伯芬扮了一下鬼臉，只得在原位坐下。她剛擧起筷子，廚房裏就傳來了一陣瓷碗落地的哐哐聲。史太太「啊呀」一聲，雖然不重，但却充分表示出她的驚悸。伯芬再度起身進入廚房，看到在菜櫥前面的地板上，躺着一堆碎瓷片，在門外，凱利正低頭津津有味地吃着一條紅燒大鯉魚。史太太一手扶住菜櫥，一手懸空擧起，發覺伯芬走近身邊，便把手徐徐地放下，轉過身來，兩唇間展開一個淡淡的笑：「你瞧，我多麼不小心，失手把菜碗打翻了，那條魚摔得又爛又髒，再不能請客，就乾脆給凱利吃算了。」說完，她仔細地檢起碎片，又用香皂洗過了手，使這手淨白清香得如同白百合花，于是，從鍋裏傾出了滾燙的榨菜肉絲湯，端了牠，跟伯芬一同離開廚房。臨走時，又回過頭來瞥了一眼凱利；那時，凱利已快把那條魚吃完了。

這頓飯直到八點左右才吃完，賓主都盡歡而散。飯後，客人便告辭了，不久伯芬也就離開了史家。十時左右，伯芬從車站接了丈夫回來。當他們經過那條斜穿過一片小叢林的黝暗的泥徑時，在沉寂中，忽然聽見遭有窸窣的聲響，隨即，又有一陣粗糲而冷硬的語音從高大的林木間傳出來：

「好，你偷魚！偷得好！我給你吃剩菜冷飯還眞捨不得呢！」

一種自發的本能促使伯芬提起電筒，向那聲音所自來的方向射去。黑鬱鬱的林木中，圓圓的光圈所侵及的地方，顯明得猶如一幅圖畫。剎那間，伯芬彷彿見了鬼怪似的，渾身抖嗦了一下，光圈也就同時消失了，但那幅顯明的圖畫却依然浮雕在她的腦中：

在距離泥徑一丈多遠的一株榕樹的低垂的柯枝上，一雙手，正在懸掛一根繩子繩子上套着一隻貓，那手白皙纖巧，有一根手指上還戴着一只紅寶石指環，紅艷得像濺落在手上的一大滴鮮血。

江湖行（十續）

六十九

我之所以這樣快可以出獄，那完全是葛衣情的力量，韓濤壽一接到巡捕房的通知，就去報告葛衣情請她設法。據韓濤壽說，那些中國通的日本軍人整天同潘宗嶽在一起吃喝嫖賭，所以他很快就辦通了，但是也花了一筆錢，打點那些上下的人員。

自從葛衣情結婚以後，我很少同她往還。我以為藝中的事情是我們最後的交往了，想不到我還是要她來救我的一命。無論如何，沒有她，我這次是死定了的；即使不是死罪，就憑我那條斷腿，我一定無法在那裏支持下去的。這是一個我愛過恨過討厭過的女性，而我現在不得不對她感恩。我深深的感到一種說不出的不安。我希望馬上可以有機會讓我可以對她報謝。或者使她在絕境之中讓我可以救她。

千種的悔恨、萬種的哀怨，奇奇怪怪的念頭伴着我的病榻，日子就是在這樣空虛中過去了。

現在除了韓濤壽宋逸塵小江湖黃文娟外，又多了葛衣情常常來看我了。

葛衣情比以前豐滿了些，但是竟越來越鮮艷，她好像更善于化裝與打扮，而也有眞正富家少婦的儀態；金錢也許是女性眞正的養料，而衣情的江湖氣質似乎更能吸收這些養料。她的豪放豁達，洒脫，明朗的一顰一笑，對我竟成了一種威脅，我對她有一種說不出的妬忌與不安。

韓濤壽並不要我提到我的醫藥費等的開銷，我也怕提，因為我知道這一切的用度都是衣情在維持。我于手術後一星期就一再要求從頭等病房搬到三等病房去，但是被他們勸止。兩星期後，我又要搬到便宜的病房去；衣情說她有一個朋友開了一個療養院，很空，她介紹可以便宜些。誰知我搬去了竟占了兩個房間，還說不要付房金。

這療養院除了有護士醫藥等設備以外，幾乎同旅館沒有什麼分別。慢慢竟像一個俱樂部一樣，衣情宋逸塵都帶了其他的朋友來玩。

我住了十九天，堅持着要搬回家去。

我同紫裳通信中，曾告訴她我的腿傷需要再動手術，但是我沒有告訴她我的被捕與被釋的經過。我說我既然無法馬上來香港，那麽或者她還是先去內地，等我的腿好了直接到內地去會她。現在她來信決定同影劇界的朋友先去內地了，希望我腿好時早點進去。

我接到她的信後，心中說不出的惆悵，那時候，韓濤壽的煙癖已經戒絕，我勸他先去香港，同紫裳一同去內地。這一方面我希望他代我照顧照顧紫裳；另一方面，我知道到了內地，韓濤壽也可以通過紫裳多接觸影劇界的朋友。其次，上海的環境越來越壞，大部份的人都是醉生夢死，衹求目前的快樂，我怕韓濤壽很容易再吸上烟毒的。韓濤壽先不願離我先走，經我再三鼓勵，他才答應。我叫他不要先告訴衣情。其他的朋友，除了宋逸塵外當然都沒有通知。

在韓濤壽決定行期後，他告訴我我們的經濟情形，我才知道他向衣情支用了多少錢。我不知道怎樣才能還淸這筆債。可是韓濤壽說：

「你為什麽要這樣認眞？這是亂世，誰也不知道明天，你欠衣情的也不衹這些，她還救了你的命呢。」

我當時沒有話說，但是我覺得我以後必須量入為出才對。韓濤壽走後，我們家自然要由黃文娟來管，那時我的「靜夜的炮聲」已經脫稿，我賣給了一個美商的報館，當時許多報紙都是借美商的名義，公開的在刊登反日的文章，所以我可以給他們先發表後，再出書。我自然用了一個筆名，以免得再生麻煩。

我因為腿傷，從不出門，所以開銷不大，舊的版稅新的稿費已經勉强够用，小江湖黃文娟也是克勤克儉的人，所以我們生活過得很簡單平靜，而與我來往的衹有宋逸塵與葛衣情。

宋逸塵很鼓勵我讀書與寫作；衣情則常常帶給我報上看不到的消息。這兩個朋友是完全不同的人，同我也是完全不同的關係。

逸塵來看我很有規律，大概一星期兩次，衣情則沒有一定，有時三天兩頭來，有時兩星期不來。逸塵很寧靜，除了教點書以外，在譯傑克倫敦的全集。他來時不是帶點書給我讀，就是同我討論些讀書與人生一類的問題。在讀書方面，他是我的導師，在寫作方面，他是我的益友。所以在這一段生活中，我們的友情眞顯得非常可貴。

葛衣情和我的關係當然完全不同了。我于衣情結婚後，一直沒有同她來往，她也沒有找過我。我不知道為什麽這次又忽然常來看我。事情當然是起于我的入獄，但在富貴中生活的她，即使對我有點舊情，把我營救出來也就够了，為什麽于我進醫院後，就一直來看我，好像是恢復了以前的生活了呢？

在實生活之中，人的往還原是很自然的事情，不需要去探究分析。我也沒有想到衣情有什麽特別的心緒。

大概我們這樣往還了三個多月以後，那時我的腿傷已經好了許多。在可以支着手杖在房內走動的時候，有一天，記得是陰曆七月底的一個晚上，我正在浴後靜讀，衣情忽然來了。她提一隻手提箱，說是剛從車站來。她于前天同潘宗嶽一同去南京的，現在她先回來了。

「爲什麼？」我說。

「啊，他們有事忙，我沒有事。」她說：「還是你這裏清靜。」

「喝點什麼？」

「車上髒得要命，我先去洗一個澡。」她說着提着手提箱進了浴室。

半個鐘頭後，她從浴室裏出來，換了一件滿是紅藍大花大葉綢質的和服，拖着紅花的繡花拖鞋，束着頭髮，一身是香氣的走到我身邊，她笑着說：

「你願意我陪你一晚麼？」

「這是什麼話，衣情？」

「因爲我已經結婚了麼？」她說：「你也太……」

衣情沒有說完，拉了一張籐椅坐在我的旁邊。我看了她一眼，不知怎麼，我忽然發覺她眼睛裏面有非常純眞的光芒。我拉了她的手，拍拍她的手背說：

「你已經結婚，應當好好的過你的家庭生活，是不？」

「你知道我愛的是你，一直是你。」

「但是你嫁了有錢的人了。」

「這因爲我不願意妨礙你的愛情生活。」

「你知道我愛紫裳，在她走以前我們過得很好。」

「但是現在她走了。」她說：「這是亂世，你沒有同她一齊走，那就什麼都難說了，也許你們永遠不會再相逢了。」

我不喜歡聽她這一句話，但是我沒有表示什麼，她又說：

「我原想結了婚，可以不想你。」

「你難道一直在想念我麼？」

「即使想你，我也不想再找你，再接近你了。」

「那麼……？」

「但是潘宗嶽並不希望我這樣，他在外面玩女人。」她忽然笑着站起來吸上一支烟，說：「還有小公館，我爲什麼要對他忠實？」

「但是……」

「在這個大戰亂的時期，我們已經管不了這許多，大家有一天可找快樂，就享受一天吧，也許明天我們什麼都沒有了。我不妨礙你愛紫裳，我不妨礙你去找紫裳。可是你現在沒有別人。你曾經愛過我，我也曾經屬于你，我們爲什麼不能享受這難得的現在呢？」

衣情的生命有過不少的變化，現在這些話正是她的重大的轉變。我不知道她什麼時候開始有了這些想法，她像是一個看穿了一切過去與未來，祇求塡補現在的空虛。我情不自禁的把她擁在我懷中，她閉了眼睛，如珠的淚滴自她美麗的眼角湧了出來，我感到這淚珠是純潔的。

如果物質生活並沒有滿足衣情的慾望，衣情也許永遠不會發生靈魂的空虛吧？

那天晚上，衣情在我的身邊，我覺得她同以前很不相同。我心中對紫裳雖有一種內疚，但是我知道紫裳可以原諒我，正如在相做的情形下，我可以原諒紫裳一樣。在亂世中，我們無從抵抗不可捉摸的流動的環境與不可捉摸的變幻的情感。

但是衣情的內心生活竟還有我所不曾了解的，那是她對潘宗嶽的輕視。

衣情並沒有審辯是非的能力，對于不義之財有什麼諱避；也沒有什麼特別的愛國的情操，對于資敵一類的商業行爲有什麼厭憎。衣情輕視潘宗嶽，是因爲在九個月前發生過一件這樣的事情：

在一次招待來中國視察的一位日本中將的宴會中，那一位日本中將于酒後竟對衣情調戲起來。潘宗嶽不但不想阻止，爲要求一種賣買的特權，反而慫恿衣情逢迎那位日本中將。

衣情無法擺脫這位日本軍人，她滿足了他。但衣情也沒有把這買賣的特權給潘宗嶽，她自己要來，自己發財；她從此就索與以玩世態度對待日本軍人。潘宗嶽不但不以爲恥，他還以自己太太在日本軍人中吃得開爲光榮。

衣情以後就對潘宗嶽再沒有什麼情感，她覺得潘宗嶽對她是彼此事業上或者說是爲奸作非的結合，他要娶她爲太太，就因爲她有魄力；作爲女人，他對衣情和對別人完全一樣，在他看來都是無所謂的事情。

「但是我並不想離開他，」衣情說：「因爲離開他我也沒有什麼地方可去。」

七十

就在衣情宿在我處的第三天早晨，我接到了紫裳從桂林來信，這是她到內地後的第一封信，她告訴我她們到內地後，一路受部隊與老百姓的歡迎，她們跑了不少地方，看了不少的世界，親切的體味到中國的偉大與抗戰的神聖。她的信很長，字句也都能表達她的心境，她好像並沒有感到物質生活的貧乏，祇覺得她的精神生活的豐富。那些新鮮的廣大的土地，那些新鮮的可愛的人情，在她是第一次的經驗，她已經完全爲這些所吸引。她說她常常一天走二三十里路，身體反比以前健康。她希望我的腿可以早點復原，離開上海。

紫裳的信給我很大的安慰與鼓勵，我希望我馬上可以去內地；但因爲我的腿傷難于恢復，我又感到說不出的惆悵。

在紫裳的信中，還附有韓濤壽給我一封信，信很簡短，但是他告訴我，他已經接到大冬大夏的信，也許很快可以見面，見面當會有詳細的信給我。

我把這些信都給衣情看，我告訴她，像紫裳一樣習慣于都市的明星都可以習慣內地的生活，如果她眞的厭倦于她現在的環境，她可以走的路仍是很多的。可是衣情笑了：

「紫裳是明星，她有她的羣衆，她去內地是有意義的，我在這裏也許比我去內地還有意義。」

「這是說……」

「這是說，比方我把你從獄中保出來一類的事情，我還是會做的。」衣情忽然笑了，她說：「我的財產同我的心血都在這裏，我是沒有理由要放棄的。我在我財產中正如魚在水裏，沒有魚傻到要離開水去生活的。」

衣情的話不是沒有道理，她是一個從不爲理想放棄現實的人。所以我以後再沒有提到這些。至于我自己，在我的腿傷沒有復原以前，我也一時無法再作去內地之想，我只有安心的住下來，靜靜的多讀點書與寫點東西，那一個時期，我很少同外面接觸。有時候雖感到焦急，有時候雖也感到苦悶與空虛，但是生活得平靜。

我與衣情的關係不能中斷，但不知怎麽，我有時常常悔疚，尤其當我與紫裳與小鳳凰通信的時候。

我現在知道我是一個多麽懦弱的人，也知道我是一個多麽沒有愛情的人了。我知道除了離開上海以外，我是無法擺脫衣情的。

忽然衣情告訴我她有孕了。

「是我的？」我問。

「是我要的。」衣情笑了笑，點頭說。

「但是……」

「你不會永久是我的，」她說：「我希望他可以永久是我的。」

當時我心裏有很複雜的感覺，是高興，是慚愧，也是悔惱。我是一個男人，但是無法承當這個父親的地位。他註定要去做別人的孩子，而我也許要永遠不能再見他的。

日子一天一天的過去，天氣漸漸冷下來了，隨着天氣的寒冷，衣情的肚子也膨脹起來。她常常整天在那裏陪我。潘宗嶽很忙，有很多女人，另外又有公館，衣情不管他，他也樂得自由。

就在那時候。我發現衣情的性格忽然又有轉變，她變成了善良寧靜。我們坐在爐邊，我在讀書，她在爲肚內的孩子打毛衣，常常彼此一兩個鐘頭裏不說一句話。偶而抬頭，彼此視線相遇，她總是露出一種令人憐憫的笑容，這是一種她以前所沒有的笑容，裏面充滿了溫柔甜蜜辛酸與慈愛，好像是專爲腹中孩子準備的一種笑容。不知怎麽，在那個笑容面前，我感到我負欠衣情的實在不少。

但是這祇是我一時的感覺，當衣情不在我一起的時候，我覺得她對我是一種束縛，我非常害怕我會無法離開她。

後來想起來，如果衣情懦弱一點，貧窮一點，我一定會要她離開潘宗嶽來跟我。但是她太强了，她也太富有，我像是怕我被她占有似的想擺脫她。我的腿創已經逐漸好起來，根據醫生的指示，每天做一定的運動，我預計過了冬天，在明年春天來時，我就可以去內地了。我給紫裳的信這麽說，給小鳳凰的信也這麽說。

我並沒有把我心裏所想告訴衣情，但是衣情像是已經發覺似的說：

「我沒有想叫你永久同我在一起，我也知道你是一直想去內地的，這戰爭也不知道要打到什麽時候，但一時總不會和平的。你是一個男子漢，不會在這裏，我也不想留你。但現在我希望你等我養了孩子再走。至少你是他的父親，你也許將來永遠會見不到他的。」

衣情這話很使我感動，計算日子，不過照預算晚兩三個月，我自然沒有理由要固執。我說：

「衣情，我一定陪你到生產以後。……」

當時我發現她的眼角流下眼淚，我的鼻子也突然酸了。

無論我是怎麽不能擺脫衣情，但是我心裏總是想着離開上海，尤其當我接到紫裳小鳳凰的信以後。

事實上，韓濤壽去了以後，我在上海更寂寞了。我整天就在家裏，不是讀書，就是寫作。腿傷養成了一個不出門的習慣。我的身體本來是非常壯健，但後來因爲吸毒，受傷，動手術，以及精神上之打擊與各種憂愁，早已不如以前。這次手術以後，體重又減重十四磅，如今雖已漸漸恢復，但我發現我增加的則是脂肪。我除了遵醫生所囑的特殊的腿部運動外，缺乏其他的運動。現在我的腿部較可走動，我就想多有些運動，因此有些時候我也到宋逸塵家去。

那正是學校寒假的時期，齊堂先生不用去教書，整天在家。逸塵因爲在一家晚報社兼了點事情，每天要去辦公，倒往往不在家，所以我去宋家，反而與宋齊堂接觸較多。那時候我正在發奮讀書，宋家的書我已經借閱了十之四五。齊堂先生對于我的用功非常讚佩，我也已經有資格與他討論許多學問上的問題，這是一個新的境界，我對自己有一種說不出的自信與快樂。這不但使我忘記了內心的苦悶，也使我忘去了轟轟烈烈的抗戰，我像是找到象牙之塔，可以使我有暫時的逃避。我慢慢就變成三天兩頭的去他們那裏。

我同許多比我年長的人有特別的緣分，譬如舵伯，老耿，穆鬍子；同宋齊堂也是如此，祇是以前我的學問太差，無法深交，現在我已經進步，所以彼此越來越投機。但是這交情並沒有享受多久。因爲那年舊曆年以後，竟發生了一件極不幸的事情。

大概是舊曆年的正月初上，宋齊堂有一個朋友請他去吃飯。那位朋友住在中國地界，從租界過去，要越過橫跨蘇州河的一條橋。那時候，在這交界的橋堍上都站着日軍的軍崗。開始時中國人在那裏來往，都要對這軍崗行禮，說它是代表天皇的。後來因爲來往人多，大概脫脫帽點點頭也就過去了，但是坐車的人則必須下車。

宋齊堂去赴宴的那天，天正下着雪子，天氣很冷，又是晚上，他坐一輛人力車過橋，不知怎麽，大概那個站崗的日軍也躲在崗亭裏面，或者人力車也沒有注意到那個軍崗，他沒有叫宋齊堂下車。宋齊堂這個老先生平常出來時候都很少，過橋尤是初次，他自然沒有注意到這些。哪裏曉得一過橋就被那個崗兵攔住，他踢了人車力伕一腳，把宋齊堂往人力車裏拉出來，打了兩個耳光，罰他跪在崗亭面前地上；宋齊堂先還抗議，又被日兵用槍托在膝彎裏打了兩下，雪地上跪了一個多鐘點。

等放他回來的時候，宋齊堂自然不再去吃飯，回過橋頭，僱了一輛街車就回家了。

一到家裏，他就病倒。第二天，宋逸塵打電話給我，叫我馬上就去，我到了宋家後，逸塵才告訴我詳細經過。

我一方面勸慰這位老先生，一方面請醫生。當時總以爲這不過是氣憤一下，外面受點寒，並不是什麽大病。可是他咳嗽了幾天，忽然變成肺炎，送到醫院，第二天早晨就逝世了。

這是一件出人意料的事，宋逸塵自然悲慟萬分，我也無法自慰。

據逸塵說，出事那天早晨他父親就覺得有點不適，本來不預備去赴宴了。下午午睡後大概精神已好，而對方又有電話來，臨時才決定去。如果早晨沒有決定不去，逸塵本打算回家來陪他同去的。我于出事前一天到宋家，知道宋老先生第二天有應酬。而那天恰巧是黃文娟有幾個朋友來吃飯，要我留在家裏，所以那天沒有去看他。如果我下午在宋家，也許會勸宋老先生不去赴宴的。他有我作伴，天又下雪子，也可能比較不寂寞，就不去了。

天下的事情，往往就在些微之差而改變了人生的命運，我們沒有預知之明，在事過境遷後悔有什麽用呢？

因爲已經是事實了，就是無法改變的過去。除了記憶之外，過去對我們究竟是什麽關係呢。

七十一

宋齊堂之死，給我很大的打擊，除了感情上悲痛以外，我還失去了一種依靠。在短短時日中，宋齊堂先生成了我象牙之塔的守護神祇，他的死，正等于我象牙之塔的崩潰，而這則正是日本軍人所摧毀的。這使我無從再躲避現實，我重新看到了我深藏在下意識的懦弱。

喪事以後，宋逸塵忽然同我說：

「你知道我，我不去內地是因爲我父親，他年老力衰，不能去內地，我也不放心他一個人在這裏，所以祇好陪他，如今他已經死了，我自然也預備去內地了。你打算什麽時候走？我們可以一同去。」

我當時滿以爲逸塵要去內地，一定先要料理許多事情，至少要在幾個月以後，沒有想到他祇是把整個的房子交給一個親戚去住就馬上可以動身。我也暗示他可以先走，但是他是一個少爺出身的讀書人，很希望有我作他的伴侶，所以一定要等我同行。

逸塵是我最好的朋友，我對他沒有什麽話不談，但關于我同衣情的事，我一直沒有同他談過。這也並不是不能談，而是無從談；因爲如果要談，就必須從頭談起，但是這是一個多長的故事呢。

逸塵當然知道我與紫裳的愛情的，逸塵也許也聽到過一些片斷的我與衣情的過去；但現在衣情已經結婚，而竟同我又有了孩子，這是怎麽也無法對他說明的。我爲要等衣情生產後才能離開上海，所以遲遲未能給逸塵確定的日子，我唯一的理由就是我的腿還不够健康。但是當時去香港並不需要走路，而我的腿傷也已算痊愈，所以這理由是無法滿足逸塵的。

于是，一件出我意外的事發生了

那時已是早春的天氣。一連幾天下着雨，我都沒有出門，那天天氣忽然晴了，陽光很和暖，我就想去散步，因念及好些天沒有見逸塵，我很自然的去逸塵家裏。

進門就看到與以前不同了，小院子裏都堆了許多雜物，有兩個小孩子在玩。開門的是我不認識的佣人，我正在問她逸塵的時候，裏面出來一個中年婦人，是逸塵的姑母，我們在宋家見過好多次，所以當時就請我進去。她告訴我逸塵已經于前兩天同幾個朋友一齊去內地了。

「他怎麽不通知我？」我問：「有信留給我麽？」

「沒有信留給你。」她敬了我一支烟說：「我想你總知道的。」歇了一回，她又說：「自然，外邊都沒有說起，恐怕引起敵僞方面的人注意，我想他也許……」

逸塵的姑母沒有說下去，但是我可已經很不舒服，逸塵難道以爲我也是敵僞方面的人了麽？

告辭出來，心理很不安，再一想，或許是因我與衣情的接近，恐怕我把他去內地的消息洩漏給衣情而傳開去。還有一個可能，是他看我一再拖延不走，以爲我想長期在上海了。

再不然，是他對我另外有什麽誤會，以致連一封信都不留給我。以我同他的交情，即使眞的懷疑我被人收買，也正應該留一封信給我才對。

怎麽竟是這樣的不辭而行了呢。

這使我眞是百思不得其解，回到家裏，我心裏一直不能忘記這一件事。逸塵是我這幾年來最好的一個朋友，我不願他對我有誤會。而他的不告而別，也使我忽然感到特別孤獨起來。

我一個人在房內獃坐了許久，最後我想寫一封信給紫裳，告訴她逸塵動身的消息。但是再一想，覺得這也是不必的事情。逸塵一個人在內地自然早有信與紫裳聯絡了；我不如直接寫封信由紫裳轉，責問他不告而別。當時我很生氣，措辭相當任性。

就在我寫信的時候，衣情忽然來了，我把信收起。她說：

「你寫，我坐一回兒好了。」

「我寫不好，暫時不寫了。」我說，但沒有告訴她我寫什麽。

「怎麽？同誰生氣啦？」衣情說：「看你好像很不開心。」

「逸塵走了？」

「他走啦？」衣情詫異地問：「去哪裏了？」

「去內地。」

「他不是一直說要去內地麽？」

「他說同我一同走的。」

「也許他等不住了。」衣情不以爲奇的說。

「但是他也不通知我，也不……連一句話都沒有留。」

「這又爲什麽可對你守秘密呢？」衣情說着，吸上一支烟，站起來又說：「也許恰巧有人走，臨時決定，搭伴來不及通知你了。」

「即使這樣，也總可以留句話給我。」

「也許他想到了裏面，再寫信給你。」衣情說：

「他幾時動身的？」

「前天。」

「我想隔兩天，總有信來的。」衣情不以爲意的說。

「你什麽時候碰見過他？」我問。

「就是那天在你這裏。」她說：「後來我同他一同出門，我順路送他回家的。」

「他沒有說他要先走。」

「沒有。」衣情笑了笑說：「倒是我勸他先走的。他問我你還有什麼事未了，還要拖延。我老實告訴他，你要等我生產了再走。」

「你告訴他了？」

「我還以爲你早告訴他了。你們是那麼要好的朋友。」

「你也告訴他，這孩子是我的？」

「這還用我說明麼？我祇說，也許你這次到內地，你同你孩子將永遠不相見了。」

「啊，那麼是你，衣情！」我恍然了悟地說。

「這有什麼不對麼？」

「沒有什麼，沒有什麼。」我說。

我不知道衣情爲什麼要把孩子的事情告訴逸塵，是有意要指使逸塵單獨先走，還是要破壞我？雖然我並沒有關照過她對這件事應守秘密，但這似乎是應該了解的。現在她既然講出去，我也不能怪她，無論她有什麼別的用意，她說的總是實話。我現在很後悔沒有早把這事告訴逸塵，否則他也許還可以對我諒解。

在戀愛道德上，我知道逸塵是十九世紀式的，但是他也能諒解別人另外的想法。他知道我與紫裳的愛情，並且非常同情我們。如今忽然同一個有夫之婦養了孩子，而我又一直瞞着他，他自然再也不能對我原諒，而一定會覺得我是太對不起紫裳。他甚至還可以想到我別種不堪想像的打算，如利用衣情或其他的想法。

總之，逸塵對我不告而別是一種對我失望的表示。他已經不再看得起我，也不再相信我了，但是我仍是希望他會很快的寫信給我。

日子一天一天的過去，我一直沒有收到逸塵的信，我開始想到我應當先寫信告訴紫裳，免得等逸塵同她見面時去報告。但是我竟不知道怎麼措辭，寫寫撕撕的不知道有多少次，覺得自己都無法爲自己辯解。最後我寫了一封信給韓濤壽，我先說我在上海的苦悶與朋友的稀少，再談到潘宗嶽與衣情的貌合神離，于是說到衣情與我的私情同有了孩子的事情，最後我說我眞不知道怎麼樣去對紫裳說明，懇求她的原諒。我的意思自然是希望通過韓濤壽去告訴紫裳，並且由韓濤壽爲我解釋。

寫出這封信以後三星期，我才接到韓濤壽自桂林來信，他告訴我紫裳現在隨着十八演劇隊去衡陽。他自己也很忙。他覺得我應當早點去內地，因爲在內地的朋友，心理與精神同我很不同。他說他很了解我在上海的苦悶，我與衣情的事情，倒是他意料中的，對紫裳的解釋是多餘的。我進內地去，才是最好的解釋。

這封信對于我的問題可以說沒有了解，也沒有答案：但是有一句話沒有錯，那就是我進內地才是最好的解釋。我決定暫時不再說什麼，靜候衣情的生產。我已經存心等候了，自然不能爲逸塵的誤會而放棄我的諾言。

一個人的成見有時候很難自知，事過境遷以後，才會覺得某種固執是可笑的。我不知道我在上海對于衣情的生產有什麼幫助。事實上，衣情是一個很獨立的女性，又有錢，又有勢，養一個孩子對她並不是問題，這也是爲什麼她想有這個孩子的。仔細分析，當時還是自己下意識的惰性，以及我天性中對于我第一個孩子的關聯。我是一個極力想自强而內心非常懦弱的人。

而準備做母親的衣情，當時竟變得非常良善溫柔與嫻靜，好像處處表現着她肚子中的孩子對我的需要。

春天漸漸消逝，夏天悄悄地降臨。

在陰曆七月初旬，衣情做了第一個孩子的母親。她養了一個八磅重的兒子。（待續）

讀者投書 （三）

裕隆公司對蘇甦先生之聲明

編者先生：貴刊廿一卷第六期所載蘇甦先生投書「立法院有不可寬恕之錯失」一文，其中涉及敝公司，而所指與事實不符。爲俾貴刊讀者得明事實，必爲貴刊所樂爲。並以實情奉告蘇先生諒亦爲蘇先生所樂聞。

查敝公司與美國威力斯及日本日產兩汽車工廠簽訂之製造技術合作合約，對於製造技術授受之實施方式，期限，產品之標準，雙方之責任，權利義務，及國家之利益規定甚詳，曾經呈奉政府主管官署核准。有關各主管機關，經過長時間縝密審核，而後許可者。

關於汽車製造，即在工業先進國家，亦非一朝一夕可成，必須分期達到完全自製之目的。至於工業落後地區與工業先進國家之「技術合作」這一辦法，乃爲發展落後地區經濟所必循之捷徑。故二次大戰後此辦法盛行於世界各地。我國現行的外人投資條例，於此亦會列爲專條。敝公司費盡數年之力，爭得條件較優之「高級技術輸入」，對國家實多裨益。

現敝公司業已能自製之部份，乃卡車底盤中最困難最複雜之重要部份。憑此已得之成效，足證將來全部自製必成無誤。敝公司備有製造用之最新機器設備三百餘套，技工一千餘人，每日從事製造。廠地九甲，廠房八萬六千平方英尺。近又以三十萬美元增購機器設備，及七百餘萬新臺幣添建廠房，資產總值業已超過一億六千餘萬元。在經濟落後國家，創辦汽車工業，資本、技術、市場等等，無一不極感困難。實有賴於進口關稅酌予保護。

查汽車進口稅率，民國三十七年第一屆立法院第一次會議於南京集會時，爲鼓勵人民投資與辦汽車工廠，曾制定保護關稅，汽車底盤及其他各型汽車進口稅率均一律爲百分之六十，至四十二年政府遷臺，因鑒於人民投資與辦汽車工廠之可能性不大，始將卡車底盤進口稅率降低爲二五%。此次立法院雖修正卡車底盤進口稅率爲五〇%，然較諸四十二年以前之舊稅率尚低一〇%。惟底盤進口之關稅雖增，而敝公司對于售價，早經聲明絕不提高，自不致由此增加消費者之負擔。

自工業分工日細以後，卡車底盤早已被視爲成品而非未成品，因其開動行使之要件，皆已具備也。我國海關進口稅則，及各國海關稅則，自來對之以成品課稅。今日各國除極少數特種用途之車輛外，一律輸入卡車底盤。以便利客戶自行決定用途，任意打造車身，使成爲公共汽車，或運貨卡車，客貨兩用車，洒水車，運油車等等。又輸入所需海運費，以體積計算，底盤與底盤已裝車身者，由于體積之相差甚鉅，其海運費約爲一與二之比，故凡須從國外輸入之卡車或客車均僅入底盤後再行裝配車廂，以節裝運。

安全分署對於敝公司之成就曾欣然呈報其總統轉咨其國會，予敝公司以鼓勵。其他外籍人士參觀後表示驚異者亦甚多。敬請國人多予扶助，不勝企禱！

裕隆機器製造廠股份有限公司　敬啓

自由中國　第二十一卷　第八期　內政部雜誌登記證內警臺誌字第三八一號　臺灣省雜誌事業協會會員　二五六

給讀者的報告

自由中國是國際社會的一分子，自由中國的反共問題，也是整個世界問題的一環。可是，世界局勢究竟怎樣呢？我們的做法又該怎樣呢？我們特發表社論㈠「睜開眼睛看當前世局」，希望我們不要因愚昧的宣傳害了自己。同時，大家從董鼎山先生的「以現實態度論美蘇五個問題」大作中，也可以獲得對世界局勢進一步的瞭解。

省警務處處長郭永下令扣押臺北市警察第三分局長趙品玉一案，早已轟動整個社會。但問題究竟在甚麼地方？又究竟蘊含了一些甚麼問題？我們特發表社論㈡「趙品玉案所蘊含的幾個問題」，加以扼要說明。

在香港出版達八年之久的「自由人」，忽然在上月停止出版了。由於該刊沒有說明停刊原因，大家便紛紛揣測，但像這樣一份在海內外擁有廣大讀者的自由反共刊物，何以不得不忍痛停刊呢？我們特在社論㈢「從『自由人』被扣說到『自由人』停刊」中，說明其眞相。

「以黨領軍政策」是國民黨今天用來黨化軍隊的，但國民黨根據的理由是否正確？其作法、以及其所發生的影響又如何？想必為海內外所關切，本期所發表曲靈鈞先生的「論國民黨『以黨領軍政策』」大文，正可解決大家的這些疑難。

日本以戰敗的地位，却在一個很短的時間內，走上了繁榮之路，其復興經濟之方法如何？發展貿易之方法又如何？顯然值得我們這個所謂戰勝國重視。楊灝先生「日本復興經濟發展貿易方法之研究」大文，便是旨在喚起我們注意。

中共內部人事的更動，是否已顯露出內部的不穩定。季農先生在「毛澤東勢力在逐漸孤立了！」的大作中，提供出了一個答案。儘管與我們的意見有出入，但仍不失為一種看法。我們願意在此地發表。

卡斯特羅在古巴所發動的政變，雖早已引起舉世關切。然而，卡斯特羅其人究如何？而其在古巴的做法又如何？各方面的報導和論斷，有時都難免失之於捕風捉影。巴布島先生在古巴有年，他在「卡斯特羅其人與古巴」的通訊中，却根據在古巴實地觀察所得，提供了很多寶貴的資料。

王曦、譚謙、萬如鎔三先生的「再給教育廳劉廳長的一封信」，以及陳學文先生的「答署名校長丁某的辯護信」，均已收到。本擬在這一期刊出，因據有關方面表示，丁校長已在呈請辭職，不久即可離職，所以暫時保留不發表，希四位先生原諒。

涂慶光先生「學術界的危機」已收到，對於先生的關懷，至為感激。但因大文所討論的那一本刊物，我們不願提及，恕不發表。

劍濤先生「防患未然」一稿所言，監察院已在注意；風清先生「談仁政」一文所言，徐先生已表示過意見；現限於篇幅，均不擬發表。

張正義先生來函所談，是一個嚴重問題，我們已在上期的一個小小「啓事」中，表示了我們的態度。對於這類問題，暫時還只願密切注意，而不想表示意見，請原諒。

自由中國　半月刊　第二十一卷第八期　總第二三九號
中華民國四十八年十月十六日出版

發行人　雷　震
主編　『自由中國』編輯委員會
出版者　自由中國社
社址：臺北市和平東路二段十八巷一號
Free China Fortnightly, 1, Lane 18, Ho Ping East Road (Section 2), Taipei, Taiwan.
電話：二　八　五　七　〇

航空版　友聯書報發行公司
(香港九龍窩打老道一二〇號)
電話：五九一六四、五九一六五

總經銷者　自由中國社發行部

美國　紐約友方圖書公司
Hansan Trading Company, 65, Bayerd Street, New York 13, N.Y., U.S.A.
紐約光明雜誌社
Sun Publishing Co., 112, Mulberry St., New York 13, N.Y., U.S.A.

韓國　漢城裕昌德號
馬尼刺　新疆書店
緬甸　仰光振成書報店
印度　阿拉哈巴中印文化出版社
北婆羅洲　西利亞坡青年書店
星加坡　友聯書報發行公司
(小坡大馬路四六九號)
吉隆坡　友聯書報發行公司
(馬華公會大厦三樓七室)
怡保　友聯書報發行公司
(希尼華沙甘街十六號)
檳城　友聯書報發行公司
(林連登律七十二號)
澳門　友聯圖書公司

印刷者　精華印書館股份有限公司
廠址：臺北市長沙街二段七一號
電話：三　三　四　一　二　九　號

本刊經中華郵政登記認為第一類新聞紙類　臺灣郵政管理局新聞紙類登記執照第五九七號　臺灣郵政劃撥儲金帳戶第八一三九號
(每份臺幣四元，平寄美金一角五分，航寄美金三角)

FREE CHINA

第廿一卷第九期

中華民國四十八年十一月一日出版
社址：臺北市和平東路二段十八巷一號

半月大事記

十月九日(星期五)

英國舉行總選結果，保守黨獲勝，獲三六六席；工黨失敗。邱吉爾第九次連任下院議員。

聯大指導委員會投票表決，西藏問題列入議程。

十月十日(星期六)

艾森豪特別聲明，保證支持中東盟國，對抗共黨顛覆侵略。

調查委員會在寮國調查工作完竣，將向安理會提正確報告。

十月十一日(星期日)

聯大選舉安理會理事，厄瓜多爾和錫蘭當選。

美國國會發表報告「赫魯雪夫罪行」，提出九個證人的證詞，確指赫氏曾指揮集體屠殺，製造人為飢饉；並提供廿一張照片，證實赫氏是最殘忍的劊子手。

十月十二日(星期一)

麥米倫於總選後，提出下一目標，為儘速開高層會議。

聯大會議表決通過，西藏問題列入議程，愛馬控匪破壞人權及宗教自由。

十月十三日(星期二)

美探險家第七號衛星發射入軌道，研究太空氣候與宇宙射線問題。美在飛機上射彈道飛彈獲成功。

俄拒絕擴大安理會，美斥其另懷有陰謀。

十月十四日(星期三)

洛奇在聯大政委會演說，批評俄國裁軍建議，認其視察範圍太小，此為美國對俄裁軍建議首次反應。

英內閣局部改組，國防部長由華金森接任，內、外、財相均留任原職，新設科學部由海爾善任大臣。

美「探險家第七」衛星將在太空運行廿年；兩座發報機所發訊號，全世界各地均可收到。

『自由中國的宗旨』

第一、我們要向全國國民宣傳自由與民主的真實價值，並且要督促政府(各級的政府)，切實改革政治經濟，努力建立自由民主的社會。

第二、我們要支持並督促政府用種種力量抵抗共產黨鐵幕之下剝奪一切自由的極權政治，不讓他擴張他的勢力範圍。

第三、我們要盡我們的努力，援助淪陷區域的同胞，幫助他們早日恢復自由。

第四、我們的最後目標是要使整個中華民國成為自由的中國。

十月十五日(星期四)

十二國家在美會商保持南極和平發展。赫特在南極會議保證，美對南極地區決持和平原則，不作為政治鬪爭目標。

十月十六日(星期五)

法衆院投票通過，贊同政府對阿政策，通過自決方式以導致阿境和平，法國政府可斟酌情形自由處理。

俄更動三個在亞洲部份的共和國安全機構人事，此顯示俄內部不穩；經宣佈更動安全機構首長的三個共和國是哈薩克、土庫曼、及亞賽爾拜然。

十二國起草條約，俾使南極不設軍事基地。

立院院會決議，通過中厄文化專約。

十月十七日(星期六)

馬歇爾病逝。

俄綁架美國外交官，美向俄提強硬抗議。

十月十八日(星期日)

日社會黨分裂，右翼西尾派宣佈脫黨，另行組織民主社會黨。

美抗議外交官被綁，俄悍然拒絕，並限藍格利三日內離境。

十月十九日(星期一)

美否認藍格利從事間諜活動，斥俄指控毫無根據。

十月廿日(星期二)

聯大辯論西藏問題，馬來代表促聯合國維護西藏基本人權，要求聯大通過愛馬提案。

美國務院副國務卿狄倫訪華。

十月廿一日(星期三)

蔣廷黻在聯大發表聲明，匪在藏作軍事部署，為對鄰國一大威脅。

聯大通過愛馬提案，譴責共匪在藏罪行。

西歐聯盟宣佈，准德製造飛彈。

十月二十二日(星期四)

艾森豪談高層會議問題，西方應先協調立場，會議日期並不重要。俄同意在十二月舉行高層會議。

匪又攻擊拉達克區，印向匪提強硬抗議。

十月二十三日(星期五)

匈牙利革命三週年紀念，我政府促自由國家勿拋棄被奴役人民。美衆院違反美國利益活動調查委員會發表報告，謂匈彌漫新恐怖浪潮。

俄法兩國同時宣佈，赫魯雪夫接受法邀請，確期及計劃日後決定。

十月二十四日(星期六)

印政府下令陸軍，趕赴北部邊境增援。共匪對印度所提抗議業已拒絕。

狄倫謂未來高層會議不會討論遠東問題。俄促早開高層會議，係俄離間盟國故技。

十月二十五日(星期日)

赫魯雪夫訪羅馬尼亞六天後返俄。

社論

（一）現有軍事機構與員額不可以裁減嗎？

精簡軍事機構，減少國軍不必要的員額，藉以減輕政府財政上的負擔，也就是減輕全體國民的負擔，同時使我們的陸海空三軍，確實朝着「精兵主義」的目標邁進，原是我們一貫的主張和希望。因此，本刊早於四十六年八月十六日，和本年四月一日，先後在「我們的軍事」和「軍事改革的起點」兩篇社論中，對此都曾有過原則性的論述。近年以來，海內外輿論，亦多此主張。照理，我們的政府當局，縱然沒有習慣重視輿論，但爲了解除自己肩背上所負的不必要的包袱，原該是有所抉擇的。何況，自中南部水災發生後，政府自己頒佈的緊急處分令，還正高唱着節約和緊縮開支呢⁉然而，若干年來，我們僅聽到有「精兵主義」的口號，而從未見到有任何精簡的措施。不久以前，左舜生先生那篇「搶救中華民國……」的文章發表後，因其中有一項「裁軍」的主張，國民黨的機關報——中央日報的社論，乃竟以神經過敏的想法，用汚衊性的口吻，對於左先生的這一項主張，斥爲：「就是要瓦解我中華民國三軍統帥下英勇堅强的軍隊。」而行政院陳誠院長於九月二十二日出席立法院答復質詢時說：「政府已在實行節約，但有三項費用不能減少，一是中央的國防經費，二是地方的教育經費，三是生產建設經費」。這所謂不能減少的三項經費，關於二、三兩項我們是樂予同意的，（因其在國家總預算中所佔的比例原已少得可憐了）至於第一項——國防經費，如果眞的都是用在國防，倒也罷了。但在現狀下而仍說沒有減少的餘地，則我們便不能不懷疑「政府已在實行節約」的誠意了。

就我們所知：國軍的總員額，現在已快接近七十萬之數了。政府既諱言「裁軍」、而且厭聞「裁軍」二字。我們姑且亦儘量避免使用「裁軍」的字眼。但由於這近七十萬人所編成的各種軍事機構，究竟是否完全有其必要；是否完全符合現代軍事體制？有沒有因人設事，叠床架屋，浪費人力物力財力，可以裁撤編併？而且應該裁撤編併的呢？

我們以爲：現有全部軍事員額中，除了基於中美共同防衛條約所建立的陸海空三軍作戰部隊，（包括後勤支援部隊）亦卽軍中所習稱的美援部隊，爲了準備與匪作戰、和履行條約上所規定的義務，此時此地，未可以輕言裁減外，其他沒有作戰任務，又無美援支持，而所佔員額並不算少的若干軍事機構，實有甚多可以裁撤，或者編併的必要。茲舉若干實例以說明之：

㈠臺灣警備總部：這個機構的編組成立，根本無法律的根據，而其任務，雖曰維持地方治安，但僅有一個頭重脚輕的司令部，而其維持地方治安的任務，其本身又無能力達成。仍然要靠地方原有的警察機關，或者臨時指派接受其指揮的野戰部隊和後方軍事單位來負執行的責任。然而，警察對於維護地方治安，乃其固定職責，而且應該按其原有的行政系統來負責指揮。（目前省警務處直接指揮各縣市警察，尙且爲衆所詬病，何能再加上一個如此上不着天，下不着地的警備總部呢⁉）如果警察擔負不了而必須由軍隊協助，自亦可採用軍區制的精神，由各軍區最高軍事指揮官按軍事指揮系統處理之。故無論講理論和事實，都用不着於原有的治安機關和軍隊組織之外，再專設一個如此龐大的叠床架屋的機構。因此，此一機構的存在，不但浪費了國家的人力財力，而且還紊亂了正規的行政體制。

㈡憲兵司令部：誰都知道，憲兵卽是軍隊中的警察，其主要任務，在維護軍隊紀律，擔任軍事交通安全管制。在美軍，原是直轄在各部隊建制以內的。獨立的憲兵體制，今天已是不合時宜的了。據聞我們的憲兵部隊，亦早已採用美軍的精神，分別配屬在各野戰部隊以內，而由受配屬的指揮官負責指揮，以執行其固定的任務。現存的憲兵司令部，僅不過指揮一部分地區性的憲兵勤務。如果政府有心作精簡的打算，實在是可以乾脆裁撤的。

㈢聯勤總部：就我們所知，聯合勤務制度，不過是第二次世界大戰末期，美軍中一種並未十分成熟的理論，故美軍自己一向沒有實際採用過。國軍於抗日勝利後，遽然採用此一制度，當在大陸剿匪作戰時，容或勉强可以適用。惟時至今日，由於兵學兵器之突飛猛進，美軍軍事體制已作頻繁更張。聯合勤務制度的理論，早已成爲過去。就目前而言，陸海空三軍的後勤支援勤務，凡有三軍共同性的，悉由陸軍負其全責，而其爲個別性者，則分由各軍種自行負責。這已是任何軍事人員瞭解得比我們更爲淸楚的事。而且事實上自陸軍供應司令部成立後，聯勤總部原有的各種支勤作業單位，和訓練機關，亦均已撥歸陸軍供應司令部管轄，而屬於陸軍的建制。目前的聯勤，雖仍保有一個龐大的司令部，但其業務則已所餘無幾，而且都是可以按其性質，分別歸併於陸海空軍的。但我們的政府當局，竟不願作澈底合理的改革，苟非因人設事，則便只好歸咎於因循顢頇了。

㈣國防部與陸海空軍各總部的戰計會：此項機構，大約是四十四年新設的，其任務據稱在負責「研究發展」，姑不論有無必要，但就我們所知，那些委員們，不論國防部的或者各總部的，通常都是閒在家裏，無所事事的，除了待遇優越以外（國防部戰計會委員一律支實職中將待遇，各總部戰計會委員一律支實職少將待遇），和其他大家公認的閒職人員如高參、咨議、參議之類的人，並沒有什麼不同。因此，至低限度，對於其研究發展的績效，是不能不使人懷疑的。我們以爲：當此力倡節約、緊縮開支的時候，國家的任何機構，縱使在本質上有其存在的價值，但如果一無績效可言，仍然是可以取銷的。何況許多人的看法：此項機構的成立，僅不過在名義上打着計劃研究的招牌，而實際則是政府特設的一種酬庸辦法。我們雖無意否認那些委員們以往的功勳，但對這樣的酬庸辦法，卻是不能不反對的。因爲酬庸與設立機構乃是截然不同的兩回事，（在帝王專制時代或當別論）政府對爲國家流過汗流過血的軍人，到頭來須有一個適當的安排，原是極其應該的。但如果專設一種不必要的機構，使其永久佔住國軍的員額和官額，則便太不應該了。誰都知道：國軍常備軍的員額，和各種階級的官額，無論如何是該有限度的。如果軍中的元老或准元老們永遠控住這有限的員額和官額不放，則軍隊便勢難發生新陳代謝的作用。這樣，不但要阻碍國軍的進步，同時也是要影響士氣的。若干年來眼看我們的高級將領，或准高級將領，無論怎樣調來調去，總離不了那幾張老面孔，而我們的盟（友）邦，美國韓國甚至於非律賓等，不斷在臺灣飛來飛去的高級將領，卻每年有每年的新面目。卽此一點，便可證明國軍的新陳代謝，是遠不如人家的了。因此，這一以計劃爲名，以酬庸爲實的戰計會，縱丟開節約不談，也是應該裁撤的。何況節約，還正是我們當務之急呢⁉

㈤不必要的軍事訓練機構：有軍隊便有訓練軍人的所在，這原是沒有什麼可說的。然而，軍事訓練，是應該有合理的體制，而且是適應軍事上所需要的。如果脫離了這一體制和需要，便是多餘的，自然也就是浪費的。現在僅舉幾個顯著的例子，便可以知其梗概了。

①世俗所稱的「地下大學」：此一訓練機構，既不在國軍正規的訓練體制以內，甚而連一個堂堂正正的對外的名稱都沒有，致使人不能不以「地下大學」稱之，並早已爲中外人士所詬病。我們認爲是沒有理由不可以裁撤的。

②國防醫學院：我們無意抹煞此一訓練機構歷年來辦理的成就。但絕不相信，治療軍人的醫學醫理與治療一般民衆的醫學醫理，竟有什麼不同。因此，我們認爲是應該改隸在普通教育的體制下，而不應該擺在軍事訓練機構以內的。改隸的好處，便是可以減少許多軍事管理人員，（最顯著的如政治部的人員）從而節省國軍的員額，同時還可以把辦理的成效，擴及於全社會。這樣，可不是確實符合了經濟原則嗎⁉（改隸後軍中醫務人員的來源，是另有其合理的途徑的，但非本文討論範圍，故不予論述。）至於軍中醫務人員必要的特別訓練，依正常的軍事教育體制，乃是衛勤學校的責任。我們不是還另有一個衛生勤務學校嗎⁉因此，國軍的此一學院，如非軍事當局故步自封的話，則是沒有理由不可以改隸的。

③三民主義訓練班：此項訓練，雖沒有固定的機構，也沒有佔用軍事員額，但其訓練的內容，乃是完全與軍事需要無關的。只是國民黨一些粗淺的教條，和排除異己的歪曲理論。與其說是國軍的訓練，無寧說是國民黨的訓練，因此，其一年一度的在軍中普遍實施，不但違背了憲法第一三八條：「軍人須超出黨派關係以外」的規定，而且是浪費。我們反對軍隊黨化，同時反對此一訓練。

㈥不必專設的軍需品製造工廠：凡歐美先進國家，各種軍需品的生產，小至一針一線，大至艦砲飛彈，都是委由民營工廠製造的。這樣做的好處，就是可以利用軍事上的需要，促進民營工業的發達。民營工業發達了，便可增强軍事上的潛力。我們的盟邦——美國，便是一個最好的借鏡。而且這個道理，也是極淺顯而易知的。可是我們的軍事當局，對於武器彈藥的製造，固然專設了兵工廠。而凡一針一線，也都是分門別類專設工廠來製造的。且聞這些專設工廠製造出來的東西，其成本反往往要比市價爲高，試想這將從何說起呢？或者有人說：我們的民營工業，尙不足以達成軍事的需求。這也許是事實。但我們以爲這正是惡性的循環。換言之；就是以往作法不當，使民營工業失卻了軍事上的推動力量，到頭來便使軍事失卻了民營工業的支持，乃是必然的結果。故今後無論如何，應該改弦易轍，凡民營工廠可以製造的軍需品（卽就目前而言如被服、鞋襪毛巾之類，是絕無問題的），儘量委由民營工廠去製造。如此軍方專設的工廠，便自然可以裁減了。這樣做，於軍於民都是有利而無害的。

㈦軍眷機關：政府爲體念軍人待遇菲薄，解決軍眷困難，特設了許多辦理軍眷業務的機關，其始意原是好的。但是編組複雜，政出多門，事權分散，早已爲衆所詬病。如關於醫療的，乃屬於國防部的軍眷服務處，實物補給的又屬於聯勤的軍眷管理處，而關於眷舍的則又另屬於陸軍的眷舍管理處。一種可以由一個機關統一辦理，甚至可以併入有關的一般機關兼辦的業務，竟分成三個不同隸屬的機關來分別辦理，而且分支機構遍及每一地區。我們甚懷疑軍眷們由此所能得到的實惠，是不是可以抵得銷這許多機關的設置費用和人事與行政經費呢？如以言節約與精簡，還不應該作合理的裁併嗎？

我們之所以列舉上述各種機構的名稱，旨在便於說明一種事實。也就是要說明現有的軍事機構和員額，以及國防經費，究竟有沒有可以裁減的；國防經費究竟有沒有可以節約的。上面的事例，只是舉例而已。其他類此情形者，所在多有。卽如各高級司令部，至今尙有甚多所謂高參咨議等名稱的閒職人員，都是沒有設置的必要，而亟應依照國軍退除役辦法辦理退役。因此，我們以爲：不管稱「裁軍」也好，「裁撤編併」也好，退役也好，都是必須而且應該雙管齊下的。必須的理由：節約開支，減輕財政上的負擔，固然重要，但尙不止於此者，現代國家，應有一個合理完整的軍事體制，也是同樣重要的。

社論

馬歇爾留給我們的警惕

（二）

馬歇爾（George C. Marshall）這個名字，是我們這個世代的中國人難得忘記的。不管你從怎樣一個觀點去看他——你可以說他害了中國：中國大陸的淪陷是他的罪過；你也可以說中國害了他：他的崇高聲望，因調處中國黨政問題的失敗而連累受損。但是，不管怎樣，馬歇爾總是我們大家所難忘的人物。

現在，馬歇爾是去世了（本年十月十六日）。照中國的傳統說法「蓋棺論定」，我們應該可以給他一個定論了。但是，事實上還不可能。他在美國三軍統帥任內的功績，我們是可以喝采的；他在國務卿任內的援歐計劃（著名的「馬歇爾計劃」）以及由這個計劃而導出的北大西洋公約組織，更是可以贊揚的。惟獨以美國總統特使的身份來華調處中共問題這一幕，我們現在還無法作一個周詳的論述。因爲我們要求客觀，要求公允，要求更多的事實根據而不受任何一方面的宣傳影響。這些要求，還得有相當的時間才可達到。現在我們只能講到下列幾點。這幾點，我們覺得是無可爭辯的。

在說到我們所要說的幾點以前，我們要提到我們國人兩種極端相反的說法。有一些人認爲馬歇爾來華調處中共問題，這一和平政策的本身，就是有利於中共而危害中國的。這一政策如果成功了，在聯合政府當中，中共終歸要篡奪全部政權。大陸的赤化，只是時間問題而已。而且，和談政策，也大大地瓦解了政府軍對匪作戰的心理，以致在談談打打的過程中，政府軍老是吃敗仗。這也是馬歇爾和談政策的直接後果。如果自始卽沒有馬歇爾的和談政策，政府軍也許可以在結束對日抗戰的時候，憑數量上的優勢，一鼓作氣把共軍打得抬不起頭來。所以說和談害了我們作戰。和談政策澈底失敗以後，美國對華政策（事實上也卽是馬歇爾政策）一變而爲袖手旁觀。物資的援助停止了，精神上的鼓勵也冷漠了。這更是幫助了共匪。假使在徐蚌會戰那個緊要關頭的前後，美國政府能夠講一句警告中共的話，共軍當也不敢輕於南進，渡過長江。那末大陸的東南半壁，未始不可作爲我們反共鬥爭的基地，而不致退守臺灣，像今天這樣偪促於一隅。可是美國政府在這個時候，仍然是無動於衷。這其間馬歇爾個人的意氣用事，是這一政策的決定因素。

另一些人相反的看法，就是認爲，馬歇爾是可以告無罪於中國的。因爲對日抗戰結束的時候，中國政府的軍隊，除少數例外，一般地說，已腐化到不堪一擊的程度。同時經濟瀕於崩潰，政治也搞得一塌糊塗。在這種情形下，如何能夠對共匪作戰。如果能夠一鼓作氣把共匪打下，當然頂好。如不可能，該怎麼辦？戰既不可，當然要從戰以外尋求解決的方法。戰以外的方法，只有從和談的途徑來尋求。和談影響作戰心理，這可能是事實。但是這種影響應該影響到雙方。如果只影響政府軍而不影響共軍，或者政府軍所受的影響大而共軍所受的影響小，那更證明當時的政府軍在精神方面已不及對方了。這又說明和戰取和正是當時不得不走的一個途徑。假使經由馬歇爾的斡旋而和談成功，也會卽加重了美國政府在道義上乃至條約上維持中國和平因而壓制中共的義務。美國政府是自由主義的民主政府。美國政府出來維持中國和平，有利的應該是我們政府而不是反自由反民主的共黨，除非我們政府本身太不爭氣，太不振作。自己如果不爭氣、不振作，和，固然是終歸失敗，戰，失敗得更快。總而言之，馬歇爾是對得起中國的。而且他在使華的任務慘痛失敗以後，共軍南下，中原會戰的前夕，還盡心竭慮地在想中國問題，並從軍事的觀點，提出某種具體的挽救辦法。所以如果說馬歇爾的意氣用事害了中國，這句話倒眞是我們中國人還在意氣用事哩。

以上這兩種看法，可能都有一部份眞理，也可能某一方面完全是對的。不管怎樣，將來總該有許多公私各方的記載發表出來，將來也總該有些用科學方法認眞考證的歷史家，把這一段經過向後人交代得一清二楚。我們在這裏不想作何論斷。我們所想說的，只是下面幾點：

㈠「和比戰難」，這是胡適先生對當時的情勢所講的一句名言。我們相信，將來的忠實的歷史家，可以給這句名言的全部寓意擧出充分的佐證來。

㈡我們不能詳周地假想，如果馬歇爾的和平方案在中國實施了，今日中國是個怎樣的中國；我們也不能周詳地假想，如果我們政府當時說服了馬歇爾，使他能夠滿足我們政府的一切願望，今日中國又是怎樣一個中國。但是我們似乎可以說，以上兩種假想的情形，無論那一種，都不會比後來的實際情形更壞。後來，如果不是共產黨幫我們的忙，打起韓戰，把美國第七艦隊打到臺灣海峽來，把美援打到臺灣來，我們很懷疑今日臺灣還是不是中華民國的一塊領土。

㈢我們反共鬥爭的前途，繫於整個自由世界的前途。如果我們有辦法足以影響國際局勢，使其有利於我，這是再好不過的。但我們決不能無視現實，僅憑一相情願的想法一味地責望別人。尤其應以爲戒的，我們決不可在一相情願的想法達不到的時候，就率性和人家鬧翻，以致造成對我更不利的情勢。我們這段話，不一定意味着我們過去之對馬歇爾正是如此，但本着「責己重以周」的古訓，我們不妨從馬歇爾這一事件說到一般性的謀國之道。這一點消極方面的謀國之道，在今天的國際局勢下，我們要特別把握住。今天的國際局勢，漸漸變得與我們一相情願的想法愈來愈遠。最好我們能夠有辦法扭轉它，使它完全有利於我。如不可能，我們就得承認不可能，再進而仔細考慮，如何在不利的大趨勢下求得一個比較對我有利的辦法。這是我們今天的大課題。尤其是對國事有責任感的政治家不能逃考的大課題。

馬歇爾留給中國人的印象，到現在還不能一致，這是勢所必然的。但有一點，我們想，該是大家所可一致承認的。就是馬歇爾給我們留下了一個很大的警惕：叫我們在反共的過程中，不要在自由世界再陷於孤立。

社論

(三) 黃啓瑞在公車加價案中「玩法弄權」！

在八、七水災之後，正當全臺人民樽衣節食共赴時艱的時候，臺北市長黃啓瑞趁着蔣總統的發佈經濟緊急處分命令，也竟混水摸魚的湊熱鬧，讓市營的公共汽車，票價突然一下子提高了百分之四十三。

固然公車票價提高的百分之四十三，不過是三角錢的數目，可是我們要指出，一般小市民的生活並不豐裕；而軍公敎人員待遇之微薄，更是早已盡人皆知的事。在水災之後，很多生活必需品都已上漲，無形中已經增加了一般人的生活負擔，且由於水災的關係，更使軍公敎人員待遇調整的計劃，延遲下來不能實現。在這種情形下，公共汽車的票價再提高百分之四十三，這無異是落井下石，使一般人本已增加的生活負擔再爲之加重。因爲一些收入豐厚的人，他們用以代步的是三輪車、自用車或小包車，而一般小市民和軍公敎人員的唯一交通工具，却正是公共汽車。

不過，我們認爲黃啓瑞市長讓公共汽車票價一下子提高了百分之四十三，雖然影響到一般小市民和軍公敎人員的生活，可是由於票價的本身不高，還不算是重要的事。重要的是黃市長在使公車票價提高過程中的玩法弄權；他輕忽民意，置地方自治的法令於不顧，用既成事實來迫使民意代表的追認。他這種先斬後奏、越權處事的舉動，嚴重的破壞了地方自治的原則。也卽是嚴重的破壞了民主政治的原則！對於一個民主學步的國家，尤其是像黃啓瑞這樣一位經由民選的市長，這種破壞民主、自治原則的作風，是我們必須要予以指斥的。

緣臺北市政府思欲公共汽車加價的意圖，早於去年冬卽有動議，惟市營事業的加價，依照「縣市實施地方自治綱要」的規定，必須要提請市議會之通過(註)。本年一月二十三日，臺北市議會對於市府擬請調整公車票價案，經審查辯論後，認爲市府據以提出的加價理由「是否完全精確？實有待詳密計算」，認爲必須「詳實核辦，以昭愼重」。故本欲於年初卽行提高的公車票價，就被暫時的擱置了。

這次八、七水災之後，適於蔣總統頒佈經濟緊急處分令之際，黃啓瑞竟擅發行政命令，讓市營公共汽車出人意料的逕行加價，實在是一種蓄意破壞民主法治的擧措！我們說他是「蓄意破壞民主法治」，並非栽誣他，而是有下面這些事實爲根據的：

一、省政府交通處雖然認爲臺北市公共汽車票價調整的理由可以採納，但它並沒有命令讓其調整；而提高了百分之四十三的現票價，在事前根本未送請臺北市議會先行討論與通過。

二、黃啓瑞以行政命令讓臺北市公共汽車自九月一日起調整票價。可是函請市議會查照公共汽車調整票價的公文(北市車字第〇一一四九號)，却故意遲至八月三十一日下午五時餘始送達臺北市議會。第二天，票價調整就已經成爲事實了。

三、九月一日時，公共汽車的新車票已經出籠供應，可見市府早於以前卽備好車票在待用。

從以上的這些事實，不難發現黃啓瑞對於提高臺北市公共汽車票價的事，早已在存心規避法定程序，蓄意逕行擅自加價的舉動。

我們必須要指出，民主制度的主要作用，在於限制政府官吏之攬權與越權；因爲歷史上的事實是：只見經常侵犯人民利益之政府官吏，却很少見到能够對本身利益敢據理力爭的人民。所以，限制政府官吏之攬權、越權，亦卽是在確保人民之利益。

在民主制度下，一個政府官吏未經人民代表之同意前，絕對無權發佈增加人民負擔之命令。現在黃啓瑞市長，擅發行政命令，增加人民的負擔，姑無論此負擔之多寡，我們認爲這都是一件很重大的事，由於民主政治的最精要之點，絕不應容許在行政命令之下輕易的被剝奪。如果以後經常有這種情事發生，所謂民主政治，所謂地方自治，將是徒擁虛名，而民主政治與地方自治的實質，將被滌蕩一空。臺灣現在正在實施地方自治，地方自治要想實施得好，官吏之守法，尤其是官吏之尊重民意，是必不可放鬆的基本條件。臺北爲臺灣的首要之區，民選的黃啓瑞市長有這種作風，旣是使我們感到痛心的事；也是使我們認爲嚴重而不容忽視的事。

臺北市公共汽車的加價，是早已成爲過去的事了，可是絕不能因爲市議會於事後在不得已的情形下追認通過，就認爲黃啓瑞市長的這種舉動爲合法！

對於一件已經過去的事，我們所以尙諄諄不已於言者，乃是期望臺灣的地方自治能上軌道，不致因有一個惡例之開而趨於敗壞，並且以後應絕對禁止這種情事再發生，因爲我們認爲只有使地方自治走上健全的途逕，然後才能使一個國家得到眞實的民主！

(註)臺灣省各縣市實施地方自治綱要中第十六條規定縣市議會之職權共十欵。其中第五欵爲：議決縣市、縣市公債及其他增加縣市民縣市庫負擔事項。第六欵爲：議決縣市財產之經營及處分。

領袖公僕論

——談談所謂「領袖」的分位

李達生

在一個眞正的民主國家中，當人們談到他們的領袖時，其情形亦如談到社會中之一般人一樣，輕鬆之至；但這種輕鬆的情形在極權國家中則無法出現。在近代極權國家中，在人們一聽到其領袖之大名時，甚至一聽到「領袖」一詞時，不是肅然起敬，便是毛骨悚然，完全不可能有一點輕鬆的感覺。當然，某些人的名字令人聽了之後而「肅然起敬」，固不一定不好，但若讓人聽了之後而毛骨悚然時，就絕對要不得。不過在聽了某些人的名字之場合下而肅然起敬者，在本質上也有頗爲不同的兩種：其一是一種自覺的肅然起敬。譬如當我們聽到孔丘，墨翟，文天祥，史可法或林肯，甘地的名字時，馬上就會連想到他們的事跡行爲，並因而在內心裏對他們產生一種敬意。其二是心理被制約的肅然起敬。譬如當年第三德意志帝國中的某些青年聽到了希特勒的名字，當年蘇俄的某些青年聽到了斯達林的名字，或今之大陸上的某些無知青年聽到了毛澤東的名字，如其也有肅然起敬之感時，那便是屬於在心理上被制約的一類。若論希特勒，斯達林或毛澤東們一生的所做所爲，若論他們的人品道德，自然都不足以令人敬佩，但那些被他們統治下的無知青年，因從小就被他們的宣傳所麻醉；此輩青年從小就被不斷地告訴：「希特勒元首」如何如何的偉大，「斯大林同志」如何如何的偉大，或「毛主席」如何如何的偉大，久而久之，他們的心理狀態與希特勒，斯達林或毛澤東之間，便被一種有計劃的灌輸所制約；在一種被制約的情況下，於是當他們聽到獨裁者的名字時，也就會不自覺地肅然起敬了。由於前一種肅然起敬是自覺的緣故，因此，它乃是一種人性的自然流露，而後一種肅然起敬因是被制約下的純然心理的反應，所以，它是一種「獸性」的表現；因爲野獸也有心理反應。

通常人們看近代極權統治，主要地只看到其無所不在的特務之逮捕、監禁和殺人之可怕，而不知極權主義者的這種制約青年的心理狀態，使他們崇拜領袖的作風，其可怕正不下於特務對被統治者之逮捕、監禁和殺害。人之人性是與生俱來的，或者說是造物者賦與的。人類生存在宇宙間祇應該進化而斷不應該退化。從進化的要求來看人，則人應該使人性純化，應該向着超人的方向發展，或是應該向着神性一方面發展，但近代極權主義者之制約青年心理狀態，而使之崇拜領袖的行爲，其意義則是使青年獸化。人之獸化卽是一種人性的退化，或人性的墜落。因此，極權主義者製造青年崇拜領袖的行爲，實在是一種極其可怕、極其惡劣的行爲。這種行爲既是極其可怕，極其惡劣、而今天在大陸上，共產黨們却正在夜以繼日地施展這種行爲，他們拼命地制約青年的心理而使之崇拜一個偶像。由於這個緣故，因此，我乃覺得對所謂「領袖」的問題，實有提出來加以討論的必要。

爲了在後文中討論上的方便，這裏我先把人類歷史上從來的政治，權宜地區分爲三種。這三種政治是：貴族政治，暴民政治和平民政治。由於這種對政治體制之劃分與學院中傳統的劃分不同之緣故，因此，還得容我對我所劃分的三種政治加以界定。

我所謂的「貴族政治」是指政治史上，除了民主政治和近代極權政治以外的一切政治而言。通常史家或政治學者所說的貴族政治，乃是僅指與「封建」社會相輔的一種政治體制而言。若就這種貴族政治而論，則在中國歷史上，「變法」後的秦之政治，或趙宋以後的中國各代政治便已經都不是貴族政治了。但在本文中，我却把民國以前的中國歷來各朝各代之政治，帝俄時代之俄國的政治，以及近代民主政治出現前之西方的傳統政治等等，都汎稱爲貴族政治。

要詳細解析史家所稱的貴族政治之內容，至費筆墨，但本文却不必做這些事情。我在這裏只須指出一點就夠了：我們所習稱的貴族政治必有一個特權的統治者和一個特權階級，而這個統治者的權力往往是無限的。在變法後的秦之社會，或自趙宋至民國的歷代中國社會中，「封建」社會下的貴族之型態雖是取消了，但貴族却並未完全取消；無論是在宋明的社會中，或元淸的社會中，除了最高的統治者之外都還有一個特權的階級之存在，亦卽是都還有一個貴族階級之存在。只是在相形之下，他們階級的力量遠不如以前罷了。不過，在這幾代社會中，貴族階級的權力雖遠不如前，但最高統治者的權力却並未減少，甚而至於較以往的權力更大；原因是分享他們權力的貴族階級之權力轉弱了。

在中國傳統政治之中，貴族階級固然是不折不扣的特權階級，而那位平民及貴族之上的帝王更是特權中之特權；他的地位和特權實在最是莫明其妙。若照中國古代的神話傳說，或孔孟的解釋，則帝皇之徒不是大發明家，便是領導人民防預各種災害或侵襲的領袖。他們不但是能力強，對社會有貢獻，並且都是人品道德極高的人物。不過情形儘管如此，但孔子還要指出：君必須盡君的分，否則人們便可以不臣，便可以和他決裂。孟子在這方面的論調固比孔子還要激烈。只是後之腐儒不分青紅皂白，一味地爲統治者捧場，以致兩千多年來中國的政治是一片烏烟瘴氣。在這兩千多年中，無論是被習稱的貴族政治也好，君主專制也好，總之，其一般情形是，一個擁有無限特權的統治者，和一個或大或小的擁有相當特權的貴族階級，他們分別地或聯合地來宰制被統治的歷代中國平民。因此，在本文中，我乃概把中國傳統政治和世界傳統政治泛稱爲貴族政治或特權政治。

不過，就現代的情形來說，上述的貴族政治，却只能被稱爲傳統的貴族政治，原因是自列寧和墨索里尼分別崛起之後，在人類政治史上又多了一種新的貴族政治。莫索里尼所創的「政治之特有的頭銜是盡人皆知的所謂「法西斯的政治」，而列寧所創的政治之特有的頭銜則是「布爾希維克的政治」，但這兩種新政治都有幾個或可能有幾個共同的頭銜。其共同的頭銜是：

①極權政治。

②新特權政治。

③新貴族政治。

我們在前文中曾指出貴族政治有兩個最顯著的特點。這兩個最顯著的特點，其一是有「一個或大或小的擁有相當特權的貴族階級」。那麼，現在我們若準此而論近代的極權政治時，則會立刻發現在近代極權政治之中，它：第一、有一個擁有無限特權的統治者。在紅色一派的極權政治中，如列寧，斯達林，毛澤東和狄托等一路的統治者，在形式上雖說他們也要受命於其黨的中央委員會，而那不過僅是一種說法而已；事實上除了他們的意志外，他們誰也不受命。第二、有一個組織嚴密的特權階級，這個特權階級便是他們的黨。因此，若就這兩個特點而論，則世界傳統政治中的君主專政固可算是貴族政治，而近代極權政治亦應算是一種貴族政治。所不同者主要地只是：第一、在君主專政的政治中，君主的權力雖說是無限的，但由於傳統的君主基本上永遠是孤家寡人一個，因此，他雖擁有特權但却甚少施爲；而在近代極權政治中，其情形却大爲不同。因爲在近代極權政治之中，除「孤家寡人」之外，恒有一個供他驅使的龐大的黨機器；既有此龐大的黨機器，於是「寡人」便要大大地施爲起來。第二、在君主專政的政治中，除了最高的統治者之外，雖說還有一個特權階級，但規模甚小，而在近代極權統治下的特權階級則大得驚人。第三、在傳統政治中的貴族階級之貴族們大都有君子風度，而在近代極權政治中的貴族階級之貴族們則全是小人，至少在作風上是如此。

由於新貴族政治中的貴族都是小人的緣故，以及由於近代極權政治都是由暴力造成的結果之緣故，因此，我們還可以把近代極權政治，或新貴族政治叫作「暴民政治」。

與貴族政治和新貴族政治相對立的是平民政治，亦卽是民主政治。世間只有民主政治才能成爲眞正的平民政治；而也只有具有平民意識的人才有發展民主政治的興趣。

在民主政治中，沒有唯一的最高統治者。假定勉強要說有一個最高統治者的話，那麼這個最高統治者是議會。民主國家的議會是由選民基於其自由的意志選擧出來之議員組織而成的。由於選民自己是平民，因此，他們所選擧出來的議員自然也是平民。平民所組織的議會來統治國家，因此，我們可以稱這種政治爲「平民政治」。

中西傳統政治和近代極權政治之間，或者說傳統的貴族政治和新貴族政治之間，雖說頗有差別，但却也存在着兩個十分顯著的共同特點；關於這兩個共同特點，我們在前文中已經指出來過了。但在新舊兩種貴族政治和平民政治——民主政治——之間，無論是就精神上還是就性質上來說，却都無任何相同或相似之處。民主政治和各類貴族政治之間，既然在精神上，性質上，或氣味上全無相同之處，因而，這兩類政治中的領袖之性質和身份亦自不同。

傳說中的中國古代之人君乃是能者，賢者。由於他們之能，因而遇到問題他們能够解決，由於他們之賢，因而他們能够任勞任怨爲百姓服務而不專權。在中國古代史上，堯舜之事和堯舜以前之事雖不可考，但傳說中的古代人民領袖爲百姓服務之作風，讓賢之風，以及不專權之風等等，却是古代中國人民所願見的。中國古代政治思想從殷商到孔子雖是有些變動，但孔子的基本態度則是：但要人君盡分，而不承認人君有天授的或莫知所自來的特權。若照孔子「君君臣臣」和「君不君，臣不臣」的基本態度來推究，則如君能盡分時，便可以繼續在位，否則，人們便可以不買他的賬，便可以不承認他爲君，便可以推翻他。這卽是假定人君並非受命於天的少數特殊人物；只要能做君之工作，則人人可以爲君。如此，人君也並無何神秘之處。他之所以能爲人君者，乃是因了他能爲臣民做事情；而他之所以能繼續爲君者，乃是能經常盡君之分；他並不能享有無限的特權。如其應享有無限的特權時，則「不盡分」亦可以算是一種特權。如此，則在任何情形之下人民便都不應該推翻他。

中國傳統政治中之人君後來所以鬧到烏煙瘴氣，始作俑者實爲一代大儒之荀卿，繼荀氏而起的「健者」則是韓非和李斯。後之腐儒因不明本末，不辨是非，生平但爲統治者驚閒，以致把中國傳統政治弄到兩千多年來的烏烟瘴氣。我有一位在國際法學界頗有地位的朋友，但他因對中國傳統政治思想無何研究，因此他竟而把西方民主政治下的法和中國法家所講的法相提並論。殊不知西方民主政治下之法典乃視每一個個體爲一權利主體，因而這種法典器用化的結果，乃構成了保衛人權的重要工具；而咱們中國法家所講的法，由於其根本無視個人的權力，因而乃變成了統治者作惡的工具。如此，則這兩種法又何得相提並論？

中國傳統政治——貴族政治或特權政治——中的人君（領袖）之身分是天子。他因爲是上天之子，是上天直派遣下來的，因此，他可以擁有無限的特權，他並上可以「作之君、作之師」。假定實際之情形果眞是如此的話，則被統治者除了俯首稱臣聽其宰割之外，而又能如何呢？幸虧實際的情形並非如此；所謂「天子」，所謂「作之君、作之師」的等等說法，乃是中國歷史上的野心家和腐儒們造出來的。中國歷史上的人君們亦不過作威作福了兩千多年，而最後「西洋鏡」還是被揭穿了。但不幸的是人類的命運多乖；在傳統的貴族性之統治者分別消滅之後不久，在近代若干國家的政治舞臺上却又出現了一批更荒謬的人君。這一批更荒謬的「人君」，卽是我們在前文中所說的法西斯主義的國家領袖和共產主義的黨領袖。

這一批人在建立其「人君」的過程中，特別是在建立起來了其「人君」之地位以後，必用一切可能的宣傳方法，把他們自已神話起來，把他們自已建立爲人間的神。而迨其神的地位建立起來之後，於是他們開始以「神」的身分來統治人民了。我們在前文中曾說：中國的傳統政治和世界的傳統政治可泛稱爲傳統的貴族政治，而近代極權主義之暴民政治則可稱之爲新貴族政治。世間的事物，一般地說來，新的總是比舊的進步。假定我們這種所用的「進步」一詞不涉及價值或善惡問題時，那麼我們亦可以說：從傳統的貴族政治到現代的新貴族政治亦是一種進步。在傳統的貴族政治中，領袖——人君——雖說是「天子」，但他究竟是降生在人間的天子，其身分究竟還是人；而近代極權主義政治中的人君——領袖——則從人的身分中又超昇了一步。這一超昇的結果是從人變成了「神」。記得前幾年共產黨的報載，唱京戲的周信芳（卽海派的名鬚生麒麟童）在北平的一個紀念會上發言，說他在京戲上之所以有成就，是「毛主席」教育了他云云。這種說法眞是滑天下人之大稽。按周信芳的年紀比毛澤東還大一兩歲，而他之學京戲完全是與毛澤東風馬牛不相及的事情。周信芳要說毛澤東「教育」他打游擊或者還有一半分可說，但要說毛澤東「教育」了他之唱京戲，那就是胡說八道了。不過，在我們來看，周信芳雖是胡說八道，然而今天在毛澤東統治之下的共產黨之幹部們，却盡都是周信芳一路的說法。他們無論做成一件甚麼事情，最後總是歸功於毛澤東。其情形有如基督教在教堂裏祈禱的情形一樣；在祈禱完之後，最後總是要說其祈禱乃是奉主耶穌的聖名。在基督徒的心目中，耶穌自然是神，但今天中共的幹部們也必須把毛澤東解釋爲神。毛澤東既必須被解釋爲神，因此，在今天的大陸上，當這位神的名字被提及時，聽之者遂發生兩種不同的反應：凡是相信毛澤東爲神者（如大陸上的紅領巾之流的小孩們），聽了毛澤東的名字後便會肅然起敬；凡不相信其爲神者，而聽了毛澤東的名字後，便會感到毛骨悚然。假定宇宙間果眞有神的話，那麼人對神總應該有些敬意。今日大陸上「紅領巾」之流的小孩們既相信毛澤東是「神」，固然他們聽了神之後會肅然起敬。反之，不相信毛澤東是神的人們，當然不會對一個自命爲神的人有何敬意。但人們如對那一尊假神不敬時，便有被殺頭的危險。如此，則難怪大陸上的億萬人民聽了毛澤東的名字之後，會感到毛骨悚然了。

所謂「肅然起敬」或「毛骨悚然」，乃僅是就各類貴族政治中的領袖之名在人們心理上所產生的反應而言，但民主國家的領袖之名字在人們心理上所產生的問題則沒有這樣嚴重。在民主國家中，當人們使用領袖一字時，在絕大多數的場合中，總是用其多數。因爲在民主國家中，眞正佩稱爲領袖的來自各行各界，政治方面的領袖充其量亦不過是佔其中之一行而已。但來自這一行——政治行——的領袖「們」，却不一定是最受歡迎和最被尊重之人。實際的情形是：政治方面的領袖當其在位時，甚少有被人尊敬者，更鮮有普遍地爲人尊敬者；人們之尊敬政治領袖十九是在這類人物蓋棺之後。譬如近年美國人之對杜勒斯便是一例。通常在民主國家中，人們之呼其政治領袖們之名如呼小鬼。譬如美國人之呼艾森豪爲「艾克」，英國人之呼麥米倫爲「麥克」，以及法國人之呼戴高樂爲「查理」等等。但這種情形在各類貴族政治的國家中則不能出現。當年俄國人呼斯達林恒是「偉大的斯達林」，或「斯達林同志」，但這一類的稱呼在今日之大陸上已經過時了。因爲，自從一九三一年底毛澤東被選爲江西中央蘇維埃政府主席起，卽開始有人稱他爲「毛主席」；後來隨着他在中共的得勢，他擔任「主席」頭銜的也隨之多了起來。「主席」一詞本來無所謂尊敬不尊敬的意思，但這個頭銜被毛澤東用得久了，在中共之內竟然成爲一種尊稱。因此，近若干年來，在大陸上當人們提到毛澤東時，似乎必得呼他爲「毛主席」；因毛「主席」是尊稱，而人們必須表現得尊敬他。反之，如呼他爲「毛澤東同志」時，便已經顯得不够味，而呼他爲「毛澤東」或「老毛」時那就是不敬。如不敬，那還了得？但在民主國家中則無這些講究。

在英國，人們呼麥米倫，麥克或首相；在美國，人們呼艾森豪，艾克或艾森豪總統等等，根本無所謂尊敬不尊敬；而人們之對政治領袖之尊敬不尊敬，亦根本不構成問題。「尊敬」是人民的自由，「不尊敬」亦是自由；人們在享有的自由之範圍內行事，可以隨心所欲，別人全不得干涉。

在民主國家中，所有人之基本人權都是平等的。人人都有選舉權，而人人亦都是平民。平民選平民擔任政府的領袖；則此人在被選出之後，其基本身份仍是平民。人們之所以選少數人擔任政府的領袖者，乃是因爲有若干關乎公衆的事情需要人來做；此被選出來之所謂「領袖」也者，不問其自已視其工作爲一種榮譽也好，視爲一種職業也好，而基本上他都是人們透過選舉的方式拿錢雇來做事情的。所謂「領袖」也者，既是人們拿錢雇來爲其做事情的，則他的眞正身分不過是一公僕而已。

人之對其父母、師長、長輩固須要尊敬，但對一般人、雇員、公僕等等，則只要尊重就够了，而「尊敬」則是不必。人們之所以須要對國家的公僕尊重，乃是因爲需要他們——公僕——爲公衆做事情；若公衆對「爲公衆做事情」的公僕而不尊重時，則公僕便無法執行其職務，便無法爲公衆做事情。這裏所謂尊重，並非是禮貌上的或心情上的，而是就事論事。公僕爲了要達成其人民所付託給他的任務，他需要人民的合作，需要人民給他一些條件。譬如，他需要人民給他欵項，需要人民鄭重考慮他的種種提案。若身爲主人之人民對其公僕的一切要求和一切提案視兒戲而不予考慮時，則結果便只有兩個可能：其一是公僕捲行李；其二是公僕非法妄爲。若發生前一結果，則公衆的事情便無人做；公衆的事情無人做則亂。若發生後一結果，則國家勢必出現獨裁政治。這兩個結果都是要不得的。因此，人們爲避免這兩個「要不得的」結果，對所選定的公僕給予適當的尊重是需要的。但身爲國家公僕者，在獲得了其主人之尊重之後，若再進一步地要求人民對其尊敬時，那就有些過分了。

統治者「作之君、作之師」的說法，完全是歷史上腐儒們之胡說八道；這種說法是沒有絲毫根據的。甚麼「天地君親師」，和所謂「父母官」的種種說法，亦都是封建社會的產物。政治上的領導人既是國家的公僕，他又何得與「親師」相提並論？人生在天地之間只有一雙父母，而又何會有「父母官」之出現？公僕既非人之父母、師長或長輩，而人們爲甚麼必須尊敬他呢？我們在前文中曾說：「對一般人，雇員，公僕等等，則只要尊重就够了，而『尊敬』則是不必。」現在退一步說，人們即使對一般人應該尊敬，而對國家的公僕亦不應該尊敬。原因是尊敬的結果，則被尊敬者在尊敬者的心目中即會構成權威；若國家的政治領袖在人民心目中構成權威時，那麽獨裁的陰影就要開始降臨了。

人之在家庭，在學校，在社會，在國家和在全世界，必都有一定的分。人世間必須人人能守分，至後才有諧合；反之，若人人踰分時，則天下必將大亂。在一個國家之中，如其他人踰分，別問題還不甚嚴重，唯獨政治領袖不能踰分；原因是他掌握了太多的工具。一個眞正的政治領袖，既不能「作之師」，亦非人民的父母，他正確的身分乃是近代西方民主政治思想中一句名言所指的：「國家的公僕」。這句話也是孫中山先生生前所一再重複和强調的。在今天國家處於極端反人權的共產主義之摧殘下，我們對於孫中山先生生前所一再强調的那句話，應該再四回味。

第三五五號

目錄

讀者投書

（二）如此婦聯會！

微　言

自由中國月刊社公鑒：

我是高雄一個國校教師，本校在十月七日由訓導課分發各班級義賣敬軍花，每枚一元，限各生於八、九兩日內每人認買一枚；當即轉告各生購買。惟因本校係偏僻鄉村，學生家境均不富裕，自九月一日開學以來，向學生收費爲數已經很繁多了，這次如不是激於敬軍愛國的大義下來召號，實在一般學生已無力負擔此項捐欵；但在老師們鼓勵誘導盡心的督促下，及學生們對愛國敬軍向不後人的熱情鼓舞之下，此種義賣敬軍花工作，便如期在八、九兩日內完畢。

今十三日教師夕會時，訓導課長（現在國校內多已劃分階級很嚴，不稱某某老師，而稱某課長，某股長，初聞之頗以爲置身官衙之中）起立報告：竟稱本校所賣之敬軍花欵總計五五五元，於前往此間婦女反共抗俄聯合會高縣分會繳納時，該會祇收取四四四元，其餘二成之欵一一一元退給本校，據告說算是奬勵酬勞，又云留爲本校補助辦公費之用。本人及全校同仁聆悉之下，咸嘖嘖稱怪，婦聯分會如此舉措，至爲不當；蓋因敬軍勞軍之事是每一國民應盡之天職，何云酬勞？如目的爲著奬勵，可以頒發奬狀或其他精神上之方式爲之，奬金也不能在勞軍用之欵項中擅支，假如說是貼補辦公費，難道政府沒有按月發給學校辦公費嗎？既能動支給學校二成捐欵，那麽婦聯會高雄分會又可能在所收欵項下，自留幾成爲辦公費呢！難道反共抗俄婦聯會就靠敬軍花收欵才能有錢辦公嗎？該會又可能在所收數目中任意分批提成夥分，這難道不是假敬軍名義斂錢來朋分嗎？婦聯會眞正用到敬軍上的，究竟又是幾成呢？而學校中所得之二成欵，又作何用？作何合理的處置？這些問題均足啓人疑竇。近年以來，自由中國怪事百出，假冒什麽慈善事業，捐欵自肥，或朋比分肥者大有人在；如什麽防痨郵票（小朋友們均如此稱），紅十字等不一而足，都是收欵後學校留用二成，還有些假福利名義大賺其錢，明夥分用，眞是花樣百出，喪心病狂；時至今日國家已至阽危續絕之秋，在反共抗俄時代下，竟有這些沒天良血性之輩，混跡其間，假冒反共敬軍，藉機斂財貪墨，這種人實在可恨，由此一端可窺其平素所行所爲之不法營私之衆了。但不知政府主管當局所管何事？對此弊端竟未覺察，讓彼等胡搞亂爲到如此地步，言之令人痛心，眞使人要爲我們國家民族的前途而悲哀。如讓這些人當權[illegible]來，則一定要將國家搞亡了。

我是貴刊之忠實讀者，向極欽敬熱愛，貴刊之輿論公正，敢言，敢作，仗義執言之精神尤堪景仰！故特投書揭發此一社團間之黑幕。還請編輯先生指正酌奪。請賜貴刊一角予以公諸於社會，並請教於當局，使侵蝕國本，假冒敬軍貪墨自肥者，有所警戒，而稍斂形，對當前時政也不無小小的貢獻。耑此

敬頌　編安！

讀者　微言　謹上　四八、十、十三日晚

殷虛建築遺存報告序

李濟

這本報告列在中國考古報告集之二的第一本，第一編；這是一本極有份量的報告，極耐人尋味的報告。

對於小屯地面下的情形逐漸的認識，可以說是殷虛發掘團在安陽田野工作的成績中，最值得稱述的部份。根據這些新知識——尤其是版築的發現——我們：

①對於華北的田野考古工作，有了一個可靠的指標；
②對於中國建築早期的發展，得了若干基本的認識；
③對於小屯出土的器物，有了一種斷代的標準；
④發現了殷商時代的墓葬區。

這些新的發現更供給了從事田野考古的學人們一種追求新工作的力量。

這些新知識不是僥倖得來的。讀了石璋如先生這本報告，可以充份地意識到，它們是如何累積起來的。這雖是一件極端辛苦的工作，但是工作「趣味」，可以使作者把他一生最好的精力消耗在這一件事上，這裏必定有些道理存在。

留心安陽發掘的人士都知道，這一工作的重要，因爲甲骨文字在這一遺址出土的。甲骨文字出現的重要，又因爲——直到現在爲止——它們是中國境內保存下來的最早的文字。若是甲骨文字只見於古董市場，它們就不能取信於一般的學術界；它們的重要性就要減少，以至於無。古董市場的貨物，向來是有眞有假；假的古董是不能永久欺騙學術界的。但是由鋤頭掘出來的甲骨文字——尤其是用現代考古學方法掘出來的，——就不能由人隨便地說：「信不信由你」了。它們是上古留下來的原始文件，或是後人埋入土中的假古董，發掘的人必須給一個正確的判斷；判斷的證據，必須充份地拿出來；——他們必須把發掘的地下情形，作一個詳細的報導。

作這一件事的難易程度，可以相差很遠。就安陽發掘的歷史說，這一部份的知識確實地是得來不易。若把它們的取得，與兩河流域，新月沃壤區，以及尼羅河，愛琴海一帶的發掘成績相比；中國考古家所遭遇的困難，是大得多。在公元前第二個一千年的晚期——即安陽遺址的殷商——蘇味，巴比倫以及埃及各王國的建築早已利用大塊的石頭，燒過的磚了。用石頭與磚建築的宮室、廟、宇，不但規模宏大得多，它們荒廢了以後，留下來的遺跡也是不能完全埋沒的，並且容易復原的。

中國建築的利用磚石，是商朝以後的事。殷商時代的建築材料，除了木材及若干容易毀滅的其他材料外，最主要的是就地夯打出來的版築土。「夯土」是安陽的土話，略等於文言中的「版築」；但所包含的意義更要寬廣些。自伊朗以西以至地中海的東岸，在公元前七十個世紀的前後，新石器時代的農人，已經在硾土作他們的住房了。在這一帶的考古家，叫這些硾打出來的土塊及地層爲「不宰」(Pise)。但是這一種建築材料，到了文明開始的時候，在中亞與西亞就漸漸地爲磚與石頭所替代。只有在中國，版築的方式，一直用到營造宗廟、宮室、陵寢、這些大建築上去。故在華北一帶，留存在地下的夯土，頗爲普遍；但是經過了兩千年以上的破壞，這些遺跡是只有受過專門訓練的人，方能辨認。

故殷虛的發掘，就現代考古學的立場說，最基本的貢獻實爲殷商時代建築之發現；亦卽夯土遺跡之辨別，追尋，與復原之工作。在最初發掘的幾次，田野工作人員並沒有關於版築建築的任何觀念；那時探坑式的發掘，使出現的夯土，得不到卽時的認識。田野工作人員對於版築建築之眞實性與重要性，是發掘城子崖黑陶遺址以後逐漸瞭解的。開始認識這類遺跡的意義時，大家都感覺到無量的興奮，計劃着將殷虛全部遺址全盤翻的步驟；但因爲籌措大量經費的困難，故對這一新發現之利用，沒有爭取到時間，卽時地充份發揮。事情的轉變，在侯家莊墓葬之發現與發掘。發掘侯家莊墓葬的經驗，更加深了田野工作人員對於夯土建築之瞭解；故第十三次安陽田野工作就開始了整翻的計劃。但這一新計劃，方進行了三個季節——正在我們有所收穫時，——抗戰就開始了。抗戰後，中央研究院歷史語言研究所再沒有機會恢復這一工作。

這本報告的基本材料，都採自第四次及第四次以後的發掘紀錄。石先生分析這項紀錄的結論，把發掘範圍內所發現的夯土，分爲甲乙丙三組：甲組在北，最早；乙組居中，營造的時間最久；丙組在南，代表最後的一期。各組所估的面積，大小不等；乙組是最廣、最長、顯然是中心部份，爲壇廟基址所在。命名爲「乙一」的基址，爲一黃土臺基，南北長十一．三公尺，東西寬十一．八公尺[註一]。這一基址有兩個特點：第一是土質的純淨，不夾雜任何他種質料，似經篩過後，方取用的；第二是臺基的形制幾乎近方，南北線是順着太陽的子午線定的。就這一基址所在地點及它與鄰境基址之關係論，「乙一」顯然居這一組建築的核心，或者就是崇拜最高神的地點。這一神壇基址，較之兩河流域同一時期所建的壇廟顯着渺小，但在蘇味區域所發現最早崇拜「恩濟」(Enki) 神的，只是每邊三公尺長的，一處方形壇址[註二]。故小屯發現的這一基址，在早期文明留下來的神壇建築叢中，雖不算大，也不是最小的。

我們發現這一處遺址，遠在民國二十年的秋季，卽安陽第五次的發掘；那時參加這一工作的人員已感到這一基址的土質之純淨與定位之準確；但是它的眞正的重要性，却是石璋如先生將全部的發現整理分析，並勾畫出輪廓以後，才凸顯出來。

自民國廿六年抗戰起，到現在，已經又過了廿二年了。廿二年是一個悠久的歲月。在這一時期；成打的，可以與石先生討論殷商建築問題的夥伴們，大半都已星散，成了東西南北之人了！但是石先生咧，他有機會就整理這一批紀錄：他自己的與他的夥伴們留下來的；那批失去了原主人的紀錄的整理，尤需要他的加倍的操勞。這廿二年中：在閑時，他作這一工作；忙的時候他也偷空作；以至疾病時，流亡播遷時，困窮到難以生活時，他仍是念念不忘這一工作。現在，他把這一工作圓滿地完成了。這本報告內有一百一十七幅插圖；我很清楚地知道，每一幅插圖都代表作者的一片精神，或者說一團心血。每一圖中的每一個點，每一條線所在的位置都是經他審愼的檢査過，細心地佈置出來的。有些圖完成後，因爲發現了小的錯誤，就把它棄置了重繪；重繪的工作是沒有次數限制的。

復原出來的，殷商末年的宗廟宮室的遺跡，似乎比傳說中夏禹的「卑宮室」高大不了很多！遺址範圍的窄狹以及低矮，顯然是受了建築材料與營造方法的限制——也就是，時代的限制。以我們所知道的，殷商時代仍在使用的原始冶木工具——石斧、銅斧——及運輸方法——牛車——就是頭等的大匠，也奈何不了巨大的木材。沒有大木，在中國這一系統的建築中，就建不出高的宮殿了。夯土建築所以在這時能發展，因爲它只需用原始的工具。這一方法的建築，只要有大量的人力，也可以表現一個大的場面。這一場面發展的最高峰，在殷商時代是「臺」與「壇」的建築，以及地下的「陵寢」。這些建築使用的人力，實在有可以驚人的：若以一個工人每日移土方的能力計算，侯家莊大墓葬的營造，專就掘土移土一方面說，每一座所需要的人工，可以超過七千個單位。

在小屯的建築遺址中，地基部份的夯土，有夯至十層以上的；好些地方，把夯過了的土毀了再夯。這一營造法式所得的成果，固然遠趕不上兩河流域磚石建築的偉大，但是比較先殷時代的陶復陶穴，也可以說是堂皇富麗了。可惜的是，除了若干柱礎及柱燼外，沒有找到其他有關屋架與屋頂的遺存。報告中沒有可憑的資料，藉以復原殷商時代屋宇的全貌。

同時我們也應該知道，報告中所描寫的遺址，只是殷商末年都城的一個小的片段——是一個重要的片段。這一區域的東面臨着洹河；這一河流每隔若干年就把濱河的土方沖毀若干。我們在殷虛發掘前後不及九年，已親眼看過殷虛的東岸，爲洹水沖潰了一次；小量的塌陷，差不多每年都有。若以每十年崩塌一次計算，三千年來就可以有三百次了，毀去了的殷虛面積，是相當可觀的。

但是，發掘出來的部份，沒有疑問地是極端重要的區域。這裏有住宅、有倉庫、有藏甲骨文的窖穴，有鑄銅器的工廠；有宮殿，有太廟，有神壇，有祭祀用人用畜的犧牲坑，並有墓葬。專就地下的層次說，在夯土建築以下，有密佈的窖穴，有性質不明的溝渠網；夯土以上，有打破夯土的窖穴及時代不同的墓葬。這一錯綜複雜的現象，石璋如先生費了二十二年的工夫，把它們清理出來了；並寫出來了這一部偉大的報告。這是讀中國早期歷史的人們應該深深地感謝他的。這本報告的科學價值是極應重視的。細心的讀者可以對於報告內所描寫的現象，發生不同的解釋；但是報告的中心工作是報導殷虛建築的遺址。作者對於這些遺址發現的樸實的陳述與描寫，以及各種插圖說明之淸新，有條理，是值得稱讚的；——這些表現，都是在中國最出近出版的科學作品中，少有可以相比的。

李濟　四十八年十月六日晨　在臺北

附註：

註一　參閱：安陽發掘報告第四期五七〇頁，我當時寫的報告：另一「……純淨細黃土作成之高臺，面積：東西，南北各十二公尺，作正方形，黃土厚約半公尺至一公尺中無夾雜物。……」以後用平面儀覆校所得尺寸如本報告(五九頁)。

註二　參閱：V. Gordon Childe, p. 114, New Light on the Most Ancient East, 1954.

赫魯雪夫治下的蘇俄（上）

Harrison E. Salisbury 著
董鼎山 摘譯

紐約時報名記者沙立斯倍雷于史大林時代及史大林死後時代，曾數度訪遊蘇俄各地，爲時報的蘇俄問題專家之一。今春他又赴蘇訪問四個月，回美後在時報連載八章「赫魯雪夫治下的蘇俄」的報告。此文發表時，恰在赫酋訪美前夕，引起美國朝野各界注意，茲特在本刊擇要譯出。原作者的觀點與意見不一定代表本刊與譯者的意見。——譯者

一 赫魯雪夫五年統治下蘇俄的變化

赫魯雪夫的五年統治替蘇俄舊面目罩上一個新臉寵。這種改變是眞實的呢？還是僅僅一個史大林主義的新面具？這正是赫魯雪夫與艾森豪互訪時，世界人民所欲質詢的問題。美蘇首腦的交換訪問開始了一個美蘇關係的新時代。因此我們應該及時對蘇俄有一個新看法。過去四月來本記者曾在俄境廣遊數千里，尋求史大林死後蘇俄變化的證據。本記者曾二度深入西伯利亞，其中一次係隨尼克森副總統採訪，記者並曾到過外蒙。

此次報導包括與赫魯雪夫、米高揚、柯兹洛夫的談話印象，也包括與曾在西伯利亞勞工營長期居留的人士的談話。記者將在這八章文字內，從事實報導蘇俄的各項眞相要素，例如造成蘇俄政策的因素，美國政策所應該認識的因素，及美國或會不愼忽視的因素。

首先必須報導的，而且必需重覆指出的是：史大林已死，史大林的蘇俄已死。在現時代中，史大林的蘇俄不可能再復活。赫魯雪夫的蘇俄包含有廿五年史大林治下的生還者。自從史大林于一九五三年逝世以來，蘇俄從未作足能阻止另一史大林再起的任何措施。但今日的蘇俄不容一個新的史大林出現。這是赫魯雪夫政策根源的基本政治事實。可是這並不是說史大林蘇俄與赫魯雪夫蘇俄沒有類似之點，不過不同點超過類似點。

五年以前，人們相信史大林之死必使蘇俄大改面目。但當時對此種改變的方向與深度仍不明。今日的則却甚明晰。蘇俄並未完全消除所有的恐怖與威嚇措施，不過已在逐漸改變，例如特務半夜敲門之事已無。

今日的蘇俄是一個變動的圖照，式樣在變動，人事在變動，策略在變動，方法在變動，思路在變動，統治路線在變動，通常男女的精神在變動。西方人士問：「你有沒有看到史大林死後的變化？」答覆是：「變化這麼多，實無從開始。」

也許最好的開始點是克里姆林宮。一九五三年初，克里姆林宮是一個惡險的地方，是一個老年獨裁者擬謀恐怖計劃的秘密城堡。今日克里姆林宮已成爲遊客吸引地，設有公共餐室及紀念品商店。莫斯科河上的遊覽艇可在克里姆林的高牆邊駛過。

路皮恩卡山坡的房屋原是辦理西伯利亞勞役營的總機關，現已改爲雜貨市場。從克里姆林宮通往史大林鄉間別墅的亞爾勃路，以前常每二十碼有一警察站崗，現已沒有警察，雖然赫魯雪夫私車要通過此路。

一九四九年時，俄人在莫斯科街上看見一個外國朋友，不敢招呼。但一九五九年時，俄人向旅館通電話打聽外國朋友有否抵埠。史大林的著作未被焚去。他的「論列寧主義」仍可在書店的上層積灰書架中發現。但各書店已在外櫃上陳列美國作家辛克萊路易斯，英國作家格蘭葛林及陀斯托也夫斯基的著作（在史大林治下被列爲禁書。）

凡此種種是不是說蘇俄已放棄共產主義呢。決不。蘇俄並未完全改變。虔誠的共產黨徒仍夢想一個共產主義替代資本主義的世界。他們是不是希望用武力達到這個目標？如果是的話，無人作此承認。共黨的答覆，與史大林時代同樣，常是：資本主義已內部腐爛；共產主義可以不戰而勝。赫魯雪夫也說過這樣的話。他說「我們將埋葬你們」，卽意謂在資本主義消逝之後，共產主義將生存而送葬。

與史大林時代無異的地方，也不是難以找到。共黨機關報眞理報編輯仍在走八股之路，外交部官員仍在保護其在「冷戰」中所掘的壕溝。新聞檢查員仍在刪除外國記者電訊稿（共黨國記者除外），專門處理外國記者活動的新聞局，猶如一個東方市場，時軟時硬，有時施惠，有時威詐。

蘇俄外交部不准用猶太人，但猶太人已不再被放逐或槍決。安全警察仍跟踪西方國使館武官，有時也跟踪西方記者。「美國之音」俄語廣播仍被擾亂。莫斯科若干工廠機器陳舊。裝一具電話機須等待一年。購買一輛「伏爾加」號汽車，須等待二三年。車價四萬盧布，合美金四千元。

但是俄人今日生活雖不美滿，却較革命四十二年來任何一年爲佳。人民的精神也改。莫斯科街上已不再見到鬱鬱寡歡的面孔。出差汽車車夫講笑話。店舖女職員閒談美國物價。一向陰沉的「都市旅館」現已充滿活動。蘇俄人民希望生活轉佳，水準能和美國人民相齊。有一個空軍軍官在莫斯科河上餐館，語氣充滿希望的說：「莫斯科不是已經漸漸像紐約嗎？我知道百老滙路燈光耀明，但是高爾基街不是有點像紐約嗎？」

蘇俄人民所最希望的是和平能够持久。尼克森訪問時不斷用俄語高喊「世界和平」，予俄人印象甚深。俄人的衣服式樣亦已改良。米高揚某次曾驕傲地

說,「你已經不能再從衣服分別俄人或美國人了,特別是在夏季。」男裝的大褲脚管已經消失。早在法國時裝家于今夏在莫斯科舉行時裝表演之前,莫斯科少女已在橫仿碧姬巴鐸(法國影星)。不少裁縫正在仿造巴黎時式。

莫斯科街頭緊張氣氛已滅。俄人已不怕在街上與外國人說話。「都市旅館」與「國家旅館」門外,兒童向美國遊客討口香糖與銅板,警察亦不干涉。(五年前警察必驅走兒童。)有一莫斯科青年記者稱:「三年前僅我與同事有幾個美國朋友,好像是專利。現在人人有美國朋友,已成風氣。」一名西伯利亞青年驕傲地稱,「我是自由西伯利亞人。我不屬黨,我有我自己的意見,不是官方的意見。」

所有這些情形,都是史大林死後才發生的。史大林逝世已六年,六年以前,一九五三年三月,貝里亞、馬倫可夫、莫洛托夫在史靈前致辭誌哀。當時赫魯雪夫爲治喪委員會主席,站在背後。但今日,誌哀史大林者皆已失勢,僅赫魯雪夫及其親信米高揚留存,伏羅希洛夫身體衰弱,僅佔有最高蘇維埃主席的名義。

蘇俄新領導方面最明顯的一點是自信心。史大林時代的陰毒計謀羅網已消失,所代替的是自信的活力。此種自信心基于軍事工程的成就(衛星、飛彈、火箭),工業方面的成功(鋼鐵增產,石油、化學、煤氣工程的迅速發展),農業方面的成就(處女地開墾的成功),政治的淸除(馬倫可夫莫洛托夫一派的失勢。)

可是我們不應有過高估計蘇俄及過低估計美國的傾向。美國的成就,仍是蘇俄所立的目標。蘇俄在誇口自吹之餘,確有一條線路值得注意。即是它已重開耳目,願接受新觀念新事物,赫魯雪夫于今夏參觀美國展覽會之前,從未飲過「可口可樂」,認這是資本主義的腐敗發明。可是在他嚐過滋味之後四天,蘇俄貿易官員已在開始與美國人士討論如何進口「可樂」。米高揚已在莫斯科沿街置有自動取飲機,不過所售者是蘇打水,尙非「可樂」。

赫魯雪夫與其親信從未懷疑共產主義制度的優越性,不過他們已願向資本主義式生活借取長處。赫酋如果知道他的政策已在大大改變共產主義面目(不是基礎及骨幹),他並不表關慮。他的自信心係基于一九五三年以來蘇俄所不斷達到的成就。

史大林對其繼承者遺下不少大問題。一九五三年蘇俄還未曾恢復第二次大戰時所受人命損失的元氣。史大林于戰後數年來不願作人口統計,以隱瞞這個弱點。現在蘇俄終于補回戰時喪生的四千萬人,赫魯雪夫才讓人口統計的數目露佈。目前蘇俄人口已達二〇八、八〇〇•〇〇〇人,戰前爲一九〇、七〇〇•〇〇〇人。史大林使人民因恐懼至半癱。人人都在恐怖的鞭策下工作。西伯利亞成爲勞工營與秘密警察的重地,千萬人民被迫離家流放。烏克蘭受壓迫,韃靼族被分散,高加索族人種被消滅,猶太人受虐待。惡毒情形不下于沙皇時代。

史大林繼承人所最懼怕者乃是人民起而反抗,赫魯雪夫乃不得不代之以一個「有限自由」的政權。但這種自由仍受控制。例如匈牙利革命發生之後,赫魯雪夫又加緊對人民自由的限制。目前莫斯科不少俄人會在街上與美國遊客熱辯,自稱已有自由。但有時警察也要干涉,俄人有時被捕,在敎訓一頓後釋放。

史大林遺下的農業制度幾乎使蘇俄臨近饑荒。赫魯雪夫乃採賭博手段,在處女地灌漑。結果使西伯利亞與卡柴斯坦的新地保障了蘇俄農業的自足。但史大林所遺下的工業則甚豐富,繼續膨脹,所着重者爲重工業。缺點雖然仍有,生產則在增加。

在科學方面,新政權成長特速。核子與火箭工程方面的成就,使赫魯雪夫將蘇俄推入世界注目的中心點。此外,新武器的發明也幫助赫酋解決一個史大林所難解決的問題——即人力問題。史大林後年所慮者是一把可懼的剪刀——勞工需要膨脹,但人力不够。

赫魯雪夫已重組蘇維埃軍隊。他已將共軍大批幹部解甲。新軍隊雖較小,但訓練特佳,擁有州際飛彈,其力量爲史大林時代所難以想像者。

史大林所遺下的外交政策一團糟。莫斯科原經由貝里亞的秘密警察控制東歐,將中共目爲胃癌,對中立的亞非,與中東則冷眼相待,對西方仍有冷戰。當時韓越戰事又在進行中。赫魯雪夫乃用利刀割斷這些死結。他與東歐建立較佳關係。中共仍是一個問號。但史大林時代對中立國的敵意,現則已由友誼替代。對西方政策,赫酋已將武裝敵意轉化爲馬戲團式的表演。他有時向西方甜言蜜語灌迷湯;有時穿上外交的大禮服;有時又滿口强硬。

將所有上述各種改變情形加起來,今日的蘇俄已比史大林時代的蘇俄更强盛、更能幹、更安全。這個蘇俄亦更複雜,使西方更難以應付。

當然,赫魯雪夫仍有頭疼,蘇俄仍有難題。赫酋口口聲聲說是要追及「世界工業最先進國家的美國」。但是他在實地觀察美國以後,應知道這一步進展眞是談何容易。舉例而言,農業首腦麥茲克維支于一九五五年訪美國埃荷華州後,學了一套農業新技術,可是至今仍在爭取蘇俄農民的採用。麥氏如要獲得這方面成就,至少須待五年。

赫酋旣已誇下海口,謂蘇俄生活水準能追越美國,蘇俄人民當然希望這話會兌現,這下賭注的危險性很大。俄人嚐味之後,將來胃口奇大,生產量恐不及應付。

除了這個危險之外,另有一個大危險。赫魯雪夫已應允將西方文化、民主、自由企業各現象向蘇俄人民暴露。這些危險問題雖不見得使赫酋本人憂慮,但已引起其他共酋的關切,因他們認共產主義乃是基于一元眞理,不容有其他選擇。

蘇俄的文化檢查人員，在莫斯科的美國展覽會書架上發理評論蘇俄的美國書籍，大爲驚恐，因爲識英文的俄人可看到對蘇俄大事不同的論法。這些官員立卽禁止公衆行近書架，以免俄人接觸西方文化與思想。

可是這種重壓力下結果，可能有爆炸性。

例如，美國流行呼拉圈時，莫斯科青年亦聽到。可是他們不知呼拉圈如何玩法，于是乃放下窗幕，開放爵士音樂，男女一對共同在一個呼拉圈內摩動，結果成爲有傷風化的野合大會。俄人是極端主義者。他們將呼拉圈的身體波動，轉化爲搖臀磨腹的淫舞。每一次對自由的初嚐滋味，其效果猶如空肚喝威士忌酒。若干共酋對赫魯雪夫寬容政策的結果表示關慮，並非是沒有原因的。

今日的俄人猶如二三年前波蘭人一樣，開始談論共產主義與資本主義制度的滙合線，蘇維埃制度傾向西方的變化及西方制度傾向東方的變化。這種臆測常遇到整個蘇俄所臨之大難題——卽是它與中共過去，現在，未來的關係。因爲蘇俄卽使有意傾向于較多的自由與寬容，中共的方向却完全相反，這情勢可使共黨世界一劃爲二。

赫魯雪夫政權內部實力，已無問題。他已表顯他的能力。史大林死後開首數年內之陰謀爭權現象已成過去。目前沒有人敢對赫酋的權威挑戰。但這並不是說蘇俄領導當局沒有其他意見。相反的，莫斯科仍有不少人士寧奉行史大林舊法，仍有不少人士認馬倫可夫的增產消費政策無錯，仍有不少軍人爲朱可夫元師之被革職表不平。年輕領導人物亦崛起爭奪高職，但却沒有人敢向赫魯雪夫挑戰。赫酋今年已六十五歲，其勃勃之生氣，盛于年齡僅一半的青年人。

二　從「集體領導」到赫魯雪夫獨裁

無人已敢向赫魯雪夫還嘴。觀察家認爲，在過去二年中，蘇俄的「集體領導」已轉化爲赫酋的個人統治。自從一九五七年六月，赫酋擊敗馬倫可夫莫洛托夫聯合勢力後，此種轉化卽已開始，他單獨有權作蘇俄政策的重大決定。他一人可轉捩和平或戰爭，由于這個原因，他的訪美對美蘇關係及世界前途具有極重大意義。

但這並不是說赫酋今日統治蘇俄的方式與史大林的獨裁方式相同；這並不說蘇俄政策不會在俄共主席團（中央政治局）討論。赫酋愛辯論，愛聽他人意見，愛爭辯。不過在俄共統治圈中，他仍佔第一位。赫酋與尼克森說話時，曾取笑米高揚的愛吃胡椒湯，三年以前，米高揚可能還嘴，取笑赫酋對羅宋湯的嗜好，但今日米氏已不敢。

蘇維埃制度既是一個極權制度，統治權力最終必落入一人之手。列寧死後史大林成爲最高統治者。史大林死後，赫魯雪夫繼承。但是赫酋的統治與史大林的盲目暴政不同，一部分原因係由于赫酋的性格。赫酋性格向外，史大林則是向內。此外，時間亦在改變，蘇俄人民決不再要一個史大林式的獨裁。

赫魯雪夫的向外性格及其統治的格式，使他亟欲來美訪問，米高揚的先訪美國，並非沒有原因，米是赫酋的耳目。赫在訪美之前，先要熟知各項事實。他對美國的意象是歪曲的，雙層的。他一面將美國看作工程發展最先進，工業生產最高的國家，一面又認美國是一個卽將崩潰的腐敗資本主義國家。他自己以爲對資本主義及壟斷制度有深刻的認識。

在今日，赫魯雪夫是蘇俄最重要的人物，但過去並不如是。一九五三年三月五日史大林逝世時，站在靈位旁邊的是馬倫可夫、莫洛托夫、卡格諾維支、布加寧、貝里亞、伏羅希洛夫。赫魯雪夫、米高揚、朱可夫站得離靈位較遠，僅屬次要。在靈位旁首排人士之中，僅伏羅希洛夫仍爲名義元首，最高蘇維埃主席。其他都已失勢，貝里亞已于一九五三年十二月被槍決。朱可夫已被剝奪職權。

今日莫斯科的重要人物，赫魯雪夫以外按次如下：吉里青柯(Kirichenko)，塞斯洛夫(Suslov)，米高揚，柯茲洛夫，亞里斯托夫 (Aristov)，柯西金(Kosygin)，伊納托夫 (Ignatov)。我們須知，蘇俄人物的重要性，不一定可由其對外的職位鑑定。例如上述人士之中，米高揚與柯茲洛夫最爲外界所熟知。可是他們二人不一定會是赫魯雪夫的繼承人。米高揚與赫酋爲同時代人物。赫酋繼承人將屬年紀較輕的一代。赫酋如在明日突患心臟症，米高揚可能接位，但將僅是暫時性。

米高揚一向爲赫之最親近外交顧問，特別是對美關係方面。今赫本人訪美，將自命「美國問題專家」，米高揚因此將失去其顯著地位。柯茲洛夫則又不同，受赫重視。赫酋曾告前紐約州長哈立曼，稱柯氏可繼他任總理。可是蘇俄總理之職，並不如黨的首腦地位重要。柯氏默默無聞，在訪美後，才名揚世界。但莫斯科仍將柯茲洛夫目爲未來的布加寧，並非未來的赫魯雪夫，布加寧爲總理時，實權係操在赫之手中。

說到蘇俄實權領導人物——卽共黨書記長——時，吉里青柯的名字最受述及。吉氏對西方名不見經傳，難得與外交家或重要外賓有接觸。赫酋在烏克蘭當權時，吉氏爲其左右手。他在赫政權內部地位重要。今春赫酋選吉氏向蘇俄各安全機關發表一項極重要演說，劃定「新自由主義」下的安全警察任務。吉氏忙于主管經濟建設地方化 (decentralized) 後的事務，難得作公開露面。赫酋對他具有信任，特別予以黨之要務。但赫本人當然仍不放鬆；他深知統治共黨者卽是統治蘇俄者。

史大林時代的「政治氣候表」已經恢復，這就是各領袖肖像的排列次序，爲避免外界測知起見，這些肖像近來多係按照姓名字母次序排列。但最近記者在二個工廠中注意到，該二工廠經理室內皆懸有六幅肖像，——列寧，伏羅希洛夫、赫魯雪夫、米高揚、塞斯洛夫、吉里青柯。後者四人乃掌握實權的核心。這類肖像的陳列，不但證實吉里青柯的重要，而且也證明塞斯洛夫的權勢。(譯者按，塞氏十月一日在北平。)在蘇俄領袖人物中，塞氏性格爲最令人迷惑不解者。

赫魯雪夫的周圍人物與他本人相似，皆爲愛羣和向外性的政客，只有塞斯拉夫仍帶有過去的陰影。根據論理及政治傾向的規律，塞氏應該支持莫洛托夫馬倫可夫而反對赫魯雪夫。但他並未作此一舉，這證明他在政治上的明智。至今他的位置既不提高，也不降低。塞氏爲保守性的史大林主義者，他的擠入統治核心，也許是由于對赫魯雪夫有用，可以用作史派與反史派間之緩衝勢力。塞氏在對付外國共黨時有用，特別是史大林派的法國共黨。在對付中共方面，塞氏可能亦有用。此外，塞氏在理論方面，也專門于對付國內人民的不滿情緒，他曾任眞理報主編。他與另一個前眞理報主編史大林主義者波斯丕洛夫 (Pospelov) 一共擔任在理論上支持赫魯雪夫的要務。另一前眞理報主編，俄共中央委員會宣傳組長伊里契夫 (Ilyichev)，也在這方面負責。

但在爭權之時，上述各因素並不能使塞斯拉夫超越于吉里青柯之上。吉氏與協助赫魯雪夫得勢的黨內機構有密切關係，共黨的各地方書記及工業方面書記將必投票擁吉氏，而不擁塞氏。塞斯洛夫的惟一有利局勢，爲莫洛托夫、馬倫可夫一派之東山再起。

莫洛托夫雖不可能東山再起，但仍是受尊敬的人物。卽赫酋最親信人物也謂：「我們尊崇莫洛托夫，我們雖與他不同意，但對他尊崇。」由于一般人士仍對莫洛托夫具有敬意，赫魯雪夫不得不將他放逐外蒙。

至于馬倫可夫，莫斯科無人相信他會東山再起。不少人士認爲史大林後期之暴政，馬氏應負重責。布加寧亦將在莫斯科默默而終，據稱他的缺點是好酒。當他在投票反對赫魯雪夫時，實不明瞭此舉的不智。

朱可夫的機會已過，軍事方面不會再請他出山。華沙公約總司令柯乃夫 (Konev) 元師將近退休。國防部長馬林諾夫斯基及參謀總長索柯洛夫斯基 (Sokolovsky) 爲今日最活躍的軍人，但陸軍的勢力均衡已轉移于飛彈、火箭與主管的科學家。

值得引人注意的人物是柯西金。在史大林時代他的生命隨時垂危，但近年來已慢慢往上爬。柯氏五十五歲，現爲經濟計劃部門主管人。有一外交家稱，他愛與柯西金相談，因柯西金知道所談的是什麼，一針見血，毫不含糊。

另一上升的人物是亞里斯托夫，較柯西金大一歲。他是赫魯雪夫親信之。在最高蘇維埃(國會)開會時，他常在一小時內離座五六次，替赫酋跑腿。伏羅希洛夫今年健康更遜，繼他爲最高蘇維埃主席者可能是伊納托夫。伊納托夫目前是俄羅斯邦最高蘇維埃主席。他是一個毫無色彩的官僚，現已接收伏羅希洛夫的不少職務。

其他與赫魯雪夫接近者有：麥茲克維支 (Matskevich)，爲赫酋在烏克蘭時代之老同志。雪萊平 (Shelepin)，四十一歲，被赫酋從青年團拔升爲國家安全委員會主席。原任該委會主席的西羅夫 (Serov) 被改派爲副參謀總長。雪萊平爲土耳其種，與另一土耳其種的阿巨裴 (Adzhubei) 爲好友。阿巨裴三十四歲，爲赫酋之婿。雪氏在赫酋政權內握有勢力。阿巨裴亦然，他曾任「青年團眞理報」主編五年，數月前調任政府機關報「消息報」主編。

赫魯雪夫愛好家庭生活。他有四個兒女，一個兒子在大戰時喪生。赫酋並曾撫養不少親戚的兒女。他與史大林時代的領袖不同，並不隱瞞其家庭生活。這次他訪美國，亦携妻兒同行。赫酋另一子名塞其，年廿四歲，在莫斯科工程學院畢業，數星期前甫獲科學工作的列寧獎金。赫酋長女尤麗亞嫁基輔歌劇院院長爲妻。次女拉達嫁阿巨裴，與赫酋在美國同遊之妻爲其第二妻。

赫酋屬下有一批秘書，研究工作者，及演辭撰寫者。但他常撇開正式演講稿，信口開河。他愛好閱讀，但由于必須過目的官方文件衆多，沒有時間閱讀其他書籍。他常閱讀美國國務院在蘇俄發行之俄文「美國月刊」，此外並注意美國出版之科學期刊。

但歸根結蒂，赫魯雪夫是一個政客。所謂政客，卽是說他與平民能自在混合。當尼克森訪俄時，他爲向尼氏表明俄人不是奴隸，偕尼氏乘船入莫斯科河，與在河中遊水的「共黨奴隸」握手。但是卽使尼氏不在，他本人亦可能前往河中與平民相談。據稱，在夏季時，每星期一早晨，莫斯科人上工時，互相詢問的第一句話卽是：「尼基達(赫酋小名)昨日有沒有在河上？」

三　新時代的新社會問題

赫魯雪夫蘇俄與史大林蘇俄間的最重要不同點是：赫魯雪夫治下的俄人已不相互畏疑。這是赫決定不用恐懼方法統治蘇俄後的一個瀰漫最廣的結果，少數俄人仍惴惴不安。政府對不再用秘密警察威力來恐嚇公民，從未作公開宣佈，但這正是蘇維埃制度的典型樣式。赫魯雪夫與其他發言人僅謂，過去有「違反蘇維埃法權」的地方，此後將不容再有發生。政府曾設機構，清查勞役營中所有囚犯，逐漸將此等囚犯釋放。新政治犯的逮捕也已減少。

在開初，蘇俄公民懷疑政府的誠意。但一段時間過去後，俄人已發現赫魯雪夫確在企圖不用恐怖手段爲政治武器來統治蘇俄。勞役營的消滅及秘密警察權力的減少已改變蘇俄社會。新的社會問題與經濟問題立卽升起。蘇俄現在已有妓女，黑市交易者等。這並不是說較多的自由產生社會弊病，這只是說政府已不再將犯罪公民流放西伯利亞，借此掩蔽社會缺點而了事。

政府正在試驗以公民自動方法來應付這些社會問題。但這方法不致于成功，赫魯雪夫如果能與美國建立和諧關係，使國際局勢不過份緊張，便可有暇將其能力轉用在解決國內社會經濟問題上。

當然，仍有人懷疑，一個共產主義制度不用警察，不用恐怖手段，便無法統治。但這是另一個問題，事實是赫魯雪夫正在企圖如此行政。蘇俄文化關係委員會主席徐可夫曾稱，俄境現已沒有一個政治犯，這話當然是誇張，可是誇張得不太過份。

西伯利亞可能仍有被拘的政治犯，但一九五三年夏發生暴動的北俄勞役營已關閉，則無疑問。煤礦已由通常礦工開礦。勞役營中數百名看守警現在莫斯科開出差汽車。

一個西方人士最近到卡拉根達的前奴役煤礦中心訪問，發現原來的勞役營舊址正在建造巨大公寓房子。西伯利亞西部大城市諾伏西柏斯克的醜陋勞役營營房亦已不見，該地已無奴役情形存在的痕跡，在西伯利亞東部，至少是在向西方記者開放的地區，情形也相同。柯里瑪金礦的礦工據稱也不再是奴工。今日你可在莫斯科遇見數年前曾在西伯利亞勞役營被囚的人士，但他們如果不說，你不知他們的背景。有一中年婦人稱，「我知道我有幾個朋友已被放回。我辦公室中有二個同事也是來自西伯利亞。」據稱這種情形甚是普遍。

本記者于一天之內，在莫斯科遇見五個曾受史大林秘密警察磨折的人士。第一個曾在外交部服務，現在擔任非外交方面的重要職位，和他接觸的人竟不知他曾在西伯利亞勞役營拘留四年。第二個是莫斯科一個有地位的編輯，曾在西伯利亞放逐六年。第三個擔任譯員工作，曾被拘一年。第四個第五個係在克里姆林宮一招待會中遇到，一名卡比札，爲核子物理學家，曾在莫斯科郊外鄉居中被軟禁數年。一名杜波來夫，卽蘇俄最大噴射客機的設計人，杜氏曾在西伯利亞一警察機構中被拘數年，他在獄中時曾設計不少有價值的飛機模型。

以前曾受特務苦難的人士今日分散于蘇維埃社會之中，不少擔任重要職務。政府曾盡力設法使他們恢復受難以前所應享的地位，這些人士的存在，可以作爲新警察國家勢力復活的障碍。因他們有了經驗已不再容易受唬嚇的。此外，秘密告發者及寫無頭信者今日也已消失。

有一個與外國人有來往的部門中若干重要官員某日在莫斯科一餐館中招待一美國客人。餐館于早晨一時收市。他們對美國客人說：「你有酒嗎？我們到你的住所再飲。」美國人答稱，「當然可以，但你可知道我住在外國人公寓中，門外有警察守衛。」此批俄人稱，「我們當然知道。這警察會將我們叫去教訓一頓，可是誰去理他，我們去吧。」

在過去，俄人不敢提及托洛茨基的名，卽使今日，這名字也難得聽到。但記者曾在一個小城市聽見一青年在談論有關蘇俄的書籍時談到托洛茨基。另一青年笑談他與托洛茨基臉相畢肖。再有一個說：「我們已在開始談及托洛茨基，但仍沒有寫作有關他的文章。」一個隨他父親于一九四五年流放到西伯利亞的青年說：「我的家在西伯利亞，我住在這里，工作在這里。我喜歡這樣。沒有人能威脅我，我可自由做我所喜。」

這種獨立的精神在史大林時代並不存在，新一代的青年已不記得過去的恐怖。有一美國遊客在街上討論時，提及舊時的惡現象，一羣少年參加爭辯。後來有一個年紀較老的俄人過來對美國人說：「你向他們的提醒是對的。不要退讓寸步，他們不知道過去是怎麼樣。」

這種情形是赫魯雪夫「自由主義」的產物。此外還有別的產物，美國著名佈道家畢列・葛蘭姆(Billy Graham)說，莫斯科沒有巴黎倫敦的娼妓公開賣淫。可是葛氏的話僅可以形容史大林時代，形容今日的莫斯科却不正確。第二次大戰時，住在「都市旅館」的外國人有時接到女子賣淫的電話。自從一九三○年以來，莫斯科街上已無妓女拉客情形。在今日黃昏之時，你如在大旅館附近散步，常可遇到妓女。這些妓女臉上塗滿脂粉，服裝奇特。

在蘇俄，賣淫事業牽涉幾個特別問題。第一個問題是房間，那是沒有出租數小時或一夜的廉價旅館。據稱「都市旅館」附近的貧民區中有幾個房間出租，賣淫的交易，常在停在「莫斯克伐旅館」樹影下的出差汽車中進行，列寧格勒的「亞斯托里亞旅館」附近也可見到妓女。列寧格勒的女子服裝甚爲時髦，穿高跟鞋，髮裝爲馬尾式。

「自由主義」的另一個產物是黑市交易。在高爾基街，列寧史大林陵墓，克里姆林宮附近咖啡館散步的美國遊客，常可遇到青年人前來交易。這些青年人穿了緊身褲子，頭髮長如阿飛式，服裝整齊，看來好像是英國人或北歐人，有的甚至養了鬍子。他們小心的用英語說：「請原諒，你是不是遊客？」如果回答是「不」，談話就此而終。如果回答是「是」，這青年人就出價買美國鈔票。黑市交易者不要與外交家或其他外國僑民做交易，他們向遊客的出價爲二十盧布換一元美金(官價爲十對一)。如果遊客還價，他們會提高兌價，有時甚至提高至五十對一。

如果旅客對盧布不表興趣，他們會出售「三百年前的教堂聖像。」這種聖像有時是眞貨，甚有價值，有的則是于鄉間教堂偷來。蘇俄政府禁止古物出口，聖像如被關員查出，必加沒收。

如果遊客既不要盧布，也不要聖像，這些青年人會求購衣服，特別是外衣、運動衫、領帶、皮鞋之類。黑市場所最需要是爵士音樂唱片，美國紙裝書，特別是偵探小說，自來水筆，自動鉛筆，唇膏及化裝品。他們會出價五十盧布購一本紙裝偵探小說，三百盧布購一件運動衫，可是對美國香烟的需求並不大。

由于俄人對西方物品，特別是美國物品的需求，這些青年人將任何物件轉售，毫無困難，並取厚利。

不少遊客奇怪黑市交易者在取到美國鈔票後如何處置。不知蘇俄人民現在每年有數千數萬人遊歷西歐。若干以遊客或官方代表身份遊歷美國。這個黑市場生意興隆。蘇俄政府向每一個前往美國的遊客僅供給四十元美金。因此，要往西歐或美國去的俄人，甘心情願以一百盧布向黑市者購買一元美金。不少農民也情願積蓄美鈔，而不要積蓄盧布。

蘇俄警察當然知道這類黑市。他們爲什麼不干涉呢？有時一個黑市交易者被捕，次日又在街上出現。觀察家相信警察與黑市有關，不是受賄，便是官方欲借此謀求外滙。這類黑市賣買的情形係于一九五七年夏之青年節時首先在莫斯科街道出現，至今已成爲莫斯科生活的一面。

此外，紅場著名的 GUM 百貨商店後巷也進行另一種黑市交易。較早的顧客在商店搶購物件後，出售與後來的顧客，可以取利百分之五十至一百。吉普賽婦女在街上替女子算命或出售尼龍絲襪。

所有這類情形，任何行人皆可看到，當然逃不過警察的眼目。但警察採取行動的時機極少。警察的不干涉，是因他們沒有奉到應加干涉的命令，但這並不是說政府不在設法克服這種新社會問題。

政府正在試用一種新方法，這方法是所謂公民團體的「自動干涉」。至少在理論上，這種干涉是在政府機構範圍之外。最活動最受宣傳的公民團體叫做「特魯徐那」。俄人常用這詞來稱呼民間救火員或民間警察。在今日，這名詞係代表一羣年輕共產黨員的團體。這些青年臂圍紅布，志願在街上巡邏，協助警察維持秩序。

這些團體的重要任務之一是對付酒徒。他們常于深晚巡視餐館酒店，勸告青年人不要過飲。但他們如發現有醉酒的酒徒，多半召喚警察。警察讓酒徒在警局中睡眠。共黨青年團報紙常著文稱揚這類民警的工作成績，莫斯科近來禁止市民飲酒過多，餐館向每一顧客僅出售三盎斯半的伏特加。酒排與啤酒店已不准開張，但白蘭地與黃酒的出售仍不受限制，這些酒較伏特加與啤酒較貴。

另外一種公民團體叫做「同志法庭」。公寓中如有一房客醉酒返家，擾亂公共，鄰居乃聚集判斷這個酒徒的行爲，工廠中如有工人損壞機器或偷竊工具，由其同事共同判斷。

在這類情形發展下，不少社會服務機構已交由工會處理，工會于最終將完全接收福利方面的任務。此外，工作效能特高的工人並應協助效能不高的同事，使能提高生產量。

這類所謂公民自助團體並不如表面上的美滿。不少人士濫用職權，甚至造成赫魯雪夫政權對這措施意見的分裂，贊同這項公民團體運動者爲前青年團主席西密卻斯尼 (Semichastry)，國家安全委員會主席雪萊平（前亦曾任青年團主席），消息報主編阿巨裴

反對者多爲年紀較大的官員，包括不少法官、律師，及熟悉史大林時代濫用法權的人物。他們認爲這項措施或將開始一個濫用法權的新時代。過去四年來，二派人物曾對法律保障個人自由的侵犯一事大加爭辯，這項辯論仍在進行中。

在目前，這類「民間警察」雖甚活動，但效果不大。「同志法庭」僅當由「青年團眞理報」述及。可是這項應付社會不良現象的問題甚是嚴重。蘇俄政府既已不用勞工營或處決的威脅來解決這些問題，新的應付方法又尚未建立。

社會行爲不規的犯者，以青年爲最多。蘇俄青年，猶如歐洲所有青年一樣，對美國各式事物特具嚮往。在紐約聾音震天的搖擺音樂也在莫斯科、列寧格勒等各地盛行。法國著名「狄奧爾時裝公司」將巴黎時裝帶到莫斯科表演後，在二星期內，少女卽穿了模仿巴黎時式的衣服在高爾基街出現。美國的「落拓派」(Beatniks) 風氣亦逐漸流入莫斯科青年羣。（譯者按，所謂 Beatniks 爲一羣美國青年男女，特別是未來藝術家、作家、詩人、音樂家，衣飾不修邊幅，生活浪漫落拓不羈，對生活毫無目標，過一天算一天。）

美國展覽會在莫斯科舉行時，一羣青年詢問有沒有「附有圖照的性愛圖書」展覽。他們並對展覽會中的沒有爵士音樂，大表失望。

在美國展覽會舉行的同時，蘇俄報紙也對美國生活腐化的一面大感興趣。「青年團眞理報」與「新時代」雜誌曾轉載本記者在紐約時報所載的有關紐約少年犯罪的報導。但這些報刊對莫斯科本身的少年犯罪事件難得提及。莫斯科大學及列寧格勒公路附近的公寓房子曾發生少年搶劫與强姦的案件，俄報一字不提。「青年團眞理報」的編輯甚至否認有這些問題存在。

蘇俄領導方面所最難承認者，卽是蘇維埃社會中也竟存在有各種社會問題。

（待續）

（譯者附註：下篇五章爲：蘇俄與中共的關係問題；蘇俄的猶太人問題（從略）；今日蘇俄的生活水準；蘇俄的文學與藝術；美蘇關係。）

對省府處置高雄市長罷免案平議

楊金虎

「民主！民主！不少中國人的嘴臉，都假你的名字在扮演。」這是十年以來，憂時愛國者共同感嘆所發出的呼聲。民主自由，已至於官家良的橫遭刑供殘廢冤案，民主法治，已至於奉令不起訴，民主選擧，已至於使用安全措施手段，民主……不勝枚擧，自然人們不敢公然表示齒冷，但懷着心灰的當不在少數。

我們是以民主憲政立國，以民主憲政來號召國際，以民主憲政來反共抗俄，實施民主政治，才能希望達成這一種優良的政治制度，才能給予國民一種優良的生活方式。年來由於內外愛好民主人士的呼籲，和眞正輿論的責難，政府已經逐漸在表現有心糾正政治積習，轉移社會風氣。惟民主政治的根基，是在地方自治的建立，地方自治是整個政治上最重要的一環，人民直接支配政治，政治保障人民利益。因此，在我國行憲十二年的今日，大家仍然還是說人民在學習民主。我以爲學習的涵義，不是裁抑，不是玩弄，而是切切實實的一步步走向民主，使人民未認識民主的得以認識，認識民主不足的加以補充。最低要求，應該是有誘導、而沒有欺騙，有獎勵、而沒有威嚇。民主前途，自然日見光明，人心向上，自然日見團結。

我在這裏對政府有誠意實行民主一點，雖然暫時還沒有什麼正面例證可擧。但爲民主，借事論事，姑就高雄市發生罷免市長的近事，提向大家商量一下。同時得聲明，我是無意談及高雄市政。

高雄市發生罷免市長的事件經過，轟動全省，算是件深具戲劇性的政治風波。開幕是一市民，閉幕是省方官員，很熱鬧，很迅速，才到「擬議」地步，便告停止。

事情的經過是這樣：高雄市民巫義德罷免市長陳武璋，發端於本年六月二日，正是陳市長就職兩週年的紀念日。當時適值陳市長公差臺北，巫義德即於是日動用人員，採急行軍方式，向高雄市民發出十萬封公開信。依據翌日報載：「昨天市民巫義德發出十萬封給高雄市四十二萬市民的公開信，指責市長陳武璋，在過去兩年任內，變相承讓市有公地，獲利臺幣二千二百六十六萬餘元，如折合黃金牌價，可得黃金財富半公噸之鉅。巫義德在指摘市長一職並非專利事業、或特權階級，市長陳武璋昏庸無能，利慾熏心，開民主政治空前未有的惡劣風氣，迫使市民無法容恕。他主張應以市民的利益爲前提，徵詢公意，羣策羣議，以一週間爲徵詢期間，然後依法成立罷免市長辦事處，發動合法簽署。」（聯合報）巫義德這一擧動，好像晴空霹靂一樣，把整個高雄市的民心，自兩年前選擧後極度消沉，激發到極度昂揚。事實巫義德的公開信既有明文交代，他是在「徵詢民意」，並排定時間。陳市長雖於六日自臺北歸來，依理依法，未到適當時期，實無提出答辯的必要。在理，大家自應靜候事態發展，用不着張望、忖測、播弄，來影響民意表現的眞實性。可是六月九日，竟有家報紙刊出一篇「啓事」式的特寫，題目雖寫着「談巫義德公開信的來龍去脈」，內容節目却無異代表市長針對巫義德公開信所指作逐項答辯。六月十四日，又有家報紙，也來一篇特寫，裏面竟把高雄市許多有地位、有名氣的國民黨黨員，無保留地分派別系，並註明各人曾任或現任職位發表出來，指爲與罷免事件有關，在幕後支持巫義德。雖然越日被指黨員即在另一報紙，聯合登出啓事，表示否認。這算兩個未雨先風的小插曲，對市長沒有什麼幫助，徒然加深市民對市長二年政績的探究。然因此，也註定了巫義德罷免事件的進行不得善果。

由於巫義德的依法愼重表現，聲明赴省方洽詢罷免進行程序。返高之後，巫義德一面依照頒行的臺灣省各縣市實施地方自治選擧罷免規程規定罷免程序進行，提出罷免高雄市長提議書與提議人名冊向民政廳備案。一面準備成立罷免辦事處。可是事竟出人意料之外，提議書送到省府即被駁回，說是不合新修正罷免規程規定及申請須核准後，始得成立辦事處。經此一着，巫義德不得不重新補送罷免提議書與提議人名冊，聽候核准進行。但民政廳應付此點神速無比。巫義德於六月廿四日補送書冊才提出，該廳便於六月廿六日派員到高雄，從事核對名冊。同時聲明限至六月三十日五天間，分赴有關區公所核對戶籍簿完畢，即回省覆命。政府明令提議書須經核准，自然民政廳要多負此一責任，派員莅區核對。不意在核對期間，六月廿八日，竟有家報紙突稱自某權威處探得，把提議人三百十二名全部發表。雖經巫義德提出抗議，但從此各報逐日均有同樣重用「紛紛」字眼的新聞刊出，指罷免提議人已經不少聲明否認或退出。惟事實告訴我人，民政廳官員如限宣布核對名冊工作至六月三十日完畢。內容所謂提議人名冊不符、或聲明否認、退出，並不如報載紛紛之甚。據七月一日報載，六月廿八日，提議人名冊中有三人提出異議。（無刊出姓名）六月三十日，核對苓雅區提議人名冊，發現有死人一名。同日又有九人向省府視察及高雄市府投函請求剔除，（詳紀姓名及理由計鼓山區六名，稱被花言巧語所騙，新興區有夫婦二名，稱被藉公益善事所騙，鹽埕區一名，稱無參加提議）合計已有二十七人之多。此類報導，官報尤詳細紀載；並報稱「提議人名冊核對戶籍簿工作已告完成，現因正式投函否認市民甚多，辦理審核工作的省府視察張慶壽，爲親自登門拜訪查問，一日仍將留於高市。」同一日的報導，竟有省府官員欲去仍留的記載，市民眞摸不着頭腦。

可是七月五日報載，「省民政廳加派督導鍾彰德於三日晚間抵高，四日與視察張慶壽在高雄市議會辦公。爲補救罷免法令之不足，他們携來蓋有省府印信的通知書和表式，於昨日(四日)將連署的三百十二位提議人姓名塡入通知書內，用雙掛號寄發各連署人，並限六七八三天內，由各提議人携帶身份證向市議會臨時辦公處，辦理同意或不同意的手續，……非本人到場者，不予接受。」自此於是，市民始恍然省府官員一員，不去又加派一員是有其未完的任務。自此各報刊載，張視察鍾督導逐日在市議會臨時辦公處，接受提議人申請撤銷簽署。六日有三十二人，七日有四十六人，共計爲七十八人，……。但市民輾轉相告，連日提議人接到通知書多有些神態不安，要往市議會需人陪伴，入會受詢問的尤感心肺震躍。因此，巫義德見情勢惡劣，遂於八日上午十時以限時掛號一封致省政府，申請撤銷該項罷免案件，並以副本致陳市長。至九日報載，「爲各方矚目的高雄市市民發動罷免市長案，八日突急轉直下，已到了雨過天靑的結束階段(但無報八日有無提議人到市議會辦理撤銷手續)，發起罷免高雄市長的市民巫義德，昨日已自動宣布於卽日起終止罷免活動；並在各報花錢刊登聲明啓事，解釋中止罷免活動之苦衷，啓事要點列下：一、個人體力不支，一個多月來，爲奔走罷免提議案，備極辛苦，減輕體重達十餘臺斤。二、由於遭遇到客觀環境上若干困難與阻力，加以脅迫、刁難、引誘、串通勾結，罷免提議人自請撤銷，更增加困難。」一場政治風波，只到申請「核准」提議書，便告閉幕。雖至七月十四日又有報載，「省府十三日正式通知罷免高雄市長陳武璋提議人高雄市民巫義德等，以該案不足法定簽署人數，依法不能成立。並據省府主管人士向記者透露，省府接到巫義德第二次更正罷免陳武璋之三百十二人簽署名册後，卽派民政廳視察張慶壽前往高市實地核對名册，計姓名不符、無戶籍、無公民資格者卄三人，簽署人申請撤退，及提出否認者一百五十四人，總計剔除一百七十七人，尙餘一百三十五人。依照陳武璋當選時之高市選民總人數爲十六萬八千九百零七人，其罷免簽署人，應達千分之一，卽一百六十九人，始能構成法定人數。」給人知道省府官員在市議會接受提議人撤銷簽署的一點確實數字，但是已屬尾聲了。

選擧難，罷免更不易。據一位市民述說：「像巫義德這次，僅僅在申請核准罷免提議書，經得起五天核對名册的動盪，而經不起三天按名傳詢提議人的緊張，難怪省府官員逾限還留在高市；九月五日報紙又載，巫義德再函陳市長，指責勿以罷免案結果爲多數市民並未盲從、自誇勝利」。事實平心而論，照罷免規程規定，不論任何人發起進行罷免案，卽至傾家蕩產，絕對保證無法依限(二十天內)完成其公民總額五分之一，如高雄市須公民三萬五千名的額定簽署書，每名要寫二十字以上在簽署書內。所以，省府此次對高市發生罷免案接受核准工作便至六月三十日定案的話，讓市民照規定進行總簽署，他們屆時一定自動知難收場，大家了無怨尤，政府包贏得給人民學習民主的美名，何必再在核對名册工作完畢之後，又給人民增加這些不應有的印像？我以爲政治對人心的要求，是像水要波平如鏡。倘若久久一次給它丢下一塊石頭，也一定會發生反應。像臺灣這地方，石頭落在一隅，影響卽及全省。主持者如果說的是學習民主，拿給人民看的是玩弄民主，那豈不是所得不償所失？

六月三十日，罷免案核對名册工作尙未完畢，臺北民營的公論報早具先見之明，卽在其社論「罷免權面臨考驗」，料它在提議階段，就將流產。現在不妨摘錄一點，「人民要有權，政府要有能，選擧、罷免、創制、複決，是人民應有的四種政權。這是孫中山先生民權主義遺敎所指示的。政府和執政黨當局，如果眞有遵行國父遺敎的誠意與決心，自應依據憲法，制頒法律，指導人民善爲運用上述各種政權。」……「罷免權乃憲法賦予人民的權利之一，政府當局既然號稱遵行憲政，並有意『建設臺灣爲三民主義的模範省』，則對於人民行使罷免權時，就不應在立法上加以種種限制；更不應在行政上加以種種困擾。」……「尤其是新的選擧罷免規程，雖已經臺灣省議會修正通過，但尙未奉行政院核准公布，不僅沒有完成立法程序，卽所謂『法性』尙未具有，臺灣省政府就提前援用，」……來證明我的說話並未作過份要求。

總之，今日臺灣地位，爲了國家負荷，爲了國際觀瞻，爲了大陸五億同胞所嚮往，政府既已宣布實行地方自治，自應迅速公佈省縣地方自治通則，使人民在學習民主歷程得所依循。臺灣全省縣市議會及縣市長均經民選。臺灣省臨時省議會也經明令取消「臨時」二字，成爲正式省議會。則省長民選，應得據以進行選擧，來促進整個團體，達成眞正民主政治，團結人心，作爲反攻決勝利器，這才是最完美最根本的決策。

從開發蘭嶼檢討省政建設

中興新村通訊・八月十六日

劍聲

一 蘭嶼島的現狀素描

臺東位居臺省東陲，海岸綿長，山多田少，經濟貧乏，建設落後，這並非天然資源不豐富，實在是人謀不臧。尤其縣屬之蘭嶼鄉，孤懸海外，由於交通關係，各項建設，尙多窒碍。故民智錮閉，開化較晚，其生活習俗，尙未脫離原始狀態。

俞鴻鈞氏主持省政時，爲開發該島蘊藏，以改善島民生活，曾於民國四十三年三月間，由省府各廳處組織「勘查隊」，前往該島考察，計分漁業港灣，水利交通，農林畜牧等三組，一行二十人深入蠻荒之地，歷盡艱險，並作成報告建議書，爲建設蘭嶼之藍本。

本年五月中旬，臺灣省臨時省議會，應地方之邀，又組團前往考察，由省議員蔡文鴻（民政組召集人）偕同李萬居、李源棧等三十五人赴該島實地考察；在省政總質詢時，議員們並紛紛提出指責，籲請省府迅予建設該島，改善民生。記者茲就蘭嶼鄉概況及如何開發該島，分別報導於下；並進一步檢討省政許多不必要的浪費，若能稍爲節約，即可解決建設蘭嶼鄉經費困難的問題了。

蘭嶼鄉的概況：蘭嶼島舊名紅頭嶼，在清末以前，尙爲化外之地。迨至清光緒三年，我國整編版籍之時，清廷特派撫墾大員蒞臺勘查，始將蘭嶼島編入恒春縣管轄，此爲該島入我國版圖之始。嗣以馬關條約，割讓臺灣，該島雖亦淪陷日人之手，惟因當時日人忙於統治臺灣，故該島一度置於無人管理的眞空狀態，一直到民前十四年三月，始有日人菊池等組隊前往調査，但認爲無開發之價值，祇將該島列入臺東廳管轄。

民前一年八月間，美商輪由新加坡開往上海，途遭颱風襲擊，而漂流至蘭嶼，島民以盛儀出迎，皆携矛帶刀，美國誤爲掠奪，乃發生混戰，故有三美人死亡，於是美向日政府提出抗議，而日本內務省命令臺灣總督嚴辦，是故臺東廳長授命原修次郎，率領警察四十餘人前往討伐，姿意燒殺，慘無人道，嗣留警察鎮壓，該島乃正式淪日。

光復後，政府即派人前往工作。三十五年十一月間，臺東縣政府因該島盛產蝴蝶蘭，乃命名爲蘭嶼鄉。飲譽國際的蝴蝶蘭，曾於四十八年三月，代表我國，在美參加第三屆國際花卉展覽會，榮獲冠軍金像獎，爲國增光不少。

位置：該島有二，即大小蘭嶼是也。峙立於臺東縣東南方約四九海浬的太平洋中，距鵝鑾鼻約四十海浬。大小蘭嶼兩島相距約爲三海浬，大島的面積在滿潮時爲四五・七一四平方公里，小島的面積爲一、五七四平方公里。環島長度：大島爲三八・四七公里，小島爲四・二八公里。

地勢：全島中部山脈連綿不斷，山勢極傾斜，西北之芳蘭峯爲全島最高山峯，（海拔九四八公尺）與東南之望南峯（海拔四八〇公尺），遙相峙立。環島四週，由山脚至海濱均有二、三百公尺之斜坡海岸，爲主要之耕地。島之南北各有天然港灣一處，南爲八代灣，北爲東清灣，餘爲朗島、椰柚、野銀、各社前均有小型港灣及沙灘，但必須改建後始合乎現代漁港的條件。

交通：該島內外交通以船隻爲主，島上陸路僅有紅頭村至東清社山道一條，餘爲羊腸小道，茅草阻塞，山路崎嶇，兼有險岩，故行走不易。而島民往來無交通工具，均係徒步。目前，又無定期輪船航行，故派往該島工作之公務員常有絕糧之慮。

氣候：蘭嶼位於熱帶海洋中，故氣候屬海洋性。每年十月至翌年三月爲雨季，夏季南風多冬季東北風極烈，七月至十一月爲颱風季節，島民之農作物及房屋，遭暴風雨侵襲而受害頗重。雨量平均爲三至四千米糎，以全省而論，僅次於基隆。盛夏酷暑，室內溫度不超過華氏九十度。隆冬嚴寒，亦不低於四十度。所以四季長春，土壤肥沃，森林茂盛，島上現有森林面積卅萬六千餘公頃，佔全島土地面積百分之四十，島民對森林甚少採伐。

人口：全島住民戶爲四三〇戶，總計人口一、八〇二口，其中男爲九七一人，女爲八三一人。（包括耶美族同胞與公教人員及眷屬，本年四月份該鄉公所統計數）

地方政府與社團：該島設有鄉公所，四村代表會，警分駐所，派出所，測候所，衛生所，民服站，檢查哨，婦女會，蘭嶼農場及電臺與供銷會。

二 耶美族的風俗習慣

婚姻：耶美族同胞的婚事，幼時即由父母作主，故婚後常因意見不合而離異。離婚者多係女方提出，足證該島女權頗高，這是由於男多女少，致以女性爲社會家庭領導中心。結婚時之聘禮爲瑪瑙珠五至七個，離婚時女方必須退還聘禮。若家庭貧窮者，結婚不擧行任何儀式。

生育：女人生育後，以竹片斷其臍帶，以冷水沐浴，產婦靜養三天即照常工作。如遇有雙胞胎，則認爲不詳之兆，必殺死後生嬰兒而留先生者。孕婦分娩，由年長婦女接生，島內雖有助產士，但山胞多不信任。

疾病：光復後，雖有衛生所之設，因爲衛生器材及藥品缺乏，如遇重病，則束手無策。而島民又株守迷信，遇有疾病，不求醫於衛生所而求於巫醫呪治或飲草根樹根之汁及抹猪油治病，以致死亡率甚高。數十年間，人口非但未增且有減少現象，如民國二十年，日人稻葉直通調査之人數爲男八四八人，女七七一人，共爲一、六一九人。現在人口（本年四月止）爲一、八〇二人，若除去軍公教人員及眷屬，則無增加。

喪葬與祭祀：島民頗信魔鬼之說，謂人之死亡係鬼作祟所致。如直系親人死亡，其親族則持矛帶刀到墳地與鬼作戰。非直系親屬之人死亡，則避忌之，是以無喪弔之擧。死人屍體以麻布纒縛全身，以人背之或抬在木板上，抬至墓地埋葬。若遇社內有人病亡，家家戶戶住宅四週圍，用木炭以避木魔鬼，三日內夜無行人。祭祀有三，一爲農曆正月間開墾祭，二爲三、四月間飛魚祭，三爲十月間之陶器祭。餘爲個別的祭祀，如船進水、房屋落成、及豐收等祭祀。

宗教：島民不信仰任何宗教，但極端迷信魔鬼，故凡事皆忌諱，因此魔鬼的魔力，在精神上是一種無形的律法。

三　耶美族的生活狀況

衣：耶美族同胞，男子四季皆爲裸體，僅下部用丁字布帶條纏裹，如遇祭祀等典禮，則穿用野麻自織之戰冑，以示威武。婦女則用粗麻布圍裙遮蔽下體，以長方布圍胸，僅蔽於乳部。祭祀時，僅在上身加一坎肩。至於蚊帳被褥，則均尙付闕如。

食：島民以水芋蕃薯爲主要的食糧，海草、草貝及魚類爲輔，通常用水煮而食之，食時以手代筷，每天早、晚兩餐，日積月累，男女腹部隆起，容易患病。並且忌食蛋類、鰻魚、蔬菜、瓜菓等，致營養不良，發育不全，身軀矮小，體力甚弱，所以年紀不過五十歲而逝世。

住：山胞住屋係挖地建築於地平線下，疊石爲垣，茅草作頂，內舖木板，低矮異常，類似穴居，無窗戶，室內一片黑暗，奇味撲鼻，又不透空氣，而男女雜處，僅有小洞作門，以供出入。此外築有涼亭，作爲盛暑休息之所。

行：大小蘭嶼兩島之間，以獨木舟爲水上交通。島內則爬山越嶺，道路與山坡幾乎無法辨別，故行履艱難。如繞海線通過六社的道路，分爲三種：一爲沙灘路面，一踏一退。一爲卵石路，一步一滑，隨時有摔交的可能。一爲珊瑚礁的路面，行者如履刀鋒，尖銳直刺，脚底，狹小不能容足，若不小心滑下，則足陷洞中，不折骨也得破皮。因此島民很少往來。

教育：現有蘭嶼和東淸兩所國校，另有椰柚與朗島兩分校，入學兒童僅二百多名；因環境特殊，故水準頗低。學童生活貧苦，衣不蔽體，且體弱多病，如寄生蟲、感冒、皮膚病、紅蟲、頭癬等病症，均因交通不便，醫藥缺乏，致無法治療。而民衆補習班之類的成人教育，更談不上了。故耶美族同胞，皆不懂國語，而以土語交談，這也是該島落後的一大原因。

娛樂：島上既無戲院，故島民僅以土舞和歌謠代替都市的電影及戲劇。有人謂之無樂器的民族。

農產：現有耕地者僅有八百七十一公頃，全部種植水芋及蕃薯，而水稻、菜蔬、瓜菓，概無種植。而山谷避風處種有少數椰子、檳榔、香蕉、龍眼、甘蔗及薑等。

林產：蘭嶼之森林，均屬濶葉樹木，且有部份原始森林，惜乎島民缺乏砍伐技術，而需木板時以斧劈之，致極有價值林木，任其廢棄未能利用。

漁業：該島有良好飛魚漁場，因島民無現代化的捕魚工具及技術，故僅可捕飛魚而自食；而且只有二至三月間爲捕魚時期，平時甚難捕獲較大之魚。

畜牧：該島畜牧事業，希望無窮。現在所飼養之猪、山羊、鷄鴨等，由於飼料缺亡，均瘦小不堪。而山羊終年放牧，因無羊舍，致任其自生自滅。如不研究技術，則無前途可言。

農場：蘭嶼農場，係國軍退除役輔導會於四十七年七月成立，本年五月一日委託臺灣警備總部職訓二總隊接管，以生產爲主，管訓爲輔。現該場分爲總務、輔導、業務三組，職員十七人。隊員一百十人，編爲三個分隊。已建大小房屋六棟，已墾土地一公頃餘，將來計劃開墾三〇八公頃餘。

四　蘭嶼島的開發藍圖

據省政府考察組初步估計，約爲五百餘萬元，其中以發展漁業，新建漁船避風港爲首要，次爲發展農業，興修水利，再次爲新闢公路。這是六年前的計費，今則不止此數矣。

交通方面：如欲維持航運，必須建造五十頓級大型漁船一隻，定期來往臺東與蘭嶼之間，平時捕魚，以求自給自足。另建機動大駁船一艘，作爲卸載旅客貨物之用，並且要改良航運，建築港灣。爲策船艘安全計，必須建一小型港灣。就該島地勢言，現有紅頭、東淸和椰柚三處，均符合建港條件。如有小型港灣，則遇惡劣氣候時之風浪，船隻即有安全保障。該島現無郵電，故與外界極爲隔膜，而在該島之公教人員，頗感不便。補救之道，可由鄉公所指派職員專司郵政代辦業務之職，既不增加郵局負擔，而對外通信又得解決。至於電報，可利用該島現有軍用電臺及測候所電臺，由省方商得國防交通兩部同意，即可實施，眞是一舉兩得，且不增加費用。至於公路，因島內交通，僅紅頭至東淸山道，欲使工程材料及漁業農業產品，運輸暢行無阻，均有修築公路之必要。（郵船「郵凱號」已於本年十月八日正式開航，定期行駛成功、綠島、蘭嶼間，運輸郵件及搭儎旅客。編者註）

漁港設施：該島位於太平洋緩流要衝，魚族密集，每年四月至六月爲飛魚季節，遠來自高、屏兩縣方面捕魚者，即有五六十艘之多。爲保護漁船安全及開發漁業計，實有修建避風漁港之必要，如椰柚灣、東淸灣均可供興建防波堤，和建築一百二十公尺的航道。組織蘭嶼開發漁業公司，從二方面進行，一、爲改良島民漁業，二、爲協助外來漁業。島民經過漁業訓練後，但無資金購用漁船漁具，故需配發漁船漁具，而利捕魚工作。同時實施漁業移民，並充實冷藏及製冰設備。迨漁業發達後，即辦理合作運銷，以便取市場。

加强農林設施：島民農作方法，尙屬原始，故必須設置示範農場而利改進現時農作，擧辦農作訓練班，訓練島民，採用新方法耕種。爲迅速發展農業計，可由臺灣移民前往開墾荒地。興建水利，築水庫蓄水發電，配合農業增產，應擧辦小型灌漑工程。島內水源涵養狀態良好，若能擴大水田面積，種植水稻，則全島軍民食糧，即無潰乏之虞。每年因灌漑工程而增加米產量之價值，將達百萬元之上。

蘭嶼鄉之開發，無論從政治上經濟上之價值而言，均屬省政要務，若說經費困難，勢難撥欵作建設該島改善耶美族同胞生活之用，則極難取信於人。原照中興議堂的大厦，一擲千五百萬元而超過預算半數（郭國基議員的質詢），由何而來的欵額？

根據臺東縣府去年的估計，建設蘭嶼鄉亦不過二千萬元左右，若該鄉開發略具規模時，尙可移民三至五萬人，而解決本島部份人口的問題。省政府在六年前派人考查，搜集資料，忙了一陣，即無聲無色了。總之，但希望省當局以事實和行動，來答覆改善蘭嶼島民的生活。

評中廣小說選播「紅樓夢」

嚴　明

在中國廣播公司傳出準備選播「紅樓夢」時，曾有些朋友問到我關於這事的看法，我當時即表示此舉「吃力不討好」。然而對於「中廣」此種大膽嘗試的勇氣和魄力，則是很爲稱道的。中廣公司以其擁有許多優秀的廣播人員，加以過去若干年演播廣播劇的成就和小說選播的經驗，進而選擇一部中國最偉大的章回小說——紅樓夢來播，這種雄心和勇氣，原是應該有的。如果播出成功的話，這不僅是廣播史上的一件大事，亦是使這部流傳了二百年的文學巨著開拓一種新的傳佈方式。

中廣於七月十五日開始廣播，迄至目前（筆者撰此文時）爲時兩個半月，已至六十回，以程高本百廿回計，正是全書之半。就這已播的一半情形來論，播得不能說壞，亦較過去歷次小說選播賣力。惟就介紹紅樓夢這部巨著來說，則不能說成功。其中有非廣播本身的欠缺，而是紅樓夢此書在廣播上有許多根本問題。中國廣播公司過去曾選過許多部小說，其中多般是文情淺顯，故事簡要，可說多般是成功的。所謂成功，是說聽播小說不亞於閱讀小說，甚至較原書更有情趣。中廣公司以其過去小說選播的成功經驗，來選擇一部文情並茂篇幅浩繁的小說，是够條件的，唯其選擇紅樓夢，則不很妥當。

紅樓夢一書，並非絕對不能播，而是不宜乎播，要播，就必須對版本的選校，內容情節的體驗，風物人情的理會，人物個性之掌握，以及紅樓夢整個意味和特點等等均須長期鑽研，非一蹴可成。中廣公司對於這些方面不能說不努力，態度也極爲審愼，並且還聘了四位顧問，然而其中仍有許多地方，值得檢討。

所謂紅樓夢不宜乎播，是因爲有許多難以克服的困難，和這部書的許多特點很難在廣播中發揮出來，這是紅樓夢在廣播上先天的缺憾，這次選播未達成功理想，其不能專責於廣播方面者在此。

紅樓夢是一部難播的奇書

紅樓夢是一部奇書，它是一部最有閱讀價值的小說，也幾乎可說是只能在閱讀中，才能領會其中滋味，並且閱讀愈深，意味也愈濃，對於書中的人物事情，愈去探索，愈有意味，同時也會愈搞愈糊塗，有不知所云之處。例如：有人認爲紅樓夢是說的清順治和董小宛之事，有認爲是說康熙朝代的政治狀態，亦有認爲是說納蘭成德家事，又有擁釵貶黛，右黛左釵，釵黛合一以及後四十回讀書等問題之紛紜，此均爲嗜愛是書而深入探討的結果。而探索愈深，疑雲愈起，而至深受其困惑，即學養如蔡元培先生亦不能免(註一)。又如：大陸上在共產思想脅制下，對於紅樓夢的認識問題，本可憑力強予統一，然而紅樓夢於四十三、四年間展開討論，經選擇較重要的文章，即有二百餘篇，不下百餘萬字，結果對於紅樓夢問題的討論，仍不能得到一個結論(註二)。廣播紅樓夢對於這些研究上的問題，不先準備好，則不易掌握到這書的眞正意識及其妙處，廣播者如不能善予體會，演來當就不能傳神，而至聽者藐藐，難獲預期效果。

紅樓夢不像其他小說，有離奇曲折的故事，吸引住讀者聽衆。我們知道紅樓夢整個故事，極其平淡，敍述一個大家庭的盛衰，羣芳的聚散，大部描寫均屬家庭瑣事，兒女生活，直到後尾部，大厦將傾，樹倒猢猻散，飛鳥各投林，大觀園羣芳飄零，死的死，嫁的嫁，這時悲劇氣氛開始籠罩，紅樓夢故事才令人唏噓感嘆。而此書之大部篇幅，則在敍述繁華靡艷，描寫兒女情態，其精妙絕倫亦在此等描畫處。因之紅樓夢一書爲讀者所傾倒者，並不全在其整個故事，而在其許多細微末節。論其故事中心之寶黛戀愛悲劇，亦遠不及陸放翁和唐婉釵頭鳳的故事感人。所以紅樓夢一書最初問世，僅八十回，黛玉尙未情死，寶玉尙未情悟，故事未曾終結，而此書即已爲廣大讀者所喜愛，膾炙人口廿餘年，雖然多以未見全璧爲憾，但却並不因其故事未終而輕棄，由此可知讀者愛好紅樓夢者，不在其整個故事也。然而說書和廣播就不同了，說書和廣播宜乎情節簡要顯明，故事曲折動人，所謂簡要是指書中人物不宜太多，且故事應始終盤繞其主角，以助聽衆的瞭解並吸引其注意，因此穿插不宜太長，頭緒不宜太繁，否則，聽衆不是厭煩就是搞不淸情節，認不淸人物。例如戲劇，觀衆多注意主角而忽視配角，主角太多或配角太重都是不能討好的。大本頭的戲劇尙能以分幕分場來處理劇情，且人物的形貌舉止言詞彰彰在目，觀衆看到認到。說書則不同，說書等於講故事，一張口講許多事，聽者看不到見不到，廣播與舞臺劇亦不同，廣播劇雖亦爲戲劇，但亦是聽得到而看不到，雖可分場却不能分幕，因其根本無景無幕。小說廣播似介乎說書與廣播劇之間，小說選播有配音、有效果、有演員一如廣播劇，然而它不是處理劇本，而是演說書稿，朗誦文句，是則其故事動人，情節顯明應爲小說廣播之好題材。而紅樓夢一書人物衆多，要角數十，且千頭萬緒，浩繁紛紜，尤其機緣深伏，隱晦奧秘，如此巨部，幾乎是可讀而不能聽。因爲看書與聽書不同，看小說可以欣賞其文詞，把玩其文情，精要處固可咀嚼玩味，沉悶處亦可略視而過或暫時擱棄，所謂拋書一嘆或拍案叫絕，可聽憑辦理。然而聽小說則不同，精要處既無法細細玩味，沉悶處又不能略過，拋書一嘆固不可能，即拍掌叫一聲好，也將有擾聽聞。尤其紅樓夢一書，其詩謎曲文，句句玄機，其結構編織處處伏線，加以語意相關，機帶雙敲，惟細讀可以玩味，粗聽則難得其妙，例如十二金釵之冊文，惟細讀可以知其所敍屬誰，而饒意味，若粗聽必然莫明其妙。再如紅樓夢十二支曲子，細閱細想，殊覺各有所指，各寓其意，可是若唸若唱，莫說一般聽衆不懂，卽連聰慧如賈寶玉亦尙未能悟呢！然而這紅樓夢十二支曲子和十二釵冊文，關係非常重要，可說是紅樓一書的靈魂，尤其「飛鳥各投林」一曲，可說是全書的綱領，抽去這些，紅樓一書就變得失魂落魄了。(註三)

紅樓夢一書，諸如此類詩謎曲文，讖語偈言，滿遍皆是，其精妙絕倫，亦多在此，這些隱晦描寫，看書的人稍一粗心尙且難懂，聽書的人當更難解其意了。

除曲文外，無論其或隱或顯，有很多處不是憑聽書可以會其意的，例如：

1.「秦氏之丫環——名瑞珠——見秦氏死也觸柱而亡，此事更爲可罕，合家都稱歎……」。(十三回)

「又有小丫環名寶珠的，因秦氏無出，乃願爲義女，請任摔喪駕靈之任……。」(十三回)

(此事暗藏秦可卿死因問題，兩丫環長罪，一以觸柱求死，一以駕靈求脫。詳閱兪平伯紅樓夢研究——論秦可卿之死)。

2.①焦大酒後大罵寧府上下說：「那裏承望到如生下這些畜生來，每日偷雞戲狗，爬灰的爬灰，養小叔的養小叔……」。(第七回)

②柳湘蓮向寶玉說：「你們東府裏除了兩個石頭獅子乾淨，只怕連貓兒狗兒都不乾淨」。(第六十六回)

寧府荒淫靡濫，由此可知，二人所罵雖同，然前後相去六十回，時隔數年，廣播亦得費時二月，聽衆很難前後參照，以證所謂「造釁開端實在寧」之冊文，及大厦之所以傾覆也。

3.「寶玉夢中罵道：和尙道士的話如何信得——什麼『金玉姻緣』我偏說『木石姻緣』。和第五回曲文『俺只念木石前盟』」。

什麼木石姻緣——木石前盟，不看原書，怎聽得懂呢？

劉老老嘆道：「……禮出大家」。鳳姐兒忙笑道：「你可別多心，剛纔不過大家取樂兒」。一言未了鴛鴦也進來笑道：「老老別惱，我給你老人家陪個不是」。劉老忙笑道：「姑娘說那裏的話？咱們哄着老太太開個心，你先囑咐我，我就明白了……」。鴛鴦便罵人，「爲什麼不倒茶給老老吃」。劉老老忙道：「纔那個嫂子倒了茶來，我吃過了，姑娘也該用飯了」。鳳姐兒便拉着鴛鴦坐下道：「你和我們吃罷，省了回來又鬧」。婆子們添上碗筯來，三人吃畢。劉老老笑道：「我看你們這些人都只吃這一點兒就完了，虧你們也不餓，怪道風兒都吹的倒！」鴛鴦便問：「今兒剩的菜不少，那裏去了」，婆子們道：「都還沒有散呢，在這裏等着，一齊散給他們吃」。鴛鴦道：「他們吃不了這些，挑兩碗給二奶奶屋裏的平丫頭送去」。鳳姐道：「他早吃了飯，不用了」。婆子聽了忙揀了兩樣送去。鴛鴦道：「素雲那裏去了？」李紈道：「他們都在這裏一處吃，又找他做什麼」。鴛鴦道：「這就罷了」。鳳姐道：「襲人是不在這裏，你倒是叫人送兩樣給他去」。鴛鴦聽說，便命人也送兩樣去，鴛鴦又問婆子們：「回來吃酒的攢盒，可裝上了？」婆子道：「想必還得一回子」，鴛鴦道：「催着些兒」。婆子答應了。

試看這一段描述，約計四百字，是寫一個盛筵的殘席處理。這裏有劉老老的世故，鴛鴦的幹練，鳳姐的湊合，以及鴛鴦之對待平兒，鳳姐之對待襲人等等，均非憑空寫出，說正文非正文，說閒筆非閒筆，一筆不亂，自然而週到，這眞是文學上的眞功夫，非大作家不能。然而出諸廣播，無論照書唸，或旁白、或直白，聽者必覺紛繁沉悶，昏恔無緒，而至聽不下去。此段描寫，文學價值不低，其寫法處理均有欣賞價值，聽廣播則反覺得枯燥無味，蕪雜生厭。紅樓夢中，類此細膩描寫之處甚多，因之全書播來，令人沉悶昏恔。

此外照應伏筆，隱晦寓意，看得明而聽不懂的地方太多了，眞是舉不勝舉。凡此種種，若非熟讀此書，僅聽廣播必然莫明其妙。

小說選播紅樓夢，並非專播給熟讀此書之人而聽，熟讀此書者，不一定會認眞收聽，而未曾看過此書認眞收聽的，却又聽來莫明其妙，是則此書之選播，能不失敗乎？

紅樓夢的整個故事，雖極平淡，而其許多細節，處處都能引人入勝，尤其自第五回曲敍十二金釵之後，紅樓夢要角一一登場，篇篇錦繡珠璣，令人百讀不厭。凡是看過一遍的當其再看二遍三遍時，毋須從頭至尾，可以信手翻閱，任何一回，任何一段，讀之能津津入味。紅樓夢之動人是由於在這枝生花妙筆下，許多人物、行情，活躍眼前，其一言一行，一顰一笑，使讀者如聞其聲，如見其貌，心嚮神往，爲之顚倒，可謂千古絕響。紅樓夢有詩詞、對白，有許多日常生活瑣事，有許多細小的過門關節，有聲有色，有血有淚，而這些描寫敍述，唯作者曹氏之才之筆及其親所經歷才能編織而成，若有曹氏之才及其親所經歷之事，如不用其筆，亦不能成此絕妙，不信我們起曹雪芹於地下，請他登壇演說紅樓夢，亦決沒有其當時困在繩牀蓬牖下嘔心嘀血寫成的這部巨著，映入讀者眼底，來得深入心崁，令人絕倒。所以自來說書有說三國演義、水滸、西遊記而無人說紅樓夢者，非不說而是不能說。平劇雖有「黛玉葬花」「寶蟾送酒」等劇，大鼓、彈詞雖亦有選唱，但均只是其中一節一段，而且看來聽來，除欣賞其唱做之工外，遠不如閱讀原書爲佳。紅樓夢能寫而不能說，能讀而不能聽，良有以也。

紅樓一書，繁疊細膩，不易改編，故過去紅樓夢劇本之演出，無不失敗。曹禺所著之「家」能够演得成功，而紅樓夢則不成，其因在此。再者，紅樓夢有中國文字之特色，易諸別種文字就差勁，故紅樓夢一書翻成英文就失其神妙，紅樓夢英文本不僅情調迥異，「紅樓夢」一名被翻成(Red Chamber Dream)，也覺得調兒不對了。(十七年前筆者執敎江蘇學院兼長圖書館時曾翻閱此本，篇幅縮了很多，其與中文原本相比，殊覺大失情趣)這並不是譯得不好，乃是翻譯紅樓夢有許多難以克服的根本困難，這個困難與廣播紅樓夢可謂同病相憐。

紅樓夢的對白

紅樓一書對白佔大半，其對白亦是一絕，小說作家徐訏在答辯勞榦和石堂的文章中，承認他的名著風蕭蕭的對白與紅樓夢的對白，猶如一粒沙石和金剛鑽，無法比較(註四)。這雖然是徐氏自謙的話，亦由此可以想見紅樓夢對白的絕妙了。紅樓夢對白之所以精妙是由於作者具有生活的聽的經驗，因爲他對紅樓人物有認識，聽過他們的話和他們講各種話時的各種神態，以及他們在各種情況中的心理狀態。曹氏在編述情節時，以其回憶，經歷和體會，一一寫入，曾使時光倒流回到他曾經生活過的大觀園中，紅樓對白之妙由此而成。不過小說裏的對白和劇本上的對白以及舞臺上的對白，其與實際生活中的對話均不盡同。小說裏的對白，只是小說裏敍事敍人的重要表達方式之一，其好壞成敗在能否「傳神」。所謂「傳神」，還須要讀者的經驗和體會，文字的描述，只是充分而正確地引導讀者會意，使讀者能心領神會。小說裏的對白和生活的對話，因其表達的結構和方式不同，看書和讀書的領悟方式也不同。例如用文字所直接表達一個口喫的人底說話，和一個眞正口喫人的說話，雖同一句話，亦不盡一致。文字形容，只在使讀者知道其人說話是口吃，並不是寫口喫人眞正的聲音。

紅樓夢一書是用文字編織成的，紅樓夢的對白是用文字表達的，它沒有實際的聲音，它是透過讀者的閱讀和領會由讀者自已產生聲音，它由讀者瞭解和領會程度底不同而變成的聲音亦不同。紅樓夢是一部具有極高文學修養和藝術價值的書，可使讀者百讀不厭，把玩無窮，然而如果把它作爲說書來說，或是作爲今天的小說選播本子，僅憑一種聲音(包括配音、效果、對白)必難「傳神」於聽衆之前，不信我們不妨略舉兩條來試試：

1. 第四十七回：鳳姐和薛姨媽陪賈母鬪牌湊趣，適賈璉向賈母回話討好，賈母見賈璉鬼鬼祟祟，罵道：「……什麼好下流種子！你媳婦和我頑牌呢！還有半日的空兒，你家去再和那趙二家的商量治你媳婦去。」說着衆人都笑了。鴛鴦笑道：「鮑二家的，老祖宗又拉上趙二家的。」賈母笑道：「可不，我那裏記得什麼抱着背着的……。」

所稱鮑二家的，是賈璉從前的醜事。(第廿一回)賈母把鮑二家的說錯成「趙二家的」錯得很趣，再經鴛鴦點破，趣味更滿，由於讀者領會得到，所以這段寫得很成功。然而聽書就不同，因爲鮑二之事遠在廿七回。廣播時間，相隔廿餘天，縱然聽者記憶猶新，仍須鴛鴦補出此典故後，始能領會，然而時機一錯，嘗到的趣味也就輕淡了。

2. 第五十七回：寶釵道：「惟有媽媽說話動拉上我們」，一面說一面伏在母親懷裏笑說：「偺們走罷！」黛玉笑道：「你瞧瞧這麼大了，離了姨媽他就是個最老道的，見了姨媽他就撒嬌」。

薛姨媽將手摩弄着寶釵……。

寶釵說話時的嬌嗔嫵媚，盡入讀者眼中，尤其「偺們走罷！」這句話其千嬌百媚，令人絕倒！書到此已五十七回，寶釵的鮮艷嫵媚，讀者已有深刻認識，且寶釵在旁人面前向以「端麗」著稱，一如黛玉所說「她就是個最老道的」。今在母親身旁嬌態偶露，再由黛玉補明其依母作嬌。讀者可以想像這句「偺們走罷」必須出於紅樓夢書中，出於寶釵之口之態，移諸別書別人就無此神妙。所以任何人也說不好這句「偺門走罷！」，不能把它說得媚態萬千，這眞是「此話只應書上看，收音機旁聽不眞」啊！

上例兩條都是已經播過的，固覺其有不能傳神之處，茲再列一條未曾播過的，如第八十二回有一段文字：

黛玉道：「你上頭去過了沒有？」

寶玉道：「都去過了。」

黛玉道：「別處呢？」(這是留心寶釵)

寶玉道：「沒有。」

黛玉道：「你也該去瞧瞧他們去。」

這是林語堂氏特別擧出的一段並說：「須知黛玉此歲數時，最爲可愛，雖然是妒，却聊存體統。這是一段極可愛、極含蓄、耐人尋味的文章。作者善體會兒女閨情。」(註五) 這段文字，播出來如何，中廣電臺不妨着力用心一番，聽衆也不妨注意一聽，試試能否聽得出其極可愛和耐人尋味之處。

綜上所述，是在說明紅樓夢一書之不宜乎播，證諸過去演紅樓夢一劇之失敗和此次之廣播可知，因爲紅樓一書讀來津津入味，可以把玩不已。而聽起來則若非熟讀此書，就莫明其妙了。

播出的檢討

前面曾說紅樓夢一書並非絕對不能播，而且，事實上中廣電臺已經播了。大體說來，播得不算壞，其所以未能成功，除前面所述紅樓夢一書在廣播上的先天困難之外，廣播本身亦有値得檢討之處，茲略述於後：

1. 配音很成功，用國樂伴襯很爲適宜，其過門、音樂對於情調和背景的襯托，甚具效果。惟其中大過門、小過門應隨書中的段落時間而定，這點大體說來沒有大錯，亦有小錯之處，因其重要性不大，姑不一一擧出。

2. 書的版本，選程高乙本很對，我們知道程乙本是程甲本的修正本，是比較齊全的本子。除程高本外，均止於第八十回，故事未曾述畢當然不能播，只有程刻高本，把故事敍完成百廿回，且參照各本經過一番補遺訂訛的工作。高鶚不僅補了後四十回，而且還改訂了前八十回，他的删改，有改好的也有改壞的，致高本有其好處也有其壞處。(請參閱拙文「紅樓夢後四十回的考證問題」本刊第十九卷第十二期上篇和廿卷第一期下篇及「紅樓夢百廿回橋本底發現」刊最近暢流雜誌。)好處不必去說它，共壞處主要是在失眞和不合情理處。例如：

1.第十六回末：

脂庚本和戚序本，寫秦鍾死時寶玉來會，有都判和小鬼一段對話和秦鍾對寶玉的贈言，這段話雖沒有多大意思，但把秦鍾底死及其和寶玉訣別敍完。

高鶚把這段話刪改了，只寫衆小鬼抱怨都判，接着是：「那都判越發着急，吆喝起來，畢竟秦鍾死活如何，且聽下回分解。」而下回(十七回）開場即「話說秦鍾既死，寶玉痛哭不止……」。

這段話，原該刪改，但高本刪改得不合情理，因寶玉來別秦鍾，應有一番死別之言，否則秦鍾未及寶玉來別而死去亦可。既然會見，又寫了都判小鬼一段話，則秦鍾回陽和寶玉最後會別，應不可少，高本對秦鍾之死，交待不清，上下脫節。本來這節文字，在紅樓夢一書中顯得怪異。因而各本不同，最近發現的百廿回稿本，又與各本有異，但均較現刻高本妥合。

2.第廿二回：

惜春的「佛燈」謎：「前身色相總無成，不聽菱歌聽佛經，莫過此身沉黑海，性中自有大光明」。

惜春之謎，各本皆有，高本獨缺，不悉爲何？因三春皆有燈謎，惜春不可沒有，且各人燈謎關係各人底結局，甚爲重要。脂評在各人燈謎下，均有批示，其對惜春之謎批曰：「此惜春爲尼之讖也，公府千金至緇衣乞食，寧不怨乎！」

3.第六十九回敍尤二姐之死有這樣一段：

「只見這二姐面色如生，比活着還美貌。賈璉又摟着大哭，只叫：「奶奶！你死的不明！都是我坑了你！」賈蓉忙上來止勸：「叔叔，解着些兒，我這個姨娘自己沒福。」說着，又向南指大觀園的牆界。賈璉會意，只悄悄跌脚說：「我想着了，終究對出來，我替你報仇」。

這節描寫，各本皆有，獨高本把它刪了，而只寫成「賈璉想着他死得不明，又不敢說」。這節描寫，說出賈璉內心之怨恨鳳姐，亦關係着鳳姐的結局，亦甚重要。

此外，還有一些小處，也可一提如：

①第八回：「忽聽外面人說：『林姑娘來了。』話猶未完，黛黛已搖搖擺擺的進來……」(高本)

「搖搖擺擺」這樣子很不好看，豈是林姑娘的風姿，故大某山民責之爲「唐突瀟湘。」其實原句爲「黛玉已搖搖的進來，(庚辰本)，「搖搖」的進來，多麼好看，這才是瀟湘的婀娜風流的姿態，高本把它改成「搖搖擺擺」很不該。

②第三十七回：賈芸給寶玉的信尾「男芸跪書，一笑」。

此「一笑」兩字爲戚本的批語，非書中文字，高本誤爲書文，很不該。因跪書人豈能最後來了「一笑」，這成何體統？高本類此謬處甚多，恕不繁擧。

此次廣播選擇程乙本爲底本是對的，不過其中許多謬誤欠妥處，應該參照他本加以斟酌。再者在各書局翻印的程高本中，應以一九五四年「××書局」印的最好，共一千三百六十餘頁，字體清楚，分段明確，並且參據脂本和戚本加以校改，有些錯字和古體均改正成通用字，如「奈煩」改爲「耐煩」，「弔泪」改爲「掉淚」，「必眞」改爲「逼眞」，以及「觔」改爲「斤」、「缾」改爲「瓶」等。對於書中許多口語方語和艱難的字，在每回之後都有注釋，如「撞喪」「挺床」「扎個筏子」「叨登」「牙子家」「六國販駱駝」「𤫊瓟斝」「點犀盉」「顣」「甋」等等以及許多專門名詞和典故如：「裏外發燒的大掛子」——又稱「外發燒」、「土定瓶」——宋定窰的瓷瓶。其他一些難懂的字詞文句，均有詳細解說，這些雖與播出無關，但給擔任角色的人看起來，就易於瞭解而方便很多，這個本子不知是在香港還是大陸印的，香港有售，臺灣不易看到。

3.此次廣播，是把原書刪改過的，改的地方少，刪的地方多，改也多半是因刪而不得不改，以求刪後語氣連成。就其刪的地方而言，當然有其不得不刪的原因，例如二十八回薛蟠行令，只唸了上面兩句，這是因爲女兒樂下面一句太粗不堪入耳，以致把「女兒喜，洞房花燭朝慵起」一句雅的也連帶刪去。然而也有很多可刪而不刪，不應刪而刪的，例如第五回描寫秦氏房中的陳設，什麼武則天當日鏡室中設的寶鏡，趙飛燕立着舞的金盤，盤內盛着安祿山擲過傷了太眞乳的木瓜……等等，都可用一句「陳設高雅」略過，因爲世上並不眞有這些東西，原書形容已嫌過份，故可略去。不應刪的地方很多，詩詞中如：黛玉的葬花詩，取其頭尾幾句，刪去中間大部。敍文如：第五十六回敍述甄家來人，說到家裏也有一個寶玉，賈母叫寶玉來見甄家來的人比較一下，寶玉見甄家的人之後，接着寶玉便做起夢來，夢見甄寶玉……。這裏刪了很長一段，包括甄家的人告辭，賈母往王夫人處，賈母喜得逢人便告訴，寶玉看湘雲的病，並和湘雲一段不可少的對話等等，刪去這些段，使人聽起來，覺得寶玉會見甄家的人後，怎麼忽然一下子就做起夢來？對於這段，我曾特別注意聽，晚間聽後猶恐自己聽漏，翌日下午二時半再聽，才知確是播出方面刪去，這其中有許多處過門轉折，尙須配音，都是不可少的，實在不該略去。可刪不刪，爲了存眞，這沒有什麼，但是不該刪而刪，是不應該的，我認爲小說選播，最好不要刪改原著，尤其不可刪得太多。

4.對於全書的處理，導播的人，是很爲吃力的。這樣一部頭緒浩繁，人物衆多而又極精細的場面，處理上是非常不容易的。此次播出，主講人和播任角色的都是廣播方面具有經驗的名角，唸過千百件稿子的老手，所以能把書中的文句和對白唸得很圓順，有許多用文字寫來流暢而唸起來有「硬腔腔」的對白，也都能唸得圓順，尤其自加的許多「那、那麼」「點兒」「唔！」等虛字聲音，使原對白句子，更口語化更順口。還有一些隨口除去不能唸出的字眼，例如第四十六回鴛鴦罵他嫂子「你快夾着你那秘嘴離了這裏！……」，改說成「你快夾着你那張嘴，離了這裏……」雖然失神了一點，但這個「秘」字實在不能上口也不能聽，隨口把它去了，這應該是導播人的精細處，和播出人的老練處。不過在處理上亦有許多錯失的地方，例如第五十七回，薛姨媽對黛玉和寶釵說，有意向賈母提議把黛玉配給寶玉。黛玉以打寶釵遮羞，這時黛玉的丫環紫鵑忙跑過來笑道：「姨太太旣有這個主意，爲什麼不和老太太說去？」薛姨媽笑道：「這孩子急什麼，想必催了姑娘出了閣你也早些尋一個小女婿去了。」紫鵑飛紅了臉笑道：「姨太太眞個倚老賣老的。」說着便轉身去了。黛玉先罵：「又與你這蹄子什麼相干？」後來聽見了這樣也笑道：「阿彌陀佛！該該該，也臊了一鼻子灰去了。」關於這段，由主講人照書旁白直唸下去可以，今由任黛玉一角的人對白播出就不對。書中說黛玉先罵紫鵑「又與你這蹄子什麼相干？」後來聽了薛姨媽揶揄了紫鵑，才又笑道：「阿彌陀佛！該該……」是則黛玉罵紫鵑「又與你這蹄子什麼相干」這句應緊接着紫鵑向薛姨媽笑道：「……爲什麼不和老太太說去」之後，等薛姨媽揶揄了紫鵑，紫鵑臊了之後，黛玉才能笑道：「阿彌陀佛……」。廣播中任黛玉一角的照書連着「罵道，笑道」說了兩句，眞不成話，這是處理上的疏忽。對於什麼地方應用對白，什麼地方應用旁白未曾配當，類此錯誤很多，不必一一舉出。

5. 除曲文可製譜歌唱外，詩詞應以朗誦或吟咏之調出之，如黛玉之「葬花詩」唱不如吟。歌不如誦。

6. 關於播出人員的對白和音調方面，曾有人提出缺點和不滿，且有人撰文指出，其中特別提到兩點：

①播出人員的聲音和大觀園姐妹的年齡不稱。（註六）

②不像大觀園姐妹淘的對白，只直覺地意識到只是一堆現代的女人，披了舞台的外衣在說話，毋論就唸詞、吐語、腔調、氣氛來說，與原作者筆下的人物其神韻、笑貌都不够神似。（註七）

關於第一點，確是實情。我想中廣電台對於這個問題應是顧到的，大概是由於物色人員困難，就只能牽就電台現有的人員。當然今天擔任播出的人員，其年齡多在廿以上甚至卅以上，要說成當時大觀園姐妹十五六歲的聲音，確實不像。不過聲音雖能合稱如無演播經驗反更不成。例如擔任賈環一角，雖然童音迫眞，然而播得非常勉強，一聽就知道是在背書，生硬急促，反不如年齡雖不合稱而具有演播經驗的人來擔任爲佳。尤其一些重要角色，不是臨時可以訓練成的，中廣電台捨此取彼，其不得已，可以體諒。不過此種缺憾在安排上，可以多少彌補一點，以使此方面缺點不暴露太甚。然而這點似乎沒有做好。例如第六十和六十一回，芳官和五兒的對話，就安排得不好，五兒播得很好很像十六七歲的女兒家的聲音，而播芳官的就不對了，並非播得不好，而是一聽就知道是成人的聲音，以書中人物年齡而論，五兒此時十六歲，芳官最多也不過十五六歲，可能只有十三四歲，因爲那一班演戲的女孩，都只有十二三歲(書中曾指明)，這兩人同齡又同時對話，而年齡懸殊如此之大，實在不該。再如第五十三回小戲子文豹在戲臺上一段湊趣的說白，播文豹一角的聲音，任何人都聽得出此人是成年人，而書中明說：「這孩子纔九歲」(鳳姐說出)，以一個成年來演播九歲的孩子，實在大錯。

關是第二點說是一堆現代的女人，披了舞臺的外衣在說話。這是因爲聽者熟悉了某某廣播小姐的聲音，主觀上先有這個意識，因而一聽到播寶釵的播黛玉的，就意識到這是某廣播小姐的聲音，甚至連想到某小姐的儀態。這是聽者自己造成的，不能責諸播演的人。同時這點也無法計較，因爲事實上確是「一堆現代的女人在扮演說話」。這有什麼辦法呢？例如我們看「大海盜」影片，扮演這個幾百年前海上英雄的，誰看不出這是現代的尤勃連納呢？一定要使尤勃連納演得人看不出他是尤勃連納，這就不是尤勃連納做得到的了。

因爲事實是如此，你又有此意識，應非扮演人的過錯，除非是現代人扮演的是紅樓夢角色，而說的是現代人的話(所謂現代人的話，諸如「媽咪」「OK」「傷腦筋」以及「太保、太妹」等)，這就錯了。否則的話，這種批評等於對一個說故事的人批評他說：「你只是在說故事」。因爲他本只是在說故事嚒！

至於說到不够神似，這確是選播中可以指出的缺點。別的不說，就其重要的寶玉和黛玉兩角色來說，確有不够神似之處。播演寶玉的，其聲音固屬和年齡不配，而其音調沉鬱，沙音很重，說白死板，殊欠活潑，均是毛病。我們知道紅樓夢到六十回，寶玉的年齡均在十四五歲以下盤旋，應有一種天眞活潑之氣，尤其在第卅七回結海棠詩社時，那種「無事忙」的勁兒和神氣，作者寫得活活潑潑，而播演時却弄得昏昏沉沉。黛玉一角，非常難扮，因她善妒愛哭，不勝嬌愁哀怨之至，播演的人由於「硬別」，反而「左」了。不過黛玉這姑娘已被曹氏寫絕，在多情的少女中成爲千古一人，況其奇絕天生非人爲可以扮成，不信我們請中廣電臺懸下酬金百萬，試試能不能聘到一位神似黛玉的小姐，或是培植出這樣的一個人來。

此外鳳姐一角，勁兒很够，不過缺少變化，是其美中不足處，因書中鳳姐並非時時刻刻都是娥眉倒豎，鳳眼圓睜的。我們知道鳳姐工於心計，善於僞裝，其面孔有十八變，對待丫環傭人之輩，固然狼辣辣的，甚至動不動擧手一掌過去。但是對待賈母、王夫人、薛姨媽等又是一副溫柔恭順，甜言密語的神態。她與寶玉賈蓉均有特殊關係，而其對待兩人的態度和言語亦不相同。卽使對待賈璉亦是玩弄多種姿態的。例如其於賈璉陪黛玉送葬林如海之後返京，設宴接風時口口聲聲「國舅大老爺長，國舅大老爺短」，自稱「小的，小的」以及下面一遍軟綿綿的告訴(事見第十六回)，很具風流情趣，決非豎眉睜眼，殺氣騰騰。鳳姐確實厲害，但非悍婦，不可把她看成夏金桂。

談到角色，應以賈母一角，最到好處，不愧劇場老手。次爲播演邢岫煙一角的，其音調唸詞均極甜美，聽來很像個十五六歲女孩子的聲音，惜岫煙一角出場不多，退場又早，未能多聽，似可另任重要角色，以饗聽衆。

其他諸角，均很稱職，如有欠缺，亦非播演者之責。

主講人播得很好，精神貫澈，吐詞清晰，其中

江湖行（十一續）

徐訏

七十二

衣情眞是一個無法捉摸的女性，她所想的所夢的竟沒有一樣不實現的，要錢有錢，要勢有勢，要兒子就有兒子。

她曾經要過我，但是我逃脫了。自從她嫁了潘宗嶽以後，我想我與衣情的關係總算結束。不意她繞了一個圈子又到了我的身邊。

我無法知道她要這個孩子，是不是爲要羈留我的緣故。但她把孩子的事情告訴宋逸塵，則可能是對我有意的破壞。她究竟是怎麼樣對宋逸塵說的，或者另外還有別的話，我無從知道；但由于逸塵的不告而別與以後一直沒有來信，我想到或者正是衣情的擺佈與她的成功。

自然，當我發現這些時，一切都已經無法挽救了。

衣情生產後，我曾經到過醫院兩次，一次還是同小江湖與黃文娟一起去的。以後我一直沒有再去。我的心理那時非常複雜，一方面我很高興我是這孩子的父親，另一方面我感到非常自卑。一方面我感到一種勝利，另一方面則感到一種失敗。我很後悔我要拖延到衣情生育後再走。但不管怎麼樣，現在她已經生了孩子，我應當很快的就離開上海了。

但是命運並不是這樣安排着，正在我預備離開上海的時候，一件意外的事情發生了。

那天衣情打電話給我，叫我去看她。我到了那面，見她打扮得非常整齊，意態自若的坐在沙發上，她見到我坐下了，笑着說：

「一件事情眞對不起你。」

「什麼事？」

「你還不知道？」

「什麼事？」

「那我也不必說了。」她忽然改了口氣又說：「你還預備去內地？」

「自然，」我說：「現在你已經生育了。」

「你也見到了你自己的孩子。」

「你叫我來到底有什麼事？」

「我不知道你什麼時候走？」

「我想一星期裏面。」我說。

衣情忽然大笑，笑完了，低聲地說：

「野壯子，我對不起你。」

「什麼事呀？」

「你去，太晚了。」

「什麼太晚？」

「連喜酒都吃不到了。」

「你是說……」

「紫裳與逸塵已經于上月在桂林結婚了。」

「紫裳與逸塵？」我不知該怎麼說。

「我希望你不要怪我。」

「怪你作什麼？」我冷笑着說。就在這一瞬間，我想到了爲什麼逸塵會對我不告而別，而一直沒有來信了。

「假如我不養這個孩子，或者不要你等我養了孩子再走，現在你也許已經同紫裳結婚了。」

「這也許就是命運。」我苦笑着說。當時我心裏有說不出奇怪的情緒，我告辭出來。

這是炎熱的夏天，滿街都是太陽，但是我竟什麼感覺都沒有。我像是一個喝醉酒的人一樣，對什麼都看不到聽不到，但仍可以摸回家裏；我一進家門，就像是支不住自己一般的倒在沙發上，我哭了起來。

文娟以爲我病了，要叫醫生；我阻止了她。我

雖亦有讀字小錯之處，但無碍大處。

總結而論，此次選播紅樓夢，由於先天的缺憾和本身的疏忽，縱然個個稱職，人人賣力，仍然未竟全功，此書選播之不易，有無能爲力處，其「吃力不討好」，不幸言中。

曾有人提出要求暫時停播一個時期，以便重整旗鼓，俟天冷時繼續播出，以符夏夜談聊齋，冬夜讀紅樓夢之說，筆者認爲此一意見，可以考慮。

紅樓夢故事其重要情節，均在八十回後，八十回前的各處伏筆，八十回後一一分曉，尤其八十回後重要大事，層出不窮，有元妃薨逝，寶玉瘋顚，嘩喇喇大厦傾倒，悲慘慘黛玉玉殞，以及迎春之蹂躪，探春之遠嫁，惜春之爲尼，鳳姐之死去，十二金釵死的死，嫁的嫁，諸芳盡去，大觀園一片淒涼，瀟湘館夜有鬼哭！最後金玉成親，賈母歸西，以及寶玉出家等等，其故事情節均較前八十回動人，均利於演播，如再能在角色上，情調上和處理上，積取已播經驗，廣征聽衆意見，妥加改善，則挽回過去失敗，並非無望。且紅樓夢一書最初問世，原只八十回，八十回後爲高鶚補續，因而不妨以此爲一段落，略事喘息，兼作全盤硏討，力求改進，然後配合天涼氣候，繼續播出，播者爲之抖擻，聽者亦爲之一振，則其成就，必遠過前八十回。寄望中廣電台，好自爲之。

註一　蔡孑民先生主康熙朝政說，認爲紅樓夢一書有弔明之亡揭淸之失的民族意識，和漢族名士仕淸者寓痛惜之意。見蔡著「紅樓夢索隱」。

註二　中共「作家出版社」刊印的「紅樓夢問題討論集」前頁編輯說明「……所選文章，意見看法並不一致，有些還存在着原則性的分歧」。

註三　林語堂著「平心論高鶚」（三七四頁）

註四　徐訏紅樓夢的藝術價値和小說裏的對白（二續）（本刊第十八卷第五期）

註五　林著「平心論高鶚」（三五四頁）

註六　某報評紅樓夢廣播的文章，筆者未訂此報，故未能存名。

註七　滕君「對中廣選播紅樓夢的商榷」一文。

要她讓我一個人就一回。那時候，我的情緒非常燥亂，無法平心靜氣的冷靜地思索。我祇是痴呆地坐着，浮上心頭的都是過去的片斷。但不知怎麼，我忽然想到也許那消息不是事實，完全是衣情的謊話。

接着我又覺得，無論這消息是眞是假，早一天去內地總好一天。當時我馬上站起，預備先理行李。待明天到旅行社打聽行程。

應當安頓與交代的事情很多，我預備兩天內把它全部辦好，我把要辦的事與應找的人一一列了出來，希望不超出預算的時間。

那天我晚飯也不想吃，一直在房內整理雜物。我到第二天四點鐘方才就寢。

醒來已是十點鐘，紅日當窗，天氣非常燠熱；我急于想出門去旅行社。我洗了一個冷水澡，穿好衣裳，匆匆下樓，在餐桌上，我看到了郵件，其中一封正是韓濤壽寫給我的。他非常清楚的告訴我，紫裳與逸塵的喜訊，他好像預料到我聽到這個消息會經受不住，下面有許多勸慰的話，但是我已經無法再讀下去，我沒有用早點，就折回寢室，伏在枕上，哭了。

愛情，愛情祇有在失去的時候最明顯。如今我才體念到我是多麼需要紫裳。

文娟上來看我，她又拿早點給我吃，我沒有同她說什麼，祇是把韓濤壽的信遞給她看。她看完了信，忽然說：

「也壯，我不了解。我知道你是一個好人，但是你的用情，老實說，我不能同情。」

「是的，我自己也不懂。我怪的正是自己。」

「你覺得你是眞愛紫裳嗎？」

「我不知道。」

「我總覺得像你這樣男人是沒有愛情的。」

「飛禽走獸都有愛情，我沒有愛情？」

「我想像你這樣的人，愛情早已用完了。」文娟忽然露出同情的聲音又說：「但是我看你現在的痛苦，我相信你還是有愛情的。」

「是的，文娟，祇是痛苦才是愛情！」

「你似乎並不知道珍貴你的愛情。」

我坐到沙發上，吸上一支煙，閉上了眼睛，揩乾了眼淚，然後說：

「是的，文娟，這因爲我第一次愛情用錯了。」

「現在，你應當自强一點。」

「我不知該怎麼樣生活了。」

「你恨紫裳麼？」

我搖搖頭，我說：

「她是愛我的！如果她眞的不愛我了，我不會痛苦。問題是她中了她情敵的奸計。」

「她的情敵？還是你的情敵？」文娟說：「你恨宋逸塵麼？」

我搖搖頭，我說：

「他是我的朋友，他沒有錯。他有資格看不起我。但是他應該先來責問才對，不應該……」

「你眞是自私，也壯。」

「你是說……」

「我是說你沒有了解宋逸塵。」

「你不以爲他不够了解我嗎？」

「我是說你沒有了解宋逸塵。」

「你說哪一方面？」

「宋逸塵才眞是一個愛紫裳的人。他因爲愛紫裳才幫助你，指導你，鼓勵你。他因爲知道紫裳愛的是你。所以他把紫裳讓給你，他同你們保持最好的友情。」

「你說這些……你怎麼知道的？」

「這都是紫裳同我說的。」文娟莊嚴地說：「她告訴我你第一次在一家夜花園裏，碰見宋逸塵時，宋逸塵就在紫裳眼睛裏看到她對你的特殊，他問她，你是誰？紫裳當時就什麼都告訴他，他以後非常尊敬你們。」

「那麼宋逸塵並沒有眞正看重我過。」

「你不能這麼說，也壯……」文娟忽然說：「你眞是自私。」

我徵喟了一聲。

「你應該偉大一點，像宋逸塵一樣才對。」

「你是說……」

「你應當爲他們快活，你應該相信逸塵一定會比你更能使紫裳幸福。你去內地仍舊可以做他們最好的朋友。」

「文娟，我現在不去內地了。我是一個最愚笨最懦弱最無用的人；去內地對誰也不會有好處。像我這樣的人，馬路上都是，我對于國家不見得有什麼貢獻。我現在才知道自己，我希望我可以在上海做點小生意，安安定定過過日子。」

「你去不去內地，什麼時候去內地，這都不是問題。問題是你能安定愉快，這就够了。」

「文娟，謝謝你。你太聰敏了。」

樓下有文娟的孩子在鬧，文娟就下去了，我望着她的背影，心裏似開朗了許多。一個人情感往往使人迷失了理性，文娟一席話使我看到自己。

我的無知，我的懦弱，我的自私，這都是對的。我曾經怪衣情的狡黠與陰謀，但如果我眞是知道怎麼樣尊敬紫裳的愛情，衣情怎麼能施其詭計呢？衣情曾經使紫裳離開我，也曾經使我離開紫裳，她都沒有成功，但是如今她算是勝利了。

衣情于三天以後到我的地方來，她說：

「我對于男人太不能了解了。」

「你還不懂男人？」我說。

「潘宗嶽明知道這孩子不是他的，但是他比我還表示歡喜這個孩子。」衣情說：「他說他要盛大的辦彌月酒。」

「衣情，我不喜歡你告訴我這些事情。」我說。

「野壯子，這孩子是你的，我希望你有勇氣要他。」

「你的意思是……」

「我現在想離開潘宗嶽。」

「這對你有什好處呢？」

「我沒有理由要同潘宗嶽在一起。」

「你們根本就不在一起。」

「既然不在一起，何必背這個夫妻名義呢？」

衣情忽然看我一眼說：「你上次不是勸我去內地麼

？」

「怎麼？」

「我想同你一同去內地。」

「但是，」我冷笑着說：「我現在不想去了。」

「我聽文娟說你已經理好了行李。」

「我不去了，我接到韓濤壽的信。」

「我沒有騙你，是不？」

「一切都照你期望的發展，是不？」

「我並不想你會永遠同我在一起。」衣情說：「你是第一個愛我的人，我要爲你生第一個孩子，我已經把他名字叫作『小壯』。我現在有錢，也不想嫁人；你隨時都可以回到我的地方來。」

「衣情，你說你不懂男子，我也無法了解你。憑你良心，你眞的有一點愛我嗎？」

衣情很奇怪的嘴角露出無法捉摸的笑容。她說：

「我需要你，比誰都需要你。紫裳愛你，但是宋邈廛就可以代替你了。我是不同的，因爲我永遠想着你當初是怎麼樣的崇拜我與愛我，而我竟完全沒有了解。」

「但是，衣情，這是太久以前的事情了。」我說：「你不是過去的你，我也不是過去的我。你並不是愛我，你祇是因爲我愛過你，你想控制我支配我，正如你想支配金錢一樣。」

「我知道。」衣情說：「天下事情沒有十全十美，那時候我需要金錢，我不需要愛情。現在我有太多的金錢，再也找不到愛情了。」

「那麼你要到內地去幹什麼？」

「我要幫助你。」

「幫助我？」

「你知道現在內地需要物資麼？」

「怎麼？」

「我們有一個走私的組織，想運大批的物質進去，這對于國家是一種支援，對于個人是一種發財。」

「那麼你要進去幹麼？」

「我可以在後方建立一個企業。」

「你眞有野心。」

「也許；但是我是被金錢侮辱過的人，你記得在那個小城市的日子嗎？一個小小的財主，已經使我驚異不已。以後在上海，我跟了舵老，才知道什麼是財力，我常想自己建立一種力量，我利用潘宗嶽，現在我已經成功，我也不一定需要他了。」

「那麼你嫁他就是爲金錢。」

「如果他肯好好的，我也會好好的同他成一個人家。但是他並不想，他娶我是爲事業，或者說想分散舵老，他一直有許多女人，他並不尊敬我像一個應該尊敬的太太。」

「衣情，够了，够了；你離不離開他是你的事情。你去不去內地也是你自己的事情。你不妨同我商量，但把我同你的生命計劃在一起，那是不對的；我現在對我自己什麼都不知道，是不是要去內地，是不是要結婚，是不是要女人，是不是要錢，我都不知道。」

「但是，我可以老實告訴你，我要不是爲你，我現在無需去內地，現在也無需離開潘宗嶽。他沒有妨礙我的自由，我在必要時隨時都可以離開他，也隨時可以去內地。」

「衣情，請你再不要爲我打算了。」我說：「我太愛紫裳了，失去了紫裳，我什麼都沒有，什麼都不需要，我需要長時間來反省自己，長時間來忘去這個創痛。我也許要瘋狂地去追求情慾，我也許要愛遍天下可愛的女人。我不知道自己，不知道自己。你回去吧，最好最近不要來看我；如果我有什麼事要求你，我會打電話給你的。至于孩子，算不是我的好了，我沒有資格做人家的父親。」

說完了這些，我禁不住哭了出來，我用手掩住我的臉，我伏倒在沙發背上。

「野壯子，」衣情忽然說：「你眞的是這樣愛着紫裳麼？」

「祇有在失去她的時候，我才知道我是這樣的愛她與需要她。」

「你休息休息，」衣情說着站起來，拍拍我的肩膀說：「我隔幾天再來看你。」

「再見，再見。」我說。(待續)

勘誤

本刊第二十一卷第八期讀者投書(三)「裕隆公司對蘇魋先生之聲明」最後一段中「……予敝公司以鼓動……」，「動」字乃「勵」字之誤，特此勘正。

——編者——

讀者投書

(一)請速改善下級官兵眷屬的生活

阿珠

編輯先生：我是貴刊的忠實讀者，我熱愛貴刊，因為貴刊常為我們窮苦的軍人呼不平，很瞭解軍人的苦境。我雖然不是軍人，然而我是軍眷，我是一個准尉軍官的眷屬。我有三點意見，請貴刊批露。這三點意見，亦即是代表我們大多數貧苦軍眷的意見，促請有關當局速為合理的改善，實為公便。

㈠貧苦軍眷生病申請醫藥補助費的辦法要改進：我記得去年當金門砲戰激烈之際，我隣居的一位太太倏然生病了，因為她的丈夫正服務在金門，因為她家中祇有她一個人，同時她的病也來得倏然，使我們隔壁的兩位太太也弄得措手不及，結果費了許多的事情，才將這位太太送到十公里以外的一私人醫院。經一個多月的治療，病好了，但已用去了一仟多元。她的丈夫是一陸軍少尉，聽說月薪一百多元，平時又無儲蓄，這數目不能說不驚人，後來她丈夫將這實情呈報上級請求補助。據說由於不合規定，未能得到分毫的補償。她丈夫又寫信去國防部人事服務處詢問，能否有補救的辦法，後得到回覆是：「請轉知其家屬向當地縣政府社會科索取貧民免費就醫證赴公立醫院治療」。天呀！這樣的回答，等於晴天的霹靂。我們稍用頭腦來想一想，一個隻身在臺的弱女人，倏然生了急病，隣人們能想辦法送到醫院去救命，已算是盡到最大的力量了，又有何人在那兒去找什麼社會科，又有何人知道公立醫院在那裏。我認為祇要是這一類的眞實情形，她有醫院的證明及吃藥的單據，即可以補助她一部份。因為她的丈夫是服務外島，同時病情又特殊，可以寬恕的。

㈡請速增加軍眷生活補助費及軍人待遇：不知道有多少年？軍眷生活補助費，從開始到現在，每月還是三十元，還要繳電燈費及燃料補助，蔬菜及猪肉的漲價是人所共知的，尤其這次中南部水災後，也帶來給我們更大的支出，火車汽車及娛樂部門都加價了。試問這三十元錢能維持到幾天？我的丈夫說他每月祇有一百三十元錢，還要吸煙，日常用品及零用外，所餘也無幾了。每次見他回來，他那種憔急面孔，我內心也感到很難過。每次聽他說出的怨言，也使我懷疑「我不升准尉，在五年前早當士官長了。現在最少每月也能多拿六七十元錢，當了八九年的准尉，反而不及一個普通士官。」我當時聽了，莫明其妙，便問他：「難道你的月薪還比一士官少嗎？那麼你現在為什麼不請求上面依然給你當士官呢？那麼上面會這樣不平來約束下級軍官嗎？」他搖搖頭久而不答，我更莫明其妙，不知究竟是怎麼回事。總之，請上面給我們想一想辦法。

㈢各眷村的就業工作輔導請繼續辦理：我是住在一個很有名的大眷村裏，這幾年來，祇有前年冬季配給了一部份衣服給我們作，雖然工資很少，但總比莫有好得多。可是去年今年都沒有，這究竟是什麼原因呢？即或作的不好或拖延時間，上面應該規定一個標準及作好的時間。設若那一眷戶不够標準或趕不上時間，即不配給那一眷戶作。因為過去為了想作衣服，弄幾個錢來補補家用，想盡了辦法，大家都買了一部縫衣機器。現在衣服沒有作了，這部縫衣機器也等於沒有用。

以上三點是千眞萬確的事實，請貴刊呼請有關當局給我們速為合理的解決，並請將此函件轉給有關當局，作為改進的參考。為的是要提高士氣，為的是要反攻大陸，最後為的是要我們能繼續生活下去。

敬祝

撰安

讀者　阿珠上　十月四日

出版法條文摘要

立法院第二一會期秘密會通過
總統於四七年六月廿八日公布

第六章　行政處分

第三十六條　出版品如違反本法規定，主管官署得為左列行政處分。
一、警告。
二、罰鍰。
三、禁止出售、散佈、進口或扣押、沒入。
四、定期停止發行。
五、撤銷登記。

第三十七條　出版品違反第三十二條第三款及第三十三條之規定，情節輕微者，得予以警告。

第四十條　出版品有左列情形之一者，得定期停止其發行。
三、出版品之記載違反第三十二條第一款之規定者。
四、出版品之記載違反第三十二條第二款及第三款之規定，情節重大者。
五、出版品之記載違反第三十四條之規定。情節重大者。
六、出版品經依第二十七條之規定連續三次警告無效者。

第四十一條　出版品有左列情形之一者由內政部予以撤銷登記。
一、出版品之記載，觸犯戰煽動他人觸犯內亂罪、外患罪、情節重大，經依法判決確定者。
二、出版品之記載，以觸犯或煽動他人觸犯妨害風化罪為主要內容，經予以三次定期停止發行處分而繼續違反者。

第四十二條　出版品經依法註銷登記或撤銷登記或予以定期停止發行處分後，仍繼續發行者，得沒入之。

編者：按在此項出版法未禁止之前，本刊決將上項條款繼續刊登，一方面以用自我警惕，一方面讓世人知道我們的出版自由，受到怎樣的限制。

自由中國　第二十一卷　第九期　內政部雜誌登記證內警臺誌字第三八一號　臺灣省雜誌事業協會會員　二八八

給讀者的報告

本刊一向主張「精兵主義」，此一主張曾在以往社論中屢加論述。政府方面亦有「精兵主義」的口號，然而，縱令在八七水災以後，政府在高唱節約和緊縮開支的呼聲下，仍未有任何精簡軍事機構與裁減國軍不必要員額的措施。我們特在社論㈠中，舉出若干實例，以說明若干軍事機構與員額有裁減的必要。

馬歇爾已於本年十月十六日病逝。對於馬歇爾，我們中國人有兩種極端相反的看法，本刊希望根據更多的公私記載，以客觀、公允的態度，來為馬歇爾作一個「蓋棺論定」，所以，目前，我們不擬對馬歇爾作評論。在社論㈢中，我們只是覺得：馬歇爾的死，給了我們一個很大的警惕：我們在反共的過程中，不要在自由世界再陷於孤立。

臺北市公共汽車由本年九月一日起突然加價百分之四十三。這對於一般公教人員之生活雖沒十分嚴重的影響，然而，黃啓瑞市長未先提請市議會通過，即擅發行政命令，讓公車巡行加價，這却是一件非常嚴重的事——破壞民主法治。因此，我們特發表社論㈢，指責其「玩法弄權」。

李達生先生在「領袖公僕論」一中，從人類歷史上三種政治：貴族政治、暴民政治、平民政治，而談到領袖的分位。他的結論是：一個真正的政治領袖，其確切身份是：「國家的公僕」。這也就是近代西方民主思想的精髓。

石璋如先生費了二十二年時間，寫出了一部報告，報導殷虛建築的遺址。李濟先生為之寫「殷虛建築遺存報告序」，交本刊發表。在此序文中，我們感覺到：石璋如先生獻身於此一遺址發現的整理分析工作，「以至疾病時，流亡播遷時，困窮到難以生活時，他仍是念念不忘這一工作」，這種研究精神，使我們敬佩，謹致敬意。

赫魯雪夫治下的蘇俄與史達林治下的蘇俄究有何不同？這是爲自由世界所矚目的問題。董鼎山先生所摘譯的「赫魯雪夫治下的蘇俄」，可以回答這個問題。此文是紐約時報記者沙立斯伯雷於數度訪俄後，又於今春隨尼克森訪俄返美後，所發表的一連串報導。因文太長，分兩期發表。

民主政治的基礎在於地方自治。罷免權乃憲法賦予人民的權利之一。楊金虎先生在「對省府處置高雄市長罷免案平議」一文中，由本年六月高雄市民巫義德發動罷免高雄市長事件，而平議臺灣的憲政。

嚴明先生曾在本刊發表「紅樓夢後四十回的考證問題」，今又撰「評中廣小說選播『紅樓夢』」，交本刊發表。以嚴先生對該廣播的關切與對紅樓夢的素養，此文當為讀者所歡迎的。

金北辰先生「手投」的報導，已收到了，謝謝。報導中涉及私人，所以本刊不擬發表。文江先生的來信也收到了，對於當前軍人的生活與處境，本刊素表同情，並曾撰社論與專論加以論述，所以先生的信，我們不再發表。您對於本刊的熱誠，我們十分感激。東勢五四醫院一羣傷患戰士的來稿「籲請飭醫德」，我們也收到了，因為此文沒有一定的作者署名，不擬發表，謝謝！

自由中國　半月刊　第二十一卷第九期　總第二四〇號

中華民國四十八年十一月一日出版

發行人　雷震

主編　『自由中國』編輯委員會

出版者　自由中國社

社址：臺北市和平東路二段十八巷一號

Free China Fortnightly, 1, Lane 18, Ho Ping East Road (Section 2), Taipei, Taiwan.

電話：二八五七〇

航空版　友聯書報發行公司（香港九龍高打老道一二〇號）電話：五九一六四、五九一六五

總經銷　自由中國社發行部

經售者

美國　紐約　友方圖書公司 Hansan Trading Company, 65, Bayerd Street, New York 13, N.Y., U.S.A.

紐約　光明雜誌社 Sun Publishing Co., 112, Mulberry St., New York 13, N.Y., U.S.A.

韓國　漢城裕昌德號

馬尼剌　新疆書店

緬甸　仰光振成書報店

印度　阿拉哈巴中印文化出版社

北婆羅洲　西利亞坡青年書店

星加坡　友聯書報發行公司（小坡大馬路四六九號）

吉隆坡　友聯書報發行公司（馬華公會大廈三樓七室）

怡保　友聯書報發行公司（希尼華沙甘街十六號）

檳城　友聯書報發行公司（林連登律七十二號）

澳門　友聯圖書公司

印刷者　精華印書館股份有限公司

廠址：臺北市長沙街二段七一號

電話：三三四二九號

本刊經中華郵政登記認為第一類新聞紙類　臺灣郵政管理局新聞紙類登記執照第五九七號　臺灣郵政劃撥儲金帳戶第八一三九號

（每份臺幣四元，平寄美金一角五分，航寄美金三角）

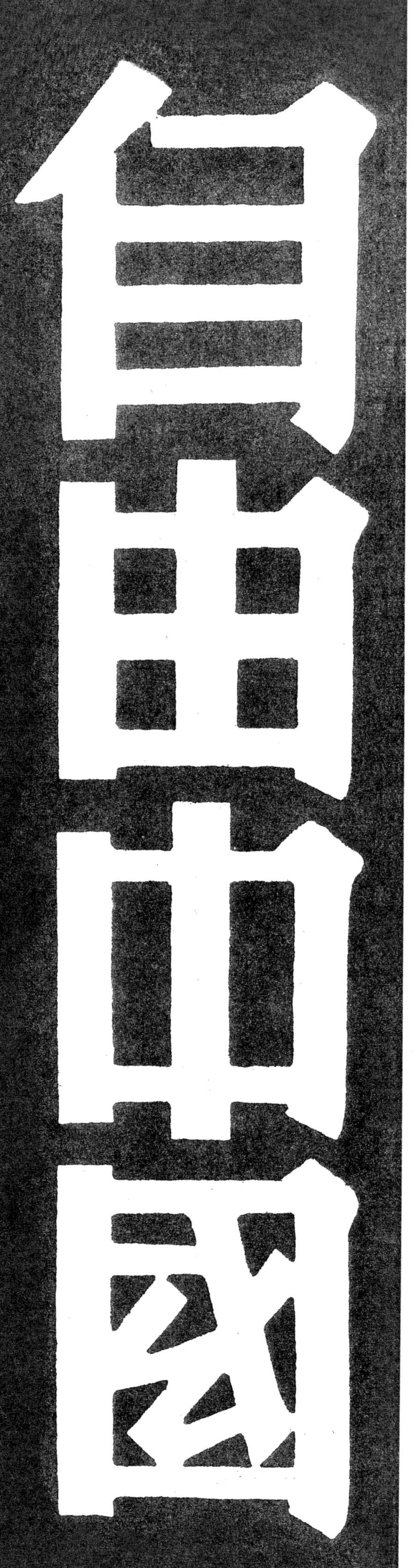

FREE CHINA

第廿一卷第十期

三版

發刊十週年紀念特刊

中華民國四十八年十一月十六日出版
中華民國四十八年十一月二十日再版
中華民國四十八年十一月二十八日三版
社址：臺北市和平東路二段十八巷一號

半月大事記

十月廿六日(星期一)

兩位美國科學家薛格里與張柏林獲一九五九年諾貝爾物理學獎，捷克海洛夫斯基教授獲化學獎。

十月廿七日(星期二)

俄最高蘇維埃開幕，討論俄帝預算，總額爲一千八百六十億美元。

十月廿八日(星期三)

艾森豪在記者會表示，盟國擬在十二月中旬舉行西方高層會議，主張東西方高層會先討論裁軍。

古巴與美國關係急劇惡化。艾森豪表示對古巴總理的猛烈攻擊美國感到困惑。美正利用一切辦法防止飛機赴古巴。

十月廿九日(星期四)

行政院院會決議，成立原子能委員會。

伊拉克局勢趨緊張，約旦及阿拉伯聯合共和國均在邊境佈防，以防止共黨企圖攫取巴格達政權。

十月三十日(星期五)

中共在藏印邊境地區繼續進行擴張，並警告印哨兵自邊界撤退；印副總統拒絕訪匪區。

美向俄提出嚴厲警告，西柏林如再現共旗，勢將發生嚴重後果。

十月卅一日(星期六)

赫魯雪夫向最高蘇維埃報告俄帝外交政策。

寮太子沙旺瓦丹納宣布爲寮國新王。

十一月一日(星期日)

美政府正式發表聲明，美、英、法、西德四國政府首長，下月十九在法集會，對可能的東西高階層會議預作安排。

十一月二日(星期一)

印度陸軍加强防務，正沿東北疆界佈防。不丹錫金要求印軍增援。

尼赫魯致中共新函件，促中共軍撤離拉達克。

十一月三日(星期二)

駐柏林美軍司令警告俄總部，勿容許德共在西柏林懸掛共旗。爲維護西柏林秩序，盟國決定使用軍隊。

韓共要求聯軍離韓，聯軍立予拒絕

十一月四日(星期三)

艾森豪在記者會表示，西方不能毫無準備而匆促參加高層會議。

美國務院副國務卿狄倫返美發表談話，力主增加對我軍事援助。

艾森豪宣布，將自十二月四日起訪歐亞非九個國家。

巴拿馬發生反美騷動，美已向巴拿馬提出抗議。艾森豪要求各拉丁美洲政府採取步驟，以維持法律及秩序。

印度致中共强硬照會，拒絕中共對邊境以及拉達克領土的要求。

十一月五日(星期四)

尼赫魯對記者表示，不惜對中共一戰，但仍盼與中共和平解決糾紛。

在西柏林懸旗事，德共表示讓步，謂不堅持在高架鐵路上懸旗。

巴拿馬民衆與美警察衝突，巴向美提出反抗議。

十一月六日(星期五)

伊朗與約旦兩王發表公報，決心維護中東安全。

德共慶祝俄紀念日，西柏林軍警嚴陣以待，德共未敢在西柏林懸旗。

美國務院聲明，美對匪政策不變。

美重申對寮局觀點不變，認叛軍係受共黨支持。

哈瑪紹正考慮訪寮，曾與美俄代表磋商。

十一月七日(星期六)

調查小組僅指出越共參戰不易獲得證實，但其引述目睹者證詞顯示侵略來自北越。

尼克森發表演說，謂自由與共黨鬪爭中，亞非人民舉足輕重，並指斥俄匪侵略野心，謂美應助各國保持自由。

美原子能機密資料，業已部份公開，可使擁有必需資源國家，能够進行和平核子計劃。

巴拿馬照會美國，將運河區騷動歸咎美國軍警。

美新衞星射入軌道，正嘗試收回太空艙，如能收回，將爲太空方面空前的成就，下一步卽爲送人入太空。

十一月八日(星期日)

印度公佈致中共照會，已率直譴責中共侵略拉達克，並稱「在任何發生侵略的地點，印度人民必將以所有方法以事抵抗。」

美參院安全委員會宣稱：美俄文化交流計劃，包藏共黨宣傳毒素，斥其爲俄軍事突襲前奏。

「自由中國」的宗旨

第一、我們要向全國國民宣傳自由與民主的真實價值，並且要督促政府(各級的政府)，切實改革政治經濟，努力建立自由民主的社會。

第二、我們要支持並督促政府用種種力量抵抗共產黨鐵幕之下剝奪一切自由的極權政治，不讓他擴張他的勢力範圍。

第三、我們要盡我們的努力，援助淪陷區域的同胞，幫助他們早日恢復自由。

第四、我們的最後目標是要使整個中華民國成為自由的中國。

社論

解決中國問題必需以民意爲歸依

本刊於中華民國三十八年十一月二十日創刊，到現在已足足屆滿十個年頭。本刊創刊之初，國家已處於最緊急的情況之下，危機四伏，各種可能的禍患隨時都可以發生，但本刊居然在極度不利的環境之下可以按期出版達十年之久。本刊之所以能維持到今天，一半是靠着讀者與朋友們的支持與愛護，另一半則不得不說是靠着這十年來大局之趨於穩定。祇是，這種幾近於僵化的穩定，並不能使我們滿意。我們看看十年以前本刊前發行人胡適先生所手訂的四項「宗旨」，就能發現這十年穩定事實上並沒有使我們的國家獲得甚大進步。我們並沒有能夠「切實改革政治經濟，努力建立自由民主的社會」，並沒有能夠「抵抗共產黨鐵幕之下剝奪一切自由的極權政治，不讓他擴張他的勢力範圍」，並沒有能夠「援助淪陷區域的同胞，幫助他們早日恢復自由」，而距離那個「使整個中華民國成爲自由的中國」的「最後目標」，更是十分遙遠。

一個國家處於像我們這樣的情況，正如逆水行舟，不進則退。在今後的若干年內，如果我們不能打開這一種僵化之局，卽連穩定是否能夠繼續維持，可能都成爲問題。世局決不能永久不變，而可能來到的變動却並不能保證對我們有利。事實上，我們確實已能意味到那些使我們得以維持穩定的種種因素，正在開始改變，如果不能作適當的應付，我們甚至連這種僵化的穩定都將爲之喪失。

請允許我們說實話，這十年的穩定，主要是靠着中國問題之國際化在那裏維持的。而此種有利的國際因素之主要骨幹，便是美國的對華政策。美國的對華政策一天不變，穩定就可以一天維持；美國對華政策一旦改變，穩定就立卽受到震動。

美國的對華政策究竟會不會改變呢？當然，截至今天爲止，並沒有改變，而且，一直到本年本月六日，赫特國務卿還作了「無意」改變的聲明。這似乎可以使我們放心了。但每當美國政府首要作此類聲明之時，幾乎絕無例外的帶有「目前」一類的字樣。這是說，目前不變而並不保證將來。美國的對華政策顯然的具有甚大彈性。

最近期間，美國加州一個研究機關康隆學會接受參議院外交委員會的託付，提出一項遠東問題研究報告，曾就對華政策建議美國政府，要它「一步一步的」做到：承認共匪政權，讓共匪加入聯合國並取代我在安理會中常任理事的地位，而我中華民國則僅能以「臺灣共和國」的名義，做一個普通會員國。此一建議，誠然並不能代表參議院的主張，更不代表美國政府的主張。但是我們必須承認這一類的論調，在美國民間，在美國議員羣中，已經是時有所聞，康隆報告並不是一個突出的例外。我國的民間報刊，對此種可能的趨向已甚爲注意；近正紛紛著論評述，一方面駁斥美國一部分人那種令人駭異的主張，另一方面強調事態之嚴重，要求政府提高警覺，並拿出有效的對付辦法來。祇是截至今日爲止的民間論著，似乎仍未能深入問題核心，具體提出足以抵擋那一股逆流的有力號召來。

我們發現美國一部分人提出此類主張所依據的最大理由，是說美國對中國大陸六億（？）人民的存在不應不予理會，而這個理由的最大錯誤，則在於無條件的把共匪政權認爲六億大陸人民的代表。我們可以針對這個錯誤，據理力爭。如果美國並不是一個崇尚正義、擯棄強權的國家，我們據理力爭是無用的。美國憑藉其強大的力量，愛怎麼處置就怎麼處置好了。但如果美國是講道理的國家，美國人民是講道理的人民，則我們相信據理力爭是有用的。

問題祇是：我們該拿出什麼理由來辯難，才能使那一部分主張改變對華政策的美國人心悅誠服。不錯，我們的政府與民間，已經提出了許多理由來對抗。但是，我們感覺這些理由都不是最爲有力的，並不能說得使人心悅誠服，而偏偏一個最爲有力、最爲美國人所難以拒絕的理由，却甚少有人強調。

我們曾經提出了下列的種種理由：

㊀是說中國問題之解決是中國的「內政」，用不到美國越俎代庖。這是一個最不智的理由，同時也是一個站不住的理由。任何國家牽涉到共產與反共之爭，這爭端就是一個非純粹的國內事件；共產主義運動從頭就是一個有組織的國際運動，任何國家的共產黨徒都受到外國共產黨徒的支持，所以反共也不可避免是國際性的。所有因此種爭論而被分裂的國家，如德國，如韓國，如越南，都把爭端視爲一個國際問題在處理，中國就沒有理由單獨成爲例外。現在，國人似已漸漸發現強調此種理由之不智。

㊁是說臺灣之爲中國之一部分，是開羅會議所承認了的，美國不能推翻這個承認而倡爲「兩個中國」之議，使臺灣脫離中國。這理由在我們這方面說來誠極堅強，但是對那些在前提上已經準備承認共匪應代表中國的人們來說，這一理由的推論，應該是把臺灣和平的移交於共匪政權。這理由祇有在美國不承認共匪的前提下才是有效的，但它本身並不足以維持此一前提；在承認問題的前提改變以後，臺灣所屬問題也隨之變質了。

㊂是說共匪在大陸的政權並未穩定，大陸人民隨時可以把它推翻，我們隨

時可以把大陸光復，所以美國不該予以承認。這理由雖然直接觸及了承認問題，但是多數外國人却都不願相信，儘管我們說得力竭聲嘶，人家却要求事實的證據。不錯，美國前杜勒斯國務卿也曾經提出類此的理由以遏制承認的暗潮，但杜卿這個說法，始終未能贏得一般的贊同。這個理由顯將隨時間之過去而更喪失其說服力。而且，它還有一個重大缺點；它在無意中承認了舊式國際法中以「有效控制」爲承認新政府之標準的原則，而這個原則，正是我們所應該全力反對的。

國際法並不是一種成文法，它的內容隨政治思想之改變而改變。有效控制的理論，自從二次大戰前史汀生對僞滿組織提出「不承認主義」以來，在美國已經沒有甚大的力量。這個理論，是權力政治的產物，祇看到統治者，而完全無視於被統治的人民。因此這個理論所根據的原則，在根本上不能與美國的民主精神相符合。美國人如果不背棄他們的崇高民主理想，就應該澈底拒絕此一落伍的觀念，而代之以美國獨立宣言中所標揭的「人民同意」的主張。因此我們認爲，要解決中國問題，最重要是應該遵守下列的兩個原則：

㈠對中國問題任何處理方案，都必需首先得到中國大多數人民的同意。

㈡中國人民的意旨必需由他們自己來自由表達，決不能糊里糊塗的把強加在人民身上的暴力政權認爲足以代表人民。

我們相信，這裏所舉出的兩點，是美國任何人所無法拒絕的，因爲拒絕這兩點，無異是放棄了整個的民主理想並否定了美國自己的基本立國精神。如果美國接受了這兩點原則，我們就可以要求美國在作任何有關中國問題的安排以前，要先能測知中國人民(當然要包含中國大陸的人民在內)的眞實意旨，在未作測驗以前，美國就不能毫無根據的斷定誰可以代表中國。

在二次世界大戰以前，對一些發生糾紛的地區，美國和其它國家都曾經提出在國際視察之下舉行自由選舉的主張。對德國問題，西方國家至今如此堅持，而且也正因爲共產集團之拒絕同意，才使德國問題至今未能解決。沒有人批評這個自由選舉的主張是錯誤的，因爲唯有此一辦法最能符合於民主精神。在亞洲，爲什麽就可以適用與歐洲不相同的原則呢？難道說，人權、正義、民主、自由等等，都祇有歐洲人或白種人應該享有嗎？

誠能在整個中國舉行眞正自由的選舉（這當然需要聯合國嚴密而有效的監督），而多數人民居然選擇了共黨政權，那無話可說，我們祇有把中國的名義拱手相讓。如果人民並不選擇共黨政權，或者由於共匪之阻撓而使自由選舉根本無法進行，則就表示連中國人民都沒有承認共匪的統治，美國要承認它，並把它請進聯合國去，就是把中國人民出賣，那裏還好意思像現在這樣的說承認共匪是爲了尊重大陸上六億人民，把共匪請進聯合國去是爲了使此六億人民在此一國際組織中獲得發言地位呢？

我們提出自由選舉的主張，同時也是對共匪的一項政治挑戰；我們預料它一定會竭力閃避，決不敢挺身應戰。這樣，中國問題豈非祇能繼續僵持而無法解決？不錯，事實確是如此。但美國人要知道：一個未能以民意爲歸依的解決，必然是一種壞的解決，壞的解決還不如不解決。抱持民主理想者，目前縱不能糾正一個錯誤的既成事實，却決不能輕易承認一個錯誤的既成事實，萬一如此作法，美國在民主世界將從此喪失了全部的道德力量。

處理中國問題必需以人民的意旨爲歸依，我們不僅希望美國人有此瞭解，而且更希望我們自己的政府有此瞭解，不必等到國際間那一股對我不利的逆流滋長，首先自動提出這一個響亮的，正大的，爲任何人所無法反駁的政治號召，而同時以廣大的、全面的民主改革，來爭取全國以及海外人民的支持。這是爲抵擋那股逆流唯一有效的作法。我們可以向世界證明：我們是禁得起民主考驗的，而共匪則禁不起此種考驗。唯有如此，才能打銷國際間那種對我至爲不利的意念。除此之外，我們實在想不出其它更好的辦法了。

「自由中國」十週年感言

毛子水

「自由中國」半月刊編輯委員會因這個刊物的十週年紀念，要我說幾句話。我因爲這個雜誌創刊的時候，自己亦曾參與，所以也很願意趁這個機會發表一點意見。

思想自由和言論自由對於政治和文化進步的重要，用不着我們再嘵叨了。不過我要在這裏說一句話：一個政治家或政論家，應該把出版一百年的穆勒的「自由論」（On Liberty，嚴復譯爲「羣己權界論」）的第二篇熟讀深思而體會力行起來；不然，便算不得一個好的政治家或政論家。（我還要附帶說一句：一個從事實際政治的人，如果沒有仔細讀過穆勒這本近代的政治經典，在修養上便有一種大缺陷。穆勒這本書，並不是一本政治學的教科書，乃是一本人人應當一讀的「公民學」。嚴復譯的「羣己權界論」，出版於淸光緒二十九年，到現在已滿五十六年了。可惜當時國人很少喜歡「實學問」的，所以並沒有什麼大影響。假使我們中華民國開創時大多數從事實際政治的人都能具有這種「公民學」的知識，則我可以斷言我們的政治要比現在好得多。——穆勒這本書，到現在似乎還沒有白話文的中譯全本：這亦是我們文化界一件憾事！）

我們的時代，應該比穆勒的時代進步得多了。但就人類幸福所繫的自由而言，則穆勒還有可以樂觀的理由，我們便不能像穆勒那樣樂觀了。不過這個世界就算全爲共產集團所征服，久而久之，我相信自由的義諦總有一天會發揚光大的。因爲歷史告訴我們，自由是人性所同歸的。就算像穆勒的「自由論」這樣的書一時全都被焚了，將來必會有像穆勒那樣聰明正直的人再寫出這種書的。在這個赤色恐怖彌漫的世界上，這個信念，是我們可藉以自慰的。當然，我們總希望全世界人民能及早覺悟，同心合力以廓淸這種恐怖！

十年前這個時候，大陸國土的大部分已陷於共匪；人心惶惶，不可終日。一班憂時愛國的人，以爲國家到了這個地步，不可沒有一種辨析是非的刊物，以闢共匪的邪說而堅定同胞的意念。於是「自由中國」遂因以誕生。我所知道的，當時這班人創辦這個雜誌的動機，純粹是一片愛國家、愛自由的誠心。

十年以來，世局的變化日亟，而這個雜誌竟能在困苦艱難中照常繼續下去：這實在是一件可喜的事情。最近四五年來，我雖然因爲校課的關係，不能對這個雜誌幫忙，但我相信「自由中國」社諸先生，當初愛國家愛自由的誠心並沒有稍減。偶有過於偏激的言論，恐怕都是因爲執筆的人蒿目時艱、傷心國難而遂踰矩的。這不能說不是毛病。但就一個民主國家而言，這樣一種刊物，究竟是不能沒有的。我竭誠希望它能夠根據十年的經驗，依當初創辦的宗旨，日求自近於完善！

依我的看法，十年來我們的政府當局，固未能事事令人滿意，——我想，天下恐怕沒有事事令人滿意的政府！——但就大體而言，政府當局勵精求治的努力，是值得我們崇敬的。十年來我們在政治、軍事、經濟和教育上的進步，亦可以說是我們以前所沒有的。一種正當的倡導輿論的刊物，一方面固然應該督促政府作有益於國家和人民的改革，一方面亦須支持政府良善的計劃以增加政治的效率。尤其在現在這個時候，主持言論的人，要處處「務其大者遠者」，要處處「綜覈名實」。較小的事情，似乎可以不必斤斤計較。

說到「大者遠者」，我想起現在世界政治上的一個問題。共產極權國家和自由民主國家的鬭爭，一天比一天緊急。我們中華民國堅定的站在自由民主這一方面，是我們政府最聰明的決策。以一個實行自由民主較有成就的美國來引導其他民主的國家，亦是最好的事情。我以爲這些民主的國家應該一心一意的擁護美國的策略，儘可能避免使美國爲難，使美國得以從容調度，以全力對付共產極權的蘇俄和它的附庸。但是泛觀今日自由世界，對於這個道理，非特許多愚陋小國不了解，卽英、法、日本，亦沒有十分明白。他們往往爲爭一點無謂的意氣，（多半爲迎合自己國人的虛憍心！）不能和美國完全合作，致減少了抵抗共產集團的力量。我並不是說美國的策略盡善盡美，我們應該唯命是從；但大敵當前，自由民主的國家如不能做到完全合作，必致失敗。（在合作上面，我們中華民國似乎比較得體。）當然，我亦深望美國的國民，能夠徹底了解共產極權的作風。蘇俄的集團，非特是人類文明的大害，亦是美國立國精神的仇敵。眞正忠於美國、忠於正義的人，萬不可貪一時的苟安而忘却對國家對人類的責任的。提倡這些道理的言論，目前似是以愈多愈好的。

最後我還有一點小意見。穆勒「自由論」第二篇的末章曾討論到言論態度的問題。他主張辯論的時候，不必顧慮到遠鄙倍遠暴慢的體貌。關於這一點，我的意思不完全和穆勒的相同。我以爲要使說話有力量，當使說話順耳。禮記上說，「情欲信，辭欲巧。」這個「巧」字下得最好。（古人有讀「巧」爲「考」的；似可不必。）所謂「巧」，當然不是花言巧語，乃是說出的話令人聽得進。譬如批評一個人，非特要使第三者覺得我們所說的話正直公平，並且要使受批評的人聽到亦覺得心服。記得「自由中國」創刊號的發刊詞中曾有「不作下流的漫罵」的戒條。漫罵固不必便是下流，但漫罵很容易墮入下流。所以非特下流的漫罵不可有，卽漫罵亦當竭力避免。固然，意氣所激，賢者時或不免。但這種修養，究竟是一個君子人所不可缺的。這是我十年來常蓄於心裏的見解；今天謹以貢獻於我們的言論界。

談談人民的集會結社自由

朱文伯

民主國家，人民不能沒有會議。會議者，集會議事之謂也。爲了「衆人之事」，三人也好，五人也好，百人千人也好，必須能集會，才有商議的可能。必須人民能自由集會，自由商議與本身有關的事務，除非妨碍交通或破壞秩序，不受任何外來干涉，才能算是民主。如果集會之前，需要請得政府之許可，政府核准，才能集會；政府不核准，就不能集會，這就不能說是集會有自由。人民是主人，官吏是公僕，主人集會，須請得公僕許可，「太阿倒持」，「大權旁落」，就不成其爲民主國家。

民主國家，人民不能沒有結社，結社者，組織團體之謂也。爲了合作共事，學術性的也好，宗教性的也好，乃至政治性的經濟性的也好，各種性質不同的社團組織，是免不了的。人民此類社團，必須各本所需，自由結合，才能表現社會事業生氣蓬勃的現象。除非有不法企圖，有越軌行動，不應受他人干涉。如果結社之前，必須請得政府機關許可，政府核准，才能組織；政府不核准，就不能組織，這就不能說是結社有自由。如果公僕有權准駁主人的組織社團，也就不成其爲民主國家。

因此之故，世界民主國家的憲法，爲了保障人民的基本權利，都有明文規定，其人民的集會結社自由。有些國家，政治雖不民主，但爲了魚目混珠，欺騙世人，憲法上也少不了人民集會結社自由的條文，潮流所趨，民意所向，是無可奈何的。中華民國憲法，開宗明義第一條：「中華民國基於三民主義，爲民有民治民享之民主共和國。」第二條：「中華民國之主權屬於國民全體」。這確定了人民是國家的主人身份，因而順理成章的有第十四條：「人民有集會結社之自由」。第二十三條：「以上各條列舉之自由權利，除爲防止妨碍他人自由，避免緊急危難，維持社會秩序，或增進公共利益所必要者外，不得以法律限制之」。

就憲法條文而言，中華民國人民的集會結社是有自由的。再就現行法律看，其中對於人民集會結社所限制的有些什麼。刑法第七章妨害秩序罪部分，第一百四十九條：「公然聚衆，意圖爲強暴脅迫，已受該管公務員解散命令三次以上，而不解散者，在場助勢之人，處六月以下有期徒刑，拘役或三百元以下罰金，首謀者處三年以下有期徒刑」。第一百五十條：「公然聚衆，施強暴脅迫者，在場助勢之人，處一年以下有期徒刑、拘役或三百元以下罰金，首謀及下手實施強暴脅迫者，處六月以上五年以下有期徒刑。」第一百五十四條：「參與以犯罪爲宗旨之結社者，處三年以下有期徒刑、拘役或五百元以下罰金，首謀者處一年以上七年以下有期徒刑。犯前項之罪而自首者，減輕或免除其刑」。

簡明言之，法律所限制的，是意圖或實施「強迫脅迫的集會」，和「以犯罪爲宗旨的結社」，只要不準備強暴脅迫或犯罪，集會結社是有其充分自由的，並不需要在事前請政府機關核准。但是自由中國境內實際情況怎麼樣呢？

就集會言：近十年來，人民團體各種集會，無論室內室外，通常須於事前報請主管機關與治安機關「派員指導」，否則，就會受到治安人員的干擾。本年四月，當外交部黃少谷部長出席「國際扶輪社中國港九埠際會議」發表演說，強調自由中國「全體人民所享的民主與自由，其程度決不比亞洲或世界上任何民主自由國家的人民所享者爲低」的一天，臺灣省政府公告有關羣衆性之臨時集會，更進一步「補充規定」兩點：

1. 臺灣省各地區羣衆性之臨時集會，其人數在五十人以內者，應於舉行前一週報經當地警察局核准後舉行。
2. 臺灣省各地區羣衆性之臨時集會，其人數在五十人以上者，應於十二日前報由各該地警察局，逕行核轉警備總司令部核准後始得舉行。

照此規定，人民任何集會，均需要在相當時日以前報經治安機關核准後才能舉行，因爲既名集會，決不是一人二人的事，三人成衆，那一種會議不是羣衆性的呢？同時，通知集會，多半是臨時性的，即令有經常性的會議，這一類會議的創立會也必然是臨時性的。還有，人民集會商討問題多與行政機關有牽連，何以不要集會者向各行政主管機關申請？指明向治安機關申請，其用意是不是在嚇阻，表示如不經過治安機關核准就行集會，將有很多麻煩？因此，可以說，自由中國的人民沒有集會的自由。

就結社言：在臺灣，人民組織任何社團，必須先由發起人報請主管機關核准後才能開始籌備，否則就是非法組織，政府可以勒令解散，即使是學術性的聯誼性的亦不例外。據說訓政時期頒布的人民團體組織法有此規定。現在是憲政時期了，我們的行政院立法院都還沒有準備依據憲法加以修正，已經侵害了人民受憲法保障的結社自由權利了。不僅此也，有時人民依據法定手續，向政府申請組織社團，政府竟可任意准駁，或拖延不予批辦。這除違法以外，更有失職之嫌。茲以我們發起籌組中國地方自治研究會的經過情形爲例。

民國四十六年，臺灣第三屆省臨時議會議員暨各縣市縣市長選舉以後，部分在野黨及無黨派候選人，鑒於該次選舉情形過分惡劣，爲了研討選舉法規應如何修正，地方自治應如何加強實施，邀約若干省內省外同情人士，共同發起籌組中國地方自治研究會。最初依據政府規定造具發起人名冊，向臺北市政府

（下轉第10頁）

對於軍事的兩個基本願望

——為「自由中國」半月刊十週年紀念而作

曲靈鈞

一

政府自退守臺灣以來，在「軍事第一」的口號下，每年都用了國家總預算百分之八十以上的金錢。直到現在已經整整十年了。十年來，如所周知：自由中國的陸海空三軍，在編組、訓練、裝備，以及指揮統御與行政管理等各方面，都有長足的進步，和顯著的成就。這是早已為中外人士所稱許過的。然而，我們認為上述的這些進步和成就，尚不過是純軍事範圍以內，應乎時代的若干革新而已。雖然是必要的，可喜的現象，但對於我們國民而言：實還沒有符合我們的基本願望。至低限度，也是令我們抱有懷疑態度的。

茲值自由中國社，為創刊十週年紀念，發行特刊，並鑒於該社一向站在我們國民的立場，經常把國民的願望，化為有力的輿論。因此筆者特以國民的身份，藉此機會，來一伸我們對於軍事的兩個基本願望。也許這些願望，前此已經自由中國社直接間接的作過論述，但在政府和軍事當局，尚未採取有效措施，我們的願望尚未兌以事實以前，我們以為是仍有其呼籲的必要。

二

我們的基本願望，究竟是什麼？

第一：軍隊應該確確實實是我們國民自己的武力。

第二：軍隊的數額應該是我們國民的能力所負擔得起的。

現在分別說明如左：

第一、就法理言：任何一個民主國家建立軍隊的唯一目的，就是要用來保國衛民。換言之，就是要保衛我們這些主人的生命財產、和主權的維護。而不單單是保衛政府、或者任何一個政黨；更不是單單保衛任何一位領袖。（國家與領袖當然同在保衛之列，至於黨，則民主國家的軍隊，沒有保衛牠的義務）這些淺顯的道理，在我們的憲法第一三八第一三九等條的條文中，都曾有過明白的規定。應該是沒有人敢於否認了的。就事實言：軍隊的個體，原都是我們全體國民的同胞和子弟；軍隊的一切開支，也全靠着我們國民的脂膏來維持。這也是無可否認的。基於以上的理論和事實，很自然的得出一個結論，便是：「軍隊應該是我們國民自己的武力。」無論如何是沒有錯的。那麼我們國民之具有此一願望，當然不是奢望。

第二、軍隊既需要以我們自己的脂膏來供養，那麼究竟要建立多少軍隊，在理我們是絕對有權來過問的。倘如我們只顧減輕自己的負擔，而要求廢棄軍隊；或者過份減少軍隊，使我們自己的安全，和反攻復國的大業，完全失卻武力的憑藉，那固然是一種愚蠢的行為。但如果一味為了為期尚不可捉摸的反攻事業，而完全不考慮自己的力量，來孤注一擲的擴充軍備，或者長期保留龐大的武裝部隊，則仍然是不智之舉。這個不智與上述的愚蠢，勢必同樣招致慘痛的後果。因此，軍隊的數額，惟有根據事實的必要，和能力的許可，來作適當的安排，才是合理的明智的。故我們的第二個願望，便是：「軍隊的數額應該是我們國民的能力所負擔得起的。」

三

我們對於這兩個願望，究竟有什麼懷疑的呢？

依正常的想法：替我們主持軍國大計的政府當局，對於我們這兩個既合法合理而又並非奢求的願望，應該是輕而易舉的，老早給我們一個「如願以償」，用不着我們再來作呼籲了的。然而事實上，我們的願望，始終是落在空處，並未得到政府的允諾，當然更談不上給我們以「如願以償」了。而相反的，政府在軍事上的若干措施，却往往與我們的願望背道而馳。因此，我們不能不有所懷疑了。現在特予說明如左：

第一、憲法有明文規定：軍隊裏面是不容許有任何黨派的活動的。然而我們的執政黨（國民黨）却不惜違背憲法的規定，不理睬海內外輿論的指責，——甚至說這些輿論，是毒素思想、是共匪的傳聲筒（但還沒有聽見說憲法第一三八第一三九條也是共匪定下來的），執意要在軍隊裏面設立黨部，肆行黨的活動。以那所謂「以黨領軍政策」控制了軍隊的一切，尚嫌不足，更要在軍隊裏面高喊「黨權高於一切」的口號，並以軟硬兼施的手段，將「黨權高於一切」的觀念，灌輸到每一個官兵的腦海中，以促使軍隊澈底的黨化，做到黨即軍隊軍隊即黨的地步。試想軍隊既然澈底黨化了，則與我們國民還有什麼關係可言!?黨權既然高於一切了，則民權不自然就是低於黨權了嗎!?這樣的情形，怎能使人相信軍隊是我們國民自己的武力，而不懷疑是黨的武力呢!?

第二、現在軍中所普遍標榜的五大信念：「主義、領袖、國家、責任、榮譽。」（讀者注意這個順序是頗堪玩味的）據說：這就是軍人所要奉行的經典，和所要效忠的對象。我們雖不反對軍人要忠於其主義，忠於其領袖，忠於其國家，並忠於其自身的責任和榮譽。但是我們不能不懷疑：憲法第一三八條末尾所規定的「愛護人民」的「人民」二字，爲何不可以一併加入，稱爲六大信念而同樣作爲軍人效忠的對象呢!?依理，這所標榜的五個信念，對於作一個軍人而言，固然都有其重要性，但除了「國家」而外，其他四個中的任何一個，都是不會比「人民」更爲重要的。至少也是沒有法理根據的。而軍人應該愛護人民則確是明明白白的載入了我們的憲法。且如果丟開「人民」，則不論主義也好，領袖也好，責任、榮譽也好，必都是沒有地方生根的。世俗對於先有雞？還是先有蛋的問題，固然是經久沒有鬧得清。但是必先有人民，然後才能產生主義、領袖、責任、榮譽；而不能說，先有主義領袖責任榮譽，然後才能產生人民。這應該是沒有問題的吧！何況「人民」還是一個主要的因素呢？故我們以爲軍中不標榜什麼信念則已，如果一定要標榜，而且是指示軍人效忠的對象的話，則無論如何是少不了「人民」（或國民）二字的。（據聞：國家、責任、榮譽原是美國西點軍校的校訓，但那只是校訓呢）然而，現今各軍事機關學校的廣場上堂而皇之所標榜的，却偏偏沒有「人民」或者「國民」二字，姑不論其是有心，或者無意。總之是沒有把我們國民予以重視，則是無可諱言的。這樣，而說軍隊是我們國民自已的武力，怎能叫人不懷疑？（是不是因爲共匪處處以人民爲標榜，而實際則把人民當作奴隸牛馬看待，因此國軍不得不諱言人民以示有別，則筆者可不得而知了。）

第三、衆所周知：國軍現有的總人數，已在六十到七十萬之間，不管有許多人的看法：國際局勢在如何趨向於和平之途；東西雙方的裁軍如何有可能性；也不管政府自已所主張的：反攻大陸不憑藉武力等等大道理，因而主張裁減國軍的若干說法。我們僅考量我們全體國民的能力，是不是養得起上述的這許多軍隊。因爲這是一個事實的問題，必須憑事實才能解決。而不是單憑任何理論所能辦得通的。關於此點，我們只看我們的軍事預算，已佔了國家總預算百分之八十以上的比例，而連軍人的生活却尙在困苦煎熬中，政府與我們全體國民都有意要調整其待遇，但始終籌不出財源。便可以思過半矣。再如一次水災，便弄得我們的政府，焦頭爛額，手忙脚亂，捐呀獻呀！發行公債呀！要求美援呀！甚至頒佈緊急處分令呀！可謂已極盡了羅掘的能事，而善後重建的工作，仍未能獲得足够的財源。更可以窺其全貌了。由於這兩個事實，也很自然的得出一個結論，那就是：以全體國民現有的能力來養活現在這許多軍隊，實在是心有餘而力不足的了。然而，我們的政府雖明知這些嚴酷而痛苦的事實，但却堅決反對裁軍，並且強調：「國防經費不可減少」（九月廿二日陳誠院長在立法院所說的）。試想，我們的第二個願望不也是完全落了空嗎!?

四

我們之所以要提出這兩個願望，而且稱爲基本的願望，並要求免以事實。還有下面的理由：

第一、我們鑒於許多歷史事實的教訓、與痛苦經驗的回憶，軍隊如果不是國民自已的武力，而歸屬到了任何黨派或者個人的手裏，則我們國民喪失主權的事還算小，其影響國脈民命的事，實在大得不可以想像了。例如三十幾年前，我們的國家弄得四分五裂，民命不絕如縷，不都是當年各派各系的軍閥，各自把持軍隊所造成的禍害嗎!?而最近且最慘痛的事實：我們整個大陸之所以淪亡，五億以上的同胞，皆做着共匪的奴隸牛馬，不也是因爲共匪，把持一枝軍隊所造成的嗎!?假如二十二年前（民國二十六年）共匪眞的把所謂紅軍，改編歸還到我們國民政府的手裏來了，則今天怎麼會有這個亘古未有的悲慘局面。故如果一個國家的軍隊不是確確實實屬於國民自已的武力，那麼其純軍事上的進步和成就，不但無益於保國衛民，而且勢將成爲禍國害民的兇手。我們之所以重提這些往事，並不是意味着我們現在的國軍，也必將走上軍閥和所謂紅軍的道路，但我們懲前毖後，防微杜漸的心思，是不能不有的。

其次、就軍隊本身而言，也必須是在屬於國民的原則下，才能完成其保國衛民的職責的。我們的軍事先進——孫子，在其十三篇兵法中，開宗明義的第一篇裏面：所談的五事：「道、天、地、將、法」所謂：「道者令民與上同意，可與之死，可與之生，而民不畏危也。」這所謂「令民與上同意」，不就是說：軍隊要與國民同一個願望嗎？（自然也包括政府要與國民同一願意）同一個願望，則我們國民，便可與軍隊同死同生，那麼，軍隊那有不可以完成其職責的道理。否則，軍隊與國民，便一如風馬牛之不相及，更那裏談得上同死同生呢!?在這樣的情形下，軍隊要想完成其保國衛民的職責，不也就很困難了嗎？

第二、誰都知道：軍隊的本身是消費的，任何國家，把有用的錢財，用之於這種純消費上面，都是出於不得已。我們今天之所以保留這許多軍隊，當然也是有不得已的因素存在。但是前面已經說過：我們的能力，實在沒有辦法養活這許多軍隊。——如果能力許可的話，管牠消費不消費，倒也是無所謂的。然而能力旣不許可，則裁減也是不得已的。在這兩個不得已的狀況下，我們就必須發揮高度的智慧和勇氣，在兩者之中來作適當的抉擇。如果長此下去，勢必如孫子所說：……「夫鈍兵、挫銳、屈力、殫貨，雖有智者不能善其後矣。」果眞到了不能善後的境地，則我們的國家與我們國民，固然不會有好處，而軍隊亦同樣是不會有好處的。

五

本文之所以翻來覆出，說了這許多衆所周知的道理，願望雖有兩個，而目的只有一個：就是希望政府和軍事當局能給我們一個「如願以償」。

記得若干年前，美國有一位將軍（也許是一位文人，因爲當時的新聞資料已不在，把名字忘記了）於訪問西班牙時，對佛郞哥元帥說過一句感人的話：「美國的憲法，固然重要，但美國人民的願望，比憲法更爲重要。」筆者增益之曰：「民主國家的『黨』固然重要，但民主國家的憲法比『黨』還重要，而民主國家全體國民的願望，又比憲法更爲重要。」來作爲本文的結論吧！

五十年來的教育

沈剛伯

我的學校生活，到今天，已進入了第五十三年。根據個人的經歷，我覺得這五十三年來的教育可以分爲六個時期：辛亥革命以前爲第一時期，自民元至五四爲第二時期，自五四至北伐爲第三時期，自國民政府成立以至對日抗戰開始爲第四時期，以戰時爲第五期，而將偏安臺灣以來爲第六期。就教育的推廣，學生的人數，學校的風紀，課程的內容，圖書儀器的設備，研究機構的成立來說，大致都在與時俱進，每一時期均有超過它前一時期的地方。結果是文盲大減，技術人員日多，一般人的常識漸加豐富，建設事業也逐漸擴大。這一連串的進步確是事實，照理說，就應該國家日益富强，社會日益安定，百姓日益快樂，人才日衆，創作日多，各種思想學術也都風起泉湧，日新又新地更爲精進纔是。然而事實却不盡如此。試把這六個時期的國勢、民生、風俗人情的厚薄，人才思想的盛衰一一加以比較，便不難看出各項的發展是以一種極不規則的曲線在向前進行。大致說來，第二期就多半不如第一期，第三、四期確是比前兩期進步的地方多，退後的去處少，到第五、六兩期，便至面成垂直線下降；這降低的時日雖還不十分長，那下落的度數却大得可驚。這充份說明了我們五十年來的教育與政、經脫節，各級學校多和社會隔絕，而學術理論亦其同實際生活很少發生關聯。

要明白這種矛盾現象的所以然，最好先把這六個時期的先生、學生們的精神、氣概、志趣、成就分別加以檢討。現在先說學生。第一個時期的學生多半年紀大，國文根柢好，喜讀新書，而僅得其皮毛，關心政治，而不滿意現狀；往往侈談立憲、革命，高呼變法自强，因而多學政、法、陸軍，亦有入營當兵者。一言以蔽之，那些人實在學識淺陋，但多豪氣干雲，有毅然以天下爲己任的氣概。第二個時期的學生年齡較低，國文也還不錯，科學知識却依然有限。他們喜談政，愛管政治，深惡帝制餘孽，而渴望代議制度之能名副其實地發揮效能；其中仍有不少的慷慨激昂之士投筆從戎，以冀他年得遂其澄清天下之志者。一般說來，這些人治事、爲學，都比前一期的學生切實，但胸懷之恢宏與心思之單純，則或反稍遜。第三期學生的基本知識超乎以前兩期，其革命精神亦過之。他們幾乎整年都在鬧風潮，小則罷課、罷考、趕教員、打校長，大則毆總長、圍督署、遊行吶喊、鼓動罷市，常鬧得政府破膽，軍警束手，使全世界人士對之驚奇而予以注意。其中有人想掃除軍閥而獻身革命，有人謀抵禦外侮而投入軍校，更有人欲發聾振聵，除舊布新，而倡文學改革，在「德先生」和「賽先生」的精靈感召之下，奮起以與腐敗官僚及頑固舊俗作殊死鬭。這批人後來在學術和事業上的成就並未曾趕上前兩時期的人，但以集團運動而論，則其衝擊之猛與影響之大，實屬超今邁古，令人對之有「雄雞一啼天下白」之感。第四個時期的學生有更好的科學基礎和較低的國文根柢，已感覺到課程重，考試難；然意氣猶盛，學潮仍多，抗日抗帝的運動，請纓請願的行爲，歷年不斷，直鬧到抗日軍興爲止。他們在校的成績過乎以前三期，但以後的特殊成就則反不如，也許是那種突起世變阻礙了他們的發展吧。第五個時間的學校大都因陋就簡，而學生人數却反驟增，自淪陷區闖關走險，以就學後方者，年以數千計。他們一般的學科基礎和學業成績都遠不如前一期的學生，但在爆炸威脅之下與流離轉徙之中，披弊衣，食粗糲，而能不廢所學，不改其操，也算難得了。戰後的一兩年，國是不定，社會瓦解，失望無依的青年不能自救。竟爲洪流淹沒，今日追思增痛，也就不必再提。政府遷臺以後，各校學生逐年加多，入學之難如登龍門，課程之繁竟似牛毛，遂使讀書的空氣異常濃厚，小學生在公共汽車上背教本，大學生像罐沙丁魚擠在閱覽室裏伏案閱讀，都是天天可以見到的事；眞够得上說「絃誦之聲不輟」。可是他們苦讀究竟是爲的甚麼？試看孩子們一入小學，便不求甚解地去死記那些毫無價值的課本，以望考得滿分；剛過十歲，就要受惡性補習，作升學準備，起早睡晚，飽受鞭撻，讓老師打進中學。以後便披星赴校，戴月回家，天天過考，時時背書，恭聆各種莫測高深的訓話以苦其心志，參加形形色色的課外活動以勞其筋骨；經過這樣六年的鍾鍊，而後憑其命運，擠進大學。進大學的第一志願自然非醫即工，爲的是將來好去美國留學，就業，歸化入籍，長居樂土，永離亂邦，藉以上養父母之志，而下安妻子之心。萬一壯志未酬而不幸夭折，則亦當以骨灰託友人携而投之美國海中，冀得藉水族之肉以滲入美國人之血，因而獲得魂靈的超生！這比羅馬的席比阿（Scipio）之不准歸骨故國，豈不更爲悲壯！中國書生幾千年來的老毛病是好作大言，不矜細行，恃才傲物，恥求溫飽；而今日的青年偏能謹言愼行，深藏若虛，洞悉人情，熱心貨殖，處亂世而善於應變，治科學而工於窮理，拋棄一切傳統的包袱，克服所有感情的衝動，而悉反之於理智。這也許是浪漫運動以後必有的反應，若能納之正軌，或可另啓世運；如再助其滋長，或更激其橫流，則勢必有些人會理智得心腸與頭腦齊冷，家國同衆生並忘，其結局就不堪設想了。

五十年來學生的轉變如此，五十年來的先生又何如咧？先生的任務有三：一是教書；二是陶冶學生的性情，啓廸學生的思想，發展學生的特質；三是作高深研究。拿這三點來衡量第一個時間的先生，實覺够格的狠少。第二期的老師在第一種工作方面稍有進步，也會注意到第二項任務，並開始了第三項工作。到五、四兩期，便大師輩出；他們樹思想自由之幟，奠實驗科學之基，開明辨求眞之風，顯不淫不屈之節；或狂或狷，均有立場，有爽有惠，各標風格，雖未致回乾轉坤之果，却頗收移風易俗之功。可惜這些新開的花朵都被戰火整個灼焦了！近十餘年來，重定樹人之計，再作育才之謀，而舊有的良師已風流雲散，新起的學者復棄我如遺！僅少數人固守崗位，在飢餓線上，黽勉從事於第一項工作，其成績居然超過以前任何一期，也差可告無罪於後世了。可是這羣拉破車的老牛已被這項工作弄得精盡神竭，實無力再去切實地做那第二項工作。還有少數人，在物質條件不够之下，幹那第三種活，不過都是強弩之末，說不上有什麼了不起的成績。

綜合上述各點，可說我們三十年以前的教育是漫無計劃的，好像被歐風飄來的一粒蓮子，落在淺水汙池之中，偶受美雨滋潤，竟也奇葩怒發；然畢竟雜草太多，水源易涸，其本身已難免「秀而不實」，一經暴雨狂風，自然就根拔葉枯。近二十多年來的教育却有定策詳計，惟求治之心太切，矯枉之處過正，遂致所期之果未得，而反生出許多始願所不及料的副作用，弄到一時狠難收拾。有人說今天教育學生，是要實其心，虛其腹，弱其志，軟其骨，常使之無眞知而多嗜欲。這話，由於愛深情急，不免說得過火；可是看看現在的青年，又覺得他們眞像是心實，腹虛，志弱，骨軟咧！千千萬萬的年輕人都變得感情麻木，靈魂喪失，又焉得不令人對於臺灣有「文化沙漠」之譏？

「文化沙漠」(cultural desert)一詞是近來到過此地的幾位美國學人在他們的報告書中，用來形容臺灣的。旁觀者清，其言甚當，我們對這種好意的直話，是應當虛心接受的。但是反省之餘，却不禁另生感嘆。今天我們這羣徧體創痍的老朽殘兵處糧盡援絕之境，乏興雲施雨之能，實無力將這片沙漠立卽化爲沃土；但試問那些活力充沛的盟友們又有誰肯像他們的先輩杜威，葛利普(Grabau)等，來此一顯身手，灑幾滴甘露，造兩處綠州咧！國家富强，則普天下的頭等學人都願自處囊中，非受驅遣；社會困窮，則嗟來之食難得一飽，「謂他人父，亦莫我顧」，鞠躬盡瘁之所得，卽羣疑衆侮之攸歸耳！途窮至此，亦應知所警惕，試謀自救矣！

(上接第6頁)

申請准予籌組。臺北市政府託詞這是全國性的社團組織，市政府無權過問，將申請書退回。旋改向臺灣省政府申請，經過相當時間拖延以後，於四十七年十二月批示，以轉奉內政部指示：「核與人民團體組織法第八條規定不符，未便准予籌組。」就是說，臺灣現在有同性質的團體，不能再有類似組織。(這個批示的不合理，我曾寫了一篇「爲中國地方自治研究會說幾句話」，載本年一月十六日本刊第二十卷第二期，請參閱。)

今年春天我們發起人認爲臺灣省議會正在着手審議地方自治法規修正案，爲了貢獻民間意見，組織團體從事研究，實在有其必要，貿然集會，又恐政府誤會，曾推派李萬居、吳三連、謝漢儒、郭發和我五個人，到內政部拜訪田部長，除說明我們組織研究團體的本意外，並提供幾個團體名稱，請示以那一個名稱較爲適宜，因爲怕隨便定名又將與地方自治研究會遭遇同樣命運，不如事前請示，以免再生周折。田部長當時只說「民主自治同盟」一個名稱不妥，其餘並無成見，候與主管人員商酌後再行通知我們。可是等了好久，沒有音信，因於六月間以「中國民主自治研究會」名義向臺灣省政府申請准予籌組。詎知臺灣省政府也和臺北市政府一樣以事關全國性的社團，批示應向內政部直接申請。我們又於七月間向內政部申請。直到現在，事隔三月，仍然毫無音信，另一方面，去年秋天開始，臺灣警備總司令部政治部一再發出警告，要各地治安機關嚴防未經核准組織的人民團體，擅自徵求會員與籌募經費。道路傳聞，陽明山某研究院曾就我們發起籌組自治研究會事作專題討論，結論是無論如何不予核准。從內政部的拖延三個多月不給批復看來，上述傳聞是寧可信其有的。

臺灣省內不是沒有人民團體的組織，農會、漁會、工會、商會、乃至水利會，各種職業性的民衆團體應有盡有。不過這些團體的組織有一個必須遵守的條件，就是受政府的節制與執政黨的輔導，改選職員，必須遵奉黨的提名與指示，不許有在野黨派人士參與其內。其他學術性宗教性以及聯誼性的團體，黨的控制比職業團體雖稍爲寬鬆些，可是領導份子仍然需要是國民黨黨員。簡明言之，以自治研究會的難產爲例，凡是政府與執政黨認爲不易控制的人民團體是不容存在。更直截了當的說，自由中國人民沒有結社自由。

一個國家，憲法雖然明文規定人民有集會結社自由，法律也只限制意圖犯罪的集會結社；但事實上，集會也好，結社也好，都非呈奉政府核准不可，甚至依據政府規定正式申請，主管機關也故意拖延，不予批准，這能算是法治國家嗎？這能算是民主國家嗎？我們的外交部長所說：「自由中國全體人民所享的民主與自由，其程度決不比亞洲或世界任何國家的人民所享者爲低」。不知指的是什麼「民主」，什麼「自由」。三年以前，駐聯合國首席代表蔣廷黻先生回國時曾說，「外交上縱有若干成就，也是內政上成就的延長，如果內政上沒有表現，外交人員舌敝唇焦，也是徒勞。」政府當局如果有建設臺灣爲三民主義模範省的誠意，如果認定反攻大陸眞是政治重於軍事，人民言論出版集會結社的合法自由是應該尊重的。僅僅藉助美援，在物質建設方面小有成就，而不注意民主法治，朝野團結難有期望，國際地位也是提高不起來的。

記民五黃克强致黃膺白的一封信

沈雲龍

我最近準備編著黃膺白（郛）年譜，因而在這方面從事搜集資料工作。在目前所已搜集的資料中，有一通黃克強（興）致黃膺白原函的攝影本，極具歷史價值。這封信是民國五年丙辰五月十八日從東京寄出的。其時黃克強由美歸國，行抵日本，黃膺白已先期自美經日返滬，策劃浙江反袁獨立運動。原來自民國二年癸丑二次革命失敗後，黃克強、黃膺白、和陳英士（其美）、李小垣（書城）四人，是袁世凱第一批下令懸賞通緝的，並且有「不論生死，一體給賞」之語，因是他們便都亡命到日本。民國三年甲寅六月，孫中山改組國民黨為中華革命黨於東京，陳英士力贊其議，黃克強則以入黨誓約須捺指模並有「附從孫先生」語句，有辱人格，堅示反對，爭之不得，遂憤而去美洲。李小垣與黃膺白主張於克強為近，故亦先後隨行。雖然他們與孫中山中道分離，但反袁的目的，還是一致的。迨至民四乙卯秋冬之間，袁世凱決心實行帝制，是年十二月二十五日，蔡松坡（鍔）、唐蓂賡（堯）、李協和（烈鈞）組織護國軍於雲南，宣告獨立，並出兵討袁。次年一月二十七日、三月十五日、四月六日，貴州、廣西、廣東三省亦先後響應獨立。此四省之毅然反袁，大抵以梁任公啓超所領導的舊進步黨人為主動，舊國民黨人參加者亦不少。至是亡命海外之各派反袁人士，遂相率返國，展開多方面的活動。從黃克強這封信，可以看出當時一部分不屬於中華革命黨的舊國民黨人的活動情形。信的內容是：

「膺白我兄左右：自駕返東，晉問時疏。小垣兄奉函中，想能道悉弟狀一二矣！兄到滬後，苦心經營，時於同人函中得知，不勝佩感。茲浙省既團結鞏固，對外自可發展，東南半壁非特以奠定之不可，函盼補充實力，以全力先收復海軍，庶聲威可振，於輸運械事一項，尤關緊要，已另函戴之，文慶、伯恆各兄，請為特別注意。我兄深謀遠識，當早計及。此事關係極巨，海軍若來，袁勢可去其一半，於外人視線，亦可改觀。滬上於海軍能接頭者，想不乏人。聞少川先生久已經營此事，可否與之接洽，望與浙當局一商之。弟本月九號抵東（旁註：小垣兄同行）。去國既久，情形殊多隔閡，且現在時局一日萬變，請時賜教，以慰旅愁。浙中欵械事，運隆兄已竭力與日磋商，當可有獲。弟能力可及，自當盡量援助。手此，即頌毅安！弟興啓五月十八日　尊夫人歸國後，想佳適也！」

根據這封信的內容，有三件事值得注意；第一、當時浙江繼滇、黔、桂、粵四省以後而獨立，是黃膺白「苦心經營」的結果。第二、黃克強主張「以全力先收復海軍」，認為「此事關係甚巨，海軍若來，袁勢可去其一半，於外人視線，更可改觀。」故後來卒有海軍獨立，宣言加入護國軍之舉，可能與黃克強事先布置有關。第三、關於「浙中欵械事」，黃克強等曾在日有所接洽，要求日本支援。可見當時日本一面贊助袁氏帝制一面支持反袁派軍事行動的「兩面光」的態度。

現在，先說浙江獨立，是在民五的四月十二日，距廣東獨立不過六天，算是反對洪憲帝制宣布獨立的第五個省區，而在地勢上則和先前獨立的滇黔桂粵四個省區並不毗連。在浙江獨立前，袁世凱準備把駐防上海的北洋軍第十師楊善德、盧永祥所部開到浙江，企圖鎮壓浙省人民的反對帝制運動，於是引起浙省各方的激烈反對。其時，浙軍方面，在杭州的第十二旅旅長童保暄、警察廳長夏超、寧波獨立旅長周鳳岐、嘉湖鎮守使呂公望、台州鎮守使張載揚等都有獨立反袁和阻止北伐軍入浙的明顯傾向。可是浙江將軍朱瑞却是一個畏袁如虎的懦夫，不敢有所舉動。因此，在四月十一日夜間，由童保暄首先發難，率軍進攻將軍府，驅逐朱瑞，朱瑞便由後門溜走了！於是改擁立浙江巡按使屈映光為都督，宣告獨立，而屈僅允以巡按使兼總司令名義維持治安，並密電袁世凱表明心迹，完全是一付「假獨立」的姿態，以求兩面討好的做法。而屈所得袁的指示，則是「獨立擁護中央」的六字秘訣。並且在十四日袁又有申令給他說是「據浙江巡按使屈映光電稱：四月十一日夜突有軍民擁至官署，將軍失踪。次早強迫映光為都督，誓死不從。……往復數回，即請以巡按使名義兼浙江總司令，固辭不獲，始行承諾等語。該使才堪應變，功在國家，極堪嘉尚，着加將軍銜兼署督理浙江軍務，此令！」屈映光的原電，本是給袁世凱一個人看的，而袁竟把它的內容公開出來，並且對他大加讚賞，使他露出了馬脚，這是袁玩弄的把戲。到十七日，屈為勢所迫，始改稱浙江都督。但畢竟因為他曾向袁皇帝輸誠，不為浙人所容，乃由舊國民黨員王文熊、金兆棪等發動，逼他走路，他只好於五月五日舉呂公望自代（黃函中所提到的「戡之」，就是呂的號），才結束了這幕「假獨立」的怪劇。及至五月八日西南護國軍成立軍務院於肇慶時，推唐蓂賡為撫軍長，岑雲階（春煊）為撫軍副長，攝行撫軍長職務，梁任公為撫軍兼領政治委員長，並以獨立各省都督及獨立省分現實之軍隊有二師以上之總司令等為撫軍，毫無名額之限制(見軍務院組織條例第三條)，因此在撫軍名單裏也就列有呂公望的名字。不過，其時中華革命黨人在山東、廣東、江蘇等地，亦復有局部性的軍事活動，却沒有一人參加西南軍務院，可見當時黨派的成見，還是很深的。

然而何以見得浙省反袁獨立這一幕，是黃膺白「苦心經營」的結果呢？據黃夫人沈亦雲女士三十四年七月所著「黃膺白先生家事」云：「洪憲稱帝，由美返國，參與浙江加入護國軍之舉，事定，移家天津。」這也許由於不願自我表襮的緣故，所以敍述非常簡略。但在二十六年三月出版之「黃膺白先生故舊感憶錄」裏面，有葛湛侯寫的「悼膺白學兄」一文，其中說明較爲詳盡：

「二次革命後，膺兄亡命海外，更值世界大戰，中國受日二十一條壓迫之後，經歷各國，既備受刺激，而袁氏又妄圖稱帝，新創共和，橫遭蹂躪，故國基礎，益感飄搖。時蔡公松坡，起義雲南，用兵川滇之間。袁氏爪牙，不獨遍布長江流域，卽粵桂福建等處，亦均厚植勢力。其間惟浙江一隅，猶是辛亥革命之舊勢力，然亦懾於環境，不敢輕舉。斯時形勢，頗似辛亥年武漢困戰金陵挫師之局，而危險尤甚。使無生力軍響應，則袁氏家將，勢將由觀望而轉爲效命。滇川義師，東下不易，北伐尤難，萬一稍挫，則共和立毀矣！時革命諸先進均來集上海，膺兄亦於其時由美急速馳歸，共爲籌劃，以膺兄之於浙軍，有深遠之歷史也，則期之尤切。蓋斯時南京馮國璋、既非辛亥張勳、鐵良可比，而上海楊善德、盧永祥所部，尤稱北洋精銳，處事稍或不愼，則川滇之急，固無以應，而二次革命之失敗，且將重演，碩果僅存之浙軍，豈可輕於一試？先是予方在北京陸軍大學，亦以憤袁氏之不法，潛歸杭州，運動浙江起義。幸膺兄歸，乃共組秘密機關於上海貝勒路道德里，積極進行。卒使浙中同志，自信堅強，決然奮起，以應事機，而袁氏以倒，帝制乃滅。要非膺兄之奔走策劃，則以不足一師半之浙軍，豈敢在數倍強敵包圍之中，倡言獨立乎？」

這是當年參與籌劃浙省獨立及身親歷的一個可信的紀錄，再證以黃克強信中所說，可見浙省獨立之「團結鞏固」，黃膺白在聯繫決策方面，是有其絕大的關係的。可是這一段歷史，事隔四十餘年，却很少人提起，幾於湮沒無聞。卽如去年十月出版之「國父年譜」（中國國民黨黨史史料編纂委員會及國史館史料編纂委員會編輯），在民國五年四月十二日一條下，亦僅有「浙江獨立」四個大字（見原書四〇一頁），關於此役之原委經過，竟無一語說明，是甚爲可惜的。

其次，浙省獨立之後，繼之以五月十六日的陝西獨立，五月二十二日的四川獨立，五月二十七日的湖南獨立。到六月六日，袁世凱便因帝制失敗，羞憤身死，黃克强於袁死後始自日返滬。袁氏「遺令」以副總統黎元洪代行大總統職權，乃是引用民國三年袁氏所頒布之新約法第二十九條爲根據；而黎於六月七日就職誓詞，則謂「當依據民國元年頒布之臨時約法接任大總統之職權」，其意義迥乎不同。旋黎任命袁之國務卿段祺瑞爲內閣總理，段固力主遵行新約法之人，因是一時新舊約法之爭以起。當時西南軍務院方面如梁任公、唐蓂賡、岑雲階、唐少川（紹儀），中華革命黨方面如孫中山，均曾致電黎元洪，請其立卽下令恢復民元臨時約法，並定期重行召開民國三年爲袁非法解散之國會，以重法統，而段祺瑞堅持反對，雙方從事電報文字辯論，達十餘日，仍無法解決。迨至六月二十五日，海軍總司令李鼎新等忽集合各艦隊於上海吳淞口外，發表獨立宣言，要求恢復約法及國會，並表示加入護國軍，一致行動。其宣言如下：

『溯自辛亥擧義，海軍將士擁護共和，天下共見。癸丑之役，以民國初基，不堪搖撼，遂決定擁護中央；然保守共和之至誠，仍後先一轍而爲天下所共諒。洎乎帝制發生，滇南首義，籌安黑幕，一朝揭破，天下咸曉然於所謂民意者，皆由僞造；所謂推戴者，皆由勢迫。人心憤激，全國俶擾，南北相持，解決無日。戰禍迫於眉睫，國家瀕於危亡。海軍諸將僉以丁此奇變，不宜拘守常法，徒博服從虛名，當與護國軍軍務院，聯絡一致行動，冀挽危局。正在進行，袁氏自殞。今黎大總統雖已就職，北京政府仍根據袁氏擅改之約法，以遺令宣布，又豈能取信天下，饜服人心？其爲帝黨從中挾持，我大總統陷於孤立，不克自由發表意見，卽此可以類推。是則大難未已，後患方殷。今率海軍將士，於六月二十五日加入護國軍，以擁護今大總統保障共和爲目的，非俟恪遵元年約法，國會開會，正式內閣成立後，北京海軍部之命令，概不承受。誓爲一勞永逸之圖，勿貽姑息養奸之禍。庶幾海內一家，相接以誠，相守以法，共循正軌，而臻法治，民國幸甚！海軍總司令李鼎新，第一艦隊司令林葆懌，練習艦隊司令曾兆麟暨各艦長宣言。』

——此宣言原文引自四十三年出版之「革命文獻」第七輯，惟下註時間爲「民國六年七月」及列爲護法史料，均甚錯誤。

海軍宣告獨立以後，段祺瑞始告屈服，不再堅持，由黎元洪於六月二十九日正式下令，仍遵行民國元年公布之臨時約法，並依據臨時約法第五十三條，定期八月一日，續行召集國會，於是紛擾多日之法統問題，遂歸於平靜。而西南軍務院乃於七月十五日宣告撤銷，各省及海軍亦繼之取消獨立，全國復臻於統一，可見海軍實有其促成之功。從上引宣言中所說：「海軍諸將僉以丁茲奇變，不宜拘守常法，徒博服從虛名，當與護國軍軍務院，聯絡一致行動，正在進行，袁氏自殞。」與黃克强致黃膺白函中所說：「滬上於海軍能接頭者，想不乏人。聞少川先生久已經營此事，可否與之接洽，望與浙當局一商之。」兩相比照，則其中線索，便顯然可尋。從而推知在袁死之前，海軍與護國軍之聯絡，已接近成熟，待袁死後，新舊約法之爭發生，海軍遂乘機表示其鮮明態度，這與事實是很相近的。然而黃克强之主張「以全力收復海軍，應聲威可振」，以及認爲「海軍若來，袁勢可去其一半」，其識見之深遠，實爲後來解決時局的一大關鍵。這一點，是不容忽視的。可惜黃克强歸國不久，便於是年十月三十一日逝世，年僅四十三歲。這位民國政治史上素來抱定成功不必自我的偉大人物，未免死得太早了！

最後，要說到黃函中向日方進行援助「浙中欵械」這件事，究竟有無所獲？目前尚無其他資料足資佐證，很希望這方面能有新的史料發現。但另據岑雲階著「樂齋漫筆」所述，當時日本對於接濟廣西護國軍之餉械，則確有其事，如云：「蔡君松坡，首舉義旗崑明，廣西都督陸榮廷，亦密謀繼起，誘致廣東入滇之師，困於桂境，急電相告，並派員曾彥至南洋迎余歸國，主持大計。余迫於慈情，遂力疾約同殷君之輅回滬，與溫宗堯、梁啓超、李根源、林虎、楊永泰、文羣諸君相見。當是時雖有雲南起義，而餉械俱缺，難於持久，因之廣西亦未敢冒言討賊。余見逆勢猶盛，非有實力爲助，懼其功敗於垂成也。乃約同章士釗、張耀曾二人，東渡日本，說其當局，共討袁逆。彼邦亦深惡世凱，謂余能討袁，必盡力相助，遂締結條約，以個人名義，借得日幣一百萬元，併兩師炮械，携之回國。西師始得東下，圍攻廣州。余亦遄赴肇慶，傳檄四方，申明約束，宣布宗旨。四方同志之士，雲集景從，共議於肇慶設軍醫院，余被舉以都司令典其事，各路討袁之師皆屬焉！」按袁氏帝制之議初起時，日人有賀長雄之流極力慫恿袁氏稱帝，而蔡松坡、梁任公之自京津脫走，前往滇桂，則又多出日人之暗中維護，此爲人所熟知者。至於日人接濟護國軍餉械，原是外交上的秘密，在私家紀載中，當以樂齋漫筆所述爲可信。從而推論浙省反袁獨立以後，從日方取得相當的欵械，亦非決不可能之事。因爲民國以來，日本對華基本政策，總是希望「分」而不希望「合」，才好從中取利，這在吾人記憶中，就有很多事實可以證明，用不着多贅。

黃克强這封信的攝影本，是由黃膺白夫人最近自紐約寄來。這在四十五年十月出版的「黃克强先生書翰墨跡」中，所未及收進去的。現在把它複攝製版如後，以補其不足，兼供研究民國史的參考。——並以此文祝賀自由中國創刊十周年紀念。

四八、十一、六。

附：黃克强致黃膺白原函：

膺白吾兄左右：自[illegible]返東，[illegible][illegible]時
疎[illegible]，兄奉[illegible]中[illegible]，[illegible][illegible]未[illegible]一
二矣。兄到滬後[illegible][illegible][illegible]時於[illegible]
人函中，得知[illegible][illegible][illegible]威[illegible]浙省
既關[illegible]華[illegible]，[illegible]外自可[illegible][illegible]東南
半壁，然特此以冀定之，[illegible]可[illegible][illegible]補
充實力，以[illegible][illegible]先[illegible]。[illegible]後[illegible][illegible]一應
聲威，不振於輸運械事一項尤關
緊要，已由閩致戴[illegible]文[illegible]伯經
兄處[illegible]為[illegible][illegible]注意，弟亦深[illegible]
遠識者早計及此事，因係極
巨海軍器未來，袁勢亦去其一半，
於外人視綫更可改觀。滬上於海
軍餉接濟者，想不乏人，[illegible][illegible]先生
久[illegible][illegible]，[illegible]可[illegible][illegible]接[illegible][illegible]
浙省為一[illegible]，[illegible]本月九[illegible][illegible]東
[illegible]國既久，情形殊為隔閡，且現在時
局一日萬變，請時時賜教，以慰旅
懷。浙中械事運送，兄已[illegible]告
[illegible][illegible][illegible]可[illegible]獲，[illegible]力所及，自
當大量援助，[illegible]此即頌
毅安。弟[illegible]頓首。五月十八
尊夫人[illegible][illegible]想佳[illegible][illegible]

文化沙漠

李濟

前些時，在一個意外的場合裏，聽了一羣沒考取大學的青年們，哼了一首民國四十八年的民歌，開頭的幾句爲：

有些人的兒女，在美國結婚；
有些人的兒女，在臺灣當兵！
結婚的兒女們，快成美國人了；
當兵的兒女們，要打回大陸去！

這幾句唱使我有點神往；情不自禁地，就聽下去了。我曾把這全首的詞句抄錄過一遍；不過，因爲它們有些「不雅馴」，我就不經意地，隨便放在一個地方，沒有再理會，連日收拾書籍，再也看不見這些字條；不知道丟到哪一個角落去了。

這首民歌開頭的幾句，却打動了我的心思。作了十餘年的教書匠，養成了一種習慣：看見了學生們，就想到中國的命運。他們集體的思想，行爲，與人生觀似乎就是中國前途的一個縮影。他們與中國的命運，中間的關係，不但有最大的份量，可以說是，絕對地不容忽視的。所觸動的問題，是多方面的；可以暫從兩方面提出。問題的第一個方面就是：我們現在施行中的高等教育，一般的傾向，是不是就包括在這首俚詞的頭四句？另一方面，較爲複雜，但仍可如此地提出來：就我們決定的國策與大衆的信仰及希望說，似乎與我們在行爲上的表現，並不十分相符。說得更具體點：譬如，大陸逃亡來的人，都想打回大陸去；但是考察一般的情形，却並沒有盡所有的力量，向這一個目的推進。是否我們咬着牙寫在書面上的決定，有克服不了蘊藏在下意識裏「本能的固執」之困難？我現在分別討論它們。

（一）

先從留學生問題這一方面說起。最近看見了好幾種報告，都說在美國的中國留學生的人數，在三千以上；但願意回自由中國的，而眞能回來的，到不了十分之一。準確的數字，甚難確定。構成這個留學生的總數，成份甚多，並有複雜的來源。有不少的學生是由大陸逃出，流亡到國外的。對於這一羣青年，我想，自由中國確實有深厚的同情。不過，大多數在美國的留學生，可以說是由臺灣去的。這一大類，又可分爲若干小類；最緊要的一個小類，大概是得美國的獎學金出洋的這一羣。此外，有自費留學的，有我們政府官費送出去的，有各種基金會選拔的，有各機關特別資送的等等。若要作一個詳細的分析，也許我們可以發現很多的品種。但在此處，却沒有這個必要。此處我想討論的，可以再分兩點來說；第一點爲：很顯然的現在在自由中國的大學畢業生，最佳的出路，是出洋深造。這一現象的本身，又可從好幾個不同的角度來看。從自由中國教育制度說，大學畢業生，再想深造，必須出洋：至少證明在高等教育制度上，我們沒有可以供給這些畢業生們深造的地方。自然，好些大學已設研究所了，並且都招有研究生了。不過這些研究所，似乎尚不能滿足這些研究生的深造願望；而在研究所執教的先生們，不但同意並且同情這些高級學生的願望。所以這些研究生的最佳出路，還是出洋深造。學問之道是沒有止境的，因此「深造」也可以說是沒有止境。學生們也就有永遠「留洋」的理由。記得十年前初到臺灣時，故臺大校長傅孟眞先生在中央研究院一次會議席上曾主張，在這一動盪時期，把自由中國的學人儘量地送到外國去。他說：如此「儲蓄」人才，可以爲國家保留「元氣」。他的主張很快地發生了效力；第一個結果，就是遷到臺灣的數學研究所的研究員，差不多全部儲到美國去了。

我提這件事的意思，是要指明：現在的留學生，留在美國不回來，是可以從教育上，哲學上，以及政治上，確實可以說出些甚爲動聽的道理。儲蓄人才，深造學問——這是再體面不過的事了！但是，這一件事，只有如此簡單的一個說法嗎？我們現實一點說吧；十年來自由中國施行的高等教育所得的結果，已有使高等教育近於灘瘓的趨勢。這是一種最客氣的說法。這一原因在哪哩？是否與留學生不回國有關係？最近看見了三位美國學者對於美國某團體作的一篇有關臺灣教育文化的報告。他們都是治社會科學的人。他們說，就他們關心的幾門學科說：

臺灣是「文化沙漠」(cultural desert)。

這一判斷未免使臺灣的讀者有點刺耳。公平嗎？我們當然可以問的。請大家注意，這幾位學者所說的話，是根據他們自己在臺灣長期調查所得的結論；而他們三位，都是同情自由中國的。他們並且對於這一現象，作了甚爲詳細的歷史性的分析；舉出了下列的理由說明這一沙漠形成的程序：

①最初接收時，有些訓練不够的人作了教授；
②大陸來的學人，精神頹唐不自振作；並且不少失去了讀書興趣的人以教書爲臨時職業；
③教育界五日京兆的心裏；沒有作任何長期打算；
④社會裏，政治裏流行的各種禁忌；因之思想的範圍大大的受了限制；
⑤青年的學者，不肯到大學來；

他們對於青年的留學生不肯回自由中國以及不肯回大學教書這一問題也分析了很詳盡，並且找出了下列理由：

（甲）　臺灣沒有學術空氣；

（乙）很少的，等於沒有的，研究經費；

（丙）低到不能維持生活的薪水；

（丁）出國的限制；

（戊）與外界隔絕的恐懼；

他們舉的這些理由，似乎有點過份地平凡；因為這些理由差不多是人人都知道；也是很多的人說過的。但是在臺灣，雖說可以聽到這些話，却沒有人想到，我們知識界的表現，在旁觀的人看來，只是一片沙漠。由這些大家都知道的理由演變的結果——為一文化沙漠。這一聯繫，是這三位美國學者的新貢獻；一種極有意義的貢獻；這些理由也可以說明我們高等教育日趨癱瘓的緣故。

㈢

不過這三位學者究竟是外國人；把臺灣的這一問題，只能分析到一半。因此他提出來的補救辦法，能否收效，仍要看着好些若干別種情形。就一個在臺灣作了十年教書匠的經驗說，自由中國的高等教育所以接近癱瘓的緣故，固然應該由好多外在的情形解釋，如上文列舉的；但是最基本的原因，還是應在我們的自己的人生觀裏尋找。

在我們自己的傳統文化裏，純粹知識——亦即現在所謂科學知識——是沒有地位的。至少，「知識」只能算末流，在這一點，儒家與道家，差不多持有同樣的見解。我們傳統的文化裏，可以說沒有「知識即是德性」，更沒有「知識即是力量」這些觀念。但是我們的傳統文化裏，對於「德性」與「力量」的估價均甚高。而追求知識的人——假如有這種人的話，——只能與一般的匠人並列。社會上盛行「教書匠」這一名詞，就可以反應這一心理。在過去，作一個老師，大受尊敬，因為老師的基本責任是「傳道」；所謂「道」者，可以說是與純粹「知識」並無親切的關係。現在的老師，是要傳播知識的了——他們的地位，也就由「天地君親師」的「師」一變而為「軍公教」的「教」了。在這一情形下，他們在一般人的眼中，也就與各種工匠，絕對地沒有什麼分別。

提倡科學文化的先進諸君子，似乎對於「知識即是力量」沒有作足夠的宣傳；直到現在，中國大部份的人，仍不相信「知識」可以發生力量。記得蔣廷黻博士前數年，在臺大講演，以國家的力量為題，曾把「知識」的部門予以較高的估價。尤其是在國際鬪爭的場合，他說：軍備只能算一國全部力量一部份，而不是最重要的部份。但是這一講演，發生的作用並不甚大。

現在對於臺灣文化沙漠的狀態，與高等教育的癱瘓，不但政府籌不出適當改進辦法，一般民衆似乎也漠不關心。有遠見的人們，只想把他們的兒女送出洋，送到美國去賺美鈔，以至變成美國人；自己可以作「美國人的爸爸」，（這是黎東方教授的名句）在臺灣享福。他們當然不願兒女們回臺灣的。如此再過十年，我們的大學也許要關門了，或者完全變了質！我的理由如下：老的教授漸漸地更老了，衰了，不能教書了，以至死了。他們教的徒弟，好一點的都出了洋，不願回來，不能回來以至不准回來。我們漸漸地已經是不能維持一個最低的教學標準了；現在旁觀的人已經說臺灣是文化沙漠了。如此再演變下去，那就——？同在大學教書的朋友們，大概都可以證明，我這話絕沒有說得過份。若是要挽回這一惡劣的趨勢，並不是絕對地不能找出一個方案。基本的問題還是：我們對於現代科學知識的性質，若沒有清楚的認識，什麼方案都是沒用的。

恪遵憲法厲行法治

李聲庭

是民主國家必有一部憲法，而有了憲法那個國家不一定民主；因為白紙上寫黑字的東西如果不為人所嚴格遵守是沒有什麼意義的。中國如其他民主國家一樣也有一部憲法，而這部憲法是經過無數人與若干年的流血與奮鬪而得來的。經過艱難困苦而得來的東西如果不加以尊重，那末前人的犧牲與今人的努力都算是白費，而後人也無以寄于希望了。中國自從有了憲法之後到今日整整十二年，也可以說我們行憲了十二年。大體上言，我們不能說人民或政府沒有尊重憲法，事實上有時也向這條康莊大道邁進。可是從嚴格的法律立場而言，我們應當努力而且必須努力的地方實在太多。美國立國至今近一百八十年，實行憲政也已一百六十餘年，到今天為止，一部成文憲法完完全全發揮了它為全國最高法律的任務。雖然其間免不了有人想用「非常時期」、「緊急」等口實企圖破壞法統，可是美國人民始終一致要求不能以權宜之計而破壞萬世之基。因此一部美國憲法在今日幾乎成了所有民主法台國家的範本。美國憲法的特點：如政府的權力有限，立法機關對限制人民的自由與權利無立法權，保證人身自由與公平審判等為全世界人士所稱道固不必說，其中最值得我們效法而且也是美國人引以自豪的即厲行法治（英國人異口同聲稱讚美國人的也是這點）。

美國人法治的觀念不是說由立法機關制定什麼樣的法律交給司法機關去治人民而已。首先要問：這種由立法機關制定的法律是不是與全國最高的法律——憲法有所衝突。解釋法律是不是與憲法相衝突時，司法機關往往提出兩個標準：公平與合理。法律由立法機關按立法程序而制定，再由司法機關依法定程序而執行，一般的言人民是沒有什麼話可說的，這是世俗的所謂法治。不過美國人進一步要問：這種法律是不是與人民之間所訂立的契約（不是人民與政府之間的契約）——憲法的文字與精神相衝突？如果有衝突時，即使這種法律是經過立法機關按照憲法上的程序制定的而又經總統依憲法上的規定公佈施行的也不能在司法機關執行。因為憲法既是全國最高的法律，則在其下的其他法律絕不能與之在文字上或精神上相違反；否則憲法便失掉了爲全國最高法律的崇高意義了。美國人的法治觀念是以憲法作準繩，即凡事合乎憲法的政府的一切舉措便叫法治；否則美國人便不承認這是法治。說得淺顯一點，便是張三或李四與美國政府平等的立于法庭之前互相辯論憲法上的問題，這便是法治。即是說，人民對政府的行爲可以因其非法而向法院控告。法院則不因爲一造是無錢無勢的人民，而另一造是有槍有權的政府，拿「司法配合行政」爲口號處處偏袒政府，庇護官吏。果如此，美國人認爲這種法治是希特拉式或共產黨式的法治。因爲在法西斯的德國與意大利以及共產黨式的蘇俄也有一套法律來治人民。人民只有被治的份兒，不管官吏專斷也好，政府橫行也好，既以「法」來治你，你便得服貼。你不但不能向法律挑釁，也不能表示對政府不滿；否則，「破壞政府威信」，「侮辱元首」等罪名又加之于你頭上來了。

在共產黨式或希特拉式的民主制度之下（希特拉從來沒有否認他行民主，共產國家甚至說他們比美國更民主，因爲美國是資本家的民主，而蘇俄則是「人民」的民主），君幾曾見張三或李四可以與政府平等的立在法庭之前辯論憲法上的問題？在這種國家之內，憲法只有當權的人可以解釋，而且他的解釋是最後的。那有人民置喙的餘地？不錯，他們也承認憲法是全國最高的法律；但他們自已解釋說：我所拿來治你的法律一點不違憲。人民要說它違憲，不是別有用心，便是思想有問題。在今日一個人而別有用心或思想有問題豈不該死？所以蘇俄也有一部一九三六年憲法，希特拉上臺後並未廢止威瑪憲法。于他們有利時便拿憲法出來作擋箭牌；于他們不利時便索性不提憲法或由他們單方面解釋憲法。退一步言，即使承認憲法是人民與政府之間的契約（憲法絕不是人民與政府之間的契約，而是人民彼此間的契約，政府並非憲法的當事人），人民與政府發生爭執時，怎麼可以由單方解釋契約呢？這點凡略懂法律的人都明白，可惜昧于勢利或懾于威力而不敢說。美國人說：人民既與政府發生了爭執：政府說人民犯法，人民說法律違憲（違憲的法律無效，政府不能拿這種無效的法律來治人民）。如果只許政府單方面解釋法律是否違憲便違背了公平的原則。政府既拿法律來治人民而又不容許人民向法律挑釁便違背了合理的精神。因此美國人行法治是以公平與合理爲基礎，一切榮耀歸于憲法。無論政府的舉措或人民的行爲彼此以憲法爲最高準則。政府是由憲法產生出來的，它受憲法的統治。它既不能在憲法之外也不能在憲法之上。如果人民提出憲法上的問題來討論、來爭辯，便指爲「破壞政府威信」，指爲「侮辱元首」；然則政府便在憲法之外，元首也在憲法之上了。美國人絕不承認這種謬論。眞正民主法治國家的人民也不承認這種謬論。只有以憲法爲基礎的法治才是民主國家的法治。此外便是極權國家的法治。

極權國家的政府也是拿法治人民的，它與民主國家的區別在：民主國家以憲法爲張本，憲法上所載的一字一句十足兌現。極權國家則不然，憲法是政府的統治工具，有利時拿來作招牌，不利時將它打入冷宮，還口口聲聲的高叫法治。如果法治的意義是如此，像美國這樣的民主國家實在應該早倒臺了。然而幸運的是：凡自命是民主的國家至少不敢說要學蘇維埃式的法治，或否認美國式的法治。因此我們可以說：凡仿美國式的以憲法爲治的法治我們叫它爲民主國家，凡學蘇俄式的只拿法律來治而藐視憲法的我們叫它極權國家。極權國家的人民不是國家的主人，只有當奴隸的資格，一開口便得罪當道，有性命之危險。作者所見的法治如此，因之提出「恪遵憲法厲行法治」八個字以就教于國人。

黃啓瑞來函

編者先生：

閱頃貴刊第二十卷第九期社論「黃啓瑞在公車加價案中玩法弄權」一文，恐係傳聞失實，誤會頗多。茲特將經過情形說明如後：

查本市公車自去年四月外滙調整後，因成本增加，收入失去平衡，每月虧蝕在二百萬元以上，雖力事掙扎，仍無法支持。經一再研究，捨調整票價外，已無其他方法可循。故乃分析成本，作成票價調整方案，以「爲公共汽車客運原價不敷成本，擬請予以調整，提請審議」案由，附成本計算及調整價格，於上年十二月一日提請市議會第四屆第三次臨時大會第五次會議討論，決議照第二審查小組意見通過。當經市議會將此通過之決議：「關於公共汽車要求調整票價案，外滙變動，汽油，機料，輪胎之成本增加，固屬實，但在其成本計算，是否完全精確？實有待詳密計算，所差數字，如不酌予增加，勢必虧蝕。能否請求上級政府補貼？應將所有資料逕請省政府主管單位，覈實核辦，以昭愼重。」於本年一月卅一日以北市議字第三十七號函復，並經本府於本年二月廿八日轉報省府核辦。延至八月下旬，接奉省府交路字第六六一三九號令：「所擬調整數額，准予照辦，實施日期，由該府酌定公告並報備」，當即決定自九月一日起調整票價，並一面逕請市議會查照，一面呈請省府核備。所有調整經過，事先均經法定程序，未敢「玩法弄權」擬請將以上經過情形刊布，以正視聽感禱！

此頌

撰祺

黃啓瑞　敬啓

編者按：臺北市議會於公車票價調整後於九月十五日致市政府函（北市議字第五七九號），其中曾謂：「查市公共汽車九月一日前之票價，其成本不敷，確屬實情，至於突然公告調整，未經送請本會審議，核與程序不合……」等語，而在市議會對公車調整票價案之審議意見五項中，第一項爲：本案違反地方自治實施綱要第十六條之規定，及曲解本會上次大會決議案，故意規避法定程序，今後應特別注意糾正。第四項爲：普通票價依照所提調整標準既成事實，姑予追認。況且即如更正函中言：接奉省府交路字第六六一三九號令：「所擬調整數額，准予照辦，實施日期，由該府酌定公告並報備」。試問市府在加價前何日公告過？黃啓瑞市長是否如本刊所說「玩法弄權」，已昭然若揭。

被浪費了的讀書人

杜衡之

美國大思想家亨利喬治，對於十九世紀後半葉的西方社會，曾有若干極其犀利的指摘，其中一點是說：「一方面，社會的大多數人被迫將其精神力量，都消耗於僅僅維持生命；另一方面，精神力量被消耗於維持及擴展不平等制度、誇耀、奢華及戰爭。」(見所著「進步與貧乏」Progress and Poverty) 他這裏所說精神力量 (mental power) 就是智識，所以他這一點正是說明當時一般讀書人的可憐情形。

我們細細檢視今日臺灣的情形，亨利喬治的這一段話，不幸也正是爲我們寫的。

從前在大陸讀書人已面臨亂世中不可避免的厄運，故有「用非所學，學非所用」之嘆。但是，終究讀書人還是有「用」的。現在，在臺灣，讀書人之爲「用」可就太少了。在有些需要高度技術性知識的部門，如工程、交通、金融以及許多生產事業，按理說應該是讀書人的園地，如今却被那些「半瓶醋」而長袖善舞的所謂專家盤踞着。甚至許多最高學府，也都發生了非讀書人排擠讀書人的趨向。至少是成了非讀書人憑其權力在領導，而讀書人憑其學力而混一口可憐飯吃的現象。說到吃飯，陶淵明可以不爲五斗米而折腰，而今日之讀書人欲找一個五斗米的位置却眞不易哩。原因是一切的位置，都已被那些不倒翁的官僚階級所死死佔住，縱或有少數出了缺，在「思想」「安全」「黨籍」「籍貫」「關係」「歷史」乃至「學歷」「資歷」「著作」「勞績」「考核」「審查」這許多關口一道一道淘汰之下，能有百分之一的機會，都算是僥倖的了。

已經佔住位置的讀書人是個怎樣的情況呢？一言以蔽之，正是亨利喬治所說，他們整日把「精神力量被消耗於維持及擴展不平等制度、誇耀、奢華及戰爭。」他們是在有氣無力地上班下班，是在用第六官圈點冗長無味的訓詞。他們的工作是「造」報告，「造」預算，「造」統計，「造」一切的情報和他們切身利益所在的許多表格(包括旅費報銷表)。他們必須說上面所愛聽的話，必須嚥下一切的憤慨，必須對一切傷天害理的事情「視若無睹」。總之，這一切事，不是讀書人一樣會做。而不會讀書的人，沒有最後一滴良知良能，做這些事，只有更利落，更澈底。所以，到頭來，讀書人搞不過非讀書人，不是改頭換面，盡棄聖賢之道，做一個典型的官僚，就是撒紗帽而走上餓飯之一途。

我眞不懂，國家每年化上幾億臺幣培育大批的讀書人，豈都是造而不用的？而讀書人把書讀過了又豈都是百無一用的？我不反對那些非讀書人在國家社會的各種部門，作威作福而胡來亂搞，因爲壞人也是人，上帝既造了他們，他們就一樣有生存的權利。我是希望當權的諸公留下幾塊園地，讓眞正的讀書人耕耘自食，也好叫他們略有機會，爲人羣有一點點貢獻。

第一，在政治上，希望有一個反對黨，使那些不願與國民黨「同流」的讀書人，有這一個地方來表示他們對國事的主張。這種反對黨產生之後，在目前情況之下，一定是非常虛弱的。執政的國民黨決不必怕眞會被反對掉。只是有此一個組織，好讓那些讀書人叫叫嚷嚷，有什麼話不必悶在心裏，這可以發生政治上的疏導作用。所以，我相信，有了反對黨，政治上的反對勢力反會消滅，不知明智的執政當局何以不見及此？

反對黨的另一好處，是可以使自由中國的民主形式益爲完善。固然，徒有形式，而無實質，距眞正的民主政治仍有十萬八千里。形式上的完美，却可給一般讀書人臉上增添光彩。在目前，外人談到自由中國的政治，總不免扯到所謂「一黨專政」的老調。讀書人有心爲當局辯護，苦於沒有事實可引。若有個反對黨，我們儘可以英美式的兩黨政治自許，至少在辯論的第一回合，我們不見得會輸。

甚至我有一個傻想法。如果執政當局生怕那些自由而無所屬的讀書人，一旦組爲政黨，就會發生組織力量而不好惹，那麼儘可由國民黨內部派出一批幹部，另組新黨。這一新黨是否只是國民黨的分部，而毫無獨立政黨的意味呢？我想也不至於。回想我在大學時，同班之中極其相好的同學，一旦分隸兩個球隊，立刻發生敵友之分的意識，對本隊的戰術保持高度的機密，決不洩露，對於敵隊的弱點，則盡力研求，決不因私人感情而有所通融。所以，國民黨的同志另組新黨之後，也終必因團體行動 (teamwork)，而產生團體意識，而逐漸形成反對黨的作風。

其次，讀書人產自豪門的，究居極少數，一般的讀書人可說都是貧寒出身。所以希望在經濟事業上也有自由活動的餘地，以求從事小本生意，或者集合同道，而以股份公司的方式，經營較大規模的企業。簡言之，希望在臺灣有相當的自由經濟。什麼是自由經濟呢？我想不必從學理上去做文章，只要事實上大家能不憑藉官廳的力量而向銀行借到錢，不必「大力者」說情而請准外滙，不敷衍稅吏特務而仍能平順經營事業，或不化「活動費」而得到政府的支援（包括美援），這就是十足的自由經濟了。

在文化方面，讀書人更希望有自由活動的園地，因爲這是讀書人最能發揮所長，及最能有所貢獻的方面。但是，令人可憾的，經營報紙的自由就已被箝制住。報紙在目前不特是規模最大容納工作人員最多的一種文化事業，也是對

(下轉第22頁)

記美國醫學教育與大學教育的改造者弗勒斯納先生

— Abraham Flexner (1866–1959) —

胡　適

美國的大學教育的改造，最有大功的兩個人：一位是霍布金斯大學 (John Hopkins University) 的第一任校長吉爾曼 (Daniel Coit Gilman, 1831-1908)，一位是兩個月前去世的弗勒斯納先生 (A. Flexner)。吉爾曼的大貢獻是主張四年的本科學院不算是大學：一個大學必須是一個提倡獨立的學術研究的研究機構。弗勒斯納先生的大貢獻是創辦了一個更進一步的自由研究所，一個「學人的樂園」，叫做 "Institute for Advanced Study"，即是一九三〇年他在普林斯敦 (Princeton) 創立的「更高學術研究院」。

美國的醫學教育的改造，最有大功的兩個人：一位是霍布金斯大學的第一任醫學院長威而翟 (William Henry Welch, 1850-1934)，一位也就是弗勒斯納先生。威而翟大貢獻是創立了第一個以醫學研究爲中心的模範醫學院與附屬醫院，就是那霍布金斯大學的醫學院。弗勒斯納先生的大貢獻是他在五十年前（一九一〇）調查了北美洲（美國與加拿大）的一百五十五所醫學院，揭穿了其中一百三十二所是「可恥的」不及格，他並且出了大力扶助一些最好的醫學院，使他們成爲世界第一流的醫學研究中心。

這一位非常偉大的教育改造者是值得追念，值得崇拜讚歎的。

弗勒斯納生于一八六六年十一月十三，死在今年九月二十一日。到此短文出版時，他剛滿九十三歲。他死時，我正在美國，我讀了紐約幾家大報紙報導他的生平事蹟，贊頌他的社論，我現在用我剪的報紙，加上一點參考資料，寫這篇紀念短文。

他的父母是奧國的猶太人，從奧國遷移到美國南方肯塔基州的路易衞兒 (Louis Ville)。他父親是個帽子商人，生了七個兒子，兩個女兒。他家七個兄弟之中，有兩位是有大名的，哥哥西門 (Simon) 弗勒斯納是病理學大家，曾主持「洛克斐勒醫學研究所」多年，在腦膜炎的治療上曾有大貢獻。他死在十三年前（一九四六），享年八十三歲。

亞伯拉罕・弗勒斯納 (A. Flexner) 從小就很聰明，很用功。他的大哥雅各幫他的忙，使他能夠進當時最有盛名的霍布金斯大學，他在兩年裏習完了四年的本科功課，在一八八六年得文學士學位。他回到路易衞兒的一個中學去教書，但他那時候已有他自己對于教育的新見解了，所以他使自己創辦了一個新中學，就叫做「弗勒斯納先生的學校」，學校裏採用最低限度的管理，鼓勵學生自己做學問，自己管理自己。

這個新中學很成功。弗勒斯納辦了十四年的中學，積了一點錢，他才到哈佛大學研究院去，得了碩士學位，又到德國的幾個大學去考察研究。

一九零八年，他在德國海得兒堡大學，寫了一本書討論「美國的大學」(The American College)，指出美國大學制度的許多缺點。這本書引起了「卡里奇改進教學基金」(Carnegie Foundation for the Advancement of Teaching) 主持人的注意。這個基金是鋼鐵大王卡里奇創立的，原來的目的是專爲大學教授籌設退休金的，在幾十年中，曾付出美國各大學教授退休金總額到美金三千五百萬元之多。但最初主持人普里哲 (Henry S. Pritchett) 很想在其他方面促進大學教學的改革，所以他看中了這位大膽批評美國大學的弗勒斯納先生，特別提出一筆款子，請他詳細調查美國和加拿大現有的一切醫學校的內容，給卡里奇基金作一個報告。

一九一〇年，卡里奇基金的「專刊第四號」出版。這就是震動北美洲醫學界和教育界的弗勒斯納調查北美洲醫學校的詳細報告。他調查了美國和加拿大現有的一百五十五個醫學校，每一個各有詳細的報告和批評。

他指出，一百五十五個醫學校之中，只有五十個是大學的醫學院，其中只有哈佛大學和霍布金斯大學規定先有大學本科學士的學位才可以考入醫學院；只有康耐兒大學醫學院規定須有大學肄業三年的資格。另有二十個醫學院只需要大學肄業兩年的資格。其餘的一百三十二個醫學校只需要中學畢業就可以入學了，甚至於有連中學畢業的資格也可以變通的！

他指出，只有那少數的進步的醫學院是有研究實驗室的教學的。絕大多數的醫學校完全沒有醫學實驗室的教學。他很老實的指出，絕大多數的醫學校只是不負責任的文憑販賣店，製造了許多沒有學識，沒有訓練的醫生，使得各城市鄉鎮醫生太多而能診斷療治的專家太少。他一一的指出，某些醫學校眞是可恥的，可羞的。(有一個醫學校，實際上並不存在，一樣的可以發文憑！) 當時芝加哥一處，就有十五個醫學校！弗勒斯納先生的報告說，芝加哥成了「全國散布瘟疫的中心」了！

這個「專刊第四號」公布之後，眞是震驚了整個北美洲的教育界，——同時也引起了一個有力量的醫學教育澈底改革的大運動。各州的「醫師開業證書委員會」首先提高了審查的標準，用弗勒斯納報告作審查醫師資格的參考資料，不敢隨便發給開業證書了。今年弗勒斯納先生去世的消息發表之後，有一位醫學界的朋友對我說：「一千九百十年，美國有一百五十五個醫學校。弗勒斯納的報告出來之後，幾年之中，只剩五十個醫學院了。一百多個『所謂醫學校』都關門了！」

但弗勒斯納先生很知道，單有破壞的批評是不夠的。最要緊的是如何培植扶助那少數可以作模範的現代化的醫學院，使他們繼續發揮光大，成為第一流的示範學校。問題的中心是籌畫一筆鉅大的款子，專作為改革醫學教育的費用。

美國石油大王洛克斐勒 (John D. Rockefeller) 創設了一個「普通教育基金委員會」(General Education Board)，是專為了提高教育標準的。一九一八年，這個基金會請弗勒斯納做助理秘書長，不久他就做了秘書長，專負醫學改革的責任。他充分倚靠石油大王父子的慈善熱心和鉅大財力，在十年之中，(一九一八—一九二八)，勸洛克斐勒父子捐出了五千萬元美金，作為改進提高全國最有成績的幾個醫學院的經費。除了石油大王一家的五千萬元以外，他還直接或間接的勸動了別的一些慈善家，使他們先後捐出五萬萬元來提高全國的醫學校。這五億五千萬元的美金在幾十年之中完成了北美洲醫學教育與醫學研究的改進與提高的事業，造成了幾十個第一流的醫學院。

一九二八年，弗勒斯納先生六十二歲了，他退休了。在退休之後，他還活了三十年，還做了不少事。他自己最得意的一件晚年大成就，是他在普林斯敦創辦的「更高學術研究院」。

他是終身研究中等教育與高等教育的人，他對于美國的多數大學的教學方式，常常感覺不滿意。他常覺得德國大學和英國牛津劍橋兩大學的小學院自由講學的精神是值得吸收採用的。一九二八年他退休之後，到牛津大學去講學。一九三○年，他寫了一本書，題作「美國的，英國的，德國的大學。」在那本書裏，他發表他對於「大學」的見解，他說：在一個大學裏，學者和專門科學家應該發願 (dedicate) 要做到四個目標：一是知識與思想的保存，二是知識與思想的解釋發揮，三是尋求眞理，四是訓練青年學人為將來繼起的工作者。他理想中的「大學」是一個小小的學術研究中心，沒有課程表，沒有上課時間，只有一些有天才又有學問的第一流學人在那兒獨立思想，自由研究，自由論辯，把他們的全副精神用在純粹學術的思考上。

這時候，紐約的梅栖 (Macy) 百貨公司的兩位大股東，班保葛 (Louis Bamberge) 和他的妹子伏爾德太太 (Mrs. Felix Fuld)，他們願意捐出八百萬元來給弗勒斯納先生試辦他夢想的小小的自由講學的研究中心。這就是普林斯敦的「更高學術研究院」的開辦經費。

這個研究院是今日所謂「博士以上的 (Postdoctorate) 更高研究所」的第一個模型。弗勒斯納先生擔任了創辦第一期的院長，九年之後才退休。在這九年之中，他給這個研究院樹立了一個很好的基礎。他一面先借用普林斯敦大學的種種便利，一面買得四百英畝的地，造起一個「小小的研究中心」。

這個研究中心的中心是一羣第一流的學人。弗勒斯納請來的第一位大師就是愛因斯坦先生 ((Albert Einstein)。愛因斯坦聽他說起這個自由研究中心，他很高興，不過他說，他若離開德國，每年必須有三千美金才够生活。弗勒斯納對他說：「一切都好辦。」等到愛因斯坦先生到了美國，他接到的聘書是每年年俸一萬六千元的聘約。

這個研究院成立了還不到二十年，全院至今只有兩個部門：一是數學研究所，一是人文研究所。人文的研究是不容易在短時期內有驚人的成績的。但數學研究所在短短十幾年之中已成為世界學人公認的一個數學與理論物理學的最高研究中心了。(中央研究院的院士楊振寧先生是數學研究所的常川教授之一，其他院士，如李政道、陳省身、吳大猷、林家翹諸先生，都曾在那兒作過一個時期的研究員。)

這個研究所裏，沒有實驗室，沒有原子爐，連一個計算機也沒有。(當年曾有過計算機，近年贈送給別的研究機構了。) 那兒有的只是第一流的大師，第一流的研究人才。那兒有的是自由思考，自由論辯，自由談話的空氣和機會。

這是弗勒斯納先生晚年一個夢想的實現。我們對于這位肯夢想而能夠努力使他的夢想成為事功的偉人，能不表示我們的讚歎與羡慕嗎？

紐約時報今年九月廿二日特寫一篇紀念弗勒斯納先生的社論，此文的第一段說：

前幾年弗勒斯納回憶他的一生，曾說卡萊兒 (Carlyle) 的藏書圖記上面畫一支點燃着的蠟燭，下面題字是：「我燃燒才可以有用。」弗勒斯納說，這就是他一生的箴言。他活了九十二歲，可以說是完全做到了這句箴言。他總是燃燒着，要於人有用。

紐約前鋒論壇報記載他的生平，有這一段很值得我們想念的報導：

弗勒斯納八十歲時，決定到哥侖比亞大學去做兩年學生。在那兩年裏，他上了厄布約翰教授 (Upjohn) 的幾種美術史的功課，又上了納文斯教授 (Nevins) 的美國史學文獻的功課。他自己說，「一個退休了的人的好工作，莫如教育。」可是厄布約翰教授對人說：「我的課堂上有了弗勒斯納先生這樣一個學生，常使我感覺得像一匹馬的馬鞍底下壓着一顆有刺的東西！」

對當前僑務工作的幾點意見

柳樹青

生活在海外的人，對於各地僑情亦較了解。過去英國人驕傲的說是「日不沒國」，這句話已成過去。但我們可以說：「太陽時刻照耀中國人」，或「有海水的地方就有中國人」，這些話一點也不過份。這些遠適五大洲的中國人，儘管他們不都是受過中國文化精神高深的薰陶，然他們却是中國文化的先鋒隊，到處創造出輝煌的事業。但今日最孤單受苦的也是他們。他們爲了做「中國人」一向堅持不做他國臣民，他們情願傾家蕩產家破人亡。可是，堅持復堅持，一朝形勢比人家强後，受苦的還是他們，得不到他們朝夕嚮往的政府的保護。每次祖國有災難的時候，就想到向這羣孤兒打主意，甚至他們自動地，不顧恩怨地爲祖國捐輸，今日他們大難臨頭，我們政府又給予什麼照顧？難道這與一向「僑務」以「無政策爲政策」的事實無關嗎？難道說在僑社中多邀幾位「僑領」回國觀光、祝壽、勞軍……就算是僑務做得有聲有色嗎？我們不否認這些活動的需要性，但請勿看錯主題。我們今日若仍以「一千多萬華僑云云」自誇，此語實有重新加以考慮的必要。東南亞某些地區的華僑，有的被逼轉籍，有的既不能轉籍又不讓他們做法律上與事實上的中國人……他們雖然「心存漢室」，然在實際上已經作了很大的轉變，再統以「華僑」稱之，已與事實不符，在這樣的情況下，我們仍以「老一套」對付，眞是風馬牛不相及了。今年是第七屆華僑節，某位曾負過僑務工作的大員，還特撰文慶祝。在洋洋數千言大作中提到「……僑胞遠處海外，既不仰賴政治力量保護，更少充裕財力的支援，他們全憑道德力量來創造自己的命運……」又云，「我們知道天下無不耕耘而倖得的收穫，亦無徒勞而不收穫的耕耘……」。老實說一句，遠適異國的僑胞不是不想「仰賴政治力量的保護」，而是我們自己太無能，太不爭氣，以致沒有力量去保護他們。假如我們今日在政治上稍爲表示力爭上游，則華僑不會無理被逼入籍，任人宰割，甚至隨便任人宣佈「這種化」「那種化」的法案。華僑就是向來處於自生自滅的情況，生活在外國的孤兒！故任何空言「忍耐」、「鎭定」「政府自有辦法」……的謊言都是無濟於事的。犧牲忍耐也者皆有一定的限度，物極必反，政府能怪一些華僑的怨懟嗎？然而今日坐享革命成果的人，何嘗想到那是「不勞而獲」而由「革命之母」所賜的呢？又有多少人記起華僑對革命工作付出的代價!?

世界的任何地區都有我們的華僑，但不一定每處都與我們有邦交。但政府有心護僑則不一定非要有外交關係才有所作爲！領事館是商務性質的機構，故可多設甚或託人代理爲各地華僑解決困難。英國與我們沒有邦交，但在臺灣淡水仍有他們的領事館，卽是實例。但在英國、西德、非洲、東南亞等某些與我無邦交之地區而僑民有的是，但却無人照顧。大官員們常謂政府經費不够云云，其實這是最不負責任的藉口，任何人誠心誠意在僑社工作服務，金錢不常是首要的問題。

談到爲僑社服務，就使我們連想到與僑務常混在一起的海外黨務問題。這是一件很值得大注意的問題。許多地區的僑社過去受了殖民地思想毒素影響，形成了許多的黨派，把僑社內部複雜化。黨務在僑社內展開，當其不能促成各派別的團結時，則只是又多了一個僑社複雜的因素。因而各種是非的搬弄，紅帽子滿天飛的現象，層出不窮。此情此勢，難道與負責僑務黨務工作的「大官」和「同志」們無關嗎？所以在這方面的確希望當局多爲留意：

一、請負責發展僑務的大官們，多以僑務爲重，勿以「僑務與黨務」之公私性不分，妄自亂爲。紅帽子的惡習是僑社的一個很大的威脅。

二、希望當局多派德高望重有學識有精力的工作人員，誠心誠意地爲僑胞服務，多做事，少開空頭支票，多爲僑社利益着想，少爲自己向中樞誇大報功。少挑撥離間僑社的合作，確實負起祖國與僑社間的連繫工作。

三、各地使領館對於僑務工作除與中樞發生縱的關係外，也應加强各地區僑社橫的連絡，以僑胞人口多少而定，促成僑社間的更大了解。

四、際此僑胞與祖國文物日益疏遠的今日，政府應加强沒有政治色彩的文化宣傳工作，並有計劃地予以進行。利用僑社的力量善加組織與策劃。有邦交的利用外交上的方便進行，沒有外交關係的地區，應利用種種機會，間接予以支持與指示。供給各種宣傳資料。絕不能因沒有邦交而自暴自棄。

忠言逆耳，在所難免，走筆至此，仍有紙短言長之感。若政府在各項工作向精益求精的方面改進，所言雖掛一漏萬亦可謂稍盡言責。尤以在紀念「自由中國」半月刊督促政府走向法治瞬又十年的紀念日子上，其意義則更加深長。任何政府都須人民督促，若一個被人民唾棄的政府，老百姓是不會多開尊口的。相反的，人民繼續咻咻不絕向政府進言，表示人民相信它是一個有前途的政府，以這樣的心情祝「自由中國」的理想早日實現——一個自由民主的中國。

從所謂「康隆報告」談起

夏濤聲

據十月三十日路透社華盛頓的電訊，由美國加州三十一個團體所組成的「康隆協會」，曾向美國參議院外交委員會提出一個研究報告，建議美國應採取三項步驟以改變其對華政策。這三項步驟是：

一、美國應開始與中共匪幫交換記者、學者與商人的訪問。在這種交換訪問當中，美國應私下與其歐洲盟邦日本及亞洲若干主要中立國家，尤其是印度、緬甸與印尼等國交換有關中國問題的意見。

二、如若中共匪幫意願改善與美國的關係，第二步驟則應討論放棄對中國大陸的商業禁制，並經由國際商談考慮下列幾個問題：准許中共匪幫進入聯合國問題；承認「臺灣共和國」及保留其在聯合國大會的席位問題；及擴大聯合國安全理事會，藉使印度、日本及中共匪幫均成為常務理事問題。

該報告同時說到美國應保證臺灣政府的繼續存在，尊重現存的協防臺澎義務，並擔保新共和國的防衛。

三、最後的步驟，是與中共匪幫商訂通商條約，假若進行順利，即事實上承認中共匪幫。

在發布此項報告時，參議院外交委員會主席傅爾布萊特雖曾聲明此項報告並不一定反映他的同僚及其本人的意見。並指出「這報告提及中共匪幫部分極具煽動性」。同時他也認為由於中共匪幫繼續採取好戰及敵對態度，美國目前決不應該承認中共匪幫。雖然他有一種信念，認為大陸上六億以上的人民終有一天會脫離中共匪幫的統治，但他卻不相信目前不顧這六億以上的人民是一聰明辦法。所以他希望能試探各種途徑藉以多知道大陸上的情形。

這一消息此間報紙雖未登載，但自立晚報十一月四日的社論及英文中國郵報五日的社論均已摘要述及並曾加以駁斥；六日的中央日報又列載了美國百萬人委員會駁斥此項報告的聲明和奧克蘭論壇報的抨擊，所以這一消息已非一項秘密了。

這一報告的全文，我們未能看到，自然無法評論，即僅就路透社的摘要看，它不僅主張美國改變對華政策，並涉及到我們國家的根本存在問題，實在值得我們的警惕！

揭穿着說，這一報告的根本觀點，還是沿襲着「兩個中國」的觀念而來。不過過去都是說得含含糊糊，令人無可捉摸，而這一報告，卻把它有頭有尾的具體說出了。我們固然相信這只是康隆個人及極少數美國人的愚蠢想法，決不能代表美國政府和大多數美國人的意見；但這一暗流始終存在，卻為無可否認的事實。

這項報告的本身，固然值得我們警惕。而尤其值得我們注意的，則是這一報告的來龍去脈，以及美國參議院外交委員會為什麼於此時把它發表出來？

我們先談第一個問題。

就筆者所知，美國參議院曾一再決議，授權該院外交委員會「對美國外交政策作充分的研究」。該會根據此項決議，遂由傅爾布萊特等組成一執行委員會，主持此一研究計劃。他們研究的方法，大致係分頭進行。一面向若干退職的外交官徵詢意見，一面也向若干民間團體及專家學者徵求意見，關於第一部分，參議院外交委員會已把他們的意見綜合整理，於本年六月間編成「美國外交政策研究」一書。該書共分四章，其第四章係依地理區域分述美國的對外政策。其中關於中國部分，除敍述退職外交官的意見外，並在前面加上了一篇頗長的說明。

我們把「美國外交政策研究」的中國部分（包括意見與說明）和康隆報告作一比照，即不難發現他們的說話雖不一致，但卻有許多相同之點。如康隆報告所建議的第一步驟，該書在說明和意見裏，均有類似的主張。「目前最需要的，是我們應該知道中國大陸的實情如何。而我們朝向與那個國家（指中共僞政權）建立合理的關係第一個步驟，應當是允許旅客，特別是新聞記者和有資格的學者們前往那裏去旅行」。（見說明）「關於美國與中共間的交換新聞人員，我亦不信我們所採取的嚴格立場是妥當的」。（見意見）最近美國國務院發言人懷特說：「自從這項問題最初於一九五七年提出後，國務院已核准若干美國新聞機構派代表赴中國大陸，除一人外，北平均拒絕簽證。沒有一名中共記者申請簽證來美國，美國政府官員曾一再表明，如有中共眞正記者申請簽證，國務院準備建議檢察長暫停適用現行法律的規定，以便准予簽證」。可見這一意見對美國國務院早已發生壓力作用。

此外，如撤除對共匪的商禁問題，准許共匪進入聯合國問題，所謂「臺灣國」問題，及美國承認共匪問題，凡是康隆報告所說到的，在該書裏無不有大同小異或極其類似的說法。有的說得比較和緩，有的說得更為激烈，有的說得比較含糊，有的說得更加明顯。我們雅不願一一引證，徒亂人意。

我們於此所要指出的，就是所謂康隆報告與「美國外交政策研究」實係一孿生兄弟。雖然後者經過參議院外交委員會的整理編纂，前者是康隆協會研究報告的原文，但論其來源，則屬相同。都是由於美國參議院授權該院外交委員會對美國外交政策充分的研究，該會遂一連串的徵求一部分退職外交官及若干民間團體和人士的意見，因而有此種報告與此種書册的發表。我們固然相信傅爾布萊特的聲明：此項報告並非反映他和他的同僚們的意見，我們也相信美國對華政策目前不致有任何劇烈的改變；但若就稍爲長遠着眼，這種「兩個中國」的觀念，在美國既由暗流變爲明流，其餘波盪漾，對於我們實不能不說是一個潛在的危機。

其次，我們要研討的，是美國參議院外交委員會爲什麼突於此時發表這一報告？

據路透社的電訊，該會這項徵詢工作，去年即已開始，而康隆協會何時提出這一研究報告，原電未曾言明。不過我們若用旁證的方法，似可斷定提出報告的時間，必在六月十五日之後。因爲「美國外交政策研究」一書，是六月十五日發表的，假使參議院外交委員會在此以前已接獲此項報告，我們沒有理由相信該會不先行或同時發表。因此我們只能假定此項報告最近才送到參議院外交委員會，該會即據以發表，時間雖屬不當，我們尚不敢說它具有何種特別用意。

自杜勒斯先生去世之後，美國外交政策，多少有些動盪。勞勃生與墨斐的相繼去職，可能增加這一動盪的幅度，亦可能是這一動盪的初步現象。加之赫魯雪夫目前冷戰的策略，是和平與威脅雙管齊下。一面擺出笑臉攻勢，高唱和平共存，對於柏林問題，裁軍問題均表示出妥協姿態，以求最高層會議的早日召開；一面則以猙獰威脅的態度，支持共匪的武力侵略政策。赫魔這種兩面政策，對於美國朝野究將發生若何影響，我們目前尚無法加以估計。由於近來所發生的一連串事實，如美國某一法官判定臺灣並非一獨立國家，艾森豪總統在記者招待會上的用語失當，在在不能不使人疑慮赫魔詭計已在美國人的心理上發生醱酵作用。而康隆報告又適於此時發表，自更使我們不能不感到惶惑。

我們並不認爲美國對華政策馬上會變，但就種種跡象看，我們亦不相信美國對華政策決不或永不會變。我們並不認爲眞正的和平局面可以降臨，但我們亦不相信在最短期內冷戰會轉爲熱戰。今日的問題是：假使冷戰再僵持五年甚至十年，照目前情形看，決非無此可能，我們又應該怎麼辦？

我們決不能把一切希望寄託在「美國政策不會變」這一想法之上，而必須盡其在我，自立自救。

最簡單有效的辦法，自然是軍事上的主動反攻，摧毁匪共政權；我們固當存此希望，但在目前情勢下，我們不得不承認此種可能性不大。我們雖不欲故唱高調，以此來苛責政府。我們可能盡力之處，就是在政治上力求改革。我們必須盡量的發展民主自由制度，使世人認識我們的政府不是一黨一系的政權，而是中華民族反共力量的集合點；並在政治意義上，認識我們不是一個殘存的孤島，而是中華民族文化統一和生活自由的象徵與希望。我們能使臺灣成爲民主自由的燈塔，照徹大陸，照徹世界，則一切陰霾，必定可以隨之消失。

(上接第17頁)

社會大衆關係最密切，影響最普遍的一種教育工具。這一種事業既只限於現有的寥寥可數的幾家官報(眞正民營報紙所佔比例太小)，而不許民間自由興辦，試問還有多少地方可供讀書人努力文化工作？

說到學校，當然也是讀書人的正宗工作部門。學校自應不分公立私立，一律是讀書人教育讀書人的地方。若是教員可以不由讀書人來擔任，學生也不以讀書爲重，這地方自使眞正的讀書人裹足不前了。若是公立學校等於是官廳，校長是長官，教員是屬僚，學生是丁役，就更與讀書人絕緣了。事實上，在臺灣，私立學校就與民營報紙一樣，少得可憐，所以目前讀書人想在學校方面有一份愉快的工作也幾乎難如登天哩。

最後，我的建議是：除了國內政治，經濟，文化各方面，都留下若干崗位，讓讀書人自由活動之外，更要放寬出境的限制，讓一部分挨餓的讀書人到海外去求生存。而目前我們散處海外的一千多萬華僑的社會裏，也最需要讀書人的服務。僑胞們在智識教育方面，向來是眞空。如果我們不去塡注，正好是替共黨造機會。我相信與其派一百名特工人員出去做反統戰的工作，還不如放行一個讀書人，讓他去傳佈眞正的反共意識。

總之，今日的讀書人，絕大多數是被浪費了。政府也不能怪讀書人不够合作，沒有發揮積極的作用，原因是官僚階級築下了一道銅牆鐵壁，一般的讀書人正感着報國無路哩！再說，自古以來，讀書人的民族意識最强，所以凡爲讀書人，無不愛國。共黨作風是眞知之敵，所以讀書人也無不反共。若因讀書人少喊「萬歲」，即指爲不愛國不反共，只證明當局無知人之明而已。

若是國家不需要讀書人，時代的艱鉅也無須讀書人賣力，那麼我們不必爲讀書人之被浪費而嘆惜。否則，我要大聲疾呼：給讀書人一條路走！

羅斯福總統究不敢毀憲

唐德剛

在今日的文明世界裏幾乎每一個國家皆有一部冠冕堂皇的憲法。吾人如將這些憲法的條文逐條作一比較研究，便知有些極權國家的憲法往往擬得比民主國家的憲法更爲完備，更合乎人權與法理。但是幾乎沒有例外，極權國家的憲法，總歸是一疊廢紙。這一點似乎毋待多贅。

可是一個眞正民主國家的憲法便不然了。就條文言，它往往有漏洞；但這憲法的整體却是神聖不可侵犯的，眞正成爲各該國的「根本大法」，對政府，對人民均有絕對的約束力，不容逾越分毫。在憲政的常軌之下，不特是禍國殃民的壞事，爲憲法所不容；縱使是興利除弊的政務處理，如果不合憲法，或有違于憲政與法治的基本原則，亦在絕對禁止之列。因爲所謂「利」、「弊」都是有比較短促的時間性，而憲政與法治的基本原則與精神，則是國本，不可有絲毫更動。如當政者爲濟一時之急遂玩忽憲法，便宜行事，便會根本瓦解憲政制度，而使國本動搖，貽禍千古。

民國六年，孫中山先生所領導的「護法運動」，在性質上是屬于前者，亦即是防止惡人毀憲做壞事的一個運動。一九三七年，美國羅斯福總統爲着使他的「新政」收速效而妄圖改組最高法院，因而召致全國一致反對的一段趣事，在性質上則屬于後者，亦即是爲着推行幾項興利除弊的德政而鬧出毀憲的笑話。

關于中山先生的「護法運動」，國人皆耳熟能詳。今請爲一言美國羅斯福總統企圖毀憲而召致沒趣的一段有趣的史實。

羅斯福總統是一九三二年冬首次當選總統的。這年正是美國經濟遭受空前大不景氣的第三年，情況嚴重之至。全國生產貿易的總收入自一九二九年的八百七十億降至四百一十億。全國銀行在羅氏上任前兩年之內共有五千五百家破產倒閉。一度控制生財達二百二十億美元之多的毛根財團，至是也報不出一分錢的所得稅。工業投資之下降一九三二年竟超過一九三一年負額之五十倍，全國大小工商業，泰半破產。全國三千八百萬工人中有一千五百萬人失業。芝加哥一個城市之內的工人，卽有一半以上人數失業。但是倖免于失業的工人之生活亦殊難維持。東部數州內的平均工資降至每小時一角錢以下。女工每週工作五十五小時的週薪有時竟不能超過六角錢（今日美國半技工的工資是每小時三元五角！廿七年來物價上升的比率尙不足四倍。）其時農產品的價格亦跌至一半以下。在過度商業化及機器化的美國農村中，大小農場紛紛停工，全國一千零四十七萬農民生活均已不易維持，農村經濟已澈底破產。各地人民由于破產、失業、饑餓所迫而自殺者直如秋後落葉，隨處皆是。在紐約等大都市的旅館中，遇有客人指定租住高層房間時，司賬員每每情不自禁的要關心地問一聲說：「先生，您開房間是過夜呢？還是跳樓呢？」所以美國自由經濟制度至此可說已面臨總崩潰。事有巧合，此時適値蘇俄第一個五年計劃正在鑼鼓喧天「勝利的進行」之中。憂心忡忡的西方人士這時已感覺娜塞費爾小姐(Laissez-faire)的容顏已老。人民對于自由經濟已失去信心。美國共黨亦乘機大爲活躍，馬克思的預言恐怕就要在美國實現了。

就在這全美人民岌岌不可終日之時，羅斯福當選了美國第三十一任大總統。他所面臨的困難在美國總統中除林肯之外，可說史無前例了。因之他在下車伊始，便網羅了全國第一流人材，組成「智囊團」冀圖以大刀潤斧的興革，以挽狂瀾于既倒。所以在他三月四日正式就職之後的百日之內所搞的一套「新政」，眞可謂驚天地而泣鬼神。所幸此時的上下兩院均握于民主黨之手，他們對于這一個敢作敢爲的總統，全力支持，幾乎是有求必應。

羅氏在兩院支持之下，首先便使用政府投資的方式，使倒閉的銀行工廠復業，並乘機利用政府權力管理市場，調整勞資關係，因之乃有所謂「國家實業復興法案」（英文簡稱 NIRA）及「國家復興法案」(NRA) 等之出現。羅氏于同時並另設專署，興辦大規模的路礦水利等工程，以吸收勞工，減少失業，因之乃有「頓尼斯河谷水利法案」(TVA) 等之出現。關于復興農村計劃，政府亦撥出鉅欵統一籌辦農貸，並津貼耕地過多之農場以限制生產，提高穀價，恢復農力。這便是有名的「農貸法案」(FCA) 及「農業調整法案」(AAA)，在羅氏這種大力興革之下，在死亡線上掙扎的人民，至是始稍稍看出一線生機。

誰知就當全國人民等待「新政」結果，如大旱之望雲霓之時，華盛頓忽然吹起一陣冷風，幾乎把全民的熱望，一舉吹散。因爲那掌握民主政府中三權之一的最高法院原來反對「新政」。在不同的民事訴訟案件中，最高法院把羅氏九項重要新政接連否決了八項之多。他否決羅氏新政的最大理由，便是總統越權。因爲憲法並沒有給予他如此大權。

至于美國憲法究竟給予總統多大權力呢？憲法條文原極含混，解釋起來原是左右不定的。無奈這時美國最高法院的九位大法官有六位已年逾七十。他們多少有點保守甚或頑固。他們只認爲美國總統不應有若是大權，所以不予通融罷了。這原是一個哲學性的辯論，直接牽涉到憲法條文之處則極尠。但是美國是個法治的國家，餓死事小，違法事大。儘管人民和總統對法院的判決如何的不滿，他們也只有服從到底。所以在羅氏第一任總統任內，他蹩蹩扭扭地搞了四年「新政」，不能暢所欲爲。

到了一九三六年冬，羅氏又當選連任。由于他新政的深得民心，這次大選羅氏竟以一千一百萬票的多數壓倒對方。他的勝利可說是空前絕後。這時羅斯羅在人民中的聲望眞是如日中天。他回想過去四年新政收效不大的原因，實由于法院掣肘。今番選舉既證明人民對他的絕對支持，所以他就想以非常的手段來對付法院了。

二次當選後不久他的智囊團便擬出一條改組法院的草案，希望由國會通過之後，便可把那六位老朽昏庸的法官壓制下去。該草案規定凡大法官年逾七十而仍然盤據高位不肯退休者，總統可增派大法官一名以襄贊之，庶免其精力不足，貽誤要公。如此案在國會通過，羅氏便可增派大法官六名。則最高法院內親羅派變成多數，新政便可通行無阻了。在羅氏看來，上下兩院既均爲民主黨所控制，此一法案之通過當絕無問題。

詎知當羅斯福于一九三七年二月四日將此一草案咨交國會時，全國鬨風大譁。輿論一致認爲羅氏此舉是一嚴重的「包辦法院」的陰謀，意圖摧毀司法獨立；毀憲違制，莫此爲甚。最初羅氏自以爲得民甚專尙圖强辯，並誣蔑反對者爲資本家的代言人，但是事實證明則切切相反，反對此法案者多爲羅氏本黨內以前擁護新政最力，反對法院最烈之開明自由分子。眞正資本家的代言人反在一旁暗笑作壁上觀。

在全國自由分子一致攻訐之下，一光彩輝煌的開明領袖因一念之差，轉瞬之間遂變成企圖摧毀憲政的獨夫。以前一向號稱保守與反動的最高法院，相形之下，這時竟變成維護民主憲政的柱石。羅斯福一見風聲不利，立刻懸崖勒馬，多方認錯。他的「包辦法院」的草案，因之尙未到法制委員會審查階段便已胎死腹中。羅斯福解釋說他本無心眞要此法案通過。他的目的只是激將法而已。法院經此一「激」將來或許會變得開明些。這樣才結束了這場小小的風波。羅斯福惹一場大沒趣也只有自認晦氣了事。

這一件有名的「羅斯福包辦法院案」雖是一件小事，但是它所含的意義却十分深長。第一、它說明了雄才大略的當政者，都是不大歡喜權力分立的憲政的。不特是袁世凱要毀憲，就是號稱一代民主宗師，「四大自由」起草人的羅斯福也有狗急跳牆之時。再者這故事也告訴我們，憲政之推行，不能倚靠當權者皇恩浩蕩的來「行憲」。它要建築在全國人民以及人民的「代表」或「委員」們對憲政的認識之上。試看羅斯福的民主黨內的領袖們，他們擁護羅氏推行「新政」是愛之以德，輔之以道；不是無原則，無理性的「擁護領袖」。如果當時的民主黨人，也是一批只知攀龍附鳳，只知不擇手段打擊政敵，而對民主憲政一無所知的飯桶和黨棍，則羅斯福恐怕也早已變成了斯太林而爲千古的罪人了。

上面的故事同時也說明，在一個憲政和法治有基礎的國家之內，不但憲法條文未經合法手續不得擅動；縱使在條文的死角裏能找出變通辦法，如果這辦法違反憲政的基本精神，也是絕對在禁止之列的。羅斯福「包辦法院」的草案，可說無一字不合于憲法條文的規定。但是全國一致反對它的原因，便是因爲它違反憲政的精神。憲政中「權力分立」的原則和「沒有不可替代的選任的官吏」的原則是同樣神經不可侵犯的。

憲政的原則與精神尙且不可侵犯，則白紙黑字印出的法律條文未經合法程序就更無變通的餘地了。一國的政務設施，不論其如何合「情」合「理」，如果它不合「法」，便不能付諸施行。我國古代法家主張「少長貴賤皆從法」，也就是反對以「情」「理」毀法。如果法有不合情理之處，自可以合法程序修改之。當政者斷不可在法律之外便宜行事。正如一輛汽車碰到了紅色交通燈，不論其前面有無行人或車馬通過，它也得停下，等綠燈再前進。不可因前無障阻便任意穿過紅燈。

有人或許認爲憲政與法治太硬性，既浪費又遲緩。須知民主憲政本不是「最好」的制度，本身有其缺陷。但是它却是近三百年來人類所試驗確定的「較好」的制度。今日國人如果仍然以爲「半部論語可以治天下」；或「霸王道雜治」的制度「更好」，則儘可把這塊洋貨招牌的「民主憲政」收起。再來搞一套純國粹也未始不可。如果今日吾人仍然認爲民主憲政是對抗共產黨專制集權的唯一的政治形式，我們的代表和委員們就應該多翻一翻政治學百科全書，溫習一下民主憲政的要義所在，再舉手發言，千萬莫學非洲的駝鳥，把頭插到沙裏去！

四十八年十月廿四日紐約

關於民主法治的四項建議

陶百川

國際共產黨在我國抗戰期間曾在美國對我們投下了三個宣傳炸彈：第一個說我們貪汚，第二個無能，第三個專制或獨裁。這三個炸彈的殺傷力很大，今天早晨我看到費吳生夫人在「臺灣灘頭堡壘」中曾引中國之友魏德邁將軍在美國國會作證時所說的：「當我們到中國去的時候，心裏準備不喜歡他」（按指蔣總統），這就是受了共黨宣傳炸彈的影響。後來美國在我們最危難的時候中止對我們的軍經援助，也未始不是中了這些炸彈的毒素。十年以後，經過我們在臺灣勵精圖治，那些炸彈的威力，是否還是陰魂不散？美國人對我們的觀感是否已經徹底改變？我住美國半年，對此着實加以注意，留心探訪。我發現他們是對我們的觀感已經大大的改善；貪汚無能的惡名，似乎已經不復存在了。誠如魏德邁將軍所說：「可是我後來的確喜歡他」（按指蔣總統）。不過我得老實的指出，美國人對我國的民主自由和法治的實際狀況還有相當的懷疑。我在監察院報告訪美觀感時曾經提到四個故事以說明他們懷疑的程度，我指出那些故事的內容雖多半出於誤會和誇張，可是即使這樣，也够說明我們還該反求諸己，還該承認我們在這方面做得不够好。

我並不想就外國人的觀感和希望來强調民主自由和法治的重要，我深信我們自己比外國人更熱切的祈求我們能够更民主更自由和更法治。我很可以僅就內部需要來立論，而不必提及外國人的關係，而且民主法治對內的重要的確大於對外。但我敢說即使就對外關係來說，爲了爭取外國人對我們的同情尊敬和支援，我們也值得在民主自由和法治方面做得更好一點。

在大方針上看，我國像多數現代國家一樣的在實行民主，維護自由，崇尚法治。但因我們處在戰時，做得自然不很澈底，我們有理由去要求人家的諒解。可是有些事情對戰事或反共抗俄的利益不獨並無妨害，而且祇有好處，但我們似乎還是不敢或不願放手把它們做得更好一點，那就得不到人家的諒解了。於是我不得不提出來呼籲一下。

第一，我們對言論自由（自然包括出版自由和新聞自由），照顧得還嫌不夠。我很同意英儒穆勒的幾句名言：言論自由最重要，我祇需要言論自由；要有了言論自由，別的自由就都可以不要了（手頭沒有原文，記得大意就是這樣）。在老百姓的利益上看是如此，在政府當局的利害上看也是這樣。因為我深信「政治永遠需要批評」（我曾為文詳論），好政治不僅有賴於公衆的支持和鼓勵，也有待於公衆的監察和督促；而批評監察和督促，實有賴於言論自由。所幸我國當局對言論自由的器度和尺度年來較前放寬，自由中國半月刊的繼續存在就是一個很好的例證，我在海外常以這個例證駁倒人家對我們的責難。然而很多人仍覺我們做得不夠，例如國際編輯人協會今年曾有一本二百頁的調查報告詳述「集權國家新聞記者一年來的奮鬥」，對我國仍多所指摘。我想請宣傳當局找一本來看看，有則改之，無則辯之，使我國不再被列在「集權國家」之林。雪恥止謗，這與我們每個國民都是休戚相關，而且做起來並不很難，希望大家不要漠視。

第二，我們對人身和人權的保障尙嫌不夠。最近我在美國新聞處演講訪美觀感，提到 Mc nabb V. United States 318 U.S. 332，這是關於三個逃稅青年被控槍殺一個稅務員的事件。稅務局把他們拘留在局內十五小時後移送法院，法院根據他們在稅務局的口供依殺人罪判刑，但是最高法院因為作為主要證據的口供係在非法羈押狀態中非法取得，認為違背人身保護的大原則，因而宣告無罪。殺人固當判刑，但在非法羈押中取得的口供，如可認為有效，則人權將失去保障，後患實不堪設想，自以宣告無罪為宜。我國自實行冤獄賠償法以來，廿四小時內解送法院的憲法規定，已經切實遵行，濫拘濫押的情形已經大為改善。我最近聽到臺北地方法院首席檢察官的報告，自九月一日至十月十五日一個半月中，警察機關送案被告五百餘人中被羈押的僅有十分之五。我在巡察調查局時查得有匪諜嫌疑的黑名單雖列有×千人，然去年一年中經實際拘捕的僅有百分之二點三，而且拘捕的手續也相當愼重。這些都是進步的現象。但我很懷疑保防和警察機關眞的已經廢止了刑訊，這是我們亟應努力改革的一點。而軍法方面的冤獄不受冤獄賠償法的保障，也是美中不足，亟應予以補救。

第三，我們的政治選舉尚嫌不夠民主化。選舉本身就是民主，選舉而不民主化，那就完全失去選舉的意義，所以選民應該有自由了解和自由選擇候選人的充分機會，候選人應該有自由宣傳政見和自由接近選民並派人到每一個投票所去觀察投票、票檢、票的充分機會，而開不宜加以不必要的限制。但是現在的限制卻未免太多了，而且多半沒有必要。例如投票觀察員限額祇二十一人，在有一二百個投票所的縣市，區區二十一個觀察員能夠發生什麼作用，簡直等於虛設。政府當局既認為投票有觀察的必要，因而准許候選人推舉觀察員，然則何不更民主一點，讓候選人儘量派人去儘量觀察呢！民主政治的重點在選舉，我們一定要辦好選舉，然後可望選賢與能，把政治搞得更好一點，至少也不應使人因而抱怨我們不公，從而引起不平。我們的同志能夠當選，固然很好，即使黨外人當選，也沒有什麼大不好。吳三連（甚至高玉樹）當年以非黨員做了臺北的市長，也未見得對本黨有什麼害處。凱末爾培植反對黨，華盛頓容忍漢密爾頓和哲斐遜背道而馳，英國和日本的皇室超然於黨爭之外，對於各該見其害，祇見其利。我們以泱泱大黨而若過份示人以不廣，即使有同志當選，國家，未對本黨也是害多利少。

第四，我們對司法要下澈底整頓的決心。司法是人民自由和權利的最大和最後的堡壘。其他堡壘假使不堅固或為惡勢力所侵蝕，因而損害人民的自由和權利，禍害還不能算大，還不能算是絕望，因為人們還可訴之於法院，訴之於行政法院，訴之於公務員懲戒會，或訴之於大法官會議，它們的決定最有拘束力，人民還有伸冤白謗的機會。但是司法假使不健全，人民的自由和權利便失去最大的保障，冤獄也永遠沒有平反的機會。人民對這最後一座堡壘假使失去了信心，禍患實不堪想像，而司法現在確已到了非大力整頓不足以維繫人心的田地了。蔣總統近在訓話中把司法與警察及稅務同樣列為整頓的三個對象，措辭雖很含蓄，然亦可見問題的嚴重。但是我們迄今拿不出一個整頓的方案。當務之急，我以為第一必須解決法院的隸屬問題，第二必須加強發揮各級首長的監督作用而注意其人選。司法機關應該是冷衙門，不應把它變為熱衙門，司法人員應該與世相忘，與政治絕緣，然後纔能超然獨立，鑑空衡平。現在司法行政部和高地兩級法院都隸屬於熱烘烘的行政院，而且尙須隨同行政院對立法院負責，因而容易遭受行政人員和好多特殊律師會計師的干擾和影響；在這樣複雜的環境中，司法人員如何能夠特立獨行，執法如山！這個制度上的癥結，祇有在隸屬方面想辦法，乾脆依照憲法第七十七條把司法行政部和高地法院搬到司法院那個冷衙門去，好讓司法人員「南面而王」，不必「北面而朝」，於是審判可望眞正的獨立和公正。然後進一步加強各級首長的監督權，愼重他們的人選，要他們負起轉移風氣的領導責任。做首長的必須遴選剛狷的人，剛則威武不能屈，貧困不能移，狷則有所不為，有所不取，並須綜核名實，信賞必罰，一反官僚鄉愿的作風；這樣，身教者從，上行下效，不出三年，風氣或可丕變。

以上所陳，問題雖大，可是着手很易，收效必宏，因為它們都具備一些關鍵的作用。世變正劇，時不我待，我們必須趕快做好必要的改革，內以固結人心，振奮士氣，外以爭取更多的同情和支援，方能渡過難關，步入坦途，而本文所列舉的「言論的自由」，「人權的保障」，「選舉的民主」，「司法的整頓」，我深信都是中外人士所矚目和關心的重點，天佑中國，幸弗忽視！

如何使國是不再成問題

張九如

當前國家大事是什麼？誰都了解，除共產分子外，從沒有人對他發生過異議。這樣的國家大事，叫做國是。自由中國當前的國是爲反共復國，早已不成問題。問題在至今沒有完全把他看成國家事，澈底把他做好，致表現的國事和公認的國是之間，顯有距離。

造成這個距離的因素約可歸納爲三點，而這三點也是由於不應發生問題而竟成爲問題所鑄成。因爲有這意外的三種因素，就形成這意外的一個距離了，過去既沒有在這些問題上防微杜漸，今後就該在這些問題上懲前毖後。

一

第一、由於在反共的認識上發生問題：由於共產黨高懸共產主義、社會主義或馬克斯主義招牌之故，不少帶有哲學癖的政論家，就信以爲眞，張大其辭，咬定反共是一種思想戰，非直搗共產集團的思想壁壘，從根摧陷廓清，就無從撥亂反正。迭經如此云云，就使現代那些忙於籌書剿會，無暇愼思明辨的當政者，人云亦云，不求甚解的游談之士，及恐共病深入膏肓的懦夫，引發錯覺，並互相刺激，互相反應，都認爲共產黨問題太嚴重，反共不是一件輕易事，既須在武力上着着佈置，尤須在思想上長年累月的攻守，如此想法做法除長敵人的威風外，更短自己的勇氣，除造成僵持局勢外，還要招致「需者事之賊」的後果。如能冷靜想去，當可發現共產集團所做的與他們所說的完全相反，憬然自悟以往認識的錯誤。

事實很淸楚，蘇俄自十月革命以來所表現的實情，是統治俄國的那批極少數人，用暴力詐術去奴役剝削他的人民，作爲造成他們一身兼具新貴族、新官僚、新資產階級、新專制帝王地位的資本，並無限制的榨取和運用這種獨佔資本，以維持並擴張他們新貴族、新官僚、新資產階級、新專制帝王的勢力權威。以前馬克斯所倡的那套學說主義，早被這批魔王改竄的完全變質，只保留他的辯證法與唯物論之形式，作爲鞏固他們的極權，辯護他們的暴政，麻痺人類的良知之用。他們的行逕，簡直同吃人的野獸一樣，那裏還有什麼思想可言。四十餘年來所謂「俄羅斯社會主義蘇維埃聯邦共和國」的眞相，以及其附庸國的實情，都不過如此。蘇俄也許開始在變，但無論怎樣變，最多是量變，很少是質變。既如此，那麼今日人類反共的眞意義，實際是人類對獸類的反抗。獸類本沒有什麼思想或主義，何必怕他，更何必怕人類中的少數人眞會對獸類發生好感及信仰。退一步說，他們即使有什麼思想或主義，也不過是極權思想或極權主義而已。既是極權，必成獨夫，決沒有一些民衆基礎，決不能不殺身亡國於衆怒難犯之下，希特勒墨索里尼便是近例。

一切並無什麼可怕之理，而竟怕蘇俄獨夫，並怕變本加厲，每下愈況的中共獨夫，自然怕出問題來了。在西方，基於怕的心理，總想採用安撫姑息手段，英國大哲學家羅素，更幻想美蘇兩國可以合作組織「世界政府」，唱出「人獸聯盟」的怪調。在我國，基於怕共心理的發展，乃怕及於言論主張不合自己脾胃的一些人，這不是「心虛生暗鬼」是什麼呢？在二次大戰中，日本和德義蘇俄不都是極權國家麼？當時因爲我們並沒有怕日本及日本的兒皇帝，所以也就沒有斥責激烈批評政象的人爲日本軍閥及汪僞政權的同路人，懷疑他們思想有問題，便是最好的反證。於今則不然，不就是大學所謂「心有所恐懼，則不得其正，有所忿懥，則不得其正」的表現麼？且因爲相驚伯有之故，不但疑及好議論人長短的少數文人，並使人看着這些人好像另有一套國是似的，國是既由此使人家感到混亂，民間的努力即由此顯出不甚一致，遠不像抗戰期間確能做到國民精神總動員綱領中所列的「意志集中，力量集中」，推原其故，不是起於對共黨本質的認識，遠不像當年對日本認識的那樣正確麼？今後如齊向「認識一致，國是一致」去努力，或可抉除癥結。

二

第二、由於在反共的方法上發生問題：人類爲何要反共，因爲民主自由的生活，是人之所以爲人的起碼條件，而共黨政權所爲，則完全與人類的基本要求相反，不把人當作人，一味用暴力詐術使人變成他們爲所欲爲的牛馬器械，一味用暴力詐術去摧毀三百多年來人類爭得的民主自由權利，一切摧毀盡了，再用暴力詐術來保持他們既得的政權，並加以擴張，使全人類都變成他們可以爲所欲爲惟我獨尊的牛馬器械，這是任何人都不能忍受與坐視的，反共的根本動機與目的就發端於此。除此以外，就再沒有其他的根本動機與目的，如果有，也都可以包括在這個根本動機與目的之內，這是任何人都能理解的。

現尙成爲問題的，不在反共的動機與目的，而在反共的方法。反共最根本的動機與目的，固在維護民主自由主義，而反共最有效的方法，也在運用民主自由主義，只要能夠發揮民主自由主義的力量，就一定可以達到維護民主自由主義的目的，他的力量鋒利無比，他的功效靈驗異常，可以擊中極權主義的要害，使他受到無法回手的致命傷，這都是有事實可證的。二次世界大戰中，希特勒墨索里尼兩個極權主義者，爲什麼都不怕蘇俄卻最怕英美？就因爲英美民主自由主義的力量，足使他們自慚形穢，相形見絀，他們的精神上時刻感到不安，而戰爭的結局，也沒有出於他們自愧不如的意料之外。蘇俄自十月革命以還，爲什麼一直命令他們的秘密警察組織鐵幕，高懸國門，斷絕鐵幕內外的交通，近年又利用電波干擾美國之音？就因爲他們一方面早已察及他們的人民心裏，對他們剝奪各人民主自由的權利，異常痛恨，非把他們的人民幽囚起來，他們的政權就會被聞到民主自由氣味的人民所推翻。另方面他們自己也不相信現行的主張制度及一切手段，可以長治久安，他們對於獨裁政權的說法，總說是過渡的，是這個時代的，是世界革命尙未成功前的，至今還沒有一個人敢說一句一定可以長期如此的，自己既不相信自己，更不相信人民，那就只有關起門來做皇帝，做一日算一日了。又一方面，他們更自知其極權獨裁的程度遠甚於德意，德意尙不免於失敗，自己更難倖免，就只有在日暮途窮之前，出以倒行逆施的一法。他們在這三種自卑感與恐懼心之下，鐵幕就高高掛起了。要是這一論斷不謬，那麼他們實在是人類中眞正騎虎難下，欲罷不能的可憐蟲，這應該是研究他們處境的人能夠看清楚的一個實際問題。可是也許由於懷有成見者，認爲他們都是至死不悟的蠢物，或至死不變的頑固分子，就連帶把對付他們的方法，也一成不變了。以史太林的予智自雄，集權專橫到極點，在對德意宣戰中，尙且採用「爲民主自由而戰」的口號。其所以如此，是由於他深知這是對德意等極權國家最銳利最能達成中心突破的一種攻勢。像他那樣名不符實的空叫喊，尙且能使德意感到頭痛。孫子兵法最重「主孰有道」的較量，和「攻心爲上」的戰略，史魔尙懂得此道，我們自然更無問題。

可是不少人仍認爲政府的許多表現不够民主自由，常非無病呻吟，而是求治心切所致。惟其求治心切，故凡被認爲應興應革之事，總期望政府能一一做到，尤其應革易革而竟不革的秕制秕政，最不能對政府原諒。而在政府方面，却也由於求治心切，一切事總想走捷徑，求速效，對於按步就班的民主軌道，天空海濶的自由氣氛，總感覺緩不濟急，於是絕塵而馳，破壁而飛，再不暇顧及由此帶起的弊害，如利未見而害先生的，若干法外機構額外收支，無非導源於此。即使見及，又認爲形格勢禁積重難返，與其得罪巨室，毋寧稍緩須臾。彼此同一求治心切，而彼此所以求之之道各異，表現在言論主張上的亦隨之各異，激盪既久，致政府與民間的所是所非，愈爭執而愈增加距離，愈使政府懷疑民主自由主義的實效，愈使民間懷疑政府實行民主憲政的誠意，演成彼此間的所是所非，好像永遠不能接近是的。這種不幸的現狀，固成於客觀的政象，實起於主觀的心理，如果互相了解急於求治的動機既相同，發足點原無差異，今後不再分道揚鑣，都以憲法爲指南針，爲言論行動的規範，尤其政府能先擇最爲親厚者所痛仇者所快的若干事，立下決心，從根拔除，與國人以共見，那麼國人所認爲問題的一切問題，終可闢開了總解決的門戶。

三

第三，由於在反共的責任上發生問題：一切事最難認清責任，又最需要認清責任，眞正認清了，縱使不立卽去幹，多少總會發生責任感，覺得終有一事在心頭，不把他處理了，便一日不安。責任感起於自覺，也起於先覺者的覺後覺，在國論紛紜，權責混淆之日，覺後覺尤急要於自覺。反共本是人類的公共義務，此誠「天下興亡，雖匹夫之賤，與有責焉」的大事。復國是自由中國人民自己的任務，這在君主專制時代，自可說「國家興亡，一命以上之責」，而在今日國體政體之下，則已成爲全國人民的共同責任，不應全交給政府中人去負擔，政府中人也無力獨負此一重任。這都是略具常識的人能夠理解的。復國這件事，就道義上講，自有理由可求人助，但就因果上說，人助生於自助，如靠他人爲我復國，歷史尙無前例，即使可以創例，然政治經濟必得或多或少的要受代我復國者支配，總有一段時間，不能興復獨立自由的國家。再就影響力上看，全部完成反共大業，雖有待全人類努力，我們自然沒有大力能夠獨負天下興亡的全責，但我們的復國大事如先告成，至少已完成了全人類反共共業的一半或一半以上。又即使國尙未復而復國的準備工作已做的很好，亦可對全人類反共共業的把握增加一半或一半以上。這也是略具常識的人能夠覺識的事理。

能知即能行，爲什麼大部分國人對此已經了解而無待先覺者提撕警覺的反共復國責任，尙祇表現爲被動的照辦，或竟祇有從旁叫囂？這一問題，凡略明政情的人，大都認爲原因很簡明：一由於有些久居各機關團體中的人，自信過甚，自覺反共復國計劃，已定的甚好，做的不錯，無勞他人越俎代庖，一切只須跟着走，好像就能走回大陸是的，這就使國人對於責任的認識反因此模糊，並由此不感重要了。二由於十年來把光復大陸的重點置在軍事上，認爲只要能强兵力戰，就不愁國土不復，心思才力既有偏注，即不免把其他事其他人的力量看成次要，有時雖犧牲其他事其他人亦認爲値得，或視爲無關得失，這就使具有傳統精神，以天下爲已任的知識分子，及略具國家觀念的一般人民，都感覺無可爲力了。三由於任何行爲，必須出於自由意志，纔願自負行爲善惡的責任，今既出以命令方式，使國人照辦當前大事，自必使國人感覺結果無論好壞，因爲本不是出於我的主意，我自不負責任，國人固有的責任感，就由此冲淡了。四由於責任本與權利相伴，有權纔能負責，有利纔願負責，無權無利即不能也不肯負責，這在各機關團體首長自信過甚大權獨攬之下，尙且造成他們的員司推諉敷衍的政風，又怎能導成各盡其職各自負責的社會風尙？何況更使人民感覺民主自由權利不甚爲政府尊重。五由於有些戴慣了着色眼鏡的人，誤認爲某些局外人的言論主張，別有色彩，動輒以訑訑的聲音顏色，拒人於千里之外，這就更使對國家事和責任感極關切的人，不是乾着急，就造起反感了。六因政府既不願人民對政象有所抗議，尤不知養成人民强健正當的對抗力，摧鋤窮辱及浸潤腐蝕之餘，遂使社會中堅分子的一部份，習於趨避，安於委靡，即使課以責任，亦竟不能承當，一遇外襲的强權，或新奇可喜的擬議，更不免眩亂反覆，全喪其固有的認識力、辨別力及責任感。六因中最害事的，倒不是無知的自以爲是，而在蓄意的深閉固拒，因爲前者尙可感悟，後者明知故犯，實無從爲力。在保守分子的心目中，任何人對當前問題提出進步主義，輒認爲「非我族類，其心必異」，本是人類通病，中外一轍。羅斯福總統提出企圖保護資本主義的新法案 (New Deal)，不也曾被經濟學家的忠實信徒誣爲共產主義麼？張方平畫上十四策，富弼讀其奏，漏盡十刻，歎爲「此國計大本，非常奏也」，悉如其說行之，今世又有幾個人是富弼呢？涉想及此，也就不必過於悻悻了。

可是近數年來，總因一方面過於訑訑，上焉者雖未至如梁蕭衍所說「我自應天順人，何與天下士大夫事」，且常想取人爲善，與人爲善，而下焉者則大都如宋鄧綰所說的「笑罵還他笑罵，好官我須爲之」，並竭其煬竈的能事，使上焉者與士大夫之間的鴻溝，愈掘愈深，使本如天經地義的國是，變成波譎雲詭的問題，眞堪浩歎。反共本是人類事，復國本是國家事，何能獨當艱鉅？又何苦獨當艱鉅？假使國人沒有認識責任，尙須切遵遺敎，「喚起民衆，共同奮鬪」，今既認清責任，並願共同奮鬪，豈不大佳。假使世變未亟，國難未深，國人猶如處在成周西京之時，自然僅發爲其旨婉，其辭微，藉繫人心於勿倣的風詩，今則神州盡陷，生靈半死，反攻無期，致力無途，正如小雅道廢，國命如縷，也就難怪仁人志士的用心，益危苦迫切，一切言論主張，便激楚徑遂而不暇擇了。「十月之交」，「雨無正」諸什的哀激程度，似猶過於今日輿論，然而孔子不刪，後人不廢，無非深知他們欲手援天下而不可得，乃不惜以一身攖天下之網，以求天下的一寤，言出而罪至，固早料及。然所惡有甚於死者，遂不屑苟避而已。有些人動輒悼歎「人心不古」，獨於此而不以爲然，又怎不使最根本的國是，演成莫衷一是的怪事？

四

如前所論，反共認識上方法上責任上的問題，都是人爲的，並且僅是少數人造成的問題，並非如何盤根錯節的問題，只須拉拉手，談談天，溝通政府與民間的觀點，就可解決一切。溝通的方法也很簡捷，只須政府能夠開誠佈公，把內政外交軍事經濟財政敎育交通各事爲什麼如此幹而不如彼幹的基本理由，經過實情，及其成效與缺點，和盤托出於海內外國民之前，聽候批評，只須代表國民獻替國是的優秀人士，能夠針對背景和現狀，提供意見，聽候採擇施行。一切說理辯難，全從國事上着想，全從肺腑中發出。儘可爭的面紅耳赤，却不面諛背笑，貌合神離，儘可數天數十天的商量下去，却不敷衍了事，塗飾門面。如怕洩露機密，儘可關起門來談，如怕議論龐雜，儘可折衷之以憲法。其間果有爲政府見不到處，並確有益於當前國事，而無須經過立法程序的，立付施行，必須修訂法律的，即日着手。近數年來各方批評政府的各種言論文章，負責人很少有正面的詳明的解釋，在政府或自有其困難之處，不願形之於口舌筆墨之間，致被社會譏爲文過飾非，並爲匪方所乘，然在憂時之彥，則更認爲政府藐視輿論，蔑棄民意，隔閡既久，誤會日深，反感潛滋。有時忍受不了，由官方的刊物撰文駁辯，但又因秉筆之士，迎合旨意過甚，常致惡意猜測，信筆汚衊的文字，很可能與當道原意頗有出入。及被駁斥者也忍受不了，更不免頻施反擊，轉使政府的一分錯形成兩分，清議的三分是變爲四分。如繼續駁辯，既苦於數枝筆難敵數十百枝筆，尤苦於民間先入爲主的心理，決難轉變於一朝。倘知難而退，善刀而藏，終不免積憤在心，猜忌益甚。彼此同爲反共，始終同而不和，此固非政府與民間始料所及，更非政府與民間始願如此。此情此景，筆者既已垂涕而道，聞者當能相悅以解。繼自今茲，各自懲前毖後，先立一片相忍爲國之心，再求彼此相得益彰之道，尤其負有綱維國是職責的政府中人，如能使向爲人民觀感所繫的社會中堅分子，共聚一堂，彼此披肝瀝膽，談個澈底，那麼不但彼此的觀點可以接近，彼此的猜忌可以消釋，彼此的期望可以融合爲一，就是二千數百年前孟子所說的「得天下有道，得其民也，得其民有道，得其心也，得其心有道，所欲與之聚之，所惡勿施爾也」，這一至理定律，亦可由此一步步竟成眞事實蹟。

這種作用的溝通觀點，祇求能夠暢談，談的投機，就不必先限定多少時日，祇要恰合時間需要，那麼來年總統選舉後也好，行政院改組後也好，元旦後也好，就是其他那一天都好。祇要能使會談者心神愉快，精誠團結，圓桌也好，長掉也好，幕天席地也好，忽在山之陽，忽在水之濱也好。祇要他是赤誠爲國的社會中堅分子，張三李四都好，平日偶被誤會的人更好。祇要這種分子願意來談，由政府遴請也好，由各界推出也好，由政府與各界聯合推請也好。祇要確能代達各方意見，十餘人也好，數十人也好，近百人也好。祇要於國事有益，就不必大張旗鼓，一定名他爲什麼會議，茶話會，懇談會，聯誼會，座談會等等尋常名稱和輕鬆方式，儘可用得。兵家謂「善用兵者無赫赫之名，而有赫赫之功」，先哲謂「成大事者不拘小節」，善謀國家大事者又何獨不然。

世界正在變，特別美蘇兩國在變。蘇俄對美國，雖或不免故意製造些小事件，挑起些小爭端，藉以顯示其強悍如故的態勢，但僅屬於自卑感的反射作用。他的附庸國在若干地區，縱有小衝突，亦不過如大海中的小風波，不致波及全局。中共雖仍會在臺海蠢動，但不外故意製造緊張局勢，夢想對美發生嚇詐作用，對內掩飾各種失敗。故就世界大勢看，可能有一段較長歲月，民主自由集團與共產極權集團各在發展經濟實力上競爭，以充實武力競賽及結交與國的條件，而使世界大局的表面，變成眞武裝假和平的狀態。美國爲配合這種趨勢，可能逐漸改變他的對華政策，改變的結果，可能使我失望。處此變動局面，我們只有採取未雨綢繆的步驟，以變應變。退幾步言，即使世界大勢依然如故，但仍不利於我，我仍需要加強自力更生的作用，以我之變，促起世界大局之變。因此，無論世界大勢變不變，我總須變。變得使政治更民主，經濟更自由，百事更有進步，一如齊一變至於魯，魯一變至於道，能在守勢上先爲不可勝，以待敵之可勝，在攻勢上先爲能勝，以堅友邦之共信。而所謂至於道的最高鵠的，則爲憲法。惟憲法可以定國是，一民志，可以做到如其前言所說的「鞏固國權，保障民權，奠定社會安全，增進人民福利」。最低的功能，亦可使得臺灣一千萬人的生活都有安全感。至於表示決心，務使憲法一一成爲事功的開端，則在坐下來與國之俊彥暢談，站起來責各級官吏力行。只有如此的力行憲法，纔能以不變應萬變。只有如此的示國人以比過去更能力行憲法，纔能以變應變，及以變召變。又只有如此的以不變應萬變，及以變應變，以變召變，纔能內示人民以眞變，並繫大陸人心於不變，外示友邦以善變，並使其共變。總之，談始明，明始和，窮則變，變則通，如眞想政通人和，談終比不談好，變終比不變好，由談而變，也比不談而變好。但這決不是三十五年政治協商那套談法做法，因爲那時抗戰已經勝利，想藉此進於和平建設，尤其那時沒有全國制定的憲法可爲組織政府規範施政的依據，今如依樣畫葫蘆，不但是文不對題，而且是畫蛇添足。今日之談，惟在溝通意見，澄清國是，由彼此切磋琢磨，助政象的緝熙光明，並由內外的邪許同聲，奠國基於攻守咸宜，如此而已，無足異，無可疑，更無由曲解。

民主與自由的來源

張天增

在中國近幾十年中，「講民主」與「講自由」成了一種熱狂。有的人主張若要建設民主與自由的政體，非先打倒固有的文化不成。有的人又主張，我們並不必須打倒固有的文化，然後才可能建設民主與自由的中國，因爲民主與自由的觀念在固有的文化中也都可以看到。因此我們祇需採取其精神而闡揚之。按理來說，重民輕君的說法，在孟子的學說中早已有了。因此我深以爲民主與自由的理想也並非發源於西方文化。然而理想是理想，事實是事實，何況理想又不常是事實。爲的要理想實現化則要看社會的環境如何。若沒有合適的環境，恐怕理想終是理想，也絕不會變成事實的。

因此我覺得要知民主與自由的眞義和建設民主與自由之前，我們有考究其社會環境與其歷史發展的必要。中國的社會情形，在民意上是「自上而下的」。而西方的社會情形，在民意上是「自下而上的」。這是歷史上的事實，我想不會有人反對。那麼造成這種局面的主要原因是什麼呢？爲答覆這個問題，我以爲有以下的三種原因。

中國的社會自古以來是以農爲本，十分之九的人民都是以農爲業。因此：第一、農民的生活常是受土地的限制，和大自然的支配。風調雨順，則人民安樂。水旱天災，則人民窮困。第二、農民無知，不干政事。中國雖然是一個最着重知識的國家，然而因經濟環境之不許可，人民也就死心不高攀了。於是對於政治的問題也就更覺無趣。自己的一生，都是爲養家糊口，根本講不到爲社會去努力。第三、中國的知識分子，自古以來，多半是與統治者站在一條陣線上，尤其是在得到一官半職時，則以光宗耀祖爲目的，更談不到爲人民謀幸福。再者中國的長官常以父母自居，以人民爲子女。這種政治態度，在道德上，確有其長處。但總是缺少法律上的保障。所謂的「德政」根本是全靠着執政者本人的道德如何而定，沒有一個客觀的標準—法律—來強逼他。以上的三種社會現象，我以爲可以說明民主與自由的理想爲什麼沒有在中國的社會環境中生根發芽。自然還有別的因素，不過我覺着這三種因素是有決定性的。

今日我們說的民主與自由，都是指着以法律爲後盾的民主與自由。這是西方民主與自由的傳統。那麼這種傳統是在什麼時候開始呢？

關於這個答案議論不一。政治學家恐怕要說它是受了古代希臘政治的影響。因爲在古代希臘，已有全民議會的組織，選舉國民代表的方式，和民衆法庭的設立等。然而宗教家又要說，它是受了宗教教義的影響。因爲宗教教義承認凡人在神的面前都是平等的，都受神律的支配。君王雖有立法的權柄，但絕不可違犯神律與自然律的規定，因此君王也必需受神律和自然律的控制，不得妄爲。還有的哲學家恐怕又要說它是受了哲人 Lock 和 Rousseau 等的影響。因爲他們都是主張人權和法律的神聖不可侵犯性。統治者與被統治者都要一律守法。這幾種說法都有相當的根據，都有他們的理由。民主與自由的傳統曾受了他們的影響也是毫無疑問的。不過以社會學的眼光來看，我以爲民主與自由的傳統是來自中世紀的都市自治團體 (city commune)。

這種社會組織是受了工商業的直接影響。他們把民主與自由的觀念實現於日常生活上。以下我要把這種社會組織的發展與其在民主與自由上的影響，稍微解釋一下。若讀者中有人對於這個問題感覺有興趣的話，不妨把它研究一下，再與中國的社會加以比較，在此比較中，他一定要發現一些新東西，對於如何建設民主與自由的中國，將有莫大的益處。

在歐洲，中世紀的都市自治團體。

這種自治團體是由商人組織而成，他們彼此間的權利與義務都是建立在誓約上的。日後他們又佔據一定的地方，設立自己的法律與行政機關，建立了眞正的民主的自由。凡在這種「新都市」住的人們在法律前不但平等，而且都受法律的保護。於是當時的人常說：都市的空氣使你感覺自由。

商業復興以前的都市，自從依斯蘭人佔領地中海岸各地之後，歐洲商業的活動即日漸凋零，幾乎完全停止。因此所有的城市也很少見商人的踪跡。當時的城市只不過是主教府和修道院的所在地，換言之即宗教的中心。所有的市場也不過只是本地貨物的交易站。在經濟上並不佔重要地位。城內的活動可說完全屬於宗教性的。宗教節日的遊行和來往朝聖的旅行團成了城中集會的大節目。

在行政上來說，自然每個城市都有其王公，這些王公是他們領地的或說所管轄地的主人，自然農民所耕種的田地都是他們的私有產業。當時的農民被稱爲農奴，因爲他們的運命是完全在王公的手裏，他們不但出公役和納稅，甚至娶嫁和生死完全受王公的支配。

因此他們自身也是王公的私產。這些都市爲抵擋遊民的攻擊，他們自然要建築城牆。保衛城市的責任是在騎士們的身上。他們的一切費用全是出自農奴的血汗。

這種政治與社會情形，因有商業的復興，於是逐漸改變了。第一、商人的身份。凡是商人都要有一種冒險的精神，他們的生活不限於一定的地點。整日的東跑西奔。他又往往成羣結隊，到各處行商。那麼他們所用的人又從那裏來呢？唯一的來源自然是農奴，他們看到有利可取，再者又能逃避王公的管轄。

對於這些青年農奴，這是一種進取的機會。第二、武裝旅行。他們在旅行時爲的不受強盜的阻擾，他們又必需自備武器，雇用一些壯丁，擔任護路的工作。第三、交易地點。爲的在交易上有自由的活動，他們往往在城外四關設交易站。因此這樣一來，也可少受王公的干涉。第四、建築圍牆。這些交易站在起初只是暫時性的。可是後來又往往因爲有大量的貨物，需要長時間才能推銷。於是他們不得不選擇地點，建築貨物棧。並雇用武裝的壯丁，擔任防禦的工作。到後來他們又建築圍牆，於是形成了一種商業的城市。原來的名字是 Faubourg，是指着外面的城市而言。爲促進他們本行的福利，他們又捐錢建築教堂、醫院、學校以及種種慈善機關。Bourgeois 一字即是從這個時候才用起的，原義是指着這些住在「新城」市的人們而言。

這種商人的生活與傳統的生活自然大不一樣，可說正是相反。然而這種商業的復興，並不是一種革命的運動。因爲他們仍然尊重王公的權柄，貴族的特權和宗教的地位，他們唯一的要求是通商的自由。

第一、個人的自由。商人必須有行動的自由、買賣的自由。他們所要求的自由並不是人權的自由，然而是一種爲行商少不了的自由。再者當時有很多的農奴逃到新城市中，很有危險被他們的王公發覺出來，那自然是一種有性命危險的事情。所以他們極力要求自由的權利。凡住在城中的人不受王公的捉拿。再者王公往往因爲商業的興盛他們的稅收也有大量的增加，他們自然不願違背商人的要求，並且還要修橋補路，給與商人種種的便利。於是他們對於逃去的農奴也不再追究了。因此商人才得到了自由。

第二、商業法律。商人之間自然也免不了衝突，可是爲解決商人的衝突，原來的法庭程序是很不相宜的。因爲傳統的法庭程序十分複雜而且又慢，所有的法官又不懂商業的糾紛，所以打起官司來格外的緩慢。因此商人則選擇自己的法官，規定自己的商業條例，建立自己的法庭。在十一世紀中，在意國、法國、德國和英國的商業城市都有他們自己的法庭，王公不得過問。

第三、行政獨立。在這些商業的城市中，往往因爲治安的緣故，他又必須設立一切行政機關。所有的費用，則以各人的財力而分擔。無論建築教堂，修補城牆，養兵買馬，他們都很竭力出錢相助。因爲他們知道只有如此他們才能保存他們得到的自由與自治。

凡住在城中的人民，都要發誓遵守都市的法律，並要盡其相當的義務。因此他們所遵守的法律都是一樣的。在法律前他們都是平等的，並受法律的保護。彼此都以兄弟看待。都市的行政權力是在一個委員會的手中，所有的委員都是選舉出來的。因此他們的權柄是來自民衆。他們的任期又特別的短，因此他們也不容易濫用權柄。

從以上幾點看來，無論在經濟上、政治上、法律上、和生活方式上，甚至到十三世紀時在敎育上，西方的社會完全是受了商業都市的直接影響。

我寫這篇文章的用意，並不是要我們去重演歷史的過程，因爲歷史的過程也絕不會原樣的重演。在考察西方民主自由的歷史過程中，我們可以得到一些敎訓，即制度與人民生活的互相關係。人民若不先有參政的意識，換言之，他們必須先覺得民主與自由的可貴與需要，然後民主與自由的制度才行得開。不然的話，先高唱民主與自由也是無用。那麼怎樣使人民有參政的意識呢？我以爲這是知識分子的天職。這裏我所說的知識分子是指着凡受過敎育的人而言。尤其是在位的知識分子，在動作上，要先表示出眞正民主自由的精神，絕不可任意妄爲，目中無法。若從政的知識分子眞有民主自由的精神，奉公守法，人民也可以喘一口氣呼吸一點自由的空氣，在心理上這也是一服強心劑，已往他不敢說的話，現在他也敢說了。

那麼在實際上，則非有各種不同的中間社會組織不可。我這裏所說的中間社會組織是指着一切的自由組織而言。凡不是以推翻政府爲目的的組織，都可與以法律上的承認，可以自由活動。比方工會組織，宗敎團體，商業組織，學術組織，娛樂組織，出版事業，以及其他一切社會團體活動。因爲這種種社會組織不但提醒並且要加強人民的參政和愛國的心情。可是不要錯解了我所說的社會組織，他們定要是自由的，若政府出來干涉，並派一個政黨的督導員在各種社會行動上伸出其鐵爪，這明顯的是專制的手段，絕不是民主自由的傳統與信心。

因此我曾說過，在中國的民主過程是從上而下的，而西方所有的民主過程是從下而上的，但無論什麼方式，人民必須先有一種參政的意識。感覺參政的必要。爲使參政的意識得到適當的發展，非經過這種種不同的中間社會組織不可。因爲在這些組織中每人都有發言的權利，和發表自己意見的機會，同時又養成一種尊重他人意見的態度。國父曾說過，中國的人民如同一盤散沙，針對中國缺少這些組織而言。

因此我以爲假我若們眞願實現民主自由的話，我們必需要設法去創造這些社會環境，即各種不同的中間社會組織。因爲這些組織是培養眞正民主自由精神的溫床。

這是我個人的愚見，不足入大雅之堂。不過趁着「自由中國」的十週年的紀念日上，我也來湊湊熱鬧，一來表示我對於「自由中國」的愛護，二來表示我對於國家的前途所有的一番熱望。勉哉！

一九五九、十月、廿日、紐約

社會主義之方向轉變

——爲「自由中國」十週年紀念作

張君勱

我在第一次世界大戰前後，是一個社會主義信徒。一九一九年譯出第一次蘇維埃憲法，其後繼續走此方向，寫成「德國社會民主政象記」，又將英國政治學者拉司幾氏政治典範於一九二九年譯完。至抗戰中完成「立國之道」，仍受此思潮之支配。然我自始至終，從未傾向於辯證唯物主義，唯物史觀，階級鬪爭與剩餘價值等學說。與其說是相信馬克思派之社會主義，不如說相信哥孳幾派民主社會主義或勃恩斯坦氏之修正主義。自「立國之道」出版後，迄今十餘年，我絕少寫關於社會主義之文。其原因不外以下各點：(第一)我不相信階級鬪爭與無產獨裁中可以產生理想政治；(第二)馬克思派社會主義專講分配，不重生產，蘇俄雖注意生產，但以奴隸人民爲事；(第三)大陸淪陷，自己國土喪失，雖與各國社會黨往還，無補於事，良以各國社會黨均以本國爲立場來決定態度，各國社會黨偏向於與蘇修好，與吾人反攻復國之主張相反。因此種種：引不起我昔年對於社會主義之熱心。然西德社會民主黨領袖奧倫霍華來加州大學演講之日，我親自去聽，且詢以德國社會主義在二次大戰後與威瑪時代有何異同。去年夏日在西德國會中與奧氏長譚，奧氏之副手爲卡羅許密忒氏更贈我以著作若干種。我下意識中存有一股社會主義之暗流。近日接到奧氏寄贈德國社會民主黨基本政綱草案。此草案本年十一月中方正式討論通過，現時尚不能作爲完稿。然我自首至尾讀完後，覺得此種社會主義與一八四八年時代馬氏所草成之共產主義宣言，絕然不同，此爲社會主義之方向轉變，亦卽現代世界各國人心之表現，與十九世紀中但爭勞動階級之利益者迥然各別。此種和平中正之社會主義，值得吾人嚮往。乃取西德社會黨新政綱與馬克思列寧氏之主張互相對照比較，吾國青年追求現代政治社會思潮者，或可以爲參考之資。

一八五九年，馬克思氏「政治經濟學批判」出版，其序論之名言曰：「非人類之自覺決定人之存在，乃人之社會存在決定人之自覺。」此爲唯物史觀之主要眼目。恩格爾斯氏繼之，著「科學的對烏託邦的社會主義」一書，痛罵聖西蒙氏濮羅東氏與威德林氏昌言社會主義應以眞理、理性、公道爲出發點者爲空想，附和馬氏，謂歷史變遷起於生產關係與交易方法，並謂富之分配與階級構成，視其生產與交易方法而定。恩氏研究所得，謂社會變更與政治革命之最後原因，不在人之腦中，不在人追求永久公理與公道之中，而在生產方法與交易方法之變更。此項變更不在哲學中，而在某特定時代之經濟中。某時代之制度爲合理者，至另一時代變爲不合理，此乃革命所由起。

馬氏恩氏等自稱其所主張爲「科學的社會主義」，因其研究方法，根據事實，根據物質，乃能正確乃不易動搖。至於聖氏濮氏與威氏之涉及眞理、公道與理性者，名之曰烏託邦的。馬氏恩氏等僅見人生中之有形的可見的，爲眞實材料爲合於科學，至於人之精神方面如自由如公道等，一概擯斥，視爲不足道。列寧氏斯太林氏創立蘇維埃聯邦，奉馬氏學說爲天經地義，以殘殺同志摧毀異己奴役人民爲實行一己主張鞏固一派政權之方法，是唯物史觀不僅爲歷史之研究，而成爲現實政治之推行方法。西方民主國家盡人皆知共產黨政治之慘無人道，其稱爲社會黨者，早已遠而避之，然尚未有明顯與之對立之政綱公佈，其首起而爲之者，爲西德社會民主社會黨。其綱領開宗明義處「社會主義之基本價值。」一文如下：

社會主義者之所求，爲一個社會，其中各個人生活自由，對全體負責，與其他個人，在公共團體中，形成其政治、經濟、文化方面之社會生活。

自由與公道相互依存。人之尊嚴在自己負責之中，同時承認其他同胞之權利，發展其人格，各以同等地位參加於社會活動。自由、正義、互助、與共同生活中之互負義務，乃社會主義的意志中之基本價值。

民主社會主義在歐洲，植根於耶教倫理，人文主義與古典哲學中，不願宣告所謂最後眞理。此點不起於理智之不及與對於宗教或人生觀之淡漠，乃起於對於人類信仰決定 (Glaubensent scheidurngen) 之尊敬。此項信仰決定，非一個政黨，亦非國家所應越俎代謀。

德國社會民主黨爲精神自由之政黨。社會民主黨乃道德價值與政治目的之共同中各信仰不同思想不同之個人之公共團體。彼等所求，乃基於此項基本價值之生活秩序。社會主義乃一永久課題，爲自由與公道奮鬪、保存，且實現之。

百年前馬氏恩氏但知有物質，但知有生產關係。今日新政綱中，以自由、公道、負責、互助、信仰決定等之精神價值或曰道德名辭充塞其間。馬氏列氏史氏之宣傳，稱社會革命後將有「無階級社會」出現，一若懸此爲理想境界以欺騙世界。西德社會民主黨拆穿此西洋鏡，明告世人曰最後眞理如何，爲人智之所不及。更有當注意者，十九世紀人類視理智爲萬能，以爲賴此可以盡窮宇宙之秘奧。今則理智之外，推崇對人之信仰決定之尊敬，幾於同於宗教家之立論。此爲社會主義運動或曰思想史上轉變者一。

列寧氏於其「國家與革命」一書中，力主暴力政治與民主摧毀。對於馬克思氏英美兩國可以免於暴力革命說，亦斥以爲非。列氏曰卽在今日（一九一七年）英美兩國之眞正人民革命，亦以掃蕩一切現有國家機構爲必要條件。更進而說明其理由曰：

> 不可或忘者，國家之毀滅，卽民主政治之毀滅。……初見之下，或以此言爲不可解。或者以爲民主政治，卽少數服從多數之政治，旣言民主，何能不認此少數服從多數—原則。列氏答曰民主政治非卽多數政治。民主政治乃一個國家承認少數人應受多數人支配之政治，卽一個組織，其中甲階級使用暴力以對待他一階級。乃少數人之民主，富人之民主，資本階級之民主。

列氏天性狂妄，罵英美兩國保障人權尊量民意之政治爲一文不值。如是蘇俄革命後，解散議會，推倒內閣，驅逐反對黨，而代之以共產黨之一黨專政。彼以爲打倒資產階級後，理想政治可以實現。迄今四十年，除共產黨徒獨操生殺予奪大權，與耀武揚威於世界外，各人之物質生活精神生活，只有倒退而無進步。其在國內之工業建設，猶秦始皇之萬里長城，隋煬帝之運河，驅奴隸之民，不顧其饑餓凍死，責之以計日程功，雷霆萬鈞之淫威下，何事不能成功。如此而可稱爲階級平等，眞等於牢獄中犯人之平等。四十年後之今日，民主各國大悟其非。德國社會黨新草案中之文曰：

> 民主政治，必須成爲各國一般之政體與生活方式，因獨有民主政治以尊重人之尊嚴與各人自己負責爲基礎。
>
> 一切獨裁，一切極權方式之政治應加以否認，因獨裁與極權毀滅人之尊嚴，人之自由，人之權利。社會主義賴民主以實現，民主政治賴社會主義以充實。
>
> 人之生活，人之尊嚴，人之良心，居於國家之上。
>
> 國家應助個人發展其自己負責心。所謂基本權利，非徒個人對國家有之，卽自治團體與夫結社之權利，亦卽爲造成國家之基本。

德國社會黨旣承認以上各種權利，因而政治制度，以人民主權，責任內閣，三權分立與反對黨之存在爲基礎。如是蘇俄以一黨獨裁相號召者，可謂心勞日拙而無所成就。此爲社會主義運動或曰思想史上之轉變者二。

馬克思氏於「共產宣言」中，說明中產階級之成就，同時斥責資本家之剝削。列寧氏執政，沒收一切大工業與銀行，斯氏繼之，創設集合農場。此工農兩方之生產工具公有，初以爲貧富平等之理想旦夕實現。然四十年間，觀於蘇俄之經過，資本家大地主之財產，一轉瞬間入於共產黨人之手，徒助長其淫威，與數萬萬人生活程度與工作自由絕不相干。西歐各國人民大悟國有政策—之非，反不如保留自由企業而加以去泰去甚之限制。此乃各國社會黨中所以有人民政黨非階級政黨之運動，卽由此而來。今日英國勞工黨日本社會黨均有此種醞釀。而德國社會民主黨乃其先登者，明白承認自由消費、自由勞動、自由企業三者爲經濟政策之基礎，且自己宣佈爲人民之黨非階級之黨。玆就其經濟一章，擇要述之如下。

> 社會主義的經濟政策之目的在乎福利之日增，在乎生活自由，不依賴與不剝削，公平參加於與日俱進之收益。
>
> 第二工業革命已造成若干前提，可以提高生活程度，可以達到收入增加與財產增加之公平參預，且可以掃除多數人之缺乏與貧苦。
>
> 經濟政策應在穩定幣制之基礎上，完成充分就業，提高生產力與大衆福利。

關於計畫經濟德社會黨不羨慕蘇俄之集中設計，但規定其原則爲「可能範圍內自由競爭，必要範圍內，依計畫行之」。良以集中計畫，便於一黨壟斷經濟大權。草案中令人注目之一句云，「關鍵不在乎計畫之應有應無，而在乎誰爲計畫者，且爲誰利益而計畫。」此乃對於共產黨爲自己張牙舞爪之設計一語破的批評。

草案結論，歸於三種人之自由，一曰消費者自由選擇，二曰勞動者自由尋業，三曰廠主自由企業，此三者合成爲自由經濟之自由競爭。工主有工主協會，工人有工聯，雙方之集體訂約，爲自由經濟之主要成分。極權主義下，强迫經濟爲自由之破壞。至於排除自由競爭，而代之以國營事業，惟限於眞正爲公衆利益時乃許爲之。由上所言觀之，第一次戰後以沒收生產工具爲打倒資本家之惟一方針者，至於今日各國社會黨漸認識其爲害多於利而棄之。此爲社會主義運動或曰思想史上之轉變者三。

文化方面或曰精神方面之自由，素爲西歐社會黨所公認。此次新政綱中少有新規定可見。擧其原則如下：

> 人格之創造力，須在分歧多種之文化生活中方能發展，充實自己同時充實其團體之生活。
>
> 國家之文化政策，應奬進一切文化方面之努力。
>
> 社會主義非代替品之宗敎。

上文末一語，「社會主義非代替品之宗敎」，乃針對蘇俄共產主義而發，顯然易見。共產黨用盡一切精神力物質力於國有之工農業建設，一若世界上至神聖之事，無有過於此。澈底言之，上帝打倒，以共產黨之一言一語，代上帝代聖經而已。

蘇俄於沒收一切生產工具爲國有，以資本家之剝削爲藉口，然對於文學，戲劇音樂生物學與哲學學說，亦採用秦始皇「以吏爲師」之方針，加之以干涉，威之以嚴刑。凡學說之不同於政府當局者，目之爲異端邪說。德國社會黨新綱領中一反其說，提倡「相互容認」。其文曰：

> 惟有相互容認，對於他人信仰各異思想各異者，予以同樣尊敬，而後

人羣在政治方面相處，乃有堅實基礎。

蘇俄提倡「無神論」，驅使西歐社會黨對於宗教對於教會益表示其尊崇。新政綱之文曰：

德國社會民主黨尊崇教會制度與宗教團體。本黨肯定宗教與教會之職務與權限，及其公法的保護。

我在第一次大戰前，目擊德人大量退出教會，今讀此條文，令我感覺社會黨日趨於右傾。此不獨對蘇俄無神論之反動，亦由於人世間之不安，迫令人心歸向宗教。此爲社會主義運動或曰思想史上之轉變者四。

蘇俄共產黨標榜所謂國際，然彼所謂國際，純爲鞏固蘇俄與滲透各國之計，造成鄰國之動亂，削弱鄰國之力量，以便分而治之。考之蘇俄對波對匈對德之政策，顯然易見。又藉口於資本主義帝國主義殖民主義，以打倒西方國家爲事。其呼號世界革命，亦所以擴大蘇俄利益，非眞爲解放受壓迫之人民計。蘇俄爲聯合國憲章之簽字國，然行使否決權至八十次以上，援助中國共產黨，發動高麗戰爭，支持北越獨立。其他在印尼與馬來，無一處不一以搗亂爲事，無心於國際秩序之遵守，此爲盡人所共見者。德國社會黨一反蘇俄所爲，呼號國際法律秩序之必要。其文曰：

一切民族（亦卽國家）應立於國際法律秩序之下，此國際秩序應具有有力的執行部。戰爭不應用爲政策工具。

國際團體之主要任務，無過於保障平和與安定自由。民主社會主義應以國際的合作與互助爲指導原則。

處此國際關係與利益錯綜之日，任何國家不能解決其政治、經濟、社會、文化的問題，惟有與他國緊密聯繫，乃可尋求解決方案。

聯合國應爲一般的世界組織，對於各國均有拘束力。

德國民主社會黨要普遍的與管束的裁軍與輔以武力之國際法律秩序，然後可以之代替每一個之國防。

國際法律秩序問題，現時尙有兩大障礙，一曰國家主權，二曰國際武力競賽。此二者之責，非獨蘇俄負之，卽美國亦同負之。彼此互不信任，彼此猜疑，緊張狀態不易解鬆。在原子彈與空中飛彈造成之今日，赫魯雪夫氏亦已瞭然於此種局面難以維持久遠，乃親自遊美，尋求緩和之策。伸言之，卽令希特勒氏與斯太林氏復生，恐亦難於以玩弄原子彈爲解決國際問題之方便法門。此事在心理上之轉變，在國際法律秩序六字中見之，至於眞正之解決途徑尙不易得。此可謂社會主義運動或思想史上轉變之未成者五。

以上略述德國社會民主黨新政綱要點。國人應知社會改造惟有從實地經驗上，隨時隨地研究一件一事改革方案，倘聽走江湖郎中之言以爲有藥到病除之靈驗丹方，則未有不陷盲人瞎馬夜半深池之大禍者。愼之！戒之！

當前國策之商榷

——需要有彈性的政策以適應國際環境的轉變

曹德宣

據我們國防計劃局編譯室印行美國外交政策一書，原作者為美國李爾齊教授所著（Foreign Policy of the Americhn People By Charles O. Lerche, Jr.）鈕先鍾先生所譯第一章之政策決定的彈性一節載：「政策決定所關心者是「如何」（how）多於「何者」（what），所以應該隨時考慮到根據環境的改變，而來加以修正的可能性。因此對於不同的調換路線必須經常加以分析，假使所選定的戰略，已經證明出來不生效了，那麼國家的政策路線就可以改變，而採取另一種原先認為是次要的路線。國家通常總是企圖保持最大限度的活動空間，有時當一個目標已被證明出來，用任何現有的政治技術都是無法達到的，於是就應決定一個新目標，並擬定一個新計劃去達到它。在時間、數量、種類，以及政策所有各方面，都應儘量保持着彈性。國際體系中的動態情況，使忽視了變化需要的國家將迅速的受到處罰。若明顯的或暗示的假定一切條件都是永遠不變的，並以此假定為基礎以來擬定一個硬性的政策，則經常有與新情況因素脫節的危險。假使一個國家突然發現了其政策，已經不能適合外在的環境，則為了換取必要的時間以來作新的調整起見，它可能要被迫浪費很多的國力，或作不必要的冒險。」（第二八頁——第二九頁）。——這段開首白，值得我們政府當局參考。

誠以國家政策制定的主要因素不外：第一國際環境。第二其他國家的行動（大部份是屬於敵匪方面）。第三本國的能力。所謂知己知彼百戰百勝，謀國者要如何審時度勢適應世界大勢，能立於持久不敗之地。實為自由中國當前首要之課題。必須發揮充分的智慧，毫不感情意氣用事，要在客觀、理性、科學三者具備之條件下，深謀遠慮，集思廣益，羣策羣力以赴，庶幾有濟。這決不是少數人，或一二人主政者所能決定。更不宜墨守成規，一成不變，忽視國際環境，與敵友之新戰略，始能應付裕如者。

自艾、赫會談以來，高層會議勢在必開，則事實已證明國際局勢在變，不但美蘇之間要變，卽美蘇的本身亦在變，當然與它們有密切關係之國家，都受其影響，而不能不隨之以變，所謂牽一髮而動全身者是。此乃必然之勢。我們自由中國無論對盟友之新戰略，與敵人之新陰謀，自亦不能不變。盱衡大局，高瞻遠矚，要下決心，有勇氣，有魄力，毅然沉着應變，以適應新形勢。其道不外有兩方面：㈠主動的打開出路，扭轉時局，決定出兵援助西藏抗暴反攻，不惜孤注一擲，破釜沉舟，寧為玉碎，勿為瓦全，以打開十年來困居臺灣之苦悶，實踐反攻復國之諾言，我們這行動，不僅援助西藏，且配合大陸同胞之各地起義抗暴，它們必聞風興起，揭竿響應。先由西藏打進去，將所有西北各地之反共游擊隊聯合起來，然後再利用雲南橫斷山脈之游擊隊，發動西南各省之抗暴義民，國軍再由東南沿海一帶建立灘頭陣地，以策應閩粵義民之發難，如此三面夾擊，必使秋歌王朝根本動搖，若能再聯合南韓、菲律賓、泰、越、寮等國，以及日本結為亞洲抗暴大同盟，一齊進攻，分頭夾擊，造成四面包圍之勢，最後美國亦必支援我們反攻，卽印度亦必起而響應，此誠千載良機，惟看我們能否發動耳。時乎，時乎，不再來，稍縱卽逝，若待西藏成為匈牙利第二，則恐再找不着反攻之時機了。

㈡若認為前項辦法太冒險，無把握，不但不能扭轉大局，且徒自犧牲，則惟有順應大勢，配合友邦新戰略，亦步亦趨，起碼要先做到「持久不敗」之地，然後再進一步達成反攻復國目的，如此則祇有從政治改進健全自己着手。二者或去或從，必居其一，時至今日總得要變，方能趕得上時代，不致和國際環境脫節，招致意外之懲罰，所謂既不能令，就得受命者是。

照目前情形，無論赫魔出於心理作戰的和平攻勢，從事於挑撥離間陰謀，抑眞鑒於雙方核子武器競爭劇烈結果，兩敗俱傷同歸於盡之覺悟而出此？然今後世界大勢必在轉變，走向拖的局面，殆確信其必然。頂少在最近之幾年當中，熱戰不會發生，冷戰也漸趨於和緩，因為民主國家整個在避戰渴望和平，至蘇俄更不需要戰爭，卽長此冷戰也對它不利，誠以軍費負擔太重，壓迫人民喘不過氣來，殊非保泰持盈之道。在蘇俄本身正需要休養以保持現狀，維護既得利益，同時又可以扶植大陸共匪日行壯大，而來代替它們勢力擴張，以立於長久不敗之地。故不惜威脅利誘以達成高層會議之召開，實現它和艾森豪威爾會談，並要求美蘇貿易增進，以打開僵局，由其會談後之種種表示，則敢斷言美蘇將益趨和緩靠攏。由圍堵、恫嚇、冷戰，而走向和平座談，放下屠刀，折衝罇俎，彼此互相訪問交換必日漸頻繁，甚至由文化之交流，進而局部貿易之打開亦有可能，雙方無論出於誠意或虛僞，但這種試探或虛與委蛇的態度，必要繼續下去，向和平競賽共存之途前進，少則一二年，多則三四年迄于十數年以後再說吧。在此期間，我們既不能獨自行動，衝破此種局面，短期內又無力反攻大陸，軍事對外也不能發生什麼作用，惟有勵精圖治，埋頭苦幹，臥薪嘗膽，順應大勢，向民主之途以邁進。

反共抗俄之大目標，固然永久不變，然如何能達成此最後目標所有政治上的措施：內政、外交、軍事等有關方面的安排，都能做到平均發展和持久戰之要求，須少要做到軍政配合，決不可頭重脚輕有畸形的發展，尤其要顧及到經財方面之負荷力，否則載荷過重，超過人民之負擔能力，恐將陷於破車重載，老馬長途之命運，欲求其不傾覆，安全抵達目的地，豈非痴人說夢？

若談到持久戰，則首應從政治上改革着手。古人云爲政在綜覈名實，孔子爲政必先正名，故曰「堯舜率天下以仁而民從之（民主國家）。桀紂率天下以暴而民從之（今日極權共產黨國家）。其所令反其所好，則民不從」（指今日名實不符之國家）。彼美蘇以能長此對峙而不相下者，誠各有其自主之道，均有顚撲不破之能力，至於善惡是非又當別論，兩者雖然對立相抗，然處於今日核子戰爭兩敗俱傷，同歸於毀滅之悲慘情況下，也不能不被迫走向和平共存、長久競賽之形勢，蓋事實如此，所謂勢均力敵，莫奈若何者。我們介於兩大勢力平衡之局面，旣不能單獨消滅敵人，即不能不配合盟友之政策而亦步亦趨。它們目前旣主張，放棄武力解決紛爭，今後專用談判折衝於罇俎之間，此國際大勢所迫勢必出此，我們又何能遺世而獨立。今後惟有走向持久戰、政治戰、經濟戰、文化戰之途徑。我們旣列於民主自由之林，祇有推行民治，崇尚法治，尊重人權自由，加強民生建設，使臺灣成爲東方民主國之領導，做成大陸五億同胞傾向之燈塔，和海外一千三百萬華僑一致擁戴目標。如此才能立於永久不敗之地，才能達到自力更生，成爲獨立國家，而不專依賴外援。語云趙孟能貴之，趙孟亦能賤之，望人者不治，持人者不久，君欲治，從身始，所謂天助自助者。

老實說，目前國際環境，事實上兩個中國已在暗中醞釀，甚至公然表示，如去年杜勒斯國務卿來臺之發表公報，如此次艾赫會談之言論，以及英國主張放棄我們外島之錯誤觀念，其趨向可以不言而喩，國際局勢旣不許我們反攻，只有以政治去征服大陸。大家要知道，我們反攻復國之力量，是以臺灣爲中心，爲發號司令臺，必號召大陸五億同胞之響應，和一千三百萬華僑之支援，綜合這三方面力量，凝成一體，始能達成任務。若然，則除在政治改善方面找出路，實無其他好辦法，今後國策旣應如此轉變，至於如何具體實施，在技術和作風上實不能不審愼考慮。澈底改正，務必做到眞民主，眞法治，俾名實相符，表裏如一，把自由中國眞能做到富强康樂的三民主義國家，所謂誠中形外，立杆見影，無往而不利，如此可以不戰而勝，固勿需盟友之援助，即能做到自力更生，也不要專仰人鼻息，較諸今日專在軍事上着眼，把所有人力物力均集中於軍事，軍費竟在百分之八十以上，竭盡人民之負擔力而猶感不足，空言反攻，而事實上一籌莫展者，豈不有把握得多多。設長此不改，與世界大勢背道而馳，一旦若美援斷絕，則前途誠不堪設想？如此謀國，危險孰甚！譬如說兵士之携械子彈以赴戰場作戰，然因爲負荷過量，體力不支，未達戰場而中途累死，詎非失算之至？所謂早知今日，悔不當初，殆爲親者痛，而仇者快，若能迷途知返，懸崖勒馬，及時圖之，尚未爲晚。

我們政府今日亟應做到者：㈠在軍事方面應儘量配合美方計劃，實現精兵主義，充實新武器裝備，由美方發給軍餉以提高國軍待遇，加重其臺灣防禦責任，藉以減輕國庫之支出。把此項節餘經費移作工業建設和教育發展之用途。誠爲一舉兩得之上策。㈡在政治方面首要在團結海內外人心，則召開國是會議勢不能再緩，政府今日要容納各方意見，開誠佈公，以推行民主政治，改善選舉辦法以健全地方自治，澈底實現憲政崇尚法治，尊重兩大政黨之德謨克拉西政體，趕快培養反對黨，俾政治有新陳代謝作用，澄清一黨專政與外人對我種種之誤解。

我們要本着國父孫中山先生「天下爲公」之精神，效法華盛頓、凱穆爾樹立美土兩國民主百年大計規範，而予共產黨的極權暴政以根本打擊，實爲反攻復國號召最好之武器，較之數十萬軍隊還有力量。孫中山先生以赤手空拳，手無寸鐵，而號召革命，卒能推翻清室，創造中華民國，蓋思想領導，聞風興起，全國響應，所謂以梃杆可打敗堅甲利兵者是。我們賢明總統，政府要人，總承國父孫中山先生遺志，早已體會到思想精神號召之重要，而不在專恃武力爲革命成功之要素。而政治上之號召，實遠勝於武力之作戰。況武力爲共匪之所長，正是我之所短，而政治改進實爲彼之所短，正是我之所長。爲何不發揮我之所長，以攻擊彼之所短，證諸中外歷史，絕對正確，切盼國人努力以赴！

紅十字會臺灣省分會來函

自由中國月刊社公鑒：

頃閱貴刊第廿一卷第九期第二六六頁讀者微言先生投書，批評高雄縣婦聯分會各節中，間有涉及本分會紅十字義賣問題，茲因事關公衆福利，並爲申述原委，澄清誤會，特作如左之說明：

一、本分會爲籌募醫護事業資金，鼓勵博愛服務精神起見，特自四十五年起，呈奉臺灣省政府（四五）府社三字第八八一〇二號代電，核准一年一度經由本會各縣市（局）支會發動所在地各級學校，婦女會及教會等團體，協同舉辦紅十字義賣運動。並經訂定「中華民國紅十字會臺灣省分會舉辦紅十字義賣運動辦法」，呈准實施。美國政府規定三月一日爲「紅十字會日」，展開各項徵募活動，日本紅十字會每年秋季舉辦紅羽毛義賣運動，均爲良好之先例。

二、上項運動辦法第七條規定：「凡參加各縣市局支會「紅十字」義賣運動之學校或婦女會等團體，在原則上最高可分得各該單位義賣所得額百分之四十，以爲學校衛生設備費用，及婦女團體救濟貧苦婦女之資金。………」其分得資金之用途，既已明確規定，而本分會所得義賣款項亦已用於各項醫護救濟事業，……該項辦法中所以特作如上之規定者，其目的在使各地學校之衛生設備，獲得普遍之改善，各地貧苦婦女，獲得必要之救濟。規定清楚，應無流弊。微言先生所指高雄縣某國民學校，利用捐款，朋比分肥，倘爲事實，則屬另一問題，不能將紅十字義賣運動及其實施成果混爲一談。但因有微言先生之警告，本分會今後舉辦此項運動時，當更爲加意防範。並敬請教育行政當局及各界人士，如有發覺，賜予檢舉，以便嚴加糾正。

三、本分會以爲慈善事業之發動或推行，不能全憑制度與辦法，而在良心與責任之發揚。因各種慈善事業，發生於廣大之社會，萌念於微妙之人心，所以每一個慈善事業工作者的功過如何，應該多向社會負責，多向良心交代，尤宜堅定「人之欲善，誰不如我」之信念。過事多從好的方面想，當末俗能鼓勵好人好事，造成良善社會風氣。否則，制度不是以盡其全，辦法不是以防其弊。深望微言先生以勇敢負責的態度，指出何校何人，曾經在紅十字義賣工作中徇私舞弊，如不便公開控訴，亦可秘密檢舉，務使良莠分明，不致一概而論，抹殺公衆向善之心也。

四、素仰貴刊維護言論自由，以上三點，務祈惠賜刊佈，以正視聽，爲荷。敬頌

撰祺

中華民國紅十字會臺灣省分會敬啓　十一月九日

從本刊的「讀者投書」說到國是問題

傅　正

一份黨辦或官辦的報刊，其基本任務，本來就是做黨方或官方的傳聲筒和應聲蟲，甚至在必要時製造民意而已。可是，我們作為一份純粹民營的刊物，目的却是在反映民意。所以，這十年來，我們非但希望用社論說出大家心裏想說的話，而且進一步增闢了「讀者投書」一欄，希望讓每一位讀者都獲得發表意見的機會。

這些年來，由於大家重視這一欄，我們所收到的「讀者投書」稿件，愈來愈多，超出了想像之外，更超出了篇幅所能容納的範圍。就其來源而言：有的是來自軍中，有的是來自各機關、學校，有的是來自社會上各階層、各部門、各角落，……就其內容而言；有的是申訴冤屈，有的是揭發黑幕，有的是提出問題，有的是批評政府，……這一切，都不想在這篇短文裏詳細敍述。現在所想扼要說明的：就是在我們所有接到的「讀者投書」，以及我們對於這些稿件的處理中，已多少反映出今天的國是問題是甚麼了。

綜合我們所有接到的「讀者投書」觀察，發現今日的臺灣，已普遍存在着若干亟待解決的嚴重問題。在內政方面：至少包括有出入境管制的不合法、公教人員待遇的不合理、言論和集會限制的非法等問題。在軍事方面：至少包括有下級官兵待遇太低、國民黨黨化軍隊違憲、士兵退除役限制和以軍為家運動的不合理等問題。在司法方面：至少包括有國民黨和政府干涉司法、司法人員違法、警察人員嚴刑逼供等問題。在教育方面：至少包括有國民黨黨化教育、青年救國團破壞教育體制等問題。在地方自治方面：至少包括有國民黨控制地方選舉、國民黨侵犯地方行政等問題。按常理來說，在一個真正的民主國家，其中的很多問題，都是不應發生的；其中有些問題，縱然是發生了，有關單位也必能負責來解決的。

可是，我們從大家紛紛寄來的「讀者投書」中知道，在今日的臺灣，不但存在着這許多問題，而且已嚴重到有關主管單位不能解決，司法機關不能解決，乃至於立監兩院也不能解決。很多讀者，便在這種情形之下，感到有冤無處申，終於把最後的一線希望，寄托於公開發表在我們這份刊物上。例如一度成為八德鄉血案疑犯的官家良，在獲釋後所寫的「陳情書」，據我們所知，曾經先後送達立、監兩院及黨、政、軍、警各部門首長。按道理說，有關方面對於官家良所述冤屈及嚴刑逼供等情事，便該澈底查究，依法處理。然而，這一「陳情書」，却一直等到某讀者轉送到本刊全文發表後，才引起各方面的重視。這雖然只是較為顯著的一例，但僅此一例，已足以證明今日主管機關對於問題之忽視了。

本刊之增闢「讀者投書」一欄，雖然是希望多給大家一些發表意見的機會，但是，事實上到了處理這一欄的稿件時，作為一個編輯人員，面對現實政治環境，却不得不特別的小心謹慎。因此，有很多有血有淚的「投書」，我們都只有忍痛保留。現在，姑且就最近一年來說：例如在去年的十月，花蓮玉里鎮的七位讀者，寄來了一份聯合簽名蓋章的「投書」，指出一位老婦因其子涉嫌偷竊某校物品，而遭受某方面人員幾度刑訊，終至於自殺身死。我們基於維護人權的一貫立場，當然願意加以發表。可是，當我們托請最可靠的朋友就地從側面詳查這一案件時，據說附近的居民，為了自身的安全，都諱莫如深。所以，這一篇稿件，我們便沒有能刊載出來。又如今年三月到五月間，有一位張某某的軍中讀者，先後兩次寄送來一份「投書」，題目是「國民黨，不漂亮，完蛋了！」內容是歷述國民黨黨化軍隊的種種黑幕以及若干軍中問題。我們反復細讀，並與軍中讀者陸續寄來或送來的「投書」相映證，知道說的都是真情實話。但是，我們却因為顧慮到所謂「軍事機密」的大帽子，而沒有發表。又如今年六、七月間，在立法院修改兵役法，而延長士兵服役年齡時，我們曾經連續接到很多軍中讀者的「投書」，根據法理和事實，提出嚴厲的指責和激烈的批評。其中有兩位讀者，是親自帶着薪餉手摺來要求我們用真姓名發表的。我們雖知道這是千千萬萬老兵的共同呼聲，但我們却因為顧慮到讀者的安全和所謂「士氣」的關係，而沒有刊登。又如在今年七月間，有一位因某項嫌疑被無辜關了幾年的讀者，親自跑到我們社裏，訴述在綠島、小琉球等地所受的非人道待遇，以至於激動到泣不成聲。我們站在維護人道的一貫立場，對於這位不幸讀者的遭遇，當然是由衷的同情。但在他表示不惜犧牲自己，決定寫成「投書」在我們這裏發表，希望能因此拯救其他無數同樣命運的中國人時，我們由於深知道他所理想的結果，絕不可能達到，只有勸他做最後的忍耐。其他例如一位由臺中遠道趕來的軍中讀者，歷述在所謂頑劣士兵受訓的「實踐隊」所遭過的非法管教，以及一位退役軍官和一位遭受撤職處分的政工指導員，親自到我們這裏所說的種種不合理待遇，我們為了他們自身的安全着想，也只有勸他們忍耐。諸如此類，都使得一個做編輯人員的內心感到無限的不安和痛苦，而成為精神上的永遠負擔。

可是，像我們這樣一份純粹民營的刊物，既要受嚴峻的出版法約束，又要受法外的種種有形無形的干涉，怎能不特別的小心謹慎？更怎能滿足每一位讀者的要求？但儘管如此，這些年來，我們因為「讀者投書」惹來的麻煩，就已經說不勝說了。老實說，如果我們的國家，已經進入真正法治的地步，我們在處理這一欄時，便不必這樣顧慮重重，也就不至使很多熱心投稿的讀者失望了。

其實，無論在我們接到的「讀者投書」中，或是在我們處理這一欄稿件的過程中，都可以反映出，今天的國是問題是甚麼了。很明顯，今天的問題，已不是任何某一個單純的問題，而是一個直接間接牽涉到民主的問題。因此，我們如果希望從這一根本問題上求得解決，便該把一切的努力，歸向於爭民主，使得我們的國家，成為一個名符其實的民主國家。

民主罪言

楊金虎

民主政治已是現代一種最鞏固的優良政治制度。全世界人民的普遍政治趨向，除了改善並提高生活水準以外，就是要求民主。即鐵幕人民亦不例外。因此，民主政治，在當前且已成爲蓬勃不可遏抑的政治流潮，要民主便要徹底實行民主。民主不容有假民主、反民主。

自由中國及其政府是站在自由民主這一邊。在國際應該是與全世界的自由民主國家同一立場，固不待論。在國內應該順理成章地、順應人民的要求，來實現自由民主。政府在大陸開始民主憲政，時間短暫，但播遷來臺，率先實行地方自治，這當然是體念臺灣人民離開祖國懷抱，遭受殖民地待遇至五十年之久，比較更具有自治的願望，其動機不失爲明智。可是施行未久，當局的姿態，似覺漸漸表現向後轉變。宣傳方面，是實行臺灣地方自治，變而爲縣市地方自治，再變而爲學習民主。行事方面，是一屆以至三屆民選縣市長，四屆民選縣市議員，即省議會亦經三屆民選臨時省議員，至最近且已正名取消「臨時」兩字，而獨連續至十年之久，保持其官派省政府首長，形成地方自治制度殘缺不整，國家民主憲政體系無法完全，民主其名，官治其實的局面。尤其權責混淆，侵瀆叠見，造成惡劣政風，影響社會人心。這一岌岌可危的趨勢，中央也爲之震驚，就於去年特設總統府臨時行政改革委員會，從事研討計劃精簡機構，希望提高行政效率，挽回風氣。愛國憂時人士、對這認爲轉捩點，都爲之交口預祝成功，來培養一點民主生機。但事實告訴我們，儘管行政改革委員會，不辭深入民間，探求民隱，認眞地制成建議案，建議採納，希望對地方自治有所改善，民主前途得放曙光。而截至目前爲止，省政府所反映出來的，只是「官權伸張」、「民權萎縮」。希望民主政治逐漸推進，是越見眼前漆黑。

由於這樣一來，我不得不在此衷心指出，地方自治，「官治」的癥結若不解除，縱有優良措施，都無法維持原狀。因爲官治的推行，任憑喊出舊官僚「事在人爲」「爲政在人」的英雄口號，究其本質，是壟攬、獨斷、容易涉及「私」字，甚至於感情用事，視所屬都是子民，視施政爲恩惠，這都是專制時代的遺毒，而不是基於平等的原則、自由的方式所選擧出來的民主政治首長，事事要對人民負責的態度。我們國家既以民主作號召，豈可再任聽這一派官僚首長去製造假民主。

現在爲了地方自治的殘缺，爲了民主政治的不完全，也即是爲了要政治反攻爭取國家復興的確保，我們應當面對現實來對省政做一番檢討。

一、自治法規的修正　臺灣省七種地方自治法規，業經完成修正程序，並公布實施，據稱這是臺灣省民主政治上的一大進步。不過綜觀全部條文，比較舊法規，只見是刻意在「伸張官權」裁抑民權。這不只是我個人的意見。在法規修訂之後，各方眞正輿論，不少表示過民意的警惕，希望此後官方，切勿以爲「於法有據」，便忘記「主權在民」，一意孤行，把地方自治摧殘到底。省政府這次的修正法規，最顯著的，連總統府臨時行政改革委員會寶貴的建議，多未予採納。即爲省民所詬病的「一人競選」、「同額競選」，與有關選擧公正的監察員配置，修正法規都未加以改善。即憲法第一百廿八條規定市與縣是一致的。現在竟將省轄市的區長由民選改變爲市長遴選呈省核准，進行加強控制全省五省轄市，公然違反憲法亦所不顧。像這樣，透過民意代表來扼殺民主，民主前途還有多少生機？

二、行政會議的召開　本年三月廿日至廿四日，臺灣省政府召開了一次爲期五天的全省行政會議，出席列席、包括省府委員、各廳處局首長、各縣市長、及有關業務的各科室主管，共達一百六十人之多，躋躋一堂。像這種導源官治時代的會議，長官在上訓話，下屬在下鼓掌，究有許多大意義？據說行政會議召開動機，是爲了總統府臨時行政改革委員會的地方考察團到各縣市考察地方政治實況提出總報告時，關於臺灣省地方行政有關的建議案，都能以事實爲佐證，指出問題的癥結。其中較重要的第五案「改進臺灣省縣市權責劃分及指揮系統案」，屬於目前臺灣省政府與縣市政府之間的根本問題。還有各廳處直接指揮縣市政府有關單位，形成「單線領導」與「越級上呈」，及人事糾紛。因此，省政便在一手擬定的七種地方自治法規草案取得臨時省議會順利通過，確立了做爲摧殘地方自治的工具之後，緊接召開全行政會省議，特別地在所謂並不空洞的九大中心議題，提出了一案「省級機關與縣市機關權責劃分方案」。省政府在此項議題的「前言」，是曾坦白承認總統府臨時行政改革委員會建議案的正確性。可是，但在擬定的改進方法中，却並未接受該委員會的意見。相反的，所擬定的劃分自治事項、與委辦事項、及財政關係，以至明定指揮與監督系統、或任免獎懲權等，大都依據剛通過的法規中若干有關不合理條款而加以格外擴大省政府的行政權，而未建立縣市政府的行政權。像這樣的行政會議，除了極大多數的附屬無意見。僅有的二十一位縣市長是直轄的，自然更一致擧手通過。藉下屬會議來認定擴大官權，無形中便把總統府臨時行政改革委員會的意見抵消。民主前途，安不奄奄欲睡。

三、取消臨時的枝節　本年行政院命令取消臺灣省臨時省議會「臨時」兩字，這是省民求之八年的一件欣快之事。照行政院四十八年六月三日，臺四十八內三〇四三號令第一項「本院四十八年四月三十日第六一五次會議決議：臺將省臨時省議會之名稱，應改爲臺灣省議會，其職權仍照現行規定」，用意原極表現出輕鬆爽朗。可是報載六月廿四日，周主席親自在議會宣布這項命令之後，即向大會祝賀，各議員也成爲正式省議員；隨後省政府再向內政部一次請示，因而有內政部「第一屆省議會之議員任期，以補足原臨時省議會第三屆之任期爲止，「不得繼續。」的釋示，使命令取消臨時之後，現在省議員便具有「雙拼」資格。

依法，議員的產生，是由投票選舉而來。議會的成立，是由所當選的議員組織實現。這是議會的當然程序。現在第三屆臨時省議員，何因而能隨同議會變爲正式省議員，省議會奉命正名原無可驚奇，省議員未經選舉，何因而有第一屆之稱，這是聞所未聞。據說，這樣的變爲正式省議員是有其代價，是從審議七種法規的辛勞而來。但我並不這樣認定，以爲袞袞諸公，當不至於領受「假銜頭」，而甘冒近似官紳勾結之嫌。不過問題是這樣，他們所給予臺灣的議會史將來如何交代；明年「正式選舉」，省議員要稱什麼「屆」別。民主之風而臨玩意吹拂，還體味出什麼來？

四、水災救濟的手法　救水如救火。即災後重建也當與急賑分開來辦。「民營」公論報載：「八七」水災，臺灣中南部遭受慘重。監察院監察委員陳志明王贊斌兩位，係擔任監察院本年度巡廻監察地方政府小組，於九月二十日相偕赴臺中縣市，以該地區「八七」水災善後救濟工作爲主要視察項目，深入鄉鎮，發掘到最根本的問題，覺得省政府對災民救濟工作，有許多地方做得不當。即就中市中縣兩處而言，災後將及二個月，還有二千六百多人無家可歸，他們平時都是租屋而居，被災後片瓦無存，在省政府救濟辦法中，都很難得到救濟援助，因此流入都市，顯已造成一社會問題。又因省政府所擬救濟災區房屋重建辦法規定救濟標準，均以有房屋與土地的人爲被救濟的對象，赤貧災民，既無房屋，又無田地，因此被摒絕於救濟大門之外。陳王兩委員因把所見實情，約晤周主席在其中市官邸交換意見。並指出救災工作，行政院及全國軍民同胞都曾撥款及捐款幫助。且述及行政院所擬的災區房屋重建協助的辦法，便利可行。都未爲周主席所採納，意見遂未交換而散。又據陳委員指出，在全國救濟「八七」水災委員會曾將全國各界勸募所得的捐款，撥近三千萬臺幣、滙寄中興新村臺灣銀行省府公庫。省政府實際用去不到二千萬元，都是以貸放方式借貸災民，陳委員又查得省政府在救濟災民時，除了小部份實發現款外，部份是代購「肥皂」發給災民，這與救濟的實際意義不合。因爲全國軍民捐款救災時，完全基於同胞愛的情懷，是一種救急不求報酬的贈予，而並不是「保本計息」的貸款。又報載，行政院於水災發生時即撥交省政府二千萬元，作緊急救濟，該款現尚儲存留候貸放災民重建房屋。又十月廿一日報載，社會處長說，臺銀收各界水災捐款共二七、二三九、七八八元五角六分，又美金五三、五八六元一角三分，運用如下：㈠已撥五百萬元購買肥皂發給災民。㈡已撥二百十萬五千六百元作爲撫卹軍人家屬及陣亡將士遺族特別救濟費。㈢何……（餘款預發鄉鎮增加災區農民之災民重建房屋貸款）

依據報載，陳委員所查得災款數額與社會處長所說大致相符。但實發現款僅特別救濟費二百十萬五千六百元及代購肥皂五百萬元，共七百十萬五千六百元。其餘待用或留作房屋重建貸款。即行政院見災即撥款項，亦未用於急濟，而留候貸款。這樣的作法：㈠如果說合理，應把行政院及各界撥款捐款儲存，就不該只中市中縣受災將及兩月，還有二千六百多人無家可歸，造成一社會問題。何況各地尚有不少同樣災民仍未接受救濟。㈡如果說是合理，則所謂特別救濟費，究竟特別到什麼程度，受濟人數有多少。照二百萬元的分配，以萬人計算，每人可得二百元。以千人計算，每人可得二千元。假定不止此數，則人數愈多得錢愈少；假定不及此數，則得錢雖多人數自然無多。越說越糊塗，實鑑怎樣是特別救濟？㈢如果說是合理，災區最主要的日用品，當推柴米油鹽……以至火柴、便紙，不下數十種，都較肥皂急需若干倍。何以不代購柴米……而獨代購肥皂，餓不可吃。省政府縱不鑑於省府疏遷案的前車，也當明白國防部禁止勞軍採用實物爲的是實物，從購買、搬運、以至分發，都容易發生弊竇呀！

官治是我國歷史的產物，積數千年的經驗，像上舉幾項做官手法，官氣籠罩全省，「官頭」「民身」，權由上握，責由下負，自然今勝於古。我人眼見總統府臨時行政改革委員會對地方自治的寶貴建議旣已落空。我人眼見臺灣地方自治連一個頭都沒有。有的是官頭。任是這「頭」頭如何優秀、特出，塑起像來都是不相配稱，都成只見官不見民，都使人怕懼、心寒！因爲當前臺灣是自由中國僅有的一個地方，而在官權高於一切，加強壓制民權，卽是自由中國甘心放棄民主，放棄民主而又天天高喊民主，便是不民主，假民主。假民主怎能夠維持得下去？我愛臺灣；我尤愛中華民國。因此，我不再考慮一切，坦率地寫出這一篇言。

總之，時至今日，如果執政當局，仍然誤認民主不是現世紀的政治潮流，仍然懷疑臺灣自治卽是獨立，而拒絕現在要求實施民主政治、實行地方自治，那自然是不通時務，自討沒趣。因爲，民主政治是現代最優良的政治制度，西方自由國家應久施行有其成效。而地方自治並非獨立；也不能獨立；臺灣同胞都是炎黃子孫，獨立要向那裏去。想執政當局，都比較我明白。都應該誠意地奉行他孫中山先生遺教，「國家之治，始於地方」，要把地方自治確立了，才是建國。」來向國人交代。都應該認眞地執行起中美聯合公報聲明，以「人心第一」代替「軍事第一」，作政治反攻，來向友邦交代。因此，我希望執政當局，應該不再躊躇於保持臺灣省政府的省主席官派；應該在臺灣省議會正名之後，進行民選省長，來完成整個地方自治，實現整個民主憲政體系。

四八、十、廿五臺灣光復節

重申我們說話的態度

雷震

一

「自由中國」半月刋刱刊迄今，至上一期出版之後，業經屆滿十年了。承各位作者、讀者的愛護、支持和援助，雖說在爭取言論自由方面，小有成就，但十年的光陰，不算短暫，我們所揭櫫的目標，眞不曉得達到了幾千百分之一沒有？卽以本刊的名稱來說，當年在籌設之時，胡適之先生堅決主張要用這個名字：「自由中國」（我們當時擬了八個名字，他一律摒棄不用）。他的意思是說，我們不僅要向全國國民宣傳自由與民主的眞實價值，並且要督促政府（各級的政府），切實改革政治經濟，努力建立自由民主的社會；還要支持並督促政府用種種力量抵抗共產黨鐵幕之下剝奪一切自由的極權政治；而我們的最後目標，是要使整個中華民國成爲自由的中國。十年後的今日，我們來檢討這個目標，眞是萬分感到慚愧，不僅大陸同胞，仍處在水深火熱的奴隸狀態之下，卽就臺灣的現況來說，經過十年的悠長歲月，仍未能建立一個自由民主的社會。甚至可以說，有些地方還是背道而馳，自然不能算是名符其實的自由中國。展望將來，我們今後尙須加倍努力。

誠然，今日臺灣的政治實況不能算是一個名符其實的自由中國，但是，今日的臺灣確有「相當的」言論自由，則是不容否認的事實。不僅今日大陸上不能與之相比，就是國民政府當年在大陸的任何時期，也不能與之相比。我記得在抗戰時期的重慶，孫哲生先生（係立法院院長）在中法比瑞同學會（在臨江門附近）講演過兩次，鼓吹自由與民主憲政，而王亮疇和吳鐵城二先生，就去警告過他，勸他以後不要再作這一類的講演。然而這裏今天若干民間經營的報刋，多多少少的說出了他們心中要說的話，有時且肆言無忌，儘管記者們在下筆評論的時候，有時抱着很審愼、很小心的態度；有時不免要轉灣抹角，兜上一個大圈子。

我們這幾年說話，更是比較大膽的，坦白率直的，常常對於政府說了一些「不入耳」之言，儘管在暗地裏，我們受了無窮盡的困擾，但政府究未公開的禁止我們的發行。因此，我們這一羣人（包括社外的作者），還很願意在此時此地，來爲建設眞正輿論的工作而努力。其唯一的理由，就是這裏尙容許相當的言論自由；尙容許我們力爭言論自由。如果執筆論政的人，一味揣摩意旨，只知趨吉避凶，專門寫些模稜兩可、不着邊際的文章，那只怪自己不爭氣，沒有勇氣罷了，而不能一概的委之於此時此地沒有言論自由啊！

臺灣今天究有這點言論自由，有時也給政府撐了場面。政府宣傳機關，每每逢到外國人詢問臺灣有沒有言論自由的時候，常常拿出本刋的發行，以資證明臺灣之有言論自由。不論他們這種答復，是否出於誠意或不得已。這正和亞洲協會（The Asia Foundation）前臺灣代表史麟書博士（Dr. Swisher）於去年初夏答復葉公超外交部長的詢問時所說的話：他說，「臺灣今天有一本自由中國雜誌存在，這就表示臺灣有“some degree”的言論自由。當然，這並不能說臺灣就有言論自由」。如出一轍。

二

這幾年來，由於政治風氣敗壞，而國事日益阽危，我們的心情，特別感到焦慮與沉重。因此，我們的說話，有時不免過於坦白率直。因爲過於坦白率直，對於被批評的人，難免不犯「直而無禮」之失。而一向以主觀論斷自我陶醉之人，則認爲我們說話太過偏激，甚至如何如何。因此，常常有人勸我們在執筆評論的時候，態度要溫和些，用語措辭要委婉些，以免對方受不住。還有一些朋友向我們建議，不可單刀直入，使受者難堪。更有人常常提醒我們說，不要作消極的批評，應作積極的建議。總之，除了黨方官方的報刋，經常咒罵我們爲匪張目、或爲共匪同路人外，這些勸告或提醒，都是極其善意的，都是爲我們擔心，也都是希望本刋不要中途夭折的。

可是在另外一方面，情形恰恰和上述的相反。不少的年輕朋友和讀者，常常來信說，或者在口頭上說，我們近來說話太過穩健持重，有時且過於含蓄保留。我們在這裏發覺靑年人和中年以上的人，對國事的看法並不一致，而說話的態度，也頗有距離。海外有一些地方，對本刋言論不大欣賞，甚至懷疑我們是政府支持的刋物。在日本和印度的許多讀者，都有這種傾向。這是他們盒着當地的言論尺度來衡量我們的說話，同時他們也沒有看到今天此地黨方官方的刋物對我們說話所持的態度，所以有這樣的感覺。總之，一本刋物而要滿足各方面讀者的要求，簡直是不可能的事。

對於說我們說話太過偏激，說我們直而無禮的朋友的好意，除了我們今後寫文章應該時加注意、以他們之善意的勸告作爲箴言外，我想借本刋十週年紀念特刋的機會，再把我們說話的態度和執筆的心情說一說。可是大半都是在重覆過去所說的話。

關於我們說話的態度，我在本刋第六年特刋上寫過一篇「我們五年來工作的重點」的文章（四十三年十一月十六日出版），說明「我們的編輯方針，是謹守着二大信條的，一是『自由中國』的宗旨，一是在發刋詞上所宣示的誠條。」並說：

「關於『自由中國』的宗旨，因係我們努力的目標，我們每期均經揭載。……至於我們的誠條，只有在拙刊上發表過一次，……我想再把它摘要錄在下面，俾讀者可以了然於這幾年的工作態度。我們自信五年以來，不論是批評或建議，我們是念茲在茲的謹守着這兩個信條而工作的。……我們的誠條是：（一）不作無聊的悲觀。……（二）不作下流的謾罵。……（三）不歪曲事實。……（四）不顧小己的利害。……」

最後說明我們過去五年來，在言論工作上所致力的重點有六：

①闡釋自由與民主；

②實行法治，建立政治制度；

③希望出現有力的反對黨；

④團結民主國家和反共力量；

⑤鼓勵自由經濟制度；

⑥建設獨立性與批評性的輿論。

對於最後一點，即「建設獨立性與批評性的輿論」，則有如左的說明。茲特摘錄如下：

「……我們明知政府有了錯悞，因爲有所顧忌而不批評，我們是犯了見義不爲的過失；我們說話如說得過分含蓄，有時反而弄得大家莫明其妙，不知所云爲何。因此，我們過去的說話，從未模稜兩可，從未指桑駡槐，評論力避含沙射影，用語力避曖昧籠統。我們認爲坦白率直，也是實行民主政治的要件。愈是官僚社會，愈會舞文弄墨，說起話來吞吞吐吐，下起筆來轉灣抹角。誰也不會得罪，誰也不得要領。……

「我們認爲政治上的意見，公開評論出來，總比背後竊竊私議來得好。偶語耳傳和街談巷議，都是政治上不進步的現象。對於某一問題，如能公開批評出來，是非大家可見，曲直一目了然。評論如有錯誤，大家也可駁斥糾正，而不致以訛傳訛，曲直淆亂。……」

我纔在本刊第十三卷第二期和第三期上發表了一篇「論輿論之本質」的文章（四十四年七月十六日及同年八月一日出版），除對輿論之涵義加以界說外，並對下列三個「似是而非」的觀念，作了一番詳細的糾正。這三個觀念是：

①批評要有建設性的批評或建議；

②批評不可使家醜外揚或爲匪張目；

③批評要有恕道。

上述三點，乍聽乍視之下，頗覺得頭頭是道，易使人們信以爲是，若加以正確的分析，都是一些似是而非的「歪曲觀念」。我在那篇文章裏，已經剖析甚詳，恕不另贅。我的結論則是：

「批評要持以『公平』的態度。就是當我們批評政府的時候，無論是對政策或其執行，要就事論事，不擴大，不曲解，不牽連私人生活，不越出本題範圍，措詞儘可嚴厲猛烈，而態度要光明正大。」

本刊第八年的特刊上，我又寫了一篇「我們的態度」的文章（四十五年十一月十六日出版），也是說明我們過去編輯的方針。我說：

「我們工作的態度，可以用極簡單、極普通的兩句話表達出來。即『對人無成見，對事有是非』。

「這就是說，我們的說話，我們的批評，乃至我們的指責，對於任何個人都沒懷有絲毫的成見、偏見或惡意。我們既不諂諛逢迎的頌揚某一個人，亦不誹謗詆毀的傷害某一個人，完全站在『公平』、『客觀』的立場，就事論事，由分析事實去討論問題，由討論問題去發掘眞理。……擧凡我們認爲不對的事情，或不合理的措施，我們都要直言無諱的加以評論，指責其謬誤或不妥當的地方，或旁徵博引的說明其錯誤所在，務使對方了解；並儘可能的提出我們認爲可行的意見，以供對方採擇。所以，我們的一切批評和指責，都是『對事而不是對人』，只要是同樣性質的事件，任何人站在這個地位，我們都要加以批評的。」

三

我們說話的態度，在上述三篇文章中，大家都可看得很明白，可是今日還有人勸我們說話要溫和些，或評論要有建設性等等，可能是過去我們自己下筆論政的時候，對於上面這些約束，未能確實做到，以致發生誤會，但是我們無時無刻不以這個態度來自勉，決沒有存心作僞，或故意違反約束。而我們在說話的時候，並未忽視國家今天的艱難處境，故未能暢所欲言，而保留的部分確實很多很多。我們的直言無隱的程度，不僅比不上英美這些民主國家，在亞洲不僅比不上日本，連菲律賓印度都不如。

對於說我們說話「太過溫和」或「過於穩健」的朋友，我們沒有什麼話可以解釋或答復。因爲今日大家處在極度苦悶之中，需要有刺激性的東西，則是人之常情，任何人都可以想像得到，但我們的說話是要負責任的，自不能僅投一部份人之所好。不管社會上如何需要刺激，我們還是憑着良心，用誠懇坦白的態度來說有分際的話。至於對於批評的文字，是不是應該具有建設性，以及所謂建設性，究應作何解釋，我想再說幾句話，因爲說這些話的人，自己對於「建設性」一點，未必有一個肯定的標準。

批評的文字應不應該兼有建設性，以及何種評論的意見始能稱爲有建設性者，這裏當有見仁見智之不同，而無一定的客觀標準。這一切，我在「輿論之本質」一文中，已經說得很詳細，我在這裏只想簡單的說明一下。

我們所作的任何評論的文字，可以說或多或少都是具有建設性的。例如，「取消一黨專政」的文字，驟然看起來，好像是一篇消極性的批評，若從建設民主政治的角度來探討，「取消一黨專政」的社論，則是一篇極富有建設性的文章，誰人也不能否認的。因為民主政治就是議會政治，而議會政治必須賴有健全的政黨以操縱其間，故民主政治，亦可說是「政黨政治」。既然稱為政黨政治，則必須是兩個以上的政黨在政治上作競賽鬪法，以求獲得人民之支持，決不容許一黨長期專政。而且無論那一個黨派，在政治上必須權利平等，決不容許甲黨的黨費，可由國庫自由開支，而乙黨的經費，必須仰其鼻息，賴其施捨。

還有，民主國家政黨之執政，是要取決於人民的選票。凡得多數選票的政黨，即可上臺執政，決不依賴軍隊、警察、特務，以維持政權。故實行民主政治之國家，軍隊必須是國家之軍隊，而不是一黨之軍隊，警察和特務必須是國家之警察和特務，而不是一黨之警察和特務。可是我們今天恰恰反其道而行之。故取消一黨專政之言論，即所以促成民主政治之建設。若從這個角度來看，我們的說話，篇篇是具有建設性的。何況消極的除害，即為積極的建設。

至於說我們的說話，常常失於偏激，或者文字上刺激性太多等等。這一點我們不能全盤否認。不過各人衡量刺激性的尺度，根本就不會一致的。我在「我們五年來工作的重點」一文中，說得很明白，即我們說話務求坦白率直，決不指桑罵槐，也不繞圈子；既不轉彎抹角，也不旁敲側擊。坦白而率直的說話，應是民主政治的要件，至少應是達到民主政治的要件。須知繞圈子講話，說話的人既煞費心機，而聽話的人又須摸索玩味，到不如單刀直入，一針見血，孰是孰非，大家一目了然。

中國人過去對皇帝上書，先要說上一大套恭維奉承的話，然後歸到本題，說出他自己的諍言諫語，陸宣公的奏議，就是一個最好的例子。在民主政治的時代，實在不應該再用這一套。有人說，過去張季鸞先生主持大公報，對當時政府是用的這一套，叫做「小罵大幫忙」，而深得當局的青睞，所以勝利後政府撥二十萬美金助其復興云云。我們是不贊成這種作法的。我們的態度，就是實實在在，明明朗朗，不必花言巧語，不可口是心非，如果說，在今天中國的社會，說話還是需要過去的那一套，那末，這個社會實在太陳舊、太落伍了。我們只好自認為不合時宜。但是我們這一羣人，確實相信；民主政治之建立，乃至真正輿論之建立，需要大家拿出坦白真誠的態度，然後才能達成的。

至於說，共產黨報刊經常斷章取義的引用我們批評政府的話來攻擊我們的政府，這自然不能避免。但這至少可以使人們相信臺灣的政治是有相當的言論自由。而且共匪這種作法，多見之於共匪在港出版的報刊，不見之於大陸的報刊，而共匪自己在港辦的報刊竟不能行銷於大陸，這更證明共匪怕大陸的老百姓知道了臺灣有言論自由，民間的報刊是經常可以批評政府的。可見言論自由最為極權政治所恐懼，亦為極權者所深惡痛絕。

總之，我們自己做得好，不怕共匪來挑撥離間的，我們自己做得不好，即令人家不來說話，前途還是危險的。

以上這些話，我們過去說得很多，現在僅止於此。

給讀者的報告

本刊自三十八年十一月二十日創刊，（原定十六日，印刷延誤至二十日始出版）到本年十一月十六日，已整整十年。十年以來，國際局勢有很多轉變，由種種跡象看來，我們政府當今所面臨的重大課題，是如何適應世界大勢，從事必要的改革，以作持久的打算。有鑑於此，我們特趁本刊十周年的機會，提出幾個問題，向各方人士廣泛徵稿，出一特刊。我們徵求的作者包括國民黨、民社黨、青年黨、以及無黨無派人士。我們提供他們參考的幾個問題是：

一、當前國是原則問題
二、召開國是會議問題
三、展開民主運動問題（包括成立反對黨）
四、關於修憲連任問題
五、厲行地方自治問題
六、外交政策及其運用問題

至截稿時止，我們已收到毛子水先生、朱文伯先生、曲靈鈞先生、沈剛伯先生、沈雲龍先生、李濟先生、李聲庭先生、杜蘅之先生、胡適先生、柳樹青先生、夏濤聲先生、唐德剛先生、陶百川先生、張九如先生、張天增先生、張君勱先生、曹德宣先生、傅正先生、楊金虎先生、雷震先生、蔣匀田先生、謝扶雅先生等佳作共二十二篇。諸位先生忙中抽暇撰稿，胡適先生在檢查身體中抽暇執筆，柳樹青先生（一位僑領的筆名）、唐德剛先生、張君勱先生、張天增先生、謝扶雅先生等遠在海外，却按時將大作賜下，謹此致謝。

本期全是為特刊所徵求的文章，在此期間所收到非徵求的來稿，因篇幅限制，本期不能登出，請作者原諒。此外，海外有些作者來信願為本期特刊撰稿，但因時間迫促，不能及時寄到。那些文章收到後，當於下期刊出。

上期登出董鼎山先生所譯「赫魯雪夫治下的蘇俄」和徐訏先生連載小說「江湖行」，本期暫停，下期繼續刊出。

十年以來，我們一直本着「自由中國」在創刊時所立定的宗旨，在輿論上盡我們的力量。我們曾遭受許多困難，但由於諸位作者與讀者的支持與鼓勵，以及我們對民主運動的信心，我們有勇氣繼續努力下去。在此，我們謹向各位愛護本刊的作者與讀者致謝。

自由中國　半月刊　第二十一卷第十期　總第二四一號

中華民國四十八年十一月十六日出版
中華民國四十八年十一月廿八日三版

發行人　雷震
主編　『自由中國』編輯委員會
出版者　自由中國社
社址：臺北市和平東路二段十八巷一號

創造新的價值取向

蔣勻田

一

美國民主黨領袖史蒂文生先生，去年繼遊蘇俄之後，又遍遊東歐附庸國家，根據實地考察，歸而發表觀感，認定威脅世界人類的已不是共產主義，而是共產黨的暴力組織。這個認識，證明了拉士衞爾教授的一個定理：「權力結構依賴政治理論的程度，與權力的份量及範圍成反比例。」(註一)也說明共產主義理論的引誘力已經減褪；更重要的說明是共產黨的暴力組織，不能實現共產主義的理想，反形成了暴力組織愈擴張，共產主義理想愈褪色的突出。所以反對共產主義是一回事，反對共產黨的暴力組織又是一回事。

有些人口頭反對共產主義，但要抄襲共產黨的暴力組織，提出以組織對組織的口號，而解說爲反共所必要，我們實不敢贊同。

我想很淺顯的說明以組織對組織的錯誤，引到我想說的基本道理。所謂以組織對組織，必然統制全面社會的組織於一黨之手，只許屬於一黨的社羣活動。這樣又必然妨害人民多樣的社羣生活，阻塞人民發揮個性的機會，變成一個興趣貧乏的社會。於是以組織對組織始，以奴役對奴役終。這不是要反共的目的。反而言之，假使反共的目的在於保障自由生活，則所用的方法須能增加自由生活的興趣，讓個性在自由氛圍中以發展天才，絕對不應悖於自由生活方式，一律由組織作成刻板的一致。一個社會的羣衆，能夠允許悖於自由生活方式的統制存在，則這個社會不會生出反共的自覺，顯出多邊興趣的追逐，表現充沛蓬勃的朝氣，與共產黨統制下的奴役生活，成個顯著的對照地。

所謂顯著的對照，實際是暴力方法與自由方法的對照。共產主義的理想：「各盡所能，各取所需」的社會，至今未能實現。現在蘇俄又回到資本主義的生產方式。赫魯雪夫曾公認蘇俄現在的工資標準爲「各盡所能，各取所值。」赫魔這句話，證明共產主義的美夢完全落空了。落空的原因，可從兩方面說起：一是共產主義的理想在現階段人類文化中，不容易成爲普遍的社會規範；一是暴力組織不是實現政治理想的方法。

二

我們知道權力的基本價值 (base value)，不一定起於有強制性的力量，可由多種基本價值建起權力結構。道德、仁愛、信仰、威望、智識、財富乃至魔術，都可爲建起權力的基本價值。用權力本身爲權力的基本價值，而單以剝奪人民的某種價值爲威脅，便是暴力。拉士衞爾說：「最要緊的認識，是權力所寄托的基礎，千差萬別，不但因文化而異，即在一個文化系統中，亦因權力的結構而異。甲因經濟地位，可對乙操弄權力，丙對丁可以操弄權力，則緣於掌握暴力工具，亦有因具備特別智力而可操權的。」(註二)憑藉暴力爲實現理想的慣用行式，也就是用暴力爲行動模式的政權，它必不了解政治理想之變爲社會規範，不起於威脅，而起於信仰。信仰起於認同 (identification) 與自肯 (self-ideal)，不起於暴力。

單以權力本身爲權力的基本價值，則權力的基礎與社會其他價值無關，必日求增加權力的範圍與份量，以保護權力結構。這是掌握政權的人所易犯的毛病。米希爾 (R. Michels) 說：「每個人類權力結構都想擴大它的特權。掌握權力的人必千方百計鞏固他的權力，拓展他的權力，且增多堡壘，保障他的地位，避免爲羣衆所控制。」(註三)到了目的轉向於權力擴張的追逐，於是原來追求的政治理想，便變成擴張權力的藉口，造成因果倒置，目的變成工具，工具變成目的了。今日共產世界的國家，放棄共產主義的理想，而偏向於暴力組織的嚴密與擴大，就是單獨擴張權力的必然趨勢。

以下爲討論方便，爲使讀者易於瞭解所用名詞的內涵，謹將權力與暴力略加界說，以免混淆。

拉士衞爾說：「權力爲對於作決定的參加，假如甲參加作決定，影響乙的某政策，則對某價值(與某政策有關——筆者註)言，甲有權力駕於乙上。」又說：「既以決定界說權力，則權力乃含有制裁的重要因素。因此制裁的威脅性，使權力別於一般勢力。」拉氏緊接着又說：「這不是說權力之施行」必恃暴力。梅利角 (Merrian) 在所著「系統的政治」書中說：「如以暴力之力爲權力場合所必具的要素，是不當的。在人類關係上利人與利己，合作與威脅均各有其地位。」「……縱使須用強制，亦不一定採暴力形式」。拉氏又說：「用權力以控制社會幸福，便爲強迫；強迫乃軍隊與警察慣用的權力方式。」又說：「基於社會幸福所形成的各種影響力，都是權力的關係：譬如剝奪人民的健康與安全，當然是嚴厲的制裁。因權力本身而使用如此樣的權力，就是暴力；屠殺，整肅是所界說的暴力之照例行爲。」(註四)拉氏與梅氏因界說權力 (power)，而引出暴力 (violence)，說明了㈠權力之使用對象，爲人際間價值之分配與增進，重在利人與合作；㈡權力的建構基本，不必單係力量 (force)；㈢爲維持權力，而使用力量、制裁與威脅，權力卽變爲暴力了；㈣權力結構包括使用軍、警、特務等組織力量，卽是暴力組織。

三

共產主義是一種理想，也是一種政治符號。它在文化系統內，可以經過認同、信仰的過程而傳播。但不一定就變成社會價值規範。社會規範所以能爲價值取向的模式，一因社會規範係文化系統的重要組合因素，乃行動者的社會對象，經過角色的互相期待，發生制約的功能，如父慈子孝，兄友弟恭，朋友互信，卽是角色期待的制約作用。二因行動者在社會化的過程中，有些規範已被內化爲人格系統的需要傾向。如對人失信，雖未受制裁，而內感愧汗，卽守信的規範，已內化爲人格系統了。所謂人格系統，卽需要傾向經過理智的認知，感情的趨避，和道德評價的整合。所謂完整的人格，卽自內腑的需要傾向至精神的需要傾向，經過認知、趨避和評價的整合，趨於協調一致，沒有互相矛盾的存在。帕生思先生說：「認知取向 (cognitive orientation) 的新接受，與已在人格系統內運作的認知取向，必有若干協調與一致。」假使新的需要傾向與舊的發生衝突，立刻便起防護機械與調整機械的功能，使它們復歸於協和。(註五) 譬如需要傾向有强烈自由的要求，便不許妨害自由的政治符號內化。需要傾向趨於自由企業，必力避統制經濟的約束。需要傾向在變遷不息的文化流中，有時接受了新的，有時也淘汰了舊的，根據經驗和證明，隨時都有調整，不是一成不變。科學興趣的突出傾向，文學興趣的突出傾向，往往能成就新的創造，增加文化的新液。有時亦有特出的聖賢英雄，創造道德的嶄新模式，而傳播爲一時的價值新趨向。在一個自由文化中，任何定理，都要隨時接受考驗，不許絕對主義存在。共產主義打中了舊資本主義的病態，確爲一時勞工或左傾思想家的新趨向，現已時過境遷，由暴力組織的行動模式，證明它不合自由文化系統與多邊興趣的社會系統所涵育的人格系統。根據以上的分析，可以說人格系統乃社會制度的基石。凡是需要出動警察，特務才能維持的政權，必然不合於國民人格系統。換言之，卽是違背人性的政治。拉士衞爾 (H. D. Lasswell) 說：「凡過份倚重權力，近於絕對主義者，則其依賴政治理論之程度，必遠遜於不靠權力的政府。因此縱有反對黨興起，亦可假定其必然相對的微弱。反之，公開政權至相當程度，必多依賴政治理論。」(註六) 今日世界所有共產政權，不但依靠權力，而且片刻不能離開暴力組織。這就說明了共產主義的理論，不是易爲人民需要傾向所選的文化模式。此乃史諦文生所說共產主義已經褪色的道理。拉士衞爾對政治符號失了信仰的後果，曾透闢的說：「廣被信仰的政治理想(意的牢結)，無須身受其惠者設計宏揚，卽可自持。若思想必待種種方法以播種信仰，則其信仰已經渙失，而社會之面貌亦已非矣。」(註七) 我在美國時聽說中國大陸共產政權施行人民公社，卽推斷爲全面集體農場失敗後的偏激行爲，必更與中國人民浸潤於家庭倫常文化的人格系統相背馳。我肯定答覆所有問我的美國朋友說：中共政權的崩潰，雖尙待時間解答，而人民公社制度必立卽癱瘓，不是毛澤東向人民退却，便是人民全面怠工與暴動。卽令向人民退却，但人民的信仰已渙散矣。我所以能作如是推斷而準確的原因，是我深知中國雖係農業社會，但其文化系統與人格系統乃多邊興趣的建構，不能盡毀於十年暴力政治，所以尙有力量，反抗絕不相容的單一公社方式。毛澤東只知道經濟條件變了，其他一切皆隨之而變。但不懂這只是社會系統的經濟一環變，更不懂得人格系統、社會系統、文化系統三種或相牽連的關係，需要時間培養互變。三個系統只能漸變，不能驟變。一切以革命爲口頭禪的人，都不懂這個道理。拉士衞爾對於這個問題，有甚明白的看法：「分工的條件先變，或其他非符號的條件先變，可變動意的牢結(政治理想或符號)。反之，在複雜的預伏傾向 (predisposition) 與複雜的慣用行式 (practices) 的條件下，甚難施行單一的意的牢結。」(註八) 這固然說明了共產主義不易施行於多邊興趣建構的社會；更重要的是提示反共的適當方法，絕不是共產黨式的暴力組織。但是單一的暴力組織，行之既久，可能漸變爲執政者慣用行式，過事易趨極端，摧毀多邊興趣的文化，窒碍多邊興趣人格的發展，眞所謂替共產黨驅除難耳。我們始終反對以共產黨的方法反共，深恐依共產黨的慣用形式反共，將於多邊的文化模式中，憑添便於共產黨使用的模式。因而提倡自由文化的發展，目的在使共產主義的政治符號，不易浸入於國民人格系統而已。

四

我現在再引用帕生思教授一段話，以說明文化與人格的關係，更深一層說明培養多邊興趣的文化，使國民的多項需要傾向，得以滿足與平衡，卽可從國民的人格系統中，發生出反對共產極權模式的力量。帕氏說：「人格系統每從正在流行的文化模式中、選擷特殊的因素，變爲行動者部分的價值取向系統。……所以人格的需要傾向系統與從文化模式中選擷的因素，共間大致取向，必有若干符合；就是說所選擷的模式因素，會合於行動者的價值取向，必使其多項需要傾向的滿足，歸於平衡。」(註九) 從這一段話可以知道文化系統與人格系統不可分的關係。只有多邊興趣的文化，才能廣泛的適應多項需要傾向。需要傾向的多方自由調節與創造，亦可以促新異樣特殊的文化模式，以增益國民滿足需要水準的價值。養成國民需要傾向多邊發展，即是增加與平衡價值分配，乃是反對共黨政治符號的最大潛力。同時多邊興趣的文化模式，促新社會系統的活力，更是反對共產黨暴力組織的惟一途徑。

五

政治符號不限於政治理論，共產黨在野時慣用的羣衆暴動、工人罷工、文化人所領導的學生愛國遊行、教授們聯名發表宣言，和政黨的競選演說，都可說是政治符號。這些政治符號，包括共產黨的羣衆暴動，只能渲染某一文化模式，使它易為需要傾向所選擷；不能獨標某一文化模式為惟一選擷的對向。蘇俄集團所用的暴力組織，和原子武器支持的權力結構，已湮滅了共產主義的號召性。共產主義在民主自由的社會裏，已不是風靡一世的價值取向模式了。最近十月八日英國大選的結果，共產黨於完全自由競選的方式下，從三千七百餘萬選民中，僅得三萬選票，證明共產主義在自由民主的社會裏，極為冷落微弱，不易為人民的需要傾向所選擷。假使當時沙皇政權，像英國一樣公諸選民，以政治符號贏得選票，不用權力摧殘異己，讓其得以存在發展，不造成文化模式過於貧乏，國民需要傾向失去平衡，偏於一極，則一九一七年的共產革命，或可不至發生。這個假設的推論，固永無法證明，然馬克斯百年前目擊英國當時工業社會，寫成共產主義，一九一七年即釀成俄國革命，而一九五九年英國共產黨於公平自由競選的條件下，僅得三萬選票。這一個對照的存在，可能有很多的原因，然一則政權私諸皇室，政府的行為專用暴力；一則政權公諸選民，政府的行為倚重理想，不能不說是主要的原因。反共的人們，應當客觀的分析這個對照，對於反共的方法再求認識，創造新的價值取向，邁向民主自由的方向。少談主義，多談問題。在憲法的基礎上，政府的首長與人民建立角色期待的關係。

註一：拉士衛爾 (H. D. Lasswell)「權力與社會」符號章
註二：拉士衛爾「權力與社會」權力章
註三：米希爾 (R. Michels)「政黨」(Political Parties)
註四：拉士衛爾「權力與社會」權力章
註五：參閱帕生思 (T. Parsons)「行動理論」(Toward a genersal of Action) 二、三、四章
註六：拉士衛爾「權力與社會」權力章
註七：拉士衛爾「權力與社會」符號章
註八：拉士衛爾「權力與社會」符號章
註九：帕生思「行動理論」價值取向章

康德及黑格爾論自由

謝扶雅

「自由中國」雜誌刱辦滿十周年，這是一件可慶賀的事，也是一件極難能可貴的事。它在逆流風暴中掙扎奮鬪了足足十年；它為整個中國爭自由，為一切中國人民爭自由，尤其為它自身及所有言論出版界爭自由。這種由堅毅強忍而致的豐功偉績，難怪素以平實自持的胡適之博士，也要大動感情，深表驚嘆，說應該為該刊主編人雷震樹立銅像了。

中國的倫理學和政治哲學，曾受國父孫中山所極度贊賞，謂為歐美所不逮（見其民族主義講辭）。然而我們繙遍中國的經子及其註疏各書，從不見有論及自由這個題目。眞的，一向中國人的頭腦中絕無所謂自由的概念。戊戌變法死難六君子之一的譚嗣同，是一位最具敏感及透識的天才青年。他曾看出莊子「聞在宥天下，不聞治天下」句中「在宥」兩字，即「自由」之轉音（見其著仁學）。可是莊周的逍遙自在，以及道家一流的曠放超逸，並中國許多文人如陶淵明之不為五斗米折腰，及其採菊東籬的態度，其實都不是西方所稱的自由。孫中山確不愧為一個先知先覺；他首先公言他之所以四十年致力革命事業是在求中國之「自由」與平等（見其遺囑）。是他，才喚醒了中國人知道自由是要付代價的，自由是非爭，非力爭，非流血作巨大犧牲以爭而不可得的。不過孫中山心中所最關切的是整個中國本身的自由，而猶非人權的自由。五四運動才眞帶給中國人對眞正自由的覺醒。這時中國土地才播下自由的種子。所以中國的自由意識史是不過短短數十年而已。

嚴格言之，認識自由，非先認識眞正的「自我」不可。一般總只是天眞地自己指着鼻尖說：「是我」，「我在這裏」。如果自由立基於這樣的自我上，便一點自由也沒有，只好做飯袋酒甕的奴隸是了。你說你可以隨意選擇吃飯或吃麵，吃肉或吃魚，但你這時只供食慾的驅使，絲毫沒有自由。這就是西方近代一位批判哲學家康德 (Immanuel Kant 1724—1804) 所著兩部關於道德學說的出發點。他以為天壤間（甚或其外）只有一事—「善意」，可以稱做絕對好

的，此外只是相對的好，工具的好。而這個善意只存在於「本我」之中，不可能宿在「自然我」裏。凡自然性向、情欲、衝動、感覺，都不涉善惡問題，因爲他們全受自然法則支配，無自由可言，因而亦無道德責任。一切道德責任必以自由選擇力爲前提，所以倫理學非假定「自由意志」不可。但從我們知識所及的經驗世界裏找不到這種自由意志，所以自由只宿於超驗界。人是跨着這兩個世界的生物。他在經驗界裏，一切行動概受自然法則所統轄，而在超驗界裏則聽命於道德法則亦卽自由法則。所以「本我」是道德的主體，也是自由的主體。

康德深受法國盧梭思想的感動，又目擊法國大革命的火花。這時西方人對自由已視爲比生命更加寶貴。「不自由，毋寧死」。但康德另一方面又已處在牛頓發明新物理學的世界，科學氣燄萬丈。康德知道自然的領域裏無自由，所以將自由另安頓到「目的之王國」裏。這個目的國是由一切「本我」，即「自由人」所組成。自由人在這目的國裏，既是國民，也是立法主體。他自已訂立法規來規律自已。他具絕對善意；他的一舉一動永遠照着人人可守的普遍格準而行。他永遠把人（別人及他自已都包括在內）當作「目的」看待，絕不專拿來作工具。這樣，平等和博愛兩個要素自亦蘊含在自由概念之中。於是康德的「永久和平論」（一七九五年出版）便建築在這種目的社會之上。就康德看來，這種目的社會並不僅僅是一個大理想，只可期待於無窮茫渺的未來。因爲這自由意志是人各稟有，不過它深植於純粹的實踐心性之中，非感覺或思辨所可及。其實道德法則及其絕對無條件命令，原自先驗地灼耀於眞正自我之中。康德的名言是：「懸在我頭上者有衆星的天空，鑄在我心中者有道德的法則」（見其實踐理性批判結論）。

康德以後的黑格爾(G. W. F. Hegel 11770—1831) 對世界歷史和政治深感興趣。康德從道德觀點講自由，黑格爾則從政治觀點講自由。他拿自由作世界歷史發展的指標。在其著歷史哲學（他死後四年出版），他認爲東方人對自我覺識最模糊，希臘羅馬時代具有微弱的自覺，至近代歐洲始有明顯的自我覺識。東方老是停滯於大家長制度（所謂封建政治）之中，只有君王一人是自由的。希臘羅馬都蓄有大批奴隸俘虜，只少數人（貴族政治）有自由。直至近代憲政開始，自由才被認爲人人所應具有。黑格爾頗明進化的觀念，他認爲在亘古原始狀態絕無自由。禽獸社會沒有任何自由可言。自由是人類知識陶冶開化的結果。這一點，可以打破中國人對自由的錯覺。老莊一輩人夢想太古黃金時代，無拘無束，以至儒家經典中之「日出而作，日入而息，……帝力何有於我」，羨爲無上的自由。其實正如黑格爾所說的，自由既只屬於自我意識，中國人確未覺知自由的眞諦了。單看中國文法中一個句子並無主辭之必要。論語劈頭說：「學而時習之，不亦悅乎？」主辭的「我們」全然略去，並不感着不通。

黑格爾自由觀中最值密密可圈之點是認自由非從鬥爭中贏得不可。他那時的德國正受法蘭西混世魔王拿破崙的壓迫，他目擊法國鐵騎蹂躪宗土，雖不能作非希德（Fischte）之號召同胞（「告德意志國民書」）奮起共禦外侮，但其著作無不充滿着同仇敵愾的精神；他是要爲德意志祖國爭回自由的。所以他不像康德的專就個人言自由，而特別强調國家的自由。後世遂以納粹主義中之國家至上觀爲黑格爾咎。殊不知在黑格爾哲學體系中，總以①主觀②客觀③主客融合的「普遍」三級發展爲骨幹，因而在社會道德方面亦分家庭、社會、國家三級。這樣，國家無非代表社會道德上之「普遍」形態。他如生在今日，必以「聯合國」替代「國家」，而强調應爲聯合國爭自由了。就意志而言，黑格爾分作①主觀意志②客觀意志③普遍意志三級。而意志自由亦與康德之見相同。不過黑格爾特別從發展的觀點，說固有的主觀自由必展開爲客觀自由，又由主客觀融合而演成普遍自由自由意志之表現在社會制度上者首先卽爲「權利」。但所謂權利，乃是意味着自由意志向外發展而自己加以限制；如此才是眞正自由。因爲，假使主觀意志漫無限制，勢必侵犯別人自由，其結果皆得不到自由。

比較康黑二家，康氏從倫理立場，就「本我」言自由意志；黑氏從整個世界史及政治立場就「大我」言自由意志。他們的淵源都出自希臘自由主義的思想；而這是在中國文化中根本闕如的。希臘哲學中還有最根本的一點就是所謂「邏各斯」（Logos），譯言「理則」。這是西方人「法律觀念」所由來，而也爲中國人所最忽視。由於這種理則或法的觀念，西方人恒以自主、自治、自律來解釋自由。因此他們的自由觀和我們一向以爲任意隨便放縱不居的自由觀廻不相同。西方的自由必與法治及民主相連。中國的政治哲學高調人治和德治，而倫理學又重相互的倫常，不以「自我」爲立足點。對於西文 right 一詞，我們沿用日譯作「權利」；而這兩個字在中國正統哲學中又常被蔑視。「利」爲小人所取，「義」才是正人君子的指歸。「權」更聯用於「權謀」「弄權」一類壞字眼。其實 right 的本義是「正」，是「是」。所以 human rights（人權）應譯爲「人的正宜」才對。再者，所謂天賦自由之說，雖在原則上並無錯誤，但這固有的自由猶如璞玉，不加雕琢，便不成器。雕琢就是磨鍊，卽黑格爾所謂主觀意志向外表現時必遇折磨，衝突。所以自由必定是個爭鬥的歷程。眞正自由的實現，發展、及完成，是人從點點滴滴做到千秋萬歲的大事業。「自由中國」勉乎哉！

四八、一〇、二五　寄自美國紐澤西州

自由中國　第二十一卷　第十期　內政部雜誌登記證內警臺誌字第三八一號　臺灣省雜誌事業協會會員　三三四

本刊經中華郵政登記認為第一類新聞紙類　臺灣郵政管理局新聞紙類登記執照第五九七號　臺灣郵政劃撥儲金帳戶第八一三九號
（每份臺幣四元，平寄美金一角五分，航寄美金三角）

FREE CHINA

第廿一卷 第十一期

中華民國四十八年十二月一日出版

社址：臺北市和平東路二段十八巷一號

半月大事記

十一月九日（星期一）

印度內閣緊急集會，商討應付共匪挑釁，會後下令陸軍阻匪作進一步行動。

突尼西亞大選，執政黨獲勝，包格貝連任總統。

十一月十日（星期二）

聯合國秘書長哈瑪紹將赴寮國訪問，將在寮派駐一常設代表，以監視共黨對寮國威脅。俄反對哈瑪紹訪寮。

美原子潛艇海神號，編入艦隊服役，又偵測敵方飛機及艦艇。

俄廢棄大部巡洋艦，改裝爲飛彈發射臺。

十一月十一日（星期三）

英外相勞艾德抵巴黎，設法改善英法關係。

本市戶口校正開始，同時辦理「大陸來臺國民調查」。

十一月十二日（星期四）

哈瑪紹自泰飛寮。

關於東西高層會議，英已接受法觀點，同意不能在明年四月以前舉行，並贊成召開第二次西方高層會議。

西柏林設立新電臺，俄表示反對，已向美、英、法提出抗議。

十一月十三日（星期五）

美向印保證：對於印度與中共的邊界爭端，美在道義上支持印度。

苗栗一油井開鑿成功，日產原油六十五桶。

尼克森演說，反對容匪入聯合國，謂匪威脅西藏印度，嚴重違反正義。

美國空軍攻擊部隊，完成赴法緊急調動，約有一百架超音速戰鬪機參加。

十一月十四日（星期六）

美國務院發表白皮書稱，共黨集團介入寮戰，寮國面臨持續威脅，指出寮戰爲共黨集團侵略型態的一部份，俄在幕後策劃，匪與越共則指揮支援寮叛軍。

美國務院草擬完成五十億元援外計劃。

十一月十五日（星期日）

伊拉克與蘇俄簽訂文化協定。

十一月十六日（星期一）

印度答覆匪酋建議，拒絕撤離邊境軍隊。尼赫魯指責周恩來建議不切實際，主張先採取準備步驟，再行商談。

北大西洋公約組織各國議員代表在美開年會。

關於寮國當前情勢，哈瑪紹派陶慕亞駐寮調查。

十一月十七日（星期二）

赫特告北大西洋公約組織議會年會，美續支持北約組織，全力承擔軍事義務；美決支持自由貿易政策。

西德總理艾德諾抵英，與麥米倫會談。麥米倫發表演說，強調英法友誼。

印尼排華變本加厲，強迫華僑集體遷居，兩僑胞被擊傷。

十一月十八日（星期三）

麥米倫與艾德諾會談結束，對裁軍及對俄談判，兩國獲致廣泛協議。

英保證放棄中歐軍事擺脫計劃。

美國海軍上將勃克稱，美海軍刻正建造的「北極星」飛彈潛艇約四十五艘，「將能擊敗任何冒險攻擊我們的侵略者」。

中菲循外交途徑，合理解決遣僑問題。

十一月二十日（星期五）

印度公佈致匪酋的覆函，拒絕周匪所提建議。印主張印匪均撤出拉達克地區。

北約組織議會年會結束，建議設置專家委員會，草擬援助落後地區計劃。

十一月二十一日（星期六）

聯大政治委員會通過，將辯論韓國問題。美與盟邦反對韓共參加。

美已要求聯大，辯論匈牙利問題。

十一月二十三日（星期一）

聯大指導會通過匈牙利案列入議程。聯大政治委員會集會辯論韓國統一問題。

菲對遣送華僑問題，向我提新答覆。

發展中學科學教育，五十四校獲撥援款，十四所高級中學被指定作示範。

十一月二十四日（星期二）

艾森豪會晤北大西洋公約組織秘書長斯巴克，討論北約集會問題。

『自由中國』的宗旨

第一、我們要向全國國民宣傳自由與民主的真實價值，並且要督促政府(各級的政府)，切實改革政治經濟，努力建立自由民主的社會。

第二、我們要支持並督促政府用種種力量抵抗共產黨鐵幕之下剝奪一切自由的極權政治，不讓他擴張他的勢力範圍。

第三、我們要盡我們的努力，援助淪陷區域的同胞，幫助他們早日恢復自由。

第四、我們的最後目標是要使整個中華民國成為自由的中國。

社論

(一)

開倒車——走私案移送軍法審判

上月五日治安機關在基隆破獲的走私案件，規模的龐大，組織的嚴密，資本的雄厚，行動的猖獗，據說是臺灣光復以來破獲走私案件中所未曾有的。報上說，「從被捕的疑犯中看，只有『臺灣幫』與『福建幫』，但幕後可能還有『上海幫』及其他更有實力者撐腰。」又說，「幕後可能牽涉到幾個知名人士。」

傳說和報紙上的報道是如此，所以大家對於這件案子特別驚訝，特別希望早一點看到水落石出。警備總部把這件案子依法移送臺北地方法院檢察處以後，大家以爲在法院的「公開」審訊中，我們終可以知道眞實的案情了。

事情的發展，忽然出人意外！

已經由警備總部移送臺北地檢處的本案，過了幾天(十一月十九日)行政院忽然下道命令，「特准」軍法審判。(軍法審判的特點之一，是「不公開」。已經作廢了的陸海空軍審判法第二條規定，「軍法審判，不准旁聽。」現行的軍事審判法第五十三條雖規定有條件的不公開，但實際上，軍法審判大都是不公開的。)於是這件案子又由臺北地檢處送回警備總部。送回的理由，說是「因情節異常重大……危害國家安全，莫此爲甚(請注意「莫此爲甚」四字的濫用！)。……應依照戒嚴法第八條及懲治走私條例第一條之規定，「特准」由軍法機關審判，並依法予以保安處分。」

這樣一來，大家又不免惶惑起來，這究竟是怎麼一回事？官方的說明，是不足以服人的。不僅其說明不足以服人，而這一措施，又正是政府在開倒車而自毀威信。

我們總記得，政府遷臺以後一直到民國四十三年十月十五日以前，輿論界對於軍法的黑暗(包啓黃時代是極端的例子)和軍法審判範圍的過於廣泛，曾經不斷地、力竭聲嘶地，向政府呼籲改革。經過大家最大的努力，好不容易才有先後三次的改革辦法。第一次是四十年十月十七日行政院公佈的「臺灣省戒嚴時期軍法及司法機關受理案件劃分暫行辦法」。這一辦法因爲沒有明確的劃分界限，實際不能算是改革，只是象徵一個改革趨向的起點；第二次是四十一年五月十日行政院宣布廢止上述辦法，另行公佈一件「臺灣省戒嚴時期軍法機關自行審判及交法院審判案件劃分辦法。」這一辦法已比前一辦法較爲明確，但軍法範圍仍嫌廣泛，而第二條第五欵還保留着一個拖泥帶水的尾巴，更屬不妥。到了第三次四十三年十月十五日行政院再把四十一年五月公佈的辦法加以修正，才算是近乎一個現代文明國家應有的軍法與司法的劃分了。在這一修正辦法當中，應由軍法審判的，只限於①軍人犯罪及②犯「戡亂時期檢肅匪諜條例」，「懲治叛亂條例」所定之罪。至於原有的其餘三類的犯罪(①犯「懲治盜匪條例」所定之罪，②非軍人勾結軍人犯「懲治走私條例」所定之罪，③犯刑法公共危險防害秩序之罪而於地方治安有重大關係者)，則一概删除，不再由軍法審判。當這一修正辦法公布的時候，本刊曾以「軍司法再進一步的革新」爲題，寫過一篇社論，大大地頌揚。想不到五年後的今天，我們政府竟把那一次得來不易的近乎現代化的改革，又輕輕地澈底摧毀了。五年前我們曾希望在法治方面隨着這一革新而「日日新，又日新」，新到一個現代文明國家的水準，想不到五年後的今天，反而來這一大退步，大反動，大開其倒車！

這次走私案件，據官方所宣布的資料，犯案的人既無軍人在內，又不涉及什麼匪諜嫌疑。那末，照現行的軍司法劃分辦法，這件案子決不能由軍法審判。依現行辦法不應交由軍法審判的案子，而行政院竟以一紙命令「特准」行之。「特准」是法治精神的致命傷，法治精神是「一律」，是「一致」，是「無例外」，不容有什麼「特准」。照官方的說法，這次「特准」交由軍法審判，是由於這件走私案的情節異常重大。所謂「情節異常重大」，只是一個程度上的問題，並不涉及案情的性質。走私案，不論它的情節如何重大，總歸是走私案，決不能把它當作匪諜案或叛亂案來辦；正同匪諜案或叛亂案不論它的情節如何輕微，總歸是匪諜案或叛亂案，決不能把它當作走私案來辦。這種明顯區別，正同白之與黑，誰也不會含糊的。我們的政府怎麼會把所謂情節重大的走私案當作匪諜或叛亂案一樣，交由軍法審判呢？

至於引用戒嚴法第八條，那也是同樣沒有理由的。戒嚴法的存在不自今日始。五年前(四十三年)行政院修正公布「臺灣省戒嚴時期軍法機關自行審判及交法院審判案件劃分辦法」的時候，早已有了這個戒嚴法；而且在這一辦法的名稱當中還明明白白地寫出了「戒嚴時期」四字，也即是說現行的軍司法劃分辦法，就是適用於戒嚴時期的。既然如此，那末，還有什麼理由可以引用戒嚴法來變更現行的軍司法劃分辦法的規定呢？再說「懲治走私條例」第一條的引用，也是同樣沒有理由的。查該條規定：「私運政府管制物品或應稅物品之案件合於本條例所列處罰之規定者，由海關或關務署移送司法或軍法機關處理。其涉及匪諜或其他刑事罪嫌部份得逕由軍法或司法機關依法處理。」這一條文，與這次破獲的走私案之移送軍法審判，似乎毫不相干。我們眞不懂得政府爲什麼要引用這一條文。

也許有人以爲，近年來司法風紀敗壞，這件案子移送軍法，倒是證明政府有「嚴」懲私梟的決心。這種說法，並不足以爲政府辯護。司法風紀敗壞，政府應該整飭，但不能因司法風紀的敗壞，即捨司法途徑而採用軍法。至於說「嚴懲」，也只能在法內從嚴，決不能捨現行法規而用一紙命令來達到所謂嚴懲的目的。此外，也許還有人以爲這件案子可能還有軍人身份的疑犯，移送軍法審判是應該的。這一說法，也不足以爲政府辯護。第一、截至今天止，官方從未宣布過，涉嫌的人犯有軍人在內。第二、即令有軍人身份的疑犯在內，也只能把軍人疑犯與非軍人疑犯分別交由軍法司法審判。八德鄉大血案，不正是如此處理嗎？

行政院把這次走私案件「特准」軍法審判，無論從那個觀點來講，都講不過去。那末，怎麼辦呢？這就看政府當局有沒有承認過錯的勇氣。如果有的話，就該遵照四十三年公佈的軍司法劃分辦法，再命令警備總部把這件案子送回臺北地檢處依法偵辦。否則，就是政府自毀威信，而且給人民以開倒車的觀感。同時因為軍法審判的不公開，又可引起許多猜測與懷疑。

總而言之，行政院這一措施，是最不明智的。

社論

(二) 政府豈可趁「災」加價？

近幾年來，下級軍公教人員待遇之苦，以及一般人民租稅負擔之重，漸漸到達忍無可忍的地步。因此，調整待遇和減低租稅，早成為大家普遍的要求。可是，到了今年八月三十一日，政府為了應付「八七水災」造成的「財政經濟上重大變故」，由總統依據動員戡亂時期臨時條款，頒布緊急處分事項十一項，從九種捐稅以至公用事業收費，普遍附徵「水災復興建設捐」。結果，大家在備嘗艱苦之下，不得不再勒緊一點褲帶，過更艱苦的生活。

八七水災以後，各種公用事業之附徵，其比率均高達百分之三十以上，的確超過了大家的負擔能力，有些近乎「趁水打刼」。不過，大家當時都相信：這是在非常局面下所作的非常措施；而此種措施，都附有一定時間的限制。只要期限屆滿，一切便可以恢復原狀，大家也就可以鬆一口氣。現在，依據緊急處分第五項所附征的電力費、電信費、鐵路、公路票價等，到十二月底便該停止。然而，消息傳來，政府却企圖作第五次的電力加價了。

現在，政府已打算在電力附徵「水災復興建設捐」限期屆滿後，即接着在明年元旦起加價。而其加價數額之高，居然也是百分之三十六，與目前附徵的「水災復興建設捐」恰恰相等。非但如此，而且根據內幕消息，電力加價，還只是公用事業加價的先聲，其他如電信費、鐵路、公路票價，也將同時加價。就是說，政府想趁着緊急處分的機會，在附徵的「水災復興建設捐」限期屆滿後，接着普遍加價了。很明顯，這種企圖以經常立法，來啣接緊急處分的做法，是想在實質上推翻總統下達緊急處分令所定的時限，而使大家繼續忍受非常措施下一切幾乎無法忍受的痛苦。

在最近七年之內，電力加價，已有四次之多。至於這次是否必須加價？尤其是否必須加價達百分之三十六？並不是一個如何複雜的問題。立法委員黃煥如在九月十八日提出的「第五次電力加價問題」質詢中，已經把不應加價的理由，說得清清楚楚；其中尤以「電價指數超過物價」，以及「電價指數超過國民所得」兩節所說，都完全是事實。請問政府主管當局，誰能否認黃委員所說：「自四十一年到現在，電價指數始終超過物價指數甚鉅，可說電力始終在領導漲價」？又誰能否認黃委員所說：「臺灣國民所得與物價指數，均遠在電價指數之後」？凡此種種，都用不着再在這裏細說。可是，現在我們不得不特別指出的一點，就是根據電力加價專案小組的計算，共擬定了五個加價方案：第一案是照現在利息，電價應減百分之〇・六，第二案是電價增加百分之二一・〇三，第三案是電價增加百分之七・六五，第四案是電價增加百分之二七・二八，第五案是電價增加百分之三六・七八。現在，政府所擬定的加價案，却是採取其中加價最高的第五案。其實，電力公司如果能在用人費、招待費、以至特殊用戶各方面，謀求通盤改革，便不至只知一味的加價，更不至加價到如此之多了。

民主政治是責任政治，政府對於人民，本來就該講信用。可是，去年在外滙調整時，經濟部長楊繼曾曾經公開表示：「三年之內，電力不要加價。」現在言猶在耳，楊部長却又要公然推翻自己的諾言了。同時，政府財經主管，過去每逢在立法院報告時，總是否認通貨膨脹和物價上漲，現在為了電力加價，而高估臺電資產總值，却又不惜承認物價上漲了。如此出爾反爾，在今日的中國官場，固已視為當然。但是，政府對於緊急處分此種非常措施所定的時限，竟也企圖在實質上加以推翻，未免陷於「信用掃地」了。請問像這樣的政府，如何取信於民？更如何獲得人民的信任？

其實，政府縱然不想取信於民，但總不該存着竭澤而漁的想法。現在，下級軍公教人員在生活如此艱苦之下，一般人民在租稅負擔如此繁重之下，還要咬緊牙關，分擔水災所造成的損失，早就是焦頭爛額。如果在緊急處分令原定限期屆滿之後，政府居然還不肯放一放手，讓大家鬆一口氣，竟不顧大家死活，硬迫使立法院不得不通過電力加價案，甚至接着使電信費、鐵路、公路票價等也同時加價，則其後果，又豈堪設想！

很明顯，電力加價，以至於電信費、鐵路、公路票等的加價，勢必導致物價的普遍上漲，加速通貨的高度膨脹，乃至於造成經濟的總崩潰。回憶大陸上的慘敗，原因固然很多，但物價上漲和通貨膨脹，顯然是重要因素之一。十年前的這一幕，眞可謂殷鑒不遠。現在，難道政府已決心走歷史的回頭路，而不惜重蹈大陸上的覆轍麼？

不過，話說回來，儘管我們的政府，是如此的不想取信於民，又如此的不恤民命，乃至於不惜重蹈大陸上的覆轍，但是，這一案已進入立法院，我們便只有希望立法院對人民負起責任來。過去在電力加價時，立法院都有過相當良好的表現，但願立委諸公，能一本已往的精神，使電力加價案，以至於其他各項公用事業的加價案，都胎死腹中，制止政府這種趁「災」加價的惡劣手法。

社論

（三）請速停辦「大陸來臺國民調查」！

從十一月十一日起，省政府辦理本年度戶口總校正時，忽同時舉辦一項所謂「大陸來臺國民調查」，並預定在這個月二十五日完成。按照省政府的規定，凡在民國三十四年以前出生之「大陸來臺國民」，均須加塡「大陸來臺國民調查表」一份，除掉應塡明自己的「出生別」、「出生年月日」及「本籍」以外，尙須塡明「本籍居住期間」、「客籍」、「客籍居住期間」、「最高學歷」、「主要經歷」以及「來臺年月」等等；同時，還須另在「親屬詳情」欄內，把自己的祖父母、父母、兄弟、姊妹、配偶、子女、孫子女等上下三代的「姓名」、「年齡」、「職業」、「有無來臺」等一一塡明，甚至還要在「備考」欄內另加詳細附註。

此項調查開始後，即引起自由中國各階層的普遍疑懼。到了十一月十七日，儘管省政府民政廳發言人又就此事公開發表了一篇自問自答的書面聲明，但大家的疑懼並未因此消除或減輕。相反的，立監兩院却紛紛提出反對意見，並先後通過臨時動議，要求主管當局將有關規定送審和到院報告。到了十一月二十五日，內政部長田炯錦及省政府民政廳副廳長張騰發的解釋，依然還是相同。其實，我們只要稍加分析，便知道諸如民政廳的此類說法，是站不住的；而此項調查，是應該立刻停止辦理的。

省政府的舉辦此項調查，其最後的根據」，據民政廳發言人說：「係奉行政院令舉辦，依照呈奉行政院令准之大陸來臺國民調查實施要點規定」。可是，行政院雖然是國家最高行政機關，却仍須嚴守「依法行政」之原則。所以，行政院的命令，非但不得與法律牴觸，而且非有法律依據，不得侵害人民權利，或使人民負擔義務。然而現在舉辦的此項調查，情形與此恰恰相反。關於這一點，立法委員李公權等三十五人在十一日二十日提出的臨時動議案中，便說得十分明白：「查戶口調查、戶籍登記、國民身份證事項之辦理，戶籍法、戶口普查法及戶籍法施行細則等有關法規，均有詳細規定。而憲法對於人民之權利與義務亦有專章，是政府與人民在法令之前，各有所守」。於是李委員等才進而要求行政院依據中央法規制定標準法之規定，將所頒「大陸來臺國民調查實施要點」送審，而獲得立法院的無異議通過。很明顯，像這樣一種涉及憲法所保障的人民自由權之措施，僅僅憑行政院一紙命令，在法律上是站不住的。

此項措施，在法律上站不住的理由，我們既然已經說明，現在不妨進一步探討：此學將發生怎樣的後果？

據民政廳發言人的解釋，此項調查之目的，「係爲明瞭大陸來臺國民狀況，以作反攻大陸時運用之參考。」但是，在我們看來，民政廳所宣稱的此種目的，根本不可能達到。現在，姑不問調查對象以「三十四年」以前出生而加以硬性劃分是否合理，只就下面一項簡單的事實來說，絕大多數從大陸流亡來臺的人，這麼多年以來，與大陸上的親屬，都是音信不通，連生死存亡也不知道，試問又能塡出點甚麼資料給政府參考？監察委員葉時修說得好：「主辦此事的內政部長或省主席，是否清楚他們在大陸上的親友還健在？生活如何？如果他們自己都不曉得而來調查我們的親友，我們又怎麼會知道？」簡括說，至少由於事實的限制，政府不可能從此項調查中，獲得甚麼反攻大陸的參考資料的。

其實，像這樣的一種調查，非但無從達到省政府所宣稱的目的，而且勢必造成一些惡劣的後果。關於這一層道理，大家說得最多。例如立法委員王鴻韶便說：「替本省與外省人加以區別，將來可能引起不良後果。」立法委員牛踐初也說：「無形之間，將本省人與大陸人分開。」同時，監察委員曹德宣更進一步指出：「政府調查大陸來臺國民的措施，臺灣人認爲政府重視大陸人而不重視臺灣人，大陸來臺的人則認爲政府不信任大陸來臺的國民，因而發生兩種不必要的誤會。」事實上，這樣劃分的結果，只有使得「本省人」和「外省人」的地域差別，更爲明顯；促使彼此間的鴻溝，更形擴大；乃至於破壞了團結。至於當此節約重建災區聲中，憑空又要增加幾十萬或幾百萬的開支，更是莫大的浪費。假使政府的本意，眞如田部長事後所說可由國民自由塡報，則用那麼一大筆錢，印那麼多的表，豈非存心浪費？

不過，此項調查，既缺乏法律上的根據，又不可能達到省政府宣稱的目的，而且還可能發生惡劣的後果，行政院何以會命令省政府辦理呢？這便使人不得，不揣測政府的眞實動機何在。坦白說一句，今天全國上下之所以深引爲疑懼者，主要的關鍵，可能就是在這裏。

大家都還清楚地記得：政府對於所謂「大陸來臺國民」，過去曾兩度企圖舉辦類似的調查；一次是在政府來臺灣不久擬舉辦的所謂公務人員「聯保」，一次是年前擬舉辦的所謂國民「安全調查」。這兩次調查，雖然名稱有異，範圍不同，但性質是一樣的。可是，都因爲與憲法賦予人民的自由權利精神不符，而在立法院的反對下作罷。不過，在四十四年底，國民黨終於在黨內舉辦過一次「自清運動」，規定每一個黨員，須塡十五種表格，其中便有一份「大陸關係清查表」，也包括有「親屬關係清查」在內。可是那次調查，也是無疾而終。

根據過去這些事例，我們便可以知道：這一次的「大陸來臺國民調查」，實際上還是過去「聯保」、「安全調查」、「自清運動」的翻版和擴大而已。因此，所謂「作反攻大陸時運用之參考」云云，多半是掩飾之詞。事實上，是政府希望每一個所謂「大陸來臺國民」，把自己過去的歷史以及上下三代的情形，都能毫無保留的交給政府，如同國民黨在「自清運動」中要求每一個黨員，把一切直接間接的關係，都交付給國民黨一樣。

總之，無論是「聯保」、「安全調查」、「自清運動」、以至於「大陸來臺國民調查」，都是一個思想模型下的產物，是對被調查人人格尊嚴的侮辱以及自由權利的侵犯。不過，我們仍舊希望這只是出於主管業務人員的幼稚和錯誤，並非政府存心用警察國家的手法，來對待「大陸來臺國民」。現在，行政院儘可立刻下令停辦，用來解除大家的疑懼。否則，立監兩院便該負起責任，制止這種錯誤的行政措施。

「容忍與自由」

——「自由中國」十週年紀念會上講詞

胡適講
楊欣泉記

雷先生！「自由中國社」的各位朋友！我感覺到剛才有位來賓說的話最爲恰當。夏濤聲先生一進門就對我說：「恭喜恭喜。這個年頭能活到十年，是不容易的。」我覺得夏先生這話，很值得作爲「自由中國半月刊」創刊十週年的頌詞。這個年頭能活上十年，的確是不容易的。「自由中國社」所以能够維持到今天，可說是雷儆寰先生以及他的一班朋友繼續不斷努力奮鬪的結果。今天十週年的紀念會，我們的朋友，如果是來道喜，應該向雷先生道喜；我只是擔任了頭幾年發行人的虛名。雷先生剛才說：他口袋裏有幾個文件，沒有發表。我想過去的事情，雷先生可以把它寫出來。他所提到的兩封信，也可以公開的。我記得民國三十八年三四月間，我們幾個人在上海；那時我們感覺到這個形勢演變下去，會把中國分成「自由的」和「被奴役的」兩部分，所以我們不能不注意這一個「自由」與「奴役」的分野，同時更不能不注意「自由中國」這個名字。我想，可能那時我們幾個人是最早用「自由中國」這個名字的。後來幾位朋友想到成立一個「自由中國出版社」。當初並沒有想要辦雜誌，只想出一點小册子。所以「自由中國出版社」剛成立時，只出了一些小册子性質的刋物。我於四月六日離開上海，搭威爾遜總統輪到美國。在將要離開上海時，他們要我寫一篇「自由中國社的宣言」。後來我就在到檀香山途中，憑我想到的寫了四條宗旨，寄回來請大家修改。但雷先生他們都很客氣，就用當初我在船上所擬的稿子，沒有修改一字；「自由中國」半月刋出版以後，每期都登載這四條宗旨。「自由中國」半月刋創刋到現在已十年了。回想這十年來，我們所希望做到的事情沒有能够完全做到；所以在這十週年紀念會中，我們不免有點失望。不過我們居然能够有這十年的生命，居然能在這樣困難中生存到今天，這不能不歸功於雷先生同他的一班朋友的努力；同時我們也很感謝海內外所有愛護「自由中國」的作者和讀者。

原來我曾想到今天應該說些什麼話；後來沒有寫好。不過我今天也帶來了一點預備說話的資料。在今年三四月間，我寫了一封信給「自由中國」編輯委員會同仁；同時我也寫一篇文章。文章登在「自由中國」第二十卷第六期，信登在第七期。那篇文章的題目是「容忍與自由」。後來由毛子水先生寫了一篇「容忍與自由書後」，殷海光先生也寫了一篇「胡適論『容忍與自由』讀後」：都登在「自由中國」二十卷七期上。前幾天出版的「自由中國」創刋十週年紀念特刋，有二十幾位朋友寫文章。毛子水先生也寫了一篇「自由中國十週年感言」，內容同我們在幾個月之前所講的話意思差不多。同時雷先生也有一篇文章，講我們說話的態度。記得雷先生在五年前已有一篇文章講到關於輿論的態度。所以這個問題很值得我們想一想。今天我想說的話，也是從幾篇文章中的意思，擇幾點出來說一說。

我在「容忍與自由」一文中提出一點；我總以爲容忍的態度比自由更重要，比自由更根本。我們也可說，容忍是自由的根本。社會上沒有容忍，就不會有自由。無論古今中外都是這樣：沒有容忍，就不會有自由。人們自己往往都相信他們的想法是不錯的，他們的思想是不錯的，他們的信仰也是不錯的：這是一切不容忍的本源。如果社會上有權有勢的人都感覺到他們的信仰不會錯，他們的思想不會錯，他們就不許人家信仰自由，思想自由，言論自由，出版自由。所以我在那個時候提出這個問題來，一方面實在是爲了對我們自己說話，一方面也是爲了對政府、對社會上有力量的人說話，總希望大家懂得容忍是雙方面的事。一方面我們運用思想自由、言論自由的權利時，應該有一種容忍的態度；同時政府或社會上有勢力的人，也應該有一種容忍的態度。大家都應該覺得我們的想法不一定是對的，是難免有錯的。因爲難免有錯，便應該容忍逆耳之言；這些聽不進去的話，也許有道理在裏面。這是我寫「容忍與自由」那篇文章主要的意思。後來毛子水先生寫了一篇「書後」。他在那篇文章中指出：胡適之先生這篇文章的背後有一個哲學的基礎。他引述我於民國三十五年在北京大學校長任內作開學典禮演講時所說的話。在那次演說裏，我引用了宋朝的大學問家呂伯恭先生的兩句話，就是；「善未易明，理未易察。」宋朝的理學家，都是講「明善、察理」的。所謂「善未易明，理未易察」，就是說善與理是不容易明白的。我引用這兩句話，第二天在報上發表出來，被共產黨注意到了。共產黨就馬上把它曲解，說：「胡適之說這兩句話是有作用的；胡適之想拿這兩句話來欺騙民衆，替蔣介石辯護，替國民黨辯護。」過了十二三年，毛先生又引用了這兩句話。所謂「理未易明」，就是說眞理是不容易弄明白的。這不但是我寫「忍容與自由」這篇文章的哲學背景，所有一切保障自由的法律和制度，都可以說建立在「理未易明」這句話上面。

最近出版的「自由中國」創刋十週年紀念特刋中，毛子水先生寫了一篇「自由中國十週年感言」。他在那篇文章中又提到一部世界上最有名的書，就是出版了一百年的穆勒的「自由論」(On Liberty)；從前嚴又陵先生翻譯爲「羣己權界論」。毛先生說：這本書，到現在還沒有一本白話文的中譯本。嚴又陵先生翻譯的「羣己權界論」，到現在已有五六十年；可惜當時國人很少喜歡「眞學問」的，所以並沒有什麼大影響。毛先生認爲主持政治的人和主持言論的人，都不可以不讀這部書。穆勒在該書中指出，言論自由爲一切自由的根本。同時穆勒又以爲，我們大家都得承認我們認爲「眞理」的，我們認爲「是」的，我們認爲「最好」的，不一定就是那樣的。這是穆勒在那本書的第二章中最精采的意思。凡宗教所提倡的教條，社會上所崇尚的道德，政府所謂對的東西，可能是錯的，是沒有價值的。你要去壓迫和毀滅的東西，可能是眞理。假如是眞理，你把它毀滅掉，不許它發表，不許它出現，豈不可惜！萬一你要打倒的東西，不是眞理，而是錯誤：但在錯誤當中，也許有百分之幾的眞理，你把它完全毀滅掉，不許它發表，那幾分眞理也一同被毀滅掉了。這不也是可惜的嗎？再有一點：主持政府的人，主持宗教的人，總以爲他們的信仰，他們的主張完全是對的；批評他們或反對他們的人是錯的。儘管他們所想的是對的，他們也不應該不允許人家自由發表言論。爲什麼呢？因爲如果教會或政府所相信的是眞理，但不讓人家來討論或批評它，結果這個眞理就變成了一種成見，一種教條。久而久之，因爲大家都不知道當初立法或倡教的精神和用意所在，這種教條，這種成見，便慢慢趨於腐爛。總而言之，言論所以必須有自由，最基本的理由是：可能我們自己的信仰是錯誤的；我們所認爲眞理的，可能不完全是眞理，可能是錯的。這就是剛才我說的，在七八百年以前，我們的一位大學者呂伯恭先生所提出來的觀念；就是「理未易明」。「理」不是這樣容易弄得明白的！毛子水先生說，這是胡適之所講「容忍」的哲學背景。現在我公開的說，毛先生的解釋是很對的。同時我受到穆勒大著「自由論」的影響很大。我頗希望在座有研究有興趣的朋友，把這部大書譯成白話的、加註解的中文本，以餉我們主持政治和主持言論的人士。

在殷海光先生對我的「容忍與自由」一文所寫的一篇「讀後」裏，他也贊成我的意見。他說如果沒有「容忍」，如果說我的主張都是對的，不會錯的，結果就不會允許別人有言論自由。我曾在「容忍與自由」一文中舉一個例子；殷先生也舉了一個例子。我的例子，講到歐洲的宗教革命。歐洲的宗教革命完全是爲了爭取宗教信仰自由。但我在那篇文章中指出，等到主持宗教革命的那些志士獲得勝利以後，他們就慢慢的走到不容忍的路上去。從前他們爭取自由；現在他們自由爭取到了，就不允許別人爭取自由。我舉例說，當時領導宗教革命的約翰高爾文 (John Calvin) 掌握了宗教大權，就壓迫新的批評宗教的言論。後來甚至於把一個提倡新的宗教思想的學者塞維圖斯 (Servetus) 用鐵鍊鎖在木樁上，堆起柴來慢慢燒死。這是一個很慘的故事。因爲約翰高爾文他相信自己思想不會錯，他的思想是代表上帝；他把反對他的人拿來活活的燒死是替天行道。殷海光先生所舉的例也很慘。在法國革命之初，大家都主張自由；凡思想自由，信仰自由，宗教自由，言論出版自由，都明定在人權宣言中。但革命還沒有完全成功，那時就起來了一位羅伯斯比爾 (Robespierre)。他在爭到政權以後，就完全用不容忍的態度對付反對他的人，尤其是對許多舊日的皇族。他把他們送到斷頭臺上處死。僅巴黎一地，上斷頭臺的卽有二千五百人之多，形成法國大革命期間的恐怖統治。這一班當年主張自由的人，一朝當權，就反過來摧殘自由，把主張自由的人燒死了，殺死了。推究其根源，還是因爲沒有「容忍」。他認爲我不會錯；你的主張和我的不一樣，當然是你錯了。我才是代表眞理的。你反對我，便是反對眞理；當然該死。這就是不容忍。

不過殷先生在那篇文章中又講了一段話。他說：同是容忍，無權無勢的人容忍容易，有權有勢的人容忍很難。所以他好像說，胡適之先生應該多向有權有勢的人說說容忍的意思，不要來向我們這班拿筆桿的窮書生來說容忍。我們已是容忍慣了。殷先生這番話，我也仔細想過。我今天想提出一個問題來，就是：究竟誰是有權有勢的人？還是有兵力、有政權的人才可以算有權有勢呢？或者我們這班窮書生、拿筆桿的人也有一點權，也有一點勢呢？這個問題也值得我們想一想。我想有許多有權有勢的人，所以要反對言論自由，反對思想自由，反對出版自由，他們心裏恐怕覺得他們有一點危險。他們心裏也許覺得那一班窮書生拿了筆桿在白紙上寫黑字而印出來的話，可以得到社會上一部分人的好感，得到一部分人的同情，得到一部分人的支持。這個就是力量。這個力量就是使有權有勢的人感到危險的原因。所以他們要想種種法子，大部分是習慣上的，來反對別人的自由。誠如殷海光先生說的，用權力用慣了，頤指氣使慣了。不過他們背後這個觀念倒是準確的：這一班窮書生在白紙上寫黑字而印出來的，是一種力量，而且是一種可怕的力量，是一種危險的力量。所以今天我要請殷先生和在座的各位先生想一想，究竟誰是有權有勢？今天在座的大概都是拿筆桿寫文章的朋友。我認爲我們這種拿筆桿發表思想的人，不要太看輕自己。我們要承認，我們也是有權有勢的人。因爲我們有權有勢，所以才受到種種我們認爲不合理的壓迫，甚至於像「圍剿」等。人家爲什麼要「圍剿」？還不是對我們力量的一種承認嗎！所以我們這一班主持言論的人，不要太自卑。我們不是弱者；我們也是有權有勢的人。不過我們的勢力，不是那種幼稚的勢力，也不是暴力。我們的力量，是憑人類的良知而存在的。所以我要奉告今天在座的一百多位朋友，不要把我們自己看得太弱小；我們也是强者。但我們雖然也是强者，我們必須有容忍的態度。所以毛子水先生指出我在「容忍與自由」那篇文章裏說的話，不僅是對壓迫言論自由的人說的，也是對我們主持言論的人自己說的。這就是說，我們自己要存有一種容忍的態度。我在那篇文章中又特別指出我的一位死去的朋友陳獨秀先生的主張：他說中國文學一定要拿白話文做正宗；我們的主張絕對的是，不許任何人有討論的餘地。我對於「我們的主張絕對的是」這個態度，認爲要不得。我也是那時主張提倡白話文的一個人；但我覺得他這種不能容忍的態度，容易引起反感。

所以我現在要說的就是兩句話：第一，不要把我們自已看成是弱者。有權有勢的人當中，也包括我們這一班拿筆桿的窮書生；我們也是強者。第二，因爲我們也是強者，我們也是有權有勢的人，我們絕對不可以濫用我們的權力。我們的權力要善用之，要用得恰當：這就是毛先生主張的，我們說話要說得巧。毛先生在「自由中國十週年感言」中最後一段說：要使說話有力量，當使說話順耳，當使說出的話讓人家聽得進去。不但要使第三者覺得我們的話正直公平，並且要使受批評的人聽到亦覺得心服。毛先生引用了禮記上的兩句話，就是，「情欲信，辭欲巧。」內心固然要忠實，但是說話亦要巧。從前有人因爲孔子看不起「巧言令色」，所以要把這個「巧」字改成了「考」(誠實的意思)字。毛先生認爲可以不必改；這個巧字的意思很好。我覺得毛先生的解釋很對。所謂「辭欲巧」，就是說的話令人聽得進去。怎麼樣叫做巧呢？我想在許多在座的學者面前背一段書做例子。有一次我爲「中國古代文學史選例」選幾篇文章，就在論語中選了幾篇文章作代表。其中有一段，就文字而論，我覺得在論語中可以說是最美的。拿今天所說的說話態度講，可以說是最巧的。現在我把這段書背出來：——定公問，「一言而可以興邦，有諸？」孔子對曰，「言不可以若是；其『幾』也！人之言曰，『爲君難；爲臣不易。』如知爲君之難也，不『幾』乎一言而興邦乎？」曰，「一言而喪邦，有諸？」孔子對曰，「言不可以若是；其『幾』也！人之言曰，『予無樂乎爲君；唯其言而莫予違也。』如其善而莫之違也，不亦善乎！如不善而莫之違也，不『幾』乎一言而喪邦乎？」論語中這一段對話，不但文字美妙，而且說話的人態度非常堅定，而說話又非常客氣，非常婉轉，夠得上毛子水先生所引用的「情欲信、辭欲巧」中的「巧」字。所以我選了這一段作爲論語中一等第一的文字。

現在我再講一點。譬如雷先生：他是最努力的一個人；他是「自由中國」半月刊的主持人。最近他寫了一篇文章，也講到說話的態度。他用了十個字，就是，「對人無成見，對事有是非。」底下他說，「對任何人沒有成見。……就事論事。由分析事實去討論問題；由討論問題去發掘眞理。」我現在說話，並不是要駁雷先生；不過我要借這個機會問問雷先生：你是否對人沒有成見呢？譬如你這一次特刊上請了二十幾個人做文章：你爲什麼不請代表官方言論的陶希聖先生和胡健中先生做文章？可見雷先生對人並不是沒有一點成見的。尤其是今天請客，爲什麼不請平常想反對我們言論的人，想壓迫我們言論的人呢？所以，要做到一點沒有成見，的確不是容易的事情。至與「對事有是非」，也是這樣。這個是與非，眞理與非眞理，是很難講的。我們總認爲我們所說的是對的；眞理在我們這一邊。所以我覺得要想做到毛先生所說「克己」的態度，做到殷海光先生所說「自我訓練」的態度，做到雷先生所說「對人無成見，對事有是非」十個字，是很不容易的。如要想達到這個自由，恐怕要時時刻刻記取穆勒「自由論」第二章的說話。我頗希望殷海光先生能把它翻譯出來載在「自由中國」這個雜誌上，使大家能明白言論自由的眞諦，使大家知道從前哲人爲什麼抱着「善未易明，理未易察」的態度。

雷先生在那篇文章中又說，「我們要用負責的態度，來說有分際的話。」這就是說，我們說話要負責；如果說錯了，我願意坐監牢，罰欵，甚至於封閉報館。講到說有分際的話，這也不是容易做到的。不過我們總希望雷先生同我們的朋友一起來做。怎麼樣叫做「說有分際的話」呢？就是說話要有分量。我常對青年學生說：我們有一分的證據，只能說一分的話；我有七分證據，不能說八分的話；有了九分證據，不能說十分的話，也只能說九分的話。我們常聽人說到「討論事實」。什麼叫「事實」，很難認清。公公有公公的事實；婆婆有婆婆的事實；兒媳有兒媳的事實：公公有公公的理；婆婆有婆婆的理；兒媳有兒媳的理。我們只應該用負責任的態度，說有分際的話。所謂「有分際」，就是「有幾分證據，說幾分話。」如果我們大家都能自己勉勵自己，做到我們幾個朋友在困難中想出來的話，如「容忍」、「克己」、「自我訓練」等；我們自己來管束自己，再加上朋友的誠勉；我相信我們可以做到「說話有分際」的地步。同時我相信，今後十年的「自由中國」，一定比以前十年的「自由中國」更可以做到這個地步。

附記：本文係整理速記而成，因急於發排，沒有送請胡先生過目。

——編輯部敬啓

國際局勢與反攻復國之道

金思愷

我們的政府自遷臺以來，一直在開反攻復國的支票，迄今尚未兌現。但時不我與，國際局勢已有急轉直下朝向緩和的趨勢。看來，不但我們所寄望的第三次世界大戰愈來愈渺茫、反攻復國之期愈來愈遙遠，而且可能已經涉及到了我們國家的生存問題。

值此危急之時，不顧自己的思考成熟與否，不計個人的文章的好壞，特斗膽應本刊編者之邀，貢獻一些坦白與微末之見，或可作為賢者之參考。

國際的反共政策

時至今日，一個國家的反共事業已與國際的反共事業具有密切關係。這種密切關係從好的方面來看，是反共者不會陷于孤立，具有強大的後援；從壞的方面來說，則難以單獨行動，受着國際的牽制；我們的國家就在這樣的反共陣營之中。為此，我們首先必須無保留的討論國際的反共政策。

由于進入了核子時代，兩大陣營都恐懼世界的毀滅，誰也無膽嘗試現代戰爭。在全世界都恐懼戰爭的前提之下，才有所謂「和平共處」的時期。若認為在「和平共處」的時期說共產國際已放棄世界革命了，那是荒謬的。十月十日赫魯雪夫在新西伯利亞市的羣衆大會上說：「必須正確地理解和平共處。共處就是兩個社會制度鬥爭的繼續，不過，是用和平的方法，不是用戰爭和一國干涉另一國內政的方法進行鬥爭。我們認為，這種鬥爭是經濟鬥爭，是政治的和意識形態的鬥爭，而不是軍事鬥爭。」（一九五九年十月十五日人民日報）同樣，我們若因為「和平共處」而認為自由世界的主要國家放棄反共鬥爭了，那也是錯誤的。

世界局勢即使是這樣的發展，還是對自由世界有利。因為：一、由馬克思、恩格斯、列寧以至于史太林的時代中，共產黨人是何等的狂妄，他們認為資本主義即將潰亡，完成世界革命好像是明天的事，這一種狂熱促使當時的共產黨徒到處冒險。而現在，赫氏被迫而喊出以經濟競賽為主體，輔之以政治的和意識形態的鬥爭，着眼于所謂比垮資本主義的主要手段。這至少可以說共產國際的領導已經認識到要完成世界革命並不是輕而易舉的事，顯得他們的狂熱已有某一程度的降低。這一種狂熱的降低，無論如何將影響于他們的行動。這一種歷史發展的事實，說明自由世界與共產主義鬥爭的頭一回合已經勝利了。二、在「和平共處」的階段中，思想意識的鬥爭勢必愈來愈認眞，文化交流已有所開展，隨後當更變得廣泛深入。在自由世界的大部分地區，對于共產主義的宣傳已經習慣，即使再擴大一些，亦不見得會發生何種特殊效力；但在共黨統治地區，却習慣于鐵幕封鎖，現在已敞開幾個缺口，自由思想將迅即湧入，從而亦將發生巨大的效果，勢必又導致共產主義本身的變質。儘管在二次大戰以後，共產黨佔領的地區有顯著的擴張，若共產黨人的思想變質了，則對共產主義運動來說，並不能算是勝利。蘇俄內部近年來的許多西化的跡象，正說明共產主義的變質已在開始。

因此，自由世界未來的反共主導政策，大概是：以圍堵政策阻止共產主義運動的有形發展；通過經濟、政治與思想鬥爭，促使共產黨人自身的變質。

在兩大集團的主要國家爭取這種「和平共處」的時節，中共是個搗亂分子，它去年在臺峽挑釁，現正又在中印邊境肇事，到目前為止，始終不肯放棄武力向外擴張政策。於是，美國對中共的新政策，是孤立它，使它不能獲得國際間的支持。我們現在所面對着的敵人，是在這樣的環境與採取這一種態度之中。

儘管目前中共表現得非常倔強，但從較長的時間來看，它的這種倔強是無法久持的；同時，在現階段，它也不敢眞正的挑起大戰。因此，世界局勢還是趨向于緩和，第三次大戰的可能性已經降到最低點。

儘管世界局勢是有利于自由世界，但對我國來說，却是不利的。因為在局勢緊張的時期，我們有戰鬥力，人們也肯化點錢來維持，但一旦局勢轉趨緩和，則變成了世界的贅累，因此「兩個中國」與「托管臺灣」之議勢必要愈來愈高。

突破環境毅然反攻

我們的政府，說句老實話，一直在等待第三次世界大戰，現在這種希望已經近于幻滅。那末，我們必須要放棄這種希望，針對當前形勢，作出新的決策。

這種新的決策之最上者，是憑我們的努力來突破這種環境，扭轉世界局勢，創造新的歷史條件，亦即毅然採取行動進行反攻。

這裏所說的反攻，不應該說是高調。因為在現階段具備下述三個有利的客觀條件：

一、自從中共去年進行大躍進運動、人民公社以來，大陸人民的反共情緒的高漲已達于頂點；近來彭德懷、黃克誠、洪學智等中共軍隊首腦的連續被免職，說明這種反共情緒已經深入于共軍隊之中；可見這是一個極適宜反攻的機會。

有人認為，既然大陸人民反共情緒如此高漲，那麼可以等待他們的起義，坐收其成。這是一種新的要不得的等待思想。大陸人民不是沒有起義過，現在西藏人民的反抗，難道是假的，試問吾人已作了何種支援？這樣的例子，給予大陸反共人民影響無疑是很大的，敢作敢為的人在這種國府的冷淡態度下，恐怕也洩了氣。同時，中共是以組織控制人民的，其嚴密的程度使父子夫妻之間都不敢訴說心事，在大陸上的反共人民很難發動一次有組織的反共行動；有之，只是個別的、零星的行動。因此，必須以有力的部隊打垮其組織，然後才能使大陸的反共行動蜂起雲湧。

二、自由世界的主要國家儘管是盼望和平，也許會干涉我們的反攻行動，但假使我們的部隊確實能够在大陸獲得堅强據點，從而逐漸擴大，這終究還是自由世界大多數人民所希望的，後援不是無繼的。從而來扭轉各主要自由國家的態度，還是有很大希望。

三、假使我們的反攻行動，具有某種成果，而且在開始時節未觸發世界大戰，則蘇俄繼續袖手旁觀的可能性很大。因爲去年八月七日人民日報的社論，已經指責過蘇俄的「各人自掃門前雪，莫管他人瓦上霜」的態度。若果形成了這種局勢，無疑勝利將屬于我們。

當然，我們不能認爲這樣的反攻行動沒有一點危險性，但一個有革命勇氣的人，他的行動不能不具有冒險性，否則只是一個口頭革命者，不是一個行動革命者，永遠沒有成功的機會。孫中山先生赤手空拳打倒了滿清，前仆後繼的革命烈士，難道並不知道自己行動的危險性，憑着他們視死如歸的精神，方才締創了後來的中華民國。我們現在的境況與那時比較起來，無論如何要優厚得多，一味强調困難的人，顯已陷入于不能寬恕的自私自利的思想之中。

長期鬪爭與反攻復國

如果，不能突破國際環境毅然進行反攻的話，那麼必須順應局勢準備長期鬪爭；在這種長期鬪爭中，必然還有反攻的機會，一待時機到來立即採取行動。那麼在這一階段的中心工作該是作反攻復國的準備。這一種反攻復國的準備工作，不該是只注重軍事準備，而應該是政治、經濟、與軍事三方面齊頭並進。

我們所據以反抗共產極權者，是自由與民主。假使我們的本身也不切實奉行自由民主，還談什麼反抗共產極權？進入長期鬪爭階段以後，這一種自由民主的表現，對我們的政府來說，尤爲需要。在目前阻礙着自由民主原則的實現者，應該是那個假借反攻大陸爲名的軍事獨裁，政府的一切違反自由民主的行動，一概委之于軍事時期的獨裁。值茲新階段的開始，進入長期鬪爭時期，我們有理由要求結束軍事獨裁，恢復正常的自由民主生活。這種結束軍事獨裁，絲毫並不意味着我們已放棄反攻復國，而是從較長時期中來準備反攻大陸，而是從改革自己的政治開始，然後再展開對敵的政治鬪爭與思想鬪爭。

目前的經濟問題是與政府機構的龐大，特別是擁有幾十萬部隊的無謂浪費關聯着的；照目前的情況來看，直接與間接依賴政府供給而生活者不會下于二百萬人，而臺灣的人口只有一千萬，連老幼都計算在內，四個人的生產就要維持一個公敎人員或其家屬的生活，若以一個勞動力本人就要維持五口之家計，則一個勞動力的生產就要供給一個公敎人員或其家屬的生活，在這種情況之下，絕無餘力來發展經濟。自身的經濟不能發展，只能以討取美援渡日，這一種經濟上的依賴是爲政治上受到牽制的前因。而在是後，世界進入新的鬪爭時期，美援無疑將逐漸減少，若不從速自救，肯定地說經濟狀況將迅卽惡化，在大陸上的金圓劵後果，吾人記憶猶新，當不能容其再見于臺灣。惟一自救之道是減少消費與增加生產，具體辦法當是裁員裁軍。

對于裁員或者無人提出異議，這裏提出的裁軍勢必有人反對。他們的理由又一定是既然要準備反攻大陸，那能削減武裝？這種說法根本似是而非。因爲目前的武器發展，雙方的決勝已不在于人數的多寡，而是依仗于技術。而目前技術發展又日新月異，今日的作戰新武器，明日或將置入于廢棄庫之中，這一種武器更新的費用，自必又與武裝人員的多寡成正比例，但國家所能支出者有一定的限度，它爲使預算平衡，必須在裁減武裝人員與不更新武器兩項方法之中選擇一項。前已述及，沒有技術就無取勝之道，亦卽持有舊武器的軍隊的作戰效率等于零。那麼更新武器是必須不斷的繼續進行；在這種情況之下，政府只有採取裁軍一途是無疑義的。

此外，是我們居住在海外的特有感覺，好像目前政府對于海外同胞是另眼相看，別有用心的。大別之，可以分成三大類：通過黨團關係阿諛肉麻分子是第一類，不問不聞的是第二類，持有若干反對意見的是第三類。對于第一類政府當然是歡迎之唯恐不周，對于第二類是你不問聞我也不問聞，對于第三類則視同匪諜，出盡方法予以打擊。這樣的說，絕不是故聳聽聞。最近香港「自由人」半周刊被迫停刊、「祖國周刊」的被指爲「內容違法」撤銷內銷登記，當可說明這一點。要知海外刋物之向政府登記內銷，其含義是它希望向政府靠攏，旣不說明它違的什麼法驟然予以撤銷登記，這意味着政府拒絕海外同胞的熱誠靠攏。若藉此而想把海外僑胞的思想意識完全統一起來，那是一項愚蠢的行動。國內的一篇萬歲之聲是假的，海外的無懼于要求統一思想的威脅的言論，才反映出了他們心底的話，才是眞正的輿論。一個執政者至少會得明白：在思想上只能求其在某一特定方面，當前是反共前提上的統一。

目前在大陸以外的同胞約共二千三百萬人，其中在臺灣者是一千萬人，在海外者是一千三百萬人，若硬只能讓那一小撮喊萬歲的海外忠貞分子有向政府靠攏的資格，其餘的一概拒絕，那只是自毀基礎的做法。我們不希望政府自毀基礎，從而也懇切希望政府改變對待華僑的政策，最先應該從讓他們互相自由交流國內外的思想做起。這當然不能理解爲國家應該給海外華僑以言論自由的特權，而國內的同胞不應該有這種權利。

＊　＊　＊　＊

最後，我認爲國家的處境雖然已日趨惡劣，但並不是已到達無可挽救的地步，只要認淸局勢，上下一心，勇敢奮鬪，前途還是光明的。

正視第五次電力加價問題

陳式銳

一　不成問題底問題

電力價格的調整，亦卽電力加價，現在重又成爲一個討論底問題。當去年立法院審查臺灣電力公司四十八年度預算時，經濟部長楊繼曾及臺電董事長楊家瑜均負責表示：「臺電財務情形相當良好，並無虛盈實虧情事」；並謂：「如果物價無大波動，三年之內不要加價」[註一]。本年五月初，「關係方面人士」透露：「目前政府不考慮調整電力價格，截至目前爲止，政府還沒有適當理由來調整電價」[註二]。繼之，經濟部奉令研究是否必須提高價格，該部專案研究的結論如次[註三]：

對於開闢新電力資源，可利用臺電公司每年盈餘轉作投資，而對現行電力價格，似無調整必要。……且每年之美援還欵，因其另有財務計劃，似亦可以謀獲解決，因此有人建議提高電價，在需要上似無一定必要；而在本省電價過於低廉之觀點來看，則又屬另一問題。

在此之先，經濟部長楊繼曾於四月八日在立法院經濟委員會指出：「電價問題，雖美方有提高之要求，但我方認爲應依照實際情形，根據立法院所訂定之公式計算，如有必要時始可加價，不能隨意辦理」[註四]。由此，可見提出電價問題者屬於美方有關方面；而經濟部根據研究，認爲無此必要。但是，四月廿九日報上發表了一段新聞：「美援電力開發工程新臺幣部份近由美方暫停撥付，主要原因爲中美雙方對於電力公司財務情況觀點不同所致」；彼此不同之基本歧點，據透露如次[註五]：

美援方面：「認爲依目前臺灣電力公司收入情形，實不足對於美援償還有充份保障；因爲現行電價偏低，電力公司財務情況甚苦，所以認爲公司方面應提高電費，增加收入，俾有充分財力償付美援債務」。

政府方面：「對於美方此項觀點不盡同意，因爲電力爲公用事業，並且尤爲工業所需，如果增加電力收費，勢必影響工業生產成本，同時有違公用事業以服務爲目的的原則；如果該公司以後對於美援債務償付並無短少或拖欠情事，美方對於電價偏低一節，似可不必過問」。

美國國際合作總署駐華安全分署署長郝樂遜四月廿九日對記者聲明，首先指出「美國絕對沒有對臺電開發工程的美援撥欵已暫時停止事實」，並否認臺電加價問題的不能順利實現，是所謂「美援暫停」的原因之一；但他說：「臺電的收費標準很低，很可以予以提高，因而減少對美援項下的要求」。他且指出：「電力加價後，受影響最大的自然是工業，但他認爲工業因爲加價而增加的支出，實在只占整個生產成本的一極少部份；如果認爲因此而增加成本致影響到一般物價，那是一種過慮」[註六]。

臺電公司乃至經濟部均以該公司「財務情形相當良好，並無虛盈實虧情事」，所以說「三年之內不要加價」；經濟部奉令研究，結論也是「無調整必要」。但是，美援方面卻認爲「電力公司財務情況甚苦」，主張「提高電費」，以保障「償付美援債務」。此一問題不但是償債能力的單純問題，且牽涉到原則性的討論。其間，工業界人士指出：臺灣電力公司是一個公營事業（民間股本僅占一%），它申請美援，只需政府負責保證按期還本付息，安全分署不必斤斤計較該公司的財務問題；其次，臺電的開發電源缺乏資金而申請美援貸欵，屬於爲籌措資本而擧債，絕不能取之於電價，令一般用戶負擔，蓋用戶並非臺電的股東。再者，他們要求美安全分署擧出例子，證明美國工業界擴充設備而提高產品售價，他們就不反對臺電公司因申請美援而提高電費的計劃[註七]。

儘管如是，十月二十三日報載，據有關方面透露：經濟部已提出電價調整方案，並經行政院院會討論通過，將洽請立法院審議；希望增加的比率是三六%，卽與總統緊急措施命令中對電價所加征的水災復興建設捐相等，於明年一月一日該捐停止時緊接加價。政府的一位官員對此有所解釋：「這次政府提請電價提高的主要原因，是在穩定臺電的財務基礎，以便加速電力工業的發展，……同時，申請美援，其本身財務基礎必須健全，亦卽接受援助以後，必須能確保貸欵之可以如期償還，始可獲得美援貸欵。政府基於上述理由，故特提請立法院准許電價再作一次的提高」[註八]。問題既演變到此地步，大家應當正視其眞實內容及癥結的所在，則萬一無法阻止此一不合理底措施，亦可明瞭此中的原委。

二　不得已提出加價三六%

按上年美國國會通過共同安全法案第五一七節條文，其中規定一切受援計劃，必須具有切實可靠之財務計劃，始能接受援欵。美駐華安全分署卽據此與我政府談判臺電的申請貸欵問題；但所謂「切實可靠之財務計劃」，彼此觀點及計算方法不同，也就發生不同底主張。在未獲得一致之前，本年二月起臺電工程計劃美援撥欵均有延擱。本年度建設美援約三千萬美元，臺電占一千五百萬餘美元，倘延過五月份仍未解決，卽將全部喪失，在此情勢之下，當局不得不有所承諾，藉以保存美貸。據查美方主張中，最重要者有以下兩項：

㈠臺電資產重置價值的計算方法：該公司資產重估係四十三年擧辦，五年來滙率兩次調整，物價亦已上漲，臺電帳面資產金額不足以表示該公司資產的眞實價值；而據以計算之折舊及維護費，亦隨之偏低。因此，主張以按照逐年物價指數加以調整，作爲折舊及維護費計算之依據。

(二)投資的合理利潤：臺電四十三年重估資產之後，就資金總值減去負債，淨值二十七億餘元，當時卽以十四億一千五百萬元作爲資本額，其餘十三億餘元改作公積金；所以目前卽以此十四億一千五百萬元之資本額加歷年重投資以六厘計算股息。但美方則主張以四十三年所估之資產總值以及歷年完成之新設備，照歷年物價指數逐年予以調整，然後減去累計折舊準備，再減去已完成各項工程之借欵餘額，加上營運資金二億元，作爲投資合理利潤之計算基礎(利潤仍以六厘計算)。

當局就美方上擧兩項主張，重新整理臺電的財務計劃；由此，一方面，對立法院原四十二年製定之電價公式：

$$每度平均電價=\frac{\text{發電費用}+\text{供電費用}+\text{售電費用}+\text{管理及總務費用}+\text{股息}+\text{所得稅}}{\text{售電度數}}$$

就「股息」改爲「合理利潤」，並減去「其他營業收入」，改變公式如次：

$$每度平均電價=\frac{\text{發電費用}+\text{供電費用}+\text{售電費用}+\text{管理及總務費用}+\text{其他費用}+\text{合理利潤}+\text{所得稅}-\text{其他營業收入}}{\text{售電度數}}$$

另一方面，電價公式內各項因素之計算，其中「折舊」、「維護費」、及「合理利潤」等，因資產總值的膨大，其金額當隨之增大，試看其計算方法。

(一)折舊：就四十三年重估資產總值（四、一九二、七四七千元），加歷年新增資產，再加本年度預算新增資產，然後以二·五%折舊率計提折舊準備，並照臺灣省政府發表之躉售物價指數，計提資產漲價補償準備。

(二)維護費：同上資產以一%計算。

(三)合理利潤：同上資產減去累計折舊準備，再減去已完成工程之借欵總數，加上營運資金兩億元作爲基數，以六%計算。

(四)利息：按照美援合約新規定(年息及期限)計算。

(五)燃料費、用人費、稅捐、其他費用、及所得稅：計算方法略。

經濟部會同有關機關進行研究，根據美方所提原則，及臺電四十九年度各項收支數字，加以計算；並經專案小組作最後之審定，擬定電費率平均增加三六%(表一)：

表一　臺電電費率計算表　單位：新臺幣元

項目	金額
(一)營業支出	
用人費用	一三〇、六〇三、〇〇〇·〇〇
維護費	九一、五一八、〇〇〇·〇〇
燃料	二三四、九八四、〇〇〇·〇〇
其他營業費用	七八、一二〇、〇〇〇·〇〇
稅捐	三八、六七五、〇〇〇·〇〇
折舊	二三四、八四二、〇〇〇·〇〇
小計	八〇八、七四二、〇〇〇·〇〇
(二)利息	一九九、五五八、〇〇〇·〇〇
(三)合理利潤	二六九、一九四、〇〇〇·〇〇
(四)所得稅(包括防衛捐)	二一一、二六三、〇〇〇·〇〇
總計	一、三八八、七五七、〇〇〇·〇〇
(五)減：其他營業收入	五二、五八四、〇〇〇·〇〇
(六)售電成本	一、三三六、一七三、〇〇〇·〇〇
(七)每度售電成本(售電度數三、一二五百萬度)	四二·七六分
(八)原核定電價	三一·四四分
(九)應增電價	一一·三二分
(十)應增百分率	三六%

按整個計算差異之處，其主要在：(一)資本額，臺電原以十四億一千五百萬元加歷年重投資計算（負債及公積金在外）；今則以四十三年重估資產四十一億九千二百七十四萬七千元加歷年完成之新設備總值計算。(二)折舊、利潤、維護費等，不但照新資產總額計算，且按歷年物價指數逐年予以調整。如此，資本、資產混淆不清，投資與貸欵亦界限不明；尤有甚者，臺電用戶已被視爲無限責任之股東，臺電之維持與擴建，一皆以用戶是問。

三　償還美貸年有餘裕

當醞釀臺電第五次電力加價聲中，輿論先後表示異議；立法院本年九月十八日擧行第二十四會期第二次會議，立法委員黃煥如亦提出「第五次電力加價問題」，對行政院院長作施政報告之書面質詢，內容充實，報上且予發表[註九]。黃氏首先追述過去四次加價：四十一年十二月卅一日第一次，爲籌措開發電源五年計劃建設資金，直接由用戶加價負擔；四十三年十二月三十日第二次，爲公司虛盈實虧，影響開發計劃及美援貸欵還本付息；四十五年六月廿八日第三次，爲外滙調整，影響外債；四十七年四月一日第四次，爲燃料漲價，且盈餘不足還本付息及付股息六%。以上四次加價均不附徵防衛捐，並規定專戶存儲，儘先作爲美援貸款還本付息之用。可見臺電過去四次的加價，主要在向電力用戶加收電費，以作美貸還本付息之基金；但是美方尚認爲「電力公司財務情況甚差」，究竟實情如何？黃氏舉出臺電四十二年總生產值二五〇、五一一、〇〇〇元，四十七年升至七八一、五二〇、〇〇〇元，計增三·一倍；四十六年決算，每百元營業獲利二二·五元，股息超過六厘，爲任何國營事業所不及；四十七年雖因外滙調整而增重負擔，股息仍達五·七厘。四十八年龍澗等新工程加入運轉，售電量預計增至二、七八三、〇〇〇、〇〇〇度以上，可獲利一八四、四四〇、〇〇〇元，較四十七年決算盈利一六六、六〇〇、〇〇〇元，計增加一七、八四〇、〇〇〇元。由此觀之，經濟部及臺電本身所謂「財務情況相當良好」而認爲電價「無調整必要」，實非空言。

至於美方應當關心的償債問題，黃煥如委員亦以具體數字，說明「償債基金年有餘裕」。先後加價專戶儲存之還本付息基金：四十四年收入一六二、〇五〇、八一六·二七元，還本付息七二、七〇四、五〇七·八〇元，結餘八九、三四六、三〇八·四七元，以撥付資本支出及撥墊美貸工程款；四十五年收入二二九、七二〇、五八四·九六元，還本付息九五、四九七、七九〇·〇九元，結餘一三四、二二二、七五八·八七元，加收回上年撥墊美貸工程款一九、二〇五、二五〇·七五元，累計一五三、四二八、〇〇九·六二元，以撥付資本支出及撥墊美貸工程款；四十六年收入三二〇、七三二、二〇一·二三元，還本付息一七四、六七一、二一八·九八元，結餘一四六、〇六〇、九八二·二五元，加收回上年撥墊美援工程款一一、一五四、二四四·五九元，累計一五七、二一五、二二六·八三元，以撥付資本支出及撥墊美貸工程款；四十七年收入三九四、二九一、一一七·四六元，還本付息三一四、七七三、二七五·三六元，結餘七九、五一七、八四二·一〇元，加收回上年撥墊美貸工程款三〇、〇五七、四六七·〇七元，累計一〇九、五七五、三〇九·一七元，以撥付資本支出及美貸工程款。而資本支出一項，自四十二年至四十七年累計達六三三、九一六、七六七·四六元；此外，每年尚有基金結存（表二）。至四十八年度預算總收入九一八、四五八、〇〇〇元，應提償債基金四八八、三六九、九〇八元，應還本付息四〇一、七五四、一七七·七〇元；內美金本息四、五一七、四七九元，因外滙滙率調整每美元升值一一·六元，計升值五二、四〇二、七五六·四〇元，共四五四、一五六、九三四·一〇元；提存償債基金，減去此一金額，可結餘三四、二一二、九七三·九〇元，再按美援貸款減息延期計算，則所餘更多。

表二　臺電歷年償債基金收支表

單位：新臺幣元

項目	四十二年	四十三年	四十四年	四十五年	四十六年	四十七年
收入之部						
電費加價收入	五四、八八八、四六四·五四	六三、二七七、一四八·九九	一六二、〇五〇、八一六·二七	二二九、七二〇、五八四·九六	三二〇、七三二、二〇一·二三	三九四、二九一、一一七·四六
折舊準備	二九、三四七、六九五·一三	六九、〇二二、一〇七·七〇	—	—	—	—
借款收入	九五、〇〇〇、〇〇〇·〇〇	二六、〇〇〇、〇〇〇·〇〇	—	—	—	一一五、四七〇、七三五·〇九
利息收入	八五五·三三	二、九三六·三六	一三、一七九·三一	一九三、九五二·六〇	—	
收回上年度撥墊美貸工程款	—	—	—	一九、二〇五、二五〇·七五	一一、一五四、二四四·五九	三〇、〇五七、四六七·〇七
合計	一七九、二三七、〇一四·八八	一五八、三〇二、一九三·〇五	一六二、一七三、九九五·五八	二四九、一一九、七八八·三一	三三一、八八六、四四五·八二	五三九、八一九、三一九·六三
支出之部						
還本	一三、五四〇、〇〇〇·〇〇	五五、〇三六、五七五·四一	四七、八〇三、八四〇·四五	六八、四〇五、六五三·一五	一四二、七六二、二五七·八〇	二三四、八一六、七三一·七五
付息	一七、七一二、五七三·四八	一六、六七九、〇四三·〇〇	二四、九〇一、六六七·三五	二七、〇九二、一三六·九四	三一、九〇八、九六一·一八	七九、九五六、五四三·六一
撥付資本支出	四八、九八三、五七六·一八	八六、五八一、三九九·二八	六九、三一〇、七一〇·〇〇	一三五、六〇〇、〇〇〇·〇〇	一四四、九八三、〇八二·〇〇	一五八、四五八、〇〇〇·〇〇
撥付美貸工程款	—	—	一九、二〇五、二五〇·七五	一一、一五四、二四四·五九	一五、八〇〇、〇〇〇·〇〇	四一、〇〇〇、〇〇〇·〇〇
合計	一七九、二三六、一四九·六六	一五八、二九七、〇一六·六九	一六一、二二〇、四六八·五五	二三二、二五二、〇三四·六八	三三五、四五四、三〇〇·九八	五一四、二三一、二七五·三六
基金結存	八六五·二二	五、〇四一·五八	九五七、五六八·六一	一七、八二五、三二二·二四	一四、二五七、四六七·〇七	二五、五八八、〇四四·二六

所謂美援貸款減息延期，即美援器材貸款及美援第四帳戶貸款，因去年滙率調整，中美雙方同意另立新約，由原訂之二十年四十期均攤還清，改爲二十五年或三十年每年四期之年金攤還，即第一次年金自四十九年九月開始，四十八年及四十九年上半年僅付息而不還本。正因償還條件之修訂，每年還本付息金額較原來爲小；據估計，四十八年減少七三、二三三、〇〇〇元，今後三年共減少二三七、三〇七、〇〇〇元(表三)。

表三　美援減息延期減少本息

年份	照原借款條件估計本息(美金千元)	照修正借款條件估計本息(美金千元)	比較(美金千元)	按一比三六·三八折合新臺幣(新臺幣千元)
四十八年	五、四一四	三、四〇一	(減)二、〇一三	(減)七三、二三三
四十九年	七、五四五	五、六二五	(減)一、九二〇	(減)六九、八五〇
五十年	八、三一四	五、七二四	(減)二、五九〇	(減)九四、二二四
合計	二一、二七三	一四、七五〇	(減)六、五二三	(減)二三七、三〇七

或謂美援新臺幣借款條件修訂後，五〇四(四〇二)節貸款自四十八年起無論已否訂約，年息六%改爲一二%，相對基金貸款已訂約者仍年息六%，未訂約者改爲一二%；因爲利率提高，四十八年至五十年，三年利息由一九八、〇三八、〇〇〇元上升至三三一、四五八、〇〇〇元，增加一三三、四二〇、〇〇〇元(表四)。

表四　美援新臺幣借款條件修訂後提高之利息

年份	照原借款條件估計付息(新臺幣千元)	照修正借款條件估計付息(新臺幣千元)	增加(新臺幣千元)
四十八年	六〇、三七三	七八、二八九	一七、九一六
四十九年	五九、九二七	一〇八、八四三	四八、九一五
五十年	七七、七三八	一四四、三二七	六六、五八九
合計	一九八、〇三八	三三一、四五八	一三三、四二〇

他如因外滙滙率之調整，美元償還本息每元由新臺幣二四·七八元提高至三六·三八元，升高一一·六元，四十八年至五十年，三年本息美金一六、三七六、〇〇〇元，新臺幣由四〇五、七九七、〇〇〇元提高至五九四、八四七、〇〇〇元，增加一八九、〇五〇、〇〇〇元(表五)。

表五　美援因滙率調整而提高本息

年份	本息(美金千元)	按一比二四·七八折合新臺幣(新臺幣千元)	按一比三六·三八折合新臺幣(新臺幣千元)	增加(新臺幣千元)
四十八年	三、九六二	九八、一七八	*一四三、二二六	四五、〇四八
四十九年	六、一六七	一五二、八一八	二三四、三五五	七一、五三七
五十年	六、二四七	一五四、八〇一	二二七、二六六	七二、四六五
合計	一六、三七六	四〇五、七九八	五九四、八四七	一八九、〇五〇

*此數中有一部分新臺幣係提前償還，仍按二四·七八舊滙率折算。

以上兩項相加，計增加三二二、四七〇、〇〇〇元。但上面美援因減息延期而減少本息二三七、三〇七、〇〇〇元(即表三)，兩項相抵尚差八五、一六三、〇〇〇元，惟四十八年二月臺電龍澗四萬六千瓩水力新機加入運轉，預計盈餘近二千萬元；四十九年深澳七萬五千瓩火力新機加入運轉，同年十月谷關九萬瓩水力新機亦加入運轉，預計可盈餘五千萬元；五十年並加計算，其盈餘當更多。三年盈餘共計可達一億二千萬元，扣抵差額，尚可餘三千五百萬元。行政院對此雖解釋並無盈餘註十，但過去之投資支出，均取之於加價專戶儲存之還本付息基金，可見此一項下尚有償債之能力；且政府曾以臺電之所得稅轉作再投資，惟就整個資料觀之，並無此項之支出，是今後償債基金可專用作還本付息，投資則可以所得稅充之。況臺電支出浩繁，是否仍有浪費，亦爲一檢討的問題。

由此觀之，臺電的財務，不但有無可比倫之利潤(不只六%)；其償債基金，歷年償還本息不僅不缺，尚可撥付資本支出達六億元以上；即今後三年之財務，亦復無問題可言。換言之，臺電過去四次的加價，用戶除就成本付出電費外，且已負擔臺電的建設基金，亦即兼負其增加資產的資本；用戶非臺電的股東，此一措施本已不公平，如再加價，豈非不公平更甚嗎？

四　膨脹了資產總值

次看臺電的資本與資產。臺電係接收日人電力株式會社的遺留設備，核定美金七千五百萬元，三十八年實行新臺幣，初次估定爲三億七千五百萬元；以二億五千萬元爲資本額，一億二千五百萬元爲公積金，嗣爲完成未竟工程，初次增資三千萬元，計資本二億八千萬元。四十三年資產重估，爲寬籌開發電源資金，採美人希爾氏算法，高估爲四、一二四、八九九、〇五三元，加其他資產六五八、九六三、四七二·三六元，共四、七八三、八六二、五二五·三六元，減去全部負債七七五、一三〇、九〇一·三八元，爲四、〇〇八、七三一、六二三·九八元，再減所提折舊一、一三五、八四三、〇九五元，爲資產淨值二、七七二、八八八、五二八·九八元。這一資產總值中，以一、四一五、〇〇〇、〇〇〇元爲調整後之資本額，其餘一、三五七、八八八、五二八·九八元則爲資產漲價公積金。明乎此，可知臺電的資本一、四一五、〇〇〇、〇〇〇元，再加歷年資本支出累計六三三、九一六、七六七·四六元，共爲二、〇四八、九一六、七六七·四六元。

但美方則依其另一算法，按照四十三年高估之四十一億元爲基數，加上歷年完成新設備之價值，再以四十三年至四十八年三月之物價指數予以調整；因此資產總值膨脹至四十九年初，竟達八十七億元以上，較之立法院核定四十八年資產總值五十九億元，多出二十八億元。按四十八年資產五十九億元，係以四十七年六月的帳面價值五十四億元，依四十六年七月至四十七年六月之物價指數調整而來；是美方的算法，實屬重複。且未完成及未參加運轉之設備，何得轉入資產帳目？基上原因，所以美方計算之資產總值爲數特大。而以此資產總值（非資本金額）據以計算折舊、維護費、及利潤等，爲數已是過高，復再以物價指數預提漲價準備，其所以要加價至三六%，即由此而來。但是，如此之計算，可得謂爲眞實無誤嗎？

況且，資本與資產究有分別，此層黃氏指出美方忽略四項事實：①資本乃屬投資，資產則不全屬投資，蓋後者包括借債，但債欵既須付息，自不能列爲資本，再提報酬；②週轉資金多屬臨時借欵，既須付息，同上理由不能列爲資本且計報酬；③臺電四次加價擴充電源，資產增加一倍以上，惟此項增加等於用戶捐獻，不能認爲資本，更不能用以調整資本額，倘將捐獻視爲投資，且從而加提報酬，則無異令用戶作雙重之負擔，而讓臺電股東坐收雙重暴利。由此觀之，臺電再度加價至三六%，實無理由可言！

五　蓋爲通貨膨脹的陰影

再就原則性方面加以討論。公營事業，即爲政府所經營底企業，其目的純爲人民謀福利。公用事業公司，通常爲賦有特權之私人企業，它供給公衆重要而便利之服務，如電力、瓦斯、電話、自來水等；因此，它的營運，包括收費率，應受政府的限制。臺灣電力公司以民股僅占一%，依法算是公營事業，其應爲公衆謀利益更不待言。縱使臺電電價低廉，只是公衆獲得較大底利益，不能以此轉爲加價的藉口。何況四次加價，其比率自四十一年至四十七年已提高到二二一%，較同期物價指數一五五·六%，已超過六五·四%。至爲了擴建而主張提高電價，以減少對美援的需求，此說類似 Autonomous investment，如戰時之設防，平時之公共設施（公園、體育場、游泳池等），只以需要爲目標，不計及利率之有無。臺電倘爲工業及家用須加擴建，則應就經濟預算劃撥投資金額，不應以加價爲變相之捐獻，蓋工業與家庭的負擔有一定底限度，臺灣國民所得在四次加價期中約增一〇九%，而電價增加二二一%，已落後一二%，今如再以之作爲增資而計利，可見已經離開原則了。

我們尊重美方貸欵必須有健全財務的限制，但臺電的財務，上面分析，已屬健全；而現行的電價已包括擴建資金，雖有違投資原則，我們可不予改變，但不願再度加重違反原則之事。我看到美方所以建議電力再度加價，原因是通貨膨脹的陰影；這一點，確是臺灣經濟問題的重心所在，美方的關心屬於善意。但因關心過分，致隨之造成膨脹了資產、折舊、利潤等而歸納到加價。按自三十八年六月（改幣時以基期爲一〇〇）至本年六月，十年來新臺幣的發行指數是四、四六四，淨貨幣供應量的指數是四、七四九；即以四十二年爲基期（一〇〇），本年六月的指數亦爲：發行二五一·八，淨貨幣供應量三〇七·一。十年來的物價指數，即由基期之一〇〇上升到九二六·九；新臺幣一元幣值已跌至〇·一一元。但在輿論指責之下，當局已有停止膨脹之表現；以本年七月爲基期（一〇〇），發行指數到十月已降至九八·九。我以爲通貨果眞繼續膨脹下去，到時候再言加價未遲；反之，爲除去加價之原因，則有待於財政當局的努力。財政部長嚴家淦於赴美出席國際貨幣基金會返國後，十月十四日對記者大談「反通貨膨脹」與「穩定幣值」；嚴氏既如是說，我們且看財政部是否眞地這樣做了。

總而言之，加價問題已詳加分析如上，希望中美雙方就事實平心再度加以研究，當可獲得一個眞相。中國政府的行政，對中國人民負責；美援貸欵的清償，重在中國政府對貸欵本息的償還無誤，加價與否不是爭執底問題，倘因此而演成不合理之措施，中美雙方均無好處。我知此事已爲自由中國目下的大問題，且已成爲立法院的議案，僅就管見所及，提供討論的參考。

註一：黃煥如：「第五次電力加價問題」，立法院廿四會期第二次會議對行政院院長施政報告之書面質詢；本文多處數字，即以其資料爲計算基礎。
註二：四十八年五月六日聯合報。
註三：四十八年五月廿一日自立晚報。
註四：四十八年四月九日聯合報。
註五：四十八年四月廿九日徵信新聞。
註六：四十八年四月卅日徵信新聞。
註七：四十八年五月三日聯合報。
註八：四十八年十月廿三日徵信新聞及聯合報。
註九：四十八年九月廿四、廿五、廿六日徵信新聞。
註十：四十八年十一月十四日聯合報。

赫魯雪夫治下的蘇俄（下）

Harrison E. Salisbury 著
董鼎山 摘譯

蘇俄能不能在中共自製原子彈成爲世界核子國之前，設法謀求與西方國解決長期衝突，這是面臨赫魯雪夫的重大問題之一。西方不知中共對原子彈研究已發展到如何地步。甚至赫魯雪夫可能也不知道。據莫斯科一個重要西方外交家稱，赫魯雪夫深知，中共一旦有了核子彈，世界勢力的均衡將有變動。根據這位外交家的意見，這個要素，是赫酋亟欲與西方談和的原因。至今爲止，赫魯雪夫尚未表示對西方讓步的熱心。（譯者按，此文係寫在赫酋訪美之前）另一曾與赫酋長談的西方外交家稱，「赫魯雪夫要和平，但他不願付和平的代價。」一直至現在爲止，這是赫魯雪夫的立場。可是另有不少西方外交家則認爲赫酋立場不一定如此堅硬。他們認爲美國對蘇俄與中共間的不和諧處，估計過低。

四　蘇俄與中共的關係問題

沒有一個國家較蘇俄更熟知如何對付中共。這二個共黨制度間的內部矛盾已有多年歷史。史大林曾有數度幾乎與毛澤東公開決裂。沒有一個國家較蘇俄更注意中國大陸的人力。全中國人口現爲六億五千萬，增加率爲每年三千萬。蘇俄人口爲二億零八百八十萬，增加率每年三百萬。單是這些數字已足使莫斯科領袖寒心，採取步驟保護本國未來地位。

莫斯科今日不願屈居世界第二位，更不願屈居于另一個共黨國家之下，尤其是歷史上向有衝突的鄰國之下。美國甚多消息靈通的專家，否認蘇俄與中共之間存有衝突。國務院若干遠東專家持此觀點。他們接受北平與莫斯科的宣傳二國間完全和諧。但在深入表面的調查下，可發現共產主義二個巨人分道揚鑣的證據。他們間目前所有的衝突包括主義理論，對西方的政策，及東方的勢力範圍等各方面。此外，並有未來發生大衝突的徵象。

測量蘇與中共矛盾有效的辦法，是研究對美關係的關鍵問題。赫魯雪夫已提出，消除美蘇之間緊張局勢，及改良美蘇關係的最重要基礎爲交換訪問及擴大貿易。但北平的反應又如何？在紀錄上雖無公開反對的聲明，但蘇俄報紙于三天之後始得到北平對艾赫交換訪問的反應。北平的評論完全爲八股公式化。

本記者曾向四個外交家（二個是西方國，一個是歐洲中立國，一個是共黨國）提出下一問題：「你以爲北平歡迎美蘇關係的改良嗎？」所有四人皆回答「否」。本記者並曾隨意挑出六個俄人(記者，低級官員，知識份子)，問同樣的問題。二個答「是」，其他四個則答「否」。

中共與蘇俄的對美政策有顯著的不同。當蘇俄欲求與美改良關係時，北平向美轉背而關門。北平不准美國人入境，禁止美國記者、政治要人、甚至對中共友好的美國人前往共區。能够入境者只是幾個美國共黨或親共人士。偶然才有一個專家或學者獲准入境。此外別無他人。

中共也未有任何謀求與美改良關係之舉。共報每日攻擊美國。卽使在「冷戰」最烈之時，蘇俄宣傳也不如北平之猛。中共人士在中立場所偶然遇到美國人時，甚至拒絕握手，在莫斯科與列寧格勒大學的中共留學生公然避開美國留學生。北韓留學生却對美國學生謂：「我們不是中國人。我們要於你爲友。」

中共人士的每個人態度好似作戰國人民的態度。中共不斷威脅世界和平。一年前是金門馬祖。然後是共軍的壓服藏人革命。最近中共又在寮國騷擾，並侵犯印度領土。有一駐在北平的中立國家人士稱：「這是故意的。中共領袖也許以爲，爲了使人民更努力工作起見，應該有一個敵人。這個敵人就是你們美國。」

這種情勢也沒有卽將改變的徵象。此次中共邀請數千外國客人參加十週年紀念，美國籍者極少。中共曾訓練一千名譯員招待外賓，其中僅七十名爲英語譯員。

有一個現在北平，對中國一向熟悉的觀察家談及中共與美關係時稱：「雙方對『關係正常化』的定義如此不同，眞正協議的達成至少須待十廿年。中共所謂正常化是收回臺灣。如果這不實現，我懷疑北平會與美國交換大使。所以我認爲他們在目前已暫時撇開有關美國的意想。」這觀察家並指出中共領袖不但是共產黨徒，而且亦是中國人，因此具有耐心多等十年廿年。此外，中共並須應付其他國家。「你應該看到今夏這麼多的來自拉丁美洲的代表團，包括婦女，青年，國會議員，資本家政客等。他們都要看中共如何在不依靠美國之下，達到工業化。」

以這樣情形爲背景，赫魯雪夫所謂欲與美國改良關係之言，猶如不可能的奢望。中共與蘇俄態度的不同是不是僞造的？這二國是不是爲了本身的相互利益，故意在一條街道的兩面出發？這種看法是可能的。但是蘇俄要人在私下的言論似證明這看法不可靠。不少俄人，特別是最近曾訪中共區者，對中共工業進展的速度顯表畏慮。有一高職俄人稱，「除非你親眼目睹，你不會相信。速度、紀律、組織的能力！中共有極大量的勞工人力。人人皆在努力工作。我們曾在蘇俄所行者，沒有能與他們相比。」

另一俄人促美國人前往中共區訪問。這個官員稱：「這是另一個世界。你應該獲知那裏的情形。要瞭解世界，你必須先看看中國。」另一俄人稱：「中國發展的迅速令人生怖。當你想到未來時……」

中共與蘇俄在原則上的最顯然不同點是中共的公社運動。蘇俄發言人避免談到公社。赫魯雪夫在最近數月來發表五次長談，從未有一次提到中共。他對公社制度最尖刻的評論是在七月訪波蘭時。他向波蘭農民演說，提到集體農場優于個別耕種，曾論及公社。他說，蘇俄在布爾雪維克革命後曾組織公社，但由于適當物資及政治條件的缺乏，結果是失敗。共黨乃遺棄公社，而轉組農業合作社；合作社是目前集體農場制度的基礎。

所謂公社，內部完全共產。集體農場內，農民仍可有私有權，農場進益以工作成績爲基礎分予農民，赫魯雪夫不但攻擊公社的思想，而且也攻擊向農民施用壓力，迫使農民放棄個別耕種的方法。因此，赫魯雪夫雖未提中共之名，但實際已公開表示反對中共的公社運動。其他蘇俄領袖在私下也作如此表示。

較早之時，赫魯雪夫並批評中共另一個技巧。中共曾動員成千成萬的城市工人前往鄉村協助農業工作。蘇俄亦曾常運用此方法。但赫魯雪夫籲請停止這項實施。他說城市職員、工人及學生爲效能最低的農工。將他們送到農村去，對農業無助，反而擾亂了城市。他說所需者乃是農村工職的合理化，改良現存工作團體的僱工、及增加農業機械化。

中共與蘇俄間的心理上不同，可由學生方面看到。有一俄人說：「去夏我在棗契（地名），天氣極熱。一羣中國男女的學生跑到海灘來，在烈日之下做體操。他們穿了深藍色衣服，做了一小時的運動，然後圍成圓圈坐在海灘上，取出書本，研讀馬列主義。這情形看來實令人吃驚。」

今年春季，莫斯科有一個中國學生決意省錢，使可購買一架俄製照相機。他每月的津貼是三百盧布。爲了要省錢購買照相機，他不吃中飯。但這事被他的「中國同志」查出，乃在「同志法庭」查詢。一個說，「你剝奪身心所需的食物營養，便不能盡力讀書。」另一個說，「你能夠省食，又能夠盡力工作，省下的錢應該歸還國家。」這學生不得不同意將照相機轉售，將錢交還國家。一個俄人說：「你想，你怎可對付這樣的人？他們沒有人性！」

這類事情雖可說是二個不同民族的文化背景的相異，可是二個共產主義制度之間，也實有矛盾與競爭。

本記者發現，中共與蘇俄對外蒙控制權的爭奪有公開衝突。外蒙向在蘇俄勢力範圍以內。中共爲爭取外蒙知識分子的同情，正在將免費勞工遣往外蒙，蘇俄則仍保持其原來的經援節目，圖將一個游牧國化爲農業國。中共已自東北與華北派遣數千技術工人往外蒙協助建設。外蒙也在逐漸表示憂慮。

亞洲外交家報告稱，中共與蘇俄在東南亞地區的競爭也在成長。除了亞洲以外，有二個地區中共特別注意。一是拉丁美洲。中共與西半球任何國沒有外交關係，但已向拉丁美洲發動一個積極的促成貿易與文化接觸的節目。另一地區是非洲。

一個駐在北平的外交家報告：「這些爭取國際勢力的活動，乃中共自己發動，與蘇俄無關。中共欲建立國際聲望，並欲在國際關係上脫離蘇俄而獨立。」這個觀察家認爲，中共如果一旦進入聯合國，必將自居爲亞非集團之首。

在這類情形下，蘇俄是不是在協助中共製造原子彈呢？這雖有可能性，但沒有證據。事實是，也沒有證據足可證明蘇俄正在和平運用核子能這方面協助中共。

證據的缺乏不能作爲結論。二國可能在秘密合作。中共軍隊可能在經受核子彈頭洲際飛彈的訓練。但是所有徵象都表明這種想法不確。根據已獲知的中俄共關係內在性各點觀測，中共必在獨自發展核子科學。

蘇俄外交政策循着二個路線而行。第一線是及時的主要政策。第二線是後備線，在必要時轉向。在目前，蘇俄主要政策是基于「中蘇聯盟」，在外交與經濟上密切合作。北平與莫斯科目前如發生衝突，蘇俄一時必無從轉向。它既不能轉向西方，也不能威嚇中共，因爲美蘇之間正常關係的橋樑尚未修復。除非這橋樑能在中共擁有核子武器前築成，蘇俄將面臨其成爲共黨軸心次號會員的前途。中共的人口，工業發展，原子武器及研究之迅速，能追上蘇俄。赫魯雪夫是下棋能手，他明明白白的看清這個未來。

這些理論並不是說蘇俄將立即與美國聯盟。可是事實是，蘇俄最終似不得不向西方親近。

五　蘇俄的猶太人問題（從略）

六　蘇俄人民的生活水準

赫魯雪夫曾向蘇俄人民應許，在不遠的未來，俄人生活水準將與美國人相齊。數代以來，俄人一直在各項「諾言」之下過活，此次爲第一次有兌現的希望。赫魯雪夫曾對美國貴客稱，「我所說的和平競爭，即是我們在消費品的生產上將超過你們。我們將予人民較你們更佳的生活。當世界工人看到蘇俄人民在共產主義下的良好生活時，他們自然而然的會站在我們一邊，不需爭論，也不需用武力。」

赫魯雪夫達到這個目標的機會如何？

這希望並不太如願。美國之達到世界最高生活標準，有各種複雜因素，包括鋼鐵廠、化學工廠、工程學、組織、及交通。蘇俄要想趕及美國，眞是談何容易。但這並不是說在赫魯雪夫治下蘇俄生活水準並未提高。這只是說它不能繼續大量提高。

一個五年不見的訪客重返蘇俄，對它發展的深度與濶度甚具深刻印象。他乘坐蘇俄噴射客機抵境。機上的食物雖不如法國航機奢華，但噴機速度極快，座位舒適，空中小姐和藹。而莫斯科市容也有驚人之處。在過去五年，市郊南部闢成巨大住宅區。公寓房子有八樓的，有十樓的，全部住宅區可容二十萬居民。

另有令人驚訝之處爲交通。莫斯科已有頭等交通問題。寬大街頭上擁滿汽車與卡車，使交通警察頭疼。新的公寓房子並不寬大，但設計甚佳，每一公寓自有厨房浴室。大部份住客擁有小型電氣冰箱。與莫斯科城內舊有的八家共用浴室厨房的公寓相比，這些新公寓好似天堂。但這些新屋的建築並不牢固，在十年內可能又將成爲貧民窟。由于政府規定，住于陋屋地室者有搬入新公寓的優先權。陋室亦有黑市，有人願出小費搬入。對莫斯科人民而言，最重要的是，他們已首次發現有機會配給一所獨家公寓，將可不必再與鄰居搶用厨房與浴室。

其他方面情形，也向較佳的方向發展。莫斯科街道交通的漸形擁擠，也使通常俄人悅意。鄉人到莫斯科遊玩，由于不熟大城市交通，使莫斯科成爲世界交通出事率最高之一城市。但這些情事，通常俄人並不關慮。莫斯科的新開餐館增加，食品質量提高，也使俄人悅意。通常家主婦現已可購買各式蔬菜及中共所製的罐頭食品。

在小城鎮與鄉村，生活亦較前爲佳。人民口袋中的錢亦增加。他們常到莫斯科的 GUM 百貨商店購物，村鎮小商店內貨品也較十年前增多，兒童擁有脚踏車已不希罕。新做母親的都有一輛童車。若干青年人已有了機器脚踏車。

對俄人而言，這是好生活，而赫魯雪夫仍有計劃改良未來生活。他正在盡力刺激糧食的增產。他的目標是：在一九六五年時，以人口爲比例，蘇俄在肉類、牛乳、白脫的產量將與美國相齊。此外，他並在科學、水利、工程學方面努力「躍進」。這個節目的關鍵是西伯利亞。基礎已在諾伏西波斯克及歐古茲克二地奠定。這二地建有「科學城」，使科學家的住所靠近研究中心與大學。附近的奧勃河與安茄拉河建有水利工程。這種科學與水利的聯繫可以形成新的大工業。

新建科學與工業中心的目的，是在提高蘇俄工業生產量，使赫魯雪夫能將其追及美國的諾言兌現。在西伯利亞城市中，你可整日聽到噴射引擎的嘈聲。這些嘈聲乃 TU-104 型運輸機，將西伯利亞携近歐陸的俄境，將整個蘇俄密切聯合，距離已不再是孤立隔離的代名詞。

蘇俄生活各方面的徵象雖表明過去五年來的進展，但當前的成就與計劃並不表示蘇俄生活將可達到美國的水準。舉一個例子。美國人是生活在汽車時代中。所有學校、家屋、職業、娛樂，甚至敎堂，都受私有汽車支配。赫魯雪夫是不是計劃追及這種生活方式？在他在世之日，決不會實現。

莫斯科交通確擁擠。莫斯科交通出事率確高。但是蘇俄全國每年僅產汽車十萬輛，其中僅半數向人民公開發售。美國則每年產汽車五百萬輛。莫斯科全城供私人汽車所用的加油站僅十二個左右。首個公路旅館僅今年才開放。在過去二三年內蘇俄公路網曾稍擴展。自莫斯科通列寧格勒、克里米亞、高爾基等各地的公路尙稱寬廣。

蘇俄尙未抵達汽車時代。國家計劃委員會也無這種造成汽車時代的計劃。蘇俄如欲與美國相比或超越美國，應須在所有各方面都有進展。

一個青年俄人說：「我們報紙當然要宣揚你們生活方式不好的地方。事實是，我們對你們的貧民窟覺震驚，對你們的失業情況覺震驚。我們感到震驚的理由，是因我們知道你們有世界最高的生活水準。我們知道你們生產力高，但這應使你們易于去除貧民窟與窮苦。所以我們不懂你們爲何讓這種惡害繼續存在。」

美國工業制度的汽車與生產力已造成一個新的社會組織方式，即市郊居住。蘇俄是不是能在這方面相較？莫斯科極大部份。人民仍住城內，僅極少數居于郊外，每日進城辦公。（譯者按：美國的風氣爲在城市就業，在郊外居住。中產階級以上者都已向數十里外郊外搬家。這種生活乃是青年人的理想。）

當客機于夏間晴朗下午在莫斯科城上盤旋時，景象甚爲動人。從空中而觀，莫斯科已逐漸失去「鄉間城市」的圖照。但是市內雖已逐漸變爲現代化，美國式的現代化市郊生活却仍未發展。

七　新蘇俄的文學與藝術

莫斯科若干人士相信，去年秋間，曾有一批作家編輯與共黨要人聯合，陰謀企圖回入史大林時代的主義思想。據稱，諾貝爾文學獎金中選人派斯特乃克及其小說「齊瓦哥醫生」的被瘋狂攻擊，即是這個原因。但赫魯雪夫終于掉轉方向，反而駁斥文學界與政治界的聯合陰謀，對文學創造工作，頒佈一個寬容的新時代。

派斯特乃克事件及發展，可以表明赫魯雪夫對處理知識分子的左右兩難情勢。赫酋曾立下增多創作自由的應許。但蘇俄作家、藝術家、音樂家、詩人的行動，較共黨所准許者更快。主義思想的難題在文字方面一向爲最嚴重者。在赫魯雪夫的鼓勵下，若干藝術方面正在進行靜靜的革命，特別是在建築術方面。音樂方面亦然，繪畫與雕塑也在迅速移向現代式的西方潮流。芭蕾舞正在開始作新型試驗。由于蘇俄檢查人員的不准西方記者報導藝術方面的論爭，這種情形難得由西方人士聽到。

例如，赫魯雪夫對派斯特乃克事件的回心轉意有關新聞，皆被檢查人員扣留。檢查人員對另一文學論爭消息也扣留。這案有關蕭洛科夫所作「未開墾的處女地」續集的結局。此小說尙未印行，至今已延擱一年。但蕭洛科夫已應赫魯雪夫之命，改寫小說的終局，其出版題已不成問題。

莫斯科不少人士相信，「齊瓦哥醫生」最終也必可在蘇俄境內印行，可能在二年內，或者刪除數段。這事的轉變係在赫魯雪夫本人重作估思之後。去年十月赫酋坐在主席臺上，靜聽當時青年團首腦西米却斯尼攻擊派斯特乃克，要求將派氏逐出俄境。但赫酋聰明狡猾。他當時尚未曾讀過「齊瓦哥醫生」。在世界對派斯特乃克事件發生不良的反應時，他開始推敲：這本書是不是像共黨所渲染的壞呢？這事件是不是會喪失面子，引起全球性宣傳惡果？他乃轉向本人親信阿巨斐討教。阿巨斐當時任「青年團眞理報」主編，乃赫酋之婿。赫酋命阿氏讀「齊瓦哥醫生」，然後向他作報告。

據莫斯科可靠方面稱，阿巨斐在讀過此書後，作如下的報告，這本書對布爾雪維克革命與共產主義社會，確採消極態度。但是這種態度是書中角色的態度，與書中情節及性格描寫相吻合。阿氏並謂，這本書不會使共黨青年學悄歡呼，但也不會觸發反革命。阿巨斐的結論是：這書只要刪除三四百字，即可印行。

赫魯雪夫聽了大爲震怒。他認爲對派斯特乃克的攻擊乃是不必要，愚蠢、有損蘇俄國家。他說，這種攻擊的來源乃是由于莫斯科文學界及政府內部有人爭權。

據目前莫斯科人士的說法，赫酋已盡力設法彌補此案所造成的損失，並決不讓派斯特乃克事件重演。他將青年團首腦西米却斯尼調職。作家協會書記及「文學雜誌」主編亦被革職。其他不少人士亦遭責罰。

作家協會開會時，赫魯雪夫前往會場定下新路線。新路線的主要因素是：不應再有仇爭。赫酋定下方式，以求消滅派斯特乃克案所引起的惡果：不准再有公開討論此案及攻擊情事，阻止外國訪客前往鄉間訪見派斯特乃克。在一個時期之後，派氏應該向作家協會致書，對「齊瓦哥醫生」所引起之紛爭表示遺憾，自稱置身于外，並要求再度加入協會，協會將加應允，但屆時將避免宣揚。

派斯特乃克在莫斯科恢復正常的藝術生活，可由他最近參觀紐約交響樂隊的音樂會見之。他係受樂隊指揮貝尼斯汀的邀請。

以派斯特乃克爲例的文學鬪爭，乃是尋求創作自由的基本鬪爭。蘇俄青年作家與詩人正在走波蘭詩人作家的路，他們要寫有過本人經驗的祖國生活。他們對于與世界文學潮流的主流脫節，已生厭倦。他們正不斷閱讀西方現代作家作品的原本或油印譯本。他們對法國的 Existentialist（無適當譯名，爲「無爲派」，哲學相近老莊，主動人物爲名作家 Satre——譯者）後期運動發生興趣。他們也聽到美國 Beat Generation（落拓派）文學與該派作家傑克・凱洛克 (Jack Kerouac)。

若干青年作家如詩人也杜辛柯，吸集一批作家，欲試驗新形式，新思想，欲寫作蘇俄刊物不敢刊載的詩與短篇小說。在今日，這些活動雖不受鼓勵，但也不受干涉。

去秋文學界曾發生一件大事，牽涉一本名叫「姚曉夫兄弟」的小說。作者是當時「文學雜誌」主編柯契托夫。柯氏曾領導對派斯特乃克的攻擊。這小說的主題是：與共黨舊路總脫節的「修正主義」作家乃是西方帝國主義特務，是蘇俄的叛徒。該小說暗示，這類作家的眞正目的是在蘇俄發動革命。這本書說，普羅階級忠誠工人應該起而防衛，殲滅這個知識份子的陰謀。這本書警告，所有知識份子都有嫌疑，沒有一個可加信任。這書提及莫斯科不少眞實人物。

若干觀察家相信，這本書的出版，是史大林分子的企圖將蘇俄返入史大林時代，恢復恐怖的威脅，故意離間工人與知識分子。此項企圖在共黨主席團（中央政治局）與中央委員會內部也受到支持。不過這些支持人物是誰，他們動機如何，則甚難確定指出。

但是這個陰謀終于失敗，赫魯雪夫嗅聞到氣息。他一面對派斯特乃克案回心轉意，一面又駁斥「姚曉夫」路線。當最近這本小說改編爲劇本時，其整個政治意識已經消失。

赫魯雪夫並不積極的反對文學的新形式試驗及現代主義。作家要求創作自由的步伐如不過速，他願不加干涉。這就是說，前進二步，退後一步。事實是，赫酋對文學事件的處理，正和他對農業一樣，採取「愛管閒事」的態度。當他首次聽到派斯特乃克寫了一本「壞書」時，他高喊：作家已與人民脫節，將他送入民間去吧，看看人民在如何努力工作，然後寫他的見聞。但他不知道，所謂「深入民間」的口號不能應用到像派斯特乃克這樣的詩人。但他尚未放棄。這次與他同行訪美的即有著名作家蕭洛科夫。

蘇俄文學作家仍在對擊破共黨主義思想鐵網作掙扎之時，其他藝術家則已將鐵絲網推倒。最有改革的是建築藝術與設計方面。這方面的藝術家受到赫魯雪夫本人撐腰。對赫酋而言，與其說是出于藝術意見，不如說是爲了經濟。但結果仍相同。以建築而論，莫斯科已在逐漸像紐約的派克大道一樣的現代化。史大林時代的結婚蛋糕式的高樓建築已被棄入垃圾筒中。最好的例子是新「蘇維埃宮」建築設計的競賽。在戰前，史大林曾計劃建築一座一百層巨厦，上置高二百尺的列寧銅像，使其高度能超出紐約的帝國大厦。第二次大戰發生，使史大林計劃未能實現。他的繼承人仍要造一個「蘇維埃宮」，于四年前開始徵求建築設計。首批提呈的設計圖案，與史大林所喜好者無異。但于最近公佈之第二批提呈的設計圖式樣極爲摩登，與聯合國大厦相似。

這當然不是偶然性的。數天之後，政府出版一本「總工會宮」的圖書，書中的建築圖樣也爲現代式。（現在莫斯科的工農展覽會永久場址若干房屋亦爲現代式。）赫魯雪夫之允許建築師自由設計係出于現實的理由。他要新厦的設計簡單，建造時便可省錢。史大林式的建築裝飾過度，最爲化錢。

其他設計家亦已不受限制。例如傢俱與花布的圖樣形式已相近于北歐的簡單樣式。

音樂方面也大有改革。蘇俄古典作曲家已可任意創作，迅速趨向現代化。流行音樂方面，西方爵士音樂仍受限制。但實際上，蘇俄青年之唱、聽、舞，皆是爵士音樂，黨的宣傳者無法扭轉這個潮流。高爾基街一家餐館僱有一隊捷克爵士樂隊，男女青年蜂擁入內，將門軋破。西德一爵士樂隊在莫斯科表演時，青年聽衆擁擠，幾乎造成暴動。

在繪畫與雕塑方面，如要突破奮鬪而取現代形式，至少尚待二年。莫斯科與列寧格勒畫廊的儲藏室，每日有人參觀。所謂儲藏室所展覽者乃是現代派抽象派之畫，被政府命令「儲藏」，一度曾不許公開展覽。

由于畫家對西方形式的興趣，蘇俄已產生一批「暗房」畫家。這批畫家所繪者乃現代派及抽象派，但不能公開展覽。這種現代派的繪畫與雕塑有一個時期完全秘密，在史大林時代可受嚴罰。但今日已經不然，不少知識分子已向「暗房」畫家收購，這些畫品至今尚不能向公衆展覽。

在劇藝方面，蘇俄則尚未出現新潮流。但是一九三〇年自殺身死的詩人馬亞可夫斯基所創始的演劇技巧，今日又在試驗。

芭蕾舞已在作大膽的轉變。馬賽也夫民間舞團及布爾希芭蕾舞團在西方國表演與接觸後，已受重大影響。新的芭蕾舞形式已在列寧格勒開始試驗。新形式傾向于西方芭蕾的抽象性與象徵性。

八　美蘇關係與蘇俄報紙

（譯者註：由于本文係在赫魯雪夫抵美前所寫，此章譯文，盡量從簡。）

赫魯雪夫訪美的主要原因，是希望找尋一條捷徑，縮短東西間所隔的距離。他特別想找出一條達到美蘇關係新型式的短途。但赫魯雪夫並不是蘇俄的完全代理人，他的政策也必須受蘇維埃制度內部壓力及該制度與外界的關係所限制。他前曾數度表示，世界可分二個，由美蘇二國分治，互相作和平競爭。但他當然知道，這樣的處理方式，既不簡單，也不容易。例如，西方盟國的地位將如何？

所謂「世界二巨」的概念，並非由赫魯雪夫創始。史大林早曾與故總統羅斯福論及此點。史大林當時曾認爲美蘇二國可取地圖將世界一分爲二，各擔任本身範圍內的和平秩序職責，互不干涉對方範圍。在此種地理限制以外之爭執衝突，由二大國以互相協議方式解決。這情形無異承認東歐與亞洲的共產主義地位，及西歐與西半球的資本主義地位。而這種制度無疑可使北大西洋聯盟消失，（一向是蘇俄外交政策的第一個目標。）但同時也可除滅蘇俄與中共的聯盟。西歐各國與中共在世界事務上將皆佔次要地位。各種重要問題如亞洲的民族主義運動，中東及非洲的前途等，皆將由美蘇二國解決。聯合國將僅成爲大國決策的附屬物。而美國當然不會同意這類計劃。

×　×　×　×

蘇俄宣傳機構——報章雜誌及評論家對新聞的報導，猶如替馬克思的「資本論」塗油，並不明晰的客觀的報導當代歷史。赫魯雪夫與所有蘇俄領袖同樣，是經由共黨機關報「眞理報」的眼睛透視美國。他在美國之行，必可使他驚訝不止。有一個最近曾訪美國的蘇俄官員竟說，宣傳品及揑造的報導會給他一個對美國的歪曲意象。他認爲這種記者與外交家歪曲的報導，可造成嚴重後果。而蘇俄人民也完全依靠受政治控制的報紙與電臺來認識外間世界。但不少俄人已停止閱讀俄報。其他人士自然而然的相信政府發表的聲明必是不確。有一個蘇俄年輕編輯說：「莫斯科凡物皆變，僅眞理報未變。」另有一著名作家說，他已停止爲一日報撰稿。他說：「他們要一篇文章。你用自己的字句與格式寫稿。但在發印之前，編輯改寫，結果這一篇文字與其他文章千篇一律。」

赫魯雪夫可能已知這類缺點，已在開始改革，使新聞報導接近現實。蘇俄記者現已在進行美國式的實地採訪。這可由俄報記者偕美國副總統尼克森作隨行報導爲證明，不少記者還是初次曾見西伯利亞。「消息報」的新主編阿巨裴也在開始轉載外國報的有關蘇俄報導，將嚴厲批評蘇俄的文句刪除。但稍有批評蘇俄之處，如果發表，仍引起蘇俄官僚的强烈反應。

「消息報」曾轉載紐約時報記者佛蘭克爾對西伯利亞現況的有利報導。但佛氏提及若干旅館厠所中沒有便紙。蘇俄官員讀了之後，不斷向西方記者抗議這點。佛氏報導正確與否他們不顧。他們所反對者乃是文中竟提到便紙！因爲便紙的缺乏「不能作爲西伯利亞文化的指標。」

阿巨裴正在向蘇俄新聞學灌注較現實的新技巧。他命記者實地採訪，並以顯著地位登載富有人情趣味的讀者來書，他在今年春季升爲「消息報」主編之前，乃是「青年團眞理報」主編。他在編輯部內造成一種競爭精神，乃蘇俄新聞界不平常之事。

赫魯雪夫要終止冷戰，要美蘇和平競爭。但美蘇間各項交換限制的鬆弛，已造成相當的後果。美國展覽會在莫斯科開幕後，對俄人留下良好印象，使蘇俄官員不得不命俄報發動攻擊美國的運動。有一個曾在莫斯科長住的外國人說，「你們與俄人越是交得好，俄報對你們的攻擊越是厲害。」理由很簡單。壓力一旦去除，蘇俄平民將不再懼怕戰爭或「資本主義圍攻」，他們對日常生活的要求也將提高。共產主義制度向用外間的威脅爲激奮劑，引誘工人增產。外間威脅消失後，公衆將要求佳良生活，而共黨制度也將崩潰。故美蘇關係雖轉佳，俄報將仍不得不向俄人隨時提醒「美國的威脅」。

（完）

請重視海外對總統連任問題的看法

香港通訊・十一月廿一日

方望思

從今年雙十節起，我們這些住在海外的人，常在臺灣寄來的黨報和官報上，看到一連串擁護蔣總統連任的消息。這本來不足爲奇，但令我們惶惑的，却是很多海外僑領僑團也參加擁護連任的消息。據我這個住在香港一「政治氣象台」多少對香港的政治行情還算熟悉的人看來，事實有很大出入。

在這裏，我不妨先抄一段十月廿六日出版的「祖國周刊」社論中的話，來代替我的說明。誠如「祖國周刊」所說：「據臺北當局自己宣傳，一年來他們已收到海內外六百多件表示擁護連任的函電，代表着二千多個團體單位，眞相如何，我們不得而知。但是就香港來說，這裏聚居着三百萬中國人，是海外華僑人數較多，政治水準最高，反共意志最強，而且最能自由表示其對中國政局意見的地區。如果臺北當局所說，在那六百多件擁戴連任的函電之中，來自香港的應佔相當部份。可是住在香港的人心裏都一清二白，究竟有那一個眞正有代表性，在這個社會中有影響力的社團發過這樣的函電呢？最近胡適之先生返臺，在機場答覆記者的詢問中，已直截了當的說紐約華僑（在美國華僑人數最多之地）無人擁護修憲連任。因此所謂六百多件函電云云，也就可想而知了。就本港的報刊而言，除了黨辦或由黨津貼的少數報刊之外，我們還沒有看見任何一個民營報刊（那怕是一直批准入臺的報刊）發表過贊同修憲連任的主張。反之，反對修憲連任的主張，則一直連續不斷的洶湧着。人心民意不是已經很清楚了嗎？臺北當局一方面製造虛僞的民意，一方面壓制異己的言論，尤其是主張民主憲政的言論。其具體事實見之於『自由人』之被迫停刊，本刊之被連續檢扣半年之後註銷了內銷證，總之是不讓在臺灣的國人看到任何反對連任反對勸進的消息，在這種作風之下『擁護連任的海外六百多封函電』的來龍去脈，豈不亦够清楚了嗎？」

臺灣的讀者如果要問，究竟住在香港的絕大多數中國人是採一種怎樣的看法呢？我可以簡括的說一句，大家因爲感覺憲法比任何政黨或個人還重要，必須維護，所以反對修憲連任。在上月二十三日的「聯合評論」上，左舜生先生在第一版發表了一篇「時局評言」，題目叫做「對蔣總統連任問題一個最後的陳述」。左先生的文章發表之後，立刻在海外引起了廣泛的共鳴。其原因，倒不是僅僅因爲左先生是香港文化、政治界的第一流人物，主要的還是因爲左先生的看法，的確代表了極大多數在香港做了多年難民的中國人底看法。

可能正是因爲左先生的看法，具有代表性，所以在香港出版的「新聞天地」，便在十一月七日這一期上，把左先生文章中的二、三兩段，加以介紹。然而，最近看到臺灣寄來的「民主潮」第九卷第二十二期，朱文伯先生在他的文章中透露：「本月七日出版的『新聞天地』第一頁短評欄內，明明介紹該期會節刊『聯合評論』左舜生先生的『對蔣總統連任問題一個最後的陳述』一文之二三兩段，但翻遍全本雜誌，也看不到片言隻字，原來裏面有一頁變成了某商號的廣告。」那麼，左先生這一種具有代表性的看法究竟是什麼，相信臺灣的讀者一定急於知道。我本來想把全文照抄寄來，請「自由中國」仿照「中央日報」的老手法，加以全文轉載。但我知道「自由中國」的篇幅不容許，所以只有在下面加以摘要介紹了。

左先生的這篇文章，共分爲三節。左先生首先在第一節中說明一件事實：「中華民國第二任的總統任期，於明年五月二十日屆滿，憲法第二十九條規定：『國民大會於每屆總統任滿前九十日集會，由總統召集之。』現在的國民大會依然是選出第二任總統的國民大會，第二任可以選得第三任，當然也可以選得。爲了選出第三屆的新總統，依據上舉憲法條文的規定，國民大會于明年二月二十日以前便應該集會，現任總統對于召集令的頒布，至遲當不出明年一月，隔現在不過兩個月左右的時間了。」因此，左先生接着對于臺灣目前的情形，感覺很奇怪的說：「時間如此迫促，假定在一個稍有民主憲政氣息的國家，無論是現在的執政黨也罷，或在野黨也罷，爲了競選下一屆的總統，其競爭的熱烈，當早已達到了高潮。可是返觀我們的中華民國怎樣呢？執政黨緘默不言，在野黨無聲無臭，一般人民也大抵箝口結舌，所看到的，只是若干定期製造如期交貨的擁戴書！（其內容如何，恕我從來不曾看過。）」左先生由「擁戴書」，便連帶敍述了王莽和袁世凱時期兩件歷史上的往事，接着又提到美國的一位聯邦法官說「臺灣不是一個國家」的話。

左先生在第二節中，主要是從世界局勢說到精兵簡政，以及如何能拖得久一點，沒有直接說到連任問題，恕不摘錄。

左先生最主要的意見，還是在這篇文章的第三節。左先生坦白表示：「我之所以不贊成蔣總統連任，決不是我否定蔣總統個人的威望確實高出今天臺灣的任何人之上，乃是希望蔣總統退居國民黨總裁的地位，趕快找出一個替人，加以提挈與扶持，使其人的威望也逐漸可以養成，凡此都是爲了如何拖的一種打算。如果對內靠蔣總統一人的威望以資鎮撫，對外也靠蔣總統一人的威望以資維繫，且到了蔣總統終于不能不倦勤的一天，那個時候，急切求一替人而不可得，臺灣在內外形勢交逼之下，便難免不發生空前的危險，乃至無法可以渡過這一難關。這不是我個人四五年來所抱的一種隱憂，過了今天，我不能不坦率的說出。」最後左先生又提到了孫中山先生的憲政理想，並爲蔣總統個人着想說：「如蔣總統終于非再度連任不可，則無論用任何方法，都是對憲政的莫大打擊。這一點比之我前面所論列的，雖屬次要，但就蔣總統個人的歷史來說却關係不小。我依然沒有放棄希望蔣總統本人就連任問題再作一度最後的考慮，作一度超越個人利害而以國家利害爲利害的考慮。」

現在我可以負責的說一句，左先生最後的這幾句話，非但代表目前住在香港的絕大多數中國人的意見，而且可以說是代表了海外千千萬萬華僑內心共同的看法。

一九五九、十一、廿一寄。

西德總統的選擧

波昂通訊・九月十一日

姜懷平

根據一九四九年五月二十三日公布的「基本法」（卽德意志聯邦共和國臨時憲法）的規定，目前西德的政治制度是「責任內閣制」。卽一切國家政治責任由內閣總理，在西德稱之爲「國務總理」（Kanzler），對國會負責。擔任元首的「聯邦總統」（Bundespräsident）雖對外代表國家，但不掌握實權。由於戰前威瑪（Weimar）憲法對總統職權的規定尙甚廣泛，且由人民直接選擧產生，致結果有希特勒的獨裁出現。故西德制憲會議有鑑於此，對總統職權盡量的加以限制；較之法國第四共和時代總統職權尤小，僅作爲國家的象徵，不參與實際行政。但因爲是國家的元首，他仍是國家中的一個最榮譽的職位。西德總統既不操政治實權，他的選擧，無論就國內外政治而言，如同在其他採行絕對的責任內閣制的國家一樣，並不發生太大的影響；遠不如國會的選擧及國務總理的去留爲人所注視。但此次却例外引起國際輿論的注意力，其原因乃由於阿德諾（Dr. Konrad Adenauer）領導下的基督教民主黨因候選人的提名問題一時幾乎有釀成黨內分裂的危機，因此引起研究西德政黨政治者及關心國際政治演變的人士對此次總統選擧的注意。

西德憲法所賦予聯邦總統的職掌除：①總統依法對外代表德意志聯邦共和國；②由總統接受外國使節及派遣駐外使節；③總統得以國家名義與外國簽訂條約，但凡涉及聯邦利益者須經由國會依立法程序批准之；④總統施行特赦權；並得任免聯邦法官及行政官員，以及根據一九五六年修憲後的規定任免軍官及軍士。至於國務總理的任命，雖由總統提名，却須經過國會衆議院（Bundestag）的信任投票及過半數議員的同意。國會衆議院亦可不經提名在過半數的支持下授權其所屬意的人選組閣。但在國會衆議院無法獲得過半數的信任授權組閣時，總統有權任命在國會衆議院投票時獲得普通多數的人選爲國務總理，或提出解散國會。同時總統得因國務總理的推薦任命閣員；但不出席內閣會議。故其在內閣成立後的政治權力僅有依法對國家法令的簽署及副署一類的職權。

在採行責任內閣制的國家中，其國家元首除世襲制如同英國者外，多半以間接選擧辦法由國會議員投票選擧之。在西德方面，聯邦總統的選擧團名曰「聯邦大會」（Bundesversammlung），其組成包括國會衆議院全體議員及由「邦議會」（Landtage）以各邦人口爲比例所選出與衆議員數量相等的代表。西德國會參議院（Bundesrat）本代表各邦，只是在數量比較代表聯邦利益的衆議院相去甚遠；當時制憲會議爲設法牽制衆議院龐大的力量，同時亦爲不忽視各邦的利益起見，致有上述聯邦大會組成辦法的規定。至於選擧辦法，除以秘密投票辦法外，總統候選人在首二次投票中必須獲得過半數的選票始當選，但在第三次投票則僅須獲得比較多數卽可。西德總統的任期依憲法的規定爲五年；此較威瑪憲法的規定已縮短兩年，同時憲法更規定總統僅在第一任任滿後可立卽連選連任一次。

在這次選擧以前，當社會民主黨正式提名衆議院副議長史密德教授（Prof. Carlo Schmid）爲該黨總統候選人後，使基督教民主黨對總統候選人提名問題頗感頭痛。因史密德教授乃一從未擔任過任何政府職務的學者，立場公正，且崇尚自由民主，雖身爲社會民主黨籍的國會衆議院副議長，却不像一般政客，而絲毫沒有黨棍子的氣味，不但不受社會民主黨的傳統的束縛，而富有獨立作風，致在社會民間頗孚衆望。當然在西德社會民間孚有衆望的並非只史密德教授一人，現在總統赫斯教授（Prof. Theodor Heuss）也是衆望所歸的一個；彼在一九五四年七月十八日西德第二任總統選擧的第一次投票時，即在九八七張全體選票中獲得八七一票的多數而當選。基督教民主黨爲掌握今後五年的總統寶座，似不妨以赫斯教授爲候選人，如是足可打倒社會民主黨的史密斯教授。但今日赫斯教授已繼續擔任兩任聯邦總統，如果再欲連選連任則事出違憲。當然憲法並非不可修改，況基督教民主黨又是在國會中掌握過半數議席勢力雄厚的第一大黨。但法律貴在實行，況憲法且爲規定國家組織的母法，豈能爲了一人或一黨的個身利害而輕易修改的。基督教民主黨提名的總統候選人，乃是被認爲繁榮西德手創經濟奇蹟的現任經濟部長艾哈德教授（Prof. Ludwig Erhard）。

艾哈德教授被提名爲基督教民主黨總統候選人的另一個主要原因，乃因阿德諾總理對艾哈德的排擠所致。當然艾哈德對西德經濟復興的功勞卽阿德諾亦不得不予承認，但西德總理對其經濟部長的外交政見却不滿意，認爲彼的態度對歐洲主義的建設不够積極，且沒有足够應付目前國際局勢的魄力。其實艾哈德因對經濟方面所立的功績使彼在黨內外的聲望日益增高，這却也是使阿德諾擔心的事，加之兩人在政見上及私人感情上並不甚協調，致促使年已八十三歲雄心尤勝的阿德諾總理將彼排出其所把持的政治舞臺，提名艾哈德爲基督教民主黨的總統候選人，使彼無法成爲阿德諾未來繼承人而擔負西德政治的總責。在這點上我們可以說是阿德諾老人英雄主義的作祟，其實也是這位八十三歲老人的政治自私感及對經濟部長功勞的嫉妒所致。然而阿德諾此計並未得售。雖艾哈德個人表示接受提名，但一部份基督教民主黨籍的衆議員對此決議却不無顧慮，認爲西德的經濟尙有由艾哈德繼續負責主持的必要；同時在一九六一年大選時基督教民主黨須要一位在民間握有號召力的人物出來與社會民主黨競選。當然阿德諾總理仍能屆時出來領導競選宣傳以打擊社會民主黨，然而這位雄心勃勃的老人雖迄今仍精力充沛毫無倦勤的念頭，但他的高齡使人不無種種考慮，不能只依賴這位老人爲基督教民主黨的唯一領導，因此基督教民主黨不願以在國內號召力幾與阿德諾相等的艾哈德出來競選總統，而願儲才以待一九六一年來與社會民主黨對壘。何況當時西德的民衆團體及經濟界的社團紛紛要求艾哈德部長繼續留任，使其不得已而放棄接受黨內的提名。後來基督教民主黨籍衆議員要求阿德諾任總統候選人下，本年四月七日阿德諾個人宣佈接受該黨的提名。阿德諾的這個決定當然是在經過考慮後纔接受的，當時他更公開表示接受基督教民主黨的提名在求維護今後西德政治的一貫性。至於各方對此決定的反應，除反對黨的攻擊外，一般說來頗爲良好。阿德諾被提名爲西德下屆聯邦總統的候選人，不但是對總統選擧表示重視及對史密德的聲望表示恐懼，同時無形更提高了將來總統的威望與地位。但是事情中變，未能順利的繼續發展下去；在六月四日，阿德諾總理忽對基督教民主黨議員團的領袖份子宣布放棄競選總統，而決心留任總理。促成阿德諾放棄競選的主因乃總理繼任人選問題。阿德諾所支持的財政部長歐策爾(Etzel)，不但無法得到黨內的同意，而黨內議員團領袖人物所支持的却正是他所反對的經濟部長，當時因此糾紛幾有釀成黨內分裂的危機。他的變卦的另一原因是他仔細研究憲法後，發現總統的職權有限，不能滿足其政治慾望。至於所謂因杜勒斯逝世而感到國際局勢惡化等，其實可說是阿德諾放棄競選對外聲言的藉口。阿德諾的決定雖然阻止了艾哈德的主政，但其個人的威望亦因之頗受打擊，當時與論對阿德諾多所指責，卽素來擁護阿德諾者亦不例外。如基督教民主黨的「西柏林日報」卽指責阿德諾在表示願競選總統時卽已欲仍舊不放鬆國家政治的韁繩。六月六日的「福蘭克佛通報」著論謂：「阿德諾對政權留戀終感依依不捨，彼爲了追求權力竟視國家政治爲次要的事……」旋又謂：「追求權力的本能嗜好與野心固爲政治家的本質，但一個政治家的內心只知追求權勢則一切政治方針全變成無用」。同日「世界報」亦有同樣的論著，且更指出阿德諾富有鬪爭及操縱的本性；並稱阿德諾宣布放棄競選的一天乃西德歷史上不幸之日。八日該報並謂基督教民主黨的議員團並未對阿德諾屈服，只在避免黨的分裂；至於艾哈德的聲望其實並不因此事而低降。西柏林方面的報章亦均指出阿德諾的決定是不智之擧，不僅破壞了自己的前程，且使總統應有的榮譽也受到打擊。該地「晚報」並謂：「阿德諾此擧使人感到好像聯邦的命運將與這位八十三歲的老人共存亡，好像只有他纔能保證德國政治的可靠……」其他如社會民主黨的輿論當更不能放鬆時機，對阿德諾以及基督教民主黨更是盡力指責。此外如西方國家輿論對阿德諾的決定亦均表示驚訝。

基督教民主黨議員團以及艾哈德派人士終爲顧全黨內的團結對阿德諾的決定表示讓步，於六月中旬決定正式提名農業部長呂伯克博士(Dr. Einrich Lübke)爲該黨總統候選人。這位六十五歲的農業專家自出任部長以來，雖對西德的農業建設不無功績，但他無論在黨內或黨外却都沒有像阿德諾或艾哈德的聞名，當然在民衆間所嚮的聲望更無法與史密德教授比擬。然而在黨內領袖人物不願放棄積極政治時，實在也沒有其他更好的人選。當時呂伯克在選擧前是沒有穩操勝算的把握，但他終是屬於實力雄厚的基督教民主黨的黨籍，正如史密德唯一的缺點是屬於勢力較弱的社會民主黨一樣。

在這次西德總統選擧前的另一個爭執是投票地點問題。根據西德的傳統，總統的選擧向在西柏林擧行。當時爲了選擧安全及不影響正在進行的日內瓦四外長會議，使蘇俄及東歐獲得更多的藉口，故阿德諾總理表示反對此次選擧仍在西柏林擧行而建議改在波昂選擧。阿德諾這個主張並未被國會議員所接受，而最後公布仍在西柏林擧行選擧的決定却不得不說是社會民主黨籍西柏林市長布蘭德(Willy Brandt)多方奔走的結果，當然自始社會民主黨對此問題的表現卽較基督教民主黨爲積極，同時這亦是德國民族對蘇俄抗議不屈服的表現。

總統選擧在七月一日擧行。專事選擧聯邦總統的聯邦大會的一〇三八席依黨派分配如下：

基督教民主黨	五一七席
社會民主黨	三八六席
自由民主黨	八五席
德意志黨	二四席
難民黨	二〇席
巴伐利亞黨	六席

至於總統候選人除基督教民主黨的呂伯克及社會民主黨的史密德外，尙有自由民主黨提名的貝克博士(Max Becker)。當時基督教民主黨所掌握的票數雖不足五二〇票的絕對多數，其所缺少的四票(因在五一七席中有議員一人因病未能出席)似應不難覓致。然終因爲德意志黨一向反對呂伯克的農業政策而投意該黨黨員於投票時棄權，使呂伯克在第一次投票中僅能獲得五一七票(史密德獲三八五票，貝克一〇四票，棄權者二四票)，而必須有第二次投票始能獲得五二六票的多數(史密德三八六票，貝克九九票，棄權者二二票)當選下任總統，並將於本年九月十五日正式宣誓後就職。

就這次總統選擧的結果而言，呂伯克的當選雖證實基督教民主黨的重新團結，但今後阿德諾總理的繼承問題却仍不得解決。根據憲法規定總統雖無法强迫國會接受他所推定的　理人選，但他終是此一問題的仲裁人，而呂伯克總統對此問題意見並不是絕對同意於該黨中所支持的艾哈德教授。剩下來的當然還有農業部長的新任人選問題。

英國大選以後

巴黎通訊・十月十九日

紀夢平

一　選舉結果的分析

本年十月八日英國舉行大選，於十日正式公佈全部選舉結果。保守黨在大選中獲得驚人的勝利。茲將本屆大選結果與上屆大選結果列比較表於下：

黨別	議席 一九五五	議席 一九五九	選票 一九五五	選票 一九五九	百分比 一九五五	百分比 一九五九
保守黨	三四五	*三六六	一三,三一〇,八九一	一三,七五〇,九三五	四九·九	四九·四
工黨	二七七	二五八	一二,四〇五,二五四	一二,二一六,一六六	四六·四	四三·八
自由黨	六	六	七三二,四〇二	一,六四〇,七六一	二·七	五·九
共產黨	—	—	三三,一四四	三〇,八九七	〇·一	〇·一
其他	二	—	二八八,〇三八	三三,九四九	〇·九	〇·八

註：*內包括附着分子一名

英國國會的任期每屆爲五年；根據規定，本屆大選本應於明年舉行。但英國首相麥克米蘭在本年九月八日宣佈於十月八日舉行大選，原國會於九月十八日舉行最後一次集會後即日解散。新選出的國會於十月二十日召集選舉議長，並於同月二十七日正式集會。英首相在宣佈解散國會舉行改選的公報中宣稱：「就英國內政問題而言，並無提前改選一九五五年所選出的國會的必要。但就國際局勢言，則行將舉行的國際談判，應由英國人民決定以何人爲英國參加談判的代表。」蓋英國解散國會權依法操諸於首相。在國家重大政治問題發生前，時有改選國會以便由人民來決定國家政治應循的途徑。同時執政黨亦有在現行國會任期行將屆滿前，視環境與時間上的有利條件而宣布提前選舉，以期把握選舉的勝利。近數年來所舉行的部分選舉，工黨候選人多有佔先的現象，所以當麥克米蘭於二月間訪蘇歸來後，在外交方面已無形中化了來自反對黨的指責和攻擊，得重振保守黨因蘇彝士運河事件所喪失的信譽與聲勢。故有人推測麥克米蘭將可能把握時機宣佈解散國會提前改選，以保持該黨的繼續執政。上月赫魯雪夫的訪美成行，國際局勢隨轉鬆緩，就英國言，此舉尤有利於保守黨政府，成爲美蘇雙方對麥克米蘭外交政策的降福。保守黨方面更多方渲染，表揚此爲麥克米蘭訪蘇促成的成就，故其當爲今後最適合代表英國出席與蘇俄的談判者。這對注意力集中於國際會議召開的英國選民來說，是最有力的宣傳口號。在時間上，當然也是有利於保守黨的了。

二　國際間的反應

對於這次英國保守黨在大選中所獲得的勝利，西方各國朝野人士皆表欣慰。美國務院所發表的公報中稱：「英國的選民再度以秘密的自由的投票決定其所要的抉擇。美國政府愉快的準備繼續與再度執政的英國保守黨政府像過去一樣從事有效的合作……」雖然這次大選若是工黨獲勝的話，其在外交政策方面將不會超出保守黨政府所循的途徑。但美國務院的公報足以證實美總統對麥克米蘭的勝利是感到眞誠快慰的。美國輿論方面，「紐約先鋒論壇報」的論著中雖也客觀的指出在本屆大選中，如果工黨能夠獲勝的話，將會有助於該黨的團結，如同在艾德禮或貝萬(Bevin)領導該黨時代一樣。但終對能繼續維護英國政治連貫性的再度執政的保守黨的勝利表示特別贊許。根據該報的分析，保守黨的繼續主政不僅有助於今後北大西洋國家團結的加强；同時對形將召開的高階層會議而言，該會議中是不可缺少麥克米蘭的。至於獨立的權威報紙「紐約時報」的評論，根據英國大選的結果，該報指出除了極少的實例外，這次英國保守黨的勝利證明在西方國家中自由保守政治地位的鞏固，及人民——尤其是青年羣——對社會主義的反感。在西歐方面，法、義、西德各國朝野的反應頗爲一致，均爲保守黨的獲勝表示慶幸，因這個結果能保證英國政治的穩固及延續性。僅德國方面的輿論間有認爲麥克米蘭在選舉中所獲的驚人成績，會有使其過高估計其自己在今後解決國際問題會談時的地位的錯覺。

蘇俄方面對這次英國大選結果的分析，有莫斯科電臺的時事分析，指出保守黨的勝利借助於麥克米蘭所支持召開的高階層會議的主張及和平共存政策。故而可以說麥克米蘭領導的保守黨在選舉中能獲得勝利，乃是因其曾訪問蘇俄，促使英蘇關係鬆緩的結果。「眞理報」認爲英國保守黨政府年來在內政方面的作爲，無法用以解釋其今日的勝利；而眞正促使其勝利的因素乃由於自由黨勢力的增强，致分散工黨的實力，因而無形協助保守黨的成功。我們當然不能忽略在本屆大選中因自由黨勢力增强所發生的作用；以及麥克米蘭對外政策的成就。但自由經濟制度對國家繁榮的功能，却是以國營管制政策爲原則的社會主義工黨的致命傷。況工黨內部不少分子，則對社會主義原則的傳統政策也不無懷疑呢！

三　工黨選舉的失敗

根據選舉前夕英國各報所公佈的民意測驗結果來說，保守黨雖已有穩操勝算的把握，但其能較工黨多得一〇八議席的驚人成績卽是出乎一般意料之外的。照自由黨的「新聞紀事報」(News Chronicle)所載 Gallup 最後公佈的民意測驗結果，保守黨獲票百分比將爲百分之四〇·五，工黨爲百分之三九。而保守黨的「每日郵報」(Daily Mail)自行舉辦的民意測驗的結果，雖估計在本屆大選中保守黨能獲得的選票將會比工黨多百分之三·六，即如是也只不過使保守黨比工黨在新國會中多掌握八九十席議員而已。這次工黨的選舉失敗不僅是該黨連續第三次的失敗，且這次的慘敗已引起黨內部的潛伏危機。儘管工黨領袖凱茨克爾(Hugh Gailskell)謂此次失敗並非因該黨政綱所致，但黨內右派人士已對黨的一貫政策表示懷疑。至於黨內左派人士當不會贊同右派的懷疑態度而承認今日的失敗乃社會主義政策的失敗。左派首領人物貝溫(Aneurin Bevan) 於選舉後在「世界新聞」(News of the World) 撰文反駁謂：「此次工黨在選舉中並未提出社會主義綱領。若工黨放棄其原則卽失去其存在的價值，而成爲機會主義者……」對於工黨的失敗，貝溫則認爲由於三十歲以下青年投票所致。彼指出此等青年需要保持目前的繁榮，對將來持疑慮態度，而不願從事任何冒險與嘗試。至於此等青年心理的養成，他認爲係由於信用分期付欵制所造成物質生活的享受所致，此等青年已完全「美國化」，成爲持焦慮心理的過度唯物主義者。無論如何，工黨內部的危機已漸形表面化，該黨重要份子 Douglas Jay 於 "Forward" 雜誌中撰文稱：「工黨如欲一旦能再行執政的話，必須成爲一個激進的溫和政黨。如是得首先受選民反對國營政策的意見：…」此外 Douglas Jay 因鑑於工人階級對工黨的冷淡態度，不僅主張將工黨改稱爲「激進工黨」或「改進工黨」，同時提出該黨應放棄過去傳統性的如「工人大團結」一類的宣傳口號。

綜析工黨這次選舉失敗的原因，雖在外交政策方面工黨候選人提出蘇彝士運河事件及塞浦露斯島和東非問題，指責保守黨外交上的錯誤；但這些事件的重提已不足影響選民的心理。而工黨主張對養老金的提高，在經濟繁榮且一般薪俸頗高的國家中已不足打動人心；況年青的薪俸階級尤恐養老金的增加會提高彼等納稅的負擔。保守黨的競選口號爲「和平與繁榮」，近年來英國經濟繁榮的造成一般人公認爲麥克米蘭及其政府的功績。目前英國一般中產薪俸階級均置有房舍、汽車、洗衣機、冰箱，且有去國外渡假能力的人亦逐漸增加。故而該中產階級人士已不再是社會主義政黨的選民。此外須要指出的是在今日工黨內缺少富有魄力及孚有衆望的領導人物。就維持目前黨內脆弱的團結而言，凱茨克爾雖是唯一的理想人物。英人多認爲他是一位和藹的敎授，其聲望則遠不能與保守黨的麥克米蘭相比。至於貝溫，由於他年齡過高以及政見的過度激烈，故其在民衆中的影響力已不及以往。而工黨年青一代的人物中確也缺少出色的領導人物。

如就本屆大選中各黨獲票的百分比來說，不僅工黨所獲選票較上屆少得百分之二·六，卽勝利者保守黨亦損失百分之〇·五，只有自由黨有着顯著的進展，較上屆多得百分之三·二的選票。該黨領袖 Grimond 標榜激進性的自由主義，因此對工黨選民中的激進份子及改進主義派者頗有吸引力。Grimond 在選舉後主張與工黨合作形成一新的自由激進的反對黨。此舉頗引起部分工黨人士的響望。不過根據最後的消息，貝溫已被選爲工黨的副領袖，雖工黨將於十二月間在倫敦召開特別大會以檢討這次選舉失敗的原因，但就各方面看來尚不致因這次選舉的失敗而造成黨內潛伏危機的嚴重化。

四 保守黨新閣的分析

在這次保守黨的空前勝利初將證實時，使人們感到該黨有被其右翼把持，而會使其政治作風轉向過保守性的危機。然而，事實上大選後英國保守黨的政治態度不僅沒有過份積極保守的跡象，如就十月十四日英首相公佈的新閣人選看來，麥克米蘭却在加強執行其開明的自由保守主義。根據新閣名單，在政府中主要部會的主持人多由溫和份子擔任，如前掌璽大臣兼內務大臣 R. A. Butler，數年來彼爲保守黨中激進自由派人士的領袖，當蘇彝士運河事件發生時彼反對艾登最烈，在新閣中雖將掌璽大臣一職讓與前副首相 Lord Hailsham (氏在新閣中並兼任新設的科學與技術大臣一職)，但仍任內務大臣兼下院保守黨議員團領袖，同時更繼 Lord Hailsham 任保守黨主席。如此 Butler 一方面爲政府的重要閣員，又可以下院中該黨籍議員團領袖的地位控制該黨議員的動向，同時還掌握黨的前途，故其在保守黨內可說已享有與麥克米蘭並駕齊驅的地位。Lord Mills 在新政府中由動力大臣改任出納大臣。Lord Mills 是英國的實業巨子，且爲首相麥克米蘭的多年好友。根據英國政治的傳統，首相時招攬被一知已入閣擔任超於積極政治以外的重要職務，這就是今日 Lord Mills 調職的原因。

麥克米蘭舊閣閣員未被任命於新政府者有前敎育大臣 Geoffrey Lloyd，前工業生產大臣 Aubrey Jones 及前殖民大臣 Lennox-Boyd 三人，其中後者乃保守黨中極右派的代表人物。在新閣中，敎育大臣由前貿易大臣 Sir David Eccles 接長，殖民大臣則由前勞工大臣 Ian Macleod 出任。Jan Macleod 是一位靈活而又富有耐性的談判者，此種特長正是目前英國對處理嚴重的中非及東非問題所必要的。至於勞工大臣一職則由新入閣的年僅四十三歲的 Ted Heath 主持這一個重要的部門。其他主要部門如外交及財務均無更動，仍分別由勞以德 (Selwyn Lloyd) 及 Heathcoat Amory 繼續蟬連。而勞以德的留任證實今後英國對外政策的不變，及首相與外相政見的一致。此外由於 Reginald Maudling 的改任貿易大臣使今後英國當局對西歐六國共營市場及自由交換區問題，因而會有爲西歐經濟共同發展的新談判召開的可能。

五 結論

麥克米蘭自繼艾登出任首相以來，在各方面實多有所建樹，但其執行的和平外交政策，尤以對高階層會議召開一事，其主張實有過於積極。「和平與繁榮」是保守黨在這次競選中的口號，在選舉結果揭曉後，當麥克米蘭以勝利者身分出現於電視廣播時，彼仍繼續呼喚英人團結一致爲繁榮與和平繼續努力。自赫魯雪夫訪美成行，國際局勢頗見鬆弛，艾森豪總統並接受高階層會議的召開，這使麥克米蘭的呼喚更爲積極。目前英國保守黨新政府的外交政策集中於高階層會議的儘早召開，況選舉後的麥克米蘭首相因受有英國選民的支持，故自信在未來的會議會更發生作用。同時英國當局將以外相勞以德訪法，並邀請西德總理阿德諾訪英，藉以加強英國與歐陸國家的友好關係及彼此間的了解。其實英政府的主要目的不外是設法向法德兩國當局解說，期不再從中作梗影響四巨頭會談的早日實現。當然還在期望能使阿德諾總理的態度有所讓步。因爲據一般看法，高階層會議如在明年春天舉行的話，由於準備時間的充裕，討論問題會包括以國際裁軍問題爲主，否則仍僅集中於西柏林及德國問題的解決。

一九五九、一〇、一九。

江湖行（十二續）

徐訏

七十三

是的，現在我才知道我沒有紫裳是無法生活了。

因爲紫裳的變化，我也不願再見衣情，我無法讀書，也無法寫作。

我希望紫裳有一封信給我，但是竟沒有。

我接到一封容裳的信，她已經轉到高中讀書了。我與她雖是一直通信，但因爲紫裳的關係，我不敢再讓我們的情感有什麼進展。她年紀輕，改變了環境，投入了另外一個世界，自然早沒有像以前一樣的重視我了；她對她前途有許多幻想，對于讀書也感到了一些興趣。我們別離時曾經約于聖誕節相會，現在三個聖誕節都快到了。她並不急于想見我，像我們剛剛別離時候一樣。

我當時心裏非常難過，小鳳凰的信使我想到了過去，我有一種奇怪的衝動，希望投向小鳳凰的脚下，求她給我一點愛憐，塡補我心上剛剛失去的依靠。但是我坐在桌前竟無法抒寫我心頭想說的話。我內心有一種奇怪的羞慚，我覺得我太無面目去見小鳳凰！我無論怎麼樣，也無法在信中抒寫我想對她說的一切，我寫寫扯扯不知多少次，最後我還是寫了一封簡單的回信，信裏有這樣的話：

「……我現在眞是什麼都沒有，我希望早點見你，早點見你的母親同舵伯。」

話雖然這麼說，但是我並沒有力量發興離開上海，我有幾天沒有出門，不想碰見人，不想談話。衣情來過二次，我躲了起來，叫文娟告訴她我不在家。我什麼都沒有做，我祇是想念紫裳，同我與她的無限纏綿的過去。我失眠，我吃不下飯，我像是一個失去了靈魂的人。

于是有一天晚上，衣情來了，我來不及躲藏，同她對坐好一回。她說了許多話，我都沒有聽，在耳裏祇聽到她的噪聒，最後，我站起來，我說：

「我有事，要出去。」

「上那裏去，我車子送你去。」

「不！不！我想一個人散散步。」

我沒有再理她，一個人跑到外面。實際我並沒有去處，我祇是想躲避衣情而已。

我在馬路上蕩了許久，最後我經過了一個舞場，我就走了進去。

我叫了酒，招了女人，在黯淡的燈火中，聽着靡靡的音樂，我開始忘掉了自己，也忘掉了我的痛苦。

這是我另一次頽廢生活的開始，自從第一天起，我就成了舞場的主顧，我並沒有喜歡那一個舞女，我覺得女人不過是女人，同誰在一起都可以有一點安慰，我每天沉醉在舞場之中，但是我沒有記淸楚一個舞女的姓名，甚至面貌，我祇是消耗我這個無法消耗的生命。

于是，有一天，我碰見了唐默蕾。

唐默蕾也是一個普通的舞女。我招了她，帶她出來吃飯，這都是習以爲常的事，飯後，我要帶她進場，她說：

「你又不愛跳舞，在舞場裏喝一杯酒，聽着音樂，話也不說，有什麼意思。」

「啊！我祇想忘掉現實，我要刺激。」我說：「你說有什麼地方好去嗎？」

「你去過賭場嗎？」

「沒有。」我說，不知怎麼，當時我馬上想到了穆鬍子：「我不懂怎麼賭。」

「你要我帶你去嗎？」

「你帶我去。」我說：「可是我袋裏祇有一百十幾塊錢。」

「我有，」她忽然打開皮包，拿出四疊鈔票給我，她說：「我剛剛分到錢，這裏是四百塊錢，放在你那裏。」

這時候，我才發現這個女人同別人有點不同，我說：

「爲什麼交給我，你自己賭不好麼？」

「我們倆合伙。」

「那麼你是大股東，我把錢交給你。」我當時抽出皮夾，把錢同她的錢放在一起，我說：「你會，我不會，自然由你去賭。」

「我要交給你，因爲你是生手；生手一定贏。」

「眞的？」我說；忽然我想到她的名字了，我問她：「我還弄不清你的名字呢。」

「我叫唐默蕾。」她說着從皮包裏拿出一張名片給我，名片很小，是奶油色的紙質，有點茉莉花的香味。

當時我付了賬，就出來同她一起到了賭場。她帶我賭輪盤賭。我從未賭過輪盤，什麼都不懂，但是唐默蕾一定要我作主去押。我就胡亂的押我所想到的數字，我先打紫裳的年齡，又打小鳳凰的年齡，我忽然想到紫裳結婚的日子，就押在那個數字。

奇怪的，我竟個個都打中了。我贏了很多，後來我忽然想到與小鳳凰約過聖誕節，我就打一個「二十四」，輸了一次。唐默蕾就叫我不要再賭。換了現鈔出來，我們竟贏了一萬三千多塊。

唐默蕾非常高興，拉我到一家咖啡館，她一定要把贏錢平分，我說我祇有五分之一，怎麼可以平分。她說這完全是我第一次生手之故。我怎麼也不肯，最後決定把那一筆錢算作共有的財產，作爲明天的賭本，我們約定了明天再去。

就是這樣開始，我與唐默蕾變成賭博的伙伴。不知道是否因爲我情場失意，所以賭場得意了，我的賭運竟是奇怪的好。偶而有一天不好，唐默蕾馬上約束我叫我小心。總之，以我的賭運與唐默蕾的技術，我們一直在勝利中生活。

唐默蕾有極美麗的頭髮與非常美的身材，她的臉龐平扁，但有很大的眼睛，鼻孔有點外露，嘴唇薄薄的沒有什麽輪廓，她的性格非常豪爽。

我與唐默蕾雖然很快的做了很好的朋友。但祇是朋友。我不知道我同她爲什麽可以這樣的自然而純潔，我想大概是因爲我們的關係完全祇是賭博的合伙。我們的友誼使我們什麽都可以訴說，我開始知道她的家庭與她的遭遇。

唐默蕾的父親叫做唐光毅，本來是開車行的，他有四架卡車同兩輛客車，卡車爲人運貨，客車雖是黑牌，但也做生意，上海當時遇有婚喪等場合許多人家需要車子接送客人，這些車子就可被人租用。

在這幾輛車子以外，唐光毅也替人修理車子，有機會也買賣車子，所以收入足够養活一個十一口家庭，他有七個女孩子兩個男孩子，唐默蕾是的他最大的女孩子，也是他最喜歡的一個。

自從日本人開了賭禁，唐光毅就在賭場裏輸去所有的財產，他的車行關了，伙計散了，四架卡車賣掉了三架，兩輛客車也賣掉了一輛，另外一架卡車同一輛客車也押給了人。現在躺在家裏沒有事做。一家十一口，就此靠唐默蕾來養了。

唐光毅並不願唐默蕾去做舞女，可是唐默蕾知道這是唯一的辦法。她沒有怪她父親，也沒有恨她父親，因爲她一直跟着她父親同去賭場，她知道自己也是好賭的。她父親有時候還後悔在賭場裏失足，可是唐默蕾的性格是不知道後悔的，她非常愉快明朗。

如今因爲我們不斷的勝利，唐默蕾告訴我，她已經爲父親贖取了那架押去的卡車與轎車。她父親很高興，希望可以同我見見面。我答應了她。

于是，三天以後，唐默蕾約我到她家裏去吃飯。

她家在成都路，是一所三層樓的房子。孩子們都住在三樓，她住在亭子間裏，二層樓是她父母的房間，樓下是客廳。房子不新，但開間甚寬，佈置得很乾淨。

唐默蕾的母親是一個瘦瘦的女性，但精神很健，她父親有五十幾歲，身體魁梧壯碩，看上去比他太太年輕。我與他交談不久，就發覺默蕾在個性上很像她父親。

孩子們都早已用過晚飯；飯桌上祇有唐光毅夫婦同他們女兒默蕾以及我一個客人。我很羨慕他們家庭的空氣。唐光毅很豪爽，一直談着賭經；唐太太不愛說話，也不喝酒。默蕾陪着我們，也喝了好幾杯。

談話從賭經談到汽車。不知怎麽，唐光毅忽然問我有沒有興趣同他合開一個車行。

這是一個很新鮮的提議。

默蕾計算我與她合夥賭博所贏的錢，說把這點錢合伙也已經够了。

「這怎麽够？」我說。

「我父親對車子很內行，這點錢可以買兩架舊卡車先做起來。」

「爲什麽不再賭一二次，要是多有一倍資本不更好麽？」唐光毅忽然說。

「你又來啦。」唐太太忽然開口了：「好容易贏了些還不肯歇手。……」

「也許我們還有運氣也說不定。」我說。

「好好！我們去，我們吃了飯就去。」默蕾說

唐太太對于默蕾的話倒沒有反駁，她笑了笑說：

「可是祇許帶幾百塊錢去，要是輸了這一次，以後就不許去了。要是贏了，就拿贏來的錢去賭，希望慢慢的積到一個目標。」

「就是這樣。」默蕾說。

晚飯後，我與默蕾出發去賭場，她父親也想去，但是被她母親阻止了。默蕾說他已經答應母親說永遠不去。所以她也不願意他破戒。

從那一晚起我們的賭運就再不如以前，但是我們每次還是贏了一點。唐默蕾賭得非常小心，稍稍有贏，就要離去。她有各種迷信，各種忌諱，有時候甚至非常可笑。偶而輸了一次，唐默蕾就要一星期不去賭場。這一段時間，我與默蕾幾乎天天在一起，這使我更清楚了解默蕾；她告訴我她父親本來也是一個賭徒，後來改邪歸正，才開了車行。她說他們對于紙牌竹牌等都有家傳的技術，因爲她父親出過事情，所以不再玩牌。沒有想到在輪盤上又喪失了所有的財產。那時候我常去她家，茶餘酒後，請他們父女表現紙牌的絕技，我也學會一些牌桌上的把戲。

我們繼續的在賭場混了兩個多月，終算達到了我們當初預定的目標，我們就開始進行車行了。

唐默蕾眞是一個有個性的女孩子，以後眞的她不再去賭場，偶而我提議去玩玩，她也堅決的反對。她說：

「難道同我在一起，祇能使你想到賭場麽？」。

七十四

對于車行我沒有興趣，也可說完全外行，我之所以有意參加，當然是默蕾的關係，而這筆錢也完全是她爲我贏來的。可是在唐光毅進行之中，我幫助着做些內勤外勤，倒漸漸引起一點興趣。而唐光毅正像過去舵伯老江湖穆鬍子何老等一樣，同我成了很合得來的朋友。

正是炎夏過去，秋風送涼時，我們的車行——我定名爲飛發汽車修理行——開幕了。

我自受到紫裳的打擊，已久久無法讀書與寫作。如今我回想這幾年來的用功，覺得與我的生命實際上並不十分諧和，我現在重新有機會多運用體力，開始時覺得有點累，但沒有幾天就像呼吸到新鮮的空氣一樣的舒暢，對于我傷腿的鍛鍊也很有用處。

我們買來車子，僱來兩個伙計，我也有時常參加着打雜做駕車修車一類的事情。我並沒有把我過去告訴唐光毅，他也並沒有想知道。

他愛同我說他自己的事情。每天在工作後，他每次見到小壯子，我就越覺得這孩子應當是我的，我不願放棄他。這種矛盾的心情使我很苦。

這樣拖了一個多月，封存的物資總算可以提用

要邀我到他家去吃晚飯。自從進行開辦車行以來，我與唐默蕾反而少在一起。唐光毅不想叫默蕾再去舞場，但是默蕾不願放棄這個職業，因爲這究竟有一筆很好的收入。

遇到唐默蕾在家吃飯，唐光毅總叫我送她到舞場去。起初我沒有想到什麼，慢慢的我發現唐光毅很希望我同默蕾接近。于是有一天，唐光毅忽然同我說到他的許多朋友在內地做司機，都發了財，問我爲什麼不想去內地，我說：

「我實在並不是這一行的人。倒是你應該去內地才對。」

「我？我要去早去了。你知道我的家口很大。而且我已經快六十歲。在內地做司機，恐怕已經吃不消了。」

我沒有說什麼，他忽然又說：

「如果你去，我很希望你會帶默蕾去。我很希望你早點結婚。」

「結婚？啊，我沒有想到。」我强笑着說：「我同默蕾是很好的朋友，一直是好的朋友，但是結婚，我沒有想到，她大概也沒有想到過。」

「就是不結婚也沒有什麼，我希望你帶她到內地去。」他說：「我不喜歡她在這裏做舞女。」

「光毅，你千萬不要誤會，以爲我在舞場裏同默蕾認識，一定有什麼關係，實際上我們祇是朋友，很好的朋友。」

「眞的？」

「我爲什麼騙你？」

「那你眞是太好了。」

「那有什麼好？你知道，這祇是一種機緣。我同默蕾認識時，恰巧是我不需要有女人的時候。」

「這奇怪了，像你這樣的年紀。」他說：「我在你這樣年紀的時候，我一天也不能沒有女人呢。」

這一次談話，大概使唐光毅對我有更深的了解。

當時我的心境比較好轉，我已經可以不太以紫裳爲懷。我也有心境同小鳳凰通信，我很坦白告訴她我于紫裳結婚後所受的打擊。

衣情還是常見面，她大概一星期來一次，總是帶着我的孩子，我一方面很不願意見到衣情，但是我竟很喜歡看到我的孩子。我們都叫他小壯子。

我起初沒有把我的際遇告訴衣情。我也沒有介紹她認識默蕾。她大概祇知道我因爲失去了紫裳，所以一直在舞場與賭窟消磨我的生命而已。

但是我把小江湖介紹給唐光毅，我想小江湖如能學學駕車修車，一定會比現在守着那個樂器舖爲好些。慢慢的黃文娟也認識了默蕾。黃文娟本是一個和善美好的女性，同人都合得來的，倒是唐默蕾會欣賞黃文娟，有點出我意外。

日子一多，衣情也由黃文娟認識了唐光毅與默蕾，許多關于車子生意上事情，也有了來往。

那時候舊車買賣的生意很多，所以我們的車行很賺錢。小江湖對于汽車也開始發生興趣，他同唐光毅很合得來。所以以後我就少去了。

我心頭的創傷雖已稍稍痊愈，但是感到非常空虛，因爲小鳳凰對我鼓勵，我開始恢復了一點人生的興趣；我很想早點離開上海。

在這一段時期，內地的朋友都因爲我沒有寫信去，不再來信，唯一的聯繫就是小鳳凰，我很後悔當初爲紫裳疏忽了我對小鳳凰的情愫，我覺得我總是太不知道珍貴別人的情感，往往在我需要的時候，別人的已經變了素質，如果我眞是在何老死後接受了紫裳對我的愛情，我也許不會有如此多的變化與打擊。小鳳凰對我的來信，使我想到我有急于到內地去看她的必要，我不願意再失去這個我可以依靠與期望的情感。

就在這時候，由于衣情的關係，我們想偷運一批物資到內地去。這種偷運，不用說是對敵僞賄賂才能够通過的，我因爲要去內地，所以很想做一筆生意使我到內地後生活可以安定些。我後來知道，當時我的年齡已經不是以前去碼頭的年齡，開始想到了安全與保障。我自然還有許多幻想，我想一到重慶就要向小鳳凰求婚，我要開始過安定的幸福的家庭生活，那麼金錢是多麼重要的因素呢！

爲籌備與策劃這筆生意，我們忙碌了好幾個月，我把我可以籌劃的財產都投資進去。這項偷運第一當然是運輸問題，第二是賄賂問題；運輸問題由唐光毅負責，往滬杭公路運到錢塘江畔。錢塘江的對岸則已接洽好有人來接收。賄賂問題，則是往杭州到錢塘江的七八個日僞的關口。這是由衣情去接洽，第一次接洽好了，不知怎麼，又變了卦，我們祇得改期再行。這樣一拖再拖。于是國際局勢突然緊張起來。

一九四一年十二月八日前夜，隆隆的砲聲把我從夢中驚醒，太平洋戰爭終于爆發了。

炮聲的來源，到第二天早晨才知道，那是黃浦江上的英艦因拒絕日本人的投降與之衝突而起。

那一天起，整個的局勢起了變化，我們的貨物自然祇好暫時停運。但是否放棄這筆偷運的生意，則大家主張觀望一些時候再說。

而所謂租界的特殊的孤島情形，這一天起也開始消失，日本軍人于當天就隨着驅逐英美的傳單進駐了租界。

兩天後，日本統治者開始登記封存所有貨倉裏的貨物，我們預備內運兩卡車的物資，自然也在被封存之內了。

我把我所有的財產變成物資，原爲去內地之用，如今這些物資被封存，我就祇好等有發還或別的辦法公佈時，再作打算。因此暫時我祇能就在上海。

這是一個非常無聊的日子，既沒有事情可做，也沒有什麼可打算，我白天去車行幫忙，傍晚到唐家閒玩，光毅同默蕾教我耍牌的技術，我開始從好奇覺得好玩。晚飯後，我送默蕾到舞場，有時候就玩到很晚才回家。

太平洋戰爭發生後，大概因爲時局牽動了衣情的許多商業上的經營，她變成特別繁忙，往往十來天才來看我一次。我始終沒有告訴她我去內地的打算。每見她一次我覺得我應當越早離開她越好，但

西雅圖的秋天

叢甦

西雅圖的秋天是張調色不勻的水彩畫。晴天時貧血的太陽；隨風落自高大不知名的樹上的黃葉；雨天時淺灰的戳不透的天空；緊貼地面的栗樹子和落葉，帶給人晚秋的憂鬱和初冬的寒冷。

在校園裏，在國際學生的聚餐會上，在百貨店裏，在大街上，有人向我問起：「你來自何處？」我昂首回答：「我來自臺灣，中國。」又問：「多久？」「三週，」再問：「你喜歡這裏？」「——嗯」

我來西雅圖三週了，雖然在感覺上我來這裏已經三世紀了；我喜歡這裏，但是每當我憶起我來自的地方，我總要抿緊嘴唇，雙眼發脹。我曾由人帶領着走遍校園的每個角落，認識了西雅圖的街道和市場，又搬進按月付租的公寓地下室，我有屬於我自己的桌、床、枱燈、和書架。但是，在陰天的早上，在斜暉滿街的黃昏，當我走在自校園回公寓的路上，耳邊是馬路上汽車馳過的呼呼的風聲，身邊穿過匆匆忙忙、滿懷書籍、襟掛赫斯其(註)犬圓章的大學生們，我總有一種異樣而寒冷的感覺。當一陣風吹過，吹起我脚下飄黃色的落葉的時候，我微打寒戰地感到——懷鄉的憂鬱了，在異國的秋天裏。

我只是一異鄉人，在這裏。

我常想起雷馬克和他的「流亡曲」。我只是流浪者，我只是「浮萍」，我們都沒有生根，但我們却都渴望着……

在華盛頓大學的校園裏，你可以遇到各種不同膚色、不同髮色的人，但是他們却以不同的語調說着同樣的語言——英文。在新生訓練的兩週裏，我們有更多的機會接觸了來自世界各個角落的人，多少地觀察了他們的民族性和習俗。那來自菲律賓的矮矮胖胖的女孩子，常是翻動着大眼睛，搖動着馬尾髮，在人叢中穿動，邊嘟嘴咕噥「美國的巧克力使人重了十磅」，忽又打開皮包抽出另外一條。那來自法國的「巴黎人」，她尖尖細細的高跟鞋，一摺不亂的藏青呢裙，挺直而婀娜的步態，和輕柔而受驚似的語音，都說明她那在塞納河畔慣有的悠閒，似一時不能適應這金圓王國的緊張、潑辣和不羅曼蒂克的氣氛，但是在她的眉目間和語態裏似又不能完全忘掉路易十四時代宮庭的優儀和驕傲。當我向她問起「莎崗」時，「她？喔，我不認識——」微瞬的雙眼，搖頭，聳肩，無可奈何的微笑。頭上挽着髻，臉上永遠泛起一層秋霜樣的粉，足登拖鞋，身着袈裟樣五彩長衫的是來自緬甸的女孩子。走在路上，風常吹起她薄綢長衫的一角，而一當坐下，她便將永遠塗不白的臉和眼鏡後一雙大眼藏進霧樣的煙圈裏。她常坐在最近煙灰缸的沙發上。有人說她在想家，想起湄南河邊的椰子樹。唔，誰知道呢？

走路，委委縮縮，說話吱吱喳喳，見人就嚬嘴，未說話先擺頭的是來自扶桑國的一批人。這批新進大觀園的日本人在儀態和氣魄上實較他們在此生根而美化的同胞遜色。西雅圖的美籍日人像校園裏高樹上落下的栗子一樣，俯拾皆是。而在華大讀書的美籍日人多是「生於斯，長於斯」，不知天皇什麼模樣兒的美化第二代。西雅圖的風水並沒有使他們的男孩子長高幾寸，但却使他們的女孩子戴起了假毛，未說話先皺鼻子，擠眉弄眼兒。

那微跛的來自匈牙利的德籍「老學生」；那頭戴「巴拿馬」草帽，見到中國女孩子彎腰細語「我愛你」的拉丁美洲男孩子；那皮膚雪白，髮色金黃，細高挑兒的北歐美人；那常愛嘟起厚嘴唇，抽煙沉思的菲洲人；還有那愛掩嘴竊笑，怕羞的義大利男孩子；那身材高大而有着一張洋娃娃臉的約且人；還有，那擺着八字步，黑臉上硬擠出笑紋的印度阿三們……，這裏的確是一個世界人種博覽會，人們從四面八方擠來，混合，又擴散。在他們完全將自己投浸在這沸騰、洶湧、近代物質文明拔尖兒的浪潮裏之先，他們都有一段屬於自己的或短或長、或驕傲、或卑微的文化背景。有的人們來此就忙不迭地撕脫衣裳，跌頭翻身猛然投進這鼎沸江水。但是

轉賣了，不過要呈報轉賣的去處。我提議合伙的人大家分拆存貨，各自去處置自己的所有。但衣情覺得等局面稍平靜穩定，偷運還是可以進行，主張存放在一起。多數的人覺得衣情的話很對；但也有幾個人同我一樣，想等錢用，所以主張拆貨。最後我們寧願由原價轉讓給願意承受的人。當時許多貨物已經漲價，我們由原價轉讓，自然是自認吃虧了。因此很容易被合伙的人接受了。

貨物脫手後，我就急謀離開上海。當時許多去內地的人有家眷在上海，所以我很容易陸續把我的錢劃往內地，我把錢交給黃文娟，托她于我需要時交光毅撥給我。

經過了這些安排以後，我于三月底離開了上海。

我沒有告訴衣情，我祇是留一封信給她。我托黃文娟于她來看我的時候交她，信中關于小壯子有這樣的話：

「……如果小壯子妨礙你的前途，或者你覺得他討厭，或者你覺得我應當負責任的話，你可以隨時把他交給文娟，我已經托她代我扶養。自然，我也會隨時撥錢給她的。」

除了小壯子外，我對于小江湖、黃文娟、唐光毅與唐默蕾都有所留戀，獨獨對于衣情，我毫無留戀。我自己無從了解自己！我難道是一個忘恩負義的人，或者是一個自私自利的人？

不管如何，衣情是把我從日本軍人魔掌中救出來的恩人。

我失去她已經很久，如今輪到她失去我了。

兩個月以後，黃文娟在信中告訴我，衣情在看到所留的那封信時哭得很厲害。她恨我不該不別而行。文娟又說，衣情的哭，無論如何是愛我的；她很受感動，她覺得我太冷酷無情了。文娟最後說我對朋友個個都好，爲什麼對情人竟是這樣的薄情？她又玩笑似的說，她很幸運的祇做我的朋友。

關于愛情的一切，那祇有愛者與被愛者的感受了。我無從解釋，也無從說明，我祇能祈禱與懺悔！(待續)

那些來自古老民族，背負着遠古驕傲和近代凌辱的人們，當一天的緊張完畢，午夜夢回尋回自我的時候，他就感到自己是特洛城浩刼後的英雄，鵠立在夕陽斜暉的古城廢墟上，凄涼而孤獨。

在一個基督教會主辦的國際學生聚餐晚會上，一個棕髮的美國女孩問起我的宗教信仰時，我搖頭。她睜大眼睛——我說：「大多數的中國知識分子不屬於任何宗教；因為中國的傳統文化和倫理觀念已足以代替任何宗教所能給予人生的一切東西。」

「那麼，他們多半是人文主義者了！」她沉思後問。

「是的，」我說：「像古希臘人和文藝復興時的義大利人一樣，他們相信人的手可以在地上建造起樂園。」

沉默半刻，她突然問道：「你相信你們能反攻大陸回去？」

「是的，我確信如此。」我緩慢、微笑回答。

「但是，你們已經白等了十年了。」她略帶歉意地說。

「我們沒有白等，我們在臺灣做了很多。中國人是一個不願意在未造出人造衛星之前，說已經在月球實地攝影的民族。」

除開日本人外，中國人是西雅圖的外國人中的次多者。我們並沒有做過正式的統計，也許我們把那些自稱「我們來自西雅圖」的中國人一併算在內的話，我們並不比日本人為少。每個來自臺灣的中國人在任何場合裏，都會遇見我曾被問起的那個問題。我相信他們的回答和我的是一致的，我也相信當他們回答時內心交雜着怎樣的自責和沉痛。

我不知道這十年中我們在外交宣傳上做了什麼工作。但是當我把臺灣的風景圖片和我的織錦緞旗袍拿給我大驚小怪的美國朋友們看時，他們的：「咦，臺灣也有汽車嗎？」「啊喲！這是臺灣的出品嗎？」和他們天眞的眼色和微張的嘴，的確戳傷了我內在的某種東西。那是一種被戳傷的自責而又痛苦的驕傲。

在西雅圖的中國知識分子有「華社」的組織。雙十節的晚上，我冒雨趕去參加他們的慶祝會。走進會場，我第一次(自來海外後)看到這麼多我熟習的膚色和嘴眼，我第一次聽到我慣用的語言被這麼多人同時講着、唱着、雜着笑聲。我又看到了華麗的中國旗袍、短襖和長衫，我又嚐到了炒麵、蔴花和滷蛋。但是，當我看到舞臺布幕上的中國國旗時，當我啓動嘴唇，唱：「三民主義……」時，我感到雙頰有兩股熱淚滑下。

在探戈音樂聲中，我擠過婆娑起舞的人影滑進一間正在放映「臺灣寫眞」的小室中。銀幕下坐着的多是「年過舞齡」的中年長者，或未曾踏上寶島土地的海外華僑，但我這甫離臺灣不及一月的海外遊子，却以倍甚於他們的熱情和興趣張望着銀幕上的一切，多熟習的一切啊！衡陽街，重慶南路，總統府的建築，歡笑擁擠的人羣，龍山寺前的舞獅，兒童樂園裏歡笑的稚子，我回家必過的碧潭吊橋，和橋下的龍舟賽，陽明山的櫻花，日月潭的山地姑娘，白衣整齊的海軍健兒，高雄的煉油場造紙場，臺北的紗廠，和鮮麗飄揚的國旗……。

我又回到了臺灣，我嗅到了那裏十月間早晨新鮮而略帶濕氣的空氣，和青草的芬香，我又彷彿伴着母親閑步在碧潭的橋上，在亞熱帶七月黃昏的風裏……。

海外宣傳工作是刻不容緩的了。但是據放映影片的先生說，這捲「臺灣寫眞」自寄到領事館後，還是第一次放映。我感到驚訝和困惑。如果放映，我不信不會沒有觀衆的。

西雅圖的秋天是陰冷而多雨的。

一個曾讀過兩年中文的美國男孩子問我：「你喜歡臺灣的天氣嗎？」

「嗯，我喜歡。」我回答。

「咦，」他驚叫出聲：「聽說那裏很熱，多雨，而且有颱風，你喜歡？」他懷疑地注視着我的臉。

「嗯，我喜歡。」我平靜回答。

如果我告訴他我喜歡的是那塊中華民族當今僅存的乾淨泥土，和那土地上的文化傳統和理想時，我懷疑他是否能懂得我。

這一代的中國人，鞭笞你們自己吧！當我發現自己會突然地同情起乾洗店的「猶太」老頭子和街頭鵠立的「吉布賽人」的時候，我知道自己是該如何地被咒詛——。

但是，黃昏，當我走在洒滿落葉和夕陽斜暉的西雅圖街道上時，我對自己默語：「我是中國人。」

是的，我是中國人，我是驕傲的，混雜着自責與痛苦的驕傲。　四十八年雙十節深夜於西雅圖。

註：Husky 犬為 Eskimo 犬之一種，華盛頓大學生以此犬首印製成胸章、別針、或三角旗，到處可見，似採 husky 犬代表華大學生精神，至於其源淵則不得而知。

有關拙文的勘誤和說明

儆寰先生：

一、拙文「記民五黃克强致黃膺白的一封信」刊出後，有幾處誤植，請予更正：

①第十一頁上欄十二行：(堯)係(繼堯)之誤。

②同頁下欄二十二行：王文態係王文慶之誤。

③第十二頁上欄十三行：楊喜德係楊善德之誤。

④同頁下欄三十一行：「應聲威可振」句，「應」係「庶」之誤。

⑤第十三頁上欄十二行：軍醫院係軍務院之誤。

⑥同頁上欄十七行：樂齊漫筆係樂齋漫筆之誤。

二、拙文草成前，以原函中文慶、伯恆、運隆等有關人名待考，曾去函黃沈亦雲夫人請其釋示，茲接其十一月十二日來函：承告：『克强先生函：文慶似姓王，事不詳。莫伯恆永貞，議員。張運隆孝準，湘人，克公舊屬。雲最近看到港報某文載日欵事，始注意到旁註之械欵二字，此一類事先外子不接洽，克公接何人信受託均不知。先外子民四年底由美經日到港，擬入滇。雲因母喪在十月底先歸滬……滬上同志望先外子返滬謀浙事，由雲電促其返滬，賞格猶在，出入多雲代。所接洽者係實力，時浙當局朱(瑞)屈(映光)不能脫袁之契，呂、童、張、周，地醜德齊。周曾親到滬晤。先外子意，以本有浙江完整之力討帝制，則外力不入，且免以下反上，二者實力者所忌也。海軍獨立無關，浙江所負經費，請先外子代交少川先生，革命有代價，殊遺憾，直接不接洽。浙獨立不久，袁死，原欲代表往肇慶者改北上，先外子勉任其事，往肇一次，如約而已。』此足為拙文之有力說明，而於民五浙江獨立及海軍獨立之內幕，閱者當更能獲致清晰之瞭解。

耑上，敬請

著安

沈雲龍拜啓　十一月二十五日

讀者投書

亨利・魯斯對於蔣總統連任所暗示的意見

柔　明

這一年，似乎可以說是「國際巨頭訪問年。」年度剛一開始(一月三日)，蘇俄的副總理米高揚就飛到了美國。他這一行，替赫魯雪夫舖就了訪美之路。

二月底到三月初之間，英國首相麥米倫先後訪俄，訪美。這個期間，還有埃及的納塞和南斯拉夫的狄托一同到過敍利亞。

三月間約旦國王胡笙訪問自由中國和美國。

六七月間赫魯雪夫先後到過阿爾巴尼亞，匈牙利，波蘭等國。

七月底至八月初，美國副總統尼克遜訪問蘇俄及波蘭。

八月底九月初艾森豪先後往波昂，倫敦，和巴黎。

九月中旬赫魯雪夫到了華盛頓，他與艾森豪在大衞營會談以後又飛往北平。

十月二十三日莫斯科與巴黎同時宣佈，赫魯雪夫已接受戴高樂的邀請將要訪問法國，但日期尚未確定。

最近，美國白宮又宣佈，艾森豪將於十二月四日起，訪問歐亞非九個國家：意大利(包括梵蒂岡)，土耳其，巴基斯坦，阿富汗，印度，伊朗，希臘，法國，乃至摩洛哥。

看到上面所列的這些國際巨頭們的來來往往和預定的來來往往，我們很自然地有兩點感觸：

一、關起門來做皇帝的時代，已經過去了。像美俄這兩强的最高當局，爲着爭取國際合作，或者爲着疏解國際歧見，也不得不「御駕親征」而東奔西走。

二、我們中華民國今年誠然歡迎過約旦國王的訪問。但這一訪問，政治意義似乎並不太大。除此以外，我們的最高當局並沒有與友邦的巨頭有何交往。在艾森豪預定的訪問國家中，亞洲的有印度，巴基斯坦，阿富汗，但沒有我們中華民國。而我們的最高當局旣沒有訪問過美國，而且也沒有任何跡象可以看出最近將來有訪美的可能。

有這種感觸的人，國人中不只是筆者一人。朋友中談起國事來，許多人與筆者同感。不僅是有人與筆者同感而已，還有人把這個感觸向一位有影響力的美國人說過。事情的經過是這樣：

正當九月間赫魯雪夫訪美的時候，「時代」(Time)，「生活」(Life)，「幸福」(Fortune) 三大刋物的發行人亨利・魯斯先生 (Henry R. Luce) 請中美兩國的幾位名流吃飯，其中包括共和黨領袖，教授，工商界巨子，該報社負責人。談話間，有人說到美國政府旣然邀請了赫魯雪夫，也該邀請我們的蔣總統來美一行。這時作主人的魯斯先生表示意見了。他說的大意是：這個時候邀請蔣總統來美，是不妥當的。因爲這樣做，將使中國人誤會，以爲我們支持他連任第三任。我們美國不會這樣作的。假使蔣總統明年不再連任總統了，而把繼任人選安排好了，以一個反共領袖的身份，以他終身反共的事蹟，他有資格被稱爲自由世界的一位反共的領袖。我要主張美國政府和人民熱烈的歡迎他來美一行。但是現在不是時候。

魯斯先生是蔣總統數一數二的好朋友，他們之間的私交非常深厚。魯斯所辦的那三個雜誌，在美國輿論界的影響力是很大很大的。美國的一般輿論有時對蔣總統很不利，可是魯斯的三個雜誌從來沒有發表過不利於蔣總統的文字，有時還爲他辯解辯解。蔣總統對於這一點當然是一向知道的。現在魯斯對於蔣總統連任問題所暗示的意見是如此，不知蔣總統對於這位好友的一番善意，是否考慮考慮？

一九五九、十一月十日於紐約長島。

出版法條文摘要

立法院第二一會期秘密會通過
總統於四七年六月廿八日公布

第六章　行政處分

第三十六條　出版品如違反本法規定，主管官署得爲左列行政處分。
一、警告。
二、罰鍰。
三、禁止出售、散佈、進口或扣押、沒入。
四、定期停止發行。
五、撤銷登記。

第三十七條　出版品違反第三十二條第三款及第三十三條之規定，情節輕微者，得予以警告。

第四十條　出版品有左列情形之一者，得定期停止其發行。
三、出版品之記載違反第三十二條第一款之規定者。
四、出版品之記載違反第三十二條第二款及第三款之規定，情節重大者。
五、出版品之記載違反第三十四條之規定。情節重大者。
六、出版品經依第三十七條之規定連續三次警告無效者。

第四十一條　出版品有左列情形之一者由內政部予以撤銷登記。
一、出版品之記載，觸犯戰亂煽動他人觸犯內亂罪、外患罪、情節重大，經依法判決確定者。
二、出版品之記載，以觸犯或煽動他人觸犯妨害風化罪爲主要內容，經予以三次定期停止發行處分而繼續違反者。

第四十二條　出版品經依法註銷登記或撤銷登記或予以定期停止發行處分後，仍繼續發行者，得沒入之。

編者按：在此項出版法未廢止之前，本刊決將上項條欵繼續刊登，一方面用以自我警惕，一方面讓世人知道我們的出版自由，受到怎樣的限制。

自由中國　第二十一卷　第十一期　內政部雜誌登記證內警臺誌字第三八一號　臺灣省雜誌事業協會會員　三六六

給讀者的報告

上月五日治安機關在基隆破獲的大走私案，由於案情之大，前所未有，因此轟動了整個臺灣。但正在大家希望有個水落石出的時候，行政院忽下一道「命令」，「特准」由軍法審判。這樣的措施對嗎？我們特發表社論㈠「開倒車——走私案移送軍法審判」，指出這是一種「開倒車」的做法。

現在大家每天的用電，由於緊急處分附征了百分之三十六的「水災復興建設捐」，常感到不勝負擔。按照總統於緊急處分時宣稱，是到今年十二月底為止。但是，最近行政院却企圖從明年元旦起，接着做第五次電力加價了。而且所加數字，也和「水災復興建設捐」相等。因此，我們認為政府近乎「趁水打劫」，特發表社論㈡「政府豈可趁『災』加價？」同時，本期尚另有陳式銳先生的「正視第五次電力加價問題」專論一篇，根據各項具體數字，提出了反對加價的結論。

從十一月十一日起在全省舉辦的「大陸來臺國民調查」，已引起民間及立監兩院反對，而政府仍藉詞搪塞，繼續進行。但此種調查的法律根據何在？後果怎樣？動機到底是甚麼？我們在社論㈢「請速停辦『大陸來臺國民調查』！」中，有扼要分析。

胡適先生前在本刊第二十卷第六期發表的「容忍與自由」大文，曾引起朝野一致重視。近在十一月二十日晚，本社於臺北市婦女之家舉行十週年紀念會時，（到有來賓約一百三十人）胡先生特再就「容忍與自由」一題申論。現在將講稿全文刊出，介紹給全體讀者。

金思愷先生的「國際局勢與反攻復國之道」一文，原是應本社之邀，為本刊「創刊十週年紀念特刊」而撰。但因寄達時版已排妥，故延至本期發表。金先生在他的大文中，告訴我們國際局勢怎樣？反攻復國之道又如何？

關於總統連任問題，最近兩個月以來，我們已在臺灣的報紙上，看到了一連串擁護勸進的消息。可是，海外的一般看法究竟如何？以及美國友邦人士的意見到底怎樣？大家可以在「通訊」欄方望思先生的「請重視海外對總統連任問題的看法」中，以及「讀者投書」欄桑明先生的「亨利•魯斯對於蔣總統連任所暗示的意見」中，獲得進一步的瞭解。

李倫先生的來信，已經拜讀。承指示關於介紹作者一事，自可研討，但須於本社下次編輯委員會討論後，始可作最後決定。至於希望我們多登一點海外各地通訊，我們將儘量遵照尊意辦理。

高雄、臺南、嘉義、宜蘭、臺北以及全省各地的分銷處和讀者們，本刊上一期「創刊十週年紀念特刊」，因為在「再版」之後便拆版，所以在「再版」銷完後大家又紛紛函電增購時，為不負大家的愛護，臨時決定用影印出版第「三版」，直到十一月二十八日始出書。延誤之處，我們甚感不安，特此致歉，並希諒督。

「出版法摘要」自去年七月一日登載以來，已有一年多，但政府尚無廢止的意思，我們為節省篇幅起見，特接受讀者意見，從下期起停登。

自由中國　半月刊　第廿一卷第十一期　總第二四二號
中華民國四十八年十二月一日出版

發行人　雷　震
主編　『自由中國』編輯委員會
出版者　自由中國社
社址：臺北市和平東路二段十八巷一號
Free China Fortnightly, 1, Lane 18, Ho Ping East Road (Section 2), Taipei, Taiwan.
電話：二　八　五　七　○

航空版　友聯書報發行公司
（香港九龍窩打老道一一○號）
電話：五九一六四、五九一六五

總經銷　自由中國社發行部

經售者
美國　紐約友方圖書公司
Hansan Trading Company, 65, Bayerd Street, New York 13, N.Y., U.S.A.
紐約光明雜誌社
Sun Publishing Co., 112, Mulberry St., New York 13, N.Y., U.S.A.
韓國　漢城裕昌德號
馬尼刺　新疆書店
緬甸　仰光振成書報店
印度　阿拉哈巴中印文化出版社
北婆羅洲　西利亞坡青年書店
星加坡　友聯書報發行公司（小坡大馬路四六九號）
吉隆坡　友聯書報發行公司（馬華公會大厦三樓七室）
怡保　友聯書報發行公司（希尼華沙甘街十六號）
檳城　友聯書報發行公司（林連登律七十二號）
澳門　友聯圖書公司

印刷者　精華印書館股份有限公司
廠址：臺北市長沙街二段七一號
電話：三三四二九號

本刊經中華郵政登記認為第一類新聞紙類　臺灣郵政管理局新聞紙類登記執照第五九七號　臺灣郵政劃撥儲金帳戶第八一三九號
（每份臺幣四元，平寄美金一角五分，航寄美金三角）

FREE CHINA

第廿一卷 第十二期

中華民國四十八年十二月十六日出版

社址：臺北市和平東路二段十八巷一號

半月大事記

十一月廿五日(星期三)

美國務卿赫特在記者招待會表示：談判柏林地位協定，美不同意對俄讓步。

聯大不顧蘇俄反對，決再辯論匈牙利案。

十一月廿七日(星期五)

美英同意在英境內建立共用警戒基地，將成爲美國警戒系統之一部份，用以對抗敵人的洲際彈道飛彈。

印國會對於尼赫魯處理邊境糾紛，表示支持，尼赫魯認爲對尼泊爾或不丹的任何攻擊，卽是對印度攻擊。

聯大政委會通過十四國提案，要求擧行自由選擧，促使韓國重歸統一，並要求再將韓國問題列入明年聯大議程。

十一月廿八日(星期六)

孟買美士兵遭匪拘禁，五小時後，方由印度警察營救出來。美向印正式抗議，謂美對匪行爲不能忍受，應由印度向共匪採行動。

十一月廿九日(星期日)

赫魯雪夫抵匈，參加匈共代表會。

聯大政委會集會試圖解決法阿戰爭；法代表將退席抵制辯論。

十一月卅日(星期一)

美總統將要求國會批准四十一億援外計劃，包括廿億美元軍援。

艾森豪向兩黨領袖報告出國計劃，說明在訪問中希望完成的事情。

匈共擧行代表大會，匈牙利共產黨第一書記卡達爾攻訐美國，强調俄匈「友好」。

十二月一日(星期二)

十二國經七週談判，正式簽訂南極條約，使南極洲永無軍事基地，僅供作科學探測研究之和平用途。

西德總理艾德諾抵達巴黎，與戴高樂秘密晤談，擬爲未來高層會議謀取共同立場，將嘗試消除雙方原有若干歧見。

倫敦開羅同時宣佈，英與阿拉伯聯盟復交。

赫魯雪夫在匈共大會演說，提出原子恫嚇，重彈和平濫調。

十二月二日(星期三)

艾德諾戴高樂協議，兩國決採一致立場。戴氏保證支持維護西柏林現狀，對北約軍事亦商獲協議。

十二月三日(星期四)

艾森豪由美啓程，訪問歐亞非十一國。艾森豪闡明旅行目的：促進友邦對美瞭解，宣揚自由正義和平。

西歐聯盟准許西德建造海軍中型艦隊，藉以對抗蘇俄海軍力量，並建議另設歐洲核子攻擊部隊。

十二月四日(星期五)

艾森豪抵達羅馬。

十二月五日(星期六)

美義兩國領袖會談，艾森豪向義國保證，强化歐洲防禦力量，美竭力推行既定政策，決不削弱北約組織。

美太空猴安返地面。太空人逃逸設備試驗獲得成功。

美英等廿四國提出建議，俄匈漠視對匈決議，聯大應再表示惋惜。聯大辯論阿爾及利亞問題。

十二月六日(星期日)

艾森豪離義飛土耳其。

十二月七日(星期一)

日本轟炸珍珠港屆十八週年，美太平洋艦隊司令霍任德談話，美太平洋艦隊實力强大，經常保持高度戰備，力足對付俄帝侵略。

艾森豪訪問巴基斯坦。

十二月八日(星期二)

聯大辯論匈牙利問題，美代表洛奇發言，指控俄軍續留匈境。

立法院三讀通過修正外人投資條例。國大組織法修正條文，完成立法程序。

十二月九日(星期三)

艾森豪飛離喀拉蚩，訪問阿富汗與印度。

十二月十日(星期四)

艾森豪對印度議員演說，重申管制裁軍要求，同時對共匪提出警告，美國準備保護其友邦。

艾森豪與尼赫魯開始會談，商討印中立地位等問題。

聯大通過兩項重要決議，重申和平統一韓國，譴責蘇俄在匈暴行。

『自由中國』的宗旨

第一、我們要向全國國民宣傳自由與民主的真實價值，並且要督促政府(各級的政府)，切實改革政治經濟，努力建立自由民主的社會。

第二、我們要支持並督促政府用種種力量抵抗共產黨鐵幕之下剝奪一切自由的極權政治，不讓他擴張他的勢力範圍。

第三、我們要盡我們的努力，援助淪陷區域的同胞，幫助他們早日恢復自由。

第四、我們的最後目標是要使整個中華民國成為自由的中國。

社論

（一）

重申我們反對修憲的意見

（3）

關於海內外所共同關心的修憲連任問題，據「中央日報」在十二月八日透露：國民黨中央常務委員會於七日舉行會議時，曾通過一項重要決議，重申不贊成修改憲法的主張。正當國際局勢轉變，「兩個中國」之說甚囂塵上的今日，國民黨中央常務委員會此一決議，無疑是明智之舉。老實說，我們退守臺灣，雖已整整十年，但仍能屹立於聯合國而迄未動搖者，主要的便是依賴我們這部憲法。因爲只有我們中華民國的政府，是依據憲法而組成，是代表法統的。

我們基於過去擁護蔣總統反對修憲的一貫態度，對國民黨的此項決議，正準備表示贊成時，却接着在「聯合報」上，看到了另一種令人驚奇的消息。據十二月十日「聯合報」報導：「各省籍的國大代表們，刻正分省舉行會議，研究有關明年二月間的國民大會召開事宜。……大多數的代表主張：修改憲法中的臨時條欵，使總統之任期不受憲法第四十七條所規定總統之任期爲六年，連選得連任一次之約束。」這是說，儘管國民黨當局也已經知道，在此時此地，憲法不宜修改，但仍有若干國大代表，企圖修改臨時條欵，達到所謂「俾蔣總統依法連任」的目的，這顯然是把憲法和臨時條欵分別看待。

國民大會代表的行動，固然不必受國民黨的約束。但是，憲法是國民大會制定的，而國民大會代表之賴以行使權力的，也是這部憲法。按常理說，國民大會的代表，自應更知維護憲法。

可是，憲法之不宜修改，在海內外與論界的懇切呼籲下，國民大會應該是已經知道了的。而現在之不再說修憲，而只主張修改臨時條欵，可能便是這個緣故。

不過，憲法既不應修改，臨時條欵也同樣不應修改。因爲修改臨時條欵，便是修改憲法。我們絕不能說，修改臨時條欵，便不是修改憲法。記得在今年七月四日，「中央日報」刋登國民黨中央常務委員某君的一段答問中說：「修改臨時條欵並不是修改憲法本身。」此論一出，大家都感到驚駭，我們便曾經在七月十六日出版的這一期上，發表過一篇社論，認爲這只是一種「舞文弄法的謬論」而已。我們的理由已經清楚地在那篇社論中指出：「臨時條欵，從『形式上』看，固然不是憲法本身，但臨時條欵的效力，在『實質上』，是和憲法本身一樣。就實質的意義講，臨時條欵構成憲法的一部份。所以修改臨時條欵或增加臨時條欵，也即是修改憲法。這個道理，我們還可以用現行的『動員戡亂時期臨時條欵』這個例子，把它說得更清楚一點……。」事實上，非但臨時條欵的制定，是依據憲法第一百七十四條第一欵規定的修憲程序；而且臨時條欵的效力，也變更了憲法第三十九條和第四十三條的拘束力。其爲憲法的一部份，實不待細述。

其實，自臨時條欵制定以來，政府兩度援用，都發生了排斥憲法的效力。例如三十七年八月十九日，政府爲了應付惡性通貨膨脹，而頒布的緊急處分命令；以及今年八月三十一日，爲了應付臺灣中南部水災，而頒布的緊急處分命令；其所以都不必按照憲法第四十三條所規定的緊急處分程序，便是因爲根據了臨時條欵。很明顯，假使臨時條欵根本未具有憲法的效力，則總統的兩次下達緊急處分命令，而限制人民自由權利及增加人民義務到如此地步，就成了違憲的行爲。現在，大家其所以承受在緊急處分令之下，所造成的電力、電信、鐵路、公路以至於電影等類的加價，便是因爲政府所根據的臨時條欵，正是憲法的一部分，總統發布緊急命令，而不需乎一個月後送請立法院追認，便是臨時條欵排除了憲法第四十三條的規定，而賦予總統的權力。

事實上，假使臨時條欵不等於憲法，則無論修改或增加臨時條欵，就更不能排除憲法第四十七條的規定，而達到所謂「俾蔣總統依法連任」之目的，實更爲明顯。

總括說來，修改臨時條欵，便是修改憲法。我們基於反對在此時此地修憲的主張，也同樣的反對修改臨時條欵。因此，如有任何人企圖以修改臨時條欵作爲修改憲法的偷關漏稅手段，我們也是斷斷反對的。

最近，由艾森豪和赫魯雪夫的會談、而美國之准許記者訪問中共、而「康隆報告」的發表、而艾森豪十一國訪問中之一再强調和平，國際局勢的對我們不利，已顯而易見。而美國之承認中共，以及中共之進入聯合國，都可能發生於旦夕之間。假使我們還硬要修改憲法，除非蓄意助長國際局勢的更不利於我們，應不忍出此下策！

現在，國民大會聯誼會年會又要在十二月二十五日召開了。記得去年國民大會年會召開之前，蔣總統在十二月二十三日光復大陸設計委員會上，公開發表反對若干國大代表的修憲主張，曾贏得海內外的一致讚譽。可惜這種讚譽，却被某些人所搞的修憲連任運動所沖淡以至抵消。但是，到今天爲止，我們仍不願懷疑蔣總統當初宣布反對修憲的誠意，故不得不希望蔣總統進一步採取更爽朗的行動，防止修憲連任運動的擴大。

不過，話說回來，我們仍不能不希望全體國大代表，千萬認清國際局勢和我們現在的處境，不要再假定修改臨時條欵，便不是修改憲法。否則，如仍以修改臨時條欵的手段，來完成修憲連任運動，將是中華民國的千古罪人，難逃寫歷史的人唾罵！

社論

對於監察院總檢討的檢討

(二)

監察院每年度有一次總檢討會。本年的總檢討會已於本月初告一結束。就我們手頭搜集到的資料，我們可以看出，檢討的範圍確也相當廣泛。大自國際現勢與我們的基本國策，小至地方鄉鎮的若干措施；同時他們檢討的對象不限於各級政府的各部門，而且還檢討到監察權本身的運用和監察委員本身的若干問題。從廣度看，確是够了。但從深度來看，怎樣呢？這似乎很差勁。

我們今天的國事，確實像監察委員曹德宣所說的：「今日國家之大患在習非爲是，相趨於僞。在上者自我作聖，好阿諛，而不肯接受批評錯誤。在下者則投機取巧，工於逢迎，惟利是圖。國勢阽危，內憂外患交迫，社會糜爛，盜刼殺人充斥而猶歌功頌德，粉飾太平，自我陶醉；徒自欺而不能欺人，天下之可悲，孰有甚於此者！」既然如此，監察院就應本其職責，知無不言，言無不盡，力矯時弊而鞭辟入裏。再不容避重就輕以塞責了。我們本着這個希望來看監察院這次總檢討會議的記錄，未免令人失望。

我們試舉例來講。財政問題，是我國當前的嚴重問題之一。財政問題之所以嚴重，最主要的原因似乎有兩個：第一、國家預算中的國防費是在軍事秘密的掩護下，包括許許多多不應有的開支，也包括許許多多見不得人的開支。立法院在審查預算的時候，既不能審查其詳細節目，監察院在審核決算的時候，也不能審核其實在的開支。立法權在這方面被擋駕，監察權在這方面也碰壁。這種情形，我們固然不能單單責備監察院。但監察院對於這種財政問題關鍵所在的地方，從未觸及，對於行政權在這方面的作爲，從未加以糾彈。本年度也是如此。第二、已經成立了的預算，實際上是被預算以外的龐大開支破壞了。換句話說，預算之不能有效地被控制，就是由於許多法外的任意的開支。關於這一點，前年監察院爲調查俞鴻鈞違法失職案而調查中央銀行時，居然中途受阻，不能繼續澈底調查下去，這件事就說明除預算裏面國防費的秘密以外，還有些預算以外的見不得人的非法開支和任意開支。來自憲法的監察院調查權，竟不能在國家的中央銀行行使，一方面是表示監察權之被侵奪，一方面是表示財政的紊亂。這都是監察院不應該忽視的。可是事實竟相反，監察院對於這種嚴重問題，居然放過。在今年的總檢討中，也不涉及。儘管他們對於財政問題的總檢討，看起來似乎包羅萬象，但一究其實，有許多地方，是避重就輕。也即是廣度有餘，深度不够。

其次，再就監察院對於本身的檢討來看，這方面涉及三個問題。㈠各委員會開會的次數太少，以致許多問題未能詳盡的討論而草率地作成審查意見。㈡開會時出席的人不踴躍，遲到、以致常常流會。㈢召集人的制度問題。這三個問題，都是很重要的。尤其是第三個問題更重要。現行的召集人制度，實際成爲輪流制度。對於這個制度，陶委員百川提出的意見很對。他認爲「輪流作召集人的制度要考慮。應該有組織的培植成功頂呱呱的專家。」「今天委員會沒有好的成績，召集人是一個大問題。」「召集人做得很好的，應該讓他三年五年地做下出。使他成爲專家。」「作了召集人的人，應當以委員會的工作爲他自己的事業，專心致力來研究，在開會以前蒐集資料，作妥善的準備，開會的時候，要說出對問題的見解，然後經我們委員來批准。」「假如提出的資料不够切實，或對行政業務了解不够，……行政機關就會瞧你不起，當然效果就減低了。」這番意見是再正確不過的。我們看美國參議院各委員會的主席，都是各該委員會有關問題的權威。因此委員會所成立的審查意見，大都是有決定性的意見。所以他們的委員會有「小國會」之稱。而我們的監察院各委員會的召集人，固然也有些是某些問題的內行，但有些確實是不稱職的。這些不稱職的人作召集人，直接地妨害了該委員會的工作，間接地貶損了監察院的權威。所以關於現行召集人制度的檢討，是很重要的。

但是，監察院對於本身的檢討，僅止於上述的幾個問題，我們覺得是不够的。近年來，各級的民意代表遭人詬駡的事太多。省縣級的人民代表還有定期選舉可以更換，而中央級的則因任期問題未解決，似乎可以一年一年地長期「代表」下去而無所顧忌。所以他們當中有不少的人假「人民代表」的身份，利用權勢，爲非作歹。例如勾結官吏，舞弊營私；包攬詞訟，向法院說情；接受官方收買，經常做護航工作等等。這種人在國大代表中有之，在立法委員中有之，在監察委員中也非絕無其人。否則曹委員德宣不會說出「監察委員各人，更應潔身自好，盡其在我」這一類的話。何況民間指名指姓的傳說，幾乎到處可以聽到。這是使得行政部門最瞧不起民意代表的地方，也是使得人民談起他們的所謂「代表」而搖頭唾棄的地方。儘管這種人爲數不多，但其對於團體聲譽的影響是很大很大的。監察院本年度對於本身的檢討，也未觸及這方面，這也是我們失望的地方。

對於監察院本年底的總檢討，我們的觀點是監察權的日漸萎靡不振。這個趨勢的形成，監察委員自身當然要負責任。但是執政的國民黨更是難逃其咎的。近年來國民黨的作風是在一味地偏袒行政權，不管是非得失，凡是遇到立法權或監察權對於行政權發生一點制衡作用的時候，國民黨總是不擇手段來抑制立法權、監察權。（前年俞鴻鈞彈劾案的成立，算是黨權抑制監察權不成功的事例，據說，國民黨中央黨部前秘書長之去職，是種因於此。）今天，立法委員中絕大多數是國民黨人，監察委員中也是如此，換句話說，今天行使立法權的是國民黨人，行使監察權的也是國民黨人。同是國民黨人所行使的權力，而國民黨偏偏要一味地袒護行政權。這是國民黨自己破壞自己所主張的五權分立的憲政，同時也是國民黨在黨內自毀威望的地方。

社論（三）

對民社黨和國民黨提名競選之爭的看法

臺灣省第四屆縣市長及省議員的選舉，將在明年四月舉行。現在距離選舉日期，雖然還有四個月，但由於提名競選的問題，在野的民社黨和執政的國民黨之間，已發生了嚴重的爭論。而民、青兩黨同在十二月一日，分別於「民主中國」和「民主潮」發表社論。

在十一月六日，中國民主社會黨中央常務委員會對於這次地方選舉，是否提名競選問題，經過縝密討論後做了一項決議，即向政府要求「公平選舉」和「自由投票」，然後提名參加競選。民社黨這種要求，實在是一種極爲合理的要求，看不出有絲毫過分的地方。

民社黨的這一要求，經報紙透露後，立刻引起了在野黨及無黨無派人士的廣泛共鳴。可是，據十一月十二日臺北「聯合報」報導，國民黨臺灣省黨部主辦選舉業務之某高級幹部却說：「民社黨此項決議，不知究何所指。因爲在過去若干次地方自治選舉中，本黨始終抱定光明磊落之態度，遵照政府各種有關選舉法令，輔導黨員遵循民主途徑，參加競選。對黨外人士，非但沒有不公平之待遇，更無損害投票自由之事實。以往曾有少數野心份子，製造謠言，故意破壞本黨，但以後事實證明，均不攻自破。現在第四屆縣市長省議員等選舉接踵而來，預料可能仍有少數野心份子，抄襲老文章，對本黨虛構種種事實，繼續破壞中傷。」然後才宣稱願以最誠懇之態度，向民、青兩友黨提出了三點意見。這樣一種發言態度，難怪引起輿論界的驚駭，乃至於民營的「公論報」不得不首先發表社論駁斥了。

在我們這些站在第三者立場的人看來，國民黨臺灣省黨部某高級幹部的這一段談話中，開口「野心份子」「製造謠言」，閉口「野心份子」「破壞中傷」，非但沒有討論問題的誠意，而且已極盡顚倒是非、倚勢威脅之能事。現在，僅僅就四十六年四月二十一日舉辦第三屆縣市長及省議員選舉之後，本刊發表的幾篇評論文字中所指出的事實而言，已足證國民黨當時如何運用違法舞弊手段，操縱和把持地方選舉了。

例如傅正先生在本刊第十六卷第九期（四十六年五月一日出版）發表的「對本屆地方選舉的檢討」中指出：「國民黨既利用了軍公教力量，已足以造成絕對的優勢，何況對於投票所開票所的工作，又始終未接受在野黨及無黨無派的一致要求，而拒其派人參加這一極爲重要的工作，以致臺北市在整個投票過程中，選民的秩序雖然良好，但監察工作却很使人失望。其中例如監察人員所站的地點，普遍的距離選民圈票地點太近，以致使『監察』似乎變成了『監視』。又如有的投票所地方太小，圈票時誰圈了誰，別人都可一目了然，以致使『秘密投票』變成了『公開投票』。更如監察人員的過分熱心，普遍的搶着代選民摺疊選票和投進票櫃，甚至發現選民棄權時而『命令』補圈，以致使『自由選舉』似又變成了『干涉選舉』。」這種種事實，都說明了選舉之不公平以及投票之不自由。臺北市的大多數選民，想必還記憶猶新。

又如本刊在第十六卷第十期（四十六年五月十六日出版）社論「選票與人心」中指出：「嘉義縣民防指揮部某分部負責人郭烈於四月二十二日致嘉義縣民防指揮部政治室公文（文號：時組字第〇一八號），報告助選的經過。」以及「經濟部長江杓於四月十六日向該部屬員分別發出通函，把國民黨在臺北市及臺北縣候選人的姓名一一列出，明明白白地爲他們拉票。」以至於「一、投票所職員欺騙選民投票……二、用『補助費』或『獎勵金』之名，實行賄選……三、最嚴重而最駭人聽聞的舞弊，是所謂『安全措施』——『安全措施』是個秘密用語。其意義是：在投票過程中，如有選舉人不來投票，則由投票所的某些人在選舉人名冊上代捺指印，冒領他們的選票來圈投。」關於國民黨此種所謂「安全措施」的情形，據蔣勻田先生同時在本刊第十六卷第十期發表的「緊握收拾人心的機會」中敍述：「高雄縣第一百四十投票所，選民共一千〇六十三名。投票的結果，投縣長的選票共爲一千〇六十一張；投省議員的選票共爲一千〇六十張；均達百分之百的投票率，已構成世界選舉的奇觀了。可是到了下午四點鐘時，又有二百餘持身份證的選民，向投票所索取選票而不得。這些選民理直氣壯的圍住投票所，要實行公民神聖的選舉權。雖經百般勸誘威嚇，終不散去。因此計票寫『正』字的那兩紙，不但被照了像，而且原件也成了證物。」像國民黨這樣的違法舞弊，還能說這是「公平選舉」和「自由投票」嗎？

其實，上面所說的，還只是國民黨在選舉中違法舞弊的一部分。假使大家有興趣把四十六年四月二十一日以後一個月內的民營報刊仔細翻翻，想必還會有更多驚人的發現。很顯然，凡此種種，既非所謂「野心份子」的「製造謠言」，更非所謂「野心份子」的「破壞中傷」，而是國民黨一手造成的事實。臺灣的地方選舉，不幸而留下這樣大的汚點，難怪總統府臨時行政改革委員會不得不提出改革的建議案，監察院也不得不提出辦理不善的糾正案，乃至於最近不到了十二月五日，臺中縣議會還不得不致函該縣選舉監察小組，要求密切注意軍、公、教、警之干預行動了。

根據以上所說觀之，關於明年四月的第四屆縣市長和省議員選舉，如眞想做到民社黨所希望的「公平選舉」和「自由投票」，便不能只靠國民黨的口頭保證。在我們看來，民社黨在十一月十三日對外公開提出的：「我們惟一要求，是與政府黨共同辦理選舉，最起碼的條件，是派人充當投票與開票所的管理員與監察員。」實在是保證「公平選舉」和「自由投票」起碼應該做到的。不過，我們認爲還須包括所有無黨無派候選人，也有權在競選區推派管理員和監察員。老實說，假使國民黨連這點起碼條件都不能全部接受，則其存心如何，以及究將違法舞弊到何種程度，都不是我們局外人所能推測。因此，我們願意支持民社黨和青年黨有條件地提名競選，同時我們不贊成無黨無派人士無條件地去陪選。反之，如果國民黨能全部接受這點起碼條件，至少表示已有開放選舉的勇氣；我們主張在野黨都該不顧成敗，提名競選，並以自己的政綱、政策、政見，向選民作堂堂正正的競爭；並希望無黨無派人士也踴躍參加競選；促使臺灣地方自治走上正軌。

虛雲和尚年譜討論

胡　適

一　致中央日報胡社長函

健中兄：

昨夜承面交張齡先生的信一件，今天又承李青來女士面交蔡克棟先生的信一件，兩信都是討論虛雲和尚的父親蕭玉堂是否在福建做過三府的「知府」或僅是「佐治」的問題的。

張蔡兩先生都沒有見到「虛雲和尚年譜」的民國四十二年原本，他們看見的只是「臺灣印經處」的四十七年九月翻印香港佛學書局的民國四十六年「三版」一本。

張齡先生信上說，臺灣印經處的四十七年九月初版「是照原版一字不易翻印的」。他不知道這個翻印本翻的不是「原版」，乃是經過大改動的「三版」。香港的「三版」，與臺灣的翻版前面都有影印的虛雲和尚親筆信，題「丙申（民國四十五年）八月十一日」，信中說，年譜是「壬辰歲春（民國四一年）雲門事變時，雲重傷重病，目不見，耳不聞，奄奄一息」的時候，弟子證圓等「夙夜詢問予生平事蹟」，「隨說隨錄」，「予亦未曾過目」。信中又說，年譜已再版了，「時閱四年，雲始得見，其中不無誤記之處，今令侍者略爲簽出，請〔岑〕居士於刊刻三版時更正之。」

張齡先生看了虛雲此信，就不會相信臺灣本是「照原版一字不易」的了。

我現在把原版和「三版」的異文記在這裏：

①原版上，第一頁，第一行至二行：

父玉堂……。道光初年，父以擧人出身，官福建。戊戌己亥間，任永春州知州。

「三版」改作：

父玉堂。……道光初年，父以科擧出身，宦遊閩。戊戌己亥間，佐治永春州事。

②原版上，第一頁，第四行：

翌年，父擢泉州府知府。

「三版」改作：

翌年，父調佐泉州府。

③原版上，第二頁，第六至第七行：

道光二十四年甲辰五歲

予父調任漳州府知府。

「三版」刪去此一行九字。

④原版上，第三頁，第四至五行：

道光二十七年丁未八歲

予父調任福寧府知府。

「三版」刪去此一行九字。

⑤原版上，第三頁，第九至十二行：

道光三十年庚戌十一歲

父復回任泉州府。……

冬月祖母周氏去世，父丁憂開缺回籍守制。

「三版」刪去「任」字，又刪去「開缺」二字。

⑥原版上，第五頁，第七至八行：

咸豐五年乙卯十六歲

父任厦門關二年，調回泉州府任。

「三版」（第四頁）刪去「府任」二字。

張齡先生問我說的話是根據何處出版的年譜而來的。我請他自己去査看那部香港「虛雲和尚法彙編印辦事處」佛曆二千九百八十年十二月出版的原本年譜，此本並不難得，各寺院還有出售的。

張齡先生說「佐」字的意義是「佐幕」。「佐治」確有「佐幕」之意，如最有名的刑名幕友汪輝祖的一部書就叫做「佐治藥言」。

但我們試翻開虛雲年譜原版上，第四十九頁附記的「尼妙淨留偈記」，其原文作：

雲公……湘鄕人，俗姓蕭。……父玉堂，爲福建泉州太守。

太守是知府。「三版」（頁四七）改爲：

父玉堂，爲福建泉州二守。

蔡克棟先生來函說：

「佐治永春州事」當係「永春州州同」，並非知州。「調佐泉州府」當係「二府」，並非「知府」。

「三版」明明改「泉州太守」爲「泉州二守」，這就是蔡先生函說的「二府」了。

大約民國四十四、五年之間，我在紐約，曾寫信給一位住在加拿大的詹勵吾居士，指出虛雲年譜有一些不可信之處；我指出他自述他父親蕭玉堂做過知府的三府之中，有兩府的新修府志在美國國會圖書館裏可以檢査，其中道光二十年到咸豐五年的知府姓名，履歷，在任年歲，都有明白記載；其中絕無知府蕭玉堂之姓名。

例如年譜說蕭玉堂任漳州府知府是從道光二十四年到二十六年。我査光緒三年補修的漳州府志，這三年的知府是：

王廣業　二十四年任。

趙　鏞　二十四年再任。

王　用賓　二十五年任。
徐　耀　二十六年任。
方寶慶　二十六年任。
莊受祺　二十八年任。

這裏面沒有湘鄉蕭玉堂其人。

詹居士把我的信鈔寄給香港的朋友岑學呂居士，後來才有「三版」的修改，才有虛雲和尚承認「其中不無誤記之處」的親筆信。

我細看「三版」修改之處，大概都是因爲我指出三府知府並無蕭玉堂其人而修改的。修改的人把「道光初年以舉人出身官福建」一句也改了，因爲「舉人」的眞假也可以從長沙府志和湘鄉縣志裏考查出來的。

我們看虛雲和尚丙申八月的親筆信，應該可以相信這些修改之處都是他老人家「令侍者簽出」的了。

今天成舍我先生叫人來問我，福建各府志裏有沒有記載各府「佐治」的「二府」或「二守」？

我試查中央研究院歷史語言研究所藏的光緒漳州府志知府以下可能稱爲「二府」的官員：

漳州府海防同知：
梁　源　道光二十四年任。
董正官　道光二十六年任。
章　熙　道光二十八年任。

漳州府通判：
李　燧　道光二十二年任。
曹衙達　道光二十八年任。
童永清　道光二十八年任。

這裏面也沒有湘鄉蕭玉堂其人。

所以我們可以說，不但原版的「知府」是不可信的，三版改的「二守」也是不可信的。

張齡先生問：「父親沒有做過知府和兒子年歲的多少有甚麼連帶的關係？何以由於前者即可以推斷後者的不確？這是根據甚麼邏輯？」

我可以回答張先生：這就是「拿證據來」的常識的邏輯，兒子的年歲多少，沒有別人作證，只有他「自述年譜」是唯一的證據，只有他自己是唯一證人。所以我不能不考考這唯一的證據是否可靠，不能不考考這唯一的證人是否可信。

我在前幾年已證明的是這唯一的證據的「原版」說的蕭玉堂「任永春州知州」，「擢泉州府知府」，「調任漳州府知府」，「調任福寧府知府」，「回任泉州府」，都是虛假的，所以「三版」裏都删去了。「三版」裏改「任知州」爲「佐治」，改「擢知府」爲「調佐」，改「泉州太守」爲「泉州二守」。我們現在指出的是這個改版的「佐治」的「二守」也是虛假的。

同治十三年（一八七四）續修的湘鄉縣志二十四卷是一部最特別的縣志，二十四卷之中，「選舉志」佔了十卷之多，凡是有「功名」的湘鄉人，包括用錢「捐」的小官，都列在這十卷裏。我細查「舉人、副榜、貢生（包括四種貢）」，從嘉慶、道光，到咸豐末年，並沒有蕭玉堂姓名。又細查「仕進」一表，其中分「文職、武職、例貢、吏員」，包括一切「捐州同」，「捐主簿」，「捐典史」在內，也從嘉慶、道光，到咸豐末年，其中也沒有那位泉州府「二守」蕭公玉堂的姓名。

所以我不能不說，這唯一的證據（初版以至修改的三版）是很可疑的，那位唯一的證人也是很可疑的。他生在道光二十年，活了一百二十歲，是我不能相信的。

老宗兄，這個問題關係一個人信仰的根據，我認爲是人生最神聖的問題，我盼望你不要怪我寫這兩千多字的長信。敬謝　老兄和貴社編輯部的好意！

胡適敬上　四八、十二、二。

張蔡兩函及虛雲年譜臺北本一册，均奉還。

（以上是轉載四十八年十二月五日的中央日報，張齡暨蔡克棟原函略去）。

二　致本社函

儆寰兄：

昨天聽你說要轉載我寄給中央日報社胡健中先生討論虛雲和尚年譜的一封信，所以我寄這封短信給你，請加在那封長信的後面。

今天承內政部田部長把部裏收藏的永春縣志借給我參考，這部縣志是民國十六年修的，民國十九年排印出版的。

永春縣在雍正十二年升爲永春直隸州，設知州一人，州同一人。原有典史一人，改爲吏目。虛雲年譜原版說他父親蕭玉堂「道光初年以舉人出身，官福建•戊戌己亥間任永春州知州。」三版裏改末句爲「戊戌己亥間佐治永春州事。」

我今天查永春縣志卷十二「職官志」，道光戊戌己亥（十八年、十九年）的知州，州同，吏目的姓名如下：

永春州知州
沈汝瀚，南昌監生，道光十六年任。
張錫純，清苑舉人，道光十九年署。
章復旦，會稽舉人，道光十九年任。

永春州州同
陳敬思，天津舉人，道光八年任。
陳成芳，長寧舉人，道光十九年任。

永春州吏目
金　鍇，豐城人，道光十一年任。
章　忠，山陰監生，道光十二年任，二十年裁去了。

這裏面都沒有湘鄉蕭玉堂的姓名。

我很感謝田部長借書的好意。

胡適　（四八、十二、九）

自由經濟與開發貸款

Vance Brand 講
毛樹清 譯

本文為新任美國開發借貸基金總署DLF署長布蘭德先生於十月六日晚出席美國遠東工商協會在紐約華道爾夫旅館舉行之年會晚宴席上所作之講詞。闡釋自由經濟民營企業之基本理論，以及開發借貸基金的當前使命，至為詳切。——譯者附註

本人接任開發借貸基金總署長的職務，甫經五個星期，在此五星期之中，幾乎有兩星期的時期化在近東。所以諸位當能體諒我：今天我還不能報告我的工作成就或業務進行情狀。不過，當我接任開發借貸基金總署以前，我早就想到過開發借貸基金這一個計劃及其所擔負的深重的時代意義。所以，今天晚上，我願意藉此一盛會的機會，一述我心中所想到的關於開發借貸基金的意思，以及我今後進行的目標。

首先，讓我們來了解一下這一個機構的輪廓，開發借貸基金成立於大約兩年以前，美國國會通過了撥給十四億美元，作為借貸的本金，其中約八億三千五百萬元，在我接篆之前已經借貸出去了。借貸基金係貸給公私特定的開發事項之用，事先須經過週詳的調查，調查認定其在技術上及經濟上的計劃週密，而且確實有助於落後的自由國家開發及發展經濟之助的，然後才決定貸予。開發借貸基金不同於美國一般的財政金融機構，它的最大的特色是：它能接納非美元的其他貨幣，作為償還時的款項。自由世界的其他財政金融機構，像美國進出口銀行，國際建設開發銀行，及其他私立銀行所能夠考慮借貸的正常貸款，都不在開發借貸基金總署的職務以內。此外，開發借貸基金還有許多規定與限制，我不預備在今晚的寶貴時間內，詳細描述那一些瑣屑。

美國國會及政府創設這一個基金，係基於美國援助自由友好國家的一貫政策，同時也是執行美國外交政策的一項主要臂助。最顯著的證明，便是主管經濟事務的副國務卿狄倫先生 (Mr. Douglas Dillon) 兼任開發借貸基金的董事會主席，其他的董事還有美國進出口銀行的董事長華奧先生 (Mr. Samuel C. Waugh)；國際開發建設銀行美國執行董事歐普敦先生 (Mr. T. Graydon Upton)；國際合作總署署長萊德堡先生 (Mr. James W. Riddleberger)，及本人自己。

其次，我想一述開發借貸基金工作的對象及範圍。

我把今天的自由世界大別為三類不同的地區：第一類是業已開發的國家，在那些國度裏，自由經濟充分發展，民營資本掌握工商業，在那種國度裏，用不著我們的開發借貸基金。

第二類國家剛巧是極端相反。在亞洲、非洲、及拉丁美洲，若干國家經濟開發非常落後，自由企業的新型工業能夠活動的範圍，極為渺小。在這一類的國家之中，開發借貸基金可以用作幫助當地的基本建設，像修築公路，擴建港口，疏濬水道，以及各種交通與電力設備，有了這些基本建設以後，民營自由企業纔有欣欣向榮發展生長的可能。當然，在着手作這些基本建設舖奠工作之時，需要帶入美國工業界的技術與訣竅，但在最初一個階段之內，美國工業的技術訣竅，祇能作雇傭與諮詢之用，原因是這些舖奠建設都是「非營利性」的，還沒有進入到美國工業界創造主動的境域。不過，無論如何，我對於開發借貸基金總署能夠荷負起此一責任來，以及美國工業界能夠認識擔負此一額外的興趣與責任，使我感覺無限興奮，因為這是我們援助自由友好國家的過程中所必不可缺的。當然，在我們這些舖奠建設的過程中，經常要取得當地人民的衷誠合作。

除了前面兩個極端以外，大部份的自由世界，都是屬於第三類的。他們擁有大量的人口，龐大的天然資源，他們渴求經濟開發，而且一部分已在開發進行之中。但還沒有到工商業高度發展的境地，他們還缺乏相當部份的基本建設，開發借貸基金總署可以幫他們補足。就在同一個時期，這些國家已經到達相當的水準，可以使美國的自由企業有英雄用武之地，美國的工業家透過與當地人民合作的方式，可以發生創造性的作用。據我看來，這其間的主要關鍵在：開發借貸基金總署或其他的公共機構的努力，必須以不妨碍不阻撓不干涉民營工業及民營企業為原則。相反的，必須要以最大的可能幫助那些民營工業獲得發展，不管那些民營工業是屬於美國人的或其他國家的。

基於此一背景的各種考慮，我曾經反覆詢問我自己：如何始能領導開發借貸基金總署，在它的工作對象與職務範圍之內，達成經濟開發任務的最大作用？

讓我用幾句老生常談來回答此一問題。任何人致力於任何一件事業，離不開他的經驗與背景。我的經歷是一個小城鎮的銀行家、律師、生意人。我那座小城鎮：奧亥俄州的歐巴那 (Urbana, Ohio)，原是一座具有充分銀行設備的農業城市。它的完備的金融服務事業，使那座小城鎮無須依賴於「辛辛那蒂」或紐約那種大城市。諸位不難想像，全美國類如這樣的城市，成千上萬，跟著

時代的進展，工業慢慢在那座小城鎮中發展起來，在原來的寧靜的農業社會之上，罩上了一層新興有力的工業經濟。於是，原來的地方性的銀行，不能再符合社會的要求，老百姓和工業機構，開始向外面借入資金。

我不但親身經歷著這種變化，而且幫助推動著這種變化。我陪伴著那些工商業者跑辛辛那蒂或紐約，幫助他們在大城市的銀行開立聯合戶頭。我從這些經歷中知道：工商業的聯繫一朝建立以後，歐巴那，辛辛那蒂，紐約，大都市與小城鎮之間的關係，也便愈形密切，使他們都成爲嚴密交織的經濟體系中的分不開的一部分。那種聯繫，不是任何研究都市農村的關係社會學理論的著作所能體會得到的。

當我服務於進出口銀行的那幾年，我看見一個個的落後國家獲得開發與繁榮，我看見那些國家的工廠創立與商務擴展，我慢慢意會到那些國家的發展，正像我故鄉那座小城鎮的成長一樣。以此類彼，正由於工商業關係的建立，使那些新發展的國度，與原來工業早有基礎的國家，嚴密縫織在一起，這就是一個堅强的自由世界的不拔基礎。同時，由於工商業的聯繫，使人民與人民之間相互了解的距離縮短，也祇有透過這一種方式贏來的了解與友誼，纔能維持到永遠！

所以，我要開發借貸基金所作的第一件，也是最主要的一件任務，便是把開發借貸基金作成爲創造及凝固美國與其他未開發或已開發國家間工商業聯繫的主要工具。換句話說：我要把開發借貸基金的人力財力發揮它們的極致，用以幫助使美國民營企業的活力、智慧、與經驗，帶到那些國家，參加他們國家的開發建設工作。就我所知，這是最良好最有效的途徑，促成那些國家的經濟開發與經濟成長！（譯者註：請參閱本刊第二十卷第十期拙譯葛古森教授關於自由中國經濟發展的演辭，兩者論點相同）。

當我提到「美國民營企業」這三個字時，每一個字我都有深長的意思涵蓄其間。歷史紀錄證明：「美國企業」擁有無與倫比的資源、動力、與創造精神。美國企業擁有一個世紀半的經驗，在開發我們自己這個偌大的新大陸的行動紀錄上，沒有人能够和我們相比。至於說到「民營企業」的這兩個字的重要性，因爲我相信在經濟開發過程中所遭遇到的特殊問題，需要才幹與智慧來解決，這些歷盡艱難而成功他的企業的人，我們就稱他們企業家，開發借貸基金總署隨時願與這些奮鬪過來的民營企業家合作。我們無與趣於國營事業，我們自然不鼓勵國營事業，我們相信在尋求資源開發與經濟進步的新興國家之中，國營方式是一條盲目的旁門左道。至於說到「企業」這個字，是我上面所說的那番話的主要關鍵，若無冒險犯難主動勇敢的企業精神，我們就根本談不到開發。經濟成長本來就像人體成長的道理一樣，它裏面充滿生命與活力，我們不能靠一套機械式的方案，用死板板的機械方式，來造成經濟開發與經濟成長。（譯者註：以經濟發展比作人體生理活動一點，拙譯葛古森教授前文亦曾提到）。

所以，把美國民營企業這三個字連結在一起，在我的心目中，無疑是一股最權威最有效的力量，雖然它不是唯一的力量，足以擔負自由世界經濟開發的責任。我之渴欲開發借貸基金總署與這一股力量取得最密切的聯繫與合作，並非基於狹隘的愛國主義或教條主義的動機。開發借貸基金的任務，原是要促成經濟開發與刺激經濟發展。我要它實踐這一層任務，我要它運用可能的最優良的橋樑以貫徹這一層任務，而美國民營企業便是那座最優良的橋樑，這是無可推翻的事實，也是鐵一樣的事實。

尋求利潤的動機，是美國民營企業，向前邁進的主要動力。當我接受現在這件新職之時，我所想到的第一件事，便是我無須斤斤於尋求利潤，因爲我所主持的這一個單位，是一個政府機構。沒有利潤動機的盤算，無須利潤考慮的前提與規劃，別人所不能取決的事項，我們就很容易作一決定，但這樣的草率決定，在經濟場合中很容易誤入歧途，因爲這樣的草率決定超越了經濟生活的正常軌道之外。

開發借貸基金總署是一個非營利性的機構，這是千眞萬確的事實，但同樣眞實的事實是；開發借貸基金的目標在於促成經濟開發，而我懷疑任何種類的工商業的經濟開發，不以追求利潤作爲中心動機的。事實上，我深深相信如果沒有利潤動機，便根本不會有經濟開發。正如彌爾敦・艾森豪博士（Dr. Milton Eisenhower 艾森豪總統的令弟）去冬所說的：「民營資本要靠吸引而來，不能予以驅策」。所以就我想來，開發借貸基金的主要目標之一，將使每一筆貸欵，能直接間接開啓民營企業尋求合理利潤之門。

我心目中想到的另一種打算是：在我們的主要工業化盟邦中，過去美元短絀的情形，經過此十年的演變以後，已經完全改觀了。這些盟邦現在有充分能力，協助世界落後地區開發的責任。這不但對美國有幫助，對他們自己也有好處。過去美國獨挑國際間的經濟重擔，我想現在沒有此一必要了！凡是能從別一國家獲得財政支援的任何國際開發計劃，而此等財政支援係建立於合理的條欵之上的，開發借貸基金便不再予以借欵。我將樂見其他的高度工業化的國家，將繼替美國，擔負此一協助經濟開發的重任。

參加「世界銀行」的那些國家，現在正著手組織一個「國際開發協會」，這將使經濟開發的大題目上，獲得一項新的助力，但此一協會的成立，並不消滅所有工業化國家對未開發國家的雙邊援助。我希望其他的工業化國家，除了衷誠支持此一國際開發協會的設計之外，還得像我們所做的一樣，擴展他們的援助落後地區開發計劃。

同時我要使開發借貸基金固守他的特定崗位，那便是必須在進出口銀行及國際開發建設銀行業務所不能到達的地方，展開工作。指臂相連的意義，便是當一個機構離去之時，其他機構便接上去替代工作。我衷誠的相信：創設開發借貸基金的用意，並非爲進出口銀行，或爲世界銀行，或爲國際合作總署，增添一名多餘的助手，而是要使這一個獨立的機構，獲得美國民營企業的支持與擁護，以完成它獨特的使命。

我期望開發借貸基金總署，將與美國工商界的代表，携手發掘對「未開發」國家的投資機會，以幫助開發世界的某些部份。我更樂願美國企業界能組織一個代表性的團體——並非又來一個顧問委員會，而是實際工作的一羣——他們一方面與開發總署及其它政府機關合作，一方面策劃他們自己對海外發展的藍圖。這些民營工商業者須有誠意遣送他們的工程師及專家，前往國外，與其他國家合作，共同爲建立那些國家的自由企業而努力。

我將使開發借貸基金總署成爲美國工商業者最可靠的伙伴，當一個計劃開始之際如果發現冒險性的風浪極大之時，開發借貸基金願意挑起這份財政的重擔。我相信在獲得開發借貸基金的全力支撐之下，美國企業家運用他們活力精力與智慧，必然能在那些新興國家之內，解決許許多多的困難。

根據我過去在進出口銀行服務的經驗，我知道：面臨美國企業家的難題之一，便是在那些國家之內籌辦實業，需要政府來分擔風險，原因是許多意外的阻難，常常出乎美國企業家的估計以外。反過來說：當一朝政府的支持發生實效之後，美國工商業者在那些國家馬上能表現出卓越的建樹來，阿根廷就是最顯著的一例。(譯者註：本節內所提政府一字，係指美國聯邦政府而言)。

無可置疑的，在那些國度裏，擁有無窮的經濟發展的機會。當一朝我們能獲得有效的工具能克制那些困難之時，企業家便有大顯身手的園地，而那些所謂困難，並不是經濟本質上的不治之症，大部分由於國界的分割，產生了國與國之間的不同制度與不同情況所造成。因之，我們要解決這些困難，就必須要運用國家的與國際的機構，纔能生效。

問題之中最通常易見的一個，便是開發貸款的償還問題。在許許多多未開發或局部開發的國度裏，他們就不能荷負以美元償還的財政貸款。在目前的情況之下，我們對於那些國家的財政援助就必須適應他們目前的境況，那就是允許他們以當地的貨幣來償還，而且借貸的期限不妨力求拉長，或者准許他們一部分以某種通貨償還，一部分以另一種通貨償還。我們必須認識的重點是在這裏：就工程的或經濟的眼光來衡量所有貸欵的償還方式，與原來的援助立場，僅祇有一點極微小的間接的關連而已！

舉一個顯明的例子來說：一座新的製造蘇打灰及有關化學品的工廠，在大韓民國建立，所有工廠的一切成品，全是韓國所需要的。過去韓國不能自己製造，每年靠外洋進口，現在能自己生產了！工廠所需要的原料，除了鹽以外，全從廠房附近的區域取給，而韓國三面環海，鹽的來源更是不成問題的！工廠的經理部分具有經營的經驗，從美國工業界派去的工程顧問，詳細看過這一個計劃以及市場的需要情形，人工與技術管理都沒有問題，這座工廠開工以後每年至少替韓國節省二百萬美元的外滙，將來產量增加，可以節省到四百萬美元，而韓國正是一個外滙頭寸極窘絀的國家，多少年來，大部分依靠於美國。這些還不算，更值得一提的事實是：這樣一個說得通的計劃，在韓國現在的投資氣候之下，美國進出口銀行，國際開發建設銀行，國際財政銀公司都裹足不前，毫無投資的興趣。而我們開發借貸基金總署，却批准了五百六十萬元的貸欵以幫助工廠開工。雖然這一筆貸欵將來係以韓幣償還，但我們相信這一筆貸欵具有深厚的意義與價值。

這不過是開發借貸基金的許多貸欵中的一例而已。從此一例子我們可以看出：開發借貸基金如何在有效支助民營企業，特別在民營企業不能解決難題的當口，開發借貸基金願意獨挑這一種風險。我樂見我們這一種支助，將獲得美國民營企業界的有組織的合作，爲開發自由世界而配合戮力。

一個有組織的機動性的美國企業集團，運用他們的經驗與智能，將大有助於逐步建立開發國家的民營自由企業；加上開發借貸基金及其它美國金融機構的支持；再加上其它工業先進國的配合。再加上美國自由企業所具備的現成條件與開拓熱忱。我相信任何阻難，都可以減低到最小的限度。自由世界的經濟疆域將從此擴展，全球性的自由企業，將給人們帶來更多的幸福。

在任何情況之下，我們將運用美國工商業者的天賦、技術、頭腦、經濟腦筋、工具，乃至於美國工業革命所遺留下來的創造開拓精神，用到那些需要開發的國度裏去。這是我接任這一項新職以來的考慮所得的結論，時間將證明我的結論不是憑空臆造，這是我可以告訴諸位的！

不久以前，副國務卿兼我們開發借貸基金的董事長狄倫先生曾經說過：美國大量民營資本的流入落後國家，配合美國民營企業的特色：創造精神與猛勁，無疑將替工業落後國家注射入新的活力；那種活力，將使他們的經濟成長，產生無可比擬的先例。

這將是開發借貸基金總署的中心思想。謝謝諸位。

略論蘇俄與中共的「理論競爭」問題

唐盛鎬

本文大體係節譯自筆者行將問世之英著「今日中共之內外政策」第二增正版以就正於國內同好

近幾年內若干觀察家每認爲莫斯科——北京軸心常苦於兩伙伴間在理論上的歧異，爭長，乃至可能的衝突。這些時來中共方面，繼一陣「鳴放」的鬆弛之後有反右派鬪爭，現在又有對知識分子放寬尺度的跡象；在蘇俄方面，接着全蘇共產黨第二十屆大會宣佈「走向社會主義各別途徑」的信念以後，便有以暴力鎭壓匈亞利流血革命的事實，最值得注意的當然是中共創立的公社制度。在初起時這代表一種十分激烈的社會主義化措施，似乎是蘇俄本身所不願嘗試的，因此傳說中共不僅是踏入它自己所採取走向社會主義，甚或共產主義的途徑，而且有逐漸脫離莫斯科——北京軸心的趨勢。

但就毛澤東對莫斯科的關係而言，在外交方面，只要蘇俄的政策是基於促進整個中蘇集團的團結，他是願意接受蘇俄領導的。在內政方面，毛是傾向於維持他自己行動的獨立，按照他自己在理論方面的意向去解釋並運用馬列主義不受克姆林宮的拘束。因此在中共方面並不以爲「走向社會主義各別途徑」的觀念會促致莫斯科——北京軸心的分裂。相反地中共認爲這個軸心的堅强要基於兩個主要原則——這便是對集團團結的目標要有忠誠，和在不妨害團結的範圍內，對爲實現共產主義所採取內部措施的變化方式要能容忍。一九五六年至一九五九年間的重大事件充分說明了這兩大原則。

由於一九五六年間蘇俄和它各衞星國的關係，人們常會問到莫斯科——北京軸心的堅强程度和中共對給予東歐國家自由程度的立場是否能先後一致。實則中共政策之一致性並不在求符合於衞星國家自由行動程度的一定公式，而是在追求集團的精明團結的一貫目標。

因此在一九五六年波蘭鬧革命時周恩來斡旋於赫魯雪夫和葛姆克 (Gomulka) 間作調解人，爲的是求共產主義陣營的精誠團結。就這情節而論，中共不止是希望在有爭議的雙方當事人間謀致一個妥協，而且希望能形成一遠大的看法，好使軸心國家與衞星國家間有順利的合作關係。

中共願支持葛姆克的合理要求，但在鎭壓匈亞利「修正主義派」(revisionists) 時則與蘇俄同聲共氣。此種行動又是爲了維護集團團結的原則之故。匈亞利前總理納吉 Nagy 有過火和過速的意向幾乎引起了「社會主義」集團內部的分裂，便是中共所不能容忍的。南斯拉夫的情形也很相似。由於拒絕接受蘇俄或中蘇的領導地位，南斯拉夫便成爲「社會主義」集團的害羣之馬，因而招致苛刻的「反修正主義」運動向他鬪爭。看來集團的兩個領袖國家並不顧慮這項運動會迫使南斯拉夫對中蘇集團發生更大的距離，而却相信一旦共產主義陣營與民主主義陣營決裂時，南斯拉夫還是很可能地與他們站在一邊。

中共的一貫政策是在維護一個環繞莫斯科——北京軸心所建成堅强的「社會主義」陣營。中共在集團的領導方面，雖是唯蘇俄的馬首是瞻，但曾再四斥責大國的排外愛國主義 (great-nation chanvinism)。因此，中共方面一定會希望蘇俄共產黨主要地是用影響的方式而不採取暴力的方式來進行領導。至於在集團的成員國家之間，中共則惟有對成員國內部之歧異可以容忍，而在彼此對外關係上，不容許有任何參差。因爲在中共眼光中惟有如此「走向社會主義各別途徑」的信念才有意義，也才有達成的可能。

中共的公社制度的理論問題便是應該在這種角度下來探討和考驗的。公社制度的批判者們，每太好奢望不切實際地去搜集證據企圖說明蘇俄與中共在手段抉擇上確有摩擦。如一九五八年十二月廿二日華盛頓郵報社論斷定赫魯雪夫曾說公社制度是「行不通的」而且是帶「反動性」的。實則一九五八年十二月十六日的眞理報和消息報都曾記載過赫魯雪夫承認中共的方法和馬列的原則在基本上是一致的。赫魯雪夫前一天，在蘇俄共產黨中央委員會全體會議中曾聲稱：「本黨(蘇共)追隨列寧遺敎在工人階級和基本農民羣衆的擁護下保證農民自個別的小農經濟過渡至大規模的集體經濟。」赫魯雪夫並曾建議在蘇俄採用公共食堂，以「減輕婦女的家庭瑣務而使彼等能積極參加生產」，如果赫魯雪夫不認爲公社制度是共產主義國家的分歧點，他是不會作如此暗示同意的表示的。

假定公社在中國能使生產繼續增加，蘇俄可能不但不會有所批評，而且終究會容許在共產主義陣營內的其他國家乃至蘇俄本國實行。蘇俄正從事擴張集體農場成爲較大的單位。農業專家們也搞出如對集體農場內的工作人員採用有激勵性的工資制度，蘇俄的農產可望增加。毛澤東爲增進生產在個別公社內所採行的有限量公資制度似乎有相當成功。果然如此，蘇俄對這種辦法想必不但不會責難，而且會效法的。

在理論問題方面赫魯雪夫是承認中共有其創作才能的。在蘇俄共產黨理論刊物「共產黨人」(Kommunist) 一九五八年七月號的背面封面上，載有關於刊行科學社會主義文庫的預告，在列舉馬列主義理論家的名單中，毛澤東的名字緊放在赫魯雪夫的名字之前。大概毛在對外關係上尊重蘇俄領導維護軸心國家間團結之同時，實施一些新的法門來使中國走入社會主義的道路。現在的問題便是毛的推行公社制度是否僅係遵循「走向社會主義的各別途徑」，抑或係眞有意直接進入共產主義階段而奪取蘇俄的理論領導。

中共的領袖們對這問題業已給了否定的解答。在一九五六年中共的八全大會上劉少奇曾聲稱「一九四九年中華人民共和國的奠立大體上結束了資產階級的民主革命」。那時中國便進入了無產階級社會主義革命的階段，並開始由資本主義走向社會主義的過渡。毛澤東在他一九五七年二月的講演中宣佈社會主義制度雖已在中國建立，但尚未完成。一九五八年十二月中共黨中央會議會討論到走向共產主義問題，說明公社是到共產主義的橋樑（這橋樑却尙未越過）。公社並將爲共產主義下的基本社會單位。但在過渡前生產力、工業化和電氣化等等，都必須有大量的增加。這可能要經過二十年以上的時間。

赫魯曉夫在蘇俄共產黨第廿一屆大會上也曾提到這普通認爲煩惱的理論問題。他很偷巧地說：過渡的歷程是漸進的，並遵循一定的規律。社會主義與共產主義之間並無墻壁相隔，但也並不能安步當車地從一個迂緩地走到另一個。各社會主義國家雖不應草率從事忽忽忙忙地趕速進行過渡，但也不應停滯不前。重要的是他曾指稱所有社會主義國或許可能在差不多相同的時候實現共產主義。如此大概會將過程延遲到集團內各國都達成和蘇俄一樣的發展階段的時候。

如上所述，赫魯雪夫對中共在理論方面的翻新花樣是能接受和容忍的。相同地只要在不威脅集團團結的原則之下，中共對其他共產主義國家內的翻新花樣也是能容忍的。因此，「走向社會主義的各別途徑」勢必很難成爲分化軸心伙伴的因子。

一九五九年八月廿四日於美京中蘇集團問題研究所。

讀者投書

(一) 我們懂得「軍」與「家」

蕭人鑑

假如有人自作聰明，把白的顏色硬要他人相信是黑的顏色，我們姑不論被相信者的心理或行動的反應如何？而這個「聰明」人，我們却可說他是知識上的罪人。即使將來人類在地球與月球間搭成一座橋，也不能稱「白」爲「黑」，或稱「黑」爲「白」。

然而今天偏偏有一種聰明人，把有如黑白之分的「軍」與「家」混爲一談，說什麼「以軍爲家」，硬要我們這些愚笨人高聲附和。推其解釋：兵與兵是兄弟，官與兵是父子，而做統帥的便是「老祖宗」。在我們國度裏有所謂「五倫」，就他們看來，增入「官兵」一倫，改爲六倫有何不可？

「軍」到底是不是「家」？這絕不是憑一種朦朧的解釋，或幾句武斷的口號可使人信服的。要使人信服，就必須把「軍」與「家」弄清楚。我們認爲「軍」與「家」是兩回事，中間有着南極到北極的距離。

家：是由血脈相承的父母兒女，是由同胞而生的兄弟姊妹，且自然地流露着一種愛與樂，並繁衍子孫的人倫單位。軍：是徵集各地的各種人，强加組成的作戰團體；這個團體中有張姓，也有李姓，張李以前是互不相識的，而一旦要把同胞的兄弟關係加諸他們，一日要把血脈的父子關係加諸他們，一旦要他們叫一個統帥做老祖宗，這是多麼尷尬的事！

原來，那種聰明人，其聰明處：是在要我們愚笨人，是在要我們無家的人，相信其倡導的「以軍爲家」；而他們自己則大可不必如此。他們：：他們可以把「家」的甜味，發揮到極致，而把「軍」的苦味減低到零。

誠然，我們是愚笨人……而愚笨的我們，依然死守着陣地，死守着反共的最前線。現在我們這些愚笨人，已由十幾歲，而廿幾歲，而卅幾歲，我們除了懂得如何殺敵、殺人之別，我更懂得什麼是「軍」！什麼是「家」！

四巨頭會談以前

——試論現階段東西集團的關係及東西方對國際問題的態度

姜懷平

一

自俄共頭目赫魯雪夫訪美成行，於九月底與美總統艾森豪會晤於 Camp David，討論世界局勢並交換意見後，不僅美蘇關係緩和，並使東西集團間關係轉向鬆弛。緊隨着這次艾赫會晤美總統並宣布接受參加四巨頭會談。儘使西方國家對是項會談的召開在日期及議程各方面已呈現許多歧見；但是，事實上不僅均已接受該會談的召集，且已開始是項四巨頭會談召開前的準備工作。

美國接受召開四巨頭會議之舉雖非突然。但艾赫會晤對之却發生決定性作用。因爲高階層巨頭會議召開不僅是主張强硬外交政策的前國務卿杜勒斯所一直反對的，即艾森豪總統在本年日內瓦外長會議期中對蘇俄此項建議亦未接受，堅謂須俟外長會議有所成就後，證實高階層會議有召開的必要時始肯接受。

赫魯雪夫訪美與高階層會議的再度召開是爲了緩和國際局勢及解決柏林問題。回顧本年五月十一日至六月二十日及七月十三日至八月五日先後兩度在日內瓦召集的四外長會議，卽以解決柏林問題爲主。在會議最後公報中謂：「會議研討關於對德和約及柏林問題。參加會議者彼此陳述對該類問題的意見。對柏林問題經坦白而深刻的討論後，在若干方面雙方立場已趨接近，該次談判對未來的談判將有裨益，今後當繼續談判以達成必要的協議。」這後半段雖說明該次會議的失敗，而事實上，經西方的讓步，蘇俄雖不再對西柏林問題作最後通牒式的要求，但無疑問地是雙方的意見仍距離甚遠。關於西方在西柏林的駐軍及軍備問題，西方當時允諾限於目前數額（一一、〇〇〇人），而有逐漸減少的可能；在配備方面却僅予普通武器，但蘇俄則堅持西方駐軍得減少至象徵性的數額（三五〇〇人）；軍備不只以駐軍額比例予以減少，且禁止擁有原子武器及火箭的裝備。對於顚伏陰謀活動的處理：西方主張在基本人權和自由的範圍內採取措施，以避免柏林的兩部分發生擾亂治安和干預他方的活動，並以聯合國代表以及相當的輔助人員，享有柏林的自由出入權，以監督此項措施的執行，且得向聯合國秘書長提出報告。蘇俄意見則認爲西方列强應採取必要的措施，使西柏林不得爲他國利用從事一切反對蘇俄、東德及「社會主義國家」的宣傳及其他活動。至於東德方面，蘇俄代表只提出東德「政府」允諾不干預西柏林內部事務，並遵守對西柏林的臨時協定而已。至於自由出入柏林事，西方的最後態度爲：對負有管制責任的德籍人員的自由出入應予以保證。同時成立四强委員會以處理關於出入柏林的爭執，必要時並得諮商德籍專家。該辦法的實行至德國統一時爲止，如德國統一在五年內仍不得實現時，則四外長屆時應再度集會以研討柏林的情勢。蘇俄方面允在處理柏林問題的協定生效期內不變更西柏林的交通情形，但在協定生效後一個月由四强組織委員會負責監視協定的執行。此外蘇外長葛羅米科（Gromyko）更提出組織由兩個德國代表參加的全德委員會，以草擬對德和約，負責解決柏林問題及促進兩個德國間的接觸爲任務，從事兩個德國間的談判，該委員會的一切議案必須經過一致同意。如果該全德委員會在十八個月內不能獲致統一德國的協議時，則應由出席日內瓦外長會議的國家再度集會談判柏林問題。總之蘇俄企圖否認西方國家對西柏林的權責，而西方國家則不能放棄對西柏林的權利及對西柏林市民自由的保障。雙方立場相距甚遠，不能遷就，祇有另覓途徑了。

二

在日內瓦四外長會議宣告失敗前，法外長在一次談話中卽與其他西方外長寓言稱：「這次與葛羅米科的談判將無結果，但會議將以赫魯雪夫訪美作爲結束。」結果恰如法外長所預料，蓋自去年十一月克立姆林宮主人製造柏林危機後，西方在西柏林所處的戰略地位極端不利，因爲如何避免以兵戎相見而維持西柏林的地位頗費躊躇。及至日內瓦四外長會議失敗，美國當局決定邀請赫魯雪夫訪美，期在雙方不失顏面的情形下繞越過柏林的危機。至於赫魯雪夫之欲實現訪美之行是年來已爲世人所週知的事。幾年來赫魯雪夫好玩險局，弄得一些神經不堅强的人甚爲不安，但他每次都設法下臺。他爲實現高階層會議及赴美遊歷乃製造柏林危機。他一方面表示外長會談不能處理國際問題，同時製造國際緊張局勢藉以促成高階層會議的實現；另一方面則又對美國示意友好，於本年初派米高陽訪美，後又以主持紐約商品展覽會蘇俄館開幕派考茲洛夫(Kozlov)赴美；同時更親自接見接踵前往蘇俄的美國工商學政各界人士。此等人士，於返國後咸主張美國政府應邀請赫魯雪夫訪問美國，藉以糾正其對美國認識的錯覺。其中不僅包括本年六月間赴蘇參觀的美國九位州長，卽向被認爲共和黨保守派分子的副總統尼克森於赴蘇俄訪問後亦積極主張邀請赫魯雪夫前來實地觀察美國的進步情況。尼克森根據其與赫魯雪夫交談後的印象，認爲赫魯雪夫言辭粗暴成習，在與同僚戲言時亦復如是，故不得僅以字面解釋其對外宣傳的言詞。同時發覺赫魯雪夫在共產理論上並非絕對固執，在實際執行時亦隨時有所修正。尼克森更根據在蘇俄十一日的訪問各處旅行的經驗，認爲蘇俄的警察管制已較放鬆；況在經濟方面亦以私人獲利的心理利用於國家經濟的發展。故彼返國後認爲美國應設法獎勵此趨勢，期在長遠的演化過程產生有利於西方的果實。此外當時美駐蘇大使 Llewelyn Thompson 亦建議政府邀請赫魯雪夫至美訪問，因彼認為克立姆林宮的主人會有對有關國際問題機密性的建議向美總統提出。

在本年八月三日美總統艾森豪正式宣布邀請赫魯雪夫訪美及接受赴蘇報聘。英國官方於聞訊後甚表欣慰。蓋英國外交當局對美前國務卿杜勒斯的强硬外交政策不無反對意見。彼雖認為目前採行的「訪問外交戰」尚不能結束東西集團間的權力之爭，雖亦承認蘇俄政策的目標並無若何改變；但認為互訪可轉變目前冷戰的局面。英方更以為在長遠的里程中雙方各階層的交換訪問與談判使蘇俄所受的影響會比西方所受者為大。如若西方拒絕與蘇聯當局談判，則無形中等於協助莫斯科當局維持國際間的緊張局勢。況就英國內政而言，正值首相麥克米蘭準備舉行大選。艾赫兩巨頭的交換訪問當有助於高階層會議的召開；保守黨可向選民說高階層會議的召開是英首相年初赴莫斯科之功。因為不應換易執政黨，俾有最適合的並使其有成代表英國參加高階層會議。

法國與西德政府的反應則與英國不同。法國方面的輿論有認為赫魯雪夫訪美期間當不會在柏林採取片面行動，對柏林問題的解決可發生拖延時間的作用。至於東西集團關係的改善則尚待長時期的演變。莫斯科主人訪美之行或有助於此種演變，但亦恐赫魯雪夫在美宣傳成功而影響鬆懈北大西洋公約組織的團結。鑒於此項可能產生的危機，法國不少人士主張在艾赫會晤時美國不得對蘇俄作任何承諾。並認為美總統應借機誘導赫魯雪夫，使其了解西方人民的生活需要，反駁他的宣傳及設法解除他對柏林問題的要挾。法國當局開始的反應可說是站在反對的立場，法國總統不但表示艾赫互相訪問為美總統單獨赴敵營的行動；並認為以邀請赫魯雪夫來緩和柏林危機為不必要的舉動。因為在目前情勢下蘇俄如欲發動戰爭，沒有任何辦法可以阻止的，否則西方就柏林問題持堅定意見亦不會使蘇俄走向極端。至於傳聞美政府在邀請赫魯雪夫前並未向法方徵詢意見事，這當然也傷了法國第五共和政府的尊嚴。西德阿德諾總理的對外政策是贊同美前國務卿杜勒斯路線的，彼認為史大林雖已死數年，但蘇聯對外目標的實質迄未有變化。目前世人多方從事緩和國際局勢的工作正適合赫魯雪夫對外政策的需要。不論國際關係能夠鬆緩到什麼程度，這都是表面的，因為莫斯科當局仍可隨時使局勢再度緊張。根據阿德諾的判斷，由於人民對較優裕生活的要求反對以國家精力耗費於對外的發展，故在經過長時期的演變當可消滅蘇俄對外政策的衝力，但目前蘇俄與西方對立的局面，決不是在短期內可以消除的。因此彼認為艾赫會晤最大的成就只為使蘇俄方面認清强大而富有信心的美國足以持久的抵抗共產主義的挑戰，及使其發現從事軍備的有限裁減是對彼沒有損失的。此外阿德諾對美總統可說沒有對杜勒斯的信心，認為前者沒有像前故國務卿富有魄力會試身危局而應付自如，因此勸艾森豪總統在與赫魯雪夫會談時的討論範圍應限於日內瓦四外長會議時所劃定者，寧可沒有結果，萬不可因積極獲得成就而對蘇俄再作讓步，亦更不希望艾赫雙方對複雜的歐洲問題採取新的觀點。

鑒於西歐大陸國家態度的疑慮，艾森豪卽宣布彼並不準備與蘇俄總理舉行談判，彼與赫魯雪夫會晤時僅代表其個人及美國與之就國際時局進行討論及交換意見。同時更於赫魯雪夫抵美前親自走訪歐洲各盟國元首及北大西洋公約組織秘書長就國際問題廣泛的交換意見及建立對彼外交政策的信心。

三

赫魯雪夫於九月十五日抵達華盛頓，在美作十二日的訪問。在彼啓行前蘇俄舉行第二顆月球火箭的放射。這次試驗的成功一方面再度奠定蘇俄在科學上的國際地位，使西方對之讚揚亦同時因火箭落後而感到恐慌。且在政治上尤發生更大的作用。在此時此地蘇俄獲得此次試驗的成功，無疑地尤增加了赫魯雪夫的地位與信心。美國方面為了要作赫魯雪夫能盡量而深刻的認識自由資本主義國家的富强與進步，及了解美國人民的心理與生活情形，使赫魯雪夫到美國各地參觀。彼並被請出席聯合國大會就裁軍問題發表演說。他對裁軍問題提出很冠冕堂皇的意見。綜析赫魯雪夫對國際裁軍問題所發表的新意見包括：①首先得通過中共進入聯合國及與德國成立和約；②其後四年內世界各國得減除軍備及警察以外的武裝軍隊，放棄國外的軍事基地，以及消滅一切應用於和平用途以外的製造核子武器的原料和火箭；③成立國際監督機構監督此放棄軍備的實地完成；④並以裁除軍備所得協助落後國家的建設。儘管西方國家官方認為對此項裁軍意見應予深切的研究及交由聯合國有關委員會研討。國際輿論界對赫魯雪夫所提出充滿宣傳而絲毫無法實行的意見認為乃夢幻式的主張。

至於赫魯雪夫週遊美國後，於九月二十五日至二十九日在 Camp David 與美總統會晤對國際問題討論的結果，雖然在事後發表的最後公報中儘似以往類似文件，滿載良言美語，亦可說為陳腔老調，如重申不以武力解決國際爭端者是。但美蘇關係已趨好轉，在柏林問題方面蘇俄給予艾森豪若干保證。綜析艾赫會晤的結果在：①就柏林問題言，雙方意見已有兩點趨向接近：蘇方接受就柏林地位再度召集四國會議，雖在日期及範圍方面未予決定，亦未表示須立卽採取高階層會議方式。美方也承認柏林現局為非正常化，此種戰後的形勢當不應永久維持。②對於德國問題，蘇俄認為應與柏林問題分別討論；而美國對此問題的態度則有走向事實上承認東德存在的跡象。③中國問題：赫魯雪夫主張應由中共進入聯合國，因為一切裁軍計劃如不能得到北平政權的接受將不發生任何效果。但美國對此問題的態度則甚為保留。④對國際裁軍問題，尤其是原子武器方面可說成績甚為微薄，僅認為應在原子和平使用的研究方面實行合作，同時對此項問題的討論尚有待聯合國方面專設委員會的研討結論。但一般言之，可說蘇俄已有接受嚴格禁止核子武器試驗督察辦法的跡象。誠如是，這正是成立一督察組織的機會，以後再逐漸擴展到其他裁軍的範圍，如對北大西洋公約組織及華沙公約組織目前裝備的改裝等。但這無疑地又與德國問題的解決發生關係。⑤至於美蘇商業關係，艾赫兩人則同意應為雙方專家討論的目標。

一般言之，國際間各方面對此次艾赫會晤後的態度頗佳。輿論界雖亦指出艾赫會晤後所得的成績微小，但東西集團間對峙凍結的現象已開始融解了。故各方又如過去表揚「日內瓦精神」一樣，在宣揚「Camp David 精神」了。

四

當赫魯雪夫訪美的時候，正值英國各黨從事競選活動，保守黨領袖麥克米蘭鑒於英國民衆渴望和平的心理，一方面提出「和平與繁榮」爲保守黨的競選口號，且更一再標榜國際局勢的緩和及赫魯雪夫的訪美均爲彼於本年二月訪蘇的成就。在俄共頭目返莫斯科後，美總統艾森豪公開表示願接受參加四巨頭會談時，英保守黨當局極望能在大選投票前完成今後四巨頭會談日期的決定，並在大選後儘速召開此高階層會議，以期使彼等在選舉能達到更理想的勝利，但終因法國態度的保留而未如願。故在新閣成立後，英首相首先決定以外相勞以德訪法，並邀請西德總理阿德諾訪英，藉以改善英國與西歐大陸盟國的關係及進一步的了解，同時更爲未來的會議交換意見。

自與赫魯雪夫會晤後，美總統艾森豪對外政策的態度頗接近英國政府者，故亦主張四巨頭會議以在本年內召開爲宜,促成艾森豪態度的轉向英國的原因，分析之不外以下三點理由：① 應把握 Camp David 會談後的國際局勢的鬆弛的時機，儘管在十二月召開高階層會議時，在時間上沒有充裕的工夫來準備新的議題，但主要的是應先建立巨頭間的接觸，故會議時不妨仍以柏林問題爲討論中心。同時主張不論外長方面準備工作是否達到成熟階段，四巨頭可於明春再度集會，當時彼此間對裁軍問題及德國問題可能已獲得新的發展，而新的會議可在夏末再行召開。②同時認爲在談判期間內當不會有爭端發生；而祇要談判便可會有所成就。③ 由於人民渴望和平，分期舉行巨頭會議或有助其實現，並可加強鞏固共和黨的政治地位，爲下屆選舉計對共和黨會有利。艾森豪總統將於明年底任滿，下屆總統選舉將於明年九月舉行；如談判能達到國際局勢的繼續緩和，屆時美共和黨可借用英保守黨在最近大選中的競選口號，以「和平與繁榮」來爭取競選的勝利，使共和黨能繼續主政。

旋艾森豪建議英法及西德政府擬在十月底在巴黎首先舉行西方高階層會議，以研討未來四巨頭會議的準備事項及會議的日期，議程等等，以便向莫斯科當局及時提出建議。同時並表示願在十二月中旬舉行第一次東西集團的高階層會議。積極主張儘早召開高階層會議的英國自然贊同美總統的建議。但法國當局却持相反的態度，戴高樂將軍始終認爲東西集團彼此間的意見仍相距甚遠，如高階層會議不能有所成就時，不僅不利於國際局勢的緩和，反會使東西集團間的僵局成凍結現象而更難打開。因此他主張先以外交途徑對會議作充分的準備，關於西方巨頭會議亦同樣的應在事先獲得對國際問題看法的一致。法國方面不主張連續的召開高階層會議，且認爲國際與論雖贊成以四巨頭會議解決國際問題，但在執行這項政策以前尤應使自由世界人士充分了解與認識此政策。雖如此，法國與蘇俄當局間的連繫却是很頻繁的，戴高樂將軍於十月二十一日召見蘇俄大使就時局交換意見，二十三日並宣布正式邀請赫魯雪夫訪法，並得後者的欣然接受。當時英國方面對法國的態度不以爲然，致輿論界指責法國，認爲法國擬在接受高階層會議前完成其原子彈的試驗及解決阿爾及利亞問題，以在未來會議時可獲得較重要的地位。

至於西德政府方面則表示贊同四巨頭會議的召開，並表示將就此問題致函戴高樂將軍徵其同意。阿德諾總理於十月初曾接獲美蘇兩方的信件，雖內容詳情不得而知，但無疑問的是這兩封信對德國及柏林問題有關。艾森豪總統在其致西德總理信件中在述及對德國問題的處理意見外，很可能對後者施以壓力。阿德諾總理在十月七日記者招待會中發言稱：「今日東西集團的談判將進入一個新的階段，在新的談判中主要的任務乃解決上次大戰所留下的問題，及謀求永久和平的建立：…」「納粹政府曾發起戰爭侵略各國，結果德國戰敗，但戰爭是不能不付出代價的：…」「我們所希望的是能够合理的與榮譽的結束戰爭；但是不可避免的是戰爭局面的結束須要德國付出代價的，我們不能僅顧及自己的出路，同時亦要考慮到他人的利害。」阿德諾總理雖未說明代價如何，但已顯示着彼以戰後由蘇俄及波蘭割據地區的放棄來交換德國的統一。近來傳聞在美總統致阿德諾總理函中述及與赫魯雪夫對國際局勢討論經過時表示美國可能對東德政權作事實上的承認作爲解決西柏林問題的交換條件，此說有無根據尚待考證。在西德國會中，反對黨對阿德諾政府的對外政策多所指責，認爲西德總理對德國問題的解決缺少主動意見。十一月五日社會民主黨領袖在國會更宣稱反對德軍裝備原子武器，取消原子俱樂部及建立地區性的和平公約組織，表示歐洲地區的和平組織的成立將有利於德國的統一。

五

近數月來法國原子彈試驗問題頗引起各方的注意。對此問題法政府國務委員饒克斯 (Louis Jox) 於十月二十日在「外交報紙協會」(Association de la Presse diplomatique) 發言謂：「法國應負擔對集團防衛的責任，而在今日環境下的防衛工作僅能在兩個方式下建立，或是威嚇，或是裁軍。因此法國得在兩者之間有所選擇；或是以禁止製造並毀滅存貯的原子武器來取消原子俱樂部，或是法國參加原子俱樂部。在兩者中間實無折中性的辦法。故在目前的局勢下，我們得有自己的原子武器，但我們願意接受對原子武器使用的國際決定。」法國在聯合國大會的代表莫克 (Jules Moch) 最近在聯大中亦表示在一般性的解除原子軍備的決定獲致協議以前，法國決繼續其原子彈試驗計劃。但承諾在美英蘇三國放棄核子武器及接受對禁製督察組織成立時，法當同時放棄其原子彈計劃。至於法國政府對高階層會議事，於十月二十一日內閣會議後曾公開發表有關態度，並於十月二十七日由首揆及外長分別在國會上下兩院提出報告，同時亦作爲對盟國政府與輿論界提出公開的官方答覆。法政府首先述及：「召開高階層會議的提議實非新的主張，近年來每逢國際間有嚴重事件發生時，均有是項會議的召開主張。在去年十一月間柏林問題緊張時，蘇俄政府即再度提出召開四巨頭會議的要求，當時法國政府與其盟國意見相同。在其本年三月二十六日對蘇俄覆文中即提出當四外長會議獲得相當成績時法政府願意接受召開高階層會議…」「及至日內瓦四外長會議失敗後，處理國際問題的會議再度召開的希望則繫於艾赫二人會晤的成績。旋美總統會晤戴高樂總統，雙方同意為使高階層會議能發生作用必須在有獲得成就機會的條件下始同意召開。」「無疑問的我們期望東西集團關係的緩和，但問題為以何種方法來達到這個目的。我們絕對贊同召開高階層會議的原則，但其事體重大。為了使會議能獲得成功的結果，必得事先有充分的準備。」。「艾赫的會晤已使國際局勢鬆弛，但我們在近月間還應加强良好氣氛，故需要彼此間各階層的直接會晤，就有關問題廣泛的交換意見，期使準備工作達到成熟的階段。法國邀請赫魯雪夫訪法亦即為此，使彼此可就裁軍及德國問題直接交換意見。與盟國間亦復如是，英外相即將訪法，同時法政府已邀請西德總理訪法以直接的接觸交換有關意見而作為高階層會議的準備工作。」最後法政府表示在時間上高階層會議在明春召開為適宜，因屆時準備工作當已完成。

六

自赫魯雪夫返抵莫斯科，蘇俄方面對國際局勢的態度迄持溫和態度。在十月底蘇維埃大會中赫魯雪夫對蘇俄對外政策所發表的演說在西方與論界獲得良好的反應。其對外政策宣言的內容大致如下：①對於高階層會議認為應儘早舉行，並將向西方建議一般性而簡略的議程，以便易於為後者接受；②在德國問題方法報告中甚為簡單，但對柏林問題敍述甚詳，謂將提出未來四巨頭會議討論。然而在報告中赫魯雪夫却不像以往，對西德總理不作任何攻擊；③認為裁軍問題為最主要者，並接受督察制度的組成；④承認未來戴赫會晤將有助法蘇友好關係的加强及和平秩序的鞏固。且指出決沒有嚴重阻止兩國間友好關係發展的障礙；⑤蘇俄雖不放棄解放殖民地的原則，但承認法國與阿爾及利亞間的歷史關係，並表示戴高樂將軍提出的阿爾及利亞人自決(Autodétermination)新建議將會在處理法阿問題上發生重大作用，法國如能顧及阿爾及利亞人民的權利，則新政策將會有更好的發展；⑥至於中共與印度的爭端，赫魯雪夫在報告中處於中立地位，對此事表示遺憾，並期望能予以和平解決。

西方觀察家鑒於蘇俄近來態度的緩和提出不少待解答的問題，其中最主要者為「為什麼蘇俄要進行談判？」最近出版的一期「西方」(Occident) 雜誌即集中討論此問題。參加該雜誌討論者有前英國駐蘇大使 Sir William Hayter 及美國會外交委員會委員共和黨籍的 Walter Judd。雖前者認為蘇俄目前須要維持並穩定其目前所擁有的地位。後者指出蘇俄目前雖在尋求現局的維持(Statu quo)，但事實上却在向反方向從事；赫魯雪夫在華盛頓盡言和平，在亞洲方面共產主義却從事侵略。故認為蘇俄的目的在設法獲得最後勝利，而非維持現局。最後兩人看法一致，認為共產主義的帝國主義原則毫無變更，蘇俄仍力求設法摧毀西方世界。此外年來有不少政治家（尤其是法國）在論說「黃禍」之餘，認為蘇俄與中共無法合作到底。在中共與蘇俄決裂時，後者當會走向與西方合作的途徑。十一月十日戴高樂將軍在記者招待會中更充分說明此點。說俄羅斯是「白種人」，是大塊亞洲土地的征服者，而他們面臨人口無數窮困而野心勃勃的「中國」黃種人的危脅或為其設和緩和國際局勢的理由。對此說法我們認為不值反駁。即使此假定一旦實現的話，恐西方與蘇俄的「合作」仍不能維持世界和平，因為屆時蘇俄當不會再是與西方世界對峙的東方集團的領導者了。

七

經西方有關當局意見交換的結果，於本月初西方四强始同意在北大西洋公約組織理事會後，於十二月十九日在巴黎召開西方高階層會議，以研討關於未來東西方四巨頭會議問題。綜析西方各國最近表示，各方態度尚不無出入。①在日期方面英國本堅持應儘早舉行，美國似同意英國的意見，但法國政府則主張在明年五月間舉行使能有充分時間完成準備工作。看樣子法國的觀點將被接受。②關於議程問題方面，英美雙方主張縮小範圍，首先謀求柏林問題的解決及停止試驗核子武器。阿德諾總理則單獨主張在未來的四巨頭會議中的討論範圍僅限於國際裁軍問題。③對於未來會議英法看法完全相反。英國認為是國際局勢緩和的開端，而法國則認為應為國際局勢緩和的結果，因此英國主張召開一連串的會議，而法國似不同意，認為「茲事體大」，應慎重將事，應充分籌備，使各種條件具體以召開富有歷史意義的高階層會議。

美總統前宣佈彼將於出席西方巨頭會議以前於十二月將分別訪問義大利、土耳其、巴基斯坦、阿富汗、印度、伊朗、希臘，並於會後訪問北非摩洛哥王國。最近又加上突尼西亞及西班牙。在這個包括歐亞非三洲的行程所經過的國家中較引人注視的則為義大利，印度及摩洛哥的訪問。無疑問地艾森豪到羅馬訪問的目的為使義國政府滿意，因為義大利在日內瓦四外長會議時即表示願參予西方的國際會議。印度目前正值盡全力應付與中共邊界之爭，艾森豪選擇此時訪問新德里當會被印人贊揚，給印度和西方接近開一方便之門。至於拜會穆罕默德五世之行，雖會與美國駐摩軍事基地的裁撤有關，但主要在表示美國對非洲局勢的關心並抵制共產集團在非洲的滲透。當然艾森豪此行期在與各國間友好關係的加强外，與蘇俄作外交訪問戰。

自戰後這一段悠長的冷戰階段中，各方雖不停的高呼以和平方式解決國際問題迄今問題仍舊。東西方仍堅壘以待，不過改變方式進而用外交文件戰，至今改為訪問戰，而將可能再變為國際會議戰。共產主義征服世界的目的雖未變，但冷戰的方式不斷改變。蘇俄政權改變冷戰方式固迫使西方改變策略予以應付。但方式的改變對蘇俄及共產集團內部會逐漸發生影響的。至於自由中國自然感覺這種局面的不利，但我們必須設法應付，不能獨行其是。在不違反基本原則之情況下，調整政策來應對世界局勢以避免被遺棄犧牲。

一九五九年十一月

香港通訊・十月二日

我對印度中共邊界糾紛的看法

佘陽

隨着中共軍大量開入西藏，在西藏東南及西康西南大舉進追「康巴族」反共游擊隊之後，喜馬拉雅山區的邊界衝突，即隨之發生。

雙方展開反宣傳

一方面是中共集結超乎尋常的兵力在不丹、錫金、尼泊爾和印度等地邊境，且在宣傳上形容西藏爲「手掌」，不丹、錫金、尼泊爾、拉達克等地爲「手指」，强調着掌指間之密切關係。

另一方面邊境越界衝突的消息頻傳，雙方首腦雖都認爲應從談判方式解決紛爭，聲言不會因爲幾個山頭發生戰爭，但却未見彼此有讓步迹象，互相指責仍充滿火藥味。尼赫魯先後在國會公開表示印度與不丹、錫金二國有條約關係，負有保衞責任，若共軍侵入，印度爲保衞其領土，已準備萬一，且不惜一戰。中共方面更展開了全國性的反印宣傳。

中共與印度關係本來很不錯，印度曾不少次企圖支持中共進入聯合國，以討好中共；而中共亦曾運糧食救濟印度饑荒，以籠絡印度（大陸近年來糧荒嚴重非常，亦連年水災旱災，人民受盡凍餓，米糧援印，大有國人可以餓死，印度邦交不能不爭取之勢），而現在竟然怒目相向，那是因爲甚麼？

關係疏隔遠因

在一九五五年「亞非會議」舉行於萬隆前後，印度與中共之在亞洲，可謂神會意傳，大有衷裏呼應組成亞洲親共集團之慨。在那些時期中，蘇俄援助印度建設大煉鋼廠及印蘇、印中(共)文化交流的進行情況，頗令人注目。一些敏感的人，幾乎視印度是蘇共集團的「好幫手」，而不像是英國聯邦關係中的主幹。

一九五六年底，匈牙利革命暴發，尼赫魯基於人道立場，頗不滿蘇俄的屠殺手段；連帶的，對於中共當時支持蘇軍鎭壓匈牙利和東歐，也大不以爲然。可以說，尼赫魯看清楚了蘇俄的面目，也認定中共在亞洲地帶所提出的「和平五原則」是欺騙亞洲國家上當的口號。

經過了這樣影響之後，印度與蘇俄、中共往還大見疏遠，尼赫魯轉而對狄托有興趣（一九五八年底狄托之訪問亞洲，英國觀察家認爲那是印度居中促成者），且也相當的影響」埃及納瑟。今日，狄托是中共的死對頭，納瑟則成爲阿拉伯反對蘇共的要角，這該是中共與印度由親蜜演變爲疏隔的遠因。

感情惡化近因

特別是今年五月初在萬隆舉行的「亞非國家經濟合作諸商委員會」會議，以印度爲首的九個亞非國家，否決了中共提議，拒絕蘇俄參加該委員會之組織。

較早，緬甸立場右轉，印尼和錫蘭之對中共亦似迎而實拒，緬甸、印尼、錫蘭對中共之冷淡，與尼赫魯態度的轉變，多少有關係。中共之籠絡印度，主要目的是利用尼赫魯出面替中共說話，由尼赫魯居間來消除東南亞、南亞各地對共黨的戒懼。現在尼赫魯已不再完全是中共的工具，這該是中共、印度之間不妥的另一個原因。

印度在外交上能處處討好中共，但在國內則盡其所能限制共黨活動。西南部克勒拉省共黨政權的被排除，當是印度與共黨國家感情破裂的近因。

印度與中共感情破裂最主要的近因，無疑的是西藏事件，中共不滿印度庇護達賴及暗中支持藏人反共，而印度則痛恨中共食言。

儘管邊境問題雙方願意坐下來談判，但中共與印度像過去那樣『一情願』的關係，已不再存在，那是可以確言的了。

消息和事實

八月卅一日，尼赫魯向印度國會報告邊境越界衝突情況，其中有一段這樣說：「自隆尤據點退出之兩名印軍，現在已在迦拿建立一前進新據點，該新據點在隆尤南方約兩天行程。」

迦拿到達隆尤，相距就有兩天行程，由後撤到建立新據點，僅有兩名印軍。從這一段消息中，我人可意想到目前中印所爭的，是些人烟荒渺交通條件極端落後，連哨兵哨站也罕見的高山區。

兩國間未定邊界長達千餘哩，兩國的地圖所定的邊界，相差領土面積在三萬四千平方哩以上。本來這應是件非常重大的事，但是由於地理環境特殊，事情却不是一時能够迅速解決的，而且在實際行動上亦不是如電訊所傳的那麼緊張，那麼短兵相接，一觸卽發。顯然雙方激盪的重點，並非在於迫切需要修改或查勘邊界，而是另有所圖。

中共所企圖的，在軍事上，藏印邊境的緊張，應是共軍進入寮國的一個牽制性行動。在外交方面，拉緊東南亞、南亞的緊張局面，來配合赫魯雪夫的訪問活動，一硬一軟，是共黨集團近年慣用的冷戰技倆。若當前冷戰焦點仍在柏林（歐洲），赫魯雪夫不容易在訪美期間對艾森豪威爾總統作出適當的讓步。中共的行動是將冷戰焦點轉移到亞洲，對於亞洲區的糾紛（中共所經手者），赫魯雪夫可以不負責讓步；而且赫魯雪夫可乘機做一個「和事佬」。韓戰停火，越南交割，蘇俄都以「和事佬」姿態出現，共黨集團的主腦，來做共黨國家鬪亂的「和事佬」，這是個絕大諷刺，也是西方對蘇外交最可憐的失敗。在政治上，中共向印度下壓力，是迫使印度完全放棄支持西藏和過問西藏，印度對達賴喇嘛的「看管」態度，可說是中共下壓力的結果。

印度也有它的企圖，尼赫魯既然不想跟共黨集團走，又已經不信任中共。尼赫魯最重要的一個負擔，是將印度上下對中共媚好的觀念改變過來。人民視中共為蜜友，人民不仇視和不戒備國內的共黨活動，這是印度被顛覆的最大危機。尼赫魯要改變此種形勢（現在仍有很多人懷疑尼赫魯究竟是不是有此種計劃），渲染共軍壓境越侵，將全印人民親共的態度變為仇共，應是個頗巧妙的手段。

越界衝突地點

現在，讓我們來看看藏印邊境糾紛的眞象，截至目前為止，藏印邊境發生越界衝突的地區是：

一、位於克什米爾東南端的拉達克，據印度指稱：中共軍開進拉達克盤踞未退，中共軍有擴展而佔領達拉克全境之企圖（電訊沒有詳細說明佔據何處和佔據多少地區，依地勢判斷，可能是巴幹湖與印度河之間的山區）。

二、阿摩拉、嘉華爾——新德里東北部、尼泊爾西北部、也即旁遮普之東北角。印度報紙報導稱：在中共軍開入拉達克之同時，共軍曾在此兩地越界，越界後是否後撤，未見進一步報導。

三、印度指出，中共軍曾不止一次的因為追擊「康巴族」游擊隊而進侵不丹，且不止一次的拘捕不丹人槍傷不丹人。不丹首相曾因邊境局勢日緊而趕到新德里，尼赫魯不得不在國會宣佈印度決不坐視不丹、錫金兩國被進侵。

五、阿薩姆，印度指出，中共軍在錫安、洛希特和隆尤等地越界（隆尤至今在印軍手中還是在中共手中？無可靠消息，中共固不出聲，印度亦乏詳細報導，上述三地在密里洞以西的蘇班西里河所經地區），相反的，中共則公開指責印軍在密里洞越界。

拉達克地理形勢

拉達克位於克什米爾東南端，全區人口約四十五萬，多屬藏族。其北境有高達一萬九千六百八十呎的巴查爾峯，峯南有巴幹湖，湖東至湖西相距達百二十哩，湖之東部屬西藏境（藏境湖區一稱雅爾木湖），西部屬拉達克（克什米爾），巴幹湖南部有高達二萬呎之沙家姆峯。發源於岡底斯山的印度河，其上游獅泉河和象泉河，在藏境滙合後沿拉達克山與喜馬拉雅山間經拉達克橫越克什米爾進入西部巴基斯坦出阿拉伯海。喜馬拉雅山脈西起帕米爾，在克什米爾分支為喜馬拉雅山脈和外喜馬拉雅山脈（其主峯岡底斯山故另稱岡底斯山脈），岡底斯山由西向東伸延於藏境，喜馬拉雅山由克什米爾東南伸延於印度、尼泊爾、錫金、不丹與西藏之間。拉達克可說是岡底斯山與喜馬拉雅山分支叉口的一處山區——拉達克山脈。此一山區是西藏西部阿里區首府噶大克與克什米爾通商必經之地，噶大克冬季大雪封山，與外界交通幾完全斷絕，僅沿印度河與拉達克一息相通。

阿摩拉與嘉華爾，為印度聯合省北部的兩個山區，北部有高達二五、四四七呎之卡米特峯，二五、六四五呎之南達第威峯，二三、三八二呎之特里蘇爾峯，二三、一九〇呎之特林那斯峯，二二、五一〇呎之南達柯特峯等，前兩者是印度西北部終年積雪的最高點。

阿藏姆北部山區

阿薩姆位於康、藏、不丹、緬甸及東部巴基斯坦之間，此一地區之地理環境，概略可分為三處；布拉馬普特拉河（其上游入康藏境者為雅魯藏布江」所經處為平原區。布拉馬普特拉河北部為高山區。東部及南部為巴特開山及盧賽山區。目前所爭執的地區，是不丹以東至布拉馬普特拉河與雅魯藏布江彎曲處的山地區。

中國過去的地圖與中共目前所用的地圖，將國界沿不丹南部界線由西而東再折向東北，沿拉都峯、富金峯、西蒙摩拉峯、阿姆第峯等山脊劃界，而印度則根據「麥馬洪線」——將國界沿不丹北部界線經康渡峯，達克巴西里峯及其他山脊為界。

中國地圖所定界線與「麥馬洪線」的差別，前者半依藏族分佈，半就喜馬拉雅山脊劃界，後者則大部份依喜馬拉雅山分水嶺（特別是尼泊爾及不丹與西藏之間）劃界。

幾處應修改的地點

如果「麥馬洪線」是依以喜馬拉雅山脈的山脊為天然界線，則拉達克之東北一大半土地，應劃入藏境。因全線皆以喜馬拉雅山脊為界，而在拉達克那一段，則以岡底斯山脈為界。就天然地勢而論，在喜馬拉雅山脊之東北一處領土，應屬中國所有。

同樣的，由卡米特峯（嘉華爾）的西北至班達旁斯峯，及卡米特峯的東南至南達庫特峯這兩段的邊界，亦有修改的必要。

而在阿薩姆北部，則似應以達克巴西里峯為中點，其西部的一段遷就「麥馬洪線」，東部的一段依中國所定的界線為根據。

由克什米爾至阿薩姆的喜馬拉雅山脈，二萬多呎高的終年積雪的高山區，處處皆是。那些地區，即有特殊配備的探險隊，亦都不易到達。單就尼泊爾北部的約五十處高達二萬四千呎以上的山峯，就有大部份是未經人攀登的。

「麥馬洪線」應有替代者

對於在此一山脈嶺峯定界的了解和決定，中國固未派出大規模的測勘隊前往工作，相信當年擬訂「麥馬洪線」的英國人亦未進行充足的和可靠的測勘。

所謂「麥馬洪線」，是民國三年（袁世凱稱帝之時）由英、印、藏三方面在西姆拉所簽訂的一項劃界協定。那時，北洋政府的代表陳貽範不願在協定上簽字，其後，中國方面始終沒有承認過「麥馬洪線」（據印度稱，周恩來曾在訪印時及亞非會議時一再向尼赫魯表示，同意和遵守「麥馬洪線」，最近才反口）。中國的不承認「麥馬洪線」有兩個主要原因，其一是中國不同意西藏代表被當作與中國政府平行的談判對象——西藏被特殊化益顯明。另一是「麥馬洪線」與中國心目中認為合理的界線，兩者相差領域達二萬四千平方公哩以上。

中國與印度、尼泊爾、不丹、錫金等的邊境，需要重新協商勘定，但是我們反對在當前的環境下來進行。因為中共不足以代表中國政府，中共的企圖更有問題，而尼赫魯當前的外交態度，亦仍搖擺不定呢！

香港航信・十二月五日

懂了，原來「帽子」是扣上去的！

本刊特約通訊記者 劉富蘭

最近中共做了兩件眞正坦白的事情。這兩件事情是：㊀在最近閉幕的「八屆八中全會」之公報中，它坦白地承認了其各級生產幹部十分離譜地謊報生產數字的事情；關於這件事情，記者在「跌斷了腿的大躍進」一文中，已經簡略地報導過了。㊁它坦白地承認了，被他們在「右派」的罪名下所整的人物，並不是甚麼眞正的右派；而所謂「右派」也者，僅不過是被他們扣上去的一頂「帽子」而已。

據十二月四日中共宣布，除掉「特赦」杜聿明、王耀武、宋希濂等三十三名「戰犯」之外，又同時「摘掉」一批「右派分子」的帽子。這批所謂「右派分子」包括有費孝通、潘光旦、陶大鏞、吳文藻、劉瑤章等一百二十四人。

毛澤東生平多僞，而一向又以做事謹愼著稱，但這回竟而公然給所謂「右派分子」「摘帽子」，弄到原形畢露。我們可以想像得到！毛澤東之所以會出這種醜，不是得意忘形，就是他慣說的「勝利冲昏了頭腦」；再不然就是他的頭腦已經完全昏憒了。

這個道理是很淸楚的：一個人如果眞犯了錯誤，或是犯了罪，則他之遭受懲罰，那他是罪有應得，如此，當然談不上帽子不帽子；而只有在一人本無罪，而强加之以罪時，於是才發生帶帽子的場合。今毛澤東既把「右派」的帽子從某些人的頭上摘下來，此即證明某人頭上必已先有帽子。在共產黨的統治下，這種「右派」的帽子斷無自己自動戴上去之理；既非自己所戴，當然是統治者扣上去的了。好在這次毛澤東所用的帽子，可收可放，運用自如；這眞是所謂：「解鈴還是繫鈴人」了。

一 中共的帽子之種類

這一次所謂「右派」分子的帽子，其所以能夠輕易地摘下來，主要的原因，乃是帽子的分量不重的緣故；否則，雖毛澤東之「妙手」，亦不見得能摘下來。三十多年來，中共所使用的帽子五顏六色，輕重大小亦不一樣；若陳列起來，殊爲可觀。茲將歷年來，毛澤東所慣用的最出色的十四頂帽子介紹於後：

①反黨：這是最重的一頂帽子，也是構造最複雜的一頂帽子。因爲，在共產黨的律條中，黨是神聖不可侵犯，並且永遠正確。在共產主義的國家中，一人若是有了叛黨的行爲，或是被扣上了叛黨的帽子時，其結果是罪不可赦。譬如，前幾年俄共中的莫、馬、卡等人的所謂「反黨」事件即是一例。當時莫洛托夫，馬林可夫和卡岡諾維區等所反對的，並非他們衣食父母的「黨」，而是其「同志」之一的赫魯雪夫；但「勝者王侯，敗者賊」，那幾位仁兄竟分別地被扣上了一頂反黨的帽子。眞是豈有此理？

在俄共的斯達林時代，凡是被扣上「反黨」的帽子者，其結果必是殺頭，絕無一例外。到了赫魯雪夫時代，他一方面由於形勢所迫，而另一方面又從毛澤東處學了一招，於是他對付反黨者，或憑空被扣上反黨的帽子者，就訂了一種不同處置的原則！對於一級共產黨員，是只整不殺；而對於其他共產黨員，則亦如斯達林一樣：殺無赦。其實這一原則乃是毛澤東創的。對於一般黨員，或中下級黨員，毛澤東儘可以盈千累萬地屠殺或活埋，如其在「富田事件」中所爲，而對於高級黨員，則是只整不殺。譬如他對付陳紹禹，李立三，都是這般做法。

②托派或托派漢奸。「托派或托派漢奸」是「反黨」的一個別名；如一人被扣上「托派」或「托派漢奸」的帽子時，其意義即是「反黨」；反黨當然是殺無赦。因此，無論是在中共或俄共，在「托派」的罪名下被殺害的，都早己是盈千累萬。

③右傾機會主義。在中共的黨史上，這頂帽子最初是被應用到陳獨秀的身上。相形之下，「右傾機會主義」帽子的分量比「反黨」或「托派」略輕，但亦可能發展至殺頭。

④左傾冒險主義。這頂帽子的分量和右傾機會主義相差不遠。在中共的黨史上，它最初被應用到李立三等人身上。中共黨人在這個罪名下或這頂帽子下，被殺頭者，不可勝記。

⑤宗派主義。在中共黨史上，這是抗戰期間，毛澤東在陝北發動大規模的「整風運動」時，所大量使用的帽子。這種帽子的分量頗重；最重者可與「反黨」不相上下。

⑥主觀主義。這樣帽子的大規模出現，與「宗派主義」同時，但分量略輕。

⑦個人主義。「個人主義」的帽子之大規模地出現，亦是在「整三風」時代，其分量介於「宗派主義」和「主觀主義」之間。

⑧左傾幼稚病。這個名字本來是列寧所創的。在當年列寧的心目中，他或者眞以爲在共產黨的行列中，有「左傾幼稚病」者存在，但在列寧之後，所謂「左傾幼稚病」也者，已主要地變成了一頂帽子；帶此帽子者，並不一定眞有「左傾幼稚病」。

⑨小資產階級的狂熱症。這頂帽子亦常爲中俄共黨所使用；其分量與「右傾機會主義」不相上下。

⑩反革命。這是共產黨用來扣反共者的一頂最重的帽子。

⑪反動派。這亦是共產黨用來扣反共者的一頂分量極重的帽子。

⑫頑固派。這本來是中共用來扣國民黨中極端反共派的，特別是扣陳立夫氏一派的一頂帽子。近年陳既已蟄居海外，並未再積極地從事反共工作，因此，中共的這頂帽子也少所使用了。

⑬右派。這就是最近毛澤東從某些人的頭上剛剛摘下來的一頂帽子；固無須多說。

⑭溫情主義。對一般社會或一般人來說，溫情主義並不一定是一種不好的表現，但若就共產黨的

立場來說，溫情主義則是絕對要不得。因此，在共產黨人的行爲中，溫情主義是必須被排斥的。但事實上，有些共產黨人在溫情主義之罪名下而遭受打擊者，往往並非眞正地是由於犯了溫情主義之故；所謂「溫情主義」也者，有時只不過是一頂帽子而已。

在上述的十四種帽子之中，第①、②、③、④、⑤、⑧等六種只能適用於共產黨人；第⑪、⑬只適用於非共產黨人；而其他各種則是適用於共產黨人，亦適用於非共產黨人。

二　「帽子」之爲用

在中共三十多年來的歷史中，我們不能說，它從來所整的人都不「名副其實」，但其中絕大多數則不過僅是被扣上一頂帽子而已。不過，在中共或其他任何共產黨，或共產黨的政權中，「帽子」也不是隨便亂扣的；它的東扣西扣，或左扣右扣，實在亦都有一個規律可尋。它的規律是：第一、當權派可給非當權扣；反之，則不能；第二、在權力鬬爭中，人們可給處於形勢不利者扣；反之，則不能；第三、最高主宰可給他權力所及之地區的任何人扣，反之，則更不可能。因此，當一個共產黨人，假定他是處於當權派的地位時，那就是說，他已經獲有給別人扣帽子的機會了；在權力鬬爭中，假定他並沒有處於不利的形勢時，那麼，他給別人扣帽子的機會必更見增多；再進一步，一個共產黨人，假定他已爬到一個共產國家的主宰之地位時，那麼，他手中的帽子就可以變成一個法寶，運用起來十分自如。

日前北平「摘帽子」的說法，既然最初出自毛澤東，那麼，在說明「帽子」之爲用時，以毛澤東玩弄帽子的手法作例，亦最是恰當。

如世人所周知，中共的早期乃是以陳獨秀爲「家長」。以中共傳統家長的身份來領導像「共產黨」這種性質的政治組織，本來就不對路。因此，後來在「八七會議」中，陳氏之被鬬垮，乃是十分邏輯的結果。陳獨秀之異於受過嚴格訓練的共產黨人，或經過長期磨練的共產黨人者，有二：第一、陳氏自始至終都還保持着相當成分的人性；第二、陳氏自始至終都還保持着相當濃厚的傳統中國人之氣味。而事實上，任何還有相當人性的，或是還有相當濃厚的傳統中國人之氣味的共產黨人，均不能適應共產黨的生活，更不能適應共產黨的權力鬬爭。因不能適應共產黨的權力鬬爭，因此，偌大一個人物只被輕輕地一鬬就鬬垮了。

從中共的成立到寧漢分裂，甚至到「八七會議」陳獨秀被鬬垮時爲止，陳氏所執行的可以說是澈頭澈尾的第三國際的政策。因此，就共產黨的立場而論，假定說當年陳氏所執行的政策有何錯誤時，那麼，這種錯誤亦應該由第三國際來承擔，與陳氏無涉。但共產黨或共產黨人做事，不可以常理斷，亦不可以正常處事的理路斷。當時的第三國際在發現陳獨秀所執行的政策出了問題之後，它不但不自責，反而接受了蔡和森，毛澤東，瞿秋白，和周恩來等人的控訴，來了一個聯合的鬬陳獨秀。這一幕權力鬬爭，便是有名的「八七會議」。

在共產黨人的行爲中，無論是在鬬某人時，是在某人被鬬垮之後，都必須給這人扣一頂帽子；或否則，便不好交代。當年第三國際和毛澤東們給陳獨秀所扣的帽子是所謂：「右傾機會主義」。

在鬬垮陳獨秀之後，瞿秋白在中共中央只幹了一個暫短的時間，接着開始了李立三的時代。當年李立三所採取的策略雖然與陳獨秀頗不相同，但那是由於時間不同，形勢不同；而李立三之執行第三國際的命令，則亦如陳獨秀。後來「李立三路線」碰了壁，於是第三國際又把他犧牲了。在鬬李立三時，當時在中共中最起勁的是陳紹禹一派，和毛澤東等人。整李立三也像整其他共產黨高級人員一樣的，必須得扣上一頂帽子。在較早的時間給陳獨秀扣的帽子既是「右傾機會主義」，而對在策略上與陳獨秀不同的李立三，就不好再扣以「右傾」的帽子了。爲了與陳獨秀有別起見，於是他們送給他一頂「左傾」的帽子，叫作甚麼「左傾冒險主義」。

在從鬬陳獨秀到鬬李立三的一段期間，毛澤東雖然已經是實力分子，但尚非中共的最高主宰，或最具權勢的人。因此，在那兩次扣帽子的鬬爭中，毛澤東雖然亦都直接或間接積極地參與，尚沒有能包攬，但自開始鬬陳紹禹起，乃至在以前的若干小鬬爭中，他都已經站在包攬的地位；原因是他已經變成了最具權勢的人，後來更變成了中共的最高主宰。

在「清算」了李立三路線之後，繼立三長中共中央的雖是陳紹禹，然而在江西蘇區中最有權勢的則是毛澤東；而當時，毛澤東就憑其手裏所掌握的權勢，清除了劉地藻、許繼愼等「異己」分子，造成了慘絕人寰的「富田事件」。當時毛澤東給劉、許等人所扣的帽子是「AB團」。「AB團」本來是反共的組織，而劉許等人竟膽敢和反共的組織勾結（照所扣的帽子來說是如此），當然該殺；而劉許等一萬多人就是這樣胡裏胡塗地被犧牲了。

毛澤東所採取的只是一種「輭鬬」的功夫，並未給陳紹禹扣甚麼帽子；而後來在陝北的一段，陳紹禹自莫斯科回來，毛澤東深信可以澈底把他鬬垮了，於是他便在「整風」的運動中，給陳紹禹扣上三頂帽子，這三頂帽子是所謂「宗派主義」，「主觀主義」和「個人主義」。在這三頂帽子之下，陳紹禹和他的支持者，以及所有在毛澤東看來「非我族類」的赤色分子，都被澈底鬬垮或犧牲了。

陳紹禹是否是毛澤東扣帽子時所說的甚麼「宗派主義」或「主觀主義」的問題，我們甚難替他回答；但，假定陳紹禹果眞是「宗派主義」，「主觀主義」時，則毛澤東「主觀主義」，特別是「宗派主義」的程度，決不下於陳紹禹。再就「個人主義」的問題而論，如讀者所周知，陳紹禹自小就在莫斯科吃洋麵包，是澈頭澈尾的布爾希維克；如此，則這樣的一個人又那裏會是甚麼「個人主義」者呢？但被扣「帽子」者是不是甚麼的問題，根本無關緊要，原因是共產黨的帽子永遠是硬扣上去的；否則，若名實相符，那就不成其爲帽子了。

毛澤東在澈底鬬垮陳紹禹之前，還鬬過一段時期的張國燾；後來張氏被扣的帽子是「小資產階級的狂熱症」。幸虧張氏見機得早，逃了出來。否則，不是在「反黨」的帽子下被殺害，便是像陳紹禹似的，在「宗派主義」，「個人主義」等罪名下，被整得不亦樂乎。

自從中共佔領大陸之後，毛澤東在扣帽子上所表演得幾手精彩的功夫是：

①扣高崗、饒漱石以「反黨」的帽子。

②在「三反」、「五反」中，扣中共全黨中以及整個的大陸許許多人，從一種到三種，或從一種到五種帽子。

③扣若干在農業合化中主張緩進的中共若干中下級幹部以「小脚女人」的帽子。

④扣在「鳴放」中鳴放者以「右派」的帽子。

⑤在剛剛舉行過的「八屆八中全會」中，又給反對「人民公社」的某些共產黨人扣上了「右傾機會主義」的帽子。

三　玄妙的字眼和血淋淋的人頭

近年來，在中外搞邏輯分析的學人，常常喜歡據語法和語意的觀點，來批評正統哲學和正統哲學家。他們在這方面的工作是否得當，實非三言兩語可斷；但我倒覺得，假定他們肯用其一套犀利的武器，來處理中共扣帽子的工作時，則必大見精彩。我們看共產黨所慣用的甚麼「右傾機會主義」、「左傾冒險主義」、「反動派」、「右派」等等帽子，都是用極其玄妙的字眼構成的，我們從來沒有看到過共產黨的權威方面給這等等名詞下過一個確切的定義。「反黨」一詞看起來很簡單，好像是意義甚為確定；其實這兩個字最是玄妙不過。譬如我們問：所謂「黨」究竟何所指？怎樣的一種行為才能算是「反黨」？這些問題，我們永遠無法從共產黨的權威當局得到解答；否則，這樣一頂其妙無窮的「帽子」就要變成了一頂死帽子了。

共產黨帽子最重要之特質，是其神妙不可測；運用起來有如法寶，可扣在種種人的頭上。但上帝造人，每人都只賦給一個生命，一顆頭臚；而共產黨之用玄妙的字眼所構成的永無具體內容的帽子，若一旦被扣在頭上，則這唯一的頭臚就可能血淋淋地滾了下來。今大陸上兩年來被扣上「右派」帽子的先生們，摘了下來，雖說其致命的帽子又被毛澤東輕施妙手，但誰又能保證他們不再扣上呢？而誰又能保證他們不再被扣上分量更重的帽子呢!?（完）

讀者投書（二）

對「教職員婚喪互助辦法」的意見

王明生

首先從名稱「互助」二字來說，本應相互協助，每人權利與義務機會是均等的，但從目前實施的方式來說：

①婚姻互助法對目前已婚者來說，只有義務可盡，故各校均無法奉行。

②喪之互助法也只能說是對死者家屬的一種救濟，在其後者也無法得其互助。

③無論就婚或喪辦法來說，若無服務年資的限制，則難免無投機者見其有利可圖，而將教書一職，看作其圖利的臨時跳板。

④喪之互助法對一個從教數十年而最後因故停職者來說，也是白盡了幾十年的義務。

故從名稱上講，「互助」二字似欠妥當。提行就施實方法上來講，最好能使每個人享受權利與盡義務的機會均等。就喪之互助來說，可改稱為喪之救濟辦法，最好能採用公教人員疾病醫療保險方式，每人每月薪金內扣出一個小數目，作為救濟金，每個喪者之家屬可撥給一筆撫邺金，同時要有服務年資的等級規定。就婚姻互助來說，可改為婚姻費用週轉金辦法，該辦法開始實施時，以未婚人員參加為限，凡未婚者每人每月扣出數元作週轉基金，並須有服務教員工作二年或三年以上時間的規定。同時為保持均衡基金數，則凡參加該辦法之受惠者，一直負有每月扣還基金之義務，當其離職時，得一次付還二、三百元作基金補充數。

以上所提修改意見，係於課暇時聽得同事們對教廳所實施之「教職員婚喪互助辦法」欠妥的批評，因而提出這點修改意見，以供主事者修改時之參考。

江湖行（十三續）

徐訏

七十五

在我動身前，唐光毅在家裏爲我餞行，他介紹我一個旅行社的朋友。當時上海有許多旅行社，專做帶領旅客去內地的生意，但有的較負責可靠，有的較差。唐光毅介紹的朋友姓夏，所以我就拜托代我辦理手續。

當時去內地的路徑很多，每個旅行社因其各別的聯繫與沿途的熟稔而定他們自己的路線。我們去的是杭州蕭山的路徑。我們領了一張回紹興的回鄉證，但出了蕭山，我們就從支路到自由區了。

我們搭火車到杭州，在南星橋過江到西興，這條路本來很簡單，可是因爲每一個上下都要檢查，所以弄得非常麻煩。在西興有公路車去蕭山，到蕭山已經是晚上，在那裏小旅館宿了一夜，又要受旅館的盤問，旅行社的人對這樣僞機構的人都有賄賂，所以對我們還客氣。第二天離開蕭山，則要經過鐵絲網欄着的稽查亭，這裏查得最嚴最緊。離開了那個稽查亭，就到了郊外，那裏駐着所謂「和平救國軍」。同我們談買路錢，大概按人數與行李件數計算。通過了他們，我們才到了一個叫做百樹廟的地方，那裏有十來隻的小船等着我們，我們坐在小船，它就緩緩的帶我們脫離了日本人的世界。

那是一個晴和的春天，兩岸是綠色的田野，遠處是青青的山，近處是清澈的水。一路來我們對于這美麗的大自然竟麻木得一點沒有看到；如今，當旅行社的導伴告訴我們已經進入自由區的支流時，一霎時像是閃光一樣的呈現在我們的眼前。我看到陽光，也看到四週美麗的風景，我還看到了水流中蕩漾的我們一羣小船。

于是異口同聲的大家歡呼起來，我們同行二十幾個人，一直緊張地繃着臉，連彼此都不敢互相交談。如今大家忽然有說有笑，隔着船也互相招呼。有幾個青年人更是兩手揮舞，大聲地唱出愛國的歌曲。

這使我想到我當年在荒漠的原野上奔命的日子，曾經在一個不知名的山嶺上看到了一嶺之隔的兩個世界，如今在無形的流水中我又體會到兩個完全不同的世界。我用手拍拍流水，我又掬水拍我自己的臉龐，我貪婪地看遠處的青山與近處的田野以及那田野間樹木與茅舍。我仰首望望天空，天空是碧藍的，僅有一二瓣白雲在浮蕩。于是我看到飛機，在遙遙的天際。

「飛機！」我說。

「這是日本的飛機。」旅行社的導伴說。

是的，如今已經是到了自由區。天空上將有日本的襲擊了！

船在小港中進去，慢慢地我看到聚在一起的房屋，與許多站在那裏觀望我們的人羣。

「到了！白鹿塘到了。」旅行社的導伴說。

白鹿塘是一個小小的鎭集，可是那裏聚集着不同旅行社帶來的旅客，大部分是中學生，他們都是到內地去升學的。連我們一起，大概在五六十人之數。

從白鹿塘到臨浦有八九里的旱路，我們結隊步行，有說有笑。那天天氣很好，正是春光乍醒時節，田野上初有綠意。許多青年們不斷唱着愛國的歌曲，我們的心神也跟着煥發起來。這是我腿創以後第一次長距離的步行，可是我並沒有感到什麼困難，眞是使我非常高興了。

我因爲怕日本人注意，所以在回鄉證上我用了一個周德原的名字。現在我也就沿用這個名字。

到臨浦天色已晚，我們連夜搭船到曹家涇，往曹家涇到諸曁，說說祇有三四里路，但因爲要拆毀公路，公路挖成了工字形的小路了，所以走得很苦。這時候，我們初次看到了敵機在我們的頭上飛翔盤旋，但沒有轟炸。

走到諸曁的時候，我們覺得很累，本來預備下午就去安華，因僱不到船，所以在一家中華旅館住了一晚；我們一路來都沒有睡好，現在到一個比較乾淨的旅館裏，終算有一晚很好的休憩。

第二天，我起來時，看見許多人都已經起來，跑到外面，吃了一點早點，知道大家正等旅行社的伙計去接洽船隻。這時候，我忽然在河邊看到一個十六七歲女孩子在哭，這女孩子是另外一個旅行社的旅客，但因爲我們同路很久，所以有點面熟。我就上去問他原因。原來帶他們的旅行社叫作新安旅行社。說定陪他們到金華的。可是今天忽然找不到旅行社的伙計，想來是把他們棄留在這裏，自己回上海了。他們一共有八個同行伴侶，都是中學生。大家已經在上海付清了到金華的旅費，他們身邊帶的祇是一些零化的錢，不够旅費之用的。我問其他的人怎麼樣，她告訴我，有的想找諸曁的熟人去借錢，有的還想找到那個旅行社的伙計，她沒有什麼熟人，所以不知怎麼好。

我當時勸她不要焦急，我相信一定可以幫他們解決這些問題，萬一沒有法子，我們在同伴中湊點錢，總可以使她到達金華的。就在這時候前面來了他們三四個旅伴，同一個我們同行的姓余的青年。

這個姓余的青年，是與我同一個旅行社來的，年紀不過二十三四歲，長得高高瘦瘦，頭髮一直垂在額前，穿一件灰色的舊的西裝，手裏經常夾一件雨衣，天氣陰冷的時候，就穿在身上，豎起領子，兩手插在衣袋裏，雨衣袋裏常常塞着一本書，空下的時候就拿出來閱讀。他不時吸着紙烟，對人很客氣，但很沉默，不多說話；我曾經同他交談，祇知道他姓余就是。

他們幾個人走近來，余某看見我就說：

「他們旅行社的人，眞的不見了。」

「眞是豈有此理。」我說：「我的意思我們應當替他們想想辦法才對。」

「我正打算帶他們到縣政府去求一點幫助，你同我一起去麼？」

「自然可以。」我說：「你們還有幾位呢？」

「在旅館裏吧！」那位剛才在哭的女孩子說：

「我去找她們。」

這樣，我就同余某帶了八個中學生到了諸暨的縣政府。輾轉交涉，才由一個科長接見。這位科長年紀不大，但是很老練。他說第一縣政府並沒有這筆預算，可以幫助過路的旅客；第二如果縣政府破例作額外的幫助，那麼將來誰都去求幫助，如何得了；第三這幾位中學生被旅行社騙了雖是實情，但也並沒有證據，將來別人冒充來請求，豈非無法辦理；第四，現在每天經過諸暨去內地的旅客不知有多多少，像這一類事情很多，他們縣政府怎麼有能力一一照顧。這些話在理論上都很對，可是在人情味上則是很差。我當時很想告辭出來，另外想辦法，可是余某則還在對他請求，最後他問諸暨是否有商會，他求那位科長介紹我們去談談，請他們幫助這幾個迷途的青年。這樣總算得到一個介紹的名片，名片上也算承認這幾個中學生眞是被旅行社所棄留的。

商會會長是一個五十幾歲的人，他很客氣的接見我們，但是他說商會並沒有錢，即使有錢，他也無法動用來幫助旅客；不過既然我們來了，他願意個人出五十塊錢，以表示同情的意思，話到了這裏本來已經完了，我心想何妨接受這五拾塊錢，再到別處去想辦法。可是那位余某還繼續同他接洽。大概足足又談了一個鐘點，彎彎曲曲的，得了一個很複雜的解決。

原來從諸暨到安華是需要坐船的。余某拒絕了那位商會會長的捐欵，但要求撥兩隻大船送我們到安華。這總算得到商會會長的同意，到了外面，余某就要我們的旅行社不再僱船，把應付的船費給那幾位中學生，以充他們去金華的車費。

從安華到金華，本有直達的火車，但因抗戰的關係，安華到蘇溪一段的鐵路已經拆去，需到蘇溪才可搭車，這一段路，據旅行社的規定是要給我們坐轎子的，現在余某活動着請大家步行，除了老太太或有孩子的女人以外，把這些錢省下來補貼這八個中學生。

余某同我們旅行社的伙計計劃了好一回，算出這樣省下來的錢足夠爲這八個中學生購買蘇溪到金華的車票，才高興地來告訴我。我眞是很佩服他做事的能力。

我們于晚上到了安華。安華是一個很小的鎮市，正式的旅館很少；大概爲應付戰時的需要，許多家庭都接受旅客。我們十幾個人擠在一間房子，倒也有趣，那晚余某就睡在我的隣床，所以我們就有了較深切的交談。

我知道了他的名字叫做余子聰。

「你在上海唸書麼？」

「我在中學裏教書。」他說：「我沒有讀完大學，因爲抗戰了，個人經濟情形有了變化，所以教了一年書。這次到重慶，我想再去升學。」

「你本來在什麼學校唸的？」

「我在K大學。」

「K大學？」我說：「那麼你一定認識宋齊堂先生了。」

「認識。」他很親切的笑了笑，又說：「他是我的老師，我就是在英文系唸書的。」歇了一回，他望我一眼，忽然說：「你是……是周也壯先生是不？我記起來了，就在宋先生喪事那天我見過你。」

「啊，對不起，我可想不起來了。」我說：「那天人很多。」

「我也想不起來了，」他說：「因爲當時也沒有人爲我們介紹過。我聽別人告訴我，你就是『盜賊之間』的作者，你知道我看過你許多作品。」

「請指教。」

「那裏話。」他說：「宋先生常常同我談到你。你知道我在宋先生所編的文藝雜誌社也寫過一些東西。」

「啊！那裏的文章我篇篇都讀過的；余先生用什麼筆名？」

「我有許多筆名，賀斧山，任學痴，徐見明……都是我。」

「啊！久仰久仰，不瞞你說，您這些文章我都讀過的。」我說着很自然想起了他所寫的聰敏美麗的各種散文，以及他所譯的一些短篇小說與獨幕劇之類。

就由于這個開始，我們馬上就有了很多的話可談。我問他是否同宋逸塵很有來往，他說祇是認識，沒有什麼來往，我自然也不談下去。但不知怎麼，他忽然提起了逸塵去內地的事情。他說：

「聽說他早就去了內地，你有他消息麼？」

「沒有，大概在桂林吧！我想。」我不願提到紫裳，但希望余子聰可以告訴我更多的消息。

「你知道他有件傷心的事情麼？」

「什麼？」

「他在美國的情人，同我們一個同學結婚了。」

「你們的同學？」

「比我早兩班的同學。他去美國時，宋逸塵介紹他去看逸塵的未婚妻。那時候還沒有抗戰，逸塵的未婚妻本來說就快回來。後來戰事爆發了，她不打算回來，不知怎麼，就同那位同學好起來了。」

「這事情我倒不知道。」我說：「是什麼時候的事情啊？」

「是宋老先生過世以後的事情吧。」他說：「我也是聽人講的。」

「這也難怪，兩個人不在一起，又在戰時，自然無法守候的，而且女的不想回國，逸塵又不去美國，那有什麼辦法？」

「可不是？」他說：「可是這祇是我們旁觀者的看法。逸塵大概很受點刺激，所以就很快的去內地了。」

不知怎麼，這時候我竟忍不住說了出來，我說：

「聽說他現在很好，他同電影明星紫裳結婚了。」

「眞的？」他說。

一時之間，我心裏浮起一種奇怪的傷感，我鼻子一陣苦酸，我不想再談下去，我說：……

「啊，不早啦；我們睡吧，明天還要趕路。」

我轉一個身，把頭埋在臂上，就假裝入睡了。

七十六

第二天，我們從安華去到蘇溪，我與余子聰一直同那羣中學生在一起。如今我知道他們到金華是進東南聯合大學的。他們使我想到我初到上海讀書的日子。不知怎麼，余子聽告訴了他們我是「盜賊之間」與「靜夜的炮聲」等書的作者。他們一時都驚訝起來。我特別感動的是他們幾乎每個人都讀過我這些小說。他們于是對我發出許多可愛而警闢的問題，他們直率說出他們的喜愛與不喜愛，有許多細節竟是我自己都想不起來的，有許多意見則實在非常寶貴；自從我寫作以來，這是我第一次遇到讀者，而我聽到眞正值得我不忘的意見。

因爲路上有說有笑，所以倒忘了疲乏；我們從清晨走到中午才到了蘇溪。在蘇溪鎭上吃了中飯，又走了三四里路才到車站。當時車子很少，又要避免敵人轟炸，所以可能隨到隨開，因此我們祇好等在車站。

我們一直等到晚上十點鐘才看到漆黑的火車開來，車少人多，很吃力才擠上去。旅行社的導伴這時候就同我們道別。他們已經完成了他們的任務了。

那時候因爲缺乏煤塊，火車都是用木炭駛行，所以非常緩慢，停停開開，我們到天亮才到金華。

金華那時是東南的一個重鎭，非常熱鬧。

我們一行二十幾個人，各有目的與打算，所以就大家道別了。余子聽與我因爲要同路去鷹潭，所以打算住在一個旅館，可是當時旅館很擠，我們一找了一上午旅館才勉強找到一間，因此我們就合住一間。那幾位中學生很感激我們的幫忙，所以他們等我尋到了旅館才同我們告別，他們預備先到教育部學生撤退招待所去報到。

我們在金華住了三天，天天都要逃警報，金華並沒有防空洞，逃警報就是到郊外疏散，郊外在許多桑園桃林，另外還有許多茅蓬的茶館，每次逃警報我們總同那幾位中學生碰見。一直到我們離開金華後才不知他們下落。

從金華到鷹潭的火車很擠，我們于四天後才買到票子。聽說那段火車已經被炸多次，所以一有警報，車子就要停下來，旅客必須下車，散在遠處，等警報解除了再上車。我們的車在夜裏駛行，到第二天我們爲逃警報上車下車好幾次，但僥倖並未遇轟炸。一路上我們看到了精神飽滿的兵士，每個車站都看到軍車的調動，我們對於這些軍容感到說不出的興奮，好像自己也參加在裏面一樣。車子本來夜裏十一點可到鷹潭，但一直延到午夜後二時才到。

鷹潭是一個小地方，但現在是火車的終點，也是公路的始點，所以人非常擁擠。旅館根本沒有空隙，我們在民房中找到了蔭庇，但沒有舖位，主人把竹製的桌子拼在一起，讓我們暫時先過一宵。

從鷹潭前行，除公路外，可以從鄧家埠搭船走水路。當時公路車登記的已經有兩三千人，決不是短期內可以補上的。所以祇有貨車可搭，但是貨車不一定每天都有，而每輛貨車能搭的客人極有限，先來的人也早已定妥，因此根本就沒有希望。當時我忽然想到唐光毅介紹我的一個司機，他叫史山。他的地址是鷹潭中茶公司朱海澄司機轉。因此第二天早晨我就拿着介紹名片到中茶公司，就便問問。

朱海澄司機居然剛好在鷹潭，我很容易就找到他；但問到史山，他說在衡陽，他還詳細寫了一個地址給我。我順便就請朱海澄幫忙車位。他說下午就有一輛車子開，可是已經搭滿了客人，一定要塞一個也許可以，但祇能一個。明後天或者還可以有車子，但最好我們兩個人可以分開走，因爲同時搭兩個人往往很困難。他告訴我說他們每輛貨車開行，總是已經搭足了黃魚，而臨時一定有軍警稽查處機構塞上人來。所以要臨時看情形才能知道。

當時我叫余子聽先走，就請朱司機在下午貨車爲他安排位子。我們一同出來，很早就去吃中飯。余子聽預備儘快的去重慶，我叫他到重慶後寫信給我，我告訴他桂林韓濤壽的地址。吃了中飯，我送他去搭車。

那車子早已裝滿貨物。前面司機旁邊，坐了個女人同一個小孩，後面祇有很小空隙，可是竟站了八個人。余子聽擠在車板上，兩手拉着鐵環，向我道別。他的頭髮垂在額前，嘴角浮着笑容，大聲的說：

「重慶見。」

一陣塵土在車後飛揚起來，我仍聽到余子聽的聲音：

「重慶見！」

余子聽走後，我頓覺得我是非常的孤獨，四周來往的人羣，與我好像都沒有關係，但又都像同我一樣的是異鄉的旅客。我順着大路閒步，忽然想到我，應當寫幾封信去上海與重慶。我回到我所住的民房，主人已經爲我在一間過堂的小房中搭了一個竹楊，我就搬一個板桌在竹楊旁開始寫信。

我在金華時曾經寫過信給黃文娟與小江湖，也寫過信給唐光毅與默蕾，自然也寫了給小鳳凰。現在我也是寫了這樣三封信。小鳳凰一封信特別長，我計算着我可以到桂林的日子，我希望到了桂林後，可以設法搭飛機到重慶。

寫好信，已是黃昏，我拿出去寄發，順便我想去看看朱海澄，問他明天是不是有車子可想想辦法。

朱司機正在中茶公司的停車場上修汽車，旁邊也有幾位司機，一起閒談，其中有一位正在看一份報紙。我與朱司機談了一會，他叫我明天一早再去找他。明天早晨有車子走，但不知是否能安插一個人。當時我就走到一位坐在車邊看報的司機旁借報紙看，我在金華看過報紙後，祇在過路的新聞板上看過一些粗略的報導，所以很想知道一點戰事的情況。那位司機當時把他手底的一張報紙遞給我。

這眞是一件很出人意料的事情。

在我眼前的第一個消息竟是：

「漢奸潘宗嶽被刺

——惡貫滿盈，難免一死——」

消息非常簡短，祇說他在外灘下汽車時被人暗殺，凶手開了三槍，即棄槍潛逃。潘宗嶽當時被送到醫院，但沒有等到醫生到來就已經棄世。

我很就憂汽車裏可能有衣情與小壯子，但是新聞上沒有提及。

我很想多找幾份報紙，看是否有更詳盡的記載。我當時離開車場，但到處都找不到報紙，最後到一家旅館裏，才看到一份貼在木牌上的東南日報，裏面也刊有同樣的消息，但也同樣的簡短。我失望地出來，很想寫封信給衣情，我一時竟有許多話想同她說。我忽忽地回到住所，取出信紙，但到了一動筆，又覺得什麼話都是多餘的了。我寫寫扯扯不知有多少次，最後還是放棄了。我祇又寫了一封信給黃文娟。我要她去看看衣情，究竟情形怎麼樣了。倘若有需要，我希望黃文娟可以代我收養小壯子。信怕檢查，所以寫得很含糊，沒有提到潘宗嶽的被刺。

等等，我祇請她于收到信後儘快的給我一封回信。

寄了信，我一直想着衣情同小壯子，我不知道舵伯看到潘宗嶽被殺有什麼感想。我心裏有一種奇怪感觸，我沒有婉惜一個漢奸的被殺，我所想到的是他與衣情無限熱鬧與奢侈的婚禮，現在一轉眼已經家破人亡了。我不認識潘宗嶽，但我想得到，他的貪婪好色荒淫無恥實際上是憎恨自己的一種掩飾。他雖是沒有看重衣情，但他更沒有看重自己。

我不知道潘宗嶽的死對于衣情有什麼影響。我希望她對于現世的富貴虛榮至少可以看穿一點了吧？

七十七

第二天車子太擠，我于第三天才得上車。以後我在公路上顛簸了足足兩星期。每天一早上車，夜裏投宿在鎮上小市，有時候因車子需修理，往往多耽擱一天半天。這段長長的路途，我碰到無數的士兵與官佐，鄉居的人民與來往的旅客。我覺得這與我在金華以前所接觸的人們很不相同。好像越到內地精神越差，抗戰的氣氛也越淡。軍隊的素質也越萎頹。

我們的車橫貫了江西省，從界化隴進入湖南。日行夜宿，到衡陽已是四月初了。

衡陽是一個較大的城市，我在旅店中安頓以後，就到街上閒逛了一陣。于是順着朱司機所寫給我的地址，我去找史山。

史山住在一所古舊的老式的房子裏，問進去後，出來一個穿灰布中山裝的人。我說：

「你是史山先生嗎？」

他點點頭。我把我的名片與唐光毅的介紹信給他，我說：

「我是從上海來的。」

「啊，好極啦！請裏面坐，裏面坐。」

我跟他到裏面，走進一間佈置很整潔光亮的房間，他敬了我一支英國烟，說：

「請坐，請坐。」

這樣我們談了許久，他告訴我他于前天剛剛從桂林回來，他的家在桂林，這裏是朋友家裏，他租了兩個房間，來時可以住住。他問我上海的情形與唐光毅的近況。他說他以前跟唐光毅很久，唐光毅等于是他的老師，問我有什麼需要儘管同他說，他能力所及都願意幫我忙。我說我打算去桂林，希望可以搭飛機去重慶。如果搭不到飛機，要走公路，我再去請他設法。他說一切沒有問題，他馬上給我一張名片，並且告訴我名片上就有他桂林地址。

史山大概有三十幾歲，很健康，面盤是長方形的，眼睛很有神，但髮脚很低，前額很淺，而且已經有了皺紋。所以看起來並不年輕。

談了一回，我起身告辭。他問我住在什麼旅館，我告訴了他，他又問我晚上有沒有空。我說：

「沒有事，我這裏一個人也不認識。」

「那麼，我六點半來拜訪你，我們一起吃飯。」

「你不要客氣。」

「很隨便的，還有別的朋友。」他說。

「那麼我先謝謝你了。」

他送我門口，爲我僱了洋車，又說：

「六點半見。」

天下的事情就是這樣不容易了解。如果史山還在桂林，我雖不見他，那麼我以後的命運也就會完全不同了。如果我早兩天離開鷹潭，或者說余子聰的車位讓我先搭，那麼我到衡陽時也就會找不到史山。我的命運也就會完全不同。不用說，如果唐光毅不同我介紹史山，或者介紹了我不去找他；或者我當初根本不認識唐默蕾……總之，在千頭萬緒的機遇中，祇要少一個線索我就會不去參加那天的宴會的。而如今偏偏天造地設的一步不差地這樣安排着。

史山于六時半準時到了我的旅館。我們坐了洋車到了一所半中半西的樓房前面。下了車，他帶我上樓。有一個青年來開門。裏面是一個很大的客廳，放着很新式的傢俱。當中放着一桌圓枱，鋪着枱布，已經放好了杯筷。最使我驚奇的是一個酒櫃上的各種洋酒，因爲當時在內地這是很難見到的東西。牆上也掛了一些風景畫，可是非常蠢俗，一個女佣人端上了茶，史山問：

「他們都來了？」

「在裏面。」

史山端着茶杯，就帶我繞過圓枱，到一個掛着藍色門帘的門前。他掀起門帘，敲敲門。

門開了。

裏面原來是一桌賭枱，有六個人在打「沙哈」。

「史山！」裏面有人叫他。

「我帶來一個上海來的朋友。」史山說着就爲我一一介紹了一下，我祇是點點頭，實際上我是無法記清這許多人的名字的。

「你打嗎？」史山問我。

「我不很會。」我客氣地說：「你不要同我客氣。我看看好了。你去打。」

「都是自己朋友，你不要客氣，要什麼叫佣人拿。」史山說着，一面就參加了賭局。

我在上海時，常常聽到內地司機們的豪奢。現在有眼福看到覺得很有趣味。但是從他們賭注看來，倒並不像傳說一樣大。我是曾經在賭場混過的人，也曾在唐光毅父女地方學會一些賭經，所以在旁邊看也很好玩，不過我是過路旅客，身邊也沒有錢，所以並不想參加賭博。

我曾經在各種的社會流落。我在窮人羣中生活過，在富人羣中也生活過。可是這一羣在賭博的朋友則完全是另外一種氣氛。他們像是一羣很親密的朋友，談話的材料，不是生意，就是女人，而各人的生意上與在女人上的發展雖都是卑劣醜惡的行徑，但是他們竟毫不以爲恥的互相吹棒開玩笑。如怎麼樣乘人之危敲詐別人，怎麼樣化錢玩弄無依的少女，在他們談來好像都是光榮的業績。接着他們談看到的聽到的士兵們的苦況，軍官們的腐敗，他們談及到處貪污舞弊的情形以及他們用銀彈通神的辦法。他們認爲沒有一件事是辦不到的，祇要用錢，他們所看到的社會就是弱肉强食，不擇手段的括錢與享受，沒有公理與公道，也不必爭是非評好壞。誰有機會，誰就應該發財致富，發財致富後，什麼都可以買到，什麼都沒有稀奇。

我從淪陷區進來，在邊境上聽到的都是抗戰第一的口號，見到的士兵都是素質優良，精神飽滿的青年學生與老百姓，個個都有敵愾同仇，不辭勞悴貧窮，隨時準備爲國犧牲的精神。可是越深入內地，情形與氣氛越壞，聽到的看到的都是黑暗與醜惡。現在則覺得整個社會的人們像都在混水裏摸魚，戰爭不過是天賜混水的機會。而摸到魚的才算是英雄。

我在賭桌邊站了好一回，在旁邊沙發上坐下，這時我看到右首茶几下的一些報紙與雜誌，我就順手拿出來翻閱。

忽然，我翻到了一本叫做「文采半月刊」，裏面有一篇從桂林到重慶的文章，署名大夏，我不知道這是否是我所認識的大夏，我從頭仔細地讀下去，心裏感到說不出的難過，他報導一路上所見所聞眞是駭人聽聞。如壯丁們像囚犯一樣被繩子串繫着，衣不掩體食不裹腹的被軍官虐待，他記載駐在一個廟裏的一百多個新兵，個個都是面黃饑瘦，遍體瘡毒，精神萎頓的動物。他揭發抽壯丁的黑暗與老百姓的怨恨。他在貴州還看到了特權階級豪奢浪費的生活，以及官吏們在小鄉小鎭作威作福的情形。他看到一個駐在一個小縣裏的連長大鑼大鼓娶第三個姨太太，而許多老百姓爲生活要出賣他們的女兒。最後他說到重慶的情形，豪門貴官的奢侈，官場裏是諂媚無恥的風氣以及統特系統之跋扈。

我讀完了，心裏像受到奇怪的打擊，半晌不知道動用思想。

于是，我忽然想到這位署名大夏的作者是不是我所認識的大夏呢？假如眞是他的話，他的進步眞是可驚了。因爲無論從文字，從觀察分析與判斷能力上看，這篇報導都是非常成熟的作品。

這時候，外面有人報告開飯了，賭博暫時結束。史山邀我到了外面。大家一時都談着賭經，有人過去到酒櫃邊倒酒，問我要一杯什麼。我婉謝了，但史山一定要給我一點威士忌。

「她們怎麼還不來？」有人忽然問。

「去叫過了沒有？」

「前天約好的，不是麼？」

「就來啦，我們先坐吧，」

大家說我是遠客，要讓我上座。

我們坐定不久，門鈴就響了。

這時候進來了六個女孩子，嘻嘻哈哈的一面叫着一面向我們撲來。這邊男人們也站起來讓坐，接着就同我一一介紹，她們毫不在意的點點頭，我也記不清她們的姓氏。

在她們紛紛坐下之時，史山拉了一個年紀很輕，瘦瘦小小，面目很清秀的女孩坐在我的旁邊，他說：

「今天你陪陪我們的遠客，她叫袁莊靜，以前是個中學生呢！」

我招呼袁莊靜坐下以後，她問我是不是從上海來，幾時動身一類的話，接着又爲我夾菜。史山爲我們倒了黃酒，袁莊靜就先敬我一杯。

我發覺這些女孩子同她們這羣司機都很熟，待酒夾菜，打情罵俏的鬨鬧着。

冷盤下去後，熱菜陸續上來。我開始向大家敬酒致謝。

忽然，我發現坐在我斜對面一個胖胖的司機旁邊的那位女孩子，竟一直在注視我。可是當我看她的時候，她又突然避開了視線，同胖司機去打情罵俏了。

我敬了那位胖司機的酒，我說：

「對不起，我沒有記清楚貴姓，借敬借敬。」

「他姓鍾，我們都叫他鍾胖子。」史山說。

敬了酒，我又注意到他旁邊的女孩子在注視我了。

這是一個大概有二十幾歲的女孩子，高高瘦瘦的，面目很挺秀，雖然搽着脂粉，仍掩不去她皮膚的枯黃，她的眼睛大大的，但沒有神，她目定口呆的凝視着我，但當我一看她，她側一側臉笑了一下，就看到她的旁邊的男人身上去了。

我忽然想到我是認識她的，但我想不出究竟在什麼地方見過她。

她穿一件有點變色花綢的祺袍，外面套一件紅色的毛線衣，項間還圍着一條花綢的圍布。

也許她也發現我在注意她了，她突然站了起來，脫去了紅毛線衣，把圍巾拿下來，整理一下，重新圍在頸子上，一面又坐了下來。

這時候，我眞吃驚了。

天下可能有相同的圍巾，但是天下決沒有相同的人。

我極力壓抑自己的情感，我非常鎭定的擧起杯子對那個女孩子說：

「這位小姐，我可以敬你一杯酒麼？」

她先還裝作不知道，可是那位胖司機提醒了她；她無法躲避，祇得擧起了杯子，但是她眼睛低垂着，像是看着杯子般的不敢望我，于是我擧着杯子說：

「你是阿清，是不？」

她不響。

「你應該認識我的，你的父親是周泰成，是不？」我又說。

阿清拋掉了手上的酒杯，突然伏在手上哭了。

全座一時都驚愕了，大家都看着我們。我于是同史山說：

「我可以帶她到裏面談幾句話麼？」

「你去，你去。」史山說。

我從座位裏走出來，拉着阿清，她一面啜泣着一面跟着我。我們走進了原先他們打牌的房間。

我關上門。

阿清忽然倒在小沙發上大哭起來。

「阿清，怎麼一回事，你怎麼到這裏來了？」

她一直在哭。

「不要哭了，同我談談。」我一面拉她，一面給她一塊手帕。

她用手帕揩着眼淚，仍是嗚咽着。

「你父親呢？」

「死了。」她又忍不住哭起來。

「你母親呢？」

「死了。」她一直在哭。

我知道這樣談話是沒有結果的。我問她：

「你住在什麼地方？遠麼？」

「不遠。」

「你一個人住？」

「我們四五人都住在一起。」

「吃完飯你可以到我那裏去麼？」

她點點頭。

「不要哭了，他們等着我們；回頭吃完飯你跟我走，我們再談。」

「你出去吧，我不想吃飯。」她一面揩着眼睛，一面說。

「吃飯還是要吃的。」

「讓我在這裏就一回吧，你去，你去。」她揩着淚說：「省得他們等着你。」（待續）

書刊評介

介紹一本值得當代青年一讀的書

胡虛一

殷海光著「怎樣判別是非」
臺北文星書局出版

殷海光先生近著「怎樣判別是非」一書，雖然只是一本不滿百頁的小冊子，但是就它的內容看來，這本小書，眞是一本經過了「精煉」的著作。在我們這個「知識貧蕪」的地區，講到探求眞確的知識，的確甚難！之所以如此，一方面當然是探求眞知識的工具，目前還未建立。雖然現在也有若干有心之士，在那裏含辛茹苦的埋頭苦幹，他們希望能够在這方面有所貢獻——提供一個探求眞知識的「按步就班」的途徑；但這件工作，究竟不是「面壁玄思」一番，卽可得之的簡單事。一般的工作者，尙有所謂「一分努力，一分收穫」云云，而西諺亦有所謂 "No pains, no gains" 的話，何況從事眞的知識之探求？探求眞確的知識，眞是一件「上窮碧落下黃泉，得來全靠費功夫」的辛勞工作。誰不耐此辛勞，誰就不配來「研究眞知識」！探求眞知識的工具之建立，已是如此的不簡和不易，因而在另一方面，就有人貪求簡單，專愛尋訪便利捷徑，於是各種經不起科學方法檢證的「賣狗皮膏藥」式的知識贋品，居然也就「縱橫天下」起來！如一些過了時的陳腔濫調也，如許多不倫不類的各種比擬也，如若干似是而非的講經說法也，以及「這個史觀，那個哲學基礎」的一切革命主義論調也，等等種種，不一而足。類此東西，居然厚顏不慚，也都打起學術的招牌，自吹自擂的說：「這是知識」！而且這樣的知識，還「只許相信，不許批評」，自詡是「放之四海而皆準」的最後眞理。試想一個充滿這類貨色知識的社區，怎不會鬧得「無是非之辯」，而呈一片「烏煙瘴氣」，更進而「鷄犬不寧」，「天下滔滔」呢!?

看到這一片蕪雜的境況，筆者不禁爲之心寒！

筆者生息在這個蕪雜境況的社區中，已有卅年之久。一世的時光歲月，就眞知識之探求言，眞可謂「盡付東流」！何況避禍、逃難等等流亡的日子，又在此卅年中，幾佔多半。作爲一個知識份子的我，說到這裏，怎不有「感慨萬千」之感！到了今天，每當筆者看到許多坐着流線型汽車上廣播電臺去作「講經說法」的人物之神氣活現，演說甚麼「核子科學的發明，是三民主義教育哲學精義之發揚」；又見到一羣羣穿尼龍太空裝和夾克的青年人，在讀「中國文化基本教材」時的一幅愁眉苦臉，心之深處，輒生一種莫大的疑慮：「我們就憑這個樣兒去探求知識嗎？」

所以我們追求知識的人，尤其是今日正在求學的青年，首須認清：什麼才是眞知識？要能認清這一點，然後才能免於一些如上述冒牌知識的謬誤。其次還要瞭解：怎樣才可得到眞知識？對於這兩點，筆者限於學識不够，雖屢思索，而無所得。及最近讀過殷著「怎樣判別是非」這本書後，不但由於它對上述二點作了精當的闡釋，解決了我對這兩個問題的「屢思而無所得」，而且還從它的當中，得到許多科學上的基本知識。故筆者深以爲：在一個是非不明、假話流行的時代裏，「理」就「更未易明」！所以這本「怎樣判別是非」的書，凡是一個堅持「是什麼，就說什麼」，而肯說眞言實話的知識份子，固是應該一讀；至於那些還弄不淸什麼是「是什麼」的人，我認爲他更應該一字一句，細加精讀一番不可。著者於「前言」中有云：

「這本小冊裏所說是『是』與『非』將嚴格地以眞，假，對，錯爲基礎。」

又云：

「這本小冊子雖說是爲青年而寫的，但是著者所謂『青年』不以生理年齡計算，而是以心理底成熟程度計算的。」

再云：

「這本小冊不是寫給人消遣的。」

以上引言，雖是著者的話。而筆者細心精讀這本「怎樣判別是非」後，對它的感想和看法，也是和著者所云一樣。這就是筆者寫此文介紹它給當代青年朋友一讀的道理，也是盼望讀它的人，應該一字一句，細加精讀，必要時還得費點腦筋思考思考的道理。

現在筆者再就該書的內容精要之處，先向諸位作一簡介。「怎樣判別是非」，除「前言」外，尙有「種種謬誤」，「了解科學」，「科學與語言」，「科學與假設」，「比擬」，「三種形定方式」，「穆勒方法」，和「讀些什麼書」等共八章。全書有七十九頁。著者就在這八章的討論陳述中，爲我們闡明了「什麼才是眞知識」和「怎樣才可得到它」的妥當方法。這對於尙不知「怎樣去判別是非」的青年人來說，著者的這番貢獻，眞不算小！

什麼是眞的知識？我們似可這樣說：「科學知識」才可算是眞知識。因爲通過嚴格的科學方法而得來的知識，逼近眞理的效準高。著者提出：「理未易明」！認爲眞理雖是良好生活的必要條件，但它却很不易得到，又很容易喪失，而且尤非力量所能製造之。旣然眞理不易得到，所以逼近眞理的知識，也不是隨便可以得到的。爲甚麼「理未易明」呢？乃是由於人有人的短處所致。其中爲人最易觸犯而又易被人所利用者，亦卽傳統邏輯中所稱之謬誤(Fallies)。這些謬誤，經著者指陳出來的有下述幾種：

一曰「訴諸羣衆的論式」(Argumentum ad Populum)——卽「一個說法是否爲眞，不取決於論證，只取決於多數。」著者認爲這個「訴諸羣衆的論式」，是不能行之於論理的。他說：「訴諸多數這一辦法可行或不可行，須視問題底性質而定。凡無關知識上眞假對錯之判斷而只有關人衆底意向或利害的問題，可以或必須訴諸多數。凡有關知識上眞假對錯之判斷而無關人衆底意向或利害的問題，不可訴諸多數。」所以他肯定地說：「數量不能決定眞理。一萬個三輪車夫底物理學知識合起來抵不過一個愛因斯坦。」以這論式來談眞理，自然「理未易明」了！

二曰「訴諸權威的論式」——即「在論辯時，利用一般人畏懼或崇拜權威的心理，引用權威之言來壓倒對方之論辯方式。」著者認爲「權威」，並非不可引用，但須合于範圍。他說：「從知識底傳授和學術底建構方面想，權威可以說是一必要之惡(a necessary evil)。很少人能够獨立思想，獨立判斷，獨立研究。最多數的人有待引導。在這些要求之下，權威常常出來作眞理底替身或代用品。在學術水準高，學術建構穩固，而且學術研究上了軌道的社會，這種替身或代用品常能發生誘導眞正貨色出現的良好作用。有而且只有在這一境置滿足了的條件之下，權威才是必要的。過此必要，權威常發生反作用，因此便成一惡。」這裏，著者已把「引用權威」的範圍，必要和限制，說得非常明白。所以吾人探求知識，研究學術，引用權威，必須要能遵守其被引用的範圍，而且不可超過必需的限度，否則就「適足以阻礙學術底進步」。

三曰「訴諸暴力的論式」——即「論辯者要別人接受其結論或主張時，他提不出相干的論據而拿暴力或藉暴力來威脅對方，强迫其接受他底結論或主張的辦法。」著者又分別說出了暴力底出現與運用有許多形態。並特別指出其中的一種——經過建構化了的(institutionalized)暴力之可怕。眞發人深省！著者說：「一般而論，大規模的暴力總是經過建構化的。……在較多的情形之下，比較持久而又規模巨大的暴力，係以某種建構爲其組成條件。古代流寇打起杏黃旗子說『替天行道』就是一種建構。有了這一建構，他們底結合可以比較堅固，殺人可以殺得理直氣壯。因爲『替天行道』是一崇高政治倫理建構之下的產品。他們底暴力一與這一崇高的產品結合，暴力也就崇高了。」何謂「經過建構化了的暴力」？經此說明，當可知道。同是以暴力殺人，但經過建構化了的暴力，可以殺得理直氣壯！這是何等可怕！這類型態的暴力，古昔爲「專制暴力」，近代則爲「革命暴力」。著者說：「近代的幾個革命乃藉暴力奪取政權之顯明的例證。……

……革命暴力底建構化常以新形態出現：講『主義』，講『計劃』，講『建設』，講『革命紀律』，講一個意識形態或意理之下的『敎育』，講『全體主義』，講『萬能政府』，講『二分法』，講『一元主義』……這些東西足以把一般人底頭腦套住，使一般人底心思在其中打圈子，於是視由暴力而撐起的革命權力爲無上的『唯一眞理』。」所以「凡藉革命而起家者，在骨子裏常是唯力是視的」。因而同「革命論者」講理，當然「就等于在擂臺上講理」。因之凡用「訴諸暴力」的辦法來講求眞理，如何可以!?

四曰「訴諸憐惜的論式」——即「在進行辯論或提出主張時，不列舉相干的論證，而只透過憐惜之情以使人接受其結論或主張的辦法。」一望可知：這種辦法，根本就不可用來講求眞理。但它却也有它的派場。即它可爲極權暴君如史達林之流用來保護他於危患之時。著者在這裏即引用史達林在第二次世界大戰期間被希特勒打得招架不住時，以愛國之情來打動蘇俄人民，要他們從事「偉大的愛國戰爭」的一段往事所說的話，眞是旣精闢，又風趣。斯達林們平時不談『愛國』，臨着存亡危急之秋拿『愛國』之情來打動人民，要人民來愛，這中間就含有訴諸憐惜的情感成分。在這種情形之下，蘇俄人民忘記了對斯達林及其鷹犬的憎惡，獻身保衛其可惜愛的國邦。他們可惜愛的國邦固然被保衛了，斯達林及其暴政也保存下來，蘇俄人民依舊在斯達林及其鷹犬之下過渡奴役生涯。羣衆就是這麽一團可憐蟲！」

五曰「人身攻擊」——即「與人對辯時，不談問題底本身，轉從對辯者人身方面的因素着眼，施以攻擊，以冀取勝的辦法」。這個辦法不在論事辯理，而在駡人。著者說得好：「一個人底言論正確與否，和他底品格之好壞不相干，和他底政治立場尤其毫不相干。古人說：『不以人廢言，不以言擧人。』一個人格很好的人可能說錯話。一個人格很糟的人可能說正確的話。我們底朋友可能判斷錯誤。我們底仇人可能有眞知灼見。不問人身，只問是非，人間才可減少無謂的紛爭。」

六曰「以自我爲中心的論斷」(Ego-Centric Predicament)——即「限於自己底觀念圈子，而不知尙有一外在世界，依此觀念圈子所作的論斷。」著者認爲「以自我爲中心，乃一般人容易發生的心理傾向。」並指出「這種自然的心理傾向」，有極易被人有計劃地深刻化和擴大運用的危險。他擧二次大戰前之「日」、「德」和今日的蘇俄之狂妄，都是源於這種「自我中心論斷」下所孕育的誇大狂。著者曾引羅素的話來說明這種「誇大自己，卑視他人」的「自我中心論斷」，是不能拿來面對現實的。陶醉在這種論調氣氛中的沒落世族，那有前途？

七曰「過分簡單」—此亦著者所列最後的一種謬誤。這一謬誤即「視眞理的『衍發程序』，或其『形製手術』過分簡單。」著者認爲「凡經得起長期考驗的眞理，大多是使人長期研究的結果。」吾人是不可簡約視之的。說到這裏，著者似不勝感慨系之！請讀他這一段話：「一般人所喜歡的，是簡單的確定(Simple Certainty)。他們愛的是萬靈丹。有此一丹，可治百病。他們不耐煩一磚一石地建造羅馬。他們希望天國于一夜之間降臨人間。這種過分喜好簡單而又急切的心情，是一般人底一種通病。一般人既有此通病，自然很易被導向特殊的目標。大家喜好簡單而又急切，於是口號，標語，主義，敎條，理想，……大量應市。這些廉價的商品被證明者老是沒有實用價值時，跟着來的便是失望，幻滅，沮喪。」所以吾人探求眞理，既不許視其「過分簡單」，更不能急切行事。因爲「眞理是辛勤的產品」。

以上筆者耗用不少篇幅，來介述人在致求眞理時最易觸犯的「種種謬誤」。因爲我們常在論辯以求眞理之際，極易陷入這些謬誤之中而不自覺。我們要是觸犯這些謬誤，則我們就永得不到眞的眞理！所以我在介述之時，極爲細心而求詳，爲的是促引去讀這本書的青年朋友，能够從中作一次深刻的「自我反省」！我們必須要除盡這種種的謬誤，方可以去從事「眞理」的追求。至於「怎樣才能獲致眞理」，著者說：「只有切實用腦用手從事研究科學。」

要從事研究科學，當然先要了解科學。著者認爲「許多人從正面或從側面反對科學，或者直接或間接地打擊科學」，乃是由於他們誤解了科學。同時著者又認爲「反對科學，無論具何文飾，只是一種原始本能衝動的表現。」因爲他說：「時至今日，……不懂科學的人，根本不能獨立生存，他們不能得到合於水準的衣、食、住、行、醫藥，更沒有自衛的力量。所以，時至今日，反對科學無疑是自殺的行爲。人們要能免於人爲的淘汰而且良好地生活下去，就必須研究科學。」我想：今天我們邦域之中，或許當年反對科學的勇士，也經不起洋房汽車的誘惑，而不反了；但眞能了解科學而不誤解者，爲數恐怕仍然不多。尤其目前，我們的教育當局還正極力提倡科學教育，鼓勵青年學習科學。這種景象，自然可喜，但須先對科學能有一個正確的了解！不可再有誤解。這本書的第二章「了解科學」，就是著者針對這點而談的。他希望能消弭若干人對科學的誤解，更希望能給予有志於科學的青年一個對科學的正確了解。著者在這章中，首先根據斐格 (H. Feigl) 所說，將對科學誤解的一般說法，分爲十一條，列擧出來，然後逐條予以辯正。在對這些誤解的辯正文字中，眞是「理暢文茂」，讀來津津有味！惜篇幅有限，不便多錄。現在只就著者對誤解「科學不過全然起于實用的需要」所作之辯正，節錄其精要的話如次，供大家欣賞：

科學對人類的影響，除滿足實用的需要以外，更重要的是態度與方法。科學的態度與方法，和迷信，社會神話，意理，以及形上學這一類底東西對照起來，它給人的影響，意義更遠較技術的成就爲大。

這種說法(評介者按：係指由於殺人利器如氫彈、鈷彈，都是科學研究的成果。所以誤解者認爲科學的發達，只有加深人類自我毀滅的危機)，根本是由於『科學』一詞用法之不愼所引起的。當着這些人用『科學』一詞時，所指謂的是科學的技術層面。如果他們所說的『科學』與『科學的技術層面』同義，那末上列論斷是正確的。但是科學最基本的部分不是技術，而是科學的態度，科學的方法，以及科學的理論。如果他們所說的『科學』包括科學之這些基本的部分，那末上列論斷是不能成立的。

在事實上，許許多多人在根本心理狀態上是迷信的，意理的，社會神話式的，形上學的；而在手段上却是採取科學技術。這就是最文明的工具被操縱於最野蠻的頭腦。這種情形與叫猴子拿手槍頗相似。這樣鬧出來的禍，科學是不能負責的。(原書 p. 24—26)

其次著者再進一步指出科學共同具有特徵。使我們於消除一切誤解之後，能對科學有一正確的認識。著者指出科學共同具有的特徵有四：一是「互爲主觀的可檢證性」(Intersubjebctive Testaility)；二是「有足够的印證程度」；三是「有組織」；四是「有廣含性」。對這四種特徵，著者闡析精細嚴謹，有些地方，須要我們用細加思考推敲之後，方能有所領悟。像著者說「互爲主觀的可檢證性」這一標準，可以幫助我們把科學活動與非科學活動加以區分；又如著者說「有足够的印證程度」這個標準，能幫助我們劃分『意見』與『知識』等等，都極須我們讀到的時候，細思一番。同時科學還有一個重要特點，那就是有懷疑的態度。著者說：「懷疑乃科學之母」。因此著者認爲「懷疑必須澈底。懷疑態度的應用範圍必須毫無限制。」所以他主張：「對於眼面前的事物和建構 (Institutions)，固可懷疑，對於遠古的傳統也可懷疑。對於平凡人底言行固然要懷疑，對於似乎並不平凡的人之言行也須懷疑」。著者以爲拒絕懷疑的人，視懷疑爲不忠的表現，這是極權主義興成原由之一。著者提醒我們不可混「懷疑」與「猜忌」於一談，因爲兩者根本是兩回事。最後著者告訴我們：「懷疑是理知追求的表現。懷疑是致知的手段。科學家把懷疑作爲一種程序，希望由這種程序，得到無可懷疑的結論。」

正確地了解了「什麼是科學」之後，我們才可從事研究科學。從事研究科學，當然要講求方法。所謂方法，當然是指「科學方法」，而非「旁門左道」。從第三章「科學與語言」起至第七章「穆勒方法」止，都是著者介紹給我們的「科學方法」。這五章之中，可說都是專門性的新知識。我們要很用心的去讀，才能有所增益。著者說：「科學底正身，有賴於語言文字底紀錄。」所以研究科學，尤須熟知「科學語言」。「科學語言是專門化的」。而「科學語言底建構，常從界說 (Definition) 開始。」著者介紹我們許多「構作字底界說」之重要技術：像「外範的界說」，「解析的界說」，「規定的界說」，和「性質的界說」等是。他又介紹我們「立定界說」的若干不可少的科學條件。像上面這些討論，都使我們又增加了不少語意學的基本知識。其他像研究科學，「定立假設」應予顧慮的五個標準：一「必須可證或否證」，二「須與大家已經接受的知識一致」，三「必須儘可能地簡單」，四「必須可行推論」，五「必須一致」等。又如運用「比擬」時所應遵守的「工作守則」。以及三種「經驗科學建構底基本條欵」，和能幫助我們發現事件與事件之間的因果關係的五種有名的「穆勒方法」，即「同一法」，「別異法」，「同異聯用法」，「歸餘法」，和「共變法」。都是極值得我們用心研讀的。

以上是筆者對「怎樣判別是非」一本好書所作的一點推介工作。最後筆者仍借引著者在最後一章「讀些什麼書？」中所說的兩句話，來作本文的結束：

「該讀的書不可少讀一本。不必讀的書何必去理會？」

這本「怎樣判別是非」，就是一本當代青年該讀的書！

四八、六、十七凌晨

讀者投書

請聽我們的控訴！(三)

一羣三軍官校停訓生

編者先生：

貴刊第廿一卷第八期所載安泓先生投書「聞三軍官校停訓生保送大專有感」一文，與事實不盡相符，我們是一羣三軍官校歷年來停訓的學生，當然應該申明一下。

報載「三軍官校本年停訓學生六十六名由國防部保送，經教育部審核合格後，准予分發各大專院校。」這是事實。但僅是少而又少的一部份，而大多數歷年來的停訓生，却正被再度應召入營在軍中服役。當然除了我們本人、家人及少數親友曉得以外，是很少被外界知悉的。因爲有那一家報刊會刊載一則：「三軍官校歷年停訓學生×××名再度應召入營服役」的新聞？

我們是一羣三軍官校及各軍事學校歷年來由於體力、學業或技術等原因被停訓的，而現在，差不多同時又被一起應召再度服兵役。我們不明瞭這是否也是政府爲了鼓勵青年學生們投考軍校，對於停訓學生的一種優待措置，而由國防部一併保送的？也許這不會被一般稍有法律知識者相信。因爲我們中華民國是一個法治的國家，根據最新六法全書兵役法第十三條規定：「受軍官士官教育者，因病或其他事故不能完成應受教育時，仍依法服行其應服之兵役，其已受教育時間，得折算爲應服現役時間。」那末我們這一羣已在各軍事學校接受了二年、三年甚至四年的嚴格軍事訓練及軍中生活，自當不必再度至軍中去消磨他寶貴的青春二、三載。因之，當我們接到召集令後，都感到非常驚奇，曾向陸、海、空各總部及國防部探詢，均說根據法令軍校時間是可以折算的，要我們依行政程序一級一級往上報，但是我們報上去後却三個多月沒有回音。其後據軍團部承辦參謀口頭答覆，說是不能全部算，海、空軍三天算一天，陸軍二天算一天。可是經過「牛步化」的公文，在我們入營半年餘後才姍姍來遲，出乎我們意料的，給我們當頭一捧，是「免議」，根本不能折算。我們當卽想盡了各種方法，直接去國防部動員局探詢原因。據說有一新的規定，我們於停訓後均經國防部檢定爲士官資格，而兵役法第十三條中「仍依法服行其應服之『兵』役」之「兵」字僅是指一等兵、二等兵而言，我們既已被檢定爲士官，就不能折算，由是陸軍二年，海空軍三年，一切從頭開始。想不到承辦單位如此曲解法令，實在使我們老百姓感到法律也是多餘的。因爲依兵役法施行法第十一條：「受常備軍官、常備士官教育期間，因病或其他事故不能完成應受教育者，依左列規定服役。」其第一款是：「已修得相當於預備軍官或預備士官之軍職專長者，按其專長核列爲預備軍官或預備士官，轉服預備軍官役，預備士官役。」對於轉服預備士官役後之臨時召集，該兵役法施行法第四十八條規定：「臨時召集入營之服役時間在戰時或非常事變時與動員召集同，在平時先後在營服役時間合計陸軍二年、海空軍及特種兵以三年爲限。」再根據兵役法第十二條：受「軍官、士官教育者，在教育期間依其在學時之階級爲現役士兵或現役士官，其服役依軍事教育之所定。」而十三條規定：「受軍官、士官教育者，因病或其他事故不能完成應受教育時，仍依法服行其應服之兵役，其已受教育時間得折算爲應服現役時間。」至於「兵役」兩字之定義，該法總則第二條有如下之解釋：「本法所稱兵役，爲軍官役、士官役、士兵役。」那末該法第十三條所述及之「兵役」當然包括軍官、士官、士兵，自不應以其單字之解釋爲僅指「兵」而言。卽使有新的規定，也不能與該法有所抵觸。因根據我中華民國憲法第一七二條：「命令與憲法或法律抵觸者無效」——法律的效力有永久性、固定性，應高于命令。兵役法爲一具有永久性，固定性的法律，自不得早令夕改以維政府威信，而其他一切凡與該法有牴觸之規定或命令，依據憲法第一七二條，當應視爲無效。但是現在主持者不管什麼母法與子法，我們有什麼辦法？我們曾經去求見動員局局長，他說：「我非常同情你們的遭遇，但我沒法幫助你們。」普通一個高中畢業生，在陸軍接受四個月的軍事訓練後，卽取得預備士官資格，然後再服役十八個月，卽結束他的現役，先後合計二年。而我們已接受了一年、二年、三年或四年最嚴格的軍事訓練與軍事生活，但仍然再要我們服役二年或三年，在理上是講不通的。既然如此，而法律又有明文規定可以折算，且承辦單位的主官也對我們表示同情，（我們深信祇要對我們沒有敵意的人，都會同情我們），那末，究竟是什麼堅持我們再服這重覆的兵役，來浪費我們青年寶貴的光陰，打擊我們軍事學校退學青年們的前途？

再說我們自軍校退學後，能得到什麼？學問嗎？當我們與高中課程脫節了好幾年，再與高中剛畢業的學生比，在粥少僧多狀況之下去考聯合招生，（從大二唸起），我們是落第者。要說考插班轉學呢？各公私立院校一致拒絕接受，（雖然我們最後停訓，但是一年級、二年級或三年後的課程是及格的）教育部既然承認軍校之制度，且對軍校畢業生授與理學士學位，則其所修之學分當然應該承認。但是沒有。保送嗎？沒有這份幸運，也沒有這優待，而最後更把我們在軍營的時間都否定了。卽使兩年後我們照他規定服完兵役，再考大學，畢業後，還得再來服上兩年預備軍官役。因爲以前在軍校是學生，二年、三年、四年都不能算，以後兩年或三年是士官役，當然也不能算是預備軍官，於是這兩年仍是免不了的。如是則當我們服完一切兵役時，却發覺已年屆中年而一無所有，我們會感到空悲切。因爲我們已在重覆而又重覆的兵役之間，虛渡了漫長的六、七載歲月，已經白了少年頭。但是否所有停訓生都是這樣呢？不！任何事在中國到現在仍少不了有例外的。而我們這一大羣傻瓜，僅是法律制度以外，在憑當事者本人，直覺的曲解法令之下的犧牲者，但我們有什麼辦法？我們啞然，因爲我們的家長大多是普通商人或公務員，沒有特權階級替我們申寃，甚至我們老百姓的最高民意機構及最高監察機構也默默無言。我們曾於四月前去函立、監兩院建議，但至今毫無回音。看樣子我們的命運，將在官場推、拖、拉的公式之下，被他們帶上了「足球場。」而在他們尚沒有結束這一踢不完的回合時，我們也許已結束了這一階段的兵役。（我們不能肯定以後不會再有）當然，屆時即使他們得到結論，對我們也無補於事了，於是就此不了了之。

一個民主國家，賦於每一個國民的權利是平等的，所要求每一個國民應盡的義務，也是相等的。而用以維持這一準則的，就是「法律」。我們明曉得動員局對我們這一措置是違法的，假如我們仍然保持沉默的話，就表示我們承認，並接受他們這一違法行爲。嚴格的講，也就是我們已經間接地在作違法行爲。本來我們這次入營，迄今已有九個月之久，本可以平平靜靜地在軍營渡過另一半時間。但是我們要將這情形讓社會曉得，並不是爲了要得到社會的同情或與論的支持，而對我們本身有所利益，因爲我們已經是犧牲者。但是我們爲了不願做違法者，我們要社會瞭解；我們更爲了避免當局對以後的青年再發生類此違法措置糟場青年寶貴的光陰，我們要求與論支持。薩孟武教授在他的「私權宣言」（十月六日聯合報）中曾說：「我們保護自己的權利，不但是我們對於自己的義務，且又是對於社會的義務，即我們當爲自己目前所受的損害要求賠償，並爲同胞將來所受的侵害要求保護，這是我們的義務。」又說：「古代專制政府是最蔑視私權的，人民養成盲從的習慣，喪失鬪爭的精神，且遇到外敵來侵，人民亦必萎靡不振，一移其過去盲從專制政府者，以盲從敵人政府。到了這個時候，政治家方才覺悟，要培養對外民氣，必須培養對內民氣，亦已晚矣。」德國法學權威耶林說：「勿爲不法，」固然可嘉，「勿寬容不法」，尤爲可貴，這些給我們一個很大的啓示。

一羣三軍官校停訓生同上
十一月廿一日

讀者投書

（四）

誰是包庇臺北市城東供銷場大違建的幕後人物？

甘火文

編輯先生：

敝人前寫「黑幕重重話違建」一文，荷蒙披露，至深感激。不意主管建築業務的臺北市工務局及其他有關機關，不但聽而不聞，視若無睹，且更變本加厲，明目張膽的包庇到底。究竟誰是包庇大違建的幕後人物？敝人不顧有權有勢的藉端加罪，願以「冒死犯顏」的決心，將那些包庇違建的事實，縷陳於國人之前，好讓國人知道所謂「取締違建」也者，原來是這麼一回事！

大家都知道，取締違章建築，臺北市設有專門機構——臺北市違章建築拆除大隊，它的任務是幹什麼的？顧名思義也可以想到。對小市民的違建，取締之嚴——不管你加高幾尺，或擴大幾寸，一經發覺，立予拆除，甚至一拆再拆，眞能做到「澈底執行」，毫不寬假。爲着執行拆除的任務，曾在新生北路發生過警民大搏鬪的死亡慘劇。然而本（臺北）市東門城東攤販供銷場大違章建築的黑幕經各報揭開後，何以不予同樣取締？其不予同樣取締的原因又在那裏？簡單的答案是：主管建築業務的工務局局長與臺北市市長實際就是幕後包庇違建的有力支柱。茲將各有關幕後人物所包庇的事實，逐一報導如次：

㈠首先要向國人報導的就是：該城東供銷場的違建地皮，業經臺北地方法院假處分查封在案。北市工務局對被查封之土地，依法不得核發執照。然而，臺北市工務局局長竟敢違背法令，核發執照。若非暗地有勾結，又誰肯置信？詎該違建人一俟執照到手，立即由核准的六十坪面積，擴建爲一百一十坪面積，由核准的二層樓擴建爲三層樓，致使敝人等留作巷路的空地連同屋壁，亦悉被侵占。旋經各報將違建眞相揭發後，工務局碍於與論的指責，僅將建築執照吊銷，而不依法取締；且聽任違建人繼續違建。是否暗地如何於其前，故不便硬性依法取締於其後？但顯然，主管取締違建之工務局，反而變成了實際包庇大違建的幕後支柱。

㈡據工務局林局長私下對某一市議員透露說：「申請執照時，依照規定我本來不准的，但因陳愷市議員天天來求情通融，我才核准的……」，嗣後敝人從側面探聽那位助人爲快樂之本的議員，何以那樣熱心替周大鵬活動的內幕。所以敝人兩次應工務局之約到工務局去試行調解時，那位幕後議員每次都挺身出馬替周大鵬說話，據說這位善於活動的市議員，現正野心勃勃還想競選省議員，果能競選得志，眞不知要包庇多少違建與不法事情呢？

㈢彈劾不法官吏，應是監察委員的職責。敝人因工務局長違法瀆職，假借職務上的權力與機會，因而公然違背法令，核發不應核發之執照，故意製造違建，包庇違建等不法情事。我曾三度向監察院提出請願。聽說監察院接到我的請願書，開頭還派了一位監察委員到工務局去調查了一次，歸院報告時居然被××護航要員力勸那位調查的監委不要管。因此我三度向監察院所提的請願書，若如石沉大海，杳無回音。輾轉尋思，我才領悟到聯合報黑白集所說的：——不能不令人懷疑到監察委員「不問蒼生問美人」之感慨！

㈣誰也想不到黃市長竟是包庇大違建的幕後首腦，敝人因違建人周大鵬橫行霸道將我留作巷路的空地佔去，並强扣屋壁，堵塞屋內光線，我爲此曾幾次去當面向黃市長請願，黃的口頭答復是：「我當令飭工務局依法取締。」不料近據工務局長林永倉在市議會出示黃市長的批示謂：「暫緩取締，准予補照。」由此八字看去，黃市長是不是包庇大違建的首腦人物？國人的眼睛是雪亮的。否則，黃市長何以對小市民的違建，令飭依法取締不遺餘力？而獨對此大違建能寬容若彼？竟批：「暫緩取締，准予補照」呢？？觀乎此，明年黃市長競選連任時，我們當小市民的，除非願意鼓勵他包庇大違建，莫大功勞！實在應該再不要瞎了眼睛，選這種人做市長了！

四十八年十一月廿四日寫於
臺北市臨沂街六八巷一號

自由中國　第二十一卷　第十二期　內政部雜誌登記證內警臺誌字第三八一號　臺灣省雜誌事業協會會員　三九八

給讀者的報告

關於修憲問題，儘管國民黨已重申反對的態度，但國民大會尚企圖修改臨時條款。我們特發表社論㈠「重申我們反對修憲的意見」，簡單指出臨時條款也不應修改的道理。

監察院最近的總檢討，甚獲各方重視。不過，監察院檢討中的意見正不正確呢？監察院本身的問題又在那裏呢？我們特在社論㈡「對於監察院總檢討的檢討」中指出。

關於明年四月臺灣省議員及縣市長選舉的問題，在民社黨和國民黨之間，已發生嚴重爭論。其是非曲直何在？又該如何解決？我們特在社論㈢「對民社黨和國民黨提名競選之爭的看法」中，提出了一些具體的意見。

胡適先生最近在臺大法學院講演「科學精神與科學方法」時，因為提到虛雲和尚的年譜問題，而引起各方面討論的興趣。胡先生除在「中央日報」公開解答外，近又給本社發行人雷震先生寄來一信，再加以補充。我們特一併刊出，以饗讀者。

毛樹清先生譯介的「自由經濟與開發貸款」一文，是新任美國開發借貸基金總署DLF署長布蘭德先生的講詞。我們也是屬於「未開發」國家，對於這一講詞，自然應該重視。

唐盛鎬先生的「略論蘇俄與中共的『理論競爭』問題」一文，是唐先生英文本「今日中共之內外政策」一節譯而成。唐先生不久以前回國後在監察院的講演，曾引起各方重視，這篇文章，更值得一讀。

關於舉世關注的四巨頭會談問題，我們特發表姜懷平先生「四巨頭會談以前」的專論，幫助大家對於現階段東西集團的關係，以及東西方對國際問題的態度，先獲得一些詳盡的瞭解。

印尼楊國吉先生的來信已收到，你希望發表「徵友啓事」的事，我們因為篇幅有限，不能開這個例子，所以歉難照辦，務請原諒。

臺中汪守玉、文成、陸俊倫、馬韓四先生，你們要我們繼續刊載出版法摘要一事的信已收到，謝謝你們的指教。關於停止刊登「出版法摘要」的事，實在也是由於很多讀者的建議。政府既然沒有廢止的誠意，我們實在不忍再浪費篇幅，繼續刊登了。至於我們偶爾刊登一兩次廣告，那是因為完全民營而又不願加價的緣故。希望諒解我們的苦衷，並隨時指教。

新竹縣立第×女子初中「一羣學生家長」的「陳情書」已收到，但所說新任校長王某某「荒謬驚人，誤人子弟」各節，如屬實情，自不容坐視，但因來函沒有任何個人署名、蓋章負責，所以我們不想進一步調查，並不發表。

羅泉先生寄來的油印函已拜收，所述殊可同情，但因事件複雜，我們無法查明，而來函又不止投寄本社一處，所以恕不刊登。

「三輪快馬垃圾車」的×××先生，你那封親自投在我們郵箱裏的投書：「給國民黨的一封信——請你們去死」，說得都相當有道理，但我們認為暫時還是不發表為妥。

另有唐雲先生、劉正道先生、俠君先生、羅榮燦先生的投書都已收到，限於篇幅，都不能發表，謹致歉意。至於最近收到的「投書」，既未發表，也未在這裏說明的，是因為未作最後決定或須另行答覆，特此敬告各投書讀者。

自由中國 半月刊　總第二四三號　第廿一卷第十二期

中華民國四十八年十二月十六日出版

發行人　雷震

主編　『自由中國』編輯委員會

出版者　自由中國社

社址：臺北市和平東路二段十八巷一號

Free China Fortnightly, 1, Lane 18, Ho Ping East Road (Section 2), Taipei, Taiwan.

電話：二八五七〇

航空版　友聯書報發行公司（香港九龍窩打老道一〇號）電話：五九一六四、五九一六五

總經銷　自由中國社發行部

經售處

美國　紐約友方圖書公司 Hansan Trading Company, 65, Bayerd Street, New York 13, N.Y., U.S.A.
紐約光明雜誌社 Sun Publishing Co., 112, Mulberry St., New York 13, N.Y., U.S.A.

韓國　漢城裕昌德號

馬尼剌　新疆書店

緬甸　仰光振成書報店

印度　阿拉哈巴中印文化出版社

北婆羅洲　西利亞坡青年書店

星加坡　友聯書報發行公司（小坡大馬路四六九號）

吉隆坡　友聯書報發行公司（馬華公會大廈三樓七室）

怡保　友聯書報發行公司（希尼華沙甘街十六號）

檳城　友聯書報發行公司（林連登律七十二號）

澳門　友聯圖書公司

印刷者　精華印書館有限股份公司　廠址：臺北市長沙街二段七一號　電話：三三四一二九

本刊經中華郵政登記認為第一類新聞紙類　臺灣郵政管理局新聞紙類登記執照第五九七號　臺灣郵政劃撥儲金帳戶第八一三九號　（每份臺幣四元，平寄美金一角五分，航寄美金三角）

第二十一卷第一期至第二十一卷第十二期

1959.07-1959.12

數位重製・印刷　秀威資訊科技股份有限公司
http://www.showwe.com.tw
114 台北市內湖區瑞光路 76 巷 65 號 1 樓
電話：+886-2-2796-3638
傳真：+886-2-2796-1377
劃 撥 帳 號　19563868　戶名：秀威資訊科技股份有限公司
讀者服務信箱：service@showwe.com.tw
網 路 訂 購　秀威網路書店：https://store.showwe.tw
網路訂購：order@showwe.com.tw

2013 年 9 月
全套精裝印製工本費：新台幣 50,000 元（不分售）

Printed in Taiwan

本期刊僅收精裝印製工本費，僅供學術研究參考使用